Handbuch Kindergartenleitung

Das ABC für Führungskräfte in der Elementarpädagogik

Bernhard Koch (Hrsg.)

1. Auflage 2014

KiTa aktuell

Art.-Nr. 06528000 – (ISBN 978-3-556-06528-0)

Verlagsanschrift
KiTa aktuell
Sulzengasse 2, A- 1230 Wien
Telefon: 0800 29 31 53
Telefax: 0800 29 31 63
E-Mail: service@kita-aktuell.at
http://www.kita-aktuell.at

Satz: MainTypo, Frankfurt am Main
Druck: Williams Lea & Tag GmbH, München

Inhaltsverzeichnis

Geleitwort

Reinhold Mitterlehner
Bundesminister für Wissenschaft, Forschung und Wirtschaft

Die frühkindliche Bildung hat einen hohen Stellenwert. Der Kindergarten ist als erste Bildungsinstitution in der Entwicklung eines Kindes das Fundament, auf dem alle nachfolgenden Bildungseinrichtungen aufbauen. Neben der Erziehung und Bildung im familiären Umfeld können hier die Weichen für späteren Erfolg gestellt werden. Die Politik hat auf diesen Umstand in den vergangenen Jahren bereits mit verschiedenen Maßnahmen reagiert, sowohl quantitativ als auch qualitativ. Im Kindergarten können jene Fähigkeiten und Grundkompetenzen erworben bzw. gefestigt werden, die in der Volksschule und später auch in den weiterführenden Schulen notwendig sind, um dem Unterricht folgen zu können. Daher sieht das aktuelle Regierungsprogramm die Einführung eines zweiten kostenfreien Kindergartenjahres für 4- bis 5-Jährige vor. Für Kinder mit Sprach- und Entwicklungsdefiziten wird dieses verpflichtend sein. Um den Kindergarten als Bildungseinrichtung zu stärken und um die Qualität zu steigern, müssen die aktuellsten Ergebnisse aus Wissenschaft und Forschung in der Ausbildung des Personals und in weiterer Folge in die Kinderbetreuung einfließen.

Das Wissenschaftsressort investiert daher laufend in die Erforschung der Elementarpädagogik. Bereits 2009 wurde der österreichweit erste Lehrstuhl für Elementarpädagogik in Graz eingerichtet und bis 2015 werden weitere entsprechende Angebote folgen, etwa ein Studiengang zur Höherqualifizierung von Kindergartenleiterinnen an der FH Campus Wien, der berufsbegleitende Lehrgang „Master of Arts in Early Childhood Education“ an der Uni Salzburg sowie weitere Angebote an Universitäten, die durch die Schaffung von Lehrstühlen in Elementarpädagogik auf die Möglichkeiten und Anforderungen der neuen Lehrerausbildung reagieren. Neben dem Aufbau und der Vermittlung wissenschaftlicher Erkenntnisse ist vor allem die Aus- und Weiterbildung des Personals von fundamentaler Bedeutung. Publikationen wie diese können einen Beitrag zur Professionalisierung von Fachkräften und Leitungskräften in der Elementarpädagogik leisten. Letztendlich entscheiden die Motivation, die fachliche Ausbildung und der Wiille zu Weiterbildung des Kindergartenpersonals über die persönliche und schulische Weiterentwicklung unserer Kinder.

Geleitwort

Gabriele Heinisch-Hosek
Bundesministerin für Bildung und Frauen

Kindergärten und vergleichbare elementarpädagogische Einrichtungen werden zunehmend als das gesehen, was sie sind: wichtige, und für die kognitive wie soziale Entwicklung der Kinder ganz zentrale Bildungsinstitutionen. Mit dieser positiven Entwicklung sind aber auch die Anforderungen an die Leiterinnen und Leiter in den letzten Jahren zweifelsohne gestiegen. Viele klassische Führungsaufgaben wie Teamentwicklung, MitarbeiterInnenführung oder Qualitäts- und Zeitmanagement sind zu bewältigen, aber zudem auch sehr spezielle Herausforderungen, die die Arbeit in einem pädagogischen Bereich mit sich bringt.

Das vorliegende Handbuch ist ein weiteres Element zur Unterstützung der Leiterinnen und Leiter sowie zur Vorbereitung auf künftige Führungsverantwortung und bietet einen Leitfaden durch ihre vielfältigen Aufgaben.

Die Qualität von pädagogischen Einrichtungen hängt zu einem großen Teil von mit der Motivation, der Ausbildung und der Qualifikation der Beschäftigten ab und ich bin sicher, dieses Handbuch kann hier einen wichtigen Beitrag leisten.

Ich danke dem Herausgeber und wünsche allen Leserinnen und Lesern interessante und spannende Stunden mit diesem Handbuch!

Vorwort

Bernhard Koch

Die Elementarpädagogik in Österreich „boomt". Noch nie zuvor in der Geschichte wurde der vorschulischen Bildung in Wissenschaft, Bildungspolitik und in den Medien eine derart hohe Bedeutung beigemessen. Dazu gehört u.a. die Einrichtung von Lehrstühlen an Universitäten, die Möglichkeit der Ausbildung auf Hochschulniveau, die erhöhten Ausgaben für den Kindergarten im Rahmen der gesamten staatlichen Bildungsausgaben und die zunehmend positive und wertschätzende mediale Berichterstattung über elementare Bildungseinrichtungen.

Das vorliegende Handbuch versammelt Beiträge zu grundlegenden und aktuellen Herausforderungen für Leitungskräfte von Kindergärten und von Kindergartenträgern. Die sich rasch entwickelnde Professionalisierung pädagogischer Fachkräfte schafft eine steigende Nachfrage nach entsprechenden Publikationen und Handbüchern. Während nun in vielen europäischen Ländern eine rasch wachsende Publikationstätigkeit im Bereich „Elementarbildung" festzustellen ist, fehlen weitgehend Beiträge und Publikationen mit Bezügen zu Österreich

Kindergartenleitungen sehen sich neben den pädagogischen Aspekten ihrer Arbeit – die wenigsten sind freigestellt – mit den vielschichtigen Themen des Personalmanagements, des Qualitätsmanagements, wirtschaftlicher Fragestellungen, Aufsichtspflicht oder Arbeitsorganisation etc. konfrontiert. In diesem Buch wird den unterschiedlichen und anspruchsvollen Aufgabenstellungen der Kindergartenleitung Rechnung getragen, indem folgende Themenbereiche theoretisch fundiert und praktisch umsetzbar dargestellt werden:

- Rechtliche und wirtschaftliche Grundlagen
- Personalmanagement und Leitungskompetenzen
- Zusammenarbeit und Erziehungspartnerschaften
- Arbeitsorganisation und Zeitmanagement
- Kooperationen und Netzwerkarbeit
- Qualitätsmanagement

Dieser Sammelband wendet sich an Leitungskräfte von Kinderbetreuungseinrichtungen, pädagogische Fachkräfte, Trägerverantwortliche, Lehrpersonen in der Aus- und Weiterbildung sowie Studierende im Fachbereich Elementarbildung. Er ist weder als (trockenes) Theoriebuch noch als ein (reines) Praxishandbuch konzipiert, sondern als Handbuch und Nachschlagwerk. Es versammelt sowohl „akademisches Wissen" als auch „praktisches Wissen". Ziel war es, die unterschiedlichsten Perspektiven auf Funktion und Aufgabe der Leitungsperson beizusteuern durch eine breit gestreute Auswahl der ExpertInnen in Hinblick auf beruflichen Hintergrund, Ausbildungsniveau, Theorie/Praxis-Nähe sowie regionale und institutionelle Verankerung. Manche AutorInnen können auf jahrzehntelange Erfahrung im Feld der Elementarpädagogik verweisen, manche steuern aus der Sicht benachbarter Disziplinen ihr Wissen bei. 40 Experten und Expertinnen aus folgenden Institutionen und Einrichtungen sind vertreten:

Universitäten:	Universität Wien, Universität Salzburg, Universität Innsbruck, Universität Graz
Pädagogische Hochschulen:	Pädagogische Hochschule Steiermark, Kirchliche Pädagogische Hochschule Graz,
Fachhochschulen:	FH-Campus Wien, Fachhochschule Wien der WKW
Forschungseinrichtungen:	Charlotte Bühler Institut, KDZ Zentrum für Verwaltungsforschung
Interessenvertretungen:	Plattform EduCare, Dachverband österreichischer Kindergarten – und HortpädagogInnen
Fortbildungseinrichtungen und Bildungsanstalten für Kindergartenpädagogik:	Zentrum für Kindergartenpädagogik Salzburg, Institut für Bildung und Beratung Klagenfurt, BAKIP Feldkirch
Träger:	Kinder in Wien, St. Nikolaus Kindertagesheimstiftung, WIKI Kinderbetreuung Steiermark, Kinderfreunde

Dazu kommen selbstständig tätige FortbildnerInnen, FachberaterInnen, WissenschaftlerInnen sowie in der Praxis tätige LeiterInnen.

Auch regional konnte eine breite Streuung erreicht werden, die ExpertInnen wirken in allen österreichischen Bundesländern. Frauen und Männer sind im Verhältnis 2:1 repräsentiert. Dadurch wird einerseits der hohe Frauenanteil im Bereich der Elementarpädagogik und der Leitungskräfte zum Ausdruck gebracht und andererseits die „Hereinnahme“ von Männern symbolisiert, wenn auch noch nicht auf der Ebene des pädagogischen Personals oder des Leitungspersonals.

Mein besonderer Dank gilt den Autorinnen und Autoren für das Verfassen der Beiträge und die angenehme Kooperation. Bereits ein Jahr nach Konzepterstellung kann das Buch bereits der Fachöffentlichkeit vorgestellt werden. Danken möchte ich auch jenen Kollegen und Kolleginnen, die mir bei der Suche nach den Expertinnen und Experten geholfen haben und mit Tipps zur Verfügung standen. Ganz besonders danken möchte ich Katrin Brunner vom Verlag „Kita aktuell“: Für Ihre Initiative, ihre umsichtige sowie tatkräftige Begleitung des gesamten Prozesses der Buchentstehung und die hervorragende Zusammenarbeit.

Die elementarpädagogische Landschaft ist in Bewegung. Dieses Buch möge ein kleiner Teil davon sein.

Bernhard Koch, Innsbruck

Herausgeber

„Es braucht unterschiedlichste Perspektiven, um Kindergartenleitungen in ihrer verantwortungsvollen Rolle zu unterstützen“

Vorwort

Karlheinz Töchterle
Ehemaliger Rektor der Leopold-Franzens-Universität Innsbruck

Die Ausbildung von Fachkräften gehört zu den wichtigsten Herausforderungen in der elementaren Bildung. Die in Österreich dafür vorgesehenen berufsbildenden höheren Schulen leisten hier gute Arbeit, angesichts der gewaltigen Zunahme wissenschaftlicher Erkenntnisse ist aber auch die universitäre Forschung und Lehre auszubauen. Dafür wurden in der PädagogInnenbildung Neu" erste Schritte gesetzt. Eine besondere Bedeutung kommt auch der Professionalisierung von Leitungskräften zu. Da bedarf es neben den entsprechenden gesetzlichen Rahmenbedingungen, Forschungsaktivitäten und der Weiterbildung der Lehrenden einer verstärkten Aus- und Fortbildung für Leitungskräfte. Hier kommt das Handbuch „Kindergartenleitung – das ABC für Führungskräfte in der Elementarpädagogik" gerade recht. Es versammelt über 30 Beiträge rund um die Aufgaben der Führungskraft aus unterschiedlichsten Perspektiven, Zugängen und Ansätzen. Insofern stellt das Buch einen weiteren Baustein zu einer Qualitätsverbesserung in der Elementarpädagogik dar. Es möge als Nachschlagwerk für all jene dienen, die sich mit Elementarpädagogik beschäftigen, und Verwendung finden bei künftigen Aus- und Fortbildungen für Leitungskräfte.

„Kindergartenleitung“ aus unterschiedlichen Perspektiven

Bernhard Koch

An die 7.000 Personen arbeiten in Österreich als LeiterInnen von Kindergärten, Krippen oder altersgemischten Einrichtungen. Der größte Teil davon in Kindergärten (rd. 4.600), die anderen in Krippen (rd. 1.200) und in altersgemischten Einrichtungen (rd. 1.100). Etwa 10% der Leitungskräfte sind freigestellt, die anderen arbeiten in unterschiedlichem Ausmaß im Kinderdienst. Etwa zwei Drittel der Kindergartenleitungen führen kleine Einrichtungen mit ein bis zwei Gruppen. Weniger als 10% führen sehr große Häuser mit fünf oder mehr Gruppen, die meisten davon (etwa 60%) befinden sich in Ober- und Niederösterreich. Über 99,5% der Leitungskräfte in Kindergärten sind Frauen (Statistik Austria 2013, Kindertagesheimstatistik 2012/2013).

Die elementare Bildung kann als die wichtigste Bildung im Lebenslauf angesehen werden, hier werden die Weichen gestellt. Den Leitungskräften von Kinderbetreuungseinrichtungen kommt unter folgenden Gesichtspunkten hohe und höchste Bedeutung sowohl für pädagogische Arbeit als auch für die Entwicklung der gesamten Elementarpädagogik zu:

- Sie prägen die Atmosphäre in der Einrichtung entscheidend mit
- Sie agieren als zentrale Verknüpfungsstelle zwischen der „Arbeit nach innen“ und der „Arbeit nach außen“ und sind verantwortlich für den Stellenwert der Einrichtung sowohl im Sozialraum als auch Gefüge der Politik.
- Sie sind idealerweise ExpertInnen der Kindheit in Verbindung mit Führungsqualitäten und verfügen über ein Netzwerk von angrenzender Institutionen und Hilfen.

So unterschiedlich die einzelnen Einrichtungen hinsichtlich Größe, Träger und pädagogischem Konzept sind, so unterschiedlich sind auch die Aufgaben. Während manche Träger über ein detailliertes Aufgabenprofil für Führungskräfte ihrer Einrichtungen verfügen, haben andere Träger eher vage Aufträge formuliert. In der Regel zählen zu den Aufgabenbereichen „die pädagogische Leitung“, „die Zusammenarbeit mit dem Träger, mit Eltern, Behörden und anderen Institutionen“ sowie die „Betriebsführung und MitarbeiterInnenführung“. KindergartenleiterInnen bewegen sich in einem Berufsfeld, in dem der Begriff „Macht“ häufig negativ assoziiert wird, obwohl Entscheidungskompetenzen, Verfügungsgewalt über Geld, Personalplanung oder der Besitz von Informationen zur Leitungsrolle dazugehören. Eine gute Führungskraft sollte vor allem Freude an der Leitungsrolle haben. Funktion, Aufgaben und Herausforderungen einer Kindergartenleitung lassen sich aus unterschiedlichsten Perspektiven heraus verorten, beschreiben und analysieren:

Im ersten Teil des Bandes geht es um eine Einführung in den Themenbereich Elementarpädagogik, um Vergesellschaftung und Aspekte der Professionalisierung von Leitungskräften. *Bernhard Koch* gibt einen Überblick über die institutionelle Kinderbetreuung in Österreich und formuliert eine Reihe von Herausforderungen, mit denen die elementare Bildung konfrontiert ist. *Wolfgang Gratz* regt in seinem Beitrag „Was Führungskräfte über Menschen und ihre Vergesellschaftung wissen sollten“ an, persönliche Glaubenssystem auf ihre Aktualität, Realitätsnähe und ihre Potentiale zur Lösung von Herausforderungen zu überprüfen. Gerade im Bildungsbereich „Kindergarten“, in dem Reflexion der eigenen Arbeit hohe Bedeutung zukommt, sei eine Auseinandersetzung mit den eigenen mentalen Modellen sinnvoll und könne zu einer größeren beruflichen und persönlichen Zufriedenheit beitragen. *Manfred Pretis* erläutert in seinem Beitrag eine „interdisziplinäre Elementarpädagogik“ und zeigt, was wir – wenn wir Kinder in den Fokus nehmen – von anderen Disziplinen lernen können. Er beschreibt ein „Team around the child“ und beschäftigt sich mit der Frage, wie Angebote gestaltet werden können, damit sie sowohl für alle Kinder verfügbar sind als auch für das einzelne Kind entwicklungsförderlich sind. Analysen und Hintergründe für eine Professionalisierung von Leitungskräften liefern das AutorInnenteam *Bernhard Koch/Nina Hover-Reisner* und *Andreas Paschon*. Sie geben einen Überblick über Herausforderungen der Leitungsrolle, Anforderungen an die Ausbildung und beschreiben einige Weiterbildungsangebote für Leitungskräfte.

Im zweiten Kapitel werden rechtliche Aspekte und wirtschaftliche Grundlagen thematisiert. Hintergrundinformationen und einen detailreichen Einblick in den Kindergarten als „öffentliche Institution“ bieten *Helfried Bauer* und *Karoline Mitterer* und vom KDZ Zentrum für Verwaltungsforschung. Der Beitrag umfasst Themen wie rechtliche Grundlagen, statistische Analysen, Finanzierung und Förderungen und schließt mit wirtschafts- und gesellschaftspolitischen Zielsetzungen. Mit den vielfältigen Facetten der betriebswirtschaftlichen Grundlagen beschäftigen sich *Josef Baumüller, Nikolai Haring und Harry A. Kühschweiger.* Sie beantworten Fragen nach der Bedeutung der Betriebswirtschaft für eine erfolgreiche Führung von Kindergärten, erörtern das Führungsumfeld von Kindergärten und geben einen Überblick über Aufgabengebiete und Führungsebenen von Kindergärten. Welche Beiträge das Controlling zur Führung des Kindergartens bzw. der Kindergärten leisten kann, beschreiben *Josef Baumüller* und *Nikolai Haring* in ihrem zweiten Beitrag. Ausführlich werden Controlling und Rechnungswesen im Kontext von Kindergärten dargelegt – auch als Balance von Widersprüchen, nicht zuletzt zwischen „Wirtschaften und Werten“. B*ernhard Koch* behandelt anschließend den Aspekt der Aufsichtspflicht und stellt ihn in Zusammenhang mit dem Förderauftrag. Die Art der Aufsicht solle die Verwirklichung von Erziehungs- und Bildungszielen unterstützen, wichtig sei die Vorbereitung der Kinder auf den Umgang mit Gefahren. *Maria Orthofer* erläutert das Thema „Kindeswohl“ und gibt Anregungen, wie Leitungspersonen Kindeswohlgefährdungen erkennen und Misshandlungen verhindern können.

Der dritte Teil beschäftigt sich mit den vielfältigen Aspekten des Personalmanagements. *Bernhard Koch* und *Lucia Eder* gehen der Frage nach, was eine nachhaltige Personalgewinnung in Kindergärten bedeutet und wie langfristig gute MitarbeiterInnen gewonnen werden können. Neben einer Erläuterung der Rahmenbedingungen wird der Auswahl, Einstellungs- und Einarbeitungsprozess dargelegt und Maßnahmen vorgestellt, um den Träger bzw. die Einrichtung für BewerberInnen attraktiver zu gestalten. Auf die Zusammenarbeit im Team geht *Heide Gekle-Schneeberger* ein. Ihr geht es um „aufmerksames Zuhören“, Empathie und Kommunikation und um die Frage wie das „Wir-Gefühl“ gestärkt werden kann. *Stefanie Reinheimer* beschäftigt sich ebenfalls mit Teamentwicklung und Führung. Sie analysiert die verschiedenen Facetten der Teamführung, beschreibt Erfolgsfaktoren guter Teamarbeit und erläutert, wie Teamsitzungen erfolgreich gestaltet werden können. *Andrea Boroviczeny-Sprenger b*eschäftigt sich mit der Bedeutung des Mitarbeiterinnengesprächs und gibt anschauliche Beispiele wie MitarbeiterInnengespräche erfolgreich verlaufen können. *Bernhard Koch* analysiert unter einer Geschlechterperspektive die Zusammensetzung des Personals und gibt Hinweise, wie sich der Kindergarten zu einem Arbeitsplatz für Frauen und Männer entwickeln kann.

Im Kapitel vier „Leitungskompetenzen“ wird auf verschiedene Aspekte der Anforderungen an Leitungskräfte eingegangen. *Birgit Traxler* beschäftigt sich in ihrem Beitrag mit der Persönlichkeitsentwicklung von Leitungskräften und zeigt anhand vieler praktischer Beispiele, wie eine Führungskraft im Kindergarten heranreifen kann. Wie man Leitungstechniken erlernt, umsetzt und erfolgreich nutzt, zeigt *Reinhold Rabenstein,* Leiter der AGB-Akademie, in seinem Beitrag. Basierend auf seinen Erfahrungen als Coach von KindergartenleiterInnen beschreibt er ein systemisches Modell von Leiten in Kindergärten und gibt hilfreiche Impulse für eine erfolgreiche Praxis. *Veronika Kotrba* und *Günter Lueger* zeigen in Ihrem Beitrag „Mit lösungsfokussiertem Führungsstil zum Erfolg“ anhand praktischer Beispiele wie in einer konstruktiven Atmosphäre lösungsorientierte Führung im Kindergarten funktioniert. Wichtig seien allerdings auch entsprechende Fortbildungen von LeiterInnen, um auf die Thematisierung von Defiziten im Kindergartenalltag lösungsorientiert und flexibel reagieren zu können. Einen Fokus auf Konflikt im Kindergartenteam legt *Petra Radeschnig.* Sie begreift Konfliktmanagement als Leitungsaufgabe, zeigt wie Konflikte erkannt werden können und legt verschiedene Konfliktlösungsstrategien dar.

Das Kapitel fünf beinhaltet Beiträge zu Zusammenarbeit und Erziehungspartnerschaft. Einleitend beschäftigen sich *Lisa Reicher-Pirchegger* und *Gerhild Bachmann* mit dem Konzept der „Sozialraumorientierung“, das Eltern miteinbezieht, um Bildungsbenachteiligungen zu verringern. Daran anschließend geben *Brigitte Rodriguez-Lopez* und *Erika Kicker* anhand eines praktischen Beispiels einen Einblick in die Entwicklung „Vom Kindergarten zum Familienzentrum“. Grundstein erfolgreicher pädagogischer Arbeit ist für sie die Zusammenarbeit mit den Eltern. Auf die Thematik der Zusammenarbeit mit den benachbarten Systemen „Familie“ und „Schule“ beschäftigen sich zwei Beiträge zur Transition, zu den Übergängen: *Luise Hollerer* beschreibt aus der Sicht der Kindergartenleitung den Übergang

Kindergarten – Schule. *Wilfrid Datler* und *Barbara Lehner* beschäftigen sich mit dem Übergang Familie – Kindergarten/Krippe und zeigen Faktoren einer gelingenden Eingewöhnung auf. Auf den Aspekt der Zusammenarbeit von Kindergartenleitung und Träger geht *Monika Riha*, Geschäftsführerin eines großen Trägers in Wien, ein, wenn sie aus professioneller Trägersicht Anforderungen an die Kindergartenleitung formuliert.

Das Kapitel sechs widmet sich der Arbeitsorganisation und dem Zeitmanagement. In einem Einleitungsartikel gibt *Arthur Drexler* einen Überblick über Gesundheitsmanagement im Kindergarten. Er thematisiert aus wissenschaftlicher Sicht die verschiedenen gesundheitlichen Belastungen und zeigt Konzepte des Gesundheitsmanagements in Kindergärten auf. Aus der Sicht der Praxis beschreibt *Maria Gritsch* wie die anfallende Arbeit bestmöglich organisiert werden kann. In einem weiteren Beitrag beschäftigt sie sich mit der Frage des Selbst- und Zeitmanagements und gibt Tipps wie sich Leitungen ihre Zeit optimal einteilen können. Methoden zur Stressbewältigung stellt *Heidi Gekle-Schneeberger* in ihrem Beitrag vor. Es geht ihr u.a. um Achtsamkeit, Selbstwertschätzung, das „Zauberwort Nein" und um Burn-out Prävention.

Im Kapitel sieben kommen verschiedene Aspekte der Kooperation und der Netzwerkarbeit zur Sprache. Im Beitrag von *Karin Steiner* geht es um Sponsoring und Fundraising. Sie zeigt, dass es bei der Akquirierung zusätzlicher Geldmittel nicht um „Bettelbriefe" geht, sondern um einen strategischen Prozess mit Marketing, Kommunikation und solidem Management. *Caroline Weberhofer* beantwortet die Frage, warum Kinderbetreuungseinrichtungen heutzutage Öffentlichkeitsarbeit brauchen und gibt Tipps, wie effiziente Öffentlichkeitsarbeit aussieht. *Raphalea Keller* zeigt in ihrem Beitrag am Beispiel des ÖDKH, des österreichischen Dachverbandes der Kindergarten- und Hortpädagoginnen, die Notwendigkeit einer starken Interessenvertretung für den Berufsstand auf. Einen weiteren Einblick in politische Lobby- und Netzwerkarbeit geben *Heide Lex-Nalis* und *Johannes-Maria Lex* am Beispiel der „Plattform EduCare". Diese Plattform hatte und hat einen maßgeblichen Einfluss auf die Weiterentwicklung der Elementarpädagogik in Österreich.

Im achten und letzten Kapitel geht es um Qualitätsmanagement als Leitungsaufgabe. *Gerald Salzmann* befasst sich in seinem Einleitungsartikel mit den verschiedenen Dimensionen des Qualitätsbegriffs und gibt kurze Einblicke in die Qualitätsdebatte und Verfahren zur Qualitätsfeststellung. *Michaela Hajszan* und *Gabriele Bäck* beschäftigen sich mit Qualitätsmanagement als Teil der Einrichtungskultur und beschreiben Good Practice Beispiele in Österreich. Wie Führungskräfte in der Elementarpädagogik die komplexe Aufgabe der Qualitätsentwicklung erfolgreich managen behandelt *Lisa Kneidinger* in ihrem Beitrag. Sie beschreibt die Schritte im Qualitätsentwicklungsprozess, den Umgang mit Widerständen und betont die Möglichkeit zur Partizipation. Abschließend beschäftigt sich *Reingard Weissensteiner* mit der Frage wie eine pädagogische Konzeption in der Einrichtung implementiert werden kann und beschreibt auf Basis eines Praxisprojektes eine Reihe von hinderlichen Faktoren und von Erfolgsfaktoren.

1 Einführung

1.1 Institutionelle Kinderbetreuung in Österreich – Status und Herausforderungen

Bernhard Koch

Die institutionelle Kinderbetreuung in Österreich befindet sich im Umbruch. Langsam, aber stetig erfolgt ein Paradigmenwechsel, der insbesondere durch folgende Merkmale gekennzeichnet ist:

- Erhöhte öffentliche Investitionen
- Kindergärten (auch) als „Bildungseinrichtung"
- Zunehmend ganzjährige, ganztätige Betreuungsangebote auch für Kinder unter drei Jahren
- Ausbau der elementarpädagogischen Forschung
- Ausweitung der Aus- und Weiterbildung auf Hochschulniveau

Sowohl auf europäischer Ebene (z. B. Europäische Kommission 2009, 2011, OECD 2006, 2012), als auch in Österreich (Bundeskanzleramt 2013, Regierungsbeschlüsse zur Finanzierung des Ausbaues, Charlotte Bühler Institut 2009) gibt es zunehmend Dokumente, die die institutionelle Kinderbetreuung auf die politische Agenda setzen und als wesentlichen Bestandteil des Bildungs- und Sozialsystems zu begreifen. Qualitativ hochwertige Betreuungsangebote werden als wichtige Maßnahmen gesehen, um sozialen und kulturellen Ungerechtigkeiten zu begegnen. Dieser „Richtungswechsel" ist eng mit der Zustimmung der „großen" Parteien SPÖ und ÖVP verbunden. Mit einem Mix aus Ausbau der Krippen und Kindergärten, steuerlicher Absetzbarkeit von Kinderbetreuungskosten und eine Förderung von Tagesmüttern konnten die beiden Parteien ihre jeweilige Klientel zufrieden stellen. Die Kinderbetreuung in Österreich kann im europäischen Maßstab traditionellerweise zu den konservativ-familialistischen Care-Regimen gezählt werden, wenn man den vergleichsweise niedrigen Anteil der unter dreijährigen Kinder in institutioneller Kinderbetreuung und den vergleichsweise hohen Anteil von nicht- bzw. gering erwerbstätigen Frauen betrachtet (vgl. Appelt 2013, S. 44). Doch in den letzten Jahren ist einiges in Bewegung geraten.

Im Regierungsprogramm 2008–2013 (Bundeskanzleramt 2008) wurde der Kindergarten als „Bildungseinrichtung" benannt und ein einheitlicher Bildungsplan gemeinsam mit den Ländern in Aussicht gestellt, der inzwischen realisiert wurde. Nicht realisiert wurde in dieser Legislaturperiode allerdings die angekündigte Weiterentwicklung der Ausbildung zu Bachelor-Studiengängen. Im Arbeitsprogramm der österreichischen Bundesregierung 2013–2018 (Bundeskanzleramt 2013) wurden u.a. folgende Herausforderungen für eine qualitätsvolle Kinderbetreuung und elementare Bildung formuliert:

- Erreichung des Barcelona-Ziels (33 % Betreuungsquote für unter 3-Jährige) in allen Bundesländern.
- Schaffung eines bundesweiten Qualitätsrahmens bis 2016.
- Ausbau und qualitative Aufwertung der Tageselternbetreuung und der Sprachförderung, Forcierung von institutionellen Einrichtungen, Tageseltern, betrieblichen Lösungen oder gemeindeübergreifenden Projekten.
- Ausbau des Fort- und Weiterbildungsangebots an den Pädagogischen Hochschulen inklusive Ausbildungsangebot. Der Forschungsauftrag soll auch die Elementarpädagogik umfassen
- Feststellung des Entwicklungstandes der Kinder im Alter von vier Jahren in einem Zusammenwirken von Bund, Ländern und Gemeinden (Schwerpunkt Sprachstandfeststellung). Verstärkung der frühen sprachlichen Förderung bis zur Schuleingangsphase
- Bessere Übergänge vom Kindergarten zur Volksschule durch Weiterentwicklung von Kooperation und Weiterleiten der notwendigen pädagogischen Informationen

Aus Sicht der elementarpädagogischen Forschung können als wichtigste Gründe frühkindliche Bildung, Betreuung und Erziehung (in Kindergarten und Familie) in den Fokus der Bildungs- und Sozialpolitik zu rücken, genannt werden (vgl. Stamm 2009):

- Bildungschancen sind stark durch die soziale Herkunft bestimmt. Kinder aus unterprivilegierten, bildungsfernen Familien haben bereits beim Eintritt in den Kindergarten nicht die gleichen Chancen wie Kinder aus Mittelschicht oder Oberschichtfamilien.
- Bei der Vereinbarkeit von Beruf und Familie/Kinderbetreuung bestehen nach wie vor große Herausforderungen.
- In der frühen Kindheit wird ein wichtiger Grundstein für den Bildungs- und Lebenserfolg gelegt. Hier werden die Weichen gestellt, was hier unterlassen wird, kann später nur mit großem Aufwand aufgeholt werden.

Zum Nutzen der Investitionen in den frühkindlichen Bereich gibt es inzwischen eine Fülle internationaler Studien und Publikationen, welche die positiven Effekte im Bereich der kognitiven Fähigkeiten, der Lernbereitschaft und Lernfreude und des Sozialverhaltens der Kinder belegen. Insbesondere Kinder aus sozial benachteiligten Gruppen und Kinder mit Migrationshintergrund profitieren.

1 Kinder zwischen Familie und Kindergarten

Familien sind üblicherweise der erste Bildungsort von Kindern und beeinflussen deren Entwicklungs- und Bildungschancen in hohem Ausmaß. Die Eltern nehmen mit ihrer Art der Kommunikation Einfluss auf die Qualität kindlicher Bindungserfahrungen, ausgehend von dieser Basis entdeckt und erforscht das Kind die „Welt". Eltern beeinflussen, inwiefern das Kind mit „Schutzfaktoren" ausgestattet ist, inwiefern es mit Angst und Frustrationen umzugehen lernt. Sie können mehr oder weniger anregende Lernumgebungen schaffen und den Erfahrungshorizont von Kindern maßgeblich beeinflussen. Das Aufwachsen von Kindern ist historisch gesehen nur in seltenen Fällen auf die Erziehung und Fürsorge in der Kernfamilie beschränkt gewesen. Entwicklungsmöglichkeiten der Kinder werden erweitert, wenn das Kind über weitere Betreuungs- oder Bezugspersonen verfügt (vgl. Ahnert 2009, 2010).

Die Familienstrukturen sind in den letzten Jahrzehnten starken Änderungen unterworfen: War zu Beginn der zweiten Hälfte des 20 Jahrhunderts noch eine klare Aufgabenteilung von Mann und Frau festzustellen, sind zu Beginn dieses Jahrhunderts die Rollen, die Frauen und Männer in Beruf und Familie einnehmen, insbesondere durch die zunehmende Erwerbsbeteiligung der Frauen und den Ausbau der Kinderbetreuung, deutlich differenzierter. Die Fertilitätsrate (Anzahl der Kinder pro Frau) nahm von 2,5, Kindern in den 60er Jahren auf 1,4 Kinder im Jahr 2012 ab. Die Zahl der Ehepaare mit Kindern verringert sich, die Zahl der Lebensgemeinschaften erhöht sich (die Zahl der Alleinerziehenden hat sich in den letzten zwei Jahrzehnten kaum verändert und liegt bei etwa 110 00 Personen). Die häufigste Familienform ist nach wie vor das Ehepaar mit Kind(ern). Der Anteil von Patchworkfamilien mit Kindern unter 15 Jahren ist mit 9 % – entgegen der medialen Berichterstattung – erstaunlich gering. Die meisten der Familien mit Kindern unter 15 Jahren haben nur ein Kind (53 %), 36 % haben 2 Kinder und rd. 10 % haben 3 oder mehr Kinder. Nur rd. 10 % der Kinder leben bei einem alleinerziehenden Elternteil (vgl. Schipfer 2013). Etwa die Hälfte der Kinder in Kindergärten sind somit Einzelkinder. Die Betreuung in Kindergärten bietet daher „eine wertvolle Möglichkeit für soziale Erfahrungen und Kontakte mit anderen Kindern in einer zunehmend „sozial ausgedünnten Kinderwelt“ (Fuchs/Kränzl-Nagl 2010, S. 508).

Ein Drittel der Mütter von Kindern, die eine Krippe besuchen, sind nicht berufstätig (Väter 7 %), bei den Kindergärten sind es rd. 40 % (Statistik Austria 2012) (Väter 5 %). Dies passt auch zusammen mit Umfragen über Werthaltungen zur Kindererziehung. So kommt eine auf Basis der Daten des „International Social Survey Programms“ (ISSP) für Österreich vorgenommene Auswertung zum Ergebnis, dass die Mehrheit der Bevölkerung (51 %) der Meinung ist, dass eine Frau mit einem Kind im Vorschulalter nicht erwerbstätig sein sollte. 46 % sind der Auffassung, dass sie Teilzeit arbeiten sollte (Dörfler 2007, S. 11). Eine Unterscheidung nach dem Geschlecht zeigt, dass diese Präferenzen nicht ausschließlich auf klare Voten der Väter zurückgehen, sondern auch stark von Frauen geteilt wird. 47 % der Frauen und 55 % der Männer sind nach einer Erhebung vom Jahr 2002 der Meinung, dass Frauen mit Vorschulkindern nicht erwerbstätig sein sollten. Im Jahr 1988 waren noch 68 % der Frauen und 74 % der Männer dieser Meinung (Wernhart et al. 2007). Auch eine Studie aus dem Jahr 2013 bei Jugendlichen zeigt, dass deren Präferenzen hinsichtlich der Kinderbetreuung einem sehr traditionellen Familienbild entsprechen (Baierl et al. 2013, S. 73).

In den letzten Jahrzehnten haben Entwicklungs- und Verhaltensstörungen bei Kindern zugenommen, genannt werden Lern- Aufmerksamkeits- und Aktivitätsstörungen sowie emotionale Dysregulation und Gewaltbereitschaft (vgl. Ahnert 2009, S. 31). Relativierend wird bemerkt, dass es grundsätzlich schwierig sei zu sagen, ob sich das Spektrum der Störungen real verändert hat oder ob unsere Aufmerksamkeit in Kombination mit verbesserten Diagnosemöglichkeiten das Spektrum verschieben würde (Schulte-Markwort 2012). Unbestritten ist weitgehend, dass Störungsbilder bei Kindern aus Familien mit einem niedrigem sozioökonomischen Status erheblich häufiger auftreten (Ravens-Sieberer et al. 2012). Kinder, die in Armutslagen aufwachsen, erhalten zu Hause eher weniger Anregungen für ihre kognitive und sprachliche Entwicklung. Das Risiko, dass sie aufgrund ungünstiger Erziehungsmuster psychische Störungen oder Verhaltensauffälligkeiten entwickeln sei signifikant höher (Sarimski 2013, S. 34). Psychosoziale Risiken betreffen beispielsweise Familien, wenn drei oder mehr der folgenden Faktoren zutreffen (vgl. Mannheimer Längsschnittstudie nach Sarimski 2013, S. 10): niedriges Bildungsniveau der Eltern, beengte Wohnverhältnisse, psychische Störungen eines Elternteiles, disharmonische Partnerschaft, frühe Elternschaft, Ein-Kind-Familie, unerwünschte Schwangerschaft, mangelnde soziale Integration und Unterstützung, ausgeprägte chronische Schwierigkeiten etc. Doch nicht sozioökonomische Faktoren alleine beeinflussen die Entwicklungsmöglichkeiten der Kinder, wie Kathy Silva, die Mitautorin der EPPE-Studie (Silva 2010) betont „What you do at home is more important than what you are“[(Fn1)]. Als entscheidende Ansatzpunkte für eine Förderung kindlicher Resilienz werden vor allem die Unterstützung einer entwicklungsfördernden Eltern-Kind-Beziehung sowie ein wertschätzendes und unterstützende Klima in der Kinderbetreuungseinrichtung gesehen.

Familien mit Migrationshintergrund weisen in vielerlei Hinsicht ungünstigere Ausgangsbedingungen auf (z. B. Einkommen, Bildungsstand) als Familien ohne Migrationshintergrund. Sie bringen ihre Kinder später in eine Kinderbetreuungseinrichtung und nehmen weniger Betreuungsstunden in Anspruch als Eltern ohne Migrationshintergrund (vgl. Tietze et a. 2012, Stanzel-Tischler/Breit 2009). Auch Armutsgefährdung schränkt die Nachfrage nach institutioneller Kinderbetreuung ein.

Bei der gesamten Entwicklung der institutionellen Kinderbetreuung ging es weniger um pädagogische Aspekte, sondern mehr um erwachsenen- und gesellschaftsbezogene Aspekte. Der Kindergarten kann als Reaktion auf wirtschaftliche, politische und gesellschaftliche Änderungsprozesse gesehen werden und ist mit der Entstehung des bürgerlichen Familienmodells verknüpft. Die Wurzeln dafür sind in der im 18. Jahrhundert beginnenden Industrialisierung zu suchen, die mit der Trennung von Privatsphäre und Produktion einherging (vgl. Amthor 2003). Im Zuge der Industrialisierung ging es darum, Müttern die Erwerbstätigkeit zu er-

1. Silva Kathy: Keynote: Quality in Early Childhood education: Can it be international? 23rd EECERA Conference, Tallinn, Estonia, August 28 – August 31, 2013

möglichen. Auch bei der gegenwärtigen Ausweitung des Betreuungsangebotes sowohl in Österreich als auch in der gesamten EU scheinen Fragen des Arbeitsmarktes, der weiblichen Berufstätigkeit und des Wirtschaftsstandortes im Vordergrund zu stehen. Die Institutionen der Kinderbetreuung haben neu definiert, was es heißt, ein Kind zu sein und welche Erfahrungen ein normales Kind machen sollte. Die Normierung der Lebensphase „Kindheit" wird durch den Ausbau der institutionellen Kinderbetreuung immer mehr vertieft (vgl. Honig 2012, S. 117f).

Die institutionelle Kinderbetreuung kann sowohl zu den Instrumenten der Bildungspolitik als auch zu den Instrumenten der Familienpolitik gezählt werden (vgl. Münz/Reiterer 2010, S. 841)[(Fn2)]. Grundsätzlich können mehrere Strategien genannt werden, um die gesellschaftspolitischen Ziele nach Abbau sozialer Ungleichheit und größerer Gerechtigkeit in Bildung und Erziehung zu erreichen:

- Der quantitative und qualitative Ausbau der institutionellen Kinderbetreuung,
- die Stärkung der elterlichen Erziehungskompetenz und
- der Ausbau der Tageselternstrukturen.

Im Gegensatz zum Bereich der institutionellen Betreuung sind Studien zum Thema „Tageseltern" nur in geringem Maß vorhanden. Unterschiedliche Rahmenbedingungen, beispielsweise beim Ausbildungsniveau der Tageseltern, erschweren die internationale Vergleichbarkeit (Kaindl 2010). Im Jahr 2007 waren in Österreich rd. 3 600 Tageseltern tätig (fast 40 % in Niederösterreich), es wurden rund 13 000 Kinder betreut. „Tageseltern nehmen somit in allen Kindesaltersklassen quantitativ betrachtet eine untergeordnete Rolle ein, sie decken aber ein breites Altersspektrum ab, indem sowohl Kleinstkinder unter 1½ Jahren als auch Schulkinder betreut werden" (Kaindl et al. 2010, S. 67).

Einen Wandel im Familiengefüge stellt insbesondere auch der Ausbau der Kinderbetreuungsplätze für unter dreijährige dar. Dieser rasche und bisweilen ohne stringenten Bezug zur Qualitätsdiskussion sich vollziehende Ausbau der Krippen wird skeptisch gesehen nicht nur von Personen, die ein eher traditionelles Familienbild haben, sondern auch von Fachleuten aus der Entwicklungspsychologie und von Kinderärzten. Es komme darauf an, die Auswirkung der Fremdbetreuung auf die kindliche Entwicklung detailliert zu belegen. Betreuung minderer Qualität hätte im günstigsten Fall keine, vermutlich jedoch negative Auswirkungen auf die Entwicklung von Kindern (Ahnert et al. 2013). Ein Kinderärztekongress in Deutschland hat eine entwicklungsmedizinische Empfehlung unterbreitet, in der eine Gruppentagesbetreuung von Kindern unter zwei Jahren abgelehnt wird und eine Gruppenbetreuung von Kindern zwischen 2 und 3 Jahren maximal halbtägig und bis zu 20/Stunden in der Woche betragen sollte (Böhm 2012, S. 7). Begründet wird dies mit einer erhöhten Stressbelastung von Kleinkindern und den Ergeb-

2. Weitere Instrumente der Familienpolitik wären Transferleistungen wie die Familienbeihilfe, Kinderbetreuungsgeld oder steuerliche Maßnahmen; wobei die Höhe der familienbezogenen Transferleistungen nur wenig Einfluss auf die Höhe der Kinderzahl hat, wichtiger scheinen stärker ausgebaute institutionelle Kinderbetreuungen zu sein (a.a.O. S. 858).

nissen einer breit angelegten Studie aus den USA (NICHD-Studie), die auf Basis der Ergebnisse einerseits empfiehlt die Betreuungsqualität zu steigern, andererseits auch die Betreuungsdauer zu reduzieren und die Eltern in ihrem Erziehungsauftrag zu stärken. Insgesamt lässt sich feststellen, dass ExpertInnen unterschiedliche Alter der Kinder für den Beginn einer externen, institutionalisierte Betreuung angeben. Unbestritten ist, dass hochqualitative familienexterne Angebote – auch für unter Dreijährige – einen Beitrag zur sozialen und kognitiven Entwicklung leisten können (vgl. Stamm 2010, S. 193ff, Lamb, M. & Ahnert, L. 2003). Als „interessant" erweist sich für Fthenakis (2013) die Tendenz der Eltern, der Krippe Priorität gegenüber den Tageseltern einzuräumen. Man hätte es unterlassen, die Eltern über die Effekte dieser unterschiedlichen Formen auf die kindliche Entwicklung zu informieren[(Fn3)].

Hohe Bedeutung für die kindliche Entwicklung – so lässt sich zusammenfassend feststellen – hat die Familie, ihre Qualität der Beziehungen und des Anregungsmilieus. Eine familienergänzende Betreuung kann deshalb immer nur als positive Ergänzung zur Kernfamilie des Kindes betrachtet werden, nicht jedoch als Ersatz. Deshalb müssen Kinderbetreuungseinrichtungen und LeiterInnen bestrebt sein die familieninternen Ressourcen zu stärken(Stamm 2009, S. 13). Kinderbetreuungseinrichtungen bzw. erweiterte Beziehungsnetze tragen dazu bei, dass das Eltern- Kind-System eine gute Beziehungsqualität entwickeln und aufrechterhalten kann. Der Erziehungspartnerschaft Eltern – Kindergartenpersonal kommt deshalb ein hoher Stellenwert zu.

2 Eckdaten zu Kinderbetreuungseinrichtungen in Österreich

2.1 Anzahl der Kinder und Betreuungsquote

Im Jahr 2012 besuchten rd. 270 000 Kinder in Österreich eine elementare Betreuungseinrichtung (Kindergarten, Krippe, altersgemischte Betreuungseinrichtung). Diese Zahl ist zwar niedriger als die Zahl der Volkschulkinder (328 121 im Jahr 2011/2012), zeigt aber eindrucksvoll die zahlenmäßige Bedeutung der vorschulischen Bildungseinrichtungen. Während 90 % der 3-5 Jahre alten Kinder einen Kindergarten besuchen, sind es bei den 1-2 Jährigen 20,8 % (Statistik Austria 2013). Die Betreuungsquote bei den 0-2 jährigen Kindern stieg in den letzten Jahren deutlich an von nur 4,6 % im Jahr 1995 auf 8,7 % im Jahr 2002. Die regionalen Unterschiede dabei sind erheblich: In Wien und Burgenland wurde die von der EU geforderte Betreuungsquote für unter 3jährige Kinder von 33 % überschritten bzw. fast erreicht, in anderen Bundesländern wie der Steiermark oder Oberösterreich liegt sie bei etwa 12 %. Spitzenreiter bei den Betreuungsquoten der 3-5 jährigen sind Burgenland mit 99 % bzw. Niederösterreich mit 96 %.

3. So stärke nach Fthenakis beispielsweise der Besuch einer Krippe die Sprachkompetenz und die kognitive Entwicklung des Kindes stärker als eine Tagesbetreuung bei einer Tagesmutter, während letztere stärker auf die soziale Kompetenz des Kindes fokussiere.

2.2 Herkunft und sozioökonomischer Hintergrund der Kinder:

Kulturellere Herkunft und sozioökonomischer Hintergrund der Kinder in Kinderbetreuungseinrichtungen variiert regional und je nach Einrichtung in hohem Maße. Über 13 Prozent der in Kindertagesheimen betreuten Kinder haben nicht die österreichische Staatsbürgerschaft. In Wien (21,7 %) ist der Ausländeranteil in Kindertagesheimen am größten, in Niederösterreich und im Burgenland (rd. 8 %) am geringsten. Bedeutsam für die pädagogische Praxis ist allerdings weniger die Staatszugehörigkeit, sondern die Muttersprache: Etwa 30 % der Kinder haben nicht-deutsch als Muttersprache. Nach Bundesländern betrachtet befinden sich in Wien die anteilsmäßig meisten Kinder mit nicht deutscher Muttersprache (57,9 %), während Kärnten (11,1 %) recht deutlich unter dem Österreich-Durchschnitt liegt.

Was den soziökonomischen Status der Eltern der Kinder betrifft lassen sich auf Basis des Österreichischen Bildungsberichtes 2012 (Bruneforth/Lassnigg 2012, S. 22ff) folgende Aussagen treffen(Fn4): Ein Drittel der Kinder hat wenigstens einen Elternteil, der angibt, eine akademische bzw. eine führende Position zu haben. Bei Kindern zugezogener Eltern ist der Anteil mit niedrigem Berufsstatus etwa dreimal so hoch wie bei Kindern einheimischer Eltern. Von den Kindern mit türkischer Herkunft haben ca. 40 % Eltern mit niedriger und nur etwa 10 % Eltern mit hoher Berufsstellung.

Österreichweit gehören ein Drittel der Kinder zu mindestens einer der drei sozialen Gruppen mit erhöhtem Bildungsrisiko, 9 % fallen gleichzeitig in zwei Risikogruppen. Von den Kindern einheimischer Eltern gehört jedes fünfte Kind zu einer Risikogruppe, von den Kindern mit Migrationshintergrund haben 36 % zwei oder drei Risikofaktoren. Eine Mehrfachzugehörigkeit zu Risikogruppen ist wesentlich seltener im ländlichen Raum (5 % der Kinder) als in urbanen Zentren (15 % der Kinder).

2.3 Anzahl, Entwicklung und Größe der Einrichtungen

In Österreich gibt es rd. 4 700 Kindergärten, 1 350 Kinderkrippen und 1 100 altersgemischte Betreuungseinrichtungen, zusammen also mehr als 7 100 Einrichtungen und entsprechend viele Einrichtungsleiterinnen und Einrichtungsleiter. Im Vergleich dazu gibt es 3 135 Volksschulen und entsprechend viele DirektorInnen. In einer durchschnittlichen Volksschule befinden sich 104 Kinder, in einer durchschnittlichen vorschulischen Einrichtung 38 Kinder (Statistik Austria 2013, eigene Berechnungen). In den letzten 40 Jahren, von 1972 bis 2012, hat die institutionelle Kinderbetreuung in Österreich einen rasanten Wandel erfahren (Statistik Austria 2013):

4. Stellvertretend für den Kindergarten werden solide Daten zum Bildungsstand und zum beruflichen Status der Eltern, dem Migrationshintergrund und dem Sprachgebrauch der Kinder der 4. Schulstufe herangezogen.

- die Zahl der Kindergärten hat sich mehr als verdoppelt (von 2100 im Jahr 1972/73 auf 4 668 im Jahr 2012/2013)
- die Zahl der altersgemischten Einrichtungen nahm von 173 im Jahr 2001/2002 auf 1 105 im Jahr 2012/13 zu.
- Am bemerkenswertesten ist die Entwicklung im Bereich der Krippen: Die Anzahl der Krippen versiebenfachte sich (von 186 im Jahr 1972/73 auf 1349 im Jahr 2012/13).

Die Mehrzahl der Kindergärten ist relativ klein und überschaubar und bestehen aus 1-2 Gruppen (rd. 3000 von rd. 4 700), nur etwa 8 % sind sehr große Kindergärten mit 5 oder 6 Gruppen. Noch kleiner organisiert sind die Krippen: Deutlich über 90 % verfügen nur über ein oder zwei Gruppen (Statistik Austria 2013)

2.4 Finanzierung

Ein Blick auf die staatliche Bildungsausgaben nach Bildungsbereichen und Gebietskörperschaften (Statistik Austria 2013a) zeigt, dass die Gemeinden mit den höchsten Ausgaben im Elementarbereich konfrontiert sind (1 475 Mio. €), die Bundesländer wenden rd. 356 Mio € auf (jeweils im Jahr 2010). Verglichen mit dem Primarbereich (2 889 Mio €) wurden für den Elementarbereich (1 742 Mio €) insgesamt deutlich weniger ausgegeben, was auch mit unterschiedlichen Kinderzahlen und unterschiedlichen Strukturen in Zusammenhang steht.

2.5 Entwicklung des Personalstandes

Die Entwicklung des Personalstandes ist rasant, nicht nur wegen der steigenden Zahlen der Einrichtungen, auch aufgrund verringerter Gruppengrößen und Betreuungsschlüssel:

Die Anzahl des Personal in Kindergärten vervierfachte sich (von 8 500 im Jahr 1972/73 auf 32 400 im Jahr 2012/2013, jenes in Horten versechsfachte sich nahezu, jenes in altersgemischten Einrichtungen hat sich von rd. 800 Personen im Jahr 200/1 auf 2012/2013 auf rd. 5 500 Personen fast versiebenfacht, das Krippenpersonal erreichte mit 6 500 Personen eine Verachtfachung. Fast ausschließlich Frauen profitieren von diesen neuen Arbeitsplätzen und prägen damit weiterhin das Image eines „Frauenberufs". Insgesamt sind in den Kindertagesheimen im Jahr 2012/2013 in Österreich rd. 51 000 Personen beschäftigt, der Männeranteil beträgt etwa 2 %. Die Zahl der AbsolventInnen der BAKIPS steigerte sich in den letzten Jahrzehnten deutlich. Die Schulstatistik zeigt für die letzten Jahre eine leicht steigende Anzahl von bestandenen Reife- und Diplomprüfungen bei „Lehrer- und Erzieherbildenden Schulen", also in wesentlichen der BAKIPS: Sie steigerte sich vom Jahr 1990 (820 AbsolventInnen) über das Jahr 2000 (1 691 Absolventinnen), auf annähernd 2 000 AbsoventInnen im Jahr 2011.

2.6 Öffnungszeiten

„Ganztages und Ganzjährig“ ist die Zielrichtung vieler Interessengruppen, wenn es um den Ausbau der Betreuungseinrichtungen geht. Im Jahr 2012 sind neun von zehn Kindertagesheimen“ ganztägig“ offen (Öffnungsdauer mindestens sechs Stunden). Vier von zehn Kindertagesheimen bieten für zehn und mehr Stunden Kinderbetreuung an. Nur jedes zehnte Kindertagesheim hat durchschnittlich weniger als sechs Stunden pro Tag geöffnet. Im Bundesländervergleich zeigt sich, dass Wien bei allen Betreuungsformen die längsten Öffnungszeiten anbietet. Rund 40 % der Kindertagesheime haben mehr als 49 Wochen/Jahr geöffnet (der Großteil dieser Einrichtungen in Wien), doch fast 20 % haben 40 oder weniger Wochen im Jahr geöffnet. Im Durchschnitt hat ein Kindertagesheim 28 Betriebstage pro Jahr geschlossen, die meisten Schließtage fallen in die Sommerferien (Statistik Austria 2013).

2.7 Prognose der Kinderzahl – wieviel Plätze braucht es künftig?

Das Fertilitätsniveau Österreichs gemessen an der Gesamtfertilitätsrate liegt bei etwas mehr als 1,4 Kindern pro Frau. Nach dem Babyboom mit dem Höhepunkt im Jahr 1963 sank die Gesamtfertilitätsrate zu Beginn der 1970er-Jahre auf unter zwei Kinder pro Frau und erreichte schließlich im Jahr 2001 ihr Minimum mit 1,33. Differenziert nach der Staatsangehörigkeit bzw. nach dem Geburtsland der Mutter zeigten die Gesamtfertilitätsraten deutliche Unterschiede. Im Jahr 2011 betrug die Fertilitätsrate der Frauen mit österreichischer Staatsbürgerschaft 1,33, bei den Ausländerinnen etwa 2 Kinder. Deutlich über dem Durchschnitt der Ausländerinnen bewegten sich die durchschnittlichen Kinderzahlen bei Frauen mit türkischer Staatsangehörigkeit (2,69) (Statistik Austria 2012 Demographisches Jahrbuch 2011, S. 37). Eine Prognose zeigt, dass die Zahl der unter 2-jährigen Kinder in den nächsten zehn Jahren bundesweit ansteigen wird. Im Jahr 2020 sollte es in dieser Altersgruppe mit 249 000 um 6 % mehr Kinder geben als im Basisjahr der Prognose 2011 (235 000). Bis zum Jahr 2026 steigt ihre Zahl um 7 % auf 252 000 an. Die Besetzungszahlen im Kindergartenalter, also der 3- bis 5-Jährigen, bleiben kurzfristig relativ konstant und steigen dann ebenfalls wieder an. Für das Jahr 2029 ist ein Anstieg auf 256 000 Kinder zu erwarten, das ist ein Plus von 7 % gegenüber dem Basisjahr 2011. Diese Informationen sind insbesondere auch auf regionaler Ebene für die Planung von Kinderbetreuungseinrichtungen von großer Bedeutung, da regional differenziert die Kinderzahl in den Ballungszentren steigen wird (Statistik Austria 2012, Demografisches Jahrbuch S. 54).

2.8 Träger

Der Träger übernimmt Verantwortung für das Gebäude, agiert als Arbeitgeber, verwaltet die Finanzen und steuert insgesamt die Entwicklung – auch bei pädagogischen Konzepten (vgl. Altgeld/Stöbe-Blossey 2010). Die Trägerlandschaft in Österreich ist sehr heterogen, es gibt kleinste Einrichtungen, die von einem ehrenamtlich organisierten Elternverein getragen werden sowie sehr große Träger. Kritische Stimmen zur Heterogenität meinen, dass durch die Trägervielfalt die Etablierung eines professionellen, flächendeckenden Kinderbetreuungswesens erschwert werde. Bürgermeistern, ehrenamtlichen Vereinsvorständen oder Kirchenverantwortlichen komme unangebrachte Einflussnahme in Bezug auf fachliche Qualifizierung, Personaleinstellung o.ä. zu. Beispielhaft für die Trägervielfalt soll das Bundesland Wien herausgegriffen werden. Hier etwa gibt es neben der Stadt Wien vier große konfessionelle Betreuungseinrichtungen bzw. Trägerverbände („Diakonie Kindergärten“, „Kinderbetreuungseinrichtungen der evangelischen Superintendentur“, „St. Nikolaus-Kindertagesheimstiftung“, „Vereinigung katholischer Kindertagesheime“) sowie eine Reihe großer privater Träger und Interessensgemeinschaften wie „Wiener Kinderfreunde“, „Kinder in Wien“, „Kindercompany“, „Dachverband der Wiener Privatkindergärten-und Horte, „Dachverband von Montessori-Einrichtungen“ oder „Wiener Kinder- und Jugendbetreuung“.

Über zwei Drittel des Personals in Kindertagesheimen ist bei Gemeinden angestellt, dieser Anteil ist in den letzten Jahrzehnten in etwa gleich geblieben. Zurückgegangen ist der Anteil des Personals, das bei katholischen Erhaltern angestellt ist (von 21 % im Jahr 1972 auf 13 % im Jahr 2002), der Anteil der Vereine ist stark gestiegen (von 5 % im Jahr 1972 auf 13 % im Jahr 2002) (Statistik Austria 2013, eigene Berechnungen). Diese Daten lassen den Schluss zu, dass – was die pädagogische Ausrichtung angeht – eine Säkularisierung stattgefunden hat.

Je nach Träger lassen sich verschiedene Werthaltungen und Konzepte zuordnen (katholische Träger, Vereine, kommunale Träger). Mitarbeiterinnen konfessioneller Träger etwa sind zu entsprechenden Werthaltungen aufgefordert, die religionspädagogische Aufträge nehmen einen höheren Stellenwert ein. Systematische Erhebungen über die pädagogischen Konzepte in den Kinderbetreuungseinrichtungen bzw. bei Trägern sind allerdings nicht vorhanden.

2.9 Rechtliche Aspekte

Das Recht im Bereich Kinderbetreuung ist in Österreich auf Bundesländerebene organisiert. Länderübergreifend wurden seit dem Jahr 2008 einige Vereinbarungen gemäß Art. 15a B-VG zum Bereich Kinderbetreuung zwischen Bund und Ländern beschlossen (z. B. über den Ausbau der Einrichtungen, über die Einführung einer verpflichtenden sprachlichen Frühförderung oder über Einführung eines verpflichtenden, kostenlosen Kindergartenjahres). Es gibt Bestrebungen durch ein Bundesrahmengesetz eine durchgängig hohe Qualität in der Kinderbetreuung sicherzustellen (z. B. Standards zu Gruppengrößen, Betreuungsschlüssel etc.). Das wird als eine wichtige Voraussetzung gesehen, damit der Auftrag als elementare Bildungseinrichtung von Krippen und Kindergärten wirklich erfüllt werden kann. Die Stammformen der Ländergesetze sind sich in ihrer Grundstruktur ähnlich. Die rechtlichen Vorgaben zu Gruppengrößen und Personalerfordernis lassen sich wie folgt zusammenfassen (vgl. im folgenden Baierl/Kaindl 2011, S. 18ff). Zu beachten ist dabei, dass bei der gegenwärtigen rasanten Entwicklung des Kindergartenwesens und der Ausbildung die rechtlichen Aspekte einem raschen Wandeln unterworfen sind.

- **Krippen:**
Ein Vergleich der Kinderbetreuungsgesetze zeigt, dass in Krippen in keinem Bundesland mehr als 15 Kinder/Gruppe betreut werden dürfen; je nach Alter der Kinder reduziert sich die maximale Gruppengröße. In der Regel werden zwei BetreuerInnen (eine Fachkraft und eine Hilfskraft) pro Gruppe eingesetzt. Bei einer Vollauslastung der Gruppe ergeben sich Betreuungsschlüssel von 1:8 (wie etwa Wien, Burgenland) bis 1:5 (Vorarlberg). Die länderspezifischen, unterschiedlichen Anforderungen an das Fachpersonal zeigt sich in folgender Aufzählung sehr deutlich: „In den meisten Bundesländern benötigen pädagogische Fachkräfte eine Ausbildung als Kindergartenpädagogin/-pädagoge (Burgenland, Kärnten, Oberösterreich, Steiermark, Wien), in Tirol ist zusätzlich die Ausbildung für Früherziehung vorgeschrieben. In Vorarlberg ist diese Ausbildung erwünscht, es werden aber auch ErzieherInnen und PflichtschullehrerInnen als pädagogische Fachkräfte in Kinderkrippen anerkannt. In Salzburg gelten neben KindergartenpädagogInnen auch LehrerInnen, SozialarbeiterInnen, AbsolventInnen eines Pädagogikstudiums, PsychologInnen, Säuglings- und KinderpflegerInnen, KinderkrankenpflegerInnen und FamilienhelferInnen als pädagogische Fachkräfte. In Niederösterreich ist eine einschlägige Berufsausbildung (KindergartenpädagogInnen, SozialpädagogInnen, HorterzieherInnen, DiplompädagogInnen) bzw. eine 220-stündige Grundausbildung Qualifikationserfordernis. Die Qualifikationsanforderungen für Hilfskräfte in Kinderkrippen differieren stark von Land zu Land. In Kärnten, Niederösterreich, Tirol und Wien gibt es keine speziellen Anforderungen. In Salzburg wird die Ausbildung für Tages- oder Pflegeeltern, in Vorarlberg die Ausbildung für Spiel- und Kinderbetreuung empfohlen. In Oberösterreich benötigt eine Hilfskraft eine Ausbildung über 60 Stunden, im Burgenland über 200 Stunden und in der Steiermark über 300 Stunden plus ein Praktikum im Ausmaß von zwei Monaten (Baierl/Kaindl 2011, S. 18f). Im Zuge des Mangels an Fachkräften im Bereich der Krippen werden auch Lehrgänge zur Kinderkrippenpädagogin/zum Kinderkrippenpädagogen als gleichwertig zur BAKIP Ausbildung anerkannt[(Fn5)].

- **Kindergärten:**
Ein Vergleich zeigt, dass die maximale Gruppengröße bei den meisten Gesetzen bei 25 Kinder/Gruppe liegt, in Tirol sind 20 Kinder, in Vorarlberg 23 Kinder maximal zugelassen. Häufig sind zwei Betreuerinnen in der Gruppe, es reichen aber – rechtlich gesehen – auch halbe Hilfskräfte (eine Hilfskraft für zwei Gruppen). Bei einer vollen Auslastung ergeben sich Betreuungsschlüssel von 1:12 bis 1:17. Alle pädagogischen Fachkräfte im Kindergarten benötigen eine Ausbildung

---

5. Z. B. Verordnung der Tiroler Landesregierung vom 11.2.2013 über die Gleichwertigkeit von fachlichen Anstellungserfordernissen für pädagogische Fachkräfte in Kinderkrippengruppen. Landesgesetzblatt für Tirol Stück 6/2013

zur Kindergar-tenpädagogin/zum Kindergartenpädagogen. Die Bestimmungen für das Hilfspersonal sind dabei ähnlich unterschiedlich wie bei den Kinderkrippen. Baierl/Kaindl (2011, S. 20): „Zusätzlich zu Kärnten, Tirol und Wien, sind auch in Vorarlberg keine formalen pädagogischen Qualifikationen erforderlich. In Oberösterreich wird eine 60-stündige, im Burgenland eine 200-stündige und in der Steiermark eine 300-stündige Ausbildung mit dreimonatiger Praxis benötigt. In Niederösterreich benötigen Hilfskräfte in Kindergärten eine Ausbildung zur Kinderbetreuerin/zum Kinderbetreuer im Ausmaß von 80 Theorie- und 36 Praxisstunden“. Für den Fall, dass keine entsprechend qualifizierten Personen zur Verfügung stehen, können in den meisten Bundesländern niedriger qualifizierten Personen zeitlich befristet als pädagogische Fachkraft angestellt werden.

3 Politische und pädagogische Herausforderungen

Aus der Fülle von aktuellen Herausforderungen für die Elementarpädagogik sollen im Folgenden einige Punkte herausgegriffen werden:

3.1 Stellenwert von Kindern in der Gesellschaft

Immer wieder zeigen Befragungen, dass nur etwa ein Drittel der ÖsterreicherInnen ihr Land als „kinderfreundlich“ wahrnehmen, in Dänemark sind es 90 Prozent (Stiftung für Zukunftsfragen 2013). Die Kindergärten hingegen können – je nach Perspektive – als „Ghettos der Kinderfreundlichkeit“, aber auch als „Orte der Überbehütung“ bezeichnet werden. Von einer Verinselung der Kindheit ist die Rede, Kinder werden zwischen diesen Inseln („Familie“, „Kindergarten“, „Sporteinrichtung“, Freundinnen/Freunde“ etc.) durch einen in vielerlei Hinsicht „gefährlichen Raum“ (Gefährdung durch Autoverkehr, Angst vor Missbrauch und Gewalt etc.) transportiert (und dabei kontrolliert).

3.2 Unterfinanzierung und Überforderung des Systems „Elementarbildung“

Die Organisation für wirtschaftliche Zusammenarbeit und Entwicklung (OECD) hat vor Jahren als Zielgröße für das Soll-Volumen an öffentlichen Mitteln für die Kindertagesbetreuung der Kinder bis zum Schuleintritt ein Prozent des Bruttoinlandsprodukts (BIP) vorgegeben. Österreich – wie viele andere Länder – kommt auf etwa 0,5 % des BIP, die skandinavischen Länder oder auch Frankreich erreicht etwa 1 % (Europäische Kommission 2012). Die größte Herausforderung der Elementarpädagogik in Österreich scheint darin zu bestehen, dass nicht zuletzt durch mangelhafte PISA-Ergebnisse, alle jene Probleme, die sich bei Schulkindern zeigen und die offenbar im gegenwärtigen Schulsystem nur schwer gelöst werden können, nun als Aufgabe des Elementarbereichs gesehen werden. Dass dies bei gleich bleibenden Ressourcen eine Überforderung des Systems und des Personals darstellt, ist unschwer zu erkennen. Eine Verlagerung der Ressourcen (z. B. vom

(Hoch)schulbereich oder vom Arbeitsmarktbereich zum Elementarbereich[(Fn6)]) ist aufgrund der Eigeninteressen der Apparate eine schwierige politische Aufgabe – sofern sie denn gewollt wäre. Auch innerhalb des Schulbereichs gäbe es ein großes Einsparpotential („gravierende Effizienzprobleme", Lassnigg et al. 2009) In der öffentlichen Diskussion ist jedenfalls – wenn es um die Lösung von Problemen bei Jugendlichen geht – der Hinweis „Da muss man schon im Kindergarten ansetzen" unüberhörbar, und zwar sowohl von Seiten der Wissenschaft als auch von Seiten der Politik.

3.3 Qualitätsentwicklung

Für Österreich liegen einige wenige Publikationen zur Qualität in Kindergärten vor (z. B. Bäck et al. 2006, Charlotte Bühler 1996, Wetzel et al. 1997, OECD 2006 a,b), in manchen Studien wurde eine vergleichsweise gute Prozessqualität festgestellt (Stanzel-Tischler/Breit 2009). Allerdings gibt es zu wenig breit angelegte, aussagekräftige und aktuelle empirischen Erhebungen. Möglicherweise ist die NUBBEK –Studie auch für Österreich berücksichtigungswürdig (Tietze et al 2012), die für Deutschland betont, dass die Qualität pädagogischer Prozesse in den Einrichtungen unbefriedigend sei und verbessert werden sollte. Bemerkenswert ist der Qualitätsunterschied in Gruppen mit hohem und niedrigem Anteil von Kindern mit Migrationshintergrund: Kinder, die Gruppen mit höheren Anteilen von Kindern mit Migrationshintergrund besuchen, erfahren demnach eine vergleichsweise schlechtere Prozessqualität. Es ist anzunehmen, dass so wie in anderen Ländern (wie etwa Schweden), auch in Österreich hohe Qualitätsunterschiede *zwischen* den Kindergärten bestehen (vgl. Pramling Samuelsson/Sheridan 2009). Gerade Kindergärten mit schlechter Qualität müssten vorrangiges Ziel von bundesweiten Qualitätsentwicklungsmaßnahmen sein. Der Kenntnisstand welche Kindergärten davon betroffen sind, ist allerdings mangelhaft. Die geringe Zuständigkeit des Bundes und ein geringes Maß an Kooperation, „gekoppelt mit einer nicht ausreichenden Zahl von Fachkräften im Verwaltungs- und Aufsichtsbereich in den Bundesländern" stellt im Bereich der Qualitätsentwicklung eine große Herausforderung dar (vgl. OECD 2006b; S. 65). Auf politischer Ebene ist eine vergleichsweise gering ausgeprägte Interessenvertretung vorhanden, die die Ressourcen für den Beruf und damit verknüpft auch die Qualität der Kinderbetreuung auf ein höheres Niveau bringen könnte. Insgesamt müsste ein bundesweites System zur Qualitätssicherung eingeführt werden. Möglicherweise ist dabei die Einführung eines träger- und konzeptübergreifenden nationalen Qualitäts-Gütesiegels zielführend.

6. Bspw. sprach sich der Staatssekretär für Integration, Sebastian Kurz, für eine Budget-Umschichtung vom Arbeitsmarktförderung zur Elementarpädagogik aus („Wir müssen früher investieren anstatt später reparieren). In: der Standard 3.9.2013"

3.4 Regionale Unterschiede

Der Föderalismus im Bereich der Kindergärten erschwert vergleichende Aussagen zur Kinderbetreuung wie auch der Rechnungshof (2013) anmerkt(Fn7): So lag etwa das Eintrittsalter in den Kindergarten in Niederösterreich bei 2,5 Jahren und in der Steiermark bei drei Jahren. Während in der Steiermark Betreuungseinrichtungen für Kinder vor dem Kindergartenalter als Kinderkrippen definiert waren, fehlte in Niederösterreich eine eigene Bezeichnung für Betreuungseinrichtungen dieser Altersgruppe. Immer wieder wird vom Rechnungshof auch die auf drei Ressorts (BMF, BMWFJ und BKA) verteilte Entscheidungskompetenz für eine widmungsgemäße Mittelverwendung der Ausbauvereinbarungen 2008 und 2011 hingewiesen, die mit „Mehrgleisigkeiten und Mehrfachbefassungen" verbunden sei. Um eine Balance von zentralen Vorgaben und dezentraler Vielfalt zu erreichen, müsste der Bund gestärkt und Verbesserung der gesetzlichen gesetzlicher Rahmenbedingungen erreicht werden

3.5 Kinderförderung und Kinderschutz

Seit einigen Jahren tritt der Kinderschutz in den Fokus des öffentlichen Interesses. Kindergartenpersonal und Kindergartenleitungen müssen in die Lage versetzt werden, Anzeichen von Misshandlung und Gewalt gegen Kinder zu erkennen und so zu ihrem Schutz beizutragen. Verschiedene Untersuchungen deuten darauf hin, dass sowohl Gewalt in der Familie (ÖIF 2011) als auch sexueller Missbrauch von Kindern (Bieneck 2011) abnimmt, OpfervertreterInnen bezweifeln diese Tendenzen. Wenn Eltern und das Kindergartenpersonal auch „Lebenseinstellungen" und „Glaubenssätze" von Kindern prägen, macht es einen Unterschied, ob Kindern der Glaubenssatz „Die Welt ist ein freundlicher Ort" oder der Glaubenssatz „Das Leben ist Kampf, Gefahren lauern überall" vermittelt wird. Liebevolle Berührungen oder Kontaktaufnahmen können schnell mit einem Missbrauchsverdacht assoziiert werden, wenn man nur die „richtige" Brille aufsetzt. Es ist noch weitgehend ungeklärt inwieweit eine mediale Fokussierung der Aufmerksamkeit auf Gewalt an Kindern bzw. sexuellem Missbrauch zu einem generellen Misstrauen hinsichtlich des Kontakts mit Kindern führt. Eine Herausforderung für Kindergartenleitungen und das Personal besteht nach Rabe-Kleberg/Damrow (2012) in der Gestaltung der widersprüchlichen Position in Bezug auf das Kind („selbst-bildend" versus „potentielles Opfer") und auf die Eltern („Bildungspartner" versus „potentiell Verdächtige").

3.6 „Risiko-Kinder"

Viele Kindergartenkinder kommen aus nicht-belasteten Familien und es geht ihnen gut (vgl. World Vision Studie 2010). Doch es gibt eine Reihe von Kindern (und Familien), die einen niedrigen sozialökomischen Status aufweisen und einige

---

7. Zit nach: Der Standard. 28.11.2013: http://derstandard.at/1385169173486/Foerderalismus-bei-Kindergaerten-fuehrt-zu-Qualitaetsunterschieden

Herausforderung für die pädagogische Arbeit darstellen. So hat eine Untersuchung (Robert Koch-Institut 2013) gezeigt, dass Frauen mit eher niedrigem Sozialstatus während der Schwangerschaft häufiger rauchen (was bei Kindern zu langfristigen Schädigungen führen kann), dass Kinder aus armen Familien eher an Übergewicht leiden, dass Kinder aus der „Unterschicht" eher als verhaltens- oder als psychisch auffällig beschrieben werden als Kinder aus der „Oberschicht". Jedes vierte Kindergartenkind in Österreich hat nach einer im Kindergartenjahr 2012/13 durchgeführten „Sprachstandsfeststellung" sprachlichen Förderbedarf. Sowohl Kinder mit Migrationshintergrund als auch Kinder ohne Migrationshintergrund sind betroffen, es gibt Hinweise wonach das soziale Umfeld eines Kindes seine Sprachkompetenz beeinflusst[Fn8]. Andere Studien zeigen, dass ein Jahr vor Schuleintritt 60 % der Kinder mit anderen Erstsprachen als Deutsch, aber nur 10 % der Kinder mit deutscher Erstsprache Sprachförderbedarf aufweisen"(zit. nach Stanzel-Tischler 2013). Einig sind sich die AutorInnen, dass sich der Besuch elementarpädagogischer Einrichtungen positiv auf die Sprachkompetenz auswirkt. Doch Experten und Expertinnen beklagen einen Mangel an qualifiziertem Personal für Sprachförderung[Fn9]. Im Integrationsbericht (Expertenrat für Integration 2013) wird beispielsweise empfohlen, elementarpädagogische Fachkräfte mit den Bedingungen der sprachlichen Heterogenität vertraut zu machen und das verpflichtende Kindergartenjahr auf ein zweites auszudehnen.

3.7 Kinder unter drei Jahren/Krippen

Eine konkrete Herausforderung ist der forcierte Ausbau der Einrichtungen für unter dreijährige Kinder, der von der Europäischen Union gefordert wird. Der Umstand, dass Österreich im Jahr 2012/2013 mit einem Anteil von 21 % die für das Jahr 2010 geforderten 33 % noch nicht erreicht hat, deutet auf ein Kräfteringen zweier unterschiedlicher pädagogischer Ansätze bzw. Ideologien hin. Jene, die die institutionelle Kinderbetreuung bevorzugen und jene, die die familiäre bzw. nicht-institutionelle Kinderbetreuung bevorzugen. Beide Gruppen finden sich sowohl in der Bevölkerung als auch in den politischen Parteien wieder. Kontrovers wird insbesondere auch eine lange Aufenthaltsdauer in Krippen diskutiert, denn nach einer deutschen Studie wird für nahezu jedes vierte Kind (für das Eltern einen Platzbedarf in der Krippe haben) eine Betreuungsdauer von über 40 Stunden/Woche gewünscht. Kindliche Interessen, so die Aussagen von ExpertInnen, dürften bei der Vereinbarkeit von Familie und Beruf nicht in den Hintergrund treten (Fthenakis 2013, Alt et al. 2013). Eine Betreuung durch Tageseltern könnten hier Alternativen bieten.

8. „Eine schwierige soziale Situation stellt für die Beherrschung der deutschen Sprache einen höheren Risikofaktor dar als die Herkunft aus dem Ausland". Sybille Stöbe-Blossey, Universität Duisburg-Essen; http://www.iaq.uni-due.de/aktuell/presse/2013/131104.php (2.12.2013)
9. http://derstandard.at/1358304232418/Sprachfoerderung-Experten-beklagen-Mangel-an-qualifiziertem-Personal

3.8 Personal

Auf der Ebene des Personals stellt sich die Herausforderung, dass fast das gesamte Fachpersonal nur auf Sekundarebene ausgebildet ist, was auch einen Einfluss auf den relativ niedrigen Status der ElementarpädagoInnen haben dürfte. Als unangemessen kann auch das niedrige Einstiegsalter (von 14 Jahren) in die Ausbildung angesehen werden (vgl. OECD 2006b, S. 69). Sinnvoll erscheint die Entwicklung eines in ganz Österreich gültigen und universitär anrechenbaren Qualifikationsprofil mit einem koordinierten Modulsystem von Aus-, Fort- und Weiterbildung (OECD 2006b, S. 70). In verschiedenen Studien wird auch angeregt, den Anteil von Männern am Fachpersonal spürbar zu steigern. Doch diese Agenda stellt vermutlich eine der größten Herausforderungen der Elementarpädagogik dar, da diese tief in tradierten weiblichen Normen und Erziehungsmustern verankert ist und in Österreich – anders als in nordischen Ländern – eine Kindergartenkultur vorherrscht, die mit dem kulturellen „Maternalismus" eng verknüpft ist (Koch 2012). Leitungskräfte weisen in Befragungen auf eine hohe Belastung durch Leitungstätigkeit und pädagogischer Tätigkeit hin. Um die wachsenden Anforderungen erfüllen zu können scheint eine flächendeckende Fachberatung sinnvoll zu sein, aber auch mehr Supervisionsmöglichkeiten könnten zu einer Minderung der Belastungen führen (Wustmann et al. 2010).

3.9 Anerkennung und Wertschätzung

Anerkennung und Wertschätzung lässt sich als Herausforderung beschreiben: historisch gesehen bewegt sich der Beruf im Spannungsfeld zwischen „Mütterlichkeit" und „Professionalität". Die geringen Anstrengungen „Mütterlichkeit" zu relativieren etwa durch das Hinzufügen von „Väterlichkeit", verweisen neben der nur langsamen Weiterentwicklung der Ausbildung auf Hochschulniveau auf die starken Beharrungstendenzen des Systems „Elementarpädagogik". Hohe Wertschätzung im Sinne von Anerkennung und Gehalt, kann nicht nur „von außen" hineingetragen werden, sondern muss auch „von innen" kommen. Der niedrige gewerkschaftliche Organisationsgrad des Kindergartenpersonals könnte auf eine geringe Identifikation mit dem Beruf hindeuten. Nötig erscheint eine stärke Identifikation und Stolz auf den Beruf. Manche Angehörige von „Männerberufen" mit geringerem Gehalt und geringerem gesellschaftlichen Ansehen könnten hier als Vorbild dienen, auch wenn Handwerksberufe generell mit einem schlechten Image zu kämpfen haben und Kampagnen zur Erhöhung des Berufsstolzes initiieren (müssen)[(Fn10)]. Ein hohes Selbstbewußtsein und die Überzeugung, eine wichtige Arbeit zu machen, wirken auch auf das Umfeld und die Gesellschaft zurück. Diskursiv erscheint die Elementarpädagogik häufig in einer „Opferrolle" und viele Fachkräfte tragen mit z.T. berechtigten Klagen über Gehalt und Image das ihre dazu bei. Auch wenn unbestritten ist, dass die Elementarpädagogik im Vergleich etwa zur Schulpädagogik weniger Wertschätzung erhält, scheint das Gehalt und

10. http://www.handwerk.de/(7.12.2013)

das Image von Teilen der Bevölkerung aber auch vom Kindergartenpersonal bisweilen schlechter eingeschätzt zu werden als es tatsächlich ist. Die Einstiegsgehälter des Fachpersonals in öffentlichen Einrichtungen bewegen sich im Jahr 2013 bei etwa € 1 900,– brutto/Monat, in der höchsten Gehaltsstufe verdient man etwa € 3 300,– brutto/Monat (vgl. Baierl, Kaindl 2011). Eine Angleichung an die Gehälter von Lehrpersonal ist längst überfällig.

3.10 Pädagogische Arbeit

„Julian ist hyperaktiv, Pia verträgt keine Milch, Murat weint schnell, Leopold boxt die Kleineren und Yasmin versteht kein Wort Deutsch: eine ganz normale Kindergruppe“(Fn11). So könnte die Herausforderung in der alltäglichen pädagogischen Arbeit kurz umrissen werden. Jedes Kind ist einzigartig und die Unterschiede zwischen den Kindern in den vielfältigsten Dimensionen (Motorik, Sprache, Sozialverhalten, Bindungsverhalten etc.) nehmen im Laufe der Entwicklung zu, eine Ungleichbehandlung der Kinder wäre aufgrund dieser Unterschiedlichkeit erforderlich (vgl. z. B. Largo 2012), doch die dominierende pädagogische Kultur lässt sich eher durch den Begriff „Gleichbehandlung“ charakterisieren. Als Herausforderung an die pädagogische Arbeit können sowohl Verhaltensauffälligkeiten (wobei fast jedes fünfte Kind betroffen ist; Kuschel et al. 2004), Sprachschwierigkeiten und eine mangelnde Vorbereitung des Personals auf die Erziehungspartnerschaft mit den Eltern genannt werden. LeiterInnen registrieren eine starke Verunsicherung der Mütter und Väter in Erziehungsfragen und nehmen ein erhöhtes Beratungsbedürfnis der Mütter und Väter aus allen Schichten und Sozialräumen wahr (vgl. Wustmann et al. 2010).

3.11 Gesundheitsschutz

Auch im Bereich der Arbeitsbelastungen besteht Handlungsbedarf. Insgesamt sei die Berufszufriedenheit zwar relativ hoch (z. B. Koch 2012, S. 236) doch Arbeits- und Gesundheitsschutz, so die Ergebnisse einschlägiger Studien (Rudow 2004, Geißler-Gruber 2002), seien dringend notwendig. Eine Untersuchung aus Deutschland zeigt, dass die Arbeits- und Einkommensbedingungen von ErzieherInnen sich verglichen mit anderen Berufen im „unteren Mittelmaß“ bewegen (Fuchs/Trischler 2008). Den stärksten Einfluss auf die Berufszufriedenheit der MitarbeiterInnen haben einer umfassenden, repräsentativen Erhebung über Arbeitsplatz und Qualität in Kitas zufolge übrigens „Engagement“ sowie „Anerkennung der Arbeit durch Andere“. Dies werde auch manchmal wichtiger gesehen als das Gehaltsniveau (Schreyer 2013). Auch andere, repräsentative Studien belegen den belasteten Gesundheitszustand von pädagogischen Fach- und Leitungskräf-

11. Daniela Mathis in: Die Presse: „Keine Mentoren für junge Kindergartenpädagogen? Keine Forschung, kein Netzwerk, keine Anerkennung? Neue Lehrgänge sollen Bewegung in die Kinderbetreuung bringen. 20.09.2013 (6.12.2013) (http://diepresse.com/home/bildung/weiterbildung/1455359/Elementarpaedagogik_Keine-Frage-der-Ideologie

ten und zeigen, dass die strukturellen Rahmenbedingungen mit der Arbeitsfähigkeit des Personals zusammenhängen: „Als höchst problematisch erweist sich das Missverhältnis von verfügbarem Personal, zu betreuenden Kindern, zu leistenden fachlichen Aufgaben, die über die direkte Arbeit mit den Kindern hinaus erbracht werden müssen und der hierfür verbindlich zur Verfügung stehenden Zeit" (Viernickl/Voss 2013). Es sei zu vermuten, so die Autorinnen weiter, dass der Betreuungschlüssel aufgrund von krankheits-, urlaubs- oder fortbildungsbedingten Ausfällen häufig unter den gesetzlich festgelegten Personalschlüsseln liege.

3.12 Forschung

Ein Überblick über elementarpädagogische Forschung in Österreich (vgl. OCED 2006, Koch 2013, Stanzel-Tischler 2013) zeigt, dass die Forschungslandschaft außerordentlich schwach ausgeprägt ist, es wird von einer „Randständigkeit der frühkindliche Bildungsforschung" gesprochen (Stanzel-Tischler 2013, S. 199). Bildungsforschung beschäftigte sich in der Vergangenheit fast ausschließlich mit Personen ab dem Schuleintritt. Elementarpädagogische Forschung in Österreich war lange an Einzelpersonen geknüpft, die in benachbarten Disziplinen (Entwicklungspsychologie, Allgemeine Pädagogik etc.) tätig waren. bzw. an die Arbeiten des Charlotte Bühler Instituts. Es fehlt weitgehend an Längsschnitt-Studien, die die Effekte der institutionellen Kinderbetreuung in den Blick nehmen, an Grundlagenstudien über pädagogische Settings etc., kurz: an Bestandsaufnahmen, wie sie für den Schulbereich schon länger verfügbar sind (z. B. Nationaler Bildungsbericht).

Langsam deutet sich eine Expansion der elementarpädagogischen Forschung an: Im Jahr 2010 wurde der erste Lehrstuhl für Elementarpädagogik an der Universität Graz eingerichtet, der zweite wurde einige Jahre später in Innsbruck (2014) besetzt. Die ÖFEB, die österreichische Gesellschaft für Forschung und Entwicklung im Bildungswesen verfügt seit dem Jahr 2012 über eine eigene Sektion „Elementarpädagogik" mit stetig wachsenden Mitgliederzahlen. Ebenso steigt die Zahl der Dissertationen, Master- und Diplomarbeiten im Bereich „Kindergarten" rasant an. Insgesamt kann davon ausgegangen werden, dass in den nächsten Jahren die elementarpädagogische Forschung in Österreich weiter an Bedeutung gewinnen wird (siehe auch Bundeskanzleramt 2013). Dazu müssen Forschungsinvestitionen erhöht werden, statistisch vergleichbare Daten bundesweit erhoben werden sowie Forschungsprogramme gestützt werden inklusive deren Verbreitung an interessierte und betroffene Personengruppen (Wissenstransfer). Der Forschungsfokus müsste interdisziplinär angelegt sein.

3.13 Professionalisierung

Eine bedeutende Herausforderung stellt die Qualifizierung des Personals und des Leitungspersonals dar. Eckpfeiler der Ausbildung sind in Österreich die Bildungsanstalten für Kindergartenpädagogik, doch nur etwas mehr als die Hälfte des Personals in Kinderbetreuungseinrichtungen verfügt über den Befähigungsnachweis.

Österreich gilt als das letzte Land in Europa, in dem es noch keine tertiäre Ausbildung für Fachkräfte in der Elementarpädagogik gibt, erst seit einigen Jahren gibt es Weiterbildungen an Hochschulen[(Fn12)]. Die weitere Akademisierung der jüngeren Bevölkerungsschichten bzw. Eltern führt dazu, dass sich das sekundär ausgebildete Kindergartenpersonal zunehmend akademischen ausgebildeten Eltern gegenübersieht (Siehe Herkunft der Kinder). Dies hat auch Bedeutung für die Basis der Elternarbeit. Die Forderung nach Einführung einer tertiären Ausbildung ergibt sich aus den wachsenden Ansprüchen an die frühpädagogische Arbeit, aus der hohen Bedeutung des frühkindlichen Lernens für das gesamte Lebenslange Lernen und nicht zuletzt aus den Bestrebungen nach Anerkennung der Profession im Sinne von Gehalt und Prestige. Unter Expertinnen und Experten ist unbestritten, dass die Ausbildung künftig an Hochschulen angeboten wird und dass das Fortbildungsangebot an Hochschulen und Universitäten ausgebaut werden muss. Zumindest das Leitungspersonal sollte künftig über eine akademische Ausbildung verfügen. Betont wird dabei immer wieder die Notwendigkeit einer starken Theorie-Praxis Verbindung. Einigkeit besteht auch darüber, dass gut ausgebildetes Personal mit hoher Betreuungsqualität in Zusammenhang steht (vgl. Oberhuemer/ Schreyer 2010).

3.14 Eltern stärken

Als letzte, bedeutende Herausforderung sei genannt: Eltern müssen in ihrer Erziehungskompetenz gestärkt werden, denn der quantitative und qualitative Ausbau der institutionellen Kinderbetreuung ohne Begleitmaßnahmen birgt die Gefahr einer schleichenden Entwertung der Erziehungsleistung von Müttern und Vätern. Ihnen muss bewusst gemacht werden, welche hohe Bedeutung ihre liebevolle und kontinuierliche Präsenz für eine gesunde Entwicklung ihrer Kinder hat. „Starke" Eltern sind tragende Säulen einer qualitätsvollen, institutionellen Kinderbetreuung.

4 Schluss

Das gesamte elementarpädagogische System Österreichs könne – so das Review Team des OECD Berichts aus dem Jahr 2006 (OECD 2006b, S. 66) „durch eine bundesweite Qualitätsoffensive profitieren". Zusammenfassend liegen die Herausforderungen darin, dass der Bund dem Elementarbereich eine entsprechende Bedeutung im Budget zuspricht (zumindest 1 % des BIP), die Verantwortung für einheitliche Mindeststandards übernimmt, die Ausbildung eines (gemischtgeschlechtlichen) Personals auf Hochschulniveau forciert und eine der Bedeutung der Elementarpädagogik entsprechende Entlohnung erfolgt. Das elementare Bildungswesen müsste klar in das Bildungsressort eingebunden werden, innovative Bildungsprojekte müssten massiv unterstützt werden.

---

12. Seit dem Jahr 2007 gibt es Hochschullehrgänge (zB. Private Pädagogische Hochschule der Diözese Linz), erst seit dem Jahr 2014 Bachelorstudiengänge (z. B. FH Campus Wien) bzw. Universitätslehrgänge (Universität Salzburg).

Literaturverzeichnis

Ahnert Lieselotte (2009). Familien heute. Die Perspektive des Kindes. In: Kapella Olaf/Rille-Pfeifer Christiane; Rupp Marina, Schneider Norbert (Hrsg.) Die Vielfalt der Familie. Tagungsband zum 3. Europäischen Fachkongress Familienforschung. Verlag Barbara Budrich. Opladen Farmington Hills.

Ahnert Liselotte (2010). Wie viel Mutter braucht ein Kind?. Spektrum Akademischer Verlag, Heidelberg.

Ahnert Liselotte, Eckstein-Madry Tina, Supper Barbara (2013). Child Care Research: Öffentliche Kleinkindbetreuung im Blickpunkt moderner Bindungsforschung. In: Maria A. Wolf/Elisabeth Dietrich-Daum/Eva Fleischer/Maria Heidegger (Hrsg.). Child Care. Kulturen, Konzepte und Politiken der Fremdbetreuung von Kindern. Beltz Juventa. Weinheim und Basel.

Alt Christian , Hubert Sandra, Berngruber Anne (2013). Auf einen Blick: Betreuungsangebote und -bedarf aus Elternsicht: Passgenauigkeit und Zufriedenheit. DJI Online Thema 2013/08. Die 45-Stunden-Woche für Kita-Kinder? Flexible und intensive Betreuungszeiten in der Diskussion. http://www.dji.de/cgi-bin/projekte/output.php?projekt=819&Jump1=LINKS&Jump2=15 (16.12.2013).

Altgeld Karin, Stöbe-Blossey Sybille (2010). Die Trägerqualität und die Beschäftigungs- und Organisationsentwicklung in Kindertageseinrichtungen. In: Sybille Stöbe-Blossey (Hrsg.). Kindertagesbetreuung im Wandel. Perspektiven für die Organisationsentwicklung. VS Verlag für Sozialwissenschaften, Wiesbaden.

Appelt Erna (2013). Der Einfluss der EU auf den politischen Diskurs um Kinderbetreuung in Österreich. in: Maria A. Wolf/Elisabeth Dietrich-Daum/Eva Fleischer/Maria Heidegger (Hrsg.). Child Care. Kulturen, Konzepte und Politiken der Fremdbetreuung von Kindern. Beltz Juventa. Weinheim und Basel.

Bäck, Gabriele, Hajszan, Michaela, Hartmann, Waltraut (2006). Bildungsqualität im Kindergarten. In: Verlag der Fachzeitschrift Unsere Kinder (Hrsg.) LebensRaum Kindergarten. Methoden des Kindergartens 3. 5. neu bearbeitete Aufl. Linz; Verlag der Fachzeitschrift Unsere Kinder.

Baierl Andreas, Buchebner-Ferstl Sabine, Kinn Michael (2013). Kinderbetreuung aus der Sicht von Jugendlichen. Wie erlebten Jugendliche ihre eigene Betreuungssituation? ÖIF Forschungsbericht Nr. 11: Kinderbetreuung aus der Sicht von Jugendlichen. Wien.

Baierl Andreas, Kaindl Markus (2011). Kinderbetreuung in Österreich. Rechtliche Bestimmungen und die reale Betreuungssituation. Working Paper Nr. 77/2011; Österreichisches Institut für Familienforschung, Wien.

Bieneck Steffen, Stadler Lena, Pfeiffer Christian (2011). Erster Forschungsbericht zur Repräsentativbefragung Sexueller Missbrauch 2011. Kriminologisches Forschungsinstitut Niedersachsen.

Böhm Rainer (2012). Die dunkle Seele der Kindheit. Frankfurter Allgemeine Zeitung, 4.4.2012, Nr. 81, S. 7.

Bruneforth, Michael, Lassnigg, Lorenz (Hrsg.). (2012). Nationaler Bildungsbericht Österreich 2012, Band 1: Das Schulsystem im Spiegel von Daten und Indikatoren. Graz: Leykam.

Bundeskanzleramt (2008). Regierungsprogramm für die XXIV. Gesetzgebungsperiode http://www.bka.gv.at/DocView.axd?CobId=32966 (15.12.2013).

Bundeskanzleramt (2013). Arbeitsprogramm der österreichischen Bundesregierung 2013–2018. http://www.bka.gv.at/DocView.axd?CobId=53264 (15.12.2013).

Charlotte Bühler- Institut (1996). Qualitätskriterien für den Kindergarten. Unveröffentlichter Forschungsbericht. Wien.

Charlotte Bühler Institut (2009). Bundesländerübergreifender Bildungsrahmenplan für elementare Bildungseinrichtungen in Österreich. Hrsg. Von den Ämtern der Landesregierungen der österreichischen Bundesländer, Magistrat der Stadt Wien, bmukk.

Dörfler, Sonja (2007). Kinderbetreuungskulturen in Europa. Ein Vergleich vorschulischer Kinderbetreuung in Österreich, Deutschland, Frankreich und Schweden; Working Paper Nr. 57/2007; Österreichisches Institut für Familienforschung. Wien.

Europäische Kommission (2009). Tackling Social and Cultural Inequalities through Early Childhood Education and Care in Europe. Education, Audiovisual and Culture Executive Agency. (EACEA P9 Eurydice). http://eacea.ec.europa.eu/about/eurydice/documents/098EN.pdf.

Europäische Kommission (2011). Mitteilung der Kommission. Frühkindliche Betreuung, Bildung und Erziehung: der bestmögliche Start für alle unsere Kinder in die Welt von morgen.

Europäische Kommission (2012). Bildungswesen in Europa 2012. Exekutivagentur Bildung, Audiovisuelles und Kultur. Brüssel. http://eacea.ec.europa.eu/education/eurydice/documents/key_data_series/134de.pdf (4.12.2013).

Expertenrat für Integration (2013). Integrationsbericht 2013. Bundesministerium für Inneres.

Fthenakis Wassilios (2013). Extensive Kinderbetreuungszeiten aus frühpädagogischer Sicht. DJI Online Thema 2013/08. Die 45-Stunden-Woche für Kita-Kinder? Flexible und intensive Betreuungszeiten in der Diskussion. http://www.dji.de/cgi-bin/projekte/output.php?projekt=819&Jump1=RECHTS&Jump2=10 (16.12.2013).

Fuchs Michael, Kränzl-Nagl Renate (2010). Zur Realität außerfamilialer Kinderbetreuung im Spannungsfeld gesellschaftlicher und familialer Ansprüche. In: Bundesministerium für Wirtschaft, Familie und Jugend (2010). 5. Familienbericht 1999- 2009. Band 1, Wien.

Fuchs Tatjana, Trischler Falko (2008). Arbeitsqualität aus Sicht von Erzieherinnen und Erziehern. Ergebnisse aus der Erhebung zum DGB-Index Gute Arbeit. INIFES. Internationales Institut für Empirische Sozialforschung. Stadtbergen.

Honig Michael-Sebastian (2012). Frühpädagogische Einrichtungen. In: Fried Lilian, Dippelhofer-Stiem, Honig Michael-Sebastian, Liegle Ludwig (2012). Pädagogik der frühen Kindheit. Beltz Weinheim. Basel.

Kaindl Markus, Kinn Michael, Klepp Doris , Tazi-Preve Irene Mariam (2010). Tageseltern in Österreich. Rahmenbedingungen, Zufriedenheit und Motive aus Sicht von Eltern und Tageseltern. ÖIF Forschungsbericht, Wien.

Koch Bernhard (2012). Männer in Österreichs Kinderbetreuungseinrichtungen. Impulse für eine „geschlechtsneutrale" Professionalität in der Elementarpädagogik. innsbruck university press.

Koch Bernhard (2013). Elementarpädagogische Forschung in Österreich – ein Überblick. in: Wustmann Cornelia; Karber Anke, Giener Anita; (Hrsg.). (2013). Kindheit aus sozialwissenschaftlicher Perspektive. Graz: Leykam. S. 13–22.

Kuschel, A., Lübke, A., Köppe, E., Miller, Y., Hahlweg, K. & Sanders, M. R. (2004). Häufigkeit psychischer Auffälligkeiten und Begleitsymptome bei drei- bis sechsjährigen Kindern: Ergebnisse der Braunschweiger Kindergartenstudie, Zeitschrift für Kinder- und Jugendpsychiatrie und Psychotherapie, 32, 97-106.

Lamb, Michael , Ahnert, Liselotte. (2003). Institutionelle Betreuungskontexte und ihre entwicklungspsychologische Relevanz für Kleinkinder. In H. Keller (Hrsg.), Handbuch der Kleinkindforschung. Dritte, korrigierte, überarbeitete und erweiterte Auflage (S. 525–564). Bern: Hans Huber.

Largo Remo (2012). Jedes Kind ist einmalig – und damit eine Herausforderung für Familie und Gesellschaft. in: Frühe Kindheit Nr. 6/2012. Schwierige Kinder? Probleme erkennen, Herausforderungen annehmen, S. 8–17.

Lassnigg Lorenz, Bock-Schappelwein Julia, Pitlik Hans (2009). Bildungsökonomie: Eine vernachlässigte Quelle erweiterten Steuerungswissens im österreichischen Bildungswesen. In: Specht, Werner (Hrsg.). (2009). Nationaler Bildungsbericht Österreich 2009, Band 2: Fokussierte Analysen bildungspolitischer Schwerpunktthemen. Graz: Leykam.

Münz Rainer, Reiterer Albert F (2010). Familienpolitik in Österreich und Europa. In: Bundesministerium für Wirtschaft, Familie und Jugend, bmwfj, 5. Familienbericht 1999–2009. Die Familie an der Wende zum 21. Jahrhundert. Band 1, Wien.

Oberhuemer Pamela, Schreyer Inge (2010). Kita Fachpersonal in Europa. Ausbildungen und Professionsprofile. Verlag Barbara Budrich. Opladen und Farmigton Hills.

OECD (2006a) Starting Strong II. Early Childhood Education and Care. OECD Directorate for Education.

OECD (2006b) Starting Strong II. Länderbericht für Österreich. OECD Directorate for Education.

OECD (2012). Starting Strong III. A Quality Toolbox for Early Childhood Education and Care.

ÖIF (2011). Österreichisches Institut für Familienforschung. Gewalt in der Familie und im sozialen Umfeld. Österreichische Prävalenzstudie zur Gewalt an Frauen und Männern. Wien.

Petanovitsch, Alexander, Schmid Kurt (2012). Betreuung und Förderung. Ökonomische, soziale und pädagogische Effekte frühkindlicher Betreuung, Bildung und Erziehung. Kurzexpertise. Institut für Bildungsforschung der Wirtschaft, Wien.

Pramling Samuelsson, I. Sheridan, S. (2009). Preschool Quality and Young Children's Learning in Sweden. International Journal of Child Care and Education Policy, 3(1), 1-11.

Rabe-Kleberg Ursula, Damrow Miriam K. (2012) Eltern als Partner und Verdächtige zugleich: Kindergarten und Kinderschutz. in: Aus Politik und Zeitgeschichte (APuZ 22-24/2012). Frühkindliche Bildung. Bonn, http://www.bpb.de/apuz/136766/kindergarten-und-kinderschutz?p=all.

Ravens-Sieberer Ulrike, Bichmann Helen, Klasen Fionna (2012). Verhaltensauffälligkeiten und psychische Probleme bei Kindern und Jugendlichen in Deutschland. in: Frühe Kindheit Nr. 6/2012. Schwierige Kinder? Probleme erkennen, Herausforderungen annehmen, S. 26–31.

Rechnungshof (2013). Rechnungshofbericht. Vorlage vom 28. 11.2013. Reihe Niederösterreich 2013/05. Kinderbetreuung für 0–6-Jährige. Wien. http://www.rechnungshof.gv.at/fileadmin/downloads/2013/berichte/teilberichte/bund/Bund_2013_11/Bund_2013_11_2.pdf (10.12.2013).

Robert Koch-Institut (2013). KiGGS – Studie zur Gesundheit von Kindern und Jugendlichen in Deutschland. http://www.kiggs-studie.de/.

Rudow Bernd (2004). Arbeitsbedingungen für Erzieher/innen. Hohe psychische Belastungen. In: Bildung & Wissenschaft, Juni 2004.

Sarimski Klaus (2013). Soziale Risiken im frühen Kindesalter. Grundlagen und Interventionen. Hogrefe. Göttingen.

Schipfer Rudolf Karl (2013). Familie heute – gestern – morgen. Ein Abriss über die Veränderungen der Familie. In: Unsere Kinder 2/2013 S. 9–11ff.

Schreyer Inge (2013). Work conditions and Job Satisfaction of Pedagogical staff in Children's Services in Germany (AQUA Projekt). Paper presented at the 23rd EECERA Conference, Tallinn, Estland, August 2013. http://www.aqua-studie.de/.

Schulte-Markwort (2012). Schulte-Markwort im Interview mit Jörg Maywald. in: Frühe Kindheit Nr. 6/2012. Schwierige Kinder? Probleme erkennen, Herausforderungen annehmen, S. 54–56.

Stamm Margrit (2009). Frühkindliche Bildung in der Schweiz. Eine Grundlagenstudie im Auftrag der Schweizerischen UNESCO-Kommission. Herausgeber: Universität Fribourg, Departement für Erziehungswissenschaften.

Stanzel-Tischler Elisabeth (2013). Frühkindliche Bildungsforschung in Österreich. In: Stamm Margrit, Edelmann Doris (Hrsg.). Handbuch frühkindliche Bildungsforschung. Springer.

Stanzel-Tischler, Elisabeth, Breit Simone (2009). Frühkindliche Bildung, Betreuung und Erziehung und die Phase des Schuleintritts. In: Specht, Werner (Hrsg.). (2009). Nationaler Bildungsbericht Österreich 2009, Band 2: Fokussierte Analysen bildungspolitischer Schwerpunktthemen. Graz: Leykam.

Statistik Austria (2012), Demografisches Jahrbuch 2011. Wien.

Statistik Austria (2013) Kindertagesheimstatistik 2012/2013, Wien.

Statistik Austria (2013a). Staatliche Bildungsausgaben nach Bildungsbereichen und Gebietskörperschaften 2000 bis 2010. http://www.statistik.at/web_de/statistiken/bildung_und_kultur/formales_bildungswesen/bildungsausgaben/019490.html.

Stiftung für Zukunftsfragen (2013). http://www.stiftungfuerzukunftsfragen.de/de/newsletter-forschung-aktuell/243.html#c2400.

Sylva Kathy, Taggart Brenda, Melhuish Edward, Simmons Pam, Siraj-Blatchford Iram (2010). Frühe Bildung zählt. Das Effective Pre-school and Primary Education Project (EPPE) und das Sure Start Programm. dohrmannVerlag. Berlin.

Tietze Wolfgang, Becker-Stoll Fabienne, Bensel Joachim, G. Eckhardt Andrea, Haug-Schnabel Gabriele, Kalicki Bernhard, Keller Heidi, Leyendecker Birgit (Hrsg.). NUBBEK. Nationale Untersuchung zur Bildung, Betreuung und Erziehung in der frühen Kindheit. http://www.nubbek.de/media/pdf/NUBBEK %20Broschuere.pdf (4 12 2013).

Viernickel Susanne, Voss Anja (2013). Strukturqualität und ErzieherInnengesundheit in Kindertageseinrichtungen. Wissenschaftlicher Abschlussbericht. Alice Salomon Hochschule Berlin.

Wernhart, Georg/Neuwirth, Norbert (2007). Geschlechtsrollenwandel und Familienwerte (1988-2002). Österreich im europäischen Vergleich. Ergebnisse auf Basis des ISSP 1988, 2002. Österreichisches Institut für Familienforschung. working paper Nr. 54/2007.

Wetzel Gottfried, Itzlinger Ursula, Krumm Volker (1997). Struktur- und Prozessqualitäten von Kindergärten – österreichspezifische Ergebnisse einer international vergleichenden Studie mit Deutschland, Spanien, Portugal und USA. in: Salzburger Beiträge zur Erziehungswissenschaft 1997, 2, S. 66-86.

Wustmann Cornelia/Bodi Otto/Gehart Hannah, Geißler Claudia (2010). Wissen, was so los ist! Mit Kindergartenleiterinnen reden und Bedarfe ermitteln. Studie im Auftrag des Landes Steiermark, Graz.

1.2 Was Führungskräfte über Menschen und ihre Vergesellschaftung wissen sollten

Wolfgang Gratz

Auch im öffentlichen Sektor, bei der Produktion von „public goods“ wie z. B. im Gesundheit- und Erziehungsbereich haben Managementmethoden wie Qualitätsmanagement und Controlling mit verschiedenen ausdifferenzierten Instrumenten (ISO, EQM, Balanced Score Card) Einzug gehalten. Dies führte einerseits zu einer Professionalisierung der Leistungserbrinagung. Andererseits wird bei unreflektiertem Umgang mit diesem Instrumentarium ausgeblendet, dass Menschen und Organisationen aus Sicht der Systemtheorie eigensinnig und eigenwillig sind und nicht nach einem Maschinenmodell gesteuert werden können (siehe hierzu Gratz 2012, 14).

Eine besondere Bedeutung kommt bei der Umsetzung von Managementmodellen der konkreten Führungsarbeit, insbesondere der Führungskräfte in den Bereichen der unmittelbaren Leistungserbringung zu. Auch hier gibt es aktuell eine gewisse Tendenz, zu viel Wert auf Instrumente, Techniken und Methoden zu legen und eine kritisch-selbstreflexive Auseinandersetzung mit Grundhaltungen eher zu vernachlässigen. Vordenken erfordert jedoch Nachdenklichkeit, auch darüber, wie Menschen fühlen, denken, handeln und interagieren.

Eine gängige Definitionen von Führung lautet: „Durch Interaktion vermittelte Ausrichtung des Handelns von Individuen und Gruppen auf die Verwirklichung vorgegebener Ziele.“ (http://wirtschaftslexikon.gabler.de/Definition/fuehrung.html)

Wer führt, sollte daher über Menschen und ihre Vergesellschaftung Bescheid wissen.

Sowohl die Grundhaltung, die Menschen zu ihrer Arbeit einnehmen wie der konkreter Arbeitsstil sind von der Ausformung der Persönlichkeit abhängig. Wenn man Menschen Anstöße zur Verbesserung ihrer beruflichen Leistungsfähigkeit sowie zur Erhöhung ihrer Arbeitszufriedenheit geben will, muss man sich mit ihrer Persönlichkeit auseinandersetzen. Wie man dies tut, sollte nicht nur eine Frage des höchstpersönlichen Führungsverständnisses sowie des eigenen Führungsstils sein, sondern auch eine wissenschaftliche Fundierung aufweisen. Der Erwerb von solchem Wissen sollte gegenwärtig besonders attraktiv erscheinen. Von der Beobachtung von Kleinkindern und klinischer, insbesondere auch psychotherapeutischer Forschung über sozialpsychologische Experimente bis hin zu naturwissenschaftlichen Forschungsergebnissen der Neurowissenschaften lässt sich ein Bogen spannen, der bei weiterhin vorhandenen Unterschieden und Kontroversen ein insgesamt einigermaßen geschlossenes Bild vom Menschen und ihrer Vergesellschaftung ergibt. So ist es als gesichert anzusehen, dass die Erfahrungen der ersten Lebensjahre von sehr hoher Bedeutung für die psychische Dynamik von erwachsenen Menschen ist. Auch haben unbewusste Vorgänge für das Befinden und das Handeln von Menschen und deren Interaktion miteinander eine große Bedeutung.

Es erscheint verblüffend, dass in vielen Bereichen der (angewandten) Managementwissenschaften dieser als gesichert anzusehende humanwissenschaftliche Wissensstand ausgeklammert bzw. verdrängt wird. Dies kann auch als Hinweis für eine Gemeinsamkeit systemischer, psychoanalytischer und neurobiologischer Wissensbestände gesehen werden: Man nimmt (für) wahr, was man (für) wahr nehmen will und nimmt nicht wahr, was man nicht als (für) wahr nehmen will. Dies ist einerseits funktional: Persönlichkeitsstruktur, Professionalisierung und auf beiden Faktoren aufruhende mentale Modelle filtern das Chaos der permanent chaotisch einströmenden Umweltreize und geben Orientierung und Sicherheit. Wenn wir ständig hinterfragten, was uns und die Welt im Innersten zusammenhält, könnten wir unseren Aufgaben nicht gerecht werden und würden uns überfordern. Die Bedeutung unserer mentalen Modelle legt es jedoch nahe, dass wir sie in zumindest größeren Abständen und aus konkreten Anlässen (z. B. des Scheiterns) auf ihre Tauglichkeit überprüfen. Wir haben eine hohe Neigung, bei Problemen unsere Anstrengungen innerhalb unserer mentalen Modelle Modelle zu vergrößern. Der Grundsatz des immer mehr Desselben jedoch führt früher oder später zu einer Logik des Misslingens (Dörner 1989).

Im Folgenden sei eine Auswahl an Informationen zusammengestellt, die keinerlei Anspruch auf Vollständigkeit erhebt, sehr wohl aber die persönliche Auseinandersetzung mit den eigenen Verhaltensmustern auch in der Führungsarbeit anregen soll. Es ist vorteilhaft, die persönlichen Glaubenssysteme in zumindest größeren Abständen auf ihre Aktualität, Realitätsnähe sowie ihre Potenziale, zur Bewältigung der aktuellen und absehbaren Herausforderungen beitragen zu können, zu überprüfen. Dies mag unter Umständen auch mühsam, manchmal sogar schmerzlich sein. Es verbessert jedoch die Chancen, wirksame Führungsarbeit zu leisten und somit berufliche sowie persönliche Zufriedenheit zu erreichen. Dieser Beitrag versteht sich auch als Anregung zur kritischen Auseinandersetzung mit den eigenen mentalen Modellen. Man sollte die folgenden Ausführungen nicht hinterfragt für wahr halten, sie aber auch nicht ohne kritische Auseinandersetzung als falsch einschätzen.

1 Der Mensch ist kein rationales, sondern ein rationalisierendes Wesen

Die Psychoanalyse als Wissenschaft war seit ihrer Entstehung heftig umstritten und besteht heute aus verschiedenen Positionen bzw. Schulen, die teilweise zueinander im Gegensatz stehen. Gleichwohl hat sie in den Human- und Sozialwissenschaften in verschiedener Form Eingang gefunden und ist Teil unseres Alltagsverständnisses geworden („Freud'scher Versprecher"). Die neuesten Ergebnisse der Neuro-Wissenschaften liefern Hinweise für die Bestätigung grundlegender Annahmen von Freud wie das Bestehen unbewusster psychischer Prozesse (z. B.:Kaplan-Solms, Solms, 2005).

Nach Gerhard Roth (2007a, 121 f.) finden folgende Grundaussagen Freuds eine neurobiologische Bestätigung:

- Das Unbewusste kontrolliert das Bewusstsein stärker als umgekehrt.
- Das Unbewusste (oder Es) entsteht vor dem Bewusstsein. Im Unbewussten sind sehr früh die Grundstrukturen des psychischen bewussten Erlebens, festgelegt.
- Intelligenz ist nur ein Instrument, das Vorschläge für bestimmte zweckorientierte Entscheidungen macht. Entscheidend sind die bewussten oder unbewussten Emotionen.
- Unbewusste Konflikte äußern sich in „verkleideter" Weise auf der Ebene der Bewusstseinszustände in Form von Träumen, Fehlleistungen und psychischen Störungen.

Der Mensch ist kein rationales, sondern ein rationalisierendes Wesen. Wir sind in hohem Ausmaß damit beschäftigt, vor uns selbst und vor anderen rationale Erklärungen für das Verhalten zu liefern, zu dem uns unser Unbewusstes treibt.

Weitere zentrale Elemente des psychoanalytischen Gebäudes sind:

- Wir sind nur teilweise Herr in unserem Innenleben, da wir wesentlich von unbewussten Trieben, Bedürfnissen, Ängsten, Ansprüchen und Geboten geleitet werden.
- Wir verfügen jedoch über – begrenzte – Möglichkeiten, uns bewusst, auch situationsadäquat und moralisch bzw. normgerecht zu entscheiden.
- Diese Möglichkeiten sind nicht nur von unserer persönlichen Konstitution und unserer psychischen Entwicklung in der Kindheit, sondern auch von späteren Entwicklungsimpulsen abhängig.
- Jeder Mensch hat in sich konstruktive, schöpferische und aggressive, zerstörende Anteile.
- Je nach psychischer Konstitution und persönlicher Entwicklungsgeschichte sind wir in einem Kontinuum zwischen gesund/normal und krank/gestört positioniert.
- Wir haben die Möglichkeit, aggressive Impulse umzuwandeln in wertvolle gesellschaftliche Beiträge, unter anderem durch unsere Berufswahl.
- Sowohl Selbstbestimmung wie funktionierende soziale Kontakte sind menschliche Grundbedürfnisse. Es besteht jedoch ein grundsätzlicher Konflikt zwischen einerseits Autonomie, und Unabhängigkeit und andererseits Bindung an andere, Beziehung und Fremdbestimmung; zwischen der Angst vor der Einsamkeit und der Angst vor dem Ausgeliefertsein.
- Wir neigen einerseits dazu, eigene Probleme in andere hinein zu verlagern (Projektion), also z. B., in ihnen das zu bekämpfen, was ihr im Innersten an uns selbst ablehnen.

- Andererseits haben wir eine gewisse Bereitschaft, uns durch andere bevorzugt an unseren sensiblen Stellen in Schwingung versetzen zu lassen, ihre emotionalen Probleme zu übernehmen (Introjektion).
- Die dargestellte Dynamik steuert nicht nur unsere private Sphäre, sondern auch unser beruflichen Handlungen bei all ihrer geforderten Sachorientierung.
- Auch wenn wir mehr oder weniger reife Persönlichkeiten darstellen, ist es möglich, dass wir situativ bedingt in unserer psychischen Entwicklung jäh zurückfallen (auf ein „primitives Niveau" regredieren). Dies bedeutet, dass unsere Realitätskontrolle massiv verringert wird, wir stark von Emotionen bestimmt werden, vor allem auch von negativen Gefühlen wie Angst, Argwohn, Wut, Zorn gesteuert werden, andererseits aber auch von Sehnsüchten beherrscht werden, wie mit anderen zu einer starken, unangreifbaren Gruppe zu verschmelzen, von einem starken Führerin geführt zu werden, unangreifbar bzw. siegreich zu sein.

Die Gefahr solcher Regression (Laplanche, Pontalis 1973, 436 ff) besteht einerseits in dramatischen Situationen, bei außergewöhnlichen Belastungen, andererseits in wenig oder nicht strukturierten Gruppensituationen, in Massensituationen oder auch in überfordernden Arbeitssituationen.

2 Wie erträgt man Übertragungen?

Die Abhängigkeit von der Organisation, für die jemand arbeitet, stellt potenziell eine Wiederholung der Situation der frühen Kindheit dar, gleich ob man der/die einzige MitarbeiterIn ist oder zehntausende KollegInnen hat. Man ist darauf angewiesen, welche Informationen man wie erhält, welche Arbeitsmittel man zur Verfügung gestellt bekommt. Man erhält ein Arbeitspensum, Qualitätserwartungen und verschiedene andere Normierungen vorgegeben und kann sich die Menschen, mit denen man zusammen arbeitet wie auch die LeistungsempfängerInnen nicht aussuchen. Warum das alles so ist, kann man nur in einem beschränkten Ausmaß nachvollziehen. Je transparenter Organisationen sind, je mehr sie Formen der Selbstbestimmung innerhalb definierter Rahmenbedingungen zulassen und gelingende Kommunikation und Kooperation fördern, desto wahrscheinlicher wird reife Leistungserbringung. Je mehr Organisationen ihre Mitarbeiterinnen unmündig halten, bevormunden, vereinzeln oder unkooperative Verhaltensformen fördern, desto wahrscheinlicher ist es, dass Menschen nicht ihre Potenziale ausschöpfen, sondern in eine frühere psychische Entwicklungsstufen zurückfallen.

Es gilt der Satz: „You can't kiss a system." Gemeint ist damit, dass eine Organisation, wie mächtig sie auch ist, im Erleben von Menschen ein abstraktes Gebilde darstellt, dem man, wenn überhaupt, nur blasse Gefühle gegenüberbringt. Anders ist es mit dem jeweiligen konkreten Menschen, der einem als ChefIn gegenübertritt. Die Leitungsperson ist Repräsentantin der Organisation, die von dieser ihr Geld dafür bekommt, das sie deren Interessen, Anforderungen und Zumutungen gegenüber ihren MitarbeiterInnen vertritt und durchsetzt. Eine Vorgesetzte/ein Vorgesetzter hat zwar die Möglichkeit, sich gegenüber den MitarbeiterInnen von der Organisation zu distanzieren. Dies bringt ihr/ihm jedoch tendenziell nicht nur Probleme mit den eigenen Vorgesetzten ein, sondern auch mit den MitarbeiterInnen, die sie/ihn nur allzu leicht als unehrlich, doppelbödig oder auch als zu schwach erleben, die Interessen der MitarbeiterInnen nach oben durchzusetzen.

Eine Führungskraft ist somit psychologischen Zugzwängen ausgesetzt, die man als Übertragungen bezeichnen kann. Es sind zwei Arten von Übertragung zu unterscheiden, die *institutionelle* (Steinert, Pilgram 1973, 90 ff) und die *individuelle Übertragung.*

Einerseits zeigen Mitarbeiterinnen häufig eine Ambivalenz gegenüber der Organisation. Diese verlangt von ihnen nicht nur Leistungen, sondern beraubt, was häufig schwerer wiegt, sie auch eines Teils ihrer persönlichen Freiheit. Die/der Vorgesetzte erfährt somit von ihren/seinen MitarbeiterInnen zumindest gelegentlich Verhaltensweisen und Reaktionen, die nicht ihr/ihm höchstpersönlich gelten, sondern die ziemlich ähnlich auch dann auftreten würden, wenn jemand anderer ihr/ihm gegenübersäße. Für die Mitarbeiterinnen ist die Vorgesetzte die Chefin, für die Organisation ist sie ein ausführendes Organ. Die Funktion von Führungskräften als Stoßdämpfer zwischen den MitarbeiterInnen und der Organisation ist relativ leicht nachzuvollziehen und vergleichsweise transparent. Man kann sich daher einigermaßen von Kränkungen persönlich distanzieren und abgrenzen, die auf institutioneller Übertragung beruhen, da sie eigentlich gegen die Organisation gerichtet waren, beispielsweise wenn eine MitarbeiterIn ihre Wut über verschlechterte Arbeitsbedingungen artikuliert.

Wesentlich schwieriger sind persönliche negative Erfahrungen handzuhaben, die dem psychoanalytischen Verständnis von *individuellen Übertragungen* (Mertens 2009,222 ff) entsprechen. Gemeint ist hier die Übertragung von Gefühlen, die man in der Erfahrung mit früheren Bezugspersonen gemacht hat, auf Beziehungen, die der erwachsene Mensch führt. Wer sich insgesamt als Kind geliebt, geschätzt und geachtet fühlte, wird – insbesondere in Konfliktsituationen – ihrem/ihrer Vorgesetzten anders gegenübertreten als ein Mensch, der sich als Kleinkind mit harter Hand und uneinfühlsam behandelt vorkam. Es ist jedoch typischerweise nicht Aufgabe von Vorgesetzten, sich den Kopf zu zerbrechen, wie es einer MitarbeiterIn als Kleinkind wohl ergangen sein mag. Man sollte sich jedoch bewusst sein, dass insbesondere Menschen mit ausgeprägten psychischen Problemen große Fähigkeiten haben, ihre Umgebung so zu beeinflussen, zu solch einem Verhalten zu bewegen, dass sie ihre frühen Erfahrungen als kleine Kinder bestätigt bekommen.

3 Der Gang zum Chef als Weg zurück

Stellen Sie sich einfach einmal folgende Situation vor: Frau Meyer, die bei ihren Kolleginnen eher gefürchtet als geachtet ist, wird zu ihrer Chefin gerufen und vermutet, dass dies in Zusammenhang mit einer ihrer letzten Entscheidungen steht, die nicht beabsichtigte Auswirkungen gezeitigt hat. Am Weg über den Gang erfährt sie psychisch eine dramatische Verjüngung. Sie wird zu dem kleinen Kind, das zur Mutter befohlen wird und fürchtet ein weiteres Mal, physisch oder auch „nur" psychisch verletzt zu werden, weil ihr etwas passiert ist. Frau Meyer ist dies nicht bewusst. Sie wird jedoch von Gefühlen von Angst und Verzweiflung, aber auch von Wut und Zorn überschwemmt. Die Chancen stehen gut, dass sie ihre Chefin zu einem Verhalten provoziert, das ihr, Meyers Weltbild ein weiteres Mal bestätigt, sei es dass es darin besteht, man habe keine Chance, anerkannt zu werden, habe keinen Wert und könne daher nichts leisten, sei es, dass die Bestätigung eingeholt wird, man müsse sich wehren und kämpfen, dann würden die anderen schon zurückweichen und einem Zumutungen, etwas zu leisten, ersparen.

Üblicherweise hilft es einer Vorgesetzten, die einem Menschen wie Frau Meyer gegenübersitzt nicht allzu viel, wenn sie bloß über eine oberflächliche Aneignung von Gesprächstechniken aus Konfliktmanagement-Seminaren oder ähnlichem verfügt. Es ist gar nicht so unwahrscheinlich, dass Frau Meyer verspürt: „Die klammert sich an eine angelernte Technik." und sich in ihrem resignativen Rückzug oder auch in ihrer wenig gehemmten Aggression bestärkt sieht.

Die Vorgesetzte ist gut beraten, das Verhalten von Frau Meyer als Information anzusehen, die diese über sich selbst zur Verfügung stellt. Sie sollte auf ihre Gefühle achten und sich die Frage stellen: Will ich es zulassen, dass Frau Meyer auf mich einen emotionalen Sog auslöst, der mich dazu bringt, meine Aufgaben und Gesprächsziele aus den Augen zu verlieren? Will ich mich in ein emotionales Spiel hineinziehen lassen, auf das ich üblicherweise, wenn ich gelassener bin, nicht einsteige? Wie kann ich Frau Meyer klarmachen, dass ich sie persönlich achte und mich für sie verantwortlich fühle, aber gerade deshalb bestimmte Verhaltensweisen und Handlungen kritisch zum Thema machen muss?

Eine solche Gesprächshaltung setzt voraus, dass man über eine grundsätzliche Bereitschaft verfügt, Menschen achtungsvoll gegenüberzutreten sowie auch die produktive Handhabung von Konfliktsituationen als Kerngeschäft von Führungskräften ansieht. Beides, die Akzeptanz von Menschen, auch wenn sie schwierig sind und von Führungsaufgaben, auch wenn sie belastend sind, stellen zentrale Voraussetzungen gelingender Führungsarbeit dar. Um diese erfolgreich zu machen, ist das Beherrschen guter Gesprächstechniken hilfreich. Diese stoßen jedoch auf enge Grenzen oder können sogar kontraproduktiv wirken, wenn die Grundhaltung und die persönliche Eignung der Vorgesetzten fehlen, andere Menschen auch in als negativ erlebten Situationen positiv zu berühren und zu bewegen. Hier hat jeder Mensch ihre persönlichen Grenzen. Diese sind jedoch nicht unverrückbar, sondern verschiebbar oder zumindest durchlässiger gestaltbar. Gutes Führen ist erlernbar.

4 Das Unbewusste: wer zuerst kommt, mahlt zuerst

Um das zuvor gebrachte auf eine allgemeinere Ebene zu heben: Das Unbewusste in uns ist früher vorhanden als das Bewusste.

Menschen können sich üblicherweise frühestens an Erlebnisse erinnern, die in ihrem dritten Lebensjahr stattfanden. Von dem, was vorher mit uns geschah, wie wir vorher die Welt erlebten, was wir vorher machten, haben wir keine bewusste Vorstellung. Dies ist so, obwohl in den ersten Lebensjahren die wesentlichen Fundamente der Persönlichkeit, die uns Zeit unseres Lebens die Grundlagen unserer Identität darstellen, gelegt werden. Auch in dieser Zeit werden die Erfahrungen, die wir machen, laufend verarbeitet und abgespeichert, allerdings nicht in der Großhirnrinde, in der die bewussten Erinnerungen abgespeichert werden. Diese formt sich in den ersten Lebensjahren erst aus. Was zuvor geschieht, verankert sich in tiefer gelegenen Hirnregionen (im Limbischen System) und hat zentrale Bedeutung für die psychische Entwicklung sowie unser lebenslanges persönliche Verhalten gerade deshalb, weil es uns nicht bewusst ist. Das in dieser Zeit Erlebte prägt sich tief in das emotionale Gedächtnis ein und formt dasjenige, was man Persönlichkeit und Charakter nennt (Roth 2003, 236).

Das Gesamt der frühkindlichen Beziehungsmuster bezeichnet Ladan (2003, 20 ff) als „implizites Lebensszenario". Bei diesen Beziehungsmustern geht es einerseits um unsere unhinterfragten Selbstverständlichkeiten im Verhalten, bezüglich Erwartungen in Beziehungen sowie bei Interpretationen der Welt. Es handelt sich andererseits auch um die für uns selbstverständlichen Versuche, andere in der von uns gewünschten Weise reagieren zu lassen, so dass sie einen Beitrag dazu liefern, in unserem Lebensszenario mitzuspielen.

Weiters operiert das Unbewusste schneller als unser Bewusstsein. So wird das Angstzentrum auch durch Bilder erregt, die so kurz gezeigt werden, dass sie nicht bewusst wahrgenommen werden. Kandel (2006, 413 f) untersuchte mit seinen Mitarbeitern experimentell den Unterschied zwischen bewusster und unbewusster Furcht. Je höher der Wert für die unbewusste Hintergrundangst (Angststörung) der Versuchspersonen war, desto ausgeprägter erfolgte ihre Reaktion bei Reizen, die zu kurz für eine bewusste Wahrnehmung und Verarbeitung waren. Bei bewusster Wahrnehmung der Reize war die Stimulierung des Angstzentrums (Amygdala, Mandelkerne) bei Personen mit und ohne Angststörung ziemlich ähnlich. Kandel sieht darin einen biologischen Beleg für die Bedeutung des psychoanalytischen Konzepts der unbewussten Emotionen. Angst hat dann den größten Einfluss auf das Gehirn, wenn der Reiz der Phantasie überlassen bleibt und nicht unbedingt bewusst wahrgenommen wird.

Das Unbewusste begleitet kontinuierlich die Wahrnehmung unserer Umwelt und steuert auf diese Weise unsere Auseinandersetzung mit der Umgebung. Hierzu sei ein weiteres Experiment angeführt: Eine Gruppe von Versuchspersonen schätzte die Glaubwürdigkeit führender amerikanischer Politiker ein, die andere Gruppe das Alter derselben Personen. Die Betrachtung der Fotos zeigte bei beiden Gruppen eine starke Aktivierung der Amygdala, wenn es sich um von der ersten Gruppe als nicht vertrauenswürdig eingestufte Politiker handelte. Die Mitglieder der zweiten Gruppe befassten sich jedoch nicht bewusst mit der Glaubwürdigkeit (Roth 2007, 29). Roth folgert daraus, dass wir bei jeder Begegnung unbewusste Signale über unsere inneren Zustände und unsere Glaubwürdigkeit ausstrahlen und dass wir ebenso unbewusst solche Signale registrieren und bewerten.

Da diese limbische Ebene unser Verhalten im hohen Ausmaß steuert, erfordert soziale Wirksamkeit persönliche Glaubwürdigkeit, vor allem bei Führungskräften.

Vorgesetzte werden laufend dabei beobachtet, wie sie selbst beobachten, wie bei ihnen (An-)Sagen und Handlungen übereinstimmen, wie sie positive und negative Sanktionen verteilen. Führungskräfte müssen damit leben, dass sie gegenüber ihren MitarbeiterInnen kaum einen Kontrollschatten aufweisen. Vertrauensbrüche werden in aller Regel wahrgenommen, auch dann, wenn sie nicht angesprochen werden. Das Zeigen von Misstrauen erfordert nämlich insofern ein Mindestmaß an Vertrauen, als darauf vertraut werden muss, dass die Misstrauensbekundung zu keinen Formen der Bestrafung führt. Die Thematisierung, wie viel Vertrauen vorhanden ist, gegeben und angenommen werden kann, aber auch welche Grenzen es hat, ist Zeichen einer reifen Arbeitsbeziehung.

5 Das Gehirn wird das, wozu man es benützt

Ein Manifest von elf Hirnforschern (Elger u. a. 2006, 30 f.) führte nicht nur aus, dass unbewusste Prozesse bewussten vorausgehen, sondern betonte auch die enorme Adaptions- und Lernfähigkeit des Gehirns, die zwar mit dem Alter abnimmt, dies aber bei weitem nicht so stark wie vermutet. Aufgrund der neuronalen Plastizität wächst das Gehirn mit seinen Aufgaben. Dies trifft vor allem auf die Großhirnrinde zu und nur in wesentlich geringerem Ausmaß auf das Limbische System. Was unserem Bewusstsein zugänglich ist, kann wesentlich leichter weiterentwickelt werden als das nur schwer erschließbare Unbewusste.

Wir sind uns selbst jedoch nicht völlig ausgeliefert, sondern haben die Möglichkeit, uns auch dort weiterzuentwickeln, wo wir uns selbst und/oder anderen im Wege stehen. Der Mensch unterscheidet sich von anderen Säugetieren durch die Fähigkeit der Selbstbeobachtung und Selbstreflexion, die bewussten Auseinandersetzung mit dem, was um uns herum vorgeht, und wie beides, also unsere inneren und äußeren Vorgänge und die Geschehnisse in unserer Umwelt miteinander zusammenhängen. Es liegt an uns, diese spezifisch menschliche Fähigkeit zu nutzen oder auch verkümmern zu lassen. Auch wenn uns vieles verborgen bleiben muss, haben wir die Möglichkeit, in uns hineinzusehen (Introspektion), in uns hineinzuhorchen sowie bewusst und sensibel die Signale aus der Umwelt aufzunehmen, ihnen nachzufühlen und über sie nachzudenken. In seiner „Bedienungsanleitung für ein menschliches Gehirn" benennt Gerald Hüther (2006, 98 ff) zwei wesentliche Wartungsmaßnahmen für unser Gehirn, nämlich Achtsamkeit und Behutsamkeit, also eine aufmerksame, wachsame und sensible Herangehensweise an das, was einem widerfährt und was man anderen widerfahren lässt. Hüther benennt einen einzigen schwerwiegenden Bedienungsfehler, den man ihrem Gehirn widerfahren lassen kann: Das Nicht-Zeigen von Betroffenheit. Wer sich ein Bild von der Welt macht, demzufolge das, was geschehen ist, nicht mit einem selbst, sondern mit anderen Faktoren und allen möglichen Verhaltensweisen Anderer zusammenhängt, begibt sich der Chance, aus dieser erlebten Verantwortlichkeit heraus zu lernen, sich weiterzuentwickeln, zu wachsen.

Die Wahrscheinlichkeit, dass das Leben aus Endlosschleifen vertaner Gelegenheiten und Chancen sowie aus laufenden Wiederholungen suboptimaler Muster besteht, ist dann ziemlich groß. Für Führungskräfte stellt sich somit die Frage: Wie halte ich es persönlich mit Achtsamkeit, Behutsamkeit und Betroffenheit? Fördere oder behindere ich solche Haltungen bei meinen Mitarbeiterinnen?

6 Das Verständnis der Welt ist nicht selbstverständlich

Um nochmals auf das kleine Kind zurückzukommen: Es muss Verschiedenes lernen, das für erwachsene Menschen etwas Selbstverständliches ist. Wenn wir auf die Welt kommen, haben wir noch kein sicheres Gefühl dafür, dass wir etwas anderes sind als unsere Umgebung, dass zwischen beiden eine Grenze besteht. Wie sollte dieses Gefühl auch entstehen, wenn man vom Körper der Mutter umhüllt ist? Aus der Lernerfahrung des Kleinkindes, dass es sich von seiner Umgebung unterscheidet, erwächst die Erfahrung, dass die anderen anders sind. Dies mag banal klingen, tatsächlich haben aber auch erwachsene Menschen eine beachtliche Neigung, andere Personen als einem selbst gleich anzusehen. Dies gilt zwar nicht für die äußeren Merkmale, sehr wohl aber für die Gefühle und Bedürfnisse anderer Menschen. Es entsteht allzu leicht Unverständnis, wenn anderen etwas anderes wichtig ist und wenn sie etwas anderes wollen als man selbst.

Eine weitere wichtige frühe Lernerfahrung ist, dass die Welt weder nur schlecht ist, wie sie das Kleinkind erlebt, wenn es alleingelassen schreit, noch nur gut ist, wie sie beim Saugen an der Mutterbrust oder am Fläschchen erscheint.

Hierbei ist besonders wichtig, dass man ein grundsätzliches Vertrauen in die Welt entwickelt, gleichzeitig aber Gefahren und Risiken richtig einschätzen kann. Kinder bedürfen für ihre Entwicklung auch der Lernerfahrung, dass sie weder allmächtig sind, also nicht alles nach ihrem Willen gehen kann, noch dass sie ohnmächtig und völlig hilflos sind.

Fünf wesentliche Leistungen reifer Menschen sind demzufolge:

1. Das Erfassen und die Akzeptanz der Unterschiede zwischen Menschen
2. Eine differenzierte Wahrnehmung der Welt als Quelle von Chance und Risiken, das Erfassen von Zwischentönen, aber auch von Mehrdeutigkeiten
3. Die Fähigkeit, stabile Beziehungen zu führen, auch wenn in ihnen fallweise Frustrationen auftreten
4. Die Kombination von Vertrauen, Achtsamkeit, Behutsamkeit mit Entschiedenheit, wo es um die Wahrung legitimer Interessen und die Vermeidung von Schäden geht.
5. Die Balance von Anpassung an die äußeren Umstände einerseits und andererseits Bemühungen und Kompetenzen, Anpassungen der Umwelt an die eigenen Bedürfnisse zu erwirken.

Führungskräfte können ihre Arbeit dann gut machen, wenn Sie im Regelfall diese fünf Leistungen gut genug erbringen können. Auch dann, wenn sie persönlich stark unter Druck geraten, sollten sie in ihrer Leistungsfähigkeit nur vorübergehend eingeschränkt sein, also über äußere und innere Ressourcen verfügen, um Stabilität und Selbstvertrauen zu bewahren bzw. wiederzuerlangen.

7 Druck kann Rück-Schritte erzeugen

Um auf Frau Meyer zurückzukommen, die sich innerhalb weniger Sekunden beim Überschreiten des Ganges zum Zimmer ihrer Chefin in unfreiwilliger Weise um Jahrzehnte verjüngte: So gut wie alle Menschen haben aus ihrer Kindheit zumindest kleinere Unvollkommenheiten in das Erwachsenendasein hinüber genommen. Im üblichen Alltag fällt das niemanden auf. Anders verhält sich dies aber, wenn wir persönlich unter Druck kommen, weil sich die Dinge anders entwickeln als wir es gewohnt sind und weil wir dabei Erfahrungen machen, die vom Grundmuster her denen entsprechen, die wir als kleine Kinder ziemlich unangenehm erlebten. Das kann sich in Herzklopfen äußern, wenn man der Chefin in einer wichtigen Angelegenheit gegenübertritt oder in Verwunderung, wieso man immer wieder in kleingeistige Konkurrenzen eintritt, auch wenn man sich vorgenommen hat, sich auf solche Spiele nicht mehr einzulassen. Die meisten Menschen verhalten sich üblicherweise in einem hohen Ausmaß reif und mündig. Es gibt jedoch nur wenige Menschen, die davor gefeit sind, sich in bestimmten besonderen Situationen unreif und für sich und/oder ihre Umwelt befremdlich zu verhalten. Menschen haben eine Neigung, in besonders belastenden Situationen zu regredieren, also auf frühkindliche, auch als primitiv bezeichnete Verhaltensweisen zurückgreifen. Die Kunst von Führungsarbeit besteht unter anderem darin, solche Situationen wahrscheinlicher zu machen, die Menschen zu reifem Verhalten stimulieren und jene Situationen unwahrscheinlicher zu machen, die zu primitiven Verhaltensweisen führen.

8 Wenn die Balance verloren geht: Stress

> Ganz allgemeinen entsteht Stress (genauer gesagt Distress), wenn nach subjektivem Erleben die zur Verfügung stehenden Ressourcen nicht zur Bewältigung der situativen Anforderungen ausreichen oder dies zumindest fraglich erscheint (siehe hierzu und zum weiteren Langbein, Skalnik 2005, 264 ff); Röthel, Sattler-Zisser 2002, 17 f).

Dies ist besonders dann der Fall, wenn die eigenen „Sollwerte“, also die persönlichen Grundbedürfnisse nach Liebe, Intimität, Zugehörigkeit, Ruhe, Selbstverwirklichung, Anerkennung, Autonomie und Sicherheit verletzt werden. Konflikte werden als belastend erlebt, wenn sie als emotional kränkend oder verletzend erlebt werden.

Stress ist ein für die psychische Regulation positive komplexe psychische und körperliche Reaktionsform auf Herausforderungen und Belastungen, wenn ein Wechsel zwischen Anspannung und Entlastung möglich ist. Stress wird gesundheitlich und existentiell bedrohlich, wenn er durch eine Häufung auch vermeintlich kleiner alltäglicher Belastungen, die als nicht bewältigbar erscheinen, dauernd einwirkt. Stress in der Arbeitswelt ist sehr gut erforscht. Insbesondere folgende Rahmenbedingungen sind als Stressoren identifiziert:

- Kontrollverlust (man hat das Gefühl, die Arbeitsabläufe nicht beeinflussen zu können),
- mangelnde Anerkennung und fehlendes Lob,
- schlechtes Arbeitsklima (wo Gemeinschaftsgefühl und Fairness das Klima prägen, kommt Stress viel weniger vor).

Körperliche Folgen von Stress sind Muskelverspannungen, Bluthochdruck, erhöhte Spiegel an Blutfetten, Beeinträchtigungen des Immunsystems mit erhöhter Krankheitsanfälligkeit. Psychische Auswirkungen sind Reizbarkeit, Angst, persönliche Einengung, Schlafstörungen, erhöhte Neigung zu Suchtmittelkonsum, Erschöpfung bis hin zum Burn-out-Syndrom. Abgesehen von Stressvermeidung und entwicklungsorientierter Bearbeitung persönlicher Stress-Muster sind verschiedene Formen der Entspannung und körperliche Bewegung relativ einfache Coping-(Bewältigungs-)Formen.

Fortgesetzter Stress hat auch neurobiologische Folgen. Dauert er längerfristig an, führt er zu einer Verschlechterung von Lern- und Gedächtnisleistungen, was die Leistungsfähigkeit weiter senkt. Die Amygdala wird in ihrer Funktionsweise durch Stress fatalerweise nicht beeinträchtigt, sondern zeigt eine erhöhte Aktivität (Roth, 2003,315). Dies hat negative Auswirkungen auf die psychische Regulation bis hin zur Panik und auf die Leistungsfähigkeit bis hin zu massiver Einengung gegenüber Problemen und zur psychischen Blockade. Somit ist man unter Stress nicht in der Lage, neue komplexere Verhaltensweisen zu entwickeln

Gelerntes kann zur späteren Problemlösung nur dann verwendet werden, wenn es in einer stimmigen, förderlichen Umgebung erfolgt. Lernen in einem negativen emotionalen Kontext, unter Angst, ermöglicht lediglich das Ausführen einfacher gelernter Routinen. Dies liegt darin begründet, dass je nach Gefühlslage die Lernprozesse verschieden ablaufen. Während das erfolgreiche Einspeichern von Informationen in positivem emotionalen Kontext im Hippocampus geschieht, speichert in negativem emotionalen Kontext der Mandelkern diese Inhalte. Der Hippocampus speichert Einzelheiten ab, ruft sie nachts wieder auf und transferiert sie innerhalb von Wochen und Monaten in die Großhirnrinde, den „langsamen Lerner“, wo sie langfristig gespeichert werden. Die Funktion des Mandelkerns ist es hingegen, bei Abruf von assoziativ in ihm gespeichertem Material den Körper und den Geist auf Kampf und Flucht vorzubereiten (Spitzer 2002, 63).

Große Angst bewirkt zwar rasches Lernen, vor allem in Richtung auf Kampf oder Flucht bzw. Vermeidung. Sie ist jedoch für kognitive Prozesse insgesamt nicht förderlich und verhindert zudem genau das, was beim Lernen erreicht werden soll, nämlich die Anwendung des Gelernten auf viele Situationen und Beispiele.

Führungskräfte können nur dann gut führen, wenn Sie zunächst einmal bei sich selbst Anforderungen und Ressourcen in Balance halten. Zentrale Fragen sind:

- Wie kann ich meine persönlichen Ressourcen stärken und ausbauen?
- Wie kann ich mir äußere Ressourcen sichern und erschließen?
- Stelle ich an mich angemessene und realistische Anforderungen?
- Wie kann ich mich gegen überzogene bzw. unangemessene Anforderungen der Umwelt abgrenzen?

Führungskräfte sollten aber auch beobachten, wie Ihre MitarbeiterInnen mit inneren und äußeren Anforderungen und Ressourcen umgehen und wie sie bei Störungen des dynamischen Gleichgewichts Unterstützung leisten können, wieder eine Balance zu erlangen.

9 Leistungen und Beziehungen – eine notwendige Partnerschaft

Die Aussicht auf soziale Anerkennung, das Erleben positiver Zuwendung und dementsprechende Erfahrungen sind eine zentrale Triebkraft für Leistungen (Bauer, 2006, 31 ff). Wer die Leistungsbereitschaft und das Leistungsvermögen von Menschen nachhaltig sichern und erhöhen will, muss ihnen die Möglichkeit geben, mit anderen zu kooperieren und Beziehungen zu gestalten. Nach Bauer ist das menschliche Gehirn in besonderer Weise für Aufgaben optimiert, die unter dem Begriff „psychosoziale Kompetenz" zusammengefasst werden. Unser Gehirn ist demnach weniger ein Denk- als vielmehr ein Sozialorgan.

Menschliches Desinteresse, Mangel an Förderung und ungenügende Anforderungen bewirken auch tendenziell eine Abschaltung des Motivationssystems. Wir sind als soziale und kooperative Wesen konstruiert. Gelingende Beziehungen sind das unbewusste Ziel allen menschlichen Bemühens, da sie mit der Ausschüttung der „Glücksbotenstoffe" Dopamin, Oxytozin und Opioide einhergehen. Ohne Beziehung gibt es keine dauerhafte Motivation. Führungskräfte sollten ihre Aufgabe daher nicht bloß darin sehen, einzelne Menschen zu führen, sondern vor allem auch deren Kommunikation und Kooperation positiv durch förderliche Rahmenbedingungen zu beeinflussen und somit den Sozialkörper ihrer Organisation(-seinheit) zu stärken.

Gute Arbeitsbeziehungen sind jedoch bloß notwendige, aber keine hinreichenden Voraussetzungen für Erfolg. Sie können auf Dauer nur dann als emotional positiv empfunden werden, wenn sie mit dem Bewusstsein verbunden sind, erfolgreich miteinander zu arbeiten. Es kann vorkommen, dass in einer Organisationseinheit oder in einem Team eine wohlig-kuschelige Atmosphäre herrscht und man sich gegenseitig rücksichtsvoll die unangenehmen Fragen erspart: Was machen wir eigentlich mit unserer Arbeit? Entsprechen wir den an uns gerichteten Erwartungen? Es bleibt dann jedoch bei allem Wohlbehagen, die Zeit mit netten Arbeitskollegen angenehm zu verbringen, ein diffuses Unbehagen: Soll das Alles gewesen sein? Wird uns nicht irgendwann irgendjemand fragen, was tut ihr eigentlich? Was machen wir dann?

10 Der Mensch verhält sich nach den Verhältnissen

Kurt Levin (Levin, K., Feldtheorie in den Sozialwissenschaften, 1963) entwickelte die Formel:

$$V = f(P, U)$$

Das Verhalten ist demzufolge eine Funktion aus dem Zusammenspiel von Persönlichkeit und Umwelt. Es gibt Situationen, denen sich kaum eine Person entziehen kann, die auch bei sehr unterschiedlichen Persönlichkeiten zu sehr ähnlichen, um nicht zu sagen gleichförmigen Verhaltensweisen führt. Als Beispiel mögen massenpsychologische Phänomene dienen. Zum anderen gibt es Persönlichkeiten, die unabhängig von äußeren Gegebenheiten eigensinnig ihren Weg gehen, sei es die große Erfinder, die Managerin des Jahres oder der an einer Psychose erkrankte Patientin. Üblicherweise kommt es aber zu einem komplexen Zusammenspiel zwischen persönlichen Merkmalen und gegebenen Situationen. So hat in einer Organisation jede MitarbeiterIn einen persönlichen Arbeitsstil, eine/r tut mehr, die/der andere weniger, insgesamt aber besteht ein Arbeitsverhalten, das mit dem, was erwartet wird, einigermaßen übereinstimmt. So kann es aber auch sein, dass jemand an einem neuen, förderlicheren Arbeitsort ein Verhalten zeigt, dass die früheren KollegInnen am alten Arbeitsort, so sie es erfahren, in großes Erstaunen versetzt.

Zumeist legen wir an unsere Mitmenschen einen etwas weniger strengen Maßstab an, als er beispielsweise in Religionen definiert ist. Wir sind gegenüber Gedankensünden tolerant, sie kümmern uns nicht. Wir begnügen uns, wenn jemand ein Verhalten oder zumindest Beteuerungen für ein zukünftiges Verhalten zeigt, die mit unseren Erwartungen und Wünschen weitgehend konform gehen. Was jemand im Tiefinnersten bewegt, wird in Arbeitsverhältnissen allenfalls dann relevant, wenn es besondere Indizien für Divergenzen zwischen Persönlichkeit und Verhalten gibt, die ernsthafte Zweifel an der Zuverlässigkeit des betreffenden Menschen stimulieren. Das ist gut so: Arbeitsverhältnisse sind kein Pakt mit einem Teufel, dem man sich mit Haut und Haaren verkauft, sondern bestehen im Austausch von Leistungen und Duldungen.

Das ist auch deshalb sinnvoll, weil Persönlichkeit etwas ist, das bei erwachsenen Menschen wenn überhaupt, dann nur ziemlich schwer veränderbar ist. Am leichtesten gelingt das durch massive und/oder anhaltende Traumatisierungen. Menschen mit einem hohen Ausmaß an Vertrauen in sich und in die Welt sind aber auch hier zumeist ziemlich widerstandsfähig und robust. Eine Persönlichkeit nachhaltig und tiefgreifend in eine von ihr und/oder ihrer Umwelt gewünschte Richtung zu verändern, ist ein höchst komplexes und anspruchsvolles Unterfangen, das am ehesten in Psychotherapien oder auch therapeutischen Einrichtungen gelingt.

Stabile, langfristige positive persönliche Beziehungen vermögen hier wohl auch einiges.

Es ist jedenfalls sinnvoll, dass ChefInnen nicht auf die Veränderung der Persönlichkeit ihrer MitarbeiterInnen durch ihr eigenes Führungsverhalten oder durch andere Umstände setzen. In umgekehrter Richtung, also für Intentionen von MitarbeiterInnen, ihr Idealbild von einer Führungspersönlichkeit durch persönliche Verbesserung des/der ChefIn verwirklichen zu können, gilt Gleiches. Anstelle von Bemühungen, sich in nicht erfolgsträchtige Bemühungen zur Veränderung von Persönlichkeiten zu verzetteln, sollte man sich darauf konzentrieren, eine Umweltsituation zu erzeugen und darzustellen, die gewünschte Verhaltensweisen wahrscheinlicher und unerwünschte Verhaltensweisen unwahrscheinlicher macht.

11 Narzissmus und Paranoia: die Dosis macht das Gift

Nach Otto Kernberg (2000) arbeiten neben anderen Voraussetzungen Organisationen dann gut, wenn Führung von einer wirksamen und stabilen Autorität wahrgenommen wird. Bei überzogener Autorität besteht die Tendenz, die Arbeitsbeziehungen dadurch zu (zer-)stören, dass in autoritärerer Form mehr Macht ausgeübt wird, als für die Erledigung der Organisationsaufgaben erforderlich ist. Dies bewirkt Widerstand bzw. regressive Prozesse.

Wenn die Befugnisse der Leiterin geringer sind als funktionell erforderlich ist oder die Leiterin ihre Autorität nicht wirksam bzw. angemessen ausfüllt, bewirkt dies ebenfalls Regression in der Organisation: Die Klarheit der Aufgabenerfüllung schwindet, in der gesamten Organisation werden die Führungsfunktionen aufgeweicht, die funktionellen Grenzen zwischen den aufgabenorientierten Gruppierungen werden verwischt, es mehren sich unstrukturierte Gruppen- und Organisationsprozesse.

Regressive Prozesse in Großgruppen wie in Organisationen haben vor allem folgende Merkmale:

- eine unbestimmte Angst vor Aggression
- ein Gefühl der Ohnmacht
- ein Bedürfnis, Untergruppen zu bilden, die auf „die anderen" Aggressionen richten bzw. projizieren
- Anstrengungen, um persönliche oder Kleingruppen-Macht über andere zu bekommen
- Angst, Opfer eben solcher Prozesse zu werden
- Wunsch, der Situation zu entkommen
- gleichzeitig ein Gefühl der Auflösung und Ohnmacht, wenn sich jemand von der Gruppe löst.

Dieser fortgeschrittene Prozess bewirkt eine wachsende Entfremdung von den Arbeitsaufgaben. Auch die Mitglieder der Organisation entfremden sich zusehends. Je länger diese Dynamik andauert, desto schwieriger wird es, rationale und effektive Lösungen zu finden. Auf der Leiterin lastet in solchen Situationen ein regressiver Druck durch Übertragungsphänomene der Organisationsmitglieder: Aufgrund von Erfahrungen mit früheren Bezugspersonen werden Wünsche und Bedürfnisse nach einerseits Abhängigkeit, Schutz, Versorgung, andererseits Konflikt, Rivalität und Idealisierung auf die Leiterin übertragen. Auch bei optimalen Bedingungen (klare und angemessene Aufgabendefinition und Rollenverteilung sowie Dienstleistungsorientierung) in Organisationen gibt es jedoch mächtige Tendenzen, die Leiterin narzisstisch oder auch paranoid anzuregen. Diese Tendenz verstärkt sich, wenn die Leiterin persönlich den Anforderungen nicht gewachsen ist.

Die Leiterin ist gegen regressiven Druck dann optimal widerstandsfähig, wenn ihre Persönlichkeit neben anderen Eigenschaften auch einen mäßigen Anteil narzisstischer Tendenzen beinhaltet und sie über ein geringes paranoides Potential verfügt. Ein hoher Grad an persönlicher Sicherheit auch in krisenhaften Situationen und eine relative Unabhängigkeit von sofortigem positivem Feed-Back bietet die Basis für eine gesunde Einsamkeit der Leiterin. Es handelt sich hierbei um ein begrenztes Ausmaß an Narzissmus, das in eine insgesamt anpassungsfähige und stabile Persönlichkeit eingebettet ist. Es besteht jedoch die Gefahr, dass die narzisstischen Tendenzen der Leiterin durch Schmeichelei u.ä. verstärkt werden. Hieraus kann ein vermindertes selbstkritisches Einschätzungsvermögen und Anfälligkeit gegenüber persönlichen Korrumpierungen erwachsen. Dagegen vermag ein autonomes, reifes, zur Fairness befähigendes Über-Ich schützend zu wirken.

Paranoide Persönlichkeiten fühlen sich ständig verletzt, tendenziell verfolgt, verstehen jedes kritische Feed-Back als Insubordination und erleben ihre Organisation als Festung, hinter deren Mauern die ständige Gefahr einer fünften Kolonne lauert. Von solchen Personen sind jedoch Leiterinnen mit „normaler" paranoider Befähigung zu unterscheiden. Ein völliges Fehlen von Cleverness und Argwohn würde Naivität bedeuten, da das Auftreten von Aggressionen und Ambivalenz, wie sie für alle menschlichen Beziehungen normal und für Organisationen typisch sind, verleugnet wird. Eine Leiterin kann es sich nicht leisten, naiv zu sein. Sie muss sich bewusst sein, das Ziel von Idealisierung und Regression zu sein.

Wenn jedoch die Haltung der Leiterin in narzisstische oder paranoide Regression umschlägt, kommt es zu einer sadistischen Kontrolle der Leiterin über die Organisation, sodass sich in der Organisation die Regression ausbreitet.

Das zentrale Paradoxon von Führung besteht somit darin, dass ein und dieselben persönlichen Eigenschaften, die in einem mäßigen Ausmaß positiv wirken, bei verstärkter Ausprägung höchst nachteilige Effekte in der Gesamtorganisation bewirken.

12 Eine schlecht definierte Aufgabe bewirkt schlechte Arbeit

Wilfried Bion (1990) entwickelte, u. a. auch auf Grund von Erfahrungen, die er als Leiter eines Psychiatrischen Krankenhauses der britischen Armee machte, ein Konzept, dass zwei Haupttendenzen in Gruppen beinhaltet.

Bion unterscheidet zwischen Gruppen, die in reifer, realitäts- und leistungsorientierter Form ihre Aufgaben erfüllen und solchen, die in „Grundeinstellungen" (basic assumptions) verhaftet sind. Solche Gruppen zeigen eine häufig unbewusste Tendenz, die Arbeit an der Hauptaufgabe zu vermeiden. Auf diese Weise können sie der Arbeitsrealität zu entrinnen, wenn sie schmerzlich oder Angst erzeugend ist bzw. Konflikte in oder zwischen Gruppenmitgliedern verursacht.

Bion unterscheidet drei Grundeinstellungen:

- **Abhängigkeit (dependency):** Eine Gruppe mit einer solchen Grundeinstellung verfährt, als ob ihre Hauptaufgabe einzig allein darin bestünde, für die Befriedigung der Wünsche und Bedürfnisse der Gruppenmitglieder zu sorgen. Von der Leiterin wird erwartet, dass sie die Gruppe nährt und vor äußeren Anforderungen schützt.
- **Kampf-Flucht (fight-flight):** Hier ist die Grundannahme, dass es eine Gefahr oder einen Feind gibt, der entweder zu attackieren ist oder vor dem man flüchten muss. Möglichkeiten einer differenzierten Auseinandersetzung oder der Erarbeitung einer Lösung, die der Aufgabe und beiden Seiten gerecht wird, werden nicht gesehen. Von der Leiterin wird erwartet, dass sie diese Sichtweise teilt und ihre Leute in den Kampf oder in die Flucht führt.
- **Zusammenschluss (Pairing):** Diese Grundeinstellung beruht auf dem gemeinsamen und unbewussten Glauben, dass, was auch immer die aktuellen Probleme und Bedürfnisse einer Gruppe sein mögen, sie durch ein künftiges Ereignis gelöst werden. Die Gruppe verhält sich so, als ob ein Zusammenschluss zwischen Gruppenmitgliedern oder vielleicht zwischen der Gruppenleiterin und externen Personen die Erlösung bringen würde. Ein konkretes Beispiel: „Wir haben bereits dreimal vergeblich versucht, zusätzliches Personal zu erhalten. Irgendwann wird es schon klappen, auch wenn wir wissen, wie die allgemeine Budgetsituation ist. Solange wir nicht mehr Mitarbeiterinnen bekommen, macht es keinen Sinn über Veränderungen unserer Arbeitssituation nachzudenken, geschweige denn solche in Angriff zu nehmen." Von der Leiterin wird erwartet, dass sie sich bemüht, das zumeist illusionäre Ereignis herbeizuführen und die Gruppe nicht mit einem „Plan B" behelligt.

Diese Grundeinstellungen haben zu Folge, dass die jeweiligen Gruppen massive Probleme haben, Frustrationen auszuhalten, der Realität ins Auge zu sehen, Unterschiede zwischen Gruppenmitgliedern wahrzunehmen, aus Erfahrungen zu lernen und somit wirksam zu arbeiten. Solche Gruppen erwarten von ihren Leiterinnen, dass diese sie in ihren Grundeinstellungen bestärken und unterstützen. Leiterinnen, die diesen Anleitungen nicht entsprechen, lösen Enttäuschung und Ablehnung hervor, werden entwertet, gemieden oder bekämpft.

Die Wahrscheinlichkeit des Auftretens der beschriebenen Grundeinstellungen ist umso geringer, je klarer die Aufgabe ist.

Das Bion'sche Konzept ist in Ergänzung mit dem Begriff der Primäraufgabe von Rice zu sehen (Hirschhorn, 2000,98 ff). Die Primäraufgabe ist die vordringliche

Aufgabe, die eine Organisation ausfüllen muss. Sie beschreibt den zentralen Zweck einer Organisation, auf den sich diese immer wieder einigen muss.

Diese Primäraufgabe ist nicht naturwüchsig vorgegeben, sie ist in Interaktion mit den relevanten Umwelten (Anspruchsgruppen, Auftraggeberinnen) zu präzisieren und in organisationsinternen Kommunikationen und Entscheidungsfindungen umzusetzen. Die Fokussierung der Aufmerksamkeit auf die Primäraufgabe hilft bei Auseinandersetzungen oder Konflikten:

- Was ist unsere Hauptaufgabe?
- Was ist demzufolge nicht die Hauptaufgabe?
- Wie gehen wir mit Unterschieden zwischen der Hauptaufgabe einerseits und andererseits Erwartungen von Anspruchsgruppen und unseren persönlichen Präferenzen um?
- Woran erkennen wir, ob unsere Arbeitsergebnisse der Hauptaufgabe entsprechen?

Nach Larry Hirschhorn ist die primäre Aufgabe nicht naturwüchsig vorfindbar, sondern Ergebnis eines Definitionsprozesses. Es gibt eine Zone der Ambiguität von Aufgaben, also einen Raum, der durch Entscheidungen zu füllen ist.

Solche Entscheidungen stehen umso mehr an, je diffuser, widersprüchlicher und überfordernder die Erwartungen der Geldgeberinnen, übergeordneten Entscheidungsträgerinnen und sonstigen Stakeholder sind. Mit solchen Situationen können Führungskräfte offensiv und konstruktiv umgehen, indem sie mit den Mitarbeiterinnen eine Aufgabendefinition erarbeiten, die aus interner Sicht möglich und inspirierend ist. Gegenüber den Stakeholdern geht es bei Zielkonflikten nicht darum, deren Erwartungen möglichst weitgehend zu erfüllen, sondern diesen in einem Ausmaß gerecht zu werden, das die Wahrscheinlichkeit ernsthafter Schwierigkeiten gering hält. Die Hauptaufgabe sollte jedenfalls so definiert werden, dass sie den Mitarbeiterinnen die Möglichkeit und eine Orientierung gibt, den Anforderungen und Problemlagen der Menschen gerecht zu werden, für die die Organisation Leistungen erbringt.

Man sollte jedenfalls übergroße Ängstlichkeit vor Risiken in Bezug auf Entscheidungen über die Hauptaufgabe vermeiden. Das Risiko, durch eine klare Definition der Hauptaufgabe sich angreifbar zu machen und sich der Kritik auszusetzen, ist geringer als das, durch Orientierungslosigkeit leistungshemmende Grundeinstellungen zu stimulieren. Sind die beschriebenen Grundeinstellungen einmal wirkmächtig, sind Leiterinnen besonders gefordert, sich von ihnen nicht infizieren zu lassen, sondern als Gegenstrategie geduldig und nachhaltig die Wichtigkeit der Hauptaufgabe und ihrer Bearbeitung zu betonen und vorzuleben. Wie auch bei anderen Leitungsproblemen kann man zumeist nicht auf rasche und weitgehende Erfolge setzen. Vielmehr sind Ausdauer, Zähigkeit und langer Atem erforderlich („Ich werde nicht aufgeben, und je eher das die anderen bemerkten, desto schneller werden sie aufgeben oder zumindest nachlassen").

In der Praxis scheitern Führungskräfte nicht selten in der Durchsetzung von Anliegen, die auf Widerstand stoßen, daran, dass sie diese mit einer gewissen Ambivalenz verfolgen, die in aller Regel bemerkt wird. Ein auf diese Weise zusätzlich angeregter Widerstand, der bei Konsequenz von nicht allzu langer Dauer und Intensität wäre, führt dann zu der persönlichen Schlussfolgerung: „Ich habe mir gleich gedacht, dass es nicht klappen wird."

13 Widerstand als Wegweiser

Auftretender Widerstand wird nur allzu bereit zum Anlass genommen, sich zurückzuziehen und Vorhaben aufzugeben. Es ist jedoch auch eine ganz andere Sichtweise möglich.

Der bereits zitierte Psychoanalytiker Wilfred Bion war im Ersten Weltkrieg Panzerkommandant. Er erhielt eine hohe Auszeichnung für die Eroberung einer Stellung. Hierbei steuerte er den Panzer bei sehr schlechten Sichtverhältnissen so, dass die Maschinengewehrgeschosse auf die Frontpanzerung trafen. „Bei jedem Einschuss, der uns traf, splitterten glühende Funken von der Panzerung, sodass wir durch die Einschüsse ein improvisiertes Navigationssystem hatten." Bion 1982, 162, zitiert nach Wiedermann 2007, 55)

Diese Erfahrung wird als Paradigma ihrer psychoanalytischen Methode bezeichnet, in der der Widerstand zum Wegweiser wird. Abwehrhaltungen des Patienten, bestimmte Themen zu bearbeiten, dienen als Hinweis, dass es dem Patienten um die Aufrechterhaltung von Mustern geht, deren Bearbeitung der Schlüssel für persönliche Veränderungen ist. (Wiedermann 2007, 55)

Bezogen auf Führung bedeutet dies, dass Formen des Widerstands einerseits wichtige Hinweise sein können, dass man selbst etwas übersehen hat oder falsch einschätzt. Kommt man nach kritischer Prüfung jedoch zum Ergebnis, dass man selbst richtig liegt, ist Widerstand als wichtiger Hinweis zur Fokussierung von Veränderungsbemühungen zu sehen. Soweit intensive diskursive Auseinandersetzungen zu keinem Erfolg im Sinne eines gemeinsamen Ergebnisses führen, sollte man geeignete Durchsetzungsstrategien (so wirksam wie erforderlich, so schonend wie möglich) auswählen und umsetzen.

14 Führung als Organisation von Selbstorganisation

Mentale Modelle, denen zufolge Menschen und Organisationen steuerbar wie Maschinen sind (Ingenieurmodell), sind nicht zielführend.

Ähnlich wie Menschen können soziale Systeme (Organisationen, Organisationseinheiten oder Teams) nicht wie eine Maschine gesteuert werden, sondern reagieren entsprechend ihrer Eigenarten auf Steuerungsimpulse, z. B. Befehle, Zuwendung, individuell verschieden (nähere Ausführungen hierzu Gratz 2004), 70 ff). Man spricht von Selbstorganisation.

Selbstorganisation ist ein zentrales Wesensmerkmal von lebenden Systemen, somit auch soziale Organisationen, das für sich weder gut noch schlecht ist. Selbstorganisation ist nicht mit Demokratie zu verwechseln. So kann die Auffälligkeit eines Kindes auch so verstanden werden, dass es als Symptomträger in der Selbstorganisation des Familiensystems fungiert.

Um Organisationen zu thematisieren: In einem Team werden in einem klaren, überschaubaren Rahmen ohne detaillierte Absprachen in gelingender Selbstorganisation gute Leistungen erbracht, in einem anderen führen paranoide Tendenzen der Leiterin zu einer destruktiven Stimmung, die als reaktive Selbstorganisation des Teams verstanden werden kann.

Die Art und Weise, wie man kommuniziert, kooperiert, Entscheidungen trifft und Leistungen erbringt, unterliegt einer Eigendynamik, die zwar durch Vorgaben, Ressourcen, Rahmenbedingungen u. a. beeinflusst wird, aber nicht genau determiniert werden kann. Es ist möglich, durch bewusste und qualitätsvolle Führungsarbeit erwünschtes Verhalten wahrscheinlicher und unerwünschtes Verhalten unwahrscheinlicher zu machen. Garantien und Sicherheiten hierfür gibt es jedoch keine.

Führungskräfte sollten nicht mit der direkten Umsetzung ihrer Führungsimpulse im Maßstab 1:1 rechnen, sondern sich bewusst sein, dass sie Prozesse zu organisieren haben. Hier ist die Führungskraft gefordert, immer wieder aufs Neue nachzujustieren, indem sie interveniert, beobachtet, was daraufhin geschieht und auf dieser Grundlage wieder neue Akzente in die gewünschte Richtung setzt. Es kommt ein Feedbackprozess in Gang, ein Regelkreis zwischen Führungsinterventionen und Reaktionen der Mitarbeiterinnen sowie anderer. Die Begrenztheit von längerfristiger Planung und die Unvorhersehbarkeit der Zukunft erfordern kleine Schritte. Bereits wenige Informationen genügen, erste Hypothesen zu bilden. Diese Annahmen werden in Handlungsschritte umgesetzt. Deren Ergebnisse führen zu neuen Informationen, neuen Hypothesen und neuen Handlungen u.s.w. Diese Vorgehensweise bezeichnet man als „Systemische Schleifen“ (Königswieser, Exner 1998, 24). Diese Schleifen sind jedoch nicht reaktiv-aktionistisch anzulegen, sondern in Richtung auf die wohl definierte, klare Hauptaufgabe zu ziehen.

Führen bedeutet demzufolge die Organisation von Selbstorganisation.

Führungskräfte sollten folgende Grundhaltung haben:

- Mut, unter Bedingungen von Ungewissheit und Mehrdeutigkeit Orientierung zu geben und Entscheidungen zu treffen
- Demut und Gelassenheit gegenüber ihren begrenzten Möglichkeiten gegenüber Eigen-sinnigkeiten und Eigen-willigkeiten
- Verbindlichkeit und Klarheit, um einen wirksamen Rahmen für Selbstorganisation zu schaffen
- Kritikfähigkeit, auch, um offen für die Erweiterung ihrer begrenzten Informationsbasis über die Mechanismen der Selbstorganisation in ihren Bereichen zu sein

- Vertrauen in die Ressourcen ihrer Mitarbeiterinnen, auch zur Selbstorganisations-fähigkeit
- Wachheit und Wachsamkeit gegenüber Entwicklungen der Selbstorganisation, die die gute Erledigung der Aufgaben gefährden (können)
- Bereitschaft, einerseits gut funktionierende Selbstorganisation nicht zu stören, andererseits rechtzeitig Interventionen zu setzen, wenn dysfunktionale Formen der Selbstorganisation erkennbar sind.

Führungskräfte haben unter anderem folgende Möglichkeiten, Selbstorganisation zu beeinflussen:

- Wirken als Vorbild, als gute Autorität
- Erzeugen von Sinn, Visionen und Zielen (kein Deutungsmonopol beanspruchen, wohl aber die Verantwortung hierfür wahrnehmen)
- Einrichten und Pflege eines Kommunikations- und Entscheidungssystems
- Vereinbarungen treffen und überprüfen (Delegation, Zielvereinbarungen, Projektaufträge ...), in denen enthalten sind: Ziele, Regeln, Erfolgskriterien, positive und negative Konsequenzen bei erwünschten/nicht erwünschten Handlungen und Resultaten
- Aktives Management der Beziehungen zu den relevanten Umwelten
- Informelle Kommunikation
- Konflikte erkennen und managen
- Angemessene Unterstützung geben
- Räume und Orte für Reflexion und Weiterentwicklung schaffen (persönlich, mit den einzelnen Mitarbeiterinnen, mit Subsystemen (Teams), im Gesamtsystem, für das man verantwortlich ist).

15 Zwei Bilder von Führung

Führen heißt nicht, als Kapitän auf der Brücke eines Schiffes zu stehen und dieses per Maschinentelegraph (oder Computer) zu steuern. Es bedeutet, auf einem Surf-Brett zu stehen oder auch an einem Paragleiter zu hängen, den Elementen ausgeliefert zu sein, sie aber, vorausgesetzt, man versteht und respektiert sie, für sich nützen zu können, um unbeschadet ungefähr dorthin zu kommen, wo man hin will.

Man kann Führung aber auch als professionelle gärtnerische Tätigkeit ansehen. Die Pflanzen folgen ihren eigenen Regelmäßigkeiten und Entwicklungszyklen, die Gärtnerin kann das Klima nicht steuern. Sie kann düngen, gießen, Unkraut jäten, Bäume pflanzen oder auch umschneiden, sie kann sich nach Kräften bemühen, sie mag sich für ihre Arbeit begeistern (manche sprechen mit ihren Pflanzen), ihren Ertrag kann sie aber nicht im Voraus berechnen. Sie kann und soll auf den Garten persönlich stolz sein, darf aber dessen Zweck nicht aus den Augen verlieren – sei es, wirtschaftlichen Ertrag abzuwerfen, sei es, der Eigentümerin einfach zu gefallen. Sie kann schwerlich sagen, ob oder wann sie ihren Garten optimal betreut hat, sie weiß aber sehr genau, was sie auf keinen Fall tun darf, womit sie ihrem Garten schaden könnte. Sie versteht: Grashalme wachsen nicht schneller, wenn man an ihnen zieht. Sie hält sich schon dann für eine gute Gärtnerin, wenn sie ihre Pflanzen nicht in ihrem Wachstum behindert. Sie ist sich auch im Klaren, keine Denkmäler für die Ewigkeit zu errichten, sondern ein lebendes System zu betreuen, das sie irgendwann einer anderen übergeben muss, die möglicherweise damit etwas ganz anderes macht.

16 Zum Abschluss

Vor allem aber sollte man sich in Anbetracht der überfrachteten und überambitionierten Erwartungen an Führung vor Überforderungen schützen. Eine zentrale Aussage des Psychoanalytikers Winnicot ist: „the good enough mother" (Abrams 2007, 17, 221): Es genügt, dass Mütter gut genug sind.

Führungskräfte sollten sich die Latte nicht höher legen. Je seltener man sich „the good enough leader" vorsagt, desto größer wird die Gefahr, dass man irgendwann einmal nicht mehr gut genug für die Dienstleistung Führen ist. Es genügt, eben, das man als Führungskraft gut genug ist. Das ist hinreichend anspruchsvoll.

Wenn man seinen Beruf schätzt und sich mit den (auch selbst) gestellten Aufgaben identifiziert und Menschen gern mag, ist die zentrale Voraussetzung für gute Führung bereits erfüllt.

Wenn man zudem seiner Umgebung, seinen Mitarbeiterinnen und sich selbst mit Aufmerksamkeit begegnet, aus den gemachten Beobachtungen und Erfahrungen überlegte Schlussfolgerungen zieht, nach denen man bewusst handelt, kann man sich selbst, aber auch anderen einzelne Fehler verzeihen. Andere werden das dann auch tun.

Literaturverzeichnis

Abram, J. (2007). The Language of Winnicott. Second Edition. London.

Bauer, J. (2006). Prinzip Menschlichkeit – Warum wir von Natur aus kooperieren. Hamburg.

Bion, W. (1982). The Long Week-End. 1897–1919. Part of a Life. Abingdon.

Bion, Wilfred (1990). Erfahrungen mit Gruppen und andere Schriften. Stuttgart.

Elger, Ch., Friederici, A., Koch, Ch., Luhmann, H., von der Malsburg, Ch., Menzel, R., Monyer, H., Rösler, F., Roth, G., Scheich, H., Singer, W. (2006). Manifest zum Stand der Hirnforschung. Geist und Gehirn 6/2006.

Dörner, D. (1989). Die Logik des Misslingens. Reinbeck bei Hamburg.

Gratz, W. (2004). Führung und Umgang mit Mitarbeitern, In: Pecher, (Hrsg.) Justizvollzugspsychologie in Schlüsselbegriffen, Stuttgart. 63 ff. Was zählt wirklich? Führung, Management, Bürokratie und die Vermessung der sozialen Welt. In: SiO Sozialarbeit in Österreich 1/2012.

Hirschhorn, L. (2000). Das primäre Risiko. In: Lohmer, M. (Hrsg.), Psychodynamische Organisationsberatung. Stuttgart.

Hüther, G. (2006). Bedienungsanleitung für ein menschliches Gehirn. Göttingen.

Kandel, E. (2006). Auf der Suche nach dem Gedächtnis. Die Entstehung einer neuen Wissenschaft des Geistes. München.

Kaplan-Solms, K., Solms, M. (2005). Neuro-Psychoanalyse. Stuttgart.

Kernberg, O. (2000). Ideologie, Konflikt und Führung: Psychoanalyse von Gruppenprozessen und Persönlichkeitsstruktur. Stuttgart.

Königswieser, R., Exner, A. (1998). Systemische Intervention. Stuttgart.

Ladan, A. (2003). Kopfwandler. Frankfurt/Main.

Langbein, K., Skalnik, Ch. (2005). Gesundheit aktiv. Wien.

Laplanche, J., Pontalis J., B. (1973). Das Vokabular der Psychoanalyse. Frankfurt.

Mertens, W. (2009). Psychoanalytische Erkenntnishaltungen und Interventionen. Stuttgart.

Roth, G. (2003). Fühlen, Denken, Handeln. Frankfurt/Main.

Levin, K. (1963). Feldtheorie in den Sozialwissenschaften. Bern.

Steinert, H., Pilgram, A. (1973). Über die Wirkungsmechanismen von Sozialarbeit und die organisatorische Bewältigung der Gegenübertragungsprobleme des Bewährungshelfers. In: Biermann, G. (Hrsg.) Jahrbuch der Psychohygiene, 1. Band. München 1973, 90-106.

Roth, G. (2003). Fühlen, Denken, Handeln. Stuttgart 2003.

Roth, G. (2007a). Persönlichkeit, Entscheidung und Verhalten. Stuttgart.

Roth, G. (2007b). Das Gehirn auf der Couch Neurobiologie und Psychoanalyse. In: Spitzer,

M., Bertram, W. (Hrsg.), Braintertainment. Stuttgart.

Röthel, H., Sattler-Zisser, S. (2012). Selbstmanagement als Kunst in Bewegung zu bleiben. Herrnsteiner 1/2012.

Spitzer, M. (2002). Lernen. Gehirnforschung und die Schule des Lebens. Heidelberg.

Steinert, H., Pilgram, A. (1973). Über die Wirkungsmechanismen von Sozialarbeit und die organisatorische Bewältigung der Gegenübertragungsprobleme des Bewährungshelfers. Einige Ergebnisse der empirischen Untersuchung der Bewährungshilfe Wien. In: Biermann, G. (Hrsg.) Jahrbuch der Psychohygiene, 1. Band. München 1973, 90-106

Wiedermann, W. (2007). Wilfred Bion Biographie. Theorie und klinische Praxis des „Mystikers der Psychoanalyse". Gießen.

http://wirtschaftslexikon.gabler.de/Definition/fuehrung.html , 12.9.2013.

1.3 Interdisziplinäre Elementarpädagogik – Was wir von den anderen lernen können!

Manfred Pretis

1 Vorbemerkung

Das Forschungsinteresse dieses einleitenden Kapitels zielt auf die Frage, wie viel Interdisziplinarität inklusive Elementarpädagogik bzw. Fachkräfte in Kinderbildungs- und -betreuungseinrichtungen benötigen. Dabei wird der Spannungsbogen zwischen dem Rechtanspruch (vor allem bei Kindern mit Behinderung), Inklusionsverständnis und Ökonomie zu bewältigen sein.

Es geht um die anscheinend lapidare Frage, wie viel Team ein Kind (auch im Sinne von Ressourcen) in Zeiten eines inklusiven Pädagogikverständnisses – im Sinne einer Pädagogik für alle Kinder (als Verzicht sozialer Exklusion, Ainscow, 2009) benötigt. Es wird zu zeigen sein, dass beide Extrempositionen (in der Kinderbildungs- und Betreuungseinrichtung gehen wir auf die individuellen Bedürfnisse der Kinder und Familien ein und machen mittels unterschiedlicher fachspezifischer Angebote segregierende „Therapie“ bzw. die Institution ist „für alle Kinder da“ und benötigt keine spezifische fachspezifische „Besonderung“) das Dilemma zwischen segregierender Fokussierung und generalisierender Inklusion nicht lösen kann.

Albers (2012) beschreibt dabei ein deutliches Spannungsfeld zwischen Anspruch und Wirklichkeit inklusiver Ansätze: Jedes Kind ist mit seiner individuellen Persönlichkeit, seinen Stärken und Schwächen, seiner kulturellen, nationalen, sozialen bzw. religiösen Herkunft willkommen. Kein Kind, kein Jugendlicher muss befürchten, ausgeschlossen zu werden. Gleichzeitig sind einerseits durchaus Differenzierungsprozesse von Seiten der Kinder selbst zu beobachten (Ytterhus 2008), andererseits kollidiert der Inklusionsgedanke auch mit der Tendenz einer deutlichen „Objektivierung des Bildungswesens“ (siehe Erhebung der Bildungsstandards in Österreich) und dem gleichzeitigen Ausschluss der SchülerInnen mit sonderpädagogischem Förderbedarf von dieser Analyse (Bifie, 2011).

2 Praxisbeispiel: Diversität als Normalität

Begleiten Sie mich auf einer kurzen statistischen Reise durch einen österreichischen Kindergarten, sagen wir mit 5 Gruppen zu je 20 Kindern (siehe Baierl & Kaindl, 2011), d.h. mit ungefähr 100 Kindern, um einen statistischen Blick auf die Diversität der Kinder und Familien zu werfen. Obwohl durchaus hohe, regionale Unterschiede bestehen, können wir davon ausgehen, dass ca. 11 Kinder unseres Kindergartens Familienreferenzpersonen aufweisen, die außerhalb der EU geboren wurden (d.h. verfügen über Migrationshintergrund laut Statistik Austria 2010 S. 74). Weitere 4 bis 17 Kinder mit einem Durchschnittswert von 11 (Kohlhauser et al., 2000) sind wahrscheinlich zu früh auf die Welt gekommen. Drei Kinder unter diesen 100 werden in irgendeiner Form eine bedeutsame Beeinträchtigung (im Sinne einer Behinderung oder bedrohten Behinderung, sei es das Lernen, die Bewegung oder die Sinneswahrnehmung betreffend, aufweisen.) Mindestens drei weitere Kinder werden massive Sprachprobleme aufweisen; ein Kind wird derart massiven, sozialen Risiken ausgesetzt sein, sodass eine Behinderung droht (Trost 1991). Bei 3-4 Kindern unseres Kindergartens wird wahrscheinlich zum Zeitpunkt der Einschulung die Diagnose ADHS gestellt werden. Dabei kann es in Bezug auf die oben genannten vulnerablen Gruppen durchaus zu Überschneidungen bzw. Komorbiditäten kommen.

In unserem beispielhaften 5-gruppigen Kindergarten wären somit mindestens mehr als ein Drittel der Kinder Entwicklungsrisiken ausgesetzt, die in Bildungs- und Betreuungsprozessen Berücksichtigung finden müssten. Dies deckt sich auch mit Einschätzungen von Jungmann & Albers (2008), aber auch der großen deutschen Kindergesundheitsstudie KIGGS (Schlack et al. 2008), wenn auch mit dem Hinweis auf die hohe Variabilität: z. B. im Bereich von Sprachproblemen sind diese bei bis zu 70 % der Kinder mit Migrationshintergrund zu beobachten (Grimm et al. 2004).

In Anbetracht der oben geschilderten, statistischen Werte erschiene es somit zutreffender, in diesem Handbuch im Sinne der realen Diversität von „Kind**ern** in der Elementarpädagogik“ zu sprechen. Mindestens ein Drittel der Kinder unseres „statistischen“ Kindergartens ist mit Lebenskontexten konfrontiert, die potenziell in der Lage sind, Entwicklungsressourcen zu erschöpfen. Welche Rahmenbedingungen benötigt dann die Elementarpädagogik, um dieser Unterschiedlichkeit inklusiv zu entsprechen?

3 Der „Team-around-the-child“ Ansatz

Korrekterweise im Sinne der gemeinsamen Arbeit mit Eltern (Brandau & Pretis, 2008) müsste die Überschrift „Team-around-the-family“ heißen, da nur die Berücksichtigung des Kindes im Rahmen seines relevanten Betreuungsumfeldes, d.h. im Regelfall im Rahmen der Familie in all ihrer Diversität, effektive bzw. effiziente Unterstützung ermöglicht (Mahoney 2012).

Das „Team around the child“ (Limbrik,2010) soll für Kind und Familie ermöglichen, passgenaue bedürfnisgerechte Bildungs- und Betreuungsangebote zu erhalten, um vorhandene Entwicklungspotenzen optimal zu fördern – dies als Zielperspektive auch in deutlicher Abgrenzung z. B. zu Aufträgen des Kinderschutzes, bei dem es vornehmlich darum geht, kindeswohlgefährdende Entwicklungsrisiken hintanzuhalten.

Unser beispielhafter Kindergarten verwies dabei auf die möglichen unterschiedlichen Entwicklungsbedürfnisse der Kinder, wobei freilich nicht davon ausgegangen wird, dass der Kindergarten auf alle Entwicklungsbedürfnisse eingehen muss, da auch vorhandene familiäre, (hoch-)spezifisch professionelle oder sozialräumliche Ressourcen durchaus Berücksichtigung finden sollten.

Das Team um das Kind soll jedoch dazu beitragen, auf die unterschiedlichen Bedürfnisse von verletzlichen Kindern „nahtlos" Bezug zu nehmen (im Sinne koordinierter (kohäsiver) Aktivitäten mit der Familie und dem Fokus auf Stärken (Carpenter & Egerton, 2005). Es kann schon eine Aufgabe des Teams around the child im Kindergarten darstellen, sich mit anderen relevanten Personen zu vernetzen.

3.1 Wer gehört zum „Team?

Schon allein der Versuch einer Definition, was ein Team ist, wie es funktioniert bzw. welche Ziele es verfolgen soll oder kann, stellt aufgrund der Heterogeneität der Ansätze eine beinahe unlösbare Aufgabe dar. Grundsätzlich unterscheiden sich Teams von „losen Zusammenschlüssen von Mitgliedern" (Pretis 2012) durch

a) eine wohl definierte Innenstruktur, die sich von einem „Außen" abgrenzt bzw. mit diesem Außen interagiert, und
b) ein Minimum an gruppenkonstitutierenden Merkmalen (gegenüber anderen Gruppen) und
c) (meist) gemeinsame Ziel- oder Aufgabenorientierung.

Dabei unterscheiden wir je nach Art der Zusammensetzung und Zusammenarbeit von Teams (Pretis, 2000) a) multiprofessionelle Teams, b) interdisziplinäre Teams und c) transdisziplinäre Teams.

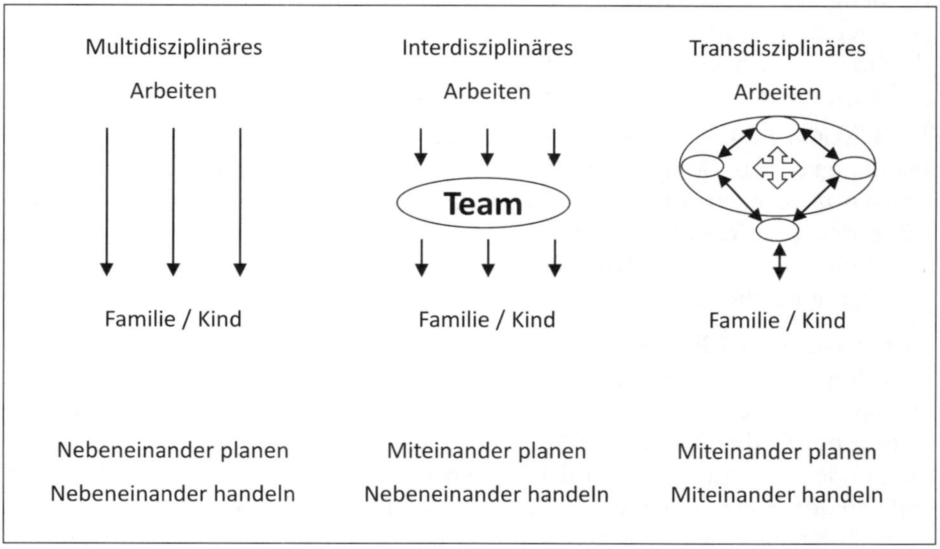

Abbildung 1: Teamzugänge (aus Pretis 2001)

Dass *eine* Person allein die Fülle der Entwicklungsaufgaben von Kindern und Familien in der Elementarpädagogik nicht bewältigen kann, erscheint nachvollziehbar. Daraus resultiert auch eine gewisse Vorsicht gegenüber allheilversprechenden Methoden, mit denen der Eindruck erweckt wird, dass eine Person alleine komplexe Aufgaben in und mit Familien lösen kann.

Die derzeitige Zusammensetzung von Teams in Kindergärten repräsentiert dabei bereits einen multiprofessionellen Zugang. Unabhängig von Organisationsstrukturen in Österreich finden wir KindergartenpädagogenInnen, KinderbetreuerInnen, Sonderkindergarten-pädagogenInnen, PsychologenInnen, PhysiotherapeutenInnen, LogopädenInnen, MototherapeutenInnen, ErgotherapeutenInnen, SprachheilpädagogenInnen, Pflegepersonal, KinderfachärztInnen, BusfahrerInnen, PraktikantenInnen etc. in Einrichtungen der Elementarpädagogik.

- Diese Teams arbeiten bisweilen nebeneinander oder parallel gemeinsam mit Kind und Familie (im Sinne eines multidisziplinären Teams)
- sie planen im Rahmen von Portfolios für die Kinder und Familien gemeinsame Ziele und setzen dies im jeweiligen Einzelsetting um (interdisziplinäres Vorgehen) oder
- führen sowohl Planung als auch Durchführung und Evaluation der Unterstützungsmaßnahmen koordiniert oder gemeinsam durch, im Sinne eines transdisziplinären Vorgehens (Graphik aus Pretis, 2001).

Wie Sohns jedoch 2013 richtig formuliert, benötigt ein solches transdisziplinäres Vorgehen jedoch ein interdisziplinäres Team im Hintergrund: Wenn es im Team nicht unterschiedliche Disziplinen gibt, auf deren Expertise ich zurückgreifen kann, ist transdisziplinäre Arbeit aufgrund latenter Überforderungsproblematik schwierig. Für viele Fachkräfte erscheint diese Unterscheidung zwischen Multi-, Inter- und Transdisziplinarität ein wenig an den Haaren herbeigezogen, weil gleichzeitig, auch im Sinne einer sozial erwünschten Leerformel, beinahe keine Fachkraft mehr „nicht-interdisziplinär" handelt.

Transdisziplinarität bedeutet in der Elementarpädagogik, dass sich unterschiedliche Teammitglieder in Bezug auf Zielperspektiven koordinieren und die einzelnen Aktivitäten nicht mehr primär von der jeweiligen beruflichen Sozialisation der Fachkräfte abhängen (die Physiotherapeutin führt Physiotherapie durch, die Logopädin Sprachförderung etc.), sondern alle Aktivitäten unabhängig von beruflichen Hintergründen durch die Bedürfnisse des Kindes und der Familie bestimmt werden.

- **Probleme in der Praxis**

Dies führt meist zu einer Irritation bei hochspezialisierten Fachkräften (z. B. bei TherapeutenInnen). Sie befürchten, dass sie durch diese Auflösung von berufssozialisationsbedingten (als exklusiv erlebten) Interventionsformen die Bedeutung in der Förderung oder Begleitung eines Kindes verlieren könnten. Eine wiederkehrende Frage ist dabei, ob eine SonderkindergartenpädagogIn dann denn „Sprachtherapie" machen dürfe. Damit ist nicht gemeint, dass die Sonderkindgartenpädagogin Logopädie anbietet, wohl aber kann damit gemeint sein, dass sich

Logopädin und Pädagogin austauschen, wer welche Aktivitäten koordiniert bzw. in Richtung Sprachanbahnung durchführen könnte.

Generalisierter ausgebildete Fachkräfte, wie z. B. KindergartenpädagogenInnen, schildern hier weniger Identitätsängste, da sie durchaus erkennen, dass sie von hochspezialisiertem, therapeutischem Wissen profitieren können. Dabei ist das Ziel transdisziplinären Arbeitens nicht, Kompetenzkämpfe zu führen, wer in welchem Kontext Recht hat, sondern wie pädagogisches und therapeutisches Wissen für das Kind und die Familie eingesetzt werden können. Trandisziplinarität erfordert somit eine hohe eigene Berufsidentität, persönliche Sicherheit und eine sichere Argumentationsbasis in Bezug auf das eigene Berufssozialisationsmodell sowie eine hohe Kommunikationsgabe und Kooperationsbereitschaft, um voneinander und für das Kind und die Familie zu lernen. Im transdisziplinären Team kommt es jedoch nicht zu einer diffusen Auflösung von Aufträgen (jeder macht alles), sondern einer sensiblen und durchdachten Synergiebildung: dies kann bedeuten, dass die im Kindergarten anwesende Logopädin nicht direkt mit dem Kind und der Familie arbeiten muss, sondern z. B. KindergartenpädagogInnen anleitet oder gleichzeitig die anwesende Ergotherapeutin präferierte Spiel- und Fördersituationen des Kindes aufnimmt, um sie z. B. in der Kleingruppe umzusetzen.

Vielleicht mögen Sie sich im letzten Absatz die Frage gestellt haben, wer denn schlussendlich zum „Team around a child" gehört, und vielleicht beschlich Sie auch das ungute Gefühl, dass die Hauptakteure des „Team around a child" in der oben angeführten Aufzählung fehlen, und zwar die Familien bzw. die primären Bezugspersonen eines Kindes (mit aller Offenheit und „Buntheit" des Begriffes „Familie"). Dies umfasst sowohl die klassische „Vater-Mutter-Kind"-Familie, AlleinerzieherInnen, alle Arten von Pachtwork, Kinder die in Pflege und Erziehung bei weiteren Bezugspersonen wie z. B. Großeltern leben, Kinder in Fremdpflege, Kinder im Kontext gleichgeschlechtlicher Paare bis hin zu unbegleiteten Minderjährigen im Kontext von Flucht oder Migration. Je nach statistischer Quelle leben zwischen einem Viertel und einem Drittel der Kinder in solch neuen Familienformen.

Die relevanten verfügbaren Bindungspersonen für das Kind stellen jedoch einen Hauptnukleus des „Teams around the child" dar. Dabei ließ sich in den letzten Jahren ein deutlicher Paradigmenwechsel dahin gehend beobachten, dass Fachkräfte der Elementarpädagogik die Bedeutung der gemeinsamen Arbeit mit Eltern als Teammitglied immer mehr wahrnehmen. Dies betrifft dabei nicht nur Kinder mit Behinderung oder Kinder, die von Behinderung bedroht sind, wo die gemeinsame Arbeit mit den Eltern ein konstitutives Merkmal der Bildung und Erziehung im Kindergarten selbst sein sollte, sondern auch typisch entwickelte Kinder.

- **Eltern als Teammitglied einbinden**

Eltern als Teammitglied zu verstehen, bedeutet für die Fachkräfte, ihre Angebote familienorientiert zu gestalten. Dies hebt die Notwendigkeit hervor,

a) auf die Fähigkeiten und Bedürfnisse von Familien einzugehen und

b) Angebote bzw. Prozesse und Ziele so zu gestalten, dass Familien diese auch verstehen und mittragen können. Die Möglichkeit der Mitbestimmung von Eltern (behinderter oder von Behinderung bedrohter Kinder) in der gemeinsamen Planung und Umsetzung von Fördermaßnahmen stellt dabei einen Hauptfaktor der elterlichen Zufriedenheit mit Services dar (Dunst & Hamby, 2007).

Betrifft der erste Punkt vor allem organisatorische Fragen, wie und wann Eltern am besten zu erreichen seien, welche Prioritäten bei den Eltern vorliegen und was Eltern letztendlich an gemeinsamer Arbeit umsetzten können, so bezieht sich der zweite Punkt der Verständlichkeit und Transparenz vor allem auf die Kommunikationsfähigkeit der Fachkräfte.

Guralnick (2012) verweist dabei sehr lapidar und doch wichtig für die Planung und Umsetzung gemeinsamen Arbeitens darauf, dass die gemeinsame Arbeit mit Eltern als Teil des Teams nur darauf aufbauen kann, **was Eltern bereits können**. Dieser einfache Satz soll uns in Teambesprechungen und Zielformulierungen immer wieder verdeutlichen, dass nur das, was an Potentialität bei Familien vorhanden ist, letztendlich gemeinsames Bildungs- oder Förderungspotential sein kann. Häufig überschätzen Fachkräfte jedoch die Veränderungsfähigkeit von familiären Systemen, auch weil im Kindergartenalltag bisweilen andere Prioritäten gesehen werden könnten als dies die Eltern (im Zusammenhang mit Armut und anderen existenziellen Bedrohungen) wahrnehmen.

Wenn Eltern Teil des Teams sind, erscheint es auch notwendig, sie aktiv in Entscheidungsprozesse mit einzubinden. Dies ist freilich für institutionelle Betreuungs- und Bildungssysteme ein „Knackpunkt", da auch zu beobachten ist, dass mit zunehmender Institutionalisierung, vor allem in Richtung Schule, Bildungsinstitutionen häufig davon ausgehen, dass *nur sie* wissen, was pädagogisch für ein Kind richtig sei. Leichter mag das Arbeiten „am Kind" (ohne Einbindung der Familie) sein, wobei hier auch auf die Gefahr der Objektivierung des Kindes als Objekt der „Arbeit" (Arbeit am Kind!) hingewiesen wird. Empfohlen wird, einen solchen Ausdruck bzw. eine solche Versachlichung generell zu vermeiden, genauso wenig wie Familien „Fälle" sein wollen.

Verstehen wir Eltern als Teil des Teams, ergibt sich daraus die Notwendigkeit von Austausch und eines gegenseitigen Transfers zwischen den relevanten Entwicklungsumwelten des Kindes (z. B. mit Alltagssituationen). Dieser Austausch muss nicht immer „face-to-face" sein. Vor allem neue Formen der Kommunikationstechnologie wie im EU Projekt *www.icf-training.eu* angewandt, ermöglichen z. B. Austauschmöglichkeiten für Eltern (z. B. in Bezug auf dokumentierte Aktivitäten im Kindergarten) beinahe in Realzeit über das Internet. Das Internet wird dabei das persönliche Gespräch nicht ersetzen können. Abgesehen von so genannten „Buskindern" (wobei der Austausch mit der Familie dann häufig sporadisch ist) wird hier vor allem auf die Wichtigkeit von Tür- und Angelkontakt zwischen KindergartenpädagogenInnen und Familien (z. B. in der Bring- und Abholsituation) verwiesen.

- **Die Rolle der Leitung**

Ein „Team around the child" benötigt jedoch auch Leitung und Struktur. Dabei muss die formale Struktur nicht immer mit der informellen in der Zusammenarbeit mit der Familie übereinstimmen. Nicht immer muss die TeamleiterIn gleichzeitig die „Schlüsselperson" für die Eltern sein. Wichtig erscheint hier vor allem die persönliche „Chemie" bzw. ein (Mit-)Entscheidungsrecht der Eltern, welche Fachkraft eine Schlüsselposition als Brücke zwischen Kindergarten und familiären Bezugssystem übernimmt, gleichzeitig aber das Gesamtteam in den Kommunikationsprozess aktiv miteinbezieht. Gerade in diesem Aspekt sind nicht selten meist unbeabsichtigte Kränkungen zu beobachten: bei einer Teambesprechung wird die Kinderbetreuerin vergessen, bei einer Supervision in Bezug auf die Familiensituation wird die Leitung des Kindergartens nicht eingeladen. Es ist nicht einmal davon auszugehen, dass dies mit Absicht geschieht, meist definieren viele Fachkräfte das „Team around the child" als engen Bezugsrahmen. Dass die Busfahrerin und die Sozialarbeiterin des Jugendamts ein Teil dieses „Team around the child" sein können, wird bisweilen übersehen. Eine meist hilfreiche Unterstützung kann eine hier eine Netzwerkkarte relevanter Bezugspersonen für ein Kind zu erstellen.

- **Ressourcen schaffen**

Transdisziplinäre Teamarbeit benötigt jedoch auch Ressourcen, dies betrifft in hohem Maße den Faktor „Zeit". Ein gängiger Mythos besteht meist darin, davon auszugehen, dass sich jedes Team immer real treffen muss, was sich bei Teams mit z. B. Halbtagsbeschäftigten, Fachkräften, die nur stundenweise an Kindergärten „andocken" etc. als schwieriges organisatorisches Unterfangen herausstellen kann. Es soll jedoch auch darauf verwiesen werden, dass es neue Möglichkeiten der Informations- bzw. Kommunikationstechnologie durch Cloud-Computing, z. B. über Video bis hin zu digitalen Präsentationssystemen gibt, die die physischen Hemmnisse des realen „Team around the child" wenigstens ein wenig lindern können. Es bedarf mit Sicherheit realer face-to-face Teamkontakte: kein Skypemeeting, keine gemeinsame Evaluation eines individuellen Portfolios über Cloud-Computing und kein E-Mail kann den emotionalen und informativen Austausch während eines Teammeetings ersetzen. Gleichzeitig mögen die anderen Möglichkeiten des Austausches innerhalb dieses Teams nicht ausgeblendet werden (als nur das gemeinsame Treffen während der Öffnungszeiten des Kindergartens). Es ist zu erwarten, dass vor allem auch Väter als wichtiger Teil des „Team around the child" in Zukunft über digitale Kommunikationsformen leichter erreicht werden können.

Dass es dahingehend freilich noch sehr viel Vorsicht von Seiten der KindergartenpädagogenInnen gibt, dass teilweise auf fehlende infrastrukturelle Voraussetzungen (Computer oder Internet im Kindergarten) verwiesen wird oder MitarbeiterInnen sich schlicht nicht als „internetaffin" bezeichnen, soll nicht unerwähnt bleiben. Als Zukunftsperspektive sind solche kommunikativen Hilfsmittel zum Austausch jedoch wenigstens überlegenswert.

3.2 Was bringt das „Team around the child“?

Wie anfangs dargestellt, ist davon auszugehen, dass Entwicklungsaufgaben sowie Förder- und Betreuungsaktivitäten im Rahmen der individuellen und diversifizierten Bedürfnisse der Kinder mit Behinderung und Familien kaum nur von einer Person zu erreichen bzw. abzudecken sind. Vor allem bei Kindern mit komplexen Lernschwierigkeiten (Carpenter, 2013) wird es auch in Zukunft notwendig sein, transdisziplinäres Fachwissen in Bezug auf Bildungs- und Entwicklungsförderung in der Elementarpädagogik einzusetzen. Aufgrund der zeitlich auch früher einsetzenden Bildungs- und Betreuungsmaßnahmen (Schlagwort Krippenausbau) ist auch zu erwarten, dass verstärkt medizinisch-pflegerische Aktivitäten notwendig sein könnten, vor allem auch in Bezug auf die Veränderung vulnerabler Gruppen. Gerade der Anstieg extrem frühgeborener Kinder bzw. deren Überlebensfähigkeit aufgrund neonatologischer Intensivmedizin wird eine (Fein-) Abstimmung unterschiedlicher Bildungs- und Unterstützungsformen notwendig machen. Die Effizienz solcher abgestimmter, teamorientierter Maßnahmen ist freilich schwer einschätzbar, auch wenn Eltern meist subjektiv sich durch koordinierte Hilfen in höherem Maße unterstützt erleben:

- Wenn Teams inter- oder transdisziplinär zusammenarbeiten, schildern Eltern meist, dass sie Förderangebote als koordiniert erleben.
- Familien schildern auch geringere Belastung durch verringerte „Intrusion“ bzw. häufig erlebte „Wiederholungen der Wiederholungen“ (z. B. anamnestischer Gespräche). Gerade im Bereich sehr vulnerabler Kinder ist die deutliche Tendenz zu beobachten, dass Familien mit jedem neuen Kontakt einer Fachperson ihre Lebens – und bisweilen Leidensgeschichte erzählen zu müssen, was bei Eltern, überspitzt formuliert, zu einer gewissen „anamnestischen Trance“ führt.

Umgekehrt führt fehlendes strukturiertes teamorientiertes Vorgehen meist zu Doppelgleisigkeiten und wird somit meist von den Eltern als belastende Testsituation beschrieben.

Evidenzbasierte Literatur ist in Bezug auf Kosten-Nutzenrelationen der Teamarbeit bzw. gemeinsamen Lernens im Team kaum vorhanden. Paradoxerweise ist der Schaden, der durch fehlende Kooperation in Zusammenhang gebracht wird, leichter beschreibbar als der empirische Nachweis positiver Effekte (zitiert nach Leiba, T. und Weinstein, J. (2003).

In der Literatur wird jedoch darauf verwiesen, dass der Impact der Teamarbeit vor allem mit folgenden Aspekten in Zusammenhang gebracht wird:

- der Verfügbarkeit eines „Leading Professional“, (d.h. einer Schlüsselperson)
- dem gemeinsamen Austausch zwischen unterschiedlichen Fachkräften
- einem gemeinsamen Einschätzungs-/Diagnostikrahmen

Einzig eine unveröffentlichte Arbeit von Kiss (1983), die bei Folly 1990 zitiert wird, verweist auf einen möglichen ökonomischen Einsparungseffekt von 40 % bei gemeinsamer Durchführung von diagnostischen Einheiten im Team.

Angenommen werden darf auch, dass teambasierte Services effizientere Dienstleistungen anbieten können, da Doppelgleisigkeiten in Bezug auf Informationsmanagement in Teams vermieden werden können. Des Weiteren wird durch ein geringeres Eindringen in die Familie und dadurch geringere Verstörung und Verwirrung der Eltern durch eine Unzahl von Kontakten, durch abgestimmte Förderaktivitäten sowie die Möglichkeit gegenseitigen Lernens der Fachkräfte Synergie und somit hypothetisch auch ökonomische Effekte erreicht (Pretis 2012).

4 Das Schlagwort der Inklusion als Chance oder Damoklesschwert der Teamarbeit

Ein Praxisbeispiel eines Kindergartens, in dem auch Kinder mit Behinderung „integrativ" betreut wurden, ist mir gut in Erinnerung: Als die betreuende Logopädin (zur wöchentlichen „Einheit für das Kind mit Behindertenbescheid" in den Kindegarten kam, informierten die typisch entwickelten Kinder lautstark das Kind, dass „Maria" (die Logopädin) jetzt gekommen sei. Diese banale Situation verdeutlicht jedoch auch, welchen Herausforderungen Teamarbeit in der Zielperspektive der Inklusion sich stellen wird müssen. Die Identifikation, dass eine spezielle Fachkraft für das Kind mit Behinderung komme, sollte uns zu denken geben, in welche Richtung sich Teamarbeit in inklusiven Settings vielleicht entwickeln kann:

Stellen Sie sich vor, Sie kommen als Elternteil oder Fachkraft in einen Kindergarten oder in eine Kinderkrippe und können im Zusammenhang mit den angebotenen Bildungsangeboten **nicht wahrnehmen**, welches Kind behindert ist, welches typisch entwickelt ist, welches besonderen Förderbedarf hat etc. Dies wäre möglicherweise die ideale Umsetzung des Inklusionsgedanken. Das Team wäre nicht im Sinne des derzeitigen „Etikettierungs-Ressourcendilemmas" (eine Leistung für das Kind wird nur dann verfügbar, wenn das Kind vorerst als „behindert" oder von „Behinderung bedroht" etikettiert wird) für **ein** Kind zuständig, sondern **für alle Kinder hier**.

Genauso wie zurzeit keine Fachkraft in der Elementarpädagogik „nicht ressourcenorientiert" arbeitet, genauso wenig arbeiten Teams „nicht inklusiv". Die doppelten Verneinungen (keine – nicht) sind dabei bewusst gewählt, auch um nochmals auf die bereits oben erwähnte Gefahr der Leerformelhaftigkeit hinzuweisen. Dabei ist die relevante Frage für Teams in der Elementarpädagogik nicht primär, **ob** sie in Teams bzw. inklusiv arbeiten, sondern **wie** man dies an konkreten Verhaltensweisen der Umsetzung in der Erziehung und Bildung für alle Kinder beobachten könnte.

Dabei zeigt sich jedoch auch vor allem in Richtung der vorher angesprochenen fehlenden Daten zur Kosten- Nutzenrelation, dass sich beide Begriffe „Team um das Kind" und „Inklusion" potenziell zu widersprechen drohen.

Inklusion versteht sich als systematische Strategie, Bildung für alle Kinder zur größtmöglichen Teilhabe zu ermöglichen und Bildungsangebote individuell ohne Stigmatisierung für jedes Kind zu bieten. Somit wird Diversität zur Normalität, birgt in der gegenwärtigen Situation jedoch die Gefahr, die meist als Rechtsanspruch definierte „Besonderung“ von Kindern mit Behinderung weg zu diskutieren. Im Extremfall würde das bedeuten, Kinderbetreuungs- und-bildungseinrichtungen sind für alle Kinder da und kein Kind benötigt Besonderung (durch zusätzliche Therapien, Pflegeassistenz, Fördermaßnahmen…). Dass Rollstuhlkinder einfach in Kindergärten „abgestellt“ werden, ist mit Inklusion sicherlich nicht gemeint, mancherorts jedoch zu beobachten.

- **Finanzielle Rahmenbedingungen**

Somit wären wir beim „Geld“ angelangt. Die Annahme bzw. das Wunschdenken, dass Inklusion als Auftrag an die Gesellschaft, Diversität als Normalität zu gewährleisten, billiger wird als Integration, darf mit hoher Wahrscheinlichkeit als nicht zutreffend angesehen werden. Inklusion wird mit hoher Wahrscheinlichkeit personenbezogene Unterstützungsmittel reduzieren (da im Sinne der Inklusion diese nicht mehr wie bisher „ad personam“ zugeordnet werden), gleichzeitig werden gemeinwesenbezogene Unterstützungsnotwendigkeiten steigen.

Inklusion bedeutet auch, dass jedes Kind zwar ein Anrecht hat, seinen individuellen Fähigkeiten entsprechend gefördert zu wird. Dies betrifft jedoch nicht nur Kinder mit Behinderung, sondern auch andere verletzliche Gruppen bzw. theoretisch alle Kinder. D.h., es ist damit zu rechnen, dass der inklusive Gedanke mehr (Human-) Ressourcen benötigen wird als der ad-personam bezogene Integrationsansatz.

Inklusion in der gegenwärtigen Debatte um Ressourcen und Teams und Förderbedarfe für Kinder in Kinderbetreuungs- und Bildungseinrichtungen läuft – sofern nicht gleichzeitig ein Diskurs über notwendige Ressourcen geführt wird, Gefahr, pro-forma „Abstellkinder“ zu produzieren. Inklusion bedeutet nicht, Kinder mit Behinderung oder mit besonderem Förderbedarf einfach nur in Bildungseinrichtungen als nicht-auffälliges Präsenzobjekt zu haben (in diesem Sinne wäre z. B. die „Inklusion“ eines schwerst-mehrfachbehinderten Kindes sehr „einfach“), sondern bedeutet, Bildungsangebote wie oben gesagt so zu gestalten, dass für *jedes* Kind gemäß seinen/ihren Fähigkeiten und Neigungen optimale maßgeschneiderte Angebote zur Verfügung gestellt werden.

Diese Ressourcen (mit hoher Wahrscheinlichkeit Teams) sollten jedoch „nicht-etikettierend“ und für alle Kinder verfügbar sein.

Dazu wird es mit hoher Wahrscheinlichkeit eher demographischer Planungsprozesse bedürfen (wie viele Kinder sind mit welchem Hilfebedarf in einer definierten Region zu erwarten sind und welche Ressourcen dabei benötigt werden) als ad-personam Einschätzungen des individuellen Hilfebedarfs, wie dies bislang im Rahmen der meisten Behinderten- oder Chancengleichheitsgesetze der Fall ist. Dabei divergieren demographische Risikozahlen zwischen 3 % (Trost 1991) bis 25 % (Maybery et al. 2005) der Kinder.

Dieser Inklusionsgedanke beherbergt freilich auch die Notwendigkeit eines Umdenkens für hochspezialisierte Fachkräfte. Wie bereits angedeutet, geht es langfristig in der Arbeit transdisziplinärer Teams in Kinderbetreuungs- und Bildungseinrichtungen nicht so sehr darum, dass Therapien mit Kindern durchgeführt werden (auch wenn Eltern das bislang wünschen), sondern dass therapeutisches Wissen für pädagogische Settings verfügbar und einsetzbar wird. Dies birgt Sprengstoff, da Spezialistinnen relativ schnell befürchten, dahingehend nicht mehr gebraucht zu werden, wenn ja die Kindergartenpädagogin die inklusive Förderung übernimmt. Das ist nicht damit gemeint. Wohl aber ist es notwendig, einzuschätzen, welche Ressourcen für eine Gruppe/für ein Setting notwendig sind, um optimale, individuelle Lern- und Bildungsziele zu erreichen. Diese notwendigen Unterstützungsressourcen (wahrscheinlich häufig in Form von Coaching, Beratung, Mentoring…) müssen in einem weiteren Schritt quantifiziert werden, sodass spezifisches Fachwissen dann der gesamten Gruppe, d.h. allen Kindern, allen Mitarbeiterinnen und auch den Eltern zur Verfügung gestellt werden kann.

Dass dies ein herausfordernder, weil neuer und mit wenig Erfahrungswissen versehener Weg ist, scheint nachvollziehbar. Der erste Schritt ist dabei in den Köpfen der Fachkräfte notwendig, mit einer einfach erscheinenden Frage, die am Beginn jedes Bildungs- bzw. Betreuungsprozess stehen könnte: „Wie kann ich mein Angebot „anders" gestalten, sodass es sowohl für alle Kinder verfügbar als auch für das einzelne Kind individuell entwicklungsförderlich und nichtstigmatisierend" ist. Das simple Aufsetzen einer „Inklusionsbrille" (Dinge aus der Sicht inklusiver Pädagogik zu betrachten), kann dabei hilfreich sein.

Literaturverzeichnis

Ainscow, M. (2009). Das Entwickeln inklusiver Bildungssysteme: Was sind die Mittel für einen Wandel. In: U. Heinrich, I. Behr (Hrsg.), Inklusion in der frühen Kindheit. Internationale Perspektiven. 67-84. Berlin: Lit.

Albers, T. (2012). Inklusion von Anfang an. Vortrag im Rahmen des VIFF-Nord-Fachtages. Hamburg, 14.1.2012.

Baierl, A., Kaindl, M. (2011). Kinderbetreuung in Österreich.Rechtliche Bestimmungen und die reale Betreuungssituation.Wien: Österreichisches Institut für Familienforschung.

Bifie (2011). Bildungsstandards in Österreich Überprüfung und Rückmeldung https://www.bifie.at/system/files/dl/bist_ueberpruefung-und-rueckmeldung_2011_08.pdf

Brandau, H., Pretis, M. (2008). Professionelle Arbeit mit Eltern. Arbeitsbuch I: Grundlagen. Innsbruck: Studienverlag.

Carpenter, B. and Egerton, J. (eds) (2005) Early Childhood Intervention: International perspectives, National Initiatives and regional practice, Coventry: West Midlands. SEN Regional Partnership.

Dunst, C.J., Hamby, D.W. (2007). Modeling the Effects of Early Childhood Intervention Variables on Parent and Family Well-being. Journal of Applied Quantative Methods 2.3, 268-288.

Erhart, M., Hölling, H., Bettge, S. Ravens-Sieberer, U, Schlack, R. (2007). Der Kinder und Jugendgesundheitssurvey (KIGGS). Risiken und Ressourcen für die psychische Entwicklung von Kindern und Jugendlichen. Berlin: Springer.

Kohlhauser C, Fuiko R et al. (2000). Outcome of very-lowbirth weight infants at 1 and 2 years of age: the importance of early identification of neurodevelopmental deficits. Clinical Pediatrics 39, 441-449.

Grimm, H., Aktas, M., Jungmann, T., Peglow, S., Stahn, D. & Wolter, E. (2004). Sprachscreening im Vorschulalter: Wie viele Kinder brauchen tatsächlich eine Sprachförderung? Frühförderung Interdisziplinär, 23, S. 108-117.

Jungmann, T., Albers, T. (2008). Integrative Erziehung in Kindertageseinrichtungen. O.O.

Kiss J. (1983). Transdisciplinary cost – effectivness study. Unpublished manuscript zitiert nach Foley, G. M. (1990). Portrait of the arena evaluation: Assessment in the transdisciplinary approach. In E.Biggs & D. Teti (Eds.), Interdisciplinary assessment of infants: A guide for early intervention professionals, (271–286). Baltimore: Paul H. Brookes.

Leiba, T. and Weinstein, J. (2003). Who are the participants in the collaborative process and what makes collaboration succeed or fail? In J. Weinstein, C. Whittington and T. Leiba (Eds.). Collaboration in Social Work Practice. London, UK: Jessica Kingsley Publishers.

Limbrik, P. (2010). Team Around the Child. New York: Crown.

Mahonney, G. (2012). The Role of Parents in Early Intervention: Implications for Parental Involvement". Presentation within the Umdeko Conference, Antalya, Turkey, February 3, 2012.

Maybery, D., Reupert, A., Patrick, K., Goodyear, M., Crase, L. (2005). VicHealth. Research Report on Children at Risk in Families Affected by Parental Mental Illness. In: www.vichealth.vic.gov.au, 15.05.2010.

Pretis, M. (2001). Frühförderung planen, durchführen und evaluieren. München: Reinhardt.

Pretis, M. (2012). Wie gelingt die Zusammenarbeit in der Heilpädagogischen Früherziehung. Präsentation an der Tagung „Alle zusammen – jede(r) für sich?". Gelingende Netzwerkarbeit in der Heilpädagogischen Früherziehung. Zürich, 16.11.2012.

Schlack, R., Kurth, B.M., Hölling, H. (2008). Die Gesundheit von Kindern und Jugendlichen in Deutschland – Daten aus dem bundesweit repräsentativen Kinder- und Jugendgesundheitssurvey (KiGGS). Umweltmed Forsch Prax 13 (4) 245–260.

Sohns, A. (2013). Intention und inhaltliche Einführung in die Fachtagung. Präsentation im Rahmen der Fachtagung „Effizienz von Frühförderleistungen" Berlin: 16/16.6.2013.

Ytterhus, B. (2008). „Das Kinderkollektiv" – Eine Analyse der sozialen Position und Teilnahme von behinderten Kindern in der Gleichaltrigengruppe. In: M. Kreuzer & B. Ytterhus (Hrsg.), „Dabeisein ist nicht alles" – Inklusion und Zusammenleben im Kindergarten (S. 112-131). München: Reinhardt.

Trost R. (1991). Frühförderung in Baden-Württemberg. Bestandsaufnahme und Perspektiven der Weiterentwicklung. Ministerium für Arbeit, Gesundheit, Familie und Frauen, Stuttgart.

www.icf-training.eu

1.4 Aus- und Fortbildungen für Leitungskräfte

Bernhard Koch/Nina Hover-Reisner/Andreas Paschon

1 Einleitung

Kindergartenpädagoginnen und Kindergartenpädagogen wählen ihren Beruf in erster Linie deshalb, weil sie gerne mit Kindern arbeiten. In der Ausbildung erhält „Pflege, Betreuung, Erziehung und Bildung" einen hohen Stellenwert, die Funktion der Leitung kommt kaum vor. Von der pädagogischen Arbeit mit Kindern in eine Leitungsfunktion wechselt man vor allem durch Interesse und Berufserfahrung. Die Leitung kann als „Schlüsselfigur für Qualität" (Tietze und Viernickel, 2006) bezeichnet werden und ihre Qualität hängt mit der Aus- und Fortbildung zusammen. In Österreich gibt es gegenwärtig keine einheitliche Ausbildung für das Leitungspersonal, lange Zeit reichte eine langjährige Berufserfahrung für eine Leitungsposition, manchmal bekamen sogar BerufseinsteigerInnen eine solche Funktion in kleinen Kindergärten übertragen. Doch insbesondere in größeren Kindergärten sind steigende und vor allem komplexe Anforderungen an das Leitungspersonal festzustellen. Leitungskräfte haben häufig eine Doppelrolle als „pädagogische Fachkraft" (also Teil des pädagogischen Teams) und als Kindergartenleitung. Manche berichten von einem Gefühl „zwischen den Stühlen" zu sitzen (zwischen Träger und Team, Eltern und KollegInnen), manche empfinden sich als „Mädchen für alles". In vielen Fortbildungen geht es daher um das Rollenverständnis, um Eigen- und Fremdwahrnehmung, um den Umgang mit Erwartungen und um Klärungsprozesse von vermuteten und konkreten Anforderungen. Im folgenden Beitrag wird ausgehend von einer Betrachtung der Qualifikationsanforderungen an das Gesamtpersonal auf die Anforderungen an die Leitung und auf Beispiele für Aus- und Fortbildungen näher eingegangen.

2 Zur Qualifikation des Gesamtpersonals

Internationale Vergleichsstudien zeigen, dass die Anforderungen an das Personal und die Qualifikationen sich historisch und kulturell beträchtlich voneinander unterscheiden (vgl. Stamm 2010, S. 185f; OECD 2006; Balluseck 2008). Die Qualifikationsanforderungen an das Personal werden in der Literatur höchst unterschiedlich beschrieben. Einig sind sich alle AutorInnen, dass aufgrund der zunehmenden Bedeutung der Elementarpädagogik die Anforderungen an das Personal ständig wachsen. Das in der Ausbildung angeeignete Wissen würde nicht mehr genügen, es brauche die Fähigkeit zur kritischen Analyse von Situationen, „Reflexivität" wird als zentrales Merkmal betrachtet (vgl. Kneidinger 2010; Geene & Borkowski 2007; Braun 2010). Auch Oberhuemer et al. (2010) sehen immer komplexer werdende Aufgaben auf das Personal zukommen, die eine Selbstreflexion der eigenen Arbeit, die Einbindung von Eltern, die Verbindung zu Grundschulen sowie zu kulturellen Organisationen, die Auseinandersetzung mit Qualitätsentwicklung und die Weiterentwicklung des Profils der Einrichtung einschließen. Im OECD Bericht Starting Strong III (OECD 2012) wird der Aus- und Weiterbildung des Personals hohe Bedeutung beigemessen, wobei folgende Eigenschaften und Fähigkeiten des Personals als besonders bedeutsam erachtet werden:

- Verständnis und Wissen um kindliche Entwicklung und Lernen
- die Fähigkeit, Entwicklungsmöglichkeiten bei Kindern zu fördern
- Führungsqualitäten, Problemlösungsfähigkeiten und Entwicklung von Bildungsplänen
- gutes Sprachvermögen und die Fähigkeit, den Kindern Meinungen und Ideen zu entlocken.

Nach diesem OECD Bericht gibt es stark abgesicherte Befunde, wonach anregende Lernumwelten mit einem gut ausgebildeten Personal in Zusammenhang stehen. Als zentrale Elemente hoher Personalqualität wird die Art und Weise gesehen, wie das Personal Kinder involviert, Interaktionen anregt, begleitet, als Modell oder Vorbild agiert und Fragen stellt. Nach einer Studie in England (Effective Provision of Pre-School Education/EPPE) zeigt sich ein enger Zusammenhang zwischen dem Qualifikationsgrad des Personals und den Entwicklungsfortschritten der Kinder (Sylva et al. 2004, S. 159, zit. nach Aktionsrat Bildung 2011). Eine weitere Studie zeigt, dass Fachkräfte, die einen Bachelorabschluss mit einer Spezialisierung auf Frühpädagogik besitzen, ein höheres Ausmaß an Sensitivität und Responsivität im Umgang mit Kindern zeigen als Fachkräfte mit einem niedrigeren Ausbildungsabschluss (Aktionsrat Bildung 2011, S. 28).

3 „Leadership" in Kindergärten

Eine Kindergartenleiterin bzw. ein Kindergartenleiter beschäftigt sich üblicherweise neben den pädagogischen Aufgaben auch mit personellen, administrativen und wirtschaftlichen Aufgaben. Nur etwa 11 % der Kindergartenleitungen ist für die Leitungsfunktion freigestellt (vgl. Statistik Austria 2012). Er/sie entwickelt und realisiert zusammen mit dem Team das pädagogische Konzept, unterstützt die MitarbeiterInnen bei der Umsetzung und gewährleistet, dass sich die Kinder optimal entwickeln und entfalten können. Die Leiter und Leiterinnen sind mit der Personaleinstellung befasst und führen das gesamte Personal (also auch externe MitarbeiterInnen), leiten Teamsitzungen und kümmern sich um die Personalentwicklung. Sie organisieren die betrieblichen Abläufe, kümmern sich um die Infrastruktur und regeln die Ein- und Austritte der Kinder. Durch eine entsprechende Planung und nötigenfalls gezielte Öffentlichkeitsarbeit sorgen sie für eine möglichst gute Auslastung der Plätze. Die Leitung ist zuständig für Qualitätssicherung, verantwortlich für die Zusammenarbeit mit den Eltern und vertritt die Institution nach außen. Viernickel (2009) unterscheidet zusammengefasst folgende Anforderungen:

- Anpassung und Weiterentwicklung des Angebotsprofils,
- Personalführung und Personalentwicklung,
- Arbeitsorganisation,
- Zusammenarbeit mit Familien,
- Öffentlichkeitsarbeit und Kooperation,
- Finanzen und Betriebswirtschaft.

Reinheimer (2012) stellt für die Leitungsfunktion in Kinderbetreuungseinrichtungen folgende fünf Ebenen als bedeutsam heraus: „Selbstführung", „Personalführung", Teamführung", „Führung der Organisation" und „Kontakte nach Außen".

Insgesamt scheint es viele unterschiedliche Anforderungsprofile für Leitungskräfte zu geben. Für Deutschland wird das Anforderungsprofil von der „Weiterbildungsinitiative Frühpädagogische Fachkräfte" (WIFF 2013) als „diffus" beschrieben. Ein allgemein akzeptiertes, länder- und trägerübergreifendes Verständnis über erforderliche Qualifikationen und Kompetenzen sei nicht vorhanden. Auch liege nur wenig systematisches Wissen darüber vor, wie die Einrichtungsleitungen ihre Rolle verstehen, wie sie ihre Tätigkeit konkret ausfüllen, auf welche Probleme sie stoßen, über welche Kompetenzen sie tatsächlich verfügen und wo sie zusätzliche Weiterbildungsbedarfe haben. Insbesondere das Thema der Leitungsqualifizierung im Rahmen von Fort- und Weiterbildung sei bisher nicht ausreichend untersucht worden. Diese Situation trifft auch für die Aus- und Weiterbildung der elementarpädagogischen Leitungskräfte in Österreich zu.

Was bedeutet nun „Leadership" oder „Führungsqualität" in elementarpädagogischen Einrichtungen?

„Leadership" bzw. „Führung" kann auf vielfältige Weise interpretiert werden, für Kindergartenleitungen kann der Zusammenhang von „Leadership" (als männlich konnotierter Begriff) und dem weiblich dominiertem Kindergarten („pink ghetto"), in den Vordergrund der Betrachtung gerückt werden (vgl. z. B. Hard/Jonsdottir 2013, S. 315 f). Es wird von einem stereotypen weiblichen Führungsstil mit Betonung von Beziehung, Kommunikation und Partizipation berichtet, „Leadership" werde häufig gesehen als „takeover", assoziiert mit Aggression.

Eine Herausforderung scheint der „wir sind alle nett" Diskurs („discourse of niceness" a.a. O. S. 323) sowie eine Neigung zur Konformität zu sein. Elementarpädagogische Einrichtungen, so wird immer wieder berichtet, brauchten allerdings effektives Leadership, klare, offene Diskussionen und ein profundes Wissen über Leitungsfunktionen. Immer wieder wird von Schwierigkeiten wegen der „dualen Rolle" berichtet, einerseits Teil des pädagogischen Teams in der unmittelbaren praktischen Arbeit mit Kindern zu sein und andererseits eine Führungsrolle innezuhaben (vgl. auch Preston 2013, S. 335). Viele Frauen habe die Arbeit wegen ihrem Interesse an einer Arbeit mit Kindern und ihrer Liebe zu Kindern gewählt. Der Schritt zu einer Führungskraft ist häufig mit Ambivalenzen verbunden. In der Frauen- und Geschlechterforschung wird immer wieder von geringem Selbstbewusstsein was Führungsfähigkeiten anbelangt berichtet. Der Kommunikations- und Konfliktstil in frauendominierten Einrichtungen wird als „eher indirekt" beschrieben (vgl.Tannen 1995, S. 17 ff) und unterscheidet sich damit vom eher direkteren Stil von Männern (eher explizite als implizite Äußerungen).

Siray-Blatchford und Manni (2007, S. 144) beschreiben „leadership" in Kinderbetreuungseinrichtungen mit „it is largely female", „it is about leading people" und „it is dependent on context". Eine starke Führung wird als notwendig gesehen, um ein hohes Maß an Zusammenarbeit und Teamarbeit zu gewährleisten. Die Vielfalt der Stakeholder (Träger, Eltern) erfordert dabei hohe Flexibilität. Sie identifizieren folgende Kategorien, die sie als hilfreich für Leitungsausbildungen ansehen:

- *Identifying and articulating a collective vision; especially with regard to pedagogy and curriculum.*
- *Ensuring shared understandings, meanings and goals: building common purposes.*
- *Effective communication: providing a level of transparency in regard to expectations, practices and processes.*
- *Encouraging reflection: which acts as an impetus for change and the motivation for on-going learning and development.*
- *Commitment to on-going, professional development: supporting staff to become more critically reflective in their practice.*
- *Monitoring and assessing practice: through collaborative dialogue and action research.*
- *Building a learning community and team culture: establishing a community of learners.*
- *Encouraging and facilitating parent and community partnerships: promoting achievement for all young children.*

Leitungskräfte spielen auch bei der Unterstützung der Personalentwicklung eine bedeutende Rolle. Sie beeinflussen Ausmaß und Art der betrieblichen Weiterbildung, das Ausmaß der Teamarbeit und des Informationsflusses im Team (vgl. OECD 2006). Leitungskräfte müssen über die Fähigkeit verfügen, weniger qualifiziertes Personal anzuleiten und zu begleiten (vgl. OECD 2012).

In einer Befragung von Leitungskräften nach den Themengebieten bisher wahrgenommenen Fortbildungen (Viernickel 2009) wurden an erster Stelle der Bereich „Gesprächsführung und Kommunikation" genannt, gefolgt von „Mitarbeiter- und Personalführung, Elternarbeit und Konzeptentwicklung". Etwa die Hälfte der Befragten nahmen Fortbildungen in Anspruch, die das Selbstverständnis als Leitungskraft thematisierten sowie die Bereiche Moderation/Präsentation, Öffentlichkeitsarbeit und Rechtsgrundlagen abdeckten. Paschon (2013) verweist auf österreichische Daten, wonach 36 % der befragen ElementarpädagogInnen (n=212) im Rahmen einer Fragebogenuntersuchung angaben, über (fast) keine Kenntnisse im Bereich der (internen) Qualitätssicherung in pädagogischen Einrichtungen zu verfügen, jeder Zweite sieht sich mit wenig Wissen ausgestattet und knapp 12 % haben nach eigenen Angaben (eher) viel Wissen in QS-Fragen. Die Notwendigkeit, über derartiges Wissen zu verfügen, ist aber unstrittig. Darüber hinaus sprechen sich ca. 60 % für die Akademisierung des Berufsstands aus, 20 % lehnen dies ab.

4 Anstellungserfordernisse für LeiterInnen

Die Kindergartengesetze der Bundesländer nennen verschiedene Erfordernisse für leitende pädagogische Fachkräfte. So müssen etwa nach dem Tiroler Gesetz Leitungspersonen eine mindestens dreijährige pädagogische Tätigkeit in einer entsprechenden Kinderbetreuungsgruppe verrichtet und einen Kurs in erster Hilfe besucht haben, in der Steiermark ist eine mindestens zweijährige einschlägige Berufserfahrung Voraussetzung, für manche Bundesländer werden keine weiteren Voraussetzungen genannt. Für LeiterInnen in Wien sind etwa folgende fachlichen Anstellungserfordernisse genannt[(Fn13)]: eine mindestens fünf- bzw. zehnjährige Praxis in einem Kindertagesheim sowie die zur Führung eines Kindertagesheimes notwendigen Kenntnisse, insbesondere auf den Gebieten des Personalmanagements, der Kundenbetreuung und des Beschwerdemanagements, des Rechnungswesens, der Kassenführung, des ökologischen Beschaffungswesens sowie der zur Leitung eines Kindertagesheimes maßgeblichen Rechtsvorschriften.

Manche Träger von Kindergärten fordern von Leitungspersonen oft „nur" einige Jahre Berufserfahrung als Anstellungserfordernis. Doch immer mehr wird dazu übergegangen, dass trotz des bestehenden Fachkräftemangels Leitungsstellen nur an spezifisch weitergebildete Fachkräfte vergeben werden bzw. Leitungen nur unter der Auflage eingestellt werden, dass sie eine entsprechende Weiterqualifizierung besuchen (vgl. auch Thurmann 2012).

5 Aus- und Fortbildungsangebote

5.1 Leitungskurse der Fortbildungsstellen der Länder und der Träger

Die Weiterbildungsstellen verschiedener Bundesländer bieten Lehrgänge für Kindergartenleitungen in unterschiedlichem Ausmaß. Die Weiterbildungsabteilung des Landes **Tirol** beispielsweise bietet seit einigen Jahren kostenlose Zertifikatslehrgänge „Führungsmanagement in Kinderbetreuungseinrichtungen" an. Bis zum Jahr 2012 haben bereits etwa 100 Personen diesen abgeschlossen, die Statistik Austria (2011, S. 43) weist für Tirol die Anzahl von 688 Kinderbetreuungseinrich-

13. im Gesetz über die fachlichen Anstellungserfordernisse für die von der Stadt Wien anzustellenden Kindergartenpädagogen/Kinder-gartenpädagoginnen und Hortpädagogen/Hortpädagoginnenrinnen von Kindertagesheimen der Stadt Wienhttp://www.ris.bka.gv.at/Dokument.wxe?Abfrage=LrW&Dokumentnummer=LRWI_D200_000&TabbedMenuSelection=LandesrechtTab&WxeFunctionToken=64cd391c-4905-4816-9e5c-e9de98339eca

tungen (inkl. Horte) aus, was auf einen Anteil des derart qualifizierten Leitungspersonals von etwa 20 % schließen lässt.

Ähnliches gilt auch für das Bundesland **Steiermark**. Seit einigen Jahren wird über die Berufsgruppe steirische Kindergarten- und HortpädagogInnen in Kooperation mit der Fachabteilung des Landes eine Seminarreihe „Qualitätsorientiertes Führen und Leiten" für LeiterInnen in steirischen Kinderbildungs- und -betreuungseinrichtungen durchgeführt. An die 180 LeiterInnen verfügen nun über ein entsprechendes Zertifikat. Die Statistik Austria weist für die Steiermark eine Anzahl von 900 Kindertageseinrichtungen aus, was einem Anteil von etwa 20 % entspricht. Der sechstägige Führungskräftelehrgang wird in drei Modulen durchgeführt („Arbeitsorganisation und Selbstführung", „Leitung und Konfliktmanagement" und „Moderation und Mitarbeiterführung").

Im Bundesland **Salzburg** wird neben einem Coaching ein LeiterInnenkurs mit neun jeweils zweitägigen Modulen angeboten (Führungskompetenz, Kommunikation, Lösungskompetenz, Moderation von Gruppen und Prozessen; Rechtliche Grundlagen und Umfeldmanagement, Notfallkonzepte, Gesundheitsmanagement, Betriebsführung, Administration, Teamführung, Instrumente der MitarbeiterInnenführung, Diversity und Integration, Qualitätsmanagement, Elternarbeit).

In **Kärnten** sind es zehn jeweils zweitägige Module (z. B. Konfliktmanagement, Kommunikation, Teamentwicklung etc.).

In **Vorarlberg** gibt es neben dem Angebot eines mehrteiligen Lehrgangs für (angehende) LeiterInnen „verpflichtende" Tagungen für alle Kindergartenleitungen eines Bezirks.

Seit dem Jahr 1997 wurden spezifische Leitungskurse **in Oberösterreich** angeboten, ab dem Jahr 2006/2007 nach einem neuen Konzept, mit dem insgesamt rund 800 LeiterInnen erreicht wurden.

Auch viele Träger sind dazu übergegangen, als Voraussetzung für eine Leitungsfunktion eine umfassende Fortbildung der (angehenden) LeiterInnen zu fordern. So bietet der Träger „**Kinder in Wien**" einen Führungskräftelehrgang im Ausmaß von 12 ECTS an. Er besteht aus sechs Modulen (Führen durch Zielvereinbarung; Kommunikation als Führungskraft; Teamentwicklung als Führungsaufgabe; Qualitätsmanagement; Moderationstraining; Kooperation mit der Öffentlichkeit), dauert jeweils zwei Tage, steht auch externen Personen offen und ist kostenpflichtig. Bei den Kinderfreunden werden viersemestrige Leiterinnenkurse angeboten. Voraussetzung für die Teilnahme ist u. a. eine fünfjährige Berufserfahrung und der Nachweis von 80 Stunden berufsspezifischer Fortbildung.

5.2 Angebote an Hochschulen und Universitäten

Im Jahr 2013 wurde in Österreich die „LehrerInnenbildung-NEU" vom Nationalrat beschlossen. Auch wenn damit noch keine obligatorische tertiäre Ausbildung für ElementarpädagogInnen verankert wurde, so wurde doch ein Anreiz für Hochschulen und Universitäten geschaffen, auch die Elementarpädagogik mit gezielten Angeboten an eine systematische Akademisierung und Professionalisierung heranzuführen. Ein Jahr später startete bereits der erste Bachelor-Studiengang für KindergartenleiterInnen an der FH Campus Wien[(Fn14)] und ein Universitätslehrgang für Elementarpädagogik mit Master-Abschluß an der Universität Salzburg[(Fn15)].

5.3 Bachelor-Studium „Sozialmanagement in der Elementarpädagogik", FH Campus Wien

Das berufsbegleitende, fünf-semestrige Studium „Sozialmanagement in der Elementarpädagogik" (36 Studienplätze; Stand 2014)) richtet sich an ausgebildete KindergartenpädagogInnen mit Berufs- und Leitungserfahrung. Die Zulassungsvoraussetzungen umfassen u. a. vier Jahre Berufspraxis, davon mindestens ein Jahr mit Leitungsaufgaben. Es wurde in Zusammenarbeit mit Expertinnen und Experten der Universitäten Wien und Innsbruck, der Bundes-Bildungsanstalt für Kindergartenpädagogik Klagenfurt, MitarbeiterInnen von Trägerorganisationen, der Plattform EduCare und anderen Fachleuten aus dem Bereich der Elementarpädagogik und ihrer Bezugswissenschaften entwickelt. Die Schwerpunkte des Studiums umfassen „Organisation und Management", die „Elementarpädagogik in verschiedenen Settings" sowie die „Berufsfeldentwicklung und Professionalisierung". Gegenstand der Ausbildung sind die Erweiterung der didaktischen und pädagogischen Kompetenzen, das Erlernen wissenschaftlicher Methoden und deren Anwendung im Berufsfeld sowie der Umgang mit neuen Herausforderungen. Gelehrt werden u. a. Instrumente des Personalmanagements, rechtliche Rahmenbedingungen, Grundlagen der Betriebswirtschaft und des Rechnungswesens, Besonderheiten des Managements von Non-Profit-Organisationen, Finanzplanung, Controlling und Berichtswesen sowie Qualitätsmanagement und Change Management Skills. Im Zuge des Studiums reflektieren die Studierenden die eigene Rolle als Leitungsperson in verschiedenen Kontexten. Kommunikation und Konfliktmanagement haben in den unterschiedlichen Settings vielfältige Ausprägungen und werden daher als Querschnittsmaterie durchgängig bearbeitet.

5.4 Universitätslehrgang „Elementarpädagogik – Schwerpunkt Leitung, Mentoring und Beratung", Universität Salzburg

Der sechs-semestrige, berufsbegleitende Universitätslehrgang „Elementarpädagogik – Schwerpunkt Leitung, Mentoring und Beratung hat zwar das vorrangige Ziel, MentorInnen bzw. MultiplikatorInnen zu qualifizieren, die in der zukünftigen „PädagogInnenbildung NEU" eine wesentliche Funktion in der Betreuung

14. Bachelor-Studium „Sozialmanagement in der Elementarpädagogik", FH Campus Wien; siehe http://www.fh-campuswien.ac.at/bachelor___master/soziales/bachelor/sozialmanagement_in_der_elementarpaedagogik/ueberblick/
15. Universitätslehrgang „Elementarpädagogik – Schwerpunkt Leitung, Mentoring und Beratung"; siehe http://www.uni-salzburg.at/index.php?id=46391

der Bachelorstudierenden übernehmen können, doch inhaltliche Schwerpunkte werden auch im Bereich „Leitung und Management" gesetzt.

Verwirklicht wurde der Lehrgang durch die gemeinsame Initiative der Universität Salzburg, dem Bildungszentrum St. Virgil Salzburg und dem Zentrum für Kindergartenpädagogik an der Salzburger Verwaltungsakademie. AbsolventInnenen schließen mit dem akademischen Grad „Master of Arts in Early Childhood Education" ab. Module des Lehrgangs sind u. a. „Professionelle Identität und Persönlichkeitsentwicklung", „Sozialwissenschaftliche Grundlagen", „Rechtliche Grundlagen der Elementarpädagogik", „Kindheitsforschung", „Entwicklungs- und Sozialisationstheorien" sowie ein Praktikumsmodul. Schließlich werden für jeden der drei Schwerpunkte „Leitung und Management", „Mentoring" sowie „Beratung und Begleitung" ein Semester mit facheinschlägig vertiefenden und gut vernetzten Lehrveranstaltungen angeboten. Das Schwerpunktmodul Leitung und Management ist im dritten Semester zu absolvieren, inhaltlich stehen hierbei vertiefend Führungstheorien und Managementkonzepte, Personalmanagement, MitarbeiterInnenführung, Teamentwicklung, Organisation, Qualitäts- und Finanzplanung auf dem Stundenplan. Innovativ sind zudem pädagogische Ansätze wie das E-Portfolio zur Lern- und Entwicklungsdokumentation sowie neuartige Veranstaltungstypen wie beispielsweise das Theorie-Praxisoptimierungskonzept, das insbesondere einen nachhaltigen Theorie-Praxis-Transfer unterstützen soll. Die Zahl der Anmeldungen übersteigt die Anzahl der verfügbaren Plätze bei weitem was als Indiz gewertet werden kann, dass viele Leitungskräfte – auch wenn dieses Angebot freiwillig und kostenpflichtig ist – in ihre berufsspezifische Qualifikation investieren wollen. Dieser Lehrgang ist der erste seiner Art in Österreich, der ElementarpädagogInnen in Leitungsfunktion auf Masterniveau ausbildet (Luckmann 2013).

Beide Lehrgänge lassen sich gut einordnen in die international üblichen Formalstrukturen, sowohl hinsichtlich der Dimensionen des „erweiterten Qualifikationsprofils des frühpädagogisches Ausbildungsprozesses" (Bosch 2008) als auch im Hinblick auf die „Bausteine frühpädagogischer Studiengänge" (Bosch 2008), was wiederum von Bedeutung ist, wenn mittelfristig (wechselseitige) Anrechnungen entsprechend der universitären Bologna-Strukturen angestrebt werden. Die Wichtigkeit von akademisch ausgebildeten Leitungen – insbesondere mittelfristig – wird auch in allfälligen Szenarien zur Weiterentwicklung der österreichischen Elementarpädagogik stets betont (siehe dazu auch Datler & Hover-Reisner 2013, Paschon & Reicher-Pirchegger 2013.

6 Praxisnahe Weiterbildung für Leitungen – ein Beispiel

In Kooperation mit dem Arbeitsbereichs Psychoanalytische Pädagogik des Instituts für Bildungswissenschaft der Universität Wien wurde ein Projekt zur „*Weiterentwicklung der pädagogischen Qualität im Eigenbetrieb Kindertagesstätten Offenbach (EKO)*" entwickelt und seit 2009 in 26 Offenbacher Kindertagesstätten durchgeführt.

Im Rahmen dieser breit angelegten Weiterbildungsoffensive wurde ein Schwerpunkt auf die Begleitung der Einrichtungsleitungen gelegt, die – neben den Fortbildungseinheiten, die als Inhouse-Veranstaltungen mit dem gesamten Team der jeweiligen Einrichtung besucht werden – mehrmals jährlich eine spezifisch auf die Professionalisierung von Leitungspersonen ausgerichtete Fortbildung besuchen. Das Ziel, das mit der Durchführung dieser Leitungsfortbildung verfolgt wird, liegt in einer Steigerung der Professionalität von Leitung pädagogischer Einrichtungen. Diese komplexe Tätigkeit, die mit einer Fülle von zum Teil unterschiedlichsten Aufgaben verbunden ist, stellt Leitungen tagtäglich vor Herausforderungen, für deren erfolgreiche Bewältigung ein hohes Ausmaß von Fachwissen und pädagogischen Kompetenzen vonnöten sind. So liegt die zentrale Aufgabe der Leiterinnen und Leiter in der Sicherung und Verbesserung der pädagogischen Qualität in der jeweiligen Kindertagesstätte. Dies umfasst eine auf wissenschaftlichen Erkenntnissen aufbauende pädagogische Betreuung der Kinder durch das pädagogische Fachpersonal, eine angemessene Gestaltung der räumlichen Umgebung, die Umsetzung pädagogischer Prinzipien und Fördermaßnahmen sowie die Integration von individuellen Bedürfnisse der Kinder aufgrund von Entwicklung, Herkunft und Geschlecht unter dem Anspruch von Bildung und Entwicklungsförderung.

Im Zuge der Durchführung der Weiterbildung wird von der Annahme ausgegangen, dass eine Vermittlung von theoretischen Wissensbeständen nicht per se zur Erhöhung der Qualität von Leitung führt. Selbst wenn Weiterbildung, die sich primär auf die Erweiterung von fachrelevanten Wissensbeständen bezieht, auf einer theoriebezogenen Ebene zu einem Zuwachs an Wissen führen mag und die Erweiterung von Fachwissen durchaus einen bedeutsamen Aspekt von Qualifizierungsprozessen darstellt, ist eine nachhaltige Professionalisierung des leitenden und pädagogischen Handelns im Kita-Alltag damit keinesfalls sichergestellt. So wissen wir aus wissenschaftlicher Perspektive bislang kaum etwas darüber, welche Maßnahmen unter welchen Voraussetzungen zu einer Ausbildung oder Steigerung bestimmter Kompetenzen von Fachpersonal und Kindertagesstätten führen und wie gesichert werden kann, dass sich dieser Kompetenzzuwachs auch in der Performanz von Leitungen und Erzieherinnen im Kindergartenalltag nieder schlägt. Allemal scheint es zu kurz zu greifen, wenn das Bemühen um die Verbesserung der Qualität der pädagogischen Arbeit auf die Auseinandersetzung mit der Frage reduziert wird, welches Wissen Leitungen benötigen, damit sie in höherem Ausmaß professionell handeln können.

Somit bedarf es nach Weiterbildungsmaßnahmen, die eine differenzierte Auseinandersetzung mit der eigenen, alltäglichen Berufspraxis als Leitung einer konkreten Einrichtung miteinschließt. Damit folgen wir der Annahme, dass berufliches Handeln nicht lediglich in Fachwissen und beruflichem Erfahrungswissen gründet, sondern von biographischen Entwicklungsprozessen durchzogen ist, die den Praxisvollzug in förderlicher aber auch hemmender Weise beeinflussen können. So gilt es in der Weiterbildung Selbstlernprozess auf der Grundlage differenzierter

Selbst- und Fremdwahrnehmung anzuregen. Dies ist dann möglich, wenn Leitungen im Rahmen der Weiterbildung die Gelegenheit bekommen, Praxissituationen und Praxiserfahrungen theorie- und konzeptbezogen zu thematisieren, zu reflektieren und zu bearbeiten. Somit erfordern Weiterbildungsmaßnahmen nicht nur abgegrenzte Theorievermittlung, sondern vielmehr einen Prozess, in dem aus konkreten Alltagserfahrungen gelernt werden kann.

Um solche Lernprozesse anzuregen und zu begleiten, wird während der Leitungsfortbildung die sogenannte „Arbeit mit Praxisprotokollen" als Methode der Fallarbeit in Dienste der Professionalisierung des pädagogischen Handelns eingesetzt. Diese im englischen Sprachraum als „Work Discussion" bezeichnete Methode wurde in den 1970er Jahren von Martha Harris an der Tavistock Clinic (London) als Modifikation der so genannten „Infant Observation" entwickelt (vgl. Harris 1977). Im Rahmen der „Work Discussion" verfassen Personen, die in psychosozialen Berufsfeldern tätig sind, schriftliche Protokolle über Sequenzen ihres beruflichen Alltags. Diese Protokolle werden in regelmäßig stattfindenden Seminarsitzungen besprochen und hinsichtlich der bewussten und unbewussten Beziehungs- und Organisationsdynamik analysiert, die die geschilderte Arbeitssituation prägen (vgl. Datler W. 2003; Klauber 1999; Rustin 2008; Steinhardt & Reiter 2009). Mittlerweile ist die Methode der „Work Discussion" in zahlreichen Aus- und Weiterbildungsvorhaben als Element der Sensibilisierung für die Wahrnehmung von und das Nachdenken über komplexe emotionale Aspekte des Berufsvollzugs in psychosozialen Arbeitsfeldern verankert (vgl. Datler M. et al. 2013; Steinhardt und Sengschmied 2013).

Der Grundstruktur der „Work Discussion" folgend werden die Leiterinnen und Leiter im Rahmen des oben erwähnten Offenbacher Qualifizierungsprojekts aufgefordert, sich zwischen den Fortbildungseinheiten kurze Sequenzen ihres beruflichen Alltags ins Gedächtnis zu rufen und diese in Form von Praxisprotokollen niederzuschreiben. Dazu wird aus der Erinnerung ein Interaktionsgeschehen mit einem oder mehreren Kindern, mit Kolleginnen und/oder mit Eltern möglichst detailliert beschrieben. Diese verschriftlichten Sequenzen aus dem beruflichen Alltag als Leitung werden während der Fortbildungseinheiten von der Autorin oder dem Autor des Protokolls vorgelesen und in der Gruppe hinsichtlich der Frage diskutiert, was in den Leitungen sowie in den Menschen vor sich gegangen sein mag, mit denen sie es in den beschriebenen Arbeitssituationen zu tun hatten. So gilt es zu verstehen, wie die im Protokoll erwähnten Personen die geschilderten Situationen erlebt haben mögen und welchen Einfluss dieses Erleben auf die Entstehung und die weitere Entwicklung der jeweils geschilderten Interaktionen und Situationen gehabt haben mag.

Auf diese Weise sollten Leitungen über die Arbeit am konkreten Fall im Hinblick auf das Wahrnehmen und Verstehen der komplexen zum Teil unbewussten emotionalen Aspekte sensibilisiert werden, von denen der Arbeitsalltag – oft in problematischer Weise – geprägt ist (vgl. Steinhardt und Reiter 2009). Die Etablierung eines derartigen verstehenden Zugangs soll es schließlich ermöglichen, Alternativen im Praxisvollzug der Leitungen – und damit auch in der Gestaltung pädagogischer Beziehungen – zu erarbeiten und umzusetzen.

7 Fazit

In den letzten Jahren gab es intensive Bemühungen von Trägern und Fortbildungsstellen der Länder zu einer höheren Qualifizierung des Leitungspersonals. Seit dem Jahr 2014 werden auch an Hochschulen und Universitäten Lehrgänge und Studien mit dem Schwerpunkt „Leitung" angeboten. Daneben gibt es ein vielfältiges und gut genutztes Angebot von thematisch orientierten Einzelveranstaltungen für Leitungskräfte wie „Führung von Elternabenden", „Elterngespräche", „Führungsstile", „Kommunikation", „Stressbewältigung", „MitarbeiterInnengespräche", „Soziale Kompetenz" etc. . Ein immer größer werdender Prozentsatz der Leitungskräfte österreichischer Kinderbetreuungseinrichtungen hat Zertifizierungskurse absolviert. Langfristig sollten alle LeiterInnen Fortbildungskurse, Lehrgänge bzw. entsprechende Studien absolviert haben, um auch formal ein Qualifikations- und berufsbezogenes Identifikationsprofil mit der auszuübenden Leitungsfunktion zu erhalten. Gegenwärtig gibt es allerdings keine einheitlichen nationalen Richtlinien über die Qualifikationsanforderungen von Leitungskräften. Auch über die Qualität der bisherigen Aus- und Weiterbildungen für Leitungskräfte liegen auf Bundesebene noch keine systematischen Erhebungen vor. Verschiedenen Studienergebnissen zufolge wird dem Faktor des Dozenten/der Dozentin höchste Bedeutung bei der Qualität in der Fort- und Weiterbildung beigemessen (Hippel/ Grimm 2010, S. 7).

Neben der Qualifikation sind auch die Rahmenbedingungen für die Ausübung der Leitungsfunktion entscheidend. Nur wenn man die erforderliche Zeit für die Ausübung der Leitungsfunktion zugesprochen bekommt, kann qualitätsvolle Arbeit geleistet werden[(Fn16)].

In internationaler Hinsicht hinkt Österreich der Entwicklung im Bereich der Professionalisierung von Leitungskräften hinterher. Die Wahrnehmung der neuen akademischen Angebote – trotz Mehrbelastung und ohne gesetzliche Verpflichtung – stellt eindrucksvoll unter Beweis, dass der Bedarf an qualitätsvoller Aus-, Fort- und Weiterbildung vorhanden ist. Zunehmende Angebote an tertiären Ausbildungen werden dazu führen, dass künftig nur mehr jene PädagogInnen eine Leitungsposition übertragen bekommen, die über ein Hochschulstudium verfügen. So, wie dies in (fast) allen europäischen Ländern der Fall ist.

16. Nicht immer wird darauf Bedacht genommen: Im Frühjahr 2012 wurde beispielsweise vom Land Kärnten beschlossen, die Vorbereitungszeit für LeiterInnen von fünf Stunden auf zweieinhalb Stunden zu kürzen. Diese Maßnahme geht vermutlich auf Kosten der Qualität und könnte zu weiteren Engpässen bei der Besetzung von Leitungspositionen führen.

Literaturverzeichnis

Aktionsrat Bildung; Vereinigung der Bayerischen Wirtschaft e. V. (Hrsg.) (2012). Professionalisierung in der Frühpädagogik. Qualifikationsniveau und -bedingungen des Personals in Kindertagesstätten. Waxmann.

Balluseck von, Hilde (Hrsg.)(2008). Professionalisierung der Frühpädagogik. Perspektiven, Entwicklungen, Herausforderungen. Opladen: Budrich.

Bosch Stiftung (Hrsg.) (2008). Frühpädagogik studieren – ein Orientierungsrahmen für Hochschulen. Stuttgart-Leipzig: Brandung.

Bosch Stiftung (Hrsg.) (2011). Qualifikationsprofile in Arbeitsfeldern der Pädagogik der Kindheit. Ausbildungswege in Überblick. Stuttgart-Leipzig: Brandung.

Braun, Ulrich (2010). Das Beste für die Kleinsten – auch in Kindertageseinrichtungen?. ImPrint Verlag. Münster.

Datler, Margit; Funder, Antonia & Hover-Reisner, Nina (2013). Institutionelle Abwehr im Kontext der Organisation: Über Grenzen von Weiterbildung und die Notwendigkeit des Deutens. In: Schnoor, Heike (Hrsg.): Psychodynamische Beratung in pädagogischen Handlungsfeldern. Gießen: Psychosozial-Verlag. S. 147-164.

Datler, Wilfried (2003). Erleben, Beschreiben und Verstehen: Vom Nachdenken über Gefühle im Dienste der Entfaltung von pädagogischer Professionalität. In: Dörr, M./Göppel, R. Hrsg.): Bildung der Gefühle. Innovation? Illusion? Intrusion? Gießen: Psychosozial-Verlag, S. 241-264.

Datler, Wilfried & Hover-Reisner, Nina (2013). Qualifizierung, Individualisierung und LehrerInnebildung neu: Über Dilemmata der gegenwärtigen und Perspektiven der künftigen Ausbildung von ElementarpädagogInnen,. Vortrag gehalten auf der ÖFEB-Tagung in Innsbruck (31.10.2013). abrufbar unter http://www.oefeb.at/dokumente/V6_DATLER_HOVER-REISNER_Oefeb-Innsbruck2013_ %5BSchreibgeschuetzt %5D.pdf [03.01.2014].

Europäische Kommission (Hrsg.) (2011). CoRe. Competence Requirements in Early Childhood Education and Care. issued by the European Commission, Directorate-General for Education and Culture. University of East London, University of Ghent. http://ec.europa.eu/education/more-information/doc/2011/core_en.pdf (12.10.2013).

Geene, Raimund & Borkowski, Susanne (2007). Elementarpädagogik im Wandel. Überlegungen an eine neue Professionalität. http://www.kindergartenpaedagogik.de/1678.html (2.2.2011).

Hard, Louise & Jonsdottir, Arna H. (2013). Leadership is not a dirty word. Exploring and embrancing leadersphip in ECEC. in: European Early Childhood Education Research Journal 2013, Vol. 21, No. 3, 311–325.

Harris, Martha (1977). The Tavistock Training and Philosophy. In: Harris, M./

Bick, E. (1987). Collected Papers of Martha Harris and Esther Bick. Perthshire: The Clunie Press, S. 259-282.

Hippel, Aiga von & Grimm, Rita (2010). Qualitätsentwicklungskonzepte in der Weiterbildung Frühpädagogischer Fachkräfte. Herausgeber: Deutsches Jugendinstitut e. V. (DJI) http://www.weiterbildungsinitiative.de/uploads/media/HippelGrimm.pdf.

Klauber, Trudy (1999). Observation ‚at work'. The international journal of infant observation 2, 3, S. 30-41.

Kneidinger, Lisa (2010). Kompetente KindergartenpädagogInnen zwischen Realität und Vision. in: Unsere Kinder. Das Fachjournal für Bildung und Betreuung in der frühen Kindheit 4/2010, S. 13-16.

Luckmann, Michaela (2013). Meilenstein – Universitätslehrgang für Elementarpädagogik. In: Kita Aktuell Österreich. 2013/4. S. 102-104.

Oberhuemer, Pamela; Schreyer, Inge & Neumann, Michelle J. (2010). Professionals in early childhood education and care systems: European profiles and perspectives. Opladen und Farmington Hills: Budrich.

OECD (2006). Starting Strong II. Early Childhood Education and Care.

OECD (2012). Starting strong III. Research brief: Qualifications, Education and professional development matter. http://www.oecd.org/dataoecd/50/24/49322232.pdf (10.4.2012).

Paschon, Andreas & Reicher-Pirchegger, Lisa (2013). Neue Wege der Professionalisierung in Österreich. Vortrag gehalten auf der ÖKLK-Tagung in Wien (20.11.2013). abrufbar unter: http://www.oefeb.at/dokumente/09_Szenario-OeKLK_Wien_Paschon-ReicherPirchegger1.pdf.

Paschon, A. (2013). Zum Kompetenzaufbau von Elementarpädagog/innen. Kita-Aktuell Österreich 2013/4, S. 90-92.

Preston, Diane (2013). Being a manager in the English early years sector. In: European Early Childhood Education Research Journal 2013, Vol. 21, No. 3, 326–338.

Reinheimer, Stefanie (2012). Schlüsselfunktion Leitung. Von der Notwendigkeit im Team Führung zu übernehmen. in: Unsere Kinder. 5/2012. S. 5-8.

Rustin, Michael (2008). Work discussion: implications for research and policy. In: Rustin Ma./Bradley, J. (Hrsg.): Work Discussion. Learning from reflective practice in work with children and families. London: Karnac, S. 267-295.

Siray-Blatchford Iram & Manni Laura (2007). Effective leadership in the Early Years Sector: The ELEYS Study. London: Institute of Education, University of London.

Stamm, Margrit (2010). Frühkindliche Bildung, Betreuung und Erziehung. Bern, Stuttgart, Wien: UTB.

Statistik Austria (2011). Kindertagesheimstatistik 2010/2011.

Steinhardt, Kornelia & Reiter, Helga (2009). „Work-Discussion". Lernen durch Beobachtung und Reflexion von Arbeitsprozessen. In: Diem-Wille, G./Turner, A. (Hrsg.): Ein-Blicke in die Tiefe. Die Methode der psychoanalytischen Säuglingsbeobachtung und ihre Anwendungen. Stuttgart: Klett-Cotta, S. 136-156.

Steinhardt, Kornelia & Sengschmied, Irmtraud (2013). Widerstand und Abwehr in Beratungsprozessen. Die psychoanalytische Methode der Work Discussion und der Umgang mit Versagensgefühlen im Dienste der Entfaltung pädagogischer Professionalität. In: Schnoor, Heike (Hg.): Psychodynamische Beratung in pädagogischen Handlungsfeldern. Gießen: Psychosozial-Verlag. S. 165-180.

Sylva, K. et al. (2004). Early Childhood Matters: Evidence from the Effective Preschool and Primary Education project, Routledge, London/New York.

Tannen, Deborah (1995). Job Talk. Wie Frauen und Männer am Arbeitsplatz miteinander reden. Hamburg: Kabel.

Thurmann Birgit (2012). KitaLeitung – ein neuer Beruf? Von der Erzieherin zur Leitungsfachkraft. In: Kita aktuell. S. 62-63. KiTa ND 3/2012 http://www.ehks.neumuenster.de/dateien/downloads/2012_kitaaktuell_thurmann.pdf, (10.12.2013).

Tietze, Wolfgang & Viernickel, Susanne (Hrsg.) (2007). Pädagogische Qualität in Tageseinrichtungen für Kinder. Ein nationaler Kriterienkatalog. Berlin, Mannheim: Cornelsen Scriptor.

Viernickel, Susanne (2009). Qualitätsanforderungen an Leitungskräfte in Kindertageseinrichtungen. In: Erzieherin.de. Das Portal für die Frühpädagogik. http://www.erzieherin.de/qualitaetsanforderungen-an-leitungskraefte.php (12.10.2013).

WIFF (2013). Weiterbildungsinitiative Frühpädagogische Fachkräfte. Wegweiser Weiterbildung „Leitung in Kindertageseinrichtungen" http://www.weiterbildungsinitiative.de/kooperationen/expertengruppe-leitung.html (12.10.2013).

2 Wirtschaftliche Grundlagen und rechtliche Aspekte

2.1 Der Kindergarten als öffentliche Institution

Helfried Bauer, Karoline Mitterer

1 Verfassungsgesetzliche Kompetenzlage und Trägerschaft der Kindergärten

Gemäß der österreichischen Verfassungsrechtslage fällt die Regelung des Kindergartenwesens in die ausschließliche Gesetzgebungs- und Vollziehungszuständigkeit der Bundesländer. Dementsprechend gibt es auch neun verschiedene Regelungen in eigenen Kinderbetreuungs- bzw. Tagesbetreuungsgesetzen. Grundlagen zur Kinderbetreuung finden sich auch in Jugendwohlfahrtsgesetzen einiger Bundesländer. Den Ländern obliegen im Rahmen der Gesetzgebung die Festlegung der Standards sowie die Fachaufsicht. Je nach Bundesland existieren unterschiedliche Unterstützungsleistungen und Vorgaben seitens der Länder für die Errichtung, den Betrieb und die Finanzierung der Kinderbetreuungseinrichtungen. In mehreren Bundesländern bestehen spezifische Finanzierungsverflechtungen zwischen Land und Gemeinden.

Bei knapp 60 Prozent der Kindertagesheime sind Gebietskörperschaften (Bund, Länder, Gemeinden) für die Erhaltung zuständig. Der weitaus überwiegende Teil der öffentlichen Kinderbetreuungseinrichtungen in allen Bundesländern wird von den Gemeinden (98,8 %) erhalten. Die Aufgaben des Erhalters umfassen in der Regel die Anstellung des pädagogischen Kindergartenpersonals und der HelferInnen; lediglich im Land Niederösterreich wird das Fachpersonal vom Land angestellt und bezahlt. Weitere Aufgaben der Erhalter sind die

- Bereitstellung der Räumlichkeiten und deren Instandhaltung,
- Reinigung, Beheizung und Beleuchtung, wofür auch das notwendige Personal angestellt wird.
- Die Gemeinden wirken – in unterschiedlichem Ausmaß – auch an Bedarfserhebungen und an der Bereitstellung der jeweils erforderlichen Plätze mit.

2 Vereinbarungen zwischen Bund und Ländern zum Ausbau der Kinderbetreuung

Auf Grund von EU Vorgaben (Barcelona-Ziel der Europäischen Union[Fn17], EU

17. Gemäß Amtsblatt der Europäischen Union L197 vom 5. 8. 2003: Die Mitgliedstaaten sollten diejenigen Hemmnisse beseitigen, die Frauen von einer Beteiligung am Erwerbsleben abhalten, und bestrebt sein, nach Maßgabe der Nachfrage nach Kinderbetreuungseinrichtungen und im Einklang mit den einzelstaatlichen Vorgaben für das Versorgungsangebot bis 2010 für mindestens 90 % der Kinder zwischen drei Jahren und dem Schulpflichtalter und für mindestens 33 % der Kinder unter drei Jahren Betreuungsplätze zur Verfügung zu stellen.

2020 Strategie(Fn18)) sowie von nationalen gesellschafts- und wirtschaftspolitischen Überlegungen sind in den späteren 2000er Jahren Bestrebungen zum Ausbau der Einrichtungen zur Kinderbetreuung und zum verpflichtenden Besuch für fünfjährige Kinder politisch akkordiert worden. Die Regelungen wurden inhaltlich zwischen Bund und Ländern festgelegt und in Form von Bund-Länder Verträgen gemäß Art. 15a B-VG von den Parlamenten gebilligt. Im Kontext des Finanzausgleichspaktes 2008 ist zwischen Bund, Ländern und Gemeinden auch vereinbart worden, dass Bund und Länder zunächst für die Jahre 2008 bis 2010 zusätzliche zweckgebundene Mittel für den Ausbau der Kinderbetreuung und für die Förderung der deutschen Sprachkenntnisse einsetzen werden. Mit diesen zusätzlichen Mitteln sollten 6.000 bis 8.000 neue Kinderbetreuungsplätze (einschließlich der Plätze bei neu auszubildenden Tageseltern) geschaffen werden.(Fn19)

Die Bund-Länder Vereinbarungen wurden im Lauf der Jahre an neue Gegebenheiten angepasst und betreffen mittlerweile nicht nur den Ausbau des institutionellen Kinderbetreuungsangebots, sondern auch den halbtägig verpflichtenden und kostenlosen Besuch der Kinder im letzten Jahr vor Schulpflicht, das Erarbeiten von Bildungsplänen für elementare Bildungseinrichtungen u. a.m.

2.1 Ausbau des institutionellen Kinderbetreuungsangebots

Im Jahr 2007 wurde eine ***erste Vereinbarung*** gemäß Art. 15a B-VG zwischen Bund und Ländern ***zum Ausbau des institutionellen Kinderbetreuungsangebots***, der Einführung der verpflichtenden frühen sprachlichen Förderung in institutionellen Einrichtungen der Kinderbetreuung sowie zur Schaffung eines bundesweiten vorschulischen Bildungsplanes getroffen. Die Vereinbarung ist mit 1. Jänner 2008 in Kraft getreten und Ende 2010 ausgelaufen. Als strategisches Ziel sollte mit der Vereinbarung bis zum Jahr 2010 ein Ausbau des institutionellen Kinderbetreuungsangebots – v.a. ganztägige und mit der Vollbeschäftigung der Eltern vereinbare Kinderbetreuung – angestrebt werden.

Gemäß Art. 3 sollten Kinder, die über mangelnde Deutsch-Kenntnisse verfügen, in institutionellen Kinderbetreuungseinrichtungen so gefördert werden, dass sie mit Eintritt in die erste Schulstufe der Volksschule die deutsche Sprache möglichst beherrschen. Für die sprachlichen Kompetenzen, die beim Eintritt in die erste Schulstufe der Volksschule gegeben sein sollen, werden einheitliche Standards festgelegt.

Weiters wurde vereinbart, dass Bund und Länder einen Bildungsplan für institutionelle Kinderbetreuungseinrichtungen erarbeiten, der besonders auf Inhalte der

---

18. Zumindest folgende beiden Ziele der EU 2020 Strategie haben Auswirkungen auf den zusätzlichen Bedarf (quantitativ und qualitativ) an Plätzen für Kinderbetreuung: (1) 75 Prozent der Menschen im Alter zwischen 20 und 60 sollen in Arbeit stehen; (2) Der Anteil der Schulabbrecherinnen und -abbrecher soll auf unter 10 Prozent zurückgehen.
19. Siehe Huemer/Matzinger/Maurer 2008, S. 78 ff. sowie das Paktum zum Finanzausgleich 2008 (10.10.2007); abgedruckt in: Bauer, H. (Hrsg.): Finanzausgleich 2008 – ein Handbuch. Wien – Graz 2008, S. 459

frühen sprachlichen Förderung und zur Verbesserung des Übergangs zur Volksschule ausgerichtet werden muss.(Fn20)

Zur teilweisen Finanzierung des Ausbaues der Kinderbetreuung für Unter-Drei-Jährige durch Länder und Gemeinden leistete der Bund nach Art. 5 Abs. 1 in den Jahren 2008, 2009 und 2010 jährlich einen Zweckzuschuss an die Länder von 15 Millionen Euro. Für jeden im Vergleich zum Vorjahr zusätzlich bereit gestellten Betreuungsplatz wird aus dem Zweckzuschuss – je nach dem zeitlichen Ausmaß der Betreuung differenziert – ein jährlicher Betrag ausgeschüttet. Auch die Länder wurden durch die Vereinbarung verpflichtet, zusätzliche Mittel für den Ausbau der Kinderbetreuung für Unter-Drei-Jährige aufzubringen. Die gesamte zusätzliche Finanzierung durch Bund und Länder betrug auf Grund des vereinbarten Verhältnisses von 3:4 (Bund:Land) 35 Millionen Euro p.a. Zusätzlich leistete der Bund nach Art. 6 für die Maßnahmen der frühen sprachlichen Förderung der Kinder gemäß Art. 3 in den Jahren 2008, 2009 und 2010 jährlich einen Zweckzuschuss von insgesamt fünf Millionen Euro an die Länder.

Zusätzliche Vereinbarung 2011 zum Ausbau des institutionellen Kinderbetreuungsangebots (BGBl. I Nr. 120/2011)

Nach Ablauf der Vereinbarung für die Jahre 2008 bis 2010 und wegen des deutlichen Nichterreichens des Barcelona-Ziels für die unter Drei-Jährigen ist für den weiteren Ausbau der institutionellen Kinderbetreuung eine neue Bund-Länder-Vereinbarung nach Art. 15 a B-VG für die Jahre 2011 bis 2014 geschlossen worden und mit BGBl. I Nr. 120/2011 per 1.1.2011 in Kraft getreten. Im Art. 1 wird als gemeinsames Ziel des Bundes und der Länder, die Betreuungsquote der Unter-Drei-Jährigen schwerpunktmäßig zu erhöhen, genannt. Hierbei soll die mit einer Vollbeschäftigung der Eltern zu vereinbarende Kinderbetreuung – auch durch Tageseltern – besonders berücksichtigt werden. Für Drei- bis Sechs-Jährige sollen zur Beseitigung regionaler Defizite Anreize für die qualifizierte Ganztagesbetreuung geschaffen werden. Dazu gilt es, die ganztägige Kinderbetreuung von mindestens 30 Wochen im Kindergartenjahr 2010/2011 bis zum KG-Jahr 2013/2014 auf mindestens 47 Wochen auszubauen.

Die Finanzierung des Ausbaus der Kinderbetreuung ist gegenüber der Vereinbarung aus 2008 in einigen Punkten modifiziert worden. Bund und Länder leisten die Finanzierung nun zu gleichen Teilen. Finanzmittel der Gemeinden, die zusätzlich für diese Maßnahmen zur Verfügung gestellt werden, sind bei der Ko-Finanzierung des jeweiligen Landes einzurechnen. Für das Jahr 2011 leistet der Bund einen Zweckzuschuss von 10 Mio. Euro, für die Jahre 2012 bis 2014 einen solchen von jährlich 15 Mio. Euro. Die Aufteilung des Zuschusses des Bundes auf die

20. Dieser Rahmenplan, der unter Mitarbeit von Bundes- und Länderverwaltungen von ExpertInnen des Charlotte Bühler Instituts ausgearbeitet wurde, liegt unter dem Titel „Bundesländerübergreifender BildungsRahmenPlan für elementare Bildungseinrichtungen in Österreich" seit Herbst 2009 vor. Siehe http://www.bmukk.gv.at/medienpool/18698/bildungsrahmenplan.pdf Bundesländerbezogene Bildungspläne wurden auf Basis des BildungsRahmenPlan erstellt. Siehe z. B. Bildungsplan für Kindergärten in Niederösterreich, hrsg. vom Amt der NÖ Landesregierung, St. Pölten 2010.

einzelnen Länder erfolgt nach einem im Art. 4 angeführten prozentuellen Anteil. Nach Art. 5 wird der Bundeszuschuss für die Schaffung von Kinderbetreuungsplätzen in institutionellen Kinderbetreuungseinrichtungen für Unter-Drei-Jährige in folgender Höhe gewährt:

1. 1.500 Euro jährlich für jedes zusätzlich halbtägig (gem. Art. 3 Z 3) betreute Kind;
2. 2.500 Euro jährlich für jedes zusätzlich ganztägig (gem. Art. 3 Z 4) betreute Kind;
3. 4.000 Euro jährlich für jedes zusätzlich in Einrichtungen betreute Kind, das gemäß Art. 3 Z 5. mit einer Vollbeschäftigung der Eltern vereinbar ist (was u. a. an 4 Tagen pro Woche mindestens 9,5 h und mindestens 45 h wöchentliche Betreuung erfordert).

Das jeweilige Land kann gemäß Art. 5 Abs. 2 für Drei- bis Sechsjährige bis zu maximal 25 Prozent, für die Unter-Drei-Jährigen jedoch bis zu 100 Prozent des Zweckzuschusses des Bundes für die Schaffung von zusätzlichen Kinderbetreuungsplätzen verwenden. In den Jahren 2011 und 2012 kann das einzelne Land 20 Prozent des Bundeszuschusses zur Abdeckung der Kosten für erweiterte Öffnungszeiten verwenden, im Jahr 2013 10 und im Jahr 2014 nur mehr 5 Prozent. Das jeweilige Land kann den Zuschuss des Bundes auch für Investitionen zur Neuschaffung von Betreuungsangeboten bei Tageseltern im jeweiligen Zuschussjahr verwenden. In diesem Fall beträgt der Zuschuss 750 Euro für jede/jeden zusätzliche/n Tagesmutter bzw. Tagesvater.

Nach Art. 7 sind die zur Durchführung dieser Vereinbarung allenfalls notwendigen bundes- und landesgesetzlichen Regelungen rückwirkend mit 1. Jänner 2011 in Kraft zu setzen. Den Ländern ist es im Hinblick auf Maßnahmen des Ausbaus des institutionellen Kinderbetreuungsangebots nicht erlaubt, die in den landesgesetzlichen Regelungen vorgesehene Maximalanzahl an Kindern in Kindergruppen (Kinderkrippen) zu erhöhen und die Mindestanzahl an Betreuungspersonen für Kindergruppen (Kinderkrippen) zu reduzieren. Art. 9 sieht vor, dass der Einsatz der Zweckzuschussmittel sowie die Auswirkung der Förderung im Einvernehmen zwischen Bund und Ländern einer Evaluierung unterzogen werden.

Einführung der halbtägig kostenlosen und verpflichtenden frühen Förderung in institutionellen Kinderbetreuungseinrichtungen (BGBl. I Nr. 99/2009, idF BGBl. I Nr. 196/2013)

Eine weitere Vereinbarung zwischen dem Bund und den Ländern wurde im Jahr 2009 geschlossen. Die Vereinbarung ist als BGBl. I Nr. 99/2009 mit 1. September 2009 in Kraft getreten. Ergänzungen enthalten die Vereinbarungen gemäß BGBl. I Nr. 116/2011 und BGBl. I Nr. 196/2013. Mit der zuletzt genannten Art. 15 a Vereinbarung erfolgte die Aufteilung des Bundeszuschusses nach Art. 6 für die Kindergartenjahre 2013/14 und 2014/15.

Zielsetzung dieser Vereinbarung ist es, allen Kindern beste Bildungsmöglichkeiten und Startchancen in das spätere Berufsleben, unabhängig von ihrer sozioökonomischen Herkunft zu bieten. Deshalb sollen Kinder im letzten Jahr vor Schulpflicht zum Besuch von geeigneten institutionellen Einrichtungen der Kinderbetreuung im Ausmaß von mindestens 16 bis 20 Stunden an mindestens vier Tagen pro Woche verpflichtet werden. Zur Entlastung der Familien soll der halbtägige Besuch im Ausmaß von 20 Stunden pro Woche kostenlos sein.

In Art. 2 werden die zu verfolgenden Bildungsaufgaben angeführt. Danach haben die institutionellen Kinderbetreuungseinrichtungen die Aufgabe, durch altersgemäße Erziehung und Bildung die körperliche, seelische, geistige, sittliche und soziale Entwicklung im besonderen Maße zu fördern und nach erprobten Methoden der Kleinkindpädagogik die Erreichung der Schulfähigkeit zu unterstützen (Abs. 1). Jedes Kind ist hierbei als eigene Persönlichkeit in seiner Ganzheit anzunehmen, zu stärken und auf die Schule vorzubereiten. Seine Rechte, Würde, Freude und Neugierde sind zu achten und zu fördern (Abs. 2).

Bund und Länder haben sich darauf geeinigt, im Rahmen des Bildungsplanes ein zusätzliches integriertes Modul für 5-Jährige zu erarbeiten, das unter anderem auch die Stärkung der grundlegenden Kompetenzen des Kindes, insbesondere die Unterstützung der Schulreife sowie den Übergang zur Volksschule zu beachten hat. Weiters wurde festgelegt, für die häusliche Betreuung sowie für die Betreuung durch Tageseltern bis 2010 im Einvernehmen mit den Ländern einen Leitfaden(Fn21) zu entwickeln (Abs. 6).

Die Länder wurden in Art. 4 dazu verpflichtet, die landesgesetzlichen Vorschriften dahingehend zu ändern, dass die Pflicht zum halbtägigen Besuch von geeigneten institutionellen Kinderbetreuungseinrichtungen für jene Kinder festgelegt wird, die vor dem 1. September des jeweiligen Jahres das 5. Lebensjahr vollendet haben und im Folgejahr schulpflichtig werden. Davon ausgenommen sind u. a. Kinder, die vorzeitig die Schule besuchen und jene Kinder, denen auf Grund einer Behinderung oder aus medizinischen Gründen bzw. auf Grund eines besonderen sonderpädagogischen Förderbedarfes der Besuch nicht zugemutet werden kann. Ausgenommen sind auch jene Kinder, bei denen die Verpflichtung im Rahmen der häuslichen Erziehung bzw. durch eine Tagesmutter/einen Tagesvater erfolgt, sofern die Bildungsaufgaben und Zielsetzungen gemäß Art. 2 erfüllt werden.

Verstöße gegen die Besuchspflicht sind verwaltungsstrafrechtlich durch bundesweit möglichst einheitliche Sanktionen (die auf landesgesetzlicher Ebene zu regeln sind) gegen die Eltern (Erziehungsberechtigten) zu verhängen.

Nach Art. 5 verpflichten sich die Länder weiters, die bestehenden Regelungen dahingehend zu ändern, dass für den halbtägigen Besuch im Ausmaß von 20 Stun-

---

21. Der Leitfaden trägt den Titel „Kinder im Jahr vor dem Schuleintritt". Er wurde von ExpertInnen des Charlotte Bühler Instituts verfasst und vom BM für Wirtschaft, Familie und Jugend, Wien 2010, herausgegeben.

den pro Woche keine Beiträge eingehoben werden bzw. ein kostenloser halbtägiger Besuch im Ausmaß von 20 Stunden pro Woche gesichert ist.

Zur teilweisen Finanzierung der zusätzlichen Ausgaben von Ländern, Gemeinden und Erhaltern stellt der Bund nach Art. 6 (1) für die Kindergartenjahre 2009/10 bis 2014/15 Zuschüsse in der Höhe von jeweils 70 Mio. Euro jährlich zur Verfügung. Dieser Zuschuss wird in den einzelnen Jahren auf die Länder nach dem Anteil der jeweils kindergartenpflichtigen 5-jährigen Kinder aufgeteilt (Art. 6 Abs. 2). Die Aufteilung der Mittel zwischen Ländern und Gemeinden ist nach Art. 6 Abs. 8 zwischen diesen zu vereinbaren.

Der Bundeszuschuss dient zur Abdeckung jenes Aufwandes, der dem jeweiligen Land durch die kostenlose Betreuung von besuchspflichtigen Kindern entsteht. Als Aufwand gelten hauptsächlich Förderungen an Erhalter einer institutionellen Kinderbetreuungseinrichtung, die Refundierung von Beiträgen an Eltern und andere mit der Obsorge betraute Personen, anteilige Personal- und Betriebskosten. Der Bundeszuschuss wird auf Basis der Zahl der jeweils betreuten Kinder ermittelt, wobei für das Kindergartenjahr 2013/2014 maximal ein Betrag von jährlich 960 Euro pro Kind geleistet wird.

Bundeszuschüsse, die nicht für die Deckung der Ausgaben zum kostenlosen Besuch (gemäß Art. 8) benötigt werden, sind nach Art. 7 für Maßnahmen der Qualitätssicherung[Fn22] und zur Schaffung zusätzlicher Kinderbetreuungsplätze[Fn23] zu verwenden.

2.3 Kinderbetreuungsquoten – Stand und Entwicklung

Insgesamt wurden im Jahr 2012/2013 rund 270 Tsd. Kinder in institutionellen[Fn24] Kinderbetreuungseinrichtungen betreut. Davon besuchen 209,6 Tsd. Kinder einen Kindergarten, 25,5 Tsd. Kinder eine Krippe und 35,3 Tsd. Kinder eine altersgemischte Einrichtung.[Fn25]

In den letzten 40 Jahren verdoppelte sich die Zahl der betreuten Kinder. Lag die Zahl der betreuten Kinder im Jahr 1972 noch bei 134 Tsd. Kindern, so erhöhte sich dieser Wert im Jahr 2013 auf rund 270 Tsd. Kinder.

---

22. Maßnahmen zur Qualitätssicherung nach Art. 7 (2) sind insbesondere:
    a) Reduzierung der Gruppengröße,
    b) Verbesserung des Betreuungsschlüssels,
    c) Qualifizierung des Personals,
    d) Stützmaßnahmen für Kinder mit besonderen Bedürfnissen,
    e) Maßnahmen zur Förderung der Sprachenvielfalt.
23. Art. 7 (3) Bei der Schaffung von zusätzlichen Kinderbetreuungsplätzen sind die Regelungen der Vereinbarung gemäß Art. 15a B-VG über den Ausbau des institutionellen Kinderbetreuungsangebots, BGBl. I Nr. 120/2011, einzuhalten.
24. In der Kindertagesheimstatistik der Statistik Austria, welche die Grundlage für die folgenden Berechnungen darstellt, wird nicht-institutionelle Kinderbetreuung, welche bei Tageseltern oder in Kindergruppen stattfindet, nicht berücksichtigt. Auch wird der Schwerpunkt auf die vorschulische Betreuung gelegt, weshalb Horte hier nicht berücksichtigt werden.
25. In altersgemischten Einrichtungen werden neben Kindergartenkindern auch Kinder im Vorschulalter oder nachmittags zusätzlich auch Schülerinnen und Schüler betreut.

Die Betreuungsquote gibt den Anteil der Kinder in institutionellen Kinderbetreuungseinrichtungen im Vergleich zur gleichaltrigen Wohnbevölkerung wieder. Betrachtet man die Entwicklung der Betreuungsquote seit 1995 zeigen sich beträchtliche Anstiege. Die Betreuungsquote der 0-2-Jährigen stieg seit 1995 von 4,6 auf 20,8 Prozent, was einer Steigerung um das 4,5-fache entspricht. Seit 2007 stieg sie von 11,8 auf 20,8 Prozent – die Plätze wurden daher binnen fünf Jahren verdoppelt. Bei den 3-5-Jährigen wuchs die Betreuungsquote von 70,6 auf 90,6 Prozent.

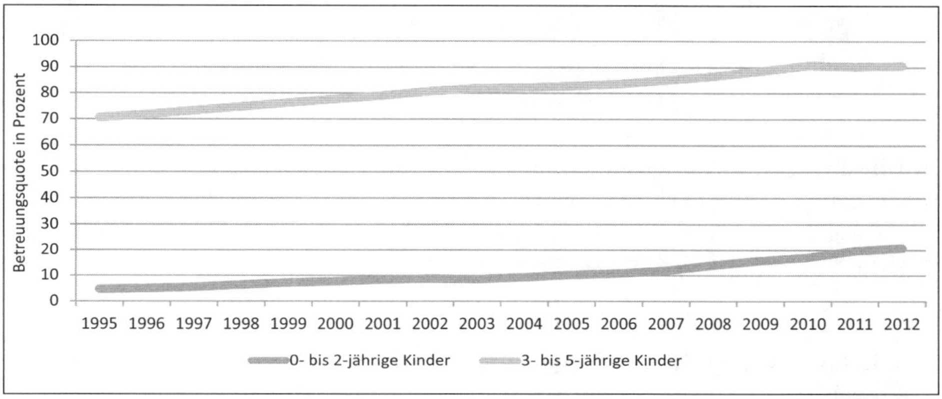

Abbildung 1: Entwicklung der Betreuungsquote nach Altersgruppen, 1995-2012
Quelle: Statistik Austria: Kindertagesheimstatistik 2012/2013; KDZ – eigene Berechnungen 2013.

Um die starken regionalen Unterschiede im Betreuungsangebot durch Kindertagesheimstätten aufzuzeigen, ist eine Betrachtung der Betreuungsquoten im Bundesländervergleich erforderlich. Die höchsten Quoten der Betreuung von 0 bis 2-Jährigen zeigen sich im Jahr 2012 in Wien (34,8 Prozent), im Burgenland (30,1 Prozent) und in Niederösterreich (21 Prozent); die niedrigsten Betreuungsquoten sind in Steiermark (11,2 Prozent), in Oberösterreich (11,9 Prozent) und im Land Salzburg (16,2 Prozent) gegeben. Die höchsten Betreuungsquoten bei den 3 bis 5-Jährigen finden sich ähnlich im Burgenland (99 Prozent) und in Niederösterreich (96 Prozent), die niedrigsten Werte in Kärnten (84 Prozent) und in der Steiermark (85 Prozent).

Ob die angeführten Quoten der Kinderbetreuung nur halbtägige oder ganztägige Betreuung betreffen, kann allerdings nicht unterschieden werden. Es ist davon auszugehen, dass die genannten Versorgungsquoten zu einem großen Teil nur vormittags und auch nicht während des gesamten Kindergartenjahres erreicht werden.

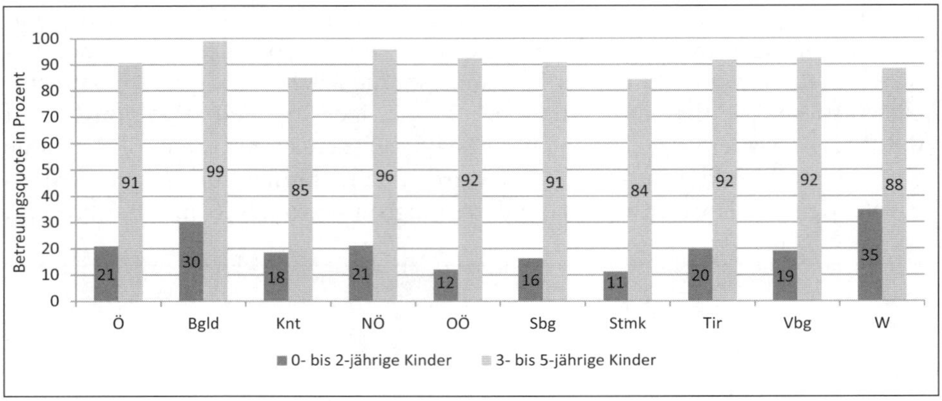

Abbildung 2: Betreuungsquoten im Bundesländervergleich, 2012/2013
Quelle: Statistik Austria: Kindertagesheimstatistik 2012/2013; KDZ – eigene Berechnungen 2013.

Anmerkung: Es kann nicht ausgeschlossen werden, dass einzelne Kinder doppelt erfasst wurden, wodurch Auswirkungen auf die Betreuungsquote entstehen können.

3 Die landesgesetzlichen Regelungen und empirische Evidenzen im Überblick

Das Gros der Regelungen der Kinderbetreuung erfolgt in den Kinderbetreuungs- und Kindergartengesetzen der Länder. Einzelne Teilbereiche werden fallweise auch in anderen Landesgesetzen bestimmt; so etwa bezüglich der Entlohnung des Kinderbetreuungspersonals in einzelnen Dienstrechtsgesetzen und bezüglich sozial gestaffelter Beiträge für den Besuch der Kindergärten etwa im Steiermärkischen Kinderbetreuungsförderungsgesetz (LGBl. Nr. 23/2000, idF LGBl. Nr. 60/2011). Verordnungen einzelner Landesregierungen und Richtlinien enthalten weitere Regelungen, so z. B. über die zulässige Höchstzahl der Kinder in den Gruppen, über das Verhältnis von betreuten Kindern und Betreuungspersonen, über die erforderlichen Spielflächen, über die Tagesbetreuung (bezüglich Kindergruppen und alterserweiterten Gruppen), über die Elternbeiträge usw.

Die landesgesetzlichen Regelungen der Kinderbetreuung wurden auf Grund der oben angeführten Vereinbarungen zwischen Bund und Ländern teils novelliert, teils neu gefasst. Sie enthalten die mit dem Bund vereinbarten Bestimmungen weitgehend, unterscheiden sich in einigen anderen grundsätzlichen Punkten fallweise beträchtlich, was mit spezifischen Präferenzen und teils politisch-ideologischen Positionen begründet werden kann.

Tabelle 1 enthält zunächst einen Überblick über die derzeit geltenden Landesgesetze.

Tabelle 1: Überblick zu den aktuellen Kinderbetreuungs- und Kindergartengesetzen

Bundesland	Bezeichnung	Stammgesetz und Novellen
Burgenland	Burgenl. Kinderbildungs- und -betreuungsgesetz 2009 – Bgld. KBBG 2009	LGBl. Nr. 7/2009 idF LGBl. Nr. 36/2013
Kärnten	Kärntner Kinderbetreuungsgesetz – K-KBG	LGBl. Nr. 13/2011 idF Nr. LGBl. Nr. 57/2012
Niederösterreich	NÖ Kindergartengesetz 2006	LGBl. Nr. 5060/2006 idF LGBl. 5060–3 3. Novelle 61/12 2012-07-19
Oberösterreich	Oö. Kinderbetreuungsgesetz – Oö. KBG	LGBl.Nr. 39/2007 idF LGBl.Nr. 59/2010
Salzburg	Salzburger Kinderbetreuungsgesetz 2007	LGBl Nr. 41/2007 idF LGBl Nr. 60/2012
Steiermark	Steiermärkisches Kinderbildungs- und -betreuungsgesetz – StKBBG	LGBl. Nr. 22/2000 idF LGBl. Nr. 61/2011
Tirol	Tiroler Kinderbildungs- und Kinderbetreuungsgesetz	LGBl. Nr. 48/2010 idF LGBl. Nr. 150/2012
Vorarlberg	Kindergartengesetz – KGG	LGBl.Nr. 52/2008, idF LGBl. 26/2010
Wien	Wiener Kindergartengesetz – WKGG	LGBl. Nr. 17/2003 idF LGBl. Nr. 27/2013

Quelle: Kindergartengesetze der Bundesländer; Eigene Darstellung 2013.

Ausgewählte Regelungen sollen – teils vereinfacht – im Folgenden vergleichbar aufbereitet und ein Überblick über die empirischen Gegebenheiten geschaffen werden.

3.1 Aufgaben (Ziele) und Formen von Kinderbetreuungseinrichtungen

Aufgaben/Ziele

Weitgehende Einheitlichkeit der landesgesetzlichen Regelungen besteht hinsichtlich der folgenden ***Ziele***

- die körperliche, seelische, geistige, sittliche und soziale Entwicklung der Kinder im besonderen Maß zu fördern

- eine hohe pädagogische Bildungsqualität zu sichern,
- einer nur subsidiären öffentlichen Erziehungs-, Pflege- und Betreuungsleistung zur Unterstützung der Familien bzw. der Erziehungsberechtigten.

Weitere explizit genannte Ziele/Aufgaben differieren in den einzelnen landesgesetzlichen Aufzählungen, was Tabelle 2 zeigt. Ein Teil dieser Ziele betrifft die Kompetenzen der Kinder, die durch die Kinderbetreuung gefördert und/oder entwickelt werden sollen; dies ist etwa im Salzburger, Tiroler und im Wiener KGG sehr umfassend formuliert; im Kärntner, niederösterreichischen, oberösterreichischen, steiermärkischen, Tiroler und im Vorarlberger KGG wird auch die religiöse Bildung explizit angeführt. Die EU-Vereinbarung nach Abbau der Hemmnisse, die Frauen von einer Beteiligung am Erwerbsleben abhalten, wird nur im burgenländischen, oberösterreichischen und im Tiroler KGG explizit angeführt.

Tabelle 2: Weitere landesgesetzlich spezifisch formulierte Ziele/Aufgaben der Kinderbetreuung

Land	Weitere länderspezifische Ziele/Aufgaben der Kinderbetreuung
Bgld. KBBG (§ 1)	Vereinbarkeit von Familie und Beruf zu erleichtern; Bedarfsplanung für Kinderbetreuungsangebote weiterentwickeln
Ktn. KBG (§ 20)	Für das verpflichtende Kindergartenjahr: Familienerziehung nach sozialen, ethischen, religiösen Werten unterstützen bzw. ergänzen; Erreichen d. Schulfähigkeit unterstützen
NÖ Kindergartengesetz (§ 3)	Leisten eines grundlegenden Beitrag zu einer religiösen und ethischen Bildung
Oö. KBG (§ 1 Abs. 2)	Vereinbarkeit von Familie und Beruf erleichtern; Bedarfsplanung für Kinderbetreuungsangebote weiterentwickeln
Sbg. KinderbetreuungsG (§ 1) gemäß § 13 (5) …	Erziehung, Entwicklung, Bildung und Integration der Kinder ihrem Alter gemäß zu fördern; in den Bereichen emotionale und soziale Entwicklung, soziale Integration von Kindern mit erhöhtem Förderbedarf, religiöse/ethische Bildung, interkulturelle Bildung, kreative Fähigkeiten, Sprachentwicklung, musikalische und musikalisch-rhythmische Fähigkeiten, Beweglichkeit …, bildnerisches Gestalten, kognitive Fähigkeiten sowie Natur- und Sachbeziehung (einschließlich Verkehrsverhalten), gesunde Ernährung und Gesundheitserziehung

Land	Weitere länderspezifische Ziele/Aufgaben der Kinderbetreuung
Steiermärk. KBBG (§ 4)	soziale, emotionale und kognitive Entwicklung jedes Kindes … unterstützen; die Entwicklung der Gesamtpersönlichkeit … und seine Fähigkeit zu einer eigenverantwortlichen, selbstständigen und mündigen Lebensführung in der Gemeinschaft zu fördern; Beitrag zu einer grundlegenden religiösen und ethischen Bildung;
Tiroler KBBG (§ 3) nach § 8 …	Sichern von optimalen Bildungsmöglichkeiten und Chancen für alle Kinder unabhängig von ihrer sozioökonomischen Herkunft; Vereinbarkeit von Beruf und Familie erleichtern und die Beteiligung der Frauen am Erwerbsleben fördern; Bedachtnahme auf Entwicklung grundlegender ethischer und religiöser Werte; Fähigkeiten des Erkennens und des Denkens fördern; sprachliche und schöpferischen Fähigkeiten der Kinder entfalten; Achten auf die körperliche Pflege und Gesundheit, insbesondere die gesunde Ernährung; Unterstützung der motorischen Entwicklung der Kinder; Setzen präventiver Maßnahmen zur Verhütung von Fehlentwicklungen
Vorarlberger KGG. (§11 Abs. 2)	Förderung der geistigen, seelischen, sozialen, religiösen, ethischen und körperlichen Entwicklung der Kinder; die Fähigkeit des Erkennens und Denkens, die soziale Reife, die Lernfähigkeit sowie die Lernbereitschaft der Kinder zu fördern;
Wien KGG (§ 1) nach § 2 …	Entwicklung der Gesamtpersönlichkeit jedes Kindes und seine Fähigkeit zum Leben in der Gemeinschaft fördern und es in der Entwicklung seiner körperlichen, seelischen und geistigen Kräfte unterstützen; Förderung insbesondere von sensumotorisch – psychomotorischer Kompetenz, von kognitiver, emotionaler, sozialer und ethischer Kompetenz sowie der Sprachkompetenz in der Erst- und Zweitsprache

Quelle: Kindergartengesetze der Bundesländer; Eigene Darstellung 2013.

Insgesamt kann in mehreren Bundesländern von recht anspruchsvollen Zielformulierungen in den Landesgesetzen gesprochen werden. Allerdings sind diese Ziele/Aufgaben meist insofern unbestimmt formuliert, als teils keine Wirkungsziele bestehen und/oder keine quantitativen Zielvorgaben bestehen und auch keine

Messgrößen zur Kontrolle der jeweiligen Zielerreichung festgelegt werden. Damit sind ex post Evaluierungen nur bedingt möglich.

In Salzburg und Oberösterreich gibt es Hinweise, dass Gemeinden[(Fn26)] und offensichtlich auch ein Bundesland „Herdprämien" vergeben, womit Eltern quasi belohnt werden, ihre Kinder nicht einer professionellen Betreuung anzuvertrauen. Dies mag zwar zu einer Entlastung der finanziellen Situation bei der öffentlichen Hand führen, gleichzeitig werden damit die generellen landesgesetzlichen Zielsetzungen unterwandert.

Arten der Kinderbetreuung

Die Arten bzw. Formen der Kinderbetreuungseinrichtungen werden in den Landesgesetzen definiert. Nach § 3 Abs. 1 des Wiener KBBG ist der ***Begriff Kindergarten*** weit gefasst: Darunter ist eine örtlich gebundene Einrichtung zu verstehen, die zur regelmäßigen Betreuung und Bildung von Kindern durch Fachkräfte … während eines Teiles des Tages bestimmt ist (WKGG, § 3 Abs. 1) und gemäß Abs. 2 alle möglichen Betreuungsformen umfasst, d.s. Kleinkindergruppen für Kinder bis zum vollendeten 3. Lebensjahr, Kindergartengruppen für Kinder vom vollendeten 3. Lebensjahr bis zum Beginn der Schulpflicht, Hortgruppen für schulpflichtige Kinder und Familiengruppen.

In der meist verwendeten ***engen begrifflichen Fassung werden Kindergärten*** als Einrichtungen zur Betreuung von Kindern ab 2,5 oder 3 Jahren bis zur Schulpflicht verstanden.

Zwei weitere Grundformen der Betreuung von 0- bis 6-jährigen Kindern sind Kinderkrippen und altersgemischte Gruppen. Sie sind in den meisten Bundesländerregelungen vorgesehen, werden jedoch teilweise uneinheitlich bezeichnet und definiert.

Nach § 2 Abs. 2 Tiroler KBBG 2010 sind ***Kinderkrippengruppen*** erste außerfamiliäre, elementarpädagogische Einrichtungen, die zur Bildung, Erziehung, Betreuung und Pflege von Kindern durch pädagogisches Fachpersonal bestimmt sind, und in denen grundsätzlich Kinder bis zum vollendeten dritten Lebensjahr gefördert und betreut werden; ***Kindergartengruppen*** sind nach dem Tiroler KBBG elementarpädagogische Einrichtungen, die zur Bildung, Erziehung und Betreuung von Kindern durch pädagogisches Fachpersonal bestimmt sind, und in denen grundsätzlich Kinder ab dem vollendeten dritten Lebensjahr bis zum Besuch einer Schule gefördert und betreut werden.

---

26. Nach Berichten im Standard vom 23.09., in den SN vom 02.11. u. a.m. zahlen einzelne Gemeinden in Oberösterreich und im Land Salzburg an Eltern, die ihr 1–3-jähriges Kind zu Hause betreuen monatliche Zuschüsse. Voraussetzung ist, dass für das Kind keine Betreuungseinrichtungen in Anspruch nehmen. Bürgermeister G. der Gemeinde B. unterstrich die Wahlfreiheit für die Eltern, hatte aber wohl die Gemeindekasse im Auge. Das Land Oberösterreich geht dem Bericht im Standard zu Folge noch weiter, da es für 3-5-Jährige deren Eltern die Kinder „lieber daheim lassen, als sie in einem Kindergarten zu geben, einen Bonus von 700 Euro im Jahr" gibt.

Altersgemischte (-erweiterte) Gruppen werden in den meisten Landesgesetzen ähnlich definiert: Nach § 2 Abs. 1 Burgenländ. KBBG 2009 versteht man darunter „eine Gruppe einer Kinderbetreuungseinrichtung, deren Angebot sich an Kinder ab eineinhalb Lebensjahren bis zur Beendigung der Volksschulpflicht richtet". In den Landesgesetzen variiert jedoch das Alter der Kinder zwischen 1,5 und 10 Jahren im Burgenland und in Oberösterreich, zwischen 1,5 und 15 Jahren in Salzburg und Tirol.

Weiters bestehen ***Sonderformen***, wie Integrationskindergärten und -horte oder Saison-, Sonder- bzw. heilpädagogische Kindergärten und Horte; sie werden in Tabelle 3 nicht angeführt und hier auch nicht weiter behandelt. Wenn in weiterer Folge etwa von „Kinderkrippe" gesprochen wird, sind damit alle unter dieser Kategorie in der Tabelle 2 fallenden Betreuungsformen gemeint.

Tabelle 3: Landesgesetzlich geregelte Formen der vorschulischen Kinderbetreuung

Bundesland	**Kinderkrippen**	**Kindergärten**	**Altersgemischte Gruppen**
Burgenland	Bis 2,5 Jährige	Über 2,5 Jährige	1,5–10 Jährige
Kärnten	Über 1–3 Jährige	3–6 Jährige	Über 1 Jährige
Niederösterreich	Tagesbetreuung/ Krabbelstube	Über 2,5 Jährige	Tagesbetreuung bis 16 Jährige
Oberösterreich	Krabbelstube(Fn27)	3–6 Jährige	1,5–10 Jährige
Salzburg	Krabbelgruppen (ab 1 Jährige)	3–6 Jährige	1,5–15 Jährige
Steiermark	bis 3 Jährige	3–6 Jährige	1,5–6 Jährige; Kinderhaus (1,5–15 Jährige)
Tirol	bis 3 Jährige(Fn28)	3–6 Jährige	2–15 Jährige
Vorarlberg	besteht nicht	3–6 Jährige	Spielgruppen
Wien	Kleinkindergruppen (bis 3 Jährige)	3–6 Jährige	Familiengruppen (bis 6 Jährige, 3–10 Jährige)

Quelle: Kindergartengesetze der Bundesländer; Eigene Darstellung 2013.

27. In OÖ überwiegend für Kinder unter drei Jahren bestimmt, deren Eltern berufstätig, arbeitssuchend oder in Ausbildung sind.
28. Nach § 2 Abs. 2 Tiroler KBBG 2010 sind Kinderkrippengruppen „erste außerfamiliäre, elementarpädagogische Einrichtungen, die zur Bildung, Erziehung, Betreuung und Pflege von Kindern durch pädagogisches Fachpersonal bestimmt sind, und in denen grundsätzlich Kinder bis zum vollendeten dritten Lebensjahr gefördert und betreut werden."

Zahl und Art der Kinderbetreuungseinrichtungen

Die vorschulische Kinderbetreuung (Betreuungsjahr 2012/2013) in Österreich erfolgt in insgesamt 7.122 institutionellen Kinderbetreuungseinrichtungen.(Fn29) Zwei Drittel der Einrichtungen zur Kinderbetreuung in Österreich sind Kindergärten. Der Anteil der Krippen liegt bei rund 20 Prozent, der Anteil der altersgemischten Betreuungseinrichtungen bei 15 Prozent. Dabei zeigen sich jedoch je nach Bundesland unterschiedliche Anteile der genannten Arten. So finden sich in Oberösterreich, der Steiermark und in Tirol praktisch keine altersgemischten Einrichtungen. In Vorarlberg bestehen keine und in Niederösterreich nur wenige Krippen.

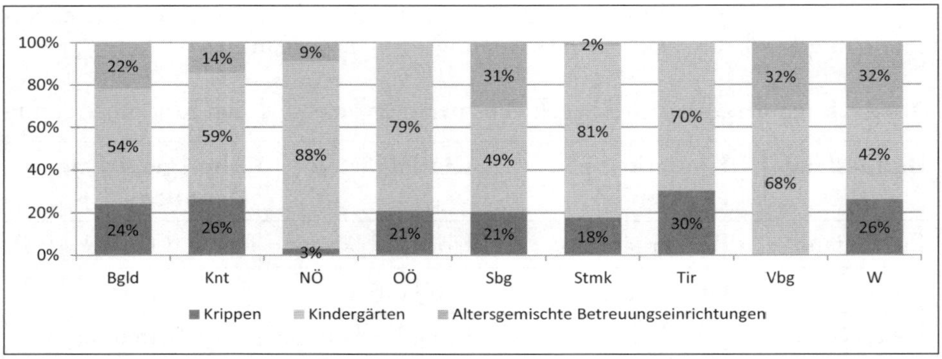

Abbildung 3: Anteile der verschiedenen Arten der Kinderbetreuungseinrichtungen 2012/2013

Quelle: Statistik Austria: Kindertagesheimstatistik 2012/2013; KDZ – eigene Berechnungen 2013.

Öffentliche und private Trägerschaft

Betreuungseinrichtungen werden nicht nur von Gemeinden und wenigen anderen öffentlichen Trägern, sondern auch von privaten Erhaltern geführt. So liegt der Anteil an privaten Betreuungseinrichtungen im österreichischen Durchschnitt bei 40 Prozent. Kindergärten werden zum großen Teil (zu 72 Prozent) durch Gemeinden betrieben und erhalten. Der Anteil der Gemeinden bei den Krippen liegt bei 41 Prozent und bei den altersgemischten Einrichtungen bei 31 Prozent. Die wichtigsten privaten Erhalter sind Vereine (24 Prozent Anteil) sowie die katholische Religionsgemeinschaft (11 Prozent Anteil). Krippen und altersgemischte Einrichtungen werden zu einem vergleichsweise hohen Anteil durch Vereine (41 bzw. 53 Prozent) getragen.

29. Vgl. Statistik Austria: Kindertagesheimstatistik 2012/2013; KDZ – eigene Berechnungen 2013.

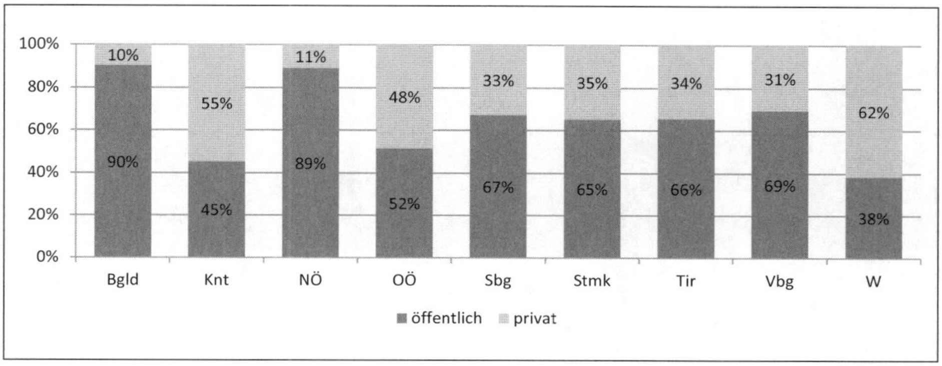

Abbildung 4: Kinderbetreuungseinrichtungen nach Erhaltern, 2012/2013
Quelle: Statistik Austria: Kindertagesheimstatistik 2012/2013; KDZ – eigene Berechnungen 2013.

Ergänzungsangebote

Neben den „klassischen" Betreuungseinrichtungen Krippen-, Kindergarten- und Altersgemische Gruppen gibt es noch weitere Betreuungsangebote. Hier sind vor allem Tageseltern und Spielgruppen zu nennen, aber auch in Horten erfolgt eine vorschulische Betreuung.(Fn30) Insgesamt werden rund 8.950 Kinder bei Tageseltern sowie rund 1.560 Kinder bei Kindergruppen mit einer Mindestöffnungszeit von unter 15 Stunden betreut. In den beiden großen Bundesländern Niederösterreich und Steiermark ist ein überdurchschnittlich hoher Betreuungsanteil in diesen ergänzenden Angeboten gegeben.(Fn31)

Bemerkenswert ist weiters, dass der Anteil an Kindern unter 3 Jahren in den sonstigen Betreuungseinrichtungen besonders hoch ist, was als Hinweis für das regional teils mangelnde Angebot an Krippenplätzen gewertet werden kann.

30. Hierbei ist darauf hinzuweisen, dass nur formale Betreuungsverhältnisse erfasst sind.
31. Vgl. Statistik Austria: Kindertagesheimstatistik 2012/2013; KDZ – eigene Berechnungen 2013.

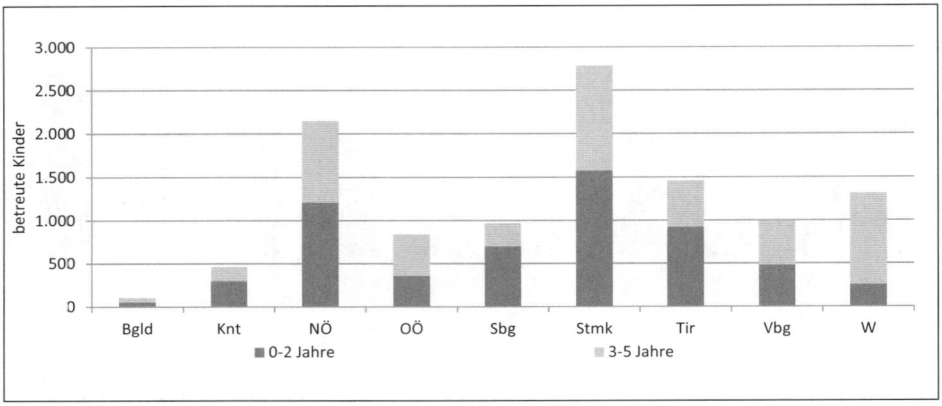

Abbildung 5: Kinder bis 5 Jahre in sonstigen Betreuungseinrichtungen nach Altersgruppen und Bundesländern, 2012/2013

Quelle: Statistik Austria: Kindertagesheimstatistik 2012/2013; KDZ – eigene Berechnungen 2013.

3.2 Gruppengrößen, Personalschlüssel und Personaleinsatz in der Praxis

Die altersgerechte ***Gruppengröße*** ist ein bedeutender Qualitätsfaktor (Inputqualität) für das Wohl der Kinder und zur Realisierung der Förderziele. Wie groß Gruppen sein sollen, hängt sowohl vom Alter der Kinder als auch von der Gruppenzusammensetzung und der Anwesenheitsdauer der Kinder ab. Mehrheitlich werden in den Kindergartengesetzen Vorgaben, meist als maximale Gruppengrößen formuliert (siehe hierzu Tabelle 4). Wie groß die Gruppen in der Praxis tatsächlich sind, wird weiter unten angeführt.(Fn32)

Aus Sicht von ExpertInnen sollten für Kleinkindergruppen (unter 3 Jahren) nicht mehr als 5 bis 8 Kinder zusammen betreut werden, d.h. es werden relativ kleine Gruppen empfohlen. Bei ganztagsbetreuten 3-jährigen Kindern werden etwa 15 Kinder pro Gruppe als wünschenswert angesehen, bei halbtägiger Betreuung 20 bis 25 Kinder.(Fn33)

32. Siehe hierzu auch das folgende Kapitel zum Betreuungsangebot.
33. Siehe hiezu die Angaben in der Studie von Baierl und Kaindl: Kinderbetreuung in Österreich. Rechtliche Bestimmungen und die reale Betreuungssituation, Wien 2011, S. 11 und die dort angeführte Literatur.

Tabelle 4: Gesetzliche Gruppengrößen für einzelne Formen der Kinderbetreuung

KGGesetz Land	Kinderzahl pro Krippengruppe	Kinderzahl pro Kindergarten-gruppe	Kinderzahl pro Alterserweiterte Gruppe (bis 6-Jährige)
Bgld. KBBG § 13	max. 15	max. 25; unter 3-Jährige zählen 1,5 fach	max. 25; unter 3-Jährige u. schulpflichtige Kinder zählen 1,5 fach
Ktn. KBG § 10	max. 15	max. 25	max. 20
NÖ Kindergartengesetz § 4	–	mind. 12, max. 25; bei bis zu 4 2,5–3-Jährigen max. 20	–
Oö. KBG § 7	mind. 6, max. 10	mind. 10, max. 23	mind. 11, max. 23 bei max. 9 K. im volksschulpfl. Alter
Steiermärk. KBBG § 14	max.14, 0–2-Jährige zählen 1,5fach	max. 25	max. 20
Tiroler KBBG § 10	mind. 8, max. 12;	mind. 12, max.20; bei mind. 2 unter 1,5 Jährigen jedoch max. 10	mind. 12, max. 20
Vorarlberger KGG § 14	–	max. 16 bei 1 KG-PädagogIn; max. 23 bei 2 PädagogInnen	–
Wien KTHVO § 2	max. 25 bei 1 KG-PädagogIn + 1 HelferIn	max. 25 bei 1 KG-PädagogIn + 1 (mind. 20 h beschäft.) HelferIn	max. 20 bei bei 1 KG-PädagogIn + 1 (mind. 20 h beschäft.) HelferIn

Quelle: Kindergartengesetze der Bundesländer; Eigene Darstellung 2013.

Tatsächlich betreute Kinder pro Gruppe und Gruppen pro Betreuungseinrichtung

Durchschnittlich werden 18,3 Kinder pro Gruppe betreut. In Kinderkrippen werden 13 Kinder pro Gruppe betreut, in Kindergärten 19 Kinder und in altersgemischten Gruppen 20,1 Kinder.

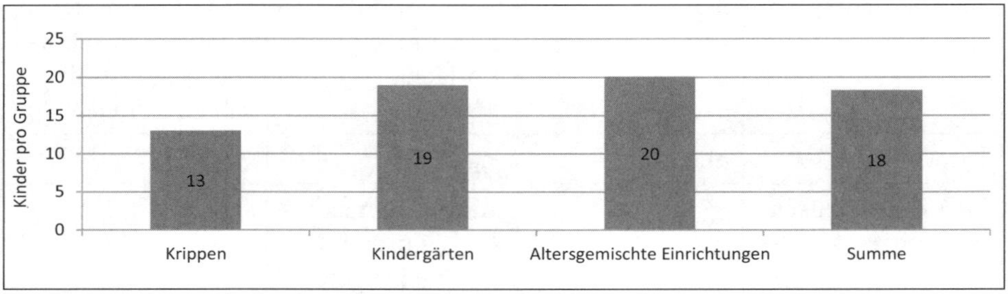

Abbildung 6: Betreute Kinder pro Gruppe, 2012/2013
Quelle: Statistik Austria: Kindertagesheimstatistik 2012/2013; KDZ – eigene Berechnungen 2013.

Die Gruppengröße variiert dabei je nach Bundesland. In den Bundesländern Niederösterreich, Oberösterreich und Salzburg befinden sich im Schnitt weniger als 18 Kinder in einer Gruppe. Die größten Gruppen bestehen in Kärnten mit 20,8 Kindern pro Gruppe. In allen anderen Bundesländern bewegt sich die Gruppengröße zwischen 18,1 und 19,4 Kindern.

Die durchschnittliche Gruppenanzahl pro Betreuungseinrichtung liegt bei 2,1 Gruppen. Die niedrigsten Werte finden sich dabei in Wien und in der Steiermark (durchschnittlich 1,7 bzw. 1,8 Gruppen pro Einrichtung), die höchste Gruppenanzahl besteht in Niederösterreich und in Oberösterreich mit 2,5 bzw. 2,6 Gruppen pro Einrichtung.

Personal pro Gruppe nach den Landesgesetzen

Der landesgesetzlich geregelte ***Personalschlüssel***, also das gesetzlich vorgeschriebene Ausmaß der Beschäftigung von Fachpersonal und KindergartenhelferInnen pro Gruppe ist ein weiterer Aspekt der Betreuungsqualität. Auch dieser Parameter ist zwischen einigen Ländern unterschiedlich geregelt:

- Pro *Kindergartengruppe* ist in der Mehrheit der Länder (so etwa in Burgenland, Kärnten, Oberösterreich, Tirol, Wien) 1 pädagogische Fachkraft + 1 HelferIn (für mind. 20 h pro Woche) vorzusehen;
- in Vorarlberg genügt dagegen bis zu einer Gruppengröße von 16 Kindern 1 pädagogische Fachkraft; im Land Steiermark sind bei KG-Gruppen ab 12 Kindern neben 1 pädagogischen Fachkraft mindestens 2 HelferInnen erforderlich;
- Pro *Kinderkrippengruppe* sind in der Mehrheit der Länder neben 1 pädagogischen Fachkraft pro 5 bis 6 Kindern eine HelferIn bereitzustellen; im Burgen-

land ist hierfür neben 1 PädagogIn nur 1 HelferIn während der Kernzeit erforderlich, im Land Steiermark während der gesamten täglichen Öffnungszeit ab dem 4. Kind neben der pädagogischen Fachkraft zusätzlich 1 HelferIn, wobei Kinder von 0-2 Jahren mit dem Faktor von 1,5 anzusetzen sind.

Evidenzen zum Personaleinsatz

Im österreich-weiten Durchschnitt wird derzeit eine Kindergruppe von 3 Personen betreut, wobei nicht nach den Arten der Kinderbetreuung differenziert werden kann. Betrachtet man den Personaleinsatz je Gruppe nach Bundesland zeigt sich, dass dieser zwischen 2,5 (Tirol) und 3,6 (Steiermark) Personen variiert. Hierbei ist jedoch zu beachten, dass nur knapp die Hälfte des Personals eine Vollzeitstelle innehat. Rund ein Fünftel des Personals arbeitet weniger als 20 Wochenstunden, ein Viertel zwischen 20 und 30 Wochenstunden.

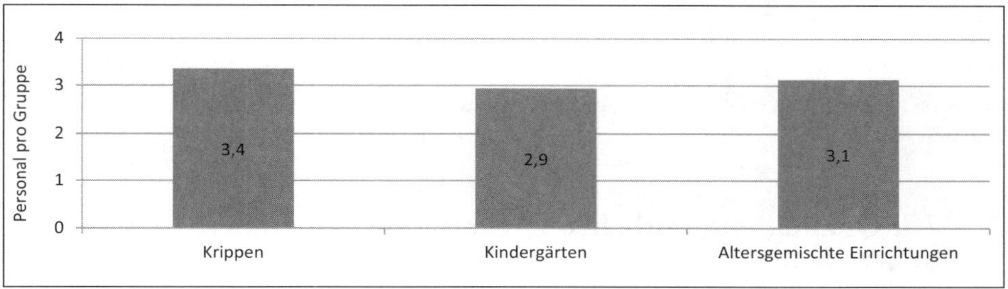

Abbildung 7: Einsatz von Personal pro Gruppe, 2012/2013
Quelle: Statistik Austria: Kindertagesheimstatistik 2012/2013; KDZ – eigene Berechnungen 2013.

Der gesamte Personaleinsatz im Kinderbetreuungsbereich erhöhte sich in den letzten 40 Jahren stark. Von 1972 bis 2013 stieg die Zahl der in den Kinderbetreuungseinrichtungen tätigen Personen von 9.419 auf 44.484 Personen, was fast einer Verfünffachung entspricht. Davon sind 73 Prozent in Kindergärten, 15 Prozent in Kinderkrippen und 12 Prozent in altersgemischten Einrichtungen tätig. Dies ist insbesondere deswegen bemerkenswert, weil sich die Anzahl der betreuten Kinder im selben Betrachtungszeitraum nur verdoppelt hat. Gründe für den starken Anstieg des Personals sind insbesondere der starke Ausbau der Krippenplätze, sinkende Gruppengrößen und verbesserte Betreuungsschlüssel.

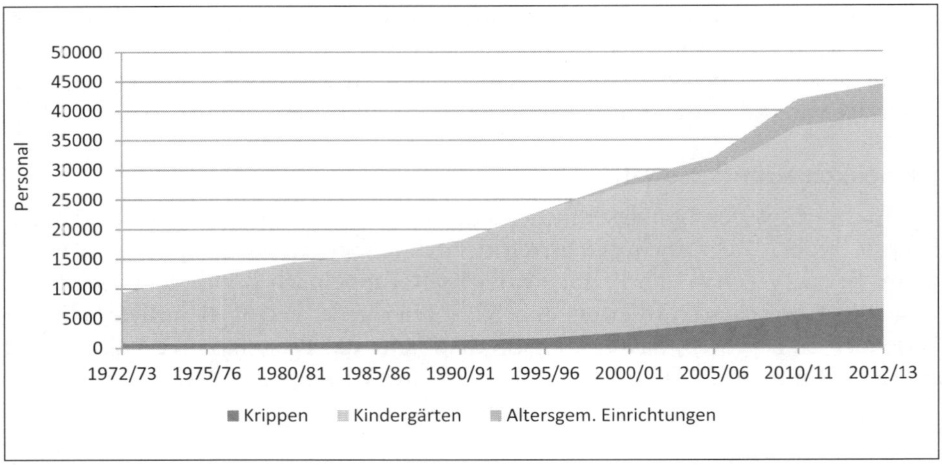

Abbildung 8: Personal in Kinderbetreuungseinrichtungen, 1972-2013
Quelle: Statistik Austria: Kindertagesheimstatistik 2012/2013; KDZ – eigene Berechnungen 2013.

Hinweis: Die letzte dargestellte Periode umfasst nicht wie die vorherigen Perioden fünf Jahre, sondern nur zwei Jahre!

3.3 Zur Qualität und zeitlichen Organisation der Kinderbetreuung – weitere Aspekte

Die Bund-Länder-Vereinbarungen sehen den schrittweisen Ausbau der Kinderbetreuung unter Bezugnahme auf gesamtwirtschaftliche und -gesellschaftliche Ziele, ebenso nach regionalen Präferenzen und Erfordernissen vor. U.a. geht es um eine mit der Vollbeschäftigung der Eltern vereinbare Kinderbetreuung, die von mindestens 30 Wochen im Kindergartenjahr 2010/2011 bis zum KG-Jahr 2013/2014 auf mindestens 47 Wochen bis 2013/2014 und auf vermehrte Ganztagesbetreuung ausgebaut werden sollte. Mehrere empirische Evidenzen können angeführt werden.

Ausmaß der täglichen Betreuung: Derzeit werden im österreich-weiten Durchschnitt 44 Prozent der Kinder ganztags(Fn34) sowie 41 Prozent der Kinder vormittags betreut. Dabei zeigt sich eine deutliche Differenzierung nach Gemeinde-Größenklassen, da der Anteil der ganztags betreuten Kinder deutlich mit der Größe einer Gemeinde steigt. Auch der Anteil der nur nachmittags betreuten Kinder ist in mittelgroßen und größeren Städten meist deutlich höher als in den kleineren Gemeinden mit weniger als 2.500 EinwohnerInnen.

34. Gemäß Kindertagesheimstatistik umfasst dies jene Plätze mit einer Betreuungsdauer über 6 Stunden.

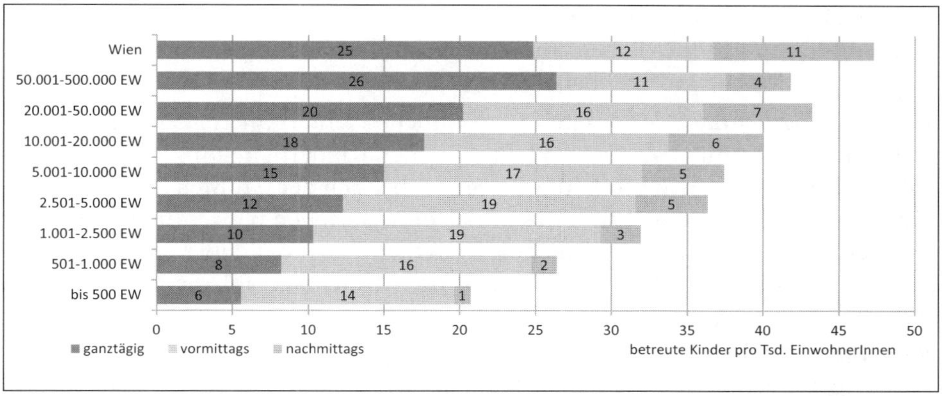

Abbildung 9: Zahl der halb- und ganztägig betreuten Kinder nach Gemeinde-Größenklassen, 2012/2013

Quelle: Statistik Austria: Kindertagesheimstatistik 2012/2013; KDZ – eigene Berechnungen 2013. Anmerkung: EW = EinwohnerInnen.

Insgesamt besteht bei rund 70 Prozent der Plätze in den Kinderbetreuungseinrichtungen eine tägliche Öffnungsdauer von mindestens 8 Stunden. 13 Prozent der gesamten Plätze haben 12 und mehr Stunden geöffnet. Bemerkenswert ist dabei, dass auch die durchschnittliche Öffnungsdauer der Kinderbetreuungseinrichtungen mit der Größe der Gemeinde steigt. So haben in den Kleinstgemeinden bis 500 EW nur 15 Prozent der Betreuungsplätze länger als 8 Stunden geöffnet, im Durchschnitt der Kleingemeinden zwischen 1.000 bis 2.500 EW beträgt dieser Anteil 47 Prozent. In Wien hingegen sind es 98 Prozent.

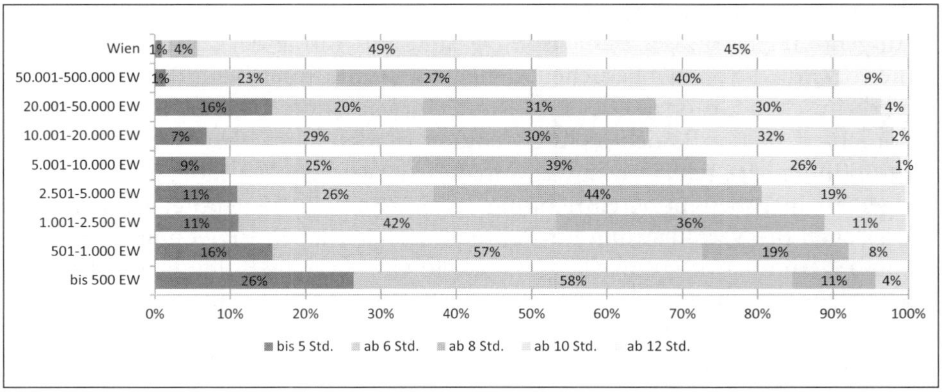

Abbildung 10: Relative Verteilung der Öffnungsdauer der Kinderbetreuungseinrichtungen nach Gemeinde-Größenklassen, 2012/2013

Quelle: Statistik Austria: Kindertagesheimstatistik 2012/2013; KDZ – eigene Berechnungen 2013. Anmerkung: EW = EinwohnerInnen.

Nur vereinzelt gibt es Kinderbetreuungseinrichtungen, die auch an Samstagen bzw. Sonntagen geöffnet haben. Bundesweit sind es nur 15, die an mehr als fünf Tagen in der Woche geöffnet haben.

Zahl der Schließtage: Ein weiteres wesentliches Kriterium ist das Ausmaß der Schließtage pro Jahr. Nur etwa 32 Prozent der Kinderbetreuungseinrichtungen haben 51 bis 52 Wochen pro Jahr geöffnet, wobei sich der Großteil dieser Einrichtungen in Wien befindet. 18,6 Prozent der Einrichtungen haben 40 oder weniger Wochen offen. Ein durchschnittliches Kindertagesheim hat dabei 28 Betriebstage pro Jahr geschlossen, wobei der Großteil der Schließtage auf die Sommerferien entfällt.[Fn35]

Besuchspflicht für 5-Jährige Kinder:

Die Besuchspflicht für 5-Jährige wurde – wie bereits ausgeführt – zwischen Bund und Ländern vereinbart. Landesgesetzlich sind die diesbezüglichen Regelungen weitgehend übereinstimmend formuliert. Beispielsweise lautet § 24 Burgenländ. KBB auszugsweise folgendermaßen:

- Zum Besuch von Kinderbetreuungseinrichtungen sind jene Kinder mit Hauptwohnsitz im Burgenland verpflichtet, die vor dem 1. September des jeweiligen Jahres das 5. Lebensjahr vollendet haben und im Folgejahr schulpflichtig werden (Abs. 4).
- Die jeweilige Gemeinde hat die der Besuchspflicht unterliegenden Kinder zu ermitteln, ein Verzeichnis der in ihrem Gebiet wohnenden besuchspflichtigen Kinder zu führen und dieses der jeweiligen Leitung der Kinderbetreuungseinrichtung zu übermitteln. Die Führung dieses Verzeichnisses unterliegt der pädagogischen Aufsicht … (Abs. 5).
- Die Besuchspflicht umfasst den Besuch eines Kindergartens an mindestens vier Tagen der Woche für insgesamt 16 Stunden (Abs. 9).
- Ausgenommen von der Besuchspflicht sind auf Antrag der Eltern jene Kinder die vorzeitig die Schule besuchen, denen auf Grund einer Behinderung oder aus medizinischen Gründen oder auf Grund eines besonderen sonderpädagogischen Förderbedarfs der Besuch nicht zugemutet werden kann, denen auf Grund der Entfernung bzw. schwieriger Wegverhältnisse zwischen Wohnort und nächstgelegener Kinderbetreuungseinrichtung der Besuch nicht zugemutet werden kann, bei denen die Verpflichtung im Rahmen der häuslichen Erziehung bzw. durch eine Tagesmutter oder einen Tagesvater erfolgt, sofern die Bildungsaufgaben und Zielsetzungen gemäß Art. 2 der Vereinbarung über die Einführung der halbtägig kostenlosen und verpflichtenden frühen Förderung in Kinderbetreuungseinrichtungen erfüllt werden (Abs. 6).

Es zeigt sich im Vergleich der landesgesetzlichen Regelungen, dass die Besuchspflicht nicht nur auf 5-Jährige beschränkt ist, sondern – so in Vorarlberg – im Fall eines Sprachförderbedarfs auch auf 4-Jährige erweitert werden kann.

---

35. Vgl. Statistik Austria, Kindertagesheimstatistik 2012/13, S.11 f.

Das NÖ KGG sieht im § 19a vor, dass eine Betreuung im Rahmen der häuslichen Erziehung oder bei einer Tagesmutter/einem Tagesvater gleichzeitig der Landesregierung anzuzeigen ist. Diese muss darüber entscheiden, ob mit großer Wahrscheinlichkeit anzunehmen ist, dass durch die Betreuung im Rahmen der häuslichen Erziehung oder bei der Tagesmutter/-vater die Aufgaben und Zielsetzungen des verpflichtenden Kindergartenbesuchs gemäß der Bund-Ländervereinbarung nach BGBl. I Nr. 99/2009 erreicht werden.

Auch im Land Vorarlberg kann die Besuchspflicht durch häusliche Erziehung ersetzt werden, allerdings werden hierfür im § 13 b Abs. 3 lit e Voraussetzungen genannt, nämlich „sofern sichergestellt ist, dass bei Kindern nach Abs. 1 lit. a die Bildungsaufgaben entsprechend dem Leitfaden nach Art. 2 Abs. 6 der Art. 15a Vereinbarung über die Einführung der halbtägig kostenlosen und verpflichtenden frühen Förderung in institutionellen Kinderbetreuungseinrichtungen bzw. bei Kindern nach Abs. 1 lit. b die Aufgaben der Sprachförderung im Sinne des Bildungs- und Erziehungsplanes (§ 11 Abs. 4 lit. c) wahrgenommen werden.

Im Kärntner Kinderbetreuungsgesetz ist dagegen die Befreiung vom verpflichtenden Kindergartenbesuch für 5-Jährige im Fall einer häuslichen Erziehung oder einer Betreuung durch Tageseltern *nicht* vorgesehen.

3.4 Auftrag zur Bedarfserhebung und Versorgungsauftrag an die Gemeinden

Ein umfassender Auftrag zur Bedarfserhebung und zur Sicherung der Versorgung mit Kindergartenplätzen wird den Gemeinden in mehreren Landesgesetzen vorgeschrieben. So hat etwa nach §12 Abs. 1 des Vorarlberger KG Gesetzes die Gemeinde jährlich den Bedarf an zukünftigen Kindergartenplätzen, differenziert nach Anzahl und Öffnungszeiten, zu erheben. Dabei hat sie insbesondere zu berücksichtigen

a) den Bestand an Kindergartenplätzen in der Gemeinde, einschließlich jener in Kindergärten anderer Rechtsträger,
b) die örtlichen Gegebenheiten, insbesondere der Bevölkerungs-, Siedlungs- und Verkehrsstruktur, und
c) die Bedarfsmeldungen von Eltern (Erziehungsberechtigten).

Auf Basis der Bedarfserhebung hat die Gemeinde dann zu prüfen (Abs. 3), ob der Bedarf durch das vorhandene Angebot an Kindergartenplätzen gedeckt werden kann. Reicht das vorhandene Angebot nicht aus, hat die Gemeinde ein Konzept zu erstellen, durch welche Maßnahmen eine Bedarfsdeckung erreicht werden kann. Dabei ist die Möglichkeit einer Bedarfsdeckung durch Kindergärten anderer Rechtsträger oder auch durch andere Betreuungsformen… zu berücksichtigen. (4) Eine mögliche Bedarfsdeckung durch andere Rechtsträger oder in Zusammenarbeit mit Nachbargemeinden ist mit diesen abzustimmen.

In einigen anderen Ländern so etwa nach § 2 Abs. 1 Salzburger KBG 2007 haben die Gemeinden mit Unterstützung des Landes bedarfsgerecht dafür Sorge zu tragen, dass flächendeckend für jedes Kind innerhalb ihres Gemeindegebietes oder außerhalb desselben (gemeindeübergreifend) ein Kinderbetreuungsplatz zur Verfügung steht. Dies gilt auch für Kinder mit erhöhtem Förderbedarf. Dabei ist insbesondere auf die Berufstätigkeit der Erziehungsberechtigten Bedacht zu nehmen. Ähnliche Regelungen finden sich etwa auch im Burgenländ. KBGG 2009.

Dagegen verpflichtet das Land Kärnten die Gemeinden nur eingeschränkt für den Bedarf zu sorgen: § 22 des Kärntner KBG trägt den Gemeinden auf, dafür Sorge zu tragen, dass für jedes Kind, das in der Gemeinde seinen Hauptwohnsitz hat und das verpflichtet ist, nach § 21 einen Kindergarten zu besuchen, innerhalb ihres Gemeindegebietes oder innerhalb einer für das Kind zumutbaren Entfernung außerhalb des Gemeindegebietes ein Kindergartenplatz in dem gemäß § 23 Abs. 1 erforderlichen Ausmaß zur Verfügung steht. Voraussetzung hierfür ist ein schriftlicher Antrag der Erziehungsberechtigten bis spätestens 31. März vor Beginn des verpflichtenden Kindergartenjahres.

4 Zur Finanzierung der Kinderbetreuung

4.1 Öffentliche Ausgaben

Die Ausgaben für den Kinderbetreuungsbereich beliefen sich im Jahr 2011 auf insgesamt 1,9 Mrd. Euro. Davon entfielen 353 Mio. Euro auf die Bundesländer ohne Wien, 1.005 Mio. Euro auf die Gemeinden ohne Wien sowie 560 Mio. Euro auf Wien.[(Fn36)] Im Zeitverlauf ist ein deutlicher Anstieg der Ausgaben erkennbar. Lagen die gesamten Ausgaben im Jahr 2001 noch bei rund 1 Mrd. Euro, so stiegen die Ausgaben bis zum Jahr 2011 auf rund 1,9 Mrd. Euro an. Die Ausgaben verdoppelten sich daher binnen 10 Jahren beinahe. Ein besonders starker Anstieg der Ausgaben ist ab dem Jahr 2009 erkennbar, was auf den zwischen Bund und Ländern vereinbarten zusätzlichen Ausbau an Kinderbetreuungseinrichtungen zurückzuführen ist.

Der größte Teil der Ausgaben (968 Mio. Euro) wird für das Personal in öffentlichen Kinderbetreuungseinrichtungen aufgewendet. Diese stiegen von 2001 bis 2011 um rund 70 Prozent, wobei es insbesondere in den Jahren 2008 bis 2010 zu Steigerungsraten zwischen 7 und 10 Prozent gekommen ist.

Zweitwichtigste Ausgabengruppe stellen die Transfers an private gemeinnützige Einrichtungen in der Höhe von 499 Mio. Euro dar, womit die – besonders stark gestiegenen – Förderungen an private Träger von Kinderbetreuungseinrichtungen abgedeckt werden. So stiegen die Transfers von 2008 auf 2009 um rund 30 Prozent, von 2009 auf 2010 wiederum um rund 35 Prozent. Von 2010 auf 2011 lag die Steigerung „nur mehr" bei rund 6 Prozent.

---

36. Vgl. Statistik Austria, Kindertagesheimstatistik 2012/13, S.104 f. Die Ausgaben umfassen ordentliche und außerordentliche Ausgaben.

Weitere wichtige Ausgabengruppen für öffentliche Kinderbetreuungseinrichtungen sind der Sachaufwand mit 243 Mio. Euro sowie die Investitionen mit 136 Mio. Euro. Hinsichtlich Investitionen ist darauf hinzuweisen, dass im Rahmen der 15a-Vereinbarung vom Bund 15 Mio. und von den Ländern 20 Mio. Euro pro Jahr für den Ausbau der Kinderbetreuung für Unter-Drei-Jährige zur Verfügung gestellt wurde. Im Zeitraum 2008 bis 2011 standen damit 105 Mio. Euro zusätzlich bereit. Dennoch ist ein starker Anstieg im Investitionsbereich erkennbar. So lagen die Investitionen in den Jahren 2001 bis 2007 zwischen 40 und 60 Mio. Euro, 2008 hingegen kam es zu einem sprunghaften Anstieg auf 137 Mio. Euro, im Jahr 2009 erhöhte sich der Wert auf 181 Mio. Euro. 2010 lagen die Investitionen noch bei 173 Mio. Euro, sanken dann jedoch 2011 auf 136 Mio. Euro ab – sicher nicht zuletzt eine Auswirkung der Wirtschaftskrise.

Der Bereich der sonstigen Ausgaben umfasst beispielsweise Darlehenstilgungen oder Förderungen an private Haushalte (z. B. Kostenzuschüsse zum Besuch des Kindergartens).

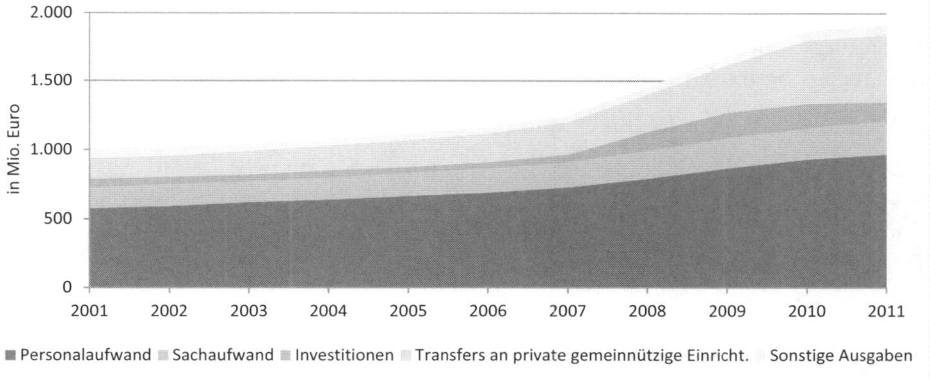

Abbildung 11: Ausgaben der öffentlichen Hand für Kindertagesheime, 2001-2011
Quelle: Statistik Austria: Kindertagesheimstatistik 2012/2013; KDZ – eigene Berechnungen 2013.

Anmerkung: Ordentliche und außerordentliche Ausgaben der Länder und Gemeinden für Kindergärten, Krabbelstuben, Kinderkrippen, Kinderhorte, sonstige Einrichtungen und Maßnahmen im Rahmen der vorschulischen Bildung und Schülerhorte.

4.2 Finanzierungsstruktur der Gemeinden

Über 80 Prozent der Ausgaben im Kinderbetreuungsbereich fallen bei den Gemeinden an. Diese sind grundsätzlich für die Bereitstellung und Erhaltung der Räumlichkeiten zuständig, tragen aber auch zum Großteil die Personalausgaben, welche nur teilweise über Transfers von den Ländern refundiert werden. Insgesamt besteht im Kinderbetreuungsbereich für die Gemeinden ein Zuschussbedarf in der Höhe von über einer Milliarde Euro.

Betrachtet man die ***Ausgabenstruktur*** der Gemeinden zeigt sich, dass durchschnittlich mehr als die Hälfte der Ausgaben für den Personalbereich aufgewendet wird. Dies betrifft nicht nur die Kindergartenpädagoginnen und -pädagogen, sondern zur Gänze auch das nicht-pädagogische Kindergartenpersonal sowie das notwendige Personal zur Erhaltung der Räumlichkeiten (z. B. Hauswart, Reinigungskraft). Knapp 40 Prozent betreffen den Verwaltungs- und Betriebsaufwand, wobei die Hälfte davon Transferleistungen an private Organisationen sind – daher Förderbeiträge für Kinderbetreuungseinrichtungen, welche beispielsweise von Vereinen oder Privatpersonen geführt werden.

Vergleicht man die Gemeindeausgaben in den einzelnen Bundesländern zeigen sich sehr unterschiedliche Werte. So wenden die niederösterreichischen Gemeinden 2.696 Euro pro betreutem Kind auf, in Wien hingegen 7.604 Euro pro betreutem Kind. Dies ist einerseits auf unterschiedliche gesetzliche Rahmenbedingungen (z. B. in Niederösterreich wird das pädagogische Personal vom Land beigestellt) zurückzuführen, andererseits wirkt sich das unterschiedliche Leistungsangebot stark auf die Ausgabenhöhe aus. So weist Wien die bei weitem höchste Betreuungsquote bei den unter 3-Jährigen aus und einen besonders hohen Anteil an ganztags betreuten Kindern.

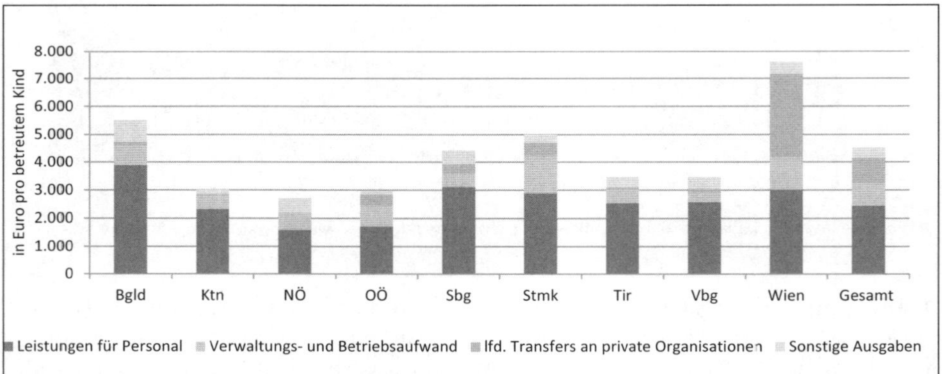

Abbildung 12: Ausgabenstruktur der Gemeinden nach Bundesland, 2012
Quelle: Statistik Austria: Gebarungsdatensatz 2012, Statistik Austria: Kindertagesheimstatistik 2012/2013, KDZ: eigene Berechnungen

Anmerkung: betreute Kinder betrifft sämtliche Kinder, welche in öffentlichen und privaten Einrichtungen betreut werden.

Bei Betrachtung der ***Einnahmen*** zeigt sich die hohe Bedeutung der Transferzahlungen. So handelt es sich bei rund 60 Prozent der Einnahmen um Zuschüsse durch die Länder – meist handelt es sich hierbei um Personalkostenzuschüsse für das pädagogische Personal. Bei einem Vergleich der Pro-Kopf-Werte der Gemeindedaten auf Bundeslandebene zeigen sich wiederum die unterschiedlichen Rahmenbedingungen. So zeigt sich wieder die Besonderheit des niederösterreichischen Systems, wo für jede Gruppe eine Pädagogin bzw. ein Pädagoge vom Land gestellt wird und daher deutlich geringere Landestransferzahlungen gegeben sind. In Wien gibt es aufgrund der Doppelfunktion als Land und Gemeinde keine Transferzahlungen.

Die zweitwichtigste Einnahmengröße sind die Einnahmen aus Leistungen (vorwiegend Elternbeiträge), welche rund ein Drittel der ordentlichen Einnahmen umfassen. Auch hier zeigen sich sehr unterschiedliche Werte je nach Bundesland. Die höchsten Beiträge pro Kopf wurden 2012 in den Bundesländern Burgenland, Steiermark und Salzburg eingehoben.

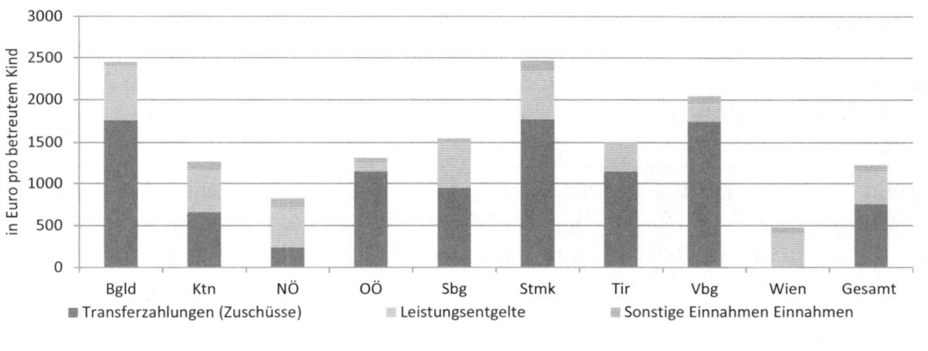

Abbildung 13: Einnahmenstruktur der Gemeinden nach Bundesland, 2012

Quelle: Statistik Austria: Gebarungsdatensatz 2012, Statistik Austria: Kindertagesheimstatistik 2012/2013, KDZ: eigene Berechnungen

Anmerkung: betreute Kinder betrifft sämtliche Kinder, welche in öffentlichen und privaten Einrichtungen betreut werden.

4.3 Familienentlastende Maßnahmen – Beiträge der Eltern

Ein Vergleich der Elternbeitragsregelungen ist auf Grund der vielfältigen Fördermodelle und Trägerstrukturen sowie der mangelnden Festsetzung in Gesetzen und Verordnungen mit Ausnahme von Niederösterreich, Oberösterreich und Salzburg, nur bedingt möglich. Eine Unterscheidung in beitragsfrei und beitragspflichtig kann aber meist gegeben werden.

Ganztägige Gratisbetreuung von 0- bis 6-Jährigen ist in Wien gegeben. Gratisbetreuung von 2½ bis 6 Jahren existiert in Oberösterreich, im Burgenland wird dies für 70 % der Kinder durch einkommensabhängige Förderungen erreicht. In Niederösterreich ist die Betreuung der Kindergartenkinder vormittags kostenlos, in Tirol die Betreuung der 4- bis 6-Jährigen. In den restlichen Bundesländern ist das verpflichtende Kindergartenjahr beitragsfrei.

4.4 Landesförderungen im vorschulischen Kinderbetreuungsbereich

Die ***Förderung des laufenden Betriebs*** von Kinderbetreuungseinrichtungen erfolgt in der Regel über Landeszuschüsse zum Personalaufwand. Davon ausgenommen ist das Land Niederösterreich. Die Höhe der Transferleistung an die Gemeinden orientiert sich dabei in den meisten Bundesländern vorrangig an der Höhe des Personalaufwandes. Die Transfers sind daher als Personalkostenbeitrag zu werten. Teilweise werden von den Ländern bei der Höhe des Personalkostenbeitrags auch Qualitätskriterien – wie beispielsweise Öffnungszeiten – berücksichtigt. Die Höhe des Personalkostenbeitrags variiert dabei je nach Bundesland und Förderrichtlinien deutlich, was der folgenden Tabelle entnommen werden kann.

Tabelle 5: Finanzierungsregelungen der Vorschulischen Erziehung nach Bundesländern

Bundesland	Kinderkrippe	Kindergarten
Bgld	Beitrag zum Personalaufwand 60 % vom 14-fachen des Monatsgehaltes (Erhöhung auf max. 80 % bei vergrößertem Aufwand durch Kinderzahl, Öffnungszeiten, Integrationsgruppen, Mittagessen etc.)	Beitrag zum Personalaufwand 40 % vom 14-fachen des Monatsgehaltes (Erhöhung auf max. 60 % bei vergrößertem Aufwand durch Kinderzahl, Öffnungszeiten, Integrationsgruppen, Mittagessen etc.)
Ktn	Für die erste Gruppe eines Kindergartens 29.000 Euro, für die zweite Gruppe – je nach Öffnungsdauer – 21.000 bis 29.000 Euro und für die dritte Gruppe – je nach Öffnungsdauer – 15.000 bis 21.000 Euro	
NÖ	Beitrag zum Personalaufwand 50 % Gemeinde und 50 % Land; Förderung ohne Rechtsanspruch	Beistellen der Kindergartenpädagoginnen und -pädagogen; Beitrag zum Personalaufwand des pädagogischen Personals in Sonderkindergärten – je nach Gruppenanzahl; Gewährung von Beihilfen (Errichtung, Investitionen) entsprechend der Finanzkraft der Sitzgemeinde

Bundesland	**Kinderkrippe**	**Kindergarten**
OÖ	Beitrag zum laufenden Aufwand für die erste Gruppe (32.000 Euro) und jede weitere Gruppe (32.000 Euro). Berücksichtigung von zusätzlichen (Zuschlag) und kürzeren (Abschlag) Öffnungszeiten. Landesbeitrag erhöht sich ab 2011 um Gehaltsabschluss im öffentlichen Dienst.	Beitrag zum laufenden Aufwand für die erste Gruppe (52.000 Euro) und jede weitere Gruppe (44.000 Euro). Berücksichtigung von zusätzlichen (Zuschlag) und kürzeren (Abschlag) Öffnungszeiten. Landesbeitrag erhöht sich ab 2011 um Gehaltsabschluss im öffentlichen Dienst.
Sbg	40 % der Gesamtförderung trägt die Gemeinde	43 % Beitrag zum Personalaufwand (bei eingruppigem Kindergarten: 60 %); zusätzliche Förderung von zusätzlichem Betreuungspersonal, bei längeren Öffnungszeiten, bei Kindern mit schweren Beeinträchtigungen sowie bei einem Anteil von mehr als 50 % Kindern mit mangelnden Deutschkenntnissen
Stmk	Pauschalierte Förderungssätze pro Stunde, welche sich nach Öffnungszeit und Gruppenanzahl richten; Baufonds für Kinderbetreuungseinrichtungen	
Tir	Beitrag zum Personalaufwand von pädagogischen Fachkräften und Assistenzkräften im Ausmaß des Mindestpersonaleinsatzes und einem Zuschlag für bestimmte Mehrleistungen. Der Personalaufwand ist für jeden politischen Bezirk zu bilden und die Elternentgelte abzuziehen. Vom Ergebnis werden 50 % gefördert. Die Förderung ist auf die einzelnen Gemeinden des Bezirks auf ihrer Finanzkraft aufzuteilen.	
Vbg	50 % der anerkannten Betreuungskosten	Beitrag zum Personalaufwand (grundsätzlich 60 % des nachgewiesenen Personalaufwandes)
Wien	Aufgrund der Doppelfunktion als Land und Gemeinde keine Förderung	

Quelle: Kindergartengesetze der Bundesländer; Eigene Darstellung 2013.

Förderungen für bauliche Maßnahmen

In den meisten Bundesländern gibt es auch Förderungen für bauliche Maßnahmen, wobei diese Regelungen unterschiedlich ausfallen. So werden beispielsweise in Niederösterreich(Fn37) der Ankauf von Gebäuden oder Gebäudeteilen, Bauvorhaben, Anschaffung von Einrichtungsgegenständen, EDV-Anlagen sowie künstlerische Ausgestaltung gefördert. Insgesamt werden 20 Prozent der Investition und maximal 38 bis 52 Prozent der anfallenden Zinsen gefördert.

In Salzburg sind 22 Prozent der Mittel aus dem Gemeindeausgleichsfonds (GAF)(Fn38) für Schulbauten und Kinderbetreuungseinrichtungen vorgesehen. Über eine Sockelförderung werden grundsätzlich 40 Prozent der Investitionssumme gefördert, wobei es zu Ab- und Aufschlägen in Abhängigkeit von Baukostenobergrenzen oder der finanziellen Situation der Gemeinde kommen kann.

In Vorarlberg sind fixe Zuschussbeträge(Fn39) je Gruppe festgelegt, welche bei Neu- oder Erweiterungsbauten sowie Umbaumaßnahmen zu tragen kommen.

4.5 Zuschussbedarf der Gemeinden

Stellt man die ordentlichen Ausgaben und Einnahmen gegenüber, zeigt sich, dass in sämtlichen Bundesländern ein Zuschussbedarf durch die Gemeinden besteht. Der Zuschuss variiert jedoch zwischen 1.397 Euro pro betreutem Kind in Vorarlberg und 7.129 Euro pro betreutem Kind in Wien. Auch hier spiegeln sich die unterschiedlichen gesetzlichen Rahmenbedingungen und Leistungsangebote wieder. So ist zu berücksichtigen, dass in allen Bundesländern eine Ko-Finanzierung durch die Länder besteht, wodurch sich der Zuschussbedarf auf die Gemeinden und das Land aufteilt. Diese Aufteilung des Zuschussbedarfs auf zwei Gebietskörperschaftsebenen fällt in Wien jedoch weg, weshalb hier der Zuschussbedarf besonders hoch ausfällt.

Insgesamt beläuft sich der Zuschussbedarf der Gemeinden auf über 70 Prozent der gesamten Ausgaben. Diese Ausgaben müssen daher durch allgemeine Steuermittel gedeckt werden.

---

37. Land Niederösterreich, Richtlinien zur Förderung von Maßnahmen im Sinne des NÖ Schul- und Kindergartenfondsgesetzes.
38. Land Salzburg: Richtlinien zur Abwicklung der Förderungen aus dem Gemeindeausgleichsfonds (kurz: GAF-Richtlinien), gültig ab 1.10.2008
39. Siehe Land Vorarlberg, L 11 – Kostenbeiträge für bauliche Maßnahmen im Kindergartenbereich

Tabelle 6: Ordentliche Einnahmen und Ausgaben der Gemeinden in der vorschulischen Erziehung nach Bundesland, 2012

ordentliche Einnahmen und Ausgaben im Bereich Vorschulische Erziehung nach Bundesland									
	Bgld	Ktn	NÖ	OÖ	Sbg	Stmk	Tir	Vbg	Wien
in Euro									
ordentliche Einnahmen	26.003.450	24.466.441	52.175.375	72.832.762	29.045.832	81.581.491	39.018.086	35.847.219	39.144.290
ordentliche Ausgaben	58.466.282	58.171.585	171.117.871	164.812.106	82.701.073	165.226.460	89.339.257	60.354.253	626.385.459
Saldo	**-32.462.832**	**-33.705.144**	**-118.942.497**	**-91.979.344**	**-53.655.241**	**-83.644.969**	**-50.321.171**	**-24.507.033**	**-587.241.169**
in Euro je betreutem Kind									
ordentliche Einnahmen	2.453	1.265	822	1.314	1.550	2.470	1.507	2.044	475
ordentliche Ausgaben	5.515	3.008	2.696	2.973	4.414	5.003	3.450	3.441	7.604
Saldo	**-3.062**	**-1.743**	**-1.874**	**-1.659**	**-2.864**	**-2.533**	**-1.943**	**-1.397**	**-7.129**

Quelle: Statistik Austria: Gebarungsdatensatz 2012, Statistik Austria: Kindertagesheimstatistik 2012/2013, KDZ: eigene Berechnungen

Anmerkung: betreute Kinder betrifft sämtliche Kinder, welche in öffentlichen und privaten Einrichtungen betreut werden.

5 Resümee

Das Kinderbetreuungsangebot wurde in den letzten Jahren nicht nur quantitativ ausgebaut (Erhöhung der Betreuungsquote), sondern es erfolgten auch Verbesserungen im Leistungsangebot (z. B. bessere Personalschlüssel, kleinere Gruppengrößen) und eine Ausweitung der Zielsetzungen (z. B. verpflichtendes letztes Kindergartenjahr).

5.1 Bildungs- und beschäftigungspolitische Zielsetzungen im föderalen Diskurs

Schrittweise Reduzierung der Defizite in der Kinderbetreuung

Strategische Defizite in der Kinderbetreuung werden endlich bearbeitet. Hierfür war nicht nur die Ermahnung durch die EU maßgeblich, sondern auch die bildungs- und wirtschaftspolitische nationale Diskussion hat hierzu beigetragen. Sie wurde im Rahmen des föderalen Diskurses geführt, was bedeutet, dass europapolitische und gesamtstaatliche Erfordernisse durch den Bund eingebracht auf die retardierenden Politik einiger Länder traf, was inhaltliche Kompromisse ergab, die jedoch erst durch zusätzliche Mittel des Bundes besiegelt werden konnten. Allerdings zeigt sich ein altbekanntes föderalistisches Muster, dass die Einigung zwischen Bund und Ländern zu einem guten Teil auf dem Rücken der Gemeinden ausgetragen wird, die hier zusätzliche finanzielle Verpflichtungen und Verantwortungen zu übernehmen haben.

Unterschiedliche gesetzliche Rahmenbedingungen werden abgebaut

Die Rahmenbedingungen der Leistungserbringung in den Bundesländern sind teils unterschiedlich geregelt; so bestehen unterschiedliche Vorgaben hinsichtlich Gruppengröße, Betreuungsschlüssel und administrative Erfordernisse. Aber auch die exakte Aufgabenteilung zwischen Ländern und Gemeinden und die Verteilung der finanziellen Lasten variiert je nach Bundesland.

Die Unterschiede in den rechtlichen Rahmenbedingungen sowie in der Versorgungspflicht werden nun tendenziell verkleinert; allerdings wird auf vielfach fragwürdige regionale Bedarfsunterschiede Bezug genommen, die mit nationalen und europäischen Entwicklungen wenig vereinbar sind. Der gesellschaftliche Nutzen der ausgebauten Kinderbetreuung kann nicht zwischen den engen Landesgrenzen so unterschiedlich sein, wie bisher angenommen oder auch in Befragungen festgestellt worden ist. So ist die integrationspolitische Leistung, die verbesserte Vereinbarkeit von Familie und Beruf wohl in allen Bundesländer gleich hoch zu veranschlagen.

Im Rahmen des Generations and Gender Survey (GGS) wurden im Jahr 2009 5.000 Personen zwischen 18 und 45 Jahren mit Wohnsitz in Österreich zur den Themen Familiengründung, Lebensumstände und Leben mit Kindern befragt. Die Auswertung ergab deutliche Einstellungsunterschiede zwischen Ost- und Westösterreich: unabhängig von der Altersgruppe, betrachten Vorarlberger am häufigsten und Wiener am wenigsten Kinderbetreuung hauptsächlich als Familienangelegenheit. Für die unter 3-Jährigen bewegt sich die Zustimmung zwischen 35 % in Wien und 73 % in Vorarlberg, bei Schulkindern meinen 4 % der Wiener und 26 % der Vorarlberger, dass sich hauptsächlich die Familie um die Nachmittagsbetreuung kümmern soll.[(Fn40)]

Leistungsangebote sind unterschiedliche ausgeprägt

Zwischen den Bundesländern zeigen sich beachtliche Unterschiede, die jedoch nur teilweise auf unterschiedliche gesetzliche Rahmenbedingungen zurückgeführt werden können. Vielmehr muss das unterschiedliche Ausmaß an Kinderbetreuungseinrichtungen für Unter-Drei-Jährige auch im Licht tradierter Einstellungen und aktueller gesellschaftspolitische Präferenzen interpretiert werden. So wird – in den meisten Bundesländern – die maximale Gruppengröße von 25 Kindergartenkindern mit durchschnittlich 19 Kinder pro Gruppe deutlich unterschritten, was auf teils kleinteilige und sehr dezentrale Betreuungsstrukturen zurückzuführen ist. Das Ausnutzen von Kooperationspotenzialen wird hierbei in den Bundesländern sehr unterschiedlich praktiziert.

Bedarf an verbesserter Steuerung – notwendige Evaluierungen der Zielsetzungen – Diskussion zu einheitlichen Qualitätsstandards

Die Aufzählung vielfältiger Aufgaben der Kindergärten in den Landesgesetzen sowie von Zielen der erforderlichen Förderung vielfältiger Kompetenzen der Kinder bleibt ohne Quantifizierungen, ohne transparente empirische Evidenzen, ohne Angabe von einheitlichen zentralen Indikatoren vielfach Rhetorik.

Insgesamt wird aus den verfügbaren Evidenzen deutlich, dass in Ballungsräumen und in den Städten ein verbessertes Betreuungsangebot entstanden ist. Dennoch bestehen in zahlreichen Gemeinden Nachholbedarfe insbesondere im Bereich der

---

40. Zitiert nach Baierl/Kaindl: Österreichisches Institut für Familienforschung, Universität Wien, 2011, S. 12

Kleinkinderbetreuung (Krippen), der Erweiterung der Betreuungszeiten in den Kindergärten (Gesamtbetreuungszeit und Ferienbetreuung) sowie im Bereich der Nachmittagsbetreuung (z. B. Horte, Nachmittagsbetreuung in Schulen).

Die Diskussion von Qualitätsstandards z. B. bezüglich des Verhältnisses von Tagesmüttern/-vätern zu professioneller Kleinkindpädagogik erscheint unterentwickelt. Evaluierungsergebnisse, der seit 2008 eingeschlagenen Politik der vergangenen sechs Jahre, könnten zur Belebung der Diskussion beitragen. Die Qualität der Steuerung der subnationalen Aktivitäten sollte erhöht werden; dazu gehören Entflechtungen in den Pflichten und Lasten von Land und Gemeinden, ebenso die Diskussion von Outcomezielen und von Evaluierungskriterien in einzelnen Ländern. Ein mögliches Outcome-Ziel wäre z. B. die Zahl der positiven Inspektionsberichte signifikant zu erhöhen; ein aussagekräftiger Indikator wäre etwa die Zahngesundheit der 5-Jährigen und – als Wirkungs-Ziel – diese eventuell auf ein höheres Niveau zu bringen.

Die unterschiedlichen Kosten zur Bereitstellung einzelner Arten der Kinderbetreuung, die differenzierten Versorgungsgrade und künftigen Ausbaubedarfe sollten klarerweise auch in einem reformierten Finanzausgleich Berücksichtigung finden. Diesbezügliche Forderungen liegen seit längerem in einer Studie einer Expertengruppe im Auftrag des BMF vor; sie begründen die hierin die Zweckmäßigkeit eines „aufgabenorientierten" Gemeindefinanzausgleichs.[(Fn41)]

5.2 Berücksichtigung wirtschafts- und gesellschaftspolitischer Zielsetzungen

Frauenerwerbstätigkeit und Kinderbetreuungsausbau

Kinderbetreuung als institutionalisierte – aber auch nicht institutionalisierte – Betreuung von Kindern außerhalb der elterlichen Betreuung wird insbesondere in der gesellschaftspolitischen Diskussion immer wieder debattiert. Dabei wird deutlich, dass mit der Kinderbetreuung wichtige gesellschafts-, aber auch wirtschaftspolitische Zielsetzungen verfolgt werden. Gerade in der Kinderbetreuung werden dabei unterschiedliche Schwerpunktsetzungen bei der Zielsetzung erkennbar. So findet sich in den Diskussionen häufig die Fragestellung, in welchem Ausmaß ein Kinderbetreuungsangebot geschaffen werden muss. Dies ist insbesondere in Zusammenhang mit der Verfolgung einer erhöhten Frauenerwerbsquote relevant – wie dies im Beschäftigungsziel der Wachstumsstrategie Europa 2020[(Fn42)] auch festgeschrieben ist.

Durch eine zusätzliche Erwerbstätigkeit aufgrund einer externen Betreuung ergibt sich ein insgesamt gesamtwirtschaftlicher Nutzen in Form von Mehreinnahmen

---

41. Siehe Studie von Helfried Bauer/Peter Biwald/Johann Bröthaler/Michael Getzner/Nikola Hochholdinger/Sebastian Reis/Ulrich Schuh/Ludwig Strohner: Grundsätzliche Reform des Finanzausgleichs: Verstärkte Aufgabenorientierung". Wien 2010
42. Die 2010 beschlossene „Europa 2020" Strategie ist die konsequente Weiterentwicklung der Lissabon-Strategie und definiert die Eckpunkte der wirtschaftspolitischen Agenda bis zum Jahr 2020.

bei Steuern und Sozialbeiträgen auf der einen und geringerer Ausgaben für Sozialleistungen auf der anderen Seite. Auch können durch eine gesamtwirtschaftlich höhere Erwerbsbeteiligung die negativen Wirkungen des demografischen Wandels für die Gesellschaft zurück abgemildert werden.(Fn43)

Eine konkretere EU-Vorgabe findet sich im „Barcelona-Ziel“, welches ein Versorgungsangebot bis 2010 für mindestens 90 Prozent der Kinder zwischen drei Jahren und dem Schulpflichtalter und für mindestens 33 Prozent der Kinder unter drei Jahren anstrebt.(Fn44) Während eine Betreuungsquote von 90 Prozent bei den ab 3-Jährigen erreicht ist, liegt die Betreuungsquote bei den unter 3-Jährigen noch bei 20,8 Prozent, wobei es hier zu starken regionalen Streuungen kommt. So wird nur in Wien mit einer Betreuungsquote von 35 Prozent im Jahr 2012 das Barcelona-Ziel erreicht. In der Steiermark hingegen findet sich mit 11 Prozent die niedrigste Betreuungsquote.(Fn45)

Vereinbarkeit von Familie und Beruf

Für Mütter kleiner Kinder ist der Ausbau der Kinderbetreuung ein notwendiger Schritt, ihre eigenen Erwerbswünsche mit dem Kinderwunsch im Sinne der Wahlfreiheit von Lebensgestaltung zu verbinden. Die Vereinbarkeit von Familie und Beruf kann nur erreicht werden, wenn entsprechende Betreuungsangebote vorhanden sind. Dabei ist jedoch nicht nur das Vorhandensein eines Platzes alleine relevant, sondern auch die entsprechenden organisatorischen Regelungen wie etwa die tägliche Öffnungszeit oder die Schließzeiten in der Ferienzeit.

Ein gutes und leistbares Angebot an Betreuungsdiensten – dies zeigen aktuelle Untersuchungen – ist aus der Perspektive der Bevölkerung mindestens genauso wichtig bei der Entscheidung für Kinder wie finanzielle Unterstützungsleistungen. Für eine Erhöhung der Geburtenrate in Österreich sind weitere Investitionen in die Kinderbetreuung notwendig. Dies wird insbesondere auch durch den direkten Vergleich mit hier erfolgreichen anderen europäischen Ländern (z. B. Schweden, Frankreich) deutlich.

Wirtschaftsfaktor Kinderbetreuung

Ein verstärkter Ausbau der vorschulischen Kinderbetreuung bedeutet nicht nur ein Schaffen neuer Arbeitsplätze, sondern auch eine Belebung der regionalen Wirtschaft durch Investitionsmaßnahmen in Infrastrukturleistungen. Dies wird dadurch besonders deutlich, dass sich die Ausgaben für den Kinderbetreuungsbereich in den letzten zehn Jahren beinahe verdoppelt haben.

---

43. Vgl. Sharma u. Steiner: Ausbau Kinderbetreuung, S. 21.
44. Die 2002 formulierten Ziele sind Bestandteil der damals aktuellen Europäischen Wachstums- und Beschäftigungsstrategie.
45. Näheres zu den Betreuungsquoten nach Bundesländern siehe oben.

Bildungs- und Integrationsauftrag im Kindergarten

Kinderbetreuung hat immer eine doppelte Aufgabe. Zum einen soll sie die Entwicklung und Bildung der Kinder fördern, zum anderen soll sie die Berufstätigkeit der Eltern ermöglichen. Kinderbetreuung wird heute als essentiell für die Bildungsarbeit verstanden; Kindergärten werden gezielt als öffentliche Bildungseinrichtung etabliert. Dies wird auch im verpflichtenden Kindergartenjahr für alle 5-Jährigen deutlich. Ziel der Einführung des verpflichtenden Kindergartenjahres ist dabei, Kindern unabhängig von ihrer sozialen Herkunft bestmögliche Chancen für ihren Bildungsweg zu bieten.

In diesem Zusammenhang ist Kinderbetreuung auch ein wesentliches Element der Integrationspolitik. Kinderbetreuungseinrichtungen können – neben den Schulen – eine wichtige Funktion übernehmen. Dies trifft einerseits im Bereich der Sprachförderung und andererseits beim Einüben von Toleranz gegenüber anderen Kulturen sowie der Vermittlung von kulturellen Werten zu.

Literaturverzeichnis

Amt der NÖ Landesregierung (2010) (Hrsg.). Bildungsplan für Kindergärten in Niederösterreich. St. Pölten.

Baierl/Kaindl (2011). Österreichisches Institut für Familienforschung, Universität Wien.

Bauer et.al. (2010). Grundsätzliche Reform des Finanzausgleichs. Verstärkte Aufgabenorientierung. Wien.

Bundesländerübergreifender BildungsRahmenPlan für elementare Bildungseinrichtungen in Österreich (2009), hrsg. von den Ämtern der Landesregierungen, des BMUKK und des Magistrats der Stadt Wien.

Kindergartengesetze der Bundesländer

Land Niederösterreich. Richtlinien zur Förderung von Maßnahmen im Sinne des NÖ Schul- und Kindergartenfondsgesetzes.

Land Salzburg. Richtlinien zur Abwicklung der Förderungen aus dem Gemeindeausgleichsfonds.

Land Vorarlberg. L 11 – Kostenbeiträge für bauliche Maßnahmen im Kindergartenbereich.

Sharma, Manon Rani; Steiner, Michael (2008). Dossier Ausbau der Kinderbetreuung; Kosten, Nutzen, Finanzierung. Prognos-AG-Studie.

Statistik Austria (2013). Kindertagesheimstatistik 2012/2013. Wien.

Vereinbarung gemäß Artikel 15a B-VG zwischen Bund und Ländern zum Ausbau des institutionellen Kinderbetreuungsangebots, der Einführung der verpflichtenden frühen sprachlichen Förderung in institutionellen Einrichtungen der Kinderbetreuung sowie zur Schaffung eines bundesweiten vorschulischen Bildungsplanes; BGBl. II Nr. 478/2008.

Vereinbarung gemäß Artikel 15a B-VG über den Ausbau des institutionellen Kinderbetreuungsangebots; BGBl. I Nr. 120/2011.

Vereinbarung gemäß Artikel 15a B-VG über die Einführung der halbtägig kostenlosen und verpflichtenden frühen Förderung in institutionellen Kinderbetreuungseinrichtungen; BGBl. I Nr. 99/2009, idF BGBl. I Nr. 196/2013.

2.2 Der Kindergarten als Unternehmung – Ein Überblick zur Führung von Kindergärten aus betriebswirtschaftlicher Sicht

*Josef Baumüller/Nikolai Haring/Harry A. Kühschweiger**

1 Einleitung

Das Sozialwesen befindet sich nicht nur in Österreich seit geraumer Zeit im Umbruch. Wesentliche Entwicklungen sind dabei sowohl hinsichtlich der Finanzierung des vielfältigen Leistungsspektrums, als auch hinsichtlich der Ansprüche der Leistungsempfänger an diese Leistungen zu verzeichnen. Weiterhin ist bei den Anbietern dieser Leistungen ein Zuwachs an der Zahl wie eine Veränderung in der Struktur zu bemerken. Zunehmend hält der Wettbewerb Einzug – um anspruchsvoller werdende Kunden, personelle und nicht zuletzt um knapper werdende finanzielle Ressourcen.

Während dies in manchen Teilbereichen des Sozialwesens wie der Altenpflege schon zu gravierenden Änderungen für die dortigen Akteure führte, war jener der Kinderbetreuung – und dabei gerade die in diesem Handbuch thematisierten Kindergärten – lange Zeit von diesen Entwicklungen „verschont". Diese stellen nun besondere Herausforderungen an jene Menschen, welche die Führung dieser Einrichtungen zu verantworten haben. Zur Sicherung der Überlebensfähigkeit ihrer Organisationen sehen sie sich mit der Notwendigkeit konfrontiert, nach betriebswirtschaftlichen Kriterien erfolgreich zu sein und die Vielfalt der an sie gestellten Ansprüche auszubalancieren.

Die Führung eines Kindergartens muss sich dafür mit zwei zentralen Aufgabenstellungen befassen:

- Die Festlegung von Umfang, Art und Weise der zu erbringenden Leistungen.
- Die Sicherstellung der dafür notwendigen Ressourcen, zunächst finanziell, anschließend z. B. personell, die Infrastruktur betreffend, usw.

Hierin unterscheiden sich Kindergärten nicht von anderen Unternehmen. In weiterer Folge lassen sich verschiedene Ausprägungen von Kindergärten antreffen, welche die Rahmenbedingungen der Führung solcher Einrichtungen wesentlich

* Besonders herzlich danken wir *Barbara Gartner-Hofbauer* von WIKI Steiermark für ihre wertvollen fachlichen Beiträge zu den Inhalten dieses Beitrages. Unser Dank gilt weiterhin den InterviewpartnerInnen, die an dem folgenden *Beitrag 2.3* mitwirkten und deren Anmerkungen wichtige Hinweise auch für diesen Beitrag gaben: *Kurt Fister* (Hilfswerk NÖ), *Hannes Novak*, *Eva Reznicek* und *Hamko Softic* (alle MA 10 der Stadt Wien).

prägen. Konkret sind hierbei folgende drei Rollen zu nennen, die von Kindergarten zu Kindergarten unterschiedlich besetzt sind:

- die Kindergartenleitung (als verantwortliche Person primär für die Leistungserbringung in der Einrichtung),
- der Trägerverantwortliche (als Organisation hinter dem Kindergarten) und
- die öffentliche Hand (die u. a. den rechtlichen Rahmen vorgibt, in welchem die Leistungserbringung zu erfolgen hat, und deren Finanzierung weitgehend übernimmt).

Insbesondere durch die beiden Erstgenannten können und müssen Führungsleistungen erbracht werden.

Im Kontext großer privater Trägerorganisationen – österreichische Beispiele wären z. B. WIKI Steiermark, das Hilfswerk oder Kinder in Wien – sind alle drei Rollen stark ausgeprägt und klar voneinander abgegrenzt. In kleineren privaten Trägern fallen demgegenüber oftmals die Rolle der Kindergartenleitung und der Trägerverantwortlichen zusammen; bei öffentlichen Trägern ist dies hinsichtlich der Rollen der Trägerverantwortlichen und der öffentlichen Hand der Fall – wobei sich dabei die relevanten Rollen dann mitunter auf verschiedene Ebenen (z. B. Abteilungen oder Gemeinden und Länder) verteilen.

Diese Vielfalt hat Auswirkungen darauf, welche Personen in Abstimmung mit welchen Anspruchsgruppen gewisse Entscheidungen zu treffen haben. Auf die Entscheidungen selbst, die zu treffen sind, sind die Auswirkungen geringer. Daher wird in weiterer Folge nicht zwischen diesen Konstellationen unterschieden. Dies trägt nicht zuletzt der Notwendigkeit Rechnung, die Gesamtzusammenhänge zu verstehen, um die notwendigen Beiträge leisten zu können. Hingewiesen wird jedoch in den weiteren Ausführungen auf typische Themen, die für spezifische Arten von Trägern charakteristisch sind.

Lange Zeit bestanden größere Unterschiede in der Führung öffentlicher und privater Einrichtungen. Konsequenzen hatte dies u. a. auf die Autonomie einzelner Akteure und Fragen der Finanzierung der Einrichtungen. Seit geraumer Zeit lässt sich hier jedoch ebenso ein Angleichen beobachten. Betriebswirtschaftliche Ideen gewinnen in beiden Gruppen zunehmend an Bedeutung, bei privaten Trägern häufig unter Schlagworten wie der *„Professionalisierung"* der Führung, bei öffentlichen Trägern unter jenem des *„New Public Management"* und seinen mannigfaltigen Ausläufern. Gemein ist ihnen der Versuch, mit stagnierenden oder auch sinkenden Mitteln den damit erzielten Erfolg zu sichern oder gar noch weiter zu erhöhen.

Die folgenden Ausführungen bezwecken, einen Überblick über die wichtigsten Entscheidungen zu geben, die im Zusammenhang mit der Führung des Unternehmens „Kindergarten" zu treffen sind. Aufgezeigt werden sollen dabei die grundlegenden Aufgaben und Handlungsfelder, die für die Führungsverantwortlichen eines jeden Kindergartens maßgeblich sind. Insofern soll ein Überblick über Zusammenhänge und zentrale Fragen gegeben werden. Unbeschadet dessen, werden die Antworten und Konsequenzen hieraus in jedem konkreten Fall mitunter anders abzuleiten sein. Der Beitrag steckt somit v. a. den Rahmen jener Themenfelder ab, die im Zuge der weiteren Kapitel dieses Handbuches konkretisiert werden.

2 Wie viel Betriebswirtschaft braucht die erfolgreiche Führung eines Kindergartens – und wozu?

Ihrem Selbstverständnis nach ist die Betriebswirtschafslehre eine anwendungsorientierte Disziplin; als solche bezweckt sie es, mit Konzepten und konkreten Instrumenten Betrieben bzw. Unternehmen zu helfen, optimale Entscheidungen zu treffen und umzusetzen (*Wöhe/Döring* 2005, S. 48 ff.). Kindergärten fallen gleichsam unter diesen Unternehmensbegriff, da ihre Aufgabe darin besteht, spezifische Dienstleistungen für Dritte anzubieten und in weiterer Folge zu erbringen (*Loitlsberger* 2000, S. 3 ff.). Wie alle anderen Arten von Unternehmen auch, sind sie dabei mit einer Vielzahl an Problemen konfrontiert, die zur Aufrechterhaltung dieser Leistungserbringung gelöst werden müssen. Neben dem langfristigen Überleben des Unternehmens selbst werden so u. a. die Einkommen der in diesem Beschäftigten gesichert und die Leistungsempfänger profitieren von der Nutzung des Leistungsangebotes. Diese Problemlösung kommt somit einer Vielzahl an Anspruchsgruppen zugute.

Von anderen Unternehmen – bspw. Banken, Einzelhändlern oder Industrieunternehmen – unterscheiden sich Kindergärten zwar nicht in diesem Kern ihres Unternehmens-Seins, sehr wohl aber durch die konkret in diesen auftretenden Herausforderungen. Die wichtigsten Besonderheiten hierbei sind:

- Kindergärten arbeiten im weit überwiegenden Maße **nicht gewinnorientiert**, d. h. es handelt sich dabei um Nonprofit-Organisationen (NPOs). Sie bezwecken damit nicht das Erwirtschaften von Gewinnen für ihre Eigentümer, sondern sie werden vielmehr zur Befriedigung eines Bedarfes seitens ihrer Anspruchsgruppen gegründet. Sie sind somit primär am Gemeinwohl ausgerichtet und wollen die Leben ihrer Leistungsempfänger und darüber hinaus jenes aller Mitglieder der Gesellschaft positiv verändern (z. B. *Meyer/Simsa* 2013a, S. 7; *Thommen/Achleitner* 2012, S. 69).
- Kindergärten erbringen **soziale Dienstleistungen**, d. h.
  - die erbrachten Leistungen sind immaterieller Natur und damit weniger sichtbar bzw. „greifbar“ als etwa physische Güter. Sie sind daher Vertrauensgüter, umso mehr, als sie als pädagogische Leistungen Wirkungsverzögerungen aufweisen (*Merchel* 2009, S. 46). Besonders die Standardisierbarkeit sowie Sicherung und Prüfung der Qualität wird dadurch zu einer zentralen Herausforderung. Die Qualität ist dabei grundsätzlich nicht objektiv nachprüfbar, sondern muss subjektiv durch den Leistungsempfänger selbst bewertet werden (*Thommen/Achleitner* 2012, S. 150).

  - Aufgrund der unterschiedlichen Bedürfnisse der Nachfrager wird aber auch Individualität gefordert, sodass eine flexible Leistungserstellung ermöglicht werden soll und die weitgehende Dysfunktionalität von Standardprogrammen berücksichtigt wird. Bei der Darstellung der Leistungen nach außen gilt es, trotz der begrenzten Möglichkeiten zur Herstellung von Transparenz und Verallgemeinerbarkeit der Leistungen den Charakter der Leistungen zu verdeutlichen und Vertrauen in eine kompetente individuelle Leistungserstellung zu erzeugen (*Merchel* 2009, S. 47).
  - Die Leistungsempfänger sind in ihrer Konsumentensouveränität aufgrund der Standortgebundenheit sowie der bisweilen zentralen Platzvergabe (z. B. durch die MA 10 in Wien) zumindest teilweise eingeschränkt und sehr oft auf die Leistungen angewiesen. Auch kann die Nachfrage durch den Leistungsanbieter nur sehr eingeschränkt beeinflusst werden.
  - Die Leistungen selbst sind besonders stark personenbezogen, werden also von bestimmten Menschen für andere Menschen in Form einer sogenannten Koproduktion (uno-actu-Prinzip) erbracht, was eine Dienstleistungserstellung auf Vorrat nicht möglich macht und dadurch Probleme in der (Personal-) Kapazitätsplanung zur Folge haben kann. Dadurch sind diese Dienstleistungen regelmäßig teurer als physische Güter. Allerdings wird die Erstellung der Dienstleistung in der Interaktion so auch gleichzeitig zu einem Marketing-Akt (*Merchel* 2009, S. 46; *Simsa et al.* 2004, S. 23 ff.).
- Die **Finanzierung** der Leistungen von Kindergärten erfolgt nicht (primär) durch die Leistungsempfänger selbst, sondern durch dritte, primär öffentliche Stellen. Die hieraus folgende Dreiecksbeziehung beeinflusst den Prozess der Leistungserstellung ganz maßgeblich (*Simsa et al.* 2004, S. 24). Dies trifft auch auf öffentliche Träger zu, da zumeist verschiedene Stellen innerhalb dieser mit der Leistungserbringung und der Finanzierung betraut sind.

Die Betriebswirtschaftslehre adressiert NPOs wie Kindergärten und „gewöhnliche" gewinnorientierte Unternehmen gleichermaßen (*Wöhe/Döring* 2005, S. 47; kritischer *Mayrhofer* 2013, S. 93 f. und 103) – auch wenn man für diese in der Literatur häufiger den Begriff der „Organisation" denn des „Unternehmens" wählt. Sie behandelt all jene Entscheidungen zum Lösen von Problemen, die im Zuge des Leistungserbringungsprozesses in diesen Unternehmen auftreten, um diese bei der Erreichung ihrer Ziele zu unterstützen (*Thommen/Achleitner* 2012, S. 43 ff.). Im Vergleich zu gewinnorientierten Unternehmen gilt die Führung von NPOs als noch herausfordernder – dies folgt aus der Komplexität der verfolgten Ziele (bedingt durch zahlreiche Anspruchsgruppen) und des Führungsumfeldes (*Meyer/Simsa* 2013b) insbesondere in Hinblick auf Finanzierungsmöglichkeiten und die Personalstruktur. Gerade für die letzten 20 Jahre lässt sich damit einhergehend ein Bedeutungsgewinn der Führung dieser Organisationen nach betriebswirtschaftlichen Grundsätzen beobachten.

In der Praxis dieser Organisationen ist diese Entwicklung jedoch nicht unumstritten. Kritiker sehen z. B. die Gefahr einer „Ökonomisierung" bzw. „Verbetriebswirtschaftlichung“ sozialer Arbeit, die gerade den sozialen Aspekt der Leistungen zu Grabe trüge. Häufig verbunden wird dies mit der Befürchtung, dass die Qualität der Leistungserbringung zugunsten renditegetriebener Überlegungen in den Hintergrund rücke. Dies ginge zulasten der Leistungsempfänger, die jedoch auf diese Leistungen angewiesen sind (für einen Überblick *Klug* 2001, S. 13 ff.). Die Nutzenmaximierung einzelner Gruppen würde so über das Gemeinwohl gestellt. Gerade dann, wenn eine Führung auf Basis betriebswirtschaftlicher Grundsätze als bloßes Führen mit Finanzzahlen verstanden wird, ist der Widerstand dagegen besonders groß.

So berechtigt diese vorgebrachten Sorgen sind, liegen sie dennoch in einer nicht zweckmäßigen Reduktion der Betriebswirtschaftslehre begründet. Diese basiert nicht auf dem Ziel der Gewinnmaximierung, sondern unterstützt Führungskräfte vielmehr dabei, organisationsspezifische Zielsysteme selbst festzulegen und die daraus definierten Ziele sowie daraus abgeleiteten Maßnahmen erfolgreich zu verfolgen. Dies können für gewinnorientierte Unternehmen typischerweise Renditeziele sein, aber das stellt eben nur eine Möglichkeit von vielen dar. Ermöglicht wird jedenfalls eine zielgerichtete Steuerung der internen Abläufe und eine Fokussierung auf das, was letztlich auch in Kindergärten zählt: die Leistungen und deren Folgen bei den Leistungsempfängern (z. B. *Mayrhofer* 2013, S. 94 ff.). Der nicht nur finanziell verstandene Erfolg bzw. die Ergebnisse des Handelns rücken in den Fokus; gerade im Hinblick auf die umfassenden gesellschaftlichen Veränderungen, die sich besonders auch auf Kindergärten auswirken, wird dies zu einer Notwendigkeit, um die langfristige Überlebensfähigkeit der Organisationen sicherzustellen. Nicht mehr, ob betriebswirtschaftliche Konzepte und Instrumente Eingang finden, sollte daher heute die Frage sein, sondern wie sie die Besonderheiten von Kindergärten berücksichtigen können (*Klug* 2001, S. 13 ff.).

3 Zielsetzungen und Führungsentscheidungen im Kindergarten

Die Führung eines Kindergartens umfasst „sämtliche Aktivitäten, die mit der Leitung [dieses Kindergartens] im Hinblick auf die Erreichung der definierten Ziele [...] verbunden sind“ (*Helmig/Boenigk* 2012, S. 68). Ausgangspunkt aller Überlegungen zur Führung sind somit die Ziele, die gesetzt werden müssen. Sie bestimmen das, was man den „Erfolg“ einer Organisation nennt. Im Kontext sozialer Dienstleistungen ist dies mit besonderen Herausforderungen verbunden.

Alle gesetzten Handlungen müssen sich dabei zunächst an den Maßstäben der Effektivität und Effizienz messen lassen (*Anthony/Young* 1994, S. 11 f.; *Eichhorn* 1989, Sp. 1802 f.):

- **Effektives Handeln** stellt auf das Verhältnis des Outputs – also der Leistung – zu den Zielen der Organisation ab. Jene Leistung ist somit am effektivsten, die in größtmöglicher Übereinstimmung mit diesen Zielen steht. Gerade im Kontext sozialer Dienstleistungen scheitert diese Betrachtung aber häufig an der Schwierigkeit, ein objektives und auch quantifizierbares Maß für diesen Output – z. B. die Qualität der Betreuung – festzulegen. Dadurch wird die Feststellung des Effektivitätsgrades zu einer besonderen Herausforderung. Eine bloße mengenmäßige Betrachtung des Outputs greift zumeist zu kurz.

- **Effizientes Handeln** stellt auf ein Input-Output-Verhältnis ab, wobei zumeist bei gegebenem Output versucht wird, den hierfür erforderlichen Input zu minimieren. Ausgedrückt wird dies häufig durch Betrachtung der Kosten je Leistungseinheit, z. B. Kosten je Betreuungsplatz oder -stunde. Umgekehrt ist es auch möglich, das Verhältnis des Outputs zu einem gegebenen Input zu maximieren, wobei als Output in diesem Fall weniger eine Mengeneinheit denn (wie zur Beurteilung der Effektivität) eine qualitative Größe im Fokus steht. Dieser Definition kommt somit aufgrund der damit verbundenen Quantifizierungsprobleme in der Praxis (noch) eine untergeordnete Bedeutung zu.

Effektivität und Effizienz des Handelns sind beide durch Führungsentscheidungen zu gewährleisten. Hierbei ist jedoch ein zentraler Unterschied zu gewinnorientierten Unternehmen zu beachten: Da deren Aufgabe letztlich in der Verzinsung des von den Eigentümern investierten Kapitals liegt, sind effektives und effizientes Handeln für diese gleichzusetzen; so gewährleistet z. B. eine kostengünstige Erbringung von Dienstleistungen (Effizienz) – ceteris paribus – eine höchstmögliche Rentabilität (Effektivität). Für Kindergärten und andere NPOs zeigt sich demgegenüber ein Spannungsverhältnis zwischen Effizienz und Effektivität, das auszubalancieren ist: So sind bspw. die Personalschlüssel, die für die Betreuung mindestens zu gewährleisten sind, gesetzlich vorgegeben.

Den Zielen der Organisation kann es natürlich zuträglich sein, bspw. einen besseren Personalschlüssel auf freiwilliger Basis anzuwenden, da dies eine noch qualitativere Betreuung zu gewährleisten vermag; da aber Personalkosten einen zentralen Kostenblock in Kindergärten darstellen (siehe *Abschnitt 5.3* dieses Beitrages), erhöht dies die Kosten je Betreuungsplatz ganz wesentlich, was die Frage nach der Finanzierbarkeit aufwirft (zumal, insbesondere bei öffentlichen Trägern, die Höhe der Kostenabdeckung (zentral) vergeben wird und sich regelmäßig an der konkreten Anzahl der Kinderbetreuungsplätze orientiert). Umgekehrt könnten z. B. Überlegungen bzgl. einer Senkung der Kosten je Betreuungsplatz angestellt werden, etwa hinsichtlich der Größe der Betreuungsgruppen oder der Anzahl an Betreuungsgruppen in einem Kindergarten. Ob das so ermittelte Effizienz-Optimum aber auch bestmöglich im Einklang mit den (Qualitäts-)Zielen der Organisation steht, das kann bezweifelt werden (*Anthony/Young* 1994, S. 11 f.). Solche Abwägungen sind zentrale Herausforderungen für die Führung.

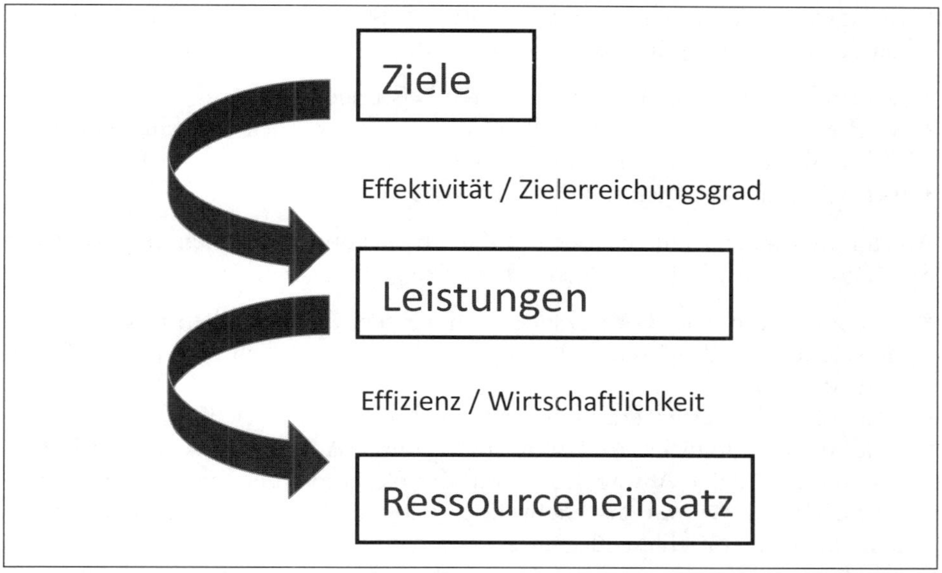

Abb. 1: Zusammenhang zwischen Effektivität und Effizienz (Quelle: In Anlehnung an *Schauer* 2008, S. 19)

Wie für gewinnorientierte Unternehmen die Rentabilität das zentrale Ziel darstellt, spricht man im Kontext von NPOs demgegenüber als Erfolg von „*Wirkungen*", die bei den Leistungsempfängern erzielt werden (z. B. *Halfar/IGC* 2010, S. 10 ff.). Diese Wirkungen betreffen unmittelbar die subjektive Lebensqualität der Leistungsempfänger, aber in Folge auch jene der weiteren Anspruchsgruppen. Welcher Bedarf soll gestillt, welches Bedürfnis befriedigt werden, und auf welche Art und Weise soll dies geschehen? Dies kann von Fragen der Nachmittagsbetreuung bis hin zu Montessori-Angeboten reichen. Hierbei wird die Frage nach der Effektivität des Handelns in den Vordergrund gerückt und die Effizienz „nur" zu einer unerlässlichen Nebenbedingung. Werden nämlich die falschen Dinge getan, so spielt es keine Rolle, dass diese z. B. besonders wirtschaftlich umgesetzt werden können (*Merchel* 2009, S. 94 ff.; *Phineo* 2013, S. 8). Allerdings würde eine bedingungslose Fokussierung auf eine möglichst hochqualitative Leistung wirtschaftlich nicht tragbar sein – mit Konsequenzen bis hin zur Insolvenz der Trägerorganisation. Die besondere Herausforderung liegt daher darin, mit begrenzten (und zunehmend knapperen) Ressourcen die bezweckten Wirkungen zu erzielen (*Meyer/Simsa* 2013b, S. 153).

In der Literatur wird hinsichtlich der Zielinhalte auch häufig zwischen sogenannten Sach- und Formalzielen unterschieden. Die für gewinnorientierten Unternehmen typischen obersten Ziele sind die Formalziele (z. B. der erzielte Gewinn), während die Wirkungsziele einer NPO mit den Sachzielen zusammenfallen (*Helmig/Boenigk* 2012, S. 78 ff.). Besonders wichtig innerhalb dieser Sachziele sind die

Leistungsziele, die zur Klärung der im vorigen Absatz angesprochenen Fragen u. a. folgende Festlegungen umfassen (*Thommen/Achleitner* 2012, S. 111):

- Wer sind die Zielgruppen der erbrachten Leistungen?
- Welche Arten von Leistungen sollen für diese Zielgruppen erbracht werden?
- Welche Ressourcen sollen dafür eingesetzt werden?
- Welches Qualitätsniveau soll damit erreicht werden?

Als Anforderungen an diese Ziele und Zielinhalte können in Anlehnung an *Horak/Speckbacher* (2013, S. 162) folgende Kriterien genannt werden:

- Ziele müssen in einer Form festgehalten werden, die eine Überprüfbarkeit und Messbarkeit gewährleistet. Dies betrifft insbesondere Inhalt, Ausmaß und Zeitbezug dieser Ziele.
- Ziele sollten herausfordernd sein, aber auch realistisch erreichbar.
- Ziele müssen möglichst umfassend das gesamte Aufgabenspektrum abdecken, was eine notwenige Abwägung sowohl der ökonomischen, als auch der fachlichen Zielsetzungen miteinschließt. Es ist also nur sehr selten sinnvoll bzw. möglich, ein einziges Ziel festzulegen.
- Verschiedene Ziele müssen hinsichtlich ihres Zusammenhanges und der wechselseitigen Beeinflussung klar strukturiert und priorisiert werden.

Führungsentscheidungen sind somit zunächst stets Entscheidungen über die zu verfolgenden Ziele. Sie betreffen in weiterer Folge aber auch Planung und Organisation der Umsetzung dieser Zielentscheidungen. Um den Erfolg dieser Umsetzung zu sichern und Rückschlüsse auf die Sinnhaftigkeit der gesetzten Ziele zu gewinnen, ist anschließend eine laufende Kontrolle gefordert, deren Ergebnisse dann wiederum zu neuen Entscheidungen führen werden. Es handelt sich hierbei um einen nie abgeschlossenen Vorgang, den sogenannten Führungsprozess bzw. -kreislauf (*Lechner et al.* 2008, S. 64 f.):

Abb. 2: Der Führungskreislauf (Quelle: Eigene Darstellung)

Die Kontrolle der Umsetzung kann freilich nicht nur zu neuen Zielsetzungen führen, sondern auch geänderte Maßnahmen (Umsetzung) bedingen. Im Kontext von Kindergärten werden viele Ziele typischerweise auf Trägerebene zu setzen sein. Die aktive Einbindung der Kindergartenleitungen ist aber in den allermeisten Fällen sinnvoll und notwendig; denn diese sind es letztlich, die zumeist für die Umsetzung zu sorgen haben. Jedenfalls ist ein notwendiges Maß an Transparenz und Klarheit sowie Kommunikation erforderlich, denn nur, wenn sich alle Mitarbeitenden einer Organisation über die gemeinsam verfolgten Ziele im Klaren sind, können sie von diesen Mitarbeitenden auch gelebt werden (*Horak/Baumüller* 2008).

4 Das Führungsumfeld eines Kindergartens

4.1 Die Anspruchsgruppen im Führungsumfeld

Gerade bei sozialen Dienstleistungen ist schon die Festlegung dessen, was im Kern die Leistung der Organisation ist oder sein soll – und welche Wirkungen damit bezweckt werden (können) –, eine Herausforderung für alle Führungsentscheidungen. Häufig finden sich Zielsetzungen in Bezug auf die Qualität der erbrachten Leistungen. Da diese Qualität letztlich ein soziales Konstrukt ist und somit ein objektiver Qualitätsmaßstab fehlt, braucht es einen Konsens der von den Leistungen betroffenen Gruppen, was als qualitativ wahrgenommen wird und welche Bedürfnisse letztlich zu befriedigen sind. Dies erfordert eine Berücksichtigung und Einbindung der zentralen Anspruchsgruppen der Organisation in den Prozess der Zielfestsetzung (*Scheytt et al.* 2011; *Speckbacher* 2007). Die Frage ist somit, was diese Gruppen als Qualität der Leistung wahrnehmen. Dies wird mitunter vom konkreten Standpunkt der jeweiligen Gruppe abhängen; diese Gruppen prägen die Art und Weise der Führung eines Kindergartens somit sehr stark mit.

Anspruchsgruppen einer Organisation sind in einer weiten Definition all jene Gruppen von Menschen, die mittelbar oder unmittelbar von den Leistungen der Organisation betroffen sind oder diese Leistungen beeinflussen können (*Freeman/Reed* 1983, S. 91). Diese sind so für das Überleben der Organisationen entscheidend und können sich sowohl innerhalb einer Organisation, als auch außerhalb dieser befinden. Für einen Kindergarten in privater Trägerschaft könnten so bspw. folgende Anspruchsgruppen identifiziert werden:

Anspruchsgruppe	**Warum ist diese Anspruchsgruppe für den Kindergarten bedeutsam?**	**Was möchte diese Anspruchsgruppe vom Kindergarten?**
Vorstand des Trägers	Grundlegende Entscheidungen über den Fortbestand des Kindergartens	Beitrag des Kindergartens zu den Zielen der Gesamtorganisation Wirtschaftlichkeit
Kindergartenleitung	Sicherstellung der Leistungserbringung im Kindergarten	Entscheidungskompetenzen Sinnstiftende Tätigkeit Wertschätzung Sichere Verdienstquelle
Pädagogische Mitarbeiter	Erbringung der pädagogischen Arbeit	Sinnstiftende Tätigkeit Wertschätzung Sichere Verdienstquelle
Öffentliche Hand	Bewilligung der Tätigkeit Finanzierung der Tätigkeit	Sicherstellung eines bestimmten Qualitäts- und Versorgungsniveaus Niedrige Kosten für die Leistungserbringung
Familien	Als Leistungsempfänger Daseinsberechtigung für Kindergärten	Hohe Qualität der pädagogischen Betreuung Berücksichtigung der weiteren Bedürfnisse (zeitliche Flexibilität, usw.) Geringe Kosten für die Familie selbst
Geschäftspartner	Insbesondere als Lieferanten Zurverfügungstellung notwendiger (Sach-) Ressourcen	Verlässliche Bezahlung und langfristige Geschäftsbeziehungen
Allg. Öffentlichkeit	Legitimation der Tätigkeit Beeinflussung der Handlungen anderer Anspruchsgruppen	Hohe Qualität der pädagogischen Betreuung Geringe volkswirtschaftliche Kosten

Abb. 3: Beispiele für Anspruchsgruppen eines Kindergartens (Quelle: Eigene Darstellung in loser Anlehnung an *Wöhe/Döring* 2005, S. 66 f., und *Erath/Amberger* 2000, S. 50 ff.)

Für eine erfolgreiche Führung ist es erforderlich, diese Interessen auszubalancieren und in die Ziele der Organisation zu integrieren. Aus praktischen Gründen wird aber eine gleichberechtigte Berücksichtigung all dieser – mitunter gegenläufigen – Interessen nicht sinnvoll sein; zu ineffizient und schwerfällig wäre diesfalls die Führung. Stattdessen ist es ratsam, sich auf die wichtigsten Anspruchsgruppen zu konzentrieren, wobei hier insbesondere deren *Macht* und *die Legitimität der Ansprüche* als Beurteilungskriterien herangezogen werden sollten (*Greiling* 2010). Für Kindergärten sind dies typischerweise die Familien (als Leistungsempfänger) und die öffentliche Hand (als Finanzier dieser Leistungen). Das bedeutet nicht, dass die anderen Anspruchsgruppen zu vernachlässigen sind, jedoch kann deren Berücksichtigung in geringerer Intensität erfolgen.

Öffentliche Hand und Familien lassen sich diesfalls beide als „Kunden" des Kindergartens verstehen. Dies deckt sich auch mit dem zunehmend in der einschlägigen Literatur zur Kindergarten-Führung Verbreitung findenden Gedanken der „Kundenorientierung" (z. B. *Klug* 2001), wobei dieser primär auf die Familien als Leistungsempfänger abstellt und auf die Rolle des Finanziers vergleichsweise wenig eingeht. Dabei ist jedoch zu berücksichtigen, dass gerade in der „Dreiecksbeziehung" Leistungserbringer – Leistungsempfänger – Finanzier Spannungsverhältnisse bestehen und daher ein differenziertes Eingehen auf die jeweiligen Interessen erforderlich ist (*Bono* 2010). Nur, wenn in der Führung eines Kindergartens diese beiden Anspruchsgruppen als Kunden der erbrachten Leistungen Eingang in die Zielsetzungen finden, kann ein nachhaltiger Erfolg sichergestellt werden.

Besonders für die Leistungsempfänger empfiehlt sich dabei eine integrative Berücksichtigung in Form einer aktiven Einbindung in die Organisation und den gesamten Führungsprozess. Ein wichtiges Instrument hierfür können z. B. Kundenbefragungen sein, die auch als Instrument für die Messung von Wirksamkeit eingesetzt werden können; solche haben in der Praxis jedoch bisher noch nicht (umfassend) Verbreitung gefunden. Erschwert wird die Orientierung an den Bedürfnissen der Leistungsempfänger dadurch, dass innerhalb der Leistungsempfänger Interessenunterschiede zwischen den Kindern (als unmittelbaren Leistungsempfängern) und den Eltern (als mittelbaren Leistungsempfängern) zu berücksichtigen sind (*Erath/Amberger* 2000, S. 50 ff.). Von wesentlicher Bedeutung für den Bedarf seitens der Leistungsempfänger sind weiterhin demographische Entwicklungen wie Geburtenraten oder jene der Landflucht, was insbesondere für Kindergärten in den Bundesländern zum Tragen kommt. Diese Faktoren lassen sich jedoch üblicherweise nicht aktiv beeinflussen, weswegen der Fokus hier auf einem frühzeitigen Abschätzen der Folgen für die Organisation und ihr Leistungsangebot liegt.

Die öffentliche Hand schafft gegenwärtig die wichtigsten politischen und rechtlichen Rahmenbedingungen für das Handeln im Bereich der Kindergärten. So gibt sie zunächst die grundlegende Richtung vor, die für die Entwicklung des gesamten Sektors relevant sind. Beispiele wären etwa die Einführung des „Gratiskindergartens" (in einer Vereinbarung zwischen Bund und Ländern wurde festgelegt, dass ab dem Beginn des Kindergartenjahres 2009/2010 im September der halbtägige

Kindergartenbesuch (20 Stunden pro Woche ohne Mittagstisch) im letzten Jahr vor Schuleintritt für die Eltern kostenlos sein soll), Ausbauziele hinsichtlich der verfügbaren Kapazitäten (so sollen etwa in Wien 1.700 zusätzliche Plätze für Kinder unter drei Jahren in privaten Bildungs- und Betreuungseinrichtungen entstehen, was mit 4,5 Mio. € gefördert werden soll), usw. Im aktuellen Regierungsprogramm findet sich das Ziel des „Kindergarten als Bildungseinrichtung". So sollen etwa Bund, Länder und Gemeinden gemeinsam den „Entwicklungsstand" von Vierjährigen erheben, auch die frühsprachliche Förderung soll verbessert werden.

Auch die Entwicklung des Bildungswesens kann sich unmittelbar oder mittelbar auf den verfügbaren personellen Nachwuchs auswirken und gewinnt so immer mehr an Bedeutung (z. B. wird mit dem Bachelorstudium Sozialmanagement in der Elementarpädagogik an der FH Campus Wien ab dem Sommersemester 2014 erstmals in Österreich ein Hochschulstudium für dieses Berufsfeld angeboten, welches sich an ausgebildete KindergartenpädagogInnen mit Berufs- und Leitungserfahrung richtet; zu bemängeln ist allerdings, das bei der Neugestaltung der Lehrerausbildung in Österreich KindergartenpädagogInnen ausgeblendet werden). All diese Faktoren bestimmen im wesentlichen Grade die Führung von Kindergärten. Weitere wichtige Vorgaben betreffen z. B. die Höhe und Form der laufenden Finanzierung der Einrichtungen; von Bedeutung sind aber auch Baukostenzuschüsse, die zur Schaffung neuer Infrastrukturen gewährt werden und die Realisierbarkeit solcher Vorhaben wesentlich mitbestimmen. In Österreich sind diese Rahmenbedingungen grundsätzlich auf Länderebene festgelegt (sogenannte „§ 15a-Vereinbarungen"), was zu mitunter beträchtlichen Unterschieden in den einzelnen Bundesländern führt (siehe zur Finanzierungssituation in Österreich *Beitrag 2.1*). Die entscheidenden Rahmenbedingungen des pädagogischen Handelns werden von sogenannten Bildungsplänen gesetzt (zumeist auf Länderebene). Aber auch die Trägerschaft kann hier eine entscheidende Rolle spielen, als bspw. private und öffentliche Träger abweichenden rechtlichen Bestimmungen unterworfen sind. Für private Träger ist darüber hinaus das Abgabenrecht entscheidend, da es an die Gewährung des Gemeinnützigkeitsstatus mitunter Einschränkungen hinsichtlich des Aktivitätsspektrums knüpft; auch diese Rahmensetzung lässt sich in einem weiteren Sinne der öffentlichen Hand zurechnen.

Das Geschilderte ist auf Kindergärten in öffentlicher Trägerschaft übertragbar. Diesbezüglich gewinnt insbesondere die Zusammenarbeit mit anderen öffentlichen Ämtern und Fachabteilungen an Bedeutung. Üblicherweise sind fachliche, personelle und finanzielle Zuständigkeiten auf mehrere Akteure verteilt. Darüber hinaus sind die Vorgaben von zentralen Entscheidungsträgern, wie etwa zuständigen Landesräten, von Bedeutung. Dies führt zu einem besonders intensiven Austauschbedarf zwischen diesen verschiedenen Akteuren der öffentlichen Hand, was manchmal zu einer als etwas schwerfällig wahrgenommenen Führungskultur führt – in vielen Aspekten aber bereits aus grundlegenden Erwägungen nicht zu vermeiden ist.

Für sehr viele Teilbranchen im Sozialwesen stellen Interessenvertretungen eine wichtige Anspruchsgruppe dar, die insbesondere unterstützende Beiträge gegenüber anderen Gruppen leistet – z. B. zur verbesserten Wahrnehmung der erbrachten Leistungen oder in Finanzierungsverhandlungen. Manche dieser Teilbranchen verfügen so bereits über ein geschlossenes Auftreten, was eine Vertretung der gemeinsamen Interessen begünstigt. Auffallenderweise fehlen solche für Kindergärten weitgehend. Dies erweitert somit die Aufgaben, die auf den einzelnen Organisationen lasten.

4.2 Zentrale Trends im Führungsumfeld

Der Sozialbereich durchläuft seit geraumer Zeit grundlegende Veränderungen. Diese betreffen auch Kindergärten und verändern die Ansprüche, die vonseiten der Anspruchsgruppen an die Führung dieser Einrichtungen gestellt werden. Die wichtigsten davon sollen nachfolgend zusammengefasst werden (dazu ausführlich *Dross/Priller* 2013; *Horak et al.* 2013; *Meyer/Simsa* 2013c):

Zunehmender Unsicherheit der Finanzquellen: Die gegenwärtige Wirtschafts- und Staatsschuldenkrise unterstrich nur die schwierige Situation, in welcher sich die öffentlichen Haushalte seit geraumer Zeit befinden. Entsprechende Auswirkungen machen sich im Sozialsektor bemerkbar, was zu einer zunehmend härter umkämpften Verteilung der knapper werdenden Finanzmittel führt. Doch auch schon in früheren Jahren zeigte sich ein Trend weg von Subventionsfinanzierungen hin zu einer leistungsbezogenen Finanzierung, was mit erhöhtem wirtschaftlichen Druck auf die davon betroffenen Organisationen einhergeht. Beklagt wird dadurch eine häufig kurzfristiger und schwerer planbare Finanzierung; auch müssen mitunter Einsparungen vorgenommen werden, wobei diese nach Möglichkeit bei der Verwaltung bzw. dem allg. „Overhead" ansetzen und nicht bei den Mitarbeitern, den Standorten oder den erbrachten Leistungen (*Horak et al.* 2013, S. 359). Zur Kompensation gewinnen z. B. Entgelte durch Leistungsempfänger an Bedeutung.

Zunehmender Rechtfertigungsdruck: Verbunden mit der zunehmenden Knappheit öffentlicher Finanzquellen steigen die Ansprüche der öffentlichen Hand gegenüber jenen Organisationen, die solche Mittel erhalten. Dies betrifft sowohl die Effektivität der geförderten Leistungen, als auch die Effizienz der Leistungserbringung. Seitens der Leistungsempfänger selbst zeigen sich eine zunehmend kritischere Haltung und gestiegene Ansprüche. Viel stärker als etwa noch vor 10–20 Jahren sind die Organisationen des Sozialsektors daher aufgefordert, Rechenschaft über ihr Tun abzuliefern, um den Ressourcenerhalt sicherzustellen. Nicht zuletzt, um diesen Ansprüchen Genüge zu tun, zeigt sich die eingangs festgestellte zunehmende Akzeptanz betriebswirtschaftlicher Methoden in diesen Organisationen.

Zunehmende Erschließung komplementärer Betätigungsfelder: Sowohl, um neue Finanzierungsquellen zu erschließen, als auch, um ihren Anspruchsgruppen ein ganzheitlicheres Leistungsspektrum anbieten zu können, werden zunehmend weitere, das bestehende Leistungsangebot ergänzende Leistungen angeboten. Führungskräfte haben so einerseits nach neuen Betätigungsfeldern aktiv Ausschau zu halten, im Anschluss aber auch mit der erhöhten Komplexität und den zusätzlichen Ansprüchen und Aufgabestellungen, die aus diesen folgen, umzugehen. Zwischen bereits bestehenden Betätigungsfeldern werden in diesem Sinne Synergien zunehmend stärker genützt.

Zunehmender Wettbewerb innerhalb des sozialen Sektors: Aus den bisher dargestellten Entwicklungstrends folgt nicht zuletzt ein höherer Grad an Wettbewerb, der sich zwischen den Akteuren im Sozialwesen abzeichnet. Dies erfordert eine zunehmende Profilierung und Abgrenzung des Leistungsspektrums (Festlegung und Verfolgung von Alleinstellungsmerkmalen bzw. unique selling propositions (USPs)) sowie eine weitere Fokussierung auf die Bedürfnisse der „Kunden" dieser Organisationen (z. B. erweiterte Öffnungszeiten für stationäre Einrichtungen).

Zunehmende Nähe zu gewinnorientierten Unternehmen: Auch das Verhältnis dieser (typischerweise nicht gewinnorientierten) Organisationen zu gewinnorientierten Unternehmen verändert sich: Einerseits gewinnen das Sponsoring zur Finanzierung sozialer Leistungen und eine Vielzahl an weiteren Kooperationsformen an Bedeutung. In vielen Teilbereichen lässt sich andererseits ein neu einsetzender Wettbewerb zwischen diesen verschiedenen Organisationen feststellen, als auch gewinnorientierte Unternehmen viele dieser Tätigkeitsbereiche zu erschließen beginnen.

Diese Entwicklungen treffen in vielen Punkten ebenso auf die Situation der Kindergärten zu. In mancherlei Hinsicht sind sie vielleicht noch weniger betroffen als andere Teilbereiche des Sozialwesens, etwa die Altenpflege. Es zeigen sich von Bundesland zu Bundesland und von Träger zu Träger gewisse Unterschiede. Allerdings ist davon auszugehen, dass sich letztlich auch hier Entwicklungen einstellen werden, die in den anderen Teilbereichen teilweise nur schon früher begannen und nun den Professionalisierungsdruck auf die Führung von Kindergärten weiter erhöhen. So zeichnet sich für Kindergärten etwa schon ein Trend zu einer leistungsentgeltbasierten Finanzierung in Form der sogenannten „Subjektförderung" (oder Varianten dieser) ab; Sponsoringeinnahmen werden zur Finanzierung bestehender oder neuer Leistungsangebote bedeutsam, Betriebskindergärten zunehmend als neues Betätigungsfeld erschlossen; zusätzliche pädagogische Angebote (z. B. elementarste Mathematik oder Sprachunterricht) ergänzen das bisherige Leistungsspektrum, dieses wird um Angebote auch außerhalb des Rahmens der Elementarpädagogik erweitert (z. B. auf Grundschulstufe); usw. Wettbewerb wird grundsätzlich zu einem wichtigen Thema – in manchen Bundesländern um Leistungsempfänger zur Auslastung vorhandener Kapazitäten, in anderen ohne Auslastungsprobleme spiegelbildlich um geeignete pädagogische Mitarbeitende, um die Leistungserbringung überhaupt aufrechterhalten zu können.

5 Wichtige Aufgabengebiete der Führung von Kindergärten

Die zu treffenden Entscheidungen betreffen eine Vielzahl an Aufgabengebieten, die allesamt andere Fragen thematisieren, die im Laufe der Leistungserbringung zwangsläufig auftreten. Manche davon sind laufend zu treffen, andere typischerweise eher selten, wirken dafür aber umso länger nach. Die wichtigsten dieser Aufgabengebiete sollen anschließend kurz dargestellt werden. Für jedes dieser Gebiete ist der Führungskreislauf zu durchlaufen; insbesondere sind auch Zusammenhänge zwischen den verschiedenen Gebieten zu berücksichtigen und Widersprüche auszugleichen.

5.1 Qualitäts- und Prozessmanagement

Durch die Schwierigkeiten, Qualitäts- und damit Wirkungsziele für die Leistungsempfänger eines Kindergartens festzulegen, ist auch die Erfolgsmessung und -kontrolle erschwert. Dies stellt, wie schon mehrfach betont, typischerweise eine der zentralen Herausforderungen für die Führung dar. Insbesondere Qualitätsmanagementsysteme haben sich vor diesem Hintergrund als Lösungsansätze bewährt, die von Organisationen des Sozialwesens sehr häufig zur Führungsunterstützung herangezogen werden (z. B. *Horak/Baumüller* 2009, S. 55 ff.). Aber auch seitens der öffentlichen Hand wie der allgemeinen Öffentlichkeit sind Erwartungen betreffend die Einführung solcher Systeme festzustellen. Die Zielsetzung ist es, eine analytische Betrachtung und Steuerung der erbrachten Leistungen zu ermöglichen. Die hohe praktische Akzeptanz im Bereich der Kindergärten zeigt sich auch bei der großen Zahl an Trägern, die mit Zertifizierungen werben, an der Vielzahl an verschiedenen Qualitätsmanagementsystemen sowie an der Fülle an einschlägigen Publikationen zu dem Thema (neben den bereits zitierten Werken z. B. *Ziesche/Gebauer-Jorzick* 2002). Im vorliegenden Handbuch widmet sich deswegen das abschließende *Kapitel 8* ausführlich dem – in Folge nur umrissenen – Themenkomplex.

In der Praxis findet eine Vielzahl an verschiedenen Systemen Verbreitung; das bekannteste Beispiel stellen sicherlich die – gerade bei gewinnorientierten Unternehmen weitverbreiteten – ISO-Standards dar, die jedoch aufgrund ihrer Starrheit oftmals als wenig geeignet für die Praxis von Kindergärten erachtet werden. Weitere Akzeptanz findet demgegenüber das wesentlich flexiblere EFQM-Konzept (European Foundation for Quality Management). Nicht zuletzt wurden in der jüngeren Vergangenheit auch spezifische Systeme für die Bedürfnisse von Kindergärten entwickelt; als Beispiele hierfür sind die KES-R (Kindergarten-Einschätz-Skala, revidierte Fassung) oder NQI (Nationale Qualitätsinitiative im System der Tageseinrichtungen für Kinder) zu nennen.

Kritisiert werden dabei häufig die hohen Kosten solcher Systeme und damit verbunden eine zweifelhafte Kosten-Nutzen-Relation. Eine vorteilhafte Kosten-Nutzen-Relation kann jedoch insbesondere dann gewährleistet werden, wenn diese Systeme nicht nur auf dem Papier stehen, sondern tatsächlich in der Praxis gelebt werden; d. h. Konsequenzen gezogen und Maßnahmen zur kontinuierlichen Weiterentwicklung eingeleitet werden (*Dohmen* 2005). Die Kosten können auch gering gehalten werden, indem z. B. auf externe Zertifizierungen verzichtet wird. Damit entgeht den Organisationen allerdings die häufig positive Außenwirkung solcher Zertifizierungen bei den Anspruchsgruppen.

Gemein ist allen Systemen, dass sie zumeist einem differenzierten Qualitätsverständnis folgen, dass sich gerade für soziale Dienstleistungen auf die (auf *Donadebian* 1966 zurückgehende) Dreiteilung nach Struktur-, Prozess- und Ergebnisqualität zurückführen lässt:

- **Strukturqualität:** bezeichnet die Rahmenbedingungen der Leistungserbringung hinsichtlich personeller, infrastruktureller und fachlicher Ressourcen.
- **Prozessqualität:** bezeichnet die Art und Weise, auf welche die Leistung – insbesondere durch die Mitarbeitenden – erbracht wird.
- **Ergebnisqualität:** bezeichnet die konkreten Ergebnisse, die durch die Leistung bei den Leistungsempfängern erzielt werden (d. h. die Wirkungen der Leistung).

Insbesondere auf den Ebenen der Struktur- und Prozessqualität finden einfach nachvollziehbare Kennzahlen Anwendung, die nicht zuletzt Effizienzaspekte betonen. Wie für die gesamte Führung eines Kindergartens, zeigt sich auch hier, dass gerade die Feststellung der Ergebnisqualität besonders herausfordernd ist. Daher wird auf dieser Ebene häufig mit sehr einfachen Indikatoren gearbeitet, welche sich den eigentlichen Wirkungszielen nur annähern. Die Überlegung hinter dieser Dreiteilung ist jedoch, dass die wesentlich leichter zu messenden und daher auch zu steuernden Ebenen der Struktur- und Prozessqualität sich direkt auf die Qualität der Leistungsergebnisse auswirken. Die Beliebtheit von Qualitätsmanagementsystemen erklärt sich dadurch, dass sie so ermöglichen, trotz des Fokus auf diese beiden vorgelagerten Ebenen „von der Effizienz des Verfahrens auf die Effektivität der Aufgabenlösung“ (*Schauer* 1989, S. 291) zu schließen.

Ein ausgebautes Prozessmanagement ist zentraler Bestandteil eines jeden Qualitätsmanagementsystems. Mit diesem werden die Prozesse, die für die Leistungserbringung abgewickelt werden, erfasst und dokumentiert (z. B. in Form eines Prozesshandbuches). Bezweckt wird damit eine Standardisierung und Optimierung der Abläufe, wodurch es für die Führung zu einem der wichtigsten Steuerhebel betreffend die Leistungserbringung wird. Für Organisationen, die sich noch nicht tiefergehend mit Qualitätsmanagementsystemen auseinandergesetzt haben, stellt dies oftmals einen ersten Ansatzpunkt für dahingehende Überlegungen dar.

Weiterführende Aussagen über die Ergebnisqualität, d. h. mit den Leistungen tatsächlich erzielten Wirkungen, ließen sich primär über Methoden der sozialwissenschaftlichen Evaluation gewinnen (dazu statt vieler *Rauscher et al.* 2012). Trotz der damit verbundenen Kosten und methodischen Herausforderungen wird dies zwar immer mehr zu einem bedeutsamen Thema, ist aber dennoch vergleichsweise von geringerer praktischer Relevanz für die Führung (z. B. *Horak/Baumüller* 2009; *Phineo* 2013). Aufgrund der Tatsache, dass eine solche differenzierte Auseinandersetzung mit den Wirkungen bisher noch nicht von der öffentlichen Hand eingefordert wird, kommt ihr gegenwärtig eine geringere Dringlichkeit zu. Da sich in anderen Teilbereichen des Sozialwesens aber schon klare Entwicklungen in diese Richtung zeigen, ist längerfristig auch für Kindergärten mit einem Bedeutungsgewinn der Wirkungsmessung zu rechnen.

Im weiteren Sinne dem Qualitätsmanagement zuzurechnen sind auch die (externen) Fachaufsichten, welche die Umsetzung der primär gesetzlichen Vorgaben zur Leistungserbringung überwachen. Diese regelmäßigen Kontrollen betreffend die Einhaltung der Rahmenbedingungen des Kinderbetreuungsgesetzes in dem jeweiligen Bundesland sind daher oftmals – gerade bei kleinen privaten Trägern – ein weiterer Ausgangspunkt für die Entwicklung eigener Zugänge zum Qualitätsmanagement.

5.2 Kommunikation

Auf die Notwendigkeit einer aktiven Kommunikation mit den Anspruchsgruppen im Führungsumfeld wurde bereits hingewiesen. Diese ist für eine erfolgreiche Führung unerlässlich. Weiterführend lassen sich zwei Ausprägungen der Kommunikationsaktivitäten unterscheiden, deren Bedeutung für Kindergärten ebenso zunehmend thematisiert wird: PR (Public Relations bzw. Öffentlichkeitsarbeit) und Werbung im Rahmen des Marketings. *Kapitel 7* des vorliegenden Handbuches ist diesen Themen ausführlich gewidmet.

Mithilfe von Konzepten und Instrumenten der Öffentlichkeitsarbeit soll ein zielgerichteter Austausch zwischen der Organisation und ihren Anspruchsgruppen gewährleistet werden. Dabei steht insbesondere die Positionierung der Organisation im Fokus – den Anspruchsgruppen soll klar sein, worauf sie sich bei dieser Organisation verlassen können, wofür sie steht, welche Leistungsversprechen sie geben kann. Damit schafft die Öffentlichkeitsarbeit Vertrauen und nimmt eine wichtige Rolle im Zielbildungsprozess ein. Gerade im Kontext sozialer Dienstleistungen basieren diese Überlegungen auf dem alten Prinzip: „Tue Gutes und rede darüber“.

Für Kindergärten leitet sich daraus die Notwendigkeit ab, ein klares Profil zu erarbeiten – womit ein Alleinstellungsmerkmal verbunden ist, das die Einrichtung an den Bedürfnissen der Leistungsempfänger ausrichtet und damit von den Angeboten anderer abhebt (*Fialka* 2011). Man kann hier auch die Idee der „Marke“ übertragen, die entwickelt und gepflegt werden muss (*Purtschert* 2003). Eine wichtige Rolle spielt dabei typischerweise das Leistungsangebot (insbesondere über angebotene Zusatzleistungen) bzw. die „Philosophie“ eines Kindergartens.

In die Öffentlichkeitsarbeit sind alle Mitarbeitenden der Organisation einzubinden – vom Träger bis hin zur Kindergartenleitung und den pädagogischen Mitarbeitenden. Diese werden alle zu „Markenbotschaftern“ der Organisation und prägen ganz entscheidend das Bild, das bei den Anspruchsgruppen hierzu entsteht. Um eine organisationsweite Einheitlichkeit und klare Ausrichtung sicherzustellen, ist zumeist eine zentrale Koordination auf Trägerebene ratsam. Besonders gefordert ist aber stets die Kindergartenleitung, die Öffentlichkeitsarbeit auch in der Praxis gut zu leben.

An eine solche Positionierung des Kindergartens knüpfen anschließend auch Marketing-Überlegungen an (*Kammrath/Jaschinsky* 2008). Marketing beschäftigt sich stärker mit der Vermarktung der angebotenen Dienstleistungen, geht aber weit über bloßes Verkaufen hinaus; sie stellt stets die Frage nach den zu befriedigenden

Bedürfnissen und den dafür notwendigen Leistungen an den Anfang aller Überlegungen. Wichtige Aspekte umfassen:

- **Produktpolitik**: Wie müssen die angebotenen Leistungen aussehen, um die Bedürfnisse der Anspruchsgruppen bestmöglich zu erfüllen?
- **Preispolitik**: Welchen Anspruchsgruppen darf welche Leistung wieviel kosten?
- **Kommunikationspolitik**: Wie kann die Marke des Kindergartens am besten kommuniziert und die angebotenen Leistungen beworben werden?
- **Distributionspolitik**: Wie kommt insbesondere der Leistungsempfänger an die Leistung (z. B. Anmeldung, Bringdienste, etc.)?

Ein typisches Instrument des Marketings sind Kundenbefragungen; diese können helfen, die Bedürfnisse gerade der Leistungsempfänger besser zu verstehen und das eigene Handeln an diesen auszurichten. Allerdings sind diese – wie schon angemerkt – in der Praxis noch wenig verbreitet und stellen somit ein wichtiges Entwicklungsfeld dar, insbesondere in einer institutionalisierten, regelmäßigen Form.

Öffentlichkeitsarbeit und Marketing richten sich natürlich in einem hohen Maße an die Leistungsempfänger, dürfen dabei aber nicht auf die weiteren Anspruchsgruppen vergessen, da diesen – wie dargestellt – gleichsam zentrale Bedeutung zukommt. Bei der öffentlichen Hand (bzw. zwischen verschiedenen Abteilungen innerhalb dieser) muss die eigene Leistung entsprechend gut beworben und eine Vertrauensbeziehung für eine gute Zusammenarbeit kontinuierlich gefestigt werden. Und auch das Bild in der allgemeinen Öffentlichkeit, z. B. in der Gemeinde, beeinflusst maßgeblich den Erfolg – bspw. über Folgen hinsichtlich der Nachfrage potentieller Leistungsempfänger oder des Zugangs zu entscheidenden Ressourcen wie z. B. pädagogischen Mitarbeitenden, die für eine Arbeit in dem Kindergarten gewonnen werden sollen.

Die Mitarbeitenden sind aber auch selbst als wichtige interne Anspruchsgruppe Adressaten der Öffentlichkeitsarbeit. Sie sind über die gemeinsamen Ziele aufzuklären und insbesondere sind ihre Beiträge zu diesen darzulegen. Darüber hinaus sind die organisatorischen „Spielregeln“ ein zentraler Punkt, der offen zu kommunizieren ist. Auch kann das weiterführende Betonen der gemeinsamen organisationalen Identität sinnstiftend und damit motivierend wirken. Dieser Kommunikation kommt gerade für das Personalmanagement eine hohe Bedeutung zu.

Als eine Sonderform der Kommunikation gewinnt in der Praxis zunehmend die Krisenkommunikation an Bedeutung. Diese befasst sich mit der Öffentlichkeitsarbeit vor (!), während und nach Krisensituationen. Hierbei handelt es sich um für eine Organisation bedrohliche oder zumindest als bedrohlich wahrgenommene Situationen. Zunehmend finden sich eigene Konzepte für die Abwicklung der Kommunikation – hinsichtlich Zuständigkeiten, Prozessen und Inhalten („Wer soll wann über was mit wem sprechen?“) –, die in Organisationen erarbeitet werden. Aber auch als Vorstufe dazu ist eine Klärung der grundlegenden Vorgehensweisen und internen Verantwortlichkeiten im Falle einer auftretenden Krise eine wichtige Vorbereitung. Zielsetzung ist es, dadurch effektiver auf Krisensituationen reagieren zu können, das Vertrauen bei den Anspruchsgruppen aufrechtzuerhalten oder sogar zu stärken, sowie damit insbesondere eine Eskalation von Krisensituationen zu vermeiden und zu deren Beseitigung beizutragen (*BMI* 2008).

5.3 Personalmanagement

Als drittes zentrales Aufgabengebiet kann das Personalmanagement identifiziert werden. Seine Relevanz erklärt sich bereits aus dem Wesen sozialer Dienstleistungen, nämlich dass diese Leistungen primär durch Menschen für Menschen erbracht werden. Durch die Art und Weise der Leistungserbringung entsteht erst die Qualität, die vom Leistungsempfänger wahrgenommen wird. Dadurch gewinnt der wirkungsvolle Einsatz der Mitarbeitenden an entscheidender Bedeutung als Führungsaufgabe. Darüber hinaus stellen die Personalkosten regelmäßig den größten Kostenblock für die Organisationen dar. *Kapitel 3* dieses Handbuches vertieft die hier im Anschluss thematisierten Aspekte.

Besonders Bedacht zu nehmen ist auf den Umstand, dass die Rahmenbedingungen hinsichtlich Zahl und Qualifikation der erforderlichen pädagogischen Mitarbeitenden klaren gesetzlichen Vorgaben unterliegen. Dies schränkt den Handlungsspielraum der Organisationen weitgehend ein und führt zumeist zu einem Bedarf nach entsprechend einschlägig (hoch-)qualifizierten Mitarbeitenden. Ein zentrales Handlungsfeld besteht somit darin, entlang dieser Vorgaben das Vorhandensein des erforderlichen Personals zur Aufrechterhaltung der Leistungserbringung zu gewährleisten. Daraus folgende weitere Schwerpunkte liegen auf der laufenden (Weiter-)Qualifizierung des Personals sowie der Kontrolle von Fluktuation und Fehlzeiten. Zu einer besonderen Herausforderung – und einem generellen Entwicklungsfeld in der Praxis – wird dabei die Personalplanung (z. B. *Ridder/ Neumann* 2003).

Mit Fluktuation und Fehlzeiten in enger Verbindung stehend ist die Aufgabe zu sehen, die Motivation der Mitarbeitenden zu gewährleisten bzw. weiter zu fördern. Weite Teile der Forschung zum Personalmanagement im Sozialwesen widmen sich der Frage, welche Besonderheiten hier zu beachten sind. Häufig weisen die – nicht immer eindeutigen – Befunde darauf hin, dass gerade ein hoher Grad an intrinsischer Motivation für Menschen in diesem Tätigkeitsfeld charakteristisch ist. Dies macht die Übertragung von bewährten Praktiken gerade aus dem Bereich gewinnorientierter Unternehmen problematisch. Grundsätze, die im Kindergarten-Personalmanagement an Bedeutung gewinnen, sind demgegenüber die Delegation von Verantwortung und damit Partizipation an der Gestaltung des Leistungsprozesses sowie eine auf Vertrauen und Wertschätzung basierende Organisationskultur (z. B. *Fialka* 2011, S. 112). Führungsseitig sind hier somit eine stärker mitarbeiter- als aufgabenorientierte Führung sowie ein mehr transformationaler als transaktionaler Führungsansatz zu nennen. Damit in enger Verbindung kann ein zweckmäßig ausgestaltetes Personalmanagement auch ein Lösungsansatz für das Problem der hohen Burn-out-Gefährdung sein, das für Menschen im Sozialbereich besonders relevant ist.

Kindergärten unter öffentlicher Trägerschaft sind hier – noch – von größeren Unterschieden zu privaten Einrichtungen gekennzeichnet. Diese umfassen z. B. ein oftmals höheres Gehaltsniveau, dafür aber auch eine noch höhere Regulierungsdichte (etwa hinsichtlich Arbeitszeiten) und damit einen typischerweise höheren Grad an Bürokratisierung, was mitunter der Selbständigkeit und Partizipation der Mitarbeitenden im Wege steht. Allerdings lässt sich in diesem Punkt ein zunehmendes Angleichen zwischen privaten und öffentlichen Einrichtungen erwarten (z. B. *Koch* 2003). Die Hauptaufgabengebiete des Personalmanagements liegen in der Praxis auf der Personalrekrutierung, -administration und -qualifizierung. Bei öffentlichen Trägern erweist sich hier das teilweise noch verbreitete Zulagenwesen (was dann auch eine komplexere Personalverrechnung nach sich zieht) und der Umgang mit der besonderen Stellung verbeamteter Mitarbeitender als Herausforderung. Die aktive Einbindung der Mitarbeitenden in den Führungsprozess – z. B. in Form von Mitarbeiterbefragungen – ist bei fast allen Trägern noch ein Entwicklungsfeld, dessen Potential allerdings zunehmend erkannt wird.

5.4 Investition und Finanzierung

Letztlich sind es auch Mittelherkunft und Mittelverwendung, die zentrale Fragen für die Führung eines Kindergartens darstellen. Wie schon dargestellt, kommt hier bei der Finanzierung noch immer der öffentlichen Hand die wichtigste Rolle zu. Eine ausführliche Darstellung der zu beachtenden Rahmenbedingungen erfolgte bereits in *Beitrag 2.1*.

Über das Bewusstsein und die entsprechende Nutzung der vorgegebenen Rahmenbedingungen hinaus ist auch für dieses Aufgabenfeld eine Vielzahl an Entscheidungen zu treffen. Diese betreffen etwa Fragen, ob bzw. unter welchen Voraussetzungen ein Projekt wirtschaftlich tragfähig ist – man denke etwa an die oft auftretende Entscheidung zwischen Kauf, Miete oder Leasing einer Infrastruktureinrichtung. Professionelle Instrumente wie z. B. Investitionsrechnungsverfahren können hier Anwendung finden, sind aber in der praktischen Umsetzung oftmals mit besonderen Herausforderungen für NPOs verbunden (z. B. *Anthony/Young* 1994, S. 431 ff.); da diese Kosten gerade im Vergleich zu den Personalkosten von geringerer Bedeutung sind, finden sich derartige Verfahren in der Praxis der Führung von Kindergärten wenig verbreitet. Auch die (Nach-)Verhandlung (der Höhe und Modalitäten) der laufenden Förderung ist hierunter zu subsumieren.

Ähnliche Fragen stellen sich hinsichtlich der Finanzierung: Ist es sinnvoll bzw. vom wirtschaftlichen Standpunkt her tragbar, einen Bankkredit aufzunehmen? Welche Konditionen sind leistbar? Aber auch andere, bisher weniger thematisierte Aspekte stellen die Führung vor Herausforderungen: In welcher Höhe dürfen bzw. sollen Kindergärten Gewinne erzielen, um z. B. Rücklagen aufzubauen oder andere Leistungsangebote querzusubventionieren (*Young* 1982)? Bis zu welcher Höhe ist es diesfalls sinnvoll bzw. notwendig, Rücklagen zu erwirtschaften (*Schauer* 2012)? Diese Fragen sind besonders heikel, da sie oftmals als nicht vereinbar mit nicht gewinnorientierten Organisationen gesehen werden. Sie sind typischerweise nur auf Trägerebene zu klären (auch, da bspw. Bankkredite zumeist nicht für einzelne Einrichtungen, sondern für die gesamte Trägerorganisation aufgenommen werden) und oftmals Anlass besonders intensiver Diskussionen mit verschiedenen Anspruchsgruppen (nicht zuletzt der öffentlichen Hand als Finanzier).

5.5 Standortwahl

Die typischerweise erste und anschließend nicht mehr (ohne größere Probleme) reversierbare Entscheidung betrifft die Wahl des Standortes für den Kindergarten (ausführlich *Wala/Haslehner* 2010, S. 253 ff.). Hierbei dreht sich viel um die Fragen, ob in einer Gemeinde Bedarf nach den angebotenen Leistungen besteht und welche Lage in dieser Gemeinde die Leistungserbringung begünstigt (unter den Restriktionen der Verfügbarkeit und Finanzierbarkeit). Diese Entscheidung ist nur auf Basis sorgfältiger Analysen auf Trägerebene und anschließenden Gesprächen und Verhandlungen mit der öffentlichen Hand (typischerweise den Bürgermeistern) zu treffen. Private Träger haben sich zunehmend auch Ausschreibungsverfahren zu stellen, um den Zuschlag für einen Standort zu erhalten. Anschließend ist ggf. ein Abwägen zwischen verschiedenen Alternativen für die Umsetzung erforderlich, wobei dies auf Basis sorgfältig erarbeiteter Kriterien zu erfolgen hat (*Thommen/Achleitner* 2012, S. 106).

Marktanalysen bieten sich besonders zur Entscheidungsvorbereitung an. Ziel ist es, eine möglichst vollständige und tiefgehende Analyse des Standortumfeldes (insbesondere hinsichtlich der Zielgruppen für das Leistungsangebot, der Höhe des Bedarfs und der Bedürfnisse hinsichtlich der angebotenen Leistungen; weiterhin bzgl. der Personalverfügbarkeit in qualitativer wie in quantitativer Hinsicht), was auch eine Berücksichtigung bereits bestehender Angebote an Kindergärten und alternativen Kinderbetreuungsmöglichkeiten umfasst. Wichtig ist, dass aus diesen Analysen in Folge auch entsprechende Konsequenzen für den Entscheidungsprozess gezogen werden.

Gerade in Bundesländern, in denen Kindergärten mit Auslastungsproblemen zu kämpfen haben, kann sich eine andere Fragestellung ergeben: Wann ist es sinnvoll bzw. notwendig, einen Standort zu schließen? Diesfalls sind Konzepte gefordert, die den Umgang mit den bestehenden Dienstnehmern und Leistungsempfängern festlegen und auch hier eine effiziente Abwicklung gewährleisten. In solchen Fällen wird wieder der Kommunikation zentrale Bedeutung zukommen.

Lange Zeit waren die Träger selbst in diesem Prozess selten von sich aus aktiv geworden, sondern sie reagierten zumeist auf konkrete Anfragen seitens der zuständigen politischen Ebenen; hierfür waren von Ersteren insbesondere entsprechende Kontakte sorgfältig zu pflegen, um ihre Einbindung zu gewährleisten. Inzwischen gewinnt das aktive Herantreten an Gemeinden zunehmend an Bedeutung für private Träger, um neue Projekte realisieren zu können. Die Anforderungen, die hierbei zunehmend an die Organisationen gestellt werden, sind

u. a. eine hohe Servicequalität, Flexibilität, umfassendes Know-how und Beratung. Im städtischen Kontext werden die Entwicklungen von privaten Kinderbetreuungseinrichtungen teilweise durch Träger geprägt, die aktiv Projekte mit Bauträgern entwickeln und diese dem Bedarf angepasst in den städtischen Bezirken zur Umsetzung bringen (als ein gutes Beispiel hierfür kann etwa die Stadt Graz angeführt werden).

5.6 Rechtsformwahl

Auch die Wahl der Rechtsform ist von derselben grundlegenden Bedeutung. Diese ist jedoch typischerweise nicht für jeden Kindergarten zu treffen, sondern nur einmal auf Ebene des Trägers. Diesen steht hierfür eine Vielzahl an Rechtsformen zur Verfügung, die allesamt in nationalen Gesetzen (insbesondere im Gesellschafts- und Abgabenrecht) geregelt sind. Die sorgfältige Entscheidung für eine dieser Rechtsformen erfordert ebenso ein klares Bewusstsein über die für die Organisation relevanten Entscheidungskriterien (ausführlich *Nowotny* 2013).

Abzuwägen sind typischerweise die Kosten, die mit der Wahl der Rechtsform verbunden sind (z. B. für die Gründung, Buchführung, zu installierenden Organe, usw.). Auch ergeben sich hinsichtlich der (persönlichen) Haftung der Führungsorgane Unterschiede zwischen den einzelnen Rechtsformen. Unterschiedliche Rechtsformen sind darüber hinaus mit abweichenden Publizitätsvorgaben verbunden, was somit insbesondere die Transparenz hinsichtlich der Finanzzahlen maßgeblich beeinflusst. Auch folgen mitunter Einschränkungen aus dem Gesellschafts- oder (seltener) Abgabenrecht, die zu beachten sind (etwa hinsichtlich des Spektrums an zulässigen Aktivitäten, das entfaltet werden darf).

Die beliebteste Rechtsform privater Träger sowohl im Sozialwesen allgemein, als auch betreffend den Betrieb von Kindergärten, ist der Verein. Aus Überlegungen betreffend die Haftung der Vereinsorgane, die mit dem Ausmaß der Aktivitäten und des damit investierten Vermögens an Bedeutung gewinnen, zeichnet sich bei größeren Trägern eine Tendenz zur Wahl der GmbH als Rechtsform ab.

5.7 Aufbauorganisation

Die anschließend gleich nach der Gründung und damit der Rechtsform- sowie Standortwahl folgende Entscheidung – mit einem vergleichsweise geringeren Verbindlichkeitsgrad – ist jene betreffend die Aufbauorganisation – im Sinne eines Organigramms und der Eingliederung der Kindergärten und ihrer Leitungen in die Gesamtorganisation des Trägers. Dies regelt die Zuständigkeiten und den Umfang der Verantwortung einzelner Personen, welche dann noch in Stellenbeschreibungen konkretisiert werden sollten. Auch hier ist das Grundprinzip ein altes (und verweist wieder auf die gesetzten Ziele der Organisation): „structure follows strategy" (*Chandler* 1962); sie soll letztlich der Zielerreichung zuträglich sein – weshalb klare, flexible und schlagkräftige Strukturen gefordert sind. Eine große Trägerorganisation, die Kindergärten nur „nebenbei" betreibt, sieht sich mit anderen Anforderungen an diese Aufbauorganisation konfrontiert, als etwa ein kleiner Träger, der ausschließlich Kindergärten betreibt.

Niederschlag sollten die hier zu tätigenden Überlegungen auch in einem schriftlich festgehaltenen Organigramm, Stellenbeschreibungen für alle Mitarbeitergruppen sowie einer Entscheidungsmatrix (Befugnisse und Berechtigte/Verantwortliche) finden. Diese sind an alle Mitarbeitenden klar zu kommunizieren. Die Aufbauorganisation prägt wesentlich die Prozesse in einer Organisation (die sogenannte Ablauforganisation) und insbesondere die Abstimmungswege in dieser. Sie ist laufend auf ihre Übereinstimmung mit den verfolgten (strategischen) Zielen zu überprüfen und weiterzuentwickeln – gerade ein starkes Wachstum der Trägerorganisationen kann z. B. die Einführung von zusätzlichen Führungsebenen (häufig ein sogenanntes „Regionalmanagement") erfordern (*Fialka* 2011, S. 187 ff.) – was für die Organisation aber mit zusätzlichen („Overhead-")Kosten verbunden und daher sorgfältig abzuwägen ist. Entscheidender Maßstab ist stets die effektive und effiziente Steuerbarkeit einer Organisation. Ein weiteres Gütemerkmal erfolgreicher Organisationsstrukturen ist nicht zuletzt, dass es ihnen gelingt, die pädagogischen Mitarbeitenden so „freizuspielen", dass sich diese auf die eigentliche Leistungserbringung konzentrieren können.

6 Die Ebenen der Führung von Kindergärten

6.1 Überblick

Abschließend unterscheidet man für die Führung üblicherweise drei grundsätzliche Ebenen, auf denen Entscheidungen zu treffen sind – die normative, die strategische und die operative Führung. Diese sind für das Gesamtzielsystem der Organisation gleichermaßen relevant und müssen gut aufeinander abgestimmt sein. Jedes der zuvor vorgestellten Aufgabengebiete findet sich auch auf den verschiedenen Ebenen wieder; so gibt es etwa ein strategisches und operatives Marketing, Personalmanagement, usw.; darüber hinaus sind diese Aufgabengebiete auch im (normativen) Wertesystem der Organisation zu verankern. Die relevanten Anspruchsgruppen sind auf allen Ebenen zu adressieren.

In Literatur und Praxis sind verschiedene Abgrenzungen dieser Führungsebenen anzutreffen, die sich zumeist auf den folgenden Kern zurückführen lassen:

- **Normative Führung** beschäftigt sich mit dem Wertefundament der Organisation. Hier geht es um Sinngebung und Sinnverwirklichung aller Akteure. Man kann hier auch von den Wurzeln der „Organisationsethik" sprechen. Typischerweise werden hier die Wirkungen festgehalten, die erzielt werden sollen und somit die obersten Ziele der Organisation begründen (*Andeßner* 2009). Weiterhin wird hier auch dargelegt, auf welchen Geschäftsfeldern mit welchen grundsätzlichen Maßnahmen die Zielerreichung bewerkstelligt werden soll.
- **Strategische Führung** beschäftigt sich mit der Schaffung und Wahrung von Erfolgspotentialen. Erfolgspotentiale sind die Chancen und Ressourcen, die Or-

ganisationen brauchen, um in Zukunft erfolgreich zu sein; durch sie heben sich Organisationen von anderen ab und legen damit den Grundstein für nachhaltigen, dauerhaften Erfolg der Organisation bei ihren Anspruchsgruppen (*Eschenbach/Siller* 2009, S. 23). Häufig werden hierunter auch alle langfristigen Ziele und Maßnahmen subsummiert, die einen Zeitraum von 1–5 Jahren betreffen (bisweilen wird die Mittelfristperspektive von 1–3 Jahren gesondert behandelt). Gerade in Anbetracht der hohen Bedeutung des politischen Umfeldes orientieren sich die strategischen Planungszeiträume bei Kindergärten aber oftmals auch an diesen politischen Rahmenbedingungen (z. B. Legislaturperioden).
- **Operative Führung** beschäftigt sich mit der laufenden Leistungserbringung (sozusagen dem „Tagesgeschäft"). Hierbei gilt es, die geschaffenen Erfolgspotentiale zu nutzen und die Leistungsqualität sowie die Kosteneffizienz sicherzustellen. Operative Ziele und Maßnahmen werden üblicherweise für den Zeitraum eines Jahres gesetzt (Budget).

Erfolgreiches Handeln erfordert eine Führung, die auf diesen verschiedenen Ebenen aktiv wird und sie verzahnt; Strategien müssen im Einklang mit dem normativen Fundament einer Organisation stehen und anschließend in konkrete operative Handlungen umgesetzt werden. Studien, insbesondere von Organisationen im Sozialwesen, zeigen dabei, dass typischerweise die normative Ebene, aber auch die operative Ebene ausgeprägt sind (z. B. *Horak/Baumüller* 2009). Demgegenüber wird die Auseinandersetzung mit den Organisationsstrategien oftmals wenig aktiv betrieben, da der längerfristige Handlungsspielraum als zu stark eingeschränkt von den (insbesondere politischen und demographischen) Umfeldbedingungen wahrgenommen wird. Dies wird als Einschränkung in den eigenen längerfristigen Entscheidungsspielräumen empfunden, wodurch Trägerorganisationen lange Zeit zu reaktivem Verhalten neigten. Jedoch lässt sich gerade auch in diesem Kontext mit einem differenzierten Einsatz strategischer Instrumente wichtiges Nutzenpotential erschließen (*Horak/Baumüller* 2013). Diese Erschließung lässt sich inzwischen zunehmend bei großen privaten wie auch bei öffentlichen Trägern feststellen.

6.2 Normative Führung

Der grundlegende Zweck einer Organisation wird üblicherweise in Form eines Leitbilds, einer Mission (bzw. „Mission Statement") und/oder einer Vision festgehalten (*Schermann/Silber/Volcic 2013, S. 58 ff.*). Während eine Mission außenorientiert ist, richtet sich die Vision nach innen auf die eigene Organisation und ein Leitbild kann beide Perspektiven gleichzeitig abdecken.

Bei der Mission ist die Frage, welcher Unterschied durch das Handeln der Organisation gemacht werden soll, also welchen Nutzen die Anspruchsgruppen hieraus ziehen können. In anderen Worten: Warum ist es wichtig, dass es die Organisation gibt? Das bezieht sich grundsätzlich auf die Gesamtorganisation des Trägers und umfasst auch alle anderen Leistungsbereiche außerhalb des Kindergartenbereichs. Die Gestaltung hat so zu erfolgen, dass sie für alle Leistungsbereiche gleichermaßen Gültigkeit besitzt und insbesondere auch die Zusammenhänge zwischen diesen darstellt.

Wir begleiten Menschen – ein Leben lang!

Das als Beispiel angeführte Mission Statement von WIKI zielt darauf, dass das soziale Kompetenzportfolio der gesamten Organisation über alle ihre Leistungsbereiche hinweg den Anspruchsgruppen in einem kurzen und prägnanten Satz vermittelt wird. Das Bildungs- und Betreuungsangebot der Organisation reicht von der Kleinstkinderbetreuung über die Jugendarbeit bis hin zu den SeniorInnen; es kann somit generationsübergreifend angeboten werden. Menschen können über alle Phasen ihres Lebens mit WIKI in Verbindung stehen und von den Leistungen der Organisation profitieren. Der Kindergartenbereich ist so als ein – früher und wichtiger, aber nicht ausschließlicher – Baustein im Leistungsspektrum verankert. Im Rahmen des Mission Statements soll der verbindende Gedanke zwischen den verschiedenen Leistungsangeboten Betonung finden.

Ergänzt wird die Mission durch die Vision, die ein Zukunftsbild davon zeichnet, welcher Zustand durch das Handeln der Organisation letztlich erreicht werden soll. In der Praxis fallen aber oftmals Mission und Vision zusammen, da eine klare Trennung nicht immer möglich bzw. sinnvoll ist (*Helmig/Boenigk* 2012, S. 76). Beide gehen auch in das üblicherweise umfassender ausformulierte Leitbild ein, welches sich näher mit Fragen der Identität und den grundlegenden Werten beschäftigt. Dieses richtet sich damit gleichsam an die internen und externen Anspruchsgruppen der Organisation und verkörpert letztlich die zentralen Leistungsversprechen an diese. Damit spielt das Leitbild für die Öffentlichkeitsarbeit eine wichtige Rolle und vermag die Erwartungen der Anspruchsgruppen an die Organisation zu beeinflussen (*Horak/Speckbacher* 2013, S. 160). Auch hier ist nochmals auf die Wichtigkeit hinzuweisen, dass diese Versprechen gelebt werden, um einen langfristigen Erfolg sicherzustellen.

Wir sind DER innovative und familienfreundliche Anbieter in der Betreuung, Begleitung und Bildung von Menschen in Österreich.

WIKI ist eine gemeinnützige Sozialorganisation im Eigentum des Vereines Österreichisches Kinderrettungswerk, Landesverband Steiermark, kurz: „WIKI", Wir Kinder. Die Wurzeln unserer Tätigkeiten im Bereich der Kinder- und Jugendarbeit reichen bis ins Jahr 1947 zurück. Insgesamt sind rund 950 MitarbeiterInnen in den Bereichen der Kinder-, Jugend-, Freizeit-, Sozial- und SeniorInnenarbeit tätig.

WIKI stellt die Interessen von Kindern, Jugendlichen und älteren Menschen in den Mittelpunkt all seiner Aktivitäten und bemüht sich durch konkrete Angebote die Lebenswelten von Familien zu bereichern, das Zusammenleben zu fördern und die Vereinbarkeit von Familie und Beruf zu unterstützen.

Wir engagieren uns nachhaltig für alle Generationen und unsere MitarbeiterInnen. Dabei spielt der Schwerpunkt Gesundheitsförderung auf Kunden- als auch MitarbeiterInnenebene eine zentrale Rolle. So konnte durch die Eröffnung des ersten zertifizierten Gesundheitskindergartens in Österreich Pionierarbeit geleistet werden.(Fn46)

6.3 Strategische Führung

Strategien stellen das Bindeglied zwischen den Werten einer Organisation und ihren Leistungsversprechen sowie der anschließenden Umsetzung in der täglichen Praxis dar. Gleichzeitig geben sie konkretere Richtlinien für die Weiterentwicklung der Organisation vor. Sie erfordern eine sorgfältige Planung und anschließend eine laufende Kontrolle der Umsetzung (mehr dazu in *Beitrag 2.3*). Zentral ist die Frage danach, wo die Organisation in einer bestimmten Zahl von Jahren stehen und was sie dann leisten soll. Diese Überlegungen finden ebenso auf Ebene des Trägers statt.

Grundlage einer jeden Planung ist eine strategische Analyse einerseits des Organisationsumfelds und andererseits der Ressourcen in der Organisation selbst. In der Literatur finden sich dazu umfangreiche Instrumente und Checklisten ausgearbeitet (z. B. PEST(EL)-Analyse,(Fn47) das Five-Forces-Modell, die SWOT-Analyse, usw.). Gemein ist ihnen, dass grundsätzlich die eigenen Kernkompetenzen (Was kann die Organisation besonders gut?) mit den kritischen Erfolgsfaktoren für das Tätigkeitsfeld (Was wird von der Organisation erwartet?) in Übereinstimmung zu bringen sind (*Horak/Speckbacher* 2013). Für Organisationen im Sozialwesen, die Qualitätsmanagementsysteme anwenden, bieten diese oftmals Ansatzpunkte für eine ganzheitliche Strategieentwicklung. Besonders relevant ist hier weiterhin die Berücksichtigung der politischen und demographischen Rahmenbedingungen.

Strategien müssen bei Trägern mit unterschiedlichen Leistungsbereichen auf deren jeweiligen Besonderheiten Bedacht nehmen. Je vielfältiger das Leistungsangebot dabei ist, desto herausfordernder wird es, die verschiedenen Tätigkeitsfelder zu koordinieren, im Idealfall können aber dafür Synergieeffekte (sogenannte economies of scope) genutzt werden. Auch wird es in der Praxis zunehmend wichtiger, relevante Querschnittsmaterien wie etwa die betriebliche Gesundheitsförderung im Rahmen der Strategie gesondert zu forcieren.

6.4 Operative Führung

Der wichtigste Orientierungspunkt für die operative Führung von Organisationen des Sozialwesens ist das Jahresbudget. Dieses wird – wie der Name schon sagt – zumeist für ein Jahr im Voraus festgelegt (steht in einigen Fällen aber leider erst während des laufenden Jahres fest) und bestimmt die Leistungen, die erbracht werden sollen, und die Ressourcen, die dafür aufgewendet werden können; Letzteres um-

46. Das Mission Statement von WIKI sowie das Leitbild finden Sie auch unter www.wiki.at.
47. PESTEL steht für **P**olitical, **E**conomic, **S**ocial, **T**echnological, **E**cological and **L**egal.

fasst insbesondere die notwendigen Personalressourcen in Form der pädagogischen Mitarbeitenden. Anschließend gibt das Budget einen verbindlichen finanziellen Rahmen vor, dessen Einhaltung einen wesentlichen Teil der Kontrollaktivitäten im Folgejahr ausmacht (hierzu und auch im Folgenden z. B. *Anthony/Govindarajan* 2007, S. 630 f., und *Beitrag 2.3*). Eine besondere Herausforderung ist es dabei, die Leistungen und Finanzen integrativ zu planen, zumal hier in der Regel ja auch Zielkonflikte vorliegen werden (siehe dazu bereits das in *Abschnitt 3* dieses Beitrages angesprochene Spannungsverhältnis zwischen Effizienz und Effektivität).

Der Verhandlungsprozess ist üblicherweise besonders herausfordernd, da die Anspruchsgruppen häufig unter hohem Zeit- und Ressourcendruck in den Prozess zu integrieren sind und als Resultat eine verbindliche, konkrete Planung zu erfolgen hat. Da die Ergebnisse unmittelbare Konsequenzen für die Beteiligten mit sich bringen und die Aktivitäten des Folgejahres bestimmen, ist hier oftmals mit besonders großen Widerständen zu rechnen. Dies gilt für die internen wie auch für die externen Anspruchsgruppen im gleichen Maße.

Üblicherweise erfolgt hier die Planung sehr detailliert. Im Budget finden die Zahlen der Buchhaltung bzw. Kostenrechnung Niederschlag, aber auch Leistungsmengen (Input und Output) werden erfasst. Weiterhin sind die verschiedenen Teilpläne untereinander abzustimmen und sodann zu einem geschlossenen Ganzen zusammenzufügen. Da für diese Planung zahlreiche Inputs vonseiten der Kindergartenleitungen erforderlich sind, sind diese in die operative Führung sehr stark eingebunden, was sinnvoll erscheint, da sie dann in weiterer Folge ja auch in wesentlichem Maße mit der Umsetzung der Pläne betraut sind.

Eine praktische Herausforderung i. V. m. der Budgetplanung gerade bei großen Trägern liegt in dem Umstand begründet, dass das geplante Geschäftsjahr und das Kinderbetreuungsjahr sehr oft nicht deckungsgleich sind. Hier gibt es zumeist eine Verschiebung von vier Monaten, da das Geschäftsjahr üblicherweise vom 1.1. bis 31.12. und das Kindergartenjahr vom 1.9. bis zum 31.8. geht. Die hieraus resultierende Überschneidung führt einerseits zu einer erhöhten Notwendigkeit der Abgrenzung von Aufwendungen und Erträgen – und somit zu einer entsprechenden Komplexität – im Rechnungswesen (siehe dazu *Beitrag 2.3*). Als vorteilhaft erweist sich aber eine teilweise bessere Planbarkeit des Teils jenes Geschäftsjahres, der sich mit dem bereits angebrochenen Kindergartenjahr überschneidet (z. B. hinsichtlich der Auslastung der Einrichtungen), sowie dass sich bspw. die Fristen für Förderanträge und Abrechnungen sowie für Jahresbudget und Jahresabschluss diesfalls besser handhabbar über das Kalenderjahr verteilen.

7 Grenzen der betriebswirtschaftlichen Führung von Kindergärten

In Abschnitt 2 des Beitrags wurde dargelegt, warum ein Handeln nach betriebswirtschaftlichen Kriterien für die Führung von Kindergärten immer mehr zur Notwendigkeit wird. Viele der dagegen geäußerten Bedenken sind zwar in ihrem Kern berechtigt, basieren aber zumeist auf Vorurteilen oder Sorgen. Dennoch gilt es auch bei gewissenhaftem Einsatz der dargestellten Konzepte und Instrumente Gefahrenquellen zu beachten:

Die Anwendung betriebswirtschaftlicher Konzepte geht oft mit einer Formalisierung der Organisationssteuerung einher; diese verliert häufig an Flexibilität, da klare Prozesswege und Verantwortlichkeiten einzuhalten sind. Gerade auf der Ebene der Mitarbeitenden, welche für die operative Leistungserbringung verantwortlich sind, wird dies oftmals als Störfaktor wahrgenommen. Hier sind insbesondere Notwendigkeit und Nutzen der Maßnahmen klar zu analysieren und kommunikationsintensiv darzustellen – und auf die stets innewohnende Gefahr einer Bürokratisierung bzw. Über-Formalisierung Bedacht zu nehmen.

Damit verbunden, gewinnen auch unweigerlich Zahlen als Entscheidungsgrundlage an Bedeutung. Diese sollen Transparenz schaffen. Dem stehen häufig gerade im sozialen Bereich Sorgen aufseiten der Anspruchsgruppen entgegen. Daher ist es besonders wichtig, dass diese (Finanz-)Zahlen niemals überbetont oder als Selbstzweck gesehen werden, sondern stets der Blick hinter diese unternommen wird: Was sagen sie über die Effektivität und Effizienz der Leistungserbringung aus (siehe dazu auch *Beitrag 2.3*)? Im Zentrum aller Überlegungen müssen die erzielten Wirkungen stehen, weswegen die für die Zahlen Verantwortlichen ein gutes Verständnis der spezifischen Rahmenbedingungen eines Kindergartens mitbringen sollten.

Was bei allen dargestellten Überlegungen abschließend stets zu bedenken ist: Das Wichtigste für die erfolgreiche Führung einer jeden Organisation sind geeignete Ziele, die der Organisation helfen, relevante Wirkungen bei ihren Anspruchsgruppen zu erzielen. Dies erfordert Klarheit darüber, was überhaupt die (zentralen) Anspruchsgruppen einer Organisation sind und welche Bedürfnisse diese haben. Noch so ausgeklügelte betriebswirtschaftliche Instrumente oder der Einsatz betriebswirtschaftlicher „Mode-Schlagwörter“ können Defizite in diesem Bereich nicht aufwiegen (*Sawhill/Williamson* 2001).

Wichtig ist, dass diese Ziele aber stets konkretisiert und gesteuert, d. h. letztlich gemessen und bewertet werden. Hierfür leisten die gleich im Anschluss behandelten Themenfelder des Controllings und Rechnungswesens entscheidende Beiträge.

Literaturverzeichnis

Andeßner, René Clemens (2009). Ethik, Moral und Nonprofit-Organisationen. In: Feldbauer-Durstmüller, Birgit/Pernsteiner, Helmut (Hrsg.): Betriebswirtschaftslehre und Unternehmensethik. Wien: Linde, S. 473–497.

Anthony, Robert N./Govindarajan, Vijay (2007). Management Control Systems, 12. Auflage. Boston: McGraw-Hill.

Anthony, Robert N./Young, David W. (1994). Management Control in Nonprofit Organizations, 5. Auflage. Burr Ridge et al.: Irwin.

Bono, Maria Laura (2010). Der Kunde als König? Kundenorientierung im sozialen Bereich. In: Theuvsen, Ludwig/Schauer, Reinbert/Gmür, Markus (Hrsg.): Stakeholder-Management in Nonprofit-Organisationen, Theoretische Grundlagen, empirische Ergebnisse und praktische Ausgestaltungen. Linz: Trauner, S. 403–413.

Bundesministerium für Inneres (BMI) (2008). Krisenkommunikation, Leitfaden für Behörden und Unternehmen. Rostock: Publikationsversand der Bundesregierung.

Chandler, Alfred D. (1962). Strategy and Structure: Chapters in the History of the American Industrial Enterprise. Cambridge, MA: MIT Press.

Dohmen, Dieter (2005). Kosten und Nutzen eines Gütesiegels für Kindertageseinrichtungen, Studie im Auftrag des Deutschen Jugendinstituts, URL: http://www.kita-portal-mv.de/documents/studie_nutzen_von_gtesiegeln.pdf (26.8.2013).

Donadebian, Avedis (1966). Evaluating the Quality of Medical Care. In: The Milbank Memorial Fund Quarterly, 44 (3), S. 166–206.

Dross, Patrick J./Priller, Eckhard (2013). Ökonomisierung und organisatorischer Wandel im Dritten Sektor in Deutschland. In: Gmür, Markus/Schauer, Reinbert/Theuvsen, Ludwig (Hrsg.): Performance Management in Nonprofit-Organisationen. Bern et al.: Haupt, S. 366–376.

Eichhorn, Peter (1989). Wirtschaftlichkeit der Verwaltung. In: Chmielewicz, Klaus/Eichhorn, Peter (Hrsg.): Handwörterbuch der Öffentlichen Betriebswirtschaft, Stuttgart: Poeschel, Sp. 1797–1803.

Erath, Peter/Amberger, Claudia (2000). Das KitaManagement-Konzept, Kindertageseinrichtungen auf dem Weg zur optimalen Qualität. Freiburg et al.: Herder.

Eschenbach, Rolf/Siller, Helmut (2009). Controlling professionell. Stuttgart: Schäffer-Poeschel.

Fialka, Viva (2011). Handbuch Bildungs- und Sozialmanagement. Freiburg et al.: Herder.

Freeman, Edward R./Reed, David L. (1983). Stockholders and Stakeholders, A New Perspective on Corporate Governance. In: California Management Review, 25 (3), S. 88–106.

Greiling, Dorothea (2010). Stakeholder-Priorisierung als Herausforderung für das Performance Management in Nonprofit-Organisationen. In: Theuvsen, Ludwig/Schauer, Reinbert/Gmür, Markus (Hrsg.): Stakeholder-Management in Nonprofit-Organisationen, Theoretische Grundlagen, empirische Ergebnisse und praktische Ausgestaltungen. Linz: Trauner, S. 91–101.

Halfar, Bernd/International Group of Controlling (IGC) (2010). Wirkungsorientiertes NPO-Controlling. Freiburg et al.: Haufe.

Helmig, Bernd/Boenigk, Silke (2012). Nonprofit Management. München: Vahlen.

Horak, Christian/Baumüller, Josef (2008). Die Professionalisierung der Steuerung in NPOs – aktuelle Befunde aus der Praxis. In: Schauer, Reinbert/Helmig, Bernd/Purtschert, Robert/Witt, Dieter (Hrsg.): Steuerung und Kontrolle in Non-Profit-Organisationen. Linz: Trauner, S. 503–527.

Horak, Christian/Baumüller, Josef (2009). Steuerung in NPOs und der öffentlichen Verwaltung, Entwicklungsstand und Perspektiven, URL: http://www.controller-institut.at/fileadmin/user_upload/Studienauswertung_gesamt_Steuerung_in_NPOs.pdf (26.8.2013).

Horak, Christian/Baumüller, Josef (2013). Controlling und Rechnungswesen in NPOs. In: Simsa, Ruth/Meyer, Michael/Badelt, Christoph (Hrsg.): Handbuch der Nonprofit Organisation, Strukturen und Management, 5. Auflage. Stuttgart: Schäffer-Poeschel, S. 313–334.

Horak, Christian/Baumüller, Josef/Bodenstorfer, Martin/Hahn, Alexandra (2013). Die Führung von NPO in schwierigen Zeiten, Wie hat sich die Krise auf das Management von NPO ausgewirkt? In: Gmür, Markus/Schauer, Reinbert/Theuvsen, Ludwig (Hrsg.): Performance Management in Nonprofit-Organisationen. Bern et al.: Haupt, S. 356–365.

Horak, Christian/Speckbacher, Gerhard (2013). Ziele und Strategien. In: Simsa, Ruth/Meyer, Michael/Badelt, Christoph (Hrsg.): Handbuch der Nonprofit Organisation, Strukturen und Management, 5. Auflage. Stuttgart: Schäffer-Poeschel, S. 159–182.

Kammrath, Sandy/Jaschinsky, Franziska (2008). Möglichkeiten und Grenzen eines strategischen Marketings für Kindertagesstätten, URL: http://www.kitas-im-dialog.de/download/fachthema_wirtschaft_marketing01.pdf (27.8.2013).

Klug, Wolfgang (2001). Erfolgreiches Kita-Management, Unternehmens-Handbuch für LeiterInnen und Träger von Kindertagesstätten. München/Basel: Ernst Reinhardt.

Koch, Reinhard (2003). New Public Management und Ausgestaltung des öffentlichen Personalwesens. In: von Eckardstein, Dudo/Ridder, Hans-Gerd (Hrsg.): Personalmanagement als Gestaltungsaufgabe im Nonprofit und Public Management. München/Mering: Rainer Hampp, S. 271–291.

Lechner, Karl/Egger, Anton/Schauer, Reinbert (2008). Einführung in die Allgemeine Betriebswirtschaftslehre, 24. Auflage. Wien: Linde.

Loitlsberger, Erich (2000). Grundkonzepte der Betriebswirtschaftslehre. München: Oldenbourg.

Mayrhofer, Wolfgang (2013). Nonprofit-Organisationen aus betriebswirtschaftlicher Sicht. In: Simsa, Ruth/Meyer, Michael/Badelt, Christoph (Hrsg.): Handbuch der Nonprofit Organisation, Strukturen und Management, 5. Auflage. Stuttgart: Schäffer-Poeschel, S. 89–106.

Merchel, Joachim (2009). Sozialmanagement, 3. Auflage. Weinheim/München: Juventa.

Meyer, Michael/Simsa, Ruth (2013a): NPOs: Abgrenzungen, Definitionen, Forschungszugänge. In: Simsa, Ruth/Meyer, Michael/Badelt, Christoph (Hrsg.): Handbuch der Nonprofit Organisation, Strukturen und Management, 5. Auflage. Stuttgart: Schäffer-Poeschel, S. 3–14.

Meyer, Michael/Simsa, Ruth (2013b): Besonderheiten des Managements von NPOs. In: Simsa, Ruth/Meyer, Michael/Badelt, Christoph (Hrsg.): Handbuch der Nonprofit Organisation, Strukturen und Management, 5. Auflage. Stuttgart: Schäffer-Poeschel, S. 145–157.

Meyer, Michael/Simsa, Ruth (2013c): Entwicklungsperspektiven des Nonprofit-Sektors. In: Simsa, Ruth/Meyer, Michael/Badelt, Christoph (Hrsg.): Handbuch der Nonprofit Organisation, Strukturen und Management, 5. Auflage. Stuttgart: Schäffer-Poeschel, S. 509–524.

Nowotny, Christian (2013). Rechtliche Gestaltungsformen für NPOs. In: Simsa, Ruth/Meyer, Michael/Badelt, Christoph (Hrsg.): Handbuch der Nonprofit Organisation, Strukturen und Management, 5. Auflage. Stuttgart: Schäffer-Poeschel, S. 183–204.

Phineo (2013). Wirkungsorientierte Steuerung in Non-Profit-Organisationen, URL: http://www.phineo.org/publikationen/(25.8.2013).

Purtschert, Robert (2003). Markenpolitik für Nonprofit-Organisationen. In: Blümle, Ernst-Bernd/Pernsteiner, Helmut/Purtschert, Robert/Andeßner, René (Hrsg.): Öffentliche Verwaltung und Nonprofit-Organisationen, Festschrift für Reinbert Schauer. Wien: Linde, S. 483–494.

Rauscher, Olivia/Schober, Christian/Millner, Reinhard (2012). Social Impact Measurement und Social Return on Investment (SROI)-Analyse, Wirkungsmessung neu?, Arbeitspapier des NPO-Kompetenzzentrums der WU Wien, URL: http://www.wu.ac.at/npo/competence/appliedresearch/leistungsportfolio/working_paper_social_impact_measurement_vs_sroi-analyse.pdf (27.8.2013).

Ridder, Hans-Gerd/Neumann, Sven (2003). Personalplanung in Nonprofit Organisationen. In: von Eckardstein, Dudo/Ridder, Hans-Gerd (Hrsg.): Personalmanagement als Gestaltungsaufgabe im Nonprofit und Public Management. München/Mering: Rainer Hampp, S. 119–140.

Sawhill, John C./Williamson, David (2001). Mission Impossible? Measuring Success in Nonprofit Organizations. In: Nonprofit Management & Leadership, 11 (3), S. 371–386.

Schauer, Reinbert (1989). Controlling in Non-Profit-Organisationen. In: Seicht, Gerhard (Hrsg.): Jahrbuch für Controlling und Rechnungswesen 1989. Wien: Orac, S. 283–314.

Schauer, Reinbert (2008). Rechnungswesen für Nonprofit-Organisationen, 3. Auflage. Bern et al.: Haupt.

Schauer, Reinbert (2012). Zur Funktion des Organisationskapitals in NPO. In: Verbands-Management, 38 (2), S. 6–13.

Schermann, Michael/Siller, Helmut/ Volcic, Klaus (2013). Strategische Managementpraxis in Fallstudien, Umsetzung einer erfolgreichen Strategie in vier Schritten, 2. Auflage. Wien. Linde.

Scheytt, Tobias/Huber, Christian/Junne, Barbara/Junne, Jaromir (2011). Kontextualität von Leistung, Überlegungen zur hartnäckigen Unschärfe eines grundlegenden Begriffs im Controlling. In: Seicht, Gerhard (Hrsg.): Jahrbuch für Controlling und Rechnungswesen 2011. Wien: Lexisnexis, S. 131–153.

Simsa, Ruth/Schober, Christian/Schober, Doris (2004). Nonprofit Organisationen im sozialen Dienstleistungsbereich – Bedeutung, Rahmenbedingungen, Perspektiven, Studie im Auftrag der BAG „Freie Wohlfahrt", URL: http://www.lebensweltheim.at/cms/dv/images/bag-studie.pdf (25.8.2013).

Speckbacher, Gerhard (2007). Stakeholder-orientiertes Performance Management und Nonprofit Governance. In: Badelt, Christoph/Meyer, Michael/Simsa, Ruth (Hrsg.): Handbuch der Nonprofit Organisation, Strukturen und Management, 4. Auflage. Stuttgart: Schäffer-Poeschel, S. 581–595.

Thommen, Jean-Paul/Achleitner, Ann-Kristin (2012). Allgemeine Betriebswirtschaftslehre, 7. Auflage. Wiesbaden: Springer Gabler.

Wala Thomas/Haslehner, Franz (2010). Investitionsrechnung und betriebliche Finanzierung, Eine Einführung mit Fallbeispielen, 3. Auflage. Wien: Lexisnexis.

Wöhe, Günter/Döring, Ulrich (2005). Einführung in die Allgemeine Betriebswirtschaftslehre, 22. Auflage. München: Franz Vahlen.

Young, David W. (1982). 'Nonprofits' need surplus too. In: Harvard Business Review, 60 (1), S. 124–31.

Zische, Ulrike/Gebauer-Jorzick, Silke (2002). Qualitätswerkstatt Kita, Bildungsprozesse in Kindertagesstätten. Neuwied et al.: Luchterhand.

2.3 Controlling und Rechnungswesen im Kindergarten

*Josef Baumüller/Nikolai Haring**

1 Einleitung

In *Beitrag 2.2* wurden die Aufgaben und Rahmenbedingungen dargestellt, die mit der Führung von Kindergärten einhergehen. Diese stellen hohe (und weiterhin steigende) Anforderungen an die mit der Führung dieser Organisationen betrauten Personen. Um diesen gerecht zu werden und den Erfolg des Handelns sicherzustellen, erhalten diese Personen Führungsunterstützung durch das Controlling und Rechnungswesen.

Controlling und Rechnungswesen bezwecken, das Geschehen in Organisationen transparent zu machen und den Führungsprozess in allen Phasen mit Informationen zu unterstützen. Diese Informationen richten sich damit zunächst an die Entscheidungsträger in Unternehmen, in weiterer Folge aber auch an die weiteren internen und externen Anspruchsgruppen. Die Frage, die dabei im Mittelpunkt steht, ist (wieder) jene nach dem optimalen Einsatz der knappen Ressourcen, die notwendig sind, um die bezweckten Wirkungen zu erzielen. Controlling und Rechnungswesen sind somit eng miteinander verbunden. Controlling ist dabei das jüngere Aufgabenfeld, das sich aus dem – bereits Jahrtausende alten – Rechnungswesen entwickelt hat; für Kindergärten und andere Arten von NPOs wird es insbesondere seit den 80er-Jahren im deutschsprachigen Raum intensiv diskutiert. Es basiert auf den Daten des Rechnungswesens, ergänzt diese jedoch um viele weitere Informationen sowie aus diesen abgeleitete Empfehlungen und bereitet sie letztlich so auf, dass Entscheidungen auf einer solchen Basis fundiert getroffen werden können (*Horak/Baumüller* 2013, S. 313; *Eschenbach/Siller* 2009, S. 87 f.).

Gerade (Kenn-)Zahlen spielen damit in beiden Bereichen eine große Rolle. Ihre Bedeutung erklärt sich dabei aus einem Sinnspruch, der üblicherweise *Peter Drucker* zugeschrieben wird: „You can't manage what you can't measure". Um Entscheidungen – häufig unter Zeitdruck – treffen zu können, benötigt es verdichtete Informationen, die konkrete Aussagen zu den verfolgten Zielen (und den Grad ihrer Erreichung) tätigen; welche die Abläufe in den Organisationen zusammenfassen und somit eine Beurteilung hinsichtlich ihrer Zweckmäßigkeit und Effizienz ermöglichen. Genau dies soll durch Kennzahlen auf übersichtliche Art und Weise gewährleistet werden (z. B. *Lechner et al.* 2008, S. 876).

---

* Für die Erarbeitung der Inhalte für diesen Beitrag wurden im Vorfeld ExpertInneninterviews geführt; für die wertvollen Anmerkungen, ohne welche dieser Beitrag nicht möglich gewesen wäre, schulden wir *Kurt Fister* (Geschäftsführer Hilfswerk NÖ) sowie *Hannes Novak*, *Eva Reznicek* und *Hamko Softic* (Mitarbeiter, stv. Leiterin und Personalleiter der MA 10 der Stadt Wien) großen Dank.

Keineswegs beziehen sich diese Kennzahlen ausschließlich auf Finanzinformationen; weit verbreitet sind bspw. Prozesskennzahlen, Qualitätskennzahlen, Personalkennzahlen, usw. Auch wird zunehmend versucht, die bezweckten und erzielten Wirkungen abzubilden und somit stärker in das Controlling und Rechnungswesen zu integrieren (*Bono* 2006). Manche Informationen können aber trotz solcher Bemühungen ausschließlich qualitativ, d. h. verbal wiedergegeben werden; auch diese sind im Controlling und Rechnungswesen zu berücksichtigen. Oftmals sind diese Informationen gerade für Kindergärten und andere Arten von NPOs besonders wichtig, denn nicht alles, was in diesen zählt, kann man (sinnvoll) mit Zahlen messen – allerdings doch wiederum mehr, als man oft meinen möchte. Wie schon *Albert Einstein* treffend sagte: „Nicht alles, was zählt, kann gezählt werden, und nicht alles, was gezählt werden kann, zählt."

Die Herausforderung besteht darin, diese Vielzahl an verschiedenen Informationen zu priorisieren, zu erheben und in weiterer Folge in den Führungsprozess zu integrieren. Dabei darf aber nicht darauf vergessen werden, dass stets die Frage nach den Zielen der Organisation – und damit nach den Wirkungen – im Vordergrund steht. Man kann dann von einer (Entscheidungs-)Nützlichkeit der generierten Informationen sprechen, wenn die Adressaten ihre Entscheidungen durch diese anders (besser) treffen können, als sie es ohne diese hätten tun müssen. Maßstab sind hier wieder die Informationsbedürfnisse dieser Anspruchsgruppen (*Wagenhofer/Ewert* 2007, S. 46).

2 Controlling im Kontext von Kindergärten

2.1 Grundlagen

So geläufig der Begriff des Controllings inzwischen geworden ist, in so unterschiedlichem Sinne wird er mitunter gebraucht. Wie in der Praxis, so finden sich auch in der Literatur sehr viele verschiedene Ansätze (siehe dazu z. B. *Weber/Schäffer* 2011, S. 19 ff.). Der Begriff selbst lässt sich auf den englischen Wortstamm „control" zurückführen, was sich am treffendsten mit „lenken, steuern, regeln" übersetzen lässt. Der sprachlich naheliegende deutsche Begriff „Kontrolle", mit dem Controlling in der Praxis häufig gleichgesetzt wird, entspricht dem nicht, da Kontrolle immer nur ein Teilaspekt der Steuerung von Organisationen ist; Ausgangspunkt ist jedoch stets eine Planung, die vorgibt, welche Ziele wie (d. h. mit welchen Ressourcen und Maßnahmen) erreicht werden sollen. Controlling begleitet folglich den gesamten Führungsprozess, indem es für Klarheit sorgt (*Horak/Baumüller* 2013, S. 314; *Eschenbach/Niedermayr* 1996, S. 84). So, wie man daher von einem Führungskreislauf spricht, gibt es auch einen Controllingkreislauf, der den Führungskreislauf unterstützt:

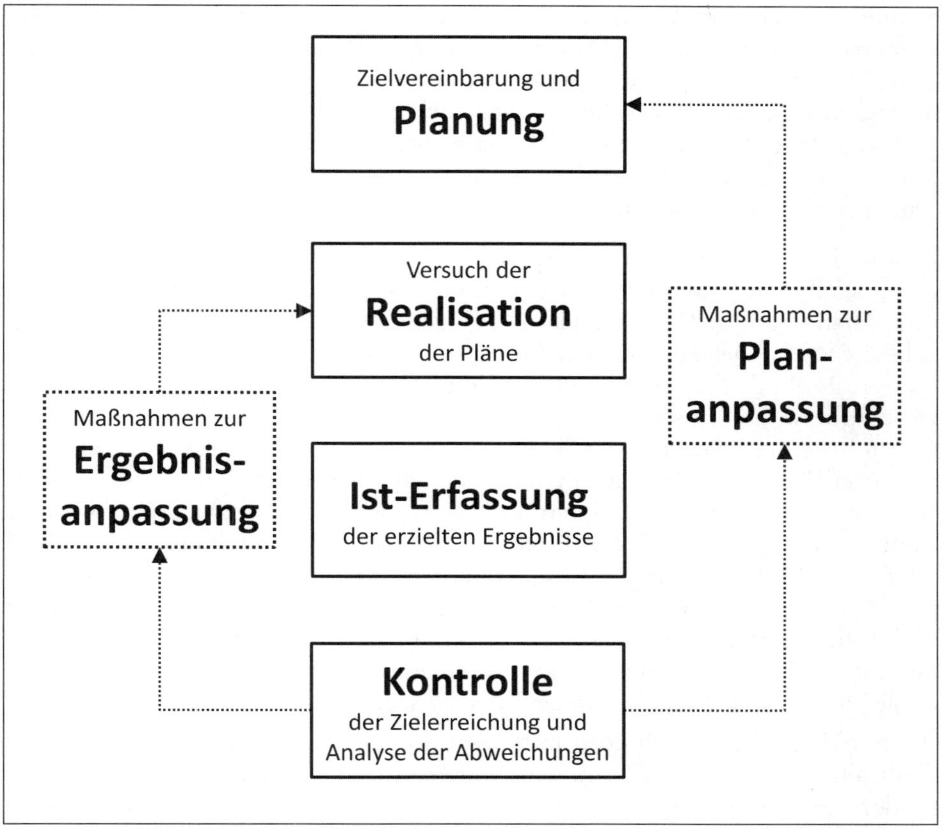

Abb. 1: Der Controllingkreislauf (Quelle: In Anlehnung an *Wild* 1974, S. 34, und *Eschenbach/Siller* 2009, S. 29)

Gemein sind den wichtigsten Ansätzen des Controllings, die sich im deutschsprachigen Raum finden, u. a. die folgenden Punkte (*Coenenberg et al.* 2012, S. 42 f.):

- Die Aufgabe des Controllings ist die Unterstützung der Organisationsführung; es ist somit eine Teilfunktion der Führung, erbringt aber keine eigenständigen Führungsleistungen. Entscheidungen sind nach wie vor von den Führungskräften zu treffen und zu verantworten – ganz besonders hinsichtlich der Formulierung geeigneter Ziele (siehe *Beitrag 2.2*).
- Zur Erfüllung seiner Aufgabe ist es einerseits für die Informationsversorgung der Führungskräfte verantwortlich. Hierfür greift es insbesondere auf Informationen des Rechnungswesens zurück und bereitet diese adressatenorientiert auf; einmal als Entscheidungsgrundlagen im Rahmen der Planung (Planungstransparenzverantwortung) und einmal als Analyse der erzielten Ergebnisse sowie daraus abgeleitete Maßnahmenempfehlungen (Ergebnistransparenzverantwortung).

- Andererseits hat das Controlling umfassende – auch verhaltensorientierte – Koordinationsleistungen zu erbringen: Planung und Kontrolle sind aufeinander abzustimmen und Empfehlungen hieraus abzuleiten, um den Controllingkreislauf aufrecht zu erhalten. Da dieser – wie auch der Führungskreislauf selbst – für verschiedene Aufgabengebiete zu durchlaufen ist (Personal, Kommunikation, usw.), bedeutet das, dass das Controlling weiterhin ihre gemeinsame Ausrichtung zu gewährleisten hat. Es müssen „alle an einem Strang ziehen".

Controlling ist v. a. auch zukunftsgerichtet. Es unterstützt den Erfolg und damit die Überlebensfähigkeit einer Organisation, indem es frühzeitig Entwicklungen und Veränderungen (insbesondere im Organisationsumfeld) aufzeigt und Möglichkeiten zum zielgerichteten Umgang mit diesen ableitet (*Eschenbach/Niedermayr* 1996, S. 65 f.); dies mündet in Empfehlungen zur (besseren) Planung sowie zur (besseren) Umsetzung dieser Planung. Zu den zentralen Instrumenten des Controllings werden somit der Soll-Ist- (Wo sollten wir heute nach Plan stehen?) sowie der Plan-Wird-Vergleich (Wo werden wir am Ende des Planungshorizontes voraussichtlich stehen?) – und damit die laufende Abweichungsanalyse. Wichtige Impulse kann hierfür auch das (externe und interne) Benchmarking liefern (*Bono* 2006, S. 159). Controlling soll Konsequenzen in Form von geeigneten Maßnahmen vorschlagen, gemeinsam mit Fachabteilungen erarbeiten sowie einfordern und sichert damit nicht zuletzt die Verbindlichkeit der verfolgten Ziele. Organisationen, die Controlling auf diese Weise ernst nehmen, nehmen sich selbst als erfolgreicher war (*Horak/Baumüller* 2009, S. 86).

„Controlling sollte überall dort stattfinden, wo es Ziele gibt, die zu erfüllen sind. Controlling ist folglich nicht nur ein Thema für gewinnorientierte Unternehmen, sondern auch für gemeinwirtschaftliches und öffentliches Handeln. Nur die Ausprägungen der Ziele und in Folge des Erfolgs sind spezifisch" (*Gänßlen et al.* 2012, S. 3). Es ist also gleichsam für die Führung von Kindergärten von besonderer Bedeutung (siehe auch *Beitrag 2.2* und *Klug* 2001, S. 116 ff.). Die personelle Zuordnung der Controllingaufgaben spielt dabei keine Rolle: Bei kleineren Trägern wird das Controlling häufig durch die Führungskräfte selbst oder deren Assistenten „nebenbei" erbracht, größere Träger verfügen demgegenüber i. d. R. über eigene Controllingabteilungen, welche diese Aufgaben erbringen und als „Controller" bezeichnet werden (*Horak/Baumüller* 2013, S. 315; auch *Horak/Baumüller* 2009). Gerade bei öffentlichen Trägern werden Controllingleistungen über mehrere Abteilungen verteilt erbracht (Finanzen, Personal, Infrastruktur, usw.), was die Koordination besonders anspruchsvoll macht. Controlling passiert aber nicht nur auf Ebene des Trägers, sondern auch durch die Kindergartenleitungen. Man kann es so als eine „Denkhaltung" verstehen, die alle Mitarbeitenden betrifft, die Entscheidungen zu treffen und zu verantworten haben (*Eschenbach/Siller* 2009, S. 39).

Wie die Ebenen der Führung, so werden die sich wechselseitig beeinflussenden Ebenen des Controllings nach normativem, strategischem und operativem Controlling unterschieden. Um der hohen Bedeutung der qualitativen (Wirkungs-)

Ziele Rechnung zu tragen, entwickelt sich seit einigen Jahren als zusätzliche Ebene des Controllings ein „wirkungsorientiertes Controlling". Da die Schwierigkeit der Erfolgsmessung ein zentrales Problem aller NPOs ist, fanden die bezweckten (komplexeren) Wirkungen in der Praxis lange Zeit kaum Eingang in das Controlling dieser Organisationen; stattdessen wurden üblicherweise einfacher in Zahlen zu messende Größen abgebildet (z. B. *Haring* 2012, *Merchant/Van der Stede* 2012, S. 742 f.; *Greiling* 2009). Dies kann jedoch zulasten der Effektivität des Handelns gehen. Daher wird zunehmend versucht, das Zusammenspiel von normativer, strategischer und operativer Führungsebene stärker in den Vordergrund zu rücken und so die eigentlichen Wirkungsziele über alle hinweg zu betonen (*Horak/Baumüller* 2013, S. 315). Wie in *Beitrag 2.2* für die Ebenen der Führung, lässt sich auch bzgl. dieser Ebenen des Controllings korrespondierend festhalten, dass der Schwerpunkt der Controlling-Aufgaben für die Kindergartenleitungen auf der operativen Ebene liegt, ihre Einbindung jedoch über alle Ebenen hinweg entscheidend ist.

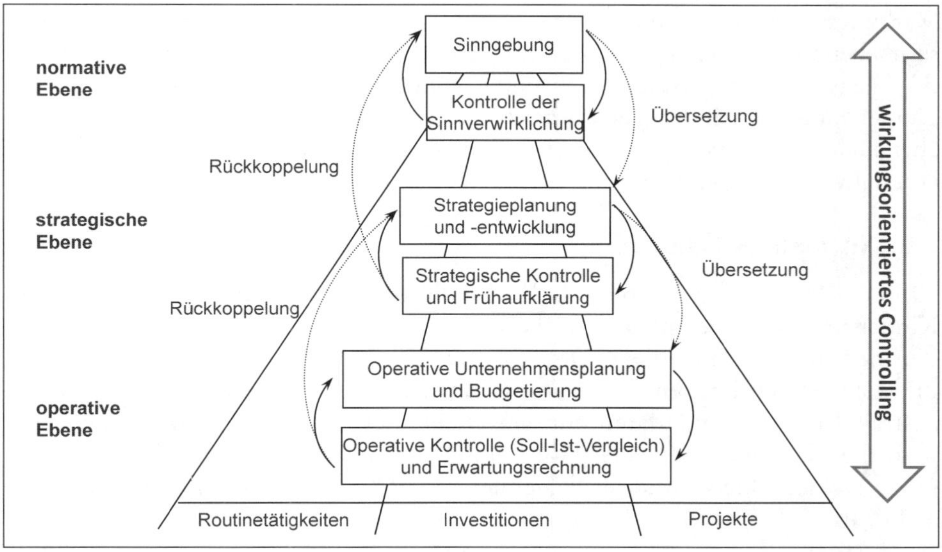

Abb. 2: Ebenen der Führung und des Controllings (Quelle: Eigene Darstellung in Anlehnung an *Hoffmann* 1996, S. 178)

Damit in enger Verbindung stehend, leistet Controlling im Kontext von Kindergärten und anderen NPOs umfassende Beiträge zur Sicherung der Legitimität dieser Organisationen gegenüber ihren Anspruchsgruppen. Die Veränderungen im Führungsumfeld führen zu einem zunehmenden Rechenschaftsdruck auf die Führungskräfte und ihre Organisationen. Für ihre Leistungserbringung sind Kindergärten in besonderem Maße auf die Sicherung dieser Legitimation angewiesen. Damit wird nicht nur die Messung der tatsächlich erzielten Wirkungen zentral, sondern auch die Berichterstattung über diese Wirkungen (z. B. *Greiling* 2013). Controlling hat hier den Austausch zwischen der Organisation und ihren Anspruchsgruppen sicherzustellen, insbesondere durch Einbindung dieser Anspruchsgruppen in alle Phasen der Planung und Kontrolle (*Merchant/Van der Stede* 2012, S. 745 ff.).

Wie schon in *Beitrag 2.2* festgestellt, gilt hinsichtlich des Ausbaustandes des Controllings, dass gerade das operative Controlling typischerweise weiter entwickelt ist als andere Ebenen. Entwicklungsbedarf zeigt sich insbesondere auf der Ebene des strategischen Controllings. Dies trifft aber weitgehend auch auf das normative Controlling zu, welches sich als eigenständige Ebene des Controllings erst zu entwickeln beginnt; zwar sind insbesondere Mission Statements und Leitbilder weit verbreitet, deren laufende Überprüfung und Weiterentwicklung allerdings noch weniger. Auch das wirkungsorientierte Controlling beginnt sich erst zu entwickeln; hier sind jedoch wesentliche Fortschritte in den letzten Jahren zu erkennen (*König et al.* 2012; *Moos et al.* 2011; *Horak/Baumüller* 2009). Zu seiner zunehmenden Bedeutung trägt nicht zuletzt die Reform des Bundeshaushaltsrechts in den letzten Jahren bei, welche die Wirkungsorientierung und wirkungsorientiertes Controlling in Österreich auf Gesetzesebene verankerte (*Wala/Lerch* 2011; *Klein/Meszarits* 2010). Dadurch wird in der Praxis ein zunehmender Bedeutungsgewinn auf der für Kindergärten relevanten Länder- und Gemeindeebene erwartet, mit entsprechenden Folgen für öffentliche, aber auch private Träger, die von diesen öffentlichen Körperschaften Mittel in Form von Subventionen oder Leistungsentgelten erhalten.

2.2 Normatives Controlling

Vision, Mission und Leitbild sind Grundlagen der normativen Führung eines Kindergartens. Sie verankern die übergeordneten Ziele und begründen die Werte, Normen sowie „Ethik" dieser Organisation (siehe *Beitrag 2.2*); sie bestimmen damit die weiteren Ebenen der Führung. Auch wenn sie notwendigerweise oftmals abstrakt formuliert und damit nur schwer einer Überprüfung zu unterziehen sind, wird die Notwendigkeit eines Controllings der normativen Grundlagen zunehmend erkannt (hierzu und im Folgenden *Siller* 2011 und *Eschenbach/Siller* 2009, S. 119 ff.).

Bereits in der Formulierung von Vision, Mission und Leitbild ist das Controlling in den Prozess einzubinden. Zunächst ist der Ist-Zustand zu erheben und daraus ein Ziel-Zustand abzuleiten. Dies erfordert eine umfassende Auseinandersetzung mit der Organisationskultur und den in dieser vorherrschenden Werten und Normen. Hierfür ist eine umfassende Einbindung aller zentralen Anspruchsgruppen zu gewährleisten, da diesen gegenüber die Legitimität sehr häufig gerechtfertigt werden muss. Das Controlling agiert hier primär moderierend und forciert üblicherweise Kreativitätstechniken wie z. B. das Brainstorming. Anschließend ist sicherzustellen, dass das Ergebnis dieses Prozesses auch angemessen festgehalten und i. d. R. verschriftlicht wird.

Als direktester Zugang zu einer laufenden Folgeüberprüfung erweist es sich hierbei, Vision, Mission und Leitbild einem Soll-Ist-Vergleich zu unterziehen. Die Frage lautet hierbei: Inwieweit stimmt die gelebte Realität mit den normativen Vorgaben überein? Da hierbei insbesondere die mit der Führung beauftragten Menschen gefordert sind, diese Vorgaben als Vorbilder vorzuleben und deren Einhaltung zu sichern, sind sie die Hauptadressaten dieses Controllings und entsprechend in dieses einzubinden; dies gilt für Führungskräfte auf Ebene des Trägers, wie auch für die Kindergartenleitungen. Ein geeigneter Rahmen hierfür kann etwa eine jährliche Strategieklausur sein, in welcher für solche Fragen ein entsprechendes Zeitbudget vorgesehen wird. Wertvolle Inputs dafür können auch Kunden- und Mitarbeiterbefragungen liefern. Ergebnisse können einerseits Weiterentwicklungen der gelebten Praxis sein, andererseits aber auch Überarbeitungen und Anpassungen von Vision, Mission und Leitbild.

Damit eng verbunden, gewinnen in der Praxis zunehmend Ethik- bzw. Governance-Kodizes an Bedeutung. Hierbei handelt es sich um oftmals auf freiwilliger Anwendung basierende Richtlinien, die Grundsätze guter (Führungs-)Praktiken festhalten. Öffentliche Träger von Kindergärten sind hiervon schon stärker betroffen als private Träger, wobei gerade bei größeren Trägern vergleichbare Entwicklungen festzustellen sind. Die Gewährleistung der Einhaltung dieser Vorgaben im gesamten Unternehmen („Compliance“) bzw. deren kontinuierliche Weiterentwicklung kann in das Aufgabengebiet des Controllings fallen.

2.3 Strategisches Controlling

Das strategische Controlling hat folgende Beiträge zur Führung eines Kindergartens zu leisten (*Schauer* 1989, S. 292):

- **Unterstützung der strategischen Planung**: Einerseits hat das Controlling die Suche und Formulierung geeigneter Ziele zu forcieren. Andererseits sind auch die Wege zur Erreichung dieser Ziele in Form von Maßnahmen festzuhalten. Auf der Ebene des strategischen Controllings kommt die Schwierigkeit der Erfolgsmessung besonders zum Tragen. Die Ziele der strategischen Führung haben sich aus dem Rahmen der normativen Grundlagen und den hierin begründeten Wirkungen, die erzielt werden sollen, abzuleiten. Sie müssen konkretisiert und auf verschiedene strategische Tätigkeitsfelder heruntergebrochen werden.
- **Sicherstellung der Überleitbarkeit der strategischen Planung in die operative Planung**: Zur Erreichung der langfristigen Ziele sind diese in konkrete Teilschritte zu gliedern („Etappenziele“), die anschließend umgesetzt und Bestandteil des operativen Controllings werden können.
- **Durchführung der strategischen Kontrolle**: Das Controlling hat den Überblick über die gesetzten Maßnahmen zu wahren und deren Fortschritt laufend zu überprüfen. Bei sich andeutenden Abweichungen sind frühzeitig gegensteuernde Schritte zu initiieren („Frühaufklärung“).

Zur Unterstützung des Planungsprozesses wird üblicherweise eine Übernahme der für gewinnorientierte Unternehmen entwickelten Analyse- und Umsetzungsinstrumente vorgeschlagen (z. B. *Schneider et al.* 2007, S. 49 ff.). Diese umfassen bspw. die EPISTEL-Analyse(Fn48), die Potentialanalyse, die SWOT-Analyse, Portfolioanalysen, Szenarioplanungen, usw. Als spezifische Controllinginstrumente können im Rahmen der Planung demgegenüber die primär für NPOs entwickelten Instrumente der Kosten-Wirkungs-Analyse oder der Aufgabenkritik Anwendung finden (*Horak* 1995, S. 337; *Schauer* 1989, S. 293 ff.).

Die Dokumentation der erarbeiteten Strategien erfolgt häufig in Form von Strategiepapieren oder Zukunftsbildern (*Horak/Baumüller* 2009). Beide beschreiben den angestrebten Zielzustand der Organisation anhand konkreter, frei festzulegender Dimensionen (z. B. Leistungsangebot, Finanzierung, Organisationsstruktur, usw.); dies kann verbal oder (auch) mithilfe von Kennzahlen erfolgen (*Csukovits et al.* 2010, S. 281 f.). Der Weg vom Ist- zum Zielzustand wird anschließend geplant und die hierfür erforderlichen Maßnahmen werden inkl. Terminierungen und persönlichen Verantwortlichkeiten bei den zugehörigen Dimensionen dokumentiert. Diese Dokumentation ist anschließend auch Ausgangspunkt für die strategische Kontrolle.

Als strukturierte Weiterentwicklung hat die Balanced Scorecard (BSC) als Instrument des strategischen Controllings an Bedeutung gewonnen (*Kaplan* 2001). Diese teilt die verfolgten Ziele ebenso in verschiedene Dimensionen, die jedoch zusätzlich noch in einen Ursache-Wirkungs-Zusammenhang gebracht werden. Gerade die Betonung mehrerer, miteinander verbundener und qualitativer Ziele (wie z. B. Kundenzufriedenheit oder Mitarbeiterentwicklung) machte dieses Instrument für NPOs seit jeher besonders interessant. Weiterhin werden alle Zielgrößen mit Kennzahlen und konkreten Maßnahmen hinterlegt, was wiederum der Operationalisierung zuträglich ist. Auch wenn eine organisationsindividuelle Erarbeitung der relevanten Zieldimensionen und Ziele unerlässlich ist, lässt sich inzwischen ein breites Spektrum an Literatur finden, welche „Muster“ zur Orientierung enthalten (z. B. *Berens et al.* 2001; *Kaplan/Norton* 2001; *Gmür* 2000; für Kitas *Klug* 2001, S. 129 ff.). Allerdings ist die BSC aufgrund ihrer Komplexität ein vergleichsweise wartungs- und kostenintensives Instrument, weswegen sie nur in wenigen NPOs und häufig in „abgespeckten“ Versionen zum Einsatz kommt (*Greiling* 2010). In vielen Organisationen dient die BSC aber auch als Bezugspunkt für die Erarbeitung eigener strategischer Controllinginstrumente. Weiterführenden Nutzen können solche Instrumente entfalten, wenn sie als Grundlage für die externe Berichterstattung über die Effektivität der Organisation genutzt werden (*Haring* 2012, S. 9; *Lange/Lampe* 2002, S. 107; und *Abschnitt 3.2.* dieses Beitrages).

Neben den bisher behandelten Instrumenten können insbesondere Instrumente des Projektcontrollings Anwendung für die Strategieoperationalisierung und

48. EPISTEL steht für **E**nvironment, **P**olitical, **I**nformatic, **S**ocial, **T**echnological, **E**conomic and **L**egal.

-kontrolle finden (ausführlich *Ruthner* 2013). Als Beispiele werden in der Literatur etwa Projektstrukturpläne oder Meilensteinkontrollen genannt (*Tiebel* 1998, S. 123 ff.). Diese scheinen besonders wirksam, wenn sie mit anderen strategischen Instrumenten verbunden werden.

Von besonderer Bedeutung – und ein großes Entwicklungsfeld – ist im Kindergarten-Kontext das strategische Personalcontrolling. Auf die Wichtigkeit des Stellenwertes der Mitarbeitenden für die Leistungserbringung wurde bereits in *Beitrag 2.2* hingewiesen; um sicherzustellen, dass eine ausreichende Zahl von entsprechend qualifizierten Mitarbeitenden vorhanden ist, gewinnen hier u. a. folgende Fragen an Bedeutung (*Gänsdorfer et al.* 2013, S. 91):

- Wie viele MitarbeiterInnen und welche konkreten Qualifikationen werden gebraucht?
- Wann und wo werden diese gebraucht?
- Welche vorhandenen Mitarbeitenden können weiterqualifiziert werden?
- Wie kann vorhandenes Know-how gesichert werden?
- Wie können die teilweise unvorhersehbaren Rahmenbedingungen in der Planung berücksichtigt werden (z. B. hinsichtlich Pensionierungen, Fluktuation, usw.)?

2.4 Operatives Controlling

Das operative Controlling hat letztlich folgende Schwerpunkte zur Unterstützung der Führung eines Kindergartens (*Eschenbach/Siller* 2009, S. 212 ff.):

- Sicherstellung, dass die strategischen (Teil-)Ziele als operative Ziele in die operative Planung, und damit in das Jahresbudget, Eingang finden.
- Sicherstellung, dass diese operativen Ziele anschließend erreicht werden.
- Sicherstellung, dass die für das Überleben der Organisation erforderlichen liquiden Mittel vorhanden sind.

Wie auch schon in *Beitrag 2.2* dargelegt, ist das Jahresbudget das zentrale Instrument für die operative Steuerung eines Kindergartens. Dieses folgt aus mehreren Teilplänen, die zu koordinieren sind: bspw. Planungsobjekte (einzelne Einrichtungen, die allgemeine Verwaltung und ggf. weitere Leistungsbereiche, die vom Träger angeboten werden) und Aufgabenbereiche (Personal, Finanzen, usw.). Hier sind oftmals unterschiedliche Interessen zu berücksichtigen, die im Rahmen der Budgeterstellung durch das Controlling abgeglichen werden müssen. Zentrale Bedeutung kommt weiterhin der Aufgabe zu, sicherzustellen, dass die im Rahmen des Jahresbudgets vereinbarten operativen Ziele im Einklang mit den strategischen Zielsetzungen stehen.

Als zentrale Maßstäbe für die Planung – die in Folge auch den Referenzpunkt für die durchzuführenden Kontrollen darstellt – können dabei Produktivität und Wirtschaftlichkeit genannt werden (*Eschenbach/Siller* 2009, S. 215):

- (Mengen-)Produktivität stellt auf eine Planung der Input- und Outputmengen ab. Dies erfordert zunächst die Erfassung und Steuerung der Leistungsmengen eines Kindergartens, d. h. der betreuten Kinder. In Relation dazu zu setzen sind die hierfür notwendigen Input-Ressourcen – primär die erforderlichen Mitarbeitenden sowie Sachmittel.
- Wirtschaftlichkeit bewertet diese Input-Output-Relation in Geldeinheiten. Bspw. können hier die Kosten für einen Betreuungsplatz oder einzelne Einrichtungen im Fokus stehen.

In der operativen Planung wird somit primär die Effizienz des Handelns in den Vordergrund gerückt. Für gewinnorientierte Unternehmen steht mit diesen beiden Steuerungsgrößen als weitere, daraus abgeleitete, die Rentabilität als zentraler Erfolgsmaßstab in Verbindung. Da es sich bei Kindergärten üblicherweise um NPOs handelt, wird bei diesen auf Kostendeckung abgestellt (*Wöhe/Döring* 2005, S. 47). Die Beurteilung des Leistungserfolges (und damit der Effektivität) auf operativer Ebene erfolgt stattdessen häufig über Qualitätsmanagementsysteme und damit (gerade bei großen Trägern) durch andere Funktionen bzw. Abteilungen als das Controlling.

Der erste Schwerpunkt des operativen Controllings liegt in Folge auf dem Controlling der Leistungsmengen. Typischerweise stehen hier Auslastungszahlen für bestehende Einrichtungen im Fokus, da diese für die Abschätzung der Abdeckung der großteils fixen Kosten durch Umsatzerlös von großer Bedeutung sind. Als zweiter Schwerpunkt erweist sich in der Praxis das laufende Personalcontrolling. Hier sind insbesondere die Kennzahlen „Fluktuationsrate", „Krankenstandstage", „offene Urlaubstage" sowie „Mehrleistungs- und Überstunden" zentrale Steuerungsgrößen. Diese sind die beeinflussbaren Stellhebel, welche die anfallenden Erlöse und Kosten in hohem Maße bestimmen und so entscheidend für die Kostendeckung sind (z. B. *Baumüller et al.* 2012). Viele weitere Einflussfaktoren auf das wirtschaftliche Jahresergebnis sind demgegenüber zumeist vorgegeben und entziehen sich damit einer Steuerung (z. B. die Höhe der gewährten Kostensätze, der Elternbeiträge oder des Miet- bzw. Abschreibungsaufwandes).

Das Finanzcontrolling umfasst zunächst die Abbildung der Folgen des Leistungs- bzw. Personalcontrollings im Rechnungswesen (dazu später *Abschnitt 3* dieses Beitrages). Die Finanzzahlen lassen sich für diese in den meisten Punkten vergleichsweise einfach aus den korrespondierenden Leistungsdaten ableiten. Darüber hinausgehendes Steuerungspotential ergibt sich üblicherweise im Verfügungsbereich der Kindergartenleitungen nur noch im Bereich der (vergleichsweise geringen, aber dafür besonders beeinflussbaren) Sachkosten, etwa für den Einkauf und die Verwendung von pädagogischen Mitteln. Im Verfügungsbereich der Trägerverantwortlichen erweitert sich dies z. B. um Aufwendungen für Werbemittel, extern zugekaufte Dienstleistungen (etwa (Steuer-)Beratung und Wirtschaftsprüfer), usw. Somit ist das Finanzcontrolling insbesondere auf Trägerebene von Bedeutung.

Die Aufrechterhaltung (und damit Notwendigkeit zur Steuerung) der Liquidität ergibt sich üblicherweise als einschränkende Nebenbedingung für alle weiteren Handlungen; für private Trägerorganisationen stellt die Zahlungsunfähigkeit den häufigsten Insolvenzgrund dar (§§ 1 i. V. m. 66 IO). Auch hierfür kommt ein Kreislauf von Planung und Kontrolle zum Tragen, der jedoch auf deutlich kürzeren Zeiträumen basiert (oftmals auf Tages- oder Wochenbasis) und nur auf Ebene der gesamten Trägerorganisation sinnvoll durchzuführen ist. Da dem Liquiditätscontrolling aufgrund der drohenden Folgen somit eine hohe Dringlichkeit zukommt und NPOs oft in einer finanziell prekären Situation sind, ist es bei privaten Trägerorganisationen jeder Größe weit verbreitet (*Horak et al.* 2013, S. 364). Bei öffentlichen Trägern in Österreich ist diese Dringlichkeit hingegen weniger gegeben, es erfolgt dort die Steuerung der Liquidität zumeist durch zentrale Abteilungen für die gesamte Körperschaft. Damit in enger Verbindung stehen auch die sogenannten „URG-Kennzahlen" (Unternehmensreorganisationsgesetz), die Eigenkapitalquote und die fiktive Schuldentilgungsdauer (§§ 22 ff. URG), zu deren jährlichen Ermittlung eine Verpflichtung für private Träger von Gesetzes wegen besteht und die damit für das Finanzcontrolling i. d. R. eine zentrale Rolle einnehmen. Diese sollen ebenso auf eine Früherkennung von Liquiditätsengpässen hinwirken (siehe auch *Abschnitt 3.2* dieses Beitrages).

Ein Querschnittsthema über alle Ebenen des Controllings ist das Berichtswesen („Reporting"); doch gerade zur Umsetzung des operativen Controllings kommt dem laufenden Berichtswesen besondere Relevanz zu. In diesem werden die gewonnenen Informationen verdichtet, aufbereitet und den für die Führung verantwortlichen Personen vorgelegt – als Grundlage für deren Entscheidungen. Zunehmend geschieht dies mit der Unterstützung entwickelter EDV-Systeme in Form eines sogenannten Management-Informations-Systems (MIS) zur Steigerung der Effizienz des Berichtswesens (*Eschenbach/Siller* 2009, S. 282 ff.). Mit sogenannten Business-Einstellige-Lösungen (BI) können Reports und Analysen erstellt werden, die u.a. das Selbstcontrolling durch die Führungskräfte fördern sollen. Aber auch bloße „Excel-Listen" finden in der Praxis noch weitgehende Anwendung.

Ein wichtiger Aspekt ist die Zeitnähe der Informationen – dies ist für das rasche Einleiten von Maßnahmen unabdingbar; in der Praxis hat sich ein Berichtswesen auf Quartalsebene im Kontext von Kindergärten als (Mindest-)Standard entwickelt, wobei manche Kennzahlen (insb. Leistungs- und Personalkennzahlen) viel häufiger (monatlich oder sogar wöchentlich) zu berichten sind als etwa Finanzkennzahlen. Die Reporting-Frequenz ist in Abhängigkeit vom konkreten Bericht und der jeweiligen Organisation individuell festzulegen.

Inhalte der Berichte sind grundsätzlich die zuvor dargestellten Schwerpunkte des operativen Controllings, wobei gerade auch Informationen aus den Qualitätsmanagementsystemen zu berücksichtigen sind. Als wichtiger Grundsatz gilt, dass die Informationen hinsichtlich Art und Umfang den Adressaten helfen sollen, ihre Entscheidungen besser (im Sinne von zielsicherer) zu treffen und Handlungen abzuleiten: Diese unterscheiden sich bspw. für eine Kindergartenleitung, für einen fachlichen Abteilungsleiter auf Trägerebene und dem kaufmännischen Geschäftsführer der Gesamtorganisation. D. h. der Informationsbedarf ist auf diese Adressaten mit deren Bedürfnissen in der konkreten Entscheidungssituation abzustimmen und die Informationen sind für diese entsprechend aufzubereiten. Gerade die Identifikation der „richtigen" Inhalte stellt eine wichtige Herausforderung dar; die benötigten Informationen müssen aufgezeichnet werden – eine wahllose Dokumentation von Informationen führt aber zu unverhältnismäßig hohen Kosten und zu einer „Überfrachtung" (information overload) der Adressaten, die ebenso negative Konsequenzen hat. Auch hier trifft das Controlling die Verantwortung für den Aufbau und die Wartung eines qualitativ hochwertigen Berichtswesens (z. B. *Horak/Baumüller* 2009 und 2008; *Waniczek* 2002).

Letztlich wird der Rahmen der operativen Tätigkeiten nicht einseitig von der verfolgten Strategie vorgegeben. Es erfolgt gleichsam eine „Rückkoppelung" zur laufenden Anpassung der Strategie, um diese weiterzuentwickeln und an sich verändernde Ausgangsbedingungen anzupassen (*Eschenbach/Siller* 2009, S. 213).

2.5 Wirkungsorientiertes Controlling

Die klare Ausrichtung aller gesetzten Handlungen an den damit bezweckten Wirkungen stellt die zentrale Herausforderung für die Führung von Kindergärten wie von NPOs allgemein dar. Bisher konnten verschiedene Ebenen aufgezeigt werden, auf denen Führung und damit auch Controlling stattfinden muss. Jede ist durch andere Zeithorizonte, Prioritäten und Instrumente gekennzeichnet. Der sie verbindende Rahmen muss die Frage sein, wie durch die gesetzten Handlungen die Wirkungsziele bestmöglich erreicht werden können; erforderlich ist somit eine noch stärkere Einbindung der normativen Grundlagen in die strategischen (*Scholz* 2014) und operativen Entscheidungen. Diese rückt aufgrund der Veränderungen im Führungsumfeld dieser Organisationen immer mehr in den Vordergrund. „Wirkungsorientierung bedeutet, sich in einem klaren Entwicklungsprozess die Frage zu stellen, was man bei seinen Leistungsempfängern/empfängerinnen über die angebotenen Leistungen bewirken möchte und welche Ressourcen für die Erzielung dieser Wirkungen erforderlich sind. Es kommt damit zu einer viel stärkeren inhaltlichen Verbindung zwischen den Wirkungen, den Leistungen und dem dafür notwendigen Budget" (*Völkl/Horak* 2012). Da die Wirkungsorientierung zur zentralen Führungsaufgabe geworden ist, hat das Controlling auch hierzu seine Beiträge zu leisten.

Das wirkungsorientiere Controlling ist jene Ausprägung des Controllings, die NPOs vorbehalten ist und für gewinnorientierte Unternehmen kein Äquivalent hat. Dies liegt in dem Auseinanderfallen von Effektivität und Effizienz für diese NPOs begründet (siehe dazu *Beitrag 2.2*).[Fn49] Ein Problem stellt hierbei die Vielfalt an (teilweise widersprüchlichen) Begrifflichkeiten und Definitionen dar, die bzgl. Wirkungen und ihrer Dimensionen zu beobachten sind (*Rickert* 2012, S. 45). Durchgesetzt hat sich in der (Controlling-)Literatur folgende Vierteilung (*Halfar/IGC* 2010, S. 47 ff.; *Halfar* 2009, S. 7 f.; *Bono* 2006, S. 149 f.):

- **Output**: Bezeichnet die quantitativen Leistungsmengen, die erbracht werden (z. B. Anzahl der betreuten Kinder).
- **Effect**: Bezeichnet den direkten, objektiv nachweisbaren Nutzen für die Anspruchsgruppen (z. B. feststellbare Entwicklungen aufgrund pädagogischer Maßnahmen).
- **Impact**: Bezeichnet die subjektiv erlebte Wirkung bei den Anspruchsgruppen (z. B. erhobene Kundenzufriedenheit).
- **Outcome**: Bezeichnet den Nutzen, den die gesamte Gesellschaft durch die Leistungen der Organisation hat (z. B. verbesserte Vereinbarkeit von Familie und Beruf).

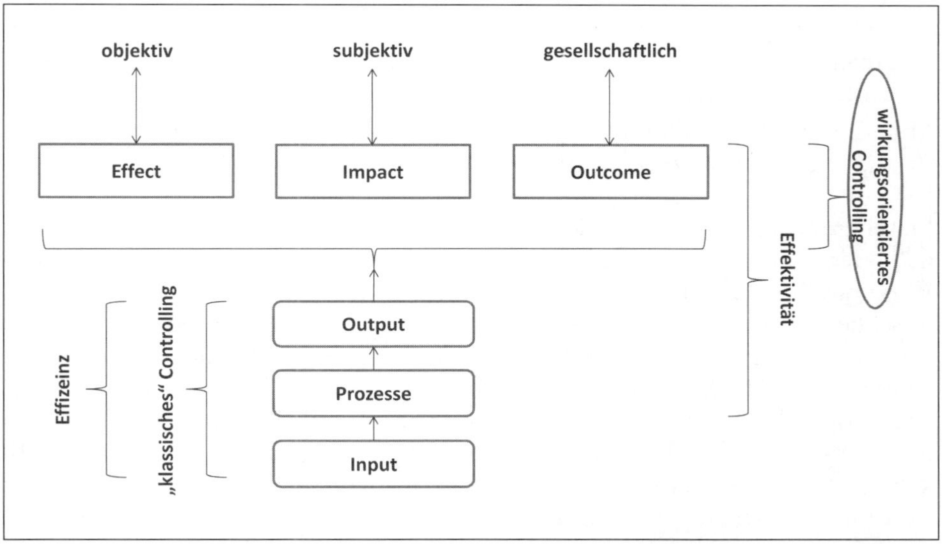

Abb. 3: NPO-Wirkungsmodell (Quelle: Geringfügig modifiziert entnommen aus *Halfar/IGC* 2010, S. 47)

Wirkungsorientiertes Controlling setzt somit zunächst bei der Präzisierung der normativen Grundlagen und den aus diesen ableitbaren Wirkungszielen an. Ein

49. Allerdings wird die Wirkungsorientierung auch für gewinnorientierte Unternehmen in der Zukunft ein Thema werden, zumal etwa das IIRC (International Integrated Reporting Council) bis Ende 2013 eine Richtlinie zu einer integrierten externen Berichterstattung herausbringen möchte, deren Grundidee es ist, neben wirtschaftlichen Aspekten auch über soziale und ökologische zu berichten (siehe dazu *Arbeitskreis Externe Unternehmensrechnung der Schmalenbach-Gesellschaft für Betriebswirtschaft e.V.* 2013, *Haller/Zellner* 2013 und 2011).

vergleichsweise junges Instrument, das hierbei Hilfestellungen leisten soll, ist die sogenannte „Wirkungsspinne" (*Halfar/IGC* 2010, S. 25 ff.). Anschließend können diese Wirkungsziele auf Wirkungsdimensionen für die zentralen Anspruchsgruppen der Organisation heruntergebrochen werden:

	Direkte Leistungs- bzw. Wirkungsempfänger	**Finanziers**	**Weitere externe Anspruchsgruppen**	**Interne Anspruchsgruppen**
Output				
Effect				
Impact				
Outcome				

Abb. 4: NPO-Controllingsystematik (Quelle: Geringfügig modifiziert entnommen aus *Halfar/IGC* 2010, S. 50)

In weiterer Folge sind Kennzahlen festzulegen und den jeweiligen Feldern zuzuordnen. Herausfordernd gestaltet sich dabei die Berücksichtigung der (abstrakteren) Wirkungsdimensionen Impact und Outcome (*Horak/Baumüller* 2008, S. 522). Anschließend werden diese zu Ursache-Wirkungs-Ketten verbunden, um so die Zusammenhänge zwischen den Wirkungsdimensionen abzubilden und steuern zu können (*Bono* 2010); auch hierbei ist wieder das Ausbalancieren der Erfordernisse und Ansprüche unterschiedlicher Wirkungsdimensionen und Anspruchsgruppen besonders anspruchsvoll. Diese Zusammenhänge bilden die Grundlage für die Ableitung von Zielen und Maßnahmen auf strategischer und operativer Ebene. Das Controlling beschäftigt sich in weiterer Folge in der Planung und Kontrolle mit den festgelegten (insbesondere kurzfristig beeinflussbaren) Kennzahlen; weiterhin sind die Hypothesen, die den angenommenen Zusammenhängen zugrunde gelegt wurden, laufenden Plausibilitätschecks zu unterziehen.

Wirkungsanalysen finden in der Praxis zunehmend statt, jedoch häufig wenig systematisch und ohne klares Konzept – nicht zuletzt dahingehend, wie diese Informationen in den Steuerungs- und Führungskreislauf eingebunden werden können. Zu den gängigsten Verfahren zählen die Analyse von Beschwerden der Zielgruppen bzw. Leistungsempfänger, interne und externe Evaluationen, qualitative Inhaltsanalysen, Beobachtungsverfahren und Wirkungsanalysen im Rahmen von Qualitätsmanagementsystemen (*Phineo* 2013, S. 25). D. h. sie finden i. d. R. auf Ebene der fachlichen Leitungen in den Trägerorganisationen statt und arbeiten mit Instrumenten, die stärker in den Sozialwissenschaften denn in der „klassischen" Betriebswirtschaft beheimatet sind; auch dies trägt zu den (methodischen) Herausforderungen i. V. m. dem wirkungsorientierten Controlling bei (*Horak/Baumüller* 2013, S. 321). An der Grenze zwischen den Disziplinen lassen sich Entwicklungen von neue Kennzahlen wie jene des Social Return on Investments (SROI) beobachten, die im Sozialwesen im Rahmen von Evaluationen Anwendung finden (siehe weiterführend *Schober et al.* 2013); wenngleich Träger von Kindergärten damit bisher noch wenige Berührungspunkte hatten, erscheint es nicht unwahrscheinlich, dass hier zukünftig mit einem Bedeutungsgewinn zu rechnen ist.

Wirkungsorientierung und wirkungsorientiertes Controlling soll den Organisationen helfen, sich auf das Wesentliche zu konzentrieren. Dies ermöglicht eine bereichsübergreifende Bündelung der knappen Ressourcen. Das aktive Thematisieren der durch das wirkungsorientierte Controlling aufgeworfenen Fragen und der dafür entwickelten Lösungsansätze kann insbesondere zur Legitimierung der Organisationen gegenüber ihren Anspruchsgruppen beitragen (*Haring* 2012, S. 9; *Völkl/Horak* 2012, S. 573). Folglich überrascht es wenig, dass Organisationen, in denen die Wirkungsorientierung stärker ausgeprägt ist, positive Auswirkungen auf die Qualität ihrer Arbeit sehen (*Phineo* 2013, S. 6). Allerdings sind hierbei natürlich immer auch die Kosten des wirkungsorientierten Controllings mitzuberücksichtigen.

3 Rechnungswesen im Kontext von Kindergärten

3.1 Grundlagen

Das Rechnungswesen ist ein weit gefasster Begriff. Man versteht hierunter grundsätzlich „Verfahren zur planvollen, systematischen Erfassung und Beurteilung (überwiegend quantifizierbarer) Beziehungen, Vorgänge, Mengen und Werte eines Unternehmens zu Zwecken der Planung, Kontrolle, Lenkung und Rechenschaftslegung des betrieblichen Geschehens" (*Horak/Baumüller* 2013, S. 321). In anderen Worten geht es um die Gestaltung betrieblicher Informationssysteme. Seine ureigenste Aufgabe ist somit zunächst die Dokumentation. Doch macht eine solche Dokumentation natürlich nur dann Sinn, wenn sie anschließend als Entscheidungsgrundlage (insbesondere durch das Controlling) herangezogen werden kann – für die mit der Führung des Kindergartens betrauten Personen, aber auch für weitere interne und externe Anspruchsgruppen.

Das Rechnungswesen kann ebenso wie das Controlling in Teilsysteme untergliedert werden, i. d. R. in Abhängigkeit von den Rechengrößen, auf welche abgestellt wird. Es wird zwischen vier Begriffspaaren unterschieden, wobei diese Unterscheidung von zentraler Bedeutung für das Verständnis der generierten Informationen ist (z. B. *Coenenberg et al.* 2012, S. 11 ff.; *Schauer* 2008, S. 26 ff.; *Seicht* 2001, S. 26 ff.):

- **Einzahlungen und Auszahlungen** (Finanzrechnung): Es werden unmittelbar zahlungswirksame Geschäftsfälle dokumentiert, d. h. ausschließlich solche, die zu einer Veränderung in der Kassa oder dem Bankguthaben führen. Dies trifft regelmäßig z. B. auf Gehälter und Mieten zu.
- **Einnahmen und Ausgaben** (Finanzierungsrechnung): Diese entsprechen zunächst den Ein- und Auszahlungen, berücksichtigen jedoch zusätzlich Veränderungen in den Forderungen und Verbindlichkeiten, d. h. geleistete oder erhaltene unmittelbare Zahlungsverpflichtungen.
- **Erträge und Aufwendungen** (Bilanz und buchhalterische Erfolgsrechnung): Beide Rechengrößen sind gesetzlich (in Österreich im Unternehmensgesetzbuch (UGB)) normiert und leiten sich somit aus verschiedenen Vorschriften zur Buchhaltung und Bilanzierung ab. Sie beruhen grundsätzlich auf vergangenen, gegenwärtigen oder zukünftigen Ein- und Auszahlungen, die jedoch abgegrenzt und unterschiedlichen Perioden zugeordnet werden; dies geschieht auf Basis von (allerdings auslegungsbedürftigen) Prinzipien wie insbesondere jenem der wirtschaftlichen Verursachung.[(Fn50)] Dafür ist es notwendig, die abgegrenzten Zahlungen in einer Bilanz „zwischenzulagern". Auf der Aktivseite der Bilanz werden so neben der Kassa, dem Bankguthaben und den Forderungen weitere Vermögensgegenstände ausgewiesen, die noch nicht aufwandswirksame Zahlungen abbilden (Aktiva bzw. Mittelverwendung, z. B. genützte Gebäude). Korrespondierend wird auf der andere Seite der Bilanz abgebildet, wie diese Vermögensgegenstände finanziert werden (Passiva bzw. Mittelherkunft, z. B. Eigenkapital und Bankkredite).
- **Erlöse und Kosten** (Kostenrechnung): Diese Rechengrößen leiten sich unmittelbar aus den Erträgen und Aufwendungen ab; sie unterscheiden sich von diesen darin, dass sie für gewöhnlich frei gestaltbar und dadurch auf die organisatorischen Bedürfnisse abstimmbar sind. Sie fokussieren stärker auf die betriebswirtschaftliche Abbildung (insbesondere Bewertung) der für die Leistungserbringung verbrauchten Ressourcen denn auf die Abbildung geleisteter Zahlungen. Nicht immer sind diese miteinander verbunden, man denke etwa an die Nutzung von unentgeltlich überlassenen Räumlichkeiten. Hier stellt sich aus Sicht der Kostenrechnung z. B. die Frage, ob die Leistung, die in solchen Räumlichkeiten erbracht wird, deshalb weniger wert ist.

Diese im Rechnungswesen dokumentierten Rechengrößen spielen gerade für Zwecke des operativen Controllings eine zentrale Rolle. Darüber hinaus sind z. B. auch Mehrjahresbudgets für die strategische Planung möglich, aber noch vergleichsweise wenig verbreitet (*Horak/Baumüller* 2009). Einzahlungen und Auszahlungen sind jene Größen, auf die zur Steuerung der Liquidität fokussiert wird. Für die Steuerung der Kostendeckung wird demgegenüber auf Zahlen der buchhalte-

50. Ein Beispiel hierfür wären etwa eine Investition: Die Zahlungsabflüsse finden i. d. R. zum Zeitpunkt des Erwerbs des Vermögensgegenstands statt. Da der Vermögensgegenstand in weiterer Folge über seine Nutzungsdauern hinweg in Anspruch genommen wird, werden die Zahlungsabflüsse auf die einzelnen Jahre der Nutzungsdauer verteilt.

rischen Erfolgsrechnung bzw. (im Wortsinne richtiger) Kostenrechnung zurückgegriffen.

Üblicherweise erfolgt eine weitere Unterteilung des Rechnungswesens in externes und internes Rechnungswesen. Diese ist primär historisch gewachsen und stellt für gewinnorientierte Unternehmen darauf ab, ob überwiegend externe oder interne Anspruchsgruppen die dokumentierten Informationen zur Verfügung gestellt erhalten (*Schaier* 2008). So fallen für gewinnorientierte Unternehmen insbesondere die Finanz(ierungs)rechnung sowie die Bilanz und die buchhalterische Erfolgsrechnung (die sogenannte Gewinn- und Verlustrechnung (GuV)) unter das externe (auch Rechnungslegung genannt) und die Kostenrechnung unter das interne Rechnungswesen. Im Kontext von Kindergärten und der meisten anderen NPOs ist eine solche Unterscheidung demgegenüber weniger klar möglich – zu stark wirken sich auch hier die Anforderungen der externen Anspruchsgruppen und die komplexen rechtlichen Rahmenbedingungen auf die Ausgestaltung der verschiedenen Teilbereiche des Rechnungswesens aus. Die anschließenden Darstellungen folgen der in der Literatur üblichen Unterscheidung, heben dabei aber die angesprochenen Besonderheiten hervor.

Die Verantwortung für die Systeme des Rechnungswesens liegt grundsätzlich zentral auf Trägerebene gebündelt, i. d. R. in eigenen Abteilungen mit entsprechendem fachlichen Know-how, bei kleineren Trägern auch ausgelagert z. B. an einen Steuerberater. Die fachlichen Leitungen auf Trägerebene wie die Kindergartenleitungen kommen mit diesen primär als Lieferanten und Adressaten von Informationen in Kontakt, und diesfalls zumeist nur mit den Daten, die in den jeweiligen Entscheidungsbereich fallen. Sie sind dann aber häufig gefordert, für die Interpretation der Berichte und Ableitung von Maßnahmen zu sorgen, wenn das Controlling auf Abweichungen und daraus resultierenden Handlungsbedarf hinweist.

3.2 Externes Rechnungswesen (Rechnungslegung)

Hinsichtlich ihrer Rechnungslegung unterliegen Organisationen gesetzlichen Bestimmungen, die Umfang, Frequenz und Inhalt der verpflichtenden Berichterstattung bestimmen. Diese sind von Land zu Land unterschiedlich; in Österreich stellen sie insbesondere auf die Rechtsform, die Organisationsgröße und das Tätigkeitsfeld einer Organisation ab (sowie ggf. eine Konzernzugehörigkeit oder Börsennotierung, was aber primär für gewinnorientierte Unternehmen von praktischer Relevanz ist). Die Hauptaufgabe der so erstellten Berichte liegt in der Information externer Anspruchsgruppen, da für Kindergärten bspw. oftmals keine Steuerpflicht besteht und auch nicht ein an Eigentümer verteilbarer Gewinn ermittelt werden muss (was Nebenaufgaben der externen Rechnungslegung für gewinnorientierte Unternehmen sind; *Horak/Baumüller* 2013, S. 323). Paradoxerweise sind aber gerade Verpflichtungen, welche eine tatsächliche Offenlegung der erstellten Berichte gegenüber den externen Anspruchsgruppen erfordern, für die für Kindergarten relevanten Rechtsformen (insbesondere beim Verein) kaum vorhanden.

Die Verpflichtung zur Berichterstattung adressiert direkt die mit der Führung der Gesamtorganisation verantwortlichen Personen; es knüpfen haftungsrechtliche Konsequenzen an den Fall ihrer Missachtung. Berichtet muss i. d. R. über die gesamte Organisation werden – weder ist differenziert für einzelne Leistungsbereiche innerhalb der Organisation Rechnung zu legen (z. B. einzelne Geschäftsfelder oder Einrichtungen), noch sind konsolidierte Berichte für mehrere verbundene Organisationen („Konzerne") üblich (*Horak/Baumüller* 2013, S. 323 ff.; *Koss et al.* 2013; *Baumüller* 2012). Im Kontext von Kindergärten sind in Österreich drei mögliche Ausprägungen der Rechnungslegung bedeutsam: Die Einnahmen-Ausgaben-Rechnung, die doppelte Buchführung und die Kameralistik.

Die einfachste Form der Rechnungslegung erfolgt als Einnahmen-Ausgaben-Rechnung. Entgegen ihrem Namen steht hier die Abbildung von Ein- und Auszahlungen im Vordergrund; mitunter können diese modifiziert werden, sodass teilweise Aufwendungen Berücksichtigung finden (etwa Abschreibungen für Investitionen wie etwa Gebäude). Zu ergänzen ist diesfalls i. d. R. eine einfache Vermögensübersicht, um einen Überblick über das vorhandene Vermögen und (auch hier: entgegen ihrem Namen) die aktuellen Schulden zu wahren.[(Fn51)] Diese Form der Rechnungslegung ist gerade bei kleinen Trägerorganisationen, häufig in Vereinsform, üblich. Sie ist vergleichsweise einfach durchzuführen, aber ab einer gewissen Größe und Komplexität der Organisation nur noch von geringem Informationswert.

Die doppelte Buchführung gilt demgegenüber als verlässlicheres System, um entscheidungsrelevante Informationen zu generieren. Sie umfasst Bilanz und buchhalterische Erfolgsrechnung (GuV), für große Organisationen ist weiterhin eine verbale Erläuterung dieser Zahlen in Form eines Anhanges zu ergänzen. Damit kann ein vollständiger(er) Überblick über die von der Organisation verwalteten Ressourcen und deren Veränderung gegeben werden. Der inhaltliche Rahmen dieses Rechnungswesensystems findet sich in Österreich weitgehend im UGB geregelt.[(Fn52)]

Die doppelte Buchführung stellt eine geschlossene Systematik zur Ermittlung von Finanzinformationen dar. Da den in ihr abgebildeten Aufwendungen und Erträgen stets Zahlungen zugrunde liegen, kann man aus ihr auch Informationen zu den tatsächlichen Zahlungsströmen ableiten (die in der Einnahmen-Ausgaben-Rechnung abgebildet werden, jedoch ohne dass diesfalls ebenso Aufwendungen und Erträge ersichtlich sind) und erhält so ein „integriertes Rechnungswesen", in dem die verschiedenen Rechengrößen miteinander verbunden sind (was die Vollständigkeit dieser Informationen gewährleistet) und das die folgenden Fragen beantwortet:

- **Wie „reich" (und damit: bestandsfest) ist die Organisation?** Dies wird mithilfe der Bilanz beantwortet. Hier finden sich etwa Gebäude oder Grundstücke im Eigentum des Trägers, Fahrzeuge, Forderungen gegen Fördergeber und Leis-

51. Siehe z. B. *www.bmukk.gv.at/medienpool/21803/mustervermgensbersichtkleine* für eine Mustervorlage zur Vermögensübersicht für kleine Vereine.
52. Auch das österreichische Vereinsgesetz (VerG) verweist bspw. für Rechnungslegungszwecke auf das UGB.

tungsempfänger, usw. Diesen gegenübergestellt werden die Schulden der Organisation (z. B. Bankkredite) sowie die Mittel, die sich z. B. aus Mitgliedsbeiträgen, Spenden oder einbehaltenen Gewinnen aus früheren Jahren ergeben – d. h. die Finanzierung des Trägervermögens. Das sogenannte Eigenkapital stellt den eigentlichen wirtschaftlichen Reichtum der Organisation dar und ergibt sich, indem man vom Vermögen die Schulden abzieht.

- **Wie wirtschaftlich erfolgreich ist die Organisation?** Das für die Beurteilung dieser Frage maßgebliche Ergebnis leitet sich aus der Gegenüberstellung von Erträgen (primär Subventionen, Leistungsentgelte und Elternbeiträge) und Aufwendungen (Personalaufwand, Mietaufwand, Abschreibungen auf Vermögensgegenstände, usw.) in einer GuV ab. Somit kann die langfristige Aufwandsdeckung, bzw. inwieweit auch Rücklagen gebildet werden können, abgebildet werden. Erträge und Aufwendungen zeigen detailliert, warum sich das Eigenkapital der Organisation verändert (abgesehen von Transaktionen zwischen den Eigentümern und der Organisation, etwa Kapitalerhöhungen).
- **Kann die Organisation ihren Zahlungsverpflichtungen nachkommen?** Hier geht es darum, einen Bestand an liquiden Mitteln zu gewährleisten, der ausreichend ist, um die anfallenden Rechnungen zu bezahlen; bei diesbezüglichen Problemen sind entsprechende Maßnahmen wie etwa Kreditaufnahmen oder Nachverhandlungen mit Fördergebern möglichst frühzeitig zu setzen. Da diese Zahlungsströme aber ihrer Natur entsprechend sehr stark schwankend sowie schwer planbar und z. B. in Jahren mit größeren (Ersatz-)Investitionen zumeist negativ sind, kann eine langfristige und nachhaltige Beurteilung des wirtschaftlichen Erfolges eher nicht anhand dieser Größen erfolgen (siehe auch *Abschnitt 2.4* dieses Beitrages).

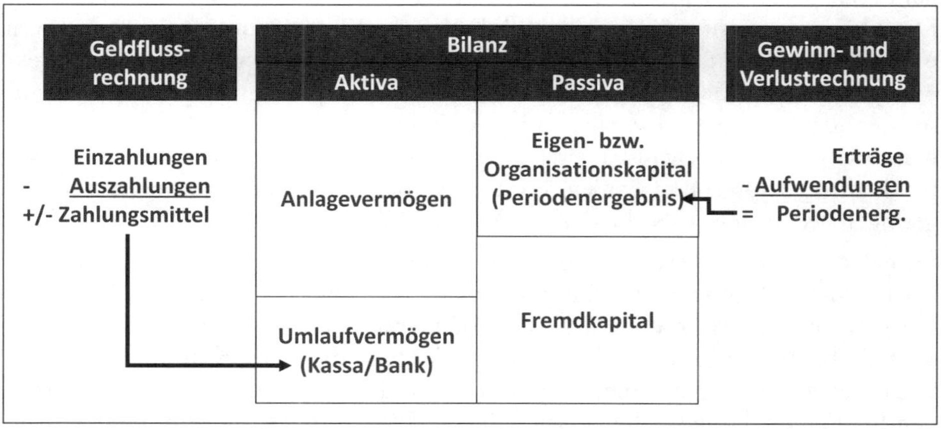

Abb. 5: Zusammenhänge im integrierten Rechnungswesen (Quelle: Eigene Darstellung)

Für öffentliche Träger von Bedeutung ist schließlich die Kameralistik. Diese ist ihr traditionelles Rechnungswesensystem und weitestgehend mit einer Einnahmen-Ausgaben-Rechnung vergleichbar. Eine Besonderheit dieses Systems ist die durchgängige Gegenüberstellung von Ist- und Budgetwerten. Auf Länder- und Gemeindeebene sind darüber hinaus verschiedene Ausprägungen dieses Systems zu finden, da diesen im Bundesverfassungsgesetz (B-VG) die Autonomie zur Regelung der Form ihrer Rechnungsabschlüsse eingeräumt ist (mit einem Mindestmaß an Vorgaben durch die Voranschlags- und Rechnungsabschlussverordnung 1997 (VRV)). Auch auf Bundesebene erfolgte früher traditionell die Rechnungslegung auf Basis der Kameralistik; vor kurzem wurde hier jedoch der Umstieg auf das System der doppelten Buchführung durchgeführt (siehe dazu *Schallmeiner* 2013; *Haring/Wala* 2012). Dies trug den internationalen Entwicklungen Rechnung, die auf einen zunehmenden Bedeutungsverlust der Kameralistik hindeuten; es ist daher davon auszugehen, dass mittelfristig auch auf Länder- und Gemeindeebenen Auswirkungen dieser Entwicklungen zu beobachten sein werden.

Die Kameralistik ist heute somit für öffentliche Träger von besonderer Bedeutung; aber auch für private Träger ist ein grundlegendes Verständnis dieses Systems noch von hoher Relevanz, als die Fördergeber (typischerweise auf Gemeindeebene) nach diesem Rechnung legen und deren Mittelvergabe auf dieser Logik basiert. Auf sie treffen die selben Kritikpunkte zu, wie sie bereits für die Einnahmen-Ausgaben-Rechnung festgehalten wurden; sie wird daher heute überwiegend als überholt und dem System der doppelten Buchführung unterlegen angesehen (z. B. *Bertl* 2013; kritischer *Monsen* 2011).

Im Zuge der angesprochenen Bundeshaushaltsreform erfolgte bei der Ausgestaltung der neuen Rechnungslegungsregeln eine Orientierung an internationalen, weltweit einheitlichen Rechnungslegungsstandards (den sogenannten International Public Sector Accounting Standards (IPSAS))[Fn53] (*Haring/Wala* 2012, S. 295). Diese könnten somit zumindest mittel- bis langfristig auch auf Ebene von Ländern und Gemeinden – und somit für öffentliche Träger von Kindergärten – indirekt oder gar direkt an Bedeutung gewinnen. Hinsichtlich privater Träger zeigt sich ansonsten, dass die Internationalisierung der Rechnungslegung – was gerade für gewinnorientierte Unternehmen eine der großen Herausforderungen der Gegenwart (und einen entsprechend großen Streitpunkt) darstellt – noch von vergleichsweise geringer Bedeutung ist (siehe dazu z. B. *Baumüller* 2013; *Bassen* 2012).

Da gerade für private Träger weitgehend die allgemeinen Bestimmungen des UGB zur Rechnungslegung Anwendung finden, die sich aber primär an den Bedürfnissen gewinnorientierter Unternehmen orientieren, sind diese Träger oftmals mit dem Problem konfrontiert, dass nicht immer alle dieser Bestimmungen unmittelbar auf ihre Organisationen angewendet werden können. Insbesondere entstehen bei Fragestellungen, die ausschließlich NPOs vorbehalten sind und somit in gewinnorientierten Unternehmen nicht auftreten, oftmals Probleme und Ermes-

53. Diese sind wiederum stark an die internationalen Rechnungslegungsvorschriften (International Financial Reporting Standards (IFRS)) angelehnt, die aber primär bei gewinnorientierten Unternehmen zur Anwendung gelangen.

sensspielräume (*Baumüller* 2013); weiterhin ist gerade i. V. m. der Errichtung von Kindergärten die (buchhalterische) Erfassung und der Nachweis der erhaltenen Subventionen und deren Verwendung herausfordernd. Sobald weitere Finanzierungen von anderen Fördergebern – oder auch privaten Spendern – hinzukommen, entsteht hieraus ein komplexes Aufgabenfeld, das üblicherweise als Fondsrechnung („Fund Accounting") bezeichnet wird (*Schauer* 2008, S. 48 ff.; *Anthony/Young* 1994, S. 106 ff.).

Die dargestellten Systeme des (externen) Rechnungswesens unterscheiden sich primär nach den verwendeten und aufbereiteten Finanzzahlen. Gerade bei NPOs wie Kindergärten, bei denen die Erfolgsfeststellung primär auf Sachzielen beruht, ist darüber hinaus die Leistungsberichterstattung das zentrale Instrument der Rechnungslegung (*Stötzer* 2012, S. 250 und *Stötzer* 2009, S. 189). Während der Finanzberichterstattung entnommen werden kann, wie effizient die Leistungserbringung erfolgt bzw. wie wirtschaftlich stabil die Organisation aufgestellt ist, kann nur der Leistungsberichterstattung entnommen werden, wie effektiv diese Leistungen erbracht werden. Hierbei kann zunächst über bloße Leistungsmengen berichtet werden; Beispiele wären etwa die Anzahl der betriebenen Einrichtungen, der betreuten Kinder, usw. Oder aber es werden komplexere Kennzahlen dargestellt, die sich bspw. an den in *Abschnitt 2.5* dieses Beitrages dargestellten Wirkungsdimensionen orientieren. Auch ist für rein verbale Informationen Platz, mitunter in Form eines sogenannten „Story Tellings". Für externe Anspruchsgruppen sind gerade diese Informationen von großem Interesse. Hierbei ist anzunehmen, dass eine umfangreichere, informativere Berichterstattung Vertrauen schaffen sowie Legitimität sicherstellen kann und somit zum Erfolg der Führung dieser Organisationen beiträgt. Daher liegt auch ein zunehmendes Augenmerk von Forschung und Praxis auf der Ausgestaltung ihrer Leistungsberichterstattung (*Greiling* 2013, S. 63 f.; *Horak/Baumüller* 2013, S. 326; *Stötzer* 2009).

Darüber hinaus steht es den Anspruchsgruppen eines Kindergartens offen, an diese mit ihren konkreten Informationsbedürfnissen heranzutreten und weitere Berichte einzufordern, so sie über die entsprechende Verhandlungs- bzw. Machtposition verfügen. In der Praxis zeigt sich, dass dies insbesondere von der öffentlichen Hand (Gemeinden) als Finanzier gegenüber privaten Trägern erfolgt. Hier wird für Abrechnungszwecke im Falle einer Abgangsdeckung eine detaillierte Aufstellung von Plan- und anschließenden Ist-Kosten gefordert; im Falle einer Gewährung von Leistungsentgelten (z. B. Subjektförderungen) sind demgegenüber konkrete Vorgaben für die Ermittlung von Norm-Kosten üblich. Dabei sind zumeist einzelne Einrichtungen von Bedeutung, nicht jedoch die gesamten Träger. Dies stellt Anforderungen an die Berichterstattung, die weit über den bisher beschriebenen Rahmen des externen Rechnungswesens hinausgehen; die Berichterstattung umfasst so nämlich in der Praxis regelmäßig auch Informationen aus der Kostenrechnung. Das stellt an dieses „Herzstück" des internen Rechnungswesens spezielle Anforderungen, wodurch sich dieses wesentlich von der für gewinnorientierte Unternehmen üblichen Kostenrechnung unterscheidet.

3.3 Internes Rechnungswesen (Kostenrechnung)

Lange Zeit galten die Zahlen der Kostenrechnung als eine der wichtigsten internen Entscheidungsgrundlagen für die Führung gewinnorientierter Unternehmen; und auch heute hat dies noch – den gegenwärtig dazu geführten Diskussionen zum Trotze (z. B. *Trapp* 2012) – in vielerlei Hinsicht Berechtigung. Für NPOs wie insbesondere Kindergärten lässt sich demgegenüber festhalten, dass aus den Rahmenbedingungen des Handelns dieser Organisationen für diese eine weitgehend andere Aufgabe der Kostenrechnung folgt. Hier wird es üblicherweise als „verfeinerte Form der Finanzbuchhaltung" bzw. als Instrument primär zur Kontrolle der Budgeteinhaltung verstanden (*Horak/Baumüller* 2013, S. 328). Somit ergeben sich zunächst folgende Besonderheiten hinsichtlich der Zwecke der Kostenrechnung, die in der Literatur unterschieden werden (siehe dazu *Seicht* 2001, S. 20 ff.):

Vergangenheitsorientierte Wirtschaftlichkeitsrechnung: Dieser Zweck ist der dominierende, der hinter der Kostenrechnung von Kindergärten steht. Auf Trägerebene wird die Gesamtorganisation in Teileinheiten gegliedert, für welche anschließend detailliert die anfallenden Kosten aufgezeichnet und Abweichungen gegenüber dem Budget analysiert werden. So kann z. B. für jede betriebene Einrichtung ein separater Abschluss erstellt werden, wobei die Kostenrechnung aufgrund ihrer freien Gestaltbarkeit eine erhöhte Flexibilität bietet, als es im Rahmen der Instrumente des externen Rechnungswesens möglich wäre. Auch das Budget selbst wird im Vorfeld auf Ebene dieser Teileinheiten festgelegt; anschließend kann die Verantwortung für die Budgeteinhaltung besser an einzelne Personen delegiert werden. Kriterium ist hierfür die Beeinflussbarkeit der im jeweiligen Teilbereich anfallenden Kosten durch diese Personen. Die wichtigsten Elemente der Kostenrechnung, die ausgebaut werden, sind Kostenarten und Kostenstellen. Neben der Leistungsabrechnung bei den Finanziers können die generierten Informationen für steuerliche Zwecke genützt werden, etwa um nicht steuerbefreite Teilbetriebe eines Trägers zu separieren.

Gegenwartsorientierte Preisbildungsrechnung: Dieser Zweck ist nur dann von Bedeutung, wenn Träger bspw. für die Verhandlung von Norm-Kosten (z. B. im Rahmen einer Subjektförderung) Informationen primär zu den vollen Kosten je Betreuungsplatz (oder anderen Leistungen) als Verhandlungsbasis generieren müssen. Hierbei geht es darum, sogenannte Kostenträger zu kalkulieren, d. h. die konkreten Leistungen des Trägers, welche die durch die Erbringung angefallenen Kosten wieder verdienen müssen. Dies ist besonders anspruchsvoll und setzt nicht zuletzt eine ausgebaute Betriebsabrechnung auf Basis von internen Leistungsverrechnungen und Umlagen voraus. Auch wenn dieser Zweck der Kostenrechnung – historisch bedingt – noch vergleichsweise weniger ausgebaut ist, deuten die aktuellen Entwicklungen auf einen absehbaren Bedeutungsgewinn hin; dies trifft private (für die dargestellten Verhandlungen von Leistungsentgelten) sowie öffentliche Träger (zur Beurteilung und Steigerung der Wirtschaftlichkeit der eigenen

Leistungen, wie sie im Zuge des New Public Management und der gegenwärtigen Reformen im öffentlichen Sektor Betonung finden) gleichermaßen.

Zukunftsorientierte Planungs- und insbesondere Entscheidungsrechnung: Dieser Zweck stellt darauf ab, Informationen aus der Kostenrechnung zu generieren, die insbesondere kurzfristige Entscheidungen ermöglichen. Hierfür ist typischerweise der Deckungsbeitrag (Erlöse minus variabler Kosten) die zentrale Beurteilungsgröße. Da einerseits eine Bewertung bspw. von Leistungsempfängern in Form von Deckungsbeiträgen im Sozialwesen schnell an moralische Grenzen stößt, und andererseits oftmals die Entscheidung, einen weiteren Leistungsempfänger zu betreuen, nicht im Verfügungsbereich des Trägers liegt, verwundert es wenig, dass dieser Zweck der Kostenrechnung – und der damit erforderliche Ausbaustand der Kostenrechnung, z. B. hinsichtlich der Teilkostenrechnung – keine Verbreitung gefunden hat. Auch spricht für die Ermittlung von Vollkosten i. S. d. Preisbildungsrechnung, dass die Struktur der anfallenden Kosten zumeist von fixen Gemeinkosten bestimmt wird.

Wie es hinsichtlich der Zwecke Besonderheiten gibt, folgen solche auch hinsichtlich der einzelnen Elemente der Kostenrechnung (siehe dazu *Horak/Baumüller* 2013 und 2009 sowie *Klug* 2001, S. 121 ff.):

Kostenartenrechnung (Was sind die relevanten Kosten?): Da die Informationen der Kostenrechnung primär zur Budgetkontrolle dienen, orientieren sie sich naturgemäß stark an den i. d. R. durch die Finanziers erfolgenden Vorgaben hinsichtlich Form und Inhalt der Budgets. Kostenarten werden so zumeist entlang dieser Vorgaben gegliedert, und da kalkulatorische Kosten (d. h. Kosten, die von den buchhalterischen Aufwendungen abweichen; relevante Beispiele im Kindergartenkontext beträfen etwa kalkulatorische Abschreibungen, Mieten oder Personalkosten) i. d. R. nicht von den Finanziers getragen werden, sind sie vergleichsweise irrelevant – wenngleich ihre Berücksichtigung für Controllingzwecke trotzdem ratsam wäre. Für die Ermittlung von Kosten sind weiterhin die Informationen aus der doppelten Buchhaltung (d. h. von Aufwendungen) erforderlich (*Horak/ Baumüller* 2013, S. 326); auf Grundlage einer Einnahmen-Ausgaben-Rechnung oder eines kameralen Abschlusses lassen sich nur annäherungsweise Kosten ableiten, was zu einer Unvollständigkeit der Informationen und ggf. zu Fehlern in den Kalkulationen führen kann.

Kostenstellenrechnung (Wo fallen die Kosten an?): Kostenstellen sind in den meisten Organisationen schon weit ausgebaut. Umfang und Art der Bildung hängt stets vom konkreten Einzelfall ab. Zumindest hinsichtlich der Abbildung von Kindergarten-Einrichtungen zeigt sich, dass diese jeweils in Form einer eigenen Kostenstelle berücksichtigt werden. Eine Unterscheidung in fixe und variable Kosten auf dieser Kostenstelle ist i. d. R. wenig sinnvoll (schon aufgrund des damit verbundenen Aufwandes im Gegensatz zum Nutzen der so generierten Informationen), und für die Betriebsabrechnung ist insbesondere das Tragfähigkeitsprinzip maßgeblich. Ein Fokus liegt mitunter im Ausweis möglichst geringer Verwaltungskosten, d. h. zumeist Kosten auf den Verwaltungskostenstellen (siehe dazu *Jegers* 2011, S. 119 ff.)

Kostenträgerrechnung (Wofür fallen die Kosten an bzw. was kosten die Leistungen?): Kostenträger sind – aus den bereits zuvor geschilderten Gründen – noch sehr wenig verbreitet, werden zukünftig aber wohl an Bedeutung gewinnen. Beispiele für Kostenträger könnten etwa einzelne Leistungsempfänger oder Arten von Leistungsempfängern sein, Betreuungsgruppen oder auch Leistungen selbst (z. B. die Kosten der Nachmittagsbetreuung, für komplementären Sprachunterricht, usw.). Für solche Träger, für die eine Kalkulation ihrer Leistungen (noch) nicht notwendig ist, fällt die Kostenstellen- im weitesten Sinne mit der Kostenträgerrechnung zusammen. Auch hier kommt den Vorgaben durch die Finanziers zentrale Bedeutung hinsichtlich der Ausgestaltung der Kalkulation zu.

Nicht immer stehen die Controllingbedürfnisse, und damit die Bedürfnisse der Führung von Kindergärten, im Vordergrund der Überlegungen betreffend die Ausgestaltung der Kostenrechnung. Dies mag oftmals pragmatischen Überlegungen, einer Abwägung von Kosten und Nutzen der verwendeten Systeme sowie dem historischen Hintergrund geschuldet sein. Alle Träger, unabhängig von ihrer Größe oder der Unterscheidung nach privater oder öffentlicher Trägerschaft, scheinen jedoch gut damit beraten zu sein, hierauf stärker Bedacht zu nehmen. Die im Führungsumfeld beobachtbaren Entwicklungen lassen einen Bedeutungsgewinn der dargestellten Methoden – hin zu einem Ausbau als proaktive Instrumente der Informationsgenerierung – erwarten.

4 Schluss

Die Führung von Kindergärten kann man mit *Meyer/Simsa* (2013) als die Herausforderung der „Balance von Widersprüchen“ umschreiben, nicht zuletzt „zwischen Wirtschaften und Werten“. Dies stellt entsprechend hohe Anforderungen an die hierfür verantwortlichen Menschen – und zu deren Unterstützung finden sich im „Instrumentenkoffer der Betriebswirtschaftslehre“ auch solche des Controllings und des Rechnungswesens.

Im Sozialwesen stehen diesem viele Akteure traditionellerweise mit gewisser Skepsis gegenüber (siehe dazu bereits *Beitrag 2.2*). Doch richtig verstanden und eingesetzt, ist von einem Nutzenpotential auszugehen, dessen Erschließung Entscheidendes vermag: den Organisationen zu helfen, überlebensfähig zu bleiben und ihre Wirkungen bestmöglich zu erzielen. So kommt dies letztlich jenen Menschen zugute, die auf die Leistungen der Organisationen angewiesen sind. In den – noch vergleichsweise wenigen – einschlägigen Publikationen zur Führung von Kindergärten wurde dem bisher noch überschaubar viel Platz eingeräumt; umso wichtiger wird daher unter den heutigen Rahmenbedingungen die Auseinandersetzung mit den im vorliegenden Beitrag behandelten Fragen.

Mag daher der eine oder die andere der LeserInnen dieses Beitrages seinen Titel als „Bedrohungsszenario“ empfunden haben – so ist nun zu seinem Abschluss zu hoffen, dass das Potential und die Chancen dahinter in den Fokus gerückt sind. Und daher soll der Beitrag mit dem Wunsch enden, dass es den LeserInnen nicht zuletzt mit Hilfe der Unterstützung von Controlling und Rechnungswesen gelingen möge, die Führungs-Widersprüche, mit denen sie in ihren Organisationen konfrontiert sind, erfolgreich auszubalancieren.

Literaturverzeichnis

Anthony, Robert N./Young, David W. (1994). Management Control in Nonprofit Organizations, 5. Auflage. Burr Ridge et al.: Irwin.

Arbeitskreis Externe Unternehmensrechnung der Schmalenbach-Gesellschaft für Betriebswirtschaft e. V. (2013). Integrated Reporting – Herausforderungen für die Finanzberichterstattung. In: Betriebs-Berater, 68 (15), S. 875–882.

Bassen, Yasmine (2012). Internationale Rechnungslegung von Nonprofit-Organisationen. Lohmar: Eul.

Baumüller, Josef (2013). Zur Konzernrechnungslegung von NPOs nach internationalen Grundsätzen – (Nicht nur) Anmerkungen zum Beitrag von Koss/Meyer/Zöbeli, IRZ 3/2013. In: Zeitschrift für internationale Rechnungslegung, 8 (9), S. 343–348.

Baumüller, Josef (2012). Konzernrechnungslegung auch für Vereine? In: Zeitschrift für Recht und Rechnungswesen, 22 (2), S. 43–48.

Baumüller, Josef/Klein, Thomas M./Wilfinger, Sandra (2012). Personalkosten planen und steuern. In: SOZIALwirtschaft, 22 (4), S. 32–33.

Berens, Wolfgang/Karlowitsch, Martin/Mertes, Martin (2001). Performance Measurement und Balanced Scorecard in Non-Profit Organisationen. In: Klingebiel, Norbert (Hrsg.): Performance Measurement & Balanced Scorecard, München: Vahlen, S. 277–297.

Bertl, Romuald (2013). Kameralistik vs Doppik. In: Zeitschrift für Recht und Rechnungswesen, 23 (7–8), S. 208–210.

Bono, Maria Laura (2006). NPO-Controlling, Professionelle Steuerung sozialer Dienstleistungen. Stuttgart: Schäffer-Poeschel.

Bono, Maria Laura (2010). Performance Management in NPOs, Steuerung im Dienste sozialer Dienste. Baden-Baden: Nomos.

Coenenberg, Adolf G./Fischer, Thomas M./Günther, Thomas (2012). Kostenrechnung und Kostenanalyse. 8. Auflage, Stuttgart: Schäffer-Poeschel.

Csukovits, Peter/Reich, Martin/Zielinski, Christoph (2010). Balanced Scorecard. In: Holzer, Elke/Reich, Martin/Hauke, Eugen (Hrsg.): Controlling – Ein Managementinstrument für die erfolgreiche Steuerung von Gesundheitsbetrieben. Wien: facultas.wuv, S. 276–296.

Eschenbach, Rolf/Niedermayr, Rita (1996). Die Konzeption des Controlling. In: Eschenbach, Rolf (Hrsg.): Controlling, 2. Auflage. Stuttgart: Schäffer-Poeschel, S. 65–93.

Eschenbach, Rolf/Siller, Helmut (2009). Controlling professionell, Konzeption und Werkzeuge. Stuttgart: Schäffer-Poeschel.

Gänsdorfer, Andreas/Joshua, Barbara/Piribauer, Claudia (2013). Bauchgefühl macht noch keine HR-Strategie, Strategische Personalplanung als kritischer Erfolgsfaktor. In: CFO aktuell, 7 (3), S. 91–93.

Gänßlen, Siegfried/Losbichler, Heimo/Niedermayr, Rita/Rieder, Lukas/Schäffer, Utz/Weber, Jürgen (2012). Grundsatzposition des Internationalen Controller Vereins (ICV) und der International Group of Controlling (IGC). URL: http://www.igc-controlling.org/img/pdf/grundsatzposition_d.pdf (4.9.2013).

Gmür, Markus (2000). Strategisches Management für Nonprofit-Organisationen. In: Nährlich, Stefan/ Zimmer, Annette (Hrsg.): Management in Nonprofit-Organisationen, Eine praxisorientierte Einführung. Opladen: Leske + Budrich, S. 177–200.

Greiling, Dorothea (2009). Erfolgsmaßstäbe für Nonprofit-Organisationen. In: Betriebswirtschaftliche Forschung und Praxis, 61 (1), S. 56–78.

Greiling, Dorothea (2010). Balanced scorecard implementation in German nonprofit organisations. In: International Journal of Productivity and Performance Management, 59 (6), S. 534–554.

Greiling, Dorothea (2013). Externes Rechnungswesen und Erfolgsmessung in Nonprofit-Organisationen, Aktueller Stand und Entwicklungsperspektiven. In: Gmür, Markus/Schauer, Reinbert/Theuvsen, Ludwig (Hrsg.): Performance Management in Nonprofit-Organisationen. Bern et al.: Haupt, S. 55–65.

Halfar, Bernd (2009). Wirkungsorientiertes Controlling. In: SOZIALwirtschaft, 19 (5), S. 6–8.

Halfar, Bernd/International Group of Controlling (IGC) (2010). Wirkungsorientiertes NPO-Controlling. Freiburg et al.: Haufe.

Haller, Axel/Zellner, Paul (2011). Integrated Reporting – ein Vorschlag zur Neugestaltung der Unternehmensberichterstattung. In: Zeitschrift für internationale und kapitalmarktorientierte Rechnungslegung, 11 (11), S. 523–529.

Haller, Axel/Zellner, Paul (2013). Das Integrated Reporting Framework – kurz vor der Zielgeraden. In: Der Betrieb, 66 (21), S. 1125–1132.

Haring, Nikolai (2012). Messung der wirtschaftlichen Leistung und des gesellschaftlichen Fortschritts. In: soziales_kapital, 8 (-), URL: http://www.sozialeskapital.at/index.php/sozialeskapital/article/viewFile/247/390.pdf (8.9.2013).

Haring, Nikolai/Wala, Thomas (2012). Die neuen Bilanzierungs- und Bewertungsvorschriften des Bundes im Überblick. In: Zeitschrift für Recht und Rechnungswesen, 22 (10), S. 295–299.

Hoffmann, Werner (1996). Die Aufgabenfelder im Überblick. In: Eschenbach, Rolf (Hrsg.): Controlling, 2. Auflage. Stuttgart: Schäffer-Poeschel, S. 177–180.

Horak, Christian (1995). Controlling in Nonprofit-Organisationen, Erfolgsfaktoren und Instrumente, 2. Auflage. Wiesbaden: Deutscher Universitäts-Verlag.

Horak, Christian/Baumüller, Josef (2008). Die Professionalisierung der Steuerung in NPOs – aktuelle Befunde aus der Praxis. In: Schauer, Reinbert/Helmig, Bernd/Purtschert, Robert/Witt, Dieter (Hrsg.): Steuerung und Kontrolle in Non-Profit-Organisationen. Linz: Trauner, S. 503–527.

Horak, Christian/Baumüller, Josef (2009). Steuerung in NPOs und der öffentlichen Verwaltung, Entwicklungsstand und Perspektiven, URL: http://www.controller-institut.at/fileadmin/user_upload/Studienauswertung_gesamt_Steuerung_in_NPOs.pdf (26.8.2013).

Horak, Christian/Baumüller, Josef (2013). Controlling und Rechnungswesen in NPOs. In: Simsa, Ruth/Meyer, Michael/Badelt, Christoph (Hrsg.): Handbuch der Nonprofit Organisation, Strukturen und Management, 5. Auflage. Stuttgart: Schäffer-Poeschel, S. 313–334.

Horak, Christian/Baumüller, Josef/Bodenstorfer, Martin/Hahn, Alexandra (2013). Die Führung von NPO in schwierigen Zeiten, Wie hat sich die Krise auf das Management von NPO ausgewirkt? In: Gmür, Markus/Schauer, Reinbert/Theuvsen, Ludwig (Hrsg.): Performance Management in Nonprofit-Organisationen. Bern et al.: Haupt, S. 356–365.

Jegers, Marc (2011). Managerial Economics of Non-Profit Organisations, 2. Auflage. Brüssel: VUBPRESS.

Kaplan, Robert S. (2001). Strategic Performance Measurement and Management in Nonprofit Organizations. In: Nonprofit Management & Leadership, 11 (3), S. 353–370.

Kaplan, Robert S./Norton, David P. (2001). The Strategy-Focused Organization, How Balanced Scorecard Companies Thrive in the New Business Environment. Boston: Harvard Business Review Press.

Klein, Thomas/Meszarits, Veronika (2010). Wirkungscontrolling in der öffentlichen Verwaltung, Wesentliche Herausforderungen und Ausgestaltung in der Praxis. In: CFO aktuell, 4 (2), S. 66–69.

Klug, Wolfgang (2001). Erfolgreiches Kita-Management, Unternehmens-Handbuch für LeiterInnen und Träger von Kindertagesstätten. München/Basel: Ernst Reinhardt.

König, Matthias/Clausen, Hartmut/Schank, Christoph (2012). Controlling in der Sozialwirtschaft – ein Vergleich zum Controlling in gewerblichen Unternehmen. In: Zeitschrift für Controlling & Management, 56 (2), S. 126–132.

Koss, Claus/Meyer, Beatrice/Zöbeli, Daniel (2013). Konsolidierung von gemeinnützigen Organisationen. In: Zeitschrift für internationale Rechnungslegung, 8 (3), S. 103–108.

Lange, Wilfried/Lampe, Stefanie (2002). Balanced Scorecard als ganzheitliches Führungsinstrument in Non-Profit-Organisationen. In: Kostenrechnungspraxis, 46 (2), S. 101–108.

Lechner, Karl/Egger, Anton/Schauer, Reinbert (2008). Einführung in die Allgemeine Betriebswirtschaftslehre, 24. Auflage. Wien: Linde.

Merchant, Kenneth A./Van der Stede, Wim A. (2012). Management Control Systems, Performance Measurement, Evaluation and Incentives, 3. Auflage. Harlow et al.: Pearson.

Meyer, Michael/Simsa, Ruth (2013). Besonderheiten des Managements von NPOs. In: Simsa, Ruth/Meyer, Michael/Badelt, Christoph (Hrsg.): Handbuch der Nonprofit Organisation, Strukturen und Management, 5. Auflage. Stuttgart: Schäffer-Poeschel, S. 145–157.

Monsen, Norvald (2011). Rechnungen für Public Management: Finanzwirtschaftliche und erwerbswirtschaftliche Informationen. In: Schauer, Reinbert/Thom, Norbert/Hilgers, Dennis (Hrsg.): Innovative Verwaltungen, Innovationsmanagement als Instrument von Verwaltungsreformen. Linz: Trauner, S. 511–520.

Moos, Gabriele/Konrad, Matthias/Reichenbach, Ralf (2011). Controlling in der Sozialwirtschaft: Ausbaustand und Perspektiven. Bochum: Contec.

Phineo (2013). Wirkungsorientierte Steuerung in Non-Profit-Organisationen, URL: http://www.phineo.org/publikationen/(25.8.2013).

Rickert, Andreas M. (2012). Wirkungssteuerung im internationalen Kontext, Status und Entwicklungstendenzen. In: Controller Institut (Hrsg.): Vortragsunterlagen zum 19. Österreichischen NPO-Kongress, Band 1. Wien: Controller Institut, S. 39–76.

Ruthner, Raoul (2013). Erfolgreiche Strategieumsetzung durch Strategic Performance Management, Nachhaltige Performance durch strategiefokussierte Steuerungssysteme. In: CFO aktuell, 7 (1) S. 19.25.

Schaier, Sven (2008). Erklärungsansätze für eine Konvergenz von internem und externem Rechnungswesen. In: Betriebswirtschaftliche Forschung und Praxis, 60 (2), S. 122–136.

Schallmeiner, Barbara (2013). Rechnungswesen des Bundes und der Länder – Reformen in Deutschland und Österreich. In: Zeitschrift für Recht und Rechnungswesen, 23 (7–8), S. 219–224.

Schauer, Reinbert (1989). Controlling in Non-Profit-Organisationen. In: Seicht, Gerhard (Hrsg.): Jahrbuch für Controlling und Rechnungswesen 1989. Wien: Orac, S. 283–314.

Schauer, Reinbert (2008). Rechnungswesen für Nonprofit-Organisationen, 3. Auflage. Bern et al.: Haupt.

Schneider, Jürg/Minnig, Christoph/Freiburghaus, Markus (2007). Strategische Führung von Nonprofit-Organisationen. Bern: Haupt.

Schober, Christian/Rauscher, Olivia/Millner, Reinhard (2013). Evaluation und Wirkungsmessung. In: Simsa, Ruth/Meyer, Michael/Badelt, Christoph (Hrsg.): Handbuch der Nonprofit Organisation, Strukturen und Management, 5. Auflage. Stuttgart: Schäffer-Poeschel, S. 451–470.

Scholz, Markus (2014). Management und Moral: SWOT-Analyse, VRC: http://www.wissensdialige.de/management-und-moral-swot-analyse/ (7.2.2014).

Seicht, Gerhard (2001). Moderne Kosten- und Leistungsrechnung, 11. Auflage. Wien: Linde.

Siller, Helmut (2011). Normatives Controlling. Wien: facultas wuv.

Stötzer, Sandra (2009). Stakeholder Performance Reporting von Nonprofit-Organisationen. Wiesbaden: Gabler.

Stötzer, Sandra (2012). Anforderungen zur Fundraising-Effizienz spendensammelnder NPO im deutschsprachigen Raum. In: Andeßner, René Clemens/Stötzer, Sandra (Hrsg.): Pfade im Public und Nonprofit Management, Festschrift für o.Univ.Prof. Dkfm. Dr. Reinbert Schauer anlässlich seiner Emeritierung. Linz: Trauner, S. 213–259.

Tiebel, Christoph (1998). Strategisches Controlling in Non Profit Organisationen. München: Vahlen.

Trapp, Rouven (2012). Konvergenz des internen und externen Rechnungswesens – Etablierung oder Auflösung eines Theorie-Praxis-Paradoxons? In: Zeitschrift für Betriebswirtschaft, 82 (9), S. 969–1008.

Völkl, Kurt/Horak, Christian (2012). Die VAEB auf neuem Weg, Umsetzung der Wirkungsorientierung in einem Sozialversicherungsträger. In: Soziale Sicherheit, 61 (12), S. 570–573.

Wagenhofer, Alfred/Ewert, Ralf (2007). Externe Unternehmensrechnung, 2. Auflage. Berlin et al.: Springer.

Wala, Thomas/Lerch, Anja (2011). Haushaltsrechtsreform des Bundes – Wirkungsorientierte Budgetierung und Wirkungscontrolling im Überblick. In: Finanzjournal, 52 (11), S. 343–348.

Waniczek, Mirko (2002). Berichtswesen optimieren. Wien: Ueberreuter Wirtschaft.

Weber, Jürgen/Schäffer, Utz (2011). Einführung in das Controlling. Stuttgart: Schäffer-Poeschel, 13. Auflage.

Wild, Jürgen (1974). Grundlagen der Unternehmensplanung. Reinbek bei Hamburg: Rowohlt.

Wöhe, Günter/Döring, Ulrich (2005). Einführung in die Allgemeine Betriebswirtschaftslehre, 22. Auflage. München: Franz Vahlen.

2.4 Förderauftrag und Aufsichtspflicht

Bernhard Koch

1 Aus der Praxis

Im Jahr 2012 wurde ein Kärntner Kindergarten zur Zahlung von rd. 10.000 Euro Schmerzensgeld verurteilt, weil ein Kindergartenkind von einem Baum gestürzt war und sich dabei den Arm brach.(Fn54) Der Sprecher des zuständigen Landesgerichtes wird im ORF zitiert mit(Fn55): *„Wenn man ein fünfeinhalb Jahre altes Kind bis auf zweieinhalb Meter Höhe auf einen Baum klettern lässt – unbeaufsichtigt und ohne dass jemand in der Nähe ist und eine Einflussmöglichkeit hat – dann ist das jedenfalls ein Verschulden".* Wie der ORF weiters berichtete, hätte sich der Anwalt der Familie, die den Kindergarten geklagt hat, klar zu stellen bemüht, dass nicht die Schuld der Kindergärtnerin im Vordergrund gestanden sei. Vielmehr hätte sich die Versicherung des Kindergartens geweigert, für mögliche Dauerfolgen durch den schweren Bruch einzustehen.(Fn56)

Ein Unfall, der – wenn Kinder spielen – eigentlich immer passieren kann. Expertinnen(Fn57) betonten im Verlauf der medialen Diskussion, dass „Überbehütung" auch so etwas wie seelische Gewalt" sein könne. Auf einen Baum klettern, in der freien Natur spielen – solche Sinnes- und Bewegungserfahrungen würden Kinder geschickter machen und somit besser für Unfälle wappnen. Freiräume würden die Selbstverantwortung schulen, das stärke auch das Selbstwertgefühl. Der Trägerverein „Wiener Kinderfreunde", einer der größten Träger Österreichs, reagierte etwa mit einer Presseaussendung unter dem Titel. „Kein Glassturz für unsere Kinder" und stellte fest: *„Es darf auf gar keinen Fall passieren, dass unser Kindergarten- und Hortpersonal in ständiger Angst vor Anzeigen leben muss! Denn das würde genau das hervorrufen, was wir alle ganz sicher nicht wollen: nämlich, dass unsere Kinder unter einem Glassturz aufwachsen!"*(Fn58)

Der hier geschilderte Vorfall könnte als Spannungsverhältnis zwischen Förderauftrag und Schutz gedeutet werden. Doch den oft beschworenen Widerspruch zwischen „Pädagogik" und „Sicherheit" gibt es nicht. Es wäre nicht nur paradox, sondern in höchstem Maße absurd, meint etwa Roger Prott, Experte für Aufsichtspflicht in Kindergärten, „würden pädagogische Zielvorstellungen wie Selbstständigkeit und Handlungskompetenz als konträr zu rechtlichen Normen gelten" (Prott 2011, S. 22). Ein Satz wie „Pädagogisch wertvoll, aber rechtlich nicht zu-

---

54. Frühjahr 2012; http://news.orf.at/stories/2112427/2112403/
55. http://kaernten.orf.at/news/stories/2526670/
56. Der Anwalt: „Aus meiner Sicht haben sich die Kindeseltern aus diesem Grund zu dem Prozess entscheiden müssen. In erster Linie ging es ja um mögliche Dauerfolgen."
57. http://kaernten.orf.at/radio/stories/2526418
58. http://wien.kinderfreunde.at/Bundeslaender/Wien/Medienservice/Standpunkte/2012/Kein-Glassturz-fuer-unsere-Kinder

lässig“ sei „Unfug“ (a.a.O. S. 150). Wer mit ihm argumentiere, „will von seiner Verantwortung ablenken, will vielleicht Ängstlichkeit oder mangelndes Fachwissen kaschieren“. Der Experte vergleicht die Leitung eines Kindergartens mit dem Kapitän eines Linienfluges, verantwortlich für jeweils rund 100 Personen (a.a.O. S. 150f): „Der Flugkapitän weiß, dass immer etwas passieren kann. Um sich und seine Passagiere zu schützen, muss er sein Wissen und seine Fachkenntnis sorgfältig anwenden. Juristischer Rat und Kenntnisse von Paragraphen helfen ihm nicht, Flugrisiken zu vermeiden. Darum wird er keinen Juristen fragen, worauf ein Flugkapitän achten muss. Er ist stolz auf seinen Beruf und seine Qualifikation“.

Vielleicht ist es gerade der bewusste Umgang mit Gefahren, der den Unterschied ausmacht. Größere Risiken sind im Kindergarten praktisch ausgeschlossen, kleinere Risiken (und die Möglichkeit von kleineren Verletzungen) gehören zum Aufwachsen von Kindern dazu.

Manche Kindergartenpädagoginnen haben Angst vor der Aufsichtspflicht. Manche sagen: „Die Angst um die Kinder“ zwingt zur Aufstellung von Regeln. Gemeint sind damit oft schlicht Verbote. Manchmal ist auch die Angst der Fachkraft vor den Eltern die Antriebskraft für „Verbote“. Sie stellt sich dar als Angst, sich rechtfertigen zu müssen, als Sorge, den eigenen Standpunkt nicht behaupten zu können. Selbstbewusste Kindergartenpädagoginnen und -pädagogen stellen vielleicht klar: „Ich habe die Verantwortung, Risiken so zu gestalten, dass ein Zuwachs an Erfahrung und Zutrauen möglich ist“. In diesem Beitrag soll versucht werden die Aufsicht von Kindern als notwendige Ergänzung zum Förderauftrag zu verstehen und Ängste und Befürchtungen abzubauen.

2 Förderauftrag

Das Bundesverfassungsgesetz über die Rechte der Kinder (bmwfJ 2012) stellt im Artikel 1 klar: „jedes Kind hat Anspruch auf den Schutz und die Fürsorge, die für sein Wohlergehen notwendig sind, auf bestmögliche Entwicklung und Entfaltung (...). Im Artikel 4 wird festgehalten: „Jedes Kind hat das Recht auf angemessene Beteiligung und Berücksichtung seiner Meinung in allen das Kind betreffenden Angelegenheiten, in einer seinem Alter und seiner Entwicklung entsprechenden Weise“.

In den Kindergartengesetzen der österreichischen Bundesländer werden als Ziele u. a. formuliert[(Fn59)]:

- „die besondere Förderung und Unterstützung der körperlichen, seelischen, geistigen und sozialen Entwicklung der Kinder
- die Sicherstellung der optimalen Bildungsmöglichkeiten (...)
- die Sicherstellung hoher pädagogischer Bildungsqualität unter Berücksichtigung aktueller wissenschaftlicher Erkenntnisse“. Eine Konkretisierung des Förderauf-

59. beispielhaft für die Zielsetzungen werden Auszüge aus dem Tiroler Kinderbildungs- und betreuungsgesetz (2010) angeführt, § 3.

trages erfolgte im Jahre 2009 auch durch die Erstellung des bundesländerübergreifenden Bildungsrahmenplanes.

Zu viel Einschränkung behindert eine Erziehung zur Selbstständigkeit. Der Bundesgerichtshof stellte in einem Urteil in Jahre 1976 fest: „Nicht unbedingt das Fernbleiben von jedem Gegenstand, der bei unsachgemäßem Umgang gefährlich werden kann, sondern gerade die Erziehung des Kindes zu verantwortungsbewußtem Hantieren mit einem solchen Gegenstand wird oft der bessere Weg sein, das Kind und Dritte vor Schäden zu bewahren. Hinzu kommt die Notwendigkeit frühzeitiger praktischer Schulung des Kindes, das seinen Erfahrungsbereich möglichst ausschöpfen soll" (zit. nach Nadmeleinsky S. 13). Ähnlich argumentiert das Berliner Landesgerichts[(Fn60)] „Bei der Bemessung der Aufsichtspflicht muss ferner den Erfordernissen eines Mindestbestandes von Sicherheit und Ordnung einerseits und dem pädagogischen Ziel der freien Entfaltung der kindlichen Persönlichkeit abgewogen werden".

Der Prozess der Ausbildung zur Selbstständigkeit beginnt mit der Geburt und soll deshalb bei den Kindern von Anfang an unterstützt werden. Allerdings macht sich in den letzten Jahren ein Trend zur Vermeidung jeglicher Risiken breit. Sowohl Eltern als auch KindergartenpädagogInnen gewähren den Kindern tendenziell nicht mehr jene Freiheiten, die sie selbst erfahren haben (Gill 2010). Dabei kann „Risiken eingehen" als integraler Bestandteil kindlichen Spiels gesehen werden (vgl. Little/Eager 2010, Knight 2011). Es könnte sein, dass der „Schutz der Kinder" gegenüber dem Wunsch nach eigener Absicherung in den Hintergrund tritt. Denn eine Einrichtung, in der nie kleinere Verletzungen, Schrammen etc. passieren, kann eine gefährliche Einrichtung sein, weil Kinder ihre Grenzen nicht austesten durften. (Kleinere) Unfälle können ein Hinweis darauf sein, dass eine Kindergartenpädagogin, ein Kindergartenpädagoge versucht hat, ihren Aufgaben und Pflichten nachzukommen. Roger Prott (2010, S. 21) meint dazu: „Gehen Erwachsene – Eltern wie Erzieherinnen – kein Risiko ein, tragen Kinder das Risiko eingeschränkter Entwicklung und zu geringer Eigenverantwortung". Kindergärten sind sichere Orte. Würde man sie noch weiter absichern, könnten sie sich möglicherweise zu Kinderbewahranstalten ohne pädagogischen Auftrag entwickeln.

3 Was bedeutet Aufsichtspflicht?

Es gibt eine Reihe von Informationsportalen und Broschüren, die die Aufsichtspflicht in ihren Grundzügen beschreiben und erklären[(Fn61)]. Allgemein gesprochen geht es darum, Kinder so zu betreuen, dass sie selbst keinen Schaden erleiden und

60. zitiert nach Roger Prott (2011, S. 15)
61. z. B. webpage der Kinder- und Jugendanwaltschaften Österreichs: http://www.kija.at/component/content/article/4-faqs/faqs/22-aufsichtspflicht, webpage der Jungschar http://wien.jungschar.at/recht-geld/aufsichtspflicht-haftung/ „Sicher durch die Aufsichtspflicht. Ein Leitfaden für die Jugendwohlfahrt. http://www.ju-quest.at/jure_downloads/Folder_Aufsichtspflicht.pdf

dass sie keinen Schaden an fremden Personen oder Sachen anrichten. Zur Haftung kann man nur herangezogen werden, wenn ein Verschulden nachgewiesen werden kann. Dabei gilt der Grundsatz: Was pädagogisch nachvollziehbar begründet ist, kann keine Aufsichtspflichtverletzung sein. Nachvollziehbar bedeutet auch, dass die Allgemeinheit (Kulturkreis) das Verhalten verstehen können soll.

Die Art und das Ausmaß der Aufsichtspflicht sind dabei abhängig

- vom Alter,
- von der Persönlichkeit und Reife und
- von der konkreten Gefahrensituation.

Als Maßstab gilt, wie sich ein durchschnittlich sorgfältiger Mensch in dieser Situation verhalten hätte. Eltern können die Aufsichtspflicht an andere Personen (ausdrücklich oder stillschweigend) weitergeben, wie z. B. an Kinderbetreuer, Babysitter oder Lehrer. Die Person kann auch unter 18 Jahre alt sein, wenn sie reif genug ist.

Folgende Orientierungssätze zur Aufsichtspflicht lassen sich nach Prof. Simon Hundmeyer[(Fn62)], ehemaliger Richter und seit Jahrzehnten mit Aufsichtspflicht in Kindergärten befasst, zusammenfassen (vgl. auch Hundmeyer 2002):

„Prinzipiell hat die Kindertageseinrichtung keine andere Aufsichtspflicht als die Eltern“.

„Die Aufsichtspflicht einer Kindertageseinrichtung beginnt und endet, wie es mit den Eltern ausdrücklich (schriftlich oder mündlich) vereinbart ist oder stillschweigend gelten darf. Das gilt auch auf die Örtlichkeit bezogen. Im Zweifel haben immer die Eltern die Aufsichtspflicht“.

„Aufsicht ist so zu führen, wie es von einer/einem verständigen Aufsichtspflichtigen (die/der gemäß seinem pädagogischen Auftrag handelt und dabei die Gesundheit des Kindes und die Sicherheitsinteressen anderer mit beachtet) in der jeweiligen Situation vernünftiger Weise erwartet werden darf“.

„Die Aufsichtspflicht darf nur auf eine körperlich und gesundheitlich geeignete und erfahrene Person weiter übertragen/delegiert werden. Die Person darf nicht überfordert werden“.

„Im zivilrechtlichen Streitfall (wenn Schadensersatz gefordert wird) muss die aufsichtspflichtige Person darlegen und beweisen (begründen), dass sie die Aufsichtspflicht erfüllt hat und deswegen nicht haftet. Im Strafverfahren hat die Staatsanwaltschaft den Beweis zu erbringen, dass das anvertraute Kind infolge einer Aufsichtspflichtverletzung verletzt oder gar getötet worden ist.

„Ein Handeln (Tun oder Unterlassen), das pädagogisch nachvollziehbar d.h. auch unter Berücksichtigung der Gesundheit des anvertrauten Kindes und der Sicherheitsinteressen anderer) begründet ist, rechtfertigt nicht den Vorwurf der Aufsichtspflichtverletzung“.

62. email vom 28.5.2013 an den Autor. Zusammenfassung vom Autor.

Die Aufsichtspflicht kann folgendermaßen zusammengefasst werden (Hundmeyer 1995, zit. nach Textor 1998):

> *„Einem Erzieher kann nicht begründet der Vorwurf der Aufsichtspflichtverletzung gemacht werden, falls er sich über die persönliche Verfassung des Kindes und über die sonstigen Umstände, die für die Aufsichtsführung Bedeutung haben, informiert, das Kind in einer seinem Alter und seiner Entwicklung gemäßen Weise auf mögliche Gefahren aufmerksam macht, es vor falschem Verhalten warnt und sich vergewissert, dass das Kind seine Warnungen und Ermahnungen verstanden hat und befolgt. Schließlich muss er das Kind in einer Weise überwachen, wie dies einem verständigen Aufsichtspflichtigen unter Abwägung pädagogischer Zielsetzungen und Risiken für das Kind und andere vernünftigerweise zugemutet werden kann. Notfalls muss er zum Schutz des Kindes und anderer auch eingreifen" (S. 26).*

Folgende Kriterien zur Einschätzung der Wahrnehmung der Aufsichtspflicht können genannt werden (vgl. Prott 2011, S. 76f)

- **Faktoren in der Person des Kindes:** Alter, Entwicklungsstand, bisheriges Verhalten, Charakter, Eigenarten, Verhaltensauffälligkeiten, neu in der Gruppe, im Kindergarten etc.
- **Faktoren in der Gruppe**: Größe, Gruppendynamik, gegenseitige Kenntnis, aktuelle Situation
- **Faktoren in der Person der Fachkraft**: Alter, Erfahrung, Beziehung zum einzelnen Kind und zur Gruppe (Akzeptanz, Vertrauen), Art der Vorbereitung, Übersicht über das Geschehen
- **Ort/Umfeld:** Bekanntheit des Geländes, Abgeschlossenheit des Geländes, Beschaffenheit, Gefahren in der Umgebung (*wenn etwa zu erwarten ist,* dass auf einem bestimmten öffentlichen Spielplatz immer wieder Glasscherben herumliegen, sollte die PädagogIn, diesen vorher kontrollieren (Landesjugendamt Rheinland 2000, S. 26))
- **Aktivität/Beschäftigung**: Art des Spiels, die davon ausgehende Gefahr (Gefahr dem Kind bekannt, unbekannt, im Umgang geübt, nicht geübt), gleichwertige, aber ungefährlichere Alternativen vorhanden

Manchmal erhält man den Eindruck, dass in der Praxis die Frage „Dürfen wir das zulassen?" häufiger gestellt wird als die Frage „Was sollen wir unbedingt zulassen und fördern?"

Wird beispielsweise mit den Kindern gekocht, besteht bei Unachtsamkeit die Gefahr, dass sich die Kinder an den heißen Herdplatten verbrennen. Doch nur durch das gemeinsame Kochen und die Anleitung lernen sie, durch richtiges, vorsichtiges Verhalten, den Herd eigenständig zu nutzen. Der sicherste Schutz für die Kinder ist, schrittweise zu lernen, mit Gefahren oder gefährlichen Gegenständen umzugehen. Je größer das Gefahrpotential einer Situation oder einer Beschäftigung, desto sorgfältiger ist die Aufsicht zu führen, etwa durch Absprachen, Hinweise und wiederholte Überprüfungen.

Einschränkende Vorschriften und Gerichtsurteile, selbst wenn sie als Gerücht kursieren, werden manchmal leichter übernommen als erleichternde Vorschriften. Im Vordergrund pädagogischen Handelns sollten folgende Überlegungen stehen (vgl. Prott 2011, S. 60):

- Wie kann ich Sicherheitsanforderungen in den Dienst der Erziehung zur Selbstständigkeit stellen?
- Wie gewährleiste ich unter den konkreten räumlichen Bedingungen den Überblick über die Gruppe?
- Welchen Kontakt pflege ich zu den Eltern? Gibt es ein grundsätzliches Einvernehmen mit den Obsorgeberechtigten darüber, was ihrem Kind zugetraut werden kann?

Mit der Beschäftigung und der Beantwortung dieser Fragen könnten Leitungen und Fachkräfte mehr Sicherheit in ihrem pädagogischen Handeln gewinnen.

4 Pädagogik als die Kunst, mit Risiken umzugehen

Wenn es um Aufsichtspflicht in Kindergärten geht, sind eine Reihe von Gesetzen involviert, wie etwa das Allgemeine Bürgerliche Gesetzbuch, das Dienstnehmerhaftpflichtgesetz, das Allgemeine Sozialversicherungsgesetz (Arbeitsunfall), das Versicherungsvertragsgesetz Haftpflichtversicherung), das Strafgesetzbuch (fahrlässige Körperverletzung), das Verbandsverantwortlichkeitsgesetz, das Kraftfahrgesetz und die Straßenverkehrsordnung sowie die Jugendschutzgesetze der Bundesländer.

Nach dem Allgemeinen Bürgerlichen Gesetzbuch (§146 Abs. 1 ABGB) umfasst die Pflege des Kindes auch die Aufsicht: „die Pflege des Kindes umfasst besonders die Wahrnehmung des körperlichen Wohles und der Gesundheit sowie die unmittelbare Aufsicht, die Erziehung besonders die Entfaltung der körperlichen, geistigen, seelischen und sittlichen Kräfte, die Förderung der Anlagen, Fähigkeiten, Neigungen und Entwicklungsmöglichkeiten des Kindes (...)." Das Gesetz führt den Begriff „Aufsicht" nicht weiter aus, es ist den Gerichten überlassen, die Aufsichtspflicht näher zu konkretisieren. Dass dies erst anlässlich eines Schadensfalls – also im Nachhinein – erfolgt, trägt sehr zur Verunsicherung über die Aufsichtspflicht bei.

Nach Nademleinsky (2012) lassen sich folgende Grundsätze aufstellen, die sich in der Rechtsprechung der Gerichte wiederfinden:

- Aufsichtspflichtige Personen haben dafür zu sorgen, dass die Kinder nicht zu Schaden kommen und auch keinen anderen Personen Schaden zufügen.
- Das Maß der Aufsichtspflicht bestimmt sich danach, welche Schädigung angesichts des Alters, der Eigenschaft und der Entwicklung des Kindes vorhersehbar ist.

Nach dieser Einschätzung ist also jedes Kind anders zu behandeln, manche dürften also auf bestimmte Bäume klettern, andere (noch) nicht.

Verschiedene pädagogische Konzepte eröffnen verschiedene pädagogische Handlungsräume. Regelmäßig wird beispielsweise von Waldkindergärten berichtet, in denen Kinder „Gefahren" ausgesetzt werden, denen man sie in manchen Regelkindergärten aus Sorge, sie könnten sich verletzen, nicht aussetzen würde: Aus einem Bericht eines Waldkindergartens (Rupp 2008): „...die Schlucht hinaufklettern, von Holzstapeln springen... So manche Besucher sind in der ersten halben Stunde stets sprungbereit in der Angst vor stürzenden, in das Wasser fallenden Kindern – bis sie schließlich voller Bewunderung vor der großen Geschicklichkeit und Bewegungssicherheit der Kinder zur Ruhe kommen (...)". Eine weitere Leiterin eines Waldkindergartens[(Fn63)] betont, dass sie nur sehr wenige Regeln und Verbote hätten (z. B. auf Rundholz klettern), alles andere wird mit den Kindern besprochen wie etwa: „Kann man die morschen Äste dieses Baumes benutzen?" Kinder werden achtsamer, sie bekommen Verantwortung übertragen, damit steigt auch das Vertrauen der Betreuungspersonen in die Kenntnisse und in das Vermögen der Kinder. Der Schlüssel für sicheres Aufwachsen sei das Beobachten. In jedem Fall muss berücksichtigt werden, was angesichts der Entwicklung des Kindes vorhersehbar ist und inwiefern es allfälliges früheres „Fehlverhalten" des Kindes gab.

5 Aspekte der Aufsichtspflicht

Die Aufsichtsführung kann grob in vier Bereiche geteilt werden:

1. **Erkundigungspflicht**: Kenntnis über Eigenschaften und Fähigkeiten der Kinder und über die örtlichen Gegebenheiten und potentielle Gefahrenquellen
2. **Anleitungs- und Warnpflicht**: z. B. gemeinsames Üben im Umgang mit Schere, Hammer etc.; Aufstellen von Regeln („nur gemeinsam über die Straße gehen" etc.)
3. **Kontrollpflicht**: Der Aufsichtsführende muss sich vergewissern, dass seine Erklärungen verstanden, seine Verbote und Hinweise beachtet werden
4. **Eingreifpflicht**: Werden Erklärungen und Verbote missachtet, muss der Aufsichtspflichtige eingreifen (Kind ermahnen, Aktivität abbrechen, gefährlichen Gegenstand wegnehmen).

Grundsätzlich müssen Kinder nicht rund um die Uhr beobachtet werden: Unter Bezugnahme auf ein Urteil des OLG Köln schreibt Nademleinsky (2012, S. 54): „Kinder im Vorschulalter müssen beim gefahrlosen Spiel im Garten nicht auf „Schritt und Tritt" überwacht werden. Erforderlich ist jedoch eine Kontrolle im Abstand von wenigen Minuten. Ein Zeitraum von 15 bis 20 Minuten wäre jedenfalls schon zu lange". Und das Amtsgericht Bersenbrück formuliert (zit. nach Prott 2010, S. 21)[(Fn64)] „Eine ständige Beobachtung (eines Fünfjährigen) würde auf eine Gängelei hinauslaufen, die der gebotenen Erziehung zur Selbstständigkeit und Selbstverantwortung sogar zuwider laufen würde".

63. Interview vom 12.6.2013; Waldkindergarten Schwaz
64. AG Bersenbrück Az. 1634-9-4C 1004/92

5.1 Wer ist aufsichtspflichtig?

Grundsätzlich ist aufsichtspflichtig, wer die Obsorge hat, also z. B. Eltern, Mütter oder Väter. Per Vertrag kann die für das Kind obsorgeberechtigte Person ihre Aufsichtspflicht einer anderen Person oder einem Kindergartenträger übertragen. Die Übertragung kann schriftlich, mündlich oder auch „stillschweigend" erfolgen.

Der Träger des Kindergartens verpflichtet sich zur Aufsichtsführung und hat dafür zu sorgen, dass qualifiziertes Personal vorhanden ist. Die Verantwortung für die Auswahl geeigneter MitarbeiterInnen überträgt der Träger regelmäßig an eine Leiterin (Leiter).

Die Leitung besteht in pädagogischer und administrativer Hinsicht (z. B. § 30 (1) Tiroler Kinderbildungs- und Betreuungsgesetz 2010).

Vier wichtige Aufgaben der Leitung unter dem Gesichtspunkt der Aufsichtspflicht können nach Nademleinsky (2012, S. 66) unterschieden werden:

- **Koordination der MitarbeiterInnen**: Nur zu Randzeiten, wenn eine geringe (sechs bis max. zehn, je nach länderspezifischen Kindergartengesetzen[(Fn65)]) Zahl an Kindern zu beaufsichtigen ist, kann bei entsprechender Eignung (z. B. auch erste Hilfe Kenntnisse) auch eine nicht als Kindergarten (Hort-)pädagogIn qualifizierte Person (alleine) mit der Aufsichtsführung betraut werden. Es sollte dafür gesorgt werden, dass stets eine Person anwesend ist, die über Erste-Hilfe Kenntnisse verfügt.
- **Kommunikation mit allen MitarbeiterInnen** (Teamsitzungen, Austausch über Gruppendynamiken etc.)
- **Kontrolle**: z. B. wenn ein/e MitarbeiterIn neu ist oder wenn bereits Fehler unterlaufen sind
- **Konsequenzen**: Nimmt eine Leitung eine Aufsichtspflichtverletzung wahr, auch wenn noch nichts passiert ist, muss sie reagieren.

Ob eine Person (Hilfskraft, PraktikantIn) etc. geeignet ist, muss die Leitung entscheiden etwa nach folgenden Kriterien: Berufserfahrung, Vorkenntnisse, Zuverlässigkeit, Kenntnisse über die Kinder, Reflexionsfähigkeit (vgl. Nademleinsky a.a.O. S. 19).

Wäre es eine Überforderung und die Aufsichtspflicht würde trotzdem übertragen werden, wäre dies ein Delegationsfehler. Im Schadensfall muss die Leitungsperson nachweisen können, dass „sie davon ausgehen konnte, und wie sie sich davon überzeugt hat, dass die Hilfskraft zurechtkommt. Zudem sind die landesgesetzlichen Bestimmungen nach dem Mindestpersonaleinsatz einzuhalten.

65. Im Tiroler Kinderbildungs- und betreuungsgesetz § 11 (4) kann als „Randzeit" festgelegt werden, „wenn (…) regelmäßig nicht mehr als sechs Kinder anwesend sind"

5.2 Wann und wo beginnt die Aufsichtspflicht?(Fn66)

Die Aufsichtspflicht beginnt an der „Gartentür", ab diesem Bereich muss Verantwortung übernommen werden. Deshalb ist zu überprüfen, wie der Betrieb organisiert ist und wo die „Gartentür" beginnt. Angenommen ein Kindergarten öffnet um 8.00 Uhr.

- Wenn ein Kind bereits um 7.45 vor der Tür steht, haben die Eltern die Aufsichtspflicht.
- Wenn die Erzieherin das Kind um 7.45 in den Kindergarten lässt, hat die Pädagogin die Aufsichtspflicht (Wird das Kind vor dem offiziellen Beginn reingelassen, heißt dies, dass die Vereinbarung für diesen Tag geändert wurde).
- Wenn um 8.00 Uhr die Tür des Kindergartens noch geschlossen ist (weil z. B. die Pädagogin aufgrund einer Zugverspätung noch nicht da ist), der Elternteil das Kind alleine zurücklässt und das Kind verunglückt, haben der Träger bzw. die KindergartenpädagogIn die Verantwortung (Der Träger hat dafür zu sorgen, dass zur Öffnungszeit auch eine Betreuungsperson anwesend ist).

5.3 Wann endet die Aufsichtspflicht?(Fn67)

Die Aufsichtspflicht endet, so wie sie vereinbart wurde. Empfehlenswert ist es, beweisbare Absprachen zu treffen, wer das Kind abholen kann und wann die Aufsichtspflicht endet. Sobald Mutter/Vater kommt, um das Kind abzuholen und sie mit ihrem Kind Kontakt aufgenommen haben, beginnt deren Verantwortung (also auch wenn die Eltern das Kind noch auf dem Kindergartengelände (unbeaufsichtigt) spielen lassen). Einige Fragen und Antworten:

- *Was ist, wenn ein Kind zur vereinbarten Zeit nicht abgeholt wird?* Mögliche Verhaltensoptionen wären: Warten, die Eltern anrufen, delegieren der Aufsicht (eine andere Mutter nimmt das Kind mit), das Kind selbst nach Hause bringen (wenn die NachbarIn bekannt ist und einverstanden ist), das Kind zu sich nach Hause zu nehmen etc.
- *Was ist, wenn ein Elternteil anruft und sagt, das Kind soll heute alleine nach Hause gehen?* Die ErzieherIn braucht am besten eine Zeugin vom „Hören Sagen" (z. B. ErzieherIn teilt der Kollegin mit, dass das betreffende Kind heute alleine nach Hause gehen kann). Dann wäre die ErzieherIn abgesichert und kann das Kind alleine losschicken.
- *Was ist, wenn ein Elternteil anruft und sagt, heute kommt Frau Maier (obwohl sie nicht auf der Abholliste steht):* das ist in Ordnung
- *Was ist, wenn der/die AbholerIn ist betrunken ist?* Wenn der Zustand der AbholerIn so ist, dass das Wohl des Kindes gefährdet sein könnte, wäre es gut, das Kind

66. orientiert an http://www.helmholtz-muenchen.de/fileadmin/Kindergarten/Dokumente/34_KKT-Aufsichtspflicht.pdf
67. orientiert an: http://www.helmholtz-muenchen.de/fileadmin/Kindergarten/Dokumente/34_KKT-Aufsichtspflicht.pdf

nicht mitzugeben. Als KindergartenpädagogIn müssen Sie tun, was zumutbar ist, um das Kind zu schützen. D. h. eine ErzieherIn muss sich dabei nicht selbst gefährden. (z. B. AbholerIn droht Gewalt an).

5.4 Verkehrssicherungspflicht

Mit „Verkehr“ ist auch ein Gebäude oder Grundstück gemeint. Jeder, der eine „Gefahrenquelle schafft (z. B. Spielgeräte anschafft) hat die Verpflichtung, alle zumutbaren Vorkehrungen zu treffen, dass niemand einen Schaden nimmt. Der Betreiber eines Kindergartens hat etwa die Verantwortung, dass weder Gebäude, Garten oder Spielgeräte Gefahren bergen, die von Kindern nicht erkannt werden können. Deshalb wird empfohlen, die maßgeblichen Ö-Normen zu beachten. Dies sind zwar keine Gesetze, können aber von den Gerichten zur Beurteilung von Gefahrensituationen herangezogen werden.

Einige Beispiele (vgl. jeweils Nademleinsky 2010, S. 43 ff).

- In einem Urteil des OLG Wien (2003)(Fn68) wird ein Kindergarten haftbar gemacht, weil ein Kind aus 1,5m Metern Höhe auf einen Teppichbodenbelag stürzte, der nicht der geltenden Ö-Norm entsprach.
- Der Betreiber eines Kindertagesheimes, der Kinder für eine gewisse Zeit in einem geschlossenen Raum unbeaufsichtigt lässt, muss darauf achten, dass Fensterverschlüsse von den Kindern nicht unbefugt geöffnet werden können.
- Keine Verletzung der Verkehrssicherungspflicht ist es, wenn ein Kindergartenkind auf einem Spielplatz von der Schaukel auf den Boden hüpft und sich aufgrund einer Unebenheit der Wiese verletzt. Ebenso hat ein Spielplatzbetreiber seine Verkehrssicherungspflicht nicht verletzt, wenn ein Kind im Winter aus einer größeren Höhe auf den nunmehr gefrorenen Sand fällt und sich verletzt (gewöhnliche Wettererscheinungen gehörten zu den üblichen Benutzungsrisiken eines Spielplatzes, so das Gericht in seinem Urteil.

Insgesamt muss festgestellt werden, dass die Rechtsprechung zur Verkehrssicherungspflicht nur schwer vorhersehbar und mitunter auch widersprüchlich ist.

5.5 Aufsicht im Gebäude

Aufgrund der Vielzahl der Kinder ist es naturgemäß nicht möglich (oder sinnvoll) „alle im Auge“ zu behalten. Nademleinsky (2010; S. 49) empfiehlt als Richtschnur, dass Kindergartenkinder höchstens fünf bis zehn Minuten unbeaufsichtigt bleiben dürfen, und dies nur wenn sie nicht gerade mit einer gefahrenträchtigen Aktivität beschäftigt sind und der Raum auch keine Gefahren für Kinder birgt.

- Nach einem Urteil des Oberlandesgerichts Linz(Fn69) hat eine Kindergartenpädagogin die Aufsichtspflicht verletzt, weil ein zweijähriges Kind unbeaufsichtigt

68. OLG Wien, Urteil vom 29.9.2003, 12 R 75/037, zit. nach Nademleisky 2012, S. 42)
69. OLG Linz, Urteil vom 30.5.200, 4 R 64/00k, EF 93.548; zit. nach Nademlesiky 2012, S. 49)

auf eine frei zugängliche Sprossenleiter kletterte und stürzte. Sie hätte sicherstellen müssen, dass das Kind während ihrer Abwesenheit nicht auf die Leiter klettern kann.

- Ebenso wurde der Träger eines Kindergartens zu Schadenersatz verurteilt, weil eine Kindergartenpädagogin, die alleine etwa 10 Kinder auf dem Spielplatz beaufsichtigte, keine Notiz von der Rutsche nahm, bei der sich ein Kind schwer verletzte. Falls es notwendig gewesen wäre – so das Gericht –, dass die Pädagogin ihre Aufmerksamkeit von der Rutsche abwendet, hätte sie das Spielen auf der Rutsche unterbinden müssen. Jedenfalls konnte der Träger nicht beweisen, dass die Pädagogin schuldlos war.[Fn70]
- Bisweilen wird empfohlen, Kinder von der Küche fernzuhalten[Fn71]. Doch je nach pädagogischem Konzept und bestimmter Umstände bzw. Küchengestaltung kann es natürlich sein, dass Kindergärten über Küchen verfügen, in denen sich auch Kinder gefahrlos aufhalten und „kochen lernen" können. In manchen Kindergärten werden Kinder an der Essenszubereitung regelmäßig beteiligt.

5.6 Aufsicht im Straßenverkehr

Eine schwierige Aufgabe stellt sich mitunter bei Ausflügen und bei der Teilnahme im Straßenverkehr dar. Ab wann ein Kind alleine oder ohne an der Hand gehalten zu werden auf der Straße gehen kann, hängt von der Art der Straße und von der Reife und dem Alter des Kindes ab.

- Das Landgericht Köln[Fn72] stellt bspw. fest, dass ein 2- 3jähriges Kind nicht ständig an der Hand genommen werden muss, sondern dass es reicht, wenn sich die Aufsichtsperson in unmittelbarer Nähe befindet und jederzeit eingreifen kann. Nur in besonders gefährlichen Situationen, muss das Kind an der Hand genommen werden. Ein „Losreißen" des Kindes von der Hand kann auch nicht mit allen Mitteln verhindert werden.
- Nach einem Urteil des LG Landau[Fn73] haftet ein Aufsichtspflichtiger, wenn er ein ihm anvertrautes 5-jähriges Kind aus Unachtsamkeit unmittelbar vor dem Herannahen eines Radfahrers über die Straße schickt und es so zum Unfall kommt.
- Hingegen ist es der Aufsichtsperson nach zwei Beschlüssen des OLG Bamberg nicht als Aufsichtspflichtverletzung anzulasten, wenn eine 5-Jährige spontan vom Bürgersteig auf die Straße springt und dort mit einem Radfahrer zusammenstößt. Ebenso entschied das AG Bremen, als sich eine 6-Jährige auf dem Fußweg von der Hand seiner Mutter löste und eigenmächtig über den angrenzenden Radweg lief. Im dörflichen Bereich ohne starken Fahrzeugverkehr kann ein 51/2-jährigesKind nach Ansicht des AG Prüm den 300 m langen Heimweg vom Schulbus selbst im Dunkeln grundsätzlich allein zurücklegen.

---

70. OGH, Urteil vom 30.10.1991, 1 Ob 8/91
71. Nademleinsky (2012, S. 49) „Generell ist es geboten, Kinder von der Küche fernzuhalten"
72. LG Köln, NJW 2007, 2563 f.; zit nach Nademleisky 2012, S. 59)
73. vgl auch im folgenden: Aufsichtshaftung über Minderjährige im Straßenverkehr Quelle: DAR 5/2008

- Die Straßenverkehrsordnung schreibt im § 65(19) fest: „der Lenker eines Fahrrades muss mindestens 12 Jahre alt sein; wer ein Fahrrad schiebt, gilt nicht als Radfahrer. Kinder unter zwölf Jahren dürfen ein Fahrrad nur unter Aufsicht einer Person, die das 16. Lebensjahr vollendet hat, oder mit behördlicher Bewilligung lenken." Seit dem Jahr 2011 ist für Kinder bis zum vollendeten 12. Lebensjahr auf öffentlichen Straßen das Tragen eines Helmes verpflichtend.

Wenn Kinder Regeln überraschend brechen, kann dies der KindergartenpädagogIn nicht zum Vorwurf gemacht werden. Etwa wenn ein Kind völlig unvorhersehbar einem anderen Kind in den Weg rennt und sich beide verletzen[(Fn74)].

6 Einige spezielle Fragen und Antworten[(Fn75)]

- *Wer hat bei einem Kindergartenfest, bei dem auch die Eltern dabei sind, die Aufsichtspflicht?* Die Eltern haben die Verantwortung. Im Zweifel sind immer diejenigen aufsichtsführend, die die gesetzliche Sorge (Eltern) haben.
- *Was ist, wenn Mutter/Vater in der Kindergruppe kochen?* Das Kochen machen sie für alle, deshalb ist sie nicht für die Kinder/ihr Kind da. Keine Aufsicht. Hält sich allerdings das Kind des kochenden Elternteils bei ihm auf, so ist die Mutter/der Vater zuständig.
- *Darf eine Bezugsperson alleine mit den Kindern einen Spaziergang machen, auf den Spielplatz gehen?* Es gibt keine gesetzliche Regelung, dass Bezugspersonen nicht alleine gehen dürften.
- *Benötigt eine Bezugsperson einen Rettungsschwimmer um mit den Kindern schwimmen zu gehen?* Nein, es gibt keine Vorgabe, dass der Rettungsschwimmer absolviert sein muss.
- *Medikamentenabgabe bei Kindern – Müssen/dürfen Bezugspersonen den Kindern Medikamente verabreichen?* Die herrschende Auffassung vertritt: Wenn das Kind fähig ist, in die Gruppe zu gehen und ein Medikament braucht, ergibt sich die Verpflichtung, das Medikament zu geben (wenn es für die ErzieherIn möglich ist und kein Zweifel besteht ob sie es richtig machen kann). Ein Attest kann bestärken, dass bei Verabreichung des Medikaments keine Gefahr für Laien besteht, d.h. wenn ohne besondere Kenntnisse das Medikament verabreicht werden kann, kann es gegeben werden. Nicht verpflichtet wäre eine ErzieherIn das Medikament zu geben bei folgendem Beispiel: Ein Kind braucht alle ½ Std. ein Medikament und würde es dies nicht regelmäßig bekommen, wäre es für das Kind lebensbedrohlich.

---

74. LGZ Wien, Urteil vom 9.7.2003, 34 R254/03k, EF104.731 zit. nach Nademlesiky 2012, S. 51
75. orientiert an: http://www.helmholtz-muenchen.de/fileadmin/Kindergarten/Dokumente/34_KKT-Aufsichtspflicht.pdf

7 Aufsichtspflichtverletzung:

Aufsichtspflichtverletzungen können strafrechtliche, zivilrechtliche und/oder arbeitsrechtliche Folgen haben.

Strafrechtliche Folgen

Eine vorsätzliche Begehung von Straftatbeständen wie „fahrlässige Körperverletzung (§88 StGB) kommt in Kindergärten praktisch nicht vor, denn welche KindergartenpädagogIn würde ihre Aufsichtspflicht bewusst vernachlässigen und dabei in Kauf nehmen, dass ein Kind verletzt wird oder gar zu Tode kommt? Strafrechtlichen Folgen einer Aufsichtspflichtverletzung werden weit überschätzt. Dies gilt insbesondere für die Vorstellung, ErzieherInnen stünden immer mit einem Bein im Gefängnis. Eine Informationsbroschüre zur Aufsicht formuliert pointiert: „Erzieherinnen im Gefängnis gibt es nicht, es sei denn wegen anderer Straftaten (vgl. Landesjugendamt Rheinland et al 2000, S. 31). „Fälle strafrechtlicher Verfolgung sind kaum bekannt; zu Verurteilungen kam es in den letzten 30 Jahren nur in einem Verfahren" wurde für Deutschland festgestellt (Prott 2011, S. 162).

Arbeitsrechtliche Folgen

Verletzt ein Dienstnehmer die ihm übertragene Aufsichtspflicht, kann das arbeitsrechtliche Folgen haben. Jede Aufsichtspflichtverletzung stellt in der Regel zugleich eine Verletzung der dienst- oder arbeitsvertraglichen Pflichten der Betreuungsperson dar. Abhängig von der Schwere der Pflichtverletzung kann sie unterschiedliche Folgen haben. Die Möglichkeiten reichen von der formlosen Belehrung oder Ermahnungen über die Versetzung auf einen anderen Arbeitsplatz bis hin zur Kündigung des Beschäftigungsverhältnisses. In der Praxis haben die arbeitsrechtlichen Folgen relativ geringe Bedeutung.

Zivilrechtliche Folgen

Zivilrechtlich kann eine Aufsichtspflichtverletzung zu einer Schadensersatzpflicht führen. Dies setzt allerdings voraus, dass die Aufsichtspflichtverletzung zu einem Schaden geführt hat. **Ist kein Schaden eingetreten, bleibt jede Aufsichtspflichtverletzung zivilrechtlich folgenlos.** In der Regel werden die Kosten von der gesetzlichen Unfallversicherung oder – sofern vorhanden – der Betriebshaftpflichtversicherung des Trägers bzw. der Berufshaftpflichtversicherung der Erzieherin übernommen.

Im Grundsatz gilt: Der Schaden muss aufgrund der Aufsichtspflichtverletzung entstanden sein und vom Aufsichtspflichtigen hätte verhindert werden können. Für einen Schaden, der beim besten Willen nicht verhindert hätte werden können, muss ein Aufsichtsführender auch nicht haften (z. B. ein Kind springt plötzlich von einer Wippschaukel ab und das andere Kind verletzt sich dabei).

Es ist in der Praxis höchst unwahrscheinlich, dass eine Mitarbeiterin oder ein Mitarbeiter und nicht die Einrichtung selber auf Schadenersatz geklagt wird. Denn:

„Der Träger einer Kinderbetreuungseinrichtung haftet für die Fehler aller seiner MitarbeiterInnen, durch die ein zur Aufsicht anvertrautes Kind zu Schaden gekommen ist oder einen anderen geschädigt hat." (Nademleinsky 2012, S. 99). Und „Alle MitarbeiterInnen einer Kinderbetreuungseinrichtung sind durch das Dienstnehmerhaftpflichtgesetz davor geschützt, einen aufgrund leichter Sorgfaltswidrigkeit verursachten Schaden selber tragen zu müssen"(Nademleisky 2012, S. 103).

Zusammenfassung

Fachkräfte in Kinderbetreuungseinrichtungen verfügen – anders als die Eltern – über pädagogisch-fachliches Wissen auf hohem Niveau und vor allem über eine pädagogische Planung ihrer Tätigkeit. Ihr tägliches Handeln müssen Fachkräfte jederzeit gegenüber Eltern, Trägern und Kindern vertreten können. Die Rechtfertigung des Handelns vor Gericht stellt eine absolute Ausnahme dar, ist aber im Grunde nichts anderes: Im seltenen Falle eines Schadens und im noch selteneren Fall einer Gerichtsverhandlung müssen Fachkräfte glaubhaft, klar und widerspruchsfrei ausführen, was zu ihrem Handeln und zu ihrer Entscheidung geführt hat (vgl. Prott 2011; S. 61 ff).

8 Schlussbemerkungen

Es geht darum, dass Kindergartenpädagoginnen und -pädagogen Verantwortung für das Kind übernehmen, selbstbewusst d.h. im Bewusstsein, dass sie die Fähigkeiten der Kinder – neben den Eltern – am besten einschätzen können. Wenn die innere Leitlinie für pädagogisches Handeln die Aufsichtspflicht darstellt, bzw. die Angst die Aufsichtspflicht zu verletzen, beraubt man sich selbst der pädagogischen Handlungsfähigkeit, die den Schutz vor Gefahren inkludiert!

Verletzungen eines Kindes werden von PädagogInnen manchmal als Folge eines Ereignisses empfunden, das sie hätten verhindern können. Dass kleine Verletzungen, Schrammen etc. zum Aufwachsen gehören, wird manchmal ausgeblendet.

Der Erziehungsauftrag muss als Hauptpflicht für Leitungen verstanden werden, Aufsichtsführung kann ihn unterstützen. Doch es scheint so zu sei, dass der Druck zur Risikovermeidung steigt und somit die Nebenpflicht zur Hauptpflicht wird. „Erzieherinnen schaden ihrem professionellen Ansehen, wenn sie dem Druck nachgeben. Sie wecken das alte Bild von der Spieltante, die nur brav aufpassen muss, dass ein paar Regeln eingehalten werden" (Prott, 2010, S. 21). Die Art der Aufsicht soll die Verwirklichung von Erziehungszielen unterstützen. Gerade in einer Zeit, in der Freiräume von Kindern geringer werden, dürfen diese aus Angst vor Risiken und vor einer Aufsichtspflichtverletzung nicht noch weiter eingeschränkt werden. Wichtig ist eine Vorbereitung der Kinder auf den Umgang mit Gefahren.

Literaturverzeichnis

bmwfj (2012). Bundesministerium für Wirtschaft, Familie und Jugend (2012). Die Rechte von Kindern und Jugendlichen. Kinderrechtskonvention. 5. Auflage 2012.

Gill, Tim. (2010). Wo hast du früher am liebsten gespielt? In: Children in Europe, Vol. 19, 10/2010. p.24-25 (german edition).

Hundmeyer Simon (2002). Aufsichtspflicht in Kindertageseinrichtungen. 5. Auflage, 2002, Carl Link Verlag.

Knight S. (2011). Risk & Adventure in Early Years Outdoor Play: Learning from Forest Schools. SAGE Publications.

Landesjugendamt Rheinland/Landesjugendamt Westfalen-Lippe (2000). Aufsichtspflicht in Tageseinrichtungen für Kinder. Grundlagen, Inhalte, Versicherungsschutz. http://www.lwl.org/lja-download/datei-download/LJA/tagbe/mat/mat_schutz/offline_kopie/1010071464_5/TEK_Aufsichtspflicht.pdf.

Little H./Eager D. (2010). Risk, challenge and safety: implications for play quality and playground design. In: European Early Childhood Education Research Journal, Vol. 18, 4/2010, p. 497-513.

Nademleinsky Marco (2012). Aufsichtspflicht. was Kinder- und Jugendbetreuer wissen müssen. Manz Ratgeber. 2. Auflage, Wien.

Roger Prott (2010). Pädagogik, die Kunst mit Risiken umzugehen – nicht sie zu vermeiden. in: Kinder in Europa. Ausgabe 19, 10/2010.

Roger Prott (2011). Aufsichtspflicht. Rechtshandbuch für Erzieherinnen und Eltern. Verlag das Netz. Weimar. Berlin.

Rupp Christa (2008). Mit Kindern in den Wald – Der Waldkindergarten Fuchsbau. In: Textor Martin (Hrsg.). Handbuch Kindergartenpädagogik. Online Handbuch. www.kindergartenpaedagogik.de.

Textor Martin (1998). In jedem Fall verantwortlich? Zur Aufsichtspflicht in der Kita und im Kindergarten. in: Kindergartenpädagogik – Online Handbuch. http://www.kindergartenpaedagogik.de/22.html.

2.5 Kindeswohlgefährdung erkennen und Misshandlungen verhindern

Maria Orthofer

Pädagogische Einrichtungen, insbesondere Kindergärten, Volksschulen und Horte, sind jene Orte, an denen Kindeswohlgefährdungen am ehesten auffallen und betroffene Kinder geschützt werden können. Pädagoginnen und Pädagogen können als wichtige Bezugspersonen v.a. der kleinen Kinder (sichtbare) Kindeswohlgefährdungen aber auch Veränderungen beim Kind wahrnehmen und die Geschichten, die ihnen ihre Kinder erzählen, sensibel interpretieren und den ersten wichtigen Schritt zum Schutz des betroffenen Kindes setzen. Dafür brauchen sie die Unterstützung der Leiterin bzw. des Leiters ihrer Einrichtung.

Bildungs- und Betreuungseinrichtungen sind aber auch Orte, an denen Kinder ebenfalls Gewalt erfahren können. Kinder leiden unter respektlosem Verhalten anderer Kinder ebenso wie unter jenem von Pädagoginnen und Pädagogen, die durch Unachtsamkeit, Überforderung oder einer unreflektierten Haltung insbesondere zum Thema psychische Gewalt das Wohl von Kindern gefährden.

Bevor über den Auftrag an die LeiterInnen von Kindergärten, Kindeswohlgefährdung zu erkennen und Misshandlungen zu verhindern gesprochen werden kann, ist es notwendig, die beiden Begriffe zu klären.

1 Was ist das „Kindeswohl"?

Das „Kindeswohl" ist das zentrale Prinzip der UN-Kinderrechtskonvention (Artikel 3/1), das auch im österreichischen Bundesverfassungsgesetz über die Rechte von Kindern (BVG 2011) verankert ist. Im Artikel 1 heißt es dort, dass *bei allen Kinder betreffenden Maßnahmen öffentlicher und privater Einrichtungen das Wohl des Kindes eine vorrangige Erwägung sein muss.*

Was heißt nun dieser Begriff, ohne den kaum ein Reden über Kinder, Politik und Handeln für Kinder mehr auskommen kann?

> Der Begriff „Kindeswohl" meint das körperliche, geistige und seelische Wohlergehen des Kindes in seiner jeweils spezifischen psycho-sozialen Entwicklungsstufe. D.h., dass bei Entscheidungen die Persönlichkeit des Kindes und seine gesamte Lebenssituation betrachtet werden müssen. Geht es um eine Gruppe von Kindern, müssen die Rahmenbedingungen so gestaltet werden, dass für alle Kinder möglichst großer Entfaltungsraum gegeben ist.

Das österreichische Allgemeine Bürgerliche Gesetzbuch (ABGB, § 138) nennt zwölf Kriterien, an denen das Kindeswohl im Eltern-Kind-Verhältnis beurteilt werden kann und die Gerichte und Kinder- und Jugendhilfeträger im Zusammenhang mit Obsorge- und Besuchsrechtsentscheidungen bzw. bei Erziehungshilfen anleiten sollen. Einige dieser aus der Kinderrechtskonvention stammenden Kriterien können durchaus auch für Bildungs- und Betreuungseinrichtungen herangezogen werden. Zu nennen wären insbesondere

- die Fürsorge, Geborgenheit und der Schutz der körperlichen und seelischen Integrität des Kindes;
- die Wertschätzung und Akzeptanz des Kindes;
- die Förderung der Anlagen, Fähigkeiten, Neigungen und Entwicklungsmöglichkeiten des Kindes;
- die Berücksichtigung der Meinung des Kindes in Abhängigkeit von dessen Verständnis und der Fähigkeit zur Meinungsbildung;
- die Vermeidung der Beeinträchtigung, die das Kind durch die Um- und Durchsetzung einer Maßnahme gegen seinen Willen erleiden könnte;
- die Vermeidung der Gefahr für das Kind, Übergriffe oder Gewalt selbst zu erleiden oder an wichtigen Bezugspersonen mitzuerleben.

Der Begriff Kindeswohl ist damit wohl am besten positiv zu formulieren und als Leitlinie für einen unterstützenden, fördernden, stärkenden Umgang mit Kindern zu verstehen. PädagogInnen haben es gemeinsam mit den Eltern mehr als andere Professionen (SozialarbeiterInnen, JuristInnen, MedizinerInnen oder TherapeutInnen) in der Hand, vorbeugend zu wirken.

Präventive Arbeit lässt sich definieren als eine, die …

- … Kindern hilft, zu selbstbewussten, selbstständigen und freien Persönlichkeiten zu werden.
- … Kinder unterstützt, ihr Recht auf körperliche, psychische und sexuelle Integrität zu wahren.
- … Kindern lehrt, Situationen zu erkennen, die ihre Rechte bedrohen und verletzen und Handlungsstrategien vermittelt, ihre Rechte mit Hilfe Erwachsener zu verteidigen.
- … Erwachsene fordert: Nein-Sagen lernen als Präventionsstrategie setzt voraus, dass die Erwachsenen ein „Nein“ von Kindern akzeptieren und respektieren können.
- Präventive Arbeit ist keine punktuelle Maßnahme, sondern eine grundlegende Erziehungshaltung.

2 Was ist Misshandlung?

Misshandlung ist ein anderes Wort für Gewalt. Und Gewalt wird in der Wissenschaft sehr unterschiedlich definiert. Der schwedische Friedensforscher Johan Galtung beschreibt Gewalt sehr allgemein als eine Handlung, die Menschen daran hindert, sich selbst voll zu verwirklichen. Dabei nützt der Täter/die Täterin ein existierendes Machtgefälle zu seinem Opfer aus oder schafft ein solches, um es anschließend auszunutzen.

Kinder erfahren in allen sozialen Schichten Gewalt in unterschiedlicher Form. Vielen wird psychische Gewalt alltäglich, bewusst aber ebenso oft ungewollt von den Eltern, Geschwistern, Peers, PädagogInnen, … zugefügt. Sie können auch unter struktureller Gewalt leiden, wenn die öffentlichen Räume keinen entsprechenden Platz für Spiel und Bewegung geben oder wenn die kindlichen Lebensäußerungen beschnitten werden, weil sie von den Nachbarn als Lärmbelästigung empfunden werden.

Am häufigsten wird Gewalt nach wie vor als „Erziehungsmittel" eingesetzt und in Form von psychischer und physischer Gewalt ausgeübt. Sie reicht von Ablehnung und Demütigungen über Ohrfeigen bis zu Prügelstrafen.

Vernachlässigung ist eine häufige Form von Gewalt, die Kinder auf der psychischen und physischen Ebene verletzt.

Psychische Gewalt ist immer auch Teil von jeder anderen Form von Gewalt, nämlich Vernachlässigung, Misshandlung, sexuellem Missbrauch und sexueller Ausbeutung, selbst von Diskriminierung (auf Grund der ethnischen oder sozialen Herkunft, Sprache, Religion usw.). Psychische Gewalt erleben Kinder auch dann, wenn sie nicht selbst das unmittelbare Ziel der Gewalthandlung sind.

Anzeichen von Gewalt sind vielfältig und selten eindeutig. Indikatoren, welche Handlungen als Gewalt gelten, und „Checklisten" mit Hinweisen darauf, dass ein Kind Gewalt ausgesetzt ist (wie z. B. Verhaltensauffälligkeiten beim Kind, bei den Erziehungsberechtigten und in der Eltern-Kind-Kommunikation) können helfen, Gewalt früh zu erkennen. Aber: selbst wenn einige der in den „Checklisten" genannten Merkmale zutreffen, ist dies noch *kein Beweis* für Gewalt am Kind, sie können auch andere Ursachen haben *(siehe www.gewaltinfo.at/fachwissen)*.

4 Wie viele Kinder sind von Gewalt betroffen?

Die Frage, wie häufig Kinder von Gewalt betroffen sind, ist nur annäherungsweise zu beantworten. Die Dunkelziffer ist nach wie vor sehr hoch, weil junge Menschen ihre Betroffenheit selten melden und selbst Erwachsene sie oft aus Scham geheim halten. So bringen selbst Prävalenzstudien, bei denen Erwachsene über ihre Gewalterfahrungen in ihrer (frühen) Kindheit befragt werden, insbesondere bei sexueller Gewalt wenig verlässliche Daten.

Die Statistik der Jugendhilfe zeigt wahrscheinlich ein vergleichsweise realistisches Bild über das Ausmaß von massiven Kindeswohlgefährdungen, wenn auch davon auszugehen ist, dass diese vielfach nicht gemeldet werden: 2012 haben Familien für 6.118 Kinder (2.849 Mädchen, 3.269 Buben) unter sechs Jahren und für 14.006 Kinder im Alter von 6-13 Jahren Unterstützung (meist im Zusammenhang mit Vernachlässigung, körperliche oder sexuelle Gewalt) bekommen.

Die Anzeigen- und Verurteilungsstatistik gibt keine unmittelbare Auskunft über die Häufigkeit von Gewalt im sozialen Nahraum, denn sie weist nur die Spitze des Eisberges aus und bildet in erster Linie das Anzeigenverhalten ab, das durch Enttabuisierung und Medienberichte beeinflusst wird: 2012 wurden 270 Fälle angezeigt, bei denen Kinder unter sechs Jahren Opfer waren (6 wurden ermordet, 4 davon gleich nach der Geburt; 138 erlitten Körperverletzungen, 12 davon schwere; 92 wurden gequält oder vernachlässigt; 4 erlitten eine schwere Nötigung und 19 eine gefährliche Drohung).

Befragungen zufolge haben drei Viertel aller Frauen und Männer psychische und/oder physische Gewalt in ihrer Kindheit bis zum 16. Lebensjahr erlebt. Bei sexueller Gewalt haben Mädchen doppelt so häufig Erfahrungen gemacht wie Buben (28 % und 12 %) (vgl. Österreichisches Institut für Familienforschung: Gewalt in der Familie und im sozialen Nahraum. Österreichische Prävalenzstudie zur Gewalt an Frauen und Männern. Wien 2011). Bei sexuellem Missbrauch ist bemerkenswert, dass Kinder unter sechs Jahren hinter den 13-16-jährigen am zweithäufigsten betroffen sind.

5 Gewaltfreie pädagogische Einrichtungen

Ein Kindergarten hat gute Voraussetzungen, ein gewaltfreier Lebensraum für Kinder zu sein, wenn er den Rechten der Kinder, so wie sie in der UN-Kinderrechtskonvention festgeschrieben und in der österreichischen Bundesverfassung verankert sind, verpflichtet ist.

Das heißt, dass in der Einrichtung das Kind im Mittelpunkt aller Bemühungen steht und es das Anliegen des gesamten Teams ist, allen Kindern die volle Entfaltung ihres Potentials in einem unterstützenden, schützenden und fürsorglichen Umfeld zu ermöglichen.

Zentral ist dabei, dass die Meinung und Bedürfnisse aller jungen Menschen entsprechend angehört und berücksichtigt und hohe Sensibilität gegenüber jeglicher Form von physischer, psychischer und sexueller Gewalt an Kindern gezeigt wird.

Ein von einer ExpertInnengruppe im Familienministerium entwickelter **Leitfaden für gewaltfreie sozial-/pädagogische Einrichtungen** nennt u. a. folgende kinderrechtliche Standards, die das institutionseigene Organisationsleitbild ergänzen sollen:

- *Kinderrechte*: In der Einrichtung werden alle MitarbeiterInnen sowie Kinder und Jugendliche und deren Angehörige mit den Rechten der Kinder gemäß UN-Kinderrechtskonvention nachweislich vertraut gemacht.
- *Regeln für einen gewaltfreien Umgang*: In der Einrichtung gelten verbindliche Regeln im Umgang miteinander sowie zu Nähe und Distanz. Diese Regeln werden u. a. mit den Arbeitsverträgen und Dienstanweisungen an die MitarbeiterInnen verbindlich festgeschrieben.

- *Vertrauenspersonen*: In der Einrichtung werden eine interne Vertrauensperson (Ombudsperson) und eine externe Ansprechstelle bekannt gemacht, an die sich alle in Konfliktfällen wenden können.
- *Beschwerdemanagement*: Die Einrichtung hat klare und deutlich kommunizierte Richtlinien für den Umgang mit Beschwerden von betroffenen jungen Menschen, deren Bezugspersonen und MitarbeiterInnen.
- *Kooperation*: Die Einrichtung hat dafür tragfähige Kooperationsstrukturen mit externen Gewaltschutzeinrichtungen (z. B. Kinderschutzzentrum, Jugendhilfe) aufgebaut.
- *MitarbeiterInnenauswahl*: Bei der Aufnahme von MitarbeiterInnen wird die Haltung zu Gewalt an Kindern thematisiert und sie werden auch in der Freiwilligenarbeit aufgefordert, einen Strafregisterauszug beizubringen.
- *Fortbildung*: Alle MitarbeiterInnen haben einen Mindestwissensstand über Gewaltprävention und gewaltfreien Umgang und nehmen regelmäßig Fortbildungen zum Thema Gewaltprävention und Intervention in Anspruch.
- *Qualitätsentwicklung*: Die Einrichtung verpflichtet sich zu einer regelmäßigen partizipativen Evaluation der Umsetzung dieser Leitlinien, wenn möglich auch mit einem kritischen Blick von außen.

PädagogInnen setzen den ersten Schritt …

Die LeiterInnen von Kindergärten brauchen ebenso wie die darin betreuten Kinder PädagogInnen, die Kindeswohlgefährdungen selber vermeiden und fremde wahrnehmen können. Gerade Kinder, die psychische, physische oder sexualisierte Gewalt erfahren haben, brauchen die Aufmerksamkeit und die Courage der Menschen in ihrem sozialen Umfeld. Je kleiner die Kinder sind, desto wichtiger sind die Sensibilität und die Sicherheit jener Menschen, die eine zentrale Rolle im Kinderschutz spielen. Das sind in erster Linie Pädagoginnen und Pädagogen, weil sie wichtige Bezugspersonen für die Kinder sind.

Weil die Gewalt zumeist innerhalb der Familie, oft von einem Elternteil, manchmal aber auch innerhalb der eigenen Einrichtung ausgeübt wird, ist es schwierig, richtig zu reagieren. Die Reaktionen sind daher häufig:

- *„Ich will gar nicht wahrnehmen, dass ein Kind zuhause, in der Nachbarschaft oder gar im eigenen Kindergarten Gewalt ausgesetzt ist, weil es mich überfordern würde, darauf zu reagieren."*
- *„Ich nehme wahr, dass es einem Kind nicht gut geht und dass Gewalt dahinter stehen könnte, weiß aber nicht, was ich tun könnte und bin daher verunsichert."*
- *„Ich habe einen starken Verdacht und will das Opfer ganz schnell mit einer Anzeige schützen."*

Es gibt Alternativen zum „einfach Wegschauen" oder „gleich die Polizei rufen"!

Wichtig ist: Ruhe und Besonnenheit bewahren, da ungeplantes und in seinen Folgen nicht durchdachtes Vorgehen zu weiteren Belastungen des betroffenen Kindes führen und die Aufdeckung erschweren kann.

Niemand kann alleine die Gewalt beenden. Aber jemand muss den ersten Schritt dazu setzen!

Die PädagogInnen brauchen dafür **fachliche und emotionale Unterstützung**. Zuerst ist es für sie wichtig, diese in der eigenen Einrichtung, also von ihrer Leitung zu bekommen.

6 Vorgehen von PädagogInnen bei Verdacht

Das Wohl des Kindes steht immer im Zentrum der Arbeit der Pädagoginnen und Pädagogen. Wenn eine besorgniserregende Abweichung im Zustand oder im Verhalten eines Kindes aber auch im Umgang der Eltern mit dem Kind auffällt und man keine plausible Erklärung dafür finden kann, dann ist es wichtig, dies nicht einfach auf sich beruhen zu lassen. Wegsehen und ungeplantes und in seinen Folgen nicht durchdachtes Vorgehen belasten das Kind gleichermaßen.

Bei Verdacht auf Kindeswohlgefährdung sind folgende Punkte zu beachten:

1. PädagogInnen brauchen für sich selbst Unterstützung, v.a. durch die Leitung der Einrichtung, im KollegInnenkreis, in Supervisionen.
2. Ein Gespräch kann helfen, ein vages Gefühl oder einen unbestimmten Verdacht besser einzuschätzen und die Entscheidung, ob eine Meldung an die regional zuständige Jugendhilfe gemacht werden soll, auf feste Beine zu stellen.
3. Besonders hilfreich ist auch die vom Kommunalverband für Jugend und Soziales in Baden-Württemberg herausgegebene Einschätzungsskala zur Kindeswohlgefährdung (2011)[(Fn76)], weil sie durch strukturierte Erfassung und Auswertung es auch ermöglicht, den Gefährdungsverdacht zu quantifizieren und so erkennen lässt, wann eine Gefährdungsmitteilung nötig ist.

   Indikatoren darin sind:

   - Auffälligkeiten beim Kind (Übermüdung, mangelnde Körperhygiene, Aufsicht und medizinische Versorgung; Mangel- bzw. Fehlernährung; ungepflegte oder unangepasste Kleidung; verdächtige Symptome am Kind, die körperliche Gewalteinwirkung nahelegen; Bewegungsunsicherheit; sprachliche Auffälligkeiten; Auffälligkeiten im Verhalten gegenüber anderen Kindern und gegenüber PädagogInnen; fremdverletzendes oder sexualisiertes Verhalten; Rückzugs- oder starkes Angstverhalten, emotionale Deprivation oder selbstverletzendes Verhalten, …)
   - Auffälligkeiten im Elternverhalten (allgemeine Auffälligkeiten bei Eltern wie Suchtmittelkonsum, psychische Auffälligkeiten, körperliche Gewalt,…).
   - Auffälligkeiten in der Beziehung zum Kind (unangemessene Grenzsetzungen und körperliche Übergriffe, Desinteresse am Kind und wenig Einfühlung in das Kind) und

76. Die vom Kommunalverbund für Jugend und Soziales in Baden-Württemberg entwickelte Kindeswohlskala ist von www.gewaltinfo.at/hilfe-finden/gewalt-erkennen bzw. von http://www.kvjs.de/jugend/kinderschutz/kiwo-skala-kinderschutz-in-tageseinrichtungen.html herunterzuladen.

- Verhalten der Eltern auf Ansprache von Auffälligkeiten (Ablehnung des Gesprächs oder keine Zugänglichkeit im Elterngespräch).

Da die Indikatoren genauer beschrieben werden, können sie den Blick auf kritische Punkte schärfen und die Dokumentation der Wahrnehmungen unterstützen.

4. PädagogInnen können ihren Verdacht u. a. überprüfen, indem sie dem Kind als Vertrauensperson zur Verfügung stehen, ohne es zu bedrängen. Wenn sie dem Kind ihre Bereitschaft zum Zuhören vermitteln, und dass es selbst bestimmen kann, wann und in welchem Ausmaß es sich mitteilen möchte.
5. Kinder teilen sich meist über verschlüsselte und verdeckte Botschaften mit. Spricht das Kind „offen" über seine Erlebnisse, ist es das Wichtigste, das Kind ernst zu nehmen. Es ist auch hilfreich, dem Kind zu erklären, dass es niemals „Schuld" oder auch nur „Mitschuld" an der Gewalttat hat.
6. Dem Kind nie mehr versprechen, als eingehalten werden kann.
7. Wenn möglich, soll das Kind über alle weiteren Schritte informiert werden. Z.B. dass Hilfe beigezogen werden muss, um es vor weiteren Übergriffen zu schützen.
8. Gedächtnisprotokolle über Aussagen und Verhaltensweisen des Kindes können für die weitere Betreuung des Kindes, aber auch für eine Anzeige und bei Gericht wichtig sein.
9. Eltern oder andere Bezugspersonen des Kindes dürfen mit dem Verdacht auf sexuellen Missbrauch niemals vorschnell konfrontiert werden, insbesondere wenn der/die TäterIn im engsten Umfeld des Kindes vermutet wird. Der Druck auf das Kind könnte noch verstärkt werden. Andererseits kann ein voreiliges Äußern eines letzten Endes unbegründeten Verdachts die Familie ins Chaos stürzen.
10. Keine vorschnelle und unüberlegte polizeiliche Anzeige machen! Vernachlässigung, Misshandlung und Missbrauch sind „Offizialdelikte", d. h., eine diesbezügliche Anzeige muss von Polizei und Gericht weiterverfolgt und kann nicht zurückgezogen werden. Die gut vorbereitete Anzeige bei der Polizei oder bei der Staatsanwaltschaft soll zu einem für das betroffene Kind „passenden Zeitpunkt" erfolgen.
11. Oft ist es auch sinnvoll, mit einem Kinderschutzzentrum bzw. einer anderen spezialisierten Einrichtung im Umfeld die Situation zu besprechen und die weitere Vorgangsweise im Interesse des Kindes zu planen. Mit dieser Kooperation soll die Verantwortung nicht abgeschoben werden, sondern durch eine möglichst gut koordinierte Zusammenarbeit eine möglichst geringe weitere Traumatisierung des Kindes gesichert sein.
12. Entscheiden Sie sich für eine Gefährdungsmeldung an die Jugendhilfe, dann ist diese schriftlich einzubringen.

Was tun bei Verdacht?

Wahrnehmen, dass es einem Kind nicht gut geht

⇓

Verdachtsmomente überprüfen

⇓

Einschätzungsskala zur Kindeswohlgefährdung heranziehen.
Die Skala hilft, Kindeswohlgefährdung von Kindern bis zu sechs Jahren besser zu erkennen und einzuschätzen

⇓

Wenn einige Indikatoren der Einschätzungsskala zutreffen, wenn möglich **Kollegin/Kollegen** (die/der das Kind/die Familie kennt) **einbinden**
„Wie siehst du das Kind, ist was dran an meinem Verdacht?"

⇓

Verdacht der Kindeswohlgefährdung erhärtet: **Leitung informieren**

⇓

Elterngespräch suchen

⇓

Nicht erfolgreiche/s Elterngespräch/e dokumentieren

⇓	⇓
Wenn vorhanden: Institutionseigene **Beratungsstelle konsultieren**	Vom **Kinderschutzzentrum beraten** lassen. Die ExpertInnen in den Kinderschutzzentren unterstützen Sie dabei herauszufinden, welche Vorgehensweise für das betreffende Kind und für Sie selbst günstig erscheint.
⇓	⇓

Mitteilung an die Jugendhilfe *(das sog. „Jugendamt")*

7 Mitteilungen bei Verdacht der Kindeswohlgefährdung

Das Bundes-Kinder- und Jugendhilfegesetz 2013 definiert die Mitteilungspflichten bei Verdacht auf Kindeswohlgefährdung (§ 37) folgendermaßen:

Wer ist verpflichtet: Krippen, Kindergärten, Horte und sonstige Tagesbetreuungseinrichtungen sind verpflichtet, der Jugendhilfe zu melden, wenn ein begründeter Verdacht besteht, dass ein Kind misshandelt, gequält, vernachlässigt, sexuell missbraucht oder in anderer Weise (z. B. Sucht eines Elternteils) gefährdet wurde.

Die Mitteilungspflicht ist dann gegeben, wenn die Wahrnehmung der Kindeswohlgefährdung im Rahmen der dienstlichen Tätigkeit für die mitteilungspflichtige Organisation oder im Laufe der Berufsausübung erfolgt und die Gefährdung von der meldepflichtigen Organisation nicht abgewendet werden kann.

Die Einrichtungen müssen intern regeln, wer die Mitteilung an den Kinder- und Jugendhilfeträger zu erstatten hat. Jedenfalls sind PädagogInnen verpflichtet, ihren Verdacht ihrer Leitung zu melden. Jede Person ist berechtigt, eine Kindeswohlgefährdung der Jugendhilfe zu melden.

Bildungseinrichtungen (weder LeiterInnen noch PädagogInnen) sind jedoch *nicht* zur Anzeige an die Polizei oder Staatsanwaltschaft verpflichtet.

Was ist ein begründeter Verdacht: Ein begründeter Verdacht liegt vor, wenn über die bloße Vermutung hinausgehende, konkrete Anhaltspunkte für eine Gefährdung eines konkreten, namentlich bekannten Kindes vorliegen. Die Anhaltspunkte ergeben sich aus den von den Mitteilungspflichtigen wahrgenommenen Tatsachen und den Schlüssen, die sie aus ihrem fachlichen Wissen und ihrer Berufserfahrung ziehen. Dabei kann es sich z. B. um Beobachtungen im Verhalten von Kindern oder Inhalten von Gesprächen mit Kindern und deren Eltern handeln.

Was ist eine Kindeswohlgefährdung: Misshandlung, Quälen, Vernachlässigen und (schwerer) sexueller Missbrauch (Tatbestandelemente der §§ 83 ff, 92, 206 und 207 StGB). Unter sonstigen Kindeswohlgefährdungen sind erhebliche Beeinträchtigungen, wie etwa die Suchterkrankung von Eltern oder Kindern zu verstehen, nicht jedoch kleinere Zwischenfälle, die u. a. durch die Intervention der Mitteilungspflichtigen behoben werden können.

An wen ist zu melden: Die Meldung ist an den für den Hauptwohnsitz bzw. gewöhnlichen Aufenthalt des Kindes zuständigen Kinder- und Jugendhilfeträger zu erstatten.

Wie ist zu melden: Die Beobachtung der Kindeswohlgefährdung ist strukturiert und konkret dokumentiert unverzüglich schriftlich zu melden.

Was ist unverzüglich: Die Mitteilung ist zu erstatten, sobald alle Untersuchungen, Erhebungen, fachlichen Beratungen abgeschlossen sind und die Einschätzung über das Vorliegen eines Verdachts getroffen wurde.

Was ist zu melden: Neben dem Namen des Kindes und der/des Obsorgeberechtigten ist der Jugendhilfe mitzuteilen, worauf sich der Verdacht stützt: Vernachlässigungsformen, Verletzungen, auffälliges Verhalten des Kindes, widersprüchliche Schilderungen des Hergangs von Verletzungen, mangelnde Kooperationsbereitschaft der Eltern (verweigern Gespräch bzw. reagieren aggressiv, bagatellisieren Problem, geben unglaubwürdige oder schuldabweisende Erklärungen für beobachtete Kindeswohlgefährdung ab, …). Je konkreter die Beobachtungen und auch erfolglosen Erklärungsversuche gemeldet werden, desto effizienter kann die Jugendhilfe das Kind unterstützen und schützen.

Verschwiegenheitspflichten: Mitteilungen über den Verdacht der Kindeswohlgefährdung unterliegen keinen Einschränkungen durch allfällige berufsrechtliche Verschwiegenheitspflichten oder der Amtsverschwiegenheit.

Zur Gewährleistung des Kindeswohls ist eine Kooperation von Kinder- und Jugendhilfeträgern und mitteilungspflichtigen Einrichtungen unerlässlich. Die Jugendhilfe ist auf Gefährdungsmitteilungen und Aussagen der meldenden Einrichtung/PädagogInnen angewiesen, um ein Kind schützen und die Familie unterstützen zu können. Die Jugendhilfe informiert die meldende Einrichtung über gesetzte Maßnahmen (z. B. Einleitung oder Abschluss der Gefährdungsabklärung, Beginn der Erziehungshilfe), nicht aber Tatsachen des Privat- oder Familienlebens.

Das Formular für die schriftliche Meldung (per E-Mail, Fax) finden Sie auf www.gewaltinfo.at/recht/mitteilungspflicht.

Der Jugendhilfeträger informiert in der Regel die Eltern, wer die Kindeswohlgefährdung gemeldet hat.

8 Aufgaben der Jugendhilfe

Der Jugendhilfeträger ist verpflichtet, einer Gefährdungsmitteilung nachzugehen und einzuschätzen, ob das Kind gefährdet ist.

Wenn Gewalt angewendet oder körperliches oder seelisches Leid zugefügt wird, unterstützt er die Familie mit Hilfsangeboten wie z. B. Erziehungsberatung. Die Eltern sind zur Beteiligung verpflichtet.

Ist der Schutz des Kindes trotz unterstützender Maßnahmen innerhalb der Familie nicht gewährleistet, liegt es in der Kompetenz des Jugendhilfeträgers, das Kind außerfamiliär unterzubringen. Dies geschieht entweder mit Zustimmung der Obsorgeberechtigten oder über Antrag beim zuständigen Pflegschaftsgericht.

Anzeige: Die MitarbeiterInnen der Jugendhilfe sind *nicht* zur Strafanzeige verpflichtet. Wenn es aber für den Schutz des Kindes erforderlich ist – wie bei besonders schweren Straftaten oder bei mangelnder Kooperation der Familie – wird angezeigt.

Verschwiegenheit: Die MitarbeiterInnen der Jugendhilfe und der beauftragten privaten Jugendhilfeeinrichtungen sind zur Verschwiegenheit über Tatsachen des Privat- und Familienlebens der betreuten Familie verpflichtet.

Die Weitergabe von Informationen ist nur zulässig, wenn es im überwiegenden berechtigten Interesse des betroffenen Kindes liegt. Jedenfalls ist es im Interesse und zum Schutz des Kindes, dass nur sehr sorgsam Informationen über das Kind und dessen Familie an Dritte weitergegeben werden.

9 Fazit

Weil Kindergartenkinder noch wenig Möglichkeiten haben, ihre Not, die sie durch seelische, körperliche und/oder sexuelle Gewalt erleiden, zu artikulieren und Hilfe zu suchen, sind PädagogInnen in Kindergärten *die* Schlüsselstelle, an der diese wahrgenommen und beendet werden kann. Die PädagogInnen brauchen dafür den Beistand ihrer Leitung und die Unterstützung von fachlich kompetenten Beratungseinrichtungen (z. B. Kinderschutzzentren) vor Ort, um einen – oft nicht einfachen – Prozess in Gang zu setzen, mit dem oft jahrelange Leidensbiographien abgekürzt werden können. Wie schon gesagt: Niemand kann alleine Gewalt beenden, aber aufmerksame PädagogInnen können den ersten Schritt dazu setzen!

LeiterInnen eines Kindergartens können die Kinderschutzarbeit auch unterstützen, indem sie die Weiterbildung ihrer PädgogInnen im Kinderschutz fördern.

Wichtige Infos:

Auf **www.gewaltinfo.at** finden Sie

- Beratungseinrichtungen in Ihrer Nähe
- Antworten zu rechtlichen Fragen
- Einschätzungsskala einer Kindeswohlgefährdung
- Indikatoren für psychische, physische und sexuelle Gewalt
- Formular zur Mitteilung an die Jugendhilfe
- Weiterführende Informationen zum Thema Gewalt im sozialen Nahraum

3 Personalmanagement

3.1 Nachhaltige Personalgewinnung – So gewinnen sie langfristig gute MitarbeiterInnen

Bernhard Koch/Lucia Eder

Ziel des Personalmanagements ist eine auf die Erfüllung gegenwärtiger und künftiger Aufgaben und Ziele ausgerichtete optimale Zusammensetzung des Personals. Personalauswahl und -einführung sind dabei die Basis für Personalentwicklung, denn diese kann nur auf vorhandenen Potenzialen aufbauen.

Während es eine Fülle an Literatur über Personalgewinnung in den verschiedensten Bereichen der sozialen Arbeit gibt (z. B. Hölzle 2006), scheint der Bereich der Personaleinstellung in Kinderbetreuungseinrichtungen noch wenig Beachtung zu finden. Selbst in der Literatur über Personalmanagement in Kindergärten und allen anderen Formen der Kinderbildungs- und Betreuungseinrichtungen bzw. zur Leitung kommt die Personalrekrutierung erst allmählich vor. Im Vordergrund stehen Fragen der Personalentwicklung, MitarbeiterInnenführung, Leitungspersönlichkeit, Kommunikation etc. (z. B. Hugoth 2010, Möller/Möller 2007).

Insbesondere in den letzten Jahren wird in der Öffentlichkeit, in der Politik und in der Interessensvertretung von einem Personalmangel in Bereich der Kinderbetreuung gesprochen. Aktuell wird der von der Europäischen Kommission und der Wirtschaft geforderte Ausbau der Kinderbetreuung für unter Dreijährige als Treiber dieser Entwicklung genannt. Dies soll allerdings nicht darüber hinwegtäuschen, dass es in den vorangegangenen Jahrzehnten immer wieder Personalnot gab (vgl. Gary 2006, S. 271 ff). Als Gründe werden durchgängig das geringe Gehalt und die schlechten „Rahmenbedingungen" (Gruppengröße, Personal-Kind Schlüssel etc.) angeführt (Gary 2006, S. 275). In einer Studie aus dem Jahr 1994 (Charlotte Bühler Institut 1994) werden Forderungen der Kindergärtnerinnen genannt, die in der Zwischenzeit z.T. erfüllt wurden (höchstens 25 Kinder/Gruppe), z.T. noch immer gefordert werden (mehr Gehalt, mehr Zeit für Vorbereitungen, bezahlte Fortbildung etc.) oder auch an den gesellschaftspolitischen Zielsetzungen scheitern (müssen) wie „kürzere Öffnungszeiten" oder „mehr Halbtagsstellen". Wie der Direktor des Deutschen Jugendinstitutes (DJI), Thomas Rauschenbach (2012) für Deutschland feststellt: „Der Wettbewerb um die Erzieherinnen und Erzieher hat begonnen". Es gebe Hinweise darauf, dass sich der Personalmangel zu einem weiteren Hemmnis beim Ausbau der Kindertagesbetreuung entwickeln kann. In manchen österreichischen Bundesländern werden deshalb die Gehälter erhöht, die Stadt Frankfurt am Main hat, um Mitarbeiterinnen und Mitarbeiter für ihre Kitas zu gewinnen, die tarifliche Eingruppierung der Berufsgruppe nach oben gesetzt Eine Abfrage beim AMS Jobroom im Sommer

2013 mit dem Kriterium „Kindergarten“ bringt für Österreich über 200 offene Stellen zutage(Fn77).

Programme zur Gewinnung zusätzlichen Personals werden auch kritisch gesehen, befürchtet wird ein „downgrading“, wenn QuereinsteigerInnen in Kurz-Zeitausbildungen zu „Fachkräften“ ausgebildet werden. Mitunter werden Fachkräfte aus fachähnlichen Domänen der Psychologie, Primarpädagogik oder Sozialarbeit vorübergehend angeworben. Ebenso werden zunächst unqualifizierte Kräfte als „pädagogische HelferInnen“ gesucht, die in Kurzmaßnahmen pädagogische Grundkenntnisse erwerben. Unterstützungskräfte könnten eine Vollqualifikation nicht ersetzen und sollten nicht als „billige Kraft“ genutzt werden, so die Kritik.

Der Bereich der elementaren Bildung ist nicht der einzige Berufsbereich, in dem ein Mangel an qualifiziertem Personal negative Konsequenzen auf die Qualität der Leistung hat. Eine Studie bei technischen Unternehmen (Bienzeisler/Bernecker 2008, S. 7) hat bspw. klar aufgezeigt, dass ein Mangel an Fachkräften zur „Überlastung des bestehenden Personals, zu Problemen bei der Leistungsqualität sowie zu Problemen bei der Auftragsbearbeitung“ führt. Diese Ergebnisse können auch auf den Bereich der Elementarpädagogik übertragen werden. Als sehr erfolgreich bei der Personalrekrutierung werden nach der oben erwähnten Studie Instrumente gesehen, die auf eine persönliche Ansprache und Kommunikation zwischen Unternehmen und Bewerbern abzielen. Marketing und hohe Attraktivität für BewerberInnen im Sinne der Gestaltungs- und Selbstverwirklichungsmöglichkeiten sowie zufriedenstellende Arbeitsbedingungen spielen eine immer größere Rolle. Zur Verbesserung des Einstiegs in die Arbeitswelt ist der Fokus auf das Zusammenwirken von Ausbildungsstätten, ArbeitgeberInnen, Aufsichtsorgane der Gebietskörperschaften und Fortbildungsstellen zu legen.

Mögliche Strategien zur Gewinnung zusätzlicher elementarpädagogischer Fachkräfte durch Maßnahmen im Bereich der Ausbildung sind (vgl. Dudek/Gebrande 2012, S. 11ff):

- Steigerung der Ausbildungskapazitäten an den Bildungsanstalten für Kindergartenpädagogik
- Einführung und Ausbau von Studienangeboten an Universitäten und Pädagogischen Hochschulen
- Verkürzung der Ausbildung z.b. durch Nachweis eines Assistentenkurses, Studiums der Pädagogik, Berufserfahrung etc.)
- Einrichtung von Vorbereitungskursen für die Externistenprüfung
- Nachholen des Berufsabschlusses

Der Ausbau der Externistenprüfung wird nach der oben erwähnten Studie wegen der hohen Prüfungsanforderungen und z.T. wegen der hohen Durchfallquoten kritisch beurteilt. Zudem bestehen durch den hohen Anteil an Selbststudienphasen geringere Möglichkeiten der gemeinsamen Reflexion von Praxis und persön-

77. Abfrage 15.6.2013. https://jobroom.ams.or.at/jobsuche/FreieSuche.jsp

licher Überzeugungen. Beides zu hinterfragen stellt jedoch auch in der späteren Arbeitsphase ein zentrales Element pädagogischer Professionalität dar. Allerdings zeige die hohe Nachfrage nach diesem Modell, dass das Interesse am Erzieherberuf vorhanden sei (a.a.O. S. 41).

In Deutschland wie auch in Österreich werden zunehmend von privaten Anbietern berufsbegleitende Ausbildungskurse für verschiedenste Fachkräfte, KleinkindbetreuerInnen und pädagogische HelferInnen im Arbeitsfeld angeboten. Die Gefahr des „downgradings" durch Scheinqualifikation sowie in weitere Folge eine Fehleinschätzung notwendiger Kompetenzen müssen aufmerksam verfolgt und (selbst-)kritisch diskutiert werden. Insgesamt geht es um eine den Anforderungen angepasste Ausbildung, um Klärung und Schaffung von adäquaten Arbeits- und Rahmenbedingungen und eine der Komplexität des Feldes und der Qualifikation entsprechende Entlohnung. Zusätzlich wären gezielte Werbestrategien erforderlich, um ein Image des Berufes zu etablieren, das mit Begriffen wie „sinnvoll", „anerkannt" und „wohlbezahlt" assoziiert wird.

1 Rahmenbedingungen

1.1 Aktuelle Entwicklungen im Personalwesen

Im Jahr 2013 waren in Österreich etwa 50.000 Personen im Bereich der Kinderbetreuungseinrichtungen beschäftigt (vgl. Statistik Austria 2013). Im Zuge gesellschaftlicher Veränderungen nimmt seit einigen Jahren die Nachfrage an Kinderbetreuungsplätzen zu, und damit erhöht sich auch der Personalbedarf. Zwischen 2005/06 und 2011/12 ist das Personal in allen Kindertagesheimen um rund ein Drittel, bei Krippen sogar um knapp 50 % gestiegen. Der Personalstand bei altersgemischten Kinderbetreuungseinrichtungen hat sich in diesem Zeitraum mit plus 2.500 Beschäftigten mehr als verdoppelt. Das AMS Österreich[(Fn78)] weist im Jahr 2013 darauf hin, dass sich der Personalbedarf sowohl an Fachkräften als auch an pädagogischen HelferInnen/Stützkräften kontinuierlich erhöhe. Allein in Wien sei von einem zusätzlichen Bedarf von mehreren hundert Fachkräften auszugehen[(Fn79)]. Problematisch ist, dass primär Fachkräfte mit einschlägiger Vollqualifikation fehlen und der Andrang von HelferInnen und teilqualifizierten Kräften diesen Bedarf nicht decken kann und soll. Hintergrund für einen Anstieg der Beschäftigtenzahl ist u. a. der Ausbau der Kinderbetreuung für unter Dreijährige, die Verlängerung der Öffnungszeiten und nicht zuletzt ein immer geringerer Betreuungsschlüssel.

Andererseits kommt es regional durchaus vor, dass vorwiegend Kindergärten noch freie Plätze zur Verfügung haben, also keine „Personalnot" besteht. So wird in der

78. http://bis.ams.or.at/qualibarometer/berufsfeld.php?id=244&show_detail=1&query (19.6.2013)
79. In einer deutschen Stadt ist bereits vorgekommen, dass in einem neu eröffneten Kindergarten mit 3 Gruppen nur eine Gruppe betreut werden konnte. Süddeutsche Zeitung 28. September 2012 „Markt Schwaben Kindergarten ohne Erzieher"

vom Amt der Tiroler Landesregierung (2012) herausgegebenen Statistik der Kinderbetreuungseirichtungen darauf hingewiesen, dass im Bereich der *Kindergärten* „ein umfangreiches Kontingent von über 4.300 freien Betreuungsplätzen (Betreuungsplätze, die ohne zusätzliches Personal und räumliche Adaptierungen an Kinder vergeben werden könnten)“ zur Verfügung stehe. Die bestehenden *Kinderkrippen und Horte* seien hingegen derzeit relativ stark ausgelastet. Ähnliche Situationen werden auch in den anderen Bundesländern wie Salzburg beschreiben.

1.2 Anforderungen an das Personal

In Österreichs Kindergärten verfügt nur etwas mehr als die Hälfte des Personals über den Befähigungsnachweis einer Bildungsanstalt für Kindergartenpädagogik (Statistik Austria 2012). Das Personalentwicklungskonzept einer Einrichtung muss demnach auch die Einschulung und Weiterentwicklung von anders, teil- bzw. unqualifizierten MitarbeiterInnen vorsehen. Das Fachpersonal muss in der Lage sein, diese Aufgaben zusätzlich zum pädagogischen Auftrag zu übernehmen. Grundsätzlich ist eine interdisziplinäre Ausrichtung der MitarbeiterInnen höchst hilfreich, um der Vielschichtigkeit von Aufgaben bestmöglich mit unterschiedlichen Perspektiven und Handlungsmöglichkeiten begegnen zu können. Ziel ist ein angemessenes Handeln, das sowohl der Unterstützung der kindlichen Entwicklung als auch der Unterstützung des Fachpersonals in dessen Aufgaben dient (vgl. auch Koch 2013). Als wichtigste Eigenschaften und Fähigkeiten des Personals in elementarpädagogischen Einrichtungen werden u. a. genannt (OECD 2012, S.2):

- Verständnis und Wissen um kindliche Entwicklung und Lernen,
- die Fähigkeit, Entwicklungsmöglichkeiten bei Kindern zu fördern,
- gutes Sprachvermögen und die Fähigkeit, den Kindern Ideen und Meinungen zu entlocken.

Das Personal sollte aufgrund der Komplexität und Dynamik des elementarpädagogischen Feldes flexibel sein, über interkulturelles Wissen und Handlungskompetenzen verfügen und interdisziplinär orientiert sein. Es muss die Fähigkeit zur kritischen Analyse von Situationen besitzen und über ein hohes Maß an Selbstreflexion verfügen. Nach einer Befragung von Fachschulleitungen (Deppe 2011) sollten folgende Themen künftig stärker in den Vordergrund der Ausbildung gerückt werden:

- Sprachförderung,
- Zusammenarbeit mit Eltern und Netzwerken,
- Inklusion und Integration,
- Bildungs- und Erziehungsplan,
- Kinder unter drei und
- Methoden der Beobachtung und Dokumentation.

Insgesamt kann festgestellt werden, dass die Anforderungen an das Personal immer komplexer werden und von Seiten der Bildungspolitik – auch aufgrund der

PISA-Ergebnisse und der Zunahme von Verhaltensauffälligkeiten von Schulkindern – immer mehr Aufgaben der Elementarbildung – und somit dem Personal – überantwortet werden. Für die Personalverantwortlichen und die Führungskräfte eröffnet sich die zentrale Fragestellung und Aufgabe: Wie bekomme ich unter den aktuellen Bedingungen MitarbeiterInnen, die das Anforderungsprofil der Einrichtung am ehesten erfüllen?

1.3 Anforderungen auf Basis der Landesgesetze

Der Föderalismus in der Kinderbetreuung bedingt neun unterschiedliche Gesetze mit differierenden Anstellungserfordernissen. Als Gemeinsamkeit ist festzuhalten: Österreichweit ist je Kindergruppe eine pädagogische Fachkraft vorgesehen, in einigen Bundesländern zusätzlich eine Hilfskraft, in manchen genügt eine halbe Hilfskraft (Baierl/Kaindl 2011, S. 20). In manchen Bundesländern müssen Hilfskräfte über entsprechende Kurzzeitausbildungen verfügen, in manchen ist dies nicht notwendig.

1.4 Zuständigkeiten in der Personalgewinnung

Grundsätzlich ist der Träger für die Personalgewinnung und -einstellung verantwortlich. Etwa zwei Drittel des Personals ist bei öffentlichen Trägern, also im Wesentlichen bei Städten und Gemeinden oder wie im Bundesland Niederösterreich beim Land angestellt. Etwa 13 % sind bei Vereinen und katholischen Trägern beschäftigt.

Die Rolle der Leitung beim Auswahlprozess ist je nach Träger höchst unterschiedlich geregelt. Während in manchen, vorwiegend privaten Einrichtungen die Leitung in höherem Ausmaß für die Auswahl verantwortlich zeichnet, sind sie bei anderen (öffentlichen) Trägern nur am Rande an der Personalauswahl beteiligt.

- *Einrichtungen bei kleinen Landgemeinden*: Die Personalsuche und -auswahl erfolgt häufig vom Träger (BürgermeisterIn) in Abstimmung mit der Kindergartenleitung.[Fn80] Es kommt allerdings auch vor, dass die Leitung überhaupt nicht in die Personalauswahl für Ihr Team eingebunden ist.
- *Kleinere private (elternverwaltete) Einrichtungen*: Der Vorstand, üblicherweise aus fachlich (relativ) unerfahrenen Eltern, überträgt mehr Gewicht der Leitung.
- *Einrichtungen bei größeren öffentlichen Trägern*: Die Personalsuche und Auswahl erfolgt in der Regel über die Personalabteilung, den AmtsleiterInnen und BürgermeisterInnen mit teilweise nur geringer Mitsprachemöglichkeit für die LeiterInnen.
- *Einrichtungen bei größeren privaten Trägern wie z. B. „Kinder in Wien“*: Die Auswahl des Personals erfolgt durch die Führungskraft des jeweiligen Standortes (vgl. Kapitel 5.5)

80. BewerberInnen, die in die engere Auswahl kommen, werden beispielsweise zu Hearings vor einem Gremium eingeladen, das aus BürgermeisterIn, Bürgermeisterstellvertreter, zuständigen Gemeinderatsmitgliedern und der Kindergartenleitung besteht.

Manche Träger scheinen über ein höchst professionelles, aktives Personalmanagement und -marketing im Bereich Kinderbetreuung zu verfügen, andere verhalten sich eher zurückhaltend. Marketingmaßnahmen wie z. B. Stellenanzeigen und Annoncen zur Darstellung der Organisation in der Öffentlichkeit sind im Zuge der Personalknappheit und des erhöhten Wettbewerbs um gutes Personal verstärkt zu finden (siehe auch Kap 7.2).

Grundsätzlich wünschenswert wäre, die Leitungen aktiver einzubinden. Mehr Mitspracherecht bei der Personalgewinnung könnte in mehrerer Hinsicht vorteilhaft sein:

- Leitungskräfte müssen sich aktiv mit Personalentwicklungsfragen und Qualitätsmanagementfragen auseinandersetzen.
- Leitungskräfte kennen ihr Team am besten und sind auch für die Teamentwicklung am Standort verantwortlich
- Leitungskräfte verfügen über größeres betriebsinternes und fachspezifisches Wissen als etwa die Gemeindevertretung bzw. MitarbeiterInnen der allgemeinen Verwaltung.

Kindergartenleitungen könnten darauf hinarbeiten, dass der Träger in Ausschreibungsunterlagen auf die Bedürfnisse der Einrichtung eingeht (vgl. Fialka 2011, S. 126). Grundvoraussetzung für ein Mehr an Mitbestimmung sind dementsprechendes Wissen und Kompetenzen im Personalmanagement und in der Personalrekrutierung. Bislang allerdings ist dies kaum oder gar nicht in die Regelausbildung an der BAKIP integriert, auch bei Weiterbildungen sind sie selten explizit Inhalt in Führungskräfteseminaren. Prinzipiell sind jedoch die vorhandenen Kenntnisse als wichtige Ressourcen in der Personalgewinnung zu beachten und für qualitätssichernde Personalentscheidungen zu nutzen.

2 Die Zielgruppen

Fachkräfte:

Die Schulstatistik(Fn81) zeigt für die letzten Jahre eine leicht steigende Anzahl von bestandenen Reife- und Diplomprüfungen bei „Lehrer- und Erzieherbildenden Schulen“, also in wesentlichen der BAKIPS: Sie steigerte sich vom Jahr 1990 (820 AbsolventInnen) über das Jahr 2000 (1.691Absolventinnen), auf annähernd 2000 AbsoventInnen im Jahr 2011. Gründe könnten in mehr geführten Klassen und dem Ausbau der Kollegformen liegen.

Aktuelle Studien darüber, wie und mit welchem Erfolg (im Sinne einer längeren Bindung) die Fachkräfte bzw. die AbsolventInnen ihre Stellen finden, liegen nicht vor.

Eine Studie aus dem Jahr 2000 (Blumberger/Watzinger 2000, S. 98) ergab, dass rd. 60 % der Absolventinnen nach Abschluss der BAKIP eine adäquate oder aus-

81. http://www.statistik.at/web_de/statistiken/bildung_und_kultur/formales_bildungswesen/bildungsabschluesse/021623.html (20.6.2013)

bildungsnahe Berufstätigkeit aufnahmen. Die AbsolventInnen wurden befragt, wie sie die erste Berufstätigkeit nach Beendigung der BAKIP erhielten (a.a.O. S. 72ff). Demnach rangiert „Eigeninitiative" (70 %) weit vor „private Beziehungen" (25,5 %) und „Inserate" (12 %). Die Antworten „Vermittlung durch die Schule" (9 %), „schulisches Praktikum/Ferialpraktikum" (7 %) und „Vermittlung durch Arbeitsmarktservice" (4 %) hatten nachrangige Bedeutung.

Jene, die den ersten Arbeitsplatz wechselten, wurden nach den Gründen befragt. Die wesentlichsten Gründe waren, dass ein besserer Arbeitsplatz gefunden werden konnte (34 %), und dass das Arbeitsverhältnis befristet war (33 %). Jeweils etwa 15 % gaben auch an: (Mehrfachnennungen waren möglich) „Überqualifizierung", „schlechte Bezahlung", „persönliche Gründe", „keine Aufstiegschancen" oder „zu große Entfernung zum Wohnort".

Die Arbeitssituation der zum Befragungszeitpunkt Berufstätigen war durch folgende Merkmale gekennzeichnet:

- 33 % waren in einem befristeten Beschäftigungsverhältnis,
- 29 % waren Teilzeit beschäftigt (durchschnittlich 27 Wochenstunden),
- 88 % waren mit der allgemeinen Arbeitssituation sehr zufrieden oder ziemlich zufrieden.
- Relativ unzufrieden waren die Befragten mit den Aufstiegsmöglichkeiten (53 %) und mit der Bezahlung (36 %).

Diese Faktoren könnten im Verlauf des Berufslebens mehr Gewicht erhalten. Bemerkenswert ist, dass die große Mehrheit der Befragten sich bei vielen Kriterien als sehr zufrieden bzw. ziemlich zufrieden einschätzt wie etwa: Arbeitsklima, Arbeitszeitregelung, Zusammenarbeit mit Vorgesetzten, Arbeitsplatzsicherheit, Fortbildungsmöglichkeiten oder Arbeitsstress. Auch zur beruflichen Position und zum Ansehen gaben 78 % an, „sehr" oder „ziemlich zufrieden" zu sein. Diese Ergebnisse von Berufseinsteigerinnen widersprechen teilweise dem medial verbreiteten Bild eines Kindergartenpersonals, das mit Gehalt, Ansehen, Beruf weitgehend unzufrieden ist. Dennoch sind die Daten wichtig für die Interpretation der Fluktuation und Belastungssymptomatiken:

1. Sehr viele der BerufseinsteigerInnen haben befristete Arbeitsverträge oder sind Teilzeitbeschäftigte, wodurch geringeres Einkommen bzw. ein früher Wechsel in ein besseres Dienstverhältnis nahegelegt wird.
2. Zudem müsste beachtet werden, wie die Einarbeitungsphase begleitet und Personalentwicklung professionell zur MitarbeiterInnenbindung und Arbeitszufriedenheit beiträgt.

Somit könnten sowohl Unterschiede als auch Anknüpfungspunkte zwischen den positiven Ergebnissen in der Studie und dem eher pessimistischen Bild in den Medien dargestellt und Probleme konstruktiv bearbeitet werden.

Pädagogische Hilfskräfte sind aus Arbeitgebersicht relativ einfach zu rekrutieren, da sie in der Regel nur über Kurzzeitausbildungen verfügen müssen. Traditionellerweise gehören zu dieser Gruppe Frauen, die nach einer Phase der Erziehung eigener Kinder in einen ähnlichen „Beruf" (Teilzeit) umsteigen wollen sowie insgesamt QuereinsteigerInnen. Zunehmend gibt es auch (junge) Männer, die in ihrem aktuellen Beruf unzufrieden sind, über die entsprechenden Eignungen und Grundvoraussetzungen verfügen und an einer Arbeit mit Kindern interessiert sind. Leitungen könnten bei vakanten Stellen für Hilfskräfte, von denen Sie wissen, dass sie über pädagogisches Potential verfügen und neue berufliche Perspektiven suchen, direkt und frühzeitig auf eine Berufsoption in Kinderbetreuungseinrichtungen bzw. in ihrem Kindergarten ansprechen. Wichtig ist neben dem Angebot zum Probearbeiten die Information über die Möglichkeiten berufsbegleitender Ausbildungen (HelferInnenausbildung bis zur Ausbildung zur Fachkraft).

Interdisziplinäre Fachkräfte: damit sind PsychologInnen, LehrerInnen, SozialpädagogInnen oder Kinderkrankenschwestern gemeint, die je nach Landesgesetz als Erstkräfte in einem Betrieb beschäftigt sind. Diese Fachkräfte sind zumeist spezifisch teilqualifiziert oder sogar überqualifiziert, verfügen jedoch nicht immer über die nötige pädagogische, methodisch-didaktische Kompetenz für die zu betreuende Altersgruppe. Interdisziplinäre Teams bergen großes Potential, wenn die Einarbeitung gelingt. Problematisch ist zumeist die Fluktuation bei LehrerInnen oder PsychologInnen, die bei passenden Stellenangeboten den Betrieb wieder verlassen.

Auswahlkritierien aus BewerberInnensicht

In der Literatur (Weuster 2004, S. 386ff) wird bei Auswahlkriterien im Rahmen der Bewerberentscheidung zwischen *objektiven* Auswahlkriterien und *subjektiven* Auswahlkriterien unterschieden.

Zu den objektiven Auswahlkriterien zählen Gehalt, Standort (Nähe zum Wohnort) und Arbeitszeit. Subjektive Auswahlkriterien sind die Passung zur Gruppe, zur Organisation und zum pädagogischen Konzept.

BewerberInnen suchen solche Arbeitgeber, die in ihrer Wahrnehmung ihrer Persönlichkeit entsprechen und deren Kultur, Werte, Sichtweisen, Normen und Handeln möglichst weitgehend mit ihren Grundüberzeugungen, Werten und Bedürfnissen übereinstimmen. So werden BewerberInnen mit hoher Offenheit für neue Erfahrungen von einer innovativen Organisationskultur angezogen und von Arbeitgebern mit hohem internen Organisationsgrad abgestoßen (vgl. Weuster 2004 S. 389, vgl. auch Fialka, S. 180f).

Subjektive Auswahlkriterien sind auch im „Ruf" einer Einrichtung zu finden. Er kann – trotz anderslautender objektiver Kriterien – die vorrangige Entscheidungsgrundlage sein. Eine gute Passung zum Team und zur Organisation führe oft zu einer „effizienten Kooperation und zu einer hohen Arbeitszufriedenheit". Eine Passung kann durch Ähnlichkeit oder durch Ergänzung stattfinden, wenn diese bewusst und aktiv als Bereicherung und „Mitarbeiterressource" (vgl. Ott et al. 2007. S. 82 ff) wahrgenommen wird. Umgekehrt suchen auch viele Kindergärten und Träger nach BewerberInnen, die ihre Grundwerte und Ziele teilen, sodass man von einer wechselseitigen Attraktion sprechen kann.

Insbesondere in elementaren Bildungseinrichtungen, in denen das Personal untereinander in ständigem Austausch steht und in dem die persönliche Nähe der MitarbeiterInnen einen hohen Stellenwert einnimmt, hat die „Passung“ eine zentrale Bedeutung im Personalgewinnungsverfahren.

3 Der Auswahl-, Einstellungs- und Einarbeitungsprozess

3.1 Personalbedarfsplanung

Größere Träger, aber auch kleine Vereine brauchen eine Planung über den künftigen Bedarf an (neuem) Personal.

Die Personalbedarfsplanung beinhaltet die Ermittlung des gegenwärtigen und zukünftigen Personal-Sollbestands.

Die wichtigsten Ziele sind die

- „Leistungssicherung“ (also die Erfüllung des Bildungs- und Erziehungsauftrages“), die
- „Wirtschaftlichkeit“, die
- „Anpassung an veränderte Umweltbedingungen“ (z. B. mehr unter-3 jährige, höherer Migrantenanteil, Gesetzesänderungen etc.) sowie
- angemessene und gleichmäßig Arbeitsauslastung der MitarbeiterInnen (vgl. Holtbrügge 2013, S. 100ff).

Die Erfüllung der gesetzlichen Anforderungen an das Personal ist ebenso relevant wie konzeptionelle Schwerpunkte.

Je nach konzeptioneller Ausrichtung des Trägers oder der Einrichtung können für das jeweilige Team Personen mit bestimmten Schwerpunktausbildungen (z. B. Montessori), Erfahrungen und speziellen Interessen (z. B. musikalisch, handwerklich) als Ergänzung in Frage kommen. Männliche Fachkräfte sind grundsätzlich eine positive Ressource sofern die Qualifikation dem Stellenprofil entspricht. Als LeiterIn sollten Sie sich im Klaren sein, welche konzeptionelle Ausrichtung Sie gegebenenfalls weiterentwickeln wollen und mit welchen Personen das Team im Sinne einer Qualitätsoptimierung demzufolge zusammengesetzt werden soll. Folgende Fragen stehen dabei im Vordergrund:

- Welches Konzept/welche Leitlinien gibt es und mit welchen Kompetenzen (Personen) kann dies umgesetzt werden?
- Welche Rollen/Profile im Team (z. B. persönliche Schwerpunkte der MitarbeiterInnen) gibt es und welche ergänzende Rollen/Profile werden benötigt?
- Welche Zielgruppe – Kinder und Familien – ist vorhanden? Z.B. Kinder unter drei Jahren, Kinder mit Migrationshintergrund, Alleinerziehende uvm.

Profil/Schwerpunkte und die Qualitätsansprüche von Träger und Leitung münden in eine Personalstrategie und ein entsprechendes Anforderungsprofil. Es beschreibt die von den StellenbewerberInnen erwarteten Fähigkeiten, Kenntnisse, Fertigkeiten und Berufserfahrungen“ (vgl. Fialka 2011, S. 126). Die Reaktion auf die Ausschreibung spiegelt wider, inwiefern die Einrichtung attraktiv für Fachkräfte ist.

Personalwerbung oder Personalmarketing hat das Ziel, potenzielle BewerberInnen über die pädagogische Einrichtung bzw. den Träger und die zu besetzende Stelle zu informieren *(Informationsfunktion)* und eine ausreichende Zahl von Personen zu einer Bewerbung zu veranlassen *(Aktionsfunktion)*, die über die erforderliche Qualifikation und Motivation zur Ausübung der zu besetzenden Stelle verfügen *(Selektionsfunktion)* (vgl. a.a.O. S. 107).

Maßnahmen der Personalwerbung richten sich in der Regel an Personen, die eine Arbeitsstelle suchen (*aktiv Suchende*). Daneben gibt es allerdings noch Personen, die bereits einen Arbeitsplatz innehaben und nur durch Attraktion oder persönliche Veränderungen über andere Optionen zur bisherigen Arbeitsstelle nachdenken. (z. B. größere Nähe zum Wohnort, bessere Bezahlung und Arbeitsbedingungen etc.) Dazu müssen sie über eine freie Stelle informiert werden (*passiv Suchende*) (vgl. Trost 2012, S. 81f). In Zeiten der Personalnot könnte im Zuge des Personalmarketings diese Gruppe verstärkt berücksichtigt werden. Die in Gesprächen mit Führungskräften öfter genannte Fluktuation von PädagogInnen deutet auf diese Wechselmotive und den vorhandenen Wettbewerb um die Fachkräfte hin.

Als Methoden kommen grundsätzlich in Betracht:

- Innerbetriebliche Stellenausschreibungen,
- Empfehlungen von MitarbeiterInnen,
- Stellenanzeigen,
- Arbeitsmarktservice,
- Stellenvermittlung öffentlicher Stellen(Fn82),
- Initiativbewerbung(Fn83),
- Trägerhomepage/Kindergartenhomepage,
- Soziale Netzwerke(Fn84),
- Aushänge im Kindergarten,
- direkte Ansprache von Eltern und bekannten Personen.

Die Stellenausschreibung stellt die Visitenkarte der Organisation dar und sollte professionell formuliert sein. Anforderungen an die zukünftigen MitarbeiterInnen und das Angebot seitens des Arbeitgebers sollten ausgewogen abgebildet sein.

---

82. Beispielsweise stellt die Kindergartenabteilung des Landes Tirol eine Onlineportal für offene Stellen zur Verfügung
83. Vor allem Kindergärten und Träger mit einem sehr positiven Arbeitgeberimage und einem hohen Bekanntheitsgrad erhalten zahlreiche unaufgeforderte Initiativbewerbungen
84. Vor allem jüngere Menschen nutzen regelmäßig Social Media wie Facebook, LinkedIn, Twitter oder XING und informieren sich darüber zunehmend über Stellenangebote

3.2 BewerberInnenauswahl

Die BewerberInnenauswahl hat das Ziel, jene Person zu finden, deren Eignungsprofil die höchste Übereinstimmung mit den Anforderungsmerkmalen (s. o) der zu besetzenden Stelle aufweist. Jede Einrichtung und jeder Träger steht für bestimmte Werte, auch für bestimmte pädagogische Ansätze oder ein bestimmtes Image. In manchen Einrichtungen geht es um christliche Grundwerte, in manchen stehen „Spontanität" und „Offenheit" in anderen „verlässliche Strukturen" oder „Tradition" im Vordergrund.

Die pädagogische Einrichtung bzw. der Träger sollte regelmäßig prüfen, welchen Gesamteindruck er/sie bei der Bevölkerung, bei den Eltern und bei potentiellen BewerberInnen macht. In Anlehnung an Fialka (2011, S. 124 f) sollte sich die Leitung in Absprache mit dem Träger folgende Fragen stellen:

- Sind wir in der äußeren Erscheinung eher eine Jungen- oder ein eher eine Mädcheneinrichtung?(Fn85)
- Wirken wir mutig-modern oder eher auf Tradition bedacht?
- Sprechen wir eher Sicherheits- oder Erlebnisbedürfnisse an?
- Woran erkennt man unsere Bildungsabsicht und unser Verständnis von Bildung und Lernen? Wirken wir eher gewährend oder fordernd?
- Warum haben sich kürzlich eingestellte MitarbeiterInnen gerade hier beworben?
- Sind wir in unserem Auftritt einladend und verbindend und für wen? Grenzen wir jemanden eher aus?
- Sind unsere Werte und Schwerpunkte transparent und ist unsere Arbeit verständlich dargestellt?

3.3 Das Bewerbungsgespräch

Dem Bewerbungsgespräch wird in der Literatur eine hohe Bedeutung beigemessen. Anders als in den schriftliche Unterlagen ergeben sich viele Möglichkeiten des gegenseitigen Kennenlernens. Es können die Antworten systematisch hinterfragt, Einblick in das Sozialverhalten und in die Teampassung gewonnen werden.

Das Gespräch sollte professionell vorbereitet und ungestört in einem ruhigen Raum verlaufen. Als LeiterIn und somit als InterviewerIn sollten Sie klar demonstrieren, dass Sie ein/e kompetente/r GesprächspartnerIn sind und falsche Selbstauskünfte entlarven können (vgl. Bauer/Aigner 2008, S. 117 ff). Ebenso wichtig ist es, eine angenehme Atmosphäre zu schaffen und das hierarchische Gefälle im Austausch von ExpertInnen gering zu halten. Für ein objektiveres Bild ist es sinnvoll in Form eines Hearings mehrere Personen in das Gespräch einzubinden. Mehr Perspektiven verringern die Gefahr einer Fehleinschätzung bzw. eines möglichen Vorwurfes von mangelnder Objektivität und Transparenz. Halten Sie einen Inter-

85. Das hat wenig mit der Anzahl der Mädchen und Jungen zu tun

viewleitfaden bereit, und machen Sie sich Notizen. Im Folgenden einige Tipps zur Gesprächsführung (vgl. Fialka 2011, S. 128f):

- Seien Sie sich vorschneller Urteile und möglicher Wahrnehmungsfehler bewusst. Überstrahlt ein einziges Merkmal ihre gesamte Einschätzung der Person, sodass sie nicht mehr offen sind? Identifizieren Sie sich vorschnell oder gehen Sie eher in Ablehnung?
- Hören Sie aufmerksam zu. Die Redezeit des Bewerbers/der Bewerberin sollte 70-80 % betragen. Was wurde nicht gesagt? Wie wird etwas berichtet, mit welcher Gefühlslage? Offene Fragestellungen, bei denen nicht nur mit Ja/Nein geantwortet wird, sind hierfür wichtig.
- Setzen Sie Humor gut dosiert ein. Miteinander lachen schafft Gemeinsamkeiten, unterschiedlicher Humor kann ein Indiz für unterschiedliche Denkweisen und Werte sein. Ein Kindergartenteam, in dem nicht gelacht wird, könnte mehr oder weniger gefährdet sein.

Über zielführende **Fragen** gibt es eine Fülle von Literatur. Zentral sind Fragen zu Motivation/Motiven, Werten, Stärken, die die Auskunft über die fachlichen Kenntnisse sowie das Bild vom Kind und Konzepten zur Erziehung und Bildung ergänzen:

- Wie ist es dazu gekommen, dass Sie sich bei uns bewerben?
- Wenn Sie die Chance hätten, einen Kindergarten nach ihren Vorstellungen zu gestalten: Wie sähe Ihr Konzept aus?
- Was würden Sie PraktikantInnen sagen, worauf es bei dieser Arbeit besonders ankommt?
- Können Sie mir eine Situation beschreiben, die sie als besonders herausfordernd erlebt haben?
- Welche Art von Aufgaben nehmen Sie in Teams besonders gerne wahr/welche gar nicht?
- Sie haben gesagt, dass Sie teamfähig sind. Wie zeigen Sie das und wie gehen Sie mit Schwierigkeiten im Team um?
- Wie reagieren Sie, wenn sich ein Elternteil über Ihr Verhalten beklagt?
- Was mögen Kinder an Ihnen besonders?
- Was hat Sie in ihrer vorigen Arbeitsstelle geärgert und wie reagierten Sie darauf?
- Wie halten Sie sich über die aktuellen Entwicklungen im Bereich der Elementarpädagogik auf dem Laufenden? Wie haben Sie bislang den österreichischen Bildungsrahmenplan umgesetzt?
- Wie würden Ihre Kolleginnen Sie wohl beschreiben?
- Inwieweit glauben Sie, passen Sie und diese Einrichtung bzw. dieses Team zusammen?

Referenzen:
Die Auskunft über die Tätigkeit bei früheren Arbeitgebern kann ebenso nachgefragt werden. Sie ermöglicht einen guten Abgleich mit den Informationen, die im Be-

werbungsgespräch geliefert wurden. Sie sollte nicht ohne guten Grund eigenständig ohne Wissen der/des BewerberIn erfolgen, das erzeugt unnötiges Misstrauen.

Schnuppern:
Potentiellen MitarbeiterInnen kann die Möglichkeit geboten werden, für einige Stunden oder einen Tag in der Einrichtung zu schnuppern. Dies ist mit keinerlei Verpflichtungen von beiden Seiten verbunden, dient aber dem besseren Kennenlernen und Einschätzung der Eignung bzw. Passung. Achten Sie allerdings auf eine geeignete Versicherung zur Absicherung bei Unfall bzw. Verletzungen.

3.4 Die Einarbeitungsphase – wie MitarbeiterInnenbindung gelingen kann

Die Fluktuation im Arbeitsfeld elementare Bildungseinrichtungen ist vergleichsweise hoch, in den ersten Monaten der Beschäftigung ist sie am höchsten. Die Einarbeitung mit dem Ziel der Personalbindung war lange Zeit kaum ein bewusst formuliertes Thema in Kinderbetreuungseinrichtungen. Die Einarbeitungsphase dient sowohl der organisatorischen, fachlichen als auch der sozialen Eingliederung in die Organisation. Das Gefühl des „Fremdseins" soll am Ende durch ein Gefühl des „aktiven Mitglied Seins" abgelöst werden. Der Leitung als vorgesetzte Stelle kommt dabei eine besondere Rolle bei der Schaffung günstiger Rahmenbedingungen für die Einarbeitungsphase zu.

Diese beginnt bereits mit der Zusage, der Vertragsunterzeichnung, reicht über das vertiefende Probearbeiten bis nach ca. 3 Monaten die berühmten „100 Tage" das sichere Eingliedern (hoffentlich) gelungen und ein positiver „innerer Vertrag" mit der Einrichtung und dem Team geschlossen ist. Eine positive Einarbeitung erfordert das Beachten von gegenseitigen Erwartungen ebenso wie das Gestalten einer klaren, wertschätzenden Lern- und Kommunikationskultur. Ein/e MentorIn/PatIn als EinarbeitungsbegleiterIn ist offen für Fragen, kann fachlich fundiert Auskunft geben und stimmt sich dabei mit der Führungskraft ab. Die Leitung behält dabei die Verantwortung für den Gesamtprozess und die notwenigen Reflexions- und MitarbeiterInnengespräche.

Manche Trägerverbände oder Träger haben Leitfäden für die Einarbeitungsphase erstellt. Beispielhaft soll der im Jahre 2013 im Land Salzburg entwickelte Leitfaden vorgestellt werden[(Fn86)].

Dieser Leitfaden soll die Leitung in Form eines individuell gestaltbaren Bogens als „roter Faden" in ihrer Aufgabe des Einarbeitens unterstützen. Er gliedert sich in einen allgemeinen Leitgedanken, in Grundlagen zu den Rollen von Führungskräften und PatIn sowie in mehreren Checklisten für die Leitung selbst und die/den neue/n MitarbeiterIn:

---

86. In Kooperation von Land Salzburg, den Bildungsanstalten für Kindergartenpädagogik in Salzburg und Bischofshofen sowie der Salzburger Verwaltungsakademie entwickelt. Download unter: www.salzburg.gv.at/kinderbetreuung/formulare_downloads_folder_broschueren.htm

1. Vor dem ersten Arbeitstag: vorbereitende Maßnahmenwie z. B.: Schriftstücke und Anschreiben, Informationsmaterial bereitstellen, Arbeitsplatzorganisation, Raum- und Materialplanung, Teaminformation und Wahl der/des MentorIn etc.
2. Der erste Tag: Gestaltung von Begrüßung und ersten wichtigen Informationen und Orientierung im Haus. Z.B: Begrüßungszeit einplanen, Vorstellung der/des PatIn, Arbeitsplatz übergeben, Einführung in Dienstregelungen etc.
3. Die Begleitungsphase: Sie reicht bis zum Ende der Einarbeitungsphase, die klar terminiert werden sollte.

In den einzelnen Phasen werden immer organisatorische Belange, Informationen zum Dienst und zur Aufgabenstellung aber auch kulturelle und wertebezogene Themen und Fragen angesprochen.

Für die/den neue/n MitarbeiterIn gibt es eine eigene Checkliste mit Fragen und Antworten (Wo finde ich…? Wie wird … gestaltet? Wer ist mein/e AnsprechpartnerIn? etc.). Wichtig ist zu erwähnen, dass die Gesamtverantwortung immer in Händen der Leitung liegt und dass Vertrauen in der Beziehung zwischen MentorIn und neuer/neuem MitarbeiterIn die Basis für das Gelingen darstellen. Daher ist es nur selbstverständlich, dass im Falle einer ungünstigen Konstellation ein Wechsel der Mentorin oder auch eine Übernahme der Funktion durch die Leitung sinnvoll oder sogar zwingend ist. Das Ziel „bleibende MitarbeiterInnen“ soll auch durch den Implementierungsprozess unterstützt werden. Die Einbindung in Lehrgänge für LeiterInnen sowie Leitungskonferenzen ermöglichen die Einführung und Anknüpfung an Erfahrungen der Führungskräfte.

4 Wie Träger den Arbeitsplatz attraktiver gestalten können

Nöbauer (2012) beschreibt die Situation der Personalrekrutierung anhand von Sozial- und Pflegegerufen. Demnach wären bis vor wenigen Jahren die Einrichtungen im Gesundheits- und Sozialbereich mit einem eher kurzfristigen Agieren auf dem Arbeitsmarkt erfolgreich gewesen. Bei einer freien Stelle wäre eine Ausschreibung erfolgt, es gab viele Bewerbungen, der nachfolgende Auswahlprozess führte zu einer Einstellungsentscheidung.

Wenn so wie in den letzten Jahren die Nachfrage nach qualifizierten MitarbeiterInnen allerdings größer als das Angebot ist, müssen andere Strategien in Erwägung gezogen werden. Ein strategisches, bewusstes Vorgehen stellt eine zentrale Säule, ein „Muss“ im Qualitätsmanagement dar. Selbst- und Fremdbild sind dabei ebenso zu prüfen, wie die Personalsituation und die Arbeitsbedingungen. Mögliche Fragen sind:

- Wo sehen wir unsere Stärken und Kompetenz?
- Wie beschreiben uns andere (z. B. PraktikantInnen)?
- Was ist unser Auftrag? Wer konkret sind unsere KundInnen?
- Was tun wir dafür und was können wir (noch/anders) tun?

Zusätzliche Maßnahmen wie Fragebögen an Eltern oder bewusste Vergleiche mit anderen Einrichtungen (Konzept, Abläufe) können ein schlüssiges Selbstbild ergänzen.

Wichtig ist es, die Ergebnisse mit entsprechenden Strategien und Maßnahmen umzusetzen. Die enge Zusammenarbeit von Träger und Leitung ist Voraussetzung für den Erfolg.

Die möglichen Maßnahmen beziehen sich sowohl auf Außenkontakte und Marketing als auch auf die interne Verbesserung von Dienstregelungen und Arbeitsbedingungen:

- Das Image aufbauen (employer branding, vgl. Trost 2009): Welche Stärken und Besonderheiten machen den Träger bzw. die Einrichtung einzigartig und sind für potentielle MitarbeiterInnen attraktiv? Wie wird dies im Alltag sichtbar und erfahrbar? Gilt z. B. das „offene System" auch für die MitarbeiterInnenführung? Sind MitarbeiterInnen aktiv in die Qualitätssicherung eingebunden? Dabei kann man langfristig nur dann glaubwürdig erscheinen, wenn man auch halten kann, was man verspricht. MitarbeiterInnen werden als wichtige und glaubwürdige „Markenbotschafter" in die Strategie eingebunden. Insbesondere auch für die Anwerbung von mehr Männern wird auf das „employer branding" hingewiesen (Lange/Winter 2012).
- Netzwerke und Kontaktpflege zu potenziellen BewerberInnen und zu ehemaligen MitarbeiterInnen; vielleicht möchte der eine oder die andere nach einem Wechsel zu einem anderen Dienstgeber „wieder einsteigen". Motivieren von älteren Erzieherinnen zur Rückkehr in den Beruf („re-hire").
- Förderung des Wiedereinstieges nach einer Berufspause (Babypause, Bildungskarenz etc.). Hilfreich ist hier das Aufrechterhalten des Kontaktes während der Berufspause, etwa durch Einladung, den Kindergarten (mit dem Baby) zu besuchen, Einladung zu Veranstaltungen und Festen etc. Ebenso förderlich kann eine Teilzeitanstellung bzw. ein flexibles Arbeitszeitmodell sein.
- Platzgarantie für eigene Kinder von Erzieherinnen (die nur den halben Preis zahlen müssen),
- Anwerbungen von Fachkräften aus dem Ausland[(Fn87)],[(Fn88)]
- Frühzeitige Rekrutierungsaktivitäten, insbesondere bei Leitungsfunktionen bzw. bei Positionen, die erfahrungsgemäß schwer zu besetzen sind (bspw. bei Pensionierungen).
- Teamstruktur: Bei der Anwerbung von neuen MitarbeiterInnen kann es hilfreich sein, auf die Organisation, Kultur, Aufstiegschancen für HelferInnen oder anders qualifiziertes Fachkräfte hinzuweisen. Teamstruktur und -kultur sind wichtige Faktoren für Arbeitszufriedenheit und Qualität.
- Die Aussicht auf unbefristete Dienstverträge: Viele MitarbeiterInnen schätzen unbefristete Dienstverträge. In der Realität ist allerdings ein hoher Anteil nur

87. Süddeutsche Zeitung, 20. Juli 2012. „Kinderbetreuung München kämpft gegen den Kita-Notstand"
88. So erschien etwa in der Tiroler Tageszeitung im Sommer 2013 ein Stelleninserat für Münchner Kindergärten

befristet. Bei einer Befragung von Kitaleitungen in Deutschland (Gragert et al. 2008) wurden folgende Gründe für befristete Dienstverträge angegeben: Elternzeitvertretung (54,6 %), Neueinstellungen sind prinzipiell befristet (29,5 %), Unkalkulierbarer Platzbedarf (22,0 %). Auch wenn manche dieser Gründe aus Arbeitgebersicht verständlich erscheinen, müsste überprüft werden, ob Neueinstellungen nicht grundsätzlich unbefristet (inkl. Probezeit) erfolgen sollten oder der unkalkulierbare Platzbedarf ausschließlich auf Kosten der Arbeitnehmer gehen soll.
- Arbeitszeit: Etwa die Hälfte der Beschäftigten im Kindergarten arbeitet weniger als 30 Stunden/Woche. Die durchschnittliche wöchentliche Arbeitszeit des Fachpersonals liegt bei 34 Stunden/Woche, jenes des Hilfspersonals bei 27 Stunden/Woche. Diese Verteilung ist in den letzten Jahren konstant geblieben (Statistik Austria 2013, eigene Berechnungen). Personalmanagement könnte diese berücksichtigen und bei Personalnot Anreize für mehr Vollzeitarbeitsplätze schaffen.
- Entgegenkommende Arbeitszeitregelungen bei Minderauslastung oder Weiterbildung: Als Ausgleich zum Grundgehalt können Regelungen für Zeiten der Minderauslastung wie Fortbildung, Elternarbeit und Qualitätsmanagement (Klausuren) im Vorfeld als Angebot gesehen werden. Darüber hinaus wirkt sich ausreichend Zeit für Fortbildung, Elternarbeit oder Qualitätsarbeit positiv auf die Arbeitszufriedenheit und die gesamte Qualität der Einrichtung aus.
- günstige städtische Wohnungen (sofern es sich um kommunale Träger handelt).
- Entlohnung: Eine wichtige „Stellschraube" bei der Rekrutierung von „gutem, geeignetem Personal" ist das Gehalt. Die Entlohnung des Personals in Landes- und Gemeindekindergärten ist entweder in einem eigenen Dienstrechtsgesetz oder direkt im Kinderbetreuungsgesetz geregelt. Für Angestellte in privaten Kinderbetreuungseinrichtungen existiert der vom Bundeseinigungsamt beim Bundesministerium für Wirtschaft und Arbeit veröffentlichte Mindestlohntarif. Das Image als „Niedrig-Lohn-Beruf" kann verbessert werden etwa durch die Ausschöpfung des Spielraumes nach „oben" bzw. Gleichstellung von gruppenführenden und nicht gruppenführenden PädagogInnen in Kombination mit öffentlicher Wertschätzung und dem Bemühen des Arbeitsgebers um Verbesserung der Arbeitsbedingungen oder über eine Förderung der persönlicher Entwicklung über (tertiäre) Ausbildungen[(Fn89)].

Insgesamt ist der Spielraum der Träger nach höheren Gehältern gering und liegt in der Verantwortung übergeordneter Stellen. In Gesprächen mit BewerberInnen müssten Kindergartenleitungen und Träger versuchen, eine Balance zu finden zwischen der berechtigten politischen Forderung nach höheren Gehältern und einer hohen Wertschätzung der eigenen Arbeit gegenüber, deren monetäre Bewertung sich immerhin im mittleren Drittel aller Berufe bewegt (vgl. Koch 2012, S. 94).

89. Immer wieder wird allerdings berichtet, dass manche Arbeitgeber tertiären Weiterbildungen des Personals skeptisch und ablehnend gegenüberstehen würden.

Personalmarketing mit Schwerpunktsetzungen:
Zur bestmöglichen Erfüllung des Bildungs-, Erziehungs- und Betreuungsauftrages ist es für elementarpädagogische Einrichtungen wichtig, dass die Zusammensetzung des Personals in bestimmtem Maße auch die Zusammensetzung der Kindergruppe hinsichtlich Geschlecht und Migrationshintergrund widerspiegelt. Buben sind im Kindergarten mit einem Anteil von 50 % vertreten, Kinder mit Migrationshintergrund (nicht-deutsche Muttersprache) haben in den Kinderbetreuungseinrichtungen einen Anteil von rd. 25 % wobei höchst unterschiedliche Anteile in den verschiedenen Bundesländern (Wien rd. 50 %, Kärnten rd. 10 %) und den einzelnen Einrichtungen mit bis zu 80 % oder 90 % beobachtet werden können (vgl. Statistik Austria 2013).

Gegenwärtig liegt der Anteil der männlichen Mitarbeiter in Kindergärten und Kinderkrippen bei etwa einem Prozentpunkt, jener der MitarbeiterInnen mit Migrationshintergrund in ähnlicher Höhe. Manche Kindergärten mit hohem Migrantenanteil haben zudem eher weniger Personal. Fuchs-Rechlin (2010) kommt in ihrer Analyse zur Arbeit mit Kindern mit Migrationshintergrund (für Deutschland) zum Schluss: „Die personelle Ausstattung der Kindertageseinrichtungen reagiert (…) meist nicht in angemessener Weise auf die sozialstrukturelle Zusammensetzung der zu betreuenden Kinder". Mittlerweile gibt es einige gezielte Bemühungen, Personen mit Migrationshintergrund für eine Vollqualifizierung oder Ausbildung als Zusatzkräfte zu gewinnen[(Fn90)]. Derartige spezielle Angebote für Männer stehen derzeit weitgehend noch aus. Dabei könnte es – gerade in Zeiten eines Personalmangels – höchst lohnenswert sein, die „andere" Hälfte des Geschlechts bei der Personalrekrutierung bzw. bei der Bewerbung für Ausbildungsstellen mit einzubeziehen. Die bisherigen Studien über Männer im Kindergarten (Aigner/Rohrmann 2011, Brandes 2013) zeigen deutlich positive Resultate auf Kinder und Teamkultur.

Darüber hinaus sollte auch daran gedacht werden, PädagogInnen mit sozialpädagogischer Zusatzausbildung für die Arbeit mit Kindern zu gewinnen. Über Praktika können Kontakte geknüpft und die Möglichkeiten für fachspezifische Weiterbildung diskutiert werden.

5 Abschluss und Ausblick

Nachhaltige Personalgewinnung muss den Blick auf den gesamten Prozess der Personalplanung, der Auswahl und der Einarbeitung legen. Die Auseinandersetzung mit Fragen zur Qualität, MitarbeiterInnenressourcen und eigenen Vorstellungen verlangt nach einer aktiven Rolle der Leitung. Die erforderlichen Kenntnisse und Fähigkeiten sind z.T. erlernbar und sollten sowohl in der Fort- und Weiterbildung als auch in die Ausbildung von Leitungskräften explizit einbezogen werden. Die

90. z. B. AssistenInnenlehrgang in Innsbruck im Jahr 2013/3014. Zielgruppe: Personen mit Migrationshintergrund

Führungskraft mit entsprechenden Management- und Leadership-Kompetenzen vermag die Personalentwicklung der Träger zu unterstützen und die eigene Einrichtung durch Teamformung und -führung zu stärken.

Personalgewinnung und vor allem die Personalbindung sind zur Stabilisierung von Know-how und Qualität bedeutsam. Es liegt vor allem an der Leitung und bei den Trägerverantwortlichen nachhaltige Personalgewinnung als Beitrag zur Qualitätssicherung zu gestalten.

Literaturverzeichnis

Aigner, Josef/Rohrmann, Tim (2011) (Hrsg.). Elementar. Männer in der pädagoigischen Arbeit mit Kindern. Barbara Budrich Verlag

Amt der Tiroler Landesregierung, Abt. Statistik (2012). Statistik der Kinderbetreuungseinrichtungen in Tirol 2011/2012

Baierl, Andreas/Kaindl, Markus (2011). Kinderbetreuung in Österreich. Rechtliche Bestimmungen und die reale Betreuungssituation. Working Paper Nr. 77/2011; Österreichisches Institut für Familienforschung, Wien.

Bauer, Christian, Aigner, Ulrike (2008). Der Weg zum richtigen Mitarbeiter. Personalplanung, Suche, Auswahl und Integration. Linde International

Bienzeisler, Bernd/Bernecker, Sandra (2008). Fachkräftemangel und Instrumente der Personalgewinnung. Kurzstudie im Umfeld technischer Unternehmen. Fraunhofer-Informationszentrums Raum und Bau IRB, Stuttgart

Blumberger, Walter/Watzinger, Michaela (2000). Berufs- und Beschäftigungsverläufe von AbsolventInnen der Bildungsanstalten für Kindergartenpädagogik, Linz. Im Auftrag des BM für Bildung, Wissenschaft und Kultur und des BM für soziale Sicherheit und Generationen

Brandes, Holger/Andrä, Markus/Röseler, Wenke/Schneider-Andrich, Petra (2013). Does gender make a Difference? Results from the German „Tandem-Study" on the pedagogical activity of female and male ECE workers. Paper presented on the EECERA-Conference 2013, Tallinn, 28.8.2013

Charlotte Bühler Institut (1994). Öffnungszeiten und Aufenthaltsdauer im Kindergarten. Teil 1, Wien 1994.

Deppe, Vera (2011). Anforderungen an die Ausbildung von Erzieherinnen und Erziehern. Ergebnisse einer qualitativen Befragung von Fachschul- und Abteilungsleitungen. WIFF Studie 11. Deutsches Jugendinstitut München.

Dudek, Joanna/Gebrande, Johanna (2012). Quereinstiege in den Erzieherinnenberuf. Strategien zur Gewinnung zusätzlicher Fachkräfte in Kindertageseinrichtungen. WIFF Studie 19, Deutsches Jungendinstitut, München.

Fialka, Viva (2011). Handbuch Bildungs- und Sozialmanagement in Kita und Kindergarten Herder.

Fuchs-Rechlin, Kirsten (2010). Engpass beim Personal. Deutsches Jugendinstitut, DJI Bulletin Nr. 90, 2/2010. http://www.dji.de/cgi-bin/bulladmin/panel.php?sprache=D&demand=bull90_d&dex=/srv/www/htdocs/bulletin/d_bull_d/bull90_d/bull90_2.htm (20.6.2013)

Gary, Gisela (2006). Wir sind keine Tanten. Zur Geschichte eines Frauenberufes in Österreich. 4/4 Verlag, Strasshof-Wien-Bad Aibling

Gragert, Niocola/Peucker, Christian/Pluto, Liane/Seckinger, Mike (2008). Ergebnisse einer bundesweiten Befragung bei Kindertagesstätten. DJI-Fachforum Bildung und Erziehung, Band 9. DJI Verlag

Holtbrügge, Dirk (2013). Instrumente des Personalmanagement. Springer Lehrbuch. 5. überarbeitete und erweiterte Auflage.

Hölzle, Christina (2006). Personalmanagement in Einrichtungen der Sozialen Arbeit: Grundlagen und Instrumente. Juventa

Hugoth, Matthias (Hrsg.) (2010). Personalmanagement für Kindertageseinrichtungen. Carl Link (Kronach) 2010.

Koch, Bernhard (2012). Männer in Österreichs Kinderbetreuungseinrichtungen. Impulse für eine „geschlechtsneutrale" Professionalität in der Elementarpädagogik. Innsbruck University Press.

Koch, Bernhard (2013). Die Qualifikation des Kindergartenpersonals in Österreich – Ist-Stand und Perspektiven. in: Wustmann Cornelia; Karber Anke, Giener Anita; (Hrsg.). (2013). Kindheit aus sozialwissenschaftlicher Perspektive. Graz: Leykam. S. 171-194

Krone, Sirikit (2010). Die Beschäftigungsentwicklung in der institutionellen Kindertagesbetreuung. in: Stöbe-Blossey, Sibylle (Hrsg.) (2010). Kindertagesbetreuung im Wandel. Perspektiven für die Organisationsentwicklung. VS Verlag für Sozialwissenschaften

Lange, Ralf/Winter, Cornelia (2012). Employer Branding – Wie Sie Männer für Ihre Kita gewinnen und halten. in: Kita aktuell. KiTa ND 6 | 2012,

Möller Jens-Christian/Esta Schlenther-Möller (2007). Handbuch Kita-Leitung: Leitfaden für Qualifizierung und Praxis. Cornelsen Scriptor

Nöbauer Brigitta (2012). „Hat die Stellenanzeige ausgedient?" – Maßgeschneiderte Lösungen zur Personalversorgung. in: H. Bassarak, S. Noll (Hrsg.). Personal im Sozialmanagement. VS Verlag für Sozialwissenschaften, Springer Fachmedien Wiesbaden 2012. http://link.springer.com/content/pdf/10.1007 %2F978-3-531-94268-1_8.pdf.

OECD (2012). Starting Strong III. Research brief: Qualifications, Education and professional development matter. http://www.oecd.org/dataoecd/50/24/49322232.pdf (10.4.2012).

Ott, Brigitte/Käsgen, Rainer/Ott-Hackmann, Harald/Hinrichsen, Sven (2007) Die systemische Kita. Verlag das Netz.

Rauschenbach, Thomas (2012). Vorwort. DJI Impulse 2,2012; Das Bulletin des Deutschen Jugendinstituts, München. http://www.dji.de/fileadmin/user_upload/bulletin/d_bull_d/bull98_d/DJIB_98.pdf (10.10.2013).

Statistik Austria (2013). Kindertagesheimstatistik 2012/2013. http://www.statistik.at/web_de/statistiken/bildung_und_kultur/formales_bildungswesen/kindertagesheime_kinderbetreuung/index.html (15.7.2013).

Trost, Armin (2012). Talent Relationship Management. Personalgewinnung in Zeiten des Fachkräftemangels. Springer Verlag.

Trost, Armin (Hrsg.) (2009). Employer Branding. Arbeitgeber positionieren und präsentieren. Luchterhand, Köln.

Weuster, Arnulf (2004). Personalauswahl. Anforderungsprofil, Bewerbersuche, Vorauswahl und Vorstellungsgespräche. Gabler. Wiesbaden.

3.2 Zusammenarbeit im Team – So finden Sie Ihre Rolle

Heidi Gekle-Schneeberger

Sind Sie LeiterIn? Sind Sie Teammitglied? Sind Sie beides? Welche Rolle nehmen Sie nun tatsächlich in Ihrer beruflichen Funktion ein bzw. wo liegen die Grenzen? Fragestellungen, die oft keineswegs eindeutig zu beantworten sind, liegt doch die Erwiderung dessen meist irgendwo dazwischen. Hierarchisch betrachtet gehören Sie jedenfalls in Ihrer Funktion als Leiterin oder Leiter eines Kindergartens in die Führungsebene, denn schließlich managen Sie ein Dienstleistungsunternehmen, dem unterschiedlich viele MitarbeiterInnen angehören. Doch nicht immer bezieht diese Führungsaufgabe eine klare Position, denn wie verhält es sich eigentlich, wenn Sie als KindergartenleiterIn nicht freigestellt sind, sondern einerseits als PädagogIn und andererseits als LeiterIn beschäftigt sind? Wo stehen Sie hierarchisch gesehen eigentlich in dieser Doppelfunktion?

Im Gegensatz zur freigestellten Leiterin oder zum freigestellten Leiter handelt es sich in diesem Fall um eine spezielle Besonderheit: Sie sind somit nicht nur Leitung bzw. Führungskraft, sondern auch *aktives Teammitglied*. Dies bedeutet, dass Sie in Ihrer Person zwei unterschiedliche Rollen sinnvoll und zielorientiert in sich vereinen müssen.

Doch wie können Sie sich als LeiterIn im Team so positionieren, dass Sie auch als „Teammitglied" in *Ihrem* Team anerkannt werden? Und vor allem, was zeichnet Sie in dieser Rolle aus? Bevor Sie damit beginnen, dazu diverse Überlegungen anzustellen, betrachten Sie es vorab einmal ganz unvoreingenommen von einer anderen Seite, unabhängig nun von Ihrer Rolle als LeiterIn oder als Teammitglied.

Jeder Mensch übernimmt im Laufe seines Lebens eine Vielzahl von unterschiedlichen Rollen und Funktionen, etwa Tochter/Sohn, Individuum, Schwester/Bruder, Frau/Mann, PartnerIn, Mutter/Vater , FreundIn, NachbarIn, ReisendeR, RadfahrerIn, BesucherIn, MitbewohnerIn, KollegIn, MitarbeiterIn, KundIn, VortragendeR, FortbildungsteilnehmerIn, Gemeindemitglied usw.

In welchen Rollenbildern haben Sie sich gefunden? Überlegen Sie und bewerten Sie für sich selbst: Welche Rollen sind mit angenehmen, welche mit neutralen und welche mit unangenehmen Gefühlen verbunden und warum? Wie fühlen Sie sich? Hätten Sie sich gedacht, dass Sie wirklich so viele Rollen/Funktionen gleichzeitig erfüllen?

Indem Sie Klarheit in Ihre Lebensrollen bringen, verschaffen Sie sich einerseits einen guten Überblick und andererseits werden Sie erkennen, dass diese verschiedenen Rollen miteinander *vernetzt* sind. Und letztlich möchte dann jede dieser einzelnen Lebensrollen ausgefüllt und gemeistert werden. Eine angemessene Möglichkeit, um das zu schaffen liegt darin, sich die jeweiligen *Ziele* klar zu machen. Was möchten Sie erreichen?

Wie finden Sie als Kindergartenleitung Ihre Rolle im Team? *Was* soll Sie in der Rolle als Teammitglied in der Zusammenarbeit im Team auszeichnen?

Mit der Funktion als KindergartenleiterIn ist bereits ein hohes Maß an Verantwortung für die MitarbeiterInnen verbunden. Ihre Rolle in der Zusammenarbeit im Team finden bzw. entwickeln Sie, indem Sie als Teammitglied diejenige Person im Team sind, die

- *für das persönliche Wohlbefinden,*
- *für den Umgang miteinander* und
- *für das Arbeitsklima*

Sorge zu tragen hat. Diese Rolle zeichnet Sie in dieser Hinsicht schließlich als Teammitglied aus. Nachfolgend finden Sie nun dazu einige Anregungen, welche Sie bei dieser wertvollen Aufgabe unterstützen können.

1 Das Geheimnis des aufmerksamen Zuhörens

Der Begriff des Zuhörens wird in der Wikipedia folgendermaßen definiert: „Unter aktives Zuhören wird in der interpersonellen Kommunikation die gefühlsbetonte Reaktion eines Gesprächspartners auf die Botschaft eines Sprechers verstanden." Die immense Bedeutung des Zuhörens wurde bereits von *Carl Rogers*(Fn91) erkannt. Er hat das aktive Zuhören erstmals als Werkzeug für die Gesprächspsychotherapie beschrieben.

Zuhören will gelernt sein. Das Einfühlungsvermögen und Gespür dafür zu entwickeln, wann es wichtig ist, jemanden zuzuhören, ist trainierbar. Zuhören bedeutet also, innerlich dazu bereit sein, sich auf das Gegenüber einzulassen und sich auf das Gespräch zu konzentrieren. Das klingt zwar im Moment sehr einfach, ist es jedoch nicht immer:

Überlegen Sie, wie Sie sich verhalten, wenn eine Kollegin oder ein Kollege aus dem Team Ihnen etwas mitteilen oder rückmelden möchte, dass Sie nicht interessiert oder Ihnen ganz einfach nicht ins Konzept passt? (Gekle-Schneeberger 2011) Möglicherweise so:

☹ Sie zeigen sich desinteressiert und tun nebenbei etwas anderes.
☹ Sie schauen auf die Uhr, aus dem Fenster oder sonst wo hin.
☹ Sie denken daran, was Sie als Nächstes erledigen müssen.
☹ Sie lassen Ihr Gegenüber nicht aussprechen.
☹ Sie sprechen zugleich mit Dritten.

So wird sich Ihr Gegenüber in jedem Fall nicht ernst genommen fühlen. Das Wichtigste beim Zuhören ist also Ihre *Präsenz!* – Seien Sie einfach für die andere Person da.

91. US-amerikanischer Psychologe und Psychotherapeut (1902–1987), entwickelte die klientenzentrierte Gesprächstherapie

Zeigen Sie Ihrer Gesprächspartnerin oder Ihrem Gesprächspartner, dass Sie dieser/diesem aufmerksam zuhören, indem

- Sie sie/ihn ansehen, wenn sie/er mit Ihnen spricht,
- Sie durch Nicken, Kopfschütteln, Lächeln etc. zu erkennen geben, dass Sie beim Thema sind, Interesse für ihr/sein Anliegen haben und es mit ihrer/seiner Meinung ernst nehmen, auch wenn Sie diese nicht teilen,
- Sie nebenbei nichts anderes tun,
- Sie Ihr Gegenüber ausreden lassen,
- Sie Ihr Verständnis ausdrücken wie zum Beispiel:
  - *„Ich kann gut verstehen, wie Sie sich fühlen…“*
  - *„Sie möchten gerne, dass…“*
  - *„Du bist enttäuscht, weil…“*
  - *„Wenn ich dich richtig verstanden habe…“*
  - *„Meinst du damit, dass…“*
  - *„Ist es möglich, dass…“*
  - *„Du denkst…“*
- Sie Fragen stellen und auf diese Weise Ihre Gesprächspartnerin oder Ihren Gesprächspartner zum Weiterreden ermuntern,
- Sie Wertungen akzeptieren und auf Bewertungen verzichten.

Hören Sie auf das, was Ihr Gegenüber nun *braucht,* und nicht auf das, was Sie über diese Person denken. Wenn Sie Ihren Teamkolleginnen und Teamkollegen gegenüber „ganz Ohr“ sind, signalisieren Sie auf diese Weise folgendes:

- Sie zeigen *Interesse,*
- Sie zeigen *Wertschätzung* und
- Sie gewinnen so deren *Vertrauen!*

Konzentrieren Sie sich also auf den Gesprächsinhalt und denken Sie nicht darüber nach, was Sie selbst als Nächstes sagen möchten. Und fragen Sie nach, bevor Sie Ratschläge erteilen, denn diese sind ausschließlich nur dann angebracht, wenn Sie persönlich darum gebeten werden.

2 Die Kunst der Empathie

Das Wort „Empathie“ wurde erstmals 1848 von *Rudolf Hermann Lotze*(Fn92) unter Orientierung am altgriechischen Wort *empatheia* (=Leidenschaft) verwendet. Als Begriff bezeichnet dieses die Fähigkeit, sich in andere Menschen einzufühlen und aus ihrer Perspektive zu erleben, was diese verbal bzw. nonverbal mitteilen. Kurz gesagt: Es geht um das *Hineinversetzen können* in eine Situation wie bei einer gemeinsamen Erfahrung. Empathie ist zwar offenbar nicht angeboren, aber sie kann von jedem Menschen erlernt werden. Klingt einerseits ganz einfach, andererseits auch kompliziert.

92. Deutscher Philosoph 1817–1881, war einer der zentralen Figuren der akademischen Philosophie des 19. Jahrhunderts

Was aber macht Einfühlen nun wirklich aus? Dazu folgende Erläuterung (Gekle-Schneeberger 2011):

Wenn Sie sich also in jemanden einfühlen, bedeutet das, dass Sie auf die Gefühle, die hinter den Sätzen des anderen stehen könnten, eingehen und nicht so sehr auf die geäußerten Worte. Sie beschreiben lediglich das Gefühl des Gesprächspartners oder der Gesprächspartnerin.

Bedenken Sie, Empathie ist einfühlen und nicht mitfühlen! Das erreichen Sie am besten dadurch, indem Sie mit Worten beginnen wie etwa:

- *„Du fühlst dich…“*
- *„Du hast das Gefühl, dass…“*

Dazu zwei Beispiele:

1) Aussage einer Teamkollegin:
„Ich habe die Vorbereitung für den Elternabend schon wieder alleine gemacht. Alles andere kommt zu kurz.“
Empathische Antwort:
„Du fühlst dich nicht ausreichend unterstützt.“

2) Aussage eines Teamkollegen:
„Ich habe mit Maria wegen der Gruppenaufteilung gesprochen. Ihr ist es völlig egal, was ich sage.“
Empathische Antwort:
„Du hast das Gefühl, nicht ernst genommen zu werden.“

So beschreiben Sie lediglich die Gefühle Ihres Gegenübers, ohne zu antworten. Durch diese Vorgehensweise werden Sie zunehmend die Empfindungen, die hinter dem Gesagten Ihrer GesprächspartnerInnen stehen, erkennen. Sollten Sie sich dabei getäuscht haben, wird Ihnen dies Ihr Gegenüber rückmelden bzw. richtig stellen.

Wichtig ist, dass Sie die Gefühle der anderen Person *nicht bezweifeln, bewerten, kritisieren oder ablehnen.* Es kommt ausschließlich nur darauf an, deren Gefühle möglichst genau zu beschreiben. Egal, was eine Person sagt – hören Sie nur darauf, was diese beobachtet, fühlt, braucht und möchte.

Empathie ist respektvolles Verstehen der Erfahrungen anderer Menschen, gewissermaßen um die innere Bereitschaft, sich auf die andere Person einzulassen. Zudem ist dafür folgendes erforderlich:

- eine gute Selbstwahrnehmung,
- Achtung vor der anderen Person,
- gedanklich ausschließlich bei der anderen Person zu sein,
- vorstellen und fühlen, wie es dem anderen ergeht,
- genau hineinspüren, was der andere erwartet.

Oft besteht auch Unsicherheit oder Angst davor, sich nicht richtig einfühlen zu können bzw. dass es einem selbst an Empathie mangelt. Falls Sie auch so denken, dann versetzen Sie sich in folgende Situation:

Sie sehen einen Fernsehbericht über eine Naturkatastrophe: Ein Erdbeben hat Landschaften mit unzähligen Dörfern verwüstet und teilweise völlig zerstört. Es gibt massenhaft verletzte, verzweifelte Menschen, unzählige Vermisste, verwaiste Kinder etc.

Wie fühlen Sie sich? Sind Sie betroffen, schockiert, traurig, verängstigt?

Solche Erlebnisse zeigen, dass Sie einfühlsam reagieren können. Und einfühlen können setzt voraus, dass man sich erst einmal selbst fühlen kann.

Bergner (2008) beschreibt den Weg zum echten Einfühlen nach einem **10-Stufen-Plan:**

1.	*Klärung*	Ich kläre, ob ich mich in dich einfühlen will oder kann? Wenn nein, lasse ich es bleiben.
2.	*Fokussierung auf den anderen*	Ich selbst spiele zurzeit eine unwesentliche Rolle. Was ich fühle oder fühlen würde, ist im Moment bedeutungslos. Jetzt geht es um dich.
3.	*Beim anderen sein*	Ich höre voll und ganz hin. Andere Gedanken lasse ich möglichst nicht zu.
4.	*Einklang herstellen*	Ich komme mit deinen Gefühlen in Einklang. Ich erlebe sie mit.
5.	*Verständnis ausdrücken*	Ich drücke immer wieder verbal und nonverbal aus: Ich kann gut verstehen, wie du dich fühlst und wie du empfindest.
6.	*Nachfragen*	Ich möchte noch mehr wissen. Dann fällt es mir noch leichter mir vorzustellen, wie es dir geht.
7.	*Akzeptieren und Verzicht auf Wertungen*	Ich akzeptiere dich ohne Wertung, so wie du bist. Auch wenn ich vielleicht spüre, dass es dir anders geht als mir.
8.	*Worum geht es wirklich?*	Ich versuche herauszufinden, was hinter der eventuellen Fassade steckt. Welche Gefühle und welche Bedürfnisse werden indirekt geäußert?
9.	*Nachfrage (Kontrolle)*	Mit Fragen wie „Verstehe ich dich richtig?“ „Geht es darum?“ usw stelle ich fest, ob du dich verstanden fühlst.
10.	*Hilfestellung*	Was kann ich tun, damit es dir besser oder anders geht.

Auch wenn Sie anfangs noch nichts „spüren", üben Sie sich in Geduld und geben Sie sich dafür Zeit. Denken Sie sich einfach in die Gefühle Ihres Gegenübers hinein. Denn schlichtweg das gedankliche Erfassen der Gefühle Ihrer Gesprächspartnerin oder Ihres Gesprächspartners ist bereits ein beachtlicher Fortschritt. Immerhin kann auch Einfühlen Kopfsache sein.

3 Wertschätzend miteinander reden

„Sprache ist ein Fenster oder eine Tür – oder sie ist eine Mauer."

Dieses Zitat von *Marshall B. Rosenberg*[Fn93] zeigt auf, welche Macht Worte besitzen. Immerhin lösen *Worte* sowie die Art und Weise, wie etwas ausgesprochen wird, in den Köpfen unserer GesprächspartnerInnen vielerlei aus:

- sie werten Gesprochenes auf oder ab,
- sie erscheinen interessant oder langweilig,
- sie verleihen eine gewisse Anmutung.

Je gezielter Sie also Ihre Worte auswählen und umso behutsamer Sie Ihren Gedanken und Gefühlen Ausdruck verleihen, desto bewusster bewirken Sie, ob und wie Ihre Botschaft von Anderen wahrgenommen wird. Wie gut Sie bei Ihren TeamkollegInnen ankommen, wie sehr Sie von diesen geschätzt, akzeptiert werden und ob diese gerne mit Ihnen zusammenarbeiten hängt nicht ausschließlich von fachspezifischen Kompetenzen ab, sondern ganz wesentlich von der Art der Kommunikation, oder besser gesagt, *Wie* Sie miteinander reden. Denn mittels wirkungsvoller, wertschätzender Kommunikation vermitteln Sie nicht nur ein Bild von sich, mitunter beeinflussen Sie damit signifikant zwischenmenschliche Beziehungen. Eine angenehme, konstruktive Gesprächsatmosphäre schafft somit die beste Voraussetzung für eine gelungene, produktive und wohlwollende Zusammenarbeit im Team. Nachfolgend finden Sie nun einige Anregungen dafür.

Die Körpersprache

Die Körpersprache kann als das Geheimnis nonverbaler Kommunikation bezeichnet werden und ist vermutlich die älteste Form zwischenmenschlicher Verständigung (Gekle-Schneeberger 2011). Körpersprache ist ein weiterer Ausdruck unserer Persönlichkeit. Wir teilen uns sozusagen

- *mit unserer gesamten Körperhaltung,*
- *mit jedem Gesichtsausdruck und*
- *jedem Blick mit.*

Der Körper spricht immer, er gibt vieles über die Stimmungslage und über die Absichten einer Person preis. Wichtig ist vor allem, dass verbale Kommunikation

93. Amerikanischer klinischer Psychologe, entwickelte das Konzept der gewaltfreien Kommunikation, im Original „Nonviolent Communication"

und Körpersprache im Einklang sind, das heißt, dass was Sie sagen, sollen Sie auch mit Ihrem Körper ausdrücken.

Grundsätzlich ist zu empfehlen: Stellen oder setzen Sie sich in einem Gespräch so hin, wie es für Sie angenehm ist. So wirken Sie natürlich. Dies gilt auch für die Haltung der Arme und Hände. Beachten Sie dabei Folgendes:

- *Wenn Sie stehen:* Stellen Sie Ihre Füße schulterbreit auf den Boden und belasten Sie beide Beine gleichmäßig. Trippeln, schwanken oder gehen Sie dabei nicht hin und her.
- *Wenn Sie sitzen:* Stellen Sie Ihre Füße schulterbreit auf den Boden und stellen Sie mit Beiden einen guten Bodenkontakt her. Nehmen Sie die gesamte Sitzfläche des Sessels ein und lehnen Sie sich an.
- Halten Sie Ihren *Kopf* und den *Oberkörper* möglichst gerade und bleiben Sie dabei locker und entspannt.
- Verstecken Sie Ihre Hände nicht hinter dem Rücken, in den Hosentaschen und verschränken Sie sie nicht! Ganz im Gegenteil: Zeigen Sie Ihre Hände und setzen Sie diese beim Reden ruhig ein. Dadurch verleihen Sie Ihrer Gestik mehr Ausdruckskraft.

In der äußeren Haltung spiegelt sich die innere Einstellung. Fest steht auch, dass die Mimik eines Sprechenden einen sehr beachtlichen Einfluss auf die Beziehungsebene der ZuhörerInnen hat. Wenn Sie mit einem freundlichen, entspannten Gesicht auf Menschen zugehen, so machen diese fast immer ein ebenso entspanntes, freundliches Gesicht. Begegnen Sie dagegen jemanden mit ernster, angespannter Miene, so wird Ihnen auch die andere Person angespannt gegenübertreten.

Der Blickkontakt

Halten Sie Blickkontakt! Schlichtweg lässt sich festhalten, dass die Art und Weise, wie wir unseren Gesprächspartner oder unsere Gesprächspartnerin anschauen, viel mehr aussagen kann als Worte.

Der Blickkontakt ist ein relevanter, oftmals entscheidender Bestandteil der Kommunikation (Gekle-Schneeberger 2011). Wenn Sie mit jemandem reden oder jemand zu Ihnen spricht, dann erwarten Sie doch auch, dabei angesehen zu werden? Außerdem, wie würde sich dies auf Ihre Zuhörbereitschaft auswirken, wenn dem nicht so wäre?

Natürlich bedeutet das jetzt nicht, dass Sie Ihre GesprächspartnerInnen die ganze Zeit über „anstarren“ sollen, denn dies würde diese nur verunsichern. Dazu ein Beispiel:

Stellen Sie sich vor, Sie führen ein Gespräch mit einer Kollegin aus Ihrem Team. Diese lässt Sie nicht aus den Augen – sie starrt Sie immerfort an. Wie geht es Ihnen dabei? Wahrscheinlich fühlen Sie sich unwohl und wissen nicht so recht, welche Bedeutung sie diesem Verhalten zuschreiben sollen, oder?

Ein starrer, lang andauernder Blickkontakt wird unter anderem zumeist als Konfrontation empfunden. Wer allerdings ständig den Blicken anderer ausweicht bzw. dies unterbindet, vermittelt Unsicherheit.

Ein *angemessener Blickkontakt* besteht also im Wechsel zwischen Anschauen und Wegschauen. Suchen Sie den Blickkontakt Ihres Gegenübers und lösen Sie diesen dann wieder ab. Durch dieses abwechselnde Suchen und Lösen entsteht kein Anstarren.

Wenn Ihre Teamkollegin oder Ihr Teamkollege spricht und Sie hören zu, dann können Sie diese/n ruhig die ganze Zeit über ansehen. Das vermittelt das Gefühl, dass Sie aufmerksam zuhören, sich für ihre/seine Meinung interessieren und das Gespräch ernst nehmen. RednerInnen achten in der Regel meist mit kurzen Kontrollblicken darauf, ob die zuhörende Person noch mit Interesse beim Thema ist.

In einem Gespräch, in welchem kein Blickkontakt stattfindet, lässt sich nur schwer eine Beziehung zwischen den GesprächspartnerInnen herstellen. Die Kommunikationsprozesse werden dadurch empfindlich gestört. Blickkontakt ist eine wesentliche Voraussetzung dafür, um zu anderen Menschen eine Brücke zu bauen – denken Sie daran, Blickkontakt verbindet.

Ein Abbruch des Blickkontaktes führt zu einem Abbruch der Kommunikation. Kurze Zeitspannen des Wegschauens sind jedoch tolerierbar. Sehen Sie allerdings längere Zeit an der Person, die gerade mit Ihnen spricht, vorbei, wird diese den Redefluss sehr wahrscheinlich unterbrechen. Im Auge liegt nämlich eine sogenannte magische Kraft, die GesprächspartnerInnen Botschaften besser aufnehmen lässt. Und das Auge ist ein zusätzliches Medium neben der Stimme und dem Gesagten.

Sachlich und wertfrei formulieren

Formulieren Sie sachlich und wertfrei! Bedenken Sie, dass nicht nur das, *was* Sie sagen, sondern auch *wie* Sie etwas sagen, eine beachtliche Wirkung hat. Stimme, Tonfall und Sprachmelodie tragen wesentlich dazu bei, wie Sie bei Ihren KollegInnen ankommen bzw. auf diese wirken. Achten Sie auch auf Ihre Sprechgeschwindigkeit sowie die Lautstärke, schließlich sollen Ihre ZuhörerInnen Sie gut verstehen können.

Seien Sie in Ihren Formulierungen klar und deutlich. Sagen Sie genau,

- von wem Sie etwas möchten oder brauchen,
- was Sie möchten oder sich vorstellen und
- bis wann Sie etwas möchten.

Denn das, was Sie meinen ist nicht unbedingt das, was von Ihren TeamkollegInnen verstanden wird. Sagen Sie nicht: *„Die Kolleginnen von der Märchenwald-Gruppe sollen nächste Woche das Buffet für den Elternabend organisieren.“* Denn: Wann ist das, nächste Woche? Sie meinen Dienstag oder Mittwoch und Ihre KollegInnen verstehen vielleicht Freitag. Sehen Sie den Unterschied? Vorteilhafter wäre hier etwa folgende Formulierung:

„Beate und Helene, bitte organisiert das Buffet für den Elternabend bis nächste Woche am Mittwoch.“

Wertschätzung vermitteln Sie dabei in jederlei Hinsicht, gerade wenn Sie Ihre TeamkollegInnen mit Namen ansprechen.

Konzentrieren Sie sich in einem Gespräch immer auf das Thema.Hier geht es ausschließlich um Daten und Fakten. Stellen Sie anhand folgender Fragen fest:

- Was ist passiert?
- Was wurde beobachtet?
- Was wurde gehört?

Entscheidend ist, dass Sie Ihre Beobachtung *nicht* als Interpretation oder Bewertung ausdrücken. Da Bewertungen oft als Angriff verstanden werden, können diese einen erwünschten Verlauf der Kommunikation enorm beeinträchtigen. Indem Sie auf Bewertungen verzichten, kann Ihre Art, so wie Sie mit Ihren Teammitgliedern umgehen, als weit vertrauenswürdiger und wohlwollender empfunden werden.

Grundsätzlich gilt: Wenn Sie ein Problem ansprechen, ist dieses umso besser nachvollziehbar, je klarer Sie sich auf eine *konkrete Situation, einen Zeitpunkt* und *einen Ort* beziehen.

Versuchen Sie, beobachtetes Verhalten zu beschreiben wie zum Beispiel:

„Mir ist noch nie aufgefallen, dass Karoline ihre Kaffeetasse in den Geschirrspüler räumt.“

anstatt

„Karoline tut nichts.“

„Florian hat gesagt, dass er an der Fortbildung leider nicht teilnehmen kann.“

anstatt

„Florian ist bei der Fortbildung nicht dabei.“

„Ich-Botschaften“

Verwenden Sie „Ich-Botschaften“! Mit Ich-Botschaften drücken Sie das aus, was Sie bewegt. Sie teilen so gesehen Ihre eigenen Empfindungen und Gedanken mit, ohne dabei jemanden anzuklagen. Außerdem schaffen sie auf diese Art und Weise eine Atmosphäre der Offenheit und des Vertrauens. Mögliche Formulierungen könnten sein:

„Ich erwarte mir…“
„Es ärgert mich…“
„Ich freue mich sehr darüber…“
„Ich mag nicht, dass…“
„Mir wäre es lieber, wenn…“

GesprächspartnerInnenfreundliche Fragen

Stellen Sie gesprächspartnerInnenfreundliche Fragen! Mit einer fragenden Grundhaltung im Gespräch vermitteln Sie Ihren TeamkollegInnen gegenüber Interesse an deren Gedanken, Sorgen, Sichtweisen, Ängsten etc. Dadurch fühlen diese sich angesprochen. Durch gesprächspartnerInnenfreundliche Fragen können Sie zudem unterschiedliche Sichtweisen verstehen und versuchen, eine gemeinsame Lösung zu finden. So bilden Sie die Basis für ein vertrauensvolles Gespräch.

Verwenden Sie daher verschiedene Arten von Fragen (Gekle-Schneeberger 2011):

1) *Offene Fragen*
   Offene Fragen bieten sich dann an, wenn Sie von Ihren GesprächspartnerInnen viele und ausführliche Informationen erhalten möchten. Das heißt: Offene Fragen beginnen immer mit einem „W" und werden deshalb „W-Fragen" (Wer? Was? Wann? Wie? Wo?) genannt – sie veranlassen die befragte Person dazu, sich zu öffnen und regen diese an, mehr von sich zu berichten wie zum Beispiel:
   „Was bedeutet das für dich?"

2) *Geschlossene Fragen*
   Geschlossene Fragen hingegen fordern GesprächspartnerInnen auf, kurz, konkret und knapp zu antworten. Diese Art von Fragen stellen Sie am besten dann, wenn Sie Zustimmung oder Ablehnung erfragen wollen, denn in der Regel läuft die Antwort hier meistens auf „Ja" oder „Nein" hinaus wie beispielsweise:
   „Machst du morgen ein Elterngespräch?"

3) *Alternativfragen*
   Mit einer Alternativfrage bieten Sie Ihrer Gesprächspartnerin mehrere Möglichkeiten zur Auswahl an. Ziel dabei ist es, der anderen Person offen und ehrlich zu vermitteln, dass diese frei wählen kann. Am sinnvollsten ist es, zwei bis maximal drei Optionen anzubieten. Zum Beispiel:
   „Sabine, wann möchtest du mit mir die Vorbereitung für das Martinsfest besprechen, morgen Nachmittag oder Donnerstag zu Mittag?"

4) *Motivationsfragen*
   Mit einer Motivationsfrage drücken Sie Ihrem Gesprächspartner gegenüber Anerkennung aus. Ziel dieser Fragen ist es, eine positive Gesprächsatmosphäre zu schaffen, die GesprächspartnerInnen in eine wohlwollende Grundhaltung zu bringen und gemeinsam Ideen zu entwickeln bzw. eigene Erfahrungen mitzuteilen wie etwa:
   „Siehst du andere Lösungsmöglichkeiten?"

5) *Konkretisierungsfragen*
   Konkretisierungsfragen dienen dazu, Sachverhalte genau zu hinterfragen, um Hintergründe und Zusammenhänge zu erfahren. Unter anderem zielen sie auf ein klares Ergebnis ab und haben einen leicht fordernden Charakter. Sie laden GesprächspartnerInnen dazu ein, das Gesagte frei und nach eigenem Empfin-

den zu vertiefen. Diese Fragen verhindern, dass sich das Gegenüber verschließt und halten so das Gespräch in Fluss. Beispielsweise:
„Was genau meinst du mit „ein bisschen besorgt?"

6) *Lösungsorientierte Fragen*
Lösungsorientierte Fragen verhelfen Ihren GesprächspartnerInnen zu anderen Denkweisen und regen zu neuen Handlungsalternativen an. Diese Fragen verlagern den Fokus *weg* vom Problem *hin in Richtung Auflösung* wie zum Beispiel:
„Woran merkst du, dass sich etwas verändert hat?"

Wertschätzende Rückmeldung

Melden Sie wertschätzend zurück! In der Zusammenarbeit und über die Zusammenarbeit im Team gibt es vielerlei zu besprechen. Angefangen von wichtigen Informationen, belanglosen Mitteilungen, erfreulichen oder unerfreulichen Ereignissen etc. bis hin zu unangenehmen Dingen. Unangenehm deshalb, weil Sie sich selbst dabei vielleicht auch nicht ganz wohl fühlen und nicht so recht wissen, wie Sie als ebenfalls betroffenes Teammitglied solcherlei gegenüber Ihren TeamkollegInnen wohlwollend äußern. Speziell dann, wenn es sich um (konstruktive) Kritik handelt, sollten Sie bedenken, dass Menschen damit grundsätzlich sehr unterschiedlich umgehen – natürlich auch Ihre KollegInnen im Team. Die einen lassen sich dadurch nicht entmutigen und versuchen weiterhin unverdrossen, ihr Ziel zu erreichen. Andere hingegen sind vollkommen demotiviert, vom Misserfolg niedergeschlagen und brauchen viel Zeit, um sich zu erholen. Sie sind deprimiert, persönlich verletzt, beleidigt und trauen sich nichts mehr zu. Deren Selbstwertgefühl und die Begeisterung für Herausforderungen halten sich somit in Grenzen.

Trotz dieser Erkenntnisse bleibt es Ihnen manchmal doch nicht erspart, Ihren TeamkollegInnen eine „kollegiale Rückmeldung", – sei es nun positiv oder negativ – zu geben. Entscheidend dabei ist die Form Ihrer Rückmeldung. Diese ist immerhin maßgeblich dafür, ob Ihre Kollegin oder Ihr Kollege die Möglichkeit nutzt, darin enthalte Kritik und Anregungen anzunehmen und umzusetzen.

Ihre Aufgabe als Teammitglied besteht in jedem Fall darin, dass Sie Ihre Wahrnehmung von der anderen Person „kollegial" so wiedergeben, dass diese daraus erkennen kann, welches Verhalten welches Resultat erbracht hat. Das heißt:

- *Seien Sie offen!* Damit ist gemeint, dass Sie ehrlich sein müssen. Nur eine ehrliche Rückmeldung können Ihre TeamkollegInnen gewinnbringend verwenden.
- *Seien Sie konkret!* Beziehen Sie sich ausschließlich auf beobachtete Dinge, thematisieren Sie nur Situationen, die tatsächlich stattgefunden haben. Verallgemeinerungen sind tabu.
- *Seien Sie transparent!* Verurteilungen sind hier fehl am Platz. Berufen Sie sich generell auf Verhaltensweisen und nicht auf Eigenschaften einer Person!

Egal, was und wen Sie etwas rückmelden – vermeiden Sie persönliche Angriffe. Denn wenn Sie jemanden persönlich angreifen oder etwas an dieser Person grundsätzlich infrage stellen, wird diese anfangen, ihr Verhalten zu rechtfertigen, statt es zu verändern. Bleiben Sie also fair. Schließlich dienen Rückmeldungen dazu, um aus erhaltenen Informationen die richtigen Schlüsse zu ziehen und dementsprechend zu handeln.

4 Das „Wir-Gefühl" stärken

In Ihrer Rolle als Teammitglied tragen Sie unter anderem die Verantwortung für eine positive, wertschätzende, harmonische Zusammenarbeit innerhalb des Teams. Schließlich sollen sich doch alle KollegInnen im Team wohlfühlen, zumindest wäre dies wünschenswert.

Stellen Sie aus diesem Grund immer wieder Überlegungen an, *wie* Sie den Arbeitsalltag für Ihre TeamkollegInnen angenehm beleben können. Eine nicht einfache Herausforderung. Es immer allen recht zu machen, ist nicht nur schwierig, sondern beinahe ein Ding der Unmöglichkeit. Dazu möchte ich Ihnen folgende Geschichte erzählen (Taikyu Kuhn Shimu 2012):

Es war Mittagszeit und die glühende Sonne brannte auf den staubigen Asphalt. Ein Vater saß auf einem Esel. Sein kleiner Sohn hielt die Zügel des Tieres in den Händen, während er neben dem Esel ging. Da kam ihnen ein Mann entgegen, der bemerkte entsetzt: „Wie egoistisch! Wie kann ein Vater nur so kaltherzig sein und seinen kleinen Sohn neben dem Tier herlaufen lassen. Seine Beine sind doch viel zu kurz, um mit den großen Schritten des Esels mithalten zu können. Wie müde dieser Kleine schon aussieht!"

Der Vater stieg also vom Esel ab und ließ seinen kleinen Jungen reiten. Es dauerte keine halbe Stunde, bis eine Frau den Weg der beiden kreuzte und laut rief: „Was für ein verzogenes Kind. Es sitzt wie ein kleiner König auf dem Esel, während sein alter Vater neben dem Tier herlaufen muss!" Der Junge war traurig über diese Worte und bat seinen Vater, er möge sich doch hinter ihm auf den Rücken des Esels aufsetzen und mitreiten. Nach kurzer Zeit begegneten sie einem Mann, der ihnen vorwurfsvoll entgegenschrie: „Das gibt es doch nicht, der arme Esel. Da sitzen zwei Faule, ein kleiner und ein großer, und quälen das arme Tier mit ihrem Gewicht!"

Vater und Sohn konnten diese Worte nicht tatenlos auf sich ruhen lassen und stiegen vom Esel ab. Sie gingen schweigend neben dem Esel her, als sie einer alten Frau begegneten. Die lachte und sagte: „Das gibt es doch nicht. Wie dumm muss man sein. Da hat man einen Esel und benutzt ihn nicht. Anstatt dass er euch nützt und einer von euch auf ihm reitet, führt ihr ihn spazieren! Was seid ihr nur für Narren!"

Da schaute der Vater einem Sohn tief in die Augen und sprach: „Mein Sohn, es ist gleichgültig, was wir machen. Wir werden immer jemanden finden, der nicht einverstanden ist, mit dem, was wir tun. Ab sofort werden wir das machen, was wir selbst für richtig halten!"

Eine aussagekräftige Geschichte. Die Erkenntnis zu gewinnen, es nie Allen Recht machen zu können, ist sehr wesentlich. Zudem schützt diese vor Energieverlust und falschen Erwartungen. Also, lassen Sie daher den Gedanken, dass allen KollegInnen im Team *alles* unbedingt gefallen muss, los.

Es geht nicht darum, dass spezielle Angebote; Ideen, Vorschläge etc. von jeder und jedem im Team begeistert wahrgenommen werden müssen, sondern dass Sie Ihrem Team gegenüber zum Ausdruck bringen, dass Ihnen deren Wohlergehen sowie ein positives Arbeitsklima wichtig sind. Dazu nun ein paar Anregungen:

☺ *Motivieren Sie sich selbst*
Beginnen Sie bei sich selbst! Denn, so wie *Sie* sind, so wirken Sie auf Ihre KollegInnen – unterschätzen Sie dabei nicht die Vorbildfunktion, die Sie haben. Sich selbst motivieren und andere motivieren funktioniert nach dem gleichen Prinzip. Herumzunörgeln, warum dieses und jenes nicht so ist wie es sein soll ist weder angebracht noch zielführend. Obendrein führt dies zu einer Abwehrhaltung. Bedenken Sie, dass sich die meisten Menschen motivieren lassen, wenn sie dafür belohnt werden. Stellen Sie sich selbst und Ihrem Team daher Belohnungen, in welcher Form auch immer, in Aussicht. Freuen Sie sich gemeinsam über kleine und große Erfolge, feiern sie, tun sie Dinge, die Spaß machen! Gönnen Sie sich beispielsweise ein gemütliches Picknick im Garten, gehen Sie zusammen Essen, ins Kino, in ein Konzert und so weiter. Und glauben Sie vor allem an sich selbst. Visualisieren Sie – machen Sie sich ein „inneres" Bild darüber, wie gut und erleichtert Sie sich fühlen, wenn Sie etwas geschafft haben.

☺ *Lob und Anerkennung als Basis für eine positive Zusammenarbeit*
Lob ist Anerkennung mittels Worten. Es wird nicht nur als positive Bereicherung erlebt, sondern hat auch einen enorm motivierenden Aspekt. Loben Sie ehrlich, spontan und zeitnah. Zum Lob gehört auch, sich für gewisse Dinge bei Ihren TeamkollegInnen zu bedanken. Loben Sie deshalb so oft wie möglich! Geben Sie Ihren KollegInnen eine wohlwollende Arbeitsumgebung, in welcher diese sich gut aufgehoben und wertgeschätzt fühlen.

☺ *Humor als wichtiger Begleiter*
Mit Humor wird einfach vieles leichter! Nehmen Sie nicht immer alles zu ernst, betrachten Sie so manches auch einmal von der humorvollen Seite. Humor ist oftmals eines der besten Gegenmittel bei „Alltagsärgerlichkeiten" und hilft dabei, zu bestimmten Dingen Abstand zu gewinnen. Gemeinsames Lachen erleichtert und entspannt. Probieren Sie es aus!

☺ *Kleine Geschenke*
Denken Sie an Ihre TeamkollegInnen und machen Sie ihnen kleine Geschenke. Lassen Sie sich für Ihre KollegInnen ganz spezielle Aufmerksamkeiten einfallen wie etwa eine Praline am Valentinstag, eine besondere Karte zum Geburtstag, eine Blume am Weltfrauentag (falls Männer im Team sind, diese nicht benachteiligen!), ein süßes Mitbringsel vom Urlaub oder ähnliches. Solche Aufmerksamkeiten bereiten nämlich nicht nur Freude und stärken zwischenmenschli-

che Beziehungen, sondern verdeutlichen TeamkollegInnen gegenüber auch die persönliche Wertschätzung.

☺ *Besondere Rituale*
Gemeinsame Rituale bereichern nicht nur den Arbeitsalltag, sondern stärken auch die Zusammenarbeit und wirken sich positiv auf das Arbeitsklima aus. Zudem können diese auch eine willkommene Abwechslung sein. Stellen Sie dazu gemeinsame Überlegungen an, welche Möglichkeiten sich anbieten wie beispielsweise einmal in der Woche ein gemeinsames Frühstück, gemeinsame Entspannungsrunden, Kaffeetratschpausen uns so weiter.

☺ *Gleichwertige Achtsamkeit gegenüber allen*
Seien Sie allen KollegInnen im Team gegenüber *gleich* offen und aufmerksam. Es ist wahrscheinlich so, dass Ihnen die eine oder andere Teamkollegin mehr oder weniger vertraut ist, doch machen Sie in der Zusammenarbeit diesbezüglich keinen Unterschied. Falls Sie mit einer Kollegin oder einem Kollegen auch privat befreundet sein sollten, klären Sie dies bereits im Vorfeld ab, um eventuelle Unstimmigkeiten in der teaminternen Zusammenarbeit auszuschließen. Sorgen Sie hier also für Transparenz.
Besonders in Ihrer Funktion als Teammitglied sollten Sie versuchen, alle KollegInnen im Team ganz bewusst wahrzunehmen. Interessieren Sie sich für die Personen, mit denen Sie Tag für Tag zusammen arbeiten. Was macht ihnen Freude, was bewegt sie, was sind ihre Sorgen und Probleme? Gehen Sie auf ihre KollegInnen ein, seien Sie da, wenn Sie das Gefühl haben, dass es jemanden im Team nicht so gut geht und fragen Sie nach, ob Sie helfen können.

Stellen Sie sich prinzipiell immer wieder die Frage, ob die Art und Weise, so wie Sie sich in Ihrer Rolle als Teammitglied in die Teamzusammenarbeit einbringen, stimmig ist. Würden Sie gerne mit sich selbst zusammenarbeiten, wenn ja warum, wenn nein, was müssten Sie ändern?

Ein wertschätzender, zwischenmenschlicher Umgang bildet und ist die Basis für eine gut funktionierende Zusammenarbeit, immerhin sind Ihre „TeamkollegInnen“ das wichtigste Kapital, das Sie haben.

Eine zufriedenstellende, harmonische Team-Zusammenarbeit muss permanent gepflegt und darf niemals außer Acht gelassen werden. Seien Sie in Ihrer Rolle als Teammitglied diesbezüglich aufmerksam und sorgsam. Äußern Sie in puncto Teamzusammenarbeit Ihre Wünsche, Anliegen und bringen Sie Vorschläge ein. Haben Sie keine Angst davor, dass Sie nicht ernst genommen oder gar abgelehnt werden könnten. Und denken Sie daran: So, wie Sie anderen eine Kollegin oder ein Kollege sind, so animieren Sie andere dazu, es Ihnen gleichzutun. Letztlich können Sie als Vorbild im Umgang mit anderen doch einiges bewirken. Haben Sie den Mut und bleiben Sie ganz Sie selbst, dann sind Sie auch authentisch.

In diesem Sinne: Viel Erfolg bei der Umsetzung Ihrer Rollenfindung im Team!

Literaturverzeichnis

Bergner, Thomas (2008). Burnout-Prävention. Stuttgart: Schattauer.

Gekle-Schneeberger, Heidi (2011). Kommunikation führt! Eine praktische Anleitung für KindergartenleiterInnen. Graz: Leykam.

Gekle-Schneeberger, Heidi (2012). Leiten macht Spaß! Wie Sie als KindergartenleiterIn selbstbewusst & souverän auftreten. Graz: Leykam.

Kinauer, Peter F. (2009). So macht Arbeit Spaß. München: dtv.

Niermeyer, Rainer (2008). Teams führen. 2. Auflage. München: Haufe.

Öttl, Christine; Härter Gitte (2008). Selbst-Marketing. 2. Auflage. München: Gräfe und Unzer.

Rosenberg, Marshall B. (2009). Gewaltfreie Kommunikation. 8. Auflage. Paderborn: Junfermann.

Scheerer, Harald (2010). Reden müsste man können. 10. Neuauflage. Offenbach: Gabal.

Taikyu Kuhn Shimu, Sandy (2012). Erleuchtung zum Frühstück. Darmstadt: Schirner.

3.3 Teamentwicklung und -führung. Leitung zwischen Anleiten und Begleiten

Stefanie Reinheimer

Was hat die Leitung einer pädagogischen Einrichtung mit Führung, Anleitung und Begleitung von Teams zu tun? Setzt Teamarbeit nicht voraus Teil eines Teams zu sein und schließt damit (An-)Leitung aus?

Die Vergangenheit lehrt uns, dass anscheinende Harmonie in der Zusammenarbeit von Pädagogen/Pädagoginnen kein erstrebenswertes Ziel sein kann, wenn es darum geht, komplexe und sich ändernde Aufgaben zu bewältigen. „Kann denn Leiten Sünde sein…?" lautet der Titel einer Fortbildungsdokumentation für Führungskräfte in sozialen und pädagogischen Einrichtungen (Jakubeit 2000) und drückt damit plakativ aus, wo das Problem liegt. Eine Organisationskultur, der mehr oder weniger stillschweigenden Akzeptanz und mangelnder systematischer, zielorientierter Führung und Zusammenarbeit, kann den sich wandelnden Anforderungen an Kinderbildung und -betreuung auf Dauer nicht adäquat begegnen.

1 Teamführung setzt Selbstführung und Rollenklarheit voraus!

Führen heißt, „in vernetzten Bezügen bewusst handeln" (Lotmar & Tondeur 2004, S. 26). Führung nimmt zielorientiert Einfluss und bedarf der ständigen Auseinandersetzung mit Strukturen, Werten, Beziehungen und der Umwelt (Lotmar & Tondeur 2004).

Die Auseinandersetzung mit den eigenen Werten, dem Menschenbild, der Führungsbiographie, dem Selbstbild und den unterschiedlichen Erwartungshaltungen scheinen demnach unabdingbar und helfen beim Aufbau und der Reflexion des eigenen Führungsverständnisses.

Selbstmanagement ist ein Aspekt der Selbstführung. Die Kompetenz, die persönliche und berufliche Entwicklung zu gestalten, beinhaltet u. a., sich Ziele zu setzen, sich selbst zu motivieren, eine effiziente Planung und Organisation und damit auch den Umgang mit Zeit. Darüber hinaus zählen Lernbereitschaft und -fähigkeit sowie Selbstreflexion, Feedback nehmen und eine persönliche Erfolgskontrolle dazu.

Die Zielklarheit und Balance zwischen beruflichen und privaten Zielen, der eigenen Gesundheit und Sinnfrage nehmen in sozialen Berufen einen besonderen Stellenwert ein. Achtsamkeit, Prioritäten setzen und Nein sagen beugen nicht nur einem Burn-out vor, sie können dem Team stabilisierende Orientierung geben.

Darüber hinaus tragen Rollenbewusstsein, Akzeptanz der Führungsrolle und Rollenklarheit zum Selbstverständnis und damit zur Führungskompetenz bei. Ob die Rolle der/des Moderators/in, Planers/in, Innovators/in oder Kümmerers/in die Richtige ist, ist maßgeblich von den eigenen Werten und dem eigenen Menschenbild abhängig und wird unmittelbar Auswirkungen auf die MitarbeiterInnenführung haben (Fialka 2011). Darüber hinaus verlangt Führung Rollenflexibilität, d.h. jede dieser benannten und weitere Rollen werden benötigt, um je nach MitarbeiterInnentyp und Teamsituation wirksam handeln zu können.Grundsätzlich gilt: Personalführung gelingt nur mit entsprechender Personalverantwortung. Dies setzt eine eindeutige Definition und Zuschreibung von Aufgabenbereichen voraus. Stellenbeschreibungen sind hierbei hilfreiche Dokumente, um Aufgaben zu benennen sowie Verantwortungsbereiche und Entscheidungsbefugnisse zu verankern (Klug 2001).

2 Teamführung ist nicht das gleiche wie MitarbeiterInnenführung!

Während sich große Firmen eigene Personalabteilungen leisten, übernimmt eine Leitungskraft von pädagogischen Einrichtungen vielfach alleine die Aufgabe des Personalmanagements. Personalplanung, Personalführung, Personalentwicklung, Personalkommunikation, Personalverwaltung und ggfs. die Zusammenarbeit mit einer MitarbeiterInnenvertretung zählen zu dieser Managementaufgabe.

In die Praxis umgesetzt bedeutet dies, auf der Grundlage einer Strategie und notwendigen Regularien, den Bedarf an Personal planen, MitarbeiterInnen finden, einarbeiten, Gespräche führen, anleiten, individuelle und organisationsbezogene Ziele vereinbaren, Feedback geben und nehmen, Motivation schaffen und erhalten, binden, informieren und kommunizieren, Ressourcen erkennen, delegieren, fordern und fördern und MitarbeiterInnen angemessen verabschieden. Dabei verlangen verschiedene MitarbeiterInnentypen nach unterschiedlichen Verhaltensweisen und Maßnahmen und damit nach individueller Führung (Fialka 2011). MitarbeiterInnenführung setzt somit an der Individualität und Kompetenz der Einzelnen an.

Neben der Frage nach dem jeweils notwendigen Führungsstil zur individuellen MitarbeiterInnenführung ist ebenso entscheidend, welches Verhalten die Leitungskraft Arbeitsgruppen gegenüber zeigt (Haller 2009). Gruppen entwickeln eigene Dynamiken. Jede Leitungskraft kennt das Phänomen, dass das in Einzelgesprächen sichtbare Engagement einer/eines Mitarbeiters/in im Team leider nicht zum Tragen kommt oder durch unbewusste „Bündnisse“ die gemeinsame Arbeit gebremst oder gar boykottiert wird. Führung ist gefragt und damit erweitern sich das Aufgabenspektrum und auch die Rolle der Leitungskraft.

3 Was ist ein Team und wozu ist Teamarbeit notwendig?

Aufgrund des gemeinsamen Auftrags einer pädagogischen Einrichtung ist ein Team eine Arbeitsgruppe, aber nicht jede Arbeitsgruppe ist ein Team! Katzenbach und Smith (2003) unterscheiden 5 Arten von Gruppen:

Arbeitsgruppe

Arbeitsgruppen sprechen die Aufgaben und die zu entscheidenden Angelegenheiten der gemeinsamen Arbeit ab. Hierfür tauschen sie Informationen und Methoden aus.

Pseudo-Teams

Pseudo-Teams bringen keine gemeinsame Leistung zustande. Sie ignorieren gestellte Leistungsanforderungen und vergeben darüber hinaus noch individuell vorhandene Potenziale ihrer Mitglieder. „Dadurch ist ihre Leistung geringer als die Leistungssumme aller möglichen Einzelleistungen zusammen. Die Produktivität von Pseudo-Teams ist die geringste aller Teamformen, sie liegt unter dem Leistungspotenzial von Arbeitsgruppen“ (Möller & Schlenther-Möller 2007, S. 55).

Solche Gruppen bedürfen der Unterstützung, um ein Arbeitsgruppenniveau herzustellen. Erst dann ist ein Teamentwicklungsprozess möglich.

Potenzielle Teams

Potenzielle Teams versuchen, die an sie gestellten Anforderungen ernsthaft zu bewältigen. Allerdings fehlt ihnen eine gemeinsame Zielvorstellung, eine Vision, die als konkrete Leistungsanforderung gelten kann.

Echte Teams

- bestehen aus weniger als 10 Personen,
- ergänzen sich in ihren fachlichen, methodischen und sozialen Fähigkeiten (Heterogenität),
- engagieren sich für gemeinsame Leistungsziele, wie z. B. die Implementierung der Konzeption in die Praxis, es gibt eine Vision,
- einigen sich auf eine Form der Zusammenarbeit basierend auf Werten, Normen und Regeln,
- legen Wert auf Arbeitsteilung, Kommunikation und Kooperation,
- empfinden ein Zusammengehörigkeitsgefühl und gegenseitige individuelle Verantwortung.

Hochleistungsteams

Hochleistungsteams sind echte Teams, die darüber hinaus auch an der persönlichen Entwicklung und am Erfolg ihrer Teammitglieder interessiert sind. Das Engagement ist überdurchschnittlich, so wie ihr Erfolg (Möller & Schlenther-Möller 2007).

Teamarbeit ist in pädagogischen Einrichtungen besonders wichtig!

Pädagogische Einrichtungen sind hochkomplexe und instabile Organisationen, die hochflexibles Vorgehen erfordern. Die Aufgabe der Erziehung, Bildung und Betreuung mit ihren vielfältigen pädagogischen Ansätzen, die Tatsache, dass Geldgeber und „Kunde“ nicht identisch sind sowie einer mehrfach Steuerung durch

Politik, Verwaltung, unterschiedlicher Träger und der Leitung vor Ort, tragen zur Komplexität bei. Daneben gerät die Stabilität durch die Anpassung der Angebote an den jeweiligen familiären, gesellschaftlichen Bedarf, an neue wissenschaftliche Erkenntnisse und damit an neue Konzepte und durch die Aufforderung zur regelmäßigen Evaluation und Weiterentwicklung, ins Wanken. Der Umgang mit diesen vielfältigen Anforderungen fällt einem Team mit einem hohen Maß an Selbstorganisation leichter als Gruppen mit statischen Strukturen (Fialka 2011).

Die Chancen gelingender Teamarbeit liegen darin, dass

- MitarbeiterInnen aufgrund der Stimulation durch die Gruppe produktiver, motivierter und ausdauernder sind.
- mehr Perspektiven-, Lösungs- und Kreativitätsvielfalt vorhanden ist. Die Irrtumswahrscheinlichkeit wird geringer.
- MitarbeiterInnen gefordert, Stärken und Begabungen genutzt werden. So entstehen Synergien sich ergänzender Fähigkeiten und Erfahrungen.
- Eigeninitiative und schöpferisches Querdenken ermöglicht wird.
- die/der Einzelne Entlastung erfährt und Rückhalt, Sicherheit und Orientierung spürt.
- die Akzeptanz und die Identifikation der/des Einzelnen steigen.
- sich ein ausgeprägtes Verantwortungsbewusstsein entwickelt.
- zielorientiert gearbeitet wird.
- die Leistung generell steigt!

4 Erfolgsfaktoren guter Teamarbeit

Formale echte Teams besitzen die Voraussetzung für gute Teamarbeit, über Effizienz und Kooperationsqualität wird damit jedoch nichts ausgesagt. Allerdings kann das Fehlen eines der formalen Kriterien Teamarbeit verhindern.

Fialka (2011) hat die Merkmale produktiver Teamarbeit in einem Schaubild zusammengefasst. Jedes dieser Merkmale besitzt eine formale und informelle Seite. Die Erfüllung dieser Merkmale und das optimale Zusammenwirken machen Teams erfolgreich.

Merkmale produktiver Teamarbeit		
Formale, offizielle Seite		Informelle, private Seite
Unternehmen-/ Abteilungsziele, Projektziele	Gemeinsame ZIELE	Persönliche Weiterentwicklung, berufliche Perspektiven
Arbeitsteilung, gemeinsame Projekte, Infofluss	Abgestimmte INTERAKTIONEN (Kommunikation, Kooperation, Koordination)	Informelle Kanäle, Beziehungen, Koalitionen
Offizielle Hierarchie Organigramm	Anerkannte STRUKTUREN	Einflussstrukturen, Machtstrukturen, Beliebtheitsstruktur etc.
Offizielle Position (Abteilungsleitung, Stv., Kitaleitung)	Anerkannte ROLLEN	Informelle Rollen: Star, Vertraute, Vermittlerin …
Offizielle Regeln und Vorschriften, z. B. Dienstanweisungen	Gemeinsame NORMEN (Werte, Regeln, Standards)	Informelle (unbewusste) Werte, Normen, Gewohnheiten
Loyalität	WIR-GEFÜHL (Zusammengehörigkeitsgefühl)	Betriebsklima, Freundschaften, Affinitäten

Abb. 1 Merkmale produktiver Teamarbeit (Fialka 2011, S. 143)

Im Folgenden werden die Merkmale bzw. Erfolgsfaktoren guter Teamarbeit ergänzt und konkretisiert:

Gruppengröße

Diverse Untersuchungen belegen, dass die Produktivität von Gruppen mit zunehmender Gruppengröße ab 8 Mitglieder abnahm. Eine Teamgröße von 4–8 Mitgliedern scheint daher optimal. Dies sollte in größeren pädagogischen Einrichtungen bei der Organisationsstruktur beachtet werden. Die Gefahr, dass sich in großen Einrichtungen Untergruppen bilden ist groß. Kommunikation, Arbeitsteilung, Rollenverteilung und die Gestaltung von sozialen Beziehungen wird dadurch erschwert oder gar verändert. (Möller & Schlenther-Möller 2007).

Gemeinsame Ziele, eine „Mission"

Gruppen brauchen einen Auftrag und klar definierte Ziele. Mehr noch, sie brauchen eine Vision die sie teilen und gemeinsam anstreben.

Je größer die Klarheit der Zielsetzung und des Auftrags,

- umso mehr steigt die Motivation für die Zielerreichung,
- umso weniger werden einzelne Teammitglieder feindselige Gefühle entwickeln,
- umso höher ist die Identifikation, Mitverantwortung und Sympathie für die Gruppe.

Dabei müssen Raum und Anknüpfungsmöglichkeiten für persönliche Weiterentwicklung und berufliche Perspektiven gegeben sein. „Kreativität entfaltet sich dort am besten, wo die Mitglieder des Teams trotz einer klaren Aufgabenstellung ein Gefühl für ihre Autonomie behalten können“ (Pesch 2007, S. 86).

Erst wenn in der Gruppe Sachzielsetzungen, Gruppenziele und individuelle Zielsetzungen gleichgerichtet sind, wird die Gruppe überdurchschnittliche Leistungen erbringen (Wendler 2008).

Kommunikation, Kooperation und Informationsfluss

- Die gemeinsame Aufgabe muss definiert und klar kommuniziert werden.
- Die unmittelbare Möglichkeit zur Kommunikation untereinander muss gegeben sein.
- Informationen müssen zeitnah fließen!
- Kooperation ist notwendig, da das Miteinander in der Aufgabenerledigung den Erfolg steigert und die Effizienz erhöht. Ist dies allen bewusst, steigt die Kooperationsbereitschaft.
- Ein struktureller Rahmen, Hilfsmittel und Methoden unterstützen die Kommunikation, Kooperation und den Informationsfluss aller im Team.
- Wie Entscheidungen getroffen werden ist allen bekannt und von allen akzeptiert. Vereinbarungen werden eingehalten!
- Meinungsunterschiede sind möglich und tragen zur Perspektivenvielfalt bei. Eine entsprechende Streit-, bzw. Konfliktkultur ermöglicht es, Unstimmigkeiten anzusprechen und zu bereinigen.
- Ideen und Impulse sind erwünscht!
- Fehler werden nicht tabuisiert. Sie bieten eine Lernplattform. Gemeinsam wird daran gearbeitet, wie Fehler in Zukunft vermieden werden können.
- Lob, Kritik und Feedback wird regelmäßig gegeben (Wendler 2008; Haller 2009).

Strukturen

Strukturen und Hierarchien existieren. Sie werden durch Organigramme sichtbar und mit Hilfe von Stellenbeschreibungen mit Inhalt gefüllt. Verwirrung oder Unsicherheit entsteht dann, wenn die Hierarchie formal gegeben ist, sie aber informell im Team nicht gewünscht wird. Auch die Leitung der Einrichtung tut gut daran, sich ihrer Führungsposition bewusst zu sein (Fialka 2011).

Es bedarf eines gemeinsamen Verständnisses darüber, dass hierarchische Strukturen bestehen, aber gegenüber der inhaltlichen Arbeit in den Hintergrund treten.

Rollen

Gruppen entwickeln aufgrund ihrer Dynamik Verhaltensmuster. Diese Teamrollen sind Ausdruck menschlicher Grundbedürfnisse

- Beständigkeit, Dauerhaftigkeit, Sesshaftigkeit
- Geselligkeit, Gruppenbedürfnis, Hingabe
- Veränderungswunsch, Neuerungswille, Wechsellust
- Selbstbehauptung, Individualität, Ich-Behauptung.

Fritz Hendrich (1999) vergleicht dies mit 4 Energien. Die 4 Elemente Feuer, Luft, Erde und Wasser sind als Metaphern zu verstehen, die Tendenzen, Verhaltensweisen und Bedürfnisse symbolisieren. Im besten Falle wirken alle 4 Elemente in Teams. Ihr ausgeglichenes Zusammenwirken führt zu Hochleistungen.

Feuer **DURCHSETZUNG**	**Wasser** **EINFÜHLUNG**
Zielorientierung, Begeisterung, Inspiration, Erfolgswille, Kampf, Bereitschaft zur Zielerreichung, neue Ideen mit Engagement zum Sieg verhelfen, Einsatz, Wettbewerbsehrgeiz	Erspüren von Chancen, Empfindsamkeit für die zwischenmenschlichen Aspekte der Teamarbeit, Kontakt und Kommunikation, emotionale Sensitivität, soziale Kompetenz, Hilfsbereitschaft und Unterstützung, Verbundenheit
Luft **VISION**	**Erde** **STRUKTUR**
Eigenständiges, unkonventionelles Denken, die Bereitschaft zum Ausbrechen aus Mustern, Rastern, Schienen, für Phantasie und Kreativität, Akzeptanz unterschiedlicher Sichtweisen, Humor und Spaß an der Arbeit miteinander, Abwechslung	Strategisches Vorgehen, Disziplin, Termin- und Vereinbarungstreue, Einhalten wirtschaftlicher Regulative und Erfordernisse, ständige Erfolgskontrolle, Umsetzungskonsequenz, Sicherheit beachten

Abb. 2: Vier Elemente der Führung (Hendrich 1999, S. 184)

Die verschiedenen MitarbeiterInnentypen einer Einrichtung in der Teamarbeit zu erleben kann neue Potenziale offenbaren. Andererseits können bekannte Verhaltensweisen und Kompetenzen für die Teamarbeit genutzt werden. So sind impulsgebende, kreative und proaktive Elemente im Team genauso wichtig, wie die stabilisierenden, kooperativen und strukturierenden Verhaltensweisen. Die Leitung tut gut daran, auf Heterogenität zu achten und bei Stellenbesetzungen weniger auf

Harmonie im Sinne der Ähnlichkeit („wer passt zu uns") zu setzen, sondern auf Faktoren, die das Team ergänzen könnten (Fialka 2011).

Werte, Normen, Regeln

Offizielle Regeln und Verfahrensanweisungen regeln das Miteinander formell. Sie bedürfen größtmöglicher Transparenz und Nachvollziehbarkeit, einer regelmäßigen Überprüfung und Aktualisierung.

Normen etablieren sich bewusst oder unbewusst in jeder Arbeitsgruppe. Sie regulieren das Verhalten der Gruppenmitglieder in bestimmten Situationen. Es ist hilfreich, Normen und Regeln einer Gruppe von Zeit zu Zeit zu analysieren und damit sichtbar zu machen. Verhaltensweisen oder liebgewonnene Gewohnheiten können ein Team durchaus bremsen. Denn je rigider Normen gehandhabt werden (müssen), desto eingeschränkter entfaltet sich das kreative Gruppenpotenzial (Wendler 2008).

Wir-Gefühl

Gegenseitige Anerkennung schafft Beziehungen. Beziehungen sind notwendig zum gemeinsamen Lernen. Gute Beziehungen basieren auf Wertschätzung und Vertrauen, die wiederum Voraussetzungen zur Entwicklung eines Wir-Gefühls sind.

Vertrauen in eine Gruppe ist dann gegeben, wenn:

- Jeder einzelne in seiner Ursprünglichkeit akzeptiert wird und sein kreatives Potenzial leben kann,
- Eine Atmosphäre der Wertschätzung und Akzeptanz ohne starre Be(Ab-)wertungen und Killerphrasen entwickelt wird,
- Die MitgliederInnen wirklich einander zuhören und zu verstehen versuchen und es ihnen gelingt, sich in die/den andere/n einzufühlen.

Mit der Anerkennung steigt das Selbstwertgefühl! Humor und Freude an der gemeinsamen Arbeit stellen sich ein. Der Spaß an der Arbeit darf auch von Außenstehenden bemerkt werden!

Evaluation

Arbeitsweisen, Ergebnisse und Teamkultur bedürfen der regelmäßigen Überprüfung. Reflexion und Evaluation ermöglichen Weiterentwicklung.

5 Teamanalyse als Grundlage für weitere Schritte

Der Leitung einer pädagogischen Einrichtung obliegt die Führung eines Teams. Trotz partizipativer Teamführung bleibt es die Aufgabe der Leitung, für die notwendige Arbeitsfähigkeit im Team zu sorgen. Leitung muss den Auftrag, die Zielsetzung, die sich daraus ergebenden Aufgaben, die vereinbarten Arbeitsmethoden und Regelungen des Miteinanders im Blick haben und für einen hilfreichen strukturellen Rahmen sorgen. Sie muss in der rechten Mischung fördern und fordern, die individuellen Stärken der MitarbeiterInnen erkennen und ihnen Möglichkeiten zur Entfaltung eröffnen (Pesch 2007). Darüber hinaus bedarf es der Unterstützung bei der Problem- und Konfliktbewältigung, beim Erhalt der Teamfähigkeit und der Weiterentwicklung des Teams (Möller & Schlenther-Möller 2007). Auch eine gute Wahrnehmung für informelle, unbewusste und unausgesprochene Dynamiken ist hilfreich.

Da Teams einer ständigen Dynamik unterliegen, die bestimmte Verhaltensweisen von der Leitung verlangt, bedarf es von Zeit zu Zeit einer Teamanalyse, um die Phase in der sich das Team befindet, gut erfassen zu können. Das Ergebnis kann aufschlussreiche Informationen liefern, die das weitere Vorgehen bestimmen.

Je nach Situation des Teams kann es hilfreich sein, externe ProzessbegleiterInnen oder SupervisorenInnen hinzuzuziehen. Diese Begleitung ermöglicht dem Team eine externe, strukturgebende Moderation. Der Blick einer „systemfremden" Person kann vielfach zu einer ersten Klärung beitragen. Darüber hinaus darf sich Leitung in einer anderen Rolle erleben und den Prozess selbst zur Reflexion nutzen.

Möglichkeiten der Teamanalyse:

Fialka (2011) nutzt ihre Darstellung der **Merkmale produktiver Teamarbeit** (vgl. Abb. 1) unmittelbar zur Teamanalyse, indem sie unter jeden Aspekt der formalen und informellen Seite eine Skala von 1–10 anbringt. Die MitarbeiterInnen einer Einrichtung werden aufgefordert, mit Hilfe eines Kreuzes ihre persönliche Einschätzung zur Ausprägung der Merkmale in ihrem Team abzugeben. So erhält man recht schnell und übersichtlich einen ersten Eindruck zur Teamsituation, ggf. werden so unterschwellige Konfliktthemen bereits offensichtlich.

Merkmale produktiver Teamarbeit		
Formale, offizielle Seite		Informelle, private Seite
Unternehmen-/ Abteilungsziele, Projektziele × × × × 1 ——— 10	Gemeinsame ZIELE	Persönliche Weiterentwicklung, berufliche Perspektiven 1 ——— 10
Arbeitsteilung, gemeinsame Projekte, Infofluss 1 ——— 10	Abgestimmte INTERAKTIONEN (Kommunikation, Kooperation, Koordination)	Informelle Kanäle, Beziehungen, Koalitionen 1 ——— 10

Ebenfalls sehr hilfreich und leicht anzuwenden ist die Methode der „**Teamsäulen**" von Fialka (2011). Alle MitarbeiterInnen werden aufgefordert, ihre Zufriedenheit zu dokumentieren, indem sie individuelle Säulen zwischen 0 und 100 Prozent zu folgenden Komponenten skizzieren:

Teamsäulen			
	0 %	50 %	100 %
Unsere Innovationskraft			
Klarheit der Ziele			
Aufgabenverteilung			
Umgang mit Konflikten			
Arbeitsatmosphäre			
Teambesprechungen			
Unsere Feedbackkultur			
Projektergebnisse			
Teamführung			
Verantwortungsübernahme			

Abb. 3 Teamsäulen (Fialka, 2011, S. 252)

Die Ergebnisse bieten eine breite Grundlage zur Reflexion und Weiterentwicklung der Teamarbeit.

Eine sehr breit angelegte aber differenzierte Analyse, ist die Betrachtung der Organisation aus

4 Perspektiven (Wendler 2008):

1. Organisation und Umwelt
2. Gruppen- und Teamdynamik
3. Interaktionelles
4. Individuelles

Alle vier Aspekte tragen maßgeblich zur Teamfähigkeit und damit zur Teamarbeit bei.

Mit Hilfe von Fragen kann der Ist-Stand analysiert und Verbesserungspotenziale aufgezeigt werden.

Zu 1. Organisation und Umwelt

- Welchen Zweck verfolgt die Einrichtung?
- Wo befindet sie sich? Welche Besonderheiten bringt der Standort mit sich?
- Wer sind die Familien, die in die Einrichtung kommen?

- Wer sind die KooperationspartnerInnen?
- Gibt es Konkurrenz?
- Gibt es ein Leitbild? Gibt es eine Konzeption, in der sich das Leitbild widerspiegelt? Ist die Implementierung in den Alltag erfolgt?
- Gibt es ein Organigramm? Wie flach/steil sind die Hierarchien?
- Wie transparent sind die Organisationsstrukturen?
- Wer steuert? Wie sieht die informelle Machtverteilung aus?
- Wie sehen die MitarbeiterInnen die Einrichtung?
- Welche Gewohnheiten und Bräuche haben sich etabliert?

Zu 2. Teamdynamik

Teamgeschichte:

- wer ist wie lange dabei?
- Wer sind die „GründerInnen"?
- Was sind bisherige Gewohnheiten?

Vision, Mission, Ziele:

- Gibt es eine Vision? Gibt es einen Auftrag?
- Gibt es gemeinsam vereinbarte und klar formulierte Ziele? Wie hoch ist die Identifikation?

Aufgaben, Rollen, Verantwortungsbereiche:

- Welche Aufgaben sind zu erfüllen und wie sind sie verteilt (formell – tatsächlich)?
- Werden Aufgaben und Kompetenzen übertragen (vollständig?)? Wer verteilt sie?
- Wer kontrolliert wann was?

Ressourcen und Fähigkeiten:

- Welche Stärken sind im Team? Gibt es eine gute Mischung?
- Welche Fähigkeiten und Ressourcen werden zur Aufgabenerfüllung benötigt?
- Sind diese im ausreichenden Maße vorhanden?

Informationsfluss:

- Welche Formen der Informationsweitergabe gibt es?
- Wer hat wen worüber zu informieren?
- Fühlen sich alle Teammitglieder zeitnah und ausreichend informiert?
- Worin besteht die Bringschuld, worin besteht die Holschuld?

Kooperationen:

- Wo/wann ist die Zusammenarbeit besonders gefordert/sinnvoll?
- Welche offiziellen Unterteams/Gremien gibt es? Wie arbeiten diese zusammen?
- Welche inoffiziellen Zirkel gibt es?
- Wie zufrieden sind die Teammitglieder mit dem Kooperationsklima?

Entscheidungen, Vereinbarungen:
- Wer kann was entscheiden?
- Wie passiert die Entscheidungsfindung?
- Wie wird auf die Einhaltung geachtet?

Fehler:
- Dürfen Fehler gemacht werden? Wer spricht sie an?
- Wer muss handeln bei Gefahr in Verzug?
- Gibt es eine gemeinsame Lösungssuche, um Fehler zu vermeiden?

Konfliktkultur:
- Was ist zu tun, um im Team „in" zu sein, wann ist man „out"?
- Was sind wiederkehrende offene Konflikt-Themen?
- Gibt es „verdeckte" Konflikte? Worüber darf man nicht sprechen?
- Wer ist dafür zuständig diese aufzudecken?
- Wie zufrieden sind die Teammitglieder mit der Konfliktkultur, mit der Konfliktlösungskompetenz des Teams?

Innovationslust, Kreativität, neue Ideen:
- Wo/wann ist Zeit für neue Ideen?
- Wer ist zuständig für „Kreativität"?
- Wie groß ist die Lust im Team, Neues auszuprobieren?
- Welche „Killerphrasen" für Innovatives sind teambekannt?

Feedback und Belohnung:
- Gibt es ein institutionalisiertes „Feedback-Geben"?
- Welche „Belohnungen" gibt es im Team?
- Wie erfahren die Teammitglieder, ob sie zur Zufriedenheit der anderen arbeiten (z. B. Hol-, Bringschuld)
- Wie zufrieden sind die Teammitglieder mit der „Feedback-Kultur"?

Team – Außensicht:
- Welche Außenbeziehungen (Kooperationen und Netzwerke) werden gepflegt?
- Wer ist dafür zuständig?
- Gibt es ein einheitliches Erscheinungsbild?
- Wie wird das Team von außen gesehen/bezeichnet?

Zu 3. Interaktionen

Pädagogische Einrichtungen bestehen überwiegend aus einzelnen (Kinder-)Gruppen, die im besten Fall mit mindestens 2 pädagogischen MitarbeiternInnen betreut werden. Diese Zweierkooperationen dürfen nicht außer Acht gelassen werden, denn da wo Menschen zusammenarbeiten, „menschelt" es. Unterschiede können zwar Synergien freisetzen, führen jedoch nicht selten auch zu Meinungsverschiedenheiten, Spannungen oder gar Konflikten.

Folgende Fragen können helfen, die Beziehung zu analysieren:

- Welche Funktionen haben die Personen inne?
- Welche Rollen übernehmen sie noch?
- Wie arbeiten die Personen wann zusammen?
- Welche Berührungspunkte Und Kontakte gibt es über die Zusammenarbeit hinaus?
- Welche Gemeinsamkeiten gibt es zu entdecken?
- Was unterscheidet sie am deutlichsten? Welchen Nutzen hat der Unterschied?
- Was kann am meisten am Gegenüber geschätzt werden?
- Was in der Zusammenarbeit bereitet Mühe?
- Wie ist eine künftige Zusammenarbeit vorstellbar? Was gibt es für einen Wunsch?
- Was ist der persönliche Beitrag hierzu?
- ...

Zu 4. Individuum

„Das Ganze ist mehr als die Summe seiner Teile“ (Aristoteles) und doch bedarf es jedes Teils, um ein Ganzes zu ergeben! Kompetenz, Arbeitsfähigkeit und Befindlichkeit der einzelnen MitarbeiterInnen sind daher für die Teamarbeit nicht zu unterschätzen. Persönliche Fragen können zum Innehalten und zur Selbstreflexion dienen:

- Welche Funktion nimmst du in der Einrichtung ein? Wo ist dein Platz im Organigramm?
- Wie hoch ist deine Arbeitszufriedenheit?
- Welche Stärken bringst du für deine Tätigkeit mit? Welche davon kannst du ausspielen? Wo gibt es noch Entwicklungsmöglichkeiten?
- Wo in deiner Arbeit fühlst du dich gebremst, beeinträchtigt?
- Wie bewertest du deine Arbeit? Welche deiner Werte kannst du darin realisieren?
- Wie balancierst du Arbeit – Familie/Freunde – individuelle Interessen?

Viele dieser Fragen sollten Bestandteil regelmäßiger MitarbeiterInnengespräche sein sowie die Reflexion der Arbeitsweise und Atmosphäre, das gegenseitige Feedback geben und die Abfrage der Zufriedenheit der MitarbeiterInnen fester Bestandteil der Teamarbeit sein sollte.

Dies können kleine, wenig zeitaufwendige Methoden sein:

Smiley-Symbole am Ende einer Teamsitzung

Wetterbericht (Wettersymbole auf Kärtchen)

Gefühlsbarometer, kurze Fragebögen mit Einschätzskala oder einer Feedbackrunde.

6 Teamentwicklung ist Führungsaufgabe!

Teams sind lebendige Systeme. Sie verändern sich, indem sie wachsen und reifen oder gar in ihrer Entwicklung zurückgeworfen werden. Strukturelle Veränderungen, wie Neueinstellungen oder Umstrukturierungen innerhalb der Organisation haben direkte Auswirkungen auf die Zusammenarbeit im Team. Es ist daher falsch zu glauben Teamarbeit würde sich, da mehrere Menschen der gleichen Arbeit nachgehen, von selbst einstellen. Teamarbeit bedarf der Entwicklung und Pflege und dies ist Führungsaufgabe.

Jedes Team ist einmalig und doch durchlaufen Gruppen üblicherweise bestimmte Entwicklungsphasen, die geleitet und begleitet werden müssen. Diese Aufgabe wird anhand des Entwicklungsmodells von Francis und Young (1996) dargestellt.

Forming – die Phase der Orientierung

Jede/r kennt das Gefühl, einen Raum zu betreten, indem sich fremde Menschen befinden. Ein unverbindlicher Austausch führt zu einem flüchtigen Kennenlernen. Ein erstes Abtasten der Erwartungen, Verhaltensweisen und Äußerungen werden beobachtet. Jede/r versucht seinen Platz zu finden.

Merkmale der Orientierungsphase	Entwicklungsaufgaben des Teams	Aufgaben der Leitung
• Orientierung an vorgegebenen Strukturen und Regeln • Starke Orientierung an der formalen Leitung • Geringe Leistungsfähigkeit • Geringe Entscheidungs- und Problemlösungsfähigkeit • Hohes Informationsbedürfnis	• Kennenlernen und klären gegenseitiger Erwartungen • Vereinbaren von Rahmenbedingungen und ersten Regeln	• Struktur und Regeln vorgeben • Sicherheit und Orientierung vermitteln • Beobachten, zuhören, Einzelgespräche • Begegnung und Gruppenerlebnisse ermöglichen • Selbst als Person sichtbar sein

Abb. 4: Merkmale der Orientierungsphase (Pesch 2007, S. 88)

„Leitung als Steuerfrau und Wegweiserin" (Fialka 2011, S. 152)

Aufgabe der Leitung ist es in dieser Phase, die Ziele und Struktur der Einrichtung verständlich und sinnhaft zu vermitteln. Funktionen und Aufgaben der einzelnen (Arbeitsplatzbeschreibungen) werden vorgestellt und die Erwartungen der Leitung an die MitarbeiterInnen geäußert. Team-Workshops oder andere soziale Aktivitäten fördern das Kennenlernen, das Interesse aneinander und den notwendigen Beziehungsaufbau (Fialka 2011).

Storming – die Phase der Konflikte

Die Zurückhaltung nimmt mit dem besseren Kennenlernen ab. Unterschiede und Gegensätze werden sichtbar. Sympathie lässt Nähe und Vertrauen zu Einzelnen entstehen, während zu anderen Distanz aufgebaut wird. Positionen und Einfluss werden gesucht. Wer führt, wer bestimmt? Konflikte brechen auf und bestimmen die Themen.

Hilfreich kann an dieser Stelle eine Teamanalyse sein, um gemeinsam an Lösungen zu arbeiten.

Merkmale der Konfliktphase	Entwicklungsaufgaben des Teams	Aufgaben der Leitung
• Geringe Entscheidungs- und Problemlösungsfähigkeit • Bündnisse und Koalitionen • Verdeckte Konflikte • Kampf um Führungsrolle	• Konflikt und Streitkultur einüben • Angemessene Teamstrukturen und -rollen verhandeln	• Rahmen für Auseinandersetzung schaffen • Unterschiedliche Sachpositionen benennen • Frustrationsgefühle zulassen • „Unterschwelliges“ auf den Tisch holen • Zuversicht vermitteln • Konfliktlösungsstrategien anwenden • Eigene Normen und Werte einbringen

Abb. 5: Merkmale der Konfliktphase (Pesch 2007, S. 88)

„Leitung als Teamcoach und Konfliktmanagerin“ (Fialka 2011, S. 152)

Leitung ist in dieser Phase als KonfliktmanagerIn gefragt. Diskussionen des Teams müssen unbedingt zugelassen werden, da diese Phase einen wichtigen Schritt der Teamentwicklung darstellt.

Positiv nutzen kann man diese Phase, in dem man Regeln für die Zusammenarbeit, die Kommunikation, für Feedback und zur Entscheidungsfindung erarbeitet und ausprobieren lässt (Fialka 2011).

Norming – die Phase der Organisation

„Was in der Storming-Phase funktioniert hat, dient der Orientierung und wird in der Norming-Phase zur Regel erkoren“ (Fialka 2011, S. 149). Der Umgang der Leitung mit Konflikten, Fehlern und Beschwerden trägt daher maßgeblich zur Kultur und Atmosphäre des Teams bei.

Konnten Konflikte produktiv gelöst werden, ist nun effektives Arbeiten möglich. Kompetenzen werden anerkannt und Rollen akzeptiert. Regeln können verbindlich formuliert und pädagogische Inhalte erarbeitet werden. Die Arbeit an der Konzeption, Prozessbeschreibungen oder Qualitätsstandards ist nun gut möglich und bietet Orientierung. Ein Wir-Gefühl entsteht. Die Abgrenzung nach Außen zeigt sich durch eine gemeinsame kritische Haltung (Fialka 2011).

Merkmale der Organisationsphase	**Entwicklungsaufgaben des Teams**	**Aufgaben der Leitung**
• Wachsende Leistungsfähigkeit • Identifikation mit dem Team • Verbindlichkeit und gemeinsame Ziele	• Das Team schafft sich eine unverwechselbare Gestalt	• Zielvereinbarungen fördern • Verbindlichkeit herstellen • Qualitätsmerkmale vereinbaren • Regeln und Routinen installieren • Feedback-Kultur pflegen

Abb. 6: Merkmale der Organisationsphase (Pesch 2007, S. 89)

„Leitung als Planerin und Koordinatorin“ (Fialka 2011, S. 153)
In dieser Phase hat die Leitung die Möglichkeit, ein „echtes Team“ zu bilden. Nun gilt es, die Kreativität der MitarbeiterInnen zu nutzen und sie an den Leitungsaufgaben zu beteiligen. Kleingruppen können dem Team zu arbeiten, die Moderation kann von der Leitung abgegeben, Wünsche und Erwartungen können offen ausgetauscht werden. Zielsetzung, Planung und Evaluierung werden mehr und mehr vom Team übernommen, Vereinbarungen konsensual getroffen. Nun ist es möglich, gemeinsame Spielregeln oder eine Teamsatzung verbindlich zu formulieren (Fialka 2011).

Performing – die Phase der Integration

Die Gruppe zeigt Merkmale eines „echten Teams“. Beziehungen sind von gegenseitigem Vertrauen geprägt, ein Wir-Gefühl ist vorhanden. Mit Anforderungen wird flexibel umgegangen. Es macht Freude, sich gegenseitig zu ergänzen. Anerkennung und Kritik wird ausgesprochen und positiv genutzt. Das Verantwortungsgefühl für die Weiterentwicklung der Gruppe ist hoch (Pesch 2007).

Veränderung im Team ist nun weniger erwünscht, da die Beziehungen und die Arbeit gefährdet werden könnten. Eine Balance zwischen Bewährtem und Erneuerungen ist gegeben. Trotz Unterschiedlichkeiten ist Zusammenarbeit möglich. Nachdem Abläufe und Vorgehensweisen geklärt wurden, wird nun an Zielen, Werten und Motiven gearbeitet (Fialka 2011).

Merkmale der Integrationsphase	**Entwicklungsaufgaben des Teams**	**Aufgaben der Leitung**
• Hohe Leistungsfähigkeit • Persönliches Engagement und hohe Lernbereitschaft • Ausgeprägte Individualität und Gruppenidentifikation sind kein Gegensatz	• Offenheit gegenüber der Außenwelt erhalten	• Führungspotenziale im Team nutzen • Anforderungen der Außenwelt als Herausforderungen an das Team herantragen • Teamkultur fördern • Bedingungen für kreatives Arbeiten schaffen • Differenzierung und Trennung zulassen

Abb. 7: Merkmale der Integrationsphase (Pesch 2007, S. 89)

„Leitung als Innovatorin und Qualitätsmanagerin" (Fialka 2011, S. 154)

Teamentwicklung ist, auch wenn die Performing-Phase erreicht wurde, nie abgeschlossen. Um einen kontinuierlichen Prozess zu gewährleisten, bedarf es der regelmäßigen Reflexion und Evaluation. Die notwendige Zeit und hilfreiche Instrumente müssen hierfür zur Verfügung stehen. Teamziele müssen überprüft, reflektiert und neue Ziele vereinbart werden. Einmal im Jahr sich sollte ein Team ausreichend Zeit für einander nehmen. Lob und wertschätzende Anerkennung sind wichtige Motivatoren (Fialka 2011).

7 Teamsitzungen erfolgreich gestalten

Teamsitzungen sind die „Schaltstelle" der Zusammenarbeit. Hier wird diskutiert, geplant, entschieden. Es braucht Raum für Sachthemen und für die Beziehungsebene, denn dies spiegelt die Zugehörigkeit zur Gruppe wider (Pesch 2007).

Welche Form der Zusammenkünfte hilfreich ist und wer daran beteiligt werden soll, ist abhängig von der Größe der Einrichtung und der Themen. Alltägliches und Organisatorisches sollte von inhaltlichen, strategischen Themen unterschieden und nach Alternativen für die Absprachen gesucht werden. Zu oft füllen Alltagsthemen die Teamsitzungen und rauben kostbare Zeit.

Erfolgsfaktoren für Teambesprechungen:

- *Teamsitzungen gut vorbereiten*
  Tagesordnung festlegen, Themen gewichten, wer soll bei der Sitzung beteiligt werden?
- *Beteiligung sichern*
  Dies gilt für den Zeitpunkt der Teamsitzung ebenso wie für die innere Beteiligung und drückt die gegenseitige Wertschätzung aus. Dinge nebenbei zu erle-

digen, zu spät kommen oder früher gehen zeigen möglicherweise nachlassendes Interesse und mangelnde Identifikation.
In großen Einrichtungen braucht es Klarheit über die Zugehörigkeit zum Team, evtl. zu mehreren Teams und Arbeitsgruppen (PädagogenInnen alleine, nur die MitarbeiterInnen aus Krippe, Kindergarten, Hort, nur die Leitungsebene oder das ganze Haus).

- *Teamsitzungen f*inden *regelmäßig statt*
  Am gewohnten Ort und zur gewohnten Zeit.
- *Verbindlichkeit*
  Teamarbeit ist Dienstzeit. Sie ist fester Bestandteil des Arbeitsauftrags und der Arbeitszeit.
- *Ausreichend Zeit einplanen*
- *Einladung mit vorläufiger Tagesordnung und Möglichkeit zur Ergänzung*
  Je nach Einrichtung und Arbeitsweise des Teams erhalten alle MitarbeiterInnen persönlich eine Einladung oder die Tagesordnung wird ausgehängt, bzw. an einem zentralen Ort aufgelegt. Die Ergänzung der Tagesordnung noch vor der Sitzung ermöglicht die Vorbereitung der/des Moderators. Falls wichtige Entscheidungen anstehen, sollte dies bereits angekündigt werden, um Vorschläge vorbereiten zu können.
- *Eine positive Arbeitsumgebung schaffen*
  Störungsfreier Raum in angemessener Größe und erwachsenengerechter Ausstattung, kommunikationsfördernde Sitzordnung; Hilfsmittel wie Flipchart, Pinnwand, Moderationskarten, entsprechende Stifte, u. a.m.
- *Störungen von außen vermeiden*
  Telefonanrufe, u. a. stören die Konzentration. Gemeinsam werden die wenigen Ausnahmen beschlossen.
- *Phasen der Besprechung beachten*
  Beginn:
  Zeit zum Ankommen, „Umschalten“;
  ggf. Anfangsritual: z. B. Mein Erfolgserlebnis dieser Woche
  Hauptarbeitsphase:
  Letztes Protokoll verabschieden und Aufträge überprüfen,
  Gemeinsame Festlegung der Tagesordnung,
  Themen ordnen nach Information, Diskussion und Entscheidung, Austausch,
  Themen priorisieren und Zeit vereinbaren, die man in etwa aufwenden will,
  Tagesordnungspunkte bearbeiten (mit dem Wichtigsten beginnen und die Energien nutzen), Entscheidungen treffen, ggf. Maßnahmenplan erstellen und Aufgaben verteilen.
  Nur Themen bearbeiten, die für alle Anwesenden von Relevanz sind!
  Erarbeitung echter Alternativen hilft aus gewohnten Mustern auszubrechen!
  Abschlussphase:
  Zusammenfassung der Ergebnisse und Benennung der offenen Punkte,
  Entscheidung darüber, wie mit den offenen Punkten umgegangen werden soll,

Möglichkeit für ein Blitzlicht oder einer Feedbackrunde

- *Einhalten von Zeiten und Absprachen*
- *Teamarbeit findet arbeitsteilig statt*
  Wer macht die Vorarbeiten?
  Wer moderiert oder übernimmt die Gesprächsleitung (je nach Thema und Situation entscheidet dies die Leitung)?
  Wer führt das Protokoll?
- *Informationen in Maßen*
  Das am häufigsten aufgezeigte Problem von Leitungskräften ist die Informationsflut, die bewältigt werden will und kaum noch Raum für ernsthafte Diskussionen lässt. Die Weitergabe von Informationen sollte sehr ernst genommen werden, da dies die persönliche Zufriedenheit der Teammitglieder besonders stark beeinflusst. Um Teamsitzungen nicht für reine Informationsveranstaltungen zu verwenden, braucht es ein einrichtungsbezogenes Informationsmanagement. Je nach Situation können Info-Wände, „Telefonbücher", Mitteilungshefte, Postfächer, Info-Wände, etc. hilfreiche Instrumente sein (Pesch 2007).
- *Von jeder Teamsitzung gibt es ein Protokoll*
  Ergebnisse und Entscheidungen werden protokolliert. Alles, was entschieden wurde, gilt als verbindlich! Grundsatzvereinbarungen ins Handbuch der Einrichtung oder ins Kiga-ABC übertragen, so werden Arbeitsgrundlagen direkt gefunden und kommen zur Anwendung (Datum nicht vergessen).
  Zum Protokollieren haben sich vorgefertigte Formulare bewährt, in die die wichtigsten Daten (Datum, Anwesende, Zeit, etc.) eingetragen werden. Der/die ProtokollantIn erfasst die Ergebnisse der besprochenen Punkte und notiert am Ende des Protokolls ggf. die Aufträge (was, wer, bis wann). Mit dem Namen der/des Protokollanten/in wird abgeschlossen.
  Hilfreich ist, wenn der/die ProtokollantIn nach dem Festhalten der Ergebnisse/Aufträge sich beim Team rückversichert, ob alles richtig verstanden und erfasst wurde.
- *Kommunikationsregeln*
  Ggf. gibt es gemeinsam aufgestellte „Spielregeln" für die Teamarbeit oder eine Satzung, diese gilt es einzuhalten und die Gruppe aufmerksam zu machen, falls Regeln nicht eingehalten werden.

8 Die Rolle der Leitung

Von der Phase der Gruppe und der zu bearbeitenden Themenstellung ist es abhängig, welche Rolle und Funktion Leitung wahrnimmt. In Phasen des Kennenlernens und in stürmischen Zeiten muss Leitung spürbar sein und Verantwortung für das weitere Geschehen übernehmen. Auch bei konzeptionellen Fragestellungen, Umstrukturierungen oder gar einer strategischen Neuausrichtung wird Leitung als Gesprächsleitung benötigt. Inwieweit eine reine neutrale Moderation ausreicht oder gar die Moderation abgegeben werden kann, bestimmt das Thema und die Haltung der Leitung: soll das Thema ergebnisoffen diskutiert werden? Möchte ich meine Vorstellungen umgesetzt wissen? Kann ich mit einer Teamentscheidung umgehen, die die Motivation zwar anhebt aber meine Vorstellungen nicht voll erfüllt? Lässt meine Verantwortungsposition überhaupt genug Spielraum, um mein Team diskutieren zu lassen?

Möglicherweise gilt es, wichtige Entscheidungen zu treffen, die aus der Leitungsposition heraus zu treffen sind. Die Frage, wer wann welche Entscheidung trifft ist besonders relevant. Partizipation setzt Transparenz und Nachvollziehbarkeit voraus. Ein Thema zur Diskussion freizugeben, welches von der Leitung längst entschieden wurde oder entschieden werden muss, führt zu Ärger und Unverständnis. Echte Teams erkennen Hierarchien und damit Verantwortungsbereiche an. Ist eine Vertrauensebene gegeben, erwarten Teams von der Leitung Fürsorge und Loyalität. Sie wissen, Entscheidungen sind notwendig und ihre Leitung wird diese bewusst im Sinne des Teams treffen oder aber wichtige Gründe haben, warum sie sich so und nicht anders entschieden hat.

Literaturverzeichnis

Fialka, Viva (2011). Handbuch Bildungs- und Sozialmanagement in Kita und Kindergarten. Freiburg i.B.: Herder.

Francis, Dave und Young, Don (1996). Mehr Erfolg im Team. Ein Trainingsprogramm mit 46 Übungen zur Verbesserung der Leistungsfähigkeit in Arbeitsgruppen. Hamburg: Windmühle.

Glatz, Hans und Graf-Götz, Friedrich (2007). Handbuch Organisation gestalten. Weinheim, Basel: Beltz.

Haller, Reinhold (2009). Mitarbeiterführung kompakt. Grundlagen – Praxistipps – Werkzeuge. St. Gallen, Zürich: Midas Management.

Hendrich, Fritz (1999). Die 4 Energien des Führens (2. ergänzte Aufl.). Wien: Signum.

Jakubeit, Gudrun (2000). Kann denn Leiten Sünde sein…? Ein roter Faden durch eine Fortbildungsreihe für Führungskräfte. Bremen.

Katzenbach, Jon R. und Smitz, Douglas K. (2003). Teams. Der Schlüssel zur Hochleistungsorganisation. Augsburg: moderne industrie.

Klug, Wolfgang (2001). Erfolgreiches Kita-Management: Unternehmens-Handbuch für LeiterInnen und Träger von Kindertagesstätten. München: Reinhardt.

Lotmar, Paula und Tondeur, Edmond (2004). Führen in sozialen Organisationen (7. durchgesehene Aufl.). Bern, Stuttgart, Wien: Haupt.

Möller, Jens-Christian und Schlenther-Möller (2007). Kita-Leitung. Leitfaden für Qualifizierung und Praxis. Berlin, Düsseldorf, Mannheim: Cornelsen Scriptor.

Pesch, Ludger (2007). Leitung und Personal. In: Ellermann, Walter (Hrsg.): Organisation und Sozialmanagement für Erzieherinnen und Erzieher. Berlin, Düsseldorf, Mannheim: Cornelsen Scriptor.

Van Dieck und West, Michael A. (2013). Teamwork, Teamdiagnose, Teamentwicklung (2., überarbeitete und erweiterte Aufl.). Göttingen: Hogrefe.

Wendler, Franz Xaver (2008). Teamentwicklung. Infos & Tools. Skript zum Masterlehrgang Coaching und Organisationsentwicklung. Arge Bildungsmanagement Wien.

3.4 Das MitarbeiterInnengespräch und dessen Wert und Wirkung in einer Kindergartenorganisation

Andrea Boroviczeny-Sprenger

1 Sind MitarbeiterInnengespräche wichtig?

Das MitarbeiterInnengespräch gilt als besonders wirksames Instrument zur internen Entwicklung von Kommunikation und Führungskultur. Es dient dazu, strategische Fragen zwischen der Führungskraft und den einzelnen MitarbeiterInnen individuell und effizient bearbeiten zu können. (Nagel, Oswald, Wimmer, 2008, S. 9)

MitarbeiterInnen aller Hierarchieebenen wünschen sich Informationen sowie konstruktives Feedback von ihren Führungskräften.

Dem steht gegenüber, dass MitarbeiterInnen selten direkte und prompte Rückmeldung erhalten und wenn doch, langfristig hauptsächlich dann, wenn Fehler gemacht wurden.

Wie kommt es, dass Organisationen eines der wichtigsten Instrumente zur Steuerung ihres Systems, die zielgerichtete, auf gegenseitiges Feedback aufbauende und auf eine bessere Zukunft gerichtete, Gesprächsform, das strukturierte MitarbeiterInnengespräch oftmals vernachlässigen?

„Geredet wird bei uns ohnehin sehr viel."

„Wir besprechen das Nötigste."

„Bei uns werden die wichtigsten Informationen mündlich wie schriftlich weitergegeben."

„Wir haben beinahe zu viele Besprechungen – Die Zeit ist so knapp."

„Besser die Kollegen und Kolleginnen arbeiten, als dass sie die ganze Zeit reden."

Dies sind Statements von Führungskräften, die es im Berateralltag oft zu hören gibt.

Gerade in wirtschaftlich angespannten Situationen kann strukturierte Kommunikation zum entscheidenden Erfolgsfaktor werden. (Werthmann, 2008, S.2)

Sie wirkt sich auf die Zufriedenheit der MitarbeiterInnen, deren Arbeitsleistung und damit auf die Erreichung der gesetzten Ziele, sowie auf die Bindung zum Unternehmen positiv aus.

Das Wissen über die Zufriedenheit des Mitarbeiters/der Mitarbeiterin, seine/ihre Anliegen und Sorgen, der gemeinsame Blick auf eine gute und gelungene Zukunft und die Klärung der geplanten einzelnen Schritte, um diese gute Zukunft zu erreichen, machen ein Unternehmen erfolgsfit. *„Ich weiß, was meine MitarbeiterInnen* *beschäftigt, ich kenne Sorgen und Ängste ebenso wie die Freuden und Erfolgserlebnisse meiner Kolleginnen und Kollegen.*" Welche Führungskraft sagt bei diesem Angebot nein, wenn es um die Entwicklung bzw. den Erhalt eines erfolgreichen Unternehmens geht? Eine zufriedene Mitarbeiterin/ein zufriedener Mitarbeiter bleibt der Organisation treu. Die Führungskraft kann dadurch auf großes internes Wissen bauen, kennt die Stärken und Schwächen ihrer MitarbeiterInnen und weiß, daran anzuknüpfen. Veränderungen können wirksam eingeleitet werden und KollegInnen werden begeistert. Gerade die, auf eine zufriedenstellende Kommunikation aufbauende, Stabilität der Betreuungspersonen in einer Bildungseinrichtung erhöht die Zufriedenheit der Kunden.

Kinder, die von PädagogInnen begleitet werden, die selbst Wertschätzung und Aufmerksamkeit durch einen Vorgesetzten erfahren, die gehört werden, denen in einem Gespräch ein großes Maß an Respekt und Aufmerksamkeit entgegengebracht wird, werden gehört. Kinder, die von PädagogInnen begleitet werden, mit denen Bilder eines gelungenes Arbeitsjahrs definiert wurden, die Interesse am Erwerb ihrer Kompetenzen erfahren durften und die beim Erreichen ihres erstrebten Ziels begleitet wurden, werden im Kindegarten eine Atmosphäre der Wertschätzung erleben. Die Pädagogin/ der Pädagoge weiß über den Wert, gehört zu werden und hat den Mut, Zeit zum Zu-Hören zu verwenden.

Kinder, die einen Kindergarten besuchen, in denen Kommunikation in allen Ebenen gelebt wird, werden in ihren kommunikativen Fähigkeiten gesehen, gestärkt und gefördert werden.

Eine Haltung in der Vertrauen sowie Mut zur Lösung als positive Grundhaltung spürbar sind, spricht für ein Management der Zuwendung!

So betrachtet ist zu erkennen, dass Kommunikation und hier im Besonderen das Gespräch zwischen MitarbeiterIn und Vorgesetzter/Vorgesetztem einen nennenswerten Nutzen hat und mehr als reine Informationsweitergabe bedeutet.

2 Das MitarbeiterInnengespräch als Instrument der Personalentwicklung

Nach *Holling und Liepmann (1995)* liegt die Aufgabe der Personalentwicklung in der systematischen Förderung der beruflichen Qualifikationen der MitarbeiterInnen. Dies betrifft nicht nur fachliche Kenntnisse, sondern auch die Motivation, soziale Kompetenzen und die Bewältigung kognitiver und emotionaler Belastungen. (Werthmann, 2008, S. 72)

Wenn jede Mitarbeiterin und jeder Mitarbeiter einer Einrichtung am für ihn best geeigneten Platz agieren kann, bedeutet das für das Unternehmen eine Arbeitskraft, die sich der Erreichung betrieblicher Ziele verantwortet und eigene Ziele damit verbinden kann.

Unterschiedliche Instrumente bzw. Verfahren können bei der Förderung der MitarbeiterInnen unterstützen. Zu solch einem Instrument zählt das strukturierte MitarbeiterInnengespräch.

An eine bestimmte Position einer Organisation ergeben sich konkrete Erwartungen und Kernaufgaben.Ein entsprechendes Aufgabenprofil wird durch die strategische Ausrichtung der Organisation bestimmt. MitarbeiterInnen einer Kindertageseinrichtung haben unterschiedliche Aufgabenfelder. Entsprechend dieser Felder werden unterschiedliche Kompetenzen vorausgesetzt und bei einem Eistellungsgespräch erfragt. Scheint eine Bewerberin dem Anforderungsprofil zu entsprechen, und sind die weiteren Gegebenheiten, die zu einer Beschäftigung führen geklärt, steht einer Anstellung nichts mehr im Wege.

Damit beginnt eine gegenseitige Verantwortung: Die neue Mitarbeiterin/der neue Mitarbeiter bringt sich mit diesen Fähigkeiten ein und verhilft dem Betrieb/der Organisation zu Erfolg – die Organisation unterstützt die neue Mitarbeiterin/den neuen Mitarbeiter, fehlende Kompetenzen zu erlangen, bestehende Kompetenzen weiter zu entwickeln und schafft so einen Rahmen, in dem die Mitarbeiterin/der Mitarbeiter die Möglichkeiten bekommt, diese Kompetenzen zielführend ein- und umzusetzen."Für beide Beteiligte bedeutet dies, sich laufend über immer neue Erwartungen und Aufgaben zu verständigen und enzsprechend veränderte Ziele zu vereinbaren." (Reinhard Nagl, Margit Oswald, Rudolf Wimmer, 2008, S.49)

Hier kommt das strukturierte MitarbeiterInnengespräch in unseren Blickpunkt.

Es ist unbestritten, dass erfolgreiche Unternehmen einen hohen Bedarf an qualifizierten MitarbeiterInnen haben.

Eine Bildungseinrichtung stellt in ihrem Umgang mit internen Weiterbildungsangeboten von lehrenden und ausbildenden Personen einen Spiegel für die relevante Außenwelt dar.

Unter diesem Gesichtspunkt betrachtet, gilt es als Voraussetzung für den Bildungsstandart einer Organisation, deren Aufgabe sich auf Förderung von Kompetenzen und Transfer von Wissen in einer bejahenden Haltung bezieht, sich mit dem Wert von Lebenslangem Lernen auseinanderzusetzen. Doch wo werden diese Fortbildungsmaßnahmen in einer Organisation geplant und Bedarf besprochen?

Im Rahmen eines MitarbeiterInnengesprächs kommt das persönliche Ziel des Mitarbeiters/der Mitarbeiterin im Unternehmen – in der Kindertagesstätte zur Sprache.

Diese Ziele werden mit den Möglichkeiten im Unternehmen abgeglichen und nötige Qualifizierungs- und Entwicklungsmaßnahmen werden vereinbart.

Dieses Gespräch erfüllt somit die planende als auch entwickelnde Komponente. (Werthmann 2008, S.72)

Das Gespräch bietet den geeigneten Raum, sich mit den MitarbeiterInnen unter anderem über strategische Weichenstellungen, anstehende strukturelle Veränderungen, notwendige Entwicklungsrichtungen und die Bereitschaft zur Mitgestaltung dieser Prozesse zu verständigen.

Genauso besteht die Möglichkeit, in diesem Gespräch die „weichen Faktoren“ der Zusammenarbeit zu betrachten, gegenüberzustellen und zu klären.

So entsteht die nötige Verknüpfung zwischen Anforderungen des Unternehmens und dem Eignungsprofil einer konkreten Person.

Der Organisation steht ein bestimmter Mitarbeiter/eine bestimmte Mitarbeiterin mit seinem/ihrem konkreten Eignungsprofil, den jeweils beobachteten Leistungen und dem möglichen Potential gegenüber. Es liegt auf der Hand, dass sich zwischen dem Anforderungsprofil einer bestimmten Position und dem Eignungsprofil der entsprechenden Person immer wieder Diskrepanzen ergeben können. Das MitarbeiterInnengespräch bietet hierfür die Möglichkeit, die Koppelung von Person und Organisation zu besprechen. (Reinhard Nagl, Margit Oswald, Rudolf Wimmer, 2008, S.50)

Aufgrund der identifizierten Qualifikationslücke können individuelle Lernfelder identifiziert werden. Fördermaßnahmen und Weiterbildungsmöglichkeiten tragen dazu bei, diese Lücken zu schließen, bzw. zu verringern.

3 Die Gesprächspartner

Kein Gesprächspartner/keine Gesprächspartnerin kann den Anspruch oder die Erwartung an sich oder sein Gegenüber haben, eine neutrale, rational sachbezogene argumentierende Instanz zu verkörpern.

Mit diesem Wissen gelingt es, sich als Mensch mit Erfahrungen, Schwierigkeiten, Unsicherheiten, Hoffnungen und Enttäuschungen, … in ein Gespräch einzubringen.

Zu beachten sind auch noch die unterschiedlichen Erwartungen und Zuschreibungen, die sich in Gesprächen Gehör verschaffen wollen. Erwartungen, die das Gegenüber hat, wollen erfüllt werden. Jeder Mensch steht im Laufe seines Lebens einer Vielzahl von Rollenerwartungen gegenüber, die allgemein beschreibenden Charakter haben. So werden Sie als Mann, Frau, Erwachsener, Tochter, Sohn, Verheirateter, Ledige, Single, … gesehen. Der Mensch wird aber auch mit Rollenerwartungen konfrontiert, die nur in begrenzten Bereichen Gültigkeit haben. So sind Sie in Ihrer Einrichtung Vorgesetze und/oder Mitarbeiter, sind sie in Ihrer Familie Vater, Mutter, Sohn oder Tochter, sie sind in bestimmten Kontexten Spezialistin für XY und Fachmann für YZ,…

All diese Rollen bestimmen bis zu einem gewissen Grad den Handlungsspielraum. Beliebiges Verhalten ist kaum möglich, Verwirrung wäre die Folge. Die Leiterin/der Leiter einer sozialen Einrichtung könnte große Verwirrung anrichten, würde er oder sie beim Einstellungsgespräch einer neuen Mitarbeiterin/einem neuen Mitarbeiter böse Witze über anvertraute Menschen erzählen oder für den Abend eine Einladung zu Sekt und Kaviar aussprechen. Solche Verhaltenserwartungen könnten zur akzeptierten und nicht hinterfragten Selbstverständlichkeit werden (Oswald Neuberger, 2008, S.26).

- **Selbst- und Fremdbild**

In jedem Gespräch kommt es zu einem Abgleich von unterschiedlichen Sichtweisen auf sich selbst. Das Selbstbild, das der Einzelne/die Einzelne in sich trägt, ist nicht unweigerlich ein neutrales Abbild. Es kommen nicht nur solche Anteile zur Äußerung, die er/sie auch objektiv für das Gegenüber darstellt.

Das Selbstbild ist eine subjektive Bewertung und kann keine reale Bestandsaufnahme sein. Es ist die Brille, durch die man sich selbst sieht.

Rückmeldungen von anderen formen und gestalten im Laufe des Lebens unser Selbstbild. Wenn eine Pädagogin/ein Pädagoge von oben herab behandelt und eingebrachte Beiträge wenig wertgeschätzt werden, wird das in der Regel eine Auswirkung auf das Selbstbild haben. Andererseits kann sich aber auch die entgegengebrachte, wertschätzende Aufmerksamkeit in der Selbsteinschätzung wiederspiegeln.

- **Das Johari-Fenster**

Im sog. Johari-Fenster (Abb.1), einem Vier-Felder-Schema von Joe Luft und Harry Ingham werden verschiedene Bereiche von Interaktionen unterschieden:

- Der Bereich des gemeinsamen Wissens: Hier kennt die Person sich selbst und ist somit für andere transparent.
- Der Bereich der Zurückhaltung: Manche Aspekte seines Selbst, die die Person recht gut kennt, macht sie anderen nicht ohne weiteres zugänglich.
  Durch Selbstmitteilung wird dieser Bereich aber sichtbar.
- Der Bereich des Unbewussten: Weder die Person selbst noch andere haben dazu einen unmittelbaren Zugang.

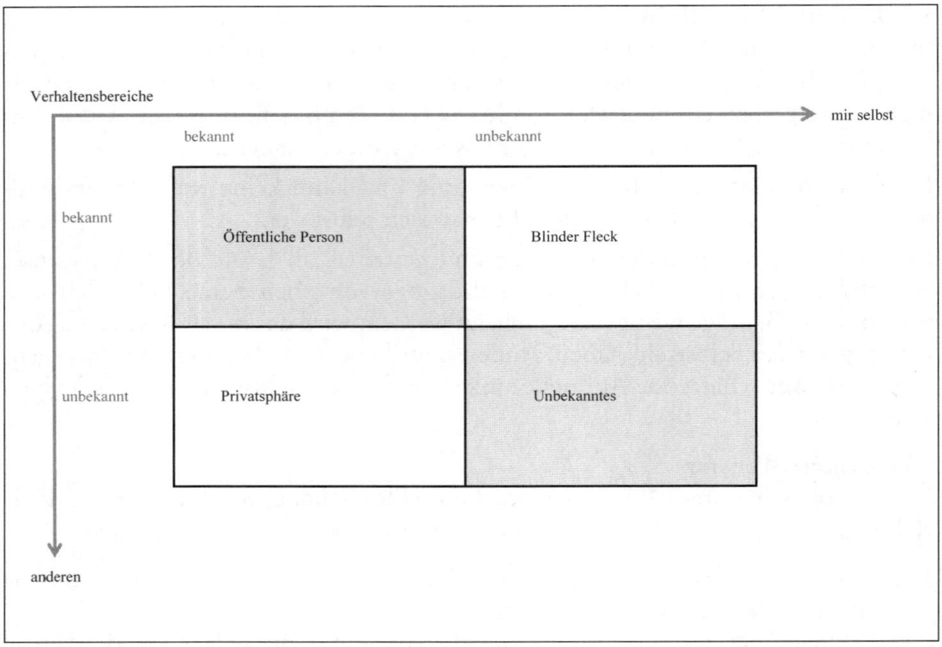

Abb. 1

Wer von sich selbst berichtet, kann sein Bild für andere schärfen. Wir kommen einander näher, indem wir etwas von uns zeigen. Bedenken Sie dabei auch, dass es Bereiche im Verhalten gibt, die einem Selbst unbekannt sind, das Gegenüber jedoch erkennen kann. Diesem blinden Fleck muss gerade im MitarbeiterInnengespräch Beachtung und Wertschätzung entgegengebracht werden.

- **Erste Hürden**

Das Unbehagen einzelner Kolleginnen und Kollegen zu verstehen, die erstmals mit dem Instrument des Mitarbeiterinnengesprächs konfrontiert werden, ist ein wichtiger erster Schritt für das gelungene Gespräch.

Wenn in der Vergangenheit schlechte Erfahrungen mit diesem Instrument, bzw. in Gesprächssituationen mit Vorgesetzten gemacht wurden, wenn Gespräche mit der unmittelbaren Vorgesetzten, dem unmittelbar Vorgesetzten bislang hauptsächlich in kritischen Situationen stattgefunden haben, kann schon bei Ankündigung solch eines Gesprächs Nervosität und Unbehagen die vorherrschenden Gefühlsregungen sein. Es ist keine große Überraschung, dass KollegInnen zuweilen kritisch bis unwillig auf eine Einladung zu einem Gespräch reagieren. Was braucht es also, um eine unbekannte, eventuell vorerst abgelehnte Situation annehmen zu können? Welche Aspekte gilt es zu bedenken?

Pädagoginnen und Pädagogen kennen aus der Praxis die Bedürfnisse von Familien und jungen Kinder in der Eingewöhnungsphase genau.

Unterstützende Möglichkeiten für Kinder und Eltern werden gefunden und zahlreiche Gespräche geführt

In Gesprächen mit Konfliktpotential unterstützen ähnliche Maßnahmen, um das Gegenüber in eine sichere Gesprächsatmosphäre zu begleiten.

Was Sie vorab bedenken können:

- Geben Sie rechtzeitig bekannt, wenn Ihre Organisation plant, ein neues Führungsinstrument, wie es auch ein strukturiertes MitarbeiterInnengespräch darstellt, einzuführen.
- Starten Sie möglicherweise mit einem begleiteten Workshoptag, an dem **alle** Beteiligte (MitarbeiterInnen aller Hierarchieebenen) in diese Methode eingeführt werden, Kommunikationstechniken erfahren und üben können, über Ängste und Erwartungen sprechen können, aber auch positive Erfahrungen mit diesem Instrument thematisiert werden können.
- Achten Sie darauf, dass der verwendete Gesprächsleitfaden logisch auf die berufliche Praxis aufbaut und die wichtigsten, für Ihre Organisation relevanten, Bereiche beinhaltet.
- Reichen Sie dazu ein Informationsblatt, wie die Mitarbeiterin, der Mitarbeiter sich auf das Gespräch vorbereiten kann…
- Verwenden Sie in diesen Unterlagen wenig bis keine Fachausdrücke die nur einer speziellen MitarbeiterInnengruppe bekannt sind.
- Es ist die Verantwortung der Führungskraft, das Gespräch sicher zu führen und den Mitarbeiterinnen und Mitarbeitern eine offene Haltung zu entgegenzubringen.
- Bereiten Sie einen Gesprächsort vor, der einladend und anregend ist.
- Führen Sie das Gespräch eventuell an einem betriebsfremden Ort, falls es sonst schwer ist, einmal ungestört (auch nicht telefonisch erreichbar) zu sein.

Das strukturierte MitarbeiterInnengespräch dient nicht dazu, endlich längst angestaute Kritikpunkte zur Sprache zu bringen! Sie sind in diesem Gespräch die GestalterIn der gewünschten Zukunft. Mit dem Blick auf Vergangenes und der Möglichkeit, sich im Kontext der Zusammenarbeit mit KollegInnen und Vorgesetzten zu reflektieren, können nötige Veränderungen besprochen und Ziele für die kommende Arbeitsperiode festgelegt werden.

4 Der Blick auf die Führung

Das MitarbeiterInnengespräch wird „top-down" eingeführt.

Das bedeutet, die Geschäftsführerin/der Geschäftsführer einer Organisation führt mit der Abteilungsleiterin/dem Abteilungsleiter das erste Gespräch. Diese/dieser führt das Gespräch mit den Abteilungsleiterinnen/Abteilungsleitern, diese wieder mit den MitarbeiterInnen…

Nach Werthmann 2008, ist es die Aufgabe der Führungskraft, MitarbeiterInnen zu motivieren, Feedback in Form von direkter Rückmeldung über Lob und konstruktiver Kritik zu geben. Das Erarbeiten von effektiven Zielvereinbarungen sowie die Förderung der MitarbeiterInnen in deren Kompetenzen ist Aspekt des strukturierten MitarbeiterInnengesprächs und gehört damit zu den direkten Aufgaben der Personalführung.

4.1 Was ist Führung

Ein kurzer Blick auf nur zwei Definitionen zeigt, dass es Führung nur im Kontext von MitarbeiterInnen gibt.

> „Menschen und Mittel sollen – bei rationaler Betrachtungsweise – in der Organisation durch eine die Aktivitäten und Ressourcen koordinierende Führung so eingesetzt werden, dass sie optimal zum Organisationsziel beitragen." (Lutz von Rosenstiel, Kommunikation und Führung in Arbeitsgruppen, S. 321)
>
> Erfolgreiche Führung nach transformationaler Sicht, macht sich zum Ziel, MitarbeiterInnen durch Aktivierung übergeordneter Ziele zu motivieren.
>
> (Diedrichs, Krüsi, Storch, 2012, S.33)
>
> Hier soll es gelingen, MitarbeiterInnen zu inspirieren und für Werte, Ziele und Aufgaben zu begeistern. Die Möglichkeit, die sich in dieser Führungstheorie ergeben ist, dass alle MitarbeiterInnen ihr gesamtes Entwicklungspotential ausschöpfen können.

Hier wurden exemplarisch nur zwei Beispiele möglicher Bedeutungen genannt. Bedenkt man jedoch die überaus große Anzahl von Führungsliteratur und die große Zahl unterschiedlicher" Definitionen des Führungsbegriffes, drängt sich der reflektierten Führungskraft die Frage auf, was denn nun wirklich zielführend, effektive und geglückte Führung sei.

Neuberger weist in Führen und Führen lassen 2002 darauf hin, dass aus Distanz betrachtet, es keine richtige Definition geben kann. Führung definiert sich bei ihm durch Beziehung. Es muss bei Führung immer auch zumindest eine weitere Person geben, die begeistert, beeinflusst, gesteuert etc. wird. So formuliert er, dass bei Führung immer auch die Gegenrichtung bedacht werden muss, nämlich die der Geführten. Diese konditionieren durch ihren aktiven Einsatz, ihre kreativen Problemlösungsansatz, aber auch durch Sabotage oder Renitenz das Handeln der Führungskraft. (Neuberger, 2002, S. 37)

4.2 Die Führung einer Kindertageseinrichtung

In Anlehnung an Neuberger 2002, lässt sich Führung sehr vereinfacht, in einem triadischen Schema darstellen, das sich wegen seiner bildhaften Einfachheit gut zur Darstellung der Verantwortung einer pädagogischen Führungskraft eignet (Abb. 2).

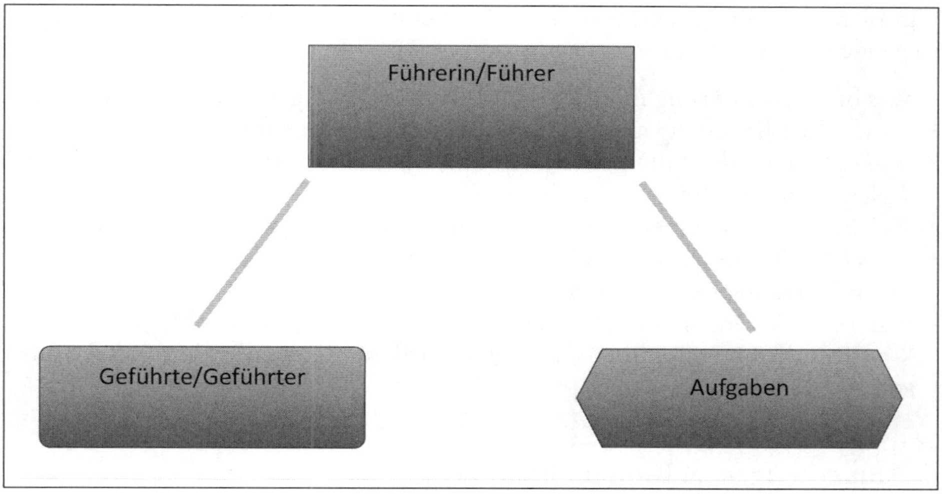

Abb. 2

In diesem Beziehungsgeflecht sind also die *Führungsperson*, die *Geführten* und schließlich das *Objekt*, das Thema der Leitungsfrage (worum geht es? – in diesem Fall: um die Organisation und Gestaltung eines Kindertagesheimes zum Wohle der Kinder und deren Familien), vereint.

Neuberger versteht darin die Einwirkung auf Geführte, damit diese etwas tun{…} (Neuberger, 2002, S.43)

Demzufolge haben Führungskräfte – mit Blick auf die Geführten – Aufgaben vorzugeben, Probleme zu definieren, Situationen zu strukturieren, Ressourcen zu vermitteln. (vgl. ebd.)

In einer pädagogischen Einrichtung kann das bedeuten.

Die Leiterin/der Leiter hat unter Bedachtnahme der Kompetenzen der Mitarbeiterinnen und Mitarbeiter unter anderem folgende Kernaufgaben zu bewältigen:

- Personalmanagement
- Entwicklung und Umsetzung eines Leitbildes
- Entwicklung und Umsetzung eines pädagogischen Konzeptes
- Kostenmanagement
- Qualitätsmanagement
- Konfliktmanagement
- Verwaltungsaufgaben
- Marketing

Grundlegend ist zu sagen, dass es gerade im Kindergartenwesen auf Grund unterschiedlicher Trägerschaften auch hinsichtlich der Kernaufgaben einer Leiterin/eines Leiters Unterschiede gibt, die definiert und nach bestimmten Kriterien geordnet, Beantwortung finden müssen.

Um hier nur einige wichtige Kriterien zu nennen, lohnt sich die Überlegung zu folgenden Fragen:

- Was bedeutet Führung in unserer Organisation? Was gehört dazu? Was nicht?
- An welchen Kriterien wird bei uns erfolgreiches Führen festgemacht?
- Wie definieren die Mitarbeiterinnen und Mitarbeiter eine gute Führungskraft? Welche Eigenschaften kennzeichnen sie?
- Welche Aufgaben hat eine Leiterin in unserer Organisation zu bewältigen?
- In welcher Weise werden einer Leitung hinsichtlich der Bewältigung ihrer Aufgaben Unterstützungsangebote gemacht?
- Was sieht die Organisation hinsichtlich ihres Umganges mit Fehlern vor?
- Was sieht die Organisation bei erfolgreicher Bewältigung der Führungsaufgaben vor?

5 Anmerkungen zu Kommunikation

Laut einer britischen Studie (Sausele, 2004, S. 49; zit. n. Fischer, 2001) verbringen Manager rund 80 % ihrer Arbeitszeit mit verbaler Kommunikation. Führungskräfte in pädagogischen Einrichtungen haben eine Vielzahl an Kommunikationsrichtungen zu bedenken.Dass es hier von immer größerer Wichtigkeit ist, wie Führungskraft und MitarbeiterIn kommunizieren, ist außer Frage.

Oswald Neuberger spricht von Kommunikation als „Flaschenhals“ in einer Organisation. Jedes Planen, jede Entscheidung, jedes Motivieren und Kontrollieren, jede Beratung, Diskussion und jedes Telefonat, Lob, jede Beschwerde, Anerkennung und Kritik setzen Kommunikation voraus.

Stillstand von Kommunikation führt zu Unsicherheit. Wer nicht weiß, welche Erwartungen in einen gesetzt werden bzw. in welchem Ausmaß diese Erwartungen bereits erfüllt werden, bekommt Angst. Wer wenig Information bekommt, hat die Möglichkeit, kreativ mit diesem Nichtwissen umzugehen. Gerüchte werden in die Welt gesetzt, Angstphantasien machen sich breit. Wer keine klare Anweisung hat, fühlt sich im Stich gelassen. MitarbeiterInnen brauchen Klarheit darüber, was von ihnen verlangt wird. Gemeinsame Werte geben Sicherheit und fördern Motivation.

So zeigen Ergebnisse der sogenannten „MICHIGAN-Schule“ die durch Befragungen in zahlreichen Organisationen gewonnen wurden, dass die Leistungsfähigkeit von Arbeitsgruppen dann höher scheint, wenn der Vorgesetzte nicht nur seine formell-leistungsbezogenen Kontakte mit dem Mitarbeiter/der Mitarbeiterin ausbaut, sondern auch Zeit für die Besprechung der persönlichen, zum Teil sogar arbeitsfremden Anliegen hat. (Oswald Neuberger, 2008, S.8) Dieser persönlich gefärbte Kommunikationsweg ist lt. Neuberger (2008) geradezu ein Definitionsmerkmal der kooperativen oder mitarbeiterorientierten Führung.

Im besten Falle wird in sozialen Einrichtungen die sich strak über persönliches Engagement und persönlichen Einsatz definieren, diesem Umstand besonders Rechnung getragen.

5.1 Ebenen der Kommunikation

Der Prozess der Kommunikation kann auf unterschiedlichen Ebenen betrachtet werden. Watzlawick unterscheidet einen Inhalts- und einen Beziehungsaspekt.

Der Inhalt besteht vor allem aus Informationen, Fakten und Vorschlägen. Die Beziehungsebene definiert in einer Art persönliche Stellungnahme, wie der Sender die Beziehung zwischen sich und dem Empfänger sieht. Es geht hier vor allem um Emotionen, Einstellungen und Wünsche. Wichtig ist dabei zu bedenken, dass Kommunikation immer auf beiden Ebenen gleichzeitig abläuft, ein Gespräch aber unterschiedlich beeinflusst.

Das Thema der Sachebene liegt sozusagen auf der Oberfläche des Eisbergs und ist wahrnehmbarer Teil der Kommunikation.

Der größere Teil, die emotionale Ebene, liegt unsichtbar und ist verborgen, beeinflusst jedoch dominant die Sachebene.

Aufbauend auf diesem Zweifaktorenmodell entwickelt *Schulz von Thun* sein psychologisches Modell der zwischenmenschlichen Kommunikation.

Es unterscheidet vier kommunikative Ebenen einer Nachricht.

Die erste Ebene ist die **Sachebene**. Sie stellt Tatsachen dar, über die der Sender informieren will. Die zweite Ebene ist der Aspekt der **Selbstoffenbarung**. Er umfasst freiwillige Selbstdarstellung und unfreiwillige Selbstenthüllung.

Der **Beziehungsaspekt**, die dritte Ebene werden die Ich- Botschaften der Selbstoffenbarung um Du-Botschaften ergänzt. Der Sender drückt aus, was er vom Empfänger hält, bzw. definiert die Beziehung zu ihm. Auch drückt es aus, wie der Sender die Botschaft gehört haben will.

Der **Appell** als vierte Seite der Nachricht, übt Einfluss aus; er ist sozusagen der Zweck der Nachricht.

Die Ebenen zwei bis vier stellen die Beziehungsebene des Zwei-Faktoren-Modells dar. (Werthmann, 2008, S. 24)

Abb. 3 Die Vier Seiten einer Nachricht nach Schulz von Thun, 1998

Schulz von Thun führt in seinem ersten Teil von „Miteinander Reden" aus, dass Botschaften in der Nachricht explizit oder implizit enthalten sein können. Explizit heißt, ausdrücklich formuliert. Implizit heißt, ohne dass es direkt gesagt wird.

Auf allen vier Seiten einer Nachricht sind explizite und implizite Botschaften möglich. So kann ich (explizit) jemanden sagen: „Ich bin aus Wien" – oder auch implizit mich durch meinen Dialekt als Wienerin verraten.

Zur Frage, welche Botschaft die Hauptbotschaft ist, meint Schulz von Thun, die eigentliche Hauptbotschaft werde oft implizit gesendet.

5.2 Gestaltungsmöglichkeiten im Gespräch

Die Schwierigkeit der zwischenmenschlichen Kommunikation liegt oft daran, dass das Gegenüber kaum wissen kann, welches Ohr beim Empfänger gerade auf Empfang geschalten ist.

Das Gelingen eines Gesprächs ist somit stark von der Interaktionsfähigkeit beider Gesprächspartner abhängig.Wenn man bedenkt, welch große Anzahl an unbewusst vorgenommenen Verschlüsselungs- und Entschlüsselungsprozessen in einem Gespräch gelingen müssen, ist es schon eine Herausforderung, überhaupt mit dem Sprechen zu beginnen.

So muss eine Botschaft vom Sender formuliert und Gedanken bzw. Gefühle in Wörter und Gesten gefasst werden, von denen der Sender ausgeht, dass der Empfänger diese versteht.

Nach dem Senden liegt es am Empfänger, seinerseits, die übermittelten Sendezeichen aufzunehmen. Er empfängt sie und diese Schallwellen werden als Sprache erkannt und das Wort übersetzt und verstanden, Gesten gedeutet. Nun entschlüsselt er die Botschaft. Er interpretiert diese zurück in Gedanken, Absichten und Gefühle.

5.3 Das Zuhören in seiner Bedeutung

Nach Neuberger hängt Gesprächsführung von drei Faktoren ab:

1. Zuhören
2. Zuhören
3. Zuhören

(Neuberger, 2008, S. 120)

Zuhören bedeutet aber nicht bloßes Schweigen. Es wurde festgestellt, dass man pro Minute 100 bis 200 Worte sprechen, jedoch das Doppelte davon aufnehmen kann. In der ungenutzten Zeit lassen wir Gedanken schweifen, Gegenargumente werden vorbereitet oder Erwiderungen formuliert.

Hier ist eine Falle, dass nur mit halbem Ohr zugehört wird und der eigentliche Sinn des Gesagten überhört werden kann.

Aufmerksamkeit ist ein zentraler Faktor für gelungene Kommunikation. Das Zuhören ist dabei von großer Bedeutung. Beim aktiven Zuhören können durch kurzes Wiederholen einzelner Gesprächspassagen mit eigenen Worten, durch Zusammenfassen längerer Schilderungen, durch vertiefendes Nachfragen oder der Bitte, etwas noch genauer zu beschreiben,... Gespräche in lösungsorientierte Richtung begleitet werden.

6 Wie das strukturierte MitarbeiterInnengespräch geführt wird

Im Hintergrund der Bedeutung dieser einzelnen Facetten in der Gesprächsführung zeigen sich deutlich die hohen Anforderungen an das strukturierte MitarbeiterInnengespräch.

Das MitarbeiterInnengespräch (in Folge als MAG abgekürzt), ist eine herausfordernde Sonderform der Kommunikation, die sich vom Alltagsgespräch zwischen MitarbeiterIn und Führungskraft unterscheidet.

6.1 Die Aufgabe der Führungskraft im strukturierten MitarbeiterInnengespräch

„Bedenkt man Peter Senges Blick auf Organisationen und den Wert einer lernenden Organisation sind Führungskräfte Designer, Stewards und Lehrer. Sie sind verantwortlich für den Aufbau von Organisationen, deren Mitglieder ihre Fähigkeiten kontinuierlich ausweiten, um komplexe Zusammenhänge zu begreifen, ihre Vision zu klären und ihre gemeinsamen Modelle zu verbessern – das heißt, die Führungskräfte sind für das Lernen verantwortlich.“ (Senge, 2008, S. 411)

Wenn Peter Senge davon spricht, dass Organisationen nur lernen, wenn die einzelnen Menschen etwas lernen, sind wir am Kernpunkt des exemplarischen Ziels von MitarbeiterInnengesprächen.

Wer den anderen Kennen-lernt, lernt, zu Verändern und Impulse zu setzen, die für die Gestaltung der MitarbeiterInnenzufriedenheit und Effizienz von unverzichtbarem Wert sind. Der gemeinsame Blick auf die vergangene Periode und auf den Grad der erreichten Zufriedenheit und die Möglichkeit, diese Zufriedenheit wechselwirkend beeinflussen zu können, ist ein Teil des strukturierten MitarbeiterInnengesprächs.

6.2 Besonderheiten im MAG

Der Unterschied zu regelmäßig stattfindenden Gesprächen lässt sich an folgenden Punkten festmachen:

1. Der Vorbereitung auf das Gespräch:
   Jede/r GesprächspartnerIn muss sich den vorbereiteten Gesprächsleitfaden außerhalb des täglichen Arbeitsgeschehens schriftlich vorbereiten. Auch wenn „eh klar“ ist, welche Inhalte besprochen werden sollen. Eine schriftliche Ausarbei-

tung setzt eine tiefgehende Reflexion voraus, die ein konzentriertes Gespräch zur Folge hat.

2. Dem Zeitausmaß:
Schon bei der Terminvereinbarung mit der/dem MitarbeiterIn muss bedacht werden, dass ein strukturiertes MitarbeiterInnengespräch in der Regel eineinhalb bis zwei Stunden reine Gesprächszeit benötigt. Falls es, institutionsabhängig, zu diesem Anlass üblich ist, zuvor einen lockeren Einstieg mit Kaffee oder einem kleinen Frühstück einzuplanen, kann das zu einer aufgelockerten Gesprächsbasis beitragen. Rechnen Sie dann noch eine halbe Stunde ungestörter Arbeitszeit hinzu.
3. Dem strukturierten Ablauf des Gesprächs:
Der Vorgesetzte schlägt einen Termin, der in zwei Wochen stattfinden soll, vor. So ist genug Zeit vorhanden, den Leitfaden durchzudenken und auszufüllen. Beim Gespräch hat jede/r seinen vorgefertigten Gesprächsleitfaden vor sich. Es ist klar, dass zum Ende des Gesprächs ein Gesprächsprotokoll für die beiden Gesprächspartner und eventuell ein Evaluationsbogen an das Personalbüro der Organisation angefertigt wird.
Eingeladen ist der/die MitarbeiterIn, in das Gespräch einzusteigen. Die/der Vorgesetzte übernimmt den Part der aktiven Zuhörerin/des aktiven Zuhörers. Falls es im Gespräch noch Punkte gibt, die noch überaus wichtig zu erwähnen sind, bisher von der Mitarbeiterin/dem Mitarbeiter noch nicht gefallen sind, hat hier die/der Vorgesetzte noch Raum, eine Ergänzung hinzuzufügen.
4. Im Umgang mit den Gesprächsergebnissen:
Das Gespräch wird mittels eines speziellen Bogens protokolliert. Jede/r GesprächsteilnehmerIn hat die Möglichkeit, dieses Protokoll zu unterschreiben.
Achtung: In der Praxis hat sich herausgestellt, dass Kollegen und Kolleginnen mit der Tragweite dieser Unterschrift Probleme hatten. Sie waren sich der Folgen dieser Unterschrift im Unklaren. Die Unsicherheit bezog sich auf befürchtete Folgen, wenn das im Protokoll formulierte Ziel für die kommende Arbeitsperiode nicht erreicht werden konnte.
Bitte sprechen Sie dies vor dem Gespräch mit der Kollegin/dem Kollegen ab.
Im Anschluss kann ein Bogen an die Personalabteilung ausgefüllt werden, welcher ausnahmslos die Notwendigkeit von Fortbildungsmaßnahmen zum Inhalt hat und keinesfalls andere Gesprächsinhalte.
Das (unterschriebene) Gesprächsprotokoll erhalten beide Partner. Steigt der/die Vorgesetzte aus der Organisation aus, bzw. wechselt der/die direkte Vorgesetzte, wird der Bogen vernichtet!

7 Die Methode

In dieser besonderen Gesprächssituation haben Aspekte des fragenden Ansatzes, Feedbackformen und Zielformulierungen ihren Platz.

Die ***fragende Haltung*** unterstützt beim Sammeln von Informationen. Sie ermöglicht es, sich von speziellen Sachverhalten ein genaues Bild zu machen und sich über vergangene Arbeitsleistungen, bzw. der Zusammenarbeit zwischen den Kolleginnen und Kollegen sowie zwischen MitarbeiterIn und Vorgesetzter einen Überblick zu verschaffen.

Voraussetzung dabei ist, das Gegenüber ernst zu nehmen, tatsächlich Interesse am Gegenüber zu haben und vorschnelle Urteile vermeiden.

Gerade Führungskräfte sind oft mit der Annahme belastet, dass sie immer alles sofort verstehen müssten. Diese Annahme kann unweigerlich Fehleinschätzungen von Situationen zur Folge haben.

Um sein Bild vom Gegenüber zu schärfen und nicht vorschnelle Antworten zu „servieren", bewährt es sich, immer mal wieder nachzufragen.

In erster Linie geht es im MAG um folgende Punkte:

- Was hat sich in der vergangenen Arbeitsperiode für den/die MitarbeterIn in seinem/ihrem direkten Arbeitsfeld ereignet?
- Wie beschreibt die Mitarbeiterin/der Mitarbeiter seine Erfolge?
- Was hat den Erfolg möglich gemacht?
- Was hat bei der Erreichung der Ziele geholfen?
- Was hat bei der Erreichung der Ziele behindert?
- Worin liegt ihr/sein Beitrag an einer guten Zusammenarbeit mit Kolleginnen und Kollegen?
- Behindert die Mitarbeiterin/der Mitarbeiter durch eigenes Verhalten diese Zusammenarbeit?
- Welche Punkte sind in der Zusammenarbeit mit der/dem direkten Vorgesetzten hinderlich?
- Wodurch wird die gute Zusammenarbeit gefördert?

Durch Nach – Fragen gelingt es, ein möglichst genaues Bild von der Landkarte der Mitarbeiterin/des Mitarbeiters zu zeichnen. Es hilft zu begreifen, wie sie/er die Welt sieht.Erst wenn durch Nachfragen Klarheit über die Unterschiede, bzw. Gemeinsamkeiten herrscht, kann der nächste Schritt in die Zukunft gegangen werden. Was braucht es, um in der kommenden Arbeitsperiode gut arbeiten zu können? Welche Ziele sind erstrebenswert? Welche Veränderungen soll es geben? Wie gelangt man dazu? Welche Unterstützung braucht es?

8 Tipps für gelungenes Fragen:

1. **Zuhören, statt reden!**
   Das Fragegespräch ist misslungen, wenn der Fragende ständig spricht. Die Antworten sollen den größten Teil des Gesprächs ausmachen.
2. **Verwenden Sie offene Fragen!**
   Diese werden als Einladung verstanden und führen bei echtem Interesse zu einem Mehrwert.

3. **Verständnis zeigen!**
   Auch nonverbal signalisieren, dass man versteht. Möglichst keine Zweifel äußern oder vielsagend lächeln. Der andere wird dadurch verunsichert.
4. **Die fragende Haltung beibehalten!**
   Nicht die Rollen wechseln. Bringt der Befragte den Fragenden selbst immer wieder in die Rolle des Befragten – bewusst wieder die Rollen wechseln.
5. **Den Gesprächsverlauf im Blick haben!**
   Achten Sie auf die Antworten und nützen Sie diese Informationen, um daraus neue Fragen zu formulieren. So bewegen Sie sich dem Gesprächsleitfaden zielsicher entlang.
6. **Vermeiden Sie Suggestivfragen und Entweder-Oder-Fragen!**
   Es soll mehr als eine Antwort geben können.
7. **Stellen Sie die Fragen unkompliziert und klar!**
   So hat der Gefragte die längere Redezeit.
8. **Halten Sie Stille aus!**
   Die Zeit zwischen Frage und Antwort kann lange erscheinen. Füllen Sie diese Zeit nicht mit neuerlichen Fragen oder geben Sie sich selbst nicht schon Antworten. Eine gute Antwort muss wohl durchdacht sein dürfen.
   (Nagel, Oswald, Wimmer, 2008, S. 27)

8 Das Feedback

Das ***Feedback*** hilft, sich ein Bild über seine Wirkung beim Gegenüber zu machen. Der Gewinn dabei ist, das Selbstbild mit dem Fremdbild abgleichen zu können. Dies ist eine sehr sensible Phase eines Gesprächs. Jeder Unterschied zwischen Eigenwahrnehmung und Fremdeinschätzung beunruhigt.

In zahlreichen Beratungsgesprächen einzelner MitarbeiterInnen, Teams und in der Beratung zur Organisationskultur ist das Feedback ein oft genanntes, oft vermiedenes und oft gefürchtetes Thema. Gerne wird darauf verzichtet, um den negativen Empfindungen bei nicht entsprechendem Abgleich von Fremd- und Selbstbild, auszuweichen. In MitarbeiterInnenbefragungen wird oft, wenn es um die Feedbackkultur in einer Organisation geht, ein Wunsch nach mehr und intensiverem Austausch formuliert. Der Umgang mit Fehlern und Leistungsbeurteilung finden oft aus Mangel an Wissen über das Wie, nicht oder nur kaum statt.

Im MAG kann ohne dieses gegenseitigen Abgleichs jedoch kein fruchtbares Gespräch erfolgen. Deshalb ist es eine wichtige und unerlässliche Methode, die in pädagogischen Einrichtungen unerlässlich sein sollte. Es verhilft dem Gegenüber, wertneutrale Sichtweisen zur Verfügung zu stellen, die anregen, dranzubleiben und Entwicklung ermöglichen.

Wenn immer alles nur „schön geredet" wird, riechen die MitarbeiterInnen die Lunte. Sie wissen über ihre Stärken und Schwächen und eine integere Vorgesetzte/ein integrer Vorgesetzter arbeitet mit den KollegInnen auch an den Lernfeldern.

Das Feedback ist eine Gesprächsform, anderen zu sagen, wie ich sie sehe, bzw. zu hören, wie andere mich sehen.

Es besteht demnach aus zwei Komponenten: dem **Feedback-Geben** und dem **Feedback – Nehmen**. Hier drängt sich die Frage auf, ob es einen Part in diesem Gespräch gibt, der leichter, einfacher ist. Ist es schwerer Feedback zu geben oder es zu bekommen? Wovon hängt es ab, ob ein Feedback angenommen werden kann? Welcher Aspekt erleichtert es dem Feedbackgeber, seine Sicht auf die Arbeitsweise der Mitarbeiterin/dem Mitarbeiter kundzutun?

Denn eines ist klar: Ein Feedback, welches im Rahmen eines strukturierten MitarbeiterInnengesprächs gegeben wird, bezieht sich ausschließlich auf den beruflichen Kontext!

Bedenkt man die bereits in einem oberen Absatz beschriebene Auswirkungen der Divergenz von Selbst- und Fremdbild ist es auch einleuchtend, dass gerade im Prozess des Feedbackgebens besondere Achtsamkeit geboten ist. Das Ziel des Feedbacks ist keine Besserwisserei, Nörgelei, Strafe. Es dient dem Abgleich der Sichtweisen und stellt eine wertvolle Unterstützung für das Gegenüber dar. Eine vertrauensvolle Beziehung zwischen den Gesprächspartnern ist Voraussetzung. Auch negatives Feedback kann nach einem Verarbeitungsprozess konstruktive Auswirkungen auf die Arbeitsleistung und Arbeitsbeziehungen haben.

Der Feedbackgeber/die Feedbackgeberin sollte sich bewusst sein, dass er/sie ein Verhalten als störend erlebt, das vom Gegenüber nicht als veränderungswürdig erscheint. Es kann nicht angenommen werden, dass sofortige Verhaltensänderungen die Folge von Feedback sein können.

Der Feedbacknehmer kann nach Prüfen der inneren Haltung („Was regt sich in mir, wenn ich das höre? Lehne ich ab, stimme ich zu?") um Tipps nach Änderungsvorschlägen fragen!

Fragen ist der Erfolgsfaktor eines gelungenen Feedbackprozesses.

8.1 Bewährte Regeln im Feedbackprozess

Feedback soll:

- **Konstruktiv** sein: Das heißt, nach dem Gespräch ist das Gegenüber mit einer Perspektive ausgestattet.
- **Beschreibend** sein: Verzichten Sie auf BE-Wertungen und Interpretationen. Keine Festschreibungen! Wenn Sie sagen: Du bist immer so…", dann werden Sie auf Ablehnung stoßen. „Er/Sie zeigt in diesem oder jenem Kontext dieses oder jenes Verhalten, welches in Zusammenhang mit der Arbeitsleistung, Arbeitssituation als förderlich/hinderlich, störend erlebt wird…!" Daran kann man arbeiten. Das lädt zu Nachfragen ein. Ich-Botschaften formulieren!
- **Konkret** sein: Durch Verallgemeinerungen und pauschale Aussagen wie: „alles passt!", weiß der/die Betreffende nicht, welche der Aufgaben nun gut oder herausragend waren und wiederholt werden sollen.

- **Nicht zu negativ** sein: Bedenken Sie, wie schwer es ist, Kritik einzustecken. Wenn konkrete Verbesserungsvorschläge eingebaut werden, merkt das Gegenüber, dass nicht nur kritisiert werden will, sondern der Wunsch nach der schon oftmals zitierten „besseren Zukunft“ auf beiden Seiten stark spürbar ist.

8.2 Beispiel einer Feedbackmöglichkeit:

Das Sandwich-Muster:

Die sog. Sandwich Theorie nach dem Trinergy-Modell von Roman Braun besagt, dass negative Kritik zwischen zwei Schichten positiver Statements besser aufgehoben ist.

1. **Lage: Sinnspezifisch positiv**
   Hier beschreiben Sie positive Eindrücke, die Ihnen in einer zu beschreibenden Situation deutlich aufgefallen sind. Markieren Sie diese deutlich als Interpretation.
   „…ich habe gesehen, dass du am Elternabend eine interessante Auswahl an Anschauungsmaterial bereitgelegt hast und du eine passende Übung gefunden und klar angeleitet hast…“
2. **Lage: Verbesserungsvorschläge**
   Hier schaffen Sie eine Verbindung zur vorangegangenen 1. Lage:
   „und wenn du …!“ „… und wenn du mehr von…!“
   Hier sind so sinnspezifisch wie möglich Kriterien zu nennen, die Verbesserung gebracht hätten.
   „.wenn du die Arbeitsanleitung schriftlich bereitgestellt hättest und du den Eltern zwischendurch deine Unterstützung angeboten hättest…“
3. **Lage: Allgemeine Würdigung**
   Hier eine allgemeine interpretative Stellungnahme als Ich-Botschaft formuliert.
   „…besonders schön für mich war es, dein Interesse am Thema und deine positive Haltung den Eltern gegenüber zu sehen…“

Eine Herausforderung für MitarbeiterInnen ist sicher der Umstand, dass Führungskräfte in einem MAG ebenfalls konstruktives Feedback erhalten sollen.

Wie konnte die Führungskraft der Mitarbeiterin/dem Mitarbeiter in der vergangenen Arbeitsperiode bei der Umsetzung der Ziele Unterstützung geben? Welche Maßnahmen haben der Kollegin/dem Kollegen geholfen? Welche unterstützenden Möglichkeiten haben gefehlt? Durch welche Maßnahme wurde die Mitarbeiterin/der Mitarbeiter gefordert? Mit welchen Maßnahmen behindert?

Diese oder weitere Fragestellungen nehmen im Feedbackgespräch einen wichtigen Platz ein. Jedoch ist es für die Mitarbeiterin/den Mitarbeiter in der Regel bedeutend schwerer, kritisches Feedback dem Vorgesetzten/der Vorgesetzten entgegenzubringen. Fordern Sie ihre Kollegin/ihren Kollegen auf, damit auch Sie in der Führungsebene Lernschritte gehen können und das MitarbeiterInnengespräch nicht zu einer Belobigung auf die Leitung ausartet.

Es ist jedoch oft eine Herausforderung, als Vorgesetzte Angriffsflächen zu bieten. Bei all der verständlichen Sorge, ist eines in einer lernenden Organisation gewiss: Lernen braucht gegenseitige Offenheit und Vertrauen! Nur dann wird der nächste Schritt gegangen werden können.

9 Zielformulierungen in einem MitarbeiterInnengespräch

Ziele werden in der Aushandlungsphase formuliert. Hier wird die nächste Arbeitsperiode geplant und Vereinbarungen über Weiterqualifizierungen und Fördermaßnahmen werden getroffen.

Sich in einem Arbeitsprozess Ziele zu setzen ist ein alltäglicher Vorgang, dem man in der Regel kaum Bedeutung beimisst. Wer sich vornimmt, täglich pünktlich um acht Uhr im Betrieb zu sein und tatsächlich Punkt acht Uhr anwesend ist, ist sich oft gar nicht bewusst, damit ein Ziel erreicht zu haben. Dieses Ziel ist ein sehr niederschwelliges, soll aber beispielhaft für Ziele sein, die nicht immer scheinbar „groß" sein müssen. Falls Sie als Führungskraft eine sozialpädagogische Beratungsstelle leiten wissen Sie jedoch, dass diese hier, als niederschwelliges Ziel beschriebene, Pünktlichkeit unter Umständen eine kaum bewältigbare Herausforderung darstellen kann.

Warum reichen diese impliziten Ziele nicht aus? Was bedeutet es, wenn im Zuge eines strukturierten MitarbeiterInnengesprächs von Zieldefinition die Rede ist?

Nagl, Oswald und Wimmer schreiben 2008, dass Motivation in einem Unternehmen dadurch beeinflusst wird, wie stark die MitarbeiterInnen in die Definition und das Erreichen der Ziele eingebunden werden. Erst durch diesen Bezug erhalten die Betroffenen die Möglichkeit, für sich einen Sinn in den zu bewältigenden Aufgaben zu entdecken.

Wenn MitarbeiterInnen in der Folge Entscheidungskompetenzen übertragen bekommen, ist mit einer größeren Identifikation zu rechnen. MitarbeiterInnen, die bewusst einen Teil der Aufgaben übernommen haben, sich das Gelingen dieser Aufgabe zum beruflichen Ziel gesetzt haben, werden sich stark für den Erfolg einsetzen.

Es gibt der Arbeitssituation einen neuen Sinn, wenn Verantwortung übernommen wird, Ziele formuliert sind und nun Handlungen der Mitarbeiterin/der Mitarbeiter gefragt sind. Ziele sind im Arbeitskontext sinnstiftend!

Eine Falle ist, nach Gunther Schmidt, Hypnotherapeut und Systemtheoretiker, wenn aus Sorge, das Ziel ja nicht aus den Augen zu verlieren, eventuell notwendige Teilziele nicht erkannt oder Zielverschiebungen nicht wahrgenommen werden. Das führt dazu, dass am Weg keine Korrekturen vorgenommen werden und das „falsche" Ziel angestrebt wird.

Es kann wichtig sein, innezuhalten, das Ziel unterwegs auf seine Tauglichkeit zu überprüfen und Anpassungen vorzunehmen. Es kann sogar für das große gemeinsame Ziel einer Einrichtung wichtig sein, sich von einem Ziel ganz zu verabschieden. Denn wenn ein neuer Weg für die Organisation von großer Bedeutung ist, wird man von einigen Strategien, die sich bislang bewährt haben, Abschied nehmen müssen.

Für das MAG bedeutet dies, dass im Zuge des Gesprächs Ziele erkannt und formuliert werden, die für die Mitarbeiterin/den Mitarbeiter in der kommenden Arbeitsperiode von großer Wichtigkeit sind.

Diese Ziele werden auf ihre Relevanz für die Organisation geprüft und im Anschluss im Protokoll verschriftlicht.

Hier wird auch festgehalten, bis wann das Ziel zu erreichen, und ob für die Erreichung Unterstützung angedacht ist. Im Einzelfall können auch zwischenzeitliche Absprachen angedacht werden, um eventuelle Kurskorrekturen rechtzeitig vornehmen zu können.

Mögliche Ziele können das pädagogische Handeln, die Bildungspartnerschaft, das Arbeitsverhalten, die Zusammenarbeit oder die eigenen Weiterbildung zum Inhalt haben.

Die Macht der Ziele, die in der Managementtheorie Peter Druckers als zielorientierte Führungsmethode den Namen: Management by Objekitves erhalten hat, liegt in der Qualität der Leistungsorientierung für die beteiligten PartnerInnen. Ein Ziel konstruiert den Wert eines zukünftigen Zustandes. Abweichungen werden beim nächsten Gespräch besprochen und dahingehend überprüft, was zur Erreichung des Ziels notwendig gewesen wäre, ob es Unterstützung von außen hätte geben sollen, und ob, bzw. in welcher Weise die/der Vorgesetzte Unterstützung hätte geben können.

Eine Methode, um Ziele klar zu formulieren liegt in der SMART-Theorie.

Ein angestrebtes Ziel kann durch die Entsprechung folgender Kriterien definiert sein:

Ziele müssen…

Spezifisch Messbar Attraktiv Realistisch Terminiert sein.

SMART ist ein Akronym für „**S**pecific **M**easurable **A**chievable **R**ealistic **T**imely“ und dient im Projektmanagement als Kriterium von Zielen im Rahmen einer Zielvereinbarung.

10 Zusammenfassung

Wenn das MAG in einer Organisation gut eingeführt wurde, die MitarbeiterInnen und Vorgesetzten in die zu verwendenden Bögen ausreichend eingeschult wurden, das MAG sorgsam geplant und vorbereitet wird und die Beteiligten auf eine wertschätzend-lösungsorientierte Gesprächskultur aufbauen können, hat die Organisation einen großen Schritt in der Entwicklung von Organisationskultur gemacht. Interaktion hat einen Mehrwert bekommen – nämlich den gelungenen Arbeitsablauf und die Möglichkeit, Korrekturen im Handeln zu erwirken, strategisch in die Tätigkeit der pädagogischen Leitung eines Teams einzubeziehen.

Einige Schritte hier noch einmal zusammengefasst:

1. **Schritt:** die Entscheidung einer Organisation, das MAG als Instrument der Organisationsentwicklung einzuführen
2. **Schritt:** die Einführung in die Organisation durch Trainings und Schulungen
3. **Schritt:** die Einladung zum Gespräch erfolgt durch den Vorgesetzten (Top-Down), möglichst in einer Zeitspanne von zwei Wochen vor dem geplanten Gespräch
4. **Schritt:** die Vorbereitung auf das Gespräch erfolgt schriftlich
   Sowohl Vorgesetzte/r als auch MitarbeiterIn bereiten den Bogen schriftlich vor und nehmen ihn zu Gespräch als Leitfaden mit
5. **Schritt:** die vorbereitete Umgebung
   Bedenken Sie den Wert eines angenehmen Rahmens, bereiten Sie Tee, Kaffee, Wasser vor. Stellen Sie sicher, dass Sie durch keine Telefonate oder Gespräche gestört werden
6. **Schritt:** die Einstimmung ist ein Hauptfaktor
   Lassen Sie der Gesprächspartnerin/dem Gesprächspartner Zeit zum Ankommen. Bedenken Sie die Nervosität der Kollegin/des Kollegen
7. **Schritt:** das Gespräch wird ca. eineinhalb bis zwei Stunden benötigen Bedenken Sie, dass die Mitarbeiterin/der Mitarbeiter im Gespräch mehr Redezeit haben soll. Die Haltung der Vorgesetzten/des Vorgesetzten ist eine Fragende! Bleiben Sie am Leitfaden dran – jedoch nicht akribisch
8. **Schritt:** das Protokoll des Gesprächs wird in den meisten Fällen von der Vorgesetzten/dem Vorgesetzten geführt
   Sie schreiben in Absprache mit der Kollegin/dem Kollegen die wesentlichen Punkte ins Protokoll. Dieses kann von beiden Seiten unterschrieben werden. Beide GesprächspartnerInnen bekommen einen Durchschlag. Beim nächsten MAG bildet dieses Protokoll die Grundlage für das neue Gespräch. Das Protokoll wird bei Führungswechsel, bzw. bei Ausscheiden der Mitarbeiterin/des Mitarbeiters vernichtet. Ein Folgegespräch kann vereinbart werden.
9. **Schritt:** das Ergebnisprotokoll dient zur Vorlage bei der Personalentwicklungsstelle der Organisation um eventuelle Fortbildungsangebote in das interne Angebot einzubeziehen
10. **Schritt**: die Gesprächsreflexion soll vor dem Auseinandergehen erfolgen
    Wie hat der/die MitarbeiterIn das Gespräch empfunden? Wie kann er/sie jetzt in das Alltagsgeschehen zurück? Braucht es sonst noch etwas, was für das kommende MAG von Bedeutung sein könnte?

Literaturverzeichnis

Diedrichs, Annette; Krüsi, Dominique; Storch, Maja (2012). Durchstarten mit dem Team; Aufbau einer ressourcenorientierten Zusammenarbeit mit Verstand. Verlag Hans Huber.

Nagel, Reinhard; Oswald. Margit; Wimmer Rudolf (2008). Das Mitarbeitergespräch als Führungsinstrument. das Handbuch der OSB für Praktiker. Schäffer-Poeschel Verlag Stuttgart.

Neuberger, Oswald (2008). Das Mitarbeitergespräch. Rosenberger Fachverlag.

Neuberger, Oswald (2002). Führen und führen lassen. Lucius und Lucius.

Neuberger, Oswald (1994). Personalentwicklung. Ferdinand Enke Verlag.

Siebenbrock, Heinz (2008). Grundlagen der Organisationsgestaltung und -entwicklung. Niederle Media.

Schulz von Thun, Friedmann (1981). Miteinander Reden 1 – Störungen und Klärungen. Rowohlt Taschenbuchverlag.

Senge, Peter (2008). Die fünfte Disziplin. Schäffer-Poeschel Verlag Stuttgart.

Werthmann, Ingo (2008). Strukturierte Mitarbeitergespräche – Handbuch für Personaler. VDM Verlag.

3.5 Gemischtgeschlechtliche Teams im Kindergarten – eine Herausforderung für das Personalmanagement

Bernhard Koch

Das Personal des Kindergartens ist seit seiner Entstehung vor rund 170 Jahren fast ausschließlich weiblich. Die Ausweitung des Betreuungsangebotes in den letzten Jahren auf Kinder unter drei Jahren, auf Ganztages- und Ganzjahreskindergärten bringt mit sich, dass Kinder zunehmend in einer „fremden Welt" aufwachsen, in einer Welt, die durch einen fast völligen Ausschluss von Männern gekennzeichnet ist. Diese Entwicklung setzt sich fort in der Volksschule und in weiterführenden Schulen, von einer „Feminisierung der Erziehung" ist die Rede. Auch im familiären Umfeld sind Väter bzw. Männer aufgrund ihrer stärkeren Involvierung in die Erwerbsarbeit wenig verfügbar, der Anteil von Vätern in Karenz oder Teilzeit steigt nur allmählich.

Diese Entwicklung wird von der Bildungswissenschaft und in der Kindergartenpädagogik weitgehend kritisch gesehen. In den „Gärten der Frauen" (Rohrmann 2006) würde das „männliche Element" fehlen. Die Lebenswelten von Kindern seien in großem Ausmaß von Frauen bestimmt, was sich auf die Spiele und die Raumgestaltung genauso auswirke wie auf Kommunikationsstile und Konfliktverhalten. Eine „Hausfrauenkultur" (Friis 2006) würde ein einschränkendes Setting beinhalten, das explorative, raumgreifende Tätigkeiten und ganzheitliche Sinneserfahrungen unmöglich mache. Typisch männliche Interessen würden oft zu kurz kommen oder auch abgewertet werden (vgl. Aigner/Rohrmann 2011). Auch eine theoretische Ableitung aus der Männerforschung kann unser Verständnis von Kindergarten erweitern (Koch 2012a). Aus dieser Perspektive kann der Kindergarten als Einrichtung verstanden werden, die durch einen fast vollständigen Ausschluss von „Männlichkeit" („Risiko", „Wettbewerb", Sport" etc.) gedeutet werden kann. Nicht unverständlich, wenn von vielen Männer, die sich für eine Arbeit mit Kindern interessieren, der Kindergarten als Arbeitsplatz nicht in Erwägung gezogen wird. Auch für Frauen, deren Geschlechterhabitus mit der im Kindergarten dominierenden Frauenkultur nicht zusammenpasst, wirkt er nicht attraktiv (vgl. Rose/Stibane 2013).

In vielen Ländern gibt es nun Bemühungen, den Männeranteil in Kinderbetreuungseinrichtungen zu erhöhen, bisher allerdings nur mit mäßigem Erfolg. Hinderliche Faktoren sind neben der Tradition einer „geistigen Mütterlichkeit" und dem Gehalt und auch eine Geschlechterpolitik, die zum Programm „Frauen in die Technik" noch kaum in der Lage war, ein ähnliches Programm wie etwa „Männer in die Erziehung" auf den Weg zu bringen. Untersuchungen zufolge gäbe es einen relativ hohen Anteil von jungen Männern, die grundsätzlich an einer pädagogischen Arbeit mit Kindern interessiert ist.

Als „Nadelöhr" für eine höhere Männerbeteiligung können die Ausbildungseinrichtungen, also die Bildungsanstalten für Kindergartenpädagogik, genannt werden. Gegenwärtig beträgt der Männeranteil in Österreichs Kindergärten etwa 1 %. Wie internationale Daten zeigen, ist dort der Männeranteil in Kinderbetreuungseinrichtungen besonders hoch, wo

- Rollenklischees verstärkt aufgebrochen sind, wie etwa in größeren Städten (bis zu 10 %);
- „alternative Ansätze" in höherem Ausmaß verwirklicht sind (Outdoor-Kindergärten 30 %; offene bzw. elternverwaltete Kindergärten 10 %);
- eine generelle „Offenheit" des Teams vorhanden ist, Geschlechterparität als Einrichtungsprofil etabliert wurde und eine Erziehungskultur abseits des Maternalismus vorherrscht (50 % in einzelnen Einrichtungen);
- geschlechterpolitische Maßnahmen von Regierungen, Kommunen oder Trägern gesetzt werden (10–20 % bei einzelnen Trägern).

Als eine der wichtigsten Herausforderungen für die Elementarpädagogik kann die Überwindung einer Ideologie gesehen werden, die Parallelen zieht zwischen „mothering work" und „childcare work" (Cameron 2006). Es bräuchte allerdings gemeinsame Anstrengungen verschiedenster Organisationen und Organisationsebenen, um den Männeranteil spürbar, d.h. bspw. auf 5-10 %, zu steigern. Es müsste eine ganze Maschinerie aufgebaut werden mit Finanzierung, örtlichen Strukturen, Netzwerken, Projektentwicklung, Monitoring, etc. , ähnlich wie sie es für Frauenförderung nötig war und in vielen Bereichen noch ist (vgl. Koch 2012b, 2013a, 2013b).

Eine bedeutende Rolle kommt auch den Kindergartenleitungen und Trägerverantwortlichen zu: Kindergartenleitungen, die *wirklich* Männer im Team haben wollen, haben häufig auch gemischte Teams. So gibt es Kindergärten, in denen bereits jahrzehntelang gemischte Teams arbeiten oder in denen für eine begrenzte Zeit ein männlicher Mitarbeiter oder Praktikant tätig war, doch in den allermeisten Kindergärten arbeiten seit jeher rein weibliche Teams. Obwohl die meisten männlichen Fachkräfte berichten, wohlwollend im Team aufgenommen worden zu sein, gibt es einige Hinweise darauf, dass es auch Schwierigkeiten gab, einen Arbeitsplatz zu finden – trotz Personalmangel.

1 Gender Diversity

Unter dem Stichwort „Diversity Management" wird in der Personalwirtschaft der Umgang mit Heterogenität verstanden. Das Ziel von Diversity Management im Kindergarten ist es, eine produktive und förderliche Atmosphäre in der Einrichtung zu erreichen, wobei die Gesamtheit der MitarbeiterInnen in ihren Gemeinsamkeiten und Unterschieden im Mittelpunkt steht. Als die wichtigsten äußerlich wahrnehmbaren Unterschiede können „Geschlecht“, „Ethnie“ oder „Alter“ genannt werden, zu den subjektiven Unterschieden zählen z. B. „sexuelle Orientierung“, „Religion“ oder auch „Lebensstil“. Es ist unschwer zu erkennen, dass das Personal in Kindergärten derzeit eher homogen als heterogen ist. Der Prototyp ist „weiblich“, „im Inland geboren mit deutscher Muttersprache“, hat ein mittleres Alter und ist katholisch. Die meisten Mitarbeiterinnen stammen aus einem Elternhaus, in dem kein Elternteil über eine Matura verfügt (Blumberger/Watzinger 2000, S. 30), viele kommen aus ländlichen Gebieten, in den Herkunftsfamilien wird die traditionelle Familienrolle kaum hinterfragt (Nalis 1999), die weiblichen Fachkräfte selbst verfügen über ein traditionelleres Familienbild als ihre männlichen Kollegen (Koch 2012a). In monokulturellen Organisationen wird „Vielfalt als Bedrohung“ gesehen und „Anders sein“ als Defizit. Die Werte der ‚dominanten Gruppe‘ gelten als Norm für alle (vgl. Krell/Wächter 2006). Es könnte durchaus sein, dass Merkmale einer monokulturellen Organisation auf einen hohen Prozentsatz der Kinderbetreuungseinrichtungen zutreffen.

Wenn man nun nicht den „Frauenbereich“ „Kindergarten“, sondern den Männerbereich „Wirtschaftsunternehmen“ betrachtet, zeigt sich, dass betriebliche Gleichstellungspolitik, die auf eine Förderung von Frauen hinzielt, an Grenzen gestoßen ist. So gäbe es deutliche Hinweise auf die teilweise geringe Akzeptanz gleichstellungspolitischer Aktivitäten durch Führungskräfte und MitarbeiterInnen. Diskriminierung passiere nicht nur, möglicherweise nicht einmal in erster Linie durch sichtbare und bewusste Handlungen, sondern durch unbewusstes nicht-reflektiertes Handeln. Die Erfassung und Bekämpfung der subtilen Formen von Diskriminierung aufgrund des Geschlechtes seien konzeptionell kaum zu integrieren (Auer/Welte 2009, S. 193 f). Mit der bewussten Förderung geschlechtlicher Ausgewogenheit wird für Unternehmen auch ein ökonomischer Nutzen in Verbindung gebracht (vgl. Europäische Kommission 2005). Dass gemischte Teams erfolgreicher sind ist allerdings auch umstritten. So kommt beispielsweise eine umfassende Erhebung über Gender Diversity zum Schluss, dass die Forschung derzeit keine Schlüsse auf eine generelle ökonomische Vorteilhaftigkeit von Gender Diversity zulasse (Boerner et al. 2012).

Obwohl Kinderbetreuungseinrichtungen sich in Funktion und Aufgabe von wettbewerbsorientierten Unternehmungen deutlich unterscheiden, ist auch hier eine Analyse unter dem „Nutzenkalkül“ möglich und es können folgende Fragen gestellt werden:

- Wie ist der „output“ des „Systems Kinderbetreuung“
- Inwiefern wird das einzelne Kind als „starkes Kind“ (kognitiv, emotional, körperlich, sozial etc.) „entlassen“?
- Wird die Gesamtatmosphäre des Kindergartens[Fn94] durch Gender Diversity positiv beeinflusst?

---

94. Der „Garten“ als Sinnbild für „wachsen lassen“, „hegen und pflegen“ erhält durch die Hereinnahme von Männern eine umfassendere Bedeutung

- Profitieren Eltern (als die „Kunden“) und die betreuten Kinder (Mädchen wie Buben) von gemischten Teams?

Zu diesen Fragen liegen nur einige wenige Studien vor, die insgesamt auf einen positiven Einfluss eines gemischten Personals auf die Kinder und die Involvierung beider Elternteile in die pädagogische Arbeit schließen lassen (Brandes et al. 2013, Aigner et.al. 2013). Abhängig vom Geschlecht werden unterschiedliche Tätigkeiten mit den Kindern realisiert und unterschiedliche Inhaltsbereiche bedient. Durch die Vielfalt von Erfahrungen und unterschiedlichen Blickwinkel, Arbeitsweisen und Kompetenzen von Frauen und Männern wird die Arbeit mit Kindern bereichert, weibliche und männliche Fachkräfte können gegenseitig voneinander lernen. Insbesondere das Interesse der Kindergartenkinder und ihr Bedürfnis nach männlichen Mitarbeitern sind augenscheinlich und werden in zahlreichen Berichten über gemischte Teams immer wieder betont[Fn95].

2 Gemischtes Team – ja oder nein?

Kindergartenleitungen werden in Zukunft immer öfters mit der Frage konfrontiert werden, ob sie in gemischten Teams arbeiten wollen bzw. ob sie den Kindergarten als einen Arbeitsplatz für Frauen und Männer betrachten und entsprechend gestalten wollen. Es steht außer Zweifel, dass genderkompetente weibliche und männliche Fachkräfte einen wesentlichen Beitrag zu einer geschlechterdemokratischen Gesellschaft leisten können (vgl. Kunert-Zier 2013). Genderkompetenz bedeutet dabei, soziale Festlegungen zu erkennen und die Fähigkeit zu besitzen, so damit umzugehen, dass beiden Geschlechtern vielfältige Entwicklungsmöglichkeiten eröffnet werden. Für die Etablierung von gemischten Teams im Kindergarten können zusammengefasst eine Reihe von Argumenten angeführt werden:

- Gewinn für Kinder durch Vielfalt
- Erleichterung des Kontaktes zum Kindergarten für Väter
- Potential für eine „neue“ Kultur im Kindergarten
- Potential für einen Imagegewinn – viele Eltern wünschen sich, dass ihr Sohn oder ihre Tochter in einem gemischten Team betreut wird
- Mit gemischten Teams wird die Überzeugung zum Ausdruck gebracht, dass Betreuung und Erziehung von Kindern in der Verantwortung beider Geschlechter liegt

Gegen die Beschäftigung von Männern können auch eine Reihe von Gründen und Bedenken angeführt werden (vgl. Schweizerischer Krippenverband o.J.).

- Männer im Team bringen ein Gleichgewicht, das sich im Großen und Ganzen bewährt hat, durcheinander. Geschlechtstypische Unterschiede können aufeinander prallen und Dinge, die vorher klar waren, müssen nun von Männern und Frauen neu ausgehandelt werden

95. Als „Magnete auf zwei Beinen“ werden männliche Kinderbetreuer mitunter beschrieben

- Die eigene Berufsidentität wird in Frage gestellt, da Kinderbetreuung eine Tätigkeit ist, in der sich Frauen gegenüber Männern seit jeher auszeichnen
- Männer könnten die eigene Positionen streitig machen bzw. Führungspositionen in Anspruch nehmen
- Männer sind dem Missbrauchsverdacht ausgesetzt und könnten den Kindergarten oder den Träger in Misskredit bringen

3 Der „Generalverdacht" gegenüber männlichen Mitarbeitern von Kinderbetreuungseinrichtungen

Die Befürchtung von Leiterinnen, dass Eltern männlichen Mitarbeitern wegen des Missbrauchsverdachts generell misstrauisch gegenüberstehen, ist nicht außer Acht zu lassen. Zwar weisen Studien (z. B. Cremers et al. 2010, S. 63) darauf hin, dass etwa 90 % der Eltern grundsätzlich ein großes Vertrauen in männliche Erzieher haben, doch es sind in Österreich Einzelfälle dokumentiert, wo Leiterinnen mit (unberechtigten) Missbrauchsvorwürfen konfrontiert wurden. Die Befürchtung, dass das Image des Trägers oder des Kindergartens beschädigt wird, ist verständlich. In einzelnen Kindergärten dürfen männliche Mitarbeiter deshalb nicht wickeln – eine diskriminierende Behandlung von Mitarbeitern. Ein negatives Männerbild (vgl. Els 2013) und nicht tatsächliche Fälle von Missbrauch im Kindergarten (Bieneck et al. 2011, Faller 1988, Finkelhor 1986) prägen diese Vorurteile, mit denen Leiterinnen von gemischten Teams konfrontiert sein können. Jensen (1996) meint unter Bezug auf Großbritannien, wo die Debatte um sexuellen Missbrauch in Kindergärten ausführlich diskutiert wird, dass es sehr unangenehm für Männer sein muss, in einer Atmosphäre konstanter Verdächtigungen zu arbeiten. Während körpernahe Spiele von Männern mit Kindern im Sinne von „wild", „raufen" etc. durchaus erwünscht sind, sind sanfte und zärtliche Umgangsformen mit dem Verdacht des sexuellen Missbrauchs behaftet. Moss (2000, S. 15) weist darauf hin, dass die Themen „Kinderschutz" und „Beschäftigung von Männern" miteinander verknüpft seien, dass diese aber getrennt voneinander behandelt werden sollten. Die Kindergartenleitung sollte in diesem Zusammenhang folgendes beachten (vgl. Els 2013):

- Verhinderung jeglicher Diskriminierung aufgrund des Geschlechts. Ein sicherer Kindergarten erarbeitet Sicherheitsrichtlinien, die für alle MitarbeiterInnen gelten (Verhaltensregeln, Einholen von Referenzen früherer Arbeitgeber etc.)
- Vorurteile und Vorverurteilungen seitens einzelner Eltern zurückweisen und eine klar befürwortende Haltung einnehmen.
- Verdächtigungen sauber und fair abklären und keine vorschnellen Verurteilungen zulassen

4 Gemischtes Team – Herausforderungen

Arbeitet ein Mann in einer Kinderbetreuungseinrichtung, so bewegt er sich während des ganzen Arbeitstages vielfach in geschlechtsatypischen Situationen. Die

Führungskraft in einem Kindergarten ist deshalb herausgefordert ihre eigenen und auch die Bilder ihrer MitarbeiterInnen zu „Weiblichkeit“ und „Männlichkeit“ zu hinterfragen. Welche Bilder erweckt ein männlicher Kindergartenpädagoge oder Assistent? Welche Aufgaben werden ihm mehr, welche Aufgaben werden ihm weniger zugetraut als einer weiblichen Mitarbeiterin? Wie wird auf unterschiedliche Kommunikationsformen von Männern und Frauen reagiert?

Mit der Integration eines neuen, männlichen Mitarbeiters verändern sich auch die Beziehungen der Frauen untereinander. Grundsätzlich sind zwei Verhaltensmuster möglich, die in der Praxis gleichzeitig auftreten können. So kann es sein, dass der Mann in den Mittelpunkt gerückt wird, etwa weil der „arme Mann“ beschützende Muttergefühle weckt oder als Angehöriger des anderen Geschlechts anziehend wirkt, eine Konkurrenzatmosphäre kann entstehen. Oder es kann sein, dass der Mann tendenziell ausgeschlossen wird (offene oder subtile Diskriminierung), weil man sich unsicher ist, oder sich (insgeheim) wünscht, weiterhin in einem reinen Frauenteam zu arbeiten (vgl. Schweizerischer Krippenverband o.J., Friis 2006). Möglicherweise sind viele Mitarbeiterinnen eines Kindergartens zufrieden damit, in einem Arbeitsbereich tätig zu sein, der von Frauen dominiert wird. Dass sich viele weibliche Fachkräfte grundsätzlich auch für mehr Männer aussprechen, widerspricht dem nicht. Es ist zu erwarten, dass in der Regel maximal ein oder zwei Männer in einem weiblich dominierten Kindergartenteam arbeiten werden. Ob diese Männer als „Randfiguren“ oder „Exoten“ tätig sind und über kurz oder lang den Kindergarten als Arbeitsplatz wieder verlassen oder als Teil der Gesamtkultur integriert werden, hängt mit dem Innovationspotential des Kindergartens, dem Personal und der Kindergartenleitung zusammen.

5 Zusammenarbeit und Kommunikation in gemischten Teams

Zur Zusammenarbeit von Frauen und Männern sowie zum Kommunikationsverhalten in gemischten Teams liegen Ergebnisse einer breit angelegten Untersuchung in Österreich vor (Aigner/Rohrmann 2011 bzw. Koch 2012). Demnach ist die große Mehrheit der weiblichen und männlichen Fachkräfte mit der Zusammenarbeit sehr zufrieden. Fast alle Männer und Frauen gaben an, sich im Großen und Ganzen akzeptiert zu fühlen, etwa 90 % ist der Ansicht, dass die unterschiedlichen Sichtweisen von Frauen und Männern sich ergänzen. Weder für Männer (95 %) noch für Frauen (92 %) traf zu, dass es schon öfters vorgekommen sei, dass sie sich als Mann bzw. als Frau im Team diskriminiert fühlten.

Doch wie in jedem Team kann es auch zu Konflikten kommen. Frauen und Männer haben eine andere Art miteinander zu sprechen. Männliche Fachkräfte stoßen sich manchmal an endlosen Diskussionen in frauendominierten Teams, weibliche Fachkräfte sind manchmal enttäuscht von einer Selbstbezogenheit der männlichen Kollegen. Die Befragungsergebnisse zeigen, dass etwa drei Viertel der Männer und Frauen meinen, dass in gemischten Teams Dinge schneller auf den Punkt gebracht werden. Damit werden Studien zur unterschiedlichen Kommunikationskultur von Frauen und Männern, die auf den direkteren Stil der Männer hinweisen (eher explizite als implizite Äußerungen), bestätigt (vgl. Tannen 1995, S. 17 ff)). Dies wirkt sich möglicherweise auch auf das Kommunikationsverhalten zwischen Kindern und Betreuungspersonen aus und damit auf das Spektrum an kommunikativen Verhaltensweisen, das Kinder in Kinderbetreuungseinrichtungen erleben und erlernen können.

Einige Interviewaussagen (vgl. Koch 2012, S. 323) von Frauen und Männern in gemischten Teams sollen Erfahrungen hinsichtlich der Kommunikation beispielhaft veranschaulichen:

Wenn viele Frauen beisammen seien, so eine Pädagogin, „ist es schwieriger, da wird viel mehr „hintenrum" geredet, es wird viel über andere geredet". Der männliche Kollege würde Teamsitzungen auf das Nötige reduzieren, er hätte Teamsitzungen verlassen, wenn das Wichtigste erledigt gewesen wäre. Sie hätte das Gefühl gehabt, dass Sitzungen für ihn „sehr langwierig" gewesen wären. „Die Teamsitzungen waren einfach oft so Kaffeeklatsch, ein bisschen viel Rederei". Bei Sitzungen hätte der Kollege oft gesagt, jetzt kommen wir aber auf den Punkt', oder ‚können wir mit dem weitermachen?'".

Bei Konflikten wird die direktere Art des männlichen Kollegen, bei der weniger auf der Beziehungsebene ausgetragen werde, geschätzt: „Meinungsverschiedenheiten gibt's da und dort, es ist nur so, ich tu mir leichter Meinungsverschiedenheiten mit meinem jetzigen Kollegen zu klären als früher". Kritik würden Männer mehr sachlich und weniger persönlich nehmen, meint eine andere Pädagogin. Und eine weitere meint, ihr Kollege sei sehr klar in der Kommunikation gewesen, etwa wenn er klarstelle „nein ist nein".

Die Kommunikation in Teams kann verbessert werden, wenn man sich der verschiedenen Kommunikationsstile und der Ebenen (Sachaussage, Beziehungsebene, Selbstaussage, Appell) bewusst ist. Während Probleme und Stresssituationen für manche Frauen eher ein Anlass zur Kommunikation sind, sind diese für manche Männer in erster Linie dazu da, möglichst schnell gelöst zu werden. In gemischten Teams sollten Männer daher versuchen, aktiv zuzuhören und mehr Empathie zu zeigen, während Frauen gut daran täten, sich mehr auf das Fachliche zu konzentrieren und die lösungsorientierte Art männlicher Kollegen nicht als persönliche Ablehnung zu interpretieren (vgl. Malcomess 2009). Relativierend ist zu bemerken, dass es oft nicht die „typischen Männer" sind, die im Kindergarten arbeiten. Viele reflektieren ihre Geschlechterrolle und sind sich des weiblich konnotierten Gesprächsstils in Kinderbetreuungseinrichtungen bewusst.

6 Männer als Mitarbeiter gewinnen

Für viele Männer gilt der Kindergarten als „Ort, an dem sich Frauen um Kinder kümmern". Kindergartenleitungen und Trägerverantwortliche können dafür sorgen, dass ihr Haus bzw. die Einrichtungen „offen" sind auch für männliche

Praktikanten, Schnupperer, Hilfskräfte, Väter, Opas, Kindergartenpädagogen und dies durch entsprechende Aktivitäten, Einrichtungsgestaltung und männlich konnotierte Symbole auch kommunizieren. In Stellenausschreibungen kann explizit darauf hingewiesen werden, dass „aus teamparitätischen Gründen" insbesondere Männer zur Bewerbung eingeladen werden. Ausschreibungen müssen so formuliert sein, dass sie auch Männer ansprechen. Doch nur, wenn gleichzeitig mehrere Männer in einer Einrichtung arbeiten verändern sich auch die Strukturen (Rabe-Kleberg)[(Fn96)] . Die wenigen Männer haben sich der traditionellen Gender-Kultur im Kindergarten weitgehend angepasst, sie haben aber bisher den Kindergarten als Institution nicht weiterentwickeln können.

- **Voneinander lernen**

Es kann sein, dass manche Frauen von manchen Männern lernen können: Zum Beispiel „nicht so perfekt sein", „die Ziele im Auge behalten", „sich weniger mit den Fehlern, sondern mit den Erfolgen beschäftigen", „Fähigkeiten selbstbewusst zeigen und diese nach außen kommunizieren" oder „berufliche Kontakte aufbauen". Umgekehrt können auch Männer von Frauen lernen: „mehr und konsequenter die Kolleginnen informieren", „für Transparenz sorgen", „Konflikte nicht zu verdrängen", „Rücksicht auf die Gefühle der MitarbeiterInnen nehmen" oder „Kooperation in den Vordergrund" rücken.

- **Kommunikation im Team und mit den Eltern**

Die Kindergartenleitung muss einerseits mit Eltern und Team über die „Neuerung" gemischtes Team kommunizieren, andererseits vermeiden, dass der männliche Mitarbeiter „auf einen Sockel" gehoben wird. Es kann sein, dass einzelne Eltern sich besorgt zeigen (aus welchen Gründen auch immer). Hier kann die Leitung von den positiven Erfahrungen von gemischten Teams in anderen Kindergärten berichten oder von Ländern, wie Norwegen, wo es „normal" ist, wenn Männer im Kindergarten arbeiten. Erfahrungsgemäß gibt es einige Hundert Kindergärten auch in Österreich, bei denen es vom Personal und den Eltern als „normal" empfunden wird, weil schon seit längerem Männer zum Team gehören.

- **Widerstände ernstnehmen**

Widerstände von Mitarbeiterinnen gegenüber einem neuen männlichen Mitarbeiter können sich offen zeigen („lästern", „auslachen", „ständig kontrollieren") oder aber sehr verdeckt sein. Um die Anliegen von Mitarbeiterinnen, die große Skepsis empfinden, aufnehmen zu können, braucht es eine offene und kommunikative Atmosphäre. Die Leitungsverantwortliche muss Standfestigkeit beweisen und von der Arbeit in einem gemischten Team überzeugt sein.

- **Offenheit gegenüber neuen Ideen, Aktivitäten und pädagogischen Einstellungen**

Neue Mitarbeiterinnen, egal ob Mann oder Frau, haben häufig einen unverstellten Blick auf den Gang der Dinge, stellen Manches in Frage und bringen neue Ideen

96. In einer Broschüre der Evangelischen Kirche in Hessen und Nassau (2011) „Kerle, Kids, Kitas"

ein. Männer bringen dabei auch weitere Interessen, Fähigkeiten und Einstellungen mit ein. Denn trotz vieler Gemeinsamkeiten in der pädagogischen Arbeit, scheint es auch Unterschiede zwischen Männern und Frauen zu geben, wie etwa bei der Frage, was man den Kindern zutrauen könne, der Risikoeinschätzung bei körperbetontem Spiel, bei der Neigung im Freien zu sein, beim Umgang mit handwerklichen oder technischen Geräten etc. (Aigner/Rohrmann 2011). Die Leitung muss offen für neue Impulse sein und kann dies für die pädagogische Arbeit des Gesamtteams und die Leitungstätigkeit nutzen. Ein innovativer Kindergarten ist offen sowohl für Männer als auch für Frauen, die nicht dem gängigen Geschlechterhabitus entsprechen.

- **Qualitätssicherung und Weiterbildung**

Das gemischtgeschlechtliche Team kann als Qualitätsmerkmal von Kinderbetreuungseinrichtungen gesehen werden. In der Konzeption der Einrichtung kann verankert werden, dass das geschlechtergemischte Team eine Vorbildfunktion für Eltern einnehmen soll, dass bei allen Aktivitäten der Einrichtung Mütter und Väter gleichwertig angesprochen werden oder dass Väter aufgrund ihrer Unterrepräsentanz verstärkt angesprochen werden sollen.

Leitungskräfte müssten im Rahmen der Aus- und Weiterbildung auch auf das Führen von gemischten Teams vorbereitet werden.

Literaturverzeichnis

Aigner Christian, Huber Johannes, Traxl Bernd, Laura Burkhardt (2013). Männer im Elementarbereich – wie sie wirken, was sie tun. In: Kita aktuell. Fachzeitschrift für Leitungen, Fachkräfte und Träger der Kindertagesbetreuung, 5/20013, S. 134–136.

Aigner Josef/Rohrmann Tim (2011) (Hrsg.). Elementar. Männer in der pädagogischen Arbeit mit Kindern. Barbara Budrich Verlag.

Auer Manfred, Welte Heike (2009). Betriebliche Gleichstellungspolitik. top oder flop. In : Appelt Erna (Hrsg.) (2009). Gleichstellungspolitik in Österreich – eine kritische Bilanz. Studienverlag, Innsbruck, S. 181–198.

Bieneck Steffen, Stadler Lena, Pfeiffer Christian (2011). Erster Forschungsbericht zur Repräsentativbefragung Sexueller Missbrauch 2011. Kriminologisches Forschungsinstitut Niedersachsen.

Blumberger W./Watzinger M. (2000). Berufs- und Beschäftigungsverläufe von AbsolventInnen der Bildungsanstalten für Kindergartenpädagogik, Linz. Im Auftrag des BM für Bildung, Wissenschaft und Kultur und des BM für soziale Sicherheit und Generationen.

Boerner Sabine/Keding Hannah/Hüttermann Hendrik (2012). Gender Diversity und Organisationserfolg – Eine kritische Bestandsaufnahme. In: Zeitschrift für betriebswirtschaftliche Forschung, zfbf 64, 2012, S. 37–70.

Brandes Holger, Andrä Markus, Röseler Wenke, Schneider-Andrich Petra (2013). Macht das Geschlecht einen Unterschied? Ergebnisse der „Tandem-Studie“ zu professionellem Erziehungsverhalten von Männern und Frauen in Kindertageseinrichtungen. In: Diözesan-Caritasverband für das Erzbistum Köln e.V. (Hrsg.). MAIK – Männer & Frauen in der Kita – gemeinsam für Kinder. Dokumentation der Fachtagung vom 2. Juli 2013. Köln. S. 7–13.

Cameron, Claire (2006). Men in the Nursery Revisited: issues of male workers and professionalism. Contemporary Issues in Early Childhood, 7(1), pp. 68-79.

Cremers, Michael/Krabel, Jens/Calmbach, Marc (2010). Männliche Fachkräfte in Kindertagesstätten. Eine Studie zur Situation von Männern in Kindertagesstätten und in der Ausbildung zum Erzieher. Ein Forschungsprojekt der katholischen Hochschule für Sozialwesen Berlin.

Els Michael (2013). Der Generalverdacht gegenüber männlichen Erziehern. In: Diözesan-Caritasverband für das Erzbistum Köln e.V. (Hrsg.). MAIK – Männer & Frauen in der Kita – gemeinsam für Kinder. Dokumentation der Fachtagung vom 2. Juli 2013. Köln. S. 24–26.

Europäische Kommission (2005). Geschäftsnutzen von Vielfalt. Bewährte Verfahren am Arbeitsplatz. Hrsg. Generaldirektion Beschäftigung, soziale Angelegenheiten und Chancengleichheit.

Faller, K. (1988). The Spectrum of Sexuell Abuse in Daycare: an Exploratoy Study. Journal of Family Violence. 3(4)S. 283-298.

Finkelhor, D. (1986) (Hrsg.). A Sourcebook on Child Sexuell Abuse. Beverly Hills, London, New Delhi.

Friis, Pia (2006). Männer im Kindergarten. Wie man sie anwirbt – und dafür sorgt, dass sie auch bleiben. Themenheft des norwegischen Kultusministeriums. Deutsche Fassung hrsg. vom Forschungsprojekt Elementar, Universität Innsbruck, 2008. http://www.uibk.ac.at/psyko/forschung/elementar/literatur/index.html.de (10.10.2013).

Jensen, Jytte Juul (1996). Men as workers in Childcare Services. Discussion Paper/European Commission Network on Childcare. Brüssel: Europäische Kommission.

Kienpointner, Manfred (2009). Weiblicher und männlicher Gesprächsstil, in: Antenhofer, Christina; Oberprantacher, Andreas, Schnegg, Kordula (Hrsg.) (2009). Kommunikation – Kunst – Politik: Perspektiven geisteswissenschaftlicher Forschung.

Koch Bernhard (2012a). Männer in Österreichs Kinderbetreuungseinrichtungen. Impulse für eine „geschlechtsneutrale Professionalität in der Elementarpädagogik. Innsbruck university press.

Koch Bernhard (2012b). Frühe Bildung und Geschlecht – Wege zu einem gemischtgeschlechtlichen Personal im Kindergarten. In: undKinder, Nr. 90, Dez. 2012, „Gender im Frühbereich“, S. 51-59. (Hrsg. Marie Meierhofer Institut für das Kind, Zürich).

Koch Bernhard (2013a). Wie Männer für den Erzieherberuf gewonnen werden können. In: „Frühe Kindheit" , Themenschwerpunkt „Männer in der Erziehung" (Hrsg. Deutsche Liga für das Kind) 16. Jahrgang, 05/2013, S. 50-53, Berlin.

Koch Bernhard (2013b). Professionalisierung der Elementarpädagogik – Eine Herausforderung. in: Erziehung und Unterricht. Österreichische Pädagogische Zeitschrift. 1-2, 2013, S. 171–181.

Krell, Gertraude/Wächter, Hartmut (Hrsg.) (2006). Diversity Management: Impulse aus der Personalforschung. München/Mering.

Kunert-Zier Margitta (2013). Mädchen und Jungen brauchen Frauen und Männer – gemischte Teams in Kitas! In: Diözesan-Caritasverband für das Erzbistum Köln e.V. (Hrsg.). MAIK – Männer & Frauen in der Kita – gemeinsam für Kinder. Dokumentation der Fachtagung vom 2. Juli 2013. Köln.

Malcomess Hilde (2013). Berta, das Ei ist hart. Wie Männer und Frauen im Team kommunizieren. In: Diözesan-Caritasverband für das Erzbistum Köln e.V. (Hrsg.). MAIK – Männer & Frauen in der Kita – gemeinsam für Kinder. Dokumentation der Fachtagung vom 2. Juli 2013. Köln.S. 21–24.

Moss, Peter (2000). Workforce Issues in Early Childhood Education and Care, Institute for Child and Family Policy, Columbia University: New York.

Nalis, Heidemarie (1999). Gleichheit teilen. in: Bundesministerium für Unterricht und kulturelle Angelegenheiten (Hrsg.): Geschlechtssensible Pädagogik in Kindergarten und Vorschule, Wien 1999., S. 31–32.

Rohrmann, Tim (2006). Männer in Kindertageseinrichtungen und Grundschulen; in: Krabel, Jens, Stuve, Olaf (Hrsg.). Männer in „Frauen-Berufen" der Pflege und Erziehung. Barbara Budrich.

Rose Lotte, Stibane Friederike (2013). Männliche Fachkräfte und Väter in Kitas. Eine Analyse der Debatte und Projektpraxis. Deutsches Jugendinstitut. Wiff Expertisen 35.

Schweizerischer Krippenverband (o.J.). Frauen und Männer in einem gemischten Team. Leitfaden für Kindertagesstätten.

Tannen, Deborah (1995). Job Talk. Wie Frauen und Männer am Arbeitsplatz miteinander reden. Hamburg. Kabel.

4 Leitungskompetenzen – Was Sie brauchen um zu führen

4.1 Persönlichkeitsentwicklung von Leitungskräften – was Sie brauchen um zu führen

Birgit Traxler

1 Seien Sie entspannt – man kann sich gar nicht nicht-entwickeln

Vom irisch-britischen Nobelpreisträger George B. Shaw stammt der folgende Ausspruch:

„Progress is impossible without change, and those who cannot change their minds, cannot change anything. „

In Ergänzung zur üblichen Übersetzung(Fn97) lese ich hier auch die Botschaft:

„Fortschritt ist ohne Veränderungen unmöglich, und diejenigen, die ihr Bewusstsein nicht verändern können, können auch nichts anderes ändern. “(Fn98)

Menschen in Führungsrollen streben immer danach, Dinge zu verbessern und sie somit zu verändern. Wenn wir der Definition von Shaw folgen, ist es also gar keine Frage mehr, ob Persönlichkeitsentwicklung ein entscheidender Faktor ist, um als Führungskraft erfolgreich zu sein. Wir können uns natürlich die Frage stellen, ob Persönlichkeitsentwicklung einfach passiert oder ob sie steuerbar ist – und zwar in die richtige Richtung. Generell ist *Entwicklung* in unserem Sprachgebrauch positiv besetzt und wird als etwas Erstrebenswertes gesehen. Dabei wird ausgeklammert, dass es durchaus auch zu einer negativen Entwicklung kommen kann. Und möglicherweise macht genau diese Ahnung manchmal Angst und will davor bewahren, dass wir uns verändern. In Anlehnung an einen bekannten Satz aus der Kommunikationswissenschaft wage ich die These „Man kann sich nicht nicht-entwickeln“.

2 Die Persönlichkeit und ihre Entwicklung

Als PädagogIn und LeiterIn betrachten Sie Persönlichkeitsentwicklung in erster Linie aus der Sicht der Sozialisationsprozesse. Sie untersuchen vor allem die Wechselwirkungen des Kindes und seiner Persönlichkeit im Kontext mit seinem Verhalten in der Gruppe. Zahlreiche weitere Ansätze zum Thema Persönlichkeitsentwicklung kommen aus Medizin, Philosophie und Psychologie, wobei die Forschung zur Persönlichkeit ursprünglich den Theologen vorbehalten war.

---

97. „Fortschritt ist ohne Veränderungen unmöglich, und diejenigen, die ihre Meinung nicht ändern können, können auch nichts anderes verändern.“
98. *The mind* steht auch für *Geist, Sinn, Seele, Psyche*
Vergleiche *concious mind = willkürliches Bewusstsein* bzw. *unconcious mind = unwillkürliches Bewusstsein*

2.2 Was ist überhaupt eine Persönlichkeit

Persönlichkeit wird allgemein mit *Charakter* gleichgestellt. Wir sprechen auch von einer *bekannten Persönlichkeit* oder von einer *historischen Persönlichkeit.* Und mit einer *richtigen Persönlichkeit* ist meist eine Person gemeint, die eine gewisse Reife und Individualität besitzt.

Eine wissenschaftliche Definition von Persönlichkeit existiert jedoch nicht. Schon allein der US-amerikanische Sozialpsychologe Gordon Allport sammelte 49 verschiedene Vorschläge, und der US-amerikanische Psychologe Lawrence Pervin schreibt: „In den letzten 40 Jahren ist die Zahl der Persönlichkeitskonzepte und die Zahl der Fragebogenskalen zur Messung der Persönlichkeit eskaliert, ohne dass ein Ende absehbar wäre." (Pervin u. a., 2005, 319)

Die Medizin in ihrem Fachbereich Psychiatrie beschäftigt sich mit den pathologischen Eigenschaften einer Persönlichkeit, die klinische Psychologie konzentriert sich auf Persönlichkeitsstörungen. Je nach empirischen Forschungsansatz und der zugrunde liegenden Wissenschaftstheorie werden unterschiedliche Schwerpunkte gesetzt.

Persönlich gefällt mir eine Formulierung besonders gut, die ich beim deutschen Wirtschaftspsychologen Simon Hahnzog gefunden habe: „Die Persönlichkeit ist also ein ambivalenter Bestandteil des Menschen, der sich sowohl stetig verändert als auch immer derselbe bleibt." (Hahnzog, 2011, 1) Diese Formulierung macht Mut – wir Menschen werden nicht zu einer gänzlich anderen Person, wenn wir uns verändern und entwickeln. Wir bleiben im Grunde dieselben, mit all unseren Facetten und Rundungen und Ecken und Kanten. Nur treten manchmal ganz von selbst bestimmte Anteile der Persönlichkeit stärker in den Vordergrund als andere. Und manchmal wollen wir ganz bewusst eine bestimmte Seite an uns hervorholen und stärken. Simon Hahnzog spricht dabei von seiner *Polydynamischen Persönlichkeitstheorie*, es gibt aber ähnliche Ideen auch schon bei Gunther Schmidts *Seitenmodell* (Schmidt, 2004) oder Friedemann Schultz von Thuns *Inneres Team* (Schulz von Thun, 1998). Alle diese Theorien besagen, dass unsere Persönlichkeit aus vielen, unterschiedlichen Anteilen besteht, die zu bestimmten Zeiten unterschiedlich stark in den Vordergrund treten. Alle gemeinsam bilden das Ich. Wir kennen diese Gedanken übrigens auch aus der Literatur. Nehmen Sie den *Steppenwolf* von Hermann Hesse, wo er schreibt: „Kein Mensch ist so einfach [...], dass sein Wesen sich als Summe von nur zwei oder drei Hauptelementen erklären ließe." (Hesse, 2005, 79). Oder wer kennt nicht den berühmten Ausspruch von Goethes Faust: „Zwei Seelen wohnen, ach! in meiner Brust, [...]" (Goethe, 1986, 33).

Wenn sich die Persönlichkeit eines Menschen manchmal wie *von selbst* verändert, bedeutet das nichts anderes, als dass äußere Umstände bestimmte innere Anteile oder Seiten stärker hervortreten lassen. In der willkürlichen Persönlichkeitsentwicklung haben wir den Anspruch, bestimmte Seiten zu stärken oder vielleicht sogar diejenigen erst zu entdecken, die bislang ein Schattendasein gefristet haben. Jeder einzelne unserer persönlichen Anteile ist wichtig für unser gesamtes Ich, und je besser wir unser persönliches *inneres Team* kennen, umso mehr können wir diese individuelle Ressourcenvielfalt nutzen und mögliche belastende Erfahrungen minimieren. Schon der Schweizer Psychiater Carl Gustav Jung schreibt, dass „[...] es immer noch Teile unserer Persönlichkeit gibt, die unbewusst und noch im Werden sind." (Jung, 1976, 31)

Simon Hahnzog versteht die Persönlichkeitsentwicklung als „[...]der prozesshafte Charakter der Anpassung an neue Gegebenheiten [...]" (Hahnzog, 2001, 8). Und von dem US-amerikanischen Entwicklungspsychologen Charles Tart sind folgende Aussagen bekannt: „An individual's personality is what makes him unique, skilled, worthwhile, and gives him his sense of identity. [...] Lifelong growth is the goal. The idea that because we are an adult we are mature is laughable. „(Tart, 1975, 84-86)[(Fn99)]

2.3 Ist Persönlichkeitsentwicklung weiblich?

Laut Labour Force Survey[(Fn100)] betrug der Frauenanteil in der Kinderbetreuung im Jahr 2011 EU-weit 88,3 %, in Österreich sogar 96 %. Auf einen Mann kamen also 24 Frauen. Zu unserem Thema kann die Frage gehören: „Hat es vielleicht auch etwas mit der Thematik *Persönlichkeitsentwicklung* zu tun?" Wir alle kennen den Ausspruch „Bildung ist weiblich!". Wollen wir das wirklich auf „Persönlichkeitsentwicklung ist weiblich!" ausdehnen? Ich meine, das ist nicht der richtige Weg. Was wir aber durchaus beobachten können, ist die Tatsache, dass Männer sich der bewussten Entwicklung ihrer Persönlichkeit im Sinne der Zusammenarbeit mit einem externen Berater/einer Beraterin oft erst dann stellen, wenn sie durch äußere Umstände dazu gezwungen werden. Vielen Frauen fällt es leichter, schon im Vorfeld an ihrer Persönlichkeitsentwicklung zu arbeiten (möglicherweise durch ihre oft durchaus andere gesellschaftliche Sozialisation).

Wenn Frauen in meine Praxis kommen, sind sie von Beginn an wesentlich neugieriger und gehen lustvoller an die Arbeit heran. Viele Männer sind hingegen am Anfang eher vorsichtig und skeptisch, was sich dann zum Glück zunehmend in Lust und Freude wendet. Oft arbeiten Männer dann mit besonders großem Ehrgeiz an ihrer Entwicklung. Dort, wo die Persönlichkeitsentwicklung *ganz von selbst passiert* (davon noch später), sind Männer selbstverständlich genauso betroffen wie Frauen. Persönlichkeitsentwicklung ist also für Frauen genauso wie für Männer ein Thema, nur die Herangehensweise kann durchaus unterschiedlich sein.

3 Zum ersten Mal Führungskraft – reizvoll, herausfordernd, verändernd

Kein Lebensübergang kommt ohne Entwicklung der Persönlichkeit aus. Das kennen wir schon vom jungen Kind, wenn es aus dem Elternhaus in den Kindergarten

---

99. „Die Persönlichkeit eines Menschen ist das, was ihn einzigartig macht, erfahren und interessant. [...] Lebenslange Entwicklung ist das Ziel. Der Gedanke, dass wir voll entwickelt sind nur weil wir zum Erwachsenen wurden, ist einfach lächerlich."

100. Beziehungsweise 10, 2013 (Fachzeitschrift des Österreichischen Instituts für Familienforschung)

kommt (primäre Sozialisation) oder später zur Schule geht (sekundäre Sozialisation). Junge Erwachsene erleben vielleicht zum ersten Mal bewusst ihre Veränderung, wenn sie ausziehen, Lehre oder Studium beenden und ins Berufsleben starten (tertiäre Sozialisation). Ein ebenso bedeutsamer Übergang entsteht, wenn ein/e PädagogIn zur LeiterIn wird. Im Normallfall hat die PädagogIn jetzt bereits eine mehrjährige Weiterbildung absolviert und wird hier schon in Ihrer Entwicklung gefordert worden sein. Vielleicht war diese berufliche Veränderung sogar die erste bewusste Entscheidung in Bezug auf die berufliche Karriere. Beim Beginn der Tätigkeit in der neuen Funktion ist aber eine Herausforderung spürbar. Plötzlich ist die Person nicht mehr einfaches Teammitglied sondern eine Führungskraft – kommt sie da wirklich mit den gleichen Facetten ihrer Persönlichkeit aus wie bisher oder benötigt sie vielleicht doch noch etwas anderes aus ihrer eigenen Ressourcenvielfalt? Was passiert, wenn Anteile unwillkürlich an die Oberfläche gespült wurden, die der Person gar nicht angenehm sind, mit denen sie vielleicht bewusst gar nichts zu tun haben will? Oder wenn die Person keine willkürlichen Zugänge zu bestimmten Persönlichkeitsanteilen findet, sie sie gerade jetzt benötigt und einsetzen will?

Andere Vorgesetzte, andere Bezugspersonen, andere Herausforderungen – das alles hat Auswirkungen auf die Person in allen ihren Lebensbereichen. Sobald jemand beruflich neu sozialisiert ist, kann das unbewusst auch sein Verhalten in privaten Beziehungen zu Partnern und Kindern verändern. Die Person findet einen neuen Platz in der Gesellschaft, sie wird somit neu sozialisiert. In diesem Prozess ist die Persönlichkeit samt ihrer Entwicklung als zentrales Element anzusehen. Der deutsche Persönlichkeitspsychologe Franz Neyer schreibt dazu: „Persönlichkeit ist somit Schrittmacher und Resultat von Sozialisation.“ (Neyer & Asendorpf, 2012, 82) Die berufliche (Neu-) Sozialisation kann also nicht losgelöst von anderen Lebensbereichen und deren Einfluss auf die Person gesehen werden. „Die sozialen Bedingungen und Auswirkungen haben immer wechselseitigen Einfluss auf die persönlichen Auswirkungen der beruflichen Sozialisation.“ (Hahnzog, 2005, 2011)

So verstehen wir, dass zum einen die berufliche Veränderung ganz automatisch eine Veränderung der Persönlichkeit mit sich bringt, und gleichzeitig die Veränderung der Persönlichkeit ein wichtiger Motor für die berufliche Weiterentwicklung ist.

Das gilt übrigens genauso, wenn Sie sich erst im fortgeschrittenen Alter an einen beruflichen Aufstieg wagen. So werden zwar einzelne Elemente der Persönlichkeit mit zunehmendem Lebensalter stabiler, jedoch kann ihre Struktur bis zum Lebensende immer wieder neu angeordnet werden, neue Schwerpunkte können gesetzt werden. Die Psychologie spricht hier vom Plastizitätsprinzip: „Das Prinzip der Plastizität [...] besagt, dass Persönlichkeitsmerkmale offene Systeme sind, die in jedem Alter durch die Umwelt beeinflusst werden können. Demnach sind Menschen jederzeit in der Lage, adaptiv auf neue Umweltbedingungen einzugehen. [...] Veränderungen der Persönlichkeit entstehen aufgrund aktiver Anpassungsleistungen an die Erfordernisse der individuellen Entwicklung.“ (Neyer & Asendorpf, 2012, 85)

Wichtig wird sein, wie eine Person bis jetzt sozialisiert wurde und auf welche bisherigen Ressourcen, Muster und Prägungen sie zurückgreifen kann. Der britische Psychologen Barrie Hopson hat in Anlehnung an das bekannte Trauerphasen-Modell von Elisabeth Kübler-Ross ein siebenphasiges *Transition-Modell* entworfen, das bei einschneidenden beruflichen Veränderungen zum Tragen kommt (Hopson & Adams,1975, 9–12)[(Fn101)].

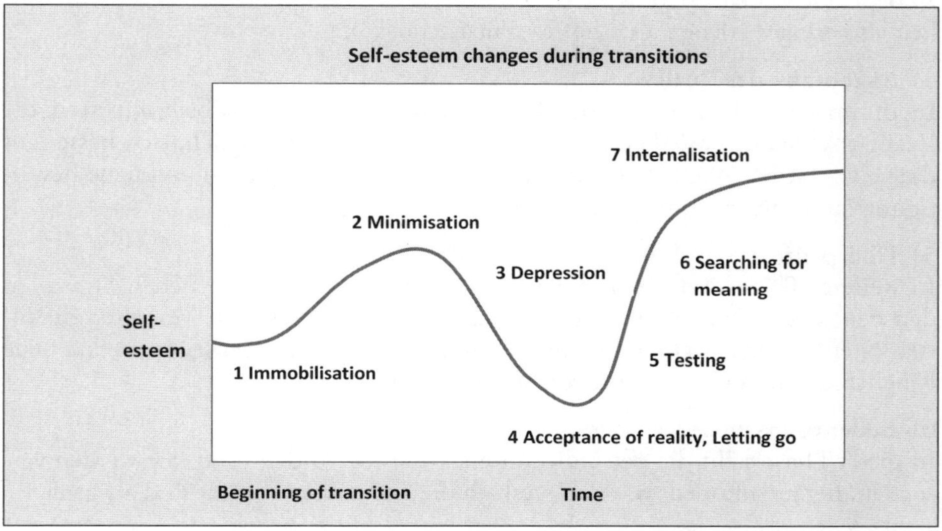

Abb. 1: Transitions-Modell

Hopson beschreibt eine erfolgreiche Anpassung an den Veränderungsprozess durch das Erleben dieser sieben Reaktions-Phasen, wobei er einschränkt, dass kaum jemand alle Phasen durchlaufen wird, und der eine oder andere möglicherweise auch in einer Phase stecken bleibt. Hier können wir durch die Depressions-Phase einen Bezug zur aktuellen Burn-Out-Diskussion erkennen.

Das sind die Kernelemente der sieben Transitionsphasen:

1) Erstarrung
Desorientierung und Gefühle der Überwältigung können zu einer zeitweiligen Hilflosigkeit führen, die in einer Erstarrung mündet. Sie haben das bisher vertraute Umfeld mit seinen bekannten Anforderungen zurückgelassen, im neuen Umfeld fehlen möglicherweise Strukturen, und die Rahmenbedingungen sind anders als erwartet.

2) Minimierung
Um mit den Veränderungen und unerwarteten Ereignissen überhaupt umgehen zu können, lehnen Sie sie ab oder reduzieren sie in ihrer Bedeutung so stark, dass

101. Hopson & Adams, 1975, Seite 10

sie bewältigbar erscheinen. Das ist eine ganz übliche Reaktion auf eine Krise, die zu heftig ist, um ihr entgegentreten zu können.

3) Depression
Sehr oft gerät eine Person in eine depressive Phase, wenn bestehende Bewältigungsmuster für herausfordernde Veränderungen nicht mehr ausreichen und dadurch der Selbstwert bedroht ist. Vor allem zu Beginn der neuen Tätigkeit kann es zu deprimierenden Erlebnissen kommen, in denen Sie Ihre eigene Selbstwirksamkeit als geringer erleben als erhofft („Praxisschock").

4) Akzeptanz der Realität
Im optimalen Fall werden Sie durch den Tiefpunkt in Ihrem Selbstbewusstsein die Realität schließlich anerkennen. Dadurch wird es Ihnen möglich, sich besser auf die neuen Gegebenheiten einzustellen, Ihr Verhalten anzupassen und neue Bewältigungsstrategien zu entwickeln.

5) Überprüfung
In weiterer Folge sind Sie in der Lage, auszuprobieren, ob die neuen Strategien den neuen Situationen entsprechen und ob Sie durch das neue Verhalten die Situationen besser bewältigen können. Durch Perspektivenwechsel entstehen neue Möglichkeiten, und Ihr Selbstwert steigt wieder.

6) Bedeutungssuche
In dieser Phase steht die persönliche Reflektion im Vordergrund. Sie werden versuchen, herauszufinden, wie und weshalb die Situationen anders sind als geplant.

7) Internalisierung
Schlussendlich durchschauen Sie Situationen, akzeptieren ihre Bedeutung und verinnerlichen das neue Verhalten, sodass es schließlich als verstärkter Teil Ihrer Persönlichkeit eine neue Ressource für künftige Veränderungen bildet.

4 Was Sie brauchen um zu führen

Gibt es die *geborene Führungskraft* – und gehören Sie dazu? Oder reicht eine fundierte fachliche Aus- bzw. Weiterbildung, um als Führungskraft zu reüssieren? Wird man damit also automatisch zu einer (erfolgreichen) Führungskraft?

Und was passiert eigentlich bei einem Wechsel in die höhere Funktion? Wird man durch diese berufliche Veränderung vielleicht gar selbst verändert? Was macht diese Veränderung mit Ihnen und Ihrem ganzen Leben?

Diesen Gedanken möchte ich auf den folgenden Seiten nachgehen und Ihnen einige Antworten anbieten. Wie immer entscheiden Sie selbst, was Sie damit tun.

Wenn wir davon ausgehen, dass es geborene Führungskräfte gibt, dann müssen wir auch davon ausgehen, dass dies durch bestimmte Persönlichkeitsmerkmale beschreibbar ist. Und die logische Konsequenz dieser Gedanken ist die Idee, dass dann eben nur Menschen mit diesen angeborenen, beschreibbaren und evaluierbaren

Persönlichkeitsmerkmalen Führungskräfte sein dürfen. Tatsächlich haben uns diesen Gedanken und Ideen durch viele Jahrhunderte begleitet. Man hat bestimmten Personen(gruppen) bestimmte Persönlichkeitsmerkmale zugeschrieben und daraus abgeleitet, was sie dürfen und was nicht. Jahrhundertelang war Frauen zum Beispiel das Studieren an den Universitäten untersagt, die vorgebrachten Gründe erscheinen uns heute unglaublich und lächerlich. Nehmen wir z. B. das Medizinstudium, wo Frauen aufgrund ihrer *natürlichen Konstitution* die Fähigkeit zu studieren abgesprochen wurde. Zu nervös, zu oberflächlich und zu schwach wären Frauen und daher nicht geeignet, sich höheren geistigen Sphären zu widmen. Man nutzte Aussagen wie die des österreichischen Philosophen Otto Weininger, der glaubte erkannt zu haben, dass Frauen in der „Sphäre der Begattung und Fortpflanzung" aufgehen würden und „von diesen Dingen ihre Existenz vollkommen ausgefüllt" sei (Weininger, 1903, 112). Frauen wären außerdem viel zu schamhaft, um sich je mit einem fremden menschlichen Körper auseinandersetzen zu können. Abgesehen davon, dass es einem Mann auch gar nicht zumutbar gewesen wäre, sich von einem weiblichen Arzt untersuchen zu lassen. Andere Gründe wie z. B. die angeblich angeborene Unfähigkeit zur Entscheidung, führten dazu, dass Frauen nicht wählen durften oder es ihnen untersagt war, ein Unternehmen führen. Heute führen Frauen sogar ganze Länder (z. B. im letzten Jahrhundert Indiria Gandhi in Indien, Golda Meir in Israel, Margaret Thatcher in Großbritannien, heute Angela Merkel in Deutschland, Dilma Rousseff in Brasilien und viele andere).

Die große Befreiung von so vielen sozialen Vorurteilen hat aber große Unsicherheiten herbeigeführt. Wer soll denn nun führen? Woran erkennen wir eine potentiell erfolgreiche Führungskraft? Ist das die Person, die schon immer im Vordergrund stand und durch mutige, ja gar freche Fragen auffällt? Oder ist es dieser zurückhaltende Mensch, der offenbar im Hintergrund klug und umsichtig die Fäden zieht? Und muss ich dann auch frech und präsent und leise und diplomatisch werden, wenn ich als Führungskraft Erfolg haben will. Was, wenn dies überhaupt nicht zu meiner Persönlichkeit zu passen scheint? Oder ist das wichtigste Merkmal einer guten Führungskraft vielleicht die Vorrangstellung? Bin ich vor allem dann erfolgreich, wenn ich besonders viele Menschen aus einer hierarchischen Überlegenheit heraus befehlige?

Sie merken schon, hier wird es vor allem aus einem Grund schwierig, eine gute Definition oder Erklärung zu finden: Woran ist es überhaupt messbar, ob jemand als Führungskraft erfolgreich ist? Gibt es eine Art geheimen Kriterienkatalog, anhand dessen der Erfolg einer Führungskraft definiert wird?

Ich meine, ja, den gibt es – und zwar in zahlreichen Varianten! Denn jedes Unternehmen, jede Organisation hat ihr eigenes Wertesystem, aus dem heraus bestimmt wird, wie erfolgreich eine Führungskraft für das eigene Unternehmen ist. Wenn Sie schon lange für ein und denselben Betrieb arbeiten, werden sie vermutlich dessen Wertesystem mit ihrem persönlichen abgeglichen haben und ihren persönlichen Erfolg ebenfalls aufgrund dieser Voraussetzungen messen können. Vielleicht aber auch nicht – und gerade deshalb halte ich es für so wichtig, dass Sie ihren eigenen, persönlichen Kriterienkatalog erstellen: Woran werden *Sie* erkennen, dass Sie als Führungskraft erfolgreich sind? Was zeichnet eine gute Führungskraft für *Sie* persönlich aus?

Wussten Sie, dass unser Gehirn eine Art Dreiteilung hat? Wir gehen davon aus, dass der innerste Teil, unser sogenanntes *Stammhirn*, der älteste Teil ist, derjenige, den wir sogar mit den Reptilien und Dinosauriern gemeinsam haben. Als später Säugetiere den Planeten beherrschten, entwickelte sich das sogenannte Säugetiergehirn, das auch bei uns Menschen als *Zwischenhirn* angelegt ist. Der Mensch entwickelte schließlich einen weiteren Gehirnteil, das *menschliche Großhirn*. Und bestimmt können Sie sich jetzt schon denken, wo unsere kognitiven Fähigkeiten liegen, wo die Gedanken und die Sprache ihren Platz haben.

Der Haken an unserem Gehirnaufbau ist allerdings der, dass unser uraltes Stammhirn aufgrund seiner evolutionären Überlegenheit stets schneller reagiert als unser menschliches Großhirn. Das Stammhirn ist einfach schon viel länger da und hat seine Vormachtstellung bis heute behauptet. Wir sprechen oft davon, dass unsere Instinkte schneller sind als unsere Gedanken. Und das ist auch der Grund, warum wir Menschen in Bildern denken, warum wir unsere Sinne oft wesentlich besser nutzen können als unsere Gedanken.

Genau deshalb lade ich Sie jetzt zu einem Experiment ein, um eine für Sie passende Antwort auf die Frage zu finden, was für Sie eine gute Führungskraft ausmacht. Nachdem Sie diese Erklärung zu Ende gelesen haben, schließen Sie bitte für einen Moment ihre Augen. Lassen Sie ein Bild aufsteigen, aus dem Bereich Ihres Gehirns, der nicht in Begriffen sondern in Bildern denkt und damit einen viel größeren Einfluss auf unser Denken und Tun im Allgemeinen hat, als uns bewusst ist.

Wenn Sie also intensiv den Satz in Ihrem Inneren hören **„Ich bin eine gute Führungskraft.“** – welches Bildt steigt dann hinter Ihren geschlossenen Augen auf? Was sehen Sie? Welche Menschen sind noch in Ihrem Bild? Wie würden Sie sie beschreiben? Welche Geräusche können Sie hören, welche Gerüche aufnehmen, welche körperlichen Empfindungen spüren?

Schließen Sie jetzt bitte Ihre Augen und lassen Sie sich für einen Moment auf dieses Experiment ein.

Sie sind wieder da? Was haben Sie gesehen, was haben Sie gefühlt? Waren da Menschen aus Ihrem Team, Ihrer Abteilung zu sehen? Oder vielleicht aus Ihrer Familie, aus Ihrem Elternhaus? Wie würden Sie sie bezeichnen? Sind Sie begeistern von Ihnen und Ihren Visionen, sind es also Ihre Anhänger und Anhängerinnen? Oder gab es da ein Gefühl von Verbundenheit? Wie viel Vertrauen haben Sie gespürt? War da Anerkennung, vielleicht gar Bewunderung?

Durch Antworten auf diese Fragen werden Sie ein Selbstbewusstsein als Führungskraft entwickeln, das nach außen strahlt und dadurch auch andere Menschen davon überzeugt, dass *Sie* eine gute und erfolgreiche Führungskraft sind.

Führungspersönlichkeit ist man jedenfalls nicht von Haus aus und man wird es auch nicht über Nacht. Die eigene Führungspersönlichkeit zu entwickeln bedeutet Arbeit an sich selbst, das Entdecken und Entwickeln der eigenen Fähigkeiten und Persönlichkeitsanteile, die für die Position und die gestellten Aufgaben erforderlich sind.

Führungskraft kann man nur sein, wenn man auch Anhänger und Anhängerinnen hat, also Menschen, die einem interessiert und vertrauensvoll folgen. Denn wen führt man sonst? Selbstverständlich passiert es in der Realität oft, dass ein Team auf eine neue Vorgesetzte mit Skepsis reagiert, und selten darf sich ein Team aussuchen, von wem es in Zukunft geführt werden will. Zumeist wird die Leitung einer Abteilung oder einer Einrichtung innerhalb einer großen Organisation aus strategischen Gründen von Vorgesetzten ausgewählt. Die Erwartungshalt impliziert: „Du bist hier jetzt die Vorgesetzte, also sei eine gute Führungskraft!"

Ihr Ausweg aus dem Dilemma: Machen Sie Ihre Mitarbeiterinnen zu Ihren Anhängerinnen, Ihre Mitarbeiter zu Ihren Anhängern. Begeistern Sie sie für Ihre Ideen, stimmen Sie Ihre Vorgehensweisen auf die Bedürfnisse Ihrer Mitarbeiterinnen und Mitarbeiter ab. Wenn Ihr Team Ihnen signalisiert, dass es von Ihnen nichts braucht oder erwartet, werden Sie sich schwer tun, tatsächlich zu führen, werden irgendwann lediglich verwalten. Sollte das allerdings Ihr Ziel sein, dann dürfen Sie mit gutem Gewissen jetzt aufhören weiterzulesen. Sie sind schon am Ziel.

Für alle anderen habe ich jetzt noch einige Impulse für Ihre Entwicklung im Angebot.

5 Die Leitungskraft als Diamant

Das Wort *Diamant* ist vom lateinischen *adamantem* und vom griechischen *adámas* abgeleitet und bedeutet so viel wie *unverwüstlich* oder *unbezwingbar*. Die folgenden Gedanken könnten die acht Seiten *Ihres persönlichen Leitungs-Diamanten* beschreiben und Ihnen Impulse für Ihre persönliche Entwicklung bieten. Sie sind eingebunden in kurze Realitäten aus dem Alltag und enden jeweils mit Ihrem *Persönlichkeitsentwicklungs-Status-Check* oder kurz – Ihrem *PS-Check* ✓

1) Üben Sie sich im Perspektivenwechsel

„Und dann hat dieser Vater auch noch die Frechheit uns vorzuwerfen, seine Kinder wissentlich schlecht zu ernähren!" Aufgeregt rückt die Leiterin eines großen Kindergartens auf ihrem Stuhl ein weiteres Stück nach vorne. Ihr Körper wirkt angespannt wie eine Feder während sie weitererzählt: „Stellen Sie sich vor, jetzt verlangt er auch noch, in die Gestaltung des Menüplans miteinbezogen zu werden! Er hat doch tatsächlich Gutachten vorgelegt, die die Wichtigkeit der Nahrung in einer Institution belegen. Und damit hat er jetzt einige der anderen Eltern mobilisiert und auf seine Seite gebracht! Dem geht es doch nur darum, zu beweisen, was ich für eine schlechte Leiterin bin, die waren ja von Anfang an dort gegen mich. Weil ich ihnen zu jung bin. Und selbst keine Kinder habe. Die wollen mich einfach nur loswerden.", ergänzt sie mit leichter Verzweiflung in der Stimme und lässt sich in den Stuhl zurücksinken.

Immer wieder höre ich in der Praxis, dass Leiterinnen und Pädagoginnen sich persönlich angegriffen fühlen, wenn Eltern mit mehr oder weniger massiven Forderungen kommen. Vor allem junge Leiterinnen kommen oft mit dem Wunsch in die Praxis, an sich arbeiten zu wollen, damit sie nicht mehr alles so persönlich nehmen. Ihr Plan ist es oft, eine Art Schutzschild entwickeln zu können, sodass sie die Forderungen oder Vorwürfe der Eltern nicht mehr an sich heranlassen. Als könnten sie eine Mauer zwischen sich und die Eltern ziehen, an der dann alle als angriffig erlebten Forderungen abprallen.

Wenn ich ihnen dann vorsichtig aufzeige, dass eine derartige Vorgehensweise nicht unbedingt zur Kooperation zwischen Kindergarten und Elternhaus beiträgt und damit das Kindeswohl eher weniger gefördert wird, gibt es zunächst oft Widerstand. Verständlich – wer will schon immer wieder Vorwürfe hören und die vielleicht auch noch nach Dienstschluss im Kopf hin und her wälzen?

Zunächst ist es in Situationen wie oben natürlich wichtig zu klären, ob Eltern hier tatsächlich Grenzen überschreiten und möglicherweise die eigene Vorgesetzte zur Hilfe herangezogen werden muss. Oft ist das aber nicht der Fall. Dann kann eine andere Methode hilfreich sein – der Perspektivenwechsel.

Auch wenn Sie sich in diesem Moment verletzt oder verärgert fühlen – geben Sie sich diesem Gefühl nicht hin. Es führt vermutlich dazu, dass Sie beginnen sich zu rechtfertigen oder gar Ihr Gegenüber anzugreifen. Ihre Fantasie ist, dass Ihr Gegenüber Ihnen Böses will (Sie loswerden, Sie diskreditieren, Ihnen Ihre Inkompetenz aufzeigen und und und…).

Aber dies ist lediglich eine Fantasie, die Sie selbst kreiert haben. Toll eigentlich, dass Ihnen das möglich ist! Und genau, weil Sie diese Fähigkeit besitzen, können Sie sie auch anders einsetzen. Kreieren Sie eine andere Fantasie. Versuchen Sie sich vorzustellen, welche Beweggründe Ihr Gegenüber für seine Worte, Wünsche, Klagen und Forderung noch haben könnte. Worum könnte es ihm noch gehen? Welches Ziel hat ein Elternteil, wenn es Forderungen für sein Kind stellt? Worum geht es ihm da genau? Was wäre, wenn Ihre Person hier gar keine Rolle spielt, sondern nur die Bedürfnisse des Elternteils? Und wenn Sie in seiner Position wären, was würde Sie dann am besten unterstützen? Welche Vorgehensweise wäre für Sie am hilfreichsten, welche Worte würden Sie hören wollen?

Wenn Sie jetzt dieser Fantasie weiter folgen, werden Sie merken, wie sich ihre eigene Gefühlswelt verändert hat. Plötzlich denken Sie nicht mehr über sich selbst nach (Wieso will der mich fertig machen? Wie kann ich mich jetzt am besten wehren?), sondern über die tatsächlichen Wünsche Ihres Gegenübers, die ja durchaus oft auch etwas Anderes sein können als die vordergründig vorgebrachten.

Ihr PS-Check ✓

Was war die letzte Situation, in der Sie etwas *persönlich genommen* haben? Erinnern Sie sich an diese Situation und kreieren Sie jetzt eine ganz andere Fantasie darüber, worum es Ihrem Gegenüber tatsächlich ging. Vielleicht haben Sie sogar Spaß am Fantasieren und geben sich mit nur einer weiteren Variante gar nicht zufrieden.

Spielen Sie die verschiedenen Situationen in Ihrer Gedankenwelt durch und genießen Sie das neue Gefühl der Gelassenheit, das sie plötzlich verspüren, wenn ein vermeintlicher Angriff nichts mehr mit Ihnen als Person zu tun hat. Tut gut? OK – was kann Sie das nächste Mal dabei unterstützen, einen Moment durchzuatmen und in den *Fantasie-2-Modus* zu gehen? Welchen Gegenstand können Sie sich auf Ihren Schreibtisch stellen, welches Bild an Ihre Bürowand hängen, welches Symbol in Ihre Hosentasche stecken, das für Sie persönlich eine Erinnerung an *Fantasieren* haben kann?

2) Übernehmen Sie Verantwortung – werden Sie zum Hirsch!

Der junge Pädagoge wirkt ausgesprochen verärgert: „Da macht mich diese Mutter von der kleinen Karo völlig zur Schnecke, weil ihre Tochter jeden Nachmittag nach dem Abholen schon im Auto einschläft. Das wäre meine Schuld, weil ich die Kinder nach dem Essen nicht mehr zum Schlafen bringe! Und die Leiterin steht daneben, schüttelt vorwurfsvoll den Kopf und sagt dann auch noch: „Also, wirklich, Lukas, das geht ja gar nicht!“ Und dabei war doch SIE es, die mir gesagt hat, dass die Kinder ab 4 Jahren nicht mehr schlafen sollen, weil das eine neue pädagogische Erkenntnis wäre. Und dass ich jetzt alles umstellen und die Großen motivieren soll, miteinander leise zu spielen, weil nur mehr die Kleinen schlafen sollen. Wir haben ja auch gar nicht mehr genug Matratzen für alle. Wie kann sie mich jetzt da so hängen lassen?!“, schließt er ungläubig.

Für Ihre Mitarbeiter und Mitarbeiterinnen ist es immanent wichtig, dass Sie Ihre Verantwortung als Führungskraft übernehmen, auch wenn das oft unangenehm ist. Nicht immer werden alle ihre Entscheidungen gut ankommen. Im Sinne Ihres Erfolgs und des Erfolgs aller sollten Sie jedoch in Kauf nehmen, dass Sie es unmöglich allen Menschen recht machen können, und Sie nicht immer von allen geliebt werden.

Vom US-amerikanischen Präsidenten Harry S. Truman ist folgende Geschichte überliefert:

Er bekam von einem Freund ein Holzschild für seinen Schreibtisch geschenkt, auf dem die Worte eingraviert waren: „The buck stops here.“ Diese Phrase stammt von der umgangssprachlichen Aussage „pass the buck“, die bedeutet, dass man die Verantwortung an jemand anderen weitergibt. Ursprünglich kommt das aus dem

Pokerspiel in der Zeit der Goldgräber. Damals wurde der Spieler, der als nächster dran war, so markiert, indem ein Messer (meist mit einem *Hirschhorngriff*, also einem *buckhorn handle*) vor diesem Spieler in den Holztisch gespießt wurde. Wollte der die Verantwortung nicht tragen, also quasi „weiter!" sagen, gab er das Messer weiter, „he passed the buck". Und für Truman hieß diese Gravur symbolisch: „Hier ist Schluss mit Weitergeben, an diesem Schreibtisch sitzt derjenige, der stets die Verantwortung für das weitere Geschehen übernimmt!"

Wenn Sie als Führungskraft diesem Beispiel folgen, bewirkt das, dass Ihnen Ihre Mitarbeiter, Ihr Team vertrauen wird. Sie beweisen damit, dass Sie Ihrem Team stets den Rücken stärken und es nach außen vertreten. Selbstverständlich werden Sie *unter 4 Augen* dann ein ernstes Wort mit dem Mitarbeiter sprechen, der Ihre Anweisungen für eigene Bedürfnisse ausgenutzt hat. Oder gar eigene Spielregeln erfunden hat. Dem Kunden gegenüber aber vermitteln Sie das Bild eines kompetenten und ehrlichen Gesprächspartners, der sich nicht an anderen *abputzt*.

Es fällt Führungskräften oft sehr leicht, die Leistungen eines Teammitglieds als Gewinn für die gesamte Organisation und damit auch für sich selbst zu vermarkten. Doch die fehlerhafte Leistung bleibt dann oft als Ergebnis der Handlung einer einzelnen Person stehen – ist das fair? Sie züchten sich damit eine Gruppe von Einzelkämpfern, die dann wieder sehr mühsam zu einem funktionierenden Team geformt werden müssen.

Ihr PS-Check ✓

Wann ist es Ihnen das letzte Mal schwer gefallen, eine Entscheidung zu treffen oder die Entscheidung einer Mitarbeiterin nach außen zu vertreten? Welche Ängste oder Befürchtungen haben Sie zögern lassen, die Verantwortung zu übernehmen? Um welchen Faktor fällt es Ihnen leichter, zu strahlen und „Vielen Dank!" zu sagen, wenn Kunden oder Vorgesetzte Ihnen ein Lob für eine positive Aktion aussprechen, die eigentlich von einer Kollegin aus dem Team initiiert wurde? Welche Kräfte in Ihnen selbst können Sie mobilisieren, damit Sie das nächste Mal durchatmen und dann den Hirschgriff in die Hand nehmen?

3) Spinnen Sie ein dreidimensionales Netz

„Ich bin einfach unfähig, da nutzt wahrscheinlich nicht mal das beste Coaching noch etwas!", jammert die junge Leiterin. „Meine Mitarbeiterinnen werden schnell bemerken, dass ich eigentlich fehl am Platz bin und dann wird eine nach der anderen gehen. Ich kann sie gar nicht unterstützen, ich komme ja nicht einmal zu meiner eigenen Arbeit, geschweige denn, dass ich irgendetwas für sie tun könnte. Jedes Mal, wenn ich mir denke „Aber wenn DAS erledigt ist, DANN komme ich endlich zum normalen Arbeiten!", dann geht mit Garantie die nächste Baustelle auf!" Mittlerweile laufen ihr die Tränen über die Wangen und ihre Worte sind kaum mehr zu verstehen.

Gerade am Beginn scheitern Führungskräfte oft an ihren eigenen, überzogenen Erwartungen und haben den Eindruck, sie seien mit diesem Problem allein auf weiter Flur. Niemand sonst hat dieses oder jenes Problem, niemand kann helfen. Das müssen sie schon alleine schaffen. Am schlimmsten wäre dann noch, wenn die Vorgesetzte von dieser vermeintlichen Inkompetenz erfahren würde, dann wäre sowieso alles verloren!

Das Knüpfen von Seilschaften, sich also mit anderen, hilfreichen Artgenossen zu verbinden, war schon vor Tausenden von Jahren Domäne der Männerwelt. So haben Männer schon vor Urzeiten gelernt, sich zu verbünden. Frauen haben hier einiges nachzuholen. Dieses Muster erleben wir auch bei Führungskräften. Während die meisten Männer ihre Seilschaften auf allen Ebenen bilden und sich gegenseitig nicht nur im Alltag sondern auch über die Hürden der Karriereleiter helfen, haben viele Frauen auf Führungsebene den Anspruch an sich selbst, alles allein gestalten zu müssen. So manche Frauen kommen gar nicht erst auf die Idee, andere um Rat oder Hilfe zu bitten. Andere wiederum empfinden Scham und das Gefühl der Inkompetenz, wenn sie nicht alles aus eigener Kraft erreichen. Gerade Frauen als Führungskräfte sind daher herzlich eingeladen und aufgefordert, an diesem Teil ihres Wertesystems zu arbeiten.

Ihr PS-Check ✓

Nutzen Sie wieder die Kraft des Imaginierens. Wie würden Sie sich fühlen, regelmäßig in einer Gruppe von gleichgestellten Führungskräften zu sitzen und sich über ihre Sorgen und Probleme auszutauschen? Und dabei von den Erfahrungen anderer Kolleginnen zu profitieren oder gemeinsam zu neuen Lösungsmöglichkeiten zu finden? In einer weiteren Dimension erleben Sie sich im regen Austausch mit einer länger erfahrenen Führungskraft ihrer Organisation, einer Mentorin[(Fn99)]. Eine Person, die auch einmal in Ihren Schuhen steckte und sich noch gut daran erinnern kann, wie es damals war, derartig von den neuen Gegebenheiten überwältigt zu werden. Jemand, der schon eigene Lösungswege entwickelt hat und Ihnen davon etwas an Impulsen zur Verfügung stellen kann. Eine hilfreiche Schulter auch schon mal zum Anlehnen, wenn irgendwie gar nichts mehr zu funktionieren scheint.

Die dritte Ebene Ihres Netzwerkes bildet der Austausch mit Führungskräften auf Ihrer Ebene, aber von einer anderen Organisation. Gerade dann, wenn Sie schon lange für ein und denselben Dienstgeber arbeiten, sind Sie vielleicht betriebsblind geworden. Vieles fällt Ihnen gar nicht mehr auf, und deswegen verpassen Sie möglicherweise die eine oder andere hilfreiche Sichtweise auf Ihr

102. Der Begriff des *Mentors* oder der *Mentorin* geht zurück auf *Mentor*, den erfahrenen Begleiter von Telemach in Homers *Odyssee*. Telemach bekam Mentor von seinem Vater Odysseus an die Seite gestellt, damit er während dessen langer Abwesenheit den Herausforderungen des Erwachsenenwerdens nicht allein gegenüber stehen würde.

Problem. In einer anderen Organisation wird mit Ihrer Frage möglicherweise anders umgegangen. Und so öffnet Ihnen der Austausch mit fremden Kolleginnen in einem sicheren Rahmen möglicherweise wieder Ihren Blick für weitere Optionen zu Ihrem Thema. Wenn Sie sicher unterwegs sein wollen, spinnen Sie sich Ihr dreidimensionales Netz! Und das am besten zu Zeiten, wenn Sie es gar nicht benötigen – damit Sie ohne Scheu und in bester Gewohnheit darauf zurückgreifen können, wenn Ihr Alltag es erfordert.

4) Werden Sie zum Filter statt zum Flaschenhals

„Aber davon hast du uns ja nie etwas erzählt!", ereifert sich die Pädagogin während der Teamsitzung. „Wenn wir das gewusst hätten, hätten wir doch ganz anders vorgehen können!" „Ja, was glaubt ihr denn, wenn ich euch immer alle Informationen weitergeben würde, die ich von oben kriege, da sitzen wir hier nur mehr in Besprechungen. Es ist definitiv meine Aufgabe, das für euch Relevante herauszusuchen!" Die Luft ist spannungsgeladen, die Emotionen werden bald den Siedepunkt erreicht haben.

Genau das Unterscheiden von *die Guten ins Kröpfchen, die Schlechten ins Töpfchen* stellt so manche, auch erfahrene Führungskraft vor eine große Herausforderung. Selbstverständlich ist es notwendig, als Filter zu agieren und nur die wirklich relevanten Informationen an das eigene Team weiterzugeben. Und ebenso einen guten Filter nach oben zu etablieren, denn es macht ebenso wenig Sinn, die nächsten Vorgesetzten mit allen Bedürfnissen des Teams stets und jederzeit zu überladen.

Aber wie kann vermieden werden, dass eine Führungskraft gleich zum sogenannten *Flaschenhals* wird? Dass viele Informationen gar nicht mehr weitergehen, und zwar in beide Richtungen? Stellen wir uns das Bild einer Führungskraft vor, die bemüht ist, ihr Team nicht mit Informationsflut zu überfordern und gleichzeitig ihre Vorgesetzten vor zu vielen Wünschen und Forderungen von unten zu bewahren.

Die Führungskraft wird so zur Bewahrerin vielen Wissens. Das verleiht ihr natürlich auch einen gewissen Machtstatus, der einige Zeit lang gut halten kann. Über kurz oder lang wird so eine Führungskraft aber das Vertrauen ihrer Mitarbeiterinnen verlieren und diese werden beginnen, sich um die Führungskraft herum mit Informationen zu versorgen. Schlussendlich werden neue Informationsquellen gefunden werden und das Vertrauen wandert dorthin. Und die Führungskraft ins Abseits.

Und wie sieht das aus der anderen Richtung aus? Es ist nicht die Aufgabe einer Führungskraft, ihre Vorgesetzten zu beschützen, z. B. vor zu vielen Informationen aus Teams oder Abteilungen. Die Vorgesetzte wird ihrerseits vermutlich bereits gelernt haben, wie sie sich selbst schützen und ihre Grenzen wahren kann. In jedem Fall darf ihr die Verantwortung dafür nicht abgesprochen werden. Und sie wird davon ausgehen, alle relevanten Informationen stets erhalten zu haben, denn nur so kann sie ihre eigene Rolle, strategisch zu führen, kompetent ausleben. Wird eine Führungskraft zum Flaschenhals, kann sie also nicht nur das Vertrauen ihres Teams verlieren, sondern auch das ihrer Vorgesetzten, die dann das Gefühl haben, sich nicht mehr auf Ihre Mitarbeiterin verlassen zu können.

Ihr PS-Check ✓

Zwei Ihrer Kompetenzen werden Ihnen hier weiterhelfen können, sobald Sie sie gut entwickelt haben. Zunächst versuchen Sie es mit Ihrer Fähigkeit des Perspektivenwechsels: Erinnern Sie sich an Ihre Zeit als Pädagogin – welche Informationen wären für Sie relevant gewesen, was hätten Sie gerne erfahren? Und vor allem – auf welche Art und Weise hätten Sie es gerne erfahren, wie wäre es für Sie hilfreich gewesen? Ziehen Sie sich in ihrer Vorstellung auch die Schuhe Ihrer Vorgesetzten an (egal, ob Sie diese Position tatsächlich einmal anstreben oder zutiefst dafür dankbar sind, dass es da jemand anderen gibt, der sie ausfüllt) und stellen Sie sich erneut die Fragen. Was hätten Sie gerne gewusst und auf welche Art und Weise würden Sie gerne davon erfahren?

Die zweite Kompetenz ist die Fähigkeit, in Fragen zu denken und Fragen nach außen zu stellen. Als Kinder haben viele von uns gelernt, dass Fragen zu stellen in der Schule oft unbeliebt macht. Wichtig war es, Antworten zu wissen, selbst wenn man die Frage dahinter gar nicht richtig verstanden hatte. Das natürliche Fragen des Kleinkindes war uns so rasch abgewöhnt worden und als erfolgreiche Führungskraft denken wir längst in Antworten. Hier ist also ein Umdenken notwendig. Denn in Wahrheit können Sie niemals *wissen*, wie viele und welche Informationen für Ihre Teams und Vorgesetzten gerade wichtig sind. Geben Sie die Scheu und Scham am Führungskräfteeingang ab und fragen Sie immer wieder nach, wie Ihre Fantasien über das richtige Ausmaß und die richtige Frequenz bei Teams und Vorgesetzten ankommt. Und dann justieren Sie Ihr Verhalten entsprechend. Und zwar laufend und nicht erst dann, wenn der Ärger in Teams oder bei Vorgesetzten bereits überkocht.

5) Durchschauen Sie Ihre Teamitglieder

„Ich kann es mir gar nicht erklären, weshalb meine Leute so miesmutig durch die Gegend laufen. Irgendwie ist da kein Strahlen, keine Begeisterung für das was sie tun. Manchmal überkommt mich das Gefühl, ich habe es da mit Robotern zu tun und nicht mit Menschen aus Fleisch und Blut! Natürlich habe ich schon über alles nachgedacht, sie haben keine sonderlich anstrengenden Kinder, bei uns fehlt selten jemand im Team, und sie bekommen alle Materialien, die sie brauchen. Was kann denn das noch sein??", fragt mich die engagierte Leiterin, sichtlich am Ende ihres Lateins.

Der britische Psychologe und Management-Experte Raymond Meredith Belbin hat bereits in den 70er und 80er Jahren des letzten Jahrhunderts wissenschaftlich begründet, dass ein Team vor allem dann gut funktioniert und die einzelnen

Teammitglieder vor allem dann zufrieden sind, wenn jeder seinem Talent und seinen Fähigkeiten entsprechend eingesetzt ist und mit den richtigen Aufgaben betraut wird. Belbin hat festgestellt, dass es in einem Team im optimalen Fall neun verschiedene *soziale und funktionelle Rollen* gibt. Er bezeichnet sie als *Erfinder, Weichensteller, Macher, Koordinator, Beobachter, Mitspieler, Umsetzer, Perfektionist* und *Spezialist.* Jede dieser Rollen hat spezifische Eigenschaften, Stärken und Schwächen, die im Sinne eines funktionierenden Teams eingesetzt und gestärkt werden können.

Belbin hat einen Test entwickelt, mit dessen Hilfe es möglich sein soll, die Rolle, die ein Mensch in seinem beruflichen Umfeld am besten einnehmen kann, herauszufiltern und zu bewerten. Ich meine, es ist besonders sinnvoll, hier auch Selbstwahrnehmung, Fremdwahrnehmung und die wissenschaftlichen Testergebnisse Belbins miteinander zu verknüpfen. Die Wahrscheinlichkeit ist allerdings gering, dass tatsächliche alle Rollen in einem Team vorkommen oder jedes Teammitglied genau nach seiner stärksten Rolle eingesetzt werden kann. Aber allein schon die Reflektion über die eigenen Stärken und Schwächen sowie Möglichkeiten, wie diese im Team am besten zur Geltung kommen könnten, beflügelt viele Teammitglieder. Und die differenzierte Kenntnis über die Zusammensetzung ihres Teams gibt den TeamleiterInnen die Möglichkeit, ihre MitarbeiterInnen strategisch zum Wohle des Teams und der Organisation einzusetzen. Dafür ist es wichtig, dass eine Führungskraft Offenheit und Neugierde entwickelt, um ihre MitarbeiterInnen auch von anderen Seiten her kennenzulernen.

Ihr PS-Check ✓

Wie gut glauben Sie, Ihre MitarbeiterInnen zu kennen? Wie schätzen Sie sie ein? Und wissen Sie, wie sie sich selbst einschätzen? Wissen Sie, welche Rolle eine MitarbeiterIn gerne einnehmen würde und welche Eigenschaften und Fähigkeiten sie dafür mitbringt? Wie offen sind Sie für möglicherweise ganz neue Erkenntnisse? Wie flexibel können Sie reagieren, wenn Sie feststellen, dass Ihr Team eigentlich anders strukturiert ist, als es von Ihnen eingesetzt wird? Wie können Sie einzelne Teammitglieder motivieren, ihre zweite oder dritte Stärke mehr einzusetzen, weil genau diese spezifische Rolle im Team fehlt? Wie gut können Sie Ihre eigenen Stärken, Schwächen und Vorlieben einschätzen und sich so in einer spezifischen Rolle wiederfinden? Und – wissen Sie, welche Gedanken Ihre Mitarbeiterinnen dazu haben? Sind Sie offen dafür, sich diesen Fragen gemeinsam mit Ihrem Team zu stellen?

6) Werden Sie Visionärin

Kennen Sie die Geschichte vom Bau an der Kathedrale? Ich erzähle Sie gerne in Trainingssituationen:

Ein Mann kommt an einer Baustelle vorbei und sieht drei Arbeitern zu, die mit großen Steinen arbeiten. Er fragt den ersten, was er denn hier tun würde und bekommt die muffelige Antwort: „Na, ich behaue einen Stein." Als er den zweiten Mann befragt, hört er ihn mit ein wenig mehr Zuversicht in der Stimme sagen: „Also, das wird einmal ein Spitzbogenfenster." Immer noch neugierig fragt er nun den dritten Mann, der mit offenkundiger Begeisterung auf seinen Stein schlägt. Mit leuchtenden Augen antwortet der: „Ich baue hier an einer Kathedrale!"

„Ja, aber was hat das denn mit uns zu tun?", wurde ich einmal gefragt. „Ich meine, wir haben doch unser großes Ziel – wir wollen Kinder bestmöglich begleiten und fördern, es soll ihnen und ihren Eltern gut gehen. Das reicht doch?!"

Ja, das ist tatsächlich ein schönes und wertvolles Ziel. Aber was ist Ihre Vision, was aus diesen Kindern dann wird? Was Ihr Begleiten und Fördern später einmal bewirken kann? Gerade wenn eine Führungskraft ein Team von MitarbeiterInnen motivieren will, den gemeinsamen Weg weiterzugehen, auch wenn er manchmal steinig ist, benötigen MitarbeiterInnen eine Vision, damit sie selbst bei der Stange bleiben können.

Visionen sind zukunftsorientiert und optimistisch und ermöglichen das Wachstum eines Teams und einer ganzen Organisation. Visionen benötigen drei Komponenten – *Wissen, Erfahrung* und *Fantasie.*

Ohne Wissen bleibt jede Vision nur ein Hirngespinst. Damit eine Vision real sein kann und die Möglichkeit von realistischen Zielen beinhaltet, brauchen Sie eine bestimmte Wissensgrundlage, auf die Sie sich stützen können. Nehmen wir als Beispiel die Gebrüder Wright[(Fn103)]. Schon als junge Burschen waren sie voller Leidenschaft für das Fliegen, ließen Drachen stiegen und beobachteten Vögel in der Luft. Aber erst durch den Physikunterricht in der Schule verstanden sie, wie Luftströmungen funktionierten und konnten so ihre realistische Vision vom Fliegen entwickeln.

Ohne Erfahrung bestimmter Umstände kann man keine Vision für andere entwickeln. Erst wenn man mit bestehenden Rahmenbedingungen nicht zufrieden ist, kommt man überhaupt auf die Idee, sich andere zu wünschen und darüber nachzudenken, wie diese aussehen könnten.

Die Fantasie wiederum vereinigt das Wissen und die Erfahrung und verknüpft sie mit Träumen. So entstehen Möglichkeiten und die Energie, sie auch zu erreichen.

---

103. Wilbur Wright und Orville Wright waren US-amerikanische Pioniere der Luftfahrt, die zu Beginn des 20. Jahrhunderts erstmals mit motorbetriebenen Flugzeugen geflogen sind und somit die moderne Luftfahrt begründet haben.

Ihr PS-Check ✓

Sie sind eine erfahrene Pädagogin und haben viel über die Leitungstätigkeit gelernt. Welches Wissen haben Sie noch? Worüber wollen noch mehr erfahren? Wie genau können Sie die Situation Ihres Teams, Ihrer Abteilung oder Ihrer Organisation einschätzen? Wie genau ist Ihre Wirklichkeit beschaffen? Und was hätten Sie gerne anders? Nutzen Sie wieder Ihre erlernte Fähigkeit des Imaginierens und träumen Sie, lassen Sie Ihre Vision zunächst in Ihrem Kopf entstehen. Und bringen Sie sie im Anschluss zu Papier, gerne zunächst mit kreativen Methoden wie Zeichnungen oder Collagen. Erst dann fassen Sie sie in Worte, machen Sie sich Notizen für sich selbst und im Anschluss für die Gespräche mit Ihrem Team. Bringen Sie die Lust und die Leidenschaft für Ihre Vision mit hinein, damit auch Ihre Mitarbeiterinnen neugierig werden und ihrerseits Lust bekommen, mit Ihnen gemeinsam an der Realisierung dieser Vision zu arbeiten.

7) Entwickeln Sie Ihren inneren Marsmenschen

„Na, danke!", lacht die Leiterin, die mir gegenüber sitzt, „Da weiß ich schon genau, was ich für eine Antwort kriege! Das hat überhaupt keinen Sinn, wenn ich der Helferin so einen Auftrag gebe. Ich weiß doch genau, was sie meint, wenn sie wiedermal kommt und sich darüber beschwert, dass die Kinder so langsam essen und sie nicht weiß, wie sie mit dem Geschirr fertig werden soll! Die Wände könnte ich hochgehen, weil ich doch genau weiß, was sie mir eigentlich damit sagen will!"

Wirklich? Wenn Führungskräfte Gedanken lesen können und sich dann über die – unausgesprochenen – Gedanken ärgern oder frustriert sind, läuten meine inneren Alarmglocken. Zum einen *kann* einfach niemand wissen, was der andere denkt! Vielleicht können wir tatsächlich irgendwann in der ferneren Zukunft mit der nötigen technischen Unterstützung gegenseitig unsere Gedanken lesen, aber bis dahin sollten wir andere Strategien entwickeln, als über *vermeintlich Gemeintes* graue Haare zu bekommen.

Wenn jemand glaubt, genau zu wissen, was sein Gegenüber gerade gedacht hat oder mit seiner Aussage bezwecken will, ohne dass es ausgesprochen wurde, so hat das stets mit Vorurteilen zu tun. Grundsätzlich sind Vorurteile sinnvolle Filter. Unser Gehirn nimmt tatsächlich nur einen geringen Prozentsatz an Außenimpulsen wahr, dann vergleicht es diese Impulse mit bisher Erlebten und gibt ihnen eine Bedeutung. Ein Beispiel, wo so ein Vorurteil sehr wichtig und sinnvoll ist: Ein Kind hat sich einmal an einer heißen Herdplatte verbrannt. Im Normalfall wird sein Gehirn mit einem inneren Alarm reagieren, wenn das Kind das nächste Mal mit der Hand in die Nähe einer Herdplatte kommt, auch wenn diese gar nicht eingeschaltet ist. Und je älter wir werden, umso mehr Erfahrungen haben wir gemacht und umso mehr Filter zum Abgleichen der Impulse stehen unserem Gehirn zur Verfügung. Vielleicht kennen Sie den Effekt, wo sie einen Menschen auf den ersten Blick nicht leiden können und sich selbst darüber wundern? Dahinter liegt ein Filter in ihrem Gehirn, der irgendwann mal eine negative Begegnung mit einem Menschen abgespeichert hat, der möglicherweise eine ähnliche Stimme hatte. Oder einen ähnlichen Geruch. Oder ähnlich aussah. (Sie erinnern sich noch an unser Stammhirn und daran, dass diese Sinne schneller arbeiten als unsere Gedanken?) Und umgekehrt vertrauen wir manchmal Menschen vom ersten Moment an, obwohl wir sie noch gar nicht kennen. Auch hier liegt wieder ein entsprechender – diesmal positiver – Filter dahinter (*Halo*-Effekt).

Eine Möglichkeit, diesen inneren Filtern oder Vorurteilen zu entkommen, bietet die Entwicklung des *inneren Marsmenschen*(Fn104). Lernen Sie, anstatt Vorurteilen einen *inneren Leerraum* zu entwickeln, der es Ihnen ermöglicht, Ihre persönlichen Filter im gewünschten Moment auszuknipsen und wirklich nur das wahrzunehmen, was tatsächlich passiert.

Ihr PS-Check ✓

Stellen Sie sich vor, Sie kommen in Wahrheit vom Mars. Und haben nicht die geringste Ahnung, was Menschen *eigentlich* meinen, wenn sie mit dieser oder jener Stimme sprechen, eine Grimasse ziehen oder die Augen verdrehen. Niemand hat Ihnen da oben erklärt, wie diese Menschen auf der Erde funktionieren, Sie können daher nur mit dem arbeiten, was Ihnen tatsächlich geboten wird – der reinen Aussage. Oder wenn Sie selbst eine Forderung haben und normalerweise sagen würden: „Hat ja gar keinen Sinn, das brauch ich gar nicht verlangen.“, obwohl Ihre Forderung durchaus berechtigt ist und Sie sie sich gründlich überlegt haben, dann gehen Sie doch in Ihren *innerer-Marsmensch-Modus* und stellen Sie Ihre Forderung. Und gehen Sie davon aus, dass ihr auch nachgegangen wird. Warum denn auch nicht?

8) Segeln Sie durch den Sturm

Kopfschüttelnd schaut die Leiterin in die Runde der Supervisionsgruppe. Und beginnt zu erzählen: „Ich habe irgendwie den Eindruck, dass meine Mitarbeiterinnen jede für sich eine Insel sind. Sie machen echt einen guten Job, naja, die üblichen Beschwerden gibt es schon, aber im Großen und Ganzen läuft es wirklich gut. Nur miteinander tun die eigentlich nichts. Jede schaut nur auf ihren Bereich, da sieht keine, wenn die andere daneben vielleicht mal Hilfe braucht. Nur nicht links oder rechts schauen. Aber was sie gut können, ist, hinter dem Rücken der anderen reden. Immer wieder hör ich irgendein Gerücht oder jemand beschwert sich wieder einmal über jemand anderen. Das ist ja so mühsam!“ Nachdenklich blickt eine der Kolleginnen sie an und fragt: „Sag mal, wie lange sind die jetzt ein Team? Hat's bei dir eigentlich auch schon mal gestürmt?“

---

104. gerne auch *„das innere Blond“* oder *„innerlich komme ich vom Land“* genannt

Da wird ein wichtiger Punkt angesprochen, nämlich Phase Nr. 2 aus dem 5-Phasen-Modell nach Tuckman. Der US-amerikanische Psychologe Bruce Tuckman hat in den 70er-Jahren des letzten Jahrhunderts ein Modell entwickelt, an dem sich die Bildung eines Teams sehr gut nachvollziehen lässt. Nach seinem Verständnis finden Teammitglied sich zu Beginn in einer Findungs- und Kontaktphase (*Forming*) wieder. Es ist ein wenig die Zeit der rosaroten Brillen – man denkt über die anderen nur das Beste und zeigt von sich selbst ein Bild, von dem man sich vorstellt, dass es den Erwartungen der Kolleginnen entspricht. Nach einer Weile beginnt man dann, seine eigenen Ecken und Kanten zu zeigen, sein eigenes Wertesystem auf den Tisch zu legen. Jetzt wird es Zeit, sich damit auseinanderzusetzen, sich zusammenzuraufen (*Storming*). Erst wenn das geschehen ist, wird es möglich, gemeinsame Spielregeln zu entwickeln und sich über Vorgangsweisen zu einigen (*Norming*). Nur dann kann auch wirklich gearbeitet werden, Leistungen können erbracht und evaluiert werden, ein Team oder Unternehmen entwickelt sich weiter (*Performing*). So sah das ursprüngliche Modell von Tucker aus, bis er es nach einigen Jahren um eine zusätzliche Phase erweiterte. Er erkannte die Wichtigkeit, dass auch die Auflösung eines Teams (und das passiert schon allein dadurch, dass ein Teammitglied das Team verlässt) als eigene Phase dargestellt und entsprechend gelebt wird (*Adjourning*).

Phase 2, das *Storming*, also der *Sturm* oder die *Konflikt-Phase*, stellt sicherlich für viele Führungskräfte die größte Herausforderung dar. „Aber ich bin so harmoniesüchtig!“, höre ich immer wieder, oder „Also, Streitereien halte ich gar nicht aus!“. Leider ist Konfliktfähigkeit keine Kompetenz, die wir in der Schule unterrichtet bekommen. Und in vielen Elternhäusern gibt es auch keine Streitkultur, zumindest keine vereinbarten, überprüfbaren Regeln, wie miteinander in einem Konflikt umgegangen werden soll. Die Möglichkeit zur offenen Auseinandersetzung in einem Team bildet aber die Grundlage für das Zusammenwachsen der einzelnen Teammitglieder. Und es ist unumgänglich, dass ein Team für sich Streitregeln erarbeitet, um so zu einer tragfähigen Konfliktkultur zu kommen. Eine harmoniesüchtige Leiterin ist da keine große Hilfe. Da besteht die Gefahr, dass sich auch die Kolleginnen gegenseitig vor offenen Konflikten zu schützen versuchen, sich in kleinen Grüppchen zusammentun, und Konflikte unterschwellig weiterleben. Sehr oft ist dann Mobbing oder das Auseinanderbrechen des Teams die Folge. Eine autoritär wirksame Führungskraft ist ebenfalls nicht hilfreich, da hier die Teammitglieder oft aus Angst dem offenen Konflikt aus dem Weg gehen. In solchen Fällen wird es vermehrt zu einer hohen Fluktuation im Team kommen, Krankenstände erreichen ein untragbares Maß. Hier ist also besonders die Führungskraft gefordert, eine Kultur der offen gelebten Konflikte in ihrem Haus zu etablieren und dafür zu sorgen, dass die Mitarbeiterinnen einander tatsächlich auch konfrontieren. Es gilt, Konflikte aufdecken anstatt sich zu freuen, dass – zumindest oberflächlich – Harmonie herrscht. Eine starke Führungskraft wird dafür sorgen, dass ihre Mitarbeiterinnen sich an die vorher gemeinsam vereinbarten Streitregeln halten, dass im Haus keine *Hinter-dem-Rücken-Politik* entsteht und sich die Teammitglieder daher darauf verlassen können, dass sie mit ruhiger und wissender Führung gemeinsam durch Stürme durchsegeln können.

Ihr PS-Check ✓

Wie ist es um Ihre eigene Konfliktkultur bestellt? Was bringen Sie für Kompetenzen aus Ihrem Elternhaus mit, wie leben Sie Auseinandersetzungen in Ihrer privaten Beziehung? Welche Ängste kennen Sie, wenn Sie mit einem Ihnen wichtigen Menschen einen Streit haben? Welche Gedanken sind da in Ihrem Kopf, welche Gefühle werden an die Oberfläche gespült? Und wie reagieren Sie dann darauf? Was wird passieren, wenn Sie vielleicht von einigen Teammitgliedern für eine Weile nicht mehr *gemocht* werden, weil sie deren Streit nicht übernommen sondern sie dazu bewegt haben, ihn selbst auszutragen? Wie wird es Ihnen gelingen, Gelassenheit und Zuversicht zu entwickeln, dass tatsächlich nach jedem Sturm wieder die Sonne scheint – auch für Sie?

6 Manager oder Leader?

Wie definieren Sie sich selbst – sind Sie als Leitungskraft *Manager* oder *Leader*? Der Begriff *Manager* wurde einfach in den deutschen Sprachgebrauch übernommen und ist mittlerweile gang und gäbe. Simpel übersetzt würde er *Verwalter* bedeuten. Aus dem englischen *Leader* haben wir die *Führungskraft* gemacht, und immer mehr Menschen werfen beide Begriffe gerne in einen Topf. Doch allein durch die Erforschung der Wurzeln dieser Bezeichnungen lässt sich erkennen, dass es nicht dasselbe sein kann. Viele Menschen, die denken, ein Manager ist automatisch eine (gute) Führungskraft, befinden sich auf dem Holzweg. Ein Manager ist eine Person, die eine Abteilung, eine Filiale oder ein Unternehmen *verwaltet*. Das ist klar definiert, offensichtlich und stets evaluierbar. Manager arbeiten mit Zahlen-Feedback, ihr Erfolg (oder Misserfolg) lässt sich sehr gut messen und in Zahlen darstellen.

Führungskräfte hingegen arbeiten mit Menschen-Feedback. Ihre Leistungen sind nicht oder höchstens indirekt durch Zahlen mess- und darstellbar. Vom bekannten US-Wirtschaftswissenschaftler Warren Bennis stammt der Ausspruch: „Manager machen Dinge richtig, Führungskräfte machen die richtigen Dinge.“ (Bennis, 1996, 128)

Wenn Sie als Leiterin oder Leiter einer pädagogischen Einrichtung also darüber nachdenken, ob Sie die Dinge richtig machen und wie Sie das bewerten und beweisen können, dann sind Sie ein Manager und somit ein Verwalter. Denken Sie hingegen darüber nach, wie Sie die richtigen Dinge tun können, denken Sie dabei automatisch zukunftsorientiert, haben Visionen, Missionen und Strategien, für die Sie andere Menschen begeistern können. Dann haben Sie sich zu einer (guten) Führungskraft entwickelt!

Literaturverzeichnis

Allport, Gordon W (1974). Werden der Persönlichkeit. Gedanken und Grundlegung einer Psychologie der Persönlichkeit. München: Kindler.

Bennis, Warren (1996). Führen lernen. Führungskräfte werden gemacht, nicht geboren. München: Heyne.

Goethe, Johann W. (1986). Faust – Der Tragödie erster Teil. Stuttgart: Reclam.

Hahnzog, Simon (2011). Persönlichkeitsentwicklung beim Übergang vom Studium in den Beruf. München: Herbert Utz.

Hopson, Barrie/Adams, John (1976). Transition: Understanding and Managing Personal Change. London: Martin Robertson.

Hesse, Heinrich (2005). Der Steppenwolf. Frankfurt am Main: Suhrkamp.

Hüther, Gerald (2010). Bedienungsanleitung für ein menschliches Gehirn. Göttingen: Vandenhoeck & Ruprecht.

Jung, Carl G. (1976). Die Archetypen und das kollektive Unbewusste. Freiburg: Walter.

Neyer, Franz J./Asendorpf, Jens B. (2012). Psychologie der Persönlichkeit. Heidelberg: Springer.

Pervin, Lawrence/Cervone, Daniel/John, Oliver (2005). Persönlichkeitstheorien. Stuttgart: UTB.

Schulz von Thun, Friedemann (1998). Miteinander reden, Band 3. Hamburg: Rowohlt.

Schmidt, Gunther (2004). Liebesaffären zwischen Problem und Lösung. Heidelberg: Carl-Auer-Systeme.

Tart, Charles T. (1975). Some Assumptions of Orthodox. In: Transpersonal Psychologies. Sydney: Law Book Co of Australasia.

Weininger, Otto (1903). Geschlecht und Charakter. Berlin: Matthes & Seitz.

4.2 Leitungstechniken erlernen und erfolgreich nutzen

Reinhold Rabenstein

Die KindergartenleiterInnen, die ich coache und in LeiterInnenseminaren trainiere, antworten auf meine Frage „Was schätzen Sie an Ihrer Leitungsaufgabe?“: vielfältige Aufgaben, Abwechslung, Handlungsspielräume, Kontakt und Beziehung zu Kindern und Erwachsenen. Die Attraktivität der eigenen Arbeit zu entdecken, ist ein wichtiger und wertvoller Beitrag, das eigene „Leiten“ konstruktiv zu gestalten! Zusätzlich zur Attraktivität unterstützen „Leitungskompetenzen“ und „Leitungstechniken“ die Leiterin, ihre Wirkung zu erhöhen. Darum geht es in diesem Kapitel des Buches.

1 „Verbinden und entscheiden“

Leiterinnen unterstützen ihr Soziales System „Kindergarten“, ihre Aufgaben für Kinder, Eltern und den Umwelten zu erfüllen. Dieses Soziale System braucht Kommunikation, Verbindungen und Austausch, um lebendig und wirkungsvoll zu sein: die MitarbeiterInnen kommunizieren mit der Leiterin, untereinander, mit den Kindern und Eltern. Daraus ergibt sich eine Kernaufgabe des Leiten: verbinden! Das Soziale System „Kindergarten“ entwickelt Komplexität indem unterschiedlichste Bedürfnisse, verschiedene Menschen mit ihren speziellen Lösungsmöglichkeiten zusammenspielen – zusammenwirken. Diese Komplexität zu managen, ist herausfordernd für alle Beteiligten, für die MitarbeiterInnen. „Komplexität verringern und erweitern“ wirkt dynamisch auf die Arbeitsweise der MitarbeiterInnen: Verringern vereinfacht – erweitern vermehrt die Möglichkeiten, die Alternativen.

Die Leiterin verringert die Komplexität durch ihre Entscheidungen: sie vereinfacht, sie konkretisiert, damit Handeln für die Beteiligten möglich wird. Entscheiden ist die Kernaufgabe zur Handlungskompetenz eines Sozialen Systems. (Dieses Leitungsmodell von „Verbinden und entscheiden“ stammt von Ruth Seliger, Das Dschungelbuch der Führung. Auer Systeme 2008)

2 „Pacing and leading – mitgehen und führen“

Leiten gelingt mit der Energie des Führens, mit „vorangehen“, mit der wehenden Fahne der Begeisterung, mit „leading“. Die Kompetenz des Mitgehens, „pacing“, erweitert das Leitungsspektrum um Mitgefühl und Achtsamkeit und respektiert das Bedürfnis der MitarbeiterInnen, sich ernst- und wahrgenommen zu fühlen, sich als „Mitwirkende“ bedeutsam und mitgestaltend zu erleben. Die Balance von

„Pacing and leading" ermöglicht die Resonanz zwischen Leiterin und MitarbeiterInnen.

3 Meine Leitbilder führen mit!

Jede Leiterin hat innere Bilder von „förderlichen und hemmenden" Leitungsfiguren. Bei den MitarbeiterInnen ist es ebenso: auch sie haben Bilder vom gelungenen Leiten. Hilfreich ist, wenn diese Bilder übereinstimmen. Sie können sich auch unterscheiden, sogar widersprechen. Daher lohnt es sich für die Leiterin ihre Leitbilder zu reflektieren und ihre Vorstellungen von „förderlich und hemmend" mit den MitarbeiterInnen auszutauschen zu kommunizieren. Für das Team ist es hilfreich und anregend, wenn Leiterin und MitarbeiterInnen ihre Leitbilder einander mitteilen und so ein Bewusstsein über ihre Übereinstimmungen und Unterschiede zu den Aufgaben der Leiterin schaffen – und das Zusammenwirken weiterentwickeln.

So können Sie methodisch damit arbeiten:

Wir (AGB-TrainerInnen für Systemisches Management) haben dazu einige Bilder skizziert, die mögliche Leit- und Leidbilder des Leitens zeigen. Bei unseren LeiterInnen-Trainings legen wir diese Bilder als Einzel-Blätter auf. Die TeilnehmerInnen gehen paarweise von Bild zu Bild und tauschen ihre Bewertungen aus, welche Bilder sie „förderlich und hemmend" erleben – und welches Leitungsbild sie verstärken möchten. (Statt dieser Skizzen können Sie auch ein Fotobilder Sortiment – in einer guten Mischung von Motiven – verwenden. Quellen siehe unten.)

Abb. 1

(Weitere Fotoset-Quellen: Sichtweisend. Impulsbilder. Eigenverlag. www.agb-vorarlberg.at (Alubox A5-Format)
75 Bildkarten für Coaching und Beratung. Beltz Verlag. (Kartonbox, A5-Format)
Ressourcen aktivieren mit dem Unbewussten. Manual und ZRM-Bilddatei. Huber Verlag. (Kartonschachtel mit Buch und Fotos, A4-Format))

4 Die vier Energien des Leitens und von Teams

Das praktische und anregende Modell der „Vier Energien des Leitens", bzw. der „Vier Energien im Team" ist für die Leiterin, den Moderator, die Teammitglieder hilfreich, um in unterschiedlichen Situationen ein Spektrum von **Möglichkeiten zu haben, sich vital zu zeigen, vital mitzuwirken.**

Kreative Offenheit, zielgerichtete Ordnung, zwischenmenschliche Verbundenheit und eigenständiges energisches Handeln können von Einzelnen und einer Gruppe gezeigt und erlebt werden. Diese Qualitäten verbinden, verknüpfen wir hier mit 4 Bildern/Metaphern, mit vier Energiebildern und -symbolen: Luft, Erde, Wasser, Feuer.

- **kreative Offenheit – Luft**
- **zielgerichtete Ordnung – Erde**
- **zwischenmenschliche Beziehungen, Mitgefühl – Wasser**
- **eigenständiges energisches Handeln, Begeisterung – Feuer**

Abb. 2

Die Leiterin kann – unterstützt durch die bildhafte Vorstellung – leichter herausfinden und wählen:

- Was ist in dieser konkreten Situation für mein Leiten und meine
- Mitarbeiterinnen und Mitarbeiter hilfreich?
- Welche meiner Führungsenergien ist jetzt nützlich und notwendig?
- Wovon zeige ich genug, wovon zu viel, wovon zu wenig?

Die Teammitglieder können – unterstützt durch die bildhafte Vorstellung – leichter herausfinden und wählen:

- Was ist in dieser konkreten Situation für mein Mitwirken zur Teamaufgabe, zur Teamentwicklung hilfreich?
- Welche der 4 Team-Energien erscheint mir jetzt nützlich und notwendig?
- Wovon zeige ich genug, wovon zu viel, wovon zu wenig?
- Wovon zeigen andere/das Team „genug, zuviel, zuwenig?"

Zu den Modellen und Ideen dieser vier Verhaltenqualitäten und vier Energiebilder haben mich einerseits Alexander Redlich, „Konfliktmoderation" (Windmühle Verlag, 1996) und Fritz Hendrich, „Die vier Energien des Führens" (Signum Business, 1999) angeregt.

5 Methodische Impulse zur Arbeit mit den 4 Energie-Bildern im LeiterInnen-Coaching, in der LeiterInnen-Intervisionsgruppe:

1. Sie bereiten die 4 Zeichnungen oder 4 Fotobilder zu Luft, Erde, Wasser, Feuer vor.
2. Sie beschreiben eine Situation, die Sie als herausfordernd erlebt haben, für die Sie Veränderungs- bzw. Verstärkungspulse wünschen, brauchen.
3. Sie stellen sich die Bilder und die Bedeutungen der Energiebilder vor als Spektrum möglicher Verhaltensqualitäten (Luft-Kreativität, Erde-Halt und Struktur, Wasser-Mitgefühl und Einfühlung, Feuer-Begeisterung und Konfrontation)
4. Die 4 Bilder legen Sie im Viereck am Boden auf (auch „Bodenanker" genannt) – oder Sie hängen die Bilder an die 4 Wände – was Ihnen mehr zusagt.
5. Sie gehen nun von Bild zu Bild und erleben, spüren, und reflektieren, wie sehr Sie in der speziellen Situation diese 4 Energien zeigen, womit Sie zufrieden sind. Und: von welcher Energie glauben Sie, zuviel zu zeigen? Von welcher Energie zuwenig? Wie könnten das Ihre MitarbeiterInnen erleben? Wie sehen Sie Ihre Wunschverteilung, Ihr Wunschverhalten? Woran könnten Sie merken, dass Sie Ihrem Wunschverhalten nahe kommen, dass sie Ihr Ziel erreicht haben? Woran würden es Ihre MitarbeiterInnen oder andere Betroffenen merken? Was wäre Ihr erster, kleinster Schritt in diese Richtung? Als Hilfe für die Selbsteinschätzung können Sie auch das Energie- Skalierungs-Blatt verwenden: Ist-Markierung und Wunsch-Markierung.

Sie können auch die Zeichnungen verwenden, wo die Beschreibungen und Bedeutungen bereits am Bild zu lesen sind.

Abb. 3

6 Methodische Impulse in der Team-Moderation:

1. Sie bereiten die 4 Energiebilder in der passenden Größe vor (bei größeren Teams A3-Format oder Flipchart)
2. Das Team hat eine spezielle Situation beschrieben und den Wunsch, seine Handlungsmöglichkeiten zu reflektieren und zu erweitern.
3. Sie stellen die 4 Energiebilder vor und deren Bedeutungen.
4. Var.1: Paarweise oder zu dritt gehen die Teammitglieder jetzt von Energie zu Energie und jedes Teammitgliedglied beschreibt, wie **hilfreich und zielführend die jeweilige Energie** gerade im Team – bzw. von einzelnen Teammitgliedern – gezeigt wird. Und welche der Energien **mehr und welche weniger gezeigt werden sollte**. Nach diesem Reflexions-Rundgang stellt sich jedes Teammitglied zu dem Energiebild, das er als hilfreiche Teamenergie würdigen möchte: „Das gelingt uns gut und ich erkenne es daran, ich merke es daran …" Danach stellt sich jedes Teammitglied zu der Energie, wo es eine Veränderung wünscht: „Ich bitte, davon mehr zu zeigen… ich bitte, davon weniger zu zeigen … ich werde es daran merken, dass …"

Hier ist auch die Gelegenheit, dass sich die Teammitglieder gegenseitig direkt Feedback geben.

4. Var. 2: Die Teammitglieder bekommen je ein gelbes und oranges Kärtchen, gehen von Energiebild zu Energiebild und legen zu der Energie, die ihm/ihr gerade passend erscheint das gelbe Kärtchen – und zu der Energie, die ihm/ihr aktuell unpassend erscheint, das orange Kärtchen. Die Farbmarkierungen werden von allen wahrgenommen.
   Jetzt stellt sich jede/r zu seiner/ihrer gelb markierten Energie und beschreibt, was er/sie **aktuell als hilfreich, günstig im Team** erlebt. Resonanzen dazu – die Moderatorin kann nach den Wirkungen dieser Mitteilungen fragen – speziell auch die Leiterin – vor allem dann, wenn das Beratungs-Anliegen von ihr kommt. Und auch als Signal, dass die Beobachtungen und Deutungen der Leiterin wichtig sind. Dann siedelt jede/r zu seiner/ihrer orangen Markierung und erzählt, was ihr/ihm **zuviel bzw. zuwenig gezeigt** wird und formuliert seinen/ihren **Wunsch**. Beides – Gelungenes und Wünsche – können von der Moderatorin am Flipchart mitgeschrieben, visualisiert werden.
5. **Die Merkmale der Zielerreichung**, der Wünscherfüllung werden nun von jedem Teammitglied beschreiben: „Woran werde ich merken, merke ich bereits, dass wir las Team meinen Wunsch, meine Ziel erreichen?“
6. Dann sammelt die Moderatorin die **Beiträge der Teammitglieder** zur Zielerreichung:
   „Was werde ich beitragen, um meinem Wunschbild, meiner Zielvorstellung näher zu kommen… um unser Team bei der Zielerreichung zu unterstützen?“
   „Wer macht was bis wann“ kann noch am Flipchart gesammelt werden, wenn es um ein konkretes Anliegen geht.
7. Schlussrunde zum Erlebten „Meine aktuellen Wirkungen…“, „In welchen Zustand bin ich nun durch diese Teamarbeit?“

Bild- und Fotoquellen, falls Sie die 4 Energien als Fotos darstellen möchten:
Feuer, Wasser, Luft und Erde. Bildimpulse kompakt Über 50 Fotokarten für Motivation und Coaching. Heragon Verlag (in Spielkartengröße).
Sichtweisend. Impulsbilder. Eigenverlag. www.agb-vorarlberg.at (Alubox A5-Format)
75 Bildkarten für Coaching und Bratung. Beltz Verlag. (Kartonbox, A5-Format)
Ressourcen aktivieren mit dem Unbewussten. Manual und ZRM-Bilddatei. Huber Verlag. (Kartonschachtel mit Buch und Fotos, A4-Format)

7 Systemisches Modell von Leiten – Führen – Managen – Coachen

Wir haben dieses Modell aus unterschiedlichen Leitungsmodellen, die zurzeit im Systemischen Management eine Rolle spielen, entwickelt. Im Mittelpunkt dieses Modells steht die Eigen-Art der Leiterin. Die Person, die „Ausstrahlung“, die Beziehungsfähigkeit sind die wichtigsten „Methoden“ der Leiterin. Im Zusammenspiel der 3 Aufgaben Leadership, Managen und Coachen kann die Leiterin ihre komplexe Anforderung nach Innen und nach Außen wahrnehmen.

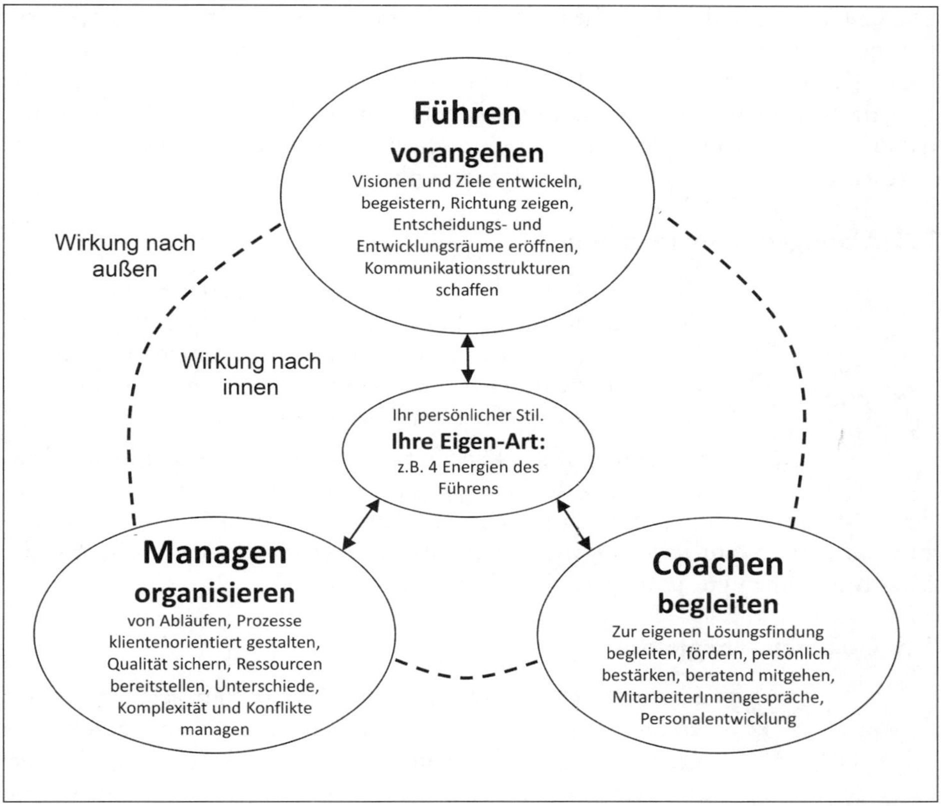

Abb. 4

Das Zusammenspiel der 3 Aufgaben mit der Eigen-Art der Leiterin ergibt ein „Systemisches Leitungsmodell“: vom Entweder-oder zum Sowohl-als-auch. Auf der nächsten Seite beschreiben wir die 3 Leitungs-Aufgaben detailiert.

(Quelle: Eva Scala, Reinhold Rabenstein, Franz Wendler, Paul Lahninger: AGB-Lehrgang „Systemisches Management“, Skriptum 2002. Robert Graf, AGBForum 2003)

7.1 Führen – Leadership – vorangehen

„Einen Weg weisen“. Leadership beschreibt die Führungsaufgaben der Leiterin. Die Leiterin öffnet den Raum, lenkt die Aufmerksamkeit und richtet die Energien auf

- Visionen, innovative Ideen
- Ziele und deren Attraktivität und Realisierbarkeit
- Strategien und Ressourcen der Umsetzung

Die Leiterin weiß, dass MitarbeiterInnen Raum und Ressourcen zur eigenen Entfaltung, genügend Eigenverantwortung, Zuständigkeiten und Anregungen brauchen. Die Leiterin ist Hüterin des Raumes nach Innen und nach Außen – die Leiterin hält die Kommunikation zwischen Außen und Innen aufrecht. Sie achtet darauf, dass genügend Zeit für die richtungweisenden Kommunikationen investiert wird: „Die Energie folgt der Aufmerksamkeit!"

7.2 Managen – organisieren

„Den Alltag gestalten". Als Managerin gestaltet die Leiterin die Arbeitsabläufe mit. Sie achtet darauf, dass genügend Routine und Innovation in das Prozessmanagement fließen. Sie fällt Entscheidungen und lässt entscheiden. Sie delegiert (rechtzeitig) Aufgaben und dazugehörige Zuständigkeiten.

Sie achtet auf das Fließen der Leistungsprozesse und auf Qualitätsstandards. Sie sorgt dafür, dass die Leistungen verschiedener MitarbeiterInnen in Richtung des Kundennutzens fließen – statt einander zu behindern. Sie bietet genügend Unterstützung – oder stellt sie bereit, dass die MitarbeiterInnen gut und professionell arbeiten können.

7.3 Coachen – begleiten

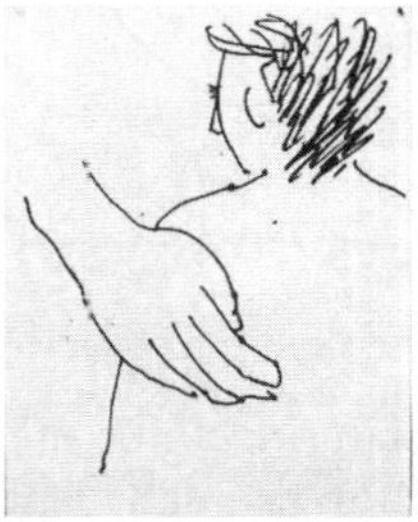

„Zur eigenen Lösung begleiten". Als Coach begeleitet und unterstützt die Leiterin die MitarbeiterInnen beim Finden der eigenen Lösung. Sie achtet auf genügend Zeit zum Kontakt und Austausch mit den MitarbeiterInnen. Bietet persönliche Unterstützung und Beratung – und ermöglicht dies mittels Supervsion und Coaching von Außenstehenden. MitarbeiterInnen-Gespräche, Fortbildungspläne, Karriereplanung sind Aspekte des Coaching, Instrumente der Mitarbeiterführung. Lernpartnerschaften (paarweise oder zu dritt) oder Mentoring (eine erfahrene Mitarbeiterin steht der neuen zur Verfügung) werden von der Leiterin angeregt.

Illustrationen: Reinhold Rabenstein – AGB, Linz

4.3 Mit Lösungsfokussiertem Führungsstil zum Erfolg

Veronika Kotrba/Günter Lueger

> Vielleicht kommt Ihnen das bekannt vor?
>
> Frau Grillinger steht unter „Strom" und kommt angespannt in das Zimmer der Kindergartenleiterin: Gerade hatte sie ein Gespräch mit einer Mutter, die sich über ihre pädagogische Kompetenz beschwert hat. Die kleine Tochter dieser Mutter hat die letzten Monate so wunderbar mit ihren zwei Freundinnen in der Gruppe gespielt und jetzt lassen die beiden ihre Tochter nicht mehr mitspielen. Als professionelle Pädagogin hätte sie da einzuschreiten, um die beiden in die Grenzen zu weisen. „Ich brauche da Ihre Unterstützung", meint die Pädagogin zur Leiterin, „Sie müssen mit der Mutter reden!"
>
> Eine Minute später kommt die Stellvertreterin vorbei. Sie meint, dass es dringenden Gesprächsbedarf gibt, eine Assistentin will nicht mehr die Bestellungen für die Jause alleine machen. Das müssten andere auch tun. Sie fühlt sich nicht wertgeschätzt. „Können Sie mit ihr kurz reden?", meint die Stellvertreterin.
>
> Die Leiterin verspürt leichten Ärger und hat wieder einmal das Gefühl, dass alle Probleme auf ihren Schultern lasten und sie von Jammerern und Negativ-DenkerInnen umgeben ist. „Gibt es in diesem Haus noch irgendjemanden, der auch Ideen für Lösungen hat und selber die Initiative ergreift?"

LeiterInnen und MitarbeiterInnen in Kindergärten können sich in „Zeiten wie diesen" nicht über einen Mangel an Problemen beklagen. Viele Veränderungen in Gesellschaft und Erziehung haben dazu geführt, dass die Anforderungen in Kindergärten gestiegen sind und besonders hinsichtlich des Erarbeitens von Lösungen sind die Anforderungen deutlich erhöht.

Dabei werden gerade LeiterInnen hinsichtlich der Entwicklung von Problemlösungen gefordert und dabei immer wieder in das „schwarze Loch der Probleme" hineingezogen. In vielen Gesprächen mit PädagogInnen, Eltern und allen anderen Akteuren im Kindergarten wird beklagt, was nicht funktioniert und häufig werden wechselseitig Schuldige gesucht und auch gefunden. Dazu kommt dann noch die Unzufriedenheit über die mangelnde Anerkennung der Kindergarten-PädagogInnen in der Gesellschaft und viele andere Entwicklungen, wo die Institution Kindergarten nach wie vor zu wenig Beachtung findet. Kurz: Oft hat man den Eindruck, dass einzelne MitarbeiterInnen und manchmal sogar ganze Kindergärten in einer „Problem-Trance" stecken (vgl. Schmidt 2004) und das eigentliche Problem gar nicht die auftretenden Schwierigkeiten sind, sondern das ständige Jammern darüber.

Im Folgenden wird ein Konzept vorgestellt, wie LeiterInnen und MitarbeiterInnen in Kindergärten in anderer Form an Probleme herangehen können. Von der Lösungsseite her, durch das konsequente Loslassen der Probleme.

1 Lösungsfokussierte Führung – Was ist das?

Lösungsfokussierte Führung stellt eine Spielart der systemischen Führung dar, die in der letzten Zeit immer häufiger in der Praxis anzutreffen ist. Im Unterschied zu klassischen systemischen Konzepten ist es das Grundprinzip dieses Vorgehens, möglichst einfach zu bleiben und sich dabei an zwei Grundprinzipien zu orientieren, die das Gelingen der Abläufe und Prozesse im Kindergarten verstärken:

- Wenn etwas funktioniert, so mache mehr davon
- Wenn etwas nicht funktioniert, so mache etwas anders (vgl. Bamberger 2001)

Der Ursprung dieses Konzeptes geht auf de Shazer und Berg zurück (vgl. de Shazer 1998), die in zahlreichen Video-Analysen von aufgezeichneten Gesprächssituationen herausgefunden haben, was das Erarbeiten von Lösungen begünstigt. Bei diesen Analysen der Gesprächssituationen war die zentrale Forschungsfrage: „Was genau passiert wenn Lösungsideen produziert werden?". Mittlerweile sind die positiven Wirkungen des Lösungsfokussierten Vorgehens wissenschaftlich belegt. So hat eine aktuelle Studie der Wirkungen von „lösungsfokussierten Trainings für Führungskräfte" gezeigt, dass sich Kommunikation, Problemlösungsverhalten u. a.m. deutlich positiv beeinflussen lassen (siehe weiter unten).

Der inhaltliche Kern der Lösungsfokussierten Führung bezieht sich auf ein bekanntes Grundprinzip des Veränderungsmanagements: „Das Einzige, das konstant ist, ist die Veränderung". Dies gilt natürlich auch für das Auftreten von Problemen in der Arbeitswelt, die nicht konstant sondern eben auch unterschiedlich sind. Um es an einem Beispiel zu verdeutlichen: Wenn die Besprechungen im Kindergarten ermüdend und nicht wirklich effizient sind, so entsteht bei den Beteiligten oft der Eindruck, dass diese Besprechungen immer gleich sind und nur mittelmäßige Ergebnisse liefern (siehe Abb. 1 die Linie). Tatsächlich treten aber Unterschiede auf: Es gibt Zeiten, wo es ganz besonders frustrierend bzw. ineffizient ist, aber auch Situationen, in denen die Besprechungen etwas besser laufen und es somit etwas besser ist.

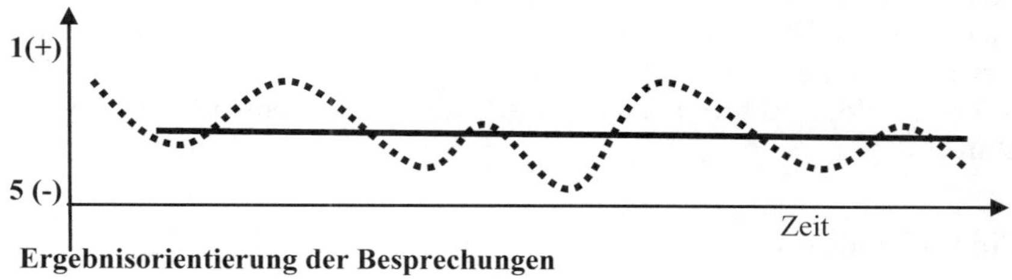

Abbildung1: Stabilität versus Variabilität von Aspekten der Arbeitsleistung

Bei der Lösungsfokussierten Führung steht die Veränderung der Wahrnehmung bei den MitarbeiterInnen in Bezug auf Probleme im Mittelpunkt. Klassischerweise werden solche Probleme vorwiegend als konstant gesehen (Besprechungen bringen nichts, die Mutter ist aggressiv, die KollegIn nicht kooperativ,...), was zu einer Stabilitätstrance bei den Beteiligten führt. Und Dinge, die stabil sind, sind natürlich schwer veränderbar. Im Mittelpunkt der Lösungsfokussierten Führung steht hingegen die Fokussierung der – wie schon vorher erwähnt – Unterschiedlichkeit der Probleme. Besprechungen sind – wie jeder aus eigener Erfahrung weiß – natürlich immer unterschiedlich und diese laufen mal besser und mal schlechter. Mütter wirken manchmal aggressiver und dann wieder geduldiger und auch KollegInnen verhalten sich mal mehr und mal weniger kooperativ. Der Fokus auf diese Unterschiede stellt einen „Königsweg" für das Finden von Veränderungsansätzen dar. Wenn die Abläufe im Kindergarten (z. B. die Besprechungen) positiv verändert werden sollen, so ist es hilfreich, die Wahrnehmung der Beteiligten auf die positiven Unterschiede zu richten. Dadurch wird eine wesentlich motiviertere Grundstimmung geschaffen als im umgekehrten Falle.

Der „Dreh" der Lösungsfokussierten Führung besteht nun im Refokussieren der Wahrnehmung durch Fragen und Interventionen der Führungskraft:

Wenn statt dem Fokussieren auf negative Unterschiede – also das „Jammern" – nun gemeinsam analysiert wird, was konkret anders ist in jenen Zeiten, wo es etwas besser ist, so ist ein motivierender „Turnaround" durchaus realistisch. Die Beteiligten erkennen, dass sie manchmal bereits etwas tun, das die Sache besser macht. Damit entdecken Sie ihre Ressourcen und Fähigkeiten (wie z. B. beim Gestalten von Besprechungen, im Umgang mit der angesprochenen Mutter oder KollegIn). Zusätzlich wird auf diesem Wege sichtbar, dass man etwas wiederum machen kann, das schon mal geholfen hat. Etwas zu tun, das man schon mal getan hat, ist immer leichter, als vollkommen Neues zu tun – und das stimmt auch optimistischer.

Als wichtiger Punkt ist hier zu erwähnen: Das Vorgehen bei technischen Problemen unterscheidet sich im Vergleich zum Vorgehen bei Führungs-Problemen.

Bei „klassischen" technischen Systemen wie Autos und Anlagen werden negative Abweichungen im Detail analysiert, um diese zu beheben. Bei sozialen Systemen aber erweist sich die Analyse des spezifischen positiven Unterschieds als erfolgreicher – um es salopp zu formulieren: Es ist wirklich so, Menschen sind eben keine Maschinen.

2 Wie funktioniert's?

Wie lässt sich dieser Grundgedanke nun konkret umsetzen? Wie geht man vor? Im Mittelpunkt steht die schon angesprochene Fokussierung von positiven Unterschieden und Dingen, die bereits funktionieren, um wichtige Details für die Entwicklung von Veränderungs- und Lösungsschritten zu finden. Selbstverständlich werden dabei auch immer wieder Probleme und Schwierigkeiten thematisiert werden. Gerade dann ist es besonders wichtig, den Fokus auf das zu richten, was anders ist, wenn es besser ist.

Die wichtigsten Ablaufschritte lassen sich folgendermaßen zusammenfassen:

- **Problemanerkennung**
Im ersten Schritt wird das Problem ganz einfach anerkannt. Häufig wird gerade in der allerersten Phase darüber diskutiert, ob das Problem wirklich ein Problem ist. Dadurch fühlen sich die Problembringer meist nicht verstanden und Widerstand wird erzeugt. Hilfreicher ist es, hier genau zu erkunden, inwieweit die Schwierigkeit ein Problem darstellt, und was genau anders werden sollte.

- **Konzentration auf positive Abweichungen**
Beim zentralen Schritt des Vorgehens wird erarbeitet, was anders ist, wenn es etwas besser funktioniert. Dabei haben sich eine Vielzahl von Fragen und Aussagen bewährt (vgl. DeJong/Berg 2003):

- **Fragen nach Ausnahmen**: Wann war es etwas besser? Was ist anders wenn die Dinge zumindest ansatzweise funktionieren? Wer verfügt über Erfahrungen, wo es „etwas besser" läuft?
- **Herausarbeiten von kleinen Erfolgen:** Wo gibt es Anzeichen, dass es funktioniert hat?
- **Positive Entwicklungen**: Woran werden wir erkennen, dass die Sache sich in die richtige Richtung entwickelt?

Grundsätzlich eignet sich hier aber jede Frage (bzw. jedes Vorgehen), die positive Unterschiede fokussiert (vgl. Lueger 2006).

- **Entwickeln von wohlformulierten Zielen**
Auf der Basis von Informationen über positive Unterschiede entwickeln erfolgreiche Problemlöser die sogenannten „wohlformulierten Ziele". Diese Ziele basieren auf folgenden Prinzipien, die sich im solution-focused approach als hilfreich für Veränderungen gezeigt haben (vgl. De Jong/Berg 2003):

- Die Ziele sind relevant und sinnvoll für die Person, die eine Veränderung anstrebt
- Die Ziele sind als konkrete Verhaltensweisen beschrieben und fokussieren messbar und konkret, woran erkennbar ist, dass es besser ist
- Die Ziele sind als Anwesenheit von etwas und nicht als Abwesenheit von etwas formuliert
- Die Schritte sind klein und vor allem die ersten Schritte werden fokussiert

- **Der/die ProblembringerIn ist ExpertIn für die Lösung**

Der Lösungsfokussierte Führungsstil geht davon aus, dass diejenigen, die Probleme beschreiben auch diejenigen sind, die die beste Informationsbasis für das Finden des Lösungspotenzials haben. Auch die engagierteste LeiterIn kann nicht alle informationsrelevanten Aspekte im Blick haben. Außerdem sind lösungsfokussierte LeiterInnen darauf ausgerichtet, die Problemlösungskompetenz ihrer MitarbeiterInnen optimal zu fördern. Denn wenn die MitarbeiterInnen selbst kontinuierlich das Funktionierende in den Mittelpunkt stellen und positive Abweichungen bei Problemen als Ankerpunkt für Veränderung verwenden, wird die LeiterIn entlastet. Darüber hinaus ist die Wahrscheinlichkeit für die Umsetzung von Lösungsideen immer dann wesentlich größer, wenn MitarbeiterInnen selbst Lösungen gefunden haben.

- **Erarbeiten von Details**

„Nicht der Hund sondern die Lösung liegt im Detail" ist ein weiteres zentrales Grundprinzip des Lösungsfokussierten Führungsstils. Je genauer und vor allem konkreter die positiven Abweichungen analysiert werden, umso größer ist die Wahrscheinlichkeit, Ansätze für Veränderungen zu finden. Oft werden in problemzentrierten Vorgehensweisen Dinge zu allgemein formuliert (z. B. „Wir müssen da halt besser kommunizieren!"). Stattdessen sind konkrete Fragen wie „Wann müssen wir was genau beim Informationsfluss anders machen?" hilfreicher. Das garantiert, dass keine „Standardlösungen" implementiert werden sondern auf die spezifische Situation und den jeweiligen Kontext Rücksicht genommen wird.

- **Von der Problemsprache zur Lösungssprache**

Lösungsfokussierte Führung will nicht die Eigenschaften der MitarbeiterInnen verändern – das ist ein ziemlich aussichtloses Unterfangen. Vielmehr steht die Verwendung anderer sprachlicher Formulierungen im Vordergrund, die das Gelingen der Aufgaben in den Mittelpunkt stellen – denn darauf kommt es an. So ist es für viele MitarbeiterInnen deutlich leichter von „Schwierigkeiten" anstatt von „Problemen" zu sprechen. Oder: „Ich würde gerne noch ein paar Maßnahmen finden, die die Umsetzung ermöglichen" ist meist wesentlich anschlussfähiger als „Ich weiß nicht wie das gehen soll.". Die Praxis zeigt dabei einen wichtigen Vorteil des Verwendens einer anderen, lösungsorientierten Sprache: Die Sprache zu verändern ist deutlich einfacher als Eigenschaften zu verändern.

3 Wie wirkt Lösungsfokussierte Führung?

Zentral ist, dass das Lösungsfokussierte Vorgehen ermutigt, Probleme anzugehen, was wiederum die Wirksamkeit der Arbeit der MitarbeiterInnen positiv beeinflusst. In einer Studie zur Evaluierung der Veränderungen durch Lösungsfokussierte Führungskräfte-Trainings hat sich gezeigt, dass die weiter oben angesprochenen Prinzipien tatsächlich zu Wirkungen führen:

Folgende Veränderungen im Problemlösungsverhalten der MitarbeiterInnen konnten dabei beobachtet werden (vgl. Hoffmann/Luisser 2005):

- Es herrschte eine angenehmere und optimistischere Gesprächsatmosphäre
- Es gab einen merkbar verbesserten Informationsfluss
- Die Zuversicht für die Umsetzung von Lösungsschritten war deutlich erhöht, da man konkrete Vorgehensweisen besprochen hatte und besseres Feedback von Vorgesetzten vorhanden war
- Die beteiligten MitarbeiterInnen fühlten sich anerkannt, da ja über die positiven Unterschiede gesprochen wurde und die MitarbeiterInnen das Gefühl hatten, dass die Führungskräfte das ebenfalls sehen und anerkennen, was schließlich das Selbstwertgefühl steigerte
- Es wurde ein verbessertes Führungsverhalten erreicht, indem mehr delegiert und den MitarbeiterInnen mehr zugetraut wurde
- Auch ein Rückgang von Krankenstandsfällen und -dauer im Referenzzeitraum war zu verzeichnen

Obwohl diese Ergebnisse äußerst positive Entwicklungen zeigen, soll hier auch festgehalten werden, dass Lösungsfokussierte Führung nicht automatisch alle Probleme in Lösungen verwandelt. Das Erarbeiten von Lösungen ist und bleibt harte Arbeit. Lösungsfokussierte Führung zeigt dazu konkrete Ansatzpunkte auf, um diese harte Arbeit wirkungsvoller zu machen und schließlich so manche „Problemtrance" in eine „Lösungstrance" zu verwandeln.

Typische Anwendungen aus dem Kindergartenalltag sollen das im Weiteren verdeutlichen. Dabei wird anhand von mehreren Fallskizzierungen die für einen lösungsorientierten Führungsstil (ideal)typische Vorgehensweise vorgestellt, die auf den oben dargestellten Prinzipien und Haltungen beruht.

Fallskizze 1: Umgang mit Anliegen anderer

Betrachten wir doch näher das Beispiel aus der Einleitung dieses Artikels. Sie erinnern sich noch an Frau Grillinger, die Pädagogin, die hilfesuchend ihre Leiterin aufsucht um von ihr Unterstützung im Umgang mit der aufgebrachten Mutter zu erhalten?

Spulen wir die Situation doch noch ein Stückchen weiter zurück. Was hätte die Mutter von der Pädagogin wohl gebraucht in diesem Moment? Darüber können wir nur Vermutungen anstellen. Wir wissen es einfach nicht.

Als Lösungsfokussierte Pädagogin würde Frau Grillinger wissen, dass die betreffende Mutter zuallererst in ihrer Aufregung ernst genommen werden möchte. Sie würde sich bedanken, dass sie gleich gekommen ist, um darüber zu sprechen. Sie würde ihre Sorge als Mutter wertschätzen (*Problemanerkennung*) und sich dann gemeinsam mit ihr an ihre Tochter (die *Problembringerin*) wenden. Sie würde auch das Problem des Mädchens anerkennen und vielleicht sagen: „Das finde ich schade, dass es dir in der Situation gerade nicht gut geht." Möglicherweise würde sie ihr einige der folgenden Fragen stellen:

Praxistipp 1:

Was genau möchtest du denn anders haben?

Und was war früher anders, sodass die beiden mehr mit dir gespielt haben? (Fragen nach Ausnahmen)

Und was noch war anders? (Erarbeiten von Details)

Und was denkst du brauchen die beiden Mädchen um wieder mit dir zu spielen? (Lösungssprache)

Sollen wir sie gemeinsam fragen?

Wie würde die Lösungsfokussierte Leiterin mit der Situation umgehen, wenn Frau Grillinger aufgeregt ihr Büro betritt, um sie um Hilfe zu bitten?

Auch sie würde zu allererst ihre Mitarbeiterin in ihrer Aufregung ernst nehmen und Verständnis für ihre Situation zeigen. Sie würde die Pädagogin fragen, was ihr denn jetzt gerade persönlich weiterhelfen würde, gemeinsam mit ihr ein Ziel definieren und anschließend mit Hilfe der positiven Ausnahmen die nächsten Schritte mit ihr gemeinsam erarbeiten. Die Leiterin würde davon ausgehen, dass die Lösung für die Situation nur eine Person wirklich kennen kann – nämlich Frau Grillinger selbst. Sie sieht es daher als ihre Aufgabe, die Pädagogin dabei zu unterstützen, ihrer eigenen Lösung auf die Spur zu kommen. So würde es der Leiterin gelingen, weder Problem noch Lösungs-Verantwortung zu übernehmen, sondern stattdessen ihrer Führungsrolle mit Überblick und Ruhe gerecht zu werden.

Fallskizze 2: Team-Besprechungen

Gibt es auch bei Ihnen regelmäßig stattfindende Team-Besprechungen? Wie gut gelingt es Ihnen, in z. B. zwei zur Verfügung stehenden Stunden all Ihre Vorhaben – und zusätzlich jene Ihrer MitarbeiterInnen – unterzubringen? Und falls Sie das irgendwie hinkriegen – wie aufmerksam und aktiv sind Ihre MitarbeiterInnen nach einem vollen Arbeitstag bei der Sache?

Um Ihre Teambesprechungen mit Lösungsfokussierter Herangehensweise zu gestalten, richten Sie zuallererst den Fokus der TeilnehmerInnen auf das, was funktioniert.

Als Einstiegsfrage eignet sich hier zum Beispiel „Was ist dir heute gut gelungen? Worauf bist du stolz?" Wenn Sie danach nach den besten Hoffnungen für die heutige Besprechung fragen und die dann ausgesprochenen Anliegen ernst nehmen (indem Sie sie beispielsweise mitschreiben und sie anschließend auch in Ihrer

Agenda abarbeiten), haben Sie die Aufmerksamkeit Ihrer MitarbeiterInnen auf Ihrer Seite.

Um diese Aufmerksamkeit aufrecht zu erhalten, ist es hilfreich, die TeilnehmerInnen aktiv mitarbeiten zu lassen. Bitten Sie also um die Expertise aller Anwesenden um Lösungsschritte für die anstehenden Herausforderungen zu erarbeiten. Unterstützen Sie den Prozess indem Sie Fragen stellen, die Sie nicht selbst beantworten können – und deren Beantwortung dabei hilft, in die gewünschte Richtung voranzukommen.

Informationen, die einfach zur Kenntnis genommen werden müssen, werden am besten schriftlich vorbereitet um hier Zeit zu sparen und um zu gewährleisten, dass auch wirklich alle Informationen mitgenommen werden.

Fallskizze 3: Teamentwicklung

Um Teambesprechungen in einer derart produktiven und aktiven Art und Weise gestalten zu können, braucht es eine gute Vertrauensbasis im Team. Nur wer das Gefühl von Vertrauen im Team hat, kann auch unbeschwert seinen Beitrag in der Gruppe leisten. Wenn Konflikte, Neid oder gar Geringschätzung sich etabliert haben, haben Ideen und Kreativität wenig Chance.

Eine funktionierende Variante der Teamentwicklung aus der Lösungsfokussierten Arbeitsweise ist der konsequente Fokus auf die Stärken, Fähigkeiten und Ressourcen aller Teammitglieder. Der Einsatz von kleinen Übungen, die in diese Richtung zielen, kann die Kooperation und die Arbeitsergebnisse positiv beeinflussen.

Praxistipp 2:

Eine dieser Übungen, die sich immer wieder bewährt und auch ohne großen Zeitaufwand flexibel anzuwenden ist, ist der Ressourcentratsch (vgl. Szabo/Hankovsky 2008, S. 24).

In Dreiergruppen „tratschen" jeweils zwei KollegInnen über die/den dritte/n. Dabei werden alle Beobachtungen über vorhandene Stärken, Fähigkeiten und Ressourcen sozusagen „hinter dem Rücken" der dritten Person ausgetauscht (die aber genau zuhört). Nach einigen Minuten wird über die/den zweite/n KollegIn getratscht und schließlich auch noch über die/den letzten der Gruppe.

Solche Übungen für Teams finden sich in zahlreichen Spielformen (vgl. z. B. Röhrig 2008). All diesen Übungen ist dabei gemeinsam, dass sie für die Teammitglieder die Möglichkeit schaffen, das Funktionierende in den Mittelpunkt zu stellen. Gleichzeitig wird das „weniger Funktionierende" auch thematisiert, jedoch mit dem Fokus auf die konkreten Anzeichen des besseren Gelingens – hier in der Zusammenarbeit im Team.

Thematisch eignet sich hier beispielsweise das gemeinsame Entwickeln von Visionen für den Kindergarten, das Gestalten und Durchführen von gemeinsamen Festen, wo jede/r MitarbeiterIn sich mit den jeweiligen Fähigkeiten und Interessen einbringen kann. Auch das eigenverantwortliche Übernehmen von Aufgaben für das Haus fördert das Erleben gemeinsamer Erfolge und das Gefühl, dass jede/r Einzelne ein wichtiger Bestandteil des Teams ist.

Fallskizze 4: Elternabende lösungsfokussiert gestalten

Was aber tun, wenn angespannte Situationen z. B. mit Eltern entstehen? Zu den Aufgaben einer/s LeiterIn gehört es auch, in emotional aufgeladenen Situationen moderierend einzugreifen. Oft dauert es sehr lange, zu ergründen, wo genau denn das Problem zu finden ist, wer wann was zu wem gesagt hat oder wer denn eigentlich Schuld ist an der Situation. Und wenn das alles endlich herausgefunden wurde, sind die Beteiligten der Lösung oft noch keinen Schritt näher.

Die Lösungsfokussierte Vorgehensweise fokussiert hier weniger auf die Analyse des Problems. Das bedeutet nicht, dass das Problem negiert wird. Die Situation wird vielmehr als solche anerkannt, die sie ist: schwierig für die beteiligten Parteien. Anstatt jedoch Fragen über den Verlauf der Ereignisse detailreich zu stellen, werden Fragen nach der erwünschten Zukunft und damit den Lösungsansätzen gestellt. Anders formuliert: Lösungsorientierte Führungskräfte versuchen weniger das Problem, sondern vor allem die Lösung zu verstehen – und dabei die Beteiligten einzuladen, die Lösung selber zu verstehen. Hierzu sind die Antworten aller KonfliktpartnerInnen als Informationsbasis der Verbesserung wichtig. Auf dieser Basis können die Beteiligten leichter erkennen, dass hinter jedem Verhalten eine positive Absicht steckt, denn in der Regel wollen alle Beteiligten, dass eine Verbesserung erreicht wird.

Oft gibt es in der pädagogischen Arbeit im Kindergarten auch viele Konfliktparteien – wie zum Beispiel eine größere Gruppe aufgebrachter Eltern, die sich schriftlich über die Arbeit im Kindergarten beschwert haben und nun zu einem klärenden Elternabend eingeladen werden. Die PädagogInnen fühlen sich möglicherweise durch ein solches Schreiben persönlich angegriffen und auch der/die LeiterIn ist in solchen Situationen gefordert. Verständlicherweise wird dann der Wunsch formuliert, dass die Eltern besser direkt mit den betroffenen PädagogInnen oder der LeiterIn selbst ins Gespräch hätten kommen sollen, um etwaige Missverständnisse auszuräumen und auf Wünsche reagieren zu können, bevor ein derartiger Konflikt entbrennt. Darauf hat das pädagogische Team jedoch nachträglich betrachtet keinen Einfluss – es lohnt sich daher nicht, die angespannte Situation durch Vorwürfe noch weiter anzuheizen.

Weniger hilfreich ist in solchen Fällen eine defizitfokussierende Vorgehensweise (z. B. das Schreiben beim Elternabend Absatz für Absatz vorzulesen und die eigene Arbeit zu verteidigen). Lösungsorientierte Führungskräfte gestalten solche Abende wiederum anhand der wesentlichen Prinzipien. So ist es zielführender und für die Kooperation hilfreicher – wenn auch zugegebener Maßen nicht emotional einfacher – sich bei den Eltern für die Offenheit und das Kommen zu bedanken, also das Problem anzuerkennen und ernst zu nehmen, um anschließend gemeinsam Ziele und Schritte zu entwickeln, wie die Zukunft vertrauensvoller und kooperativer von allen gestaltet werden kann.

Wenn es vom zeitlichen Aufwand her möglich ist, sollte das Ziel der Anwesenden für den Elternabend erfragt werden, um das Treffen dementsprechend zu gestalten. Es könnte beispielsweise anderenfalls passieren, dass die Eltern auf eine Entschuldigung von der Seite des pädagogischen Teams für einen bestimmten Vorfall warten und die Ausführungen darüber, was schon alles unternommen wurde, damit „so etwas" nicht wieder vorkommt, gar nicht gehört werden. Die Folge sind dann Unzufriedenheit auf allen Seiten, weil keines der Ziele erfüllt werden konnte: Die Eltern haben keine Entschuldigung gehört und das pädagogische Team hat für seine Bemühungen keine Anerkennung bekommen.

Eine mögliche Startsequenz für eine solche Situation würde aus Lösungsfokussierter Sicht zum Beispiel so aussehen:

> „Herzlich willkommen bei unserem heutigen Elternabend. Ich bin sehr froh, dass Sie die Zeit gefunden haben, heute hier zu sein, um mit uns gemeinsam Wege zu finden, wie wir unseren Kindergarten für alle Beteiligten so gestalten können, dass wir alle uns gut in unseren Bemühungen unterstützen. Wir haben von einigen Eltern Beschwerden in schriftlicher Form zu unterschiedlichen Themen erhalten und nehmen Ihre Anliegen sehr ernst. (Problemanerkennung)
>
> Damit wir die Zeit hier heute gut nutzen können, würde ich gerne von Ihnen wissen, was Ihre besten Hoffnungen für den heutigen Abend sind. (wohlformulierte Ziele finden)"

> Praxistipp 3:
>
> Bei der Formulierung der Antworten ist es wichtig, darauf zu achten, dass alle Ziele positiv formuliert werden (als Anwesenheit von etwas und nicht als Abwesenheit). Es soll also ausgesprochen werden, was sein soll anstatt was nicht sein soll. Wenn eine negative Formulierung ausgesprochen wird, also zum Beispiel „Ich wünsche mir, dass Sie mit meinem Kind nicht den ganzen Tag nur drinnen hocken!", hilft die Frage „Was wünschen Sie sich stattdessen?" weiter. Die positive Formulierung „Ich wünsche mir, dass mein Sohn möglichst viel an die frische Luft kommt!" wird dann als Wunsch gehört während die negative Formulierung sich meist wie ein Vorwurf an die Pädagogin anhört.

Erst, wenn die Ziele klar sind, ist es möglich, gemeinsam nach Lösungsschritten zu suchen. Dabei kann und soll die Kreativität aller Anwesenden genutzt werden. Wer nach seinen Ideen gefragt wird, fühlt sich ernst genommen und wertgeschätzt. Das ist die beste Voraussetzung für kooperatives Verhalten.

Fallskizze 5: Unterschiedliche Vorstellungen zwischen PädagogIn und LeiterIn

Die Leiterin geht an einer Gruppe vorbei. Durch die offene Tür sieht sie, wie eine junge Kollegin zehn dreijährige Kinder gleichzeitig auf die Toilette schickt, wo es nur ein Waschbecken gibt. Sie ärgert sich über das Vorgehen der Kollegin und sieht das bevorstehende Chaos bereits vor ihrem inneren Auge. Um das Schlimmste zu verhindern, betritt sie energisch den Gruppenraum und weist die Pädagogin lautstark zurecht – sie möge die Kinder nur zu zweit auf die Toilette schicken. Die junge Kollegin ist verwirrt. Sie versteht das Verhalten ihrer Vorgesetzten nicht, traut sich aber nicht, etwas zu sagen. Das Vertrauen zu ihr ist gestört, ein neuer Konflikt hat seinen Anfang genommen.

Die Lösungsfokussierte Leiterin geht anders mit solchen Situationen um: Auch sie kommt bei der angesprochenen Gruppe vorbei. Durch die offene Tür sieht sie, wie eine junge Kollegin zehn dreijährige Kinder gleichzeitig auf die Toilette schickt, wo es nur ein Waschbecken gibt. Sie betritt den Gruppenraum und fragt die Pädagogin interessiert, was sie mit diesem Vorgehen erreichen möchte – und ob sie nicht Sorge hätte, dass die Kinder beim Waschbecken großes Chaos anrichten würden. Die Pädagogin erklärt, dass sie die Erfahrung gemacht hätte, mit dieser Methode am schnellsten Weg eine Selbstorganisation der Kindergruppe zu erreichen – und dass sie für diesen Erfolg das Chaos gerne ein paarmal in Kauf nimmt.

Fallskizze 6: Übernahme einer Leitungsposition

Bei der Übernahme eines bestehenden Kindergartens als neue Leitung steht man meist einer großen Anzahl an Herausforderungen gegenüber. Sowohl das Team als auch die neue Leitung müssen sich auf Veränderungen einstellen.

Aus Sicht des Teams ist möglicherweise der Abschied von der ehemaligen Führungskraft zu verarbeiten. Oft mischt sich die Neugierde und Freude auf die neuen Zeiten mit Angst. „Was wird wie werden? Wird sich hier alles verändern? Was, wenn er/sie mich nicht mag? Wie soll ich mich verhalten?“

Aus Sicht der neuen Leitung sieht die Sache meist ähnlich aus. „Was wird da von mir erwartet? Werden sie mich als Führungskraft akzeptieren? Werden die KollegInnen/die Kinder/die Eltern mir ihr Vertrauen schenken? Was, wenn die mich nicht mögen? Wie soll ich mich verhalten? Abwarten? Gleich von Anfang an Autorität zeigen? Soll ich ‚Sie‘ sagen oder lieber das Du-Wort anbieten?“

Aus den Erfahrungsberichten von Leiterinnen wissen wir, dass das Lösungsfokussierte Vorgehen gerade auch in solchen Situationen hilfreich ist. Das Zuhören ist wohl gerade zu Beginn der erste wichtige Aspekt. Es hilft vor allem für eine fundierte Informationsbasis, was das Team und auch die Eltern beschäftigt.

> Praxistipp 4:
>
> Fragen Sie, was hier gut läuft,
> was an diesem Kindergarten besonders schön ist,
> worauf die hier zusammenarbeitenden Menschen stolz sind,
> was unbedingt auch in Zukunft so bleiben soll.

Sehen Sie die Menschen in Ihrer neuen Umgebung als ExpertInnen für die Beantwortung Ihrer Fragen und nehmen Sie sie ernst. So gewinnen Sie Vertrauen und wichtige Einsichten in die gelebte Kultur des Hauses.

Praxistipp 5:

Fragen Sie Ihre KollegInnen später auch nach Ideen, was hier noch anders gemacht werden könnte. Sammeln Sie die wertvollen Vorschläge und beziehen Sie möglichst alle bei der Umsetzung mit ein. Entwickeln Sie dabei gemeinsam die nächsten umzusetzenden Schritte und definieren Sie auch, woran Sie zwischendurch bemerken werden, dass Sie schon am richtigen Weg sind.

Und schließlich: Feiern Sie auch gemeinsam Ihre Erfolge.

Fallskizze 7: Entwicklungsgespräche

Mit einer guten Vertrauensbasis lassen sich auch Einzelgespräche mit Teammitgliedern zur Weiterentwicklung der jeweils vorhandenen Potenziale führen. Solche Gespräche bergen allerdings eine Menge an möglichen Stolpersteinen in sich. Zum einen befürchten MitarbeiterInnen oft – aus ihrer Sicht ungerechtfertigten – negativen Rückmeldungen zu ihrer Person und zur pädagogischen Qualität ihrer Arbeit gegenüberzustehen. Zum anderen befürchten LeiterInnen, dass ihre Rückmeldungen falsch verstanden werden könnten, dass allzu große Offenheit die Beziehung nachhaltig negativ beeinträchtigen könnte.

Eine Lösungsfokussierte Möglichkeit, diesen Fallen aus dem Weg zu gehen, bietet die Methode des *Solution Focused Rating* (vgl. Lueger 2003). Mit dieser Methode werden in MitarbeiterInnengesprächen die relevanten Kriterien (z. B. „pädagogische Arbeit“) in ihrer Unterschiedlichkeit visualisiert. Wie zu Beginn des Artikels beschrieben, sind immer Unterschiede vorhanden und somit ist hier beispielsweise die pädagogische Arbeit mal etwas besser und auch mal weniger gut. Vor allem hinsichtlich der Verbesserung von Verhaltensweisen wird dadurch eine höhere Veränderungsmotivation erreicht, indem positive Unterschiede und Entwicklungen sichtbar werden.

In der praktischen Umsetzung werden die zu besprechenden Arbeitsbereiche anhand von Skalen bearbeitet. Dabei verteilt der/die PädagogIn selbst 100 Punkte in 10er Paketen auf die Skalenwerte je nach Streuung der eigenen Leistung in diesem Bereich. Er/sie beurteilt sich also selbst. Die folgende Abbildung enthält ein Beispiel des praktischen Einsatzes im Bereich „Pädagogische Arbeit“ für eine Mitarbeiterin:

Bitte verteilen Sie 100 Punkte entsprechend des Auftretens im letzten Jahr in ‚10er Paketen'

	– – schlecht	– eher schlecht	**0** akzeptabel	+ gut	++ sehr gut
Pädagogische Arbeit			10	70	20

Abbildung 2: Lösungs- und potenzialfokussierte Einschätzung von Kriterien in Entwicklungsgesprächen

Diese Darstellungsform entspricht weitaus mehr der Dynamik des Alltagsgeschehens. Es ergibt sich dabei die Möglichkeit, die gesamte Bandbreite zu besprechen – also jene Momente, in denen alles gut gelaufen ist und auch jene, in denen es weniger gut gelaufen ist. Durch gezielte Lösungsfokussierte Fragetechniken durch die Leitung (siehe Praxistipp 6) werden dann konkrete Schritte zur Verbesserung der jeweiligen Leistung von der/dem PädagogIn selbst erarbeitet. Diese selbst erarbeiteten Schritte werden auch sehr viel wahrscheinlicher umgesetzt, als Vorgaben von außen.

Praxistipp 6:

Im Folgenden finden Sie einige Fragen, die positive Entwicklungen verstärken:

Hier steht ein hoher Wert von 70 Punkten bei gut! Wie ist dir das gelungen?

Was könntest du tun, damit dieser Wert so hoch bleibt?

Und was noch?

Bei „sehr gut" findet sich ein Wert von „20".

Wie schaffst du das und was bewährt sich dabei?

Woran würdest du konkret erkennen, dass der Wert bei „sehr gut" von „20" auf „30" sich erhöht? Was wäre dafür wichtig und hilfreich?

Und was noch?

Eine Studie zur Evaluierung dieser Methode (vgl. Kotrba 2006) zeigt, dass eine solche lösungs- und potenzialfokussierte Selbstbeurteilung in den allermeisten Fällen offener und ehrlicher von den MitarbeiterInnen vorgenommen wird (im Vergleich zu jenen Methoden, wo nur ein Wert angekreuzt wird). Die Gespräche darüber werden meist auch als fairer von allen Beteiligten empfunden.

Die hier angeführten Beispiele und Fallskizzen stellen typische Situationen des Führungsalltags von LeiterInnen im Kindergarten dar. Dabei lassen sich viele Elemente des Lösungsfokussierten Führungsstils einsetzen und die Praxis zeigt, dass dadurch eine konstruktivere und auf Lösungen gerichtete Atmosphäre entsteht. Wichtig ist dabei jedoch auch die Lösungsfokussierte Fortbildung der LeiterInnen, um auf die Thematisierung von Defiziten im Kindergarten-Alltag flexibel und lösungsfokussiert reagieren zu können. Das soll abschließend auch mit einem Prinzip der Lösungsfokussierten Arbeit ausgedrückt werden: „Lösungsfokussiertes Arbeiten ist einfach, aber nicht leicht" (vgl. Bamberger 2001).

Literaturverzeichnis

Bamberger, G. (2001). Lösungsfokussierte Beratung, Beltz.

Hoffmann, K./Luisser, P. (2005). Effects of Solution Focused Leadership Training on Productivity and Behaviour, Master Thesis, PEF-Privatuniversität für Management.

De Jong, P./Berg, I. (2003). Lösungen (er)finden, modernes lernen.

Lueger, G. (2003). Solution Focused Rating: New Ways in Performance Appraisal, in: Organisation and People, special issue 2003 S.34-40.

Lueger, G. (2006). Solution-Focused Management – Towards a Theory of Positive Differences, in: Lueger, G./Korn, H.P. (eds.): Solution-Focused Management, Carl Auer.

Schmidt, G. (2004). Liebesaffairen zwischen Problem und Lösung, Carl-Auer.

De Shazer, St. (1998). Der Dreh, Carl Auer.

Röhrig, P. (2008). Solution Tools, managerSeminare.

Szabo, P., Hankovszky, K. (2008). Was Training können kann, in: Lernende Organisationen Nr.42, März/April, Verlag Systemisches Management.

Kotrba, V. (2006). Solution Focused Rating – Evaluierung einer alternativen Methode für die Mitarbeiterbeurteilung.

4.4 Konfliktmanagement als Leitungsaufgabe

Petra Radeschnig

Konflikte fallen weder vom Himmel noch sind sie geplant. Manchmal zeigen sie sich überraschend, manchmal wirken sie wie eine Bestätigung eines unklaren Ahnens. Zumeist wird sich jedoch die Freude in Grenzen halten, als Leiterin oder als Leiter mit einem Konflikt – sei er im Team, sei er mit Eltern oder anderen Bezugspersonen eines Kindes – umgehen zu müssen. Den Konflikt bewusst nicht anzuschauen, kann mitunter ebenso sinnvoll sein wie sofort tatkräftig einzugreifen.

1 Angenommen, die Wirklichkeit ist gestaltbar...

Konflikte sind soziale Phänomene und als solche ausreichend komplex, um sie einer einfachen Wenn-Dann-Logik entziehen zu müssen. Dies gilt übrigens für das gesamte Führungshandeln (vgl. dazu etwa Frank Michael Orthey 2013).

Für ein erfolgreiches Managen von Konflikten scheint mir das systemische Denken die nützlichste Basis zu sein. Daher möchte ich mit einem kurzen Abriss der Prinzipien einer systemischen Herangehensweise beginnen.

1. Die soziale Wirklichkeit ist konstruiert.

Ich gehe davon aus, dass ich als Beobachterin jene Wirklichkeit, die in einer bestimmten Situation auf mich wirkt und die ich daher für wahrnehmen will, (er) finde, also konstruiere, und dass ich dafür die Verantwortung übernehme. Ich respektiere gleichzeitig jene Wirklichkeiten, die die anderen in ihrer Eigen-Willigkeit für sich definieren. Die Frage nach den Unterschieden in den Wahrnehmungen ist erkenntnisreicher als jene nach einer objektiven Wirklichkeit. Mich interessiert nicht, was richtig oder falsch ist, sondern welche Sichtweise für die Frage X oder die Entscheidung Y mehr oder weniger zielführend ist. Und vor allem anderen unterstelle ich der Wirklichkeit, dass sie gestaltbar ist.

2. Die Orientierung an der Zukunft bringt Energie.

Es ist lohnender, an Lösungsbildern zu arbeiten als sich allzu sehr in Probleme zu vertiefen[Fn105]. Schuldige zu suchen oder zu analysieren, wie alles ganz genau entstanden ist, erschöpft sich. Aktivierend wirkt dagegen die Beschäftigung mit der gegenwärtigen Situation und den verschiedenen Optionen für die Zukunft: Wie ist es uns gelungen, bis hierher zu kommen? Wer zieht welchen Nutzen? Wer kann wie zu einer möglichen Lösung beitragen, wer sie behindern?

---

105. „Wenn man weiß, wie man den Karren in den Dreck gefahren hat, weiß man noch lange nicht, wie man ihn wieder herausbekommt." Bernd Schmid 2011, S. 1

3. Die Berücksichtigung des Kontextes verhindert unpassende Verallgemeinerungen.

Es geht darum, auf den Kontext bedacht zu sein, sich auf dessen Ziele, Glaubens- und Werthaltungen oder Regelungsmechanismen zu beziehen. Ich kann Handlungen, Verhaltensweisen oder Emotionen nie ‚an sich', sondern eben ausschließlich in ihrem besonderen Rahmen, in dem sie auftreten, auf ihre ‚Angemessenheit' beurteilen.

Hilfreich ist es dabei, in Systemen(Fn106) zu denken, sie zu unterscheiden, sie abzugrenzen von ihrer Umwelt, ihre Besonderheit zu sehen und ihre jeweilige Dynamik in der Zeit.

4. Vom Akzeptieren des Eigensinns.

Ich weiß, dass ich nicht wirklich Instruktionen erteilen, anderen etwas anordnen kann, weil sich Systeme im Grunde selbst steuern. Ich kann allerdings die Wirklichkeitskonstruktion meines Gegenübers ‚stören', Eingespieltes und gewohnte Wahrnehmungen durcheinanderbringen, bekannte Abläufe oder Handlungsmuster irritieren. Das Ziel dabei ist immer, systemeigene und daher eigen-sinnige Umsetzungs- und Lösungspotentiale zu stimulieren.

Ich kann dabei auch jene Widersprüche nutzen, die sich in einem System strukturell anbieten. Etwa den Widerspruch zwischen den bewahrenden und den verändernden Kräften, jenen zwischen der Sicherung von Freiheit und Ordnung oder jenen zwischen dem Wunsch nach Gleichheit aller und nach der Anerkennung der je eigenen Besonderheit.

5. Jede Handlung ist sinnvoll, auch wenn sie mir nicht zugänglich scheint.

Ich unterstelle den anderen sinnhaftes Tun, dass ihr Handeln für sie selbst einen Sinn ergibt – bezüglich dessen, was bisher passierte, und dem, was aktuell geschieht, sozusagen als Vorschuss. Zudem erleichtert es mein eigenes Handeln. Aus dem einfachen Grund, weil die Annahme des Gegenteils, also eines unsinnigen oder eben sinnlosen Dahinagierens ohne Zweck und Ziel, meine Handlungsoptionen entscheidend einschränken würde. Es entbindet mich allerdings nicht von der Notwendigkeit, diesen Sinn und Zweck, der mir vorerst nicht zugänglich ist, zu erkunden.

Wichtig ist auch: Es interessieren mich die Handlungen der Personen und ihre Wirkungen, nicht die (charakterlichen) Eigenschaften der handelnden Personen, es interessieren mich die Wirkungszusammenhänge, nicht die einzelnen Symptomträgerinnen und Symptomträger. Ich konzentriere mich auf jene Handlungen meiner Mitarbeiterinnen und Mitarbeiter, die relevant sind für die von ihnen übernommene professionelle Verantwortung.

---

106. mit Systemen sind hier sowohl ganze Organisationen, einzelne Abteilungen, Teams oder Einzelpersonen gemeint als auch eine – konflikthafte – Situation, die es sich näher anzuschauen lohnt.

2 Abgrenzung: Woran ich Konflikte erkenne

Nicht alle Ereignisse, die sich wie ein Konflikt anfühlen oder Symptome eines solchen zeigen, müssen auch Konflikte sein. Es geht hier weniger um wissenschaftliche Exaktheit, sondern um eine Abgrenzung von sozialen Phänomenen zueinander, damit die Interventionen in der Leitungsfunktion zielgerichteter sein können.

Für eine solche Abgrenzung möchte ich mich auf Friedrich Glasl stützen (2000, S. 22-25), der meint, dass sich ein *sozialer Konflikt* daran zeigt, dass mindestens zwei Parteien, die in irgendeiner Form in ihrem Tun voneinander abhängig sind, in ihrer Interaktion miteinander eine Unvereinbarkeit haben.

Diese Unvereinbarkeit kann sich im Wahrnehmen und Denken, im Fühlen und/oder im Wollen zeigen. Und mindestens eine der Parteien fühlt sich dadurch in ihrem Handeln beeinträchtigt. Ohne dass sich zumindest eine Partei in ihrem Handeln beeinträchtigt fühlt, wäre es dieser Definition zufolge wenig passend, von einem Konflikt zu sprechen, sondern eher von einer Differenz oder einem Missverständnis.

Der Fokus liegt im Handeln: Zum einen, weil die Unvereinbarkeit im Wahrnehmen und Denken, im Fühlen und/oder im Wollen im Sinne der Definition nur dann relevant wird, wenn daraus irgendeine für andere wahrnehmbare Aktion wird; „kein sozialer Konflikt ist dann gegeben, wenn sich bloß unsere Denk- und Vorstellungsinhalte widersprechen – ohne dass es zu irgendwelchen Aktionen kommt (…)“ (ders. 1994, S. 15). Zum anderen muss sich mindestens eine Konfliktpartei in ihrem Handeln gestört fühlen.

Es ist dabei gleichgültig, ob die potentiell störende Aktion bewusst zu diesem Zwecke ausgeführt wird oder unabsichtlich erfolgt. Einerlei bleibt auch, ob es logisch nachvollziehbar oder von anderen Beobachterinnen und Beobachtern als richtige oder falsche Reaktion eingeschätzt wird, dass sich die eine der Konfliktparteien gestört fühlt. Es genügt, wenn „sie die Gründe für das Nicht-Verwirklichen der eigenen Gedanken, Gefühle und/oder Intentionen der anderen Partei zuschreibt“ (ebd.).

Der Fokus liegt im Handeln aus der organisationalen Funktion heraus: es geht hier wiederum nicht um eine haarscharfe Trennung zwischen Funktion und Person, aber doch um ein sich immer wieder Bewusstwerden, dass es nicht um eine konflikthafte Situation zwischen zwei oder mehreren Privatpersonen(gruppen) geht, sondern um eine, die sich innerhalb einer Organisation abspielt, die im Bereich Elementarpädagogik hochkomplexe Dienstleistungen erbringt. Daher sollte die qualitativ gute Erbringung dieser Dienstleistungen immer im Mittelpunkt stehen oder in diesen zurückkehren. Ich plädiere dafür, die Person[(Fn107)] als relevante Umwelt der Funktionsträgerin zu sehen, um sie so zu berücksichtigen, aber Funktion und Person nicht gleichzusetzen. Dies ist insofern angemessen, als sich Persönlich-

107. eigentlich das psychische System der Person – vgl. dazu Fritz B. Simon 2007, S. 35-41

keit[Fn108] aus vielen Aspekten im Leben (immer wieder neu) formt. Daher kann ich mich als Führungskraft in meinem Ansinnen insofern bescheiden, als es genügt, wenn es mir gelingt, das organisationsbezogene Handeln zielbezogen zu irritieren.

Zudem sind jene Annahmen, Ideen, Theorien – die sogenannten organisationsspezifischen ‚inneren Landkarten' – zu berücksichtigen, die im Kindergarten oder Hort bzw. in der Gesamtorganisation die Wahrnehmungen und Bewertungen sowie das Handeln in Konfliktsituationen lenken. Sie beeinflussen, welche Themen sich besonders gut für Konflikte eignen, wo eher das Wegschauen belohnt wird, wer zu welchen Rollen in Konfliktsituationen neigt und wie Konflikte am liebsten ausgetragen werden.[Fn109]

3 Diagnose: Welche Fragen ich (mir) stellen könnte

Da es sich bei Konflikten um sogenannte ‚weichere' Wirklichkeiten handelt[Fn110] können die verschiedenen Wirklichkeit(skonstruktion)en der involvierten Personen gut aufeinanderprallen. Eine klare Trennung zwischen jenen, die beobachten, und dem Objekt ihrer Beobachtung, der konflikthaften Situation, ist schwer möglich, weil jede – vor allem jede ausgesprochene – Wahrnehmung, auf die Situation und die Beteiligten zurückwirkt, und somit verändert die Beobachtung die beobachtete Realität. Das Adjektiv ‹weicher› soll den Unterschied zu einer ‹härteren› Wirklichkeit aufzeigen. Bei dieser ist die oben erwähnte klare Trennung zwischen einem Beobachter und dem beobachteten Objekt möglich, etwa zwischen der Autofahrerin, die sich über das rote Licht der Ampel ärgert und diese beschimpft, und dem Objekt ihrer Beschimpfung, der Ampel. Letztere wird keine Schuldgefühle bekommen, sondern ihre Arbeit unbeeindruckt fortsetzen. Ob dies bei ihren MitarbeiterInnen ebenfalls der Fall wäre…

Um nicht vom konflikthaften Dschungel verschlungen zu werden, und auch, um durch die Beschäftigung mit dem Konflikt die Gräben nicht zu vertiefen, geht es bei der Diagnose insbesondere um den Versuch, Distanz zu schaffen. Bei den beteiligten Personen und bei sich selbst als derjenigen, die in der Leitungsposition versucht, die Handlungsoptionen zu vergrößern.

Wichtig ist es, nicht in jene Falle zu gehen, die sich in Form der Suche nach der Wahrheit gerne anbietet. Nicht weil es sie nicht gäbe, sondern weil, selbst wenn sie gefunden würde, ihr nicht alle zustimmen müssen, da sie – siehe soziales Phänomen – schwer zu hundert Prozent beweisbar bleibt.

Das soll allerdings nicht heißen, dass die Frage danach wie die Beteiligten es geschafft haben, sich in diese Situation zu manövrieren, sinnlos wäre. Im Gegenteil.

---

108. Persönlichkeit könnte, Bernd Schmid (ders./Arnold Messmer 2005, S. 228-230 und 236f.) folgend, als sich aus dem Privaten, der Organisation und der Profession nährend definiert werden
109. dieses Phänomen wird auch Konfliktgrammatik genannt – vgl. dazu Marlies Lenglacher/Christof Schmitz/Mathias Weyrer 1994, S. 4ff
110. die Unterscheidung in ‚weichere' und ‚härtere' Wirklichkeiten stammt von Fritz B. Simon (1990, S. 48-54)

Doch erstens unterstellt das Verb ‚geschafft', dass der Konflikt nicht vom Himmel fiel, sondern irgendwie gemeinsam erschaffen wurde, und daher auch gemeinsam wieder aus der Welt geschaffen werden kann. Und es wird zweitens einige unterschiedliche Antworten darauf geben, und daher keine Lösung, sondern vorerst eine Komplexität, die steigt. Drittens ist es, wie oben bereits ausgeführt, besser, wenn ich versuche darauf zu beharren, dass alle vorhandenen Wahrnehmungen einen Sinn haben. Ich muss ihn nicht verstehen und ich muss ihn nicht gut finden, aber ich muss mit diesen unterschiedlichen Sinnkonstruktionen arbeiten.

Es zahlt sich aus, für die Diagnose ausreichend Zeit zu investieren. Eine umfassend gut erfragte Diagnose ist mindestens die halbe Lösung. Hilfreich ist jede Form von Visualisierung, sie unterstützt dabei, ‚sich ein Bild zu machen' und erleichtert die Distanzierung.

Zum Einsteigen in ein solches Bild eignen sich Fragen wie: Worum geht's? Wer ist wie beteiligt? Wie ist es dazu gekommen? Welche Rolle spiele ich und welche Rolle die anderen Beteiligten?

Vielleicht ist es sinnvoll, wenn die Beteiligten das Bild als Vorbereitung alleine zeichnen. So entstehen – ähnlich wie in Abbildung 1 skizziert – verschiedene Konfliktlandkarten. Die Länge der gezeichneten Verbindung zeigt die Nähe oder Ferne zum Konflikt, die Wichtigkeit von Beziehungen kann auch durch die Art der Linie dargestellt werden.

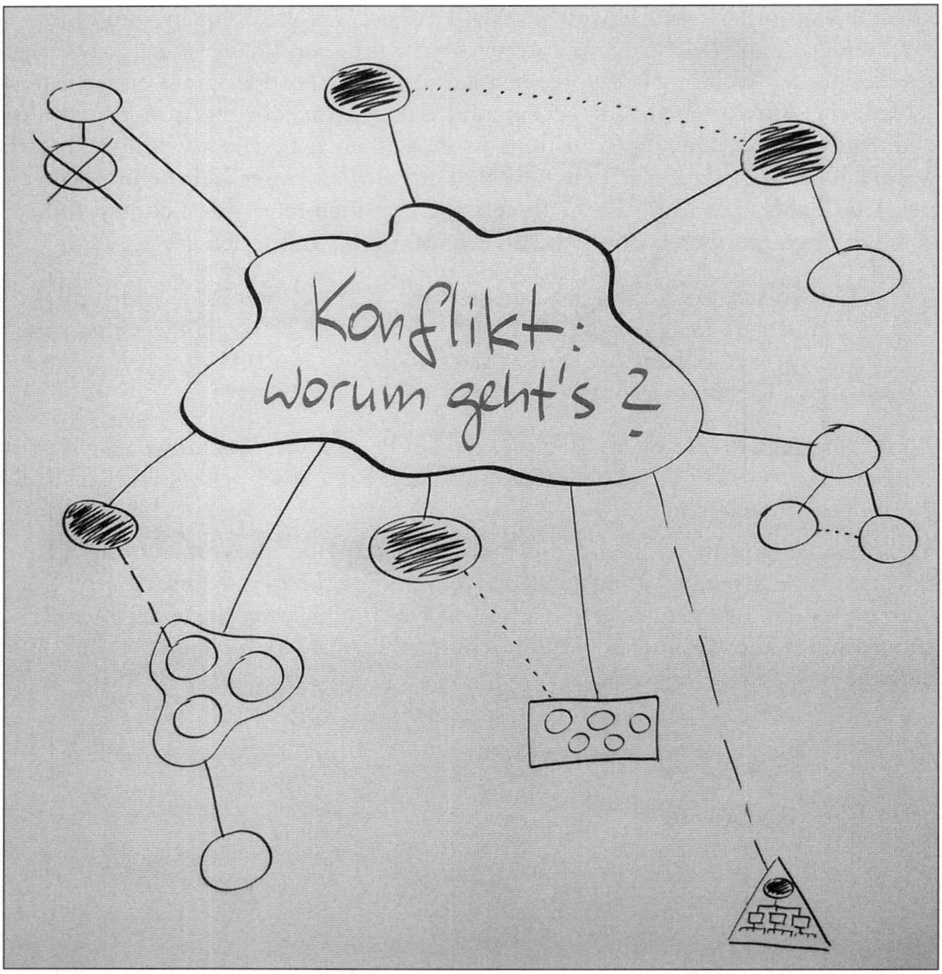

Abb. 1 Konfliktlandkarte

Die verschiedenen Landkarten dienen dem Vergleich, Landkarten dürfen nie mit dem Land verwechselt werden, Konfliktlandkarten nie mit dem Konflikt. Beim Vergleichen kann ein gemeinsam geteiltes Bild von der Konfliktlandschaft entstehen.

Gemeinsam geteilt will nicht heißen, dass es unbedingt eine Einigung geben muss. Die unterschiedlichen Wirklichkeitskonstruktionen sind Teil eines gemeinsamen Bildes und müssen in ihrer Unterschiedlichkeit gewürdigt, das heißt im Bild festgehalten werden.

Nach diesem ersten Schritt kann mit weiteren Fragen – gemeinsam – fortgesetzt werden. Hier einige mögliche Fragerichtungen:

- Worum geht's vielleicht noch?
- Ist es etwas Wiederkehrendes oder etwas ganz Neues?
- Wer ist noch daran beteiligt? In welcher Form (direkt, am Rande)? Von intern oder von extern?
- Wird der Konflikt von allen Beteiligten als (gemeinsamer) Konflikt anerkannt?
- Welches Interesse haben die Beteiligten eigentlich am Konflikt?
- Wie wichtig ist er jeweils für die Einzelnen?
- Wie stehen die Beteiligten in der Organisationshierarchie zueinander (funktionale Gleichrangigkeit oder Ober-/Unterordnung, informelle Beziehungen, etc.)?
- Wie sind die Beziehungen zwischen den Beteiligten sonst zu beschreiben?
- Gab es schon ähnliche Konflikte mit den gleichen oder anderen Beteiligten?
- Was ermöglicht der Konflikt?
- Welchen Nutzen zieht XY vielleicht konkret aus dem Konflikt?
- Wie wurde der Konflikt bisher ausgetragen?
- Was wurde bereits zur Lösung des Konflikts getan? Von wem? Mit welchem Erfolg?
- Gibt es jemanden, der Interesse an einer Nicht-Lösung hat?
- Was wurde bisher zu wenig oder vielleicht gar nicht beachtet?

Wichtig ist, sich von den Antworten überraschen zu lassen, also neugierig distanziert zu bleiben.

4 Lösung: Wie eine gute Intervention gelingt.

Bevor ich als Leiterin oder Leiter einer Kinderbetreuungseinrichtung (eines Kindergartens oder Hortes) in einer Konfliktsituation interveniere – und auch nichts zu tun ist eine Intervention – muss ich drei Dinge klären:

- Zum einen, **welchen Handlungsspielraum ich habe.** Dieser ist sowohl von Seiten der Organisation (welche Verantwortung und welche Entscheidungskompetenz habe ich im Allgemeinen, welche Handlungsvorgaben im Speziellen) als auch von Seiten des Teams (welche Akzeptanz habe ich im Konfliktaustragungsprozess, was kann ich mir ‚herausnehmen', bin ich selbst involviert?) eingegrenzt.
- Zum anderen muss ich entscheiden, **ob es sinnvoll ist, den Konfliktaustragungsprozess zu fördern**. Das hängt davon ab, ob ich die Konsequenzen verantworten möchte, ob ich glaube, dass auch die anderen Beteiligten die Konsequenzen aushalten werden und ob ich davon ausgehen kann, dass es die Beteiligten ‚in Summe' im relevanten Kontext weiter bringt.
- Zum dritten sollte definiert sein, **was Lösung** in einer konflikthaften Situation **bedeuten kann** und woran die Beteiligten erkennen, dass sie eingetreten ist. Auf Basis der oben vorgenommenen Abgrenzung von Konflikten von ähnlichen Phänomenen, könnte eine solche Definition in Anlehnung an Gerhard Schwarz (1985, S. 234) folgendermaßen lauten:

Es wurde ein Modus gefunden, in dem der konflikthafte Gegensatz soweit ‚verschwunden' ist, dass die Handlungsfähigkeit der Beteiligten nicht weiter beeinträchtigt ist.

4.1 Konfliktlösungsstrategien im Überblick

Um einen solchen Modus zu finden, gibt es eine Vielzahl von Strategien. Eine nützliche Orientierung bietet auch hier Gerhard Schwarz mit seiner *Typisierung von Konfliktlösungsstrategien* (ebd., S. 234-250). Er vermutet, dass die beschriebenen fünf Grundmuster (Flucht, Kampf, Delegation, Kompromiss und Konsens) (Fn111) im Konfliktverhalten eine Art (Lern)Prozess zeigen, der sowohl in der Geschichte zu beobachten ist, als auch bei einzelnen Individuen, Gruppen und Organisationen, und bisweilen als Stadien bei ein und demselben Konflikt auftreten.

Abbildung 2 zeigt diese Kategorien leicht adaptiert und vor allem in Abhängigkeit zweier Einflussfaktoren, nämlich der Stärke des konflikthaften Gegensatzes und der Einschätzung, ob der Konflikt vermeidbar ist oder nicht bzw. ob eine Einigung möglich ist oder nicht.

Eine (erste) Konfliktlösungsstrategie ist die **Flucht**, wobei diese Strategie eigentlich einen eventuell erst ‚in der Ferne' sichtbaren Konflikt zu vermeiden sucht, so eigentlich als Konfliktvermeidungsstrategie zu bezeichnen wäre, auch weil eine Einigung zu diesem Zeitpunkt als nicht möglich eingeschätzt wird. Ist die Unvereinbarkeit der Gegensätze eher schwach, kann eine gegenseitige Isolation oder Verdrängung („den Konflikt bewusst nicht anschauen" – siehe Einleitung) ausreichen. Ist die Unvereinbarkeit hingegen stark, ist ein – wenn möglich – geordneter Rückzug etwa im Sinne eines sich oder dem Thema aus dem Weg gehen am besten von beiden Parteien nötig.

Bei der Lösungsstrategie **Kampf** scheint der Konflikt unvermeidbar und eine Einigung wird als nicht realistisch eingeschätzt. Die Unvereinbarkeit des Gegensatzes ist groß, sodass es gelingen muss, den Gegensatz zu vernichten oder zu unterwerfen. In Organisationen meint Vernichtung auch Entfernung aus der Organisation (Einheit) oder Mobbing, Unterwerfung zeigt sich als Nachgeben oder Unterordnen unter die Mehrheit (etwa durch Abstimmen). Bisweilen kann auch der Deal ‚Tausche Selbstbestimmung gegen Sicherheit und Unterordnung' eine Rolle spielen.

Unterwerfung bzw. Unterordnung ist jedoch eine eher instabile Form der Konfliktlösung, da die sich Unterordnenden nicht selten ihr ‚Überleben' dazu nützen, den Kampf erneut aufzunehmen. Erst als sozialgeschichtlich ein weiteres Prinzip hinzugekommen war, erwies sich das Sozialgebilde als stabil: die Zentralisierung von Funktionen und mit ihr die Möglichkeit, Konflikte zu delegieren.

---

111. später ist der Kampf in die möglichen Ergebnisse Vernichtung und Unterwerfung geteilt worden, so entstanden sechs Grundmuster – vgl. Gerhard Schwarz 2010

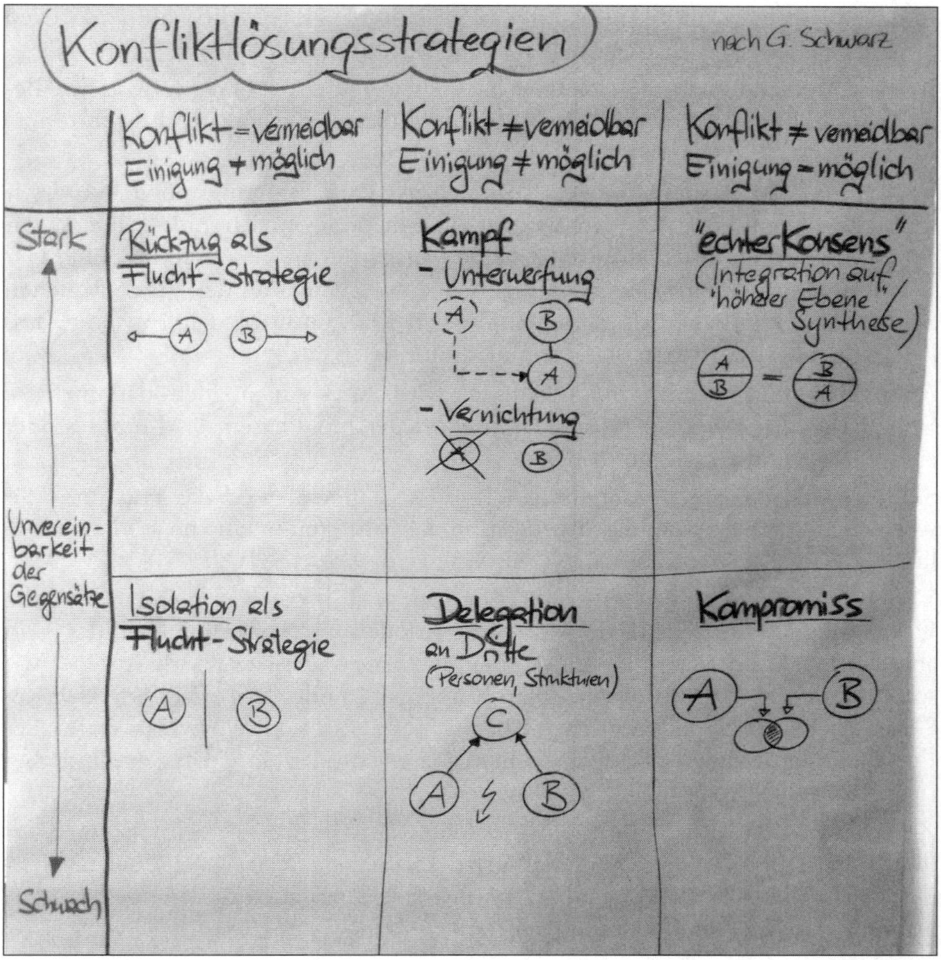

Abb. 2 Konfliktlösungsstrategien

Delegation bedeutet, dass die Kommunikation über den Konflikt und seine Lösung nicht direkt zwischen den Konfliktparteien stattfinden, sondern eine dritte Stelle damit beauftragt wird. Eine solche dritte Stelle kann eine Person oder ein Gremium sein, in Organisationen ist dies oft eine hierarchisch übergeordnete Instanz. Die Funktion des Dritten kann auch von anonymen Strukturen übernommen werden. Wenn diese Regeln, Gesetze, Normen oder Prinzipien verbindlich anerkannt sind, geht zumeist eine Versachlichung damit einher. Auch bei der Lösungsstrategie Delegation wird der Konflikt als unvermeidbar und eine direkte Einigung als nicht möglich betrachtet. Die Gegensätze hingegen verlieren etwas von ihrer Unvermeidbarkeit.

In der Logik einer Konfliktlösung über Delegation liegt, dass die Konfliktparteien die Entscheidung der dritten Stelle als Konfliktlösung anerkennen.

Ist dies anhaltend nicht möglich oder haben beide Seiten des Gegensatzes ihre Berechtigung, so ist es sinnvoller, dass die Konfliktparteien nach einem Kompromiss suchen.

Im Rahmen der Lösungsstrategie **Kompromiss** wird Einigungsmöglichkeit zwischen den Konfliktparteien unterstellt. Ob mit oder ohne fremde Hilfe ist dabei nicht relevant, allerdings erfolgt keine Delegation an diese fremde Hilfe. Der Kompromiss sucht eine Durchschnittsmenge, wo genug von den gegensätzlichen Standpunkten enthalten ist, damit sie sichtbar sind, und trotzdem so wenig, dass keiner der gegensätzlichen Standpunkte dominiert.

Bis ein tragfähiger Kompromiss gefunden wird, ist es gut möglich, dass mehrere Schleifen gedreht werden müssen, immer wieder mit Phasen des Kampfes oder einem Versuch der Delegation.

Sollte es sich um einen aporetischen Konflikt handeln, wird das Hin und Her wahrscheinlich bewirken, dass irgendwann das Eintreten in eine neue Phase möglich wird.

Was ist nun ein aporetischer Konflikt? Aporie meint so etwas wie eine ‚logische Unvereinbarkeit', das heißt die Konfliktpositionen widersprechen einander, sind aber beide berechtigt und bedingen einander. Eine klassische Aporie ist jene zwischen Freiheit und Ordnung (in einen Kindergarten oder Hort übersetzt etwa der Gegensatz zwischen pädagogischen Qualitätsstandards und selbstverantwortlicher Entscheidungskompetenz des einzelnen Pädagogen oder der einzelnen Kinderbetreuerin).

Zumeist wird ein **Konsens** erst dann gesucht, wenn die bisher beschriebenen Konfliktlösungsstrategien nicht dauerhaft gefruchtet haben. Weil sich eine solche ‚Synthese auf höherer Ebene' tragfähiger erweist, allerdings auch – zumindest vordergründig – mehr (Zeit-)Aufwand benötigt.

Die Synthese ist das **Ende eines dialektischen Entwicklungsprozesses**, den die Konfliktparteien mit ihren entgegengesetzten Standpunkten durchmachen:

Die gut abgegrenzten Gegensätze sind durch den Kompromiss insofern kompromittiert, weil hier bereits eine ‚Verwässerung' in den Positionen der Konfliktparteien selbst notwendig war.

Weil ohne pädagogische Qualitätsstandards ist die Entscheidungsfreiheit und die damit verbundene Verantwortung der einzelnen Pädagogin vielleicht zu umfassend. Umgekehrt ist bei zu rigider Standardisierung die pädagogische Arbeit zu sehr trivialisiert, das heißt, einer unpassenden Wenn-Dann-Logik unterworfen. Es braucht beide Seiten, die Standards als qualitatives Regulativ und die professionelle Freiheit in der konkreten situationsbezogenen Umsetzung. Im Zuge einer Konsenslösung in einem solchen aporetischen Konflikt würde die Freiheit schließlich eine gewisse Ordnung wollen und kontrollieren, ob sie noch genug Freiheit lässt. Sie hat dadurch mehr Freiheit als zuvor, weil sie die Ordnung nicht mehr bekämpfen muss. Und die Ordnung ist anerkannt und braucht keinen Zwang mehr. So haben beide dazu gewonnen, weil etwas Neues entstanden ist, ohne die Gegensätze zu vernichten, weil sie ja, wie bei aporetischen Konflikten üblich, beide berechtigt sind.

4.2 Von Lösungslandkarten und anderen Fragen

Da eine gute Diagnose – wie schon erwähnt – die Lösung zu einem großen Teil bereits enthält, ist es sinnvoll, nahtlos an den Fragen am Ende des obigen Kapitels anzuschließen. Dabei wird eine andere Landkarte gezeichnet (vgl. Abbildung 3). Diese stellt anstatt des Konfliktes, die gute Lösung in den Mittelpunkt.

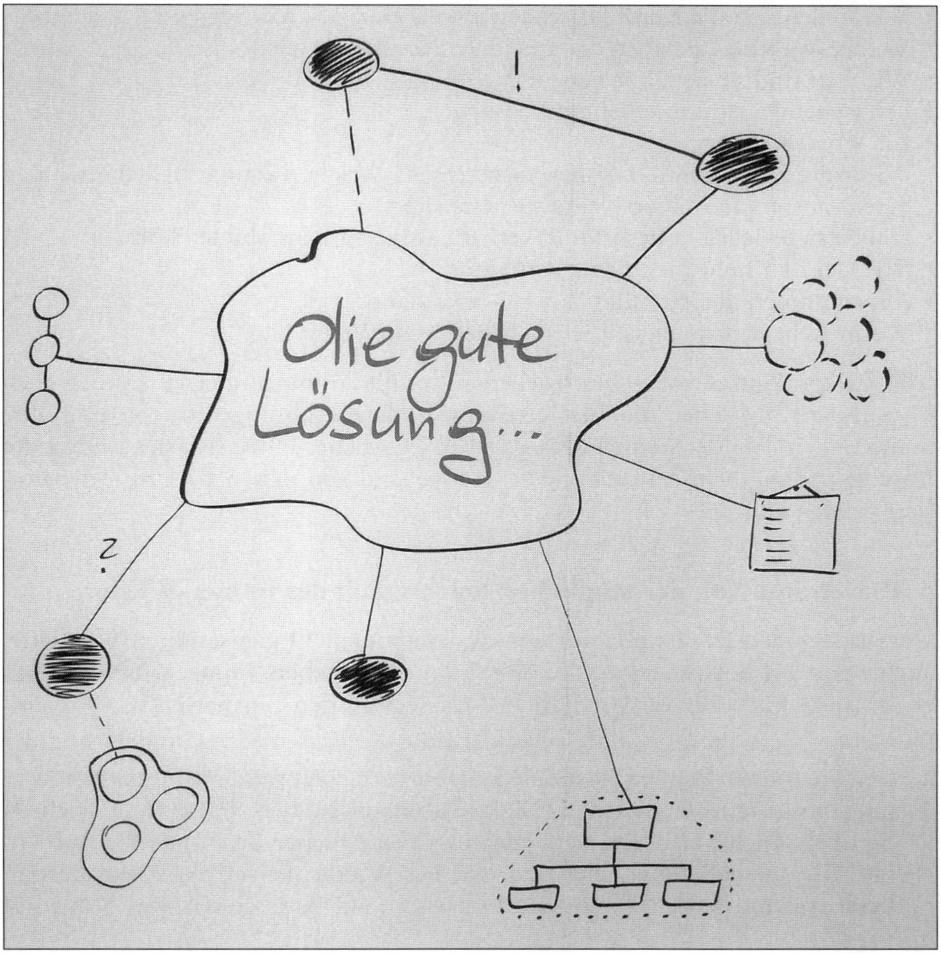

Abb. 3 Lösungslandkarte

Wie bei der Diagnose sind die ersten Fragen jene nach den Personen in ihren jeweiligen Funktionen, nach den Personengruppen und Organisationseinheiten, die zur Lösung gebraucht werden. Auch hier zeigt die Entfernung zur guten Lösung die Wichtigkeit jener Rolle, die sie bei einer Lösung spielen könnten:

- Welchen Beitrag können die Lösungspartner und Lösungspartnerinnen leisten?
- Sind sich alle, die dafür nötig sind, bewusst, dass sie gebraucht werden?
- Wie stehen die an der Lösung Beteiligten in der Organisationshierarchie zueinander?
- Ist deren Beziehung zueinander normalerweise konfliktfähig(Fn112)?
- Was (etwa Spielregeln, Verhaltensvereinbarungen, Maßnahmen o.ä.) brauchen wir noch?
- Was könnte wer tun, um den Konflikt zu eskalieren?
- Wie stellen sich die Konfliktparteien jeweils eine gute Lösung vor?
- Welche Verbündete haben die jeweiligen Konfliktparteien?
- Wie weit sind sie bereit zu gehen?
- Fehlt noch jemand für eine gute Lösung?
- zur Wiederholung:
  Wie wurde der Konflikt bisher ausgetragen? Welche Lösungsversuche wurden bereits ausprobiert? Woran sind sie gescheitert?
- Haben sich vielleicht bestimmte Verhaltensmuster herausbilden können?
- Wie viel Zeit steht (noch) zur Verfügung?
- Angenommen, der Konflikt ist weg – und dann?
- Wofür steht dann vielleicht wieder Energie zur Verfügung?

Mit Rückgriff auf die oben beschriebenen Konfliktlösungsstrategien können auch Hypothesen(Fn113) über die bereits stattgefundenen Lösungsversuche und ihre Wirksamkeit gebildet werden bzw. darüber, in welcher Phase sich der Prozess der Lösungsfindung befindet und wie er – ausgehend von diesen Bildern – dynamisiert werden könnte.

5 Prävention: Von der möglichen Leichtigkeit des Immer-Wieder…

Dass in Kindergärten und Horten wie in anderen Organisationen Konflikte, auch wenn wir noch so professionell mit ihnen umgehen, immer wieder auftauchen, ist nicht weiter verwunderlich. Das liegt an den Eigenarten von Organisationen.

a. Organisationen können als soziale Systeme betrachtet werden, die aus Kommunikationsereignissen bestehen (Niklas Luhmann 1996, S. 191-241). Gleichzeitig ist das Sich-Verstehen beim gemeinsamen Arbeiten eigentlich die Ausnahme. Dies deshalb, weil jeder und jede die Wirklichkeit selektiv wahrnimmt. Und zwar mit bestem Wissen und Gewissen auf Basis dessen, was bisher gut

112. konfliktfähig meint, dass die Beziehung Konflikte aushalten kann und nicht an ihnen zerbricht
113. Annahmen über Wirklichkeit, die, wenn sie nicht hilfreich sind, wieder fallen gelassen werden.

funktioniert hat, bzw. was er oder sie vermeiden will, weil es nicht so gut funktioniert hat.

b. Zudem können wir davon ausgehen, dass sich Organisationen entlang von Widersprüchen konstruieren, die aporetische Merkmale aufweisen. Das heißt, diese Widersprüche sind voneinander abhängig und prinzipiell unauflösbar. Sie können nur situativ aufgelöst werden, kehren also immer wieder, in einer anderen Form, mit anderen Themen. Bisweilen entwickeln sich daraus Konfliktsituationen.

Ein Beispiel dafür ist etwa der Widerspruch zwischen Kontrolle und Vertrauen, das heißt der Notwendigkeit, Aufgaben klar vorzugeben und die Umsetzung zu kontrollieren, und dem Vertrauen darauf, dass das Ziel klar ist, und die Mitarbeiterin auf einem sinnvollen Weg selbst zum vereinbarten Ergebnis kommen wird. Ein anderes Beispiel ist der Widerspruch zwischen dem Anliegen jedes Mitarbeiters, dass auf seine Besonderheit eingegangen wird, und dem Anspruch, alle Mitarbeiter und Mitarbeiterinnen auf die gleiche Art zu behandeln und damit niemanden zu bevorzugen. Ein drittes Beispiel ist der Widerspruch zwischen einer klaren Abgrenzung der professionellen Verantwortung für den Ablauf innerhalb der elementarpädagogischen Einrichtung und der Offenheit gegenüber Erfahrungen und Mitgestaltungsbedürfnissen von Eltern und anderen Bezugspersonen der Kinder.

Wie die tägliche Hausarbeit ist die Förderung der Konfliktfähigkeit im Team, innerhalb der gesamten Organisation, gegenüber den Eltern und anderen wichtigen externen Akteuren eine dauerhaft zu leistende Arbeit, die erst dann wirklich auffällt, wenn sie nicht (ausreichend) gemacht wurde.

Zur **Förderung der Konfliktfähigkeit** wäre zu empfehlen:

- Eine Führungskultur aufbauen und pflegen, die sich der, vor allem strukturellen, Widersprüche an- und sie also ernst nimmt.
- Ein respektvolles Miteinander ohne Samthandschuhe was den Inhalt betrifft und ohne psychologisierende Untergriffe was die Person betrifft – sowohl in der Zusammenarbeit als auch in der Auseinandersetzung.
- Immer wieder die Meta-Ebene einnehmen und dabei gemeinsam nachdenken wie wir im Team, als Leiterinnen und Leiter, als PädagogInnen und KinderbetreuerInnen unser Verhalten in konflikthaften Situationen wahrnehmen, interpretieren und bewerten. Auch wie wir überhaupt mit divergierenden Sichtweisen und widersprüchlichen Bedürfnissen umzugehen pflegen oder wie mit einem ganz konkreten Konflikt umgegangen wurde.

Als Leiterin oder Leiter kann ich die Konflikte selbst natürlich nicht aus der Welt des Kindergartens oder des Horts schaffen. Aber man kann den Umgang mit ihnen steuern. In der Vorbildfunktion als Führungskraft hat man dazu mehr Kraft als andere. Etwa durch klare Spielregeln, durch das Etablieren des Konflikts als normalen Teil des Arbeitsalltags, durch das Üben der Diagnose und der Lösungsfindung, durch das Beobachten der dabei entstehenden Muster und durch die regelmäßige institutionalisierte Auseinandersetzung damit.

So entsteht ein leichterer und gleichzeitig ernsthafter Umgang mit Konflikten. Vielleicht.

Literaturverzeichnis

Friedrich Glasl (1994). Konfliktmanagement. Handbuch für Führungskräfte und Berater. Verlag Freies Geistesleben. Verlag Paul Haupt. Stuttgart. 4. Auflage.

Friedrich Glasl (2000). Selbsthilfe in Konflikten. Konzepte – Übungen – praktische Methoden. Verlag Freies Geistesleben. Verlag Paul Haupt. Stuttgart. 2. Auflage.

Marlies Lenglacher/Christof Schmitz/Mathias Weyrer (1994). Vom Streit zum Unternehmensdialog. Konflikte als Potential der Unternehmensentwicklung. In: Herrnsteiner 3, 1994, S. 4ff.

Niklas Luhmann (1996). Soziale Systeme. Grundriß einer allgemeinen Theorie. Suhrkamp Tb. Frankfurt am Main. 6. Auflage

Frank Michael Orthey (2013). Systemisch führen – Grundlagen, Methoden, Werkzeuge. Schäffer-Poeschel-Verlag. Stuttgart. 1. Auflage

Bernd Schmid (2011). Umgang mit Störungen. Studienschrift. S. 1.

Bernd Schmid/Arnold Messmer (2005). Systemische Personal-, Organisations- und Kulturentwicklung. Konzepte und Perspektiven. EHP-Verlag Andreas Kohlhage. Bergisch Gladbach. 1. Auflage.

Gerhard Schwarz (1985). Die „heilige Ordnung" der Männer. Patriarchalische Hierarchie(Fn111) und Gruppendynamik. Westdeutscher Verlag. Opladen. 1. Auflage

Gerhard Schwarz (2010). Konfliktmanagement. Konflikte erkennen, analysieren, lösen. Gabler. Wiesbaden. 8. Auflage.

Fritz B. Simon (2007). Einführung in die systemische Organisationstheorie. Carl Auer Verlag. Heidelberg. 1. Auflage.

Fritz B. Simon (1990). Meine Psychose, mein Fahrrad und ich. Zur Selbstorganisation der Verrücktheit. Carl Auer Verlag. Heidelberg. 1. Auflage.

5 Zusammenarbeit und Erziehungspartnerschaft erfolgreich gestalten

5.1 Sozialraumorientierung als Beitrag zur Chancengerechtigkeit im städtischen Bildungsraum

Gerhild Bachmann/Lisa Reicher-Pirchegger

Soziale Ungleichheit ist ein Merkmal moderner Gesellschaften (vgl. Giddens 1999, S. 264). Vor allem in großen Ballungsräumen verbinden sich mehrere Aspekte der sozialen Ungleichheit mit Effekten der Segregation zwischen einzelnen Bevölkerungsschichten. Dieser Umstand wirkt sich besonders problematisch auf den Bildungsbereich aus, da in sozialen Problemzonen Kindergärten und Schulen vor großen und neuen Herausforderungen stehen. Welche Möglichkeiten können ausgeschöpft werden, um Bildungsprozesse in solchen sozialen Kontexten erfolgreich zu initiieren und zu begleiten? In diesem Beitrag wird die These vertreten, dass frühes sozialräumlich abgestimmtes Lernen einer Bildungsungleichheit entgegensteuern und zu mehr Chancengerechtigkeit führen kann. Außerdem wird der Standpunkt vertreten, dass dieses abgestimmte Lernen durch Vernetzung von PädagogInnen, Kindern, Eltern und sozialen Einrichtungen erfolgen soll im Sinne von Empowermentorientierung.

1 „Bildung" und soziale Ungleichheit im städtischen Umfeld

„Die Gleichwürdigkeit aller Menschen und die Bedingungen eines gleichermaßen gelungenen und autonomen Lebens für alle" (Nida-Rümelin 2013, S. 244) werden bei Berücksichtigung vielfältiger kultureller Lebensformen, Interessen und Begabungen gefordert. „Jeder soll in sich eine individuelle Originalität, eine Anschlussfähigkeit an andere und eine Partizipationsfähigkeit entwickeln", die ihn zur Mitwirkung an gesellschaftlichen Bestrebungen, „Erziehung und Politik sowie Kunst und Religion befähigt" (ebd., S. 244).

Vor dem Hintergrund großer Unterschiede im materiellen, sozialen, kulturellen Bereich unterscheiden sich die Bildungsmöglichkeiten enorm. Diese scheinen an den Wohnraum gebunden zu sein. „In einer hierarchisierten Gesellschaft gibt es keinen Raum, der nicht hierarchisiert wäre und nicht Hierarchien und soziale Abstände zum Ausdruck brächte (...) In der Beziehung zwischen der Verteilung von Akteuren und der Verteilung von Gütern im Raum manifestiert sich der jeweilige Wert der unterschiedlichen Regionen des verdinglichten Sozialraums" (Bourdieu 1998, S. 160).

Die Chicagoer Schule der Stadtsoziologie zeichnete in den 1920er Jahren das Bild einer streng nach sozialen Schichten segregierten Stadt (vgl. Park/Burgess/Watson & McKenzie 1984, S. 47). Dieser Befund spiegelt die soziale Situation in sich industrialisierenden Städten des 19. und frühen 20. Jahrhunderts wider, in denen klar getrennte geographische Siedlungsräume (Segregation) zwischen der ökonomisch benachteiligten und wohlhabenderen Bevölkerung existierten (etwa ArbeiterInnenviertel und „bürgerliche“ Gebiete im Gründerzeitstil). Hier fand auch bezogen auf beide Definitionen von „Bildung“ eine klare Segregation zwischen Gebieten der Bevölkerung mit hohem oder geringem Bildungsgrad statt. Auch in modernen Großstädten der Gegenwart finden sich auffällige geographische Häufungen (Cluster) von unterschiedlichen Bildungsgruppen. Heute noch korrelieren häufig Stadtteile mit hoher oder niedriger AkademikerInnenrate mit „besseren oder schlechteren Lebensbedingungen“ (Luftqualität, Verkehrsaufkommen, Kriminalität, ÄrztInnendichte, Schuldichte, ethnische Konflikte, Armut und Armutsgefährdung etc.). Nach Dangschat (2009) werden „Umzugsentscheidungen von jedem Haushalt individuell getroffen“ und doch existieren „für die unterschiedlichen sozialen Gruppen (nach Einkommen, Haushaltstyp, Ethnie, Milieu etc.) jeweils gleichgerichtete Rahmenbedingungen, die durch Marktprozesse und deren Steuerungen geprägt sind“ (Dangschat 2009, S. 251).

Auch sei angemerkt, dass moderne Großstädte mit weiteren neuen, weitgehend unerforschten Phänomenen der Bildungsungleichheit konfrontiert sind. Eines davon bezieht sich auf den Vorgang der Bildung ethnischer Enklaven in den innerstädtischen Bereichen. Hier besteht die These, dass derartige Vorgänge auch geographisch bestimmbare Milieus hervorbringen, die von einer bestimmenden Bildungskultur dominiert sind:

> „Im Zuge wieder zunehmender sozialer Ungleichheit und wachsender Bedeutung askriptiver Merkmale (wie Hautfarbe, Geschlecht, Alter, Behinderung etc.) zur Diskriminierung ‚fremder' Menschen erhält die ungleiche Verteilung der Wohnstandorte von sozialen Gruppen in einer Stadt (residentielle Segregation) wieder eine Bedeutung (…). Dabei wird übersehen, dass durch die Lage und die Ausstattung des Wohnstandortes selbst unmittelbare Vor- und Nachteile entstehen, die nahezu ausnahmslos die ohnehin bestehenden sozialstrukturellen Unterschiede vergrößern“ (Dangschat 2000, S. 218).

Hervorzuheben ist in diesem Kontext aber, dass seit den 1970er Jahren die zwingende Unterscheidbarkeit zwischen Sozialräumen, denen eindeutige Bildungsgruppen zugeordnet werden können, abgeschwächt wird. Das ist deshalb der Fall, weil ökonomisches und kulturelles Kapital (d.h. Vermögen, Einkommen und „Bildung“) nicht mehr notwendigerweise miteinander positiv korrelieren.

Grundsätzlich wird aber trotz der zuvor dargestellten sozialen Wandlungsprozesse weiterhin argumentiert, dass marginalisierte Bevölkerungsschichten schwierig in die Gesamtgesellschaft integrierbar sind, wenn sie separiert in eigenen Vierteln leben. Armutsquartieren wird unterstellt, dass dort Armut bzw. Armutsgefährdung reproduziert wird, wo Arbeitslosigkeit und Sozialhilfe vorherrschen, weil der Kontakt zur Arbeitswelt und kulturellen Vielfalt der Stadt verloren gehen. Schließlich kann in solchen Stadtteilen die Qualität in den Schulen und Bildungsinstitutionen nur schwer erreicht werden, da sie mit der Integrationsarbeit überfordert sind. Für solche Kinder, die aus bildungsfernen Haushalten kommen, sind Möglichkeiten für kompensatorische Bildungsangebote unzureichend gegeben (vgl. Dangschat 2009, S. 253f.).

2 Zusammenhänge zwischen sozialer Herkunft und Bildungsbenachteiligung

Unter Bezugnahme auf die Daten der ersten PISA-Testung im Jahr 2000 bis zur dritten PISA-Testung im Jahr 2009 gelang es laut Eder (2012, S. 569) dem österreichischen Bildungssystem nicht, Bildungsungleichheiten zu verringern. Es gibt in diesem Zeitraum zunehmend mehr SchülerInnen in den unteren Kompetenzstufen im PISA-Lesetest und der Anteil der „SpitzenschülerInnen" blieb in Lesen etwa derselbe. Es kam zu keinen Veränderungen im Hinblick auf die wahrgenommene Qualität von Unterricht und dem Rückgang des naturwissenschaftlichen Interesses trotz inzwischen eingeführter Fördermaßnahmen. Insgesamt zeigt sich, dass sich die Dimensionen soziale Herkunft, Migrationshintergrund, Geschlecht und Wohnort der SchülerInnen auf deren Bildungsaspirationen auswirken (vgl. Bacher/Leitgöb/Weber 2012, S. 432).

Der Nationale Bildungsbericht 2012 legt dar, dass der Besuch spezifischer Schultypen in Österreich noch immer stark mit dem Bildungsstand und dem Beruf der Eltern positiv korreliert (vgl. BIFIE 2012, S. 126). Ein niedriger Berufsstatus der Eltern, ein bildungsfernes Elternhaus und nichtdeutsche Alltagssprache in den Familien gelten als Risiken für Bildungsungleichheiten. Die PIAAC-Erhebung 2011/12 (Programme for the International Assessment of Adult Competencies), welche die Schlüsselkompetenzen im Erwachsenenalter (16- bis 65-Jährige) in den Bereichen Lesen, Alltagsmathematik und Problemlösen empirisch erfasst und analysiert, zeigt, dass sich die Wahrscheinlichkeit des Findens von Arbeit für Menschen mit Zunahme der erreichten individuellen Kompetenzen erhöht (vgl. Statistik Austria 2013, Vorwort). Als benachteiligt werden besonders MigrantInnenfamilien angesehen, da in Summe der Anteil der Eltern mit niedrigem Berufsstatus unter MigrantInnen dreimal so hoch ist wie bei Familien österreichischen Herkunftsmilieus und in einem Sechstel der MigrantInnenfamilien im Alltag kein Deutsch gesprochen wird (vgl. BIFIE 2012, S. 24). Die Kombination von Migrationshintergrund und Armut erweist sich bezogen auf den kindbezogenen Lebenslagentyp als ungünstig. Quantitative Studien belegen in diesem Kontext recht eindrücklich:

> „Armut einer Familie ist der stärkste Prädiktor für die Lebenslage der Kinder und somit zentraler Risikofaktor für eine Entwicklung im Wohlergehen (…). Der enge Zusammenhang zwischen Armut und Bildung wird erneut bestätigt. (…). Kinder mit den Merkmalen ‚Armut', ‚niedriger Bildungsstatus der Eltern' und/oder Migrationshintergrund haben schlechtere Schulnoten, und es wird ihnen weniger häufig der Besuch weiterführender Schulen empfohlen. Trotz sub-

jektiv geäußerten Wohlbefindens in der Schule und höherer Ambitionen finden sie armutsbedingt ungleiche Bildungschancen vor, was eine weitergehende gesellschaftliche Integration erschwert" (Holz/Richter/Wüstendorfer/Giering 2005, S. 6ff.).

Präventiv sollten die Verringerung und der Abbau dieser sozialen Bildungsungleichheiten möglichst früh ansetzen. Dies betrifft maßgeblich die elementare Bildungsarbeit, wie es transparent im BildungsRahmenPlan verdeutlicht wird:

Bildungsprozesse werden als „komplexe Austauschprozesse zwischen Kindern und ihrer Lebenswelt verstanden. Kinder tragen zu ihrer Bildung selbst bei, indem sie ihre Kompetenzen – unterstützt durch Impulse ihrer sozialen und materialen Umwelt – ständig weiterentwickeln" (Ämter der Landesregierungen et al. 2009, S. 5). Aufgabe einer demokratischen Bildungsarbeit ist es, die Chancengerechtigkeit von Kindern zu garantieren und jedem einzelnen Kind die gleichen Bildungszugänge zu ermöglichen. Talente und Begabungen und die unterschiedlichen Potenziale der Kinder müssen in Zusammenarbeit und gemeinsamer Verantwortung für das Kind individuell und optimal gefördert werden. Im Sinne von Empowerment ist es wichtig, dem Kind aber auch den Eltern gegenüber eine stärkenorientierte Haltung einzunehmen, institutionelle und soziale Ressourcen wahrzunehmen und die individuelle Persönlichkeitsentwicklung zu beachten. Das Bildungsniveau der Familie als auch eine intensive Teilnahme an außerschulischen Angeboten sind entscheidende Faktoren für das Erstreben höherer Bildung. Entwicklungsmaßnahmen für eine Steigerung des Sozialkapitals des Lernens liegen in verstärkten Elternschulungsangeboten und im möglichst frühen Ansetzen von Unterstützungsmaßnahmen zur Chancengerechtigkeit, vor allem wenn es um soziale Integration geht. Hierbei ist besonders der Kindergarten gefordert, da dieser die erste Bildungsinstitution ist und die erste Weichenstellung zur Chancengerechtigkeit darstellt (vgl. ebd, S. 5).

Benachteiligte Kinder brauchen soziale außerfamiliäre Angebote. Sie benötigen Bildungsinstitutionen, die sie viel stärker als bisher individuell und ganzheitlich fördern sowie soziale Unterschiede beim Bildungserwerb abbauen. Dazu gehören neben dem Ausbau von Betreuungsmöglichkeiten für Kleinkinder und der Verbesserung der Bildungschancen in Kindergarten und Schule, wie bereits seit längerem vielstimmig gefordert wird, die verstärkte individuelle Begleitung und Unterstützung, bei gleichzeitiger Begleitung der Eltern/Erziehungsberechtigten und ganzheitlicher Modellansätze im Sozialraum (vgl. Holz et al. 2005, S. 13ff.).

Seit mehreren Jahren werden in diesem Kontext Begriffe wie „regionale Bildungslandschaft" und „kommunale Netzwerke" in der Fachliteratur betont, die die Zusammenarbeit mit Eltern, sozialen Institutionen einer Region, einer Kommune oder eines Stadtteils forcieren, um Bildungs- und Entwicklungschancen und das Wohlbefinden der Kinder zu erhöhen. Eltern, LehrerInnen, SozialarbeiterInnen, KinderärztInnen, politische VertreterInnen als AkteurInnen werden in ein Netzwerk einbezogen (vgl. Bertelsmann 2008, S. 18).

3 Ein Reformvorschlag: Sozial-(Bildungs-)raumorientierte Praxis

Ende des 20. Jahrhunderts wurde das amerikanische Modellprojekt „Head-Start-Programm" geschaffen, welches auf die kompensatorische Erziehung zur Förderung von unterprivilegierten Kindern in einkommensschwachen Familien bis zum Schulanfang abzielte (vgl. Tenorth/Tippelt 2007, S. 311). Es ging bei Head-Start um die Bereitstellung eines Angebots familienergänzender Erziehung durch elementarpädagogische Bildungsarbeit in benachteiligten Vierteln. Pädagogische Maßnahmen zur Sprachförderung, zur Förderung des sozialen Lernens und zum Nachholen von Basiskompetenzen wurden durchgeführt, mit dem Ziel, Erziehungs- und Bildungsdefizite und damit einhergehend Nachteile der sozialen Herkunft zu reduzieren. Pädagogische Bildungsarbeit und die (aufsuchende) Sozialarbeit ergänzen sich in diesem Konzept.

In Großbritannien etablierten sich seit 1997 sogenannte Early Excellence Center im Zuge des Sure-Start-Programms der Regierung. Elementare Bildungseinrichtungen öffneten sich nach innen und außen für ganze Familien. Bei dieser Pionierleistung wurden Eltern verstärkt in die Bildungsprozesse miteinbezogen und mit sozialen Unterstützungen begleitet. Die Qualität der pädagogischen Arbeit und das Angebot der bestmöglichen Bildung während der frühkindlichen Entwicklung wurde Priorität in den sogenannten integrierten Children's Center. Seit dem Jahr 2000 entstehen im Nachbarland Deutschland Early Excellence Center, in deren Mittelpunkt die Eltern als Partner sowie die Vernetzung mit regionalen Institutionen stehen, um die Talente der Kinder und deren Persönlichkeitsentwicklung besser zu fördern. Hier werden integrierte Leistungen für Kinder- und Familienbetreuung angeboten und das Kind wertschätzend in den Mittelpunkt gestellt (Kindergarten heute 2013). Als gelungen kann auch auf das Modellprojekt „Kind & Co" hingewiesen werden, worin die Umsetzung eines kommunalen Netzwerks in Deutschland erprobt wurde, um Kinder präventiv, nachhaltig und kontinuierlich optimal zu begleiten (vgl. Bertelsmann Stiftung 2008, S. 5). Ein Stadtteilprojekt nach dem Early Excellence Konzept wurde von Anke Vetter in Goslar im Südharz verwirklicht und sie betont, dass entsprechende Fortbildungen für pädagogische Fachkräfte der beteiligten Einrichtungen notwendig sind, denn optimal gesehen, sollten alle Beteiligten „aktiv und mit Freude in den Veränderungsprozess involviert sein" (Vetter 2012, S. 110). Beim Blick über den Tellerrand wird auf die Initiative des Bundesfamilienministeriums in Deutschland aufmerksam gemacht. Im Projekt „Elternchance ist Kinderchance – Elternbegleitung der Bildungsverläufe der Kinder" werden bis zum Jahr 2014 rund 4000 Fachkräfte der Familienbildung zu ElternbegleiterInnen ausgebildet, um Eltern intensiver in die Förderung ihrer Kinder beim frühen Lernen einzubeziehen (vgl. BMSFJ 2013). Als attraktiv werden die Regional-Netzwerke in Nordrhein-Westfalen angesehen. Hier wurden frühpädagogische Transfer- und Kooperationskonzepte entwickelt und wissenschaftliche Erkenntnisse und innovative Verfahren in Projekten umgesetzt. In den Alltag von Kindergärten fließt interdisziplinärer Austausch ein. Gemeinsame

Strategien und Arbeitsschwerpunkte für die Zukunft werden festgelegt. In die Bildungspartnerschaft werden Eltern und Erzieherinnen in Kindergärten und auch GrundschullehrerInnen aufgenommen, die an Aus- und Weiterbildungen teilnehmen (vgl. NIFBE 2013).

In Österreich zeigen sich beispielhafte Annäherungen an diese Modelle (siehe auch den Beitrag von Rodriguez-Lopez/Kicker „Vom Kindergarten zum Familienzentrum" in diesem Band), Sure-Start- Kindergärten sind vereinzelt im Entstehen (vgl. Bachmann/Reicher-Pirchegger 2013, S. 498). Sie sind gekennzeichnet durch

- enthierarchisierte Erziehungspartnerschaften/Elternarbeit bzw. empowermentorientierte Bildungspartnerschaft,
- die Aktivierung der Eltern zur Mitwirkung, Partizipation und Zusammenarbeit im Rahmen der sozialraumorientierten Bildungsarbeit,
- das unterstützende Angebot, das staatliche Bildungswesen niederschwellig kennen zu lernen und damit Bildungsarbeit transparent zu gestalten,
- die Koordination der Unterstützungsangebote für Eltern und Kinder (Case Management),
- die Koordination fallspezifischer und fallunspezifischer Sozialunterstützung,
- das Angebot einer stärkenorientierten, individuellen Entwicklungs- und Lernbegleitung,
- pädagogisches Handeln nach Prinzipien einer vorurteilsbewussten Pädagogik, Anti-Bias-Pädagogik.

4 Aktivierende Beteiligung und Empowerment in der Bildungspartnerschaft im Fokus

Vor allem bezüglich der Elternarbeit bzw. Bildungspartnerschaft steht die Pädagogik in Kindergarten und Schule vor neuen Herausforderungen. Bisherige Ansätze von Elternarbeit erreichen ihre Grenzen. Nach Scheipl versteht sich die „Bildungsarbeit im Kindergarten (…) als Ergänzung zu gut funktionierenden Familien. Die Realität der Familien sieht jedoch vielfach anders und weniger gut aus. Der Kindergarten hat daher in seinen Zielstellungen und in seiner konkreten Arbeit mehr als bisher die vorfindbaren Situationen in den Familien zu beachten (…) und eventuell neue Perspektiven zu entwickeln" (Scheipl 2005, S. 120).

Besonders der ressourcenorientierte Empowerment-Ansatz bezieht sich sozialpolitisch gesehen auf das Engagement und die Vernetzung von Menschen unterschiedlicher Lebenslagen. Unterschiedliche Kompetenzen werden für gemeinschaftliche Tätigkeiten gebündelt. Macht und Ressourcen verschiedener Individuen werden zusammengetragen und als Potenzial selbstverantwortlich und autonom genutzt (vgl. Herriger 2006, S. 40f.). Familien und weitere Institutionen der sozialen und kulturellen Arbeit werden stärker als bisher (s. u.) in das Bildungsgeschehen und die pädagogische Praxis elementarer Bildungseinrichtungen miteinbezogen.

Aus den Arbeitsansätzen der empowerment- und sozialraumorientierten Praxis können folgende Traditionslinien aufgegriffen werden (vgl. Hinte 2001, S. 77):

- Organisation individueller und kollektiver Betroffenheit unter dem Bestimmungsmerkmal der Selbstorganisation,
- Parteilichkeit für die betroffenen Bevölkerungsgruppen,
- Lebensweltorientierung,
- Aktivierung statt fürsorglicher Betreuung,
- Case Management.

Wie diese Vorgaben gelingen können, zeigen Modellprojekte, wie z. B. auch „Nenzing – spricht mehr“ (vgl. Marktgemeinde Nenzing 2013) oder die modellhaften Annäherungen öffentlicher Kindergärten an das Sure-Start-Konzept, wie es nun anhand eines Beispiels im Großraum Graz dargestellt wird:

5 **Falldarstellung** (detaillierte Darstellung, siehe Bachmann/Reicher-Pirchegger 2013):

Der interkulturelle öffentliche Kindergarten mit großem Garten liegt in einem sozialen „Brennpunktviertel“ in der steirischen Landeshauptstadt Graz und zeichnet sich durch eben skizzierte Maßnahmen aus:

Empowermentorientierte, niederschwellige Elternarbeit bzw. Bildungspartnerschaft, Kooperation mit Erziehungsberechtigten, Etablierung von familiären Unterstützungssystemen: Viele Beratungs- und Informationsangebote über das österreichische Bildungssystem erreichen Eltern oft nicht bzw. werden von ihnen aus unterschiedlichsten Gründen oder im Zuge kultureller Distanz nicht genutzt. Um interkulturellen und migrationsbedingten Kommunikationsbarrieren zu begegnen und Vertrauen zu fördern, wurde in diesem ganztägigen Kindergarten ein *Eltern-Cafe im Gruppenraum eingerichtet.* Eltern erleben die Bildungsarbeit im Kindergarten nun transparent, kommen miteinander ins Gespräch, bilden gemeinsame Netzwerke und nützen angebotene Unterstützungssysteme (Deutschkurse, Radfahrkurse, interkulturelle Kochkurse, Kerzenziehworkshop, Tanzen mit Kindern, Eltern und Großeltern etc.) sowie niederschwellige Beratungsgespräche mit den KindergartenpädagogInnen. Eltern als auch Geschwisterkinder können dem Kindergartengeschehen beiwohnen, wann immer sie möchten und sich autonom in der eigens eingerichteten Cafe-Ecke innerhalb des großen Spiel- und Gruppenraums bedienen, den Garten nutzen, Festen beiwohnen, Exkursionen begleiten etc. Die Bibliothek und die hochwertigen Spiel- und Lernmöglichkeiten stehen den Kindern als auch den Eltern zur Verfügung. Die pädagogische Arbeit im interkulturellen Kindergarten bedeutet Empowermentprozesse auf unterschiedlichen Ebenen zu realisieren. Mit Achtung und Wertschätzung wird den kulturell unterschiedlichen Familien und den verschiedenen Erstsprachen der Kinder begegnet. Der sprachlich-kulturelle Austausch erfolgt auf deutsch, bosnisch, kroatisch, türkisch, serbisch, etc. Die Sprachförderung nimmt einen großen Schwerpunkt ein unter Einbezug einer kroatisch- und türkischsprechenden Integrationsassistentin. Daneben bietet eine Logopädin nach Sprachstandserhebungen jedem Kind 10 Einheiten der Einzelförderung an.

Individuelle Lern- und Bildungsdokumentationen: Die stets im Mittelpunkt der Bildungsarbeit stehenden Kinder erkunden aktiv und selbsttätig ihre Umgebung und setzen sich mit dieser auseinander. Geräte im hauseigenen Turnsaal werden ausprobiert und ein auf „Bäume klettern" wird möglich. Die aufgeschlossenen KindergartenpädagogInnen zeigen eine offene Haltung und lassen den Kindern Freiheiten im Ausleben ihres Neugier- und Explorationsverhaltens in der anregenden Lernumgebung. Große Bedeutung kommt der individuellen Bildungsbegleitung zu. Für die regelmäßig erfolgenden Teamsitzungen der KindergartenpädagogInnen und die gemeinsam mit den Eltern vereinbarten Beratungsgespräche werden individuelle Dokumentationen in Form von Mindmaps gesammelt, um ein Kind in seiner Einzigartigkeit bedürfnisentsprechend im ständigen Dialog zu fördern.

Vernetzung mit regionalen Sozial- und Dienstleistungen: Das gegenwärtige pädagogische Konzept zielt auf mehr Vernetzung im Stadtteil unter Einbezug von Elternarbeit. Geeignete KooperationspartnerInnen für das Netzwerk, die die gemeinsame Idee und die Vision der Schwerpunkte „Interkulturalität" und „Naturbezogenheit" mittragen, sind Institutionen wie die CARITAS, Innovative Sozialprojekte (ISOP), sozialpädagogische Einrichtungen und die Logopädie. Sie bieten neben kommunikativen Austausch intensive und präventive Unterstützungsangebote im Stadtteil. Auch eine Zusammenarbeit mit Schulen in näherer Umgebung wurde gesucht und Schritte in andere Bezirke unternommen, wie z. B. in das Kindermuseum, die Zentralküche, das Netzwerk für Berufsausbildung (NOWA) etc. Bei mitunter auftretenden Schwierigkeiten in den Familien konnte auf die Zusammenarbeit mit spezifischen Frauenunterstützungsprogrammen aufmerksam gemacht werden.

6 Fazit

In diesem Aufsatz wurde erstens gezeigt, dass Städte aufgrund ihrer Neigung zur sozialen Segregation besonders herausfordernde Situationen für den Bildungssektor schaffen. Viele Probleme der sozialen Ungleichheit, die in Städten bestehen, können freilich nicht ursächlich durch das Bildungssystem gelöst werden. Aber die besonderen Anforderungen im städtischen Umfeld verlangen nach ganz neuen Strategien des Umgangs mit marginalisierten Gruppen in Kindergärten und Schulen. Von daher wurde zweitens eine sozialräumlich abgestimmte Praxis vorgestellt. Vor diesem Hintergrund weisen die Autorinnen auf folgende Punkte hin: Gesellschaftliche Marginalität, insbesondere Armutsgefährdung, sind nicht an allen Orten gleich verteilt vorhanden. Vielmehr stehen gesellschaftliche Allokationsprozesse in einem engen Zusammenhang mit Lebens- und Wohnmöglichkeiten, mit den *Sozialräumen bzw. Bildungsräumen* der Kinder und deren Familien. PädagogInnen sind daher an unterschiedlichen Orten bzw. *Sozialräumen/Bildungsräumen* sehr ungleich gefordert (vgl. Reicher-Pirchegger 2012, S. 17), „PädagogInnen sollen

Entwicklungs-, Bildungsprozesse bei Kindern anregen und unterstützen und somit zur Sicherung von Chancengleichheit und sozialer Teilhabe, insbesondere auch für Mädchen und Buben aus benachteiligten Lebensverhältnissen, beitragen" (Wustmann 2011, S. 22 ff.), wodurch den PädagogInnen in Kindergärten und Schulen damit ein bildungs- wie sozialpolitischer Auftrag zukommt (ebd., S. 22 f.). Um dieser Herausforderung adäquat begegnen zu können, müssten PädagogInnen in entsprechenden Sozialräumen/Bildungsräumen über spezifische Ressourcenlagen (wie optimale Betreuungsschlüssel), eine multiprofessionelle Teamstruktur sowie zusätzliche Qualifizierungen (wie sozialpädagogische Kompetenzen), die im Rahmen der Professionalisierung verstärkt hervorzubringen sind, verfügen.

Literaturverzeichnis

Ämter der Landesregierungen der österreichischen Bundesländer, Magistrat der Stadt Wien, Bundesministerium für Unterricht, Kunst und Kultur BMUKK (Hrsg.) (2009). Bundesländerübergreifender BildungsRahmenPlan für elementare Bildungseinrichtungen in Österreich. In: http://www.bmukk.gv.at/medienpool/18698/bildungsrahmenplan.pdf [31.10.2013].

Bacher, Johann/Leitgöb, Heinz/Weber, Christoph (2012). Bildungsungleichheiten in Österreich. Vertiefende Analyse der PISA2009-Daten. In: Eder, Ferdinand (Hrsg.): PISA 2009. Nationale Zusatzanalysen für Österreich. Innsbruck: Studienverlag, S. 432–456.

Bachmann, Gerhild/Reicher-Pirchegger, Lisa (2013). Potenziale der Netzwerkgesellschaft für frühes Lernen. Professional Communities am Beispiel von Sure Start. In: Erziehung und Unterricht, 5-6, S. 495–502.

Bertelsmann Stiftung (2008). Kommunale Netzwerke für Kinder. Ein Handbuch zur Governance frühkindlicher Bildung. Gütersloh: Verlag Bertelsmann Stiftung.

BIFIE (2012). Nationaler Bildungsbericht Österreich 2012. Band 1. Wien: Leykam.

BMFSFJ (Bundesministerium für Familie, Senioren, Frauen und Jugend) (2013). Elternchance ist Kinderchance. In: http://www.elternchance.de/[31.10.2013].

Bourdieu, Pierre et al. (1998). Das Elend der Welt. Zeugnisse und Diagnosen alltäglichen Leidens an der Gesellschaft. Konstanz: Universitätsverlag.

Dangschat, Jens S. (2000). Segregation. In: Häußermann, Hartmut: Großstadt. Soziologische Stichworte. Opladen: Leske und Budrich, S. 209-221.

Dangschat, Jens S. (2009). Räumliche Aspekte der Arbeit. In: Dimmel, Nikolaus, Heitzmann, Karin/Schenk, Martin (Hrsg.): Handbuch Armut in Österreich. Innsbruck: Studienverlag, S. 247 -261.

Eder, Ferdinand (2012). Executive Summary. In: Eder, Ferdinand (Hrsg.): PISA 2009. Nationale Zusatzanalysen für Österreich. Innsbruck: Studienverlag, S. 563–571.

Giddens, Anthony (1999). Soziologie. 3. Auflage, Graz: Nausner & Nausner.

Herriger, Norbert (2006). Empowerment in der Sozialen Arbeit: Eine Einführung. 3., überarbeitete Auflage. Stuttgart: W. Kohlhammer GmbH.

Hinte, Wolfgang (2001). Stadtteilbezogene Arbeit und soziale Dienste – Lebensweltbezug statt Pädagogisierung. In: Wolfgang Hinte, Maria Lüttringhausen und Dieter Oelschlägel: Grundlagen und Standards der Gemeinwesenarbeit. Münster: Votum Verlag, S. 74-81.

Holz, Gerda/Richter Antje/Wüstendörfer Werner/Giering, Dietrich (2005). Zukunftschancen für Kinder!? Wirkung von Armut bis zum Ende der Grundschulzeit. Zusammenfassung des Endberichts der 3. Phase der AWO_ISS_Studie. In: http://www.gesundheit-nds.de/downloads/rk.zukunftschancenfuerkinder.pdf [31.10.2013].

Kindergarten heute (2013). Fachbegriff Early Excellenxe. In: http://www.kindergarten-heute.de/artikel/fachbegriffe/fachbegriffe_detail.html?k_beitrag=2886887 [2013-10-01].

Marktgemeinde Nenzing (2013). Nenzing spricht mehr. In: http://www.vorarlberg.at/pdf/projektbeschreibungsprach.pdf [31.10.2013].

Nida-Rümelin, Julian (2013). Philosophie einer humanen Bildung. Hamburg: edition-Körber-Stiftung.

NIFBE (2013). Regionale Netzwerke. In: http://nifbe.de/das-institut/regionalnetzwerke [31.10.2013].

Park, Robert/Ezra, Burgess/Watson, Ernest W./McKenzie, Roderick. D. (1984). The City: University of Chicago Press.

Reicher-Pirchegger, Lisa (2012). Aufbruch oder Umbruch. Reformabsichten und Berufsbild im elementarpädagogischen Kontext. In: Holzinger, Andrea (Hrsg.): Frühe Bildung. Projekte, Befunde, Perspektiven. Graz: Leykam, S. 15–39.

Scheipl, Josef (2005). Kindergarten und Familie: Gesellschaftliche Funktionen und Bedingungen. In: Knapp, Gerald (Hrsg.): Kindergarten und Familie als Lebens- und Erfahrungsraum. Wien und Köln. S. 120-134.

Statistik Austria (2013). Schlüsselkompetenzen von Erwachsenen. Erste Ergebnisse der PIAAC-Erhebung 2011/12. Wien: Statistik Austria. In: http://www.statistik.at/web_de/services/publikationen/[31.10.2013].

Tenorth, Heinz-Elmar/Tippelt, Rudolf (2007). Lexikon Pädagogik. Weinheim: Beltz.

Vetter, Anke (2012). Familienzentren nach dem Early Excellence Konzept. Praktische Umsetzung in einem Stadtteilprojekt. Hamburg: Diplomica Verlag.

Wustmann, Cornelia (2011). Über Haltung und Handeln in der Begleitung von Mädchen und Buben in der Elementarpädagogik. In: Kalcher, Anna Maria/Lauermann, Karin (Hrsg.): In Würde werden. Tagungsbericht zur Pädagogischen Werktagung Salzburg. G & G Verlag, S. 22-46.

5.2 Vom Kindergarten zum Familienzentrum – Entwicklungen fördern und Chancen erkennen

Brigitte Rodriguez Lopez/Erika Kicker

1 Was ist eigentlich ein Familien- oder Early Excellence-Zentrum?

> *„Eltern sind alle unterschiedlich und das heißt für uns, dass wir ständig auf der Suche sind, Mittel und Wege zu finden, um Eltern einzubeziehen.Jedes Kind hat das Recht, dass sich seine Eltern an seiner Erziehung beteiligen,und die Erzieher haben die Pflicht,die Möglichkeiten zu suchen und die Wege zu finden,damit Eltern sich beteiligen können."*
> *(Margy Whalley, Cath Arnold)*

Muss ich jetzt alles über Bord schmeißen, was bisher gut gelaufen ist? Mit 25 Kinder in einer Gruppe, da kannst du dich nicht auch noch um die Eltern kümmern! Unsere Räumlichkeiten sind viel zu klein, um die Eltern auch noch einzuladen. Ich bin verantwortlich für die Kinder, nicht für die Eltern. Bestimmen die Eltern dann was ich zu tun habe? Hat das überhaupt noch was mit Kindergarten zu tun?

„Lassen wir das Jammern", antwortete Gerald Hüther im Oktober 2011 in Bregenz auf dem Kongress „Arche Nova – Die Bildung kultivieren!" auf die vielen Einwände der ErzieherInnen, die einer partnerschaftlichen Zusammenarbeit mit den Eltern noch im Wege stehen.

„Nicht nur in Schulen und Kindergärten, auch in vielen Unternehmen und Organisationen steht die Transformation der bisherigen Beziehungs-, Lern- und Führungskultur ganz oben auf der Agenda. Und der Begriff ‚Potenzialentfaltung' breitet sich immer weiter aus, auch wenn noch lange nicht alle verstanden haben, dass man andere dazu nicht zwingen sondern nur einladen, ermutigen und inspirieren kann"(ders., 2013).

Der Veränderungsprozess vom Kindergarten zum Familienzentrum setzt einen lebendigen Dialog mit den Kindern und Eltern voraus, damit sich die Einrichtung ständig weiterentwickeln kann. Dies bedeutet eine besondere Herausforderung für alle Beteiligten. Ziel ist es, den Kindergarten zu einem Ort für die ganze Familie umzugestalten.

Gewiss gibt es Rahmenbedingungen, die überdacht und geändert werden müssen. Dennoch liegt es oft an uns selbst, dass neue Wege vermieden werden.

Was macht es uns so schwer, die Eltern als gleichberechtigte Partner ins Boot zu holen und mit ihnen eine Erziehungspartnerschaft einzugehen?

Wir wollen zeigen, wie ein Familienzentrum in der Praxis aussehen kann und welche Schritte notwendig sind, um es einzurichten, damit am Schluss alle profitieren: Kinder, Eltern und Kindergartenpersonal.

2 Grundlagen und ethischer Code

Die Bildungsbiografie eines Kindes wird von Beginn an stark durch seine Familie geprägt. Das Elternhaus ist der erste entscheidende Ort, in dem Kinder Liebe bekommen, ihre ersten Erfahrungen sammeln und die Charakterbildung ihren Anfang nimmt. Der Kindergarten muss diese Leistungen der Eltern anerkennen, besonders dann, wenn er im Rahmen der Bildungspartnerschaft alle Eltern erreichen möchte.

Desinteresse, mangelnde Kontakte zu den Eltern, keine Zeit für die Teilnahme an Festen oder Vorträgen sind häufige Vorwürfe von Seiten der Pädagoginnen und Pädagogen. Dabei würde es oft genügen, die Perspektive der betreffenden Eltern einzunehmen. Könnte es sein, dass sie aus verschiedenen Gründen gar nicht in der Lage sind, am sozialen Kindergartengeschehen teilzunehmen? Fehlt aufgrund der Familien- und Arbeitssituation schlichtweg die Zeit für Gespräche beim Bringen und Abholen der Kinder? Stellt die Sprache eine Barriere dar? Ist die Teilnahme an Festen etc. für manche Eltern unmöglich, weil sie zu einem Zeitpunkt stattfinden, an denen sie arbeiten müssen?

Die Begegnung mit Eltern muss auf gleicher Augenhöhe stattfinden: Eltern sind unsere ErziehungspartnerInnen. Margy Whalley erkannte dies bereits in den 80er Jahren und startete einen völlig neuen Versuch. Sie wartete nicht mehr darauf, bis sich Eltern von sich aus aktiv am Kindergartengeschehen beteiligten, sondern sprach die Eltern persönlich an. Und zwar nicht wie bisher die Zielgruppe Eltern allgemein, der Focus lag nun auf jeder einzelnen Familie und somit auf jedem einzelnen Kind. (vgl. Whalley, Arnolds 1997)

Margy Whalley eröffnete in der nordenglischen Stadt Corby das erste *Early Excellence Centre (EEC)*. Der Early Excellence Ansatz basiert auf drei Grundlagen(vgl. Lepenies, 2008, S. 7)

1. **Jedes Kind ist exzellent** und hat ein Recht auf die bestmögliche Bildung.
2. **Die Eltern sind die Experten ihrer Kinder**. Niemand kennt das Kind so gut wie seine Eltern. PädagogInnen können durch die Zusammenarbeit und den Austausch mit den Eltern viel Wichtiges über das Kind erfahren und von diesem Austausch profitieren. Besonders wichtig ist dies beispielsweise bei der Eingewöhnung.
3. **Der Kindergarten öffnet sich in den Nahraum**. Die Arbeit im Kindergarten wird transparent gestaltet. Auch Familien aus der Nachbarschaft (z. B. mit jüngeren Kindern) sind bei Familientreffs etc. eingeladen.

Um die Eltern zu erreichen und ihnen als geleichberechtige PartnerInnen gegenüber zu stehen, wurde ein ethischer Code festgelegt:

- Allen Beteiligten gegenüber herrscht eine positive Grundeinstellung – gegenüber den Kindern, den Eltern und den Mitgliedern des Kindergartenteams.
- Informationen und Daten sind für alle verständlich. Wenn es erforderlich ist, müssen DolmetscherInnen dazu eingeladen werden.
- Der Schwerpunkt wird auf Fragen gelegt, die die Betroffenen selber stellen. Dies gilt für den Kindergartenalltag genauso wie bei den Angeboten für die Eltern und Familien.
- Vertrauen wird gezeigt und Antworten werden ernst genommen.
- Es geht darum, Resultate zu erreichen, die die Praxis zuhause und im Kindergarten verbessern.

Nach den Erfolgen in England wurden zuerst in Berlin, dann auch in weiteren Städten Deutschlands Familienzentren eröffnet. In jüngster Zeit findet der Gedanke des Familienzentrums auch in Österreich, vor allem in Vorarlberg, fruchtbaren Boden. Basis sind in allen Einrichtungen die beschriebenen Grundsätze. Allerdings müssen wir betonen: was für England gilt, gilt nicht unbedingt für Berlin; und deutsche Modelle können ebenfalls nicht eins zu eins auf Österreich übertragen werden. Denn wie jedes Kind bzw. jede Familie individuell zu sehen ist, so ist dies auch bei den einzelnen Institutionen der Fall. Die Erfahrungsberichte sind als Beispiele zu sehen, müssen aber immer auf die jeweilige Situation, auf die Kinder, die Umgebung, die Eltern abgestimmt werden. Es können verschiedene Wege eingeschlagen werden, um den EEC-Gedanken umzusetzen.

3 Wie wird ein Kindergarten zum Familienzentrum?

„Wussten Sie, dass … [der] einen neuen Weg nur gehen kann, wer den alten verlässt?"
(Markus Hengstschläger, 2012, S. 5-7)

Wenn sich ein Team auf den Weg in Richtung Familienzentrum begibt, so müssen sich die einzelnen Mitglieder zuerst damit auseinander setzen, wo sie im Moment stehen. Wie ist ihre individuelle Sicht auf das Kind und auf seine Familie? Die persönliche Haltung ist die Voraussetzung für das Gelingen.

Sind wir bereit, konsequent den positiven Blick auf die Familien zu richten und stets respektvoll miteinander umzugehen?

An erster Stelle steht hier eine grundsätzlich positive Sichtweise auf alle Beteiligten: das Kind, die Familie und die MitarbeiterInnen. Dies bedeutet nicht, eine rosarote Brille zu tragen, sondern stellt den Anspruch, zu hinterfragen und zu beobachten, was die Kinder brauchen, damit sie sich gut entwickeln können. Haben wir uns früher geärgert, wenn ein Kind, statt die Hände zu waschen ständig mit dem fließenden Wasser gespielt und den Raum überschwemmt hat, so wissen wir heute, dass das Kind damit eines seiner Bedürfnisse befriedigt. Und wir überlegen uns Möglichkeiten, wie wir ihm gerecht werden können. Ein weiteres Beispiel, das unseren Alltag sehr erleichtert, betrifft die Eltern. Wie oft haben wir uns frustriert gefragt, warum unsere Infoblätter, die wir den Kindern mitgeben, nicht gelesen werden. Sind sie vielleicht nicht verständlich geschrieben oder sind es zu viele? Heute gehen wir einfach auf die Eltern zu, sprechen sie nochmals persönlich an, und erinnern sie an diesen oder jenen Termin.

Sind wir bereit, einen neuen Weg einzuschlagen?

Das bedeutet auch, die Ist-Situation im Hinblick auf den Tagesablauf, die Jahresplanung etc. zu evaluieren und neu zu bearbeiten. Die neuen Ideen können nicht einfach dazu gepackt werden. Es wäre zeitlich nicht möglich und würde die Fähigkeiten und Belastbarkeit der MitarbeiterInnen übersteigen. Vielmehr überlegen wir, was wir weggelassen können, um dafür Neues und bisher Unbekanntes auszuprobieren.

Beispielsweise liegt der Focus im Tagesablauf nun nicht mehr auf den geleiteten Angeboten, sondern auf dem Freispiel. Wir haben erkannt, dass Kinder in dieser Zeit mehr lernen, als wir ihnen je zeigen können. Einen großen Teil unsere Zeit widmen wir der Beobachtung der Kinder, um ihre Begabungen und Interessen besser kennenzulernen. Da wir in unseren Angeboten zum größten Teil die Bedürfnisse der Kinder berücksichtigen, ist eine starre Jahres-und Langzeitplanung nicht nur unmöglich, sondern macht auch keinen Sinn.

Die Dokumentation der Beobachtungen jedes einzelnen Kindes bildet die Grundlage für die Entwicklungsgespräche mit den Eltern, die wir mindestens einmal pro Jahr führen. Viele Eltern reagierten anfangs überrascht und erwarteten, dass wir die Entwicklungsdefizite ihrer Kinder aufzeigen würden. „Und was kann er noch nicht?“, lautete oft die typische Frage der besorgten Eltern, die darauf verweist, wie fremd uns die positive und ressourcenorientierte Grundhaltung geworden ist. Für uns ist es ein Erfolg, dass die Eltern inzwischen gern zu den Gesprächen kommen. Und wir sind ebenso gerne bereit, dafür etwas mehr Zeit zu investieren. Wir konnten beobachten, dass sich die positive Grundhaltung in Bezug auf die Entwicklung der Kinder auch unter den Eltern ausbreitete und sich bei den Kindern widerspiegelt. Es geht nicht darum, ständig auf die Defizite zu achten. Eltern, denen die Fähigkeiten, Talente und Stärken ihrer Kinder mehr und mehr bewusst werden, werden selbst zu Forschern und Förderern ihrer Kinder. Diese veränderte Haltung führt dazu, dass Eltern mehr positive Energie in den Erziehungsprozess einbringen und die Entwicklung ihres Kindes besser verstehen. Kann ein Kind seinen derzeitigen Bedürfnissen und Interessen ausreichend nachgehen, dann ist es bereit, den nächsten Schritt zu wagen. In der Folge verstärkt sich im Kindergarten die Überzeugung vom Engagement und der Kompetenz der Eltern.

Muttertagsfrühstück am Montagmorgen?

Neue Wege auszuprobieren heißt auch, über die bisherigen Traditionen nachzudenken, sie auf ihre Aktualität zu überprüfen, und vor allem Neues zuzulassen. Typisches Beispiel dafür sind die Familienfeste. In den vergangenen Jahren wurde die Berufstätigkeit der Mütter zur Selbstverständlichkeit. Es ist also oft unmöglich, am Vormittag den Kindergarten für ein Fest zu besuchen. Dies bedeutet aber nicht, solche Einladungen einfach zu streichen, denn gerade bei einem gemütlichen Beisammensein können Eltern ins Gespräch kommen. Allerdings müssen die Termine auf eine Zeit verlegt werden, die den Eltern die Teilnahme ermöglicht. Was spricht gegen den Samstag-Vormittag? Besonders Väter schließen wir durch ungünstige Terminwahl oft von der Teilnahme an Kindergartenveranstaltungen oder sogar Elterngesprächen aus.

Auch zum Ablauf und Inhalt von Kindergartenveranstaltungen sind neue Überlegungen notwendig. Wenn es das Ziel ist, dass Familien sich begegnen und Zeit miteinander verbringen, muss nicht das gesamte Personal anwesend sein. Es genügt eine Familientreffpunktleiterin, wie es bei den Familientreffs in Dornbirn der Fall ist. Es muss kein aufwendiges Programm mit langen Vorbereitungs- und Probezeiten geboten werden. Ein kurzer Einstieg, ev. eine gemeinsame Aktivität von Eltern und Kindern, reichen vollkommen aus. Anschließend steht Zeit zum Austausch zur Verfügung.

Unterstützung durch den Kindergartenerhalter

Gerade wenn das Wochenende oder der spätere Nachmittag als Termin angesprochen wird, so nehmen nicht wenige PädagogInnen eine Abwehrhaltung ein. Auch noch am Wochenende arbeiten? Überstunden machen? Um die MitarbeiterInnen nicht zu überlasten, dürfen diese anfallenden Stunden (auch für die Vor- und Nachbereitung) nicht zusätzlich erbracht werden. Hier kann der Kindergartenerhalter zusätzliche Arbeitsstunden speziell für die Familienarbeit genehmigen.

ErzieherInnen, die sich die Grundlagen des EEC zu Eigen gemacht haben, stehen plötzlich vor völlig neuen Anforderungen. Zum Beispiel kommen Eltern öfter mit persönlichen Anliegen und heiklen Fragen, was einerseits auf eine geglückte Erziehungspartnerschaft verweist, und im Endeffekt dem Kindergartenkind zugutekommt, andererseits braucht es noch mehr Fingerspitzengefühl, Empathie und vor allem viel Kraft von Seiten der PädagogInnen. Deswegen sind regelmäßige Treffen zum Austausch, entsprechende Fortbildungen und vor allem Supervision sehr wichtig. Auch dafür ist finanzielle Unterstützung vom Erhalter notwendig.

4 Wo wollen wir hin?

„Der Schlüssel für die Partnerschaft mit Eltern liegt darin, ein Netzwerk von Beteiligungsmöglichkeiten zu entwickeln, damit unterschiedlichen Familien unterschiedliche Wege offen sind. Wege, die Eltern unterstützen und auf ihren Erfahrungen aufbauen und nicht die Arbeit der Eltern untergraben."

(Tina Bruce, 1997, S. 151)

Es gibt verschiedene Möglichkeiten, das Familienzentrum in den Kindergarten zu integrieren. Wir beschreiben zwei Beispiele: Die Familientreffpunkte in Dornbirn zeigen, dass jeder Kindergarten – egal wie viele Gruppen und welche Räumlichkeiten ihm zur Verfügung stehen – eine Art Familienzentrum darstellen kann. Das Familienzentrum Bifang in Rankweil ist ein Haus das „alles unter einem Dach" vereinigt.

Grundhaltungen in Familienzentren:

Das pädagogische Fachpersonal sieht die Eltern als ExpertInnen und erste ErzieherInnen ihrer Kinder und unterstützt sie in Alltags- und Erziehungsfragen oder entwicklungsbedingten Phasen des Kindes. Alle MitarbeiterInnen respektieren die Familien in der Unterschiedlichkeit ihrer Lebensentwürfe und Lebensbedingungen und sind sich bewusst, dass für die Verständigung mit Familien eine gemeinsame Sprache zu entwickeln ist. Wir sind mit Fachausdrücken aus der Pädagogik so sehr vertraut, dass wir gar nicht merken, dass Menschen mit anderen Berufen damit oft wenig anfangen können. Schon Einladungen, die von Eltern verfasst wurden, sprechen die Eltern mehr an, als die von uns formulierten Einladungen. (vgl. Christine Karkow, Barbara Kühnel 2008, S. 44)

Ziele von Familienzentren:

- Schaffung von Begegnungs- und Kommunikationsorten für Eltern und Kinder
- Stärkung der sozialen Netzwerke der Familien
- Stärken und Potentiale von Eltern und Familien wahrnehmen, einbeziehen und fördern
- informelle und formelle Elternbildung – Erziehungskompetenz der Eltern stärken
- Vernetzung und Kooperation mit umliegenden Organisationen und Beratungsstellen
- Weiterentwicklung der Kindergärten in Anlehnung an die Early Excellence Center

5 Ein Beispiel: Familientreffpunkte in Dornbirn

Angebote in den Kindergärten:

Jeden Monat finden mindestens zwei Veranstaltungen statt: einmal an einem Wochentag und einmal an einem Samstag oder Freitagnachmittag, die Eltern und Kinder aus dem räumlichen Umfeld des Kindergartens in Kontakt miteinander bringen. Die Einrichtung etabliert sich damit als Treffpunkt für Familien.

Im Laufe des Jahres werden verschiedene Angebote für unterschiedliche Altersgruppen (0 bis 3 Jahre, 3 bis 6 Jahre, 6 bis10 Jahre) und spezielle Zielgruppen (z. B. Migrantinnen, Mütter, Väter, Großeltern) durchgeführt. Die Veranstaltungen finden verbindlich, verlässlich und regelmäßig statt und werden auf einer Terminliste pro Semester bekannt gegeben. Gestartet wird immer im Oktober mit einem gemeinsamen Auftaktfrühstück. Im Februar pausieren alle Treffpunkte. In dieser Zeit erfolgt die Planung für das 2. Semester.

Art der Veranstaltungen/Angebote

Der Familientreffpunkt hält ein breites Angebot der Beratung und Unterstützung von Kindern und Familien bereit. Das Angebot ist interkulturell ausgerichtet, d.h. alle Familien können sich im Sinne eines interkulturellen Dialogs einbringen und ihren Bedürfnissen entsprechend in den Angeboten wiederfinden. Zu diesem Zweck wurde ein breiter Ideen-Pool entwickelt, in dem Veranstaltungsideen aufgelistet sind, die sich an unterschiedliche Zielgruppen richten. Die Vorschläge beziehen sich auf die Bereiche Spielen, Bewegung, Natur, Theater, Kunst, Musik, Kochen, Essen, Feste, kreatives Gestalten. Die Eltern schätzen es auch sehr, dass genug Zeit zum gegenseitigen Erfahrungsaustausch, Kennenlernen und Kontakte intensivieren zur Verfügung steht:

„Schön ist, dass man sich mit anderen Eltern treffen und miteinander reden kann. Der Austausch tut gut."(Mirjana, 2013)

Aufgaben der Eltern

Ich bin vor vier Jahren hier hergezogen und habe den Familientreffpunkt als Möglichkeit gesehen, Leute kennenzulernen. Und meine Kinder treffen mit anderen Kindern zusammen. (Samantha, 2013)

„Ich schätze den Kontakt zu anderen Eltern und zu den Betreuerinnen." (Ebru, 2013)

Die Zusammenarbeit mit Eltern ist die Basis der Familientreffpunkte. So entsteht ein Elternteam, das sich für jeweils ein halbes Jahr verpflichtet, die Familientreffpunkte mitzutragen. Das Elternteam setzt gemeinsam mit der Familientreffpunkt-Leiterin die Themen und Veranstaltungen für ein Halbjahr fest und hilft bei den Veranstaltungen aktiv mit.

„Ich finde es gut, wenn die Kinder sehen, dass die Mamas zusammenhalten und etwas für die Kinder organisieren." (Samantha, 2013)

„Ich finde es schön, dass ich ein Teil davon bin und mitmachen darf." (Mirjana, 2013)

Bei der Schaffung von Angeboten orientiert sich das Team stets an den Bedürfnissen und Wünschen der Eltern und deren Kinder. So entsteht eine Erziehungspartnerschaft zwischen Eltern und Kindergartenpersonal, die sich in der Arbeit zum Wohle des Kindes und zum Wohle der Familien widerspiegeln.

Familientreffpunkt-Leiterinnen:

In jeder Einrichtung ist eine Mitarbeiterin als Familientreffpunkt-Leiterin für folgende Aktivitäten verantwortlich:

- die Planung, Vorbereitung, Bewerbung, Durchführung, Nachbereitung und Dokumentation bei Veranstaltungen;
- das Interesse der Eltern zum Mitmachen wecken;
- die konstruktive Zusammenarbeit und inhaltliche Absprachen über Veranstaltungen mit dem Elternteam, der Kindergartenleitung und dem Kindergartenteam;
- die Koordination der Raumbenützung.

Für eine Familientreffpunkt-Leiterin ist es wichtig, über bestimmte Fähigkeiten zu verfügen. Sie muss kompetent im Umgang mit Eltern und Kindern sein, braucht Organisationstalent und muss ein gutes Ohr für die Bedürfnisse und Wünsche der BesucherInnen haben. In Dornbirn bilden alle Familientreffpunkt-Leiterinnen ein gemeinsames Team, das von einer Early Excellence Beraterin begleitet und unterstützt wird. Bei den monatlichen Treffen können sich die Familientreffpunkt-Leiterinnen austauschen und sich gegenseitig inspirieren. Sowohl diese Treffen ebenso wie regelmäßige Supervision gewährleisten eine professionelle Reflexion und Planung der geleisteten Arbeit.

Beim beschriebenen Beispiel ist mit einem zeitlichen Aufwand von ca. 4 Stunden pro Woche zu rechnen, also 16 Stunden pro Monat. Dieser Aufwand wird von der Stadt Dornbirn und dem Land Vorarlberg getragen.

Natürlich sorgt der Familientreffpunkt dafür, dass seine Angebote bekannt werden. Wir nutzen dafür unterschiedliche Wege wie beispielsweise Flyer, Broschüren, Infoblätter, Aushang (schwarzes Brett), Internetseiten, Email-Adressen oder den Aushang an öffentlichen Infotafeln (Supermarkt, Kinderarztpraxen,...). Die Stadt Dornbirn unterstützt die Familientreffpunkte bei der Öffentlichkeitsarbeit.

Aufgaben des Kindergartens

Der für den Ortsteil zuständige Kindergarten stellt die Infrastruktur zur Verfügung und koordiniert sie mit der Familientreffpunkt-Leiterin. Inhaltliche und räumliche Absprachen werden im Kindergartenteam gemeinsam getroffen. Die Familientreffpunkt-Leiterin ist Teil des Teams und ist als Kindergartenpädagogin oder Kindergartenbetreuerin im Kindergarten angestellt.

Erfahrungswerte

Es hat sich in der inzwischen fünfjährigen Erfahrung mit Familientreffpunkten gezeigt, dass Eltern und Kinder diese Angebote sehr gerne und in großer Zahl in Anspruch nehmen. Da die Angebote besonders vielfältig sind, können und werden sie von Eltern aus allen Gesellschaftsschichten genutzt. In fast jedem Elternteam arbeiten MigrantInnen mit, die den Kontakt zu Eltern aus anderen Kulturkreisen unterstützen, damit auch sie sich im Familientreffpunkt einbringen können. Wenn es notwendig ist, stellen sie sich auch gern als DolmetscherInnen zur Verfügung. Immer wieder betonen Eltern, dass sie sich durch die Mitarbeit geschätzt und ernst genommen fühlen. Sie gestalten die Angebote aktiv mit und nehmen die Gelegenheit wahr, ihre Begabungen und Talente zu zeigen. Im Zusammensein mit Anderen spüren sie, dass sie mit ihren Bedürfnissen, Wünschen, Ängsten und Problemen nicht alleine sind.

„Ich finde es gut, dass ich hier die österreichische Mentalität kennenlerne. Ich sehe gerne, wie andere mit den Kindern umgehen. Hier kann ich Erfahrungen sammeln. Wenn mir eine Idee gefällt, dann nehme ich sie mit und versuche, ob sie auf meine Kinder auch passt. Die Sprache ist für mich kein Problem. Ich fühle mich hier im Kindergarten sehr wohl und unterstützt." (Emine, 2013)

„Hier kann ich meine Probleme und Sorgen ansprechen. Für meine kleine Tochter Büşra war die Eingewöhnung in den Kindergarten viel leichter als für meine große Tochter, weil sie immer beim Familientreffpunkt dabei war. Dass ich die deutsche Sprache noch nicht nicht so gut spreche war am Anfang schwer für mich. Aber es geht jedes Mal besser. Ich lerne immer mehr dazu und habe keine Angst mehr. (Özlem, 2013)

Manche Eltern nutzen die Familientreffpunkte um bewusst Zeit mit ihren Kindern zu verbringen, deren FreundInnen und, um uns besser kennenzulernen:

„Mir ist wichtig, wo meine Tochter ist und wie man mit ihr umgeht. Im Familientreffpunkt bekomme ich Einblick und Informationen über den Kindergarten, den mein Kind besucht.

[...] Ich bin dabei und meine Tochter genießt es, dass sich ihre Mama Zeit nimmt mit ihr und ihren Freunden zusammen zu sein." (Pempe, 2013)

„Ich genieße es, die wichtige Zeit im Familientreffpunt mit meinen Kindern zu verbringen. Zu Hause bin ich immer abgelenkt, weil ich aufräume, abwasche usw. Im Kindergarten nehme ich mir bewusst Zeit für meine Kinder." (Samantha, 2013)

Die anfänglichen Bedenken der KindergartenpädagogInnen, dass die Familientreffpunkte in den Räumen der Kindergärten eine Störung oder Nutzungskonflikte auslösen würden, konnten in der Zwischenzeit zerstreut werden. Das Kindergartenpersonal sieht die Familientreffpunkte heute als Bereicherung ihres Angebots und auch als ideale Möglichkeit, mit den Eltern in intensiverem Kontakt und Austausch zu sein.

6 Integrierte Familienzentren nach EEC

„Integriertes Modell: Das Zentrum arbeitet an einem Standort und bietet Kinderbetreuung, familiäre Unterstützung, Erwachsenenbildung und Gesundheitsfürsorge unter einer gemeinsamen Managementstruktur an."

(Sabine Hebenstreit-Müller, 2007, S.17)

Beispiel: Kinder- und Familientreff Bifang

Ursprünglich war ein Neubau als Kinderhaus gedacht, in welchem vier Kindergartengruppen, eine Kleinkindbetreuung und die Schülerbetreuung untergebracht werden sollten. Die Marktgemeinde Rankweil wollte jedoch für die Familien des Ortsteiles noch etwas mehr. So fand sich eine Gruppe, welche sich damit auseinandersetzte, was ein Familienzentrum im Bundesland Vorarlberg sein sollte – am Beispiel Kinder- und Familientreff Bifang. Diese Gruppe setzte sich aus Personen zusammen, welche im Bereich Kindergarten und Kleinkinder, Familien und Gesundheit tätig sind. Durch diesen ständigen Austausch, die Vergleiche mit Vorbildern wie Berlin und Nordrhein-Westfalen, sowie durch die Ideen aus den verschiedenen Tätigkeitsbereichen und Erfahrungen konnte ein Leitbild für Familienzentren in Vorarlberg und parallel dazu ein Konzept speziell für den Kinder- und Familientreff Bifang entstehen.

Das Familienzentrum stellt die Basis für die Betreuungseinrichtungen im Kinder- und Familientreff Bifang dar. Das Zentrum sieht sich als Einrichtung, welche „alles unter einem Dach" vereinigt und bietet den Familien viele Zugänge zu verschiedenen Bereichen im Sinne eines „one-stop-shops". Einerseits gibt es hier viele Angebote für Familien aus der unmittelbaren Umgebung. Dies beginnt bereits in der Schwangerschaft, da Geburtsvorbereitung für Mütter oder Paare und Yoga in der Schwangerschaft im Haus stattfinden. Weiter geht es dann mit der wöchentlichen Elternberatung und der Rückbildungsgymnastik. Durch den Austausch zwischen den Eltern und den engagierten PädagogInnen entstand mittlerweile auch ein wöchentlicher Babytreff, bei dem sich Eltern mit Babys (parallel zu den Öffnungszeiten der Elternberatung) in gemütlicher Atmosphäre in einem „Snoezelen-Raum" des Kindergartens treffen können.

Neben diesen Veranstaltungen finden aber auch Angebote statt, welche von einem gemeinsamen Team aus Eltern und PädagogInnen für die Familien aus der näheren Umgebung geplant und durchgeführt werden. Großes Interesse besteht einerseits an Angeboten für die Familie wie ein gemeinsamer Fototermin, Ausflüge, Familienfrühstück oder Faschingsdisco, aber auch an Angeboten als Paar (z. B. Tanzkurs) oder einfach als Frau oder Mann.

Eine weitere Besonderheit im Kinder- und Familientreff Bifang stellt das Elterncafe dar. treffen. Dies ist ein kleiner gemütlicher Bereich im Foyer des Kindergartens. Hier können die Eltern Kaffee trinken und sich miteinander unterhalten. Dies ist auch der Bereich, in dem Zeitschriften und Folder von verschiedenen Institutionen und Beratungsstellen aufliegen. Denn der Kindergarten stellt auch eine Art Nahtstelle zwischen den Eltern und diesen Stellen dar. Besonders beliebt ist das Elterncafe während der Eingewöhnungsphase.

Besonders positiv ist auch beim integrierten Familienzentrum, wenn eine Person im Haus für die Familienarbeit verantwortlich ist. Ihre Aufgaben, Grundhaltungen und Kompetenzen sind hier fast die gleichen wie bei den Familientreffpunkten in Dornbirn. Sie unterstützt die Eltern bei den Veranstaltungen, koordiniert die Räume, stellt die Verbindung zwischen Kindergartenteam und Eltern dar und hat besonders intensiven Kontakt mit den Eltern im Elterncafe. Gerade hier kann es passieren, dass Eltern ihr Herz ausschütten oder heikle Fragen stellen. Deswegen wäre eine entsprechende Ausbildung natürlich vorteilhaft und vor allem Supervision ist in diesem Fall sehr wichtig.

7 Machen wir uns auf den Weg!?

> *„Grundlage dieser Vernetzungsarbeit ist einerseits eine Ist-Analyse über die Interessen und Wünsche der Familien und andererseits die Ermittlung der Angebotsstruktur im direkten Umfeld der Einrichtung. Ziel ist es, eine integrierte Familienarbeit zu entwickeln, in der Familien Unterstützung erhalten und sich selbst aktiv mit ihren Kompetenzen und Ressourcen beteiligen können."*
> *(Christine Karkow, Barbara Kühnel, 2008, S.46)*

Zu einer der wichtigsten Voraussetzungen für den erfolgreichen Betrieb eines Familienzentrums (egal ob in Form von Familientreffpunkten oder integriertem Familienzentrum) zählt die Motivation und Begeisterung der MitarbeiterInnen und PädagogInnen. Ausreichend geschulte MitarbeiterInnen sind für eine erfolgreiche Umsetzung von Familientreffpunkten sehr wichtig.

Es ist nicht immer einfach, die Bedürfnisse der Eltern unter einen Hut zu bringen, und manchmal übersteigen sie auch die eigentlichen Aufgaben eines Kindergartens. Aber gerade diese Herausforderung ist es, welche die Arbeit so wichtig und interessant macht.

Es gilt, aus alten Denkmustern und Beziehungsstrukturen auszubrechen und zu erkennen, dass in jedem von uns besondere Begabungen und Talente als Potenziale angelegt sind. Es lohnt sich, sich auf den Weg zu machen.

Literaturverzeichnis

Hebenstreit-Müller, Sabine (2007). Early Excellence: eine Strategie zur Verknüpfung von Praxis, Forschung und Ausbildung (S.13-28). In: Hebenstreit-Müller, Sabine; Lepenies, Annette (Hg.): Early Excellence: Der positive Blick auf Kinder, Eltern und Erzieherinnen. Berlin: Dohrmann.

Hengstschläger, Markus (2012). Die Durchschnittsfalle. Salzburg: Ecowin.

Hüther, Gerald (2013). Sommernewsletter von Gerald Hüther | Meine Initiativen | Mein Sabbatical und Weiteres. Online: Gerald Hüther Newsletter newsletter@gerald-huether.de (Stand 20.8.2013).

Karkow, Christine; Kühnel, Barbara (2008). Das Berliner Modell – Qualitätskriterien im Early Excellence Ansatz: Verlag: Berlin: Dohrmann.

Lepenies, Annette (2008). Der Early Excellence-Ansatz in England und Deutschland – am Beispiel von Pen Green. In: Whalley, Margy und das Pen Green Centre Team (Hg.): Eltern als Experten ihrer Kinder. Das „Early Excellence" – Modell in Kinder- und Familienzentren. Berlin: Dohrmann.

Whalley, Margy; Arnold, Cath (1997). Parental Involvement in Education, Paper for Teacher Training Agency.

Kontakte zu den Einrichtungen aus den Beispielen:

Kinder- und Familientreff Bifang: www.rankweil.at

Familientreffpunkte Dornbirn: www.dornbirn.at

Weitere Quellen:

Elterninterviews am 2.Oktober 2013

5.3 Gemeinsam Übergänge gestalten: Die Bedeutung der Leitung für Transitionsprozesse zwischen Kindergarten und Schule

Luise Hollerer

Alle Personen, die täglich miteinander in Kontakt sind – also das Kind, seine Eltern und die PädagogInnen in Kindergarten und Schule sind während eines Transitionsprozesses mehrfach gefordert: sie müssen sich neuen Orten, Personen, Situationen und Anforderungen stellen und sich interaktiv einlassen. Ökosystemische Erkenntnisse (Bronfenbrenner 1989; Nickel, 1990), Aspekte der Stressforschung (Lazarus, 1995) und die Theorie der kritischen Lebensereignisse (Filipp, 1995) sind nach Griebel & Niesel, 2004 als Herausforderung für jede einzelne Person zu berücksichtigen. Von den im Alltag beteiligten Personen werden Anpassungsleistungen auf drei Ebenen erwartet: der individuellen, der interaktiven und der kontextuellen Ebene. Diesen Anforderungen stellen sich Kind, Eltern, PädagogInnen jeden Tag.

Was kann die Leitung von Systemen zum Gelingen von Transitionsprozessen für alle Beteiligten beitragen?

In Leitungsfunktion reagieren PädagogInnen auf

- das Kind in seiner ganz individuellen psycho-physischen Entwicklung, das dort abgeholt werden muss," *an seinen Lernmöglichkeiten und -grenzen im Spannungsfeld von dem, was es braucht, und dem, was es will" (Wolf, W.,* Lehrplan der Volksschule, 2000, S. 42),
- das Familiensystem, das gesellschaftlich geforderte Veränderungen mittragen soll und das jeweils eigene biografischen Erfahrungen mit Institutionen und Transition mitbringt (Fthenakis, 1999),
- das Kinderbildungs- und Betreuungssystem, das jeweils gesetzlich verankert ist und betreuungs- und bildungsspezifischen Vorgaben (Bildungsrahmenplan, 2009) mit starker regionaler Prägung und unterschiedlicher Trägerschaft folgt oder das System Schule, das gesetzlich verankert ist und bildungsministeriellen überregionalen (Lehrplan der Volksschule, 2000 aus 1985) und regionalen Vorgaben folgt.

Die beiden gesetzlich verankerten Bildungssysteme sind geprägt von ProfessionistInnen die ihren individualspezifischen, ausbildungs- und berufsbezogenen Systemkräften ausgesetzt sind und auf Anforderungen und Veränderungen reagieren (Wustmann, 2012).

Personen in Leitungsfunktionen sind davon in unterschiedlichem Ausmaß betroffen. Gruppenführende Pädagog Innenn/en haben dabei andere Funktionen als Leitungen von Einrichtungen oder Leitungspersonen auf Verwaltungs- oder gesetzgebender Ebene.

Auf jeder Ebene lassen sich Leitungsfunktionen festmachen:

Drei Leitungsebenen seien herausgegriffen:

1. Leitungsebene Gruppe/Klasse
2. Leitungsebene Kindergarten/Schule
3. Leitungsebene Träger/Erhalter/Gesetzgebende Körperschaften

Auf jeder Ebene gibt es Gestaltungsmöglichkeiten für Transitionsprozesse sowohl innerhalb der Organisation (intrainstitutionell) als auch zwischen den verschiedenen Institutionen (interinstitutionell).

1 Leitungsebene Gruppe/Klasse

1.1 Intrainstitutionell:

Mit ihren Einstellungen und Grundhaltungen prägen PädagogInnen das Klima in der eigenen Institution. Sie können anregende Umgebungen für individualisiertes Lernen schaffen (vgl. Bildungsrahmenplan, 2009, Lehrplan für Volksschulen, 2000 aus 1985) und Kinder für weitere Erfahrungen stärken. Sie ermutigen Kinder, sich Herausforderungen zu suchen und sich den Veränderungen des Lebens zu stellen und schaffen ein Klima des Wohlwollens und Vertrauens, das die Grundlage für jede Entwicklung ist.

Gruppenführende PädagogInnen können den Diskurs zu aktuellen pädagogischen Entwicklungen initiieren (im Kindergarten im Zweierteam mit der Assistenz, in der Schule im PädagogInnenteam einer Klasse) und Erkenntnisse aus der Professionalisierungsforschung zur Entwicklung des Systems einbringen (Riedelbauch und Mayer, 2013). Im schulischen Kontext, der den Leistungsaspekt betont, kann die Lehrperson Strukturen schaffen, in denen Kinder ihrem Entwicklungsauftrag folgen und sich den präsenter werdenden Lehrplan- und Leistungsanforderungen stellen können.

1.2 Interinstitutionell:

- **PädagogIn Kindergarten – PädagogIn Schule**

PädagogInnen beider Institutionen schaffen Möglichkeiten der Begegnung und lassen Kinder die zukünftigen Lern- und Lebensorte kennenlernen. Die Art und Weise des interinstitutionellen Austausches wurde im Rahmen einer Studie erhoben (Amtmann, Blahowsky, Hollerer, Reckendorfer, 2013), in der die Schulleiter Innen aller Volksschulen der Bundesländer Steiermark und Tirol einmalig nach der praktizierten Schnittstellenkultur zwischen Kindergarten und Schule befragt wurden. Die Erhebungen zeigen eine Vielzahl von gemeinsamen Veranstaltungen und Aktivitäten in der Zeitspanne zwischen Schuleinschreibung und erstem Schultag. Am häufigsten genannt wurden ein- bis zweimalige Begegnungen, Besuche, Feste, Feiern und auch gemeinsam gestaltete Informationsangebote, -abende für Eltern.

Faust-Siehl et al (2012) schreiben den kurzfristigen Angeboten wenig Wirksamkeit zu. Die AutorInnen kommen in einer Metastudie zur Wirksamkeit transitiver Impulse von Kindern zu dem Ergebnis, dass es nicht genügt, den Austausch auf Besuchsstatus zu halten und fordern die Schaffung von Strukturen für laufendenden Austausch von Kindern in Spiel- und Lernprozessen. Sind Kindergarten und Schule an einem gemeinsamen Ort, können diese Strukturen geschaffen und in gemeinsamer Verantwortung genutzt werden. Coachings für PädagogInnen beider Institutionen erweisen sich dabei als wesentliche Begleitmöglichkeiten für die Etablierung von kontinuierlichen Angeboten. Dies erfolgt an der Kirchlichen Pädagogischen Hochschule Graz über einen Lehrgang „Transition- Kindergarten-Schule", der einen Rahmen für vertiefende Auseinandersetzung bietet (www.kph-graz.at_Fort-undWeiterbildung)

Ein häufig von Seiten der nachfolgenden Institution geäußerter Wunsch richtet sich auf die Weitergabe der Information zum Entwicklungsstand eines Kindes. Dieser Wunsch muss an eine weitere involvierte Gruppe geleitet werden: die Eltern. Sie sind es, die die Weitergabe von Information an die nachfolgende Organisation ermöglichen oder verhindern können (Schmuck & Gaberz, 2009).

- **PädagogIn Kindergarten oder Schule – Eltern**

Ein Forschungsprojekt der KPH Graz involviert die Eltern stark in diesen Prozess des gemeinsamen Beobachtens des Kindes, damit die Entscheidung für die nächsten Lern- und Entwicklungsschritte gemeinsam getragen wird (Hollerer & Amtmann, 2012). Auf dieser Ebene entstehen tragfähige Entwicklungskooperationen, die Kinder mit ihren Entwicklungsbedürfnissen ernst nehmen.

Die Beobachtungsstruktur unterstützt den pädagogischen Austausch in Teams und die individualisierte Gestaltung und Weiterentwicklung der pädagogischen Angebote.

Wesentlich ist hier auch die Verständigung über die pädagogischen und entwicklungsspezifischen Vorstellungen. Anforderungen an Kinder sollten auf der Basis entwicklungspsychologischer und neurowissenschaftlicher Erkenntnisse und nicht auf der Basis von Altersnormen gestellt werden (Siegler, de Loache, Eisenberg, 2005). Sie sollten sich eher am individuellen Entwicklungsstand und der beobachtbaren Entwicklungsgeschwindigkeit von Kindern orientieren.

Dafür ist es hilfreich, Anamnesen, informelle und formelle Vorerfahrungen miteinzubeziehen und individuelle Förder- und Entwicklungspläne weiter zu führen. So bleibt Kindern in diesem äußerst sensiblen Bereich des Übergangs vom spielorientierten zu leistungsbezogenen Lernen das erhalten, was sie für den Schulstart brauchen und immer brauchen werden: Neugier und Lust auf Lernen und Weiterentwicklung.

Besonderes Augenmerk verlangen Kinder mit besonderen Bedürfnissen, mit besonderen Begabungen oder Behinderungen.

Gruppenführende PädagogInnen Kindergarten/Schule – Expertinnen – Eltern.

Für die Transition in die Schule ergibt sich für die gruppenführende Pädagogin der Auftrag, mit den Eltern die bestmögliche Form der Entwicklungsbegleitung zu suchen. Diese brauchen eine personalintensivere Entwicklungsbegleitung wie das in der Steiermark zB. durch Kooperation mit einem interdisziplinären Team erfolgt. So ist es möglich, sonderpädagogische, logopädische, physiotherapeutische, psychologische, medizinische Unterstützung in die Lernwelt des Kindes zu bringen. Gleiches gilt auch für Kinder mit akzelerierten Entwicklungsverläufen.

Im Rahmen der Begleitung in elementaren Bildungsinstitutionen sammelt sich eine Reihe von Informationen, Anamnesen, Gutachten, diagnostischen Befunden an, die der nachfolgenden Institution zur Verfügung gestellt werden können. Übermittler sind aus rechtlicher Sicht ausschließlich die Eltern. Laut einer Erhebung Hollerer, 2001 ergreifen in etwas mehr als der Hälfte der Eltern von Kindern mit besonderen Bedürfnissen selbst die Initiative und sind interessiert den nachfolgenden Institutionen alle informativen Unterlagen und Daten zur Verfügung zu stellen.

- **Transitionsbegleitung**

In der Steiermark werden Eltern durch mobile Teams der Integrativen Zusatzbetreuung zur Kooperation mit der Schule motiviert und vielfach im Transitionsprozess begleitet. Die Leitung der Kindergartengruppe und die ExpertInnen können hier wesentlich zur Findung spezifischer Begleitangebote beitragen und auf systemimmanente zeitliche Planungsabläufe Bezug nehmen.

Der folgende zeitliche Ablauf der Transitionsbegleitung von Kindern mit besonderen Entwicklungsbedürfnissen und Behinderungen wurde in einem großen heilpädagogischen Betreuungsbezirk in Kooperation mit der KPH – Graz entwickelt (Fuchsbichler, Wagner, 2005/2009):

- **Herbst: Informeller Austausch**

VertreterInnen der Integrativen Zusatzbetreuung informieren die regionale Schulbehörde auf Bezirksebene über die Anzahl der Kinder, die im laufenden Kindergartenjahr das Schulalter erreichen und eine Zuerkennung behördlich bewilligter Betreuung im vorschulischen Bereich (Frühförderung, Integrative Zusatzbetreuung, Betreuung im Heilpädagogischen Kindergarten, in kooperativen Stammgruppen oder Integrationsgruppen) haben. Sie erheben den voraussichtlichen regionalen Bedarf weiterer Unterstützung. Dadurch ergibt sich für die Schulbehörde eine gewisse Planungsmöglichkeit, um für das Folgejahr personelle und räumliche Ressourcen für die Schule bereitstellen zu können.

- **März/April: Schuleinschreibung**

In diesem Zeitraum erfolgt die Einschreibung des schulpflichtigen Kindes an der jeweiligen Sprengelschule und die Klärung spezifischer Anforderungen für weitere die Entwicklung und das Lernen. Die Schulleitung übernimmt die Klärung der Möglichkeiten, die die Schule am Wohnort (Sprengelschule) oder eine andere Schule in der Umgebung für das Kind bietet. An manchen Standorten gibt es zeitgleich Kontakt mit Lehrpersonen, die den sonderpädagogischen Betreuungsbedarf ermitteln.

- **April/Mai: Individueller Informationsaustausch auf personaler Ebene**

Eltern werden ermutigt

a) der Schule Anamnesen, Gutachten, Testergebnisse und Betreuungsberichte sowie Beobachtungen im Gruppengeschehen zur Verfügung zu stellen
b) die Übergabe in einem Teamgespräch zu nutzen, an dem folgende Personen nach Möglichkeit teilnehmen:

- Schulleitung
- Lehrperson, der/die den Sonderpädagogischen Betreuungsbedarf ermittelt
- klassenführende Lehrperson (wenn bereits bekannt)
- IZB-Teammitglieder (KindergärtnerIn, SonderkindergärtnerIn, PsychologIn, TherapeutIn)
- Schulpsychologin/Schulpsychologe

- **Juli bzw. September: Individualplanung für die Transitionszeit**

Bei diesem Treffen stehen Planungen für die ersten Schulwochen im Mittelpunkt, sowie der Austausch über geeignete pädagogische Materialien für Kinder mit besonderen Bedürfnissen. Schulen müssen oftmals außerschulische Quellen erschließen, um einigermaßen mit dem sensorischen Angebot von Kindergärten mithalten zu können.

Bei Bedarf erfolgt der Austausch der ExpertInnen der IZB-Teams mit den Lehrpersonen über ganz konkrete Fragen zur Bewältigung des Alltags, „Handlings" bei Körperbehinderungen, Behelfe, Heil- und Hilfsmittel sowie spezifische Förderansätze.

- **November: Reflexion**

Etwa 8 Wochen nach Schulbeginn wird vom leitenden Teammitglied der IZB eine Reflexion zur Wirksamkeit dieses Transitionsmodells von den klassenführenden PädagogInnen eingeholt.

In der Zeit der Transition werden von vielen Seiten Ansprüche an SchulanfängerInnen gerichtet. Die Schulgesetze erlauben größtmögliche Individualisierung. Hier kommt den Leitungen beider Institutionen die Mittlerrolle zu. Eltern brauchen Information, um die bestmögliche Wahl von Schule und Lehrplan mit zu entscheiden, Institutionen ausreichend Ressourcen und einen gesicherten Rahmen, um den heterogenen Bedürfnissen der Kinder Rechnung zu tragen.

2 Leitungsebene: Leitungen von Kindergärten und Schule

2.1 Intrainstitutionell

Leitungen von Kindergärten und Schule haben intrainstitutionell Möglichkeiten der Personal- und Organisationsentwicklung, um Prozesse zu initiieren, die dazu beitragen, dass die Potenziale eines Teams erkannt und für die Umsetzung im pädagogischen Alltag bestmöglich eingebracht werden.

Dazu gilt es, die individuellen und gemeinsamen Konzepte der PädagogInnen zum Thema Entwicklung und Lernen bewusst zu machen, Bildungsbiografien und evidenzbasierte Erkenntnisse zu sichten und für einen Diskurs zu sorgen, aus dem Leitbilder und pädagogische Grundhaltungen erwachsen können. Riedelbauch & Meyer (2013) schreiben Personen in Leitungsposition Modell- und MultiplikatorInnenfunktion zu, wenn sie sich auf den Prozess des Reflektierens und Optimierens einlassen. Dies bietet die Basis, um sich den vielfältigen Aufgaben zu nähern und sich bei aktuellen Veränderungen bedarfsorientiert weiterentwickeln zu können.

Da möge es Diskurse über Bildung gehen, über die Wirkmechanismen von Spiel und Unterricht, über entwicklungs- und neuropsychologische Aspekte, da mögen neue Forschungsergebnisse ausgetauscht werden. Da gilt es auch, sich mit den Bildungsaufgaben des Kindergartens und der Schule auseinanderzusetzen, Bildungsrahmenpläne und Lehrpläne nebeneinander zu legen und die Ambivalenzen zwischen individuellen Entwicklungsgeschwindigkeiten und kompetenzorientierten Leistungsanforderungen aufzuspüren.

Das bedeutet für die Leitung den Auftrag, Begegnungszeiten und -räume zu etablieren, in denen Verständigung über pädagogische Haltungen und das Hinterfragen systemimmanenter Abläufe erfolgen kann.

2.2 Interinstitutionell

Da die Institutionen Kindergarten und Schule getrennten Behörden zugordnet sind, laufen Fort- und Weiterbildungsmaßnahmen über unterschiedliche Verwaltungsebenen. Erfolgversprechend ist es, wenn sich PädagogInnen aus dem Elementar- und dem Primarbereich gemeinsam auf den Weg machen zu institutionsübergreifenden Fort- und Weiterbildungen. Dies führt zur Entwicklung von Kooperationsprojekten, die der Diversität Rechnung tragen, wie die Ergebnisse der Fort- und Weiterbildung an der KPH – Graz zeigen (Hollerer, 2008).

Interinstitutionelle Projekte bieten auch eine gute Möglichkeit zum Kontakt mit den Eltern der Kinder, die den Wechsel in die Schule vor sich haben. Gleiches gilt für gemeinsam gestaltete Elternabende und gemeinsam nutzbare Infoinseln, Bibliotheken, Mediatheken.

Damit kann der meist unidirektionale Kontakt (Aufforderung zur Schuleinschreibung in Briefform oder in Form eines Aushangs an einer öffentlichen Infotafel) einem direkten Austausch weichen (Begegnungstage, Schuleinschreibefeste), der den Eltern mehr Information über die nachfolgende Institution ermöglicht, und die Schulwahl erleichtert (Knauder& Ogris, 2010) und das Risiko für SchulanfängerInnen verringert (Faust, Kratzmann, Wehner, 2012).

Da mögen Ressourcen gefunden oder umverteilt werden, Vernetzungen ermöglicht und Kooperation mit spezifischen systemexternen Institutionen aus den Bereichen Gesundheit/Soziales/Wissenschaft gefunden und erprobt werden. Entwicklungspsychologische, sozialpädagogische, klinisch psychologische und medizinische, linguistische Erkenntnisse und regionale Angebote zum Gender- und Diversitymanagement sollten in ihren Beiträgen erkannt und genutzt werden.

3 Leitungsebene: Träger/Erhalter/Gesetzgebende Körperschaften

3.1 Intra- institutionell

Den gesetzgebenden Körperschaften obliegt es den Rahmen zu schaffen, auf dem neue Konzepte entstehen und mittel- und langfristige Planungen Niederschlag stattfinden können. Diese Konzepte gilt es in der Umsetzung zu strukturieren und zu begleiten und dafür entsprechende Ressourcen bereitzustellen. In diesem Zusammenhang sind Ausbildungs-und Begleitsysteme neu zu denken.

3.2 Interinstitutionell

Um institutionsübergreifende Projekte und begleitende Forschungsvorhaben zu forcieren ist die Schaffung interinstitutioneller Begegnungs- und Austauschmöglichkeiten wie zB. gemeinsame Konferenzen, Fort- und Weiterbildungsangebote, Förderung gemeinsamer regionaler und überregionaler Projekte, Schaffung von Zugängen zu Fördermitteln und wissenschaftlicher Begleitung unumgänglich.

Der bildungspolitische Diskurs sollte alle Ebenen erfassen, um Systeme neu denken und weiterentwickeln zu können.

Auf allen Ebenen entscheiden Individuen – die neben aller nötigen Pragmatik den Sinn für die Kooperationschancen bewahren mögen.

Literaturverzeichnis

Amtmann, E., Blahowsky, G., Hollerer, L.; Reckendorfer, M. (2013). Transition vom Kindergarten in die Schule – Eine Einschätzung aus schulischer Sicht in der Steiermark und Tirol. S. 13–34. In: Benischek, I., Forstner-Ebhart, A., Schaupp, H., Schwetz, H., Swoboda, B. (HG.) (2013) . Empirische Forschung zu schulischen Handlungsfeldern. Band 3. Wien: Lit Verlag Austria: Forschung und Wissenschaft ISBN 978-3-643-50528-6.

Bäck, G./Fajtak, U. (2012). Annäherung von Kindergarten und Volksschule im Spiegel systemischer Voraussetzungen. Erziehung und Unterricht, 2012/7+8 Wien: OeBV & HPT.

Bundesländerübergreifender Bildungsrahmenplan für elementare Bildungseinrichtungen in Österreichhttp (2009). Download am 13.10.2013://www.verwaltung.steiermark.at/cms/dokumente/11237531_50936515/e5853299/BRP.pdf.

Bronfenbrenner, U. (1989). Die Ökologie der menschlichen Entwicklung. Frankfurt a. M.: Fischer Taschenbuchverlag.

Faust-Siehl, G. (2001). Die neue Schuleingangsstufe in den Bundesländern. In: Faust-Siehl, G./Hamdan, A. (Hrsg.). (2001).Schulanfang ohne Umwege. Frankfurt/Main: Grundschulverband – Arbeitskreis Grundschule e.V., S. 194-252.

Faust, G., Kratzmann, J. Wehner, F. (2012). Schuleintritt als Risiko für Schulanfänger?. Zeitschrift für Pädagogische Psychologie, 26 (3), S. 197-212.

Filipp, H.-S. (1995). Ein allgemeines Modell für die Analyse kritischer Lebensereignisse. In H.-S. Filipp (Hrsg.) Kritische Lebensereignisse (S. 3–52). 3. Aufl. Weinheim: Beltz.

Fthenakis, W.E. (1999). Transitionspsychologische Grundlagen des Übergangs zur Elternschaft. In: Fthenakis, W.E./Eckert, M./v. Block, M. für den Deutschen Familienverband (Hrsg.): (1999). Handbuch Elternbildung. Band 1. Opladen: Leske + Budrich S. 31-68.

Fuchsbichler, C.& Wagner, B. (2009). Von der wilden zur institutionalisierten Integration im Vorschulbereich. Hollerer, L., Seel, A. (2009). (Hrsg.): Schultütenkinder, Graz: Leykam, S. 159–172.

Griebel, W., Niesel, R. (2004). Transitionen. Fähigkeiten von Kindern in Tageseinrichtungen fördern, Veränderungen erfolgreich bewältigen. Weinheim: Beltz Verlag.

Hollerer, L., Amtmann, E. (2012). Neue Wege für die Beobachtung und Dokumentation kindlicher Entwicklung. Interesse als Indikator für Frühes Lernen. In Andrea Holzinger (Hrsg.). Frühe Bildung. Projekte, Befunde, Perspektiven. Graz: Leykam, S. 142–151.

Hollerer, L. (2008). Kooperationsaufgaben im Schuleingangsbereich. In: Knauder Hannelore/Feiner Franz/Schaupp Hubert (Hrsg.): Jeder ist willkommen. Theoretische Perspektiven und praktische Beispiele zur schulischen Inklusion. Graz: Leykam Verlag.

Hollerer, Luise (2001). Aspekte des Übergangs zwischen Kindergarten und Volksschule, Erziehung und Unterricht, 151 1-2/2001, 155-165, Wien: öbv et hpt.

Knauder, H; Ogris-Steinklauber, R. (2010). Die ideale Volksschule für mein Kind – Schulwahlkriterien der Eltern in Graz (25-39), in Benischek, I., Schaupp, H., Schwetz, H., Swoboda, B.(Hrsg.). (2010). Empirische Forschung zu schulischen Handlungsfeldern. Ergebnisse der ARGE Bildungsforschung an pädagogischen Hochschulen in Österreich. Band 1. Berlin: Lit Verlag.

Lazarus, R.S. (1995). Stress und Stressbewältigung – ein Paradigma. In H.-S. Filipp (Hrsg.) Kritische Lebensereignisse (S. 198–323). 3. Aufl. Weinheim: Beltz.

Lehrplan der Volksschule. Wien (2009/1985). öbv et hpt.

Nickel, H. (1990). Das Problem der Einschulung aus ökologisch-systemischer Perspektive. Psychologie in Erziehung und Unterricht, 37, S.217-227.

Riedelbauch, K. & Meyer, S. (2013). Persönlichkeitscoaching für SchulleiterInnen. Führung stimmig gestalten., in: journal für lehrerinnenbildung: Coaching – Mentorin – Training in der Lehrerbildung; 2/2013; S. 14-18.

Schmuck, I.; Gaberz, M. (2009). Endlich Schule!? In Hollerer, L., Seel, A. (2009). (Hrsg.): Schultütenkinder, Graz: Leykam, S. 151-158.

5.4 Gemeinsam Übergänge gestalten: Die Bedeutung der Leitung für Transitionsprozesse zwischen Familie und Kindergarten

Wilfried Datler/Barbara Lehner

1 Von der Eingewöhnungs- zur Transitionsforschung

Traditioneller Weise wird mit dem Begriff der „Eingewöhnung" jene Phase bezeichnet, in der Kinder mit dem regelmäßigen Besuch der Kinderkrippe oder des Kindergartens beginnen. Mit dem Begriff der „Eingewöhnung" wird die Alltagserfahrung verbunden, dass es Kindern oft schwer fällt, sich von ihren vertrauten Bezugspersonen zu lösen und in der Kindertagesstätte (Kita)[Fn114] regelmäßig Zeit mit Kindern und Erwachsenen zu verbringen, die ihnen zunächst fremd sind. Kinder, so die weitverbreitete Auffassung, bedürfen daher einer besonderen Unterstützung, bis sie sich an die neue Situation „gewöhnt" haben und sich nicht mehr gedrängt fühlen, auf die Trennung von ihren vertrauten Bezugspersonen mit Weinen, Klammern oder anderen Formen des Protests zu reagieren.

Als vor knapp zwei Jahrzehnten begonnen wurde, dafür zu plädieren, nicht von Prozessen der „Eingewöhnung", sondern von Prozessen der „Transition" oder des „Übergangs" zu sprechen, führte dies zu einer Ausweitung der Perspektive, die durch das Aufkommen einschlägiger Studien eine nochmalige Differenzierung erfuhr (vgl. Griebel/Niesel 2004, 2005). Dies werden wir im Folgenden unter besonderer Bezugnahme auf jenen Übergang näher erläutern, der sich dadurch auszeichnet, dass die ausschließlich familiäre Betreuung des Kleinkindes zu Ende geht und jene Zeit beginnt, in der das Kleinkind an mehreren Wochentagen in die Kinderkrippe gebracht wird. Im Anschluss daran werden wir – vergleichsweise knapp – auf Übergangsprozesse zu sprechen kommen, welche die Binnenstrukturierung des frühpädagogischen Feldes – insbesondere in Kinderkrippe, Kindergarten und Primarschule – mit sich bringt[Fn115]. Schließen werden wir mit kurzen Bemerkungen, welche die Dynamik von Übergangsprozessen und deren Thematisierung generell betreffen. All diesen Ausführungen wird zu entnehmen sein, in welcher Hinsicht davon auszugehen ist,

---

114. Wir folgen hier der Begrifflichkeit, die in Deutschland weite Verbreitung gefunden hat, und verwenden den Begriff der „Kindertagesstätte" bzw. die gängige Abkürzung „Kita" als Oberbegriff für die elementarpädagogischen Einrichtungen der Kinderkrippe und des Kindergartens.

115. Übergangsprozesse sind auch dann gegeben, wenn Kleinkinder ein Geschwisterchen bekommen, wenn deren Eltern sich scheiden lassen oder wenn sie mit ihrer Familie den Wohnort wechseln. Auf Übergangsprozesse dieser Art wird an dieser Stelle nicht näher eingegangen, obgleich auch solche Übergangsprozesse die Arbeit in Kitas berührt.

- dass die Gestaltung von solchen Übergangsprozessen eine elementarpädagogische Aufgabe darstellt,
  - dass Personen, von denen Kitas geleitet werden, in ihrer Funktion als Leiterinnen und Leiter pädagogischer Einrichtungen dafür Sorge zu tragen haben, dass diese Aufgabe qualitätsvoll wahrgenommen wird,
  - und dass es für das Wahrnehmen dieser Aufgaben hilfreich ist, wenn Leitungspersonen in der Lage sind, in differenzierter Weise zu verstehen, welche Bedeutung solche Übergangsprozesse für alle Beteiligten haben.

2 Die Aufnahme des Kleinkindes in die Kinderkrippe

Wird von der „Eingewöhnung" eines Kleinkindes in die Kinderkrippe gesprochen, so lenkt dies den Fokus darauf, dass dem Kind abverlangt wird, vom Zeitpunkt des beginnenden Krippenbesuchs an mit der Situation in der Krippe vertraut zu werden und sich somit an die neue Situation zu gewöhnen. Aus der Perspektive der Transitionstheorie stellt sich dies unter Einbeziehung weiterer Forschungsergebnisse allerdings als weit komplexer und konfliktträchtiger dar. Auf fünf Aspekte möchten wir in diesem Zusammenhang näher eingehen:

2.1 Die Bedeutung des Trennungserlebens aus der Perspektive des Kindes

a) Das Trennungserleben als potentielles Trauma

Kinder, die in die Krippe kommen, haben bislang die meiste Zeit ihres Lebens mit vertrauten Bezugspersonen verbracht. Sie sind im Regelfall damit befasst, sich in vielen kleinen und oft konflikthaften Schritten aus der engen Beziehung zu ihren Eltern sowie zu anderen Bezugspersonen zu lösen (vgl. Mahler u. a. 1975), streben von sich aus aber keine Situationen an, in denen sie über einen längere Zeitstrecke hinweg von ihren vertrauten Bezugspersonen getrennt sind. Dies hängt nicht zuletzt damit zusammen, dass sie die Nähe und Verfügbarkeit ihrer Bezugspersonen brauchen, um sich sicher und geborgen fühlen zu können (Grossmann/Grossmann 1998).

Nun müssen sie erleben, dass sie nahezu tagtäglich zu einem bestimmten Zeitpunkt die vertraute Wohnung der Familie verlassen müssen und in die Kinderkrippe gebracht werden, um dort von ihren vertrauten Bezugspersonen alleine gelassen zu werden. Dies droht Emotionen des Schmerzes und der Wut, der Angst oder der Panik sowie Gefühle der Hilflosigkeit zu wecken. Damit besteht die Gefahr, dass ein Kleinkind mit dem Eintritt in die Krippe eine traumatische Situation erlebt, die sich ja dadurch auszeichnet, dass ein Mensch von bedrohlichen Gefühlen überschwemmt wird und zugleich erlebt, dass er über keine Möglichkeit verfügt, diese bedrohlichen Gefühle zu lindern oder gar zu beseitigen (Robertson/Robertson 1989). Letzteres ist oft dadurch erschwert, dass Kleinkinder im Regelfall nur bedingt nachvollziehen können, weshalb sie sich nun regelmäßig von ihren vertrauten Bezugspersonen trennen sollen. Hinweise darauf, „dass Mama oder Papa ja bald wieder kommen werden", können Kleinkinder zumeist auch nur bedingt als hilfreich erleben, da sie noch keine rechte Vorstellung von Zeit und Zeitspannen haben und die Trennung von ihren Eltern nur allzu schnell als Ausdruck des Umstandes erleben, von den Eltern nicht mehr so wie bisher geliebt zu werden (Feurle 2007, Wittenberg 2014).

b) Pädagogische Aufgaben, die Kleinkindern gegenüber wahrzunehmen sind

Die eben skizzierten Ausführungen legen die Vorstellung nahe, dass es Kinderkrippen primär aufgegeben ist, Kleinkinder im Übergang von der primär familiären Betreuung zur regelmäßigen außerfamiliären Betreuung in der Kinderkrippe so zu unterstützen, dass sie diesen Übergang nicht traumatisch erleben. Begreift man die Kinderkrippe – gegenwärtigen Ansprüchen gemäß – als Bildungseinrichtung, so ist die Aufgabe, vor der die Pädagoginnen und Pädagogen(Fn116) stehen, aber komplexer (vgl. DatlerW/Hover-Reisner/Fürstaller 2010).

- *Zum ersten* gilt es zu bedenken, dass die meisten Kleinkinder die Trennung und das Getrenntsein von vertrauten Bezugspersonen ebenso wie die Begegnung mit Menschen und Räumen, die ihnen bislang fremd waren, in einem Ausmaß und in einer Intensität erleben, wie dies in ihrer jungen Biographie bislang noch nie der Fall war. Die Erfahrungen, die Kleinkinder in dieser Phase des Übergangs mit sich und anderen im Kontext von Trennung und Loslösung machen, nehmen daher in tiefgehender Weise Einfluss darauf, welche emotionale Bedeutung Kleinkinder der Begegnung mit Neuem außerhalb des Kontextes von Familie auch in Hinkunft beimessen.

  Wenn sich in Kindern nicht allzu stark die Einstellung ausbilden soll, dass die Begegnung mit Neuem mit dem Aufkommen von negativen Gefühlen einher geht, dann gilt es Kleinkinder in der Phase der Eingewöhnung zu helfen, *Situationen in der Krippe zusehends als angenehm oder gar lustvoll zu erleben.* Dies geht mit der Entwicklung der Fähigkeit einher, alleine oder mit Unterstützung anderer angenehme Affektzustände herbeizuführen, zu stabilisieren oder gar zu steigern sowie unangenehme Emotionen zu lindern, zu beseitigen oder sich vor deren Aufkommen zu schützen. In diesem Sinn ist davon auszugehen, dass ein Gelingen dieser Übergangsaufgabe zur Steigerung der Kompetenzen der Kinder beiträgt, Emotionen zu regulieren und damit Urvertrauen im Sinne von Erikson (1966, 62ff) auszubilden.
- Soll Letzteres gelingen, so benötigen Kinder *zum zweiten* auch Erfahrungen, die in psychoanalytischen Kontexten mit den Begriffen des Mentalisierens und des

116. Da in Kitas nach wie vor primär Frauen arbeiten, werden wir im Folgenden die weibliche Form verwenden, auch wenn wir ein deutliches Ansteigen des männlichen Kita-Personals stark begrüßen würden. Mit dem – vor allem in Deutschland – geläufigen Begriff der Erzieherinnen bezeichnen wir jene pädagogisch ausgebildete Personengruppe, die in Österreich „Kindergartenpädagoginnen" genannt werden. Wenn wir von Pädagoginnen schreiben, so meinen wir damit alle Personen, die in er Kita mit pädagogischen Aufgaben betraut sind: Erzieherinnen, Leiterinnen und Assistentinnen, die in Österreich früher als „Helferinnen" bezeichnet wurden.

Containments verbunden werden. Kinder sind demnach darauf angewiesen, dass andere Menschen verstehen, was in Kindern vor sich geht, und ihnen dieses Verständnis verbal und nonverbal vermitteln (Stern 1985, Briggs 1997, Diem-Wille 2014). Dies ermöglicht es Kindern, emotionale Erfahrungen mit anderen zu teilen und psychische Strukturen auszubilden, die ihnen helfen, belastende Gefühle durch Prozesse des „innerpsychischen Verdauens" zu lindern und zusehends selbst zu verstehen, was sie beschäftigt (Dornes 2000, 175ff; Dornes 2006, 166ff; Fonagg 2005).

- Wenn Kleinkinder zu Beginn der Eingewöhnungsphase primär das Verlangen verspüren, mit ihren vertrauten Bezugspersonen zusammen zu bleiben, so ist *zum dritten* davon auszugehen, dass Kleinkinder zunächst vielen Gegebenheiten, die sie in der Krippe vorfinden, vergleichsweise geringes Interesse entgegenbringen. Verstehen sich Kinderkrippen als Bildungseinrichtungen, so zählt es allerdings zu ihren Aufgaben, das Interesse der Kleinkinder an dem, was sie in der Krippe vorfinden, zu wecken und die Kinder darin zu unterstützen, sich aufmerksam und in explorierender Weise den Menschen und Gegenständen zuzuwenden, auf die sie in der Krippe treffen; zumal Kinder in der Krippe eine Umwelt vorfinden, die sich in vielfältiger Hinsicht von ihren familiären Welten unterscheidet und somit ein Anregungspotential in sich trägt, das Kleinkindern andere Interessens- und Erfahrungsbereiche zu erschließen vermag, als dies innerhalb der Familie möglich ist.
- *Zum vierten* ist zu bedenken, dass sich die Kinder mit Beginn des Krippenbesuchs regelmäßig in einer Gruppensituation befinden. Geht man davon aus, dass das Erleben von Trennung und Getrenntsein für Kleinkinder zunächst etwas Belastendes darstellt, so ist davon auszugehen, dass Kinder zunächst kaum in der Lage sind, mit anderen Kindern oder Erwachsenen in dynamische soziale Austauschprozesse einzutreten, die sich durch ein interaktives Wechselspiel und somit durch interaktive Abstimmungsprozesse zwischen den Interaktionspartnern auszeichnen. Sollen Kleinkinder in die Lage geraten, die Entwicklungsmöglichkeiten zu nutzen, die sich durch das Mitgestalten solcher dynamischer Austauschprozesse – etwa beim gemeinsamen Turmbauen, Rollenspiel oder Herumbalgen – eröffnen, so ist es Aufgabe der Kinderkrippe, Kleinkinder dabei zu unterstützen, sich in solche Austauschprozesse einzulassen und dabei Kompetenzen auszubilden, deren sie bedürfen, um solche Austauschprozesse auch in ihrem Sinn mitsteuern und beeinflussen zu können.

Wie anspruchsvoll es ist, diese Übergangsaufgaben den Kleinkindern gegenüber wahrzunehmen, kann beispielsweise daran erkannt werden, dass manche Kleinkinder emotional ausgeglichen zu sein scheinen, tatsächlich aber still leiden und belastende Gefühle in stummer Weise zum Ausdruck bringen, indem sie ziellos im Raum umhergehen, sich zurückziehen oder stereotype Bewegungen zeigen. Andere Kinder neigen dazu, sich besonders lebendig oder gar hyperaktiv zu verhalten, um belastende Gefühle vordergründig nicht spüren zu müssen (Grossmann/Grossmann 1998, Ahnert et al. 2004, Fürstaller/Funder/Datler 2011). Alleine das verstehende Erfassen der emotionalen Zustände der Kleinkinder erweist sich aus dieser Sicht bereits als sehr schwierig. Doch selbst wenn dies gelingt, ist damit noch lange nicht sichergestellt, dass Kindern auch geholfen wurde,

- Affekte zu regulieren,
- ein Verständnis dafür auszubilden, was in ihnen emotional vor sich geht,
- sich interessiert dem zuzuwenden, was sie in der Krippe vorfinden,
- oder mit Anderen in dynamische Austauschprozesse einzutreten.

Dazu kommt, dass Eingewöhnungsprozesse von Kindern entlang der skizzierten Themenbereiche äußerst unterschiedlich verlaufen und – entgegen weithin verbreiteten Vorstellungen – bei vielen Kindern auch nicht nach wenigen Tagen abgeschlossen sind: Emotional belastenden Situationen aktivieren bei manchen Kleinkindern auch Monate nach dem Beginn der Krippenbetreuung schmerzliche Gefühle, die mit dem Erleben von Trennung und Getrenntsein verbunden sind, ohne dass alleine daraus wiederum gleich geschlossen werden darf, dass der Eingewöhnungsprozess gescheitert sei.

2.2 Die Bedeutung des Trennungserlebens aus der Perspektive der Eltern

a) Ambivalente Gefühle auf Seiten der Eltern

Spricht man von der „Eingewöhnung des Kleinkindes in die Kinderkrippe“, so lenkt dies die Aufmerksamkeit auf das Kind. Tatsächlich stellt der Beginn der Krippenbetreuung auch für viele Eltern eine emotional bewegende und oft konflikthafte Situation dar (Funder/Fürstaller/Studener-Kuras 2014):

- Zum einen sehen sich viele Eltern mit der Frage konfrontiert, ob sie ihrem Kleinkind und seiner Entwicklung Schaden zufügen, wenn sie den Entschluss fassen, Krippenbetreuung in Anspruch zu nehmen. Viele Eltern empfinden auch Schuldgefühle, weil sie wissen oder zumindest befürchten, dass sie ihren Kindern mit Beginn der Krippenbetreuung erhebliche emotionale Belastungen zumuten.
- Zum anderen sehen sich viele Eltern aber genau dazu gedrängt, weil sie aus ökonomischen Gründen einer Erwerbstätigkeit nachgehen müssen, den Anschluss an ihr berufliches Tätigkeitsfeld nicht verlieren möchten oder das Gefühl der Enge nicht ertragen, das mit der Betreuung eines Kleinkindes oft einhergeht. Mitunter stellen sich Eltern auch die Frage, ob sie ihren Kindern die bestmögliche Betreuung bieten können, und hegen die Hoffnung, dass ihre Kinder in der Krippe besser gefördert werden als zu Hause.
- Manche Eltern erleben die Nähe zu ihren Kleinkindern aber auch persönlich befriedigend. Die Trennung von ihrem Kind ist dann mit dem Gefühl eines schmerzlichen Verlustes verbunden, auch wenn sie sich andererseits vielleicht sogar aus innerpsychischen Gründen gedrängt fühlen, außerfamiliäre Tagesbetreuung in Anspruch zu nehmen. In diesem Zusammenhang kann das Erleben von Trennung auf Seiten der Eltern auch Gefühle aktivieren, die von schwierigen

(und mitunter auch traumatischen) Trennungssituationen herrühren, in die sie in ihrer Vergangenheit involviert waren oder aktuell involviert sind.
- Zu all diesen Schwierigkeiten kommt das Ahnen oder auch Wissen hinzu, dass die Qualität der Krippenbetreuung weit streut. Eltern wünschen sich im Regelfall, dass ihr Kind in bestmöglicher Weise betreut wird, während sie die Qualität von erreichbaren Einrichtungen oft gar nicht recht abschätzen können oder der Wahl einer entsprechenden Kita finanzielle Grenzen gesetzt sind.

Gefühle und Konflikte dieser Art machen es Eltern oft nicht leicht, ihr Kleinkind in hilfreicher Weise zu begleiten: Manche Eltern schützen sich vor dem bewussten Verspüren ihrer Befürchtungen und Sorgen, indem sie die Schwierigkeiten ihrer Kinder bagatellisieren und ein allfälliges Nicht-Weinen der Kinder umgehend als Hinweis darauf zu begreifen versuchen, dass ihre Kinder die Trennungserfahrung in keiner Weise belastet. Andere Eltern vermögen kindliche Äußerungen des Schmerzes oder des Protestes kaum zu ertragen und tendieren in weiterer Folge dazu, die Kita und damit ihr Kind möglichst schnell zu verlassen oder gar darauf zu hoffen, dass das Kleinkind von sich aus die Trennung vollzieht und den Eltern signalisiert, dass sie doch weggehen mögen.

Emotionale Befindlichkeiten dieser und ähnlicher Art hindern Eltern im Regelfall, differenziert zu verstehen, was in ihren Kindern, aber auch in ihnen selbst vor sich geht, zumal es Menschen ja oft grundsätzlich schwer fällt, emotionale Prozesse angemessen wahrzunehmen und zu erfassen. Deshalb ist es Eltern oft auch nur in Ansätzen möglich, den Einfluss ihrer Emotionen auf die Art und Weise zu verstehen, in der sie dem Kita-Personal begegnen: Mitunter erleben sie sich und ihre Kinder in so hohem Ausmaß vom Wohlwollen des Kita-Personals abhängig, dass sie sich den Vorgaben und Erwartungen der Kita nahezu wunsch- und kritiklos fügen, während andere Eltern zahlreiche Wünsche oder gar Forderungen an die Erzieherinnen herantragen und dazu tendieren, den Erzieherinnen die Schuld dafür zu geben, dass ihr Kind mit Trennungsschwierigkeiten kämpft.

b) Pädagogische Aufgaben, die es Eltern gegenüber wahrzunehmen gilt, wenn die Phase der Fremdbetreuung beginnt

Die Liste der eben angeführten Beispiele könnte fortgesetzt werden. Sie alle verweisen darauf, dass es für Eltern oft hilfreich ist, wenn sie in den Pädagoginnen ein Gegenüber finden könnten, das in der Lage ist, auch Eltern gegenüber jene Aufgaben wahrzunehmen, die oben mit den Begriffen des Containments und des Mentalisierens bezeichnet wurden. Gelingt dies, so können Eltern erfahren, dass sich die Kita-Erzieherinnen für all das interessieren, was Eltern in Zusammenhang mit der beginnenden Krippenbetreuung bewegt, und dass Erzieherinnen in der Lage sind, sich darüber mit Eltern auch auszutauschen, ohne sich von den Sorgen und Ängsten, Hoffnungen und Wünschen der Eltern allzu stark bedrängt oder bedroht zu fühlen. Pädagoginnen sind in solchen Situationen dann auch bemüht, Eltern dabei zu unterstützen, sich und ihre Kinder besser zu verstehen und mit den Erzieherinnen darüber nachzudenken, wie sie für ihre Kinder in dieser Phase der beginnenden Fremdbetreuung möglichst hilfreich sein können. Dies schließt die Arbeit an der Aufgabe mit ein, Eltern zu helfen, gemeinsam entwickelte Überlegungen dann auch zu realisieren und darauf zu achten, wie die Eingewöhnungsprozesse der Kinder voranschreiten oder mitunter auch ins Stocken geraten.

2.3 Die Phase des Übergangs beginnt bereits vor der regelmäßig einsetzenden Betreuung des Kleinkindes in der Krippe

a) Diskontinuitäten setzen in der Familie bereits im Vorfeld der Fremdbetreuung ein

Konzentriert man sich auf das Geschehen, das mit der beginnenden Fremdbetreuung des Kindes in der Kita einsetzt, so drohen die zahlreichen Diskontinuitäten übersehen zu werden, mit denen sich sowohl die Kitas als auch die Familien bereits lange vor dem Zeitpunkt konfrontiert sehen, zu dem die Fremdbetreuung in der Kinderkrippe einsetzt. Spätestens dann, wenn der Beginn der Fremdbetreuung näher rückt, sind die Eltern bewusst und unbewusst mit den Veränderungen befasst, die auf sie zukommen. Diese betreffen die unterschiedlichen Gefühle, Vorstellungen und Erwartungen, die in den vorangegangenen Abschnitten bereits erwähnt wurden, sowie die Organisation des Tages- und Wochenverlaufs. Der Lebensrhythmus, der weite Bereiche des Tages- und Wochengeschehens betrifft, beginnt sich insbesondere dann einschneidend zu verändern, wenn der Beginn der Fremdbetreuung des ersten oder gar einzigen Kindes einer Familie naht. Dies beginnt zumeist auch das Kind zu spüren, wenn es etwa zu ersten Schnupperbesuchen in der Kita kommt oder das Kind die Erfahrung macht, dass die Eltern dem Zeitpunkt des morgendlichen Aufwachens neue Bedeutung beizumessen beginnen. Diese Veränderungen gewinnen nochmals an Gewicht, wenn dann an mehreren Tagen der Woche die Wohnung verlassen wird und zuvor all die Vorbereitungen wie Aufwecken, Waschen, Anziehen oder Frühstücken abgeschlossen sein müssen.

b) Das Bemühen um Kontinuität auf Seiten des Krippenpersonals

Auch in der Kinderkrippe werden Diskontinuitäten spürbar, sobald ein Krippenplatz frei wird und die Frage an Aktualität gewinnt, mit welchem Kind zu welchem Zeitpunkt der Krippenplatz neu besetzt werden soll. Zeichnet sich ab, welches Kind neu dazukommen wird, so gilt es sich seitens der Kinderkrippe auf die Aufnahme des neuen Kindes und seine Familie einzustellen. Dies schließt die Aufgabe mit ein, den Eltern in Vorbereitungsgesprächen die Möglichkeit zu geben, mit dem Personal, den räumlichen Gegebenheiten und den Gepflogenheiten der Kinderkrippe vertraut zu werden, und gleichzeitig dafür Sorge zu tragen, dass das Kleinkind im Zusammenspiel mit den Eltern die Möglichkeit erhält, in möglichst hohem Ausmaß Kontinuität zu erleben.

Letzteres betrifft etwa den anfänglichen Verbleib der Eltern in der Kita, das Vertrautwerden der Erzieherinnen mit den besonderen Eigenschaften, Fähigkeiten und Vorlieben des Kindes oder das Wissen um spezifische Gegenstände, Lieder oder Berührungen, die dem Kind helfen könnten, in der Kinderkrippe nicht nur auf Fremdes, sondern auch auf Bekanntes zu stoßen oder von zu Hause vertraute Gegenstände in die Krippe mitnehmen zu können (Titze/Viernickel 2007, 218; Funder 2009). In diesem Sinn ist es auch dem Krippenpersonal aufgegeben, noch vor dem Beginn der Betreuung in der Krippe das Kind, seine Lebenswelt und seine Biographie bestmöglich kennen zu lernen. Denn es ist davon auszugehen ist, dass die Vorerfahrungen, die das Kind bislang mit Trennung und Loslösung gemacht hat, auch Einfluss darauf nehmen, wie das Kind verschiedene Situation in der Krippe erleben und Beziehungen zu Pädagoginnen und Kindern aufbauen wird (DatlerW/Fürstaller/Ereky-Stevens 2011, Wittenberg 2014).

2.4 Die Situation der Erzieherinnen

Dem bisher Skizzierten ist zu entnehmen, vor welch großen Herausforderungen die Erzieherinnen stehen, die in Kinderkrippen arbeiten. Sie sehen sich immer wieder damit konfrontiert, mit einem neu aufzunehmenden Kind und dessen Eltern vertraut zu werden, um sie im Übergang von der Phase der primär familiären Betreuung in die Phase der beginnenden Tagesbetreuung in der Kinderkrippe so gut wie möglich zu begleiten. Dabei wecken die Gefühle, die auf Seiten der Kinder und der Eltern entstehen und die in den unterschiedlichsten Verhaltensweisen der Kinder und Eltern zum Ausdruck kommen, auch in den Erzieherinnen intensive Emotionen: Sie leiden, wenn Kinder weinen oder mit Tränen kämpfen. Sie ärgern sich, wenn sich Eltern ihren Bemühungen entziehen. Sie fühlen sich abgewertet und gekränkt, wenn sie den Eindruck erhalten, von Eltern geringschätzig behandelt zu werden. Sie fühlen sich hilflos, wenn es ihnen nicht und nicht gelingt, mit Eltern ins Gespräch zu kommen. Und sie fühlen sich ratlos, wenn Kinder nicht aufhören, sich an ihre Eltern zu klammern, nachdem die Erzieherinnen bereits alles in ihrer Macht stehende unternommen haben, um den Kindern zu helfen, sich von ihren Eltern zu lösen.

Das Aufkommen solcher Gefühle eröffnet Erzieherinnen mitunter die Möglichkeit, genauer zu verstehen, was in Kindern und Eltern vor sich geht. In diesem Sinn ist das Verspüren solcher Gefühle ebenso begrüßenswert wie unerlässlich, bringt für Erzieherinnen aber andererseits erhebliche emotionale Belastungen mit sich. Den Erzieherinnen wird aus dieser Perspektive abverlangt, sich ihren Gefühle immer wieder aufmerksam zuzuwenden und sich um ein Verstehen dieser Gefühle zu bemühen, ohne sich von diesen Gefühlen aber so überschwemmen zu lassen, dass es ihnen unmöglich wird, in der Arbeit mit den Kindern und Eltern die Übergangsaufgaben wahrzunehmen, die in den Abschnitten zuvor skizziert wurden.

Dabei ist Letzteres schon für sich gesehen herausfordernd genug, wenn man bedenkt, dass Erzieherinnen im Regelfall im Rahmen ihrer Aus- und Weiterbildung auf das Wahrnehmen dieser Aufgaben zumeist ja nur ansatzweise vorbereitet werden.

2.5 Konsequenzen für das Wahrnehmen von Leitungsaufgaben

Grundsätzlich haben Leiterinnen die Aufgabe, die Prozesse innerhalb der Organisation, der sie vorstehen, sowie zwischen der Organisation und deren Umfeld so zu steuern, dass es den Angehörigen der Organisation gelingt, den Aufgaben bestmöglich nachzukommen, die es von der Organisation wahrzunehmen gilt (Tietze/Viernickel 2007, 217ff). In Hinblick auf die Gestaltung des Übergangs von der familiären Betreuung von Kleinkindern hin zur Tagesbetreuung von Kleinkindern in Kinderkrippen können vor dem Hintergrund des bisher Dargestellten die folgenden Aufgaben von Leiterinnen beschrieben werden:

- Leiterinnen ist es aufgegeben, sich gemeinsam mit ihren Teams eine differenzierte Vorstellung vom Ziel und von der Dynamik solcher Übergangsprozesse zu erarbeiten. Dabei ist es wichtig, sich mit der Frage zu befassen, welche pädagogischen Aufgaben es von Seiten der Kita und ihren Mitarbeiterinnen in diesem Zusammenhang primär wahrzunehmen gilt und welche Prozesse emotionaler und sozialer Art der Erfüllung dieser Aufgaben dienlich sind oder die Erfüllung dieser Aufgaben erschweren.
- Leiterinnen ist es aufgegeben, sich gemeinsam mit ihren Teams präzise Kenntnisse über bereits bestehende Konzepte zur Gestaltung solcher Übergangsprozesse zu erarbeiten. Dabei ist darauf Bedacht zu nehmen, dass die Teams unterschiedliche Quellen nutzen, um zu differenzierten Vorstellungen darüber zu gelangen, nach welchen Gesichtspunkten solche Konzepte zur Gestaltung von Übergängen entwickelt wurden und wie nach diesen Konzepten konkret gearbeitet wird. Denkt man in diesem Zusammenhang an jenes Eingewöhnungskonzept, das im deutschsprachigen Raum den höchsten Bekanntheitsgrad hat, so bedeutet dies etwa, dass ein Team nicht nur mit den Konzeptdarstellungen und -handreichungen des „Berliner Eingewöhnungskonzepts" zu befassen ist (Laewen/Andres/Hédervári 2000a, b), sondern auch mit den Lehrvideos, die eine anschauliche Vorstellung von der Umsetzung dieses Konzepts vermitteln (Infans 2003a, b). In der Auseinandersetzung damit haben Leiterinnen darauf zu achten, dass sich die Teams nicht damit begnügen, oberflächliche oder gar unzutreffende Konzeptvorstellungen auszubilden, indem sie beispielsweise zur Auffassung kommen, das Wesentliche des „Berliner Eingewöhnungskonzepts" bestünde darin, dass eine vertraute Bezugspersonen des Kindes für ein paar Stunden oder Tage in irgendeiner Weise in der Krippe anwesend sei, ehe dem Kind Trennung zugemutet wird. Solch eine Vorstellung wäre nämlich nicht nur oberflächlich, sondern schlicht falsch, da dem „Berliner Eingewöhnungskonzept" zufolge spezifische Dreiersituationen mit Kind, Elternteil und Erzieherin hergestellt werden, in denen die – zunächst fremde – Erzieherin zu einer vertrauten Bezugsperson des Kindes wird und der Elternteil sich erst dann vom Kind zu trennen beginnt, wenn die Erzieherin dem Kind ein so starkes Gefühl der Sicherheit und Geborgenheit zu vermitteln vermag, dass das Kind die Trennung vom Elternteil kaum mehr als ein schmerzliches Verlassenwerden erlebt.

- Leiterinnen ist es aufgegeben, gemeinsam mit ihren Teams in der Auseinandersetzung mit bereits vorliegenden Modellen ein standortspezifisches Konzept zur Gestaltung von Übergangsprozessen zu erarbeiten (Fürstaller/Funder/Datler 2012; Tietze/Viernickel 2007, 217ff, 261ff). Im Zuge der Erarbeitung dieses Konzepts ist insbesondere zu klären,
  - wie die ersten Begegnungen zwischen den Eltern und der Kinderkrippe so gestaltet werden können, dass Eltern nicht nur mit Informationen, Vorgaben und Regeln konfrontiert werden, sondern auch die Gelegenheit erhalten, sich willkommen zu fühlen und den berechtigten Eindruck zu erhalten, dass die Kita an ihnen, ihrem Kind sowie ihrem familiären und kulturellen Hintergrund interessiert ist (Figdor 1993);
  - wie es den Familien möglich gemacht werden soll, die Kita kennenzulernen, und um welche Gelegenheiten sich die Kitas bemühen möchten, um mit dem Kind und dessen Familie vertraut zu werden;
  - wie Eltern in diesem Prozess möglichst früh verständlich gemacht werden kann, nach welchem Übergangskonzept gearbeitet wird und welche pädagogischen Gründe dafür ausschlaggebend sind;
  - in welcher Weise dabei mit Eltern ein allgemein gehaltener Austausch über die Bedeutung und Dynamik früher Übergangsprozesse eröffnet werden kann, um in Verbindung damit ein gemeinsames Nachdenken darüber einzuleiten, wie ihre Kinder, aber auch die Eltern selbst die Trennung und das Getrenntsein von ihren Kindern erleben und wie dies aus pädagogischer Sicht einzuschätzen ist;
  - wie und nach welchen Gesichtspunkten die allmählich einsetzende Trennung der Kinder von ihren Eltern eingeleitet und nach welchen Gesichtspunkten die Beziehung zum Kind dann weiter gestaltet werden soll;
  - und in welchem Verhältnis all diese konzeptionellen Vorhaben zu den oben skizzierten pädagogischen Aufgaben stehen, die es im Zuge der weiteren Gestaltung des Übergangs zwischen der familiären Betreuung des Kleinkindes und der beginnenden Tagesbetreuung in der Kinderkrippe wahrzunehmen gilt.
- Leiterinnen ist es aufgegeben, gemeinsam mit ihren Teams dafür Sorge zu tragen, dass die Arbeit nach solch einem Konzept auch tatsächlich zustande kommt und immer wieder daraufhin geprüft wird, ob es sich in Hinblick auf die pädagogischen Aufgaben, die es zu leisten gilt, bewährt.
- Leiterinnen ist es aufgegeben, dafür Sorge zu tragen, dass sich die Pädagoginnen ihres Teams kontinuierlich die Kompetenzen aneignen, deren es im Zuge der Umsetzung des standortspezifischen Konzepts bedarf. Dabei haben sie zu bedenken, dass die Qualifizierung von Pädagoginnen oft auf Abwehr und Widerstand stößt, was unter anderem darauf zurückzuführen ist, dass Erzieherinnen im Zuge ihrer Grundausbildung im Allgemeinen nicht gelernt haben, zu ihrer Alltagspraxis in selbstkritische Distanz zu treten. Die Entwicklung differenzierter Vorstellungen über die Folgen ihrer Alltagspraxis für Kinder und Eltern

und das Aufkommen konkreter Vorstellungen über die Steigerungsbedürftigkeit mancher Aspekte ihrer Alltagsarbeit drohen daher oft Gefühle der Scham, der Schuld und des Versagens zu wecken, die es in Qualifizierungsprozessen zu beachten und mitunter auch zu thematisieren und bearbeiten gilt.[Fn117]
Deshalb ist es Leiterinnen auch aufgegeben, Gelungenes in den Fokus der Aufmerksamkeit zu rücken, um ihrem Team in fachlich angemessener Weise Sicherheit zu geben, das professionelle Selbstwertgefühl der Pädagoginnen zu steigern und die Freude am Meistern von Arbeitsaufgaben zu kultivieren.

- Leiterinnen ist es aufgegeben, ihren Teammitgliedern Verständnis für die emotionalen Belastungen entgegenzubringen, denen sie in solchen Prozessen oft ausgesetzt sind. In diesem Sinn gilt es nicht nur den Kindern und Eltern, sondern auch den Teams gegenüber die oben erwähnten Aufgaben des Containments und des Mentalisierens zu übernehmen.
- All dies kann nur gelingen, wenn sich Leiterinnen auch um die Rahmenbedingungen bemühen, deren es bedarf, damit die erwähnten Aufgaben qualitätsvoll wahrgenommen werden können. Dies schließt das Bemühen mit ein, *innerhalb* der Kita in ausreichendem Ausmaß „Zeit und Raum“ für ein ebenso differenziertes wie gemeinsames Nachdenken über das Wahrnehmen von Übergangsaufgaben zu schaffen (Briggs 1999). In diesem Zusammenhang sind etwa auch Dienstpläne an die gegebenen Arbeitsanforderungen anzupassen. Gleichzeitig ist allerdings auch ein Ringen um die Schaffung von bestmöglichen *äußeren* Rahmenbedingungen gefordert. In Hinblick darauf haben sich Leiterinnen auch darum zu bemühen, auf Seiten der Trägerorganisationen ihrer Kitas ein entsprechendes Problembewusstsein zu schaffen.
- Schließlich haben Leiterinnen dafür Sorge zu tragen, dass in Hinblick auf die Entwicklung standortspezifischer Konzepte sowie deren Umsetzung und Weiterentwicklung professionelle Unterstützung von außen in Anspruch genommen wird. Dabei gilt es zu überlegen, ob und in welcher Hinsicht ein Bedarf nach Einzel-, Team- oder Fallsupervision, Organisationsberatung, Weiterbildung oder Konzeptentwicklung gegeben ist – oder aber eine Kombination aus manchen dieser Elemente.

Da der Übergang von der familiären Betreuung von Kleinkindern zur außerfamiliären Tagesbetreuung in Kinderkrippen in vielerlei Hinsicht von starken Emotionen begleitet ist und da Leiterinnen in die emotionale Dynamik ihrer Organisation zumeist stärker involviert sind, als dies im Regelfall offensichtlich ist (Steinhardt/Datler 2004), sind Leiterinnen gut beraten, wenn sie zur Sicherung ihrer Psychohygiene und zur Steigerung der Qualität ihrer Arbeit auch für sich selbst professionelle Unterstützung in Anspruch nehmen – sei es in Gestalt von Supervision, Coaching oder Weiterbildung.

---

117. Einblicke in die Dynamik dieser Prozesse, die bislang erst in geringem Ausmaß untersucht wurden, geben einige jüngst erschienen Arbeiten. Siehe dazu DatlerM/Datler/Fürstaller/Funder (2011), Fürstaller/Funder/Datler (2012), DatlerW/Fürstaller (2013), DatlerM/Funder/Hover-Reisner (2013) oder DatlerW/Lehner/Datler (2013).

3 Einige Anmerkungen zu anderen Übergangsprozessen

Emotional bewegend sind im Kita-Kontext auch andere Übergänge, die mit Trennung verbunden sind. Die Aufgaben, die Leiterinnen mit ihren pädagogischen Teams in diesen Zusammenhängen wahrzunehmen haben, sind in Hinblick auf die Begleitung der emotionalen Prozesse, die mit Abschied und Neubeginn zu tun haben, den eben beschriebenen Aufgaben ähnlich. Unterschiede ergeben sich allerdings in Hinblick auf das veränderte Alter der Kinder und die institutionellen Kontexte, zwischen denen es Übergänge zu vollziehen gilt. Dazu finden sich im Folgenden einige Hinweise.

3.1 Zum Übergang von der Familie in den Kindergarten

Ist ein Kind bis ins dritte Lebensjahr hinein zu Hause betreut worden und kommt es dann in den Kindergarten, so ist es älter als die Kinder, die mit dem Krippenbesuch beginnen. Die Möglichkeiten, das Thema der Trennung von den vertrauten Bezugspersonen zu thematisieren und auch symbolisch zu bearbeiten, steigen und eröffnen neue Spielräume. Feurle (2008, 116ff) berichtet in diesem Zusammenhang etwa von einem Projekt, in dem mit Kindern ein sogenanntes „Mama-Papa-Lied" gesungen wird, das Kindern hilft, die Gefühle – in durchaus lustvoller Weise – auszudrücken und zu teilen, die sie den abwesenden Eltern gegenüber empfinden.

Man sollte den Umstand, dass Kindergartenkinder älter sind als Krippenkinder, allerdings nicht überbewerten: Das Altersspektrum der Krippenkinder streut weit, und es ist nicht gesagt, dass Kinder, die ein um ein paar Wochen oder Monate älter sind, die Trennung von ihren vertrauten Bezugspersonen weniger schmerzlich erleben als etwas jüngere Kinder. Dazu kommt, dass sich der Betreuungsschlüssel in Kindergärten vom Betreuungsschlüssel der Kinderkrippe erheblich unterscheidet: Kommen in Kinderkrippen zumeist zwei bis drei Pädagoginnen auf 12 bis 15 Kinder pro Gruppe, so tragen in Kindergärten oft zwei Pädagoginnen für 20 bis 25 Kinder Verantwortung. Das macht es manchen Kindergartenkindern schwer, sich in der Gruppe umsorgt und geborgen zu fühlen, und droht Pädagoginnen oft vor die Herausforderung zu stellen, insbesondere im Herbst eine größere Zahl von Kindern mit vergleichsweise weniger Personal „eingewöhnen" zu sollen. Hier sind Leiterinnen besonders gefordert, diesem Problem im Zuge der Ausarbeitung eines standortspezifischen Eingewöhnungskonzepts sowie durch eine umsichtige Gestaltung der Personal- und Dienstpläne in den sogenannten „Eingewöhnungszeiten" zu lindern.

Eine weitere Herausforderung hängt mit dem Umstand zusammen, dass in Österreich alle Kinder im letzten Jahr vor dem Schuleintritt zumindest halbtägig einen Kindergarten zu besuchen haben. Dies soll nicht zuletzt Kinder, deren Erstsprache nicht Deutsch ist, dazu anregen, sich in Hinblick auf den nahenden Schuleintritt Kompetenzen im Bereich der Zweitsprache Deutsch anzueignen. Für viele dieser Kinder bedeutet dies, dass sie sich mit dem Eintritt in den Kindergarten in einem kulturellen Umfeld finden, das sich deutlich von jenem unterscheidet, in dem sie bislang aufgewachsen sind; zumal manche dieser Kinder zuvor außerhalb Österreichs bei ihren Großeltern gelebt haben und von ihren Eltern nach Österreich geholt wurden, um für den Übertritt in die Schule gut gerüstet zu sein. Leiterinnen stehen dann vor der Aufgabe, gemeinsam mit ihrem Team dem Umstand Rechnung zu tragen, dass der Übergang von der familiären Betreuung zur außerfamiliären Betreuung mit der Aufgabe einhergeht, eine Verständigung zwischen unterschiedlichen Kulturen in der Absicht herbeizuführen, wechselseitig Respekt und Interesse – und vielleicht sogar „Vergnügen am Fremden“ – zu wecken (vgl. DatlerW/Studener-Kuras/Bruns 2014).

3.2 Zum Übergang von der Kinderkrippe in den Kindergarten

Unterschätzt werden mitunter auch die Belastungen, die manche Kinder verspüren, wenn sie innerhalb einer Kita von der Kinderkrippe in eine Kindergartengruppe wechseln. Dies hängt damit zusammen, dass die Eltern mit der Kita, die ihr Kind besucht, bereits vertraut sind und die Pädagoginnen von den Krippenkindern, die in nächster Zeit zu ihnen in die Gruppe kommen werden, zumeist auch schon einiges wissen. Darüber hinaus können manche Pädagoginnen auf reichhaltige Erfahrungen zurückgreifen, die sie bereits mit der Begleitung von Kindern im Übergang von der Krippe in den Kindergarten gesammelt haben.

Für Dreijährige stellt sich diese Situation freilich anders dar: Für sie ist der Wechsel von einer Gruppe in eine andere keineswegs selbstverständlich. Auch wenn ihnen Pädagoginnen der anderen Gruppen nicht völlig fremd sind, haben sie zu diesen sowie zu den Kindern der anderen Gruppen doch keine allzu enge Beziehung und müssen eine solche erst aufbauen, während sie sich gleichzeitig von Kindern und Pädagoginnen, zu denen sie enge Beziehung aufgebaut haben, verabschieden müssen.

Dazu kommt, dass ihnen mit dem Übertritt in den Kindergarten eine einschneidende Veränderung ihres Selbstbildes abverlangt wird: Zählten sie als Dreijährige zu den ältesten und größten Kindern der Krippengruppe und fanden sie dort eine Ausstattung und einen Betreuungsschlüssel vor, der ihnen auch vielgestaltige Möglichkeiten zur altersadäquaten Regression bot, so finden sie sich in der Kindergartengruppe in der Position der Jüngsten und Kleinsten in einem Umfeld wieder, das auch dem Zusammensein und der Arbeit mit Vier- und Fünfjährigen dienlich sein soll. Freilich kann dies auch damit einhergehen, dass sich Dreijährige primär aufgewertet und in einem Rahmen wiederfinden, der ihr Selbstwertgefühl stärkt und ihnen anregende Erfahrungen und somit auch bedeutsame Entwicklungsmöglichkeiten eröffnet. Damit Letzteres überwiegt, bedarf es der sensiblen Begleitung der Kinder im Übergang von der Kinderkrippe in den Kindergarten. Und es zählt zu den Aufgaben der Leiterinnen, dafür Sorge zu tragen, dass auch dies nach einem fundierten Konzept erfolgt, das auf die Situation der Kinder, die Pädagoginnen und der Eltern Bedacht nimmt, mit denen der Austausch darüber zu suchen ist, wie der Wechsel in den Kindergarten gestaltet und von den Kindern erlebt wird.

Das Problem des Übergangs von der Kinderkrippe in den Kindergarten ist in der skizzierten Form nicht gegeben, wenn in der Kita offen oder mit altersgemischten Gruppen gearbeitet wird. Leiterinnen haben dann allerdings in anderer Weise die Situation der Kleinkinder im Auge zu behalten. Denn Kleinkinder laufen Gefahr, in solchen Kitas zu wenig Struktur und zu wenig Halt zu finden und von Gefühlen des Verloren- und Verlassenseins überschwemmt zu werden (DatlerW/Datler/Funder 2010). Soll dies vermieden werden, haben Leiterinnen darauf zu achten, dass die offene Arbeit oder die Arbeit in altergemischten Gruppen nach Konzepten erfolgt, die der eben erwähnten Gefahr gezielt Rechnung tragen. Letzteres ist im Übrigen auch dann von Bedeutung, wenn bereits ein älteres Geschwisterkind die Kita besucht: Junge Kinder können bei älteren Geschwistern zwar manchmal Halt, Sicherheit und Trost finden. Mitunter fällt es den Kindern dann aber schwer, sich von ihren älteren Brüdern oder Schwestern zu lösen und zu anderen Kindern in engeren Kontakt zu treten.

3.3 Zum Übergang vom Kindergarten in die Schule

Obgleich der Übergang vom Kindergarten in die Schule nicht im Fokus dieses Beitrags steht und in einem gesonderten Kapitel von Luise Hollerer in diesem Band behandelt wird, soll an dieser Stelle knapp darauf hingewiesen werden, dass dieser Übergang wiederum mit erheblichen emotionalen Herausforderungen verbunden ist (Griebel/Niesel 2002, 2005; Knauf/Schubert 2005; Textor 2009).

Von herausragender Bedeutung ist dabei der Umstand, dass sich die Kinder nicht nur von so manchen Freunden und ihnen liebgewordenen Pädagoginnen trennen, sondern auch die Institution „Kindergarten" verlassen müssen, um Teil der Institution „Schule" zu werden. In dieser wird ihnen Lernen und Leistung in einer Weise abverlangt, wie es im Kindergarten nicht annähernd der Fall war. Viele Kinder erfahren, dass die Leistungen, die sie erbringen, sowie die Art, in der sie im Sinn des schulischen Beurteilungs- und Selektionssystems bewertet werden, einen erheblichen Einfluss darauf haben, wie sie sich von ihren Lehrerinnen und Lehrern, von anderen Kindern und insbesondere auch von ihren Eltern geschätzt und geliebt fühlen.

Über einen gewissen Vorteil verfügen jene Kinder und Eltern, die gut auf den Schulbesuch vorbereitet sind. Diese Kinder können zusehends zwischen Spiel und Arbeit unterscheiden, sich mit ihrem Erholungs- und Bewegungsbedarf an den Rhythmus des Schulalltags anpassen und den kognitiven, feinmotorischen und emotionalen Herausforderungen des Arbeitens und Lernens in der schulischen Gruppensituation entsprechen. Und gut vorbereitete Eltern sind in der Lage, ihre Kinder dabei zu unterstützen, indem sie unter anderem auch „Hilfslehrerfunktionen" übernehmen (Textor 2009). Fehlen Bedingungen dieser Art, drohen Kinder den schulischen Bereich zusehends mit negativen Gefühlen zu assoziieren, das

Vergnügen am schulischen Lernen zu verlieren und mit ihrem Selbstwertgefühl erheblich zu kämpfen. Ähnlich droht es dann auch ihren Eltern zu ergehen, denen es verwehrt ist, auf ihre Kinder in der Schule und somit auch auf sich selbst als Vater oder Mutter eines schulpflichtigern Kindes stolz zu sein.

All dies ist den Kita-Pädagoginnen zumindest intuitiv vertraut. Kita-Pädagoginnen erleben auch zusehends den Druck, der mit der Erwartung verbunden ist, sie sollten die Kita-Kinder in ausreichender Weise auf die Schule vorbereiten und den Übergang zur Schule gemeinsam mit Vertreterinnen und Vertretern der Institution Schule gestalten. Unbeschadet der vielen Veröffentlichungen, die zu diesem Thema bislang erschienen sind, ist festzustellen, dass ein gemeinsames Nachdenken über die emotionalen Aspekte, die wir hier angedeutet haben, und deren Bedeutung für die Gestaltung und Bewältigung des Übergangs zur Schule in Gesprächen zwischen Pädagoginnen, Eltern, Kindern und Lehrpersonen noch keineswegs selbstverständlich sind. Solch ein Nachdenken zu forcieren, stellt ein weiteres Aufgabenfeld für Leiterinnen dar.

4 Eine abschließende Bemerkung

Es könnte kritisch angemerkt werden, dass im vorliegenden Beitrag dem Aspekt der emotionalen Belastungen allzu viel Raum gegeben werden und die freudvollen Aspekte zu kurz gekommen sind, die Übergängen auch innewohnen. Anzumerken ist jedoch, dass es im Allgemeinen schwieriger ist, sich mit belastenden Aspekten zu befassen, diese zu thematisieren und sich mit deren Bedeutung – auch im Gespräch mit anderen – so auseinanderzusetzen, dass dies hilfreiche Folgen nach sich zieht. Dies gilt insbesondere für belastende Aspekte, die mit den Themen des Beendens und des Abschieds verbunden sind.

Damit die Befassung mit emotionalen Aspekten in pädagogisch förderlicher Weise in die Alltagsarbeit einfließen kann, bedarf es allerdings einiger Voraussetzungen, zu denen jedenfalls die Fähigkeit von Pädagoginnen – aber auch von Leiterinnen – zählt, Emotionen bei sich und anderen differenziert wahrnehmen und deren Bedeutung für Beziehungs- und Bildungsprozesse einschätzen zu können. Aus dieser Perspektive ist es Leiterinnen aufgegeben, dafür Sorge zu tragen, dass die Angehörigen von Kita-Teams entsprechende Fähigkeiten ausbilden. Eine Möglichkeit dazu bietet der Besuch von Seminaren, in denen Infant Observation, Young Child Observation oder Work Discussion gelehrt wird.[Fn118]

---

118. Siehe dazu etwa Diem-Wille/Turner (2009, 2012), Funder/Fürstaller/Hover-Reisner (2013) sowie die in Fußnote 116 erwähnten Veröffentlichungen.

Literaturverzeichnis

Ahnert, L., et al. (2004). Transition to child care: Associations of infant-mother attachment, infant negative emotion and cortisol elevations. In: Child Development 75, 639-650.

Briggs, St. (1997). Growth and Risk in Infancy. Jessica Kingsley: London.

Briggs, St. (1999). Links between infant observation and reflective social work practice. In: Journal of Social Work Practice 13 (2), 147-156.

Datler, M., Datler, W., Fürstaller, M., Funder, A. (2011). Hinter verschlossenen Türen. Über Eingewöhnungsprozesse von Kleinkindern in Kindertagesstätten und die Weiterbildung pädagogischer Teams. In: Dörr, M., Göppel, R., Funder, A. (Hrsg.): Reifungsprozesse und Entwicklungsaufgaben im Lebenszyklus. Jahrbuch für Psychoanalytische Pädagogik 19. Psychosozial-Verlag: Gießen, 30-54.

Datler, M., Funder, A., Hover-Reisner, N. (2013). Institutionelle Abwehr im Kontext der Organisation: Über Grenzen von Weiterbildung und die Notwendigkeit des Deutens. In: Schnoor, H. (Hrsg.): Psychodynamische Beratung in pädagogischen Handlungsfeldern. Psychosozial-Verlag: Gießen, 147-164.

Datler, W., Datler, M., Funder, A. (2010). Struggling Against the Feeling of Becoming Lost: A Young Boy's Painful Transition to Day Care. In: Infant Observation. The International Journal of Infant Observation and its Applications 13 (1), 65-87.

Datler, W., Fürstaller, M. (2013). Das Beratungsbündnis und seine Bedeutung für Weiterbildungsprozesse. Aus einem elementarpädagogischen Projekt zur Gestaltung der Eingewöhnung von Kleinkindern in die Kinderkrippe. In: Schnoor, H.(Hrsg.): Psychodynamische Beratung in pädagogischen Handlungsfeldern. Psychosozial-Verlag: Gießen, 131-146.

Datler, W., Fürstaller, M., Ereky-Stevens, K. (2011). Der Übergang in die außerfamiliäre Betreuung: Der Beitrag der Kleinkinder zum Verlauf von Eingewöhnungsprozessen. In: Kißgen, R., Heinen, N. (Hrsg.): Familiäre Belastungen in früher Kindheit: Früherkennung, Verlauf, Begleitung, Intervention. Stuttgart: Klett-Cotta, 205–228.

Datler, W., Hover-Reisner, N., Fürstaller, M. (2010). Zur Qualität von Eingewöhnung als Thema der Transitionsforschung. Theoretische Grundlagen und forschungsmethodische Gesichtspunkte unter besonderer Bezugnahme auf die Wiener Krippenstudie. In: Becker-Stoll, F., Kalicki, B., Berkic, J.: Bildungsqualität für Kinder in den ersten drei Lebensjahren. Cornelsen Verlag: Berlin, 158-167 [Verzeichnis der im gesamten Band zitierten Literatur: 252-265].

Datler, W., Lehner, B., Datler, M. (2013). Bildungspläne für die Elementarpädagogik – ein Ausdruck institutionalisierter Abwehr auf Hochglanzpapier? In: Wininger, M., Datler, W., Dörr, M. (Hrsg.):Psychoanalytische Pädagogik und frühe Kindheit (Band 4 der Schriftenreihe der Kommission Psychoanalytische Pädagogik der Deutschen Gesellschaft für Erziehungswissenschaft [DGfE]). Verlag Barbara Budrich: Opladen u. a., 2013, 159-173.

Datler, W., Studener-Kuras, R., Bruns, V. (2014). Das Vergnügen am Fremden und die Entwicklung von Kompetenzen im Bereich der Zweitsprache Deutsch. In: Dahlvik, J., Reinprecht, Ch., Sievers, W. (Hrsg.) (2013): Migration und Integration – wissenschaftliche Perspektiven aus Österreich [Jahrbuch für Migrations- und Integrationsforschung 2]. Göttingen: V&R unipress, 127-142.

Diem-Wille, G. (2014). Zur Bedeutung des Containments in den frühen Lebensjahren und die Bedeutung des Containments in Analysen, die Raum zum Denken eröffnet. In: Kinderanalyse 22,48-70.

Diem-Wille, G., Turner, A. (2009) (Hrsg.). Ein-Blicke in die Tiefe. Die psychoanalytische Säuglingsbeobachtung und ihre Anwendungen. Klett-Cotta: Stuttgart, 41-66.

Diem-Wille, G., Turner, A. (2012) (Hrsg.). Die Methode der psychoanalytischen Beobachtung. Über die Bedeutung von Containment, Identifikation, Abwehr und anderen Phänomenen in der psychoanalytischen Beobachtung. Facultas: Wien, 94-114.

Dornes, M. (2000). Die emotionale Welt des Kindes. Fischer: Frankfurt/M.

Dornes, M. (2006). Die Seele des Kindes. Entstehung und Entwicklung. Fischer: Frankfurt/M.

Erikson, E.H. (1966). Identität und Lebenszyklus. Suhrkamp: Frankfurt/M, 1977.

Feurle, Th. (2008). Das Projekt „Psychoanalytische Gruppenpädagogik im Kindergarten“. In: Figdor, H. (Hrsg.): „Denn wir können die Kinder nach unserem Sinne nicht formen ...“ Festschrift zum 10jährigen Bestehen der Arbeitsgemeinschaft Psychoanalytische Pädagogik (APP). Empirie-Verlag: Wien, 111-119.

Figdor, H. (1993). Tiefenpsychologische Aspekte der pädagogischen Elternarbeit im Kindergarten. In: Figdor, H. (Hrsg.): Praxis der psychoanalytischen Pädagogik I. Psychosozial-Verlag: Gießen, 139-148.

Fonagy, P. (2005). Die Bedeutung der Entwicklung metakognitiver Kontrolle der mentalen Repräsentanzen für die Betreuung und das Wachstum des Kindes. In: Fonagy, P.; Target, M.: Frühe Bindung und psychische Entwicklung. Beiträge aus Psychoanalyse und Bindungsforschung. Psychosozial-Verlag: Gießen, 49-70.

Funder, A. (2009). Zur Bedeutung von Übergangsobjekten als Trennungshilfe für Kinder in Kinderkrippen und Kindergärten. In: Zeitschrift für Individualpsychologie 34 (Heft 4), 432-459.

Funder, A., Fürstaller, M., Hover-Reisner, N. (2013). „Holding mind in mind“ – Work Diskussion: Eine Methode zur Förderung der Mentalisierungsfähigkeit von Erzieherinnen? In: Wininger, M., Datler, W., Dörr, M. (Hrsg.):Psychoanalytische Pädagogik und frühe Kindheit. Verlag Barbara Budrich: Opladen u. a., 217-236.

Funder, A., Fürstaller, M., Studener-Kuras, R. (2014). Elternarbeit in der Kita: Chancen und Möglichkeit gelingender Eingewöhnung. In: Seifert-Karb, I., Wiegand, G., Klein, E. (Hrsg.): Frühe Kindheit unter Optimierungsdruck … und keine Zeit für Bullerbü? Seelische Gesundheit von Säuglingen, Kleinkindern, Eltern und professionell Handelnden in einer verunsicherten Gesellschaft. Psychosozial-Verlag: Gießen (in Vorbereitung).

Fürstaller, M., Funder, A., Datler, W. (2011). Wenn Tränen versiegen, doch Kummer bleibt. Über Kriterien gelungener Eingewöhnung in die Kinderkrippe. In: Frühe Kindheit. Zeitschrift der Deutschen Liga für das Kind 14 (Heft 1), 20-26.

Fürstaller, M., Funder, A., Datler, W. (2012). Wie Eingewöhnung an Qualität gewinnen kann: Zur Weiterqualifizierung pädagogischer Teams für den Bereich der Eingewöhnung von Kleinkindern in Kinderkrippen und Kindergärten. u:scholar: Wien [https://uscholar.univie.ac.at/view/o:127771].

Griebel, W., Niesel, R. (2002). Abschied vom Kindergarten – Start in die Schule. Grundlagen und Praxishilfen für Erzieherinnen, Lehrkräfte und Eltern. München: Don Bosco Verlag.

Griebel, W., Niesel, R. (2004). Transitionen. Fähigkeit von Kindern in Tageseinrichtungen fördern, Veränderungen erfolgreich zu bewältigen. Weinheim: Beltz.

Griebel, W., Niesel, R. (2005). Die Bewältigung von Übergängen zwischen Familie und Bildungseinrichtungen als Co-Konstruktion aller Beteiligten. In: Textor, M.R. (Hrsg.): Kindergartenpädagogik – Online-Handbuch. http://www.kindergartenpaedagogik.de/1220.html.

Grossmann, K., Grossmann, K.E. (1998). Bindungstheoretische Überlegungen zur Krippenbetreuung. In: Ahnert, L. (Hrsg.): Tagesbetreuung für Kinder unter 3 Jahren – Theorien und Tatsachen. Bern: Huber, 69-81.

Infans (2003a): Video 4: Der Übergang in die Krippe: Ein Beispiel für eine kurze Eingewöhnungszeit. Infans: Berlin (http://www.infans.net/shop/index).

Infans (2003b): Video 5: Der Übergang in die Krippe: Ein Beispiel für eine längere Eingewöhnungszeit. Infans: Berlin (http://www.infans.net/shop/index).

Knauf, T., Schubert, E. (2005). Der Übergang vom Kindergarten in die Grundschule. Grundlagen, Lösungsansätze und Strategien für eine systematische Neustrukturierung des Schulanfangs. In: Textor, M.R. (Hrsg.): Kindergartenpädagogik – Online-Handbuch. http://www.kindergartenpaedagogik.de/1220.html.

Laewen, H.-J., Andres, B., Hédervári, É. (2000a). Die ersten Tage in der Krippe. Luchterhand-Verlag: Berlin.

Laewen, H.-J., Andres, B., Hédervári, É. (2000b): Ohne Eltern geht es nicht. Luchterhand-Verlag: Berlin.

Mahler, M., Pine, F., Bergmann, A. (1975). Die psychische Geburt des Menschen. Symbiose und Individuation. Fischer: Frankfurt/M.

Robertson, J., Robertson, J. (1989). Separation and the very young. Free Association Books: London.

Salzberger-Wittenberg, I. (2002). Psychoanalytisches Verstehen von Beziehungen. Ein Kleinianischer Ansatz. Facultas: Wien.

Steinhardt, K., Datler, W. (2004). Psychoanalytische Überlegungen zur Wahrnehmung von Leitungsaufgaben in Organisationen. In: Fasching, H., Lange, R. (Hrsg.): Sozial managen. Grundlagen und Positionen des Sozialmanagements zwischen Bewahren und radikalem Verändern. Bern: Haupt, 213-231.

Stern, D. (1985). Die Lebenserfahrung des Säuglings. Klett-Cotta: Stuttgart.

Textor, M. R. (2009). Der Übergang vom Kindergarten in die Grundschule: Eine Herausforderung für das Kind und seine Eltern. In: Textor, M.R. (Hrsg.): Kindergartenpädagogik – Online-Handbuch. http://www.kindergaartenpaedagogik.de/1220.html.

Tietze, W., Viernickel, S. (Hrsg.) (2007). Pädagogische Qualität in Tageseinrichtungen für Kinder. Ein nationaler Kriterienkatalog. 3., aktualisierte und erweiterte Auflage. Cornelsen Verlag Scriptor: Berlin u. a.

Viernickel, S. (2008). Was ist gute Krippenqualität und wie ist sie zu messen? In: Maywald, J., Schön, B. (Hrsg.): Krippen. Wie frühe Betreuung gelingt. Beltz: Weinheim u. a., 198-207.

Wittenberg, I. (2014). The transition from home to nursery school. In: Adamo, S., Rustin, M. (Eds.): Young Child Observation. A Development in the Theory and Method of Infant Observation. Karnac: London, 29-41.

5.5 Die Leitung aus der Sicht von Kindergartenträgern – den Anforderungen gewachsen sein und Erwartungen erfüllen

Monika Riha

Der Kindergarten als wichtige und wesentliche Bildungsinstitution ist auf dem Weg, endlich die Anerkennung zu finden, die ihm zusteht. Die Wichtigkeit frühkindlichen Lernens für die weitere Bildungsbiografie eines jeden Menschen wird langsam aber sicher auch von Wissenschaft, Politik und Gesellschaft erkannt und anerkannt.

Dies führt zu mehr öffentlicher Aufmerksamkeit im Bereich Elementarpädagogik und zu einer Weiterentwicklung der pädagogischen Qualität im Bereich der Begleitung frühkindlichen Lernens.

Damit verbunden gehen jedoch auch jede Menge intensive Herausforderungen an den Bereich Kindergarten Hand in Hand, die Anforderungen an Kindergartenpädagoginnen und -pädagogen steigen, es wird mehr Professionalität in den Kindergärten gelebt. Allen voran treffen all diese Herausforderungen die Führungskräfte in den Kindergärten und Horten. Sie sind besonders gefordert.

In den letzten zwei Jahrzehnten und explizit in den letzten Jahren haben sich die Anforderungen und Erwartungen an die Leitung eines Kindergartens massiv geändert.

Während in den 50er Jahren im Kindergarten vor allem die emotionale und körperliche Versorgung im Vordergrund stand, war es in den 60er Jahren die kognitive Förderung und heute ist es ein ganzheitlicher, qualitativ hoher pädagogischer Anspruch mit Qualitätssicherung.

War es früher so, dass von einer Leiterin/einem Leiter zusätzlich zum fachlichen Know-How als Kindergartenpädagogin/-pädagoge, vor allem administratives Geschick gefordert wurde, so ist es heute so, dass das Führen und Leiten eines Standortes eine herausfordernde, umfassende Managementaufgabe ist.

1 Leitung als Managementaufgabe, die Leiterin/der Leiter als Führungskraft

Die Leiterin/der Leiter heute, hat eine anspruchsvolle und viel Weitblick voraussetzende Tätigkeit zu leisten. Die Leitung eines Standorts muss heute, damit sie effektiv ist, als hochanspruchsvolle Managementaufgabe verstanden werden. Träger von Kindergärten mit Qualitätsanspruch erwarten heute von Kindergartenleiterinnen und -leitern, dass sie sich dieser Tatsache bewusst sind, sich als Managerinnen und Manager verstehen und die damit verbundenen Aufgaben bestmöglich erfüllen. Voraussetzung dafür ist, dass sie gerne an diesen Aufgaben wachsen und Verantwortung übernehmen wollen. Für den Verein „Kinder in Wien" (KIWI), für den ich verantwortlich bin, sind die Leiterinnen und Leiter der einzelnen KIWI-Kindergärten Führungskräfte und zentral verantwortlich für die Managementaufgaben rund um die Leitung eines Standorts. Wenn wir von „managen" sprechen, dann mit all den nötigen fachlichen und persönlichen Qualitätskriterien, die das Aufgabengebiet mit sich bringt.

Die Leiterin/der Leiter als Führungskraft des Unternehmens Kindergarten bildet die tragende Säule der Qualität eines Standortes und die Führungskraft eines Standortes ist im Wesentlichen für folgende große Bereiche verantwortlich:

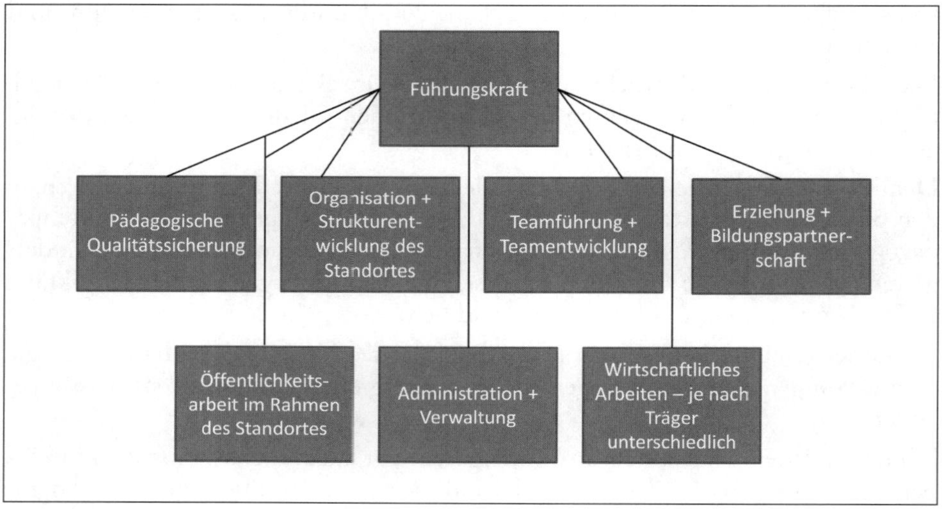

Um diese Bereiche alle einerseits gut überblicken zu können, aber vor allem gut entwickeln zu können, ist es für eine Führungskraft unabdingbar, die dafür notwendigen Kompetenzen weiterzuentwickeln. Um diese jedoch auch erwerben und entwickeln zu können, ist es besonders wichtig, dass die jeweilige Trägerorganisation ein umfassendes Aus- und Weiterbildungsangebot für ihre Führungskräfte anbietet. Führungskräfte benötigen, um ihre Aufgabe gut bewältigen zu können, ein umfassendes Wissen über Organisations- und Personalentwicklung, über Teamentwicklung und Teamführung über Qualitätsmanagement, über Motivationstheorien, über Strategie- und Prozessmanagement und über Projektmanagement. Vor allem aber braucht eine gute Führungskraft eine reflektierte Persönlichkeit und die Bereitschaft, sich einzusetzen, und die Begeisterung dafür, andere Menschen in ihrer Entwicklung zu begleiten und anzuleiten. Sie braucht gute Kommunikationsskills und ebenso die Bereitschaft, sich kontinuierlich entwickeln zu wollen.

2 Kompetenzen einer Führungskraft im Überblick

Eine Führungskraft sollte, um professionell agieren zu können, in erster Linie handlungskompetent sein. Dazu braucht sie neben einer hervorragend entwickelten Führungspersönlichkeit (Selbstkompetenz) auch soziale Kompetenzen, Kommunikationskompetenz, Fachkompetenz und Methodenkompetenz. Nur so können Herausforderungen des Alltags, wie etwa das rasche Fällen von Entscheidungen oder die erfolgreiche Bearbeitung von Konflikten, erfolgreich bewältigt werden. Im elementarpädagogischen Bereich sind die hier angeführten Kompetenzen für eine Leiterin/einen Leiter Grundvoraussetzung. Darüber hinaus sind, insbesondere für KIWI-Leiterinnen und -Leiter, Metakompetenzen, wie Reflexionskompetenz und das Bewusstsein für eigene (Führungs-)Stärken und Schwächen, entscheidend. Eine Führungskraft bei KIWI ist ständig herausgefordert, ihre Führungsarbeit zu hinterfragen, Erfolge zu realisieren und dort, wo es notwendig ist, Verbesserungsmöglichkeiten zu nutzen. Nicht umsonst sind die Führungskräfte der Bildungsinstitution Kindergarten die tragenden Säulen des Unternehmens. Daher ist die Investition in diese Unternehmensebene „mittleres Management" – also in Leiterinnen und Leiter – für jede Trägerorganisation enorm wichtig und unbedingt notwendig. Bei KINDER IN WIEN etwa erhält jede Leiterin/jeder Leiter, neben den jährlich stattfindenden, ständigen Fort- und Weiterbildungen in der KIWI Akademie, mehr als fünf Jahre Managementausbildung, sowohl durch externe als auch durch interne Seminare. KINDER IN WIEN legt sehr großen Wert auf die Aus- und Weiterbildung von Führungskräften, um ihnen ein breites Spektrum an Führungswissen und Führungswerkzeugen zu vermitteln.

Die Führungskraft eines Kindergartens oder Hortes ist auch wesentlich dafür verantwortlich, dass ein gutes Miteinander an dem jeweiligen Standort gelebt wird und auch dafür wie die Beziehungen der Menschen, die im jeweiligen Haus miteinander arbeiten oder in einer anderen Form von Beziehung stehen (Kinder, Eltern und andere Kinder) gepflegt werden. Nur in einem Klima der gegenseitigen Wertschätzung und Achtung der uns anvertrauten Menschen, kann eine bestmögliche Zusammenarbeit zwischen allen Beteiligten zum Wohle der Kinder erfolgen und gelingen.

3 Erwartungen an eine Führungskraft

Kindergartenträger brauchen **kompetente Führungskräfte**. Jede Führungskraft braucht die Kompetenz zur Selbstführung, sowie ausreichende Selbstorganisation und sollte über Zeitmanagement Skills verfügen. Das bedeutet: Führungskräfte sollten in der Lage sein, mit knappen Zeitressourcen umzugehen, Visionen zu entwickeln, sich persönliche Ziele zu setzen und diese auch zu erreichen. Darüber hinaus ist es wichtig, mit Stress konstruktiv umzugehen, entscheidungsfreudig und verlässlich zu sein, sowie dem Unternehmen gegenüber loyal zu agieren.

Selbstführung als persönliches Managementtool meint (lt. Drucker, 2005), selbst darüber zu entscheiden, wo genau eigene Beiträge möglichst effektiv geleistet werden können. Für Führungskräfte elementarer Bildungseinrichtungen bedeutet das eine bewusste Entscheidung für die Aufgabe, einen Kindergarten zu leiten. Trägerorganisationen erwarten von ihren Leiterinnen und Leitern, dass sie diese Entscheidung gut überlegen, klar und durchdacht treffen und dann auch dazu stehen, wenn es „herausfordernde" Zeiten gibt.

Selbstmanagement beinhaltet aber auch die Fähigkeit, sich selbst weiter entwickeln zu wollen und zu können. Trägerorganisationen erwarten, obwohl sie zahlreiche Fort- und Weiterbildungsmöglichkeiten für ihre Führungskräfte anbieten, dass jede Leiterin/jeder Leiter ausreichend motiviert ist, zu „wachsen", an eigene Grenzen zu gehen und Verantwortung für die eigene, individuelle Weiterentwicklung zu übernehmen. Dazu braucht es einerseits Neugier und geistige Flexibilität, aber vor allem das Wissen und die Motivation, wann und wie das eigene Handeln verändert werden sollte.

Trägerorganisationen erwarten **flexibles und situationsorientiertes Agieren**, das auf aktuelle Herausforderungen eingeht und eben auch Freude am eigenen persönlichen Wachstum. Führungskräfte, mit einem gut entwickelten Selbstmanagement, finden leichter Antworten auf die Frage nach ihren eigenen Stärken – besitzen also Metakompetenz – und reflektieren durch den Vergleich der erzielten Ergebnisse mit den ursprünglichen Erwartungen. Dabei scheuen sie sich nicht, sich auch selbst in Frage zu stellen, und daraus Konsequenzen für das weitere Handeln abzuleiten. Darüber hinaus kennen Führungskräfte, die die Fähigkeit zum Selbstmanagement besitzen, ihren persönlichen Lern- und Arbeitsstil. Sie wissen, wie sie möglichst effektiv und effizient Ziele erreichen können.

Im Mittelpunkt des Selbstmanagements von Führungskräften steht allerdings das Wissen um jene Werthaltungen, die ihr Bewerten und Verhalten bestimmen und für sie selbst zentral sind. Es ist wichtig, dass die Werte der Führungskräfte einer Organisation mit den Wertvorstellungen der Trägerorganisation übereinstimmen. Dazu müssen Leiterinnen und Leiter allerdings die für sie wichtigen eigenen Werte kennen und eine hohe **Selbstreflexionskompetenz** besitzen und auch für eine Trägerorganisation ist es wichtig, die für das Unternehmen und die Mitarbeiterinnen und Mitarbeiter wichtigen Werte zu definieren und festzuhalten.

Für Träger elementarpädagogischer Einrichtungen ist es zentral, dass Führungskräfte den von ihnen geleiteten Kindergarten/Hort im Sinne des jeweiligen **Trägerleitbilds, kundenorientiert** und auf einem **hohen pädagogischen Qualitätsniveau** führen. Dies schließt wirtschaftlich verantwortungsbewusstes Handeln und die Bildung eines positiven Images in der Öffentlichkeit mit ein.

Die Erwartungen im Detail betreffen die pädagogische Führung des Standorts, die MitarbeiterInnenführung, die Bildungs- und Erziehungspartnerschaft mit den Eltern der Kinder, die wirtschaftliche Leitung des Kindergartens, eine wirksame Gestaltung der Öffentlichkeitsarbeit und die Sicherung der Qualität des Standortes.

Selbstverständlich ist dabei auch die Administration ein wichtiger Teil der Gesamtaufgabe. Die Personalführung inkludiert die kompetente Begleitung des Teams in seiner fachlichen und persönlichen Entwicklung, insbesondere bei der pädagogischen Planung und Reflexion, sowie bei der Weiterentwicklung der pädagogischen Konzeption. Dazu muss die Leiterin/der Leiter beispielsweise regelmäßig Zielvereinbarungsgespräche führen und Teambesprechungen planen, organisieren, moderieren und mit Inhalten versehen können. Neben den Trägererwartungen sind im elementarpädagogischen Bereich auch die Erwartungen der Teammitglieder, jene der Eltern als Bildungs- und Erziehungspartnerinnen/-partner, jene der Kinder, die der Politik und der Gesellschaft mitzudenken. Die Teammitglieder erwarten von ihrer Führungskraft, dass sie bereit ist, Verantwortung zu übernehmen und Visionen für die weitere Entwicklung des Kindergartens/Hortes besitzt. Mitarbeiterinnen und Mitarbeiter brauchen einerseits eine Führungskraft mit Ideen und Umsetzungsstärke, aber auch eine Führungskraft, die die Sorgen der Kolleginnen und Kollegen versteht und ernst nimmt. Der Verein KIWI im Speziellen erwartet von seinen Führungskräften, dass sie ihre Führungsverantwortung wahrnehmen, dass sie ihre Aufgaben zur Leitung eines Standorts kennen und die Anwendung sowie die Umsetzung von diversen Führungsinstrumenten beherrschen.

Leiterinnen und Leiter müssen, um Führungsqualität leben zu können, Grundsätze und Prinzipien besitzen, die mit jenen des Trägervereins übereinstimmen. Damit ist beispielsweise gemeint, dass sie positiv denken, ergebnisorientiert handeln und sich auf Wesentliches konzentrieren, ohne sich in Detailaufgaben zu „verzetteln". Also Dringendes und Wichtiges, von weniger Wichtigen unterscheiden können. Für die Organisation KIWI ist es wichtig, dass die Führungskräfte bei KIWI, durch die Leitung des Standorts einen persönlichen und speziellen Beitrag zu pädagogisch, qualitativ hochwertiger Kindergartenpädagogik leisten.

Alle gemeinsam, die Mitarbeiterinnen und Mitarbeiter und die jeweilige Führungskraft des Kindergartens/Hortes, nutzen somit ihre Potentiale, um in einem guten Miteinander die Entwicklung für Alle (Kinder, Eltern, Mitarbeiterinnen und Mitarbeiter) zu gewährleisten.

4 Führungsaufgaben einer Führungskraft im Kindergarten im Detail (am exemplarischen Beispiel von Kinder in Wien)

Die jeweilige Führungskraft sollte befähigt sein, sich Ziele zu setzen, deren Realisierung im Team und in enger Zusammenarbeit und Abstimmung mit der Trägerorganisation zu organisieren, sowie die Umsetzung der vereinbarten Ziele zu überprüfen und zu reflektieren.

4.1 Führungskräfte als pädagogische Leitung und Verantwortliche für die pädagogische Qualität

- Jede Führungskraft schreibt für ihren eigenen Standort eine Vision, die zeigen

soll, wie und wo sie als Leitung ihre Schwerpunkte und Entwicklungen im jeweiligen Kindergarten setzen möchte, und auch wie sie diese Ideen gemeinsam mit dem Team erreichen möchte.
- Die Führungskraft des Kindergartens hat die Aufgabe, die pädagogische Qualität des Standortes bestmöglich zu entwickeln und zu gewährleisten, dass jedes Kind im Kindergarten seine individuellen Kompetenzen bestmöglich entwickeln kann. Ebenso ist zu gewährleisten, dass alle Qualitätskriterien der Trägerorganisation umgesetzt werden und die tägliche pädagogische Arbeit im Zusammenhang mit den in Österreich und dem jeweiligen Bundesland geltenden Bildungsplänen abzustimmen. (Bei KIWI ist dabei auch noch nach dem KIWI Qualitätshandbuch für pädagogische Qualität vorzugehen.)
- Im Rahmen der pädagogischen Arbeit im Kindergarten muss selbstverständlich auch jederzeit die Sicherheit der Kinder gewährleistet sein.
- Die Führungskraft erstellt gemeinsam mit dem Team eine Konzeption für den Kindergarten. Im ersten Schritt für das Team und im zweiten Schritt für die Eltern. Die Konzeptionen werden jährlich überarbeitet und in regelmäßigen Abständen (bei KIWI ist das alle drei Jahre) komplett erneuert.
- Die Führungskraft begleitet, unterstützt, hinterfragt und reflektiert mit dem Team die jeweilige Planung der Kindergärtenpädagoginnen und -pädagogen, ebenso trägt sie auch für die qualitativ gute Umsetzung der Planung in die Praxis die Verantwortung.
- Die Führungskraft ist verantwortlich für die jährliche Erarbeitung der Ziele für den Standort und auch für deren Umsetzung. Im Speziellen im pädagogischen Bereich, aber auch in den Bereichen Teamführung und Teamentwicklung, Verbesserung der Strukturen und Abläufe, der Öffentlichkeitsarbeit und der Zusammenarbeit mit den Eltern.
- Die Führungskraft achtet auf die Transparenz der pädagogischen Arbeit und die gute Kommunikation in diesem Bereich mit den Eltern.

4.2 Führungskräfte – als Verantwortliche der Personalführung

- Die Führungskraft des jeweiligen Kindergartens ist ein wichtiges Bindeglied zwischen ihren Mitarbeiterinnen und Mitarbeitern, der Trägerorganisation und den Eltern.
- Die Führungskraft ist dafür verantwortlich, dass sich jede einzelne Mitarbeiterin/jeder einzelne Mitarbeiter bestmöglich entwickelt (fachlich und persönlich) und das Team insgesamt zu einem Gesamtteam im Sinne eines guten Miteinanders zusammenwächst.
- Die Führungskraft führt mit jeder Mitarbeiterin/jedem Mitarbeiter mindestens einmal jährlich ein Zielvereinbarungsgespräch, bei dem die fachliche und persönliche Entwicklung im Fokus steht.
- Die Führungskraft unterstützt und leitet die Mitarbeiterinnen und Mitarbeiter und klärt mit diesen ihren Fortbildungsbedarf ab. Sie koordiniert die Fortbildungen, überprüft die Erkenntnisse daraus und leitet deren Umsetzung an.

- Die Führungskraft wählt das Personal für den Standort aus und achtet darauf, dass die Teammitglieder gut zusammenwachsen und einander unterstützen.
- Die Führungskraft führt die Teamkommunikation und achtet auf genügend Austausch. Sie moderiert und leitet Teamsitzungen und führt bei Bedarf Einzelgespräche. Des Weiteren achtet sie auf eine konstruktive Konfliktkultur im Team.
- Die Führungskraft erstellt gemeinsam mit ihrem Team eine eigene Teamkultur.

4.3 Die Führungskraft – als Verantwortliche für die Zusammenarbeit mit den Eltern

- Die Führungskraft ist dafür verantwortlich, dass regelmäßig Elternabende und regelmäßige Entwicklungsgespräche zwischen Kinderpädagoginnen/-pädagogen und Eltern stattfinden.
- Sie pflegt einen intensiven Kontakt zu den Eltern und auch Feste und Feiern sollen nicht zu kurz kommen.
- Die Führungskraft ist verantwortlich für das WIE und das WAS der Kommunikation in ihrem Standort. Das beginnt bereits bei den ersten Aufnahmegesprächen und zieht sich durch die gesamte Kindergartenzeit jedes Kindes.
- Die Führungskraft gestaltet die Zusammenarbeit mit den Eltern, sowohl die Kommunikationsebene, als auch die Informationsebene und die Art des Umganges mit Konflikten in enger Zusammenarbeit mit dem Team.
- Bei KIWI werden auch Elternvertreterinnen und Elternvertreter in jeder Gruppe gewählt und mit diesen steht die Führungskraft ebenfalls in regelmäßigem Austausch.

4.4 Die Führungskraft – als Verantwortliche für die wirtschaftliche Leitung und die Administration des Standortes

- Die wirtschaftliche Verantwortung der Führungskraft ist stark trägerabhängig. Es ist jedoch wichtig für eine Führungskraft, wirtschaftliche Zusammenhänge zu erkennen und den Zusammenhang und die Verknüpfung zwischen pädagogischer Qualität und wirtschaftlichem Arbeiten zu erkennen.
- Am Beispiel KIWI ist die Leitung für die wirtschaftliche Führung des Standortes verantwortlich und verwaltet ein eigenes Budget.
- Auch der sorgsame Umgang mit Sachgütern zählt zu einer guten wirtschaftlichen Arbeit.
- Administrative Arbeiten sind in jeder Leitungsaufgabe inkludiert. Aber auch da divergieren die Anforderungen von Trägern sehr. Daher ist es schwierig, dazu eine allgemein gültige Aussage zu treffen.
- Jedenfalls sind gute Strukturen und eine genaue Verwaltung ein weiteres Qualitätsmerkmal für einen Kindergarten.

- Die Führungskraft des Standortes trägt die Verantwortung für den Dienstplan, organisiert im Bedarfsfall Ersatzpersonal und achtet auf den sorgsamen Umgang mit den vorhandenen Mitteln.
- Sie ist zuständig für die Zeiterfassung, die monatliche Abrechnung und die Führung des Kassabuches, die Handkassa und die Einhaltung des Budgetrahmens.
- Alle An- und Abmeldeformalitäten laufen über die Führungskraft des Kindergartens, sie achtet auf die gute Auslastung des Kindergartens und verwaltet alle Listen und Formulare, die für die verschiedensten Fachkontrollen notwendig sind.

Aber wie bereits erwähnt – diese Aufgabengebiete werden bei unterschiedlichen Trägern sehr unterschiedlich gehandhabt und daher reicht der Rahmen von der kompletten wirtschaftlichen Führung des Kindergartens, bis zu relativ wenig wirtschaftlicher Verantwortung.

4.5 Die Führungskraft – als Verantwortliche für die Öffentlichkeitsarbeit

In diesem Bereich gibt es ebenfalls sehr starke Abweichungen des Anforderungsprofils unterschiedlicher Träger.

Jedenfalls sind PC-Kenntnisse, Medien-Kenntnisse und Wissen über die Grundlagen der Öffentlichkeitsarbeit von großem Vorteil. Es wird immer wichtiger, den Kindergarten auch in der Öffentlichkeit positiv darstellen zu können und das Profil des eigenen Standortes zu schärfen und nach außen zu tragen.

- Ein gutes Marketing – nach dem Motto „Tue Gutes und rede darüber“ – unterstützt die Führungskraft bei der Umsetzung dieser Aufgaben.
- Ebenfalls zur Öffentlichkeitsarbeit zählt die Zusammenarbeit mit Schulen und Bildungsinstitutionen. Aber auch die Zusammenarbeit mit anderen Trägerorganisationen oder diversen Ausbildungsstätten für Kindergartenpädagogik ist Teil dieses Tätigkeitsbereichs.

Einige der Leserinnen und Leser werden sich jetzt vielleicht denken, solche „Superpersonen“, solche „Wunderwuzzis“, die dies alles bewältigen, kann es gar nicht geben. Und natürlich, Führungskräfte im Kindergarten kommen zu 99 % aus dem pädagogischen Bereich, und der Schritt zur Führungskraft – zur Leiterin oder zum Leiter – ist schon ein großer. Und es bedarf einer umfassenden Ausbildung, das wurde bereits erwähnt. Und eine Führungskraft eines Unternehmens – und jeder Kindergarten/jeder Hort ist ein kleines Unternehmen – ist niemals fertig. Wir haben uns jetzt die ganze Zeit mit Führungskräften beschäftigt, die zu einem großen Teil oder überhaupt zur Gänze für ihre Führungsaufgabe frei gestellt sind. Dieser Idealfall ist aber nicht immer gegeben. In vielen Fällen arbeitet die Leiterin/der Leiter eines Kindergartens – insbesondere in kleinen Standorten mit wenigen Gruppen – auch noch einen erheblichen Teil ihrer/seiner Arbeitszeit als Kindergartenpädagogin/-pädagoge in der Gruppe. Diese Doppelfunktion stellt natürlich eine besondere Herausforderung für die Führungskraft eines Kindergartens dar. In diesem Fall ist es besonders wichtig, dass sich die Leitung ihrer Rolle als Führungskraft bewusst ist. Auch wenn sie Kinderdienst leistet, die übergeordnete Funktion kann nicht abgegeben werden.

Welche Aufgabe eine Leiterin/ein Leiter auch ausführt, sie/er bleibt dabei immer Führungskraft. Diese Erkenntnis ist vor allem in mehrgruppigen Häusern, in einer klaren Positionierung gegenüber dem Team wichtig. Die Führungskraft des Standortes bleibt, auch wenn sie Kinderdienst macht, die Führungskraft des Standortes. Wichtig ist, dass sie sich bewusst darüber ist, dass sie nicht einmal Kollegin und einmal Leitung sein kann. Für viele Leiterinnen/Leiter ist das eine große Herausforderung und umso wichtiger ist es, sich mit dieser Herausforderung auseinanderzusetzen. Auch hier helfen klare Strukturen und eine klare Bekenntnis zum Führungskraft sein. Was also bringt ein Mensch, der gerne in eine Führungsposition möchte, idealerweise mit? Gestatten Sie mir zum Schluss noch einen persönlichen Aspekt. Für ganz besonders wichtig, erachte ich die Leidenschaft für „das Führungskraftsein", die Begeisterung dafür, diese Aufgabe zu übernehmen. Es ist ein wunderschöner Beruf, der viel Einsatz und die Bereitschaft zur eigenen Entwicklung fordert, sowie Entscheidungsfreudigkeit und Verantwortung verlangt.

Laut einer Studie der FH Wiener Neustadt, die im September 2013 in der Zeitung „der Standard" präsentiert wurde und deren Fokus es ist, die Wichtigkeit von Führungskompetenzen und -haltungen abzufragen und mit den Ergebnissen einer ähnlichen Studie des Jahres 2003 zu vergleichen, haben sich folgende Werte bei Führungskräften als besonders wesentlich herauskristallisiert.

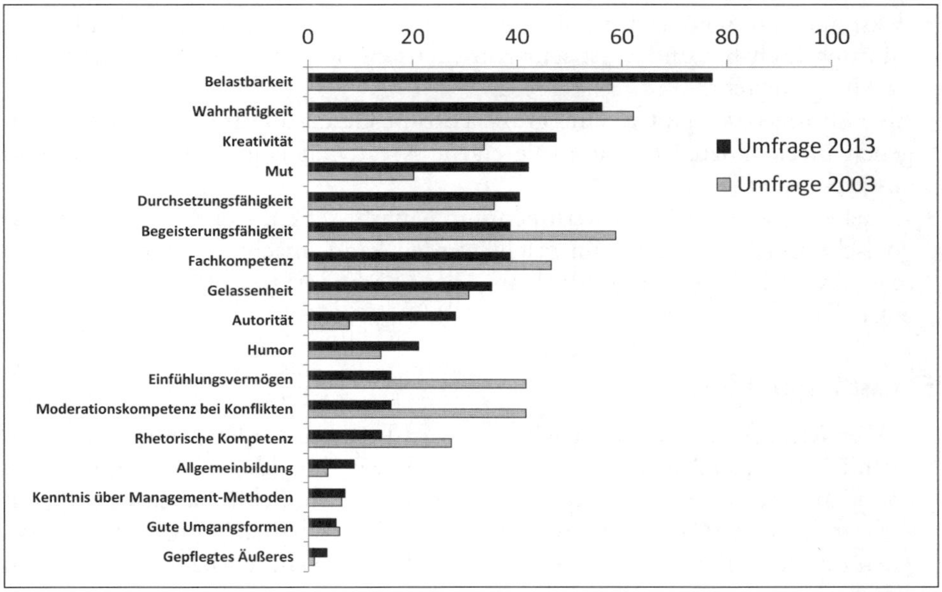

Belastbarkeit, Wahrhaftigkeit und Kreativität waren die Eigenschaften, die von 57 Führungskräften als am wichtigsten wahrgenommen wurden (zwischen 47 und 77 Prozent Wichtigkeit). Ebenfalls noch als sehr wesentlich wurde Begeisterungsfähigkeit, Durchsetzungsfähigkeit, aber auch Fachkompetenz, Gelassenheit und Mut wahrgenommen (zwischen 35 und 42 Prozent Wichtigkeit). Da all diese Kompetenzen nicht „über Nacht" wachsen und sich entwickeln, ist es für alle Führungskräfte enorm unterstützend, entsprechende Fortbildungen besuchen zu können und für jeden Träger ist es zu empfehlen, seinen Führungskräften ein externes Coaching anzubieten. Beim Coaching können Führungskräfte ihren Umgang mit Herausforderungen bearbeiten und ihr persönliches Potential bestmöglich entwickeln.

Um aber nicht nur über Herausforderungen zu schreiben, sondern mit den schönen Seiten dieses Berufes „Führungskraftsein", abzuschließen, möchte ich zum Abschluss die vielen positiven Seiten des Leitens und die gewinnbringenden Teile des „Führungskraftseins" darlegen.

- Die Führungskraft eines Kindergartens genießt an ihrem Standort ein großes Ausmaß an Selbstständigkeit und – natürlich eingeschränkt je nach Träger –, auch ein großes Maß an Selbstbestimmtheit. Das ist in vielen anderen Berufen bei weitem so nicht möglich.
- Verbunden mit der Verantwortung der Führungskraft im Kindergarten gibt es auf der anderen Seite auch ein großes Maß an Entscheidungsfreiheit.
- Im Rahmen der Dinge, die verpflichtend sind oder der Ziele, die sich die Führungskraft eines Kindergartens gesetzt hat, gibt es auch die Freiheit zu entscheiden, in welchem Zeitrahmen und in welcher zeitlichen Abfolge, die Arbeitsabläufe stattfinden.
- Es ist auch ein schönes Gefühl zu sehen, welche Wirksamkeit das Handeln als Führungskraft hat und es ist sehr zufriedenstellend, wahrzunehmen, dass Entwicklung entsteht.
- Als Führungskraft gibt es eine große Portion Gestaltungsfreiraum, um die eigenen Ideen umzusetzen, und die eigene Kreativität kann gut eingesetzt und ausgelebt werden.
- Zu sehen, wie sich Mitarbeiterinnen und Mitarbeiter entwickeln und wie pädagogische Qualität gemeinsam gelebt werden kann, macht viel Freude und zu sehen, wie Kinder und Eltern sich am eigenen Standort wohl fühlen, macht sehr zufrieden.

5 Last but not least

„Wer Menschen motivieren will und wer Leistung fordert, muss Sinnmöglichkeiten bieten." Das ist ein Zitat von Viktor Frankl. Und ein Sprichwort von Antoine de Saint-Exupéry lautet: „Wenn Du ein Schiff bauen willst, dann trommle nicht Männer zusammen um Holz zu beschaffen, Aufgaben zu vergeben und die Arbeit einzuteilen, sondern lehre die Männer die Sehnsucht nach dem weiten, endlosen Meer."

Es ist nicht selbstverständlich, dass Mitarbeiterinnen und Mitarbeiter den Ideen ihrer Führungskraft folgen und sie als Leitung annehmen. Als Führungskraft kann man von seinen Mitarbeiterinnen und Mitarbeiter nur erwählt werden. Eine Mitarbeiterin/ein Mitarbeiter spürt – da ist es gar nicht notwendig, etwas dazu zu sagen – ob sie/er wertgeschätzt wird oder nicht. Und Mitarbeiterinnen und Mitarbeiter spüren, ob ihnen vertraut wird. Vertrauen ist ein wichtiger Grundsatz bei der Begleitung und Leitung von Menschen. Denn nur gemeinsam lassen sich Ideen, Potenziale und Ziele bestmöglich entwickeln und gegenseitiges Vertrauen und das Akzeptieren der jeweiligen Stärken der/des Anderen macht vieles möglich.

Führungskraft sein, Menschen in ihrer Entwicklung zu begleiten, zu wirken und etwas bewirken zu können und im Kindergarten dafür zu sorgen, dass sich Menschen am eigenen Standort wohl, wertgeschätzt und willkommen fühlen, ist eine herausfordernde, aber auch wunderschöne, Aufgabe.

Gemeinsam mit den Mitarbeiterinnen und Mitarbeitern dafür zu sorgen, dass Kinder sich ihren Kompetenzen und Anlagen entsprechend, in einem pädagogisch hochwertigen Umfeld bestmöglich entwickeln können, ist erfüllend und ein wesentlicher Beitrag für eine gelingende Gegenwart und Zukunft.

Literaturverzeichnis

Statistik „Welche Kompetenzen für eine Führungskraft besonders wichtig sind“, FH Wiener Neustadt

6 Arbeitsorganisation und Zeitmanagement

6.1 Gesundheitsmanagement im Kindergarten

Arthur Drexler

1 Einleitung

Die Gesundheit ist das wichtigste Gut eines jeden Menschen und damit ist nicht nur die körperliche sondern auch die psychische Gesundheit und die erlebten sozialen Beziehungen gemeint. Grundlage für diese ganzheitliche Betrachtung von Gesundheit ist das sogenannte biopsychosoziale Verständnis von Gesundheit, das in der „Ottawa Charta", einer internationalen Übereinkunft zur Förderung und Aufrechterhaltung der Gesundheit (in Abkehr von Konzepten, die sich primär an einem Krankheitsbegriff orientieren) als Leitbild für Gesellschaft und Politik dokumentiert ist (WHO, 1986).

In den letzten Jahren hat sich dieser Gesundheitsbegriff weitgehend als bestimmendes Konzept etabliert und mittlerweile ist die „Organisation" von Gesundheit – das sogenannte „**Gesundheitsmanagement**" – eine boomende Disziplin geworden. Alle Managementaufgaben in den unterschiedlichen Gesundheitsbranchen bis hin zum Versicherungsmanagement im Krankheitsfall sind in diesem Oberbegriff enthalten und Gesundheitsmanagement wird heute in (Fach-)Hochschulen als Bachelor- und/oder Masterstudiengang sowie Teilbereiche daraus und Spezialisierungen als Kurse und Weiterbildungsgänge angeboten. Die Disziplin des Gesundheitsmanagements integriert Anteile aus den Fächern Sozialmedizin, Gesundheitspsychologie, Gesundheitsökonomie, Politikwissenschaft, Soziologie und weiteren Gesundheitswissenschaften. Gesundheitsmanagement befasst sich also mit der Organisation von gesellschafts- und sozialpolitischen Maßnahmen zur Aufrechterhaltung der Gesundheit der Bevölkerung.

Eine wichtige Aufgabe des Gesundheitsmanagements liegt in der *betrieblichen Gesundheitsförderung*, da Menschen viel Lebenszeit mit beruflichen Tätigkeiten verbringen und die Arbeitswelt einen bedeutsamen Einfluss auf die Gesundheit ausübt. Maßnahmen zur Gesunderhaltung der Beschäftigten bedürfen in einem Betrieb heute keiner Rechtfertigung mehr. Selbst, wenn sie zusätzliche finanzielle Mittel oder andere betriebliche Ressourcen (z. B. Arbeitszeit für Präventionsschulungen) erfordern, sind betriebliche Programme zur Gesunderhaltung der MitarbeiterInnen lohnende Investitionen mit großer Reichweite. In einer internationalen Übersichtsarbeit des Instituts für höhere Studien wird einleitend festgestellt, dass betriebliche Gesundheitsförderung dreifach wirksam ist: *„Mehr Lebensqualität für den Einzelnen, eine Kostenreduktion für die Betriebe durch weniger Fehlzeiten und schließlich eine Kostenersparnis für das gesamte Gesundheitswesen durch geringere Arztrechnungen sowie weniger und kürzere Krankenhausaufenthalte."* (Helmenstein, et al., 2004, S. 1).

In diesem Kapitel wenden wir uns dem betrieblichen Gesundheitsmanagement im Kindergarten zu. Gerade im „Betrieb" Kindergarten werden hochgesteckte Ziele verfolgt und mannigfaltige Leistungen unter oft schwierigen Bedingungen vollbracht, die für die Leitungspersonen und die MitarbeiterInnen ständige Herausforderungen und mitunter auch Beeinträchtigungen der Gesundheit bedeuten.

1.1 Die gesundheitliche Situation von KindergärtnerInnen

Die Arbeitstätigkeiten von KindergärtnerInnen sind vielfältig, abwechslungsreich und anspruchsvoll, sie reichen von der Versorgung von Kindern über pädagogische Aufgaben bis zur Organisation von gemeinsamen Unternehmungen und Elterntreffs, der Erstellung von Betreuungskonzepten, dem Führen von Dokumentationen und vielem mehr. Und in diesen Tätigkeiten und ihren Bedingungen verbergen sich viele unterschiedliche Belastungsfaktoren, die erst in den letzten Jahren eingehend erforscht wurden, um daraus präventive Maßnahmen ableiten zu können.

Eine umfangreiche Untersuchung von MitarbeiterInnen in Kitas im deutschen Bundesland Sachsen unter Berücksichtigung von Krankenstandsdaten der Sozialversicherungen zu zwei Messperioden hat deutlich gezeigt, dass das Kita-Personal jährlich mehr Anteile an Krankenständen aufweist als der Durchschnitt der übrigen Beschäftigten in dem Bundesland. Als Ursachen dominieren Erkrankungen der Atemwege, des Muskel- und Skelettsystems und der Verdauungsorgane (Thinschmidt, Gruhne, & Hoesl, 2008, S. 78ff). Thinschmid, Jenschke und Ziesch zeigen in ihrem Handbuch für Kitas bezüglich ErzieherInnengesundheit, dass ein Großteil der ErzieherInnen (in Sachsen) von arbeitsbezogenen gesundheitlichen Beschwerden berichtet, die häufig den Bewegungsapparat durch Heben und Tragen der Kinder sowie Sitzen auf zu kleinen Kinderstühlen betreffen. Zusätzlich offenbaren sich beim untersuchten Kita-Personal vielfältige psychosomatisch bedingte Erkrankungen durch psychische Überforderungen und sozialkommunikative Anstrengungen (Thinschmidt, Jenschke, & Ziesch, 2009, S. 9).

Die Arbeitsunfähigkeitsquote (Anteil der ArbeitnehmerInnen, die in einem Jahr mindestens einmal krankgeschrieben wurden) betrug 2011 beim Personal in deutschen Kindergärten und Vorschulen 65,7 % und lag damit an der Spitze der Branche „Erziehung und Unterricht" (Durchschnittswert 57,1 %) bzw. deutlich über dem Mittelwert aller Branchen (53,7 %) (Meyer, Weirauch, & Weber, 2012, S. 389). Ohne wirksame Präventivmaßnahmen ist es angesichts der vorliegenden Befunde und der vielfältigen Belastungen und Risikofaktoren gerade bei Beschäftigten in Kindergärten wohl nur eine Frage der Zeit, bis gesundheitliche Beeinträchtigungen spürbar werden. Trotzdem werden nur sehr selten spezielle Maßnahmen betrieblicher Gesundheitsförderung, Prävention und Weiterbildung in den Einrichtungen angeboten, wie der aktuelle und repräsentative Bericht zur Strukturqualität und ErzieherInnengesundheit in 809 Kindertageseinrichtungen Nordrhein-Westfalens zeigt (Viernickel & Voss, 2012, S. 77).In dieser groß angelegten Studie wurde auch das arbeitsbezogene Verhaltens- und Erlebensmuster der pädagogischen Fach- und Leitungskräfte untersucht. Hier zeigt sich, dass knapp ein Viertel der befragten Personen unter zu hoher Anstrengung leidet und damit einem erhöhten Erkrankungsrisiko ausgesetzt ist, ein weiteres Viertel bereits Symptome eines Burnout-Syndroms aufweist und rund ein Drittel eine Schonhaltung gegenüber der Arbeit einnimmt, die nicht selten „als Ausdruck innerer Kündigung infolge unbefriedigender Arbeitsanforderungen und/oder konflikthaltiger sozialer Beziehungen am Arbeitsplatz zu verstehen“ ist (Viernickel & Voss, 2012, S. 84f).

Dieser kurze Überblick weist bereits deutlich darauf hin, dass der Gesundheitszustand von pädagogischem Fach- und Leitungspersonal als sehr gefährdet angesehen werden muss und daher präventive und gesundheitsfördernde Maßnahmen in dem Bereich dringend notwendig sind.

1.2 Die AdressatInnen von Gesundheitsmanagement im Kindergarten

Die Konzeption von Maßnahmen zur betrieblichen Gesundheitsförderung richtet sich in der Regel an die Beschäftigten in einem Betrieb. Hier wären das also die LeiterInnen und die MitarbeiterInnen eines Kindergartens. Wenn jedoch der Gedanke eines ganzheitlichen Gesundheitsmanagements im Vordergrund stehen soll und dabei berücksichtigt wird, dass gerade in einer Einrichtung, in der soziale Interaktionen die berufliche Tätigkeit bestimmen, dann sollten nach Möglichkeit auch die Kinder in die Gesundheitsprogramme einbezogen werden.

Wenn die beruflichen Aufgaben Großteils mit der Gestaltung von sozialen Beziehungen und engem körperlichem Kontakt zu relativ konstanten Personengruppen verknüpft sind (z. B. bei LehrerInnen, ErzieherInnen, Pflegepersonal etc.) und gegenseitige psychische und somatische Beanspruchungen daraus hervorgehen können, sollten gesundheitsförderliche Maßnahmen zwangsläufig auch die „KlientInnenseite“ konzeptionell mitberücksichtigen. In dem Fall sind in Kindergärten nicht nur KindergärtnerInnen die AdressatInnen eines ganzheitlichen Gesundheitsmanagements sondern sollten auch die Kinder und die Eltern eingebunden werden. Beispielsweise wird es nicht ausreichen, wenn KindergärtnerInnen sich zum Schutz vor Infektionen oftmals die Hände waschen und gleichzeitig von stark erkälteten Kindern umgeben sind. In dem Fall wird es selbstverständlich einer einheitlichen Regelung bedürfen, dass erkältete Kinder (und gleichfalls jene mit anderen Infektionen) dem Kindergarten fern bleiben müssen.

Darüber hinaus existieren für die Gruppe der Kinder zahlreiche Verordnungen, Normen und Vorschriften (z. B. für die bauliche kindgerechte Gestaltung eines Kindergartens) welche behördlich kontrolliert und überprüft werden. Solche Bedingungsvorgaben für die Kinder sind fraglos sinnvoll und können das Personal auch entlasten, wenn dadurch z. B. Unfälle und Verletzungen verhindert werden.

Die Kinder werden im Kindergarten auch regelmäßig allgemeinärztlich untersucht. Daraus wird der Bedarf an genaueren Abklärungen ermittelt und den Erziehungsberechtigten mitgeteilt, die dann für ihr Kind präventive oder kurative

Versorgung in Anspruch nehmen können. Solche regelmäßige medizinische Untersuchungen sind für die KindergärtnerInnen praktisch nicht vorgesehen, obwohl sie spezifischen Beanspruchungen (infektiösen Keinem, Lärm, Heben von Lasten) permanent ausgesetzt sind.

Im Vergleich zu den Kindern sind die Erfordernisse für das Personal in Kindergärten weit weniger klar geregelt. Vorschriften leiten sich im Wesentlichen aus dem in Österreich allgemein gültigen ArbeitnehmerInnenschutzgesetz (ASchG BGBL. 450/1994), Arbeitszeitgesetz (AZG BGBl. Nr. 461/1969, 1969) etc. ab. Darüber hinaus gibt es noch Landesgesetze, die mit Blick auf die Kinderbetreuung Rahmenbedingungen festlegen (Gruppengröße, Mindestpersonaleinsatz, Öffnungszeiten), die auch die KindergärtnerInnen bei ihrer Arbeit entlasten und unterstützen können.

Spezifische Verordnungen für das Wohl und die Gesunderhaltung der KindergärtnerInnen gibt es nicht. Im „Pädagogischen Konzept", das per Kinderbetreuungsgesetz gefordert wird (vgl. Tiroler LGBl Nr. 48/2010), ergibt sich im Bereich der verpflichtenden regelmäßigen Personal- und Teamentwicklung ein gewisser Spielraum für die Umsetzung von gesundheitsförderlichen Maßnahmen.

Natürlich bewirkt auch eine umfassende berufliche Ausbildung und Qualifikation, dass zumindest eine fachliche Überforderung verhindert wird und die beruflichen Risikofaktoren für die eigene Gesundheit bekannt sind. Es ist angesichts dieser Ausgangslage aber zu wünschen, dass die heute vieldiskutierte (früh-)pädagogische Ausbildungsreform Konzepte des Gesundheitsmanagements verstärkt vermittelt, denn die Beanspruchungen, die täglich auf KindergärtnerInnen einwirken, sind zahlreich und bedürfen spezieller gesundheitsförderlicher Überlegungen und Strategien, die in den einzelnen Einrichtungen jeweils ausgehandelt, konzipiert und umgesetzt werden müssen. Ausgangpunkt für die Planung von wirksamen Maßnahmen zur Gesundheitsförderung sollte immer eine Analyse der vorhandenen Belastungsfaktoren sein.

2 Belastungen in Kindergärten

Die Bedingungen, die in Kindergärten auf die Beschäftigten einwirken, sind vielschichtig und beinhalten körperliche, psychische und soziale Beanspruchungen. In der Vergangenheit wurden in der Arbeitswelt eher die physischen Belastungen wie z. B. Lärm, giftige Lösungsmittel, ergonomische Beanspruchungen und Infektionsgefahren thematisiert. Heute zeigt sich aber zunehmend eine psychische Überlastung bei ArbeitnehmerInnen einhergehend mit steigenden Krankenständen. Als Reaktion darauf hat das Arbeitsinspektorat übrigens ausdrücklich die „Evaluierung der psychischen Belastungen am Arbeitsplatz" für alle Betriebe vorgeschrieben (ASchG BGBL. 450/1994 §4).

Die Anforderungen an KindergärtnerInnen steigen vor dem Hintergrund komplexer gesellschaftlicher Entwicklungen kontinuierlich an. Sie sollen heute präventiv mit Kindern (und ihren Familien) arbeiten, die (fremd-)sprachliche Entwicklung der Kinder fördern, zu den Eltern eine partnerschaftliche Beziehung aufbauen, mit öffentlichen Stellen kooperieren, regelmäßig an Fortbildungen teilnehmen, umfassend dokumentieren und die Kinder auf den Schuleintritt vorbereiten (Sächsisches Staatsministerium für Soziales und Verbraucherschutz, 2009, S. 7). Durch diese thematische Bandbreite und Aufgabenvielfalt wird das Personal täglich stark gefordert und unterliegt Einflüssen, die sich auch negativ auf die Arbeitszufriedenheit, Leistungsbereitschaft, Qualität der Erziehungs- und Betreuungsarbeit, die Gesundheit und das Wohlbefinden auswirken können.

Als Orientierung für die verschiedenen Arbeitsbelastungen gibt die Norm EN ISO 10075-2 fünf Ebenen vor (EN ISO 10075-2:2000 D, S. 3ff.), die hier vorgestellt und exemplarisch mit spezifischen Themen für Kindergärten gefüllt werden sollen. Für die eigene Analyse der Belastungsfaktoren wird es aber unerlässlich sein, den jeweiligen Kindergarten möglichst unter Beiziehung von ExpertInnen „unter die Lupe" zu nehmen und aus den Ergebnissen wirksame Maßnahmen abzuleiten und umzusetzen. Die folgende Darstellung kann dabei als Orientierungsrahmen dienen.

2.1 Die Aufgaben- und Tätigkeitsebene

Diese Ebene bezieht sich auf die konkreten Aufgaben und Arbeitsschritte im Berufsalltag, die eine Reihe von Stressoren beinhalten können. Hier spielen Faktoren wie die Komplexität der Aufgabeninhalte, die Vielfalt unterschiedlicher Tätigkeiten, die subjektiv wahrgenommene Sinnhaftigkeit und die Handlungsspielräume eine Rolle.

Problematisch sind Fehlbelastungen, die sich aus der qualitativen oder der quantitativen Überforderung ergeben. Sie entstehen einmal durch mangelnde Kompetenzen – sei es in fachlichen oder in sozialen Bereichen – und ebenso durch ein Zuviel an Arbeit, die in der zur Verfügung stehenden Zeit nicht bewältigbar ist. Hoher Zeitdruck, gepaart mit geringen Handlungs- und Gestaltungsspielräumen führt zu Stresszuständen. Ebenfalls können ständige hohe Verantwortung (für die Gesundheit und das Wohlergehen der Kinder) und andauernde Aufmerksamkeit bei der Betreuung der Kinder als Anstrengung erlebt werden.

An der Tagesordnung ist die Verarbeitung einer hohen Informationsdichte („alle wollen ständig etwas"), die ein paralleles Abarbeiten verschiedener Aufgaben erfordert, um diesen Ansprüchen gerecht zu werden. Multitasking liegt nach neuen Erkenntnissen aber nicht in der Natur des Menschen(Das Multitasking-Paradox, 2013). Hinzu kommen körperliche Anstrengungen durch das Heben und Tragen der Kinder sowie ungünstige Körperhaltungen durch nicht-erwachsenengerechte Möbel und gebückte Haltung im Umgang mit den Kindern. Auch Andauernde Sprechbelastungen, um einen Hintergrundlärm zu übertönen und um sich Gehör zu verschaffen, sind hier zu nennen.

Oftmalige Diskrepanz zwischen den eigenen Emotionen und der zur Schau gestellten Stimmungslage kann die Gesundheit gefährden. Studien haben nachgewiesen, dass insbesondere in Dienstleistungsberufen andauerndes kundenfreundliches Lächeln auf Dauer ein Burnout-Risiko darstellt (Nerdinger, 2012). Zu den Arbeitsaufgaben zählen auch Kontakte zu den Eltern, die mitunter konfliktbeladen sein können, wenn es Meinungsverschiedenheiten gibt. Zu berücksichtigen wäre hier auch die soziale Struktur der Kinder und ihren Eltern (Migrationshintergrund, Schichtzugehörigkeit).

2.2 Technische Ausrüstung und Arbeitsmittel

Kindergärten sind zwar keine metallverarbeitenden Produktionsbetriebe, aber auch hier werden Arbeitsmaterialien verwendet, die gesundheitliche Beeinträchtigungen hervorrufen können. Anzuführen sind beispielsweise die Möbel, die zwar kind- aber nicht erwachsenengerecht sind. Zwangsläufig nehmen KindergärtnerInnen darauf eine ungünstige Körperhaltung ein, wenn sie sich auf dem Weg mit den Kindern „solidarisieren". Spielsachen (Puzzles, Klötze, Malstifte, Bücher etc.) müssen täglich wieder eingesammelt und verstaut werden. Anzuführen sind auch chemische Stoffe wie Reinigungs- und Desinfektionsmittel sowie Farb- und Klebstoffe, die allergische Reaktionen hervorrufen können. Technische Vorrichtungen, die zum Schutz der Kinder installiert sind (elektrische Türöffner, Türklingel, Telefonanlage) verlangen mitunter sofortige Bedienung und Unterbrechung anderer Tätigkeiten. Sind sie defekt, entstehen unmittelbare zusätzliche Belastungen. Die Verwendung von Saugfläschchen, Geschirr, Besteck und Kochutensilien ist stets eine Herausforderung, wenn 15 Kinder unterschiedlichen Alters gleichzeitig ihre Mittagsmahlzeit einnehmen wollen.

2.3 Arbeitsumgebung

An erster Stelle müssen hier wohl Gefahren durch Infektionen (Kinderkrankheiten) und Parasiten genannt werden. Diese Risiken führen in der Folge auch zu einem erhöhten Ausmaß an Krankenständen auf Grund von Infektionskrankheiten bei KindergärtnerInnen (Meyer, Weirauch, & Weber, 2012, S. 396f.). In Kindergärten bewegen sich Kinder und wo Kinder sind ist Lärm nicht weit. Messungen haben ergeben, dass diese Lärmbelastungen die gesetzlichen Grenzwerte teilweise übersteigen (Buch & Frieling, 2002). Ein zentrales Thema sind die räumlichen Bedingungen, die gerade in Kindergärten ausreichend sein sollten. Kindergerecht ausgestattete Garderobe, Küche, Speisebereich, Ruheräume für Kleinkinder sowie Spielflächen im und außer Haus und Rückzugsräume für das Personal sind dabei die Mindestanforderungen. Weitere physikalische Parameter sind Beleuchtung, Temperatur, Luftbeschaffenheit und Gerüche, die Auswirkungen auf die Beschäftigten haben. Nicht zuletzt befinden sich im Arbeitsumfeld auch Gefahrenquellen in Form von Spielzeug, das auf dem Boden liegt, Flächen, die nass sind oder Treppen und Stufen, die mit einem Kind auf dem Arm überwunden werden müssen. Es sei aber angemerkt, dass die Häufigkeit von Krankenständen durch Arbeitsunfälle bei KindergärtnerInnen vergleichsweise gering ist (Meyer, Weirauch, & Weber, 2012, S. 392).

2.4 Organisatorische Ebene

Ein Kindergarten ist eine betriebliche Organisation, die ein Ziel verfolgt und die sich dazu entsprechender Funktionen und Strukturen bedient. Die Rollen, Aufgabenbereiche, Verantwortlichkeiten und Zuständigkeiten sollten für alle MitarbeiterInnen innerhalb der Organisation klar definiert sein. Organisatorische Belange sind in der Regel Teil der Leitungsaufgaben. Die Art des Betriebs (privat geführter Kindergarten oder Gemeindebetrieb) hat ebenso eine Auswirkung auf die Beschäftigten wie die Größe und das pädagogische Konzept. Die Anzahl der MitarbeiterInnen kann gegenseitige Vertretungen bei Urlaub oder Krankenstand ermöglichen oder erschweren. Die Zusammensetzungen des Teams hinsichtlich Alter, Geschlecht (meist weiblich), Ausbildungsstand, Dienstalter und Einkommen, Voll- bzw. Teilzeitbeschäftigung und Anteil der Schwangerschaften bzw. Karenzvertretungen kann zu internen Spannungen führen. Einen hohen Stellenwert für die Arbeitszufriedenheit und die Gesunderhaltung der Beschäftigten hat das Team- und Organisationsklima. Dazu gehören funktionale Kommunikationsmuster, gegenseitige Wertschätzung und Anerkennung, soziale Unterstützung, gesunder Führungsstil und Arbeitsplatzsicherheit. Die wirtschaftliche Situation eines Kindergartens, sein Image bei den Eltern, vorhandene Leitbilder, Zertifizierungen und Formen der Qualitätssicherung sind ebenfalls organisationale Themen. Die Bezahlung der MitarbeiterInnen ist natürlich auch eine organisatorische Regelung, wenngleich dabei auch Gehaltsschemata und wirtschaftliche Rahmenbedingungen eine Rolle spielen.

2.5 Zeitliche Organisation

Zeit ist heute eine kritische Größe, oftmals reicht sie nicht aus oder will besser „gemanagt" werden. Dem entsprechend hat die Arbeitszeit – ihre Verteilung über den Tag und das gesamte Ausmaß – eine Auswirkung auf das Befinden. Arbeitspausen und Arbeitsunterbrechungen, Früh- und Spätdienste, Kern- und Randzeiten wollen sorgfältig organisiert und aufeinander abgestimmt sein.

Die Öffnungszeiten in Kinderbetreuungseinrichtungen werden immer wieder öffentlich diskutiert und für berufstätige Eltern sukzessive ausgebaut. Für die Beschäftigten können sich dadurch Bereitschaftsdienste, Anhäufung von Überstunden und Urlaubszeiten sowie Abend- und Wochenenddienste ergeben.

3 Konzepte des Gesundheitsmanagements in Kindergärten

Das betriebliche Gesundheitsmanagement versteht sich als Oberbegriff für die Organisation von Gesundheit im Betrieb und schließt daher alle Strukturebenen und Prozesse in einem Kindergarten ein. Es ist unverzichtbar, dass alle MitarbeiterInnen in die Maßnahmen und den Veränderungsprozess eingebunden werden, damit die angestrebten Ziele erreicht werden können.

Das übergeordnete Ziel der gesundheitsfördernden Maßnahmen ist wohl die Gestaltung einer menschengerechten humanen Arbeit. Der prominente deutsche Arbeitspsychologe Eberhart Ulich erklärt dazu: *„Als human werden Arbeitstätigkeiten bezeichnet, die die psychophysische Gesundheit der Arbeitstätigkeiten nicht schädigen, ihr psychosoziales Wohlbefinden nicht – oder allenfalls vorübergehend – beeinträchtigen, ihren Bedürfnissen und Qualifikationen entsprechen, individuelle und/oder kollektive Einflussnahme auf Arbeitsbedingungen und Arbeitssysteme ermöglichen und zur Entwicklung der Persönlichkeit im Sinne der Entfaltung ihrer Potenziale und Förderung ihrer Kompetenzen beizutragen vermögen“.* (Ulich, 2005)

Diese idealisierte Vorgabe deckt sich nicht immer mit der realen Arbeitswelt. Um die Arbeit bei Bedarf gesundheitsförderlicher zu gestalten, gibt es verschiedene Ansätze, die hier zunächst allgemein und dann an Hand einzelner Beispiele dargestellt werden.

3.1 Verhaltensorientierte vs. verhältnisorientierte Maßnahmen

Eine zentrale Unterscheidung bei den Interventionen im Rahmen der betrieblichen Gesundheitsförderung bezieht sich auf den „Gegenstand“ der Veränderung. Werden das Arbeitsverhalten der MitarbeiterInnen, das Arbeitserleben und das Gesundheitsverhalten in den Vordergrund gestellt, dann spricht man von personenbezogenen oder verhaltensorientierten Maßnahmen.

Werden hingegen die Arbeitsorganisation, die Arbeitsbedingungen und die Arbeitsinhalte thematisiert, dann handelt es sich um bedingungsbezogene oder verhältnisorientierte Maßnahmen (Metz, 2011, S. 190).

Als Beispiele für verhaltensbezogene Interventionen seien stellvertretend für eine Vielzahl an Schulungen und Kursen zur Stressprävention, für Methoden des Selbst- und Zeitmanagements (die auch in diesem Handbuch zu finden sind) oder für gesunde Körperhaltung und Ernährung. Um verhältnisbezogene Maßnahmen handelt es sich dann, wenn die Arbeitsbedingungen, z. B. durch die Anschaffung gesünderer Möbel, oder die Arbeitsorganisation, beispielsweise durch optimierte Dienstpläne, die in Absprache mit den KindergärtnerInnen erstellt werden, verbessert werden. Oftmals wird in Betrieben die Gesundheitsförderung an die MitarbeiterInnen delegiert, in dem verhaltensbezogene Trainings angeregt oder angeboten werden und organisationsbezogene Maßnahmen dabei vernachlässigt werden. Deren Wirkung wäre aber einerseits viel größer, da sie sich immer auf mehrere MitarbeiterInnen erstrecken würden und andererseits verpuffen Kurseffekte oft wirkungslos angesichts der „alten“ und unveränderten Arbeitsbedingungen.

4 Prävention und Gesundheitsförderung

Der Begriff Prävention ist heute in aller Munde und meint die (rechtzeitige) Vermeidung von Belastungen. Unterteilt wird die Prävention noch in die sogenannte primäre, sekundäre und tertiäre Prävention (Caplan, 1964). Die primäre Prävention soll das Auftreten von Beeinträchtigungen verhindern (z. B. Rauchverbot im Kindergarten), die sekundäre Prävention dient zur Früherkennung von Erkrankungen (z. B. durch Vorsorgeuntersuchungen) und die tertiäre Prävention zielt darauf ab, dass die Gesundheit wieder hergestellt werden kann (z. B. durch Rehabilitation und Therapie). Die Gesundheitsförderung fokussiert hingegen auf den Erhalt und den Ausbau der Ressourcen, welche für die Gesundheit der MitarbeiterInnen notwendig sind. Eine exemplarische Übersicht zu Maßnahmen der Prävention und der Gesundheitsförderung in Kindergärten gibt Tabelle 1.

Tabelle 1: Beispiele für präventive und gesundheitsfördernde Maßnahmen

	Verhaltensorientiert	Verhältnisorientiert
Primäre Prävention	Gesunde Ernährung und Bewegung, work-life-balance	Adäquate räumliche Bedingungen, gutes Teamklima
Sekundäre Prävention	Arbeitsmedizinische und arbeitspsychologische Untersuchungen, Teilzeitregelung für beeinträchtigte Presonen	Regelmäßige Supervision, aufmerksame und geschulte LeiterInnen
Tertiäre Prävention	Krankenstand für Behandlung und Therapie,	Schonarbeitsplätze für häufig/langfristig beeinträchtigte Beschäftigte
Gesundheitsförderung	Fortbildungen, Trainings	Ausreichende Anzahl von MitarbeiterInnen, gesunder Führungsstil, Tätigkeitsspielräume bei der Arbeit, Organisationsentwicklung, internes Fortbildungsprogramm

5 Die Ebenen für die Gestaltung des Gesundheitsmanagements

Betriebliches Gesundheitsmanagement ist als ganzheitlicher Ansatz zu verstehen und erschöpft sich keineswegs in der Durchführung eines konkreten Teambuilding-Seminars. Vielmehr bedarf es einer gesamten Ausrichtung eines Kindergartens auf das Ziel Gesundheit. Die Organisation von Gesundheit kann auf drei Ebenen gesehen werden, die sich jeweils aufeinander beziehen: Einer normativen, einer strukturellen und einer operativen Ebene (vgl. Oppolzer, 2010).

Auf der normativen Ebene werden die Ziele für das Gesundheitsmanagement festgelegt und die Schwerpunkte bestimmt. Beinahe jeder Kindergarten verfügt heute über ein Leitbild, in dem Gesundheitsförderung, neben dem verpflichtenden pädagogischen Konzept und weiteren Wert- und Zielfestlegungen, eine strategische Vorgabe sein kann. Solche Zielformulierungen obliegen in der Regel dem Träger als dem Hauptverantwortlichen für das Thema Gesundheitsschutz in Zusammenarbeit mit der Leitung eines Kindergartens. Leitbilder sind vergleichsweise „politische“ Vorgaben für eine Einrichtung.

Der Erfolg bei der Umsetzung des Gesundheitsmanagements wird aber davon abhängen, wie stark dafür die Unterstützung im Betrieb ist. Optimal wäre die gemeinsame Erarbeitung eines Leitbilds für einen Kindergarten mit allen Beteiligten unter gleichzeitiger Berücksichtigung der Gesundheitsziele. Auf diese Weise wäre einmal eine hohe Compliance für die Umsetzung bei den MitarbeiterInnen zu erwarten und die strategischen Überlegungen wären auch mit den übrigen Zielvorgaben im Leitbild kompatibel.

Die Prozesse und organisatorischen Ressourcen für die Unterstützung und Umsetzung des Gesundheitsmanagements werden auf der strukturellen Ebene konzipiert. Hier liegt die Verantwortung noch immer bei dem Träger und der Kindergartenleitung, die eine Umsetzung von präventiven und gesundheitsfördernden Maßnahmen und die Bereitstellung der dafür nötigen Ressourcen ermöglichen müssen. Das kann konkret bedeuten, dass Gesundheitszirkel formiert werden, Kooperationen mit GesundheitsexpertInnen eingegangen werden, Gesundheits-Verantwortliche nominiert werden und Personalentwicklung in Richtung „Gesundheit am Arbeitsplatz“ entsteht.

Schließlich müssen auch alle geplanten und konzipierten Maßnahmen zur Gesundheitsförderung umgesetzt werden, was auf der operativen Ebene geschehen soll. Dabei handelt es sich um die konkrete Gestaltung und Durchführung von Trainingsverfahren (z. B. Rückenschule), Sicherstellen von externen Unterstützungen (z. B. Supervision) oder Verbesserungen der Arbeitsbedingungen (z. B. Störungen und Unterbrechungen bei der Arbeit reduzieren).

Es ist aus der Beschreibung der drei Ebenen zu erkennen, dass sich ihre Inhalte in der Abfolge jeweils aus der vorigen ergeben. Werden beispielsweise in einem Kindergarten Konflikte unter den MitarbeiterInnen bis zum Mobbing sichtbar und entstehen daraus psychische Beeinträchtigungen und Krankenstände, dann wäre es dringend erforderlich, eine betriebliche Vereinbarung für gegenseitige Fairness und Konfliktregelung zu erstellen (normative Ebene). Daraus entstehen Gremien für Mediation, Schlichtungsstellen oder Beauftragte für Gleichbehandlung (strukturelle Ebene). Gleichzeitig werden Schulungen für die Kindergartenleitung und die neuen FunktionsträgerInnen in den Bereichen Arbeitsrecht, Konfliktmanagement und Kommunikation angeboten und Kontakte zu Unterstützungseinrichtungen (z. B. Arbeiterkammer, Mobbingberatung) aufgebaut (operative Ebene).

5.1 Die Akteure beim Gesundheitsmanagement

Fast alle Pflichten im Bereich des Gesundheitsschutzes richten sich an die Träger von Kindergärten. Das sind entweder die Gemeinden und damit als oberste Dienstherren die BürgermeisterInnen oder es sind die freien Trägerschaften und dort die GeschäftsführerInnen. In kirchlichen Einrichtungen ist es der Pfarrer oder der Bischof.

Die Umsetzung der betrieblichen Gesundheitsförderung können jene „UnternehmerInnen" an MitarbeiterInnen auf der Ebene der Kindergärten und an geeignete Institutionen (z. B. zur Personalentwicklung oder für arbeitspsychologische Analysen) delegieren – ohne ihrer Gesamtverantwortung dadurch entbunden zu sein. Wichtige Akteure unter der Ebene der Geschäftsführer sind zumeist die Leitungspersonen, PersonalvertreterInnen, ArbeitsmedizinerInnen, Sicherheitsfachkräfte und bei Bedarf zusätzliche ExpertInnen (z. B. ArbeitspsychologInnen).

Der Kindergartenleitung sieht sich überhaupt in einer besonderen Doppelrolle: Einmal ist die Leitungsperson direkte/r AdressatIn der betrieblichen Gesundheitsförderung und gleichzeitig hat sie konzeptionelle Aufgaben zu erfüllen und die Umsetzung zu regeln. Trotz aller Fürsorgepflichten und Verantwortung gegenüber den Kindern und den MitarbeiterInnen sollte sich die Kindergartenleitung nicht selbst „aus den Augen" verlieren und regelmäßig reflexiv das eigene Wohlbefinden und die eigenen Gestaltungsmöglichkeiten und Entscheidungen hinterfragen. Wie in anderen Branchen heute üblich sollten auch KindergartenleiterInnen als Führungskräfte bei Bedarf frühzeitig Coaching oder Einzelsupervision in Anspruch nehmen und sollte die Finanzierung solcher Unterstützungsangebote mit den Trägern vereinbart sein.

Natürlich bedarf es immer auch der Beteiligung der MitarbeiterInnen (zumindest auf der operativen Ebene), damit das Gesundheitsmanagement erfolgreich sein kann.

5.2 Typische Vorgehensweise bei der Gestaltung einer Maßnahme

Die Konzeption einer gesundheitsfördernden Maßnahme sollte einem Prozess entsprechen, der mit der Analyse von Belastungen beginnt. Daraus werden konkrete Pläne zur Reduktion der Belastungsfaktoren erstellt, die in der Folge umgesetzt werden. Nach einiger Zeit wird evaluiert, ob sich die implementierten Maßnahmen als geeignet erwiesen haben und die Belastungen dadurch verringert wurden. Gegebenenfalls können auf der Grundlage der bisherigen Erfahrungen wieder Programme optimiert und angepasst werden.

Dieser Prozesskreislauf sollte immer berücksichtigt werden, wenn gesundheitsförderliche Maßnahmen geplant werden. Mit der eingehenden Analyse wird ein „Gießkannenprinzip" von Aktionen vermieden, das Ressourcen erfordert, obwohl vielleicht keine (akute) Notwendigkeit dafür besteht. Die Maßnahmen sollen konkret sein und direkt auf die Verbesserung der problematischen Arbeitsbedingungen abzielen. Die Umsetzung muss durch die Bereitstellung der erforderlichen Mittel ermöglicht werden und die Evaluierung kann erst zeigen, ob sich die Maßnahmen in der Praxis als wirksam erwiesen haben.

Als wichtiges Format des Gesundheitsmanagements zur Analyse von Belastungen sowie zur Steuerung der Maßnahmen haben sich sogenannte *Gesundheitszirkel* erwiesen. Mit Hilfe von Gesundheitszirkeln sollen die Erfahrungen der MitarbeiterInnen mit dem Fachwissen von ExpertInnen verknüpft werden, um Problemfelder in der Arbeit zu erkennen, zu beschreiben und zu analysieren. Die Beiziehung externer Fachleute ermöglicht eine Außenperspektive auf die Schwierigkeiten und das Aufgreifen von Tabuthemen, die auch in Kindergärten eine Rolle spielen können. Nach der Identifizierung der Probleme werden Lösungsansätze ausgearbeitet.

Gesundheitszirkel sind zumeist mit der Leitungsperson, Vertretern der MitarbeiterInnen, einem/einer ArbeitsmedizinerIn bzw. ArbeitspsychologenIn oder eines/einer anderen SpezialistenIn und einem/einer VertreterIn des Trägers besetzt.

Beispiele für gesundheitsfördernde Konzepte im Kindergarten erstrecken sich von einfachen Maßnahmen bis zu komplexeren Interaktionsplänen, die Kinder, Eltern und MitarbeiterInnen einbeziehen können.

Hier einige Anregungen:

Beispielsweise sollen Stühle der MitarbeiterInnen ergonomisch geformt sein und eine Verstellbarkeit 30 bis 45 cm umfassen, damit auch mit Kindern auf Augenhöhe ebenso wie am Schreibtisch gearbeitet werden kann. Ausgangspunkt für diese Anschaffung sind Erkenntnisse zum ergonomischen Arbeiten (Vermeiden von gebückter Haltung) und zu förderlichen Bedingungen für Erwachsenen-Kind-Interaktionen.

Ein anderes Beispiel greift das Thema Lärmschutz auf. Durch das Anbringen von Filzpads unter Möbeln, Tischbeinen und Stühlen wird eine Lärmreduktion bewirkt, wenn Gegenstände verschoben werden. Weitere Maßnahmen sind die Bildung von kleineren Spielgruppen – wenn es der Personalstand erlaubt – und zusätzliche bauliche Applikationen wie geräuschdämmende dekorative Segel oder schallschluckende Wände.

Hand- und Hautreinigung ist ebenfalls ein aktuelles Thema in Kindergärten und hier könnten in Absprache mit HautärztInnen individuelle Hautpflegeartikel verwendet werden, was auch Allergien und somit Berufserkrankungen bei den MitarbeiterInnen vorbeugen würde.

6 Organisationen und externe ExpertInnen, die für Gesundheitsthemen zur Verfügung stehen

Die Gesundheit von Beschäftigten ist ein hochaktuelles Thema in der gesamten Wirtschaft und im Bildungs- und Sozialwesen. Um dem Anspruch zur Gesunderhaltung des Personals gerecht zu werden und um dem Trend zu vermehrten Krankenständen bei psychischen Erkrankungen in den letzten Jahre entgegenzusteuern kann auf zwei Arten von Unterstützungsangeboten zurück gegriffen werden: Auf die gesetzlich vorgeschriebenen auf der Grundlage des ArbeitnehmerInnenschutzgesetzes (ASchG BGBL. 450/1994, 1994), das in der aktuellen Novelle von 2013 insbesondere den psychischen Belastungen am Arbeitsplatz besonderes Augenmerk widmet sowie auf ExpertInnen und Fachkräfte, die bei Bedarf hinzugezogen werden können. Auf die gesetzlich verankerten Organisationen und die externen Fachkräfte soll hier kurz eingegangen werden.

- **Arbeitsinspektorat**

Die Arbeitsinspektorate der Bundesländer überprüfen die Einhaltung der gesetzlichen Bestimmungen zum Schutz des Lebens und der Gesundheit der arbeitenden Menschen in den Betrieben auf der Grundlage des Arbeitsinspektionsgesetzes (Arbeitsinspektionsgesetz BGBl. Nr. 27/1993).

Im Paragraf 3 Abs. 1 ist zu lesen: „*Die Arbeitsinspektion ist die zur Wahrnehmung des gesetzlichen Schutzes der ArbeitnehmerInnen und zur Unterstützung und Beratung der ArbeitgeberInnen und ArbeitnehmerInnen bei der Durchführung des Arbeitnehmerschutzes berufene Behörde. Sie hat durch ihre Tätigkeit dazu beizutragen, daß Gesundheitsschutz und Sicherheit der ArbeitnehmerInnen sichergestellt und durch geeignete Maßnahmen ein wirksamer Arbeitnehmerschutz gewährleistet wird. Zu diesem Zweck hat die Arbeitsinspektion die ArbeitgeberInnen und ArbeitnehmerInnen erforderlichenfalls zu unterstützen und zu beraten sowie die Einhaltung der dem Schutz der ArbeitnehmerInnen dienenden Rechtsvorschriften und behördlichen Verfügungen zu überwachen, insbesondere soweit diese betreffen*

1. *den Schutz des Lebens, der Gesundheit und der Sittlichkeit sowie der Integrität und Würde,*
2. *die Beschäftigung von Kindern und Jugendlichen,*
3. *die Beschäftigung von Arbeitnehmerinnen, vor allem auch während der Schwangerschaft und nach der Entbindung,*
4. *die Beschäftigung besonders schutzbedürftiger ArbeitnehmerInnen (Behinderter),*
5. *die Arbeitszeit, die Ruhepausen und die Ruhezeit, die Arbeitsruhe, die Urlaubsaufzeichnungen und*
6. *die Heimarbeit.*“ (Arbeitsinspektionsgesetz BGBl. Nr. 27/1993 , S. 26f).

Die zuständigen ArbeitsinspektorInnen verstehen sich als Dienstleister, die für Fragen des Arbeitsschutzes ansprechbar sind und die Einhaltung gesetzlicher Auflagen überprüfen.

Die ArbeitsinspektorInnen kontrollieren auch die Inanspruchnahme der sogenannten Präventivkräfte nach dem ArbeitnehmerInnenschutzgesetz Paragraf 7 (ASchG BGBL. 450/1994, S. 3816ff). Gemeint sind damit Sicherheitsfachkräfte, ArbeitsmedizinerInnen und „sonstige ExpertInnen“, insbesondere ArbeitspsychologInnen.

- **AUVA**

Die AUVA ist die soziale Unfallversicherung für Erwerbstätige und sie leistet Unterstützungen bei Arbeitsunfällen und bei Berufskrankheiten.

Eine der wichtigsten Aufgaben der AUVA ist die Prävention von Schadensfällen. Damit ist sie als Dienstleistungsbetrieb für alle Themen der Gesundheitsförderung ansprechbar. Sie stellt auch arbeitsmedizinische und sicherheitstechnische Betreuung für alle Beschäftigten in kleinen und mittleren Unternehmen in Rahmen der Präventionszentren von AUVASICHER zur Verfügung.

- **Sicherheitsfachkräfte**

Die Aufgaben der Sicherheitsfachkräfte (SFK) sind im Paragraf 76 Absatz 1 des ArbeitnehmerInnenschutzgesetzes geregelt:

„Sicherheitsfachkräfte haben die Aufgabe, die Arbeitgeber, die Arbeitnehmer, die Sicherheitsvertrauenspersonen und die Belegschaftsorgane auf dem Gebiet der Arbeitssicherheit und der menschengerechten Arbeitsgestaltung zu beraten und die Arbeitgeber bei der Erfüllung ihrer Pflichten auf diesen Gebieten zu unterstützen.

(2) Arbeitgeber haben den Sicherheitsfachkräften alle zur Erfüllung ihrer Aufgaben erforderlichen Informationen und Unterlagen zur Verfügung zu stellen, insbesondere betreffend die Sicherheits und Gesundheitsschutzdokumente, Aufzeichnungen und Berichte über Arbeitsunfälle, die Ergebnisse von Messungen betreffend gefährliche Arbeitsstoffe und Lärm sowie von sonstigen für die Sicherheit und den Gesundheitsschutz maßgeblichen Messungen und Untersuchungen. Die Sicherheitsfachkräfte sind gesondert zu informieren, wenn Arbeitnehmer aufgenommen werden oder wenn Arbeitnehmer auf Grund einer Überlassung gemäß § 9 beschäftigt werden, soweit dies zur Erfüllung ihrer Aufgaben erforderlich ist.“ (ASchG BGBL. 450/1994, S. 3817).

- **Arbeitsmedizinische Betreuung im Rahmen der Präventivzeiten**

Die gesetzlich vorgeschriebene arbeitsmedizinische Betreuung im Rahmen der erforderlichen Präventivzeiten fällt in der Regel auf Grund der geringen Beschäftigtenanzahl eher spärlich aus. Bei Kindergärten mit weniger als 10 Beschäftigten ist – ebenso wie für die Sicherheitsfachkraft – eine Stunde für alle zwei Jahre vorgesehen (ASchG BGBL. 450/1994). Jährlich sucht im Durchschnitt also abwechselnd ein/e ArbeitsmedizinerIn oder eine Sicherheitsfachkraft einen Kindergarten für die Dauer von (mindestens) einer Stunde auf. In der knapp bemessenen Zeit werden arbeitsmedizinische Themen wie Impfschutz, Hygiene und Mutterschutz für die KindergärtnerInnen behandelt.

- **ArbeitspsychologInnen**

Eine arbeitspsychologische Betreuung ist im Unterschied zur arbeitsmedizinischen nicht explizit vorgeschrieben, sie kann aber laut ArbeitnehmerInnenschutzgesetz im Rahmen der Präventivzeiten zusätzlich eingeführt werden und würde angesichts der vielfältigen psychischen Belastungen (z. B. Konflikte, Überlastung, Imageprobleme, Verantwortungsdruck, etc.), die auch vor einem Kindergarten nicht Halt machen, sehr sinnvoll erscheinen.

Eine Liste der zertifizierten ArbeitspsychologInnen kann im Internet beim Berufsverband Österreichischer PsychologInnen (BÖP) eingesehen werden.

- **SupervisiorInnen**

In Sozialberufen hat sich die Inanspruchnahme von Supervision zur Bearbeitung und Klärung von Teamangelegenheiten (Teamsupervision) oder zur Besprechung von Arbeitsthemen (Fallsupervision) weitgehend etabliert. Die Leitung eines Kindergartens kann zur Reflexion über Führungsthemen und zur Organisationsentwicklung Einzelsupervision in Anspruch nehmen.

Eine Supervisionssitzung wird in der Regel von einem/einer ausgebildeten SupervisorIn geleitet und moderiert. Supervisionen finden im psychosozialen Bereich in regelmäßigen Abständen statt und sie greifen aktuelle Themen auf, die diskutiert und reflektiert werden, sodass Prozesse verstehbar und neue Lösungswege möglich werden.

Eine Übersicht über zertifizierte SupervisorInnen kann beim Dachverband „Österreichische Vereinigung für Supervision" (ÖVS) auf der Homepage abgerufen werden.

- **Weitere externe ExpertInnen**
Je nach Fragestellung und Problemlage können noch weitere externe Fachleute in Anspruch genommen werden. Dazu zählen in erster Linie Coaches für die Begleitung der Kindergartenleitung, TrainerInnen für die Durchführung spezieller Seminare und Kurse, OrganisationsberaterInnen für Fragen der Organisationsstruktur und -prozesse und andere mehr.

Als Resümee lässt sich abschließend festhalten, dass angesichts der besonderen Arbeitsbedingungen des Kita-Personals unzweifelhaft gesundheitsfördernde Programme im beruflichen Alltag implementiert werden müssen und dass dies (mit entsprechender Unterstützung) möglich ist. Dabei ist jede wissenschaftlich fundierte Maßnahme ein Schritt in die richtige Richtung – fatal wäre es nur, die Augen vor der Realität zu verschließen und zu warten, bis es „nicht mehr geht".

Literaturverzeichnis

Arbeitsinspektionsgesetz BGBl. Nr. 27/1993 . (1993). BGBl. Nr. 27/1993 . Republik Österreich.

ASchG BGBL. 450/1994. (1994). ArbeitnehmerInnenschutzgesetz. Republik Österreich.

AZG BGBl. Nr. 461/1969. (1969). Arbeitszeitgesetz (AZG) BGBl. Nr. 461/1969. Republik Österreich.

Buch, M., & Frieling, E. (2002). Ableitung und Evaluation von Arbeitsgestaltungsmaßnahmen bei Erzieherinnen in Kindertagesstätten. In B. Badura, M. Litsch, & C. Vetter, Fehlzeitenreport 2001 (S. 103-118). Berlin: Springer.

Caplan, G. (1964). An Approach to Community Mental Health. London: Tavistok.

Das Multitasking-Paradox. (2013). Harvard Business Manager.

EN ISO 10075-2:2000 D. (kein Datum). Ergonomische Grundlagen bezüglich psychischer Arbeitsbelastungen. Brüssel: CEN Europäisches Komitee für Normung.

Helmenstein, C., Hofmarcher, M., Kleissner, A., Riedel, M., Röhrling, G., & Schnabl, A. (2004). Ökonomischer Nutzen betrieblicher Gesundheitsförderung. Wien: Institute for Advanced Studies (IHS).

Metz, A.-M. (2011). Intervention. In E. Bamberg, A. Ducki, & A.-M. Metz, Gesundheitsförderung und Gesundheitsmanagement in der Arbeitswelt (S. 185-220). Göttingen: Hogrefe.

Meyer, M., Weirauch, H., & Weber, F. (2012). Krankheitsbedingte Fehlzeiten in der deutschen Wirtschaft im Jahr 2011. In B. Badura, A. Ducki, H. Schröder, J. Klose, & M. Meyer, Fehlzeitenreport 2012 (S. 291-467). Berlin: Springer.

Nerdinger, F. W. (2012). Emotionsarbeit im Dienstleistungsbereich. Report Psychologie (1), S. 8-18.

Oppolzer, A. (2010). Gesundheitsmanagement im Betrieb. Integration und Koordination menschengerechter Gestaltung der Arbeit. Hamburg: VSA-Verlag.

Sächsisches Staatsministerium für Soziales und Verbraucherschutz. (2009). Erzieherinnengesundheit. Dresden: Sächsisches Staatsministerium für Soziales und Verbraucherschutz.

Thinschmidt, M., Gruhne, B., & Hoesl, S. (2008). Forschungsbericht zur beruflichen und gesundheitlichen Situation von Kita-Personal in Sachsen. Dresden: Eigenverlag der TU Dresden.

Thinschmidt, M., Jenschke, D., & Ziesch, M. (2009). Erzieherinnengesundheit. Handbuch für Kita-Träger und Kita-Leitungen. Dresden: Zentraler Broschürenversand der Sächsischen Staatsregierung.

Tiroler LGBl Nr. 48/2010. (2010). Tiroler Kinderbildungs- und Kinderbetreuungsgesetz. Innsbruck: Tiroler Langesregierung.

Ulich, E. (2005). Arbeitspsychologie (6. Aufl.). Stuttgart: Schäffer-Poeschl Verlag.

Viernickel, S., & Voss, A. (2012). STEGE – Strukturqualität und Erzieher_innengesundheit in Kindertageseinrichtungen. Berlin: Alice Salomon Hochschule Berlin.

WHO. (1986). The Ottawa Charter for Health Promotion. Genf: WHO.

6.2 Aus der Praxis – Für die Praxis: Wie organisiere ich meine Arbeit? Vom Gruppendienst und Leitungsdienst: Alles unter einen Hut bringen

Maria Gritsch

Jede LeiterIn einer Bildungs- und Betreuungseinrichtung kennt sie – die Schwierigkeit, an mehreren Orten gleichzeitig sein zu müssen, sein zu wollen, sein zu sollen. Bereits morgens, wenn ich die Einrichtung betrete, wartet im Büro Arbeit, die ich gestern nicht mehr geschafft habe und in der Gruppe geht es rund. Meine Anwesenheit dort ist dringend erforderlich. Auf dem Weg dorthin begegne ich einer Kollegin, die eine dringende Frage hat, welche ich ihr aber nicht gleich beantworten kann, da in der Zwischenzeit eine Mutter unbedingt mitteilen muss, dass ihr Maxi heute Morgen Durchfall hatte und das Telefon bereits unablässig klingelt.

Nun gilt es, so schnell als möglich und Schritt für Schritt die anstehenden Belange zu organisieren und zu managen. Wie dies möglich ist und was dabei helfen kann, möchte ich im Folgenden näher erläutern.

Einige der von mir vorgeschlagenen Tipps zur Strukturierung und Organisation habe ich selbst durch diversen Fort- und Weiterbildungen sowie Ausbildungen kennen gelernt, sie sind alle von mir selbst erprobt und umgesetzt worden und erleichtern meine persönliche Arbeit erheblich. Trotzdem sind sie kein „Allheilmittel" und zeigen nur eine Möglichkeit von vielen, um sich selbst zu organisieren.

1 Möglichkeiten zur Strukturierung der Gruppe

1.1 „Offene Gruppenführung" und gruppenübergreifenden Aktivitäten

Das System der „offenen Gruppenführung" oder auch „offenes Haus" genannt, erfreut sich in den letzten Jahren immer größerer Beliebtheit und beschreibt im Wesentlichen, dass die Kinder der Einrichtung alle, oder einen Teil der Räumlichkeiten gemeinsam nutzen können. Dies setzt voraus, dass auch das Team nicht mehr klassisch zu zweit in der Gruppe arbeitet, sondern auf die gesamten, zu benutzenden Räumlichkeiten aufgeteilt ist.

Nehmen wir als Beispiel ein Haus, in dem 4 pädagogische Fachkräfte tätig sind und das über einen Bewegungsraum, eine Halle und zwei Gruppenräume verfügt. So würde sich jeweils eine pädagogische Fachkraft in einem der Räume befinden und die Kinder könnten über einen festgelegten Zeitraum am Tag, zum Beispiel 7:30–10:00 frei entscheiden, wo sie mit wem was spielen möchten. Dass dieses

System natürlich eine gute Vorbereitung, Einlaufzeit und etwas Übung braucht, ist klar. Trotzdem kann ich aus meiner Praxis in Krippe und Kindergarten sagen, dass es sich lohnt, wenn es läuft. Besonders gut wird diese Variante der Vorbereitung, Durchführung, Reflexion und Dokumentation in den Büchern von Antje Bostelmann (2007, 2009) beschrieben. Das Schöne an diesem Konzept ist, dass ich alle Kriterien erfülle, die der bundesländerübergreifende Bildungsrahmenplan vorsieht, ich ganzheitlich arbeiten kann und die Interessen und Bedürfnisse der Kinder mit in die Planung einbezogen werden können. Dass für mich als LeiterIn dadurch zusätzlich Kapazitäten frei werden und ich bis zu einem gewissen Grad entlastet bin, ist ein positiver Zusatz.

1.2 Das Team als Ressource nutzen – Aufgaben delegieren – gemeinsam reflektieren

Mit dem oben kurz beschriebenen System lassen sich auch wunderbar Ressourcen im Team nutzen, Aufgaben können sinnvoll delegiert und in Teamsitzungen gemeinsam reflektiert werden.

Habe ich eine KollegIn, die eine besondere Fähigkeit hat, wie zum Beispiel Ideen für Feste zu entwickeln, werde ich sie damit beauftragen. Habe ich eine KollegIn, die eventuell eine Zusatzausbildung im Bereich Motopädagogik hat, werde ich sie bitten, den Bewegungsraum zu gestalten und eventuell Bewegungsbaustellen zu konzipieren. Habe ich eine KollegIn, die eine gute Hand für Pflanzen hat und gerne in der Natur arbeitet, so werde ich ihr die Aufgabe übertragen, im Garten ein Gemüse- oder Blumenbeet anzulegen und mit den Kindern zu pflegen. Klar ist auch, dass bestimmte Aufgaben nur von mir als LeiterIn erledigt werden können. Trotzdem ist es wichtig, zu erkennen, dass in einem Team immer eine Fülle an Erfahrungen, Wissen und Interessen vorhanden sind, welche genutzt werden können, wenn ich es zulasse. Dies bedeutet natürlich auch, dass ich die Fähigkeiten und Kompetenzen anderer wahrnehme und anerkenne, bestenfalls durch Fortbildungen oder passende Literatur fördere und so Mut zu Neuem ermögliche. Nur eine KollegIn, die das Gefühl hat, mit ihren besonderen Kenntnissen wertgeschätzt zu werden, wird auch bereit sein, diese in einen Erziehungsalltag einzubringen.

Wichtig ist in diesem Fall, regelmäßig gemeinsam zu reflektieren und zu planen, damit Transparenz gegeben ist und Aufgaben klar verteilt, gegebenenfalls auch umstrukturiert oder ergänzt werden können. Dazu eignet sich die regelmäßige Teamsitzung besonders gut.

1.3 Die Assistentin als unverzichtbare Kompetenzpartnerin

Arbeite ich lieber in einem klassischen System, in dem ich mit meiner AssistentIn in der Gruppe arbeite und auf gruppenübergreifende Aktivitäten Großteils verzichte, oder arbeite ich in einem eingruppigen Haus, wird ihr Wert als Kompetenzpartnerin ausschlaggebend. In einer Leitungsgruppe fällt der AssistentIn nämlich mehr Arbeit zu, als dies in anderen Gruppen der Fall ist. Deshalb haben sich einige Bundesländer und/oder Träger dazu entschieden, in Leitungsgruppen zwei KindergartenpädagogInnen zu beschäftigen. Dadurch, dass ich als LeiterIn die Gruppe jederzeit verlassen können muss, um Anrufe anzunehmen, oder mich aus organisatorischen Gründen für eine Weile zurückziehen muss, ist es wichtig, dass die AssistentIn die Gruppe genau in diesem Moment übernehmen kann, in dem es notwendig ist, unabhängig davon, ob es sich um freies Spiel, gemeinsame Aktivitäten, Jause oder spielen im Garten handelt. Sie braucht einen guten Überblick und muss spontan handeln können. Außerdem ist es in diesem Fall besonders wichtig, dass die AssistentIn, oder zweite Kindergartenpädagogin in die Planung, Dokumentation und Reflexion miteinbezogen wird, um ihr oben genannte Kompetenzen überhaupt zu ermöglichen. Eine AssistentIn, die nicht weiß, was heute auf dem Programm steht, kann weder flexibel sein, noch Aufgaben spontan übernehmen! Es wird also deutlich, wie wichtig eine kompetente, flexible, selbstständige und informierte AssitentIn ist. Als LeiterIn ist es zum großen Teil meine Aufgabe, sie dahingehend zu fördern, zu begleiten und zu unterstützen.

1.4 Eigene Stärken erkennen und einbringen – meine eigene Struktur finden und umsetzen

Eine der besonderen Fähigkeiten von mir als LeiterIn sollte es sein, eigene Stärken und die meiner MitarbeiterInnen zu erkennen und für alle gewinnbringend zu nutzen. Dafür kann ich mich selbst analysieren, indem ich reflektiere, was mir wann besonders gut gelungen ist, oder wann ich zu Höchstformen auflaufen kann. Oder ich nutze Supervisionen sowie Coachings, und lasse mich extern beraten und unterstützen. (siehe dazu das nächste Kapitel)

Dies kann mir helfen, Aufgaben nach meinen besonderen Fähigkeiten zu strukturieren und zu koordinieren und ein für mich passendes System zu entwickeln.

2 Strukturierung der Leitungsaufgaben

Voraussetzung dafür, dass ich meine Aufgaben als LeiterIn gut strukturieren und organisieren kann, sind die Vorgaben der jeweiligen Landesregierung, die Vorbereitungszeit, Leitungsstunden bzw. Bürozeiten betreffend und natürlich die Erwartungen, die mein Träger an mich hat. Sie sind entweder im Dienstvertrag oder in der Stellenbeschreibung zu finden, oder direkt beim Vorgesetzten zu erfragen. Darauf Bezug nehmend kann ich mein Aufgabenfeld definieren.

- **Vorbereitung und Reflexion**
  Die Vorbereitung und Reflexion (im Sinne von „nachdenken“, „überlegen“, „prüfend betrachten“) meiner pädagogischen Arbeit steht in meiner Vorbereitungszeit natürlich an erster Stelle. Diese erfolgen schriftlich. Die Form ist von den Bestimmungen des jeweiligen Bundeslandes abhängig. Wie ausführlich ich diese gestalte, ist mir selbst überlassen, vorausgesetzt, die Inhalte sind adäquat

bearbeitet. Ob der Schwerpunkt mehr im Bereich der Vorbereitung oder der Reflexion liegt, hängt vom Konzept der Kinderbildungs- und Betreuungseinrichtung, bzw. meinem persönlichen Erziehungsstil ab. Zu berücksichtigen ist, dass die zu bearbeitenden Unterlagen unterschiedlich sein können, von „frei wählbar" bis zu strukturierten Vorlagen am PC.

In einschlägiger Fachliteratur finden wir ebenso Vorlagen, die uns unsere schriftliche Arbeit erleichtern können (Thierling-Hellweg, Nina Held/Kasia Sander, Groot-Wilken/Leslie warda). Auch Landesregierungen stellen in den meisten Fällen vorgefertigte Unterlagen zu Verfügung. In Tirol gibt es diese beispielsweise als Version, die ich am PC bearbeiten kann oder als Druckversion. Diese Unterlagen beinhalten alles, was aus gesetzlicher Sicht zu beachten und zu verschriftlichen ist (www.tirol.gv.at/bildungfuerkinder)

- **Teamsitzungen/Dienstbesprechungen**

  Die Dienstbesprechung oder Teamsitzung kann einmal pro Woche, alle zwei Wochen, zumindest aber einmal im Monat stattfinden. Sie ist ein wichtiges Medium zum Austausch, um zu informieren und Entscheidungen zu treffen. Inhaltlich können folgende Themen behandelt werden:

  Bevorstehende Feste, besondere Kinder, Zusammenarbeit mit Eltern, Urlaubseinteilung, Persönliche Anliegen, Planung und Strukturierung des Jahres, Exkursionen und Ausflüge, Teambildende Maßnahmen und Übungen, ev. auch für Gruppensupervisionen etc.

  Nützliche Tipps zur Organisation einer Teamsitzung oder Dienstbesprechung:

  - Lege fest, wann die Teamsitzung stattfindet – findet sie nur einmal im Monat statt, ist es aus organisatorischer Sicht sinnvoll, einen fixen Tag, zum Beispiel den 1. Mittwoch im Monat, zu wählen. So kann sich jedes Teammitglied darauf einstellen und sich für diesen Tag nichts vornehmen.
  - Die Teamsitzung soll außerhalb der Betreuungszeiten stattfinden – so können alle Mitglieder dabei sein und es gibt keine unnötigen Ablenkungen oder Stress.
  - Die Dauer der Teamsitzung sollte 1 Stunde nicht überschreiten – ansonsten ist die Gefahr groß, sich in Kleinigkeiten zu verzetteln.
  - Finde einen passenden Raum für die Dienstbesprechung – am idealsten ist ein Personalzimmer, wenn eines vorhanden ist. Ansonsten kann sie auch im LeiterInnenbüro oder in einem geschützten Bereich außerhalb der Einrichtung stattfinden. Als wenig ideal erweisen sich Gruppenräume und auch Teamsitzungen bei MitarbeiterInnen zu Hause sind nicht empfehlenswert, da die Professionalität in diesem Rahmen nicht gegeben ist.
  - An Dienstbesprechungen nehmen in der Regel alle Teammitglieder teil – für Einzelgespräche oder Kleingruppengespräche in größeren Häusern kann das MitarbeiterInnen-Gespräch genutzt werden.
  - Leite die Teamsitzung selbst – so kannst du den Ablauf gut steuern.
  - ProtokollistIn ist idealerweise deine stellvertretende Leitung. Das Protokoll

kann handschriftlich verfasst werden oder aber auch am PC. Es soll am Ende der Sitzung von allen TeilnehmerInnen unterzeichnet und so die Richtigkeit des Inhaltes bestätigt werden. Jede TeilnehmerIn erhält bis spätestens eine Woche nach der Sitzung eine Kopie des Protokolls. Du selbst sammelst die Protokolle in einem Ordner. **Wichtig:** Auch Teamsitzungsprotokolle sind Dokumente und dürfen nur von einem ausgewählten Personenkreis eingesehen werden.

– Verfasse mindestens eine Woche vor jeder Teamsitzung eine Einladung für deine MitarbeiterInnen, auf der die Themen aufscheinen, die zu besprechen sind. Stelle klar, dass sich alle anhand der Agenda auf die Sitzung vorbereiten sollen. Das spart Zeit bei der Durchführung. Wenn du am PC arbeitest, kannst du eine Einladungs-Vorlage speichern und diese immer wieder anpassen. Am Ende der Einladung ist ein Abschnitt, den jede MitarbeiterIn ausfüllen kann, um persönliche Themen einzubringen. Sie muss den Abschnitt bis zu einem, von dir festgelegten Datum, bei dir abgeben. Du entscheidest, ob du das Thema bei dieser Teamsitzung einbringst, oder aber auf einen anderen Termin verlegst. Es kann auch sein, dass das, was die KollegIn mit dir besprechen möchte, besser zu einem 4-Augen-Gespräch passt. In diesem Fall kannst du ihr ein MitarbeiterInnen Gespräch anbieten.
– Wenn die Rahmenbedingungen eine Teamsitzung pro Woche, oder alle zwei Wochen erlauben, können auch Buchrezensionen oder Zusammenfassungen von Fachartikeln bearbeitet werden. Dazu bekommt eine KollegIn den Auftrag, ein Buch oder einen Fachartikel zu lesen und den Inhalt in der Besprechung kurz wieder zu geben. Darüber kann dann diskutiert werden. Dies entspricht einer kleinen, internen Fortbildung und ermöglicht, dass immer wieder neue pädagogische Themen erörtert werden und man am „Puls der Zeit" bleibt.

- **Trägersitzungen**

Die Besprechungen mit deinem Träger sollten, wenn möglich vierteljährlich, bei Bedarf öfter, stattfinden. Sie dienen zum Einen dazu, den Träger über die Geschehnisse in der Einrichtung zu informieren – was läuft gut, welche Aktivitäten sind geplant, wo ist die Präsenz des Träger gefragt, wo ist noch Potential, wo brauche ich die Unterstützung des Trägers etc. Zum Anderen kann auch der Träger wichtige Informationen, Wünsche und Vorstellungen persönlich an dich transportieren.

– Sinnvoll ist es, sich auf diese Sitzungen schriftlich gut vorzubereiten und vorab abzuklären, was von Seiten des Trägers zu besprechen ist. Daraus ergibt sich die Agenda, die beide Seiten vorab bekommen, um einen Überblick über die zu bearbeitenden Themen zu erlangen.
– Zumeist ist bei Trägersitzungen eine ProtokollistIn anwesend. Wenn nicht, kann abgeklärt werden, wer das Protokoll schreibt. Dieses ist, wie bei der Dienstbesprechung, nach Beendigung des Gesprächs von beiden Seiten zu unterschreiben.

- Die Trägersitzung kann bei dir im Besprechungszimmer stattfinden, wird aber zumeist im Büro des Trägers abgehalten.
- Trägersitzungen finden im Regelfall zwischen dir und dem Träger statt. Nur in Ausnahmefällen kann, wenn es die Agenda vorsieht, eine MitarbeiterIn am Gespräch teilnehmen.
- Für qualitätsvolle Kinderbildung- und Betreuung ist ein regelmäßiger Austausch und eine gewinnbringende Zusammenarbeit mit dem Träger unerlässlich.

- **Administration**

  Administration bezeichnet die klassisch im Büro zu erledigenden Aufgaben. Dazu gehören unter anderem:

  - ***Mail Verkehr***

    Wer sich am PC gut auskennt, kann den E-Mail Verkehr als Kommunikationsmittel nutzen. So kann ich mich mit Eltern, dem Träger oder verschiedenen Kooperationspartnern schnell vernetzen und Informationen übermitteln.

    Wichtig ist, die E-Mails mindestens einmal am Tag zu checken, damit der Informationsfluss funktioniert und ich ebenfalls auf dem neuesten Stand bin. Zeitlich lässt sich das gut einteilen, wenn ich mindesten 15 Minuten vor meinem Kinderdienst-Beginn in der Einrichtung bin und schon am Morgen meinen E-Mail Account checke. Um schnell arbeiten zu können, empfiehlt es sich, die Mail Adressen, die ich brauche zu speichern und in Gruppen einzuteilen. Auch Elternbriefe oder Newsletter können, wenn die Eltern es wünschen, per E-Mail versendet werden.

  - ***Post***

    Einmal am Tag muss ich die Post holen. Diese Aufgabe kann natürlich auch an eine KollegIn delegiert werden. Wenn ich bereits ein paar Minuten früher in der Einrichtung bin, kann ich die Post gleich am Morgen aufarbeiten, die wichtigen Briefe auf den passenden Ablagestapel geben und die zu bearbeitenden Unterlagen in das „zu erledigen“ Fach geben. Wenn morgens keine Zeit für die Post bleibt, oder der Postbote erst im Lauf des Vormittags kommt, kann ich sie auch zu Mittag, oder bevor ich nach Hause gehe erledigen. Werbung kann gleich weggeworfen werden.

  - ***Abrechnung – Netbanking und Bargeld***

    In einigen Kinderbildungs- und Betreuungseinrichtungen ist die Abrechnung von der Leitung zu erledigen. Dafür gibt es zumeist ein Formblatt oder eine Vorlage am PC.

    Sollte dies nicht der Fall sein, kann ich mir selbst ein Formblatt zurecht legen. Einige Dinge sind dabei auf jeden Fall zu beachten:

    - Gibt es mehrere Budgetposten wie zum Beispiel Materialgeld oder Büroartikel?
    - Wie viel Geld habe ich zur Verfügung – woraus setzt sich der Betrag zusammen (Elternbeiträge, Subventionen …)?

Danach ist es wichtig, einem strukturierten Ablauf zu folgen:

- Mach die Abrechnung einmal im Monat (meistens Monatsabschluss).
- Verwende das von dir oder deinem Träger gestaltete Formblatt für die Abrechnung.

Sammle vorab alle Rechnungen, die in diesem Monat anfallen (auch die Rechnungen, die durch die delegierten Einkäufe oder durch geplante Einkäufe deiner MitarbeiterInnen anfallen). Solltest du mit Netbanking und einer Bankomatkarte arbeiten können, müssen auch die Rechnungen, die du per Netbanking bezahlt hast, aufscheinen.

- Wenn du unterschiedliche Budgetposten hast, hilft es, die Rechnungen mit einem Kürzel zu versehen, zum Beispiel M … für Materialgeld.
- Für jeden Posten gilt es, die Rechnungen mit einer fortlaufenden Nummer zu versehen. Dadurch können sie nicht durcheinander kommen und sollte ich später auf einer Rechnung etwas nachschauen müssen, brauchst du nur nach der entsprechenden Nummer suchen und bist so viel schneller.
- Alle Rechnungen werden chronologisch auf ein Blatt Papier geklebt.
- Unterschreibe das Formblatt oder stemple es ab. So wird es zu einem offiziellen Dokument, dessen Richtigkeit durch deine Unterschrift bestätigt wurde.
- Übermittle die fertigen Unterlagen an deinen Träger oder sortiere sie in einen Ordner in deinem Büro ein.
  Sollten deine KollegInnen Geld ausgelegt haben, ist es wichtig, ihnen das Geld sofort zu erstatten. Wenn du mit Netbanking arbeitest, kannst du das Geld direkt auf die Konten deiner MitarbeiterInnen überweisen – so ersparst du dir eine aufwendige Dokumentation. Solltest du mit Bargeld arbeiten, gib deinen MitarbeiterInnen das Geld aus der Kasse. Vergiss nicht, ein Formblatt zu gestalten, welches sie bei Erhalt des Geldes unterschreiben.

Bei der Eröffnung eines Kontos für die Kinderbildungs- und Betreuungseinrichtung sowie für das Arbeiten mit Netbanking am PC gibt es noch einige Dinge zu beachten:

- Besprich mit deinem Träger, dass du ein Netbanking Konto eröffnen möchtest – du brauchst die Zustimmung.
- Eröffne ein Treuhandkonto bei einer Bank deiner Wahl. **Wichtig**: Ein Treuhandkonto ist kein privates Konto.
- Zeichnungsberechtigt sind dein Vorgesetzter, du und deine StellvertreterIn.
- Bewahre die Unterlagen für Netbanking und den Vertrag in einem verschließbaren Schrank auf.
- Beantrage eine Bankomatkarte. So kannst du bargeldlos bezahlen und die Karte auch an MitarbeiterInnen weitergeben, die Einkäufe für die Einrichtung erledigen.
- Auch Elternbeiträge, Fotogeld, Materialgeld, Refundierungen… können über das Konto abgewickelt werden.
- Ein großer Vorteil ist, dass du kein Bargeld in der Einrichtung verwahren

musst und die Dokumentation aller finanziellen Ein- und Ausgänge am Netbanking Konto aufscheinen. Du kannst auch schnell erkennen, welche Elternbeiträge noch ausständig sind und wer fristgerecht bezahlt hat. Außerdem können Rechnungen von Firmen für Spielzeug oder Bastelmaterial per Netbanking bezahlt werden und du sparst dir den Weg zur Bank, um dort mit Erlagschein zu bezahlen.
- Wenn du das Arbeiten mit Netbanking gut kannst, ersparst du dir sehr viel Zeit.

– ***Erstellen der Essensabrechnung***

In einigen Kinderbildungs- und Betreuungseinrichtungen besteht die Möglichkeit, dass die Kinder dort Jause und/oder Mittagessen konsumieren können, teilweise sogar vor Ort gekocht wird. Um dies zu ermöglichen, muss auch die Essensabrechnung von dir als LeiterIn gemacht werden. In einigen Einrichtungen handelt es sich dabei um eine Kooperation mit dem Träger, das heißt, es wird das konsumierte Essen in der Einrichtung nur aufgezeichnet und diese Auflistung an den Träger geschickt. In anderen Häusern wird die komplette Abrechnung des Essens vor Ort gemacht, teilweise sogar in Bar eingehoben. In jedem Fall ist es wichtig, eine genaue Aufzeichnung zu führen, welches Kind wann, was, wie oft gegessen hat, um die Beträge sachrichtig an die Eltern oder den Träger weitergeben zu können.

Viele Aufgaben, wie das Führen einer Liste oder das Bearbeiten oder Aushängen des Speiseplans, kann ich an KollegInnen delegieren. Trotzdem muss mir klar sein, dass ich in meiner Funktion als LeiterIn die Verantwortung für die sachgemäße Ausführung der Arbeiten habe und so immer wieder als Kontrollorgan auftreten muss.

Hier wieder ein paar praktische Tipps:

– **Varianten der Essensabrechnung**

Eine unkomplizierte Variante der Essensabrechnung ist es, einen Pauschalbetrag für das Essen zu verlangen, der per Bankeinzug oder Erlagschein monatlich auf das Konto der Kinderbildungs- und Betreuungseinrichtung eingeht. Möchte ich besonders kundenfreundlich sein, kann ich erheben, wie viele Mahlzeiten tatsächlich konsumiert wurden und halbjährlich den zu viel bezahlten Betrag gutschreiben oder rück überweisen.

Eine andere Möglichkeit besteht darin, dass die Eltern fix festlegen, an welchen Tagen das Kind das Essen zu sich nimmt. In diesem Fall kann ebenfalls ein Fixum eingehoben werden.

Besonders elternfreundlich ist die Variante, in der die Eltern wöchentlich, teilweise auch täglich Bescheid geben können, ob das Kind das Mittagessen konsumiert, oder nicht. Hier hat es sich bewährt, vor der Gruppe/den Gruppen, gut sichtbar eine „Essensliste“ anzubringen, die den Eltern die Möglichkeit bietet, zu Beginn der Woche, oder am Morgen, einzutragen, ob das Kind das Mittagessen zu sich nimmt, oder nicht. Die Abrechnung erfolgt in diesem Fall zum Monatsabschluss und beinhaltet ausschließlich die Mahlzeiten, die das Kind tatsächlich gegessen hat.

– **Dokumentation der konsumierten Mahlzeiten**
  Egal, welche Variante ich für mich wähle, eine klare Dokumentation der konsumierten Mahlzeiten ist, wie bereits erwähnt, essentiell. Als hilfreich hat sich eine vorgefertigte Liste herausgestellt, die händisch ausgefüllt werden kann. Diese kann als Vorlage am PC mit Excel gestaltet, abgespeichert und gegebenenfalls auch dort ausgefüllt und dann ausgedruckt werden. So kann ich wieder Zeit einsparen. Diese wird zum Monatsabschluss, wie alle Dokumente in einem Ordner hinterlegt.

– **Wöchentlicher oder täglicher Speiseplan**
  Damit die Eltern die Möglichkeit haben, einzusehen, was ihr Kind zu Essen bekommt, macht es Sinn, zu Beginn der Woche einen Speiseplan auszuhängen. Sollte das Essen von einem Betrieb außerhalb des Kindergartens bezogen werden, darf ich den Küchenchef um den Speiseplan bitten, der im besten Fall bereits am Freitag der Vorwoche in der Einrichtung ist. Besonders leicht und unkompliziert funktioniert dies per E-Mail. Wenn die Möglichkeit besteht, ist es wertvoll, mit dem zuständigen Koch zu besprechen, wie der Speiseplan sich zusammensetzt. Wird die Kinderbildungs- und Betreuungseinrichtung beispielsweise von einer Kantine oder dem Altersheim beliefert, gestaltet sich die Absprache schwieriger oder ist fast gar nicht möglich. Hier gilt es trotzdem, immer wieder Rücksprache zu halten und Vorschläge auf Grund von gemachten Erfahrungen einzubringen.

  Der Speiseplan kann wöchentlich variieren, sich aber auch mit genügend Abstand (ca. 4-6 Wochen) wiederholen. Dies spart Zeit, da die Speisepläne nur einmal ausgearbeitet werden müssen.

  Eine nette Alternative zu einem A4 Blatt bietet eine kleine, liebevoll gestaltete Tafel, auf die mit Kreide geschrieben werden kann, was es heute zu Essen gibt.

  Diese Aufgabe kann wunderbar an eine KollegIn delegiert werden, die sich verlässlich darum kümmert.

  Wird das Essen in der Einrichtung zubereitet, ist die Erstellung des Speiseplans Aufgabe jener MitarbeiterIn, die als AssistentIn und Köchin oder ausschließlich als Köchin beschäftigt ist.

  In diesem Fall ist die kindgerechte Ernährung besonders gut umsetzbar, da auf Vorlieben und Wünsche der Kinder eingegangen werden kann.

  In allen Fällen gilt: ein gesundes, abwechslungsreiches, hochwertiges und schmackhaftes Essen ist Grundlage einer ausgewogenen Ernährung und der Entwicklung eines gesunden Essverhaltens.

– **Koordination des Einkaufs**
  Wird das Essen, sprich die Jause und/oder das Mittagessen, in der Einrichtung zubereitet, gilt es, den Einkauf der Lebensmittel zu koordinieren. Die-

ser kann von einer KollegIn durchgeführt werden. Wichtig ist aus rechtlichen Gründen, dass der Einkauf in der Dienstzeit erledigt wird. Um die Abrechnung zu erleichtern, kann dieser, falls vorhanden, mit Bankomat Karte bezahlt werden.

Eine weitere Möglichkeit bestünde darin, die Essensbestellung telefonisch mit einem Supermarkt oder regionalen Anbietern zu koordinieren, der den Einkauf der Einrichtung (frei Haus) zustellt. Vor allem im städtischen Bereich klappt das sehr gut. So müssen die Lebensmittel in der Einrichtung nur noch eingeräumt werden.

Ist die Einrichtung klein und der Weg zum Supermarkt oder zum regionalen Anbieter nicht so weit, kann die KollegIn, die ihn durchführt, ein Kind zum Einkaufen mitnehmen. Dies schafft Transparenz und ist für das Kind ein „High Light". Besonders Einrichtungen, die am Nachmittag nicht viele Kinder betreuen, können diese Möglichkeit nutzen.

Für jene, die einen Garten haben, wäre es für die Kinder spannend und auch zweckmäßig, Gemüse und Obst zum Teil selbst anzubauen.

– **Hygienebestimmungen bei der Verpflegung**
Egal ob die Mahlzeiten im Haus zubereitet werden, oder ob das Essen geliefert wird, die Hygienebestimmungen des Gesundheitsamtes sind unbedingt zu beachten. Für Speisen, die zum Verzehr im heißen Zustand bestimmt sind, muss es eine Möglichkeit geben, das Essen warm zu halten. Um die Kerntemperatur messen zu können, müssen auch Temperaturfühler vorhanden sein.

Wird das Essen im Haus zubereitet, gibt es zusätzliche Hygienebestimmungen, die Ausstattung und Einrichtung der Küche betreffend. Hier macht es Sinn, sich beim Gesundheitsamt zu erkundigen, welche Auflagen zu erfüllen und einzuhalten sind.

In beiden Fällen sind auch die Reinigungsvorschriften mit Reinigern und Desinfektionsmitteln, sowie die Aufbewahrung von Lebensmitteln im Kühlschrank unbedingt zu beachten, um beim nächsten Besuch der „Gesundheitspolizei" unangenehme Folgen zu vermeiden.

– ***Beiträge einheben***
In jeder Kinderbildungs- und Betreuungseinrichtung entstehen verschiedene Kosten. Neben dem monatlichen Betreuungsbeitrag und den Kosten für Jause und/oder Mittagessen, werden Materialgeld oder Bastelgeld, sowie Beträge für diverse Ausflüge, Exkursionen oder Events eingehoben. Wie bereits in „Abrechnung – Netbanking und Bargeld" beschrieben, gibt es neben der klassischen Methode Beiträge bar einzuheben, auch die Möglichkeit der bargeldlosen Einhebung über ein Einrichtungs- oder Trägerkonto. Hier haben die Eltern die Möglichkeit, via Netbanking oder Erlagschein, bei gewissen Beiträgen auch via Dauerauftrag, Geld zu überweisen.

Auch eine Kombination der Varianten ist möglich. So können zum Beispiel monatliche Betreuungsbeiträge per Dauerauftrag abgewickelt werden, Kosten für beispielsweise den Fotografen als einmalige Überweisung und die Kosten für die Exkursion zum Zahnarzt bar eingehoben werden. Wichtig ist, dass im Falle von Bargeld, dieses in einer zu verschließenden Kassa in einem zu verschließenden Schrank aufbewahrt wird und nie zu viel Bargeld in der Einrichtung ist. Außerdem ist in diesem Fall eine monatliche Kassaprüfung erforderlich, um einen Überblick über die Finanzen zu haben.

Bei einer Kombination der Varianten kommt hinzu, dass die Bareinlagen im Haus immer mit jenen am Konto abgeglichen werden und korrekt sein müssen. Dies erfordert einen Mehraufwand am Monatsende.

– ***Formblätter verwalten (Kinderblätter)***
In Kinderbildungs- und Betreuungseinrichtungen gibt es eine Vielzahl von Formblättern (Kinderliste, Anwesenheitsliste, Einschreibungsdatenblatt, Blatt für Kaliumjodid Tabletten, Betreuungsvertrag, …). Diese müssen sachrichtig und sinnvoll verwaltet werden.

Am besten ist, wenn ich mir für diverse Themen verschiedene Ordner herrichte, die ich mit dem jeweiligen Titel versehe. Im Ordner kann ich mit verschiedenen Ordnungssystemen arbeiten – zum Beispiel nach Betreuungsjahr, nach Alphabet oder nach Farben. Sinnvoll ist, wenn im Ordner als erstes Blatt eine Übersicht dessen ist, was genau sich darin befindet.

So könnte beispielsweise ein Ordner aussehen:

- Beschriftung außen: Gruppe „Igel“
- Gewähltes Ordnungssystem – alphabetisch
  - Die Blätter werden alphabetisch nach den Nachnamen der Kinder eingeordnet und durch große Trennblätter für den jeweiligen Buchstaben und kleine Trennblätter für jedes Kind, unterteilt
- Inhalt – Deckblatt im Ordner:
  - Kopiervorlagen aller beinhalteten Formulare
  - Datenblätter des laufenden Betreuungsjahres
  - Für jedes Kind
    - Betreuungsvertrag
    - Formular – Kaliumjodidtabletten
    - Dokumentation geführter Elterngespräche
  - Im Anhang – Datenblätter vergangener Jahre, chronologisch eingeordnet

Dieses Ordnungssystem kann für nahezu alle administrativen Bereiche (Gruppenmappen, Vorbereitungsmappen, Abrechnungsmappen, Sammelmappen …) angewandt werden, erfordert aber vorab etwas Zeit, um sie vorzubereiten und einzurichten. In der direkten Arbeit erspare ich mir dafür viel Zeit und Energie. Dazu kommt, dass ich Daten, Informationen oder Telefonnummern schnell griffbereit habe und nicht suchen muss.

- ***Urlaubseinteilung – Koordination der Aushilfen***

  Es gibt mittlerweile viele Einrichtungen, die ganzjährig geöffnet sind. In solchen Fällen hat das Personal, wie in anderen Branchen auch, 5 Wochen Urlaub pro Jahr, die sinnvoll für die Einrichtung und die MitarbeiterIn eingeteilt werden sollen. In den meisten dieser Einrichtungen koordiniere ich als LeiterIn meine eigenen Urlaube und die meiner MitarbeiterInnen. In manchen Fällen müssen die Urlaube noch vom Träger bestätigt werden.

  Längere Urlaube sollten bereits ein halbes Jahr im Vorfeld in einer Teamsitzung besprochen werden. So können Überschneidungen vermieden werden und ich kann mich bereits darauf vorbereiten und darauf einstellen, dass in dieser Zeit eine Person weniger, oder eine Aushilfskraft im Haus ist. Kurzurlaube oder einzelne freie Tage können auch spontan zugestanden werden. Wichtig ist, dass im Regelfall nicht zwei Personen derselben Gruppe im Urlaub sind und dass LeiterIn und LeiterIn Stellvertreterin nicht gleichzeitig außer Haus sind. Urlaube sind am leichtesten dann einzuteilen, wenn durch Feiertage oder Ferienzeiten der Schulen, weniger Kinder in der Einrichtung sind.

  Sollte der Urlaub normal unter dem Jahr konsumiert werden, muss darauf geachtet werden, dass der Betreuungsschlüssel und die Kinderzahl übereinstimmen. Dies wird in vielen Fällen nicht ohne eine Aushilfskraft möglich sein.

  Bei Aushilfskräften sind folgende Dinge zu beachten:

  - Die Qualifikation der Vertretung sollte der Qualifikation der KollegIn entsprechen, die im Urlaub ist, zum Beispiel eine Kindergartenpädagogin für eine Kindergartenpädagogin.
  - Die Aushilfskraft sollte den Dienst der KollegIn zur Gänze übernehmen und abdecken können.
  - Voraussetzung ist, dass die Aushilfskraft mit dem Ablauf und den Gepflogenheiten im Haus sowie den Aufgaben der KollegInnen vertraut ist und dass sie auch für die Kinder keine fremde Person ist.

- ***Krankenstände***

  Wird eine MitarbeiterIn krank, so ist es möglich, über einen kurzen Zeitraum, diesen Ausfall zu überbrücken. In jedem Fall muss aber eine Krankmeldung vom Arzt (je nach Träger bereits am ersten, oder erst ab dem 3. Tag des Krankenstandes) an den Träger schriftlich ergehen.

  Für die Sicherheit und Qualität in der Einrichtung ist es allerdings ratsam, den Dienst der KollegIn im Krankenstand mit einer Aushilfskraft abzudecken!

  Dies kann mit oder über den Träger, oder durch dich alleine koordiniert werden (Telefonliste der Aushilfskräfte). In jedem Fall ist aber eine Meldung an den Träger wichtig, damit er die Aushilfskraft für den Tag/die Tage anmelden und versichern kann.

  Grundsätzlich gilt: Je früher ich einer Aushilfskraft Bescheid geben kann, umso besser.

– ***Einschreibung***

Es gibt verschiedene Möglichkeiten der Aufnahme neuer Kinder mit ihren Eltern in die Kinderbildungs- und Betreuungseinrichtung. Hier gilt es wie so oft, sich gut mit dem Träger abzusprechen.

Einige Möglichkeiten für die Reihung wären:

– Geburtsdatum des Kindes
– Datum der Anmeldung
– Vorzug für Kinder, deren Eltern in einer Firma arbeiten, die als Kooperationspartner auftritt
– Nach Ortszugehörigkeit
– Nach Berufstätigkeit der Eltern
– Danach, ob die Mutter/der Vater allein erziehend ist
– Danach, ob bereits Geschwisterkinder die Einrichtung besuchen

Das Anmeldegespräch/die Einschreibung kann von dir in deiner Einrichtung an einem bestimmten Datum oder aber über das gesamte Jahr stattfinden. Manche Träger (zumeist im privaten Sektor) bevorzugen es, die Einschreibung selbst durchzuführen, um ebenfalls mit den Eltern in Kontakt zu treten. In diesem Fall obliegt die Koordination zum Teil, oder auch gar nicht, dir.

Solltest du die Einschreibung/das Anmeldegespräch durchführen, ist es professionell, Elternmappen mit allen Unterlagen vorzubereiten. Sie können folgende Informationen enthalten:

– Den Betreuungsvertrag in zweifacher Ausführung, einmal für die Einrichtung und einmal für die Eltern;
– Gegebenenfalls einen Erlagschein für die Kaution (So kann ich sichergehen, dass der Platz auch tatsächlich in Anspruch genommen wird bzw. dass ich eine Entschädigung erhalte, sollte der Platz doch nicht gebraucht werden.);
– Eine Erstinformation für die Eltern – was brauchen wir;
– Das pädagogische Konzept – was ist uns in der Einrichtung wichtig, wie arbeiten wir;
– Vorlagen, wie zum Beispiel das Blatt für die Kalium Jodid Tabletten;
– Die Kindergarten- oder Krippenordnung;

Ein paar Tipps für eine gelungene Durchführung eines Anmeldegesprächs:

– Vereinbare mit den neuen Eltern einen Termin außerhalb deiner Kinderdienst-Zeit.
– Bitte die Eltern, das Kind mitzubringen, um es kennen zu lernen.
– Wähle einen passenden Raum aus – eventuell das LeiterInnenbüro, das Personalzimmer, bei Platzmangel auch einen Gruppenraum.
– Schaffe eine angenehme Atmosphäre für das Gespräch.
– Nimm dir ca. eine halbe bis eine Stunde Zeit für das Gespräch mit den neuen Eltern und gib ihnen das Gefühl, erwünscht und willkommen zu sein.
– Geh mit ihnen die Unterlagen genau durch, damit keine Missverständnisse aufkommen.

- Lass Platz für die Fragen der Eltern.
- Wenn möglich, zeige den Eltern die Einrichtung und erkläre vor Ort nochmals Dinge, die dir und deinem Team wichtig sind, oder verweise auf einen „Tag der offenen Tür".
- Biete eventuell einen Schnuppertag an, an dem die Eltern und das Kind die Einrichtung und auch das pädagogische Fachpersonal kennen lernen können.
- Kläre die Eltern dahingehend auf, wie groß die Wahrscheinlichkeit ist, dass sie einen Platz für ihr Kind bekommen und biete gegebenenfalls gute Alternativen an.

Die Gruppeneinteilung für das kommende Jahr kannst du selbst vornehmen. Wenn du möchtest, kannst du die Wünsche deiner KollegInnen berücksichtigen. In manchen Einrichtungen bestimmt der Träger über die Gruppeneinteilung.

- ***Koordination des Reinigungsteams – der Reinigung***

Wie wichtig Hygiene in Kinderbildungs- und Betreuungseinrichtungen ist, ergibt sich aus der Sache selbst. Aus diesem Grund ist auch die Reinigung ein wesentlicher Bestandteil qualitätsvoller Arbeit mit Kindern.

Manche Einrichtungen sind in der glücklichen Lage, eine Reinigungskraft oder gar ein Reinigungsteam zu beschäftigen. In diesem Fall obliegt mir als LeiterIn ausschließlich die Kontrolle und Koordination der anfallenden Tätigkeiten.

Ist es trotzdem noch üblich, dass das pädagogische Fachpersonal die Reinigung übernimmt, so ist es meine Aufgabe als LeiterIn, die Tätigkeiten gut zu verteilen, Zuständigkeiten abzuklären, und ebenfalls die geleistete Arbeit von Zeit zu Zeit zu kontrollieren, gegebenenfalls Rücksprache mit der zuständigen MitarbeiterIn zu halten und gemeinsam zu reflektieren, in bestimmten Fällen auf Dinge aufmerksam zu machen oder zu korrigieren.

• ***Qualitätserhebung***

Eine Qualitätserhebung ist aus mehreren Gesichtspunkten sinnvoll:

- Die Eltern fühlen sich wertgeschätzt, weil dir ihre Meinung wichtig ist.
- Du kannst erkennen, wo die Schwerpunkte und Interessen der Eltern liegen.
- Du kannst herausfinden, ob die geleistete Arbeit für die Eltern transparent und nachvollziehbar ist.
- Du kannst deine Arbeit mit den Wünschen und Erwartungen der Eltern abgleichen und diese eventuell zukünftig berücksichtigen.
- Du transportierst, wie vielfältig die Aufgaben einer Kinderbildungs- und Betreuungseinrichtung sind und welch hoher Stellenwert eurer Arbeit zukommt.
- Im Fall privater Einrichtungen: du bleibst wettbewerbsfähig und schaffst dir über qualitätsvolles Arbeiten einen „Kundenstamm", der das Bestehen deiner Einrichtung sichert.

Die Kriterien einer Qualitätserhebung und deren Frequenz (jährlich, halbjährlich, vierteljährlich) können vom Träger vorgegeben sein oder von mir selbst festgelegt werden. Im zweiten Fall kann ich mit meinem Team beratschlagen, was wir gerne von den Eltern wissen möchten und wie wir die Erhebung gestaltet.

– ***Jahresrückblick – Chronik***
Sie kann mit Fotos, Texten usw. gestaltet werden und schafft einen Überblick, was in der Einrichtung mit den Kindern geleistet und erlebt wurde und ist eine positive und wertschätzende Methode der Dokumentation.

– ***Dienstplan – Diensteinteilung***
Je nach Träger gibt es bereits einen festen Dienstplan, oder es obliegt dir, einen Dienstplan zu entwickeln. In diesem Fall gibt es einige Dinge zu beachten:

– Die genauen Aufgaben und die dafür vorgesehen Zeiten müssen aufgelistet werden. Ein Beispiel:

Anna	Kinderdienst 8:00-13:00	Mittagessen mit den Kindern	Pause 13:00-13:30	Vorbereitungszeit 13:30-14:30

– Es muss klar ersichtlich sein, wann es sich um Kinderdienstzeiten und wann um Vorbereitungs- oder Bürozeiten handelt.
– Der Betreuungsschlüssel muss unter allen Umständen stimmen.
– Mittagspausen müssen aufgelistet und eingehalten werden.
– Dienste sollten im Normalfall nicht länger als 10 Stunden pro Tag dauern.
– Die Öffnungszeiten müssen mit dem vorhandenen Personal und in Hinblick auf die Kinderzahlen adäquat abgedeckt werden.

Als Tipp – Dienstplan Tabellen lassen sich am PC wunderbar mit Excel bearbeiten und beliebig verändern.

– ***Koordination der Einkäufe***
Je nach Budget können verschiedene Einkäufe von mir oder meinen MitarbeiterInnen getätigt werden: Lebensmittel, Spiel- und Bastelmaterial, Bücher etc. Wichtig ist, vorab zu klären, wer was in welchem Rahmen einkaufen darf. Hier kommt es natürlich ganz auf die MitarbeiterIn und ihr Verantwortungsbewusstsein und ihren Weitblick an. MitarbeiterInnen, die gerne etwas mehr kaufen möchten, sollte ein Einkaufsrahmen gesetzt werden. Wenn ich lieber einen genauen Überblick über das habe, was gekauft wird, ist es ratsam, dass MitarbeiterInnen nur dann etwas einkaufen dürfen, wenn sie es vorab mit mir als LeiterIn besprechen. Um nicht in den „Kaufrausch“ zu verfallen, sind Einkaufslisten sinnvoll, die abgearbeitet werden können.

Wichtig ist in jedem Fall, immer auf das zur Verfügung stehende Budget zu achten und dieses nicht zu überschreiten!

– ***Koordination der Zusatzangebote***
In einigen Kinderbildungs- und Betreuungseinrichtungen gibt es Zusatzangebote über Externe, die ins Haus kommen, wie musikalische Früherziehung,

Rhythmik, Turnen und Bewegen, Zumba, Early English und vieles mehr. Meine Aufgabe als LeiterIn ist es, diese Angebote zu koordinieren und so unterzubringen, dass der normale Ablauf in der Einrichtung nicht gestört ist. Das heißt Koordination der Uhrzeit und der Räumlichkeiten.

Vorab ist natürlich abzuklären, welche Angebote die Eltern für ihre Kinder wünschen und was sich aufgrund der Rahmenbedingungen ermöglichen lässt.

Grundsätzlich bietet sich der Nachmittag für Zusatzangebote an, da nicht so viele Kinder da sind wie am Vormittag und der Ablauf am Vormittag nicht zu oft verändert werden muss. Außerdem ist die Koordination der Räumlichkeiten am Nachmittag leichter.

Wichtig ist, die Kinder der Einrichtung nicht mit Zusatzangeboten zu überhäufen und zu überfordern. Zusatzangebote finden immer auf freiwilliger Basis statt und brauchen die Mitarbeit der Eltern (wenn die Kinder zum Beispiel am Nachmittag nochmals extra in die Einrichtung gebracht werden müssen, um am Zusatzangebot teilnehmen zu können).

- **Elternarbeit**
  Elternarbeit ist ein entscheidender Punkt in der Arbeit mit Kindern, da sich im besten Fall die Erziehung zu Hause mit jener in der Kinderbildungs- und Betreuungseinrichtung ergänzt. Um diese Erziehungspartnerschaft gut umzusetzen, sind in diesem Bereich immer wieder Akzente zu setzen:
  - ***Elterngespräche***
    Sie werden im Regelfall von der jeweiligen pädagogischen Fachkraft geführt, die das Kind am besten kennt und betreut.

    Wie Elterngespräche geführt werden, kann ich als LeiterIn vorgeben, oder aber gemeinsam mit meinen KollegInnen ein Konzept entwickeln, das allen Beteiligten entspricht, wertschätzend und respektvoll ist.

    Die Gespräche sollen in der Dienstzeit und außerhalb des Kinderdienstes in angemessener Atmosphäre stattfinden. Hier eignet sich ein Besprechungszimmer oder auch das Personalzimmer gut.
  - ***Elternabende***
    Im Regelfall gibt es zwei verpflichtende Elternabende pro Jahr, wobei es auch mehr sein dürfen. Wie ein Elternabend gestaltet wird, kann ich mit meinen KollegInnen besprechen. Er kann beispielsweise zur Information, zur Gemeinschaftsbildung, als Bastelabend oder mit einer ExpertIn zu einem bestimmten Thema gestaltet werden.
  - ***Elternbeirat***
    In machen Einrichtungen gibt es einen Elternbeirat, der das Geschehen in der Einrichtung bis zu einem gewissen Grad mitbestimmen kann und als Vertretung der Elternschaft fungiert. So können Wünsche der Eltern an mich als Leitung oder an den Träger herangetragen werden. Elternbeiratssitzungen finden mehrmals im Jahr statt und werden von dir als LeiterIn und einer Vertretung

der Trägerschaft in der Einrichtung abgehalten. Sie sind ein wichtiges Kommunikationsmittel und dienen der Kooperation.

– ***Elternbefragungen – Evaluierungen – Qualitätserhebungen***
Sie können zum einen die Qualität der geleisteten Arbeit verbessern, oder aber der besseren Koordination dienen (siehe Qualitätserhebung).

Durch eine Evaluierung kann ich zum Beispiel erfragen, wie viele Kinder an einem Fenstertag die Einrichtung besuchen. Dazu kann ich Vorab eine Liste aushängen, in die sich jene Eltern eintragen, die Betreuungsbedarf für ihr Kind haben. Ein Beispiel:

NAME:	**28.12.**	**29.12.**
Katja	7:00-14:30	–
Simon	–	8:00-12:00
Renate	–	–
Ernst	8:00-12:00	8:00-16:00

Je nach Anzahl der zu betreuenden Kinder und nach Betreuungsdauer, kann ich Raum für meine KollegInnen und mich schaffen, um besondere Aufgaben zu erledigen, für die sonst kaum Zeit ist, oder aber ich kann, ohne eine Aushilfskraft in Anspruch nehmen zu müssen, einer oder mehreren MitarbeiterInnen einen Urlaubstag oder Zeitausgleichstag ermöglichen. Evaluierungen dieser Art sind effizient und effektiv und können für ganzjährige Einrichtungen für Fenstertage, Feiertage, Ferienzeiten der Schulen im Umkreis oder die Sommerbetreuung genutzt werden.

- **Supervision und Coaching**
  Supervision (für das Team) und Coaching (für Einzelpersonen, insbesondere Führungskräfte) helfen, Aufgaben besser lösen zu können, neue Wege zu finden, Ziele zu formulieren und nicht aus den Augen zu verlieren. Sie steigern außerdem die Kommunikation und Interaktion derer, die in der Einrichtung arbeiten. Ob und wie oft sie stattfinden, kann individuell festgelegt werden.

Zu den hier aufgezählten Aufgaben und Tätigkeiten gehören noch Aufgabenbereiche wie „Öffentlichkeitsarbeit“, „Gestalten von Mitarbeitergesprächen“ oder „Qualitätsmanagement“, die in anderen Kapiteln dieses Bandes ausführlich behandelt werden.

Betrachte ich nun diese Auflistung, kann das Gefühl aufkommen, unendlich viele Dinge erledigen zu müssen. Aber keine Sorge, hierbei handelt es sich um eine Auswahl an Tätigkeiten, die meine Koordination unterstützen sollen und eine klare Strukturierung ermöglichen. Meine Aufgabe ist es nun, je nach Zeit, die Aufgaben zu wählen, die für mich am sinnvollsten, gewinnbringendsten und grundsätzlich machbar sind. Viele Dinge sind Zusätze, die die Qualität steigern, bei Zeitmangel aber vernachlässigt werden können. Es ist wichtig, mich nicht überfordern zu lassen, sondern in den angeführten Möglichkeiten eine tolle Chance zur Verbesserung meiner Struktur, zur Klärung von Aufgabenfeldern und zur Steigerung der Qualität in meiner Bildungs- und Betreuungseinrichtung zu sehen. Dadurch lassen sich viele Dinge auch vor dem Träger leichter begründen und erklären, da adäquater Einblicke in die vielfältige Arbeit einer LeiterIn ermöglicht werden. Außerdem darf ich aus Erfahrung sagen, dass sich bei guter Organisation sehr Vieles managen lässt.

Literaturverzeichnis

Bostelmann, Antje (2008). Das Portfolio Konzept für die Krippe. Verlag an der Ruhr.

Bostelmann, Antje (2007). Das Portfolio-Konzept für Kita und Kindergarten: 3-6 Jahre. Verlag an der Ruhr.

Bostelmann, Antje (2008). Das Portfolio Konzept für die Kita und Kindergarten: 3-6 Jahre. Verlag an der Ruhr.

Groot-Wilken, Bernd (2007). Bildungsprozesse in Kindergarten und Kita: beobachten, dokumentieren, planen: Beobachten – dokumentieren – planen. Mit Checklisten und Kopiervorlagen. Herder Verlag.

Held, Nina/ Sander, Kasia (2010). Spielanlässe zur Erstellung von Bildungsdokumentation. Spielerische Angebote für gezieltes Beobachten und Dokumentieren. Ökotopia.

Herder, Bernd Groot-Wilken/ Leslie, Warda (2007). Entwicklungsgespräche in Kindergarten und KiTa: vorbereiten, durchführen, dokumentieren. Herder Verlag.

Thierling-Hellweg, Elke (2007). Fähigkeiten wahrnehmen – Stärken stärken: Ein Hand(lungs)buch zur Erstellung von Bildungsdokumentationen im Kindergarten. Ökotopia.

6.3 *Aus der Praxis – Für die Praxis:* Selbst- und Zeitmanagement für Leitungen – Wie teile ich mir meine Zeit ein?

Maria Gritsch

Um effizient, also „wirksam“ und „wirtschaftlich“ arbeiten zu können ist eine gute Vorbereitung unerlässlich. Für LeiterInnen, deren Einrichtungen im Sommer geschlossen haben, bieten sich die letzten beiden Wochen vor der Wiedereröffnung an, um alle Vorbereitungen, egal ob schriftlich, in Form von Vorlageblättern oder räumlicher und struktureller Gestaltung, vorzunehmen. Für jene LeiterInnen, deren Einrichtungen auch im Sommer geöffnet haben, gilt es, den Gruppendienst so einzuteilen, dass sie selbst, wie auch ihre KollegInnen innerhalb der Öffnungszeiten im Sommer genügend Zeit und Raum haben, um sich, außerhalb des Kinderdienstes in der Vorbereitungszeit auf das kommende Bildungs- und Betreuungsjahr zu organisieren und zu strukturieren. Mappen, Vorlageblätter, Kopiervorlagen, Listen und vieles mehr können nämlich wunderbar vorab gestaltet, gedruckt und griffbereit hergerichtet und einsortiert werden. Wer nämlich gut vorbereitet startet, erspart sich unter dem Jahr viel Zeit und Nerven.

Sicher ist auch, dass für ein gutes und effizientes Zeitmanagement vorab die Frage geklärt werden muss, wie ich mich selbst am besten organisiere und manage, was für eine Rolle ich als LeiterIn einnehmen möchte und welche Werte auf meiner persönlichen Hitliste ganz oben stehen.

1 Ordnung ist das halbe Leben – welcher Typ bin ich?

Von persönlichen Werten zur Wertigkeit in der Arbeit

Gleich zu Beginn möchte ich festhalten, dass es „das Konzept“ oder „die Ordnung“ nicht geben kann, da viele Kriterien wie die eigene Persönlichkeit, Vorlieben und Werte, sowie die Branche, in der ich tätig bin, ein Ordnungskonzept beeinflussen und somit individuell machen. Zur Verdeutlichung und Anregung gebe ich einige Beispiele:

> „Gute Organisation bedeutet für mich Aufgaben abgeben zu können – zu delegieren.“ (*Susanne Pfandler; Gruppenführende Übungshort Pädagogin*) „Gut organisiert bin ich, wenn meine Gedanken, Ideen und Unterlagen gut geordnet und sortiert sind, wenn alles gut geplant und durchdacht ist und ich bei eventuellen Abweichungen gut improvisieren kann.“ (*Monika Sebernig; Diplompädagogin)*

Hieraus wird deutlich, wie unterschiedlich Organisation definiert werden kann. Trotzdem können wir aus diesen Zitaten einige wichtige Stichworte herausfiltern, die es uns ermöglichen, eine eigene Definition von Organisation und Zeitmanagement zu finden und ein persönliches Werte-Ranking zu erstellen, um unsere Zeit gewinnbringend einteilen zu können:

- Vorbereiten
- Nacharbeiten bzw. reflektieren
- Planen und Ideen entwickeln
- Delegieren und Arbeitsaufträge nach persönlichen Stärken erteilen
- Zeit und Zeitaufwand richtig einschätzen
- Ordnung und Struktur schaffen
- Kommunikation und Achtsamkeit leben
- Improvisation und Flexibilität leben

Welcher Typ bin ich?

Aufgrund der oben genannten Werte gilt es nun, eine persönliche Struktur zu schaffen, die mir schnelles und unkompliziertes Arbeiten ermöglicht.

Folgende Fragen können hilfreich sein:

- Arbeite ich gerne alleine?
- Ziehe ich KollegInnen gerne zu Rat?
- Delegiere ich gerne oder bin ich nur zufrieden, wenn ich die Arbeit selbst in die Hand nehme?
- Fällt es mir schwer, nein zu sagen?
- Kann ich einen PC sachrichtig und gewinnbringend bedienen, oder ist er für mich ein „Zeiträuber"?
- Brauche ich Zeit, um Entscheidungen zu überdenken oder kann ich spontan Dinge zu- und absagen?
- Brauche ich es klar strukturiert und aufgeräumt oder fühle ich mich in einem „lebendigen" Umfeld wohler?
- Wie gestalte ich mein Büro so, dass ich mich darin wohl fühle?
- Wann mache ich was?

2 Die Vorbereitungszeit

Um auf die letzte Frage „Wann mache ich was" gewinnbringend eingehen zu können, ist vorab zu klären, wie viel Vorbereitungszeit mein Bundesland für meine Arbeit, also auch Leitungsarbeit vorgesehen hat, welche Aufgaben laut Gesetzesblatt in meine Zuständigkeit fallen und was mein Träger von mir als LeiterIn erwartet. Auf den Homepages der Landesregierungen sind die rechtlichen Rahmenbedingungen einsehbar.

Wenn ich meine Rahmenbedingungen abgeklärt habe, kann ich nun damit starten, die anstehenden Aufgaben nach verschiedenen Gesichtspunkten zu strukturieren und so den ersten Baustein für ein gutes Zeitmanagement zu setzen.

Österreichweit können, durch unterschiedliche Bestimmungen, auf die ich im Folgenden genauer eingehen werde, auch Unterschiede in der Organisation, der Aufgabendichte und der Frequenz entstehen. Im öffentlichen Sektor reicht die Vorbereitungszeit einer KindergartnleiterIn, die auch im Gruppendienst tätig ist von 10 Stunden Vorbereitungszeit pro Woche in der Steiermark, zu 2,5 Stunden Vorbereitungszeitzeit plus 2 Leitungsstunden bei 1-2 gruppigen Häusern und 3 Leitungsstunden bei 3-5 Gruppen pro Woche in Kärnten. *(für Kärnten: Raunig Iris – E-Mail 2.8.2013; für die Steiermark: Cibinello Helene – E-Mail 9.8.2013)* .

Für öffentliche Kindergärten, die der MA 10 in Wien untergeordnet sind gilt:

„Die Anzahl der Vorbereitungsstunden für LeiterInnen entspricht jenen der Berufsgruppe der KindergartenpädagogInnen. Eine 40 Stunden Verpflichtung beinhaltet sechs Vorbereitungsstunden.“ *(Mag.a Christine Schwarzgruber; E-Mail vom 4.9.2013)*

Für öffentliche, sowie für private Kindergärten in Vorarlberg gilt:

„Den Leiterinnen (Leitern) von Ganztageskindergärten mit Mittagessen oder von mehrgruppigen Kindergärten ist zur Tragung des zusätzlichen, allenfalls gruppenübergreifenden Organisationsaufwandes die hiefür zusätzlich notwendige kinderdienstfreie Dienstzeit, die bei Kindergärten mit vier oder mehr Gruppen mindestens zwei weitere Dienststunden/Woche umfasst, zu gewähren.“ (*Dr. Rainer Forster; E-Mail vom 6.9.2013)*

Auch die Aufgaben, die in dieser Zeit zu erledigen sind, werden unterschiedlich definiert. So fallen zum Beispiel in Kärnten vorwiegend „... die schriftliche Arbeitsvor- und Nachbereitung im Bereich der Erziehungs- und Bildungsarbeit“ *(Raunig Iris, E-Mail vom 2.8.2013)* in die Vorbereitungszeit, wohingegen die Aufgaben in der Steiermark wie folgt detailliert aufgelistet werden:

- „Planung, Beobachtung und Reflexion der Bildungsarbeit (schriftlich und praktisch)
- Entwicklung der pädagogischen Konzeption
- Teambezogene Aufgaben (beispielsweise Teilnahme an Dienstbesprechungen)
- Fortbildung
- Betriebsbezogene Aufgaben (beispielsweise Führen von Protokollen, Besuchsnachweisen, Standesblättern)
- Kooperation mit Eltern, NetzwerkpartnerInnen, Behörden)“ *(Cibinello Helene; E-Mail vom 9.8.2013)*

In Salzburg werden die Aufgaben wie folgt beschrieben:

„Die Vorbereitungszeit beinhaltet die Vor- und Nachbereitung der Bildungsarbeit, Elterngespräche und deren Vorbereitung, Verwaltungsaufgaben, schriftliche Arbeitsdokumentation, Team- und Dienstbesprechungen...“ *(Berktold Maria; E-Mail vom 7.8.2013).* Für das Burgenland gilt: „In der Vorbereitungszeit sind folgende Aufgaben zu erledigen:

- Schriftliche Vorbereitung für die Gruppenarbeit bzw. gruppenübergreifende Arbeit – Reflexion
- Lesen von Fachliteratur
- Besorgungen für die Gruppenarbeit
- Einkäufe
- Teilnahme an Teambesprechungen
- Überarbeiten der Konzeption
- Abrechnung der Essenbestellungen pro Kind
- Überarbeiten des Entwicklungsbogens für jedes Kind
- Zusammenarbeit mit den Eltern, den Erziehungsberechtigten und dem Kindergartenerhalter (Aufnahmegespräche, Elternabende, Elternbriefe und Organisatorisches …).
- Planung einer individuellen Pädagogik und Konzeption des Kindergartens
- Organisation der administrativen Aufgaben in der Kinderbetreuungseinrichtung
- Gewährleistung und Kontrolle der Bildungsarbeit nach erprobten Methoden der Kleinkindpädagogik (bei Kindergartenpädagoginnen und Kindergartenhelferinnen) und Überprüfung der Vorbereitungen und Reflexion der Kindergartenpädagoginnen
- Durchführung regelmäßiger Dienstbesprechungen mit den Kindergartenpädagoginnen unter fallweiser Beiziehung des übrigen Personals (Helferin, Raumpflegerin, …) mit anschließendem Protokoll zu den unterschiedlichen Schwerpunkten wie
  - Besprechung der pädagogischen Arbeit und Reflexion
  - Elternarbeit und Schwierigkeiten
  - Überlegungen zur Großplanung (für ca. zwei Monate)
  - Planung von Festen Elternabenden und sonstigen Veranstaltungen
- Informationspflicht gegenüber dem Kindergartenerhalter bezüglich der Belange der Kinderbetreuungseinrichtung (Erkrankung des Kindergartenpersonals bzw. sonstiger Abwesenheit, notwendiger Anschaffungen…)
- Verwaltung der monatlichen Abrechnung der Elternbeiträge, des Handgeldes usw.
- Koordination bzw. Erstellen eines Dienstplanes für die Kindergartenpädagoginnen und Helferinnen
- Koordination der Arbeit bei mehrgruppigen Kinderbetreuungseinrichtungen zwischen den Gruppen
- Einhaltung der Ordnung und Sauberkeit in allen Gruppen (Anweisung zur Reparatur von beschädigtem Spielmaterial)
- Kontrolle über den Zustand der Klettergeräte und Schaukeln sowie aller Gartengeräte und Sandkisten (mindestens einmal im Jahr Austausch des Sandes)
- Kontakt zur Volksschule pflegen“

(Berlakovich Kornelia, E-Mail vom 8.10.2013)

Für eine LeiterIn im Burgenland bedeutet dies in Bezug auf Zeitmanagement folgendes: „Bei einer 100 % Beschäftigung sind das 32 Kinderdienststunden und

8 Stunden Vorbereitungszeit pro Woche, zusätzlich hat die Leiterin pro Gruppe 1 Leiterinnenstunde pro Woche weniger Kinderdienst, also Zeit für Bürotätigkeit." (*Berlakovich Kornelia, E-Mail vom 8.10.2013).* Im privaten Sektor können die Regelungen vom öffentlichen Bereich abweichen, wobei die Bestimmungen beispielsweise in Kärnten, Vorarlberg und in der Steiermark für den öffentlichen, sowie für den privaten Bereich gelten, und sich in Salzburg „... private Träger meist an den Regelungen für öffentliche Träger orientieren." *(Berktold Maria; E-Mail vom 7.8.2013).* Für Wien gilt „Private elementare Bildungs-Betreuungseinrichtungen haben diesbezüglich eigene, mitunter sich unterscheidende, Bestimmungen.*"(Mag.a Christine Schwarzgruber; E-Mail vom 4.9.2013),* im Gegensatz zu öffentlichen Einrichtungen, die der MA 10 unterstellt sind.

In Bezug auf Freistellungen für die Leitungstätigkeit gilt beispielsweise ...

... für Wien im öffentlichen Bereich:

„Die Kindergartenleitung hat grundsätzlich keine volle Kinderdienstzeit. Das Ausmaß der Kinderdienststunden ist von der Gruppenanzahl eines Kindergartens abhängig.

Je mehr Gruppen ein Kindergarten hat, desto weniger Kinderdienststunden sind von der Kindergartenleitung zu leisten.

Sind in Kindergärten Integrationsgruppen und/oder heilpädagogische Gruppen vorhanden, werden zusätzliche Kinderdienststunden für Leitungstätigkeiten abgezogen. Abhängig von der Standortgröße und Gruppenform können Kindergartenleitungen demnach vom Kinderdienst auch völlig freigestellt sein." *(Mag.a Christine Schwarzgruber; E-Mail vom 4.9.2013)*

... für Kärnten:

„Eine generelle Freistellung der Leiterin obliegt dem jeweiligen Träger eines Kindergartens und ist gesetzlich nicht verankert." *(Raunig Iris; E-Mail vom 2.8.2013)*

... für Salzburg:

„Freistellung ab 6 Gruppen." *(Berktold Maria; E-Mail vom 7.8.2013)*

... für das Burgenland:

„Derzeit haben wir im Burgenland keine Möglichkeit einer freigestellten Leitung." (*Berlakovich Kornelia, E-Mail vom 8.10.2013)*

... für die Steiermark:

„ErhalterInnen von Kinderbildungs- und Betreuungseinrichtungen können die LeiterIn von der Gruppenführung freistellen um mit organisatorischen und administrativen Aufgaben der Leitung betrauten." *(Cibinello Helene; E-Mail vom 9.8.2013)*

Ebenso klar ist, dass eine LeiterIn mit 10 Vorbereitungsstunden mehr administrative Arbeit leisten kann, also eine LeiterIn mit weniger Vorbereitungsstunden. Hier gilt es, sich „nach der Decke zu strecken" und abzuarbeiten, was wirklich notwendig ist, um den Betrieb der Kinderbildungs- und Betreuungseinrichtung aufrecht zu erhalten, wie Abrechnungen, Einheben von Beiträgen, allem Voran natürlich die Vorbereitung und Reflexion der Arbeit mit den Kindern. Tätigkeiten zur Steigerung der Qualität, wie regelmäßige MitarbeiterInnengespräche, Teamsitzungen, Qualitätserhebungen, Elternaktivitäten, um nur einige Beispiele zu nennen, können weniger oft durchgeführt werden, als es in anderen Fällen möglich ist. Eine gute Einteilung ist hier gewinnbringend und hilfreich, um eine klare Struktur zu schaffen.

3 Strategien entwickeln – Strukturen schaffen

Hier sind einige Möglichkeiten nach denen ich meine zu erledigenden Aufgaben strukturieren kann:

- Frequenz – Häufigkeit
  - Täglich, wöchentlich, monatlich …
- Zuteilungen – bilde Aufgabengruppen
  - Organisation, Administration, PC, Team, Eltern, Vorbereitung, Reflexion …
- Dringlichkeit
  - Ampelsystem (Ausführung dazu siehe Punkt 7.2.3.1)
- Differenzierung – Schlüsselfragen
  - Was muss ich machen?
  - Was kann ich machen?
  - Was will ich machen?
  - Aufgabenverteilung nach Kompetenzen
    - Reflexion und Nachbearbeitung
    - NEIN sagen als Handlungskompetenz

4 Dienstplan, „Homeoffice“ und Burn out

Um qualitativ hochwertige Arbeit zu leisten, muss ich meine Zeit gut einteilen. Hier ist natürlich wieder auf die Gesetzgebung Rücksicht zu nehmen und im vorgegebenen Rahmen zu planen und zu strukturieren. Trotz allem gilt als oberstes Gebot, die Kinderstunden und Leitungsstunden sowie Vorbereitungszeit oder „Bürozeiten“ strikt zu trennen und zu nutzen. Dafür sind zum einen ein guter Dienstplan von besonderer Bedeutung und natürlich mein konsequentes Handeln. Werden Kinderstunden und „Bürozeiten“ nämlich vermischt passiert es häufig, dass sowohl das Eine als auch das Andere nur halb gemacht wird, da es auch als LeiterIn einer Kinderbildungs- und Betreuungseinrichtung nicht möglich ist, physisch und psychisch an zwei Orten gleichzeitig zu sein. Für Kärnten gilt außerdem in Bezug auf die Vorbereitungszeit „dass Vorbereitungszeiten außerhalb der Dienstzeit mit dem Dienstgeber abgesprochenwerden müssen.“ (Iris Raunig; E-Mail vom 6.2.2014).

Klar einzuteilen gilt auch für das „Arbeiten zu Hause“. In vielen Bundesländern ist es noch üblich, dass die so genannte „Vorbereitungszeit“ vollständig oder zum

Teil zu Hause also im „Homeoffice" genutzt werden kann. Hier wieder einige Beispiele:

In Salzburg:

„Mindestens die Hälfte der vom Kinderdienst frei bleibenden Zeit ist im Kindergarten zu verbringen." *(Berktold Maria; E-Mail vom 7.8.2013)"*

In Vorarlberg:

„Wo die Vorbereitungszeiten zu absolvieren sind, ist gesetzlich nicht vorgeschrieben." (*Dr. Rainer Forster; E-Mail vom 6.9.2013)*

In der Steiermark:

„Von 10 Vorbereitungsstunden pro Wochen sind mindestens 5 in der Einrichtung abzuleisten." *(Cibinello Helene; E-Mail vom 9.8.2013)*

Im Burgenland:

„Die Vorbereitungszeit kann derzeit zu Hause durchgeführt werden. Wenn es die Situation erfordert, kann diese aber auch zum Teil in der Kinderbetreuungseinrichtung absolviert werden. (ist aber eher selten der Fall!)" (*Kornelia Berlakovich, E-Mail vom 8.10.2013)*

Nachteil dabei ist, dass die Zeit zu Hause oft schnell vergeht und ehe man es sich versieht, hat man den ganzen Abend gearbeitet, anstatt Kraft zu tanken und sich zu erholen. Dabei ist zu bedenken, dass besonders in Zeiten von „Burn Out" diese Art der Organisation vermieden werden sollte. In einigen Einrichtungen ist es bereits Vorschrift, die Vorbereitungszeit im Haus zu verbringen. Ist dies nicht der Fall, so ist es zumeist kein Problem die Vorbereitungszeit „freiwillig" in der Einrichtung zu verbringen. Vorteil dabei ist, dass ich alles, was ich brauche vor Ort habe und somit die lästige und zeitaufwendige Schlepperei von Utensilien und Mappen zwischen Kinderbildungs- und Betreuungseinrichtung und zu Hause wegfällt.

Besonders gut finde ich persönlich Zeiterfassungssystem in Kinderbildungs- und Betreuungseinrichtungen, da klar erkennbar ist, wann welche Arbeit geleistet wurde und zu welchem Zweck Überstunden benötigt bzw. wann diese wieder abgebaut wurden. Dies führt zu Wertschätzung der geleisteten Arbeit auf der einen Seite und zu ausreichend Erholungsphasen zu Hause auf der anderen Seite.

5 Die räumlichen Strukturen – ein passender Raum für passende Tätigkeiten

Dass in einer Kinderbildungs- und Betreuungseinrichtung Gruppenräume, passende sanitäre Anlagen, ein Garten, ein Bewegungsraum und genügend adäquates Spielmaterial vorhanden sein müssen, wird sicher niemand in Frage stellen. So selbstverständlich sollten, wird die Arbeit der LeiterIn als wichtig, gewinnbringend und wertvoll angesehen, aber auch andere Räumlichkeiten wie ein LeiterInnenbüro oder auch ein Personalzimmer für Teamsitzungen, MitarbeiterInnengespräche oder Elterngespräche sein.

- Das LeiterInnenbüro
  Die Einrichtung und Gestaltung eines LeiterInnenbüros soll persönlich und individuell sein dürfen. Meistens sind die Grundausstattung und der Raum bereits vorgegeben. Trotzdem sind Möbel verstellbar und Räume gestaltbar. Dies darf ich als LeiterIn zu meinem Vorteil nutzen. Bilder, Fotos und vor allem ein, der Persönlichkeit der LeiterIn angemessenes Ordnungssystem sind Voraussetzung für effizientes Arbeiten und sinnvolle Nutzung der „Bürozeiten". Es ist wichtig, dass ich gerne in mein Büro gehe und mich dort wohl fühle und gut zurecht finde. Denn nur wenn ich weiß, wo ich was finde, kann ich schnell erledigen, was wichtig ist.
- Einige praktische Tipps zur Steigerung der Effizienz, die sich in meiner Praxis bereits bewährt haben:
  - **Verwende einen Standkalender**
    Um meine Zeit gut nutzen zu können, ist es wichtig zu wissen, wann was zu erledigen ist, wann welche Termine anstehen und wann für „Extras" wie MitarbeiterInnengespräche oder Elterngespräche Zeit bleibt. Auf einem Stehkalender lassen sich schnell und einfach Termine mit passender Zeitangabe eintragen. Steht der Kalender auf dem Schreibtisch, kann ich auch telefonisch Termine sofort zu- oder absagen. Außerdem weiß ich bereits am Montag, was mich in dieser Woche erwarten wird bzw. kann ich mich am Morgen darauf vorbereiten, was der heutige Tag an Fixpunkten bringen wird.

    Die Nutzung ist grundsätzlich individuell. Ich kann mir nur Termine eintragen, die außerhalb meiner Routine sind wie zum Beispiel Trägersitzungen, Feste oder Elterngespräche. Stehe ich aber am Anfang meiner LeiterInnen Karriere oder brauche ich eine klare Struktur, kann ich auch eintragen, wann ich zum Beispiel die Abrechnung mache, wann ich meine Zeit zur Vor- und Nachbearbeitung meiner pädagogischen Arbeit, von Elterngesprächen oder Teamsitzungen nutze.
  - **Arbeite mit einem Ampelsystem – was hat Vorrang**
    Ein Ampelsystem arbeitet mit den Farben ROT, GELB, GRÜN und funktioniert wie folgt: Die Termine, die ich auf meinem Kalender vermerke, werden mit jeweils einer, der drei Farben gekennzeichnet, wobei Termine, die unbedingt einzuhalten sind, oder Aufgaben, die keinen Aufschub dulden mit ROT gekennzeichnet oder in roter Farbe geschrieben werden. Aufgaben, die wichtig sind, aber eventuell noch etwas Aufschub zulassen, werden mit GELB gekennzeichnet und Bonusaufgaben, wie zum Beispiel „die Ordner neu einsortieren" oder „die Bücher einordnen" bekommen eine GRÜNE Markierung. Wie bei der Ampel werden irgendwann aus grünen Aufgaben gelbe und schlussendlich rot gekennzeichnete Dinge. So kann ich mir sicher sein, dass die zu erledigenden Aufgaben, je nach Dringlichkeit auf jeden Fall zum Abschluss gebracht werden.
  - **Platziere einen großen Jahresplaner an der Wand/Tür/Schranktür**
    Einige Firmen, die Fachartikel für Kinderbildungs- und Betreuungseinrichtungen verkaufen, schenken gerne Wandkalender. Manche gestalten diese be-

sonders praktisch, da sie im September des einen Jahres beginnen und im August des nächsten Jahres enden, also einem Betreuungsjahr entsprechen. Auf diesem Kalender kann ich für mich und meine MitarbeiterInnen vermerken, wann große Events, wie Feste, oder Aktivitäten stattfinden wie zum Beispiel: Laternenfest, Besuch des Nikolaus, Zahnprophylaxe, Skikurs, Schwimmkurs, ExpertInnenbesuch, Elternabend … So werden Terminkollisionen vermieden und es entsteht eine grobe Strukturierung des Jahres, die mir hilft, meine Zeit entsprechend der Events einzuteilen. Der Kalender kann natürlich im Lauf des Jahres erweitert, ergänzt oder verändert werden.

– **Verwende einen Urlaubsplaner**
  Einige LeiterInnen arbeiten bereits mit Zeiterfassungssystemen am PC oder im Haus, über die auch die Urlaubsplanung funktioniert. Trotzdem eignet sich ein kleiner, liebevoll gestalteter Wandkalender, der gut sichtbar im Büro angebracht ist, genauso für eine gute Urlaubsplanung. Zum Einen bietet er meinen MitarbeiterInnen die Möglichkeit ihre Urlaubswünsche einzutragen, die später von mir genehmigt oder nicht genehmigt werden können, zum anderen ist für mich gut ersichtlich, wer wann nicht da ist und wann ich eine Aushilfe brauche (sofern der Träger Aushilfen zur Verfügung stellt). Auch Fortbildungen und Weiterbildungen können dort vermerkt werden. Außerdem kann ich so vermeiden, dass ich für zwei KollegInnen gleichzeitig den Urlaub genehmige und an diesen Tagen am Morgen eine „böse Überraschung“ erlebe.

– **Richte eine „Post-it Ecke“ ein**
  Für kreative Köpfe kann das Arbeiten mit einer „Post-it“ Ecke Spaß machen. An einem Platz im Büro, der für Fremde nicht gut einsehbar ist, kann ich meine Post it Ecke einrichten. Dies kann auf dem Schreibtisch oder einer Pinwand oder auch in einem Schrank sein. Die Methode dahinter ist denkbar einfach. Alles, was zu erledigen ist, schreibe ich auf ein eignes Post it und klebe es auf den dafür vorgesehenen Platz. Ich kann wieder mit den Farben des Ampelsystems arbeiten und so die Dringlichkeit der Aufgaben festlegen, oder ich klebe die „Post its“ in einer für mich passenden Reihenfolge oder Anordnung auf. Praktisch ist, dass ich alle Gedanken aufschreiben kann, die mir kommen und dass ich mein Prioritätensystem nach belieben verändern kann. Ein kleiner Bonus ist, dass ich die erledigten Aufgaben aus der Post it Ecke entfernen, zerknüllen oder zerreißen kann. Das kann mir das Gefühl vermitteln, viele Dinge an einem Tag geschafft zu haben und tut einfach gut.

– **Verwende ein Whiteboard**
  Das Whiteboard funktioniert ähnlich wie die Post it Ecke. Hier kann ich mit Whiteboard Markern in verschiedenen Farben die zu erledigenden Aufgaben aufschreiben. Ist eine Arbeit geschafft, kann ich sie durchstreichen, abhaken oder mit einem Tuch herunter löschen. Das Whiteboard kann auch dazu verwendet werden, Informationen an die Teamkolleginnen weiter zu leiten. Für diesen Zweck könnte das Whiteboard auch im Personalzimmer aufgehängt werden.

- **Verwende ein Teambuch**
  Das Teambuch kann ein ganz einfaches A4 Heft sein, das einen bestimmten Platz im Büro hat, den alle MitarbeiterInnen kennen. In dieses Buch können alle Teammitglieder wichtige Informationen eintragen. Wichtig ist zu vermerken, von wem die Information kommt und für wen sie bestimmt ist (Beispiel: „Für Martina! Frau Maier hat angerufen, dass Simon morgen nicht in den Kindergarten kommt. Von Carina."). Für mich als LeiterIn ist so sichergestellt, dass alle wichtigen Informationen bei mir landen, auch wenn sie nicht direkt an mich herangetragen wurden und dass ich im Fall des Falles bei der KollegIn nachfragen kann, die die Information aufgeschrieben hat. Außerdem kann ich sicher sein, dass Anordnungen oder wichtige Informationen von mir, das Team auf jeden Fall erreichen. Voraussetzung ist, dass jedes Teammitglied mindestens einmal zu Dienstbeginn und zu Dienstende, das Buch in die Hand nimmt. Die Methode eignet sich auch besonders gut, wenn ich im Urlaub bin. Wenn ich zurückkomme, habe ich alle wichtigen Informationen auf einen Blick. Besonders in großen Häusern, wo nicht sichergestellt ist, dass ich alle KollegInnen an einem Tag treffe und Informationen an jede Einzelne weitergeben kann, eignet sich so ein Buch gut. Außerdem spart es mir eine Menge Zeit im Bereich des Informationsflusses!
- **Nutze Eigentumsladen**
  Wie für die Kinder, sind auch für die MitarbeiterInnen Eigentumsladen sehr praktisch. An einem passenden Platz im Büro oder Personalzimmer können die Fächer gestapelt oder nebeneinander aufgestellt werden. (Am besten eignen sind handelsübliche Ablagefächer, die im Fachhandel kostengünstig zu erwerben sind) Die Fächer sind mit dem Namen der KollegIn versehen. Habe ich Informationen, Einladungen zu Teamsitzungen, Fortbildungsbestätigungen oder Kopien, so kann ich sie der entsprechenden KollegIn in ihr Fach legen. Die Aufgabe der KollegInnen ist es, wie beim Teambuch, einmal zu Dienstbeginn und Dienstende ins Fach zu schauen und dieses zu leeren. Mein LeiterInnen Fach steht im Büro und kann von meinen KollegInnen genutzt werden, um mir Informationen in Papierform oder beispielsweise Sammelmaterial zukommen zu lassen. Auch diese Methode ist effizient und effektiv.
- **Schaff dir Ablagen für Erledigtes und Dinge, die zu erledigen sind (to do's)**
  Dieselben Fächer, die ich oben als Eigentumsladen verwende, kann ich natürlich auch als Ablagesystem in meinem Büro verwenden. Am schnellsten und einfachsten arbeite ich meine Aufgaben ab, wenn ich zwei Ablagefächer schaffe. In das erste Fach kommen Aufgaben in Papierform, die ich noch zu erledigen habe, in das andere Fach kommen die gemeisterten Aufgaben, die später in die entsprechenden Ordner eingeräumt werden können. Wichtig ist, die „Erledigt" Ablage regelmäßig zu warten, damit sich das Papier darin nicht stapelt.
- **Nutze die, dir zur Verfügung stehenden offenen und geschlossenen Kästen**
  In den offenen und geschlossenen Fächern kann ich mein Ablagesystem erweitern. Für Dokumente wie Anmeldungen, Dienstanweisungen vom Träger oder

für Abrechnungen, verwende ich am sinnvollsten Ordner, die ich außen sachrichtig mit Titel und Jahreszahl versehe. So finde ich schnell, was ich suche. Dokumentenordner gehören in geschlossene, wenn möglich zu versperrende Schränke. In offenen Kästen kann ich Fachbücher oder Bilderbücher verstauen. Hier macht es Sinn, die Bücher mit Zahlen zu versehen und eine Liste, mit den Titeln und Themengebieten zu erstellen. Nach welchem System, ob alphabetisch, nach Art, oder Autor, bleibt mir überlassen. Wenn ich nun schnell ein Buch zu einem entsprechenden Thema brauche, kann ich auf der Liste nachsehen und muss nur noch nach der passenden Nummer in meiner „Bücherei" suchen. Dies ist praktisch und zeitsparend für mich und meine KollegInnen und könnte so aussehen:

NR.	Titel:	Autor:	Art:	Ausgeliehen von
23	Das kleine ich bin ich	Mira Lobe	Bilderbuch	Christina
24	Nein aus Liebe: Klare Eltern – starke Kinder	Jasper Juul	Erziehungsratgeber	Sigrid

- **Nutze deinen PC**
  Für viele LeiterInnen eignet sich das Arbeiten am PC sehr gut, um Listen, Briefe, Einladungen oder Abrechnungen zu speichern und bei Bedarf jederzeit angepasst, erneuert und vervielfältigt werden können.
- **Arbeite mit einem Diensthandy**
  Wer das Glück hat, ein Diensthandy zu besitzen, kann sich damit viel Zeit ersparen. Besonders wenn es darum geht, kurzfristig Informationen an die Eltern oder die MitarbeiterInnen zu transportieren, kann eine Sammel-SMS richtig praktisch sein.

  Vorab brauche ich zwar etwas Zeit, um alle Handynummern der Eltern einzuspeichern, aber aus Erfahrung kann ich sagen – es lohnt sich.

  Außerdem ist es sinnvoll, Gruppen am Handy einzurichten beispielsweise „Eltern der Buskinder" oder „KollegInnen" oder „alle Eltern". So bin ich mit der Zuteilung und Versendung der SMS noch schneller, wenn ich beispielsweise nur einen bestimmten Personenkreis erreichen will.

  Als lustiges Extra kann ich von allen Kindern ein Foto mit dem Handy machen und die Bilder den Telefonnummern zuordnen. Ruft dann eine Mutter in der Einrichtung an, kann ich sie, anhand des Fotos, das beim eingehenden Anruf aufscheint, sofort zuordnen. Das ist besonders zu Beginn des Betreuungsjahres oder bei einem Haus mit vielen Gruppen interessant, da ich die Eltern noch nicht so gut kenne und sie den Kindern noch nicht so leicht zuordnen kann.
- **Praktische Extras: Kopiergerät, Laminiergerät, Schneidemaschine, Spiralisiergerät und genügend Büroartikel**
  All diese „praktischen Extras" erleichtern das Arbeiten in Kinderbildungs- und Betreuungseinrichtungen enorm. Allerdings erleichtern sie auch das Budget

des Träger oder des Vereins, was eine gute und sinnvolle Auswahl dieser Extras nötig macht.

- **Gönn dir einen guten Gedanken pro Tag**
  Stehkalender oder Wandkalender, die motivierende Sprüche oder Bilder zeigen, tun gut und motivieren. Diesen Luxus darf ich mir als LeiterIn einmal am Tag gönnen, um danach wieder zügig an die Arbeit gehen zu können.

8 Zum Abschluss ein paar bestärkende Worte

Ich hoffe, dass ich Ihnen den einen oder anderen guten Tipp mitgegeben habe, Denkanstöße bieten und Ihnen das Gefühl vermitteln konnte, dass die Aufgaben einer LeiterIn vielfältig und erfüllend sind, und mit etwas organisatorischem Talent und gutem Willen sehr Vieles möglich und erreichbar ist. Lassen Sie sich durch die Fülle an Tätigkeiten und der Weite des Aufgabenfeldes nicht demotivieren, sondern sehen Sie sie als Chance Kinderbildung- und Betreuung neu zu definieren und den Begriff zu erweitern. Machen Sie Schluss mit dem veralteten Bild der „immerfort nur spielenden Tante" und haben Sie Freude an Ihrem Tun als PädagogIn UND ManageriIn. Tragen Sie dieses Bild nach außen und seien Sie stolz auf Ihre Position als LeiterIn. Schaffen Sie Transparenz, Ihr Aufgabenfeld betreffend. Die Kinder sind unsere Zukunft! Es lohnt sich auf jeden Fall, Zeit und Mühe in Ihre Bildung und ihre Bildungseinrichtung zu investieren. Seien Sie sich dessen stets bewusst und somit ein gutes Vorbild Ihre Einstellung und Arbeit betreffend. In diesem Sinne wünsche ich gutes Gelingen und viel Freude beim Organisieren und Strukturieren.

6.4 Stressmanagement für Leitungen (Burn-out Prävention)

Heidi Gekle-Schneeberger

„Noch mehr leisten, noch besser arbeiten, noch mehr aufladen“, und das bei immer knapper werdenden (Zeit-)Ressourcen.“ – Eine Aussage, die treffsicher auf unsere stetig fordernde, beschleunigte Leistungsgesellschaft passt. Auch vor Kinderbildungs- und betreuungseinrichtungen macht(e) diese Entwicklung nicht Halt, sehen sich doch KindergartenleiterInnen in deren ausübenden Funktion als Führungskraft täglich mit wachsenden Herausforderungen konfrontiert. Permanente Leistungsbereitschaft, überhöhtes Engagement, Erfolgsdruck, Arbeitsüberlastung, mangelnde Wertschätzung und Zeitdruck führen über kurz oder lang zu (Dauer-)Stress.

Doch was ist unter Stress zu verstehen? Was genau hat es mit dem Begriff „Stress“ auf sich? Der Ausdruck Stress kommt aus dem Englischen (= Druck, Anspannung) und bedeutete ursprünglich das Testen von Metallen oder Glas auf deren Belastbarkeit. Der Biochemiker und Stressforscher *Hans Selye*[Fn119] übertrug diesen Begriff 1936 in die Psychologie und Medizin und beschreibt als Stress die „unspezifische Reaktion des Körpers auf jegliche Anforderungen“. Stress ist ein Spannungszustand, der sowohl positiv als auch negativ sein kann. Nach *Selye* gibt es zwei Ausprägungen von Stress:

a) Positiven Stress (Eustress)
b) Negativen Stress (Distress)

Als *Eustress* ist jener Stress zu bezeichnen, der sich positiv auf die physische und psychische Funktionsfähigkeit des Organismus auswirkt. Als Beispiele sind hier etwa das Empfinden von Glücksmomenten oder die Motivation, bestimmte Leistungen zu erbringen, zu nennen.

Als negativ wird Stress dann interpretiert, wenn er häufig auftritt und kein körperlicher Ausgleich erfolgt. Negative Reize werden als unangenehm, bedrohlich oder überfordernd gewertet. *Distress* führt zu einer erhöhten Anspannung des Körpers. Auf Dauer kommt es zu einer deutlichen Abnahme der Aufmerksamkeit und Leistungsfähigkeit. Lang anhaltende Zustände von Distress führen mit sehr großer Wahrscheinlichkeit zum Burn-out.

„Burn-out“ – ein Terminus, der in den letzten Jahren enorm an Präsenz gewonnen hat, sei es verbal, medial, gesellschaftspolitisch – aber was verbirgt sich tatsächlich dahinter? Aus dem Englischen übersetzt bedeutet „(to) burn out“ so viel wie *aus-*

---

119. Österreichisch-kanadischer Mediziner (1907-1982), wird als „Vater der Stressforschung“ beschrieben. Entwickelte in den 1930er Jahren die Grundlagen für die Lehre vom Stress und vom allgemeinen Adaptationssyndrom.

brennen. Der amerikanische Psychologe *Herbert Freudenberger*(Fn120) führte diesen Begriff 1974 in die Psychologie ein. Burn-out ist ein Zustand ausgesprochener emotionaler Erschöpfung mit reduzierter Leistungsfähigkeit. Betroffene fühlen sich ausgebrannt, schwach und lustlos. Sie sind nicht mehr fähig, sich in irgendeiner Art und Weise, wie etwa durch übliche Regenerationsphasen in Form von Wochenenden oder Urlaub, zu erholen.

Um psychisch belastenden Stress bzw. das Risiko für die Entstehung eines Burnouts deutlich zu verringern oder ganz abzubauen, bedarf es den aktiven Einsatz von geeigneten Methoden zur Stressbewältigung. Adäquates Stressmanagement kann dabei unterstützen, (persönliche) Belastungen zu erkennen, zu minimieren sowie eigene Kompetenzen und Ressourcen für einen bewussteren Umgang mit Stress zu entwickeln und zu fördern.

Einige Methoden zur Stressbewältigung werden nun nachfolgend vorgestellt.

1 Die Bedeutung der Atmung

Bei näherer Betrachtung grenzt es an ein Wunder, und doch tun wir es etwa an die zwanzigtausendmal am Tag: Atmen, genauer gesagt *Ein-Atmen* und *Aus-Atmen.* Ohne darüber nachzudenken, ganz selbstverständlich. Und doch haben wir es irgendwie verlernt, tief zu atmen. Als auslösende Faktoren können hier wohl Stress, Leistungsdruck und eine verkürzte Brustmuskulatur erwähnt werden, die eine tiefe Bauchatmung verhindern. Der Brustkorb ist eingeengt, dadurch kann die Atemenergie nicht fließen. (Körperliche) Verspannungen und (innere) Unruhe sind die Folge – und wer fühlt sich dann schon gut, wenn er/sie aufgeregt und angespannt ist? Das wiederum verdeutlicht, wie sehr der Atem bei allem, was uns emotional berührt, unmittelbar beteiligt ist. Beispielsweise geht der Atem schneller, wenn wir wütend sind, der Atem stockt, wenn wir erschrecken etc. Mit einer gezielten Atemtechnik können Sie solcherlei gegensteuern, indem Sie zum Beispiel wie folgt, Ihre Bauchatmung trainieren (Gekle-Schneeberger 2011):

> *Legen Sie sich mit dem Rücken auf den Boden und entspannen Sie sich. Legen Sie beide Hände auf den unteren Bauch. Lenken Sie Ihre Aufmerksamkeit zu der Bewegung Ihrer Bauchdecke bei der Atmung. Spüren Sie, wie sich diese bei der Einatmung hebt und bei der Ausatmung senkt? Atmen Sie ruhig ein und aus und nehmen Sie bewusst wahr, wie die Atmung Ihre Bauchdecke bewegt.*

Atmen ist die Grundlage von Leben schlechthin, denn wenn wir nicht mehr atmen, haben wir aufgehört zu leben. Der Atem kann als Faden betrachtet werden – als jener, an dem unser (Über-)Leben hängt. Darin ist sozusagen unsere Urkraft verankert. Tiefe und bewusste Atmung ist aus diesem Grund außerordentlich relevant. Tiefes Atmen erhöht die Sauerstoffmenge, die dem Gehirn und dem Blut-

120. Deutsch-amerikanischer Psychologe und Psychoanalytiker (1926-1999), verfasste 1974 die erste wissenschaftliche Publikation zum Thema Burn-out Syndrom.

kreislauf zugeführt wird. Dies wiederum führt zu klarerem Denken und stärkt die Verbindung mit dem Körper. Unter anderem erfüllt tiefe Atmung *drei Funktionen:*

- sie entgiftet den Körper,
- sie steigert die Leistungsfähigkeit,
- sie beruhigt den Geist.

Der Rhythmus unseres Atems ist individuell, ebenso spiegelt dieser die jeweilige psychische und physische Verfassung wider. Im Normalfall atmen wir unbewusst, gleichsam automatisiert. Auf diese Art und Weise haben wir auf unsere Atmung keinerlei Einfluss. Im Gegensatz dazu unterstützt uns *bewusste Wahrnehmung*, korrigierend einzugreifen. So kann man durch einfache Atemübungen das innere Gleichgewicht wiederherstellen. Die Atmung kann als Brücke zwischen Körper und Geist betrachtet werden – wer seinen Atem kontrolliert, kontrolliert auch seine Gedanken.

Unser Kopf ist permanent vollgestopft und beschäftigt mit irgendwelchen Gedanken und Gefühlen, unabhängig ob positiv, deprimierend oder negativ. Fakt ist, dass unsere Gedanken von einer Sache zur nächsten springen oder hetzen, dann zur übernächsten und so weiter. Auf die Dauer gesehen, ist dies sehr anstrengend und mühsam, zehrt sozusagen an unseren Kräften. Deshalb braucht unser Geist einen Ankerplatz, genauer betrachtet einen neutralen und ruhigen Fixpunkt. Dieses Verankern hilft, innerlich ruhig zu werden sowie sich in Konzentrationsfähigkeit und Gelassenheit zu üben. Es gibt einige Gründe, um den Atem als geistigen Anker zu nutzen:

- Wir atmen täglich 24 Stunden.
- Da wir automatisch atmen, ist keinerlei Anstrengung erforderlich.
- Da der Atem eine spürbare Bewegung im Körper verursacht, ist die Konzentration darauf relativ einfach.
- Wir sind mit unserem Atem vertraut und so kann er als sicherer Hafen agieren.
- Der Atem ist unser treuester (Lebens-)Begleiter, vom Anfang bis zum Ende.

Die achtsame Wahrnehmung des Atems ist eine ausgezeichnete Möglichkeit für die Schulung der Aufmerksamkeit und dafür, sich in den gegenwärtigen Moment zu bringen.

Erwarten Sie aber nicht, dass Ihre Aufmerksamkeit nun unaufhörlich auf den Atem gerichtet bleibt. Wenn Sie feststellen, dass Ihre Gedanken abschweifen, so ist das nichts Ungewöhnliches. Kehren Sie einfach wieder zum Atem zurück. Das ist alles.

Folgendes ist bei der Atmung zu beachten:

- Wenn Sie regelmäßig und tief durch die Nase einatmen und wieder durch die Nase ausatmen, bleibt Ihr Energiepotential auf einem konstant hohen Niveau.
- Wenn Sie über die Nase einatmen und durch den Mund ausatmen, nimmt Ihre Energie zu.

Wie man den Atem als Anker nutzen kann, zeigt Ihnen die nachfolgende Übung:

> Nehmen Sie sich für diese Übung einige Minuten Zeit – üben Sie niemals unter Zeitdruck! Begeben Sie sich an einen ruhigen, für Sie angenehmen Platz. Setzen Sie sich mit geradem Rücken auf einen Sessel, lassen Sie die Schultern etwas nach hinten fallen und senken Sie das Kinn leicht zum Brustkorb.
>
> - *Schließen Sie die Augen halb oder ganz und atmen Sie drei Mal langsam ohne Anstrengung ein und aus. Entspannen Sie sich dabei und lassen Sie alle Belastungen los.*
> - *Lassen Sie nun ein inneres Bild von sich entstehen – visualisieren Sie sich so, als würden Sie sich von außen betrachten.*
> - *Nun richten Sie Ihre Aufmerksamkeit auf den Atem. Achten Sie darauf, wo Sie Ihren Atem am stärksten spüren.*
> - *Achten sie nun darauf, wann Sie den Atem am stärksten spüren: beim Einatmen oder beim Ausatmen.*
> - *Nun achten Sie auf Ihr Gefühl beim Ausatmen. Spüren Sie, wie die Luft durch die Nasenlöcher ausströmt. Pausieren Sie beim Einatmen und lassen Sie alles sein. Spüren Sie Ihren Atem jetzt wieder beim Einatmen. Wenn Sie bemerken, dass Ihre Gedanken immer wieder abschweifen, kehren Sie wieder zur Empfindung des Ausatmens durch die Nase zurück.*
> - *Achten Sie nun bei jedem Atemzug auf die Bewegung des gesamten Oberkörpers. Spüren Sie die Lebendigkeit und Bewegung des Körpers beim Atmen.*
> - *Öffnen Sie wieder langsam die Augen. Lassen Sie den Blick noch am Boden verweilen und genießen Sie die Stille des Augenblicks.*

2 Achtsamkeit

Der Meditiationslehrer *Guy Armstrong*(Fn121) definiert Achtsamkeit als „Zu wissen, was du erlebst, während du es erlebst." Achtsamkeit ist der Moment, das Hier und Jetzt, die Qualität des Seins. Es bedarf keiner bestimmten Ausbildung oder diversen (Vor-)Kenntnissen, um achtsam zu sein. Ganz im Gegenteil: Wenn Sie Achtsamkeit anstreben, brauchen Sie nichts anderes zu tun, als *wach und bewusst zu sein*, indem Sie ganz einfach bewusst *wahrnehmen und erkennen, was in Ihnen selbst und um Sie herum vor sich geht.* Nicht mehr, nicht weniger. Achtsam sein ist nichts anderes, als die bewusste Wahrnehmung des gegenwärtigen Moments, die Erfahrung des Augenblicks. Beispielsweise der Duft einer Blume, das Klopfen der Regentropfen am Fensterbrett, das Singen der Vögel, der Geschmack von Schokolade und so weiter und so weiter.

Dazu möchte ich Ihnen eine kurze Geschichte von der Zen-Meisterin und Kampfkunstlehrerin Sandy Taikyu Kuhn Shimu (2012) erzählen:

121. Praktiziert Achtsamkeitsmeditation seit mehr als 30 Jahren inklusive einer Ausbildung als buddhistischer Mönch in Thailand. Unterrichtet seit 1984 und lehrt derzeit am Spirit Rock Mediation Center, Kalifornien.

In einem Seminar warteten die Teilnehmenden im Meditationsraum auf den Zen-Meister, um von ihm die morgendliche Belehrung zu erhalten. Der Meister erschien, rückte sein Meditationskissen zurecht und nahm Platz. In dem Moment, als er seinen Vortrag eröffnen wollte, begann ein Vogel, draußen zu singen. Der Meister hielt inne und wies seine Schüler schweigend darauf hin, dem Gesang zu lauschen. Nach wenigen Minuten verstummte die Stimme des Vogels. Der Meister blieb noch für eine kurze Zeit in Stille sitzen, stand dann auf und sprach zu seinen Schülerinnen und Schülern: „So, die heutige Belehrung ist zu Ende."

Im Alltag erleben wir immer wieder viele Momente, in denen wir nicht wahrnehmen, was wir gerade tun, denken oder fühlen. Wir reagieren wie ferngesteuert, sind zerstreut und so gut wie geistesabwesend. Mit sehr großer Wahrscheinlichkeit ergeht es irgendwann jeder/jedem so. Das, wovon hier die Rede ist, ist das Gegenteil von Achtsamkeit – die Unachtsamkeit. Um aufzuzeigen, wie unachtsam wir in Vielem sind, möchte ich dazu nur ein paar Beispiele anführen:

- Sich nicht daran erinnern können, was Sie gerade aus dem Büro holen wollten
- Sich nicht mehr an die Namen der PraktikantInnen erinnern, die Ihnen vorgestellt wurden
- Während eines Gesprächs nicht mehr wissen, was Sie als Nächstes sagen wollten
- Einfach essen, obwohl Sie keinen Hunger haben
- Sich nicht mehr daran erinnern können, ob Sie den Computer ausgeschaltet haben
- Darauf vergessen, eine Bewerberin/einen Bewerber zurückzurufen

Sicherlich gäbe es hier noch unzählige Situationen aufzuzählen, um uns bewusst zu machen, wie unachtsam wir meist agieren. Doch jeder Augenblick des Tages kann Gelegenheiten bieten, sich in Achtsamkeit zu üben.

Beginnen Sie damit, indem Sie das Erledigen von mehreren Tätigkeiten zur gleichen Zeit ab sofort stoppen. Lesen Sie während des Essens kein Protokoll, führen Sie kein Telefonat, während Sie Ihre E-Mails checken, sortieren Sie nicht die Unterlagen auf Ihrem Schreibtisch, während Sie mit einer Mitarbeiterin/einem Mitarbeiter sprechen, schreiben Sie keine SMS, während Sie die Wochenplanung machen, hören Sie nicht Ihre Mailbox ab, während Sie mit dem Auto fahren etc. *Multitasking* mag zwar in unserer modernen Gesellschaft zum „normalen" Tagesablauf gehören, unausweichlich und „in" sein, macht uns auf Dauer jedoch krank.

Zwar kann unser Gehirn maximal zwei Aufgaben zur selben Zeit bewältigen, doch ist jede Tätigkeit mehr eine Belastung und führt zu Konzentrationsschwäche, Reizüberflutung, Erschöpfung, Abnahme des Erinnerungsvermögens, Verlust der Lebensqualität, Überforderung, Burn-out. Keine wünschenswerte Entwicklung. Der deutsch-kanadische Bestsellerautor Eckhart Tolle formuliert dies folgendermaßen:

„Stress wird verursacht, wenn du „hier" bist, aber „dort" sein willst, wenn du in der Gegenwart bist, aber in der Zukunft sein willst."

Die Lösung dafür lautet „entschleunigen". Das bedeutet, die Aufmerksamkeit auf eine Aufgabe zu lenken, und ganz *bewusst nur eine Sache auf einmal* zu machen. Achtsamkeit verhilft zu mehr Bewusstheit und führt zu innerer Ruhe.

Nachfolgend nun ein paar Anregungen, wie Sie sich in Achtsamen Tun üben können:

- *Bewusst Kaffee/Tee trinken*
Betrachten Sie die Tasse Kaffee/Tee vor sich. Lassen Sie den (Kaffee-)Duft in die Nase ziehen. Führen Sie die Tasse bewusst zum Mund und genießen Sie jeden einzelnen Schluck. Verweilen Sie im Augenblick – wenn ich trinke, dann trinke ich.

- *Achtsam Schokolade essen*
Atmen Sie einige Male tief ein und bewusst aus. Freuen Sie sich auf Ihre Schokolade! Genießen Sie jeden Bissen ganz bewusst und lassen Sie sich von nichts und niemandem ablenken.

- *Veränderungen in der Körperhaltung bewusst wahrnehmen*
Ich gehe, ich stehe, ich sitze, ich laufe, ich liege – seien Sie sich dessen bewusst.

- *Bewusst den Weg zur Arbeit gehen/einen Spaziergang machen*
Nehmen Sie mit Ihren Füßen bewusst den Kontakt zum Boden wahr. Wie spüren sich Ihre Fußsohlen an? In welchem Tempo bewegen Sie sich? Nehmen Sie die Natur, die Menschen, den Wind, den Regen, den Sonnenschein, Geräusche und Farben wahr? Wie atmen Sie und wie ist Ihre Körperhaltung? Wo sind Sie mit Ihren Gedanken? Was empfinden Sie? Seien Sie präsent im Augenblick des Gehens.

- *Achtsam aufräumen*
Lenken Sie den Fokus nicht auf das Ziel (aufräumen, weil BesucherInnen kommen), sondern auf den Moment. Sie räumen *jetzt* auf, also im gegenwärtigen Augenblick. Das Ziel liegt erst in naher Zukunft.

3 Kognitives Stressmanagement

Oft schon der Gedanke an eine belastende Situation kann Stress auslösen. Meist setzen wir uns unnötig dieser Belastung aus. Doch welche Mittel stehen uns zur Verfügung, um diverse Anforderungen zu bewältigen und sind diese auch ausreichend?

Stresstoleranz bzw. der Umgang mit Stress beginnt im Kopf. Wenn Sie sich in einer konkreten Situation gestresst fühlen, bieten sich nach dem Humanmediziner und Psychotherapeuten Thomas Bergner (2008) *sechs entsprechende Strategien* an, um dem Stress auf kognitiver Ebene zu begegnen. Folgende Fragen sollen Sie bei der Selbstbeantwortung unterstützen:

- *Sinnorientierung*
  - Was können Sie aus dieser Situation lernen?
  - Welche Aufgaben stellen sich damit?
  - Welchen Sinn finden Sie in dieser Situation?
- *Zeit heilt Wunden („temporale Relativierung“)*
  - Stellen Sie sich vor, es ist zehn Jahre später: Wie würden Sie rückblickend Ihre heutige Situation betrachten?
  - Wie werden Sie eher, vielleicht in einem Jahr, darüber denken?
- *Distanzierung*
  - Was würden Sie Ihrem besten Freund/Ihrer besten Freundin sagen oder raten, wenn er/sie sich in einer ähnlichen Situation befinden würde?
  - Was würde ein guter Freund/eine gute Freundin Ihnen raten?
  - Kennen Sie jemanden, der mit Ihrer Situation leichter fertig werden würde – und was sagte diese Person vielleicht zu sich selbst?
- *Realitätstestung*
  - Ist das wirklich so?
  - Was konkret spricht für Ihre Sichtweise?
  - Gibt es andere Möglichkeiten (selbst wenn sie Ihnen weit hergeholt erscheinen), die Situation zu erklären?
  - Gibt es irgendeinen positiven Aspekt der Situation?
  - Haben Sie vielleicht falsche oder zu hohe Erwartungen?
- *Gedankenkontrolle*
  - Was macht der Gedanke mit Ihnen?
  - Hilft Ihnen der Gedanke, sich so zu fühlen, wie Sie gerne möchten?
  - Wenn nicht, welcher Gedanke täte dies?
  - Was trägt der Gedanke dazu bei, die Situation gut zu meistern?
- *Entkatastrophisieren*
  - Was würde im schlimmsten Fall geschehen?
  - Wie schlimm wäre es dann für Sie?
  - Wie hoch schätzen Sie die Wahrscheinlichkeit dafür ein?
  - Gäbe es etwas, das noch schlimmer wäre als diese Situation

Abb. 1: Strategien kognitives Stressmanagement

Ob Stress nun tatsächlich entsteht oder nicht, hängt zu einem erheblichen Großteil von persönlichen stressverstärkenden Gedankenmustern ab. Zudem signifikant von der Einstellung sich selbst und der eigenen Handlungsfähigkeit gegenüber sowie der positiven oder negativen Bewertung von Herausforderungen. Mithilfe von

Kognitivem Stressmanagement sollen solche stressverschärfenden Gedanken aufgedeckt, hinterfragt und schließlich in stressverminderte Gedanken umgewandelt werden.

Denken Sie dabei auch an die Möglichkeit, sich professionell in Form von Beratung, Coaching, Supervision etc. unterstützen zu lassen.

4 Selbst-Wertschätzung

Die Psychologie versteht unter dem Begriff „Selbstwert" die Bewertung, die eine Person von sich selbst hat. Die Bedeutung also, die sich jemand selbst eingesteht und jener Stellenwert, den man nach eigener Meinung einnimmt, bilden sozusagen das Selbstwertgefühl.

Der Psychologe und Psychotherapeut Rudolf Merkle zitiert das folgendermaßen:

„Deinen größten Feind trägst du in dir selbst. Bilde dir eine eigene Meinung über dich, statt dir die Meinung der anderen über dich zu eigen zu machen.

Das wichtigste Gebot der Selbstliebe: Behandle dich selbst so, wie du gerne von anderen behandelt werden möchtest."

Zuständig für unseren eigenen Selbstwert bzw. das eigene Selbstwertempfinden ist niemand anderer als wir selbst. Das bedeutet, wir entscheiden selbst, ob wir uns für liebenswert und wertvoll oder nicht liebenswert und minderwertig halten.

Pohle (2010) zeigt dies anhand einer Selbstwert-Checkliste auf:

Beantworten Sie die folgenden 14 Fragen mit JA oder NEIN:

1. *Ich kenne mich selbst ganz gut. J/N*
2. *Ich interessiere mich für mich selbst. J/N*
3. *Ich beobachte mich immer wieder selbst. J/N*
4. *Ich nehme mich selbst wahr. J/N*
5. *Ich habe ein gutes Körpergefühl. J/N*
6. *Ich bin mit meinem Aussehen zufrieden. J/N*
7. *Ich fühle mich überwiegend gut. J/N*
8. *Ich verstehe mich selbst. J/N*
9. *Ich akzeptiere mich so, wie ich bin. J/N*
10. *Ich kümmere mich um mich selbst und gönne mir täglich etwas Gutes. J/N*
11. *Ich gönne mir hin und wieder etwas. J/N*
12. *Ich nehme mich selbst ernst. J/N*
13. *Ich mag mich so, wie ich bin. J/N*
14. *Ich achte auf mein Wohlbefinden. J/N*

Falls Sie weniger als 7 Fragen mit JA beantwortet haben, dann steht es mit Ihrem Selbstwert nicht zum Besten. Dringender Handlungsbedarf ist gegeben!

Ein freundlicher, mitfühlender, verständnis- und liebevoller Umgang mit sich selbst trägt bereits zu einer erheblichen Steigerung des Selbstwerts bei. Oder anders formuliert: Achten Sie darauf, gut von sich zu denken und gut von sich zu reden. Denn, so wie Sie sich selbst wertschätzen, wirken Sie letztendlich auf Ihr Umfeld.

Freuen Sie sich Ihrer selbst und denken Sie künftig öfter an sich!

Folgend nun einige Anregungen (Gekle-Schneeberger 2012), wie Sie Ihr Selbstwertgefühl stärken können:

Schreiben Sie ein Wertschätzungstagebuch!

Lassen Sie den Tag mit positiven Gedanken ausklingen. Anstatt nach einem anstrengenden, herausfordernden Arbeitstag abends darüber froh zu sein, dass dieser Tag endlich geschafft und vorbei ist, holen Sie sich Positives in Erinnerung. Immerhin zählt auch dieser Tag zu Ihrer Lebenszeit und hat bei genauerer Betrachtung letztendlich mit Sicherheit auch etwas Lohnendes gehabt. Notieren Sie sich abends in ein Tagebuch, wofür Sie sich heute wertschätzen. Was haben Sie gut gemacht? Worüber freuen Sie sich besonders, dass es Ihnen gelungen ist? Denken Sie an die vielen kleinen Dinge, die wunderbar funktionieren. Achten Sie dabei bewusst auf positive Gefühle der Freude und Dankbarkeit und loben Sie sich dafür selbst.

Sie dürfen faul sein!

Einfach einmal nichts tun und an nichts denken – klingt einladend, nicht wahr? Doch wie ist das umsetzbar? Im Grunde genommen ganz einfach, ohne großen Aufwand. Das wichtigste dabei ist nur Ihre persönliche Einstellung – Sie dürfen! Und dass ganz und gar ohne schlechtes Gewissen. Planen Sie in Ihrem Tagesablauf Pausen ein, in denen Sie sich für wenige Minuten „faul sein" gönnen! Urgemütlich hinsetzen, hinlegen, dabei die Augen schließen und abschalten – wie auch immer. Auch wenn dies nun mehr als unrealistisch klingt, nichts ist unmöglich. Sie dürfen fünf Minuten nichts tuend in Ihrem Büro verbringen oder Ihre Kollegin für diese Kurzeit um einen Gefallen bitten. Betrachten Sie diese Auszeiten, wo Sie die Seele baumeln lassen, wie einen Termin mit sich selbst. *Denn wer öfter pausiert, lebt erwiesener Maßen gesünder, ist kreativer und glücklicher.*

Erweitern Sie diese Auszeiten auch in Ihrer Freizeit – gehen Sie abends (alleine) spazieren oder in den Wald, Park, zu Ihrem Lieblingsplatz oder sonst wo hin, wo Sie sich wohlfühlen. Lassen Sie den Blick schweifen und genießen Sie diese *Momente der Stille* – gerade in Ihrer Funktion als KindergartenleiterIn kann es sehr wohltuend sein, einmal nicht reden und niemanden zuhören zu müssen. Oder Sie legen sich einfach zuhause bequem auf die Couch, hören entspannende Musik oder schalten ganz bewusst Handy, Fernseher, Radio etc. für eine bestimmte Zeit aus – egal, wofür Sie sich entscheiden, genießen Sie es. Machen Sie ein Ritual daraus. Sie werden feststellen, das hat einen unglaublich befreienden und erholsamen Effekt. Und denken Sie daran: Wie sang schon Pippi Langstrumpf: „Faul sein ist wunderschön."

Legen Sie „Verschnauf"-(Atem-)Pausen ein!

Gerade in stressigen Situationen ist zu empfehlen, dass Sie Ihren Körper und Geist wieder in Einklang bringen. Mit der folgenden Entspannungsübung erzielen Sie eine unmittelbar beruhigende Wirkung:

1. *Nehmen Sie eine bequeme Körperhaltung ein.*
2. *Bringen Sie Ihr Gewahrsein zu Ihrem Körper und achten Sie darauf, wie sich alle Körperteile fühlen.*
3. *Entspannen Sie und spüren Sie, wie Ihr Körper zunehmend leichter wird.*
4. *Widmen Sie nun Ihre Aufmerksamkeit dem Atem und beobachten Sie diesen.*
5. *Konzentrieren Sie sich nun auf die „Bauchatmung":*
   Legen Sie Ihre Hände auf Ihren Bauch und atmen Sie aus der Tiefe des Bauchraumes. Achten Sie darauf, dass sich der Bauch beim Einatmen wölbt und beim Ausatmen zusammenzieht.
6. *Nehmen Sie nun den Rhythmus Ihres Atems wahr: Wie der Atem kommt und geht. Spüren Sie, wie die Luft durch die Nase strömt. Folgen Sie Ihrem Atem. Versuchen Sie keinesfalls, diesen zu verändern.*
7. *Wenn es Ihnen schwer fällt, gedanklich beim Atmen zu bleiben, dann beginnen Sie zu zählen. Eins beim Einatmen, zwei beim Ausatmen usw. Zählen Sie bis zehn, dann beginnen Sie wieder bei eins.*

Diese Übung entspannt nicht nur Ihren Körper, sondern hält Sie, während Sie diese ausführen, auch davon ab, über irgendetwas anderes nachzudenken bzw. nachzugrübeln. Machen Sie diese Übung so oft es Ihnen möglich erscheint und gönnen Sie sich damit einige Minuten „Urlaub" vom Alltagsstress.

Akzeptieren Sie Tatsachen, die Sie nicht ändern können!

Manche Dinge sind eben genau so, wie Sie sind. Auch wenn Sie sich über bestimmte Situationen, MitarbeiterInnen, Eltern, Kinder, Träger usw. noch so sehr den Kopf darüber zerbrechen – ändern wird sich dadurch nichts. Ganz im Gegenteil: Sie belasten nur sich selbst. Da können Sie noch so lieb und freundlich sein, Sie werden deshalb nicht mehr oder weniger gemocht. Schließlich können Sie es nicht allen recht machen – auch wenn Sie das noch so wollen. Wäre zwar schön und wünschenswert, funktioniert aber nicht. Sie werden immer wieder mit Situationen konfrontiert werden, wo Sie einerseits Zuspruch und andererseits Widerspruch ernten. Mit Geschehnissen zu hadern bringt außer Ärger, Sorgen und schlaflosen Nächten nämlich gar nichts. Machen Sie das Beste daraus und sehen Sie es positiv. Denken Sie daran: Jede Situation hat immer zwei Seiten.

Tun Sie sich selbst Gutes!

Allzu oft sind wir damit beschäftigt, für andere da zu sein und es allen recht machen zu wollen. Dabei vergessen wir sehr oft auf uns selbst. Dabei sind Sie selbst der wichtigste Mensch in Ihrem Leben, und nur wenn es Ihnen selbst gut geht, können Sie gut für andere da sein. Sich selbst Gutes tun ist eine Form der eigenen Wertschätzung. Machen Sie sich auf die Reise zu sich selbst. Lernen Sie sich und Ihre Bedürfnisse, Werte, Wünsche kennen.

Was tut Ihnen gut? Drei Wochen Urlaub in der Karibik? – Klingt fein, aber wahrscheinlich ist das im Moment nicht der Fall. Doch bevor Sie nun weiter träumen, ist eher zu empfehlen, sich darüber Gedanken zu machen, was Ihnen im Alltag gut tut. Denn von einem Wochenende aufs nächste, oder von einem Urlaub auf den nächsten zu warten, kann und soll nicht das Ziel sein.

Neben ausgewogener Ernährung, ausreichender Bewegung und genügend Schlaf sollten Sie für sich folgende Überlegungen anstellen:

- *Was tut mir gut?* Ein Entspannungsbad, eine warme Dusche, eine Tasse Tee, ein Schokopudding,…
- *Wo fühle ich mich wohl?* Bei einem gemütlichen Kaffee in Ihrem Lieblingscafe, in der Sauna, an einem Ort mit einer schönen Aussicht,…
- *Worüber lache ich?* Über ein Kabarett, ein lustiges Buch, eine Komödie,…
- *Worüber freue ich mich?* Über ein Telefonat mit einem lieben Menschen, eine Ansichtskarte, einen netten Abend mit FreundInnen,…
- *Was mache ich gerne?* Sportliche Betätigungen, Lesen, Musizieren, im Garten arbeiten,…

Falls Sie sich heute noch nichts Gutes gegönnt haben, dann ist es höchste Zeit, dies nachzuholen. Was es auch immer sein mag, tun Sie es für sich!

Nichts und niemand ist perfekt!

Niemand kann immer erfolgreich sein. Wir alle sind ständigen Höhen und Tiefen ausgesetzt. Kein Mensch ist davon ausgenommen. Diese gehören sozusagen zum alltäglichen Leben dazu, so wie die Wellen zum Meer. Also nehmen Sie Rückschläge bzw. Misserfolge nicht zu tragisch und stellen Sie vor allem dabei Ihre eigene Persönlichkeit nicht in Frage. Schließlich dienen solche Erfahrungen dem persönlichen Wachstum – Fehler sind zum Lernen da.

Setzen Sie Prioritäten!

Um Stress zu reduzieren, müssen Sie beginnen, Prioritäten zu setzen. Finden Sie heraus, was wirklich wichtig ist für Sie. Was wollen Sie erreichen und was sind Ihre Ziele?

Sortieren bzw. ordnen Sie anstehende Aufgaben nach Dringlichkeit und Wichtigkeit. Immerhin haben wir täglich 24 Stunden zur Verfügung, nicht mehr, nicht weniger, dies können wir nicht ändern. Allerdings haben wir Einfluss auf unsere Einstellung gegenüber Zeit. Deshalb ist es wichtig, zu erkennen, *wie* wir unsere Zeit verwalten und gestalten möchten, um uns auf die wirklich wichtigen Dinge zu konzentrieren. Dabei sind folgende Fragen zu beachten:

1) Was ist wichtig und dringend?
2) Was ist wichtig und nicht dringend?
3) Was ist nicht wichtig?

Auf diese Weise wird ersichtlich, welche Aufgaben wichtig und somit vorrangig zu erledigen sind, aber auch, und das ist hier ganz wesentlich: Wichtiges von Unwichtigem zu trennen und Nein zu sagen!

5 Das Zauberwort „Nein"

Ein kleines Zauber-Wort mit nur vier Buchstaben: N-E-I-N. Was im Grunde genommen sehr einfach klingt, ist realistisch betrachtet oft eine ziemliche Überwindung, manchmal sogar eine enorme Hürde, möchte doch niemand jemanden anderen beleidigen. Oder andersrum formuliert, sich selbst möglicherweise nicht gerne Diversem entzieht und sich deshalb über eigene Grenzen hinwegsetzt so nach der Devise: „Eigentlich kann ich nicht, aber irgendwie möchte ich schon…"? Je nachdem. Prinzipiell handelt es sich nur um ein Wort, das uns davor schützen soll, dass wir uns nicht noch mehr aufladen (müssen).

Woran denken Sie bei diesem 4-Buchstaben-Wort? Spüren Sie inneren Widerstand, fühlen Sie sich schon gehemmt allein bei dem Gedanken allein, es auszusprechen? Machen Sie einen (verbalen) Bogen darum, werden Sie verlegen, denken Sie, Sie seien unhöflich oder unfair? Kommen etwaige Verlustängste in Bezug auf Anerkennung, Lob, Wertschätzung etc. auf oder stehen Sie diesem neutral und unvoreingenommen gegenüber? Mit Wahrscheinlichkeit eine Mischung aus allem, oder?

Ja sagen und Nein denken – kommt Ihnen das bekannt vor? Und im Nachhinein ein ungutes Gefühl oder sogar verärgert über die eigene diesbezügliche Hilflosigkeit oder gar übertriebene Höflichkeit?. Ein regelrechter Teufelskreis, eine Situation, die Stress verursacht.

Nun, was hat es mit dem Nein sagen wirklich auf sich? (Gekle-Schneeberger 2012)

Die Ursachen, warum man Dingen „äußerlich" zustimmt, obwohl man „innerlich" dagegen, also beim klaren Nein ist, sind vielfältig:

- *Man möchte andere nicht enttäuschen,*
- *man möchte sich nicht unbeliebt machen,*
- *man möchte den Frieden sowie die Harmonie aufrecht erhalten,*
- *man hat Angst vor Konsequenzen,*
- *man möchte/will gebraucht werden.*

Sie kennen aus Ihrem beruflichen Alltag im Kindergarten mit Sicherheit unzählige Situationen, wo Sie um einen Gefallen oder Ähnliches gebeten wurden und sich dazu bereit erklärt haben zu helfen, obwohl Sie dafür nicht zuständig waren oder keine Zeit hatten. Verantwortungsgefühl, Pflichtbewusstsein, Hilfsbereitschaft und angepasste Freundlichkeit haben Sie wahrscheinlich davon abgehalten. Nachträglich betrachtet hätte Ihnen ein angemessenes Nein in vielerlei Hinsicht womöglich Einiges erleichtert bzw. so manchen Ärger oder Stress erspart. Denn: Sie werden letztendlich von niemandem *mehr* anerkannt, wertgeschätzt oder geliebt, wenn Sie zu allem „Ja" sagen.

Im Gegenteil, es kann eher dazu führen, dass Sie vielleicht nur noch mehr ausgenutzt werden und sich damit selbst sehr schaden. Wenn Sie diesbezüglich keine klaren Grenzen ziehen, wird man Ihnen immer mehr zumuten! So nach dem Motto: Was einmal geht, geht auch ein zweites Mal. Seien Sie daher wachsam und passen Sie auf, dass es anderen nicht gelingt, über Sie zu verfügen. Sie sind eine erwachsene Person! Sie treffen die Entscheidung, Ja oder Nein zu sagen, grundsätzlich selbst und sonst niemand!

Natürlich spricht nichts dagegen, wenn Sie hin und wieder für den einen oder anderen Gefallen zur Verfügung stehen. Doch überlegen Sie vorab genau, ob Sie das auch wirklich möchten – setzen Sie hier Prioritäten! Spüren Sie in sich hinein und hören Sie auf Ihr Bauchgefühl. Sie sind kein „Unmensch", wenn Sie einmal eine Anfrage oder Bitte ablehnen. Es ist sowieso nicht möglich, fortdauernd für dieses und jenes bereit zu stehen. Lassen Sie sich nicht von Vorwürfen, Sie seien egoistisch, rücksichtslos, arrogant oder ähnliches verunsichern. Und ein schlechtes Gewissen sollte gar nicht erst aufkommen. Schließlich können Sie auch nur dann für andere präsent sein, wenn Sie selbst über ausreichende Kraft- und Energiereserven verfügen. Gehen Sie achtsam mit Ihren Ressourcen um!

Was kann Ihnen tatsächlich passieren, wenn Sie kurzerhand *Nein* sagen? Überlegen Sie. Und…? Sie werden zu dem Schluss kommen, dass Ihnen gar nichts geschieht, außer, dass Sie sich vorerst (ein bisschen) unwohl fühlen. Das ist alles.

Klingt eigentlich ganz passabel, oder? Im Grunde genommen ist Nein sagen also gar nicht so schwer, wie Sie denken. Ganz wesentlich dabei ist nur, dass

- *hinter dem klaren Nein ein Punkt steht und/oder ein Danke,*
- *niemals aber ein „weil", denn darauf folgen dann (meist) unsinnige Rechtfertigungen, Erklärungen, langatmige Begründungen, unwillkürliche Notlügen etc. Ersparen Sie sich das! Als erwachsene Person werden Sie eben für dieses und jenes einen Grund haben.*

Wenn Sie in eine typische Ja/Nein-Situation kommen, denken Sie innerlich „Ich habe ein Recht darauf, nein zu sagen". Stehen Sie dabei mit beiden Beinen fest am Boden, halten Sie den Oberkörper gerade, atmen Sie tief durch. Sie werden feststellen, Nein sagen lernen ist eine reine Übungssache – probieren Sie es aus!

Mit der folgenden *Übung* können Sie das *„Nein, danke"* und *„Nein, das möchte/will ich nicht"* trainieren:

Schreiben Sie die beiden Sätze zuerst x-mal auf einen Notizblock, damit Sie sich diese besser verinnerlichen können. Machen Sie anschließend eine Liste mit Dingen, die Sie nicht möchten/wollen wie zB „Ich möchte nicht, dass MitarbeiterInnen ungefragt in meinem Büro ein und aus gehen", „Ich möchte nicht in Besprechungen gestört werden", „Ich will vormittags keine unangemeldeten Elterngespräche" usw. Betrachten Sie diese Übung spielerisch und setzen Sie sie beliebig fort, wann immer Ihnen dazu etwas einfällt.

Nicht unwesentlich bei der Ja/Nein-Thematik ist, dass sich dahinter auch ein gewisses Gefahrenpotential verbirgt. Immerhin verändern Sie durch Ihre „neue" Reaktion die zwischenmenschliche Situation und Erwartungshaltung. Antworten Sie auf Anfragen, Bitten und anderes mit einer *Entschuldigung*, verwandeln Sie diese damit in einen Befehl oder im schlimmsten Fall sogar in eine Anklage.

Gleichermaßen würden unangemessene, *aggressive Reaktionen* Ihrerseits der Anfrage einen beleidigenden Aspekt verleihen. Demnach bewirken solche unangebrachten Überreaktionen sehr wahrscheinlich unerfreuliche, kontraproduktive Folgen. Bleiben Sie daher mit der fragenden Person auf Augenhöhe, unabhängig, ob es sich dabei um LieferantInnen, PraktikantInnen, Mütter, Väter, Großeltern, KollegInnen, MitarbeiterInnen usw. handelt. Begeben Sie sich in die gleiche Position wie Ihr Gegenüber, sitzend oder stehend. Sie beide sollten sich auf gleicher Ebene befinden. Ihr Nein muss gleichfalls erlaubt sein wie das Ja. Achten Sie darauf, dass *Sie selbst* diese Balance empfinden, sonst hat Ihr Nein möglicherweise keine Chance.

Anschließend nun ein paar Tipps, die Ihnen das „Nein sagen" erleichtern:

- *„Geben Sie mir etwas Zeit zum Nachdenken."*
  Schlichtweg eine Methode für jede Situation. Wenn Sie zu den Menschen gehören, die sich leicht überreden lassen oder nur schwer in der Lage sind, Nein zu sagen, machen Sie es sich zur Gewohnheit, Anfragen/Anliegen generell mit dem Ersuchen einer *Bedenkzeit* zu beantworten. *„Ich denke darüber nach und gebe Ihnen/Dir morgen Nachmittag Bescheid."* So gewinnen Sie Zeit. Sagen Sie auf keinen Fall sofort „Ja", auch wenn BittstellerInnen noch so lieb und nett sind. Lassen Sie sich nicht von Lob und Komplimenten irritieren bzw. beeindrucken. Überlegen Sie sich während dieser Bedenkzeit, deren Ausmaß Sie selbst bestimmen, was *Sie* möchten. Ob Sie nun diese Anfrage annehmen, ablehnen oder eine adäquate Alternative anbieten, liegt ganz bei Ihnen.
- *„Wie Sie wissen, achte ich Sie sehr. Gerne würde ich das für Sie machen, doch dieses Mal muss ich leider absagen."*
  Wenn eine Anfrage oder Bitte an Sie herangetragen wird, würdigen und schätzen Sie Ihr Gegenüber. So festigen Sie vorab die zwischenmenschliche Beziehung. Danach können Sie die Absage erteilen.
- *„Das ist ein interessantes Angebot. Das ist wirklich aufmerksam, dass Sie dabei an mich denken. Trotzdem muss ich ablehnen. (Ich arbeite im Moment an anderen Dingen/Aufgaben/Projekten.)"*
  Wird ein Anliegen (z. B. Projektmitarbeit, weitere Zuständigkeiten,...) an Sie gestellt, zeigen Sie Ihrem Gegenüber diesbezüglich Anerkennung. Verdeutlichen

Sie, dass Sie derzeit mit anderen Tätigkeiten stark gefordert sind und das Angebot leider nicht annehmen können. Erklären Sie nicht, was diese anderen Dinge sind und warum diese wichtiger erscheinen.

- *„Hmmh… Nein.“*
  Sozusagen eine der besten Methoden. Machen Sie eine kurze Pause vor dem Nein. Damit signalisieren Sie Ihrem Gegenüber, dass Sie sich Gedanken machen und Verständnis haben. Sagen Sie danach dann mit fester Entschlossenheit, freundlich aber bestimmt – „Nein.“ Begründen Sie nichts, denn das würde nur zu einer unnötigen Diskussion anregen.
- *„Tut mir leid, das mache ich prinzipiell nicht.“*
  Diese Form der Absage ist für Personen leichter zu verarbeiten. Hier geht es ganz klar um die Vermittlung, dass das nicht persönlich gemeint ist wie z. B. *„Ich treffe in diesem Bereich für meine MitarbeiterInnen keine Entscheidung.“ „Ich bin grundsätzlich in dieser Zeit telefonisch nicht erreichbar.“*

Sie sehen, das Wort „Nein“ bedeutet auch die grundsätzliche Entscheidung für mehr Selbstbewusstsein. Mitunter ist es auch das Schlüsselwort für ein Mehr an (persönlicher) Freiheit, Selbstbestimmung und innerer Zufriedenheit.

Geben Sie dem Stress keine Macht über sich, denn Sie sind das wertvollste Kapital, das Sie haben. Finden Sie für sich eine geeignete Methode der Stressbewältigung und denken Sie daran: Nicht das Ziel ist das Ziel, sondern der Weg.

In diesem Sinne: Alles Gute für Ihre Reise!

Literaturverzeichnis

Bassin, Ann-Christin (2008). Sicheres Auftreten. Hannover. humboldt.

Bergner, Thomas (2008). Burnout-Prävention. Stuttgart. Schattauer.

Fisher, R. & Ury, W.; Küstenmacher, W.; Märtin, D.; Püttjer & Schnierda; Scherer, H.; Seiwert, L.; Weidenr, J. und viele andere (2008). Das große Karrierehandbuch. Frankfurt/Main. Campus.

Gekle-Schneeberger, Heidi (2011). Kommunikation führt! Eine praktische Anleitung für KindergartenleiterInnen. Graz. Leykam.

Gekle-Schneeberger, Heidi (2012). Leiten macht Spaß! Wie Sie als KindergartenleiterIn selbstbewusst & souverän auftreten. Graz. Leykam.

Litzke, Sven Max; Schuh, Horst (2007). Stress, Mobbing und Burn-out am Arbeitsplatz. 4. Auflage. Heidelberg. Springer.

Pohle, Rita (2010). Wegweiser zum Lebensglück. München. Goldmann.

Taikyu Kuhn Shimu, Sandy (2012). Erleuchtung zum Frühstück. Darmstadt. Schirner.

7 Kooperation und Netzwerkarbeit

7.1 Fundraising im Kindergarten – eine herausfordernde Gratwanderung

Karin Steiner

„Wenn jemand über Fundraising spricht und dabei nicht über Geld redet, hat er etwas Wesentliches vergessen. Aber wenn jemand beim Fundraising nur über Geld redet, so spricht er ebenso wenig über richtiges Fundraising.“ (Jens Uwe Böttcher, Leiter Fundraising an der Fachhochschule Darmstadt)

Fundraising im Kindergarten gewinnt in Anbetracht stets knapper werdenden Mitteln im Bildungsbereich bei gleichzeitigen immer höher werdenden Anforderungen, qualitativ hochwertige Bildungsarbeit zu leisten, in den letzten Jahren vermehrt an Bedeutung. Viele Kindergärten wollen in der Entscheidung, was die Planung und Durchführung guter pädagogischer Projekte betrifft, ein Stück mehr unabhängiger von ihren Trägern werden und schauen sich aktiv nach zusätzlichen Finanzierungsquellen um.

Der erste Schritt hierbei ist oftmals mittels „Bettelbriefen“ Unternehmen für eine kurzfristige Spende zu gewinnen. Zwar ein guter Ansatz, aber dieses Vorhaben greift als Lösung häufig zu kurz, wenn es darum gehen soll, bestimmte Projekte bzw. neue Arbeitsbereiche um sinnvolle Konzeptionen neu zu beleben und eine langfristige Finanzierung zu sichern.

Hierfür benötigt es vielmehr ein geplantes und zielgerichtetes Fundraising, um eine gesicherte Grundlage zu schaffen.

Um gutes und vor allem erfolgreiches Fundraising zu leisten, braucht es daher ausreichendes Wissen und einen guten „Methodenkoffer“ im Bereich des Marketings sowie Personen, die die „Kunst des Fundraisings“ beherrschen und sich mit großem Engagement für die Sache, Authentizität und gefühlvoller Kommunikation bereit sind, auf Unternehmen zu zugehen. Sich für die Arbeit des Fundraisings zu entscheiden, heißt daher, sich zu distanzieren von dem Vorurteil als Bittsteller zu Unternehmen zu gehen. Fundraising ist vielmehr ein strategisch ausgelegter Planungs- und Gestaltungsprozeß, der im Wesentlichen aus Marketing-Elementen, strategischer Kommunikation und solidem Management besteht.

1 Aber was ist eigentlich Fundraising im Konkreten?

Fundraising ist die Aufgabe für ein gemeinnütziges Anliegen von Anderen Unterstützung zu erhalten, indem ich sie dafür gewinne, dieses Anliegen auch zu dem ihren zu machen.

Fundraising steht daher für alle Formen der „Mittelbeschaffung“ „in Form von Geld- oder Sachleistungen steht. Der Begriff stammt aus dem Amerikanischen und setzt sich aus „fund“ (Geld, Kapital) und „raise“ (etwas aufbringen) zusammen.

Inhaltlich ist Fundraising jedoch wie eingangs beschrieben ein sehr komplexes Thema und viel mehr als die Summe einzelner „Geldsammel-Aktivitäten“. Es ist ein „langfristig, kontinuierlich angelegter Prozess, der zum Einen planvolles und marketingspezifisches Denken und Handeln“(Generali Leitfaden, 2013, S.7.) verlangt bei gleichzeitiger Kunst der schwierigen Gratwanderung zwischen Wahrung des Bildungsauftrages im Kindergarten und Öffnen der Zielgruppe der Kinder für Unternehmen.

Denn Ziel ist nicht, den Förderern etwas „zu verkaufen“ bzw. den Kindergarten den Unternehmen für unerlaubte (Produkt-)Werbung zu öffnen, sondern im Fundraising geht es um den Austausch von ideellen und immateriellen Werten (vgl. Generali Leitfaden, 2013, S.7.). Auch geldwerte Vorteile können im Fundraising eine Rolle spielen, aber in erster Linie gilt es, potenzielle Förderer von der eigenen Idee und guten Sache zu begeistern bei gleichzeitiger Beachtung und vorangegangener Diskussion beiderseitiger ethischer Grundsätze.

Denn besonders in der Bildungsarbeit ist ein verantwortungsvoller Einsatz von Fundraising elementar ebenso das Wissen, dass – insbesondere beim Sponsoring – jedes Unternehmen mit dem Eingehen einer Kooperation spezielle Unternehmensziele verfolgt. Unternehmen erhoffen sich durch die Zusammenarbeit zumeist einen Imagetransfer, und die Erschließung einer neuen Zielgruppe- im negativen Fall aber auch Werbung für ihre eigenen Produkte. Daher sollten die Ziele der Kooperation möglichst gleich zu Beginn offen und transparent unter den Partnern diskutiert werden, denn diese bilden den Dreh- und Angelpunkt einer Kooperation und sind für einen erfolgreichen Verlauf der Kooperation und für die Wahrung ethischer Grundsätze bzw. den Bildungsauftrag des Kindergartens entscheidend.

Da auch viele Unternehmen zwischenzeitlich erkannt haben, dass der Bildungsbereich ein sehr sensibles Terrain ist, wo schnelle Werbung keinen Platz hat und ethische Grundsätze maßgeblich die Zusammenarbeit bestimmen, entscheiden sich viele nun für den Weg des Bildungssponsorings. In Deutschland investiert bereits jedes zweite Unternehmen in diesen Bereich, in Österreich ist diese Entwicklung noch weniger stark verbreitet, aber doch zunehmend im Kommen. Unternehmen, die dazu bereit sind, geht es nicht um schnelle Effekthascherei und mit großem Aufwand inszenierter PR, sondern um langfristige Zusammenarbeit. Diese Art finanziellen oder materiellen Engagements der Sponsoren ermöglicht so viele spannende Lernprojekte, die sonst nicht zustande kämen würden. Die als Sponsoren tätigen Unternehmen profitieren im Gegenzug von ihrem Imagegewinn, einen wichtigen Beitrag für die gesellschaftliche Zukunft, für die Bildung des Landes, zu leisten.

Daher empfiehlt es sich als Kindergarten-Einrichtung bereits im Vorfeld genau abzuklären, welche Unternehmensinteressen mit der Kooperation verbunden sind bzw. wendet sich an jene Unternehmen, die für gutes Bildungssponsoring bekannt sind.

2 6 Bedingungen für ein gelingendes Fundraising

(vgl. hierzu auch Satow, 2006,S.10f bzw. Generali Leitfaden, 2013, S.10f.)

Fundraising ist oft mit dem Irrglauben verbunden, dass es nur einige wenige Fundraising-Aktionen bedarf, um schnell zu größeren Spendensummen zu gelangen-oftmals reicht diese überhöhte Erwartung bis in die Vorstandsebene hinein bzw. wird von dieser verbreitet mit der Konsequenz, dass Fundraising von Vorhinein schon durch diese illusorische Erwartung zum Scheitern verurteilt ist!

Um erfolgreich Fundraising betreiben zu können, bedarf es einiger Voraussetzungen, die eine Organisation erfüllen muss:

3 Bereitschaft der Organisation/des Trägers

„Ein Netz zu knüpfen ist besser, als um Fische zu beten." Chinesisches Sprichwort

Noch ehe man sich als Kindergarten für Fundraising in seiner Einrichtung entscheidet, sollte abgeklärt werden, ob der Träger dieses gutheißt. Oftmals gibt es auch innerhalb der Organisation Marketing-Grundsätze, die es zu beachten gilt bzw. in größeren Trägerorganisationen Personen, die auch bereits Erfahrung mit Marketing/Fundraising haben bzw. ihr Know How gerne auch an den jeweiligen Kindergarten weitergeben. Der Austausch ist auch dahingehend wichtig, da innerhalb der Trägerorganisation oft bereits Kooperationen mit größeren Unternehmen bestehen und eine Doppelgleisigkeit bei der Unternehmensakquise verhindert werden sollte. Eine vorangegangene Rücksprache mit der zuständigen Stelle ist daher wichtig, damit das Fundraisingvorhaben des Kindergartens schon von Beginn an erfolgreich und professionell abläuft.

Tipp: Den Vorstand mit einbinden

Viele Bildungseinrichtungen gehören einstweilen schon zu große Trägereinrichtungen, an deren Spitze zumeist im Bildungsbereich engagierte Menschen stehen, die neben Know How und Einfluss zumeist auch über gute Kontakte verfügen. Diese sollte man für sein Fundraising nutzen, indem man den Vorstand in das Fundraising-Vorhaben stark einbindet, um Kontaktpersonen aus Politik und Wirtschaft anzusprechen oder persönlich Bittbriefe zu schreiben. Für ein erfolgreiches Fundraising ist es von Vorteil, wenn dieses auf Vorstandsebene mitgetragen und unterstützt wird. In jedem Fall sollte der Vorstand verstehen, welche Bedeutung er durch seine Außenwirkung für die Arbeit des Fundraisings hat.

4 Leitbild

In den letzten Jahren haben viele (Träger-)Einrichtungen damit begonnen, sich mit dem eigenen Leitbild auseinanderzusetzen und dieses zu verschriftlichen. Denn viele NGO's haben erkannt, dass es für ihren Marktauftritt förderlich ist, Profil zu gewinnen und dieses auch nach außen hin bekannt zu geben. Im Leitbild werden

Wertvorstellungen und die Mission (Daseinszweck) einer Organisation festgehalten, es hilft dabei, sich von Anderen abzugrenzen und seine Arbeit transparent zu machen. Besonders für die Öffentlichkeitsarbeit, das Marketing und eben auch für das Fundraising sind Leitbildprozesse entscheidend, da die Organisation schlussendlich ein Papier in der Hand hat, welches die gesamte Arbeit einer Organisation und ihr Verhalten in Kürze darstellt, und so die Kommunikation nach innen und außen maßgeblich erleichtert. Mit einem gut entwickelten Leitbild, welches die Identität einer Organisation formal und inhaltlich überzeugend präsentiert, hat man als FundraiserIn die besten Chancen, erfolgreich in seiner Arbeit zu sein (vgl. hierzu Satow, 2006, S.10). Denn oftmals entscheidet schon das Leitbild, als der erste Eindruck einer Organisation, ob ein/-e SpenderIn (Privatpersonen, Unternehmen, Fördergeber) eine Organisation sympathisch findet oder nicht, und er/sie sich mit dem Profil und der Arbeit identifizieren kann.

5 Personelle Ressourcen

Fundraising ist harte Arbeit und bindet oftmals viele Ressourcen – vom Erstkontakt und der Akquise zu Unternehmen bis hin zum Eingehen und Betreuen langfristiger Kooperationen. Selbst ein optimaler Fundraising-Plan kann nicht gelingen, wenn nicht vorab entsprechende personelle Ressourcen dafür bereitgestellt werden. Um erfolgreich im Fundraising zu sein, bedarf es daher geeignete Personen, die gewisse bereits vorab beschriebene fachliche und persönliche Voraussetzungen mitbringen und vor allem gerne den Kontakt zu Menschen suchen. Denn Fundraising ist vor allem Beziehungsaufbau und -pflege, als FundraiserIn sollte man die Kunst beherrschen „Türen, Herzen und Portmonnaies zu öffnen“ (Fabisch, 2003, S.31) bei gleichzeitiger hoher Toleranz gegenüber Frustrationen, denn auf eine Kooperationszusage fallen gewiss zehn Absagen.

Neben dieser hohen Gabe an sozialer Kompetenz sind folgende Arbeitsaufgaben Teil des Portfolios (vgl. Satow, 2006, S.11.):

- Information über aktuelle förderwürdige Projekte innerhalb der Einrichtung
- Feststellen des Fundraisingbedarfs (welche Projekte brauchen welche Mittel?)
- Wichtig: Klären, ob man sich mit den Projekten identifizieren kann und ob man es es authentisch jemand anderen vorstellen kann?
- Entwickeln eines Strategie- und Kommunikationsplans (bis wann sind welche Mitteln notwendig, welche Unternehmen/SpenderInnen passen zu der Zielgruppe/zu dem Projekt, wie kann ich die Kommunikation um das Projekt gestalten? Medienkooperationen, Artikel in lokalen Medien, etc.)
- Aufstellung eines Fundraisingbudgets
- Recherche über potentielle Förderer/Sponsorakquise
- Kontaktaufnahme zu interessierten Förderer
- Vorbereitung von Präsentationsmaterialien
- Betreuung des Fundraisingprozesses
- Kommunikation mit Trägerorganisation, beteiligten Abteilungen (Pressestelle)

- Analyse, Planung, Durchführung und Auswertung der Fundraisingmaßnahmen
  - Erstellen eines abschließenden Berichts (Statistiken, Belegfotos, Pressespiegel, Zahlungsverkehr) für Förderer
  - Betreuung und Pflege der bestehenden Kooperationen
  - Lobbyarbeit und Kontaktpflege
  - Marktbeobachtung (welche NGO's haben welche Sponsoren?)
  - Recherche über neue Fördertöpfe

Bei größeren Trägerorganisationen ist Fundraising optimalerweise fest in die Organisationsstruktur integriert. Dies bedeutet, dass alle Bereiche mit der Stelle kooperieren, und die Mittelbeschaffung eine gemeinsam getragene Angelegenheit aller Abteilungen ist.

6 Ethische Grundsätze

Besonders im Bildungsbereich sollte die Fundraisingarbeit gekennzeichnet sein von einer intensiven Auseinandersetzung mit ethischen Grundsätzen. Sie reichen vom Selbstverständnis einer Organisation, ihren Bildungsauftrag bis hin zur Verantwortung für die betrauten Kinder (Vertrauensschutz) und der Auswahl der kooperierenden Unternehmen (vgl.Satow, 2006, S.14). Vorsichtig sein sollte man als Kindergarteneinrichtung auch bei sogenannten „Sponsoringagenturen", dies sind Agenturen (zumeist aus Deutschland) die für Unternehmen Kampagnen entwerfen, um – eben oftmals über ihre Grenzen hinaus – neue Zielgruppen und Märkte zu erschließen. Kooperationen, die auf den ersten Blick sehr interessant und für den Kindergarten lukrativ klingen, stellen sich dann bei genauerem Hinsehen oftmals als für die Einrichtung bzw. die Eltern vertragsbindend dar oder es wird versucht, über Umwegen zu Daten der Familien zu gelangen. Denn besonders das Thema Datenschutz ist ein wichtiger Aspekt beim Fundraising im Kindergarten, den man stets im Vorfeld bei jeglicher Kooperation erwähnen und genauestens prüfen sollte, bevor man als Kindergarteneinrichtung einen Vertrag mit einem Unternehmen unterschreibt. Denn der Zugang zu neuen Daten ist es oftmals, der Unternehmen ganz schön erfinderisch werden lässt, wenn sich diese an den Kindergarten mit einem „interessanten Kooperationsangebot" wenden.

Besonders wegen des Datenschutzes ist es auch förderlich, die Eltern beim Planungsprozess einer Fundraisingaktion im Vorfeld bereits einzubinden.

7 Einbindung der Eltern

Wichtig ist, dass sich das Kindergartenteam genau überlegt, was sie mit dem Fundraising erreichen wollen, bevor sie sich auf dieses einlassen. Dies beinhaltet eben auch einen offenen Umgang mit dem Vorhaben. Der Träger, aber eben auch die Eltern müssen in den Prozess eingebunden werden. Damit ist auch eine Kontrolle der Aktivitäten gegeben bzw. es können Fragen, die sich innerhalb eines Kooperationsprozesses ergeben (wie bspw. das Thema Umgang mit Daten der Familien), rascher in einem größeren Rahmen beantwortet werden. Die Einbindung einer größeren Gruppe von Beteiligten (Eltern, Träger, Kindergartenteam) setzt auch voraus, dass der Informationsfluss innerhalb des Fundraisingprojekts gut geplant und organisiert ist. Kommunikation nach innen und außen ist demzufolge ein wesentlicher Aspekt für ein gelingendes Fundraising und wird daher im weiteren Verlauf nochmals speziell hervorgehoben und erläutert.

Die Zusammenarbeit mit den Eltern ist auch dahingehend lohnenswert, da Eltern oftmals über interessante Netzwerke und Kontakte zu potentiell fördernde Unternehmen verfügen, die für die Fundraisingarbeit von hohem Wert sind. Auch die Tatsache, dass sich Unternehmen eher für eine Einrichtung beim Fundraising entscheiden, in der ihre MitarbeiterInnen Eltern sind, ist dahingehend zu berücksichtigen. Unternehmen erhalten über den direkten Kontakt ihrer MitarbeiterInnen nicht nur wichtige Informationen zu der Arbeit und dem Image der Einrichtung, sie sind auch im Weiteren durch ihre MitarbeiterInnen stärker an die Einrichtung gebunden und können prüfen, ob die investierten Mitteln auch richtig verwendet werden.

Ein weiterer Vorteil, die Eltern in die Fundraisingarbeit einzubinden, liegt auch in der Auswahl potenzieller Unternehmen. So erfährt man zum einen, welche Unternehmen den Eltern sympathisch sind bzw. welche Haltung diese zu der Entscheidung haben, den Kindergarten vermehrt für Unternehmenskooperationen zu öffnen. Bei der Auswahl der Unternehmen empfiehlt es sich neben dem lokalen Bezug vorab zu prüfen, ob diese sich auch langfristig engagieren wollen. Denn Nachhaltigkeit und regionale Nähe ist dann wichtig, wenn sich Unternehmen über das Bereitstellen finanzieller Mitteln hinaus auch mittels Zeit- und Wissensressourcen stärker an der Bildungsarbeit des Kindergartens beteiligen wollen (siehe Projekt Wissensfabrik https://www.wissensfabrik-oesterreich.at/portal/fep/de/dt.jsp)

8 Öffentlichkeitsarbeit und Fundraising

Da Fundraising auch eine gute und intensive Öffentlichkeitsarbeit voraussetzt, soll auch dieses Thema kurz umrissen werden.

„Tue Gutes und rede darüber"- ist eine altbekannte PR Weisheit, auch für die Arbeit des Fundraisings gilt dies als zentraler Leitsatz. Denn Fundraising benötigt Kommunikation. Das Projekt kann noch so gut sein, wenn aber keiner davon weiß, wird auch niemand etwas dafür geben. Kommunikative Kernaufgabe Ihrer Organisation muss es daher sein, Ihre Botschaften zielgerichtet zu vermitteln.

Aber auch der Förderer hat Interesse an guter und breit gestreuter Öffentlichkeitsarbeit, denn er will mittels PR sein soziales Engagement zeigen und sein Image aufpolieren.

Tue Gutes und rede darüber, ist aber auch ein Aufruf an die PädagogInnen, ihre hervorragende, professionelle pädagogische Arbeit nicht länger geheim zu halten und diese stärker nach außen hin zu kommunizieren. Denn auch der Kindergarten braucht dringend ein anderes Image hin in Richtung Professionalisierung der Bildung und weg von der altbekannten Betreuungs- und Bewahrungseinrichtung.

Der/die FundraiserIn bringt beide Parteien und deren Interesse an einem Imagetransfer zusammen.

Damit dies nachhaltig gelingt, ist vorab eine längerfristig angelegte Kommunikationsstrategie zu entwickeln, die möglichst alle relevanten Zielgruppen im Blick hat.

Da dies sehr viel Know How fordert, ist es für eine/-n FundraiserIn notwendig, über entsprechende Grundlagenkenntnisse dieses Fachgebietes bescheid zu wissen.

Ziel der Öffentlichkeitsarbeit in Hinblick auf die Fundraisingarbeit ist

- Interesse
- Anerkennung und
- Unterstützung

für das beworbene Projekt zu erhalten (Gries, 2002, S.15).

Gelingt dies und die Öffentlichkeit zeigt Interesse an der pädagogischen Arbeit, so ist für einen positiven Verlauf der Fundraisingarbeit und Kooperation mit dem Förderer maßgeblich, wie stimmig und authentisch das Bild nach außen auch mit der tatsächlichen pädagogischen Arbeit im Kindergarten ist. Deshalb sollte die pädagogische Arbeit bzw. das Fundraisingprojekt gekennzeichnet sein von Authentizität, Offenheit, Kompetenz und Kontinuität.

Weiters gilt es, um gute Publicity beim Fundraising zu erhalten, sich vorab mit folgenden Fragen auseinanderzusetzen:

- Welche Adressatengruppe möchte ich mit der Öffentlichkeitsarbeit ansprechen? Dementsprechend sind auch die medialen Inhalte, das Medium der Kommunikation per se auszuwählen, denn Eltern wollen etwas anderes über das Projekt/den Kindergarten erfahren als bspw. Unternehmen oder PolitikerInnen.
- Welche medialen Instrumente stehen mir für meine Fundraising- Arbeit zur Verfügung?
- Gibt es bereits bestehende Medienkooperationen bzw. Kontakte zu div. Zeitungen oder Rundfunk?
- Wie kann ich mit meinem Projekt die Medien aufmerksam machen?
- Und wie gelingt es mir im medialen Beitrag auch den Förderpartner mitzutransportieren (die meisten Medien weigern sich in der Öffentlichkeit auf Projektsponsoren hinzuweisen)?

9 Fundraising- Methoden

Es gibt eine Vielzahl an Möglichkeiten, potentielle Förderer anzusprechen, um Mittel zu lukrieren. Einige sind gewiss bereits bekannt, andere vielleicht neu und lohnenswert für die eigene Einrichtung an- und weiterzudenken. Für ein gelingendes Fundraising ist es oftmals hilfreich, einen gewissen Methodenkoffer zu beherrschen und gegebenenfalls einen Mix von unterschiedlichen Maßnahmen zu wählen. Denn je vielfältiger die Angebote sind, je flexibler die Organisation auch bei potenziellen Kooperationen ist, desto eher findet sich jemand darin wieder und gibt der Einrichtung sein Geld. Es empfiehlt sich daher auch, verschiedene Unterstützungspakete zu „schnüren" und die GeberInnen genau darüber zu informieren, welche vielfältigen Unterstützungsmöglichkeiten sie haben: Ob Einzelspende oder Großspende, vom Patenprogramm bis zum Spenden-Förderverein.

Ein Mix an verschiedenen Fundraisingaktionen ist auch dahingehend zu wählen, um eine größtmögliche Unabhängigkeit von einzelnen Gebermärkten zu gewährleisten, die sich im Wesentlichen in folgende vier Bereiche unterteilen:

1) Privatpersonen als Spender, Mitglieder oder Förderer
2) Unternehmen als Spender, Sponsoren, Marketing- oder Vertriebspartner
3) Stiftungen und andere fördernde Institutionen wie Kirchen oder Service-Clubs (Lions Club, Rotary etc.)
4) Staatliche Stellen für öffentliche Zuwendungen

Bevor man daher mit dem Fundraising beginnt, sollten folgende Fragen geklärt werden:

- Wer kommt für Sie als SpenderIn in Frage?
- Wer interessiert sich für Ihre Arbeit?
- Wer steht mit Ihnen in Kontakt, welche Netzwerke gibt es?

Die Auswahl der geeigneten Methode ist ferner abhängig von Faktoren wie Höhe des Budgets, personelle und zeitliche Ressourcen und Projektgröße

Mögliche Fundraisingmethoden sind:

- der persönliche Kontakt
- Spendenbriefe (Mailing)
- Sponsoring/Unternehmensanfrage mit klar vereinbarten Leistungen und Gegenleistungen
- Erhalten von regionalen, nationalen und EU- Förderungen
- Veranstaltungen und Fundraisingevents (Sommerfeste, etc.)
- Einnahmen durch Vermietungen (Turnsaal, Kindergartenräume vermieten) und Warenverkauf (Ostermärkte, Weihnachtsmärkte)
- Merchandising (Verkauf von kindergarteneigenen Werbematerialien)
- Online-Fundraising (Online-Spendentool auf Kindergartenwebsite)
- Telefon-Fundraising
- Testament und Erbschaftsspenden
- Mittelzufuhr durch betriebliche Beteiligungen

(vgl. hierzu auch Fabisch, 2003, S.139)

Auf eine allgemeine Darstellung und Beschreibung aller Methoden wird aus Kapazitätsgründen verzichtet, hier ist die weiterführende Literatur zu beachten.

Näher erläutert sollen aber jene fünf Aktivitäten werden, die für ein Fundraising im Kindergarten interessant sein können:

- Spende
  – Ehrenamt als Zeit-Spende
- Veranstaltungen als Fundraisingevents
- Vermietung von Räumlichkeiten
- Förderungen
- Sponsoring

9.1 Spenden

Man spricht von einer Spende,

- wenn diese zur Förderung steuerbegünstigter Zwecke freiwillig erbracht wird,
- kein Entgelt für eine bestimmte Leistung des Empfängers ist und
- nicht in einem tatsächlich wirtschaftlichen Zusammenhang mit dessen Leistung steht. (Berger, 1999, S.82)

Spenden können sowohl finanzieller Art sein als auch Sach-, Know How – und Zeitspenden.

Beinahe jeder Kindergarten hat sicher schon die eine oder andere Erfahrung mit Spendenaktionen gemacht. Seien es Spenden von Eltern bei diversen Veranstaltungen, sei es von der regionalen Politik, nahestehenden Unternehmen oder Vereinen. Diese Form der Geldmittelbeschaffung ist zumeist mit relativ geringem Aufwand verbunden und hilft doch, die eine oder andere Anschaffung, pädagogische Aktivität mit relativ wenigen Ressourcen zu finanzieren. Den ersten Kontakt zu dieser Form des Fundraisings machen Kindergärten meist, wenn dieser eine unerwartete Geldspende von einem Unternehmen, Verein, Privatpersonen erhält. Oft ist dies verbunden mit einer kleinen Scheckübergabe innerhalb der Einrichtung, da es ja – wie wir nun wissen – für Unternehmen immer auch um einen Imagegewinn in Richtung Übernahme des positiven Images des Kindergartens geht und Unternehmen Spenden ähnlich wie Sponsoring als Instrument der Public Relation (PR) einsetzen.

Von rechtlicher Seite ist der Gespendete jedoch nicht verpflichtet, die Spende mit einer öffentlichwirksamen Veranstaltung zu verbinden, da die Spende keine rechtliche Gegenleistung verlangt. Verpflichtet ist der Spendenempfänger jedoch dem Spender, einen Spendenbeleg auszustellen, damit dieser die Spende steuerlich geltend machen kann.

Ein weiterer Grund, warum Unternehmen die PR in Form der Scheckübergabe brauchen, ist ein steuerrechtlicher, so können sie die Spende als PR Maßnahme steuerlich geltend machen.

Mit etwas mehr Aufwand verbunden ist schon das **Direct-Mailing,** eher bekannt als „Bettelbrief", ein persönlich adressierter Bittbrief an eine bestimmte Zielgruppe (Unternehmen, Privatpersonen, etc.).

Dieses Spendenmailing ist zu empfehlen, wenn der Kindergarten seine Spenderbasis verbreiten und ein größeres Projekt über Spendeneinnahmen finanzieren möchte. Wichtig ist hierbei jedoch, dass die Adressen aktuell bzw. eben überarbeitet sind, und dass das Schreiben gut gestaltet ist. Denn Text- und Layoutgestaltungselemente (ansprechendes Design, emotionalisierende Bilder, gut formulierter, klar strukturierter Text) entscheiden darüber, ob ein Mailing erfolgreich ist oder nicht.

Fehlerquellen vermeiden sollte man auch bei der Anschrift bzw. der direkten persönlichen Anrede des Spenders/der Spenderin. Passieren hier Fehler, ist die Wahrscheinlichkeit hoch, dass der/die potentielle SpenderIn sich nicht angesprochen und dem Spendenzweck/der Spendenorganisation verbunden fühlt.

Spenden- Förderverein

Der Kindergarten eignet sich besonders gut, einen eigenen Förderverein mit freiwilligen Mitgliedern (Eltern, regelmäßige Spender, „Freunde" des Kindergartens) einzurichten- ein völlig selbständiger Verein, der die Arbeit im Kindergarten dauerhaft unterstützt. Ziel ist es, stets neue Mitglieder für den Verein zu gewinnen und durch Mitgliederbeiträge die pädagogische Arbeit mitzufinanzieren.

Aber auch steuerrechtlich bietet die Gründung eines eigenen Fördervereins für den Kindergarten Vorteile. Denn Vereine, die mildtätige Vereinszwecke verfolgen (wie bspw. die Förderung pädagogischer Arbeit) werden vom Finanzamt als gemeinnützig anerkannt und sind steuerbegünstigt. So können auch Spenden an einen Verein, der dieses Kriterium erfüllt, steuerlich abgesetzt werden.

Auch hier gilt für den Kindergarten, sich vorab bei der Trägereinrichtung, falls vorhanden, zu erkundigen, ob die Organisation als solche nicht ohnehin schon über ein Spendenbegünstigungsbescheid verfügt und Spenden an die Organisation per se steuerbegünstigt werden (Nähere Informationen findet man hierzu auf der Intersetseite des Bundesministeriums für Finanzen/Bereich: Absetzbarkeit von Spenden).

Gründet der Kindergarten einen eigenen Verein, sollte auch hier auf die Kommunikation mit den Mitgliedern bzw. SpenderInnen besonderen Wert gelegt werden (Information über aktuelle Fördervorhaben, Transparenz in der Darstellung der verwendeten Mittel, etc.)

Für eine gute Kommunikationsarbeit im Fundraising bedarf es mindestens:

Informationsmaterial über die Organisation und zu fördernden Projekte: denn interessierte UnterstützerInnen sollen sich vorab über das Fördervorhaben informieren können, bevor sie spenden. Wichtig anzuführen sind hierbei auch die Spendenkonto- bzw. Kontaktdaten.

Überweisungsträger: Den Informationsmaterialien beiliegen sollte auch ein Überweisungsträger mit Name und Kontonummer der Organisation.

Neben der regelmäßigen Kommunikation zu den Mitgliedern bzw. zum Spender/zur Spenderin ist auch die **Bindung der SpenderInnen** wichtig.

„Denn es ist erwiesen, dass die Werbung neuer SpenderInnen mit höheren Kosten und Aufwand verbunden ist, als jene Menschen zu halten und an die Organisation zu binden, die bereits die Einrichtung unterstützen“ (Satow, 2006, S.29).

Wie gelingt dies dem Kindergarten?

- „Danke sagen“: Bei jedem/-r Spender/-in gilt es, sich zu bedanken, da Spenden nicht selbstverständlich ist. Eine selbstverständliche und automatisierte Danksagung ist eines der wichtigsten Fundraising-Instrumente überhaupt. Es kann gar nicht oft genug betont werden, wie wichtig es ist, sich zeitnah bei SpenderInnen zu bedanken. Darüber hinaus bietet jede Danksagung eine neue Möglichkeit, den/die SpenderIn weiter darüber zu informieren, wie sich diese/-r weiterhin für die Organisation engagieren kann.

Mit dem Bedanken und der persönlichen Kommunikation mit dem/der SpenderIn erfüllt man bereits einen weiteren, wichtigen Aspekt in Hinblick auf die Bindung, nämlich

- die Vertrautheit, der persönliche Bezug zur Organisation. Die SpenderInnen binden sich dann an Organisationen, wenn sie diese nicht mehr als fremd und anonym, sondern als vertraut erleben und einen direkten persönlichen Kontakt zu dieser haben.
- Dies gelingt dann am besten, wenn die Organisation auch in einem regelmäßigen Kontakt zu den SpenderInnen steht, diese gut betreut (regelmäßige Information über die Organisation, ihre Tätigkeiten und dem Einsatz der Spenden) und auch auf deren Wünsche/Anliegen reagiert.
- Das Einrichten einer speziellen leistungsfähigen SpenderInnen-Datenbank mit dem Vermerk von persönlichen Daten (Adresse, Geburtsdatum, Spendenhöhe,) ermöglicht eine gute Kenntnis der einzelnen SpenderInnen und somit den Aufbau einer guten Beziehung.

9.2 Ehrenamt als Zeit-Spende

Ehrenamtliches Engagement in Kindergärten ist per se nichts Neues. Schon immer gab es engagierte Eltern, Großeltern, Angehörige des Kindergartens, die sich bspw. bei Ausflügen oder Veranstaltungen ehrenamtlich für den Kindergarten zur Verfügung stellten. Was sich verändert hat, ist eher die Intention, das Motiv des Engagements bzw. die Vielfältigkeit des Einsatzes. Ehrenamtliche heute engagieren sich vor dem Hintergrund einer sinnsuchenden Tätigkeit. Sie wollen ihre Kompetenzen, ihr Wissen und vor allem ihre Zeit bedürftigen Personen, bzw. sozialen Vereinen zur Verfügung stellen, mit deren – zumeist gemeinnützigen – Inhalten sie sich identifizieren können. Sie suchen nach einer persönlich erfüllenden Aufgabe, bei der sie selber den Zeitrahmen und das Ausmaß ihres personellen Einsatzes bestimmen können.

Bildungsinstitutionen wie Schulen und Kindergärten profitieren von dieser neuen Tendenz des Ehrenamts, da sie eben genau in das Portfolio einer sinnerfüllten Tätigkeit passen.

Neu ist eben auch, dass Ehrenamtliche in der Bildungsarbeit meist mit einer ganz gezielten Tätigkeit beauftragt werden wie bspw. der Leseförderung, Lernbegleitung, etc., und somit ihr Know How und Wissen ganz gezielt in diesen Bereich einbringen können.

Ein neuartiger Trend im Bereich des Ehrenamts sind die „Socialdays" von Unternehmen, an denen diese ihren MitarbeiterInnen einen Tag freigeben, damit sie sich für den guten Zweck engagieren. Der freiwillige Einsatz für gemeinnützige Zwecke – in der Managementsprache „Corporate Volunteering" – ist vielerorts Teil der Unternehmenskultur geworden.

Viele Kindergärten profitieren von diesem neuen Engagement der Unternehmen und werden zur Kooperation angefragt.

Nicht nur Unterstützung in Form einer Zeitspende, sondern beraterische Leistungen erhalten Kindergärten, wenn Beratungsunternehmen in Form von „Secondment" ihre MitarbeiterInnen für einen gewissen definierten Zeitraum freistellen, damit diese als BeraterInnen arbeiten.

Ziel ist bei all diesen Formen des Ehrenamts jedoch nicht, dass hauptamtliche Tätigkeiten dadurch ersetzt werden,

- sondern dass es innerhalb des Kindergartens ein Mehr an Ressourcen gibt und so gezielter Einzelförderung besser nachgegangen werden kann bzw. Bildungsprozesse der Kinder dadurch gestärkt werden.
- Aber nicht nur Kinder mit erhöhtem Förderbedarf profitieren von den ehrenamtlichen Strukturen, die Einbindung ehrenamtlicher Personen – meist älterer Menschen – führt insgesamt bei den Kindern zu einem besseren intergenerativen Verständnis und zur Entwicklung neuer sozialer Kompetenzen, besonders im Bereich des Generationengefüges. Denn die Begegnung zwischen den Generationen ist für viele Kinder innerhalb des eigenen Familiengefüges heutzutage oftmals erschwert möglich, sei es da die Großeltern noch berufstätig sind bzw. die Begegnungen aufgrund der zunehmenden Mobilität innerhalb der einzelnen Generationen seltener werden.
- Neben dieser wichtigen intergenerationellen Erfahrung kann die Einbindung von Ehrenamtlichen durch die Erschließung zusätzlicher Zeit- und Wissensressourcen optimalerweise die hauptamtlichen Kräfte entlasten, dies setzt natürlich eine gut funktionierende Zusammenarbeit zwischen haupt- und ehrenamtlichen MitarbeiterInnen voraus.

Damit dies gelingt, benötigt der Einsatz von Ehrenamtlichen daher immer auch eine koordinierende zuständige hauptamtlichen Person, die sich um das Anwerben, die Konzeption der ehrenamtlichen Tätigkeitszuordnung, die Begleitung, etc. kümmert.

Für das erfolgreiche Gelingen der Implementierung von ehrenamtlichen Strukturen innerhalb des Kindergartens ist es förderlich, dass im Vorfeld auch alle rechtlichen Themen abgeklärt sind wie bspw.

- Versicherungsrechtliche Fragen (Unfall-/Haftpflichtversicherung)
- Aufsichtspflicht
- Datenschutz und Verschwiegenheitspflicht
- Gesundheitsvorsorge.

Auch im Bereich des Ehrenamts gilt einer der Erfolgsfaktoren nicht auf das „Danken“ zu vergessen. Denn ähnlich wie beim Spenden ist es auch in diesem Bereich nicht selbstverständlich, dass eine Person ehrenamtlich in einer Einrichtung arbeitet. Für den Kindergarten kann dies bspw. heißen, dass ehrenamtliche MitarbeiterInnen zum Sommerfest als Gäste eingeladen werden oder einmal von den Kindern im kleinen Kreis der Gruppe „gefeiert“ werden.

9.3 Veranstaltungen als Fundraisingevents

Feiern und Veranstaltungen innerhalb des Kindergartenjahres können ebenfalls dazu genutzt werden, um Geldmittel zu lukrieren. Diese Form des Fundraisings ist sicherlich bereits im Kindergarten bekannt und anerkannt. Die Erfahrung und Vertrautheit sollten genutzt werden, um die Veranstaltung eventuell nochmals in Hinblick auf neue, erweiterte Fundraisingmöglichkeiten genauer und neu zu überdenken und zu planen.

Welche Möglichkeiten/Bereiche gibt es bei Veranstaltungen, zu Nebeneinnahmen zu kommen? (vgl hierzu auch Satow, 2006,S.33ff. oder Gries, 2002,S. 59ff./155f.)

- **Bereich Verköstigung**
Da es in einer Einrichtung wie dem Kindergarten besonders bei der Organisation einer Veranstaltung viele freiwillige helfende Hände durch die Eltern gibt, ist es im Sinne einer kleinen Nebeneinnahmemöglichkeit lohnenswert, Eltern zu bitten, Speisen und Getränke zu spenden. Zumeist sind Eltern dazu gerne bereit, sich mit dieser Form des Fundraisings in den Dienst einer guten Sache zu stellen.

- **Fotocorner**
Eine weitere gute Möglichkeit einer kleinen zusätzlichen Einnahmequelle ist die Einrichtung eines Fotocorners bei diversen Veranstaltungen des Kindergartens. Denn viele Menschen, insbesondere Eltern, sind oft gerne bereit, für ein schönes, professionelles Erinnerungsfoto etwas Mehr zu zahlen. Der Aufwand für die Organisation dieser Aktivität ist nicht allzu hoch: es bedarf nur ein paar Equipments wie PC mit Fotosoftware, einer Digitalkamera und einer Person, die gerne und gut fotografiert – vielleicht kann auch hier ein Elternteil ehrenamtlich – für die Tätigkeit gewonnen werden.

- **Versteigerungen**
Da im Kindergarten ohnehin viel an künstlerischer Aktivität passiert, ist die hier vorgestellte Idee nicht nur ein besonderer Publikumsmagnet bei Veranstaltungen, sondern auch eine attraktive Möglichkeit, zu weiteren Spenden zu gelangen. Bei der Versteigerung werden entweder künstlerische Werke der Kinder, oder besondere Unikate, die in einem Zusammenhang mit einem Projekt oder Thema im

Kindergarten entstanden sind, versteigert. Eltern sind auch hier zumeist gerne bereit, durch den Erwerb eines „Kunstwerkes“ den Kindergarten finanziell zu unterstützen.

- **Veranstaltungs-Basar**
Eine weitere attraktive Möglichkeit, die besonders bei Veranstaltungen des Kindergartens gut umgesetzt werden kann, ist die eines Basars/Flohmarkts. Eltern sind durchaus sehr dankbar, wenn Kindersachen so in Umlauf kommen, sei es, um diese zu verkaufen oder neu zu erwerben. Der Kindergarten kann hierbei zu Einnahmen kommen, in dem er eine Standgebühr verlangt oder pro verkauftem/erworbenem Stück umsatzbeteiligt ist. Basare sind aber nicht nur eine interessante Fundraisingidee, sondern auch eine sehr nette, stets willkommene Möglichkeit, um Kontakte und soziale Netzwerke zwischen den Familien zu vertiefen, wofür Eltern immer auch dankbar sind.

- **Merchandising**
Viele Kindergärten investierten in den letzten Jahren – auch oftmals im Zuge ihres neuen Leitbildprozesses und damit verbundenen Marktauftrittes nach Außen – in eigene Merchandising-Produkte, die das Logo/die Mission des Kindergartens tragen. Obgleich die Herstellung zumeist mit etwas höheren Kosten verbunden ist, lohnt es sich doch in diese Werbeform zu investieren, denn Merchandisingprodukte sind nicht nur interessante Einnahmequellen für den Kindergarten, sondern auch eine nachhaltige Werbung mit der auch im idealen Fall eine Identifikation mit der Einrichtung geschaffen werden kann.

9.4 Vermietung von Räumlichkeiten

Eine weitere Idee, um zu zusätzlichen Geldmitteln im Kindergarten zu gelangen, ist die Vermietung von Räumlichkeiten (das Außengelände für ein Grillfest am Wochenende, der Turnsaal für das Kinderturnen eines Sportvereins, eine Kindergartengruppe für eine dem Kindergarten bekannte Logopädin, etc). Diese Option ist deshalb zu erwähnen, da sie wahrscheinlich bei den ersten Überlegungen eines Fundraisingplans nicht bedacht wird, aber trotzdem eine interessante und mit geringem Aufwand verbundene Nebeneinnahmequelle darstellen kann.

Wichtig aber auch hier ist die vorangegangene Meldung und Information über dieses Vorhaben bei der Trägereinrichtung bzw. gegebenenfalls beim Vermieter. Sind alle zuständigen Stellen informiert und geben ihr Einverständnis, dann kann das Vorhaben der Untervermietung weitergeplant werden.

Was ist hierbei im Vorfeld aber zu beachten?

- Der innerbetriebliche Ablauf soll durch die Vermietung nicht gestört/beeinträchtigt sein (Wochenenden oder Abendstunden eignen sich aber hierfür sehr gut)
- Ebenso sollte der Bildungsauftrag des Kindergartens dadurch nicht geschmälert werden (das räumliche Angebot muss weiterhin für die Kindergartenkinder zur Verfügung stehen und genutzt werden können)

- Ein detaillierter Mietvertrag (Kündigungsfrist, Nebenkostenabrechnung, etc.) bildet die rechtliche Grundlage und Absicherung der jeweiligen Vertragspartner.
- Geklärt und vertraglich festgehalten sollten auch Themen wie Reinigung, Materialnutzung, Schlüsselübergabe/-rückgabe, Nutzung während der Ferienzeit, etc. sein

Besonders für Kindergärten am Land ist die Untervermietung von Räumlichkeiten jedoch eine sicherlich interessante Fundraisingmethode, die lohnenswert ist für die jeweilige Einrichtung weiterzudenken, da der Kindergarten oftmals als große Bildungseinrichtung über attraktive Räumlichkeiten und größeres Außengelände, guter infrastruktureller Einbettung, Bekanntheit, etc. verfügt.

9.5 Förderungen

Geldmittel über Förderungen zu lukrieren, ist zumeist mit einem hohen Aufwand verbunden. Doch es gibt immer wieder besonders für Kindergärten nationale Förderungen, die sehr niederschwellig angelegt sind und über die begrenzten Ressourcen der Kindergärten für das Erstellen von Förderansuchen bescheid wissen. Leider sind von diesen „kleinen" Förderungen auch nur geringe Fördermittel zu erwarten – sie sind meist mit einer max. Fördersumme von 1.000-5.000€ begrenzt.

Förderwürdig sind aktuell insbesondere Bildungsprojekte im naturwissenschaftlich-technischen Bereich bzw. Projekte für Kinder mit erhöhtem Sprachförderbedarf. Es lohnt sich daher immer wieder die verschiedenen Internetseiten der Ministerien in Hinblick auf neue Förderkampagnen zu sichten.

Ähnlich wie beim Sponsoring sind auch hier für eine erfolgreiche Antragstellung eine gute Verschriftlichung des Projektvorhabens und die transparente Darstellung des Bedarfs elementar. Auch die Projektumsetzung muss in ihrem Vorhaben stringent konzipiert und dargestellt sein. Hat man eine Förderzusage erhalten, empfiehlt es sich, sehr genau die Förderrichtlinien zu beachten und bei Auftritten nach außen stets den Fördergeber mitzutransportieren (mittels Logo auf den Drucksorten, mündlicher Erwähnung, etc.)

EU-Förderprogramme

Auch die EU schreibt immer wieder Förderprogramme aus, durchaus auch für den elementaren Bildungsbereich. Leider steht oftmals der Aufwand der Antragsstellung, um Gelder aus EU Mitteln zu erhalten, in keinem Verhältnis zu der Chance, die der/die AntragsstellerIn auf eine mögliche Förderzusage hat. Wer jedoch diesen Aufwand nicht scheut, kann sich mittels Broschüren und Unterlagen, welche über die EU-Verbindungsbüros erhältlich sind, über die aktuellen Förderschwerpunkte der EU erkundigen.

10 Sponsoring

Das letzte Themengebiet soll nochmals den Bereich des Sponsorings als Fundraisingmethode behandeln. Vieles dazu wurde bereits erläutert, die wichtigsten vier Punkte sollen jedoch nochmals thematisiert werden:

- die Suche nach dem geeigneten Sponsor
- das richtige Konzept
- der Sponsoringvertrag
- die Evaluation am Ende

Für eine vertiefende Auseinandersetzung mit dem Thema Sponsoring im Kindergarten ist das Handbuch „Sponsoring und Fundraising für Kindertageseinrichtungen" von Cleuvers und Dohmen zu empfehlen.

10.1 Die Suche nach dem richtigen Partner

Die Suche nach dem richtigen Sponsor gleicht oft „der Suche nach der Nadel im Heuhaufen"(Praetarius, 2013).

Findet man den passenden Partner, kann sich jedoch daraus eine Partnerschaft entwickeln, die nachhaltig und langfristig angelegt ist und über Jahre erfolgreich laufen kann. Daher lohnt es sich, in die Suche nach dem geeigneten Unternehmen sowohl zeitlich als auch personell zu investieren und folgenden Grundregeln zu beachten:

1. Die Zielgruppe des Gesponserten muss für den Sponsor interessant sein – d.h. eine hohe Zielgruppenaffinität sollte beiderseits gegeben sein
2. Der Sponsor muss sich mit der gesponserten Organisation/dem förderwürdigen Projekt identifizieren können

Das heißt, nicht jedes Unternehmen eignet sich daher für ein Sponsoring im Kindergartenbereich.

Um ein Unternehmen und seine -philosophie besser kennenzulernen, lohnt es sich bei der Sponsorrecherche, die Unternehmenswebsites auf bereits erfolgte Sponsoringprojekte und CSR (corporate social responsibility) Berichte zu sichten. Es empfiehlt weiters abzuklären, wie sehr ein Unternehmen seine soziale/gesellschaftliche Verantwortung wahrnimmt und etwas dahingehend unternimmt.

Aktuell herrscht ein wahrer Boom bei den Unternehmen, CSR Berichte zu publizieren und ihr Engagement einer breiten Öffentlichkeit zur Schau zu stellen. Dies sollte man auch für sich als Kindergarten bei einer ersten Kontaktaufnahme mit dem Unternehmen nutzen und so mit diesem ins Gespräch zu kommen. Das durch den Kindergarten signalisierte Interesse und die Wahrnehmung der CSR Aktivitäten des Unternehmens in der Öffentlichkeit beeindruckt diese oftmals, und ein erster Schritt in Richtung Sympathie und Öffnung hin zu einer möglichen gemeinsamen Partnerschaft ist somit bereits gemacht.

10.2 Das richtige Konzept

Nach einer ersten erfolgreichen Kontaktanbahnung ist besonders das Sponsoringkonzept dafür ausschlaggebend, ob ein Kooperationsgespräch erfolgreich weiter verläuft oder nicht.

Aber was macht ein Sponsoringkonzept wirklich erfolgreich? Wie muss es aussehen, damit es die Chance bekommt, gelesen zu werden und nicht gleich vom Sekretariat mit einer knappen Antwort an den Adressaten zurückgesandt zu werden?

Praetorius bringt es auf den Punkt, wenn sie meint „Der Wurm muss dem Fisch schmecken – nicht dem Angler"(Praetorius, 2013). Das heißt, Sponsoring ist für Unternehmen ein ganz gezieltes Marketinginstrument, ein „Geschäft auf Gegenseitigkeit und keine altruistische, einseitige Leistung!"(Praetorius, 2013)

Dies sollte der Kindergarten mitdenken, wenn er seine Einrichtung für ein Unternehmenssponsoring öffnet, und im Vorfeld entscheiden, ob er dieses überhaupt möchte (ethische Grundsatzdiskussion). Auch empfiehlt es sich, gleich zu Beginn zu klären, welche Ziele ein Unternehmen mit seinem Sponsoring verfolgt, ob es ein klassisches Sponsoring ist oder eine Form von Bildungssponsoring, welches nur indirekt vom Unternehmen als PR-Instrument eingesetzt wird.

Gleich ob klassisches Sponsoring oder Bildungssponsoring Unternehmen erwarten von dem potentiellen Kooperationspartner meist Öffentlichkeit als Gegenleistung. Dabei sollte die gewünschte Zielgruppe möglichst direkt erreicht werden.

Ein gutes Konzept nimmt auf diese Interessen Rücksicht und erläutert mittels Projekt-Kennzahlen seine Organisationsgröße und Zielgruppen. Dazu gehört die zu erwartende öffentliche Resonanz und die Anzahl der Kontakte bzw. Zahl der TeilnehmerInnen. Neben der genauen Beschreibung des zu finanzierenden Projekts und der transparenten Darstellung des Verwendungszweckes und Förderbedarfs sollte vor allem der Nutzen bzw. Mehrwert für den Sponsor klar hervorgehoben werden.

Zielgruppe und Medieninteresse hervorheben

Ein gutes Konzept beschreibt genau die Möglichkeiten welche Zielgruppen wie erreicht werden bzw. auch das Medieninteresse und möglichst schon bestehende Kooperationen.

Mittels einer Darstellung möglicher Presse- und Werbemaßnahmen für das Unternehmen soll die Rolle des Kooperationspartners genau erklärt werden und dieser informiert werden, wie, wo und wann er mit seiner werblichen Präsenz rechnen kann.

Interessant für Unternehmen ist ferner, ob das Projekt auch Testemonials, prominente Unterstützung hat. Denn für die meisten Unternehmen sind Prominente immer noch wichtige „Zugpferde" bei der Chance, mediales Interesse zu bekommen (vgl. hierzu auch Praetorius, 2013).

Im letzten Abschnitt des Konzeptes werden Fristen, Termine, Maßnahmen erläutert und auf die Notwendigkeit eines schriftlichen Vertrages hingewiesen.

Es empfiehlt sich bei einer Konzepterstellung auf eine mögliche Branchenexklusivität zu achten und auf diese im Gespräch hinzuweisen, dies macht einen professionellen Gesamteindruck und schafft Vertrauen als ehrlicher Kooperationspartner.

10.3 Sponsoringvertrag

Professionell agiert man als Kindergarten auch, wenn man die Kooperation mit einem schriftlichen Vertrag abschließt. Ist dies von Unternehmensseite nicht erwünscht, dann sollte die Bildungseinrichtung jedoch auf eine genaue Absprache von Leistung und Gegenleistung, Zielen, Zuständigkeiten und Fristen zwischen den beiden Vertragspartnern bestehen.

Wichtig ist sowohl beim Kooperationsgespräch als auch in der weiteren Umsetzung, stets die Erwartungen und Wünsche des Sponsors ernst zu nehmen. Es gibt eine Vielfalt an Möglichkeiten, wie Kooperationen zwischen Unternehmen und Kindergarten aussehen können, welche werblichen Möglichkeiten es im Kindergarten gibt, und wie das Unternehmen den Kindergarten unterstützen kann. Daher sollte man auch stets zu Beginn betonen, dass vieles machbar ist, und Ziel der Kooperationsgespräche sein sollte, dass man gemeinsam ein individuelles auf das Unternehmen maßgeschneidertes Werbeleistungspaket erarbeitet hat, dass aber gleichzeitig die ethischen Grundsätze des Kindergartens beachtet und wahrt.

Das Signalisieren von Entgegenkommen, Authentizität und Offenheit für das Anliegen des Unternehmens ist eine wichtige und zu empfehlende Haltung, wenn man erfolgreich in seiner Fundraisingarbeit sein und beim potentiellen Kooperationspartner Sympathiepunkte sammeln möchte. Ist dies gelungen und hat das Unternehmen ein Vertrauen in die Person des/der FundraiserIn aufgebaut, so ist dies zumeist auch die Garantie für eine gute, langfristige Partnerschaft und für die Bereitschaft des Unternehmens den Gesponserten finanziell in der Umsetzung seiner Projekte zu unterstützen.

Evaluation schafft Klarheit, Vertrauen und im besten Fall eine langjährige Partnerschaft

Die Evaluierung am Ende des Projektes schafft nicht nur bei einem selber Klarheit, ob die Aktion auch erfolgreich und lukrativ war, sonder sie ist auch für den Kooperationspartner von größter Bedeutung. Denn jede/-r GeberIn will das Gefühl haben, dass seine/ihre Zuwendung in guten Händen ist und maximalen Nutzen stiftet. Daher empfiehlt es sich, am Ende das Projekt zu evaluieren.

Folgende Fragen können hierbei hilfreich sein:

- Haben wir unser Ziel erreicht?
- Was hat das Vorhaben tatsächlich gekostet?
- Einnahmen-Ausgaben gegenüberstellen
- Welche Fundraisingmaßnahmen haben am besten geklappt?

- Welche Erkenntnisse haben wir gewonnen, die wir künftig nutzen
- können?
- Welche Konsequenzen folgen aus dem Ergebnis?

Auch in Hinblick auf ein professionelles Agieren ist der abschließende Evaluationsbericht bzw. das gemeinsame Gespräch über den Projektverlauf von besonderer Bedeutung. Denn kommt beim Geber auch nur ein leiser Zweifel an dem Projekterfolg auf, kann es die weitere Zusammenarbeit und erwünschte Unterstützung gefährden. Hier ist Professionalität, Glaubwürdigkeit und eben eine transparente Darstellung des Projekterfolgs durch die abschließende Evaluation gefragt.

Daher empfiehlt es sich, diesen letzten Schritt auf keinen Fall zu vernachlässigen-er bindet GeberIn und bringt Ihre Kompetenz in dieser Arbeit zum Ausdruck!

Literaturverzeichnis

Berger, Gabriele (1999/2). Rechtliche und finanztechnische Aspekte beim Sponsoring. In: Pro Libris 1999/2 4.

Böttcher, Jens-Uwe (1992/2). Geld ist da. Man muß es sich nur holen! Fundraising und Sponsoring für den Kindergarten. Teil 1; in: Klein & groß, 1992/2, S. 37-44.

Böttcher, Jens-Uwe (1999/3). Geld ist da. Man muß es sich nur holen! Fundraising und Sponsoring für den Kindergarten. Teil 2; in: Klein & groß, 1999/3, S. 36-40.

Cleuvers, Birgit/Dohmen, Dieter (Hrsg) (2005). ...mit freundlicher Unterstützung von.. Sponsoring und Fundraising für Kindertageseinrichtungen. Carl Link, Kronach. München, Bonn.

Fabisch, Nicole (2003). Fundraising. DTV München.

Fundraising Akademie (Hrsg.) (2006). Fundraising – Handbuch für Grundlagen. Strategien und Methoden. GWV Fachverlage GmbH. Wiesbaden.

Generali Zukunftsfonds: Leitfaden für erfolgreiches Fundraising. Online unter: http://zukunftsfonds.generali-deutschland.de/online/portal/gdinternet/zukunftsfonds/content/314342/736592, pdf, abgerufen, am 23.09.2013.

Gries, Martin (2002). Vom Sommerfest zum Fundraising-Event. Beltz Weinheim, Berlin, Basel.

Haibach, Marita (2006). Handbuch Fundraising – Spenden. Sponsoring, Stiftungen in der Praxis. Campus Verlag GmbH, Frankfurt am Main.

Praetorius, Bettina. Bei der Suche nach Unterstützung wird das Interesse von potentiellen Sponsoren oft nicht bedacht. Der Erfolg stellt sich jedoch erst ein, wenn Projekt und Sponsor optimal aufeinander abgestimmt sind. Online unter: http://www.b2b-deutschland.de/berlin/finanzen_versicherungen/sponsoren_suche/, abgerufen am 24.09.2013.

Satow, Silke (2006). Fundraising im Kindergarten, Praktikumsarbeit. Hochschule Wismar.

Weller Frank/Buchner, Karin (2011). Erfolgreiches Fundraising für KITas. Schritt für Schritt zu mehr finanziellem Spielraum. Carl Link, Kronach, München, Bonn.

7.2 PR und Öffentlichkeitsarbeit – Tun Sie Gutes und reden Sie darüber!

Caroline Weberhofer

1 Warum brauchen Kinderbetreuungseinrichtungen heute Öffentlichkeitsarbeit?

Wir leben in einer Zeit, in der immer weniger Kinder geboren werden. Viele Schulen sind deshalb schon seit Jahren zum Handeln gezwungen: In ländlichen Regionen werden immer öfter kleine Schulen zusammengelegt, Klassenzüge werden gestrichen und immer mehr Schulen entwickeln eigene Schwerpunkte, um im Konkurrenzkampf um die SchülerInnen zu bestehen.

Dazu kommt, dass viele Eltern heute die Schulen – aber auch die Kinderbetreuungseinrichtung für ihr Kind ab dem Kleinkindalter – sehr bewusst und kritisch auswählen und oft auch gerne lange Fahrzeiten in Kauf nehmen für die Betreuungseinrichtung ihrer Wahl.

Viele Kindertagesstätten und Horte haben diesen Trend der Zeit schon erkannt, heben ihre unterschiedlichen Schwerpunkte hervor und treten damit durchaus in Konkurrenz zueinander. Allein darauf zu vertrauen, dass gute Arbeit für sich spricht, ist zu wenig. Wer heute gehört werden will, sollte auch trommeln.

Negative Neuigkeiten verbreiten sich in Windeseile und halten sich oft lange. Ein positives Image dagegen muss sorgfältig aufgebaut und gepflegt werden. Jede Firma, jede Institution, jede Einrichtung und damit auch jede Kinderbetreuungseinrichtung hat einen Ruf, ein sogenanntes Image. In der Öffentlichkeit entsteht ein Bild von Ihrer Einrichtung. Dieses Bild wird durch mehr oder weniger zufällige Ereignisse, selektive Wahrnehmung der Betrachter, Meinungsmacher aber auch durch einzelne Personen – unter Umständen sogar durch einzelne unzufriedene Eltern – geprägt. Auch Sie selbst beeinflussen die Außenwirkung Ihrer Einrichtung. Zum Beispiel, wenn Sie mit Eltern zu tun haben, mit Behörden oder auch in irgendeiner Form öffentlich auftreten. Immer dann, wenn Sie Informationen über Ihren Kindergarten an Dritte weitergeben, betreiben Sie Öffentlichkeitsarbeit.

So zeichnet beispielsweise auch die Pädagogin, die bei einer privaten Feier über die aus ihrer Sicht unprofessionelle Kollegin oder über schwierige Eltern stöhnt, ein öffentliches Bild Ihrer Einrichtung. Ebenso die Mutter, die in ihrem Bekanntenkreis berichtet, dass die Erzieherinnen morgens nie Zeit haben und ihr Kind nur kurz angebunden empfangen wird. Auch die Reinigungskraft eines Kindergartens hat viel zu berichten, sie weiß, in welchem Gruppenraum das größte Chaos herrscht, wie die KollegInnen miteinander umgehen und vieles mehr. Sie alle tragen ein bestimmtes Bild Ihrer Einrichtung in sich und dieses auch in die Öffentlichkeit.

Deswegen ist es in Ihrem Interesse, das Bild, das Ihre Einrichtung in der Öffentlichkeit innehat, selbst zu gestalten und es nicht dem Zufall zu überlassen, welches Bild sich die Öffentlichkeit von Ihrer Arbeit macht.

Es ist noch nicht allzu lange her, da war es in pädagogischen Einrichtungen eher verpönt, sich öffentlich zu präsentieren. Es reichte – überspitzt formuliert – aus, die Fensterscheiben der Einrichtung bunt zu bemalen und einmal im Jahr einen Basar oder ein Sommerfest zu veranstalten. Das hat sich inzwischen geändert. Die Mehrheit der Eltern will ganz genau wissen, welche Schwerpunkte Ihre Einrichtung hat; wie die Eingewöhnung bei Ihnen abläuft, welches Gewicht auf Sprachförderung gelegt wird, ob Sie musizieren mit den Kindern, ob die Motorik gefördert wird, ob es besondere Förderung für Vorschüler gibt und wie es mit der Elternarbeit aussieht.

Viele Mütter und Väter von heute lesen Elternzeitschriften und -ratgeber, informieren sich im Internet und wollen daher auch wissen, welche Qualität die Erziehungs- und Bildungsarbeit in der Einrichtung hat, der sie ihre Kinder anvertrauen. Deswegen ist es wichtig, dass Sie die Öffentlichkeit über Ihre Leistungen informieren. Das ist nicht nur völlig legitim, das wird von der Öffentlichkeit auch erwartet. Darum ist Öffentlichkeitsarbeit notwendig.

Mir ist klar, dass Öffentlichkeitsarbeit nur ein kleiner Teil all der Aufgaben ist, die Sie als LeiterIn Ihrer Einrichtung erfüllen müssen und dass für Öffentlichkeitsarbeit meist kein oder nur ein geringes finanzielles Budget zur Verfügung steht. Daher versuche ich, Ihnen in diesem Kapitel nicht zu erzählen, wie man hochprofessionell und auch entsprechend zeit- und kostenintensiv Öffentlichkeitsarbeit betreiben kann, sondern ich möchte Sie im Rahmen Ihrer Möglichkeiten beraten und Ihnen auch vor Augen führen, was Sie eventuell sowieso schon im Arbeitsalltag an Öffentlichkeitsarbeit betreiben, ohne dass es Ihnen direkt bewusst ist und wo es Bereiche gibt, wo manchmal ohne großen Arbeitsaufwand kleine Änderungen eine große Wirkung haben können.

Erste Basics für Öffentlichkeitsarbeit:

- Dokumentieren Sie grundsätzlich alle Arbeits- und Projektergebnisse und präsentieren Sie diese regelmäßig auch außerhalb Ihrer Einrichtung.
- Informieren Sie die Öffentlichkeit über den Stellenwert Ihres Bildungsangebotes.
- Machen Sie deutlich, dass in Ihrer Einrichtung kompetente Fachkräfte arbeiten, die einen wichtigen gesellschaftlichen Beitrag für die Zukunft leisten.
- Tragen Sie durch Ihr öffentliches Auftreten dazu bei, dass die Arbeit der Pädagogen in Ihrer Kinderbetreuungseinrichtung Wertschätzung erfährt.
- Präsentieren Sie Ihre Einrichtung als erste Bildungseinrichtung für die Kinder. (Fn122)

122. Vgl. Stamer-Brandt 2010 S. 9

2 Was kann Öffentlichkeitsarbeit leisten?

Die heutige Elterngeneration ist von den Medien geprägt. Sie will kurz und präzise informiert werden, persönlich angesprochen werden und sich informiert fühlen. Die Eltern wollen oft auch Anteil daran nehmen, was in der Kinderbetreuungseinrichtung ihrer Kinder geschieht. Durch die heutige Medienwelt sind die Eltern es gewohnt, auf „Produkte" zu achten, die ihnen mit Geschick präsentiert werden, die optisch beeindrucken und inhaltlich überzeugen. Deswegen ist es wichtig, der Öffentlichkeit wichtige Informationen über Ihre pädagogische Arbeit gut gestaltet anzubieten. Öffentlichkeitsarbeit kostet natürlich Zeit, aber es ist gut investierte Zeit, weil sie das Image Ihrer Einrichtung mitgestaltet.

Öffentlichkeitsarbeit

- kann Selbstbild, Wunschbild und Fremdwahrnehmung in Übereinstimmung bringen
- ist eine Form der Kommunikationspolitik, welche die gesamte Kommunikation nach innen (Kinder, Eltern, Team, Träger) und außen (andere Einrichtungen, Kooperationspartner, Sponsoren, Schulen, Politiker, Nachbarschaft) regelt
- hebt das besondere Profil Ihrer Einrichtung hervor *(bspw.: wir sind ein Bewegungskindergarten…)*
- erhöht den Bekanntheitsgrad Ihrer Einrichtung
- sorgt für die Verbreitung wichtiger Informationen und stellt Ihre Einrichtung in das richtige Licht
- hilft, neue Kommunikationskanäle aufzubauen, Verbündete und Förderer zu gewinnen[(Fn123)]

Öffentlichkeitsarbeit lohnt sich, denn sie trägt dazu bei, das Profil Ihrer Einrichtung sichtbar zu machen und sie dadurch unverwechselbar zu machen. Das macht es zum Beispiel für Eltern leichter, sich für Ihre Einrichtung zu entscheiden. Bei Ihnen wissen sie, was sie zu erwarten haben, und was ihren Kindern geboten wird.

3 Teilöffentlichkeiten

Die Öffentlichkeit als Gesamtes setzt sich aus verschiedenen Teilöffentlichkeiten zusammen. Welche Teilöffentlichkeiten für Unternehmen/Einrichtungen/Institutionen relevant sind, ist immer unterschiedlich, das hängt davon ab, in welchem Zusammenhang sie stehen.

Die Teilöffentlichkeiten werden unterteilt in interne und externe Teilöffentlichkeiten, und Öffentlichkeitsarbeit für interne Öffentlichkeiten sieht oft auch etwas anders aus als für externe Öffentlichkeiten. Welche Teilöffentlichkeiten für eine Kinderbetreuungseinrichtung relevant sind und ob diese zu den internen oder externen Teilöffentlichkeiten zählen, zeigt untenstehende Grafik:

---

123. Vgl. Stamer-Brandt 2010 S. 10

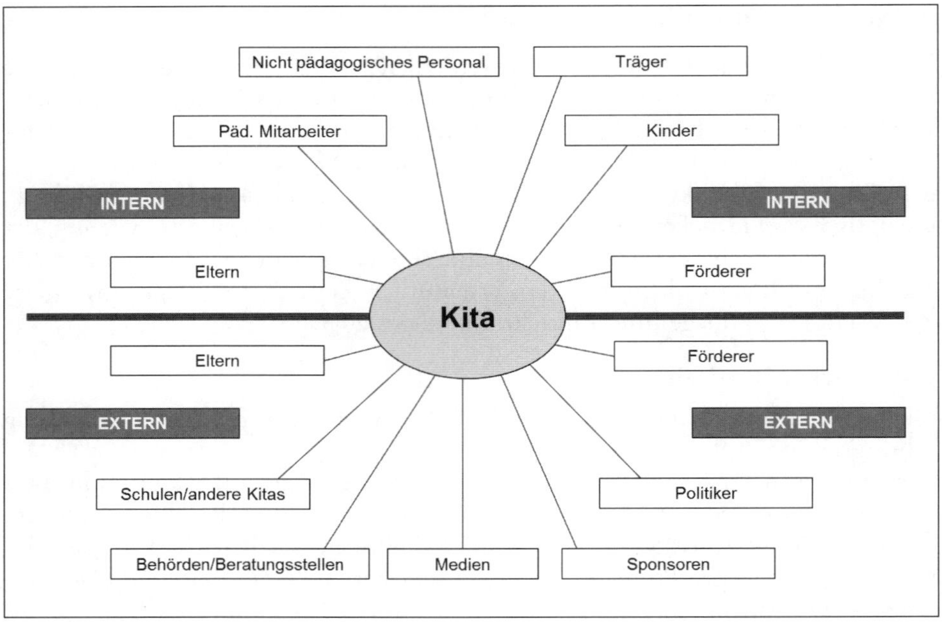

Quelle: Stamer-Brandt 2010 S. 13

3.1 Interne Öffentlichkeitsarbeit

Innerhalb jedes Kindergartens gibt es die unterschiedlichsten Personengruppen. Sie alle tragen zu dem Bild, das die Einrichtung in der Öffentlichkeit macht, bei. Deswegen ist es wichtig, die interne Kommunikation zu vernetzen und zu steuern. Sinn von interner Öffentlichkeitsarbeit ist es, ein Zusammengehörigkeitsgefühl herzustellen und die MitarbeiterInnen auf gemeinsame Ziele zu verpflichten, mit denen sie sich auch identifizieren und für die sie sich dann auch gut einsetzen können. Dieses gemeinsame an-einem-Strang-Ziehen trägt dazu bei, dass die MitarbeiterInnen ein positives Bild der Einrichtung nach außen tragen.

Im Rahmen der internen Öffentlichkeitsarbeit geht es um MitarbeiterInnenpflege, ein gutes Betriebsklima und um positive Motivation des Kollegiums. Dazu stehen verschiedene Kommunikationsmittel zur Verfügung, zum Beispiel:

- Konferenzen/runder Tisch
- Teambesprechungen
- Arbeitsgruppen
- Rundschreiben und MitarbeiterInnenbrief
- Schwarzes Brett
- Elternabende
- Elternfortbildungen
- Mitarbeitermagazin

- Newsletter per E-Mail
- Betriebsfeste und alle weiteren Veranstaltungen wie Ausflüge etc.
- Intranet (kommt aus Kostengründen nur für größere Betriebe mit mehreren Einrichtungen in Frage)

3.2 Externe Öffentlichkeitsarbeit

Bei der externen Öffentlichkeitsarbeit geht es darum, folgende externe Teilöffentlichkeiten zu erreichen und die Beziehungen zu ihnen zu pflegen: weitere Organisationen und Institutionen, gesellschaftliche Gruppen, AnsprechpartnerInnen Organisationen und Behörden, Medienvertreter und andere an der Arbeit Interessierte. Auch hier stehen verschiedene mögliche Kommunikationsmittel zur Verfügung:

- Presseaussendungen
- Fachartikel
- Interviews
- Expertengespräche
- Pressekonferenzen
- Teilnahme an öffentlichen Veranstaltungen
- Vorträge
- Lobbyarbeit – Netzwerken

Damit Sie transportieren können, welche Ihre Stärken und Vorzüge sind, sollten Sie diese zunächst für sich im Team herausarbeiten und in einem Profil bzw. in einem Leitbild schriftlich festhalten.

4 Leitbild und Profil

In einem Leitbild sind der pädagogische Ansatz, die Werte und das Menschenbild der jeweiligen Einrichtung festgehalten. Hier ist beschrieben, wie Sie und Ihre MitarbeiterInnen sich untereinander verhalten und was Ihnen im Umgang mit Kindern und Eltern wichtig ist. Im Profil geht es dann in einem weiteren Schritt um die inhaltliche Schwerpunktsetzung in Ihrer Einrichtung, was Sie besonderes anbieten und wo Sie Prioritäten setzen.

Ihr Leitbild und Ihr Profil ermöglicht es den MitarbeiterInnen Ihrer Einrichtung und an Ihrer Einrichtung interessierten Eltern, auf einen Blick Ihren pädagogischen Ansatz, die Werte, das Menschenbild und Ihr besonderes Angebot zu erfassen.

Ein Leitbild und Profil ist nicht in einem Tag entwickelt. In der Regel ist das ein längerer Prozess, der von Ihnen als LeiterIn gesteuert werden sollte.

Eine Idee, um so einen Prozess zu beginnen, wäre eine Ersterfassung, welche Werte denn in Ihrer Einrichtung aus Sicht aller MitarbeiterInnen bereits gepflegt werden. Dazu können Sie jede/n MitarbeiterIn zunächst alle Werte aufschreiben lassen, die aus deren/dessen Sicht in Ihrer Einrichtung spürbar sind. Dabei hilfreich kann das sogenannte Werteprofil von Steven Reiss sein, Sie finden es im Internet unter www.reissprofile.eu.

In einem nächsten Schritt können Sie die Werte für alle sichtbar auf einer Tafel/einem Flipchart sammeln und gemeinsam miteinander vergleichen. Meist ergeben sich dadurch rege Diskussionen zu den Fragen, wer wir sind, wer wir sein wollen, wie unser Angebot bei Eltern ankommen kann und vieles mehr. Oft kristallisieren sich dabei auch einzelne Schwerpunkte in Ihrer Einrichtung heraus, und Sie können sich in einem gemeinsamen Prozess anschauen, ob Sie alle, die Ihre Einrichtung ausmachen, sich damit wohlfühlen oder ob es Werte und/oder Angebote Ihrer Einrichtung gibt, an denen Sie gemeinsam weiterarbeiten möchten.

Das Wesentliche sollte dann in einem Leitbild und Angebotsprofil schriftlich festgehalten und so aufgehoben werden, dass es auch für die MitarbeiterInnen immer wieder optisch präsent ist, beispielsweise in der Protokollmappe, am Schwarzen Brett für MitarbeiterInnen in der Teeküche, im Büro o.ä. Denn es nützt nichts, wenn Sie viel Zeit und Engagement in die Entwicklung eines Leitbildes und Profils investieren, dieses dann aber nicht gelebt wird in Ihrer Einrichtung. Überprüfen Sie daher nach einiger Zeit, ob all das, was Sie gemeinsam entwickelt haben, auch tatsächlich umgesetzt werden konnte.

Die Entwicklung eines Leitbildes- und eines Angebotsprofils ist nicht nur für das Kollegium eine gute Sache. Auch für Ihre Öffentlichkeitsarbeit haben Sie damit wichtige Vorarbeit geleistet, denn Ihr Leitbild und Angebotsprofil können Sie auch ganz oder gekürzt auf Ihre Homepage stellen, in einem Folder verwenden, bei Präsentationen Ihrer Einrichtung verwenden u.v.m.

Zur Erstellung eines Leitbildes und Profils kann ich Ihnen das Sonderheft von „Kindergarten heute management kompakt“ mit dem Titel „Wie Sie Ihr Profil entwickeln und nach außen tragen – Leitbild- und Profilentwicklung“ von Viva Fialka empfehlen.

5 Corporate Identity

5.1 Was ist und was kann Corporate Identity?

Corporate Identity steht für die einzigartige Identität Ihrer Einrichtung – für den Gesamteindruck, den Sie allein bzw. mit Ihren MitarbeiterInnen hinterlassen wollen. Ihr Angebot, Ihr Verhalten, Ihr äußeres Erscheinungsbild, Ihre Kommunikation intern und mit der Öffentlichkeit sind Facetten, die sich zu einem einzigen Bild zusammenfügen. „Corporate“ steht für gesamt, vereint, Zusammenschluss; „Identity“ steht für Identität, Persönlichkeit und Selbstverständnis. Es geht also, wenn man so will, um die Persönlichkeit Ihrer Einrichtung mit all ihren Facetten.

Um herauszufinden, wie es mit der Corporate Identity (kurz: CI) bestellt ist, kann folgende Checkliste hilfreich sein:

Checkliste zu Corporate Identity:

- Ich bin mir über die Identität unserer Kinderbetreuungseinrichtung im Klaren. Ich kann in zwei, drei Sätzen erklären, was unsere Besonderheiten sind.
- Meine KollegInnen und ich, wir sind uns einig darüber, was uns ausmacht.
- Unsere Einrichtung verfügt über ein einheitliches Corporate Design und alle Materialien, die wir nutzen, (Briefpapier, Plakate, Visitenkarten, Homepage, Folder, E-Mail Vorlagen etc.) sind einheitlich

Zwei Teile des Gesamtbereiches Corporate Identity sind für Sie und Ihre Einrichtung besonders von Bedeutung, das sind die Teilbereiche „Corporate Design“ und „Corporate Behaviour“.

5.2 Was ist Corporate Design und was gehört genau dazu?

Corporate Design ist das Instrument, mit dem Sie alle visuellen Botschaften, die Ihr Kindergarten nach außen aussendet, in einen Zusammenhang bringen. Sie sorgen dafür, dass Ihr Außenauftritt einheitlich ist. Dazu gehört alles, was in schriftlicher Form Ihre Einrichtung verlässt, egal ob das E-Mails, Elternbriefe, Einladungen oder Plakate sind. Das Erscheinungsbild all dieser nicht nur schriftlichen sondern auch visuellen Botschaften in Einklang zu bringen, ist Ziel eines Corporate Designs.

Dieses Erscheinungsbild setzt sich u. a. aus folgenden Elementen zusammen:

- Schriften (einheitliche, gut lesbare Schrift verwenden auf allen Drucksorten etc.)
- Farben
- Bilder
- Logo
- Design der Homepage

5.3 Worum geht es bei Corporate Behaviour?

Dabei geht es um das eigene Verhalten und das Ihrer KollegInnen; um das Verhalten miteinander aber auch um das Verhalten nach außen, das auf alle internen und externen Teilöffentlichkeiten wirkt. Um den Ist-Stand der Corporate Behaviour in Ihrer Einrichtung zu reflektieren, hilft folgende Checkliste:

Checkliste zu Corporate Behaviour

Intern:

- Wie gehe ich mit meinen Mitarbeitern um?
- Was verstehe ich unter Führung?
- Wie vereinbare ich Ziele mit meinen Mitarbeitern?
- Welche Ansprüche habe ich an die fachliche Qualität?
- Wie definiere ich gute/schlechte Leistung?
- Wie will ich mit Kritik und Konflikten umgehen?

- Welchen Stellenwert nehmen Punkte wie Familienfreundlichkeit der Arbeitszeiten bei uns ein?

Extern:

- Wie gehe ich mit den Eltern, Meinungsträgern, Medienvertretern, Sponsoren etc. um?
- Wie behandle ich Beschwerden von Eltern?
- Wie transparent sind unsere Arbeitsabläufe?
- Wie handhabe ich Bewerbungen?
- Welchen Stellenwert nimmt Corporate Design bei uns ein?
- Wie informieren wir die Öffentlichkeit über unsere Arbeit?

5.4 Transparenz der pädagogischen Arbeit

Ihre pädagogische Arbeit transparent zu machen ist heute wichtiger denn je, da die Eltern von heute genau Bescheid wissen wollen, was Ihre Einrichtung bietet, bevor sie sich entscheiden, wohin ihre Kinder gehen werden. Und auch jene Eltern, deren Kinder bereits in Ihrer Einrichtung betreut werden, wollen heute viel mehr als früher darüber Bescheid wissen, was die Kinder erleben, welche Projekte es gibt, wie der Tagesablauf ist u.v.m. Gerade die kleineren Kinder sind altersgemäß meist noch nicht in der Lage, zu Hause von dem tagsüber in Ihrer Einrichtung Erlebten zu erzählen. Deswegen freut es viele Eltern, wenn sie die Möglichkeit erhalten, sich über andere Wege darüber informieren zu können.

Es folgen nun einige Möglichkeiten, wie pädagogische Arbeit transparenter gemacht werden kann:

Einige Möglichkeiten, pädagogische Arbeit transparent zu machen:

- Elternabend
- Schaukästen
- Schwarzes Brett
- Homepage
- Plakat
- Projektpräsentationen
- Ausstellungen im Kindergarten
- Tag der Offenen Tür
- Elternbrief
- Bewegter Bilderrahmen

Der Elternabend ist in allen pädagogischen Einrichtungen wohl eine Selbstverständlichkeit, daher folgen hier nun ausführlichere Vorstellungen von weiteren Möglichkeiten, mit denen pädagogische Arbeit transparent gemacht werden kann:

Schaukasten

Ein Schaukasten eignet sich hervorragend für Öffentlichkeitsarbeit, wenn er an der richtigen Stelle steht. Das kann vor einem gut frequentierten Geschäft, an einer Bushaltestelle, vor oder in der Gemeindeverwaltung oder der Eingang zum Kindergarten sein. Schaukästen gibt es oft noch in kleineren Gemeinden, sehen Sie sich in Ihrer Umgebung einmal um, eventuell finden Sie einen leeren oder kaum genutzten, oder es gibt jemanden in Ihrem Netzwerk, der Ihnen sogar einen baut.

Mögliche Inhalte eines Schaukastens:

- Plakate als Blickfang
- Fotos, die die Arbeit mit den Kindern dokumentieren
- Bastelarbeiten, Zeichnungen o.ä.
- Kleinere Projektpräsentationen
- Aktuelle Informationen
- Appelle zur Mithilfe

Regeln für die Gestaltung des Schaukastens

- Weniger ist mehr, Überfrachtung lenkt ab
- Echte Hingucker hinein; gute, optisch ansprechende Gestaltung
- Regelmäßige Betreuung
- Visitenkarte Ihres Unternehmens

Das schwarze Brett

Ist für kurzfristige Informationen wichtig, Adressaten sind die Eltern und das Kollegium. Hier geht es in erster Linie um interne Kommunikation.

- Eine Person, die für das schwarze Brett zuständig ist
- Übersichtliche Gestaltung des Inhalts, keine Zettel übereinander hängen, Abstand zwischen den Informationen einhalten
- Rechtschreibregeln beachten
- Optisch ansprechende Gestaltung
- Beiträge namentlich kennzeichnen
- Ev. Teilung in Informationen für Eltern und Infos für Kollegium
- Wichtige Informationen und Termine deutlich hervorheben

Häufige Fehler bei der Gestaltung des schwarzen Bretts

- Das Brett ist zu klein
- Zu viel Informationsfülle
- Informationen sind nicht mehr aktuell
- Aufmacher, die den Blick auf sich ziehen, fehlen
- Informationsblätter sind zu eng bedruckt

Die Homepage

Die Eltern von heute informieren sich überwiegend zuerst im Internet. Daher ist es ratsam, eine Homepage zu haben. Wenn Sie überlegen, eine Homepage für Ihre Einrichtung zu gestalten, informieren Sie sich zuerst, wenn Sie einer Trägerorganisation oder einer Gemeinde angehören, ob diese bereits eine Homepage hat und stimmen Sie mit ihr ab, ob Sie sich auf dieser präsentieren können. Auch eine eigene Homepage macht Sinn, da könnten Sie in den sogenannten Domain-Namen den Namen Ihrer Einrichtung mit einfließen lassen. So sind Sie am besten im Internet auffindbar.

Einen Speicherplatz für Ihre Homepage und den Domain-Namen können Sie im Internet bei verschiedenen Anbietern buchen, meist gegen eine geringe Jahresgebühr.

Als nächsten Schritt sollten Sie sich überlegen, welche Inhalte auf Ihrer Homepage stehen sollten. Hier ist es ratsam, die Homepage möglichst so zu gestalten, dass der Betreuungsaufwand nicht zu groß ist, damit Sie nicht dauernd Änderungen durchführen müssen. Schauen Sie sich dazu bereits bestehende Homepages von Kinderbetreuungseinrichtungen an und holen Sie sich dort Anregungen.

Das könnte beispielsweise auf Ihrer Homepage stehen:

- Leitbild/Profil
- Öffnungszeiten, Gruppen, Kosten
- News
- Terminplan mit Veranstaltungen

Nun benötigen Sie jemanden, der Ihnen bei der Gestaltung Ihrer Homepage hilft. Schauen Sie hier zunächst Ihr Netzwerk an, vielleicht gibt es ja in der Elternschaft oder auch im Bekanntenkreis jemanden, der das professionell machen kann. Es ist ratsam, die Homepage so zu gestalten, dass Sie in weiterer Folge Inhalte selbst bearbeiten können.

Sollten Sie Fotos mit Kindern Ihrer Einrichtung auf der Homepage veröffentlichen, achten Sie unbedingt darauf, dass Sie von den Eltern eine schriftliche Einverständnisverklärung dafür haben! Wenn Ihnen ein Elternteil dazu kein Einverständnis gibt, ist das unbedingt zu beachten, sonst können Sie rechtlich in Teufels Küche kommen! Näheres zum Recht am eigenen Bild folgt beim Punkt Medienarbeit.

Literaturempfehlungen zum Thema Homepage für Ihre Einrichtung finden Sie am Ende dieses Kapitels.

Das Plakat

Wenn Sie ein Plakat gestalten, beispielsweise um für Veranstaltungen in Ihrer Einrichtung zu werben, ist es empfehlenswert, dabei auf folgende Punkte zu achten:

- Großformatiges Papier von guter Qualität verwenden
- Anregende Farben
- Große Schrift
- Corporate Identity berücksichtigen
- Rechtschreibprüfung machen

Projektpräsentation

Eventuell müssen Sie als LeiterIn auch Projektpräsentationen erarbeiten, um Ihre Einrichtung oder ein Projekt Ihrer Einrichtung zu präsentieren. Dafür können Sie folgende Hilfsmittel einsetzen:

- Folder
- Plakate
- Fotos
- Powerpoint
- Präsentationsmappe
- Informationstexte

Worauf bei Projektpräsentationen zu achten ist:

- Einheitliche Schrift, Schriftgröße
- Corporate Identity
- Welche Präsentationsmittel passen, je nach Zielgruppe, Inhalt und Art der Präsentation

Veranstaltungen, Tag der offenen Tür

Feste, besonders gemeinsam mit Eltern, Freunden und Förderern des Kindergartens sind das Salz in der Suppe der Öffentlichkeitsarbeit. Sie bieten eine gute Gelegenheit, sich in der Öffentlichkeit positiv zu präsentieren. Möglicherweise werden dadurch auch potentielle Förderer und Sponsoren enger an die Einrichtung gebunden.

Wofür sich Veranstaltungen eignen:

- Präsentation von Arbeitsergebnissen und Projekten
- Fotos, Plakate, Videofilme ausstellen
- Infostand
- Entscheidungsträger einladen
- Über die Einrichtung informieren

Auch ein Tag der offenen Tür, zu dem nicht nur potentielle Neueltern eingeladen werden, sondern auch bereits bestehende Eltern, Partner, Förderer und Medienvertreter, kann Ihre Arbeit transparenter machen. Bei der Gestaltung eines Festes oder eines Tags der offenen Tür sind Ihrer Fantasie keine Grenzen gesetzt. Sie können mit den Kindern Erarbeitetes gemeinsam vorstellen, egal ob Lieder, Bilder, Projektarbeiten o.ä.; Sie können einen Infostand aufbauen, Sie können Spiele im Garten machen, jemanden zu einem Vortrag einladen, gemeinsam backen, basteln und vieles mehr.

Der Elternbrief

Der Elternbrief hat auch im Zeitalter von E-Mail und Homepage immer noch seine Bedeutung. Nicht alle Familien besitzen einen Mailaccount, und E-Mails werden auch schnell gelöscht, da wir meist überflutet werden davon. Daher ist der

Elternbrief ein wichtiger Weg, um die Eltern zu erreichen und auch um Ihre pädagogische Arbeit transparent zu machen.

Tipps für die Gestaltung eines Elternbriefs

- Aktuellen Einstieg in den Brief wählen (bevorstehendes Sommerfest o.ä.)
- Das Wichtigste zuerst (Wer? Was? Wann? Wo?)
- In der Kürze liegt die Würze – max. 1200 Zeichen
- Auffällig gestalten, aber eine immer wiederkehrende Vorlage verwenden (Corporate Identity)
- Überschriften und wichtige Aussagen fett schreiben
- Gegenlesen, Rechtschreibkontrolle

Bewegter Bilderrahmen

Eine noch relativ neue Art, um Ihre pädagogische Arbeit transparent zu machen, ist der sogenannte Bewegte Bilderrahmen oder auch Elektronische Bilderrahmen. Sie sind kostengünstig und im Elektronikfachhandel erhältlich und können – je nach Speicherplatz – mit einer Vielzahl von Fotos gespeist werden, meist mittels USB Stick. So ein Bilderrahmen im Foyer oder in der Garderobe kann Eltern einen Einblick in ihren Tagesablauf geben oder Bilder vom letzten Ausflug vermitteln. Diese Bilderrahmen werden von Eltern oft begeistert wahrgenommen, denn hier gilt das Sprichwort: Ein Bild sagt mehr als 1000 Worte.

Medienarbeit

Medien sind hervorragende Multiplikatoren für Ihre Arbeit. Dazu gehören Tages- und Wochenzeitungen, Radio, Fernsehen (in erster Linie regionale Sender), das Internet und die Fachpresse. Medienarbeit kann den Bekanntheitsgrad Ihrer Einrichtung erhöhen, die Qualität Ihrer Arbeit publik machen, Ihr Image pflegen, Sie können damit um Vertrauen werben und bei Außenstehenden Interesse an Ihrer pädagogischen Arbeit wecken.

Was ist bei Medienarbeit zu beachten: Sie sollten vorab immer überlegen, wie aktuell Ihre Nachrichten sind und welche Zielgruppe Sie damit ansprechen wollen und dahingehend die entsprechenden Medien ansprechen. In erster Linie werden Ihre Neuigkeiten meist eher Ihr direktes Umfeld ansprechen, daher ist es gut, wenn Sie Kontakte zu lokalen und regionalen Medien haben und wissen, wer dort für Ihren Themenbereich der richtige Ansprechpartner ist. Legen Sie sich dafür einen Verteiler an, aus dem Sie von Fall zu Fall auswählen können.

Manchmal ist es auch sinnvoll, ein Thema einem Medium exklusiv anzubieten, das macht beispielsweise bei Berichten über Projekte Sinn. Wenn Sie die Einladung zu einem Tag der Offenen Tür oder zu einer Veranstaltung ausschicken und damit in die Medien kommen möchten, lieber den ganzen Verteiler anschreiben.

Zur Vorstellung beispielsweise eines Projekts, das Sie während eines Jahres mit den Kindern gemacht haben, eignet sich meist die sogenannte „Saure Gurken Zeit“ in den Medien, also die Sommermonate, in denen meist weniger los ist und in der sich die Medien leichter besonderen Themen widmen können.

6 Die Pressemitteilung

Wenn Sie eine Pressemitteilung verfassen wollen, ist ein Abarbeiten folgender Punkte hilfreich: Formulieren Sie eine prägnante Überschrift, aus der hervorgeht, worum es in der Mitteilung geht. Dann kann eine Unter-Überschrift folgen, in der in ein-zwei Sätzen nähere Informationen folgen. Beantworten Sie am Anfang Ihrer Mitteilung die sogenannten W-Fragen, und überlegen Sie, wie aktuell Ihre Mitteilung ist und für wen Sie interessant sein könnte. Sprechen Sie eventuelle Besonderheiten an – beispielsweise: Bei der Jubiläumsfeier werden auch inzwischen erwachsene „Kinder“ aus der ersten Gruppe Ihrer Einrichtung mitfeiern o.ä.

Eine Pressemitteilung sollte immer so aufgebaut sein, dass das Wichtigste am Anfang steht und Zusatzinformationen weiter hinten im Text kommen, denn Journalisten kürzen Texte in der Regel von hinten.

Schicken Sie Fotos mit, wenn Sie passende haben, denn Aussendungen mit Fotos haben immer eine bessere Chance, auch gedruckt zu werden. Geben Sie dazu den Fotografen an und schreiben Sie eventuell einen passenden Bilduntertitel, und achten Sie dabei auf die Fotorechte! Jeder hat das Recht am eigenen Bild, daher ist es wichtig, dass Sie sich von den Eltern eine Genehmigung einholen, wenn Sie Fotos mit Kindern Ihrer Einrichtung veröffentlichen wollen oder ein Radio- oder Kamerateam in Ihre Einrichtung kommt.

Sollte Ihre Mitteilung sehr lang sein, gliedern Sie sie thematisch und fügen Sie Zwischenüberschriften ein. Schreiben Sie ohne Eigenlob und ohne Superlative im Text, und ohne Mutmaßungen. Dafür können Sie eventuell Zitate hineinnehmen.

Und: ans Ende jeder Pressemitteilung gehört ein Rücksprachehinweis, bei dem die Medienvertreter nachfragen können, inklusive Telefonnummer, unter der Sie erreichbar sind.

Checkliste für Pressemitteilung:

- W-Fragen zuerst – Wer, Was, Wann, Wo, Wie -
- Aktualität
- Räumliche Nähe
- Öffentliches Interesse
- Ev. Kuriosität bzw. Gefühle
- Prägnante Überschrift, attraktiver Aufhänger
- Die wichtigste Information an den Anfang (kürzen von hinten…)
- Fotos mitschicken (Achtung auf Fotorecht!)
- Ev. Zwischenüberschriften
- Kein Eigenlob, keine Superlative, keine Mutmaßungen
- Zitate hineinnehmen
- Rücksprachehinweis nicht vergessen

Es folgt hier ein Beispiel, wie so eine Pressemitteilung beispielsweise aussehen könnte:

Neuer Kindergarten am Weidenweg in Linz

Die Eröffnung findet am Sonntag, den 7. September um 9.30 Uhr statt

Es wurde höchste Zeit für einen neuen Kindergarten in Linz, platzt doch der bereits bestehende aus allen Nähten. Nun ist es endlich soweit, nach einem Jahr Bauzeit wird der neue Kindergarten „Sonnenschein" am Sonntag, den 7. September um 9.30 Uhr mit einer Einweihungsfeier eröffnet.

Das zukünftige Kollegium des Kindergartens öffnet mit einem gemeinsamen Durchschneiden eines Bandes die Pforten zu dem neuen Gebäude, das in Holzbauweise erbaut wurde. Es folgt die Segnung des Hauses durch Pfarrer Josef Gruber, und nach einer Ansprache von Bürgermeister Siegfried Huber sind alle Eltern und Kinder der neuen Einrichtung und alle Gäste der Eröffnungsfeier im Garten des Kindergartens zu lustigen Spielen und einem Kuchenbuffet eingeladen.

Das einstöckige Gebäude, das nach den Plänen der Architekten Laden & Laden gestaltet wurde, hat rund 200 Quadratmeter Nettonutzfläche und einen 500 Quadratmeter großen Garten, in dem ein Spielplatz errichtet wurde, gesponsert von der Firma Hatz & Hump. Zwei Gruppen mit je 20 Kindern finden in der Einrichtung Platz, betreut werden sie von vier Pädagoginnen. Die Stadt Linz investierte rund 1,5 Millionen Euro in die neue Einrichtung.

Bild 1: Der neue Kindergarten am Weidenweg. Foto: Franz Müller, Abdruck: honorarfrei

Rücksprachehinweis:

Sabine Maurer Tel: +43 732 5050 1314

7 Der Folder

Einen eigenen Folder über Ihre Einrichtung zu haben, ist empfehlenswert. Denn ein Folder ist in vielerlei Hinsicht einsetzbar: Zur Ausgabe an interessierte Eltern bei Infoabenden, beim Tag der Offenen Tür, er kann gut bei schriftlichen Anfragen verschickt werden oder auch bei Kinderärzten, oder bei verschiedensten Geschäften und Einrichtungen in Ihrer Nachbarschaft aufgelegt werden.

Ein Folder kann natürlich sehr aufwändig gestaltet werden und unter Umständen dadurch auch einiges kosten, wenn Sie einen Grafiker und/oder eine PR-Agentur damit beauftragen. Sie können einen Folder aber auch selbst einfacher und damit kostengünstiger gestalten, indem sie ihn selbst entwerfen und/oder texten. Eventuell haben Sie auch in Ihrer Elternschaft jemanden, der im grafischen Bereich, bei einer PR-Agentur oder auch bei einer Druckerei arbeitet und Ihnen dabei mit etwas Hilfe zur Seite stehen kann.

Wenn Sie einen Folder machen wollen, sollten Sie sich zuerst darüber klar werden, wer denn die Zielgruppe Ihres Folders sein wird und was sie mit dem Folder erreichen wollen: Wollen Sie potentielle Neueltern damit erreichen und in erster Linie Informationen über Ihre Einrichtung damit verbreiten? -Das wäre dann ein Infofolder. Oder wollen Sie mit schönen Impressionen und Bildern aus Ihrer Einrichtung einen Imagefolder gestalten? In diesem Fall wäre es sinnvoll, den Folder überwiegend von einem Profi gestalten zu lassen, da hier auch ein hochwertigeres Papier und ein qualitätsvoller Druck sinnvoll wäre.

Dann können Sie sich Gedanken über das Format des Folders machen: Ein Infofolder sollte möglichst immer dasselbe Format besitzen und kann beispielsweise A4 oder A4 dreifach gefaltet sein. Ein Imagefolder sollte nicht zu groß sein, kann aber trotzdem ein auffälliges Format besitzen (bspw. quadratisch…).

Auch bei der Gestaltung eines Folders ist das Corporate Design Ihrer Einrichtung wichtig. Zusätzlich sollten auch die einzelnen Seiten Ihres Folders eine einheitliche Linie im Design haben, vom Hintergrund bis zur Schrift und der Gestaltungsweise.

In einen Infofolder könnte beispielsweise folgende Information hinein:

- Wer wir sind (Pädagogische Leitsätze u.ä.)
- Wie viele Gruppen gibt es und für welche Altersstufen
- Öffnungszeiten
- Kosten

Beim Inhalt des Folders bitte nicht auf das Impressum vergessen, dieses muss auf jedem Folder zu finden sein und sollte den Namen und die Adressdaten Ihrer Einrichtung enthalten.

Achtung auch hier auf Fotocredits: Wenn Sie Fotos bei der Gestaltung Ihres Folders verwenden, vergessen Sie nicht, die Rechte dafür einzuholen und den/die Fotografen am Folder anzuführen! Sollten Sie unter Fotos auch Bildtexte stellen oder Fotos in Texte hineinstellen, achten Sie darauf, dass es hier keine Text-Bild-Schere gibt, d.h. Text und Bild sollten inhaltlich immer zusammenpassen.

Am kostengünstigsten ist es, wenn Sie den Inhalt des Folders selbst überlegen, den Text dazu auch selbst schreiben und sich – idealerweise von einem Grafiker in Ihrem Netzwerk – die grafische Gestaltung machen lassen. Wenn Sie sich dann von ihm die Druckvorlage als pdf übermitteln lassen, können Sie den Folder mit einem Farbdrucker selbst ausdrucken lassen oder auch damit in den Copyshop gehen.

Kurz bevor Ihr Folder in Druck geht, ist eine genaueste Kontrolle des Textes auf richtige Zeichenabstände, Zeilenabstände, Rechtschreibung, Schriftgröße und Übersichtlichkeit unbedingt zu empfehlen. Lieber eventuell auch mehrere Personen Korrektur lesen lassen als einen zu wenig, denn oft übersieht man Tippfehler, je länger und intensiver man sich mit einem Text beschäftigt hat.

Ressource Netzwerk

Zu guter Letzt gehe ich an dieser Stelle noch auf die Ressourcen ein, die in Ihrem Netzwerk schlummern. Ich würde Ihnen gerne sagen können, holen Sie sich für

Ihre Öffentlichkeitsarbeit eine professionelle Agentur zur Hilfe, wie am Anfang aber bereits erwähnt, geht das wohl für die meisten KindergartenleiterInnen an den Möglichkeiten ihres Budgets vorbei. Daher kann ich Ihnen nur empfehlen, wenn Sie Unterstützung bei Ihrer Öffentlichkeitsarbeit benötigen, sehen Sie sich zuerst einmal in Ihrem Netzwerk um, ob es da nicht jemanden gibt, der Ihnen beispielsweise bei der Gestaltung einer Homepage, eines Folders oder auch bei der Organisation einer Veranstaltung zur Seite stehen kann.

Ihr Netzwerk setzt sich in der Regel aus folgenden Gruppen zusammen:

- Eltern
- Erzieher
- Entscheidungsträger (Gemeinde, Politik)
- Sponsoren und Förderer
- Medienvertreter

Es ist nicht nur als Pool für etwaige Unterstützung wichtig, sondern auch aus anderen Gründen, daher ist es gut, wenn Sie Ihr Netzwerk hegen und pflegen. Wenn Sie einen guten Kontakt zu Ihrer Gemeinde haben und zur Politik in Ihrem Umfeld, kann das beispielsweise hilfreich sein, wenn es um Themen geht, wo Sie Unterstützung benötigen, wie beispielsweise ein Umbau u.ä. Wenn Sie eine Veranstaltung organisieren, lohnt es sich oft, auch Sponsoren und Förderer sowie Vertreter der Politik und der Medien dazu einzuladen, da dies eine gute Möglichkeit ist, um diesen Netzwerkgruppen einen näheren Einblick in Ihre Arbeit geben zu können. Daher ist es ratsam, Ihr Netzwerk immer im Blick zu haben, dann fällt Ihnen von alleine ein, wer Sie wo, wann und wie unterstützen könnte.

Ich habe in diesem Kapitel versucht, Ihnen einfache Hilfestellungen für Ihre Öffentlichkeitsarbeit zu geben, die ohne allzu großen Aufwand eine möglichst große Wirkung haben, um Ihnen die Arbeit in diesem Bereich ein wenig erleichtern zu können und Ihnen einen ersten Einblick in das Feld Öffentlichkeitsarbeit zu geben. Sollten Sie sich mit dem Thema noch intensiver beschäftigen wollen, finden Sie untenstehend Tipps für weiterführende Literatur.

Literaturverzeichnis

Fialka, Viva (2009). Wie Sie Ihr Profil entwickeln und nach außen tragen: Leitbild- und Profilentwicklung: Leitbild- und Profilentwicklung. kindergarten heute. Basiswissen kita Management. Herder Verlag.

Krenz, Armin (2002). Handbuch Öffentlichkeitsarbeit. Professionelle Selbstdarstellung für Kindergarten, Kindertagesstätte und Hort. Herder Verlag.

Krenz, Armin (2009). Professionelle Öffentlichkeitsarbeit in Kindertagesstätten. Bildungsverlag Eins.

Kokot, Cordula (2007). Kit@ im Web. Link Verlag.

Kienitz, Günther W. (2003). Erzieherinnen im Netz. Ökotopia Verlag.

Stamer-Brandt, Petra (2010). Öffentlichkeitsarbeit in Kindergarten und Kita. Herder Verlag.

Weinberger, Annja (2010). Corporate Identity – Großer Auftritt für keine Unternehmen. Mit der VIVA-Formel zum Erfolg: Vision Identität Verhalten Außendarstellung. Stiebner Verlag.

7.3 Interessenvertretung am Beispiel des ÖDKH – Berufsgruppenvertretung als bildungspolitisches Potential

Raphaela Keller

1 Wozu eine Berufsgruppenvertretung?

Grundsätzlich gibt es in Österreich mehrere Organisationen der Interessenvertretung von ArbeitnehmerInnen: Den Österreichischen Gewerkschaftsbund (ÖGB), die Kammern für Arbeiter und Angestellte sowie die Berufsgruppenvertretungen. Der Dachverband der österreichischen Berufsgruppen der Kindergarten- und HortpädagogInnen (ÖDKH) vertritt die Interessen von Kindergarten- und HortpädagogInnen/ElementarpädagogInnen auf Bundesebene.

Bildung, Pädagogik und Erziehung stehen derzeit in einem öffentlichen Interesse, wie schon lange nicht mehr. Die ElementarpädagogInnen sind also nicht die einzige Berufsgruppe, welche derzeit von bildungspolitischen Diskussionen betroffen ist, aber – so könnte man es formulieren – sie gehören zu den leiseren. In den letzten Jahrzehnten ist allerdings die Stimme der ElementarpädagogInnen deutlich lauter geworden… Im „Länderbericht Österreich“ zur OECD-Studie „Starting Strong II“ (OECD 2006) wird über den Dachverband und über die Interessenvertretung in Österreich vermerkt: „Trotz der Wichtigkeit dieser Arbeit ist die Organisation unterfinanziert. Auch für die gewerkschaftliche Vertretung der Krippen-, Kindergarten und HortpädagogInnen sind je nach Dienstgeber unterschiedliche Gewerkschaftsgruppen zuständig. Obwohl die Thematik der Gleichstellung von Frauen und Männern von der Gewerkschaft aufgenommen wird, scheint diese, und die damit verbundenen Konsequenzen für Entlohnungsfragen und entsprechende Verhandlungsstärke, keine besondere Beachtung innerhalb der großen Gewerkschaftsorganisationen zu finden. Es scheint ein geringes Wissen bzw. einen geringen Konsens unter den zuständigen VertreterInnen über die Bedeutung professioneller Vorbereitung für PädagogInnen zu geben, vielleicht nicht zuletzt deswegen, weil diese nicht im tertiären Bereich ausgebildet wurden. In Österreich scheint es auch sehr wenig Rückhalt für ECEC Themen auf nationaler Ebene zu geben und es wird die traditionelle Ansicht vertreten, dass dies ein typischer Arbeitsbereich für Frauen sei“.

Im ÖGB gibt es 3 Fachgewerkschaften, die für Kindergarten- und HortpädagogInnen zuständig sind:

- Die Gewerkschaft der Gemeindebediensteten (GdG) vertritt Mitglieder in über 200 verschiedenen Berufsgruppen (Gesundheitswesen, öffentlichem Verkehr, Ver- und Entsorgungseinrichtungen etc. Der Bildungssektor ist nur ein Sektor von vielen. Die GdG wurde mit der Kulturgewerkschaft KMSfB (Kunst, Medien, Sport, freie Berufe) zusammengeschlossen (GdGKMSfB).
- Gewerkschaft der Privatangestellten, Druck, Journalismus, Papier (GPAdjp) und
- Gewerkschaft Öffentlicher Dienst (GÖD)

Diese Aufsplitterung erschwert eine bundesweit starke gesetzliche Vertretung.

Beide, ÖDKH und ÖGB, sind eingetragene Vereine und es gibt Ziele, die beide Vertretungen verfolgen – so wie beispielsweise eine der Ausbildung und der Verantwortung entsprechende bessere Bezahlung der ElementarpädagogInnen.

Von der Organisationsstruktur her gibt es allerdings einige Unterschiede. Der ÖDKH finanziert sich ausschließlich durch Mitgliedsbeiträge, ohne Subventionen oder Ähnliches. Im ÖDKH gibt es keine parteipolitischen Fraktionen, es gibt keine Streikkasse (die gehört dem ÖGB) und er ist nicht Teil der Sozialpartnerschaft. Nur der ÖGB kann beispielsweise – als arbeitsrechtlich demokratisches Mittel – einen Streik ausrufen und organisieren.

Der ÖDKH sieht sich nicht als Konkurrenz zum ÖGB, ganz im Gegenteil. Kooperation ist erwünscht – eine Stärkung der gemeinsamen Forderungen durch teilweise andere Arbeitsweisen kann Bereicherung und Effektivität schaffen.

Der ÖDKH ist eine bundesweite Vertretung der ElementarpädagogInnen aller Funktionen in elementaren und außerschulischen Bildungseinrichtungen und somit eine kompetente, überparteiliche Stimme für bildungspolitische Angelegenheiten in diesem Bereich.

Die VertreterInnen des ÖDKH – Österreichischer Dachverband der Kindergarten- und HortpädagogInnen – sind seit dem Jahr 1994 ein wichtiges Sprachrohr für Reformen im elementaren bis sekundären Bildungsbereich.

Die Forderungen des ÖDKH werden, dank Überparteilichkeit, Konfessions- und TrägerInnenunabhängigkeit, selbstbestimmt transportiert. Der ÖDKH tritt in Kontakt mit ExpertInnen aus Wissenschaft und Forschung, mit PolitikerInnen, MedienvertreterInnen oder GewerkschaftsfunktionärInnen. Seine VertreterInnen werden von verschiedensten Institutionen als ExpertInnen geschätzt und angefragt. Seine Kooperationen mit bildungsengagierten Menschen (mit und ohne Organisationen) verhelfen vielen Forderungen, Themen und Impulsen zu mehr Präsenz in der PädagogInnen-Community und der Gesellschaft.

Reformen – im Sinne einer nachhaltigen, zeitgemäßen und kindzentrierten Bildungsarbeit – sind österreichweit erforderlich. Eine starke Interessensvertretung kann sich effektiver als Einzelpersonen für Verbesserungen einsetzen, die allen Beteiligten in Kindergärten optimale Bedingungen verschaffen, um hochqualifizierte Bildungsarbeit zu ermöglichen.

2 Vom Unmut über die Idee bis zur Umsetzung – der Weg des ÖDKH

Der Anfang war geprägt von Pessimismus und Optimismus, Verdrossenheit und Veränderungswille, Begrenztheit und Öffnungsbereitschaft, Hierarchieangst und Neugier. Schon im Jahr 1986 hatte Lydia Kadoun (Berufsverband Niederösterreich) die Idee zur Gründung eines Dachverbandes (DV). Ausgelöst wurde diese Idee durch eine bundesgesetzliche, auch in NÖ anzuwendende, Regelung, nach der bei Ausfall einer Kindergärtnerin eine „geeignete Person" eingesetzt werden kann. Welche das ist, bestimmt der Bürgermeister/die Bürgermeisterin. Diese massive Bedrohung, Bildungsarbeit von nicht entsprechend ausgebildeten Personen anstatt von PädagogInnen ausüben zu lassen, motivierte zur Organisation einer Standkundgebung von PädagogInnen und HelferInnen in Wien mit mehreren hundert TeilnehmerInnen. *„Da wurde mir klar, dass wir eine Vernetzung der Bundesländer rasch brauchen, um schon im Vorfeld auf Gesetzesentwürfe reagieren zu können."*, erinnert sich Lydia Kadoun. Sie nahm Kontakt zu Romana Mauthner, Vorsitzende des Steirischen Berufsverbandes, auf. Die Steirerinnen waren von der DV-Idee begeistert. Ab 1990 gab es weitere Kooperationen von Kindergartenpädagoginnen aus verschiedenen Bundesländern die in unterschiedlichen Funktionen (Leiterinnen, gruppenführende PädagogInnen, SpringerInnen,...) tätig waren.

Die von LandespolitikerInnen/Vorgesetzten getätigte Aussagen „Bei uns geht es Kindergärtnerinnen am besten!" oder „In den anderen Bundesländern sind viel schlechtere Arbeitsbedingungen!" und „Für unsere Kinder haben wir einzigartig gute Bedingungen in den Kindergärten!" wurden rasch als System enttarnt und widerlegt.

Immer mehr Kolleginnen erkannten, dass sie offensichtlich bei, politischen, Gesprächen über Reformen in der Arbeits- und Bildungssituation beschwichtigt wurden. „Nur keine Revolution! Nur nichts verlangen! Nur keine Veränderungen!", vermittelten Vorgesetze.

Im Bundesland Kärnten wurde dann die erste Berufsgruppenvertretung für KindergärtnerInnen gegründet, es folgten die Steiermark sowie NÖ und im Laufe der Jahre gab es in allen Bundesländern Österreichs Berufsverbände.

Viele Treffen von KollegInnen – immer in anderen Bundesländern – ließen die Idee zur Gründung eines österreichweiten Dachverbandes Realität werden.

Der geplante Zusammenschluss war eine äußerst intensive, lebendig-kreative Entwicklungszeit, getragen von Diskussionen und Nachdenkprozessen, Formulierungen und Recherchen, Positionsfindungen sowie Eruierung gesetzlicher Bedingungen bis zur Kreation eines Vereinsnamens. Es wurden zukunftsorientierte Ziele festgelegt und parteiliche Unterwanderung bzw. Verhinderung abgewendet. Die respektvolle Atmosphäre, die berufs- und bildungspolitische Kompetenz der TeilnehmerInnen, sowie die Überzeugung der Notwendigkeit eines bundesländerübergreifenden Auftretens unserer Berufsgruppe machten dieses Geschehen erst möglich. Der Entwicklungsprozess, um die bestehenden Berufsverbände der Bundesländer zu einer österreichweiten Stimme in Vereinsform zu vereinigen dauerte von 1990 bis zum Jahr 1994. Bei der ersten Pressekonferenz 1994 im Presseclub Concordia wurde der ÖDKH präsentiert. Wir erklärten diesen Schritt – historisch und bildungspolitisch –, begründeten den neuen Berufstitel *Kindergarten- und HortpädagogInnen* und behaupteten uns im neuen Feld „JournalistInnenfragen beantworten".

3 Die Arbeit des ÖDKH

Alle Mitglieder des ÖDKH agieren ehrenamtlich. Der hohe Frauenanteil (99 %) erschwert ein Engagement neben Berufstätigkeit und Familienaufgaben. Zum Glück ist es immer einigen PädagogInnen zeitlich möglich, die bildungs- und berufspolitischen Aufträge des ÖDKH wahrzunehmen, mal intensiver und mal selektiver.

Schon bestehende Kontakte zu Personen aus Wissenschaft und dem Unterrichtsministerium pflegten wir während der ganzen Zeit und erhielten – teilweise hinter vorgehaltener Hand – Zuspruch und Tipps sowie vor allem Feedback, dass wir mit unseren Forderungen richtig liegen. Mit der nun auch behördlichen Existenz des Dachverbandes begann die offizielle, öffentliche bildungs- und berufspolitische Arbeit für die VertreterInnen des ÖDKH: „Klinkenputzen“ bei Ministerien, wissenschaftlichen Instituten, Parteizentralen, Gewerkschaften usw. Fast überall begegnete uns Freundlichkeit, aber auch das gleiche Procedere: „Wenn man nicht mehr weiter weiß bildet man einen Arbeitskreis“. Für eine kontinuierliche, nachhaltige Bildungsarbeit sind Legislaturperioden scheinbar zu kurz – längerfristiger wurde/wird offenbar nicht gedacht, investiert. Ein weiterer Hemmschuh bei den bundesweiten Anliegen des ÖDKH ist die Nichtzuständigkeit des Bundes, da alle Kindergartengesetze als Aufgabe der jeweiligen Landesregierungen verankert sind.

Trotzdem wurde uns immer das Gefühl übermittelt, dass wir mit unseren Anliegen ernst genommen werden. Es gab einige bemerkenswerte Anstrengungen von einzelnen, welche die Probleme, die wir argumentierten, erkannten, bearbeitet sehen wollten und so auch Initiativen setzten – z. B. sei hier ÖGB-Frauenvorsitzende Irmgard Schmidleitner anerkennenswert erwähnt.

In der Vergangenheit bekamen wir bisher allerdings nie einen offiziellen, persönlichen Termin bei den zuständigen Ministerinnen. Großes Interesse brachten und bringen uns die vielen ReporterInnen aller Medien entgegen. Viele davon sind selber Eltern und wissen um die notwendigen Veränderungen für ihre Kinder im Bildungswesen – von Anfang an. Qualitätsjournalismus und Reaktionen darauf machen ersichtlich, dass elementare Bildung und Bildungschancen unserer Kinder doch ein heißes Thema unserer Gesellschaft ist.

4 Vernetzung, Teamworking und Solidarität bringen uns weiter

KindergartenpädagogInnen sind hauptsächlich EinzelkämpferInnen, was die vielen pädagogischen Einrichtungen , mit wenigen Gruppen[Fn124] und wenigen MitarbeiterInnen begünstigen. Die vorhandene Tatkraft, das gewünschte Engagement kann zu oft nicht ausreichend gebündelt werden. Das betrifft alle Beteiligten, LeiterInnen vielleicht am stärksten. Oft sind die räumlichen Gegebenheiten (jeder Kindergarten als kleine Einheit) für Vernetzung und Austausch eher hinderlich, LeiterInnensitzungen sind zumeist mit dienstlichen Angelegenheiten überladen – und danach müssen viele rasch wieder in die eigenen Einrichtungen, sonst ist eine Gruppe unbesetzt. Konstruktives und zukunftsgestaltendes Arbeiten hat zumeist ebenso wenig Zeit und Raum wie Erfahrungsaustausch und haus- oder gar institutionsübergreifende Kommunikation.

5 Verbindende Prinzipien der ÖDKH-Mitglieder

- Kindergarten ist ein internationaler hochangesehener Begriff einer Bildungseinrichtung für junge Kinder – so soll es auch sein.

124. 4.668 Kindergärten, davon 1.424 eingruppig und 1.507 zweigruppig – Kindertagesheimstatistik 2012/2013, Tabelle 9

- Frühe Kindheit ist nicht „nur" Aufgabe der Eltern oder „nur" des Kindergartens, sondern der gesamten Gesellschaft.
- Das glücklicherweise veränderte Bewusstsein über kindliche Entwicklung braucht zeitgemäße Bedingungen in Österreichs elementaren bis sekundären Bildungseinrichtungen, um den Bildungsauftrag umsetzten zu können.
- Investitionen sowie Reformen im frühen Bildungswesen müssen bundesweit, kräftig und sofort erfolgen, um Österreich als Bildungsstandort halten zu können.
- Unabdingbar für unsere Arbeit und politischen Entscheidungen ist die Auseinandersetzung mit sich verändernden Gesellschaftsstrukturen.
- PolitikerInnen müssen Bildungs-Verantwortung auch für die jüngsten Kinder übernehmen.
- Daher braucht Österreich Bundeskompetenz ab dem elementaren Bildungsbereich im Bildungsministerium.
- Der Bildungsbegriff muss neu definiert werden – als Lebensbildung statt als reine Wissensbildung.
- Um den „Bundesländerübergreifenden BildungsRahmenPlan" (Charlotte Bühler Institut 2009) umsetzen zu können, muss ein verpflichtender „Bundesländerübergreifenden StrukturRahmenPlan" entwickelt und eingesetzt werden.
- Wissenschaftliche Erkenntnisse haben ebenso als Basis für Reformen zu dienen wie unsere langjährigen Erfahrungen als PädagogInnen.
- Österreichweit geltende Aus- sowie Weiterbildung für PädagogInnen, LeiterInnen und AssistentInnen muss geschaffen bzw. verbunden werden.
- Eine Tertiärisierung der Ausbildung aller PädagogInnen, also auch der ElementarpädagogInnen, ist unentbehrlich, wenn Österreich sich nicht nur in der Vergangenheit mit einer gewissen Bildungsqualität identifiziert.
- Eine, der Basisbildungsarbeit entsprechende, höhere Bezahlung muss finanziert werden.
- Qualität und Quantität – mehr Plätze und längere Öffnungszeiten heißt gleichzeitig mehr PädagogInnen.
- Motivation und berufliche Selbstwertsteigerung der Kindergarten- und HortpädagogInnen ist notwendig.
- Arbeitsbedingungen müssen geschaffen werden, die uns in unserer Bildungsarbeit und unserer Persönlichkeit unterstützen statt bremsen und einengen.
- Verstärkte Zeitressourcen für Weiterbildung, Teamarbeit, Planung, Reflexion, Elternarbeit, Administration etc. müssen zur Verfügung gestellt werden.

6 Aktivitäten

Schwerpunkte unserer Arbeit entstanden und entstehen aus dem täglichen Berufsleben und vor allem aus der Tatsache, dass sich die Bildungssituation der Kinder sowie die Ansprüche der Eltern an den Kindergarten nicht von der Arbeitssituation der MitarbeiterInnen trennen lassen. So wird etwa eingefordert, dass österreichweit gleiche Qualifikationsregelungen oder Regelungen für Freistellungen oder entsprechende Büroarbeitsplätze für Leitungspersonen vorhanden sein müssen.

Bereits in der Entwicklungsphase des ÖDKH entstand unser erster Konzeptentwurf für eine **Ausbildungsreform** auf tertiärer Ebene für PädagogInnen. Die Qualifikationsfrage von ElementarpädagogInnen begleitet uns seit damals in mühsamer, langsamer Weise.

Ein weiteres zentrales Anliegen seit den Anfangsjahren ist uns eine bundesweit geltende gesetzliche Regelung für Kinder und MitarbeiterInnen in den elementaren bis sekundären Bildungseinrichtungen in Form eines **Bundesrahmengesetzes** (Plattform EduCare o.J.). Vertreterinnen des ÖDKH waren maßgeblich an der Entstehung des ersten Entwurfes für ein entsprechendes Gesetz (im Jahr 1999) beteiligt. Seither arbeiten wir kontinuierlich im Rahmen der Plattform EduCare an den Aktualisierungen und der politischen Verbreitung zur hoffentlich baldigen Umsetzung mit.

Der ÖDKH verfasst immer wieder Stellungnahmen zu bildungspolitischen Fragen und beteiligt sich an Initiativen, wissenschaftlichen Studien und Forschungen (z. B. „Gesundheitsfolgenabschätzung zum verpflichtenden Kindergartenjahr"). Ein großes Anliegen ist die Motivation von PädagogInnen zum gemeinsamen Auftreten, denn: Die Bedürfnisse kennen am besten die Betroffenen selbst!

7 Zukunftsperspektiven

Elementare Bildungsarbeit besteht aus einigen Komponenten. Aus unserer Sicht lässt sich kein Teil des Ganzen separieren: Die Kinderanzahl in der Gruppe betrifft Kinder ebenso wie PädagogInnen, fehlende Zeit für Teamgespräche reduziert pädagogische Kooperation für Kinder und PädagogInnen, viele administrative Tätigkeiten der LeiterInnen minimieren deren Zeit für die pädagogische Leitung sowie Zeit für MitarbeiterInnen, Kinder und auch Eltern, usw.

Ein großes Problem für viele Teams ist der PädagogInnenmangel und die Qualität der Bildungsarbeit. Da eine Qualitätsverbesserung vor Ort – weniger Kinder pro Gruppe, Zeit für jedes Kind, Elternberatung, Weiterbildung, etc. – mehr PädagogInnen braucht, müssen die Gehälter angehoben werden, um mehr ausgebildeten Kindergartenpädagoginnen den Berufseinstieg und den Verbleib im Beruf zu erleichtern.

Es gibt noch viel zu tun. Bearbeitet werden müssen – unter anderen – Themen wie:

- Lärmbelastung und deren psychische und physische Auswirkungen,
- Unklarheiten zur Medikamentengabe (Bundesgesetz versus Weisungen),
- Mögliches Aussterben des Berufes der HortpädagogInnen (sind nicht im Ganztagsschulkonzept inkludiert),
- Weiterbildung während der Dienstzeit,

- Aufgabengebiet der neuen Berufsgruppe „Pädagogische AssistentInnen",
- Evaluierung und Reduzierung administrativer Tätigkeiten für PädagogInnen und LeiterInnen, sowie Einsatz von Bürokräften,
- Inklusion statt Integration, Diversität statt starre Strukturen erfordern Haltung und entsprechende Rahmenbedingungen,
- Kooperation mit ähnlichen Berufsgruppen (SozialpädagogInnen, SozialarbeiterInnen, SchulpädagogInnen, etc.) bedarf wertschätzender Regelungen, die auf Gleichwertigkeit basieren,
- Pädagogische LeiterInnen brauchen „Konzeptions- und Qualitätsentwicklungszeit": Pro Bildungseinrichtung 7 Std Basis, pro Gruppe 6 Std., Freistellung ab 4 Gruppen,

Notwendig ist auch eine neue Dynamik im Selbstwertgefühl von PädagogInnen, die sich aus gesellschaftlicher Anerkennung, persönlicher Reflexion und Horizonterweiterung im Austausch mit anderen entwickeln kann.

Es genügt nicht, neue Bildungseinrichtungen zu schaffen. Es reicht nicht aus, einen „Bundesweiten BildungsRahmenPlan" zu schaffen. Für eine gelingende Bildungsarbeit braucht Österreich dringend einen „Bundesländerübergreifenden StrukturRahmenPlan", mit dem die bestehenden Bedingungen bundesweit deutlich verbessert werden.

Nach den Daten der Statistik Austria (2012) gibt es ca. 26.000 KindergartenpädagogInnen und 4.219 LeiterInnen in Kindergärten (475 davon freigestellt, die anderen gruppenführend). Ein enormes Potential!

Ist es sinnvoll, darauf zu hoffen, dass alles in unserem Sinne geregelt wird oder macht sich nicht doch persönliches Engagement bezahlt?

Literaturverzeichnis

Charlotte Bühler Institut (2009). Bundesländerübergreifender BildungsRahmenPlan. http://www.bmukk.gv.at/medienpool/18698/bildungsrahmenplan.pdf.

OECD (2006). Starting Strong – Early Childhood Education and Care Policy. Länderbereicht für Österreich. OECD Direktorate for Education. http://www.oecd.org/education/school/36657509.pdf.

Plattform Educare (o.J.)Entwurf BundesRahmenGesetz. http://www.plattform-educare.org/bundesrahmengesetz.htm.

Statistik Austria (2013). Kindertagesheimstatistik 2012/13. http://www.statistik.at/web_de/statistiken/bildung_und_kultur/formales_bildungswesen/kindertagesheime_kinderbetreuung/index.html.

7.4 Politische Lobby- und Netzwerkarbeit am Beispiel der Plattform EduCare

Heide Lex-Nalis/Johannes-Maria Lex

Dieser Beitrag soll Einblick in die Arbeitsweise der Plattform EduCare geben. Im ersten Teil, nach einer kurzen Darstellung der Entstehung der Plattform EduCare, werden die Reformfelder zur Weiterentwicklung des elementaren Bildungswesens zu Beginn unserer Arbeit in der Plattform EduCare überblicksmäßig dargestellt. Im Anschluss daran wird der Frage nachgegangen, welche Einflussmöglichkeiten die Zivilgesellschaft auf politische Entwicklungen hat. Der zweite Teil beschreibt die tägliche Arbeit, die notwendig ist, um eine Plattform am Leben zu erhalten.

1 Wie alles begann

Mitte der 90er Jahre erreichte die vom „Kinderbetreuungsnetzwerk der europäischen Union" angestoßene europaweit geführte Diskussion um die Bedeutung elementarer Bildungseinrichtungen auch Österreich. Anhand von 40 Zielen, die in 10 Jahren erreicht werden sollten, wurde die Qualität elementarer Bildungseinrichtungen definiert (European Commission 1996). In Österreich befasste sich das Charlotte Bühler-Institut seit Anfang der 1990er Jahre mit Qualitätsentwicklung und Qualitätssicherung in den österreichischen Kindergärten und führte in den Jahren 1993-96 eine Untersuchung zur aktuellen Situation durch (Hartmann/Stoll 1996). Im Jahr 2000 erschien das Buch „Bildungsqualität im Kindergarten" (Hartmann/Stoll/Chiste/Hajsan 2000).

In Deutschland erforschte man im Auftrag des Bayerischen Staatsministeriums für Unterricht, Kultus, Wissenschaft und Kunst die unterschiedlichen Systeme der Kinderbetreuung in Europa. 1997 erschien das Ergebnis der Forschungen in Buchform (Oberhuemer/Ulich 1997). Ausgehend von diesen wissenschaftlich erhobenen Daten wurde es erstmals möglich, Vergleiche mit anderen europäischen Ländern anzustellen und damit wurde deutlich, welchen Nachholbedarf Österreich gegenüber anderen europäischen Ländern hatte. Das Thema Qualitätssicherung wurde fortan auch in der Aus-und Weiterbildung behandelt. Ab dieser Zeit wurde den in der Praxis stehenden PädagogInnen, aber auch den SchülerInnen und LehrerInnen an der BAKIP die Kluft zwischen Anspruch an elementarpädagogische Bildungsarbeit und den vorhandenen Rahmenbedingungen immer bewusster.

In Wien etablierte sich ein Diskussionszirkel aus engagierten PädagogInnen aus der Praxis und aus Aus- und Weiterbildungseinrichtungen, um Ideen und Visionen für eine qualitative Weiterentwicklung des österreichischen Kindergartenwesens auszutauschen. Diese Gruppe gab sich den Namen „Plattform für elementare und außerschulische Bildungseinrichtungen" und trat 2005 erstmals in einer Pressekonferenz mit dem Vorschlag eines BundesRahmengesetztes zur bundesweiten Vereinheitlichung der Rahmenbedingungen und zur Verbesserung der Qualität im Kindergarten an die Öffentlichkeit. Mit dieser Aktion erstarkte das Selbstbewusstsein der AkteurInnen. Es wurde die Idee geboren, der durch die gesetzliche Situation bedingten zersplitterten österreichen Kindergartenlandschaft eine gemeinsame und unüberhörbare Stimme zu geben. Anliegen war der Wunsch nach einer grundlegenden Reform des elementaren Bildungswesens. Ein griffigerer Name wurde gesucht und mit „Plattform EduCare" gefunden. Eine Steuergruppe, die möglichst repräsentativ für die elementarpädagogische Community sein sollte, wurde eingerichtet. Alle „PlattformerInnen" waren hoch engagierte ExpertInnen aus unterschiedlichen Berufsfeldern der Kindergartenpädagogik, hatten aber wenig Ahnung davon, wie Ideen und Forderungen sowohl einer breiteren Öffentlichkeit als auch verantwortlichen PolitikerInnen nahe gebracht werden könnten. Zudem gab es keinerlei finanzielle Mittel, um entsprechende ExpertInnen dafür heranziehen zu können.

War ich – Heide Lex-Nalis – anfangs eher interessierte Zuhörerin, beschloss ich 2006 die Plattform EduCare als Lobby für mein vordringliches Anliegen – die Angleichung der österreichischen Ausbildung an den internationalen Standard, das heißt die akademische Ausbildung von KindergartenpädagogInnen – zu nutzen. Bis zu diesem Zeitpunkt hatte ich in unterschiedlichen Institutionen eine Leitungsfunktion inne und reichlich Erfahrung mit der Umsetzung von kleineren und größeren Reformen. Es war mir aber völlig unklar, wie es ohne offizielle Funktion und ohne politische Partei gelingen könnte, Entwicklungen in Gang setzen.

2006 stellte Johannes-Maria Lex sein Know How als EDV-Experte kostenlos zur Verfügung und begann mit dem Aufbau einer für die poltische Lobby- und Netzwerkarbeit unabdingbaren Kommunikations- und Informationsstruktur.

2 Reformfelder zur Weiterentwicklung des elementaren Bildungswesens zu Beginn unserer Arbeit Anfang der 2000er Jahre

Zu Beginn unserer Arbeit war der Kindergarten in den Bundesländern eine zumeist halbtägig geöffnete familienergänzende Vorschuleinrichtung. Der Begriff Elementarpädagogik war weitgehend unbekannt und die europaweit geführte Debatte zur Bedeutung der Frühen Bildung blieb in Österreich unberücksichtigt.

2.1 Entideologisierung

Die Annahme, dass Mütter die beste Betreuung und Erziehung leisten, beherrscht die Diskussion.

Das Thema der institutionellen Kinderbetreuung in Österreich wurde seit Anfang der 1960er Jahre – mit der Übergabe des Kindergarten- und Hortwesens vom Bund an die Länder – überwiegend unter ideologischen und föderalen Gesichtspunkten behandelt. Die Auseinandersetzung über familiäre versus institutionelle Kinderbetreuung zählte zu den klassischen Konfliktpunkten der Parteien (Appelt, Erna 2013 S. 35).

Die Aufgabe des Kindergartens ist in den vom Land erlassenen Kindergartengesetzen definiert und es ist davon auszugehen, dass die gesetzlichen Regelungen unter dem Einfluss der jeweils stärksten politischen Partei im Land zustande kommen. Beim Vergleich der Kindergartengesetze fällt auf, dass die Definition des Kindergartens als „familienergänzende Einrichtung" scheinbar für alle politischen Parteien akzeptabel ist.

Im Kindergartengesetz des sozialdemokratisch regierten Wiens ist im §1 zu lesen:
„Kindergärten haben die Aufgabe, in ***Ergänzung zur Familie*** *nach gesicherten Kenntnissen und Methoden der Pädagogik die Entwicklung der Gesamtpersönlichkeit jedes Kindes und seine Fähigkeit zum Leben in der Gemeinschaft zu fördern und es in der Entwicklung seiner körperlichen, seelischen und geistigen Kräfte zu unterstützen".* Im ÖVP regierten niederösterreichischen Kindergartengesetz steht: *„Der Kindergarten hat durch das Kindergartenpersonal die Aufgabe, die* ***Familienerziehung*** *der Kinder zu* ***unterstützen*** *und zu* ***ergänzen****. Insbesondere ist die körperliche, seelische und geistige Entwicklung der Kinder durch Bildungsangebote, geeignete Spiele und durch die erzieherische Wirkung, welche die Gemeinschaft bietet, zu fördern, zu unterstützen, ein grundlegender Beitrag zu einer religiösen und ethischen Bildung zu leisten und die Erreichung der Schulfähigkeit zu unterstützen."*

Der Kindergarten als „familienergänzende Einrichtung" lässt jedem Bundesland genügend Interpretationsspielraum bezüglich des zeitlichen Ausmaßes der Ergänzung. Die Folge davon ist, dass sowohl das Eintrittsalter der Kinder in den Kindergarten als auch die täglichen und jährlichen Öffnungszeiten bundesländerweit bis heute sehr unterschiedlich sind. Die vom Institut für Familienforschung herausgegebenen Studie „Kinderbetreuung in Österreich" belegt dies eindrucksvoll (Baierl/ Kaindl 2011). Vor allem unterscheidet sich die Situation in Wien deutlich von der in den Bundesländern.

In Wien entstanden bereits in der ersten Republik jene Einrichtungen, die in der außerhäuslichen Kinderbetreuung Unterstützung für jene Mütter sahen, die aus ökonomischen Erfordernissen einer Arbeit nachgehen müssen. In jedem der in den 1920er–30er Jahre errichteten Gemeindebauten wurde ein Kindertagesheim errichtet. Die außerhäusliche Betreuung von Kindern unter 6 Jahren wurde aber auch in der Sozialdemokratie unter dem Gesichtspunkt der Familienergänzung gesehen. Julia Seyss-Inquart, die sich mit dem politischen Diskurs zum Themea Kinderbetreuung in Wien beschäftigt schreibt dazu: *„Die elementaren Institutionen werden somit als eine Art Behelf betrachtet, der dann in Frage kommt, wenn es den Müttern nicht möglich ist, die Betreuungsleistung selbst zu erbringen".* (Seyss-Inquart

2013, S. 167) Viele in der Praxis stehende PädagogInnen reagieren bis heute auf diesen Widerspruch zwischen familienergänzender Erziehung und den ganztägig geöffneten Kindertageseinrichtungen indem sie den Müttern immer wieder vor Augen zu führen, dass der Kindergarten kein Familienersatz ist.

2.2 Der fachliche Diskurs

Die Forderung nach einer Professur für Elementarpädagogik blieb ungehört.

Als 1963 die „Bildungsanstalten für Kindergärtnerinnen" (BAKI) gegründet wurden, wurde die Ausbildung von Kindergärtnerinnen von der der LehrerInnen abgekoppelt.

Übrig blieb die sogenannte „Vorschulerziehung" im Kindergarten aus der nahezu 100 Jahre dauernden gemeinsamen Ausbildung von Kindergärtnerinnen und Lehrerinnen (vgl. Lex-Nalis 2013, S. 155). Bis in die 90er Jahre gab es „Vorschulgruppen", in denen „Schulreife-Blätter" zum Einüben von Fähigkeiten und Fertigkeiten für die Schule eingesetzt wurden (Baar/Tschinkel 1968). Aus der Funktionszuschreibung des Kindergartens als „schulvorbereitende Institution" resultieren auch halbtägige Öffnungszeiten und an der Schule orientierte Ferienregelungen.

Der fachliche Diskurs fand seit der Abkoppelung von der LehrerInnen-Ausbildung hauptsächlich in den Weiterbildungsinstitutionen der Länder bzw. der Träger und weitgehend abseits vom Schul- und Bildungssystem statt. Den größten Einfluss auf die Entwicklung des Kindergartenwesens hatten über viele Jahrzehnte hinweg die kirchlichen Trägerorganisationen in Zusammenarbeit mit den jeweils zuständigen AbteilungsleiterInnen für die BAKI/P im BM:UKK. So wurde bereits 1975 der erste Bildungsplan für den Kindergarten von der Caritas Oberösterreich entwickelt (vgl. Lex-Nalis S. 161). Mehr als 20 Jahre war dieser Bildungsplan Grundlage des Berufskunde- und Praxisunterrichtes an den BAKI/P und damit Grundlage für die pädagogische Arbeit vieler Generationen von KindergärtnerInnen, die bis heute in der Praxis stehen und oftmals in leitenden Funktionen sind (Niederle/Lenzeder/Michelic/Mayrhofer-Kneidinger 1975). Die „Internationale Pädagogische Werktagung", die größte gesamtösterreichische Weiterbildungsveranstaltung für den Kindergartenbereich wird vom Katholischen Bildungswerk Salzburg in Kooperation mit der Caritas Österreich organisiert. Die von der Österr. Caritaszentrale Wien im Verlag der Caritas für Kinder und Jugendliche Linz herausgegebene Zeitschrift UNSERE KINDER war die einzige Fachzeitschrift für den elementaren Bildungsbereich.

Das Charlotte Bühler-Institut war das einzige Forschungsinstitut, das sich mit Früher Bildung beschäftigte. Es gab keinen einzigen Lehrstuhl für Elementarpädagogik und Forschungsarbeiten zum Thema Kindergarten blieben im Verborgenen. Bis 2001 sind lediglich 12 Dissertationen unter dem Stichwort Kindergarten zu finden (Koch 2013, S. 17). Die Forderung nach einer Professur für Elementarpädagogik blieb ungehört.

2.3 Anschluss an Europa

Die verantwortlichen PolitikerInnen des österreichischen Bildungssystems fühlten sich für das Kindergartenwesen nicht zuständig

Mit der Europäisierung in den 90er Jahren gelangten zunehmend die berufstätigen Mütter in den politischen Focus. Unter dem Schlagwort der „Vereinbarkeit von Familie und Beruf“ wurden Kinderbetreuungseinrichtungen gefordert, deren Öffnungszeiten mit den Arbeitszeiten der Mütter kompatibel sind (Rat der Europäischen Gemeinschaft 1992). Im Jahr 2002 legte der Europäische Rat auf seiner Tagung in Barcelona folgende Ziele, die unter dem Schlagwort „Barcelonaziele“ bekannt sind, fest: *„Die Mitgliedstaaten sollten Hemmnisse beseitigen, die Frauen von einer Beteiligung am Erwerbsleben abhalten, und bestrebt sein, nach Maßgabe der Nachfrage nach Kinderbetreuungseinrichtungen und im Einklang mit den einzelstaatlichen Vorgaben für das Versorgungsangebot bis 2010 für mindestens 90 % der Kinder zwischen drei Jahren und dem Schulpflichtalter und für mindestens 33 % der Kinder unter drei Jahren Betreuungsplätze zur Verfügung zu stellen“.* (Europäischer Rat 2002 Barcelona S. 12)

Österreich reagierte mit einem rasanten Ausbau im gesamten Bundesgebiet. Übersehen wurde dabei, dass der Großteil der im Beruf stehenden PädagogInnen ihre Ausbildung im Geiste der 70er Jahre absolviert hatten und daher auf den Ausbau – vor allem von ganztägig und ganzjährig geöffneten Einrichtungen – negativ reagierten. KollegInnen in den ländlichen Gebieten, deren Dienstzeiten bis zu diesem Zeitpunkt sehr oft an die der LehrerInnen an Volkschulen angepasst waren, mussten mancherorts eine drastische Verschlechterung ihrer Arbeitsbedingungen hinnehmen.

Diese ausschließliche Forcierung auf den quantitativen Ausbau stieß jedoch europaweit auf Kritik. Erst nach den schlechten Ergebnissen bei PISA (Programme for International Student Assessment) in Deutschland und Österreich verlagerte sich die politische Sichtweise allmählich in Richtung „Frühe Bildung“. Aus Deutschland kam der Ruf nach einer grundlegenden Reform des Bildungsauftrages des Kindergartens. Prof.Dr.Dr.Dr. Fthenakis, Direktor des Staatsinstitutes für Frühpädagogik in München, wurde nach Erscheinen seines Buches „Elementarpädagogik nach PISA – Wie aus Kindergärten Bildungseinrichtungen werden können“ zu Vortägen in ganz Österreich eingeladen (Wassilos.E.2003).

2006 beteiligte sich Österreich an der OECD-Studie „Starting strong“. Die im Endbricht festgehaltenen Empfehlungen boten eine wichtige Grundlage zur Forderung nach einer Reform des elementaren Bildungswesens (OECD 2006). Europaweit herrschte mittlerweile Einigkeit darüber, dass die Einheit von Bildung, Betreuung und Erziehung die Grundlage früher Bildung ist und dass die dafür notwendigen quantitativen und qualitativen Rahmenbedingungen zur Verfügung gestellt werden müssen.

Für die Umsetzung der Empfehlungen der OECD-Studie „Starting strong“ fühlte sich auf Regierungsebene niemand zuständig. Der Kindergarten wurde zum Spielball zwischen den Ministerien für Wirtschaft, Jugend und Familie und dem für Unterricht, Kunst und Kultur. Die Forderung nach einem BundesRahmengesetz zur bundesweiten Vereinheitlichung der Rahmenbedingungen und zur Verbesserung der Qualität im Kindergarten wurde von Seiten der Länder und Gemeinden vehement abgelehnt. Dass Österreich mittlerweile das einzige Land neben Malta war, in dem die Ausbildung zur/zum KindergartenpädagogIn nicht auf Hochschul- oder Universitätsniveau stattfindet/stattfand, wurde negiert.

3 Faktoren Politischer Lobby- und Netzwerkarbeit

Die Reformfelder waren rasch ausgemacht, jetzt ging es darum herauszufinden, wie zivilgesellschaftliches Engagement „funktioniert".

3.1 Zivilgesellschaft und Zivilcourage

Die Plattform EduCare ist eine klassische Non Profit Organistion. Diese sind zivilgesellschaftliche Organisationen, die in unterschiedlichen Bereichen anzutreffen sind und mit ihrem Engagement einen wichtigen Bestandteil demokratischer Systeme darstellen. Sie machen auf Probleme aufmerksam, noch bevor sie von der Politik erkannt werden. Sie engagieren sich für gesellschaftliche Anliegen und organisieren das dafür notwendige Miteinander. Sie stehen für demokratische Vielfalt und stärken den Zusammenhalt und die Eigenverantwortung des Einzelnen (ZiviZ-Survey 2012). Habermas geht davon aus, dass Entscheidungen des politischen Systems nur dann demokratische Legitimität beanspruchen, wenn sie angemessen an zivilgesellschaftlich artikulierte, öffentliche im Diskurs entstandene Meinungen angebunden sind (Habermas 1992 in Giffey, Franziska 2009, S. 37).

Auf der Website „IGO – Stimme der Gemeinnützigen" (h*ttp://www.gemeinnuetzig.at/begriffsdefinitionen)* finden sich Studienergebnisse, die sich mit der wirtschaftlichen und gesellschaftspolitischen Bedeutung beschäftigen. Die AutorInnen stellen auch einen „Wegweiser durch den Begriffsdschungel" zur Verfügung, den wir hier benutzen möchten.

Zivilgesellschaft *kann definiert werden als die Summe von Akteuren und Operationen,*

- *die weder marktwirtschaftlich-profitorientiert, noch staatlich organisiert sind, und damit ein Mindestmaß an Autonomie von Markt und Staat aufweisen;*
- *die weiters auf die Gestaltung politischer Prozesse und/oder sozialer Lebensbedingungen gerichtet sind;*
- *und die im Rahmen kollektiven Handelns stattfinden.* (Simsa, Ruth 2013)

NPO*: NPOs, die politisch orientiert sind, d.h. auch Advocacy betreiben und auf die Mitgestaltung von gesellschaftlichen Prozessen gerichtet sind, gehören zur Zivilgesellschaft, jene NPOs, die nur an Leistungserbringung orientiert sind, nicht. Insbesondere freiwillige Vereine können damit als organisatorischer Kern oder Infrastruktur der Zivilgesellschaft gelten.* (Birkhölzer, Karl)

Nicht selten hört man, dass es der heutigen Gesellschaft an Zivilcourage fehlt. Wir möchten uns an Kurt Tucholsky anschließen, der da meint: *„Nichts ist schwerer und nichts erfordert mehr Charakter, als sich im offenen Gegensatz zu seiner Zeit zu befinden und laut zu sagen: Nein!"* (Kurt Tucholsky 1890-1935). In unserem politischen System, so möchte man meinen, ist es nicht besonders schwierig, „nein" zu bestimmten Entwicklungen oder auch zu Verzögerungen zu sagen. Dennoch erfordert es ein Maß an Zivilcourage, BehördenvertreterInnen und politischen MandatarInnen immer wieder darauf zu verweisen, dass sie notwendige Entwicklungen verzögern/verhindern oder gar nicht wahrnehmen.

Colin Crouch, ein britischer Sozialwissenschaftler, meint, dass die Zivilgesellschaft in der Zeit des Neoliberalismus zur einzigen Oppsosition geworden ist, weil die Parteien und Kirchen, die über einen langen Zeitraum hinweg die „einfachen Menschen" vetreten haben, sich zu weit von den Interessen der BürgerInnen entfernt hätten und zu oft finanziell von den Regierenden abhängig sind. Er zitiert Vaclav Havel – den tschechischen Schriftsteller, Bürgerrechtler und zeitweiligen Präsidenten – der die organisierte politische Beteiligung der Zivilgesellschaft als „Macht der Machtlosen" definierte (Crouch, Colin 2011, S. 214).

3.2 Bürgerbeteiligung

Die Plattform EduCare nutzt auch jene Mittel zur Bürgerbeteiligung, die Österreich seinen BürgerInnen zur Verfügung stellt, nämlich eine umfangreiche Sammlung an Mitbestimmungsinstrumenten, die weit über das passive und aktive Wahlrecht hinausgeht. Die Serviceseite „Digitales Österreich" des österreichischen Bundeskanzleramtes unterscheidet z. B. zwischen Beteiligung der BürgerInnen der"breiten oder der organisierten Öffentlichkeit". Mit dem Begriff der breiten Öffentlichkeit sind jene Personen gemeint, die sich nicht in Gruppen organisieren, sondern anderweitig für ihre Einzelinteressen eintreten. Zur organisierten Öffentlichkeit werden die zivilgesellschaftlichen und gesetzlich definierten Interessenverbände wie Kammern, Bundes-Jugendvertretung u. a. gezählt, aber auch andere Interssenvereinigungen. *„Sie bilden sich auf freiwilliger Basis und ohne gesetzlichen Auftrag. Sie sind ebenfalls auf Dauer ausgerichtet und projektunabhängig, wie zum Beispiel Menschenrechts- oder Tierschutzorganisationen („NGOs") sowie Initiativen, Religionsgemeinschaften, die Industriellenvereinigung oder der Gewerkschaftsbund."* (Digitales Österreich. In: http://www.oesterreich.gv.at/site/6910/default.aspx)

Auf oben genannter Serviceseite werden die VerwaltungsbeamtInnen aufgefordert, die BürgerInnen an ihren Vorhaben zu beteiligen. Das, so ist zu lesen, nützt auch den BeamtInnen. *„Je besser Sie als Verwaltungsmitarbeiterin oder -mitarbeiter mit Bürgerinnen und Bürgern kooperieren, desto effizienter können Sie Ihre Aufgaben erledigen und umso eher können Sie Konflikte, die Zeit und Nerven kosten, vermeiden."*

Dargestellt werden drei Stufen der Beteiligung:

- Informative Öffentlichkeitsbeteiligung – Information,
- Konsultative Öffentlichkeitsbeteiligung – Stellungnahmen,
- Kooperative Öffentlichkeitsbeteiligung – Mitbestimmung.

Das Parlament bietet ebenfalls unterschiedliche Modelle zur Bürgerbeteiligung an. Parlamentarische Bürgerinitiative, Parlamentarische Petition, Volksabstimmung und Volksbegehren, Volksbefragung, Volksanwaltschaft und das Gespräch mit ParlamentarierInnen. http://www.parlament.gv.at/PERK/BET/PET/index.shtml

3.3 Politische Lobbyarbeit

Am schwierigsten war es, eine Lobby für den elementaren Bildungsbereich aufzubauen. Für den Kindergarten einzutreten galt als wenig „schick". Der Kindergarten stand für Attribute wie verspielt oder unernst und wurde oftmals im negativem Sinn - z. B. bei unprofessionellem Verhalten im Parlament – als Vergleich herangezogen: „Da geht's zu wie im Kindergarten".

Der deutsche Soziologe Max Weber hat 1919 in einer Rede zum Thema „Politik als Beruf" den viel zitierten Satz geprägt: *„Politik ist ein starkes langsames Bohren von harten Brettern mit Leidenschaft und Augenmaß zugleich"*. (Weber, Max (1919), Politik als Beruf München und Leipzig Verlag von Duncker & Humblot) Vielen BürgerInnen geht Vieles zu langsam voran und sie vermissen die Leidenschaft der sogenannten VolksvertreterInnen. Nationalratsabgeordnete vertreten im Plenarsaal selten ihre eigene Meinung sondern die vorher im Club abgestimmte Position. Hier setzt die Politische Lobbyarbeit ein.

Die „Lobby" im ursprünglichen Sinn des Wortes bezeichnet einen Vorraum oder eine Empfangshalle. Im übertragenen Sinn bezeichnet der Begriff jene Menschen, die sich in den Gängen oder Vorräumen des Parlamentes aufhalten, um einer/m ParlamentarierIn auf dem Weg zum Sitzungssaal ihr Anliegen vorbringen zu können. Politische Lobbyarbeit zielt darauf ab, Einfluss auf die politischen EntscheidungsträgerInnen auf verschiedenen Ebenen des politischen Systems zu nehmen und Druck von außerhalb des etablierten politischen Systems zu erzeugen. Interessenverbände, Organisationen und Gruppierungen versuchen mit Lobbying, ihre spezifischen Anliegen gegenüber Parlament, Regierung und Verwaltung geltend zu machen und konkrete Entscheidungen – etwa ein Gesetz, eine Verordnung – erfolgreich zu beeinflussen. Im Handlexikon der Europäischen Union werden unter anderem sogenannte „Public Interest Groups" oder „Nichtregierungsorganisationen" (NGOs) als Lobbygruppen genannt. Greenpeace engagiert sich z. B. für Umweltschutz und nachhaltige Entwicklung, Amnesty International für die Einhaltung von Grund- und Menschenrechten und für spezielle Belange bestimmter Bevölkerungsgruppen (Rudolf Hrbek 2012, S. 2).

Politischer Lobbyismus ist aus der parlamentarischen Demokratie nicht mehr wegzudenken. Der Politikwissenschaftler Rudolf Speth und der Journalist Thomas

Leif bezeichen Lobbying als 5. Gewalt im Staat *„Lobbying ist die Beeinflussung der Regierungdurch bestimmte Methoden mit dem Ziel, die Anliegen von Interessensgruppen möglichst umfassend bei politischen Entscheidungen durchzusetzen."* (Leif/Speth 2006 S. 12)

Aus der österreichischen Medienberichterstattung kennt man den Begriff Lobbying hauptsächlich im Zusammenhang mit hoch bezahlter Beratungstätigkeit, Korruption und Bestechungung. Politisches Lobbying seitens Gruppierungen aus der Zivilgesellschaft ist jedoch grundsätzlich ehrenamtlich. Mit dem 2012 beschlossenen Transparenzgesetz sollte klargestellt sein, dass Lobbying eine Form der politischen Beteiligung ist. Die ehemalige Bundesministerin Beatrix Karl spricht in einer APA Aussendung davon, dass es nicht darum gehe, die Arbeit von Lobbyisten zu verhindern, sondern sie zu regulieren. Die Politik könne auf Meinungen von außen nicht verzichten (Parlamentskorrespondenz Nr. 560 vom 28.06.2012).

Aus unserer Erfahrung ist politische Lobbyarbeit zeitaufwändig, erfordert einen langen Atem und ständige innen-und außenpolitische „Wachsamkeit". Darüberhinaus gehört zur Beeinflussung politischer Entscheidungsfindung ein hohes Maß an Fähigkeiten und Engagement. Kenntnisse über die politischen Entscheidungsprozesse auf verschiedenen Ebenen sind unabdingbar.

3.4 Gegenöffentlichkeit

Zu Beginn unserer Tätigkeit war der Kindergarten für MedienvertreterInnen kein Thema. Eine Journalistin erklärte uns, dass sie nicht wisse, wer im Redaktionsteam sich dafür zuständig fühlen sollte, da der Kindergarten in keines der vorgegebenen Ressorts passe. Jahrelang fanden sich Berichte über den Kindergarten ausschließlich im Chronikbereich und überwiegend im Zusammenhang mit dem „Auftritt" von Kindergartenkindern, bei Feierlichkeiten für GemeindepolitikerInnen. Wir standen also vor der Herausforderung, unsere Gedanken und Forderungen über andere Informationskanäle zu transportieren. Der Weg dazu war lange vor uns von anderen zivilgesellschaftliche Organisationen und Protestbewegungen aufbereitet worden.

Das Konzept **„Gegenöffentlichkeit"** als Medientheorie wurde bereits Ende der 1960er Jahre mit dem Aufkommen der außerparlamentarischen Bewegungen – der Studenten- Friedens- und Umweltbewegungen – erstmals genannt. Ziel der Gegenöffentlichkeit ist es, *„Themen in die Öffentlichkeit bringen, die die etablierten Medien unterschlagen; die Betroffenen selbst zu Wort kommen lassen; Informationen „von unten" den Weg bahnen; den Pressebetrieb frei von Hierarchie gestalten und – frei nach Brecht – jede/n Empfänger/in zum/r Sender/in machen."* (Steinke/Rehmke 2006)

In den letzten Jahrzehnten wurden viele nicht-kommerzielle, sogenannte „freie" Medien, nach diesen Prinzipien gegründet. In Österreich lässt sich diese Entwicklung seit Anfang der 1990 Jahre feststellen. Derzeit sind im Verband Freier Radios Österreich (VFRÖ) 15 Freie Radios und Radioinitiativen Mitglied, die sich wie folgt definieren *„Freie Radios sind unabhängige, selbstbestimmte, offene Massenmedien, die nichtkommerziellen, basisdemokratischen Gesellschaftsrundfunk betreiben, der sich kritisch mit den bestehenden gesellschaftlichen Verhältnissen auseinandersetzt und nach eigener Aussage die freie Meinungsäußerung fördern soll.“* (Charta der Freien Radios Österreich – NEU 23.05.2007)

Neben den freien Medien bietet aktuell insbesondere der partizipative Journalismus im Internet eine Plattform für Meinungsäußerung. Partizipativer, auch Graswurzel- oder Bürger-Journalismus genannt, ist eine Form des Journalismus, bei der Bürger am gesellschaftlichen Diskurs teilnehmen können. Einzelne Bürger oder einer Gruppe von Bürgern recherchieren, berichten, analysieren und verbreiten Nachrichten und Informationen. Ziel dieser Partizipation ist die Bereitstellung von unabhängigen, verlässlichen, genauen, ausführlichen und relevanten Informationen. *Beim Partizipativen Journalismus (oder Bürgerjournalismus) beteiligen sich Menschen an der Herstellung von Medienöffentlichkeit, ohne damit ihren Lebensunterhalt zu verdienen* (Engesser 2012). Die neuen Publikationsmöglichkeiten im Internet, wie Diskussionsforen, virtuelle Archive, Weblogs und Presseportale haben zur rasanten Verbreitung des Graswurzel-Journalismus beigetragen.

Partizipativer Journalismus erfordert neben der laufenden Informationsbeschaffung aus öffentlich zugänglichen Quellen eine interessengeleitete Beziehungspflege mit EntscheidungsträgerInnen und anderen LobbyistInnen, um auch auf informellen Wegen an Informationen zu gelangen. Um den Weg zur Politik zu finden, müssen die Stellungnahmen und Presseaussendungen regelmäßig an die politischen EntscheidungsträgerInnen weitergeleitet werden.

4 Plattformen als Basis zur Vernetzung

Bei der Gründung der Plattform EduCare haben wir uns nicht viele Gedanken um den Begriff gemacht. Der Begriff Plattform schien uns für unser Vorhaben zur Vernetzung von Organisationen, Menschen und Ideen am geeignetesten.

Bis vor ca. 20 Jahren – vor der Erfindung des Internets – spielte sich das gesellschaftliche Leben in der Familie, im Freundes- und Bekanntenkreis und in Vereinen ab. Diese Netzwerke waren dadurch gekennzeichnet, dass die Kontakte persönlich geknüpft und auch gehalten wurden. Eine gut „vernetzte“ Person hatte demnach ein Geflecht von Beziehungen zu Personen, die ihr unter anderem halfen, rasch an Informationen oder Hilfe zu kommen oder Krisensituationen zu vermeiden oder zu bewältigen.

Seit Anfang der 1990er Jahre, mit zunehmender Etablierung des Internets, entstand die Möglichkeit, mit Menschen in Kontakt zu treten, die man persönlich nicht kennt. In diversen Internet-Foren, Chatrooms, Blogs, auf Twitter und Facebook werden weltweit Informationen ausgetauscht, wird miteinander getratscht und sich gegenseitige Hilfe angeboten.

Bei der Frage, was heute unter *Netzwerk* konkret zu verstehen ist, stößt man auf eine Unzahl von Defintionen. Es würde den Rahmen dieses Beitrages sprengen, diese hier zu referieren, geht es uns doch in erster Linie darum aufzuzeigen, mit welchen Methoden eine Teilhabe der Zivilgesellschaft erreicht werden kann. Festzustellen ist, dass der Bergriff in den letzten Jahren oft im Zusammenhang mit „Case-Managment" zu finden ist. Eine Methode, bei der unterschiedliche Institutionen zum Wohle einzelner Kinder/Patienten/Familien usw. zusammenarbeiten. Seckinger und Van Santen beschreiben Faktoren zur Qualität von derartigen Netzwerken und stellen unter anderem fest, dass ein wesentlicher Faktor qualitätsvoller Netzwerkarbeit die fortlaufende Überprüfung und Abklärung gemeinsamer Ziele aller NetzwerkpartnerInnen ist. *„Jede/r Partner/-in sollte die allgemeinen Netzwerkziele mit den Zielen der eigenen Organisation abgleichen und überprüfen, ob sie vereinbar sind... Insgesamt ermöglicht dies den einzelnen Partner/-innen die Verantwortungsübernahme, da sie wissen, welche Aufgaben anstehen und einschätzen können, ob sie Ressourcen beisteuern können.*" (Seckinger/Van Santen 2003 S. 42)

Der Begriff Plattform findet sich in der soziologischen Literatur nicht explizit. Das mag daran liegen, dass Plattformen höchst unterschiedlich organisiert bzw. strukturiert sind. So können sie sowohl von Steuerteams als Leitungsgremium aber auch von demokratisch oder monetär strukturierten Gremien mit Vorständen und den üblichen Verwaltungseinheiten geführt bzw. geleitet werden. Sie können lose Kooperationsformen ohne rechtliche Verbindlichkeit sein, aber auch rechtlich geregelte Mitgliedschaften, Haftungspflichten usw. haben. In allen Fällen dienen Plattformen als Basis zur Vernetzung, um durch Bündelung unterschiedlicher Ressourcen ein bestimmtes Ziel oder einen Zweck zu verfolgen.

Wir Älteren kennen Plattformen von der Bahn. Die Bahn fuhr ein deutlich ausgewiesenes Ziel an. Jeder Waggon hatte eine Plattform auf der mehrere Personen stehen und miteinander in Kontakt treten konnten, wenn sie wollten. Es gab keine Regel, wer die Plattform betreten durfte und es gab keine vorgegeben Plätze. Es war jederzeit möglich, die Plattform zu betreten, aber auch zu verlassen, ohne eine Erklärung abgeben zu müssen. Es konnten sich auch Gruppen von Menschen bilden, die nicht bis ans Ende mitfahren wollten, sondern ein Zwischenziel ansteuerten.

Die Mitarbeit in der Plattform EduCare funktioniert ähnlich. In diesem Sinn ist die in den nächsten Kapiteln beschriebene praktische Arbeit der Plattform EduCare zu sehen.

5 Die praktische Arbeit in der Plattform EduCare

5.1 Wer ist die Plattform EduCare und was macht sie

Frei nach dem Zitat von Robert Jungk „Zukunft, das sind wir alle" (http://www.robertjungk.at/jungk_einfuehrung.htm) gehen die aktiven Mitglieder der Plattform EduCare davon aus, dass es zur Weiterentwicklung des elementaren Bildungsbereiches eine Lobby braucht, die unabhängig von Parteien, Religionsgemeinschaften und berufsständischen Interessen agieren kann.

Die Plattform EduCare ist eine zivilgesellschaftliche Organisation. Sie verfügt weder über Mitgliedsbeiträge noch über staatliche Förderung, was den Vorteil größtmöglicher Unabhängigkeit und des Fehlens jeder abhängiger Rücksichtnahme mit sich bringt. Sie macht auf Probleme aufmerksam, die von der Politik nicht ausreichend behandelt werden.

Sie betreibt ehrenamtliches Lobbying. Sie sucht den Dialog mit EntscheidungsträgerInnen in der Politik und bringt Vorschläge und Forderungen der *elementarpädagogischen Community* ein. Sie nutzt die Möglichkeiten der BürgerInnenbeteiligung, wie die Teilnahme an Stakeholder-Konferenzen, Stellungnahmen zu Gesetzesentwürfen, Eingabe von Parlamentarischen Petitionen, ist Mitinitiatorin und Unterstützerin von Volksbegehren und führt regelmäßig Gespräche mit Regierungsmitgliedern und ParlamentarierInnen. Sie bietet allen interessierten BürgerInnen eine Gegenöffentlichkeit an, die für das erklärte Ziel der Optimierung der Qualität der Elementarpädagogik in Österreich eintritt und erreicht damit nicht nur politisch Interessierte, sondern dringt damit bis in die „Mitte der Gesellschaft“ vor. Gesammelte berufsfeldrelevante Informationen werden regelmäßig an einen interessierten Adressatenkreis versendet und Positionen zu bildungspolitisch relevanten Fragestellungen werden veröffentlicht. Großer Wert wird dabei auf umfassende, ungefilterte Information fernab von politischer, moralisch-ethischer, weltanschaulicher u. ä. Filterung gelegt. Sie sucht den Dialog mit JournalistInnen und Presseportalen und hat in den letzten Jahren ein Archiv an Forschungsergebnissen aufgebaut, das bei Nachfrage herangezogen werden kann, bzw. das für Presseaussendungen und Beiträge in unterschiedlichen Presseportalen und digitalen Medien regelmäßig Verwendung findet. Sie vernetzt österreichweit Einzelpersonen und Organisationen und initiiert Kommunikationsprozesse und Vernetzungstreffen an unterschiedlichen Orten in Österreich.

6 Strukturen der Plattform EduCare

6.1 Steuerteam

Hinter der Plattform EduCare steht keine staatliche, kirchliche oder politische Organisation. Sie wird getragen vom „Gemeinnützigen Verein zur Förderung der Elementarpädagogik“, der auch die einzige halbtags angestellte Mitarbeiterin, die Administratorin, in der Plattform EduCare finanziert.

Die Aktivitäten werden von einem lose zusammengesetzten Steuerteam ohne rechtliche Verbindlichkeit koordiniert. Herkunft, Ideologie, Partei, Konfession, pädagogische Lehrmeinung und Schule sowie die Zugehörigkeit zu bestimmten Trägerorganisationen spielen in der Plattform EduCare keine trennende Rolle sondern sind wertvolle Grundlage gegenseitigen Gedankenaustausches. Dies spiegelt sich auch in der Zusammensetzung des sogenannten „Steuerteams“ wider.

Im Steuerteam sind Diakonie und Katholische Kirche ebenso vertreten wie die Elternverwalteten Kindergruppen, die Kinderfreunde oder KIWI – Kinder in Wien; miteingebunden sind die Berufsgruppen der Kindergarten- und HortpädagogInnen ebenso wie Gewerkschaft, die Integration und freie Jugendwohlfahrtsträger (siehe http://www.plattform-educare.org/steuerteam.htm).

Unterschiedliche Leistungen, wie z. B. Recherche zu bestimmten Bereichen, Beantwortung von E-Mail-Fragen, Organisation von Vernetzungstreffen, Moderation von Podiumsdiskussionen, Kontakte mit JournalistInnen, Pressekonferenzen u. a. werden von den Mitgliedern des Steuerteams ausschließlich auf ehrenamtlicher Basis erbracht.

6.2 Arbeits-und Netzwerkgruppen

In der Anfangszeit kamen die Mitglieder vorwiegend aus Wiener Institutionen. In den letzten 5 Jahren entwickelte sich die PlattformEduCare zu einer österreichweiten Arbeitsgemeinschaft aus VertreterInnen von Institutionen, Interessengemeinschaften und Trägerorganisationen sowie ExpertInnen und MitarbeiterInnen aus dem elementaren Bildungsbereich.

Ihrem Selbstverständnis als „Arbeitsgemeinschaft“ entsprechend, gibt es in der Plattform EduCare keine Leitungsfunktionen. Aus konkreten Anlassfällen bilden sich Arbeits- und/oder Netzwerkgruppen, deren Koordination ein oder zwei Mitglieder aus der Steuergruppe übernehemen.

Die Website gibt uns die Möglichkeit, unsere Themen und Positionen zu veröffentlichen und zur Diskussion zu stellen. Viele KollegInnen aus den Bundesländern, die mittlerweile zu verlässlichen NetzwerkpartnerInnen geworden sind, sind auf diese Weise zu uns gestoßen. Eine andere gute Möglichkeit, Netzwerkpartner aus dem gesamten Bundesgebiet zu finden, sind Begegnungen und Pausengespräche bei Fachveranstaltungen in den Bundesländern.

Bisher wurden zu folgenden Themenbereichen Arbeitskreise und Netzwerke eingerichtet:

- „Verpflichtende Sprachförderung“,
- „PädagogInnenBildungNEU“ und zur
- Ausarbeitung eines Vorschlages für ein „BundesRahmenGesetz zur Qualitätssicherung in elementaren und außerschulischen Bildungseinrichtungen“.

6.3 Organisation der Kommunikation

• Website – Homepage

Eine Website – die Startseite wird auch Homepage genannt – ist eine effektive und kostengünstige Methode, seine Positionen möglichst vielen Menschen zugänglich zu machen. Seit ca. 2 Jahren wird diese von der Administratorin aktualisiert und gewartet.

Eine Website steht jederzeit für alle Interessenten bereit und kann immer wieder besucht werden. Viele Internetbenutzer haben Bedarf an Information und möchten etwas zu einem bestimmten Thema finden. Mehr als 90 % der Besucher der EduCare-Homapage finden diese über eine Suchmaschine. Aus diesem Grund liegt es nahe, die Homepage darauf auszurichten, von den wichtigsten Suchmaschinen gefunden zu werden. Dabei helfen sowohl der Domainname, der den Ersteller der Homepage am besten repräsentiert (hier also www.Plattform-EduCare.org) als auch die richtigen Schlüsselwörter („Keywords") unter denen gesucht wird: in unserem Fall sind das zum Beispiel „Kindergarten", „Tagesmutter", „Kindergartenpädagogin" bzw. unter denen man gefunden werden will – z. B. zum Thema „PädagogInnenBildungNEU" oder „BundesRahmenplan".

Zu beachten ist dabei, dass die wichtigsten Suchbegriffe im Seitentitel, in den Überschriften, den einzelnen Seiteninhalten, Datei- und Verzeichnisnamen vorkommen (Tabelle 1):

10 häufigste Suchworte zu www.Plattform-EduCare.org bei rund 4.500 Klicks	
Suchwort	**Klicks**
Educare	900
PädagogInnenBildungNEU	320
Kindergartenpädagogin	310
Elementarpädagogik	150
Lehrerinnenbildung NEU	110
Kindergartenpädagogin Gehalt	100
Kindergartengesetz	92
Schlüsselqualifikation	50
Beobachtungsbogen Kindergarten	22
Cornelia Wustmann	12

Eine Homepage hat natürlich auch den Zweck, die Besucher über Zielvorstellungen und Positionen zu informieren.

Grundlage für die gefühlte wie tatsächliche Präsenz der Plattform EduCare im Internet sind die Abstände der Aktualisierung der Homepage. Wenn sich Inhalte regelmäßig ändern, registrieren das vor allem die großen Suchmaschinen (wie Google), „schauen öfter vorbei" und listen die Homepageinhalte mehr oder weniger prominent in den Suchergebnissen. Ein augenfälliges Beispiel hierfür ist das Ergebnis der jeweiligen Suchmaschinenauflistungen unter den Suchbegriffen „Bundesrahmenplan" oder „Bundesrahmengesetz".

Eine weitere wesentliche Rolle spielen Faktoren wie die Frage der Relevanz der Webseiten zum gesuchten Thema oder die Verlinkung zu/mit anderen Websites. Die Mitglieder der Plattform EduCare werden daher systematisch darauf hingewiesen, sich im eigenen Interesse mit der Webseite der Plattform zu *verlinken*, wie auch diese auf den Mitgliederseiten entsprechende Verlinkungen vornimmt. Damit wird auch die Website der Mitglieder für die Suchmaschinen „interessanter" (Tabelle 2):

Ausgewählte Links zu Plattform-EduCare.org			
Domain	Linkanzahl	Domain	Linkanzahl
123people.at	1.036	kinderfreunde.at	7
blogspot.com	784	kindergartenpaedagogik.de	6
bmukk.gv.at	27	kinder-lobby.at	364
bmwf.gv.at	12	koeck-stiftung.at	5
brandigg.de	51	meinparlament.at	62
bundeselternverband.at	6	nifbe.de	17
derstandard.at	34	oedkh.at	37
deutschepresse.de	10	onejournal.de	8.795
diepresse.com	18	parlament.gv.at	15
eduhi.at	15	statistik.at	788
e-lisa-academy.at	7	themenportal.de	44
fachportal-paedagogik.de	1.809	univie.ac.at	19
gegen-unrecht.at	1.174		

Fragt man den Begriff „Plattform EduCare" z. B. über die Suchmaschine *Google* ab (die etwa in Deutschland einen Anteil der Suchmaschinennutzter von mehr als 90 % hat), so erhält man ungefähr 25.400 Ergebnisse. In der von Microsoft geführten Suchmaschine *bing* werden unter diesem Suchbegriff sogar um die 28.600 Ergebnisse ausgewiesen.

6.4 Informationssammlung

Zum Verantwortungsbereich der Administartorin der Website gehört es auch, Informationen zu sammeln und Vertriebswege für die Informationsweitergabe zu erschließen.

Die Informationssammlung erfolgt dabei

- mit Hilfe der Google-Funktion „Google News personalisieren", indem einzelne Keywords gezielt dem Google-Suchsystem anvertraut werden, was zur Folge hat, dass (meist) nur relevante Presse- und Online-Meldungen angezeigt werden: zum Beispiel „Kindergarten", „Pädagogenausbildung", „Sprachförderung", „Tagesmutter" (http://news.google.at/nwshp?hl=de&tab=wn)
- durch gezielte Angabe von Interessensgebieten bei den Nachrichtendiensen APA und OTS (http://mailabo.ots.at);
- durch Online-Suche in Tageszeitungen, wie *Der Standard, Die Presse, Kleine Zeitung, Kurier, Oberösterreichische Nachrichten, Salzburger Nachrichte, Tiroler Tageszeitung, Vorarlberger Nachrichten, Wiener Zeitung* u. a.m.;
- durch Networking mit Organisationen mit ähnlichen Zielen (z. B. Familienverbände, Behindertenorganisationen, Bürgerinitiativen);
- über die Mitglieder als Kommunikationsfaktor (http://www.plattform-educare.org/mitglieder.htm) …

Ein wesentlicher Faktor für nachhaltigen Erfolg aller Informationsweitergaben liegt aus unserer Erfahrung darin, sowohl die

- Außen- und Mitgliederkommunikation (Homepage, Mailings, Blogs, Facebook, Twitter…) als auch die
- Informationskampagnen (Pressearbeit, Lobbying, Petitionen, Stellungnahmen, Networking…)
- etc.

gewissermaßen als *systematischen, strategischen „Dauerauftrag"* für die Administratorin zu sehen.

Dazu ist wachsames Verfolgen der gesellschaftlichen und politischen Umwelt unerlässlich, ebenso wie das konstante Sammeln von Informationen, die für den elementaren Bildungsbereich relevant sind.

6.5 Online-Kommunikation – „Informationsdienst"

Die Informationsweitergabe an Schulen und damit in weiterer Folge an die PädagogInnen erfolgt vom BM:UKK ausgehend über die Landesschul-und Bezirksschulbehörden. Für die elementaren Bildungseinrichtungen gibt es keine bundesweit zuständige übergeordnete Behörde.

Aus diesem Grund ist das Erstellen und das fortlaufende Aktualisieren des für die Verbreitung der gesammelten Informationen relevanten Adressatenkreises sehr schwierig und zeitaufwändig. In mühevoller Kleinarbeit müssen die einzelnen Kindertagesstätten in den jeweiligen Gemeinden der neun Bundesländer gesucht und gesammelt werden. Dabei ist die Verschiedenartigkeit der offiziellen Seiten der einzelnen Bundesländer und Gemeinden eine beinahe unüberwindbare Hürde.

Darüberhinaus sind wir darauf angewiesen, dass die Träger ihrerseits dafür sorgen, dass ihre Adressen aktuell sind.

Nichtsdestotrotz ist es gelungen, die überwiegende Anzahl aller relevanten Adressen von *Kindertagesstätten* zu erfassen und nach

- Bundesländern, zum Teil auch nach
- trägerspezifischen Merkmalen
- pädagogischer Lehrmeinung/Schule…

in Kontaktgruppen zur E-Mail-Versendung einzuordnen.

Zudem gibt es eine nicht unwesentliche Anzahl von Einzelpersonen bzw. Institutionen und Organisationen, die den sogenannten „Informationsdienst der Plattform EduCare" abonniert haben und zumindest einmal wöchentlich über Vorkommnisse und Aussendungen aus dem Bildungsbereich per E-Mail informiert werden (siehe dazu auch http://www.plattform-educare.org/news.htm), die aber auch ihrerseits Informationen an die Plattform EduCare weiterleiten.

Bei all diesen Adressen muss allerdings darauf geachtet werden, dass geeignete Maßnahmen zur Prävention

- von *Spam* (Name und E-Mail-Adresse der Empfänger immer zitieren) und
- zum *Missbrauch* von Kontaktdaten (Adressen nur unter „bcc" im Empfängerfeld)

verwendet werden.

6.6 Lobbying

Die Sammlung von zuständigen Personen in Interessenvertretungen und Politik mit dem Zweck gezielten Lobbyings gestaltet sich wesentlich einfacher. Hier gelingt die Aktualisierung durch aufmerksames Verfolgen der Aussendungen und Presse-Informationen.

Die Adressen der zutreffenden *InteressenvertreterInnen* und *PolitikerInnen* werden im Sinn gezielten Lobbyings in Kontaktgruppen zusammengefasst. Zum Beispiel

- Berufsvertretungen, Familienorganisationen, Schüler- und StudentInnen-Vertretungen
- Arbeiterkammer, Gewerkschaften, Industriellenvereinigung, Landwirtschafts und Wirtschaftskammer…
- PolitikerInnen
  - im Nationalrat und dessen Ausschüssen (Familienausschuss, Unterrichtsausschuss…)
  - in Regierungsämtern
  - in den Ländern und Gemeinden bzw. Gemeindeverbänden
- etc.

6.7 Herstellen einer „Gegenöffentlichkeit“

Anders als den großen Non-Profit-Organisationen – wie etwa Greenpeace, Rotes Kreuz, Caritas/Diakonie etc. – steht der Plattform EduCare kein Kommunikationsbudget zur Verfügung. Dies wird durch Kreativität und hohe Indentifikation der ehrenamtlichen MitarbeiterInnen mit den Zielen der Plattform EduCare wettgemacht.

Auch für die Presse-Arbeit und das Campaigning war es zunächst grundlegend, entsprechendes Adressmaterial aufzubauen, da aufgrund der finanziellen Situation die Inanspruchnahme professioneller Dienste nicht möglich ist (z. B. http://www.pressehandbuch.at/mediaDatabase/frontend/public/login.do).

Wie oben ausgeführt, mussten auch für diesen Adressatenkreis daher zunächst aus den verschiedensten Quellen die Ansprechpersonen bzw. die redaktionellen Anschriften gesucht und entsprechend in Kontaktgruppen zusammengefasst werden: etwa

- alle RedakteurInnen aus den Print-, Onlinemedien sowie aus Rundfunk und Fernsehen, die regelmäßig zu Bildung, Schule, Familie, Kindern… berichten;
- alle ChefredakteurInnen;
- Redaktionsadressen aller bundesweiten und aller Bundesländer-Zeitungen (z.T. auch regionaler Blätter)
- etc.

Die so erfassten AdressatInnen werden gezielt per E-Mail informiert, da die Verbreitung via APA/ots aus Kostengründen nicht möglich ist (http://www.apa.at/site/Produkte). Alle Presse-Aussendungen der Plattform EduCare können abgerufen werden unter http://www.plattform-educare.org/Presseaussendungen.htm.

- **Online-PR/Informationsmanagement, Online-Presseportale**

Sehr bewährt haben sich *Online-Presseportale*, die überwiegend kostenlos beschickt werden können, zum Beispiel

- Newsmax Medien GmbH – http://www.newsmax.de
- Presseportal fair-NEWS.de – http://www.fair-news.de/
- PR-Inside.com – http://www.pr-inside.com/de/
- livePR – UNITED NEWS NETWORK GmbH – http://www.lifepr.de/leistungen/wer-nutzt-lifepr.html

- **Facebook, Twitter, Blog**

Zur „Herstellung von Öffentlichkeit“, dem Darstellen der eigenen Expertise, Campaining und vor allem auch zur Gewinnung neuer UnterstützerInnen haben sich in überraschend hohem Ausmaß die sozialen Netzwerke Facebook und Twitter erwiesen.

Auch hier ist die Plattform EduCare bewusst und gezielt den Weg der Diversifizierung gegangen und hat verschiedene Facebook-Auftritte gewählt. Wir wenden uns daher

- an im *elementarpädagogischen Bereich tätige Personen und Institutionen* via http://www.facebook.com/plattform.educare.9. Hier erreichen wir dzt. (Ende Sept. 2013) 4.010 „friends" und zusätzlich deren Freunde (was einen überaus erfreulichen Koppelungseffekt erzeugt);
- an am *elementarpädagogischen Bereich interessierte Personen*, vor allem Eltern und Alleinerziehende bzw. damit befasste Institutionen via http://www.facebook.com/elternforum.elementarbildung, mit derzeit rund 1.900 friends sowie deren Bezugspersonen;
- an *„streitbare" ElementarpädagogInnen* via http://www.facebook.com/pages/Wir-Elementarp %C3 %A4dagogInnen-protestieren mit derzeit 300 AktivistInnen und zusätzlich deren friends;
- an alle Menschen, die sich für die Verabschiedung eines *Bundesrahmengesetzes für elementarpädagogische Einrichtungen* engagieren wollen über https://www.facebook.com/pages/Ich-will-EIN-Bundesrahmengesetz-f %C3 %BCr-ALLE-Kindertagesst %C3 %A4tten-in- %C3 %96sterreich/439104046166615?ref=hl, das sind momentan 253 Personen;
- an *Pädagogik allgemein interessierte Personen und Institutionen* via Facebook-Site http://www.facebook.com/groups/236491976414966/mit derzeit 3.028 Abonnenten und deren Folgern.

An der Seite „Wir ElementarpädagogInnen protestieren" ist der Erfolg statistisch gut darstellbar: Die Anzahl der „Gefällt mir-Angaben" steht in keinem Verhältnis zur Verbreitung der Informationen: über die 268 „Fans" der Seite wurden auch deren 88.707 Freunde erreicht (Juni 2013).

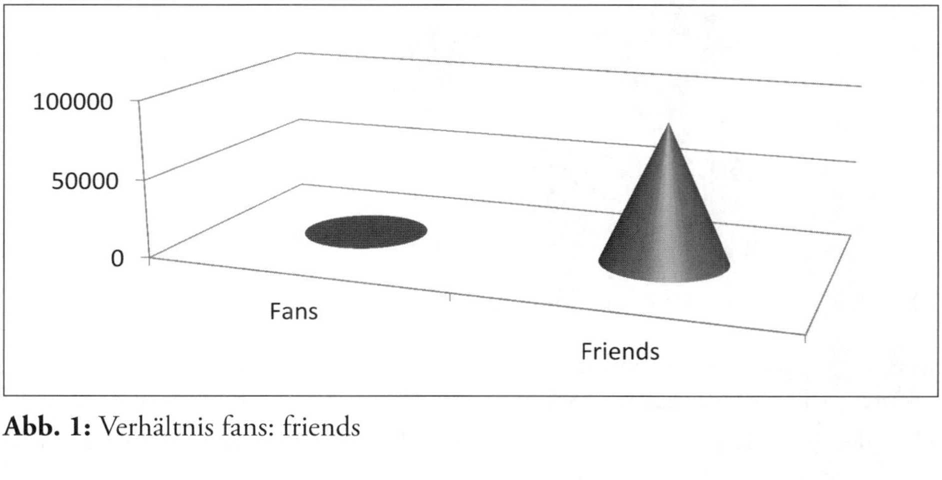

Abb. 1: Verhältnis fans: friends

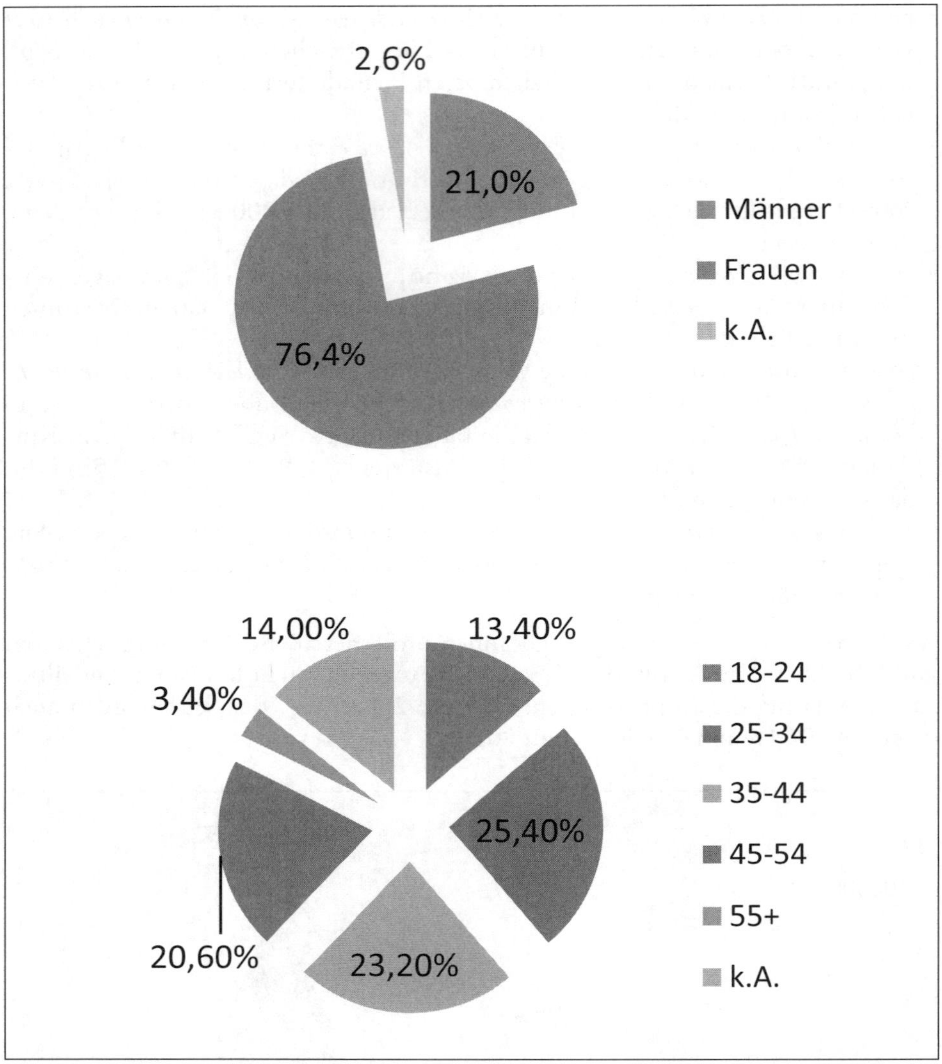

Abb. 2: Anteil Frauen/Männer und Alterszugehörigkeit

In der Reichweite der Meldungen liegt – nach der Anzahl der Zugriffe gewichtet – Österreich vor Deutschland, Schweiz und den USA sowie den Niederlanden.

Über den Nachrichtendienst *twitter* werden laufend als Kurzinformation Nachrichten verbreitet, die wichtig erscheinen. Die Zahl der „Follower" ist mit derzeit rund 75 überschaubar. Die Twitter-Adresse lautet https://twitter.com/PlattformEduCar.

Als Informationsmedium, das besonders leicht zu bedienen und darüber hinaus übersichtlich und optisch ansprechend ist, hat sich zudem der Blog „Elementarbildung aktuell – Elementarpädagogik in Österreich“ erwiesen, der unter http://elementarbildung.blogspot.co.at/abrufbar ist. Im Monat August gab es hier 9.622 Seitenaufrufe, insgesamt wurde der Blog seit Bestehen 50.253mal aufgerufen.

Die Frequenz:

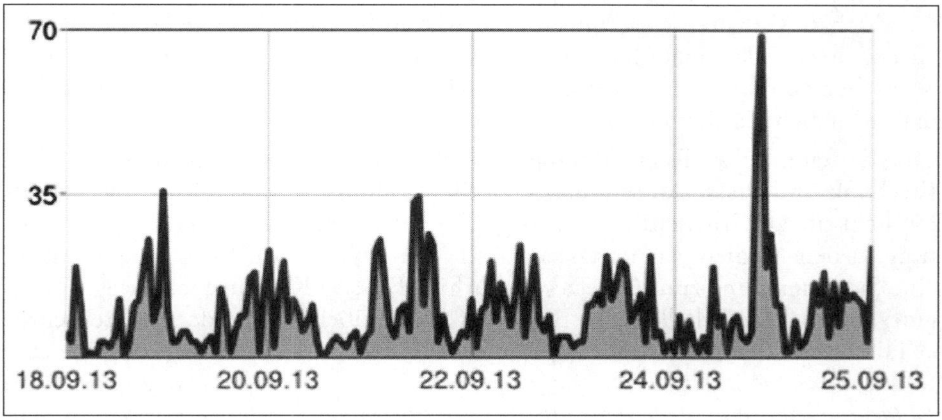

Abb. 3: Entwicklung Seitenaufrufe

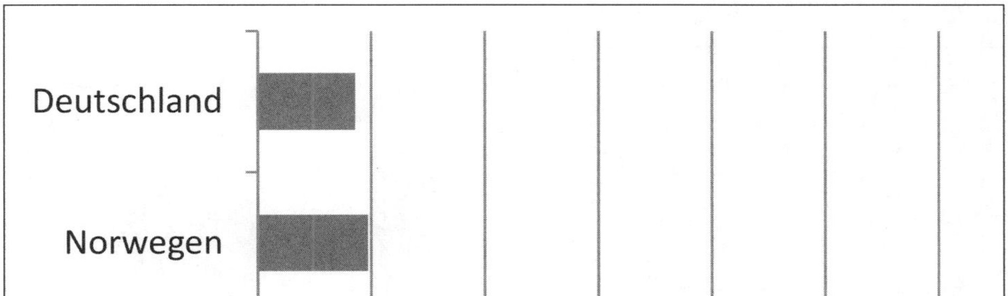

Abb. 4: Seitenaufrufe nach Land

6.8 Campaigning/Cyber-Campaigning

Das Initiieren von Kampagnen wird von der Plattform EduCare als eine ihrer wichtigsten und wirkungsvollsten Aufgaben zur Umsetzung von Neuerungen/ Verbesserungen auf dem Gebiet der Elementarpädagogik in Österreich gesehen. Ziel ist, durch das Herstellen von Öffentlichkeit, Druck auszuüben und so in der Gesellschaft Verhaltensänderungen zu bewirken bzw. die Akteure aus der Politik zu entsprechenden Handlungen zu bewegen. Neben dem Ziel, möglichst viele Menschen zu mobilisieren, wird dabei auch gezielt „Nachrichtenwert" geschaffen, damit Medien darüber berichten.

Eine der eindrucksvollsten Aktionen der Plattform EduCare war die via E-Mail, Facebook und Presse-Aussendungen optimal gelungene Sensibilisierung der Öffentlichkeit, zur Thematik der PädagogInnenBildung NEU. Die Berichterstattung in den Medien war umfassend und viele KollegInnen folgten dem Aufruf, eine Stellungnahme zum Gesetzesentwurf im BM:UKK abzugeben. Mag.a Weilguny und Mag.a Zahalka vom BM:UKK beschreiben dies in der Fachzeitschrift „KiTa aktuell" wie folgt: *„mit der Veröffentlichung der Begutachtungsentwürfe zum Bundesrahmengesetz zur Einführung einer neuen Ausbildung für Pädagoginnen und Pädagogen setzte ein Sturm der Entrüstung bei vielen VertreterInnen der elementarpädagogischen Communty ein. Dies äußerte sich in über 70 Individualstellungnahmen und einer Flut an kritischen Mails an das BM:UKK und das BM:WF"* (Weilguny/ Zahalka 2013 S. 98).

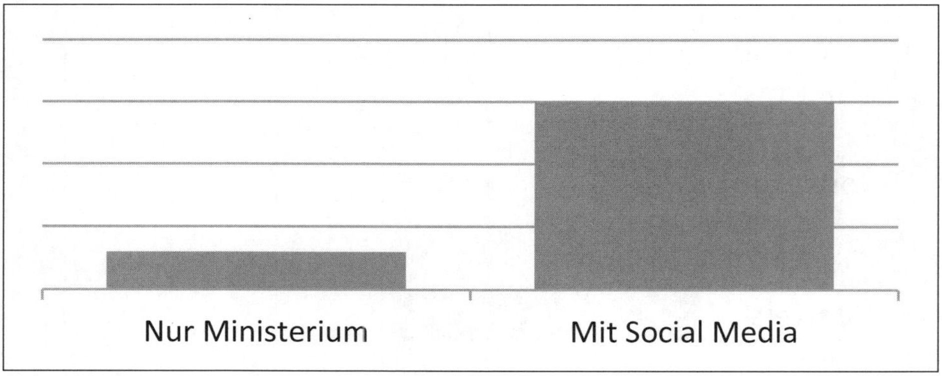

Abb. 5: Vergleich der Stellungnahmen

„Nur Ministerium": Adoptionsrechts-Änderungsgesetz2013, http://www.parlament.gv.at/PAKT/VHG/XXIV/ME/ME_00528/index.shtml) vs. „Mit Social Media": Stellungnahmen zum Entwurf eines Bundesgesetzes, mit dem das Hochschulgesetz 2005 (HG) geändert wird („PädagogInnenBildungNEU") http://www.parlament.gv.at/PAKT/VHG/XXIV/ME/ME_00503/index.shtml

7 Vernetzung mit anderen bzw. internationalen Netzwerken

Die tägliche Zusammenarbeit/Vernetzung mit anderen NPOs ist mangels personeller Ressourcen bislang eher schwach und beinahe ausschließlich im Online-Engagement verwurzelt.

Trotzdem gibt es mannigfaltige Vernetzungen unterschiedlicher Intensität auf nationaler wie internationaler Ebene, etwa in *Österreich* mit

- Österreichische Gesellschaft für Forschung und Entwicklung im Bildungswesen – ÖFEB, Sektion Elementarpädagogik (http://www.oefeb.at/sektion.php?sektion_id=11)
- Initiative Bildung Grenzenlos (http://www.bildunggrenzenlos.at/
- Initiative Neues Lernen – KÖCK PRIVATSTIFTUNG – http://www.koeck-stiftung.at/Stiftung.asp
- Österreichische Liga für Kinder- und Jugendgesundheit – http://www.kinderjugendgesundheit.at/
- Kinder- und Jugendanwaltschaften Österreichs – http://www.kija.at/

und im *deutschsprachigen Ausland* mit

- Koordinationsstelle Männer in KITAS – http://www.koordination-maennerinkitas.de/)

- Niedersächsisches Institut für frühkindliche Bildung und Entwicklung – http://nifbe.de/
- Jugendamt der Stadt Nürnberg – http://www.jugendamt.nuernberg.de/index.html
- Ingeborg Becker-Textor und Dr. Martin R. Textor – http://www.ipzf.de/

Darüber hinaus entwickelt sich über das soziale Netzwerk Facebook zunehmend reger Informations- und Aktionsaustausch, der gegenseitig intensiv, rasch und unbürokratisch genutzt werden kann, zum Beispiel mit

- Netzwerk Sozialarbeit Sozialpädagogik – https://www.facebook.com/groups/netzwerksozial/
- Plattform 20.000 Frauen – https://www.facebook.com/groups/114151758619696/
- Plattform 25 – https://www.facebook.com/groups/100964166651444/
- Hauptverband Katholischer Elternvereine Österreichs – https://www.facebook.com/hauptverband.elternvereineosterreichs?fref=ts

8 Eine Allianz der Bildung ist entstanden

Die Arbeit in einer Plattform war für uns alle eine neue Herausforderung. Wir mussten lernen, dass derart lose Netzwerke anderen Regeln unterliegen als Organisationen mit einer Leitungsstruktur. Durch die regelmäßigen Treffen, in denen immer wieder überprüft wurde, ob tatsächlich alle AkteurInnen an einem Strang ziehen, entstand zunehmend jenes Vertrauen, das die Basis für die bisher erfolgreiche Arbeit in der Plattform EduCare bildete.

Die Gründung des „Gemeinnützigen Vereines zur Förderung der Elementarpädagogik“ gab uns die Möglichkeit, Spendengelder zu verwalten und eine halbtägig beschäftigte Administratorin einzustellen. Durch sie ist weitgehend gewährleistet, dass die Website regelmäßig gewartet wird und die Informationen gesammelt und weitergeleitet werden.

Dennoch sind wir davon überzeugt, dass nicht zuletzt durch unsere intensive Lobby-Arbeit die Politik vermehrt Maßnahmen gesetzt hat, die sich mit den Forderungen der Plattform EduCare decken:

- 2008 positionierte die rot-schwarze Koalitionsregierung in ihrem Regierungsprogramm den Kindergarten als elementare Bildungseinrichtung. Das verpflichtende und beitragsfreie Kindergartenjahr und der erste bundesweite BildungsRahmenPlan sind sichtbares Zeichen dafür. (Bundesländerübergreifender BildungsRahmenPlan für elementare Bildungseinrichtungen in Österreich. Charlotte Bühler Institut 2009 http://www.bmukk.gv.at/medienpool/18698/bildungsrahmenplan.pdf)
- 2010 gelang mit der Errichtung der ersten Professur für Elementarpädagogik an der Universität Graz die wissenschaftliche Positionierung des elementarpädagogischen Bildungsbereiches. Die Fachdiskussion bekam mit Univ.Prof. Wustmann neue Impulse. (siehe Bamler, Vera/Schönberger Ina/Wustmann, Cornelia (2010) Lehrbuch Elementarpädagogik. Theorien, Methoden und Arbeitsfelder. Juventa)
- An den Universitäten Wien, Salzburg und Innsbruck wurden vermehrt Forschungsaufträge für den elementaren Bildungsbereich vergeben. An der Universität Salzburg entwickelte Dr. Andreas Paschon mit seinem Team das sogenannte Salzburger Beobachtungskonzept (SBK) und an der Universität Innsbruck etablierte sich das Forschungsfeld „Männer in der pädagogischen Arbeit mit Kindern“. An zwei Pädagogischen Hochschulen (Private PH Linz, PH Stmk) wurden berufsbegleitende Studiengänge für Elementarpädagogik eingerichtet.
- 2012 wurde in der ÖFEB (Österreichische Gesellschaft für Forschung und Entwicklung im Bildungswesen) die Sektion Elementarpädagogik gegründet. Damit gelingt estmals die Vernetzung vieler wissenschaftlich tätiger ElementarpädagogInnen. Die ÖFEB-Sektion unterstützt auch die Verbreitung von Forschungsarbeiten z. B. in Form von Beiträgen in Fachzeitschriften und Fachbüchern oder mit Vorträgen bei Symposien.
- Die 2013 auch im Rahmen einer Österreich-Ausgabe erscheinende Fachzeitschrift „KiTa aktuell“ ergänzt das neue Angebot zum fachlichen Austausch.
- 2013 wurde die akademische Ausbildung von ElementarpädagogInnen rechtlich im Rahmen der Gesetze für die PädagogInnenbildungNEU verankert. (PädagogInnenbildung Neu. In: http://www.bmukk.gv.at/schulen/lehr/labneu/index.xml)
- Der erste Bachelor-Studiengang für KindergartenleiterInnen startet im SS 2014 an der FH Campus Wien. (siehe http://www.fh-campuswien.ac.at/bachelor___master/soziales/bachelor/sozialmanagement_in_der_elementarpaedagogik/ueberblick/)

- Der erste Universitätslehrgang „Elementarpädagogik – Schwerpunkt Leitung, Mentoring und Beratung“ wird ab 2014/15 an der Universität Salzburg angeboten. (Mitteilungsblatt – Sondernummer der Paris Lodron-Universität Salzburg, 101. Curriculum für den Universitätslehrgang für „Elementarpädagogik – Schwerpunkt Leitung, Mentoring und Beratung“ an der Universität Salzburg (Version 2013W))

9 Es gibt noch viel zu tun

Vieles ist in den letzten Jahren geschehen, aber es gibt noch viel zu tun.

Es ist noch immer nicht gelungen, die Debatte um die Frühe Bildung zu entideologisieren. Dies ist wohl auch die Ursache dafür, dass so manche Forderung, die sich aus den Empfehlungen diverser Studien ergeben, in einer Regierung, die in bildungspolitischen Fragen oft uneins ist, nicht umgesetzt werden konnten.

- Es gibt noch immer zu viele Menschen – KindergartenpädagogInnen nicht ausgenommen –, die in der außerhäuslichen Kinderbetreuung eine „Notlösung“ sehen.
- Es gibt noch immer PolitikerInnen, die von den „Tanten“ sprechen und von diesen in erster Linie erwarten, dass sie lieb zu den Kindern sind.
- Der Begriff „Bildung“ wird von der breiten Öffentlickeit noch zu oft mit „Schulbildung“ gleichgesetzt und den BefürworterInnen des verplichtenden Kindergartensjahres wird unterstellt, dass sie die Kinder frühzeitig verschulen und ihnen damit ihre Kindheit stehlen wollen.
- Die bildungspolitische Bedeutung des Kindergartens wird noch zu oft auf die „Sprachförderung von Kindern mit migrantischem Hintergrund“ reduziert. Es ist noch immer zu wenig im Bewusstsein der österreichischen Bevölkerung verankert, dass der Kindergarten die erste Bildungseinrichtung und damit die Basis der Bildungskarriere aller Buben und Mädchen ist.
- Die Schnittstelle zwischen Kindergarten und Volksschule besteht nach wie vor. Die Zusammenarbeit zwischen Kindergarten- und VolksschulpädagogInnen ist unverbindlich und freiwillig.
- Der „politische Wille“ zur weiteren Professionalisierung und Qualitätssicherung im elementaren Bildungsbereich fehlt. Die verpflichtende Anhebung der Ausbildung von KindergartenpädagogInnen ist nicht gelungen. Die notwendige Änderung der gesetzlich vorgeschriebenen Anstellungserfordernisse für die Arbeit in elementaren Bildungseinrichtungen steht aus.
- Ein BundesRahmengesetz, in dem international gültige Qualitätsstandards und einheitliche *Qualifikations- und Berufsprofile* für die unterschiedlichen Arbeitsbereiche im elementaren und außerschulischen Bereich festgelegt sind, wird derzeit von allen wahlwerbenden Parteien für notwendig erachtet. Es bleibt abzuwarten, ob dies nach der Wahl auch noch gilt.

Bewusstseinsbildende Maßnahmen einerseits und das Einfordern von Versprechungen, werden weiterhin Politische Lobby- und Netzwerkarbeit notwendig machen.

Zum Abschluss sei noch einmal Colin Crouch zitiert: „*Für eine gute Sache einzutreten bedeutet harte, selten belohnte Arbeit. Es erfordert langen Atem und unablässige Wachsamkeit, und nie kommt man an den Punkt, an dem man sagen könnte: Wir haben unser Zeil erreicht, wir können uns ausruhen*". (Colin Crouch S. 246)

Literaturverzeichnis

Appelt Erna (2013). Der Einfluss der EU auf den politischen Diskurs um Kinderbetreuung in Österreich. In: Child Care Kulturen, Konzepte und Politiken der Fremdbetreuung von Kindern, Beltz Juventa, Weinheim und Basel.

Baar, Edeltrud/Tschinkel, Ingeborg (1968). Schulreife-Entwicklungshilfe, Jugend & Volk, Wien.

Bamler, Vera/Schönberger Ina/Wustmann, Cornelia (2010). Lehrbuch Elementarpädagogik, Theorien, Methoden und Arbeitsfelder, Juventa, Weinheim und München.

Baierl, Andreas/Kaindl, Markus (2011). Working Paper Nr77/2011 Kinderbetreuung in Österreich. Rechtliche Bestimmungen und die reale Betreuungssituation. Österreichisches Institut für Familienforschung, Universität Wien, team oif.ac.at.

Birkhölzer, Karl u. a. (2005). Dritter Sektor/Drittes System. Theorie, Funktionswandel und zivilgesellschaftliche Perspektiven. In: Bürgergesellschaft und Demokratie, Bd 20, Verlag für Sozialwissenschaft Wiesbaden http://www.gemeinnuetzig.at/begriffsdefinitionen.

Bundesländerübergreifender Bildungs-Rahmenplan für elementare Bildungseinrichtungen in Österreich http://www.bmukk.gv.at/medienpool/18698/bildungsrahmenplan.pdf.

Charta der Freien Radios Österreich – NEU 23.05.2007 http://www.freie-radios.at/article.php?id=194.

Crouch, Colin (2011). Das befremdliche Überleben des Neoliberalismus. Postdemokratie II Suurkamp Verlag Berlin S. 214.

Digitales Österreich. In: http://www.oesterreich.gv.at/site/6910/default.aspx.

EUROPEAN COMMISSION. Network on Childcare and Other Measures to Reconcile the Employment and Family Responsibilities of Men and Women: Quality Targets in Services for Young Children – Proposals for a Ten Year Action Programme. European Commission. Brussels 1996.

Engesser (2012). Partizipativer Journalismus. Eine Einführung in Begriff und Gegenstand. In: Journalistik Journal März 2012 http://journalistik-journal.lookingintomedia.com/?p=832.

Europäischer Rat (2002). S. 12 Schlußfolgerungen des Vorsitz in Barcelona 15.-16.3 2002, SN 100/1/02 REV 1, S. 12.

Fthenakis, Wassilos E. (2003). Elementarpädagogik nach PISA. Wie aus Kindertagesstätten Bildungseinrichtungen werden können. Verlag Herder Freiburg im Breisgau.

Giffey, Franziska (2009). Europas Weg zum Bürger – die Politik der europäischen Kommission zur Beteiligung der Zivilgesellschaft. Dissertation Eingereicht beim Otto-Suhr-Institut für Politikwissenschaft im Fachbereich Politik- und Sozialwissenschaften der Freien Universität Berlin) http://www.diss.fu-berlin.de/diss/servlets/MCRFileNodeServlet/FUDISS_derivate_000000007058/DissOnlineFranziskaGiffeyFeb2010.pdf;jsessionid=0EDF588D6DF309FB0A5095F1A06AB176?hosts S. 37.

Hartmann, Waltraut/Stoll, Martina (1996, Nachdruck 1999). Mehr Qualität für Kinder, Qualitätsstandards und Zukunftsperspektiven für den Kindergarten. Band 1 der Schriftenreihe Charlotte Bühler Institut öbv&hpt, Wien.

Hartmann, Waltraud/Stoll, Martina/Chiste, Natalie/Hajsan, Michaela (2000). Bildungsqualität im Kindergarten Band 2 der Schriftenreihe Charlotte Bühler Institut öbv&hpt, Wien.

Hrbek, Rudolf Lobbying. In: Bergmann (Hg.), Handlexikon der Europäischen Union. Baden-Baden http://www.europarl.europa.eu/brussels/website/media/Lexikon/Pdf/Lobbying.pdf, S. 2.

IGO – Stimme der Gemeinnützigen (http://www.gemeinnuetzig.at/begriffsdefinitionen).

Leif Thomas/Speth, Rudolph, Die fünfte Gewalt -Anatomie des Lobbyismus in Deutschland. (2006) In: Leif Thomas/Speth, Rudolph Hsg. in: Die fünfte Gewalt. Lobbyismus in Deutschland" www.vs.verlag.de S. 12.

Koch Bernhard (2013). Elementarpädagogische Forschung in Österreich – ein Überblick. in: Wustmann Cornelia; Karber Anke, Giener Anita; (Hrsg.). (2013). Kindheit aus sozialwissenschaftlicher Perspektive. Graz: Leykam. S. 13–22.

Niederle, Charlotte/Lenzeder, Friederike/Michelic, Elisabeth/Mayrhofer-Kneidinger, Rosa (1975). Bildung und Erziehung im Kindergarten, Bildungs-und Erziehungsziele, methodische Hinweise, praktische Anregungen. Westermann, Wien.

NÖ Kindergartengesetz 2006 §3 Abs.1 in: http://www.ris.bka.gv.at/Dokumente/LrNo/LRNI_2012061/LRNI_2012061.pdf.

OECD Directorate for Education (2006). Starting strong. Early Childhood Education an Care Policy Länderbericht für Österreich.

Oberhuemer Pamela, Ulich Michaela (1997). Kinderbetreung in Europa. Tageseinrichtungen und pädagogisches Personal. Beltz Edition Sozial, Weinheim und Basel.

PädagogInnenbildung Neu. In: http://www.bmukk.gv.at/schulen/lehr/labneu/index.xml).

Parlament erklärt. Beteiligung der BürgerInnen http://www.parlament.gv.at/PERK/BET/PET/index.shtml.

Parlament aktiv. Parlamentskorrespondenz. Karl: Abläufe werden transparenter http://www.parlament.gv.at/PAKT/PR/JAHR_2012/PK0560/.

Plattform EduCare http://www.plattform-educare.org/Grundlagen für ein Bundesrahmengesetz zur Qualitätssicherung in elementaren und außerschulischen Bildungseinrichtungen http://www.plattform-educare.org/bundesrahmengesetz.htm.

Rat der Europäischen Gemeinschaft (1992).Empfehlungen des Rates vom 31.März 1992 zur Kinderbetreuung, 92/94/EWG.

Seckinger/van Santen 2003 In: Qualitätsentwicklung für lokale Netzwerkarbeit im Programm E&C. *AWO Bundesverband* Bonn, November 2004 S. 42 http://www.nakos.de/site/data/NAKOS/Netzwerkkoffer/Arbeitshilfe_AWO_Netzwerk2004.pdf.

Seyss-Inquart, Julia (2013) Über Erziehungsobjekte, berufstätige Mütter und fehlende PädagogInnen. Zum politischen Diskurs in Wien. In: ChildCare Kulturen, Konzepte und Politiken der Fremdbetreuung von Kindern. S. 167.

Simsa, Ruth In: Simsa, R./Meyer, M./Badelt, Ch.: (Hg.): Handbuch der Nonprofit-Organisation. Stuttgart 2013 (5. überarbeitete Auflage).

Steinke, Ron/Rehmke, Stephen (2006) Heft 1/2006 Medien und Meinungsmacht http://www.forum-recht-online.de/2006/106/106steinke_rehmke.htm.

Studiengang Sozialmanagement in der Elementarpädagogik http://www.fh-campuswien.ac.at/bachelor___master/soziales/bachelor/sozialmanagement_in_der_elementarpaedagogik/ueberblick/.

UNSERE KINDER Das Fachjournal für Bildung und Betreuung in der Frühen Kindheit, Medieninhaber und Verleger Caritas für Kinder und Jugendliche Linz http://www.unserekinder.at/11_DEU_HTML.php.

Weber, Max (1919) In: Geistige Arbeit als Beruf . Vier Vorträge vor dem Freistudentischen Bund. 2.Vortrag „Politik als Beruf" München und Leipzig Verlag von Duncker & Humblot S. 56 http://de.wikisource.org/wiki/Politik_als_Beruf.

Weilguny, Angela/Zahalka, Ursula (2013). Wie kommt die Elementarpädagogik in die PädagogInnenbildung NEU? In: KiTa aktuell, 04/13, S. 98.

Wiener Kindertagesheimgesetz, 7. März 2003 §1 in: Landesgesetzblatt für Wien, Jahrgang 2003 http://www.wien.gv.at/recht/landesrecht-wien/landesgesetzblatt/jahrgang/2003/html/lg2003017.htm.

ZIVIZ, Zivilgesellschaft in Zahlen, ZiviZ-Survey 2012 http://www.ziviz.info/das-projekt/hintergrund/).

http://www.europarl.europa.eu/brussels/website/media/Lexikon/Pdf/Lobbying.pdfildungseinrichtungen in Österreich.

8. Qualitätsmanagement als Leitungsaufgabe

8.1 Was bedeutet Qualität in elementaren Bildungsinstitutionen?

Gerald Salzmann

1 Einleitung

In den letzten Jahrzehnten hat es im Bereich elementarer Bildungsinstitutionen(Fn125) zahlreiche mehr oder weniger neue Tendenzen gegeben. Teilleistungsorientierte Frühförderung, offenes pädagogisches Arbeiten in offenen Kindergruppen, ganzheitliche Sinnesschulung – um nur einige zu nennen – haben in vorschulischen Bildungseinrichtungen mit unterschiedlichem Erfolg ihren Platz gefunden.

Seit ca. Mitte der 1990er Jahre hat sich ein Begriff in der Elementarpädagogik – und nicht nur in dieser, sondern in allen Bereichen des Bildungssystems – in den Vordergrund der Überlegungen gedrängt: Qualität. Die aktuelle Diskussion um Begriffe wie Qualitätserkennung, -sicherung und -verbesserung, Controlling, Steuerungsmodelle usw. kann nicht losgelöst von gesellschaftlichen Veränderungsprozessen und deren Auswirkungen (vgl. Pongs 2007) gesehen werden. So führte die Finanzknappheit bei Bund, Ländern und Gemeinden verstärkt dazu, dass seitens der Rechtsträger von elementaren Bildungseinrichtungen, noch stärker als bisher, ein weitgehend effizienter Einsatz der finanziellen Ressourcen verlangt wird, wobei das oft angeführte Motto: beste pädagogische Qualität mit geringster monetärer Zuwendung oft im Mittelpunkt der Überlegungen der Rechtsträger steht. Ein weiterer Grund ist der Tatsache geschuldet, dass in den letzten Jahren elementare Bildungsinstitutionen – allen voran der Kindergarten – auch in der Meinung der breiten Öffentlichkeit sich zu wichtigen Bildungseinrichtungen entwickelt haben. Die Nachfrage nach Bildungsplätzen in Kinderkrippen, Kindertagesstätten und Kindergärten ist in den letzten Jahrzehnten sukzessive gestiegen, was sich an stets steigenden Besuchsquoten der Kinder in diesen Einrichtungen sehr gut dokumentieren lässt (vgl. Statistik Austria, 2013).

Die Schaffung von neuen elementaren Bildungsplätzen ist zwar dringend erforderlich und wird auch von den zuständigen politischen Vertretern durchaus unterstützt, kann aber nicht ohne zusätzliche monetäre Subventionen erfolgen. Auf der anderen Seite ist zu berücksichtigen, dass aufgrund rückläufiger Geburtenzahlen in einigen regionalen Gebieten ein Überangebot an Bildungsplätzen in elementaren Institutionen vorhanden ist, was zu einer Konkurrenzsituation zwischen den Einrichtungen geführt hat. Verallgemeinernd lässt sich festhalten, dass die

125. Der Begriff elementare Bildungsinstitutionen umfasst Krippen, Kindertagesstätten und Kindergärten. Statistik Austria subsumiert unter dem Begriff Krippen die Kindertagesstätten, Kindergruppen, Spielgruppen usw. (vgl. Statistik Austria 2013, S. 20). Die rechtlichen Voraussetzungen für die jeweiligen Formen sind in den Gesetzen für elementare Bildungsinstitutionen der jeweiligen Bundesländer festgelegt.

Chancen der einzelnen Einrichtungen, genügend Kinder zur Aufrechterhaltung des Betriebes zu bekommen, umso besser eingestuft werden, je höher ihre Qualitätsmerkmale vor allem von den Eltern bzw. Erziehungsberechtigten bewertet werden. Als weiterer Punkt hinsichtlich der Qualitätsdiskussion ist anzuführen, dass in der breit gefächerten wissenschaftlichen Landschaft die Elementarpädagogik als verbesserungswürdig angesehen wird. In diesem Zusammenhang gerät einerseits die konkrete pädagogische Praxis in elementaren Bildungsinstitutionen, andererseits die Ausbildung bzw. Professionalisierung des pädagogischen Personals (vgl. Fthenakis/Oberhuemer 2002) in den Blick. Zudem wurde der Druck auf elementare Einrichtungen, bedingt durch Ergebnisse aus internationalen Vergleichsstudien (OECD; PISA), hinsichtlich der Qualitätsfrage verstärkt. Mit der OECD-Studie „Starting Strong“ (vgl. 2006) wurden u. a. anhand einer strukturellen Datenanalyse Rückschlüsse über den Stellenwert der vorschulischen Bildung in den einzelne Ländern gezogen, wobei die monetäre Förderung der Einrichtungen, ihre institutionellen Rahmenbedingungen, ihre Qualität und die Ausbildung des pädagogischen Personals im Mittelpunkt standen. Bevor wir den Qualitätsbegriff einer genaueren Betrachtung unterziehen, gilt es festzulegen, welche Bildungskonzepte gegenwärtig in der Elementarpädagogik überhaupt den Rahmen für Qualitätsgedanken bilden.

2 Bildungskonzepte als Grundlage für die Qualität in elementaren Bildungseinrichtungen

Gegenwärtig dienen bei Bildungskonzepten in der Elementarpädagogik konstruktivistische Überlegungen als Orientierungsrichtlinien (vgl. Laewen/Andres 2002; Fthenakis 2003, 2005; Anning u. a. 2004; Schäfer 1999, 2005). Bei diesem Bildungsverständnis wird die Selbstständigkeit des Kindes bei der Gestaltung von Bildungsprozessen hervorgehoben. Subjektive Erfahrungen des Kindes führen dazu, dass es eigene Vorstellungen über die Welt aufbaut. Während Laewen und Anders sowie Schäfer die Selbstbildung des Kindes in den Vordergrund rücken und die Rolle der Erzieher/-innen (Pädagogen/-innen) eher unklar lassen, schreibt Fthenakis in seinem sozialkonstruktivistischen Erklärungsansatz den Interaktionsprozessen zwischen Kind und seinen Bezugspersonen bei der Gestaltung von „kindlichen“ Bildungsprozessen eine gravierende Bedeutung zu. Dadurch fällt sowohl den zu Erziehenden als auch den Erziehenden eine aktive Rolle hinsichtlich der Ausformung von Bildungsverläufen in der kindlichen Entwicklung zu (vgl. Rotthaus 2007). Die „Qualitätsfrage“ bei elementaren Bildungsinstitutionen muss also stets vor dem in unserer Gesellschaft vorherrschenden Bild vom Kind und dem Rollenverständnis der Pädagogen/-innen gestellt werden (vgl. Hartmann u. a. 2006, S. 19ff. und 87 ff.; BildungsRahmenPlan 2009, S. 2; Schäfer 2008; Roth 2011).

3 Pädagogische Qualität: Was ist das?

Versucht man, bei einer elementaren Bildungseinrichtung zu klären bzw. festzustellen, wie gut sie ist oder wie gut sie sein sollte, taucht unweigerlich die Frage auf, um welche Qualität es konkret geht. Damit verbunden ist die Frage nach den Kriterien der Qualität und des Weiteren, wer die Kriterien letztendlich festlegt. Die nicht leicht zu beantwortenden Fragen haben dazu geführt, dass Ende des vergangenen Jahrhunderts eine vielseitige Diskussion über die Definition des Begriffes „Qualität" in der Elementarpädagogik – und nicht nur in dieser, sondern im gesamten Bildungssystem – in Gang gesetzt wurde, die bis heute anhält. Eine einheitliche Definition, die breite Akzeptanz erfährt, konnte bis heute nicht entwickelt werden. Der Begriff Qualität stammt ursprünglich aus der Betriebswirtschaft und bezieht sich in erster Linie auf die Güte eines Produktes.

Folgt man Tietze, so bezeichnet der Begriff Qualität „die Beschaffenheit eines Produktes, einer Dienstleistung und beschreibt eine Reihe der für das Produkt bzw. die Dienstleistung charakteristischen und *überprüfbaren* Eigenschaften, die für den generalisierten Nutzer von Bedeutung sind" (2004, S. 406). In dieser allgemeinen Form ist der Qualitätsbegriff auch auf elementare Bildungsinstitutionen anwendbar.

Tietze u. a. leiten ihre „Qualitätsdefinition" für eine elementare Bildungsinstitution u. a. von der „National Association for the Education of Young Children" ab und gehen davon aus, dass eine elementare Bildungseinrichtung als qualitativ hochwertig bezeichnet werden kann, wenn diese ein körperliches, emotionales, soziales und intellektuelles Wohlbefinden gewährleistet, wenn die Entwicklung der Kinder umfassend gefördert wird und wenn diese die Funktion als familienergänzende und familienunterstützende Einrichtung erfüllt (vgl. Tietze u. a. 2001).

Roßbach (1993) versteht unter Qualität in der Kinderbildung jene Merkmale, die für bestimmte Erziehungs- und Betreuungsumwelten charakteristisch sind und Zusammenhänge mit der Entwicklung von Kindern aufweisen. Die Qualitätsdefinition macht er abhängig von den Funktionen, die eine elementare Bildungsinstitution zu erfüllen hat und nennt dazu neben der Unterstützungsfunktion (Förderung der physischen, emotionalen, sozialen und kognitiven Entwicklung von Kindern) noch die Betreuungs- (ausreichende Anzahl qualitativer Plätze usw.) und Servicefunktion (erreichbare und finanziell erschwingliche Einrichtungen usw.).

Hartmann und Stoll (2001) gehen davon aus, dass das pädagogische Angebot den Lebensbedürfnissen von Kindern, dazu zählen die Bedürfnisse nach emotionaler Zuwendung sowie nach räumlichen und zeitlichen Möglichkeiten, gerecht werden muss.

Fthenakis (2003) legt die Qualität einer elementaren Bildungseinrichtung für Kinder als Erziehungsqualität fest und meint damit die gleichberechtigte Berücksichtigung der Bedürfnisse und Vorstellungen der unterschiedlichen Bezugsgruppen in einem demokratischen Entwicklungsprozess.

4 Perspektiven der Qualitätsbewertung

Eine einheitliche Definition des Qualitätsbegriffes in elementaren Bildungseinrichtungen wurde bisher nicht entwickelt. Das Fehlen einer einheitlichen Definition hängt u. a. damit zusammen, dass die Beurteilung von Qualität stets subjektiv ist. Sie ist abhängig von den Einstellungen, Vorstellungen, Überzeugungen und Orientierungen der verschiedenen Bezugsgruppen und der jeweiligen Betrachter. Zudem kommt, dass Qualität als mehrdimensionales Faktorenbündel zu betrachten ist, die nicht losgelöst von Kontexten betrachtet werden kann. Qualität ist einem ständigen Veränderungsprozess unterworfen und muss daher vor dem Hintergrund des Aufgabenprofils von elementaren Bildungseinrichtungen und den Perspektiven sowie Erwartungshaltungen aller beteiligten Personengruppen stets neu „verhandelt" werden.

Qualität ist ein vielseitiges Gebilde und wird immer aus verschiedenen Perspektiven beurteilt.

Der bekannteste Mehr-Perspektiven-Ansatz für Qualität stammt von Katz (1996; vgl. Hartmann/Stoll 2001, S. 18ff.).

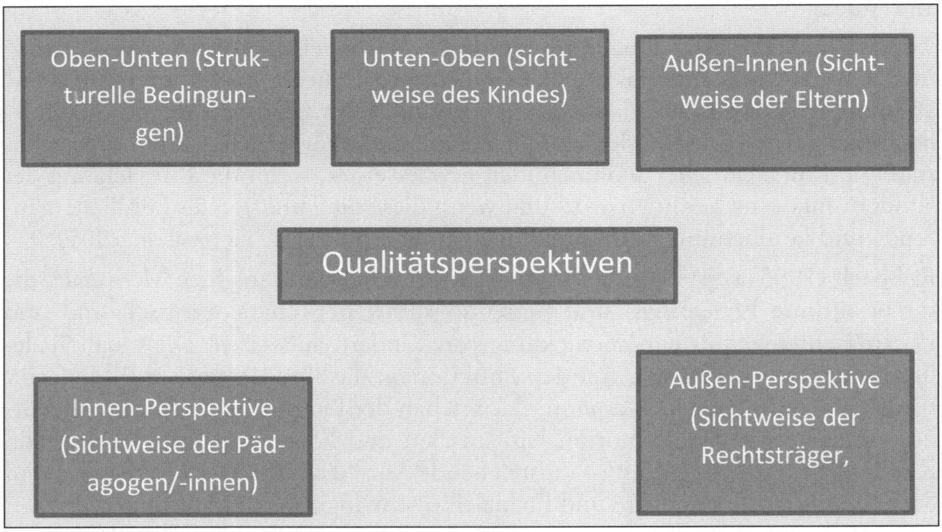

Abbildung 1: Perspektiven hinsichtlich Qualität

- Oben-Unten-Perspektive

Die institutionellen Rahmenbedingungen (strukturelle Voraussetzungen) in elementaren Bildungsinstitutionen werden meistens aus der Perspektive der Erwachsenen betrachtet und bewertet. Die Merkmale, die in dieser Sichtweise Berücksichtigung finden, sind auch weitgehend in den gesetzlichen Voraussetzungen der jeweiligen Bundesländer verankert. Dazu zählen die Anzahl der Kinder pro Gruppe, der Pädagogen/-innen-Kind-Schlüssel, die erforderlichen Anstellungserfordernisse des pädagogischen Personals, die baulichen und räumlichen Gegebenheiten und die materielle Ausstattung, die Sicherheitsvorschriften sowie das pädagogische Konzept, das in der Einrichtung realisiert wird.

- Unten-Oben-Perspektive
Eine wichtige Sichtweise für die Bewertung der Qualität einer elementaren Bildungsinstitution, die meistens zu wenig Beachtung findet, ist die Perspektive der Kinder (vgl. Roux 2002), welche die Kinderkrippe, -tagesstätte oder den -garten besuchen. Im Wesentlichen geht es dabei um das „Wohlbefinden" der Kinder in der Einrichtung.

- Außen-Innen-Perspektive
Bei der Beurteilung der Qualität einer Einrichtung spielt die Sichtweise der Eltern bzw. Erziehungsberechtigten eine relevante Rolle, da diese die „Kunden" sind und die Einrichtung entsprechend ihrer/ihren Vorstellungen und Erwartungen auswählen. Die Bewertung der Eltern bzw. Erziehungsberechtigten bezüglich der Lage der Bildungsinstitution, der Öffnungszeiten, des pädagogischen Konzeptes und anderer Angebote (z. B. musikalische Früherziehung, Mehrsprachigkeit, Interkulturalität usw.) und die „Beziehungsgestaltung" zwischen Eltern und Elementarpädagogen/-innen sind Faktoren, die einen positiven oder negativen Einfluss auf die Qualitätsbewertung der Einrichtung haben können.

- Innen-Perspektive
Dass ein gutes Arbeitsklima und gute institutionelle Rahmenbedingungen für Pädagogen/-innen in einer Bildungsinstitution Voraussetzungen für gute Qualität sind, ist unbestritten. Eine optimale Personalentwicklung, günstige Vorbereitungszeiten, ein guter Personalschlüssel, bestmögliche Beziehungsgestaltung zu den Kindern, Eltern, Kollegen/-innen, zum/zur Einrichtungsleiter/-in und zu externen Personen (z. B. Beratungspersonal usw.), eine Partizipation der Pädagogen/-innen bei konzeptionellen Planungen (pädagogisches Konzept, Profilbildung, Teamgestaltung, Verwaltungsarbeit usw.) sowie deren Berufszufriedenheit können als qualitätsfördernde Faktoren bezeichnet werden.

- Außen-Perspektive
Die Sichtweise der Rechtsträger von elementaren Bildungsinstitutionen bezieht sich vor dem Hintergrund finanzieller Knappheit häufig auf ökonomische Aspekte, wobei die Frage nach den erforderlichen finanziellen Mitteln häufig im Zentrum der Überlegungen steht. Die Bereiche Qualitätssicherung, -entwicklung, Transparenz, pädagogisches Konzept und Vernetzung mit anderen Bildungsinstitutionen gewinnen vor dem Hintergrund zunehmendem Konkurrenzdenken der Einrichtungen von Seiten der Rechtsträger an Bedeutung. Die Außen-Perspektive beinhaltet auch die Meinungen gesellschaftlicher Gruppierungen (Öffentlichkeit, politische Entscheidungsträger). Zentral ist in diesem Zusammenhang die Frage nach dem gesellschaftlichen Auftrag (Bildungsauftrag) an vorschulische Bildungs-

einrichtungen und in welchem Ausmaß diese die an sie gestellte Aufgaben erfüllen können.

Die Qualität elementarer Bildungseinrichtungen wird aus den oben angeführten unterschiedlichen Perspektiven beurteilt. Im Unterschied zu Katz führt das Europäische Kinderbetreuungsnetzwerk nur die Sichtweise von Kindern (Lebensqualität für Kinder in der Einrichtung), Eltern und Fachleuten an. Aufgrund möglicher unterschiedlicher Sichtweisen kann es vorkommen, dass eine elementare Bildungseinrichtung bei der Oben-Unten-Perspektive sehr gut abschneidet und dennoch nicht die Bedürfnisse und Erwartungshaltungen von Kindern sowie deren Eltern bzw. Erziehungsberechtigten erfüllt – und umgekehrt. Oft erfüllen vorschulische Bildungsinstitutionen die Qualitätsansprüche der Rechtsträger und Erziehungsberechtigten der angemeldeten Kinder, obwohl sie den Güteanforderungen der Fachleute nur in einem geringen Ausmaß, wenn überhaupt, entsprechen.

Trotz unterschiedlicher Zugänge besteht in der neueren Literatur, welche sich mit der Qualität elementarer Bildungsinstitutionen auseinandersetzt, Konsens darüber, dass unter der Qualität der Einrichtungen ein mehrdimensionales Konstrukt zu verstehen ist (vgl. Preissing, Heller 2007; Tietze u. a. 2007; Honig/Joos/Schreiber 2004; Fthenakis u. a. 2003; Krenz 2001) und dass sich dieses Gebilde je nach der Bedeutung der Sichtweise wichtiger Bezugsgruppen unterschiedlich darstellt und auch ständigen Veränderungsprozessen unterworfen ist. In den „Qualitätskonzepten" der verschiedenen Autoren für vorschulische Bildungsinstitutionen werden unterschiedliche Bereiche der Qualität angeführt. Im folgenden Abschnitt der Arbeit werden exemplarisch Qualitätskriterien aus unterschiedlichen Qualitätskonzepten betrachtet.

5 Kriterien(Fn126) pädagogischer Qualität

Die Qualität elementarer Bildungseinrichtungen kann in verschiedene Kriterien aufgegliedert werden.

Bereits 1993 hat Pascal(Fn127) in einem englischen Forschungsprojekt zur Verbesserung von Bildungs-, Erziehungs- und Betreuungseinrichtungen zehn Kriterien von Qualität festgelegt. Diese beinhalten:

- Ziele der Einrichtung
- Curriculum
- Lernformen
- Planung und Überprüfung der Bildungsarbeit
- Personalstruktur
- Räumlich-materielle Umgebung
- Beziehungen und Interaktionen

126. In einigen Qualitätskonzepten werden statt Kriterien der Qualität die Begriffe Bereiche oder Dimensionen der Qualität verwendet.
127. Zitiert nach Hartmann und Stoll 2001, S. 21.

- Chancengleichheit
  - Elternarbeit und -beteiligung
  - Evaluation

Das Kinderbetreuungsnetzwerk der Europäischen Kommission schlägt keine Festlegung von Mindestnormen hinsichtlich der Qualität von vorschulischen Bildungseinrichtungen vor, sondern vielmehr eine Reihe von Qualitätsindikatoren, die als Orientierungshilfe für eine „Qualitätsdiskussion" aller beteiligten Personengruppen dienen sollen. Die Qualitätsentwicklung wird als dynamischer Prozess auf verschiedenen Ebenen (z. B. Ausbildung der Pädagogen/-innen, institutionelle Rahmenbedingungen, Planung pädagogischer Handlungen, Verwaltung usw.) angesehen. Als relevante Qualitätshinweise gelten:

- Zugangsmöglichkeiten
- Umfeld
- Lernaktivitäten
- Beziehungen
- Elternbeteiligung
- Integration ins Gemeinwesen
- Wertunterschiede
- Einschätzung der Kinder und entsprechende Maßnahmen
- Kosten-Leistungs-Verhältnis
- Ethos (vgl. Franken 2003, S. 11; Hartmann/Stoll 2001, S. 20f.).

Die angeführten Qualitätsindikatoren, die in Form von Fragen formuliert sind, ermöglichen die Berücksichtigung regionaler und institutioneller Gegebenheiten der jeweiligen elementaren Bildungsinstitution (z. B. gesetzliche Vorgaben, Ressourcenaufwand, usw.).

Der Kronberger Kreis geht davon aus, dass eine Entwicklung von Qualität in elementaren Bildungsinstitutionen nur innerhalb eines gedanklich-räumlich strukturierten Rahmens möglich ist. Dafür sind drei Qualitätsdimensionen (-kriterien) erforderlich:

- Bedarf und Nachfrage
- Angebote, Ziele, Mittel und Möglichkeiten
- Berufliche Praxis

Unter Berücksichtigung dieser drei Kriterien werden verschiedene Bereiche der Bildungseinrichtung (wie beispielsweise die qualitative Grundorientierung, Leitungsfunktion, Kosten-Nutzen-Rechnung, bauliche, räumliche und materielle Rahmenbedingungen usw.) dialogisch näher beleuchtet (vgl. Kronberger Kreis 1998).

Ausgehend von den Qualitätszielen der Europäischen Union und der Early-Childhood-Environment Rating-Scale (ECERS, Harms und Clifford 1980) entwickelten Hartmann und Stoll (2001, S. 94ff.) Qualitätskriterien (z. B. strukturelle und organisatorische Bedingungen, Räume und Ausstattung, Betreuung und Pflege der Kinder, Qualifikation der Pädagogen/-innen, Öffnung der Einrichtung usw.), die als Empfehlungen zur Qualitätssicherung und Qualitätsoptimierung in den österreichischen Kindergärten(Fn128) angesehen werden können.

In dem von Tietze u. a. (2001, vgl. auch Tietze 2004) entwickelten Qualitätskonzept(Fn129) (Kindergarten-Skala, KES – R) kommen drei Qualitätskriterien (-dimensionen) zum Einsatz, die verschiedenen Bereichen in elementaren Bildungseinrichtungen zugeordnet werden können (vgl. folgende Abbildung).

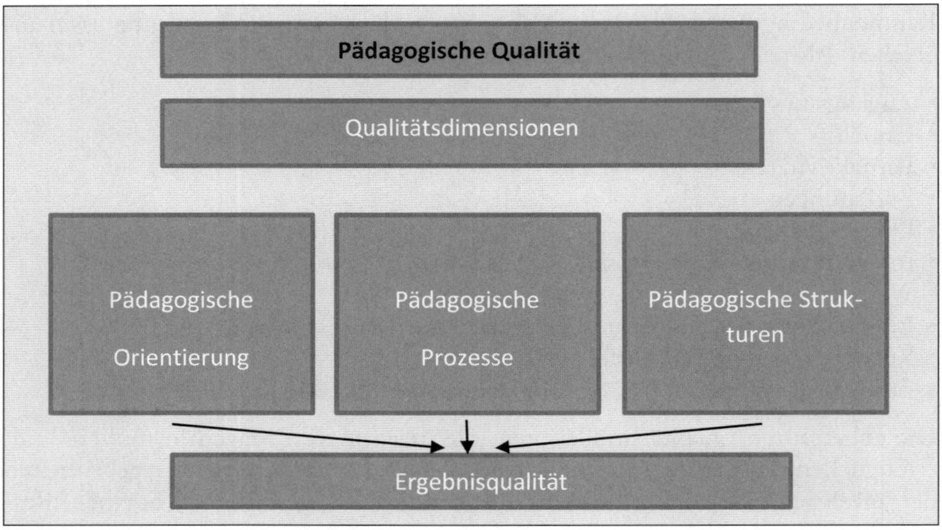

Abbildung 2: Qualitätskriterien für pädagogische Qualität

Bei der pädagogischen Orientierung steht z. B. die Frage nach dem „Bild vom Kind", das die Pädagogen/-innen haben, ihre Erziehungsziele und pädagogischen Maßnahmen, bei pädagogischen Prozessen z. B. die Dynamik des pädagogischen Geschehens, der Umgang mit den Kindern und die entwicklungs- und bedürfnisorientierten Interaktionen, bei den pädagogischen Strukturen z. B. die politischen Rahmenbedingungen, die Qualifizierung der Pädagogen/-innen sowie institutionelle Gegebenheiten (Ausstattung usw.) im Mittelpunkt der Qualitätsbetrachtung. Die angeführten Merkmale werden im Zusammenhang mit den Bereichen Platz und Ausstattung, Betreuung und Pflege der Kinder, sprachliche und kognitive Anregungen, Aktivitäten, Interaktionen, Strukturierung der pädagogischen Arbeit usw. bewertet.

128. Obwohl die Qualitätsdimensionen explizit für den Kindergarten entwickelt wurden, kann davon ausgegangen werden, dass sie für „alle" elementaren Bildungsinstitutionen weitgehend Gültigkeit besitzen.
129. Tietze u. a. entwickelten die Kindergarten-Skala (KES) in Anlehnung an die Early-Childhood-Environment-Rating-Scale von Clifford.

Seit 2009 ist für alle Bundesländer in Österreich der „Bundesländerübergreifende BildungsRahmenPlan für elementare Bildungseinrichtungen" in Verwendung, in dem in einem eigenen Kapitel die pädagogische Qualität thematisiert wird.

6 Pädagogische Qualität im BildungsRahmenPlan für elementare Bildungsinstitutionen in Österreich

Im BildungsRahmenPlan versteht das Autorenteam des Charlotte-Bühler-Instituts unter guter Qualität in elementaren Bildungseinrichtungen, „dass Kinder optimale Bedingungen für ihre individuelle Entwicklung vorfinden und ihnen vielfältige Bildungsmöglichkeiten offenstehen" (BundesRahmenPlan 2009, S. 25). Bei guter pädagogischer Qualität in einer Einrichtung finden nicht nur die Bedürfnisse und Interessen der Kinder Berücksichtigung, sondern werden auch die fachlichen Ansprüche der Mitarbeiter/-innen beachtet und Bildungsprozesse beider Personengruppen bestmöglich unterstützt (vgl. ebda.).

Die vorhandenen institutionellen Rahmenbedingungen (Strukturen) in einer Einrichtung, die pädagogischen Prozesse und die Interaktionen von Kindern und Erwachsenen sowie die Werthaltungen und Einstellungen (Orientierungen) des Personals und Vertreter des Rechtsträgers, die Kooperation mit Eltern und Vertretern/-innen externer Institutionen sowie die Gestaltung der Öffentlichkeitsarbeit beeinflussen die pädagogische Qualität elementarer Bildungseinrichtungen (vgl. ebda.).

Im BildungsRahmenPlan umfasst die pädagogische Qualität die

- **Prozessqualität:** die Atmosphäre in einer Bildungseinrichtungen sowie die Interaktionen und Erfahrungen, die Kinder mit ihrer sozialen und räumlich-materialen Umwelt machen,
- **Orientierungsqualität**: professionelle Leitbilder, pädagogische Vorstellungen und Überzeugungen, die in den pädagogischen Handlungsprozessen der tätigen Erwachsenen (Pädagogen/-innen) erkennbar werden,
- **Strukturqualität**: institutionelle Rahmenbedingungen wie Personenschlüssel, materielle Ausstattung usw. (vgl. BildungsRahmenPlan 2009, S. 25ff.).

In elementaren Bildungseinrichtungen sollte die pädagogische Qualität gesichert und weiterentwickelt werden. Die Initiierung des „Qualitätsmanagements" (vgl. ebda.; Kneidinger 2008; Bolewski u. a. 2012) kann als wichtige Aufgabe des/der Leiter/-in angesehen werden.

7 Qualitätsdebatte in der Elementarpädagogik

In den letzten Jahrzehnten ist die Qualitätsdebatte im Arbeitsfeld elementarer Bildungsinstitutionen komplexer geworden. Wurde für die Feststellung pädagogischer Qualität noch vor wenigen Jahren ausschließlich strukturelle Merkmale

(Strukturqualität, z. B. Gruppengröße, Ausmaß des Gruppenraums und des Außengeländes, Personalschlüssel usw.) als messbare Qualitätsindikatoren angeführt, weil davon ausgegangen wurde, dass die eigentliche pädagogische Qualität mit einer empirischen Operationalisierung nicht erfasst werden könne, herrscht gegenwärtig Konsens darüber, dass es auch für die Erfassung der „Prozess- und Orientierungsqualität" eine Vielzahl aussagekräftiger Indikatoren gibt, die auf empirischer Ebene erhoben werden können. Standen zu Beginn der Qualitätsdiskussion aus der Sicht der Pädagogen/-innen die Befürchtungen vor einer Ökonomisierung vorschulischer Einrichtungen und den damit einherschreitenden finanziellen Kürzungen sowie vor einer weitgehenden Reglementierung der eigenen pädagogischen Arbeit im Vordergrund, rückt immer mehr die Erkenntnis in den Mittelpunkt der Überlegungen, dass Pädagogen/-innen letztendlich selber davon profitieren.

Die Beschäftigung mit der pädagogischen Qualität in der Bildungsinstitution führte dazu, dass sich viele Pädagogen/-innen mit ihrer Arbeit stärker identifizieren konnten, mehr öffentliche Anerkennung erhielten und motiviert waren, für die Verbesserung der Qualitätsbereiche Initiativen zu setzen (vgl. Leu 2005).

In den letzten Jahren lässt sich innerhalb der Qualitätsdebatte bei elementaren Bildungsinstitutionen ein zunehmendes Interesse an prozessualen Qualitätsmerkmalen feststellen. Maßgeblich dafür verantwortlich sind Forschungsergebnisse aus internationalen Studien, die belegen, dass erfolgreiche pädagogische Handlungen weitgehend durch Merkmale der Prozessqualität (z. B. Interaktions- und Kommunikationsprozesse) bestimmt werden. (vgl. Sylva u. a. 2004; König, A. 2007; Tietze u. a. 2005; Roßbach 2005; Ahnert 2005; Strehmel 2008). Zu berücksichtigen ist, dass die Fokussierung auf prozessuale Merkmale nicht zur Annahme verleiten darf, dass strukturelle Merkmale einer Einrichtung keinen wesentlichen Einfluss auf die pädagogische Qualität haben. Vielmehr kann davon ausgegangen werden, dass kleinere Gruppen und bessere bauliche, räumliche und materielle Rahmenbedingungen, günstigerer Personalschlüssel, höheres Ausbildungsniveau der Fachkräfte und bessere Vorbereitungszeiten die pädagogische Qualität in der Einrichtung erhöhen und einen fördernden Einfluss auf Entwicklungsprozesse der Kinder haben. Gegenwärtig herrscht weitreichender Konsens darüber, dass zur Feststellung der pädagogischen Qualität eine möglichst breite Erfassung von Qualitätsmerkmalen in den Einrichtungen notwendig ist.

8 Verfahren zur Qualitätsfeststellung[(Fn130)]

Im internationalen und europäischen Raum sind verschiedene Verfahren zur Qualitätsfeststellung in elementaren Bildungsinstitutionen entwickelt worden. Zielvorstellung vor dem Hintergrund umfassender Evaluations- und Reflexionsprozesse ist die Verbesserung der vorhandenen Praxis in der jeweiligen Einrichtung. Bei der

130. Zahlreiche Qualitätsfeststellungsverfahren sind auf http://www.artset-lqk.de/cms/fileadmin/user_upload/Service/Synopse_QM-Konzepte_in_Kitas__2010_08_.pdf (Stand: 15. Oktober 2013) dargestellt.

Festlegung von Verfahrensweisen zur Qualitätserfassung der Einrichtungen stand von Anfang an die Frage nach Fremd- oder Selbstevaluation im Zentrum heftiger Debatten. Die Befürworter von externen Evaluationsverfahren fokussierten auf fachlich begründete, weitgehend objektive Feststellung (quantifizierbare Kriterien) von Qualität durch institutionsfremde Fachexperten/-innen.

Die Vertreter von Selbstevaluierungsverfahren führten an, dass externe Fachexperten/-innen nicht in der Lage sind, relevante Merkmale der pädagogischen Qualität (vgl. oben) einer Einrichtung zu erfassen. Standardisierte Qualitätskriterien, die den Anspruch auf allgemeine Gültigkeit haben, gehen an der Wirklichkeit vorbei, weil mit ihnen vorschulische Bildungseinrichtungen „mit ihren unterschiedlichen Profilen und regional bedingten unterschiedlichen Anforderungen in unangemessener Weise über einen Kamm geschoren werden" (Leu 2005, S. 17). Für sie sollten neben den Qualitätskriterien auch die Verfahren zur Qualitätserhebung in einem partnerschaftlichen Dialog von Pädagogen/-innen und Fachexperten/-innen festgelegt werden. Eine Bewertung der pädagogischen Qualität soll – von diesem Standpunkt – nur von Personen durchgeführt werden, die aktiv – in welche Form auch immer – bei Gestaltungsprozessen der Bildungsinstitution tätig sind. Die Gegner dieser Position argumentieren, dass nur Fremdevaluierungen weitreichende Objektivität gewährleisten und interessensabhängige Interventionen ausschließen können.

Die neuere Entwicklung zeigt, dass einiges dafür spricht, die beiden Verfahren miteinander zu kombinieren. Einerseits können auf diese Weise die Kenntnisse der „Insider" (ebda.) einfließen, andererseits kann die Fremdevaluation gewährleisten, dass qualitative Mängel und Schwierigkeiten von institutionsinternen Mitarbeitern/-innen bzw. von Personen des Rechtsträgers übersehen werden. Gegenwärtig stellt die Kombination beider Verfahren für die Erhebung und Weiterentwicklung der Qualität wohl die beste Lösung dar.

9 Ausblick

Während am Ende des ausklingenden 20. Jahrhunderts die Frage, ob in elementaren Bildungsinstitutionen eine Qualitätsfeststellung überhaupt sinnvoll sei, noch von einigen Experten/-innen und in verschiedenen Handlungsfeldern tätigen Fachkräften entschieden verneint wurde, herrscht gegenwärtig weitgehender Konsens hinsichtlich einer Bejahung. Obwohl bereits in der Vergangenheit zahlreiche Pädagogen/-innen der Elementarpädagogik in der Auseinandersetzung mit der Frage nach der Qualität ihrer Einrichtung und ihres pädagogischen Handelns eine große Chance für eine „qualitative Weiterentwicklung" gesehen haben, ließen sich andere Pädagogen/-innen noch nicht auf eine Qualitätsdebatte ein. Für die Zukunft gilt es, dass *alle* elementaren Bildungseinrichtungen ihre Verantwortung für Qualität wahrnehmen und an einer Weiterentwicklung von Qualität mitarbeiten. Dass hohe pädagogische Qualität auch günstige institutionelle Rahmenbedingungen benötigt, ist unumstritten. Im diesem Zusammenhang sind politische

Vertreter aufgefordert, nicht nur stets das Anforderungspotenzial für Qualitätsstandards von elementaren Bildungseinrichtungen zu erhöhen, sondern auch die erforderlichen finanziellen Ressourcen für institutionelle Standards in elementaren Bildungseinrichtungen zur Verfügung zu stellen. Nur so kann langfristig gewährleistet werden, dass vorschulische Einrichtungen eine hohe pädagogische Qualität aufweisen, was wiederum eine Voraussetzung ist, dass diese ihren Bildungsauftrag wahrnehmen können.

Literaturverzeichnis

Ahnert, L. (2005). Entwicklungspsychologische Erfordernisse bei der Gestaltung von Betreuungs- und Bildungsangeboten im Kleinkind- und Vorschulalter. In: Ahnert, L./Roßbach, H.-G./Neumann, U./Koletzko, J.-H.-B. (Hrsg.): Bildung, Betreuung und Erziehung von Kindern unter sechs Jahren. München, Verlag Deutsches Jugendinstitut, S. 9-54.

Ämter der Landesregierungen der österreichischen Bundesländer, Magistrat der Stadt Wien, Bundesministerium für Unterricht, Kunst und Kultur (2009). Bundesländerübergreifender BildungsRahmenPlan für elementare Bildungseinrichtungen in Österreich. Wien, Printproduktion GmbH.

Anning, A. u. a. (2004). Early Childhood Education. Society und Culture. London, SAGE Publications.

Bolewski, H./Glos, St./Dox, Ch. O. (2012). Qualitätsmanagement in Kindertageseinrichtungen. Berlin, Rabenstück Verlag.

Franken, B. (2003). basiswissen kita: Qualitätsentwicklung. Sonderheft der Fachzeitschrift „kindergarten heute – Zeitschrift für Erziehung". Freiburg im Breisgau, Herder Verlag.

Fthenakis, W. E. (2005). Auf den Anfang kommt es an: Perspektiven für eine Neuorientierung frühkindlicher Bildung. Berlin, Bundesministerium für Bildung und Forschung.

Fthenakis, W. E./Hanssen, K./Oberhuemer, P./Schreyer, I. (2003, Hrsg.): Träger zeigen Profil. Qualitätshandbuch für Träger von Kindertageseinrichtungen. Weinheim, Beltz Verlag.

Fthenakis, W. E. (2003). Pädagogische Qualität in Tageseinrichtungen für Kinder. In: Fthenakis, W. E. (Hrsg.): Elementarpädagogik nach Pisa. Wie aus Kindertagesstätten Bildungseinrichtungen werden können. Freiburg, Herder Verlag, 208-242.

Fthenakis, W. E./Oberhuemer, P. (2002, Hrsg.): Ausbildungsqualität. Strategiekonzepte zur Weiterentwicklung der Ausbildung von Erzieherinnen und Erzieher. Neuwied, Kriftel, Berlin, Luchterhand Verlag.

Hartmann, W./Stoll, M. (2001). Mehr Qualität für Kinder. Qualitätsstandards und Zukunftsperspektiven für den Kindergarten. Wien, öbvhpt Verlag.

Hartmann, W./Stoll, M./Chistè, N./Hajszan, M. (2006). Bildungsqualität im Kindergarten. Wien, öbvhpt Verlag.

Honig, M.-S./Joos, M./Schreiber, N. (2004). Was ist ein guter Kindergarten? Theoretische und empirische Analysen zum Qualitätsbegriff in der Pädagogik. Weinheim und München, Juventa Verlag.

Katz, L. (1993). Multiple Perspectives on the Quality of Early Childhood Programes. Europaen Early Childhood Education Research Journal, 1, 2, 5-9.

Katz, L. (1996). Qualität der Früherziehung in Betreuungseinrichtungen: Fünf Perspektiven. In: Tietze, W. (Hrsg.): Früherziehung. Trends, internationale Forschungsergebnisse, Praxisorientierungen. Neuwied, Luchterhand Verlag, S. 226-239.

Kinderbetreuungsnetzwerk der Europäischen Kommission: Qualitätsziele in Kindertagesstätten. Online im Internet: URL: www.bkhw.at/Netzwerk_Kinderbetreuung.pdf (15. Oktober 2013).

Kneidinger, L. (2008). Von der Vision zu Qualitätsstandards. Klarheit, Struktur und Platz für eine kindorientierte Pädagogik. In: „Unsere Kinder", Fachzeitschrift für Kindergarten- und Kleinkindpädagogik, Heft 5. Linz, Landesverlag Denkmayr, S. 8-11.

König, A. (2007). Dialogisch-entwickelnde Interaktionsprozesse als Ausgangspunkt für die Bildungsarbeit im Kindergarten. Online Zeitschrift: bildungsforschung, Jahrgang 4, Ausgabe 1.

Krenz, A. (2001). Qualitätssicherung in Kindertagesstätten. Kieler Instrumentarium für Elementarpädagogik und Leistungsqualität – K.I.E.L. München, Ernst Reinhardt Verlag.

Kronberger Kreis für Qualitätsentwicklung in Kindertageseinrichtungen (1998). Qualität im Dialog entwickeln. Wie Kindertageseinrichtungen besser werden. Seelze, Kallmeyer'sche Verlagsbuchhandlung.

OECD (2006). Starting Strong. Early Childhood Education and Policy. Länderbericht für Österreich. Online im Internet: URL: www.oecd.org/dataoecd/57/58/36657509.pdf (15. Oktober 2013).

Laewen, H.-J./Andres, B. (2002). Bildung und Erziehung in der frühen Kindheit. Weinheim, Beltz Verlag.

Leu, H.-R. (2005). Kontroverse Perspektiven auf die Festlegung von Qualitätskriterien. In: Diller, A./Leu, H.-R./Rauschenbach, T. (Hrsg.): Der Streit ums Gütesiegel. Qualitätskonzepte für Kindertageseinrichtungen. München, Verlag Deutsches Jugendinstitut, S. 13-30.

Pascal, Ch./Bertram, A. D. (1993). The Education of Young Children and Their Teachers in Europe. European Early Childhood Education Research Journal, 1, 2, 27-38.

Pongs, A. (2007). In welcher Gesellschaft leben wir eigentlich? Auf dem Weg zu einem neuen Gesellschaftsvertrag. München, Dilemma Verlag.

Preissing, Ch./Heller, E. (2007 Hrsg.): Qualität im Situationsansatz. Qualitätskriterien und Materialien für die Qualitätsentwicklung in Kindertageseinrichtungen. Berlin, Cornelsen Skriptor Verlag.

Roßbach, H.-G. (1993). Analyse von Messinstrumenten zur Erfassung von Qualitätsmerkmalen frühkindlicher Betreuungs- und Erziehungswelten. Münster: Institut für sozialwissenschaftliche Forschung e.V.

Roßbach, H.-G. (2005). Effekte qualitativer guter Betreuung, Bildung und Erziehung im frühen Kindesalter auf Kinder und ihre Familien. In: Ahnert, L./Roßbach, H.-G./Neumann, U./Koletzko, J.-H.-B. (Hrsg.): Bildung, Betreuung und Erziehung von Kindern unter sechs Jahren. München, Verlag Deutsches Jugendinstitut, S. 55-174.

Roth, G. (2011). Bildung braucht Persönlichkeit. Stuttgart, Klett-Cotta Verlag.

Rotthaus, W. (2007). Wozu erziehen? Entwurf einer systemischen Erziehung. Heidelberg, Carl-Auer Verlag.

Roux, S. (2002). Wie sehen Kinder ihren Kindergarten? Theoretische und empirische Befunde zur Qualität von Kindertagesstätten. Weinheim und München, Juventa Verlag.

Schäfer, G. E. (1999). Frühkindliche Bildungsprozesse. Herausforderungen einer Pädagogik der Frühen Kindheit. Neue Sammlungen, 39, S. 213-226.

Schäfer, G. E. (2005). Bildung beginnt mit der Geburt. Ein offener Bildungsplan für Kindertageseinrichtungen in Nordrhein-Westfalen. Weinheim, Beltz Verlag.

Schäfer, G. E. (2008). Beruf Erzieherin – Rolle und Aufgaben müssen neu bestimmt werden. In: Fachzeitschrift Kindergarten heute, 4, S. 8-13.

Statistik Austria (2013). Kindertagesheimstatistik 2012/2013. Wien, Verlag Österreich GmbH.

Strehmel, P. (2008). Wovon hängt „gute Bildung" tatsächlich ab? In: Fachzeitschrift Kindergarten heute, 1, S. 8-13.

Sylva, K. (2004). The Effektive Provision of Pre-School Education Projekt. Zu den Auswirkungen vorschulischer Einrichtungen in England. In: Faust, G./Götz, M./Hacker, H./Roßbach, H.-G. (Hrsg.): Anschlussfähige Bildungsprozesse im Elementar- und Primarbereich. Bad Heilbronn, Klinkhardt Verlag, S. 154-167.

Tietze, W. (1998, Hrsg.): Wie gut sind unsere Kindergärten? Eine Untersuchung zur pädagogischen Qualität in deutschen Kindergärten. Neuwied, Kriftel, Berlin, Luchterhand Verlag.

Tietze, W./Schuster, K.-M./Grenner, K./Roßbach, H.-G. (2001). Kindergarten-Skala. Revidierte Fassung (KES – R). Neuwied, Berlin, Luchterhand Verlag.

Tietze, W. (2004). Notwendigkeit und Perspektiven von Qualitätsentwicklung und Qualitätssicherung in Kindertageseinrichtungen. In: Wehrmann, I. (Hrsg.): Kindergärten und ihre Zukunft. Weinheim, Beltz Verlag, S. 406-419.

Tietze, W./Roßbach, H.-G./Grenner, K. (2005). Kinder von 4 bis 8 Jahren. Zur Qualität der Erziehung und Bildung im Kindergarten, Grundschule und Familie. Weinheim, Beltz Verlag.

Tietze, W./Viernickel, S./Dittrich, I./Grenner, K./Sommerfeld, V./Hanisch, A./Groot-Wilken, B. (2007). Pädagogische Qualität in Tageseinrichtungen für Kinder. Ein nationaler Kriterienkatalog. 3. Auflage. Berlin, Cornelsen Skriptor Verlag.

8.2 Qualitätsmanagement in elementaren Bildungseinrichtungen

Michaela Hajszan/Gabriele Bäck

Unter Qualitätsmanagement sind systematische Maßnahmen zur Verbesserung von Produkten, Prozessen sowie der Leistungsfähigkeit von Organisationen zu verstehen. Analog dazu bezieht sich Qualitätsmanagement in elementaren Bildungseinrichtungen darauf, die pädagogische Qualität mittels adäquater Maßnahmen zu sichern und kontinuierlich zu verbessern. Ziel ist es, die verfügbaren Mittel und Ressourcen effizient und effektiv einzusetzen. Dazu sind Fachwissen und Methodenkompetenz der Leitungskräfte notwendig (Fialka, 2011).

1 Pädagogische Qualität

In den Wissenschaftsdisziplinen, die sich mit Kindern bis zum sechsten Lebensjahr befassen, besteht ein Konsens darüber, dass pädagogische Qualität in elementaren Bildungseinrichtungen[(Fn131)] einen maßgeblichen Einfluss auf die kindliche Entwicklung und Bildung hat.

Allen Ansätzen zur Feststellung und Sicherung der pädagogischen Qualität liegt ein bestimmtes Verständnis von Qualität zugrunde. Die Modelle für pädagogische Qualität beschreiben Faktoren, die sich in einer Vielzahl von Studien als bedeutsam für das Wohlergehen von Kindern erwiesen haben.

1.1 Was ist pädagogische Qualität?

Der Qualitätsbegriff selbst ist wertfrei, denn es gibt gute, ausgezeichnete, aber auch weniger gute Qualität. Trotzdem werden mit dem Wort „Qualität" meist hohe Erwartungen an die Güte eines Produkts bzw. einer Dienstleistung konnotiert.

Grundsätzlich ist die Beurteilung qualitativ hochwertiger Bildung nicht objektiv und allgemein gültig, sondern kulturspezifisch und auf historisch gewachsene Zielsetzungen und Werte gegründet (BMFSFJ, 2003; OECD, 2013). Darüber hinaus muss berücksichtigt werden, dass Qualität ein perspektivenabhängiges Konstrukt darstellt und von den jeweiligen Bezugsgruppen aufgrund ihrer Bedürfnisse bzw. Interessen häufig unterschiedlich oder sogar widersprüchlich definiert wird. Im Fall der elementaren Bildung haben wir es mit der Sicht und den Qualitätsansprüchen von Eltern, Trägern und Erhaltern, Pädagoginnen und Pädagogen, nicht-pädagogischem Personal, Einrichtungsleitungen, Ausbildungsstätten für pä-

131. Der Begriff „elementare Bildungseinrichtungen" umfasst alle institutionellen Formen der Bildung und Betreuung von Kindern bis zum Schuleintritt, z. B. in Krippen- und Kindergartengruppen sowie in alterserweiterten Gruppen (vgl. Charlotte Bühler Institut CBI, 2009)

dagogische Berufe, Schulen sowie Politik und Gesellschaft zu tun. Die wichtigsten Personen im System der elementaren Bildung – die Kinder – werden in der öffentlichen Diskussion wenig bis gar nicht berücksichtigt. Ihre Perspektive steht jedoch im Mittelpunkt der wissenschaftlichen Definition von pädagogischer Qualität, auf die sich dieser Beitrag bezieht und die die Grundlage für den bundesländerübergreifenden BildungsRahmenPlan für elementare Bildungseinrichtungen in Österreich (CBI, 2009) darstellt.

Gute pädagogische Qualität bedeutet, dass Kinder bestmögliche Bedingungen für ihre Entwicklung im emotionalen, sozialen, kognitiven und körperlichen Bereich sowie vielfältige Bildungsmöglichkeiten vorfinden. Die individuellen Bedürfnisse und Interessen der Kinder sowie ihr Wohlbefinden werden zum Maßstab der pädagogischen Qualität einer elementaren Bildungseinrichtung. Gute Qualität bezieht sich weiters darauf, die Familien der Kinder in ihren Betreuungsaufgaben zu unterstützen (Tietze, 1998).

Parallel dazu werden bei guter Qualität auch die fachlichen Ansprüche der Mitarbeiterinnen und Mitarbeiter berücksichtigt. Eine kontinuierliche, fachlich begründete Einschätzung der Stärken der Fachkräfte sowie jener Bereiche, wo Verbesserungen möglich und notwendig sind, bildet für die Leitung die Ausgangslage für Maßnahmen zur Qualitätsentwicklung, wie z. B. Fortbildung oder die Anschaffung neuer Materialien (Tietze, Schuster, Grenner & Roßbach, 2005). Dadurch werden in Einrichtungen, die sich als lernende Institutionen begreifen, die Bildungsprozesse der Erwachsenen ebenso unterstützt wie die der Kinder (Schäfer, 2008).

1.2 Bereiche pädagogischer Qualität

In der wissenschaftlichen Literatur werden unterschiedliche Bereiche pädagogischer Qualität unterschieden. Analog zum österreichischen BildungsRahmenPlan sind folgende Qualitätsbereiche für die pädagogische Praxis in elementaren Bildungseinrichtungen bedeutsam (vgl. CBI & PädQuis, 2007; Tietze, Rossbach & Grenner, 2005):

Strukturqualität

Strukturqualität umfasst situationsunabhängige, zeitlich stabile Rahmenbedingungen in elementaren Bildungseinrichtungen. Diese sind im Allgemeinen politisch bzw. vom Träger oder Erhalter einer Einrichtung geregelt und damit von der Leitung nur bedingt beeinflussbar. Zur Strukturqualität zählen unter anderem die Gruppengröße, die Personal-Kind-Relation, die Innen- und Außenräume und deren Ausstattung mit Spiel- und Lernmaterialien sowie räumliche Bedingungen für die Mitarbeiterinnen und Mitarbeiter. Die Qualifikation des Personals sowie die Zeit für Vorbereitung, Reflexion, Fortbildung und Leitungstätigkeiten sind ebenso Strukturbedingungen.

Orientierungsqualität

Unter Orientierungsqualität werden die pädagogischen Vorstellungen, Werte und Überzeugungen sowie die professionellen Leitbilder aller Erwachsenen, die in die Arbeit mit den Kindern eingebunden sind, verstanden. Dazu zählen unter anderem das Bild vom Kind, das Rollen- und Bildungsverständnis der Pädagoginnen und Pädagogen sowie Prinzipien für die Gestaltung von Bildungsprozessen. Pädagogische Haltungen und Werte sind zeitlich relativ stabile Konstrukte; sie entstehen bereits in der eigenen Sozialisation und werden durch die Aus- und Fortbildung weiterentwickelt. Da Werte und Einstellungen von gesellschaftlichen Veränderungen, wie z. B. dem zunehmenden Pluralismus oder Fragen der Geschlechtergerechtigkeit, beeinflusst werden, müssen sie immer wieder auf ihre Gültigkeit hin überprüft und reflektiert werden. Die für Österreich grundlegende Ausrichtung der pädagogischen Orientierung in elementaren Bildungseinrichtungen ist im BildungsRahmenPlan formuliert.

Prozessqualität

Prozessqualität bezieht sich auf die Gesamtheit der Interaktionen und Erfahrungen, die ein Kind mit seiner sozialen, räumlich-materialen und kulturellen Umwelt in einer elementaren Bildungseinrichtung macht. In der Prozessqualität spiegeln sich die täglich erfahrbaren dynamischen Aspekte des Kindergartenalltags sowie die Atmosphäre in der Gruppe bzw. innerhalb der Einrichtung wider (Teamkultur). Die Professionalität pädagogischer Fachkräfte und damit eine hohe Prozessqualität „zeigt sich in der Gestaltung pädagogischer Impulse, die die Entwicklung kindlicher Kompetenzen umfassend unterstützen" (CBI, 2009, S. 25). Die Sensitivität der pädagogischen Fachkräfte, die durch einfühlsames und unterstützendes Verhalten gegenüber den Kindern sichtbar wird, sowie die Responsivität der Erwachsenen, welche die aktive Beteiligung an reziproken Interaktionen meint, bilden ein sicheres Klima für die Kinder und sind Voraussetzung für kindliches Lernen (BMFSFJ, 2003). Auch der Einbezug und die Unterstützung der Familien im Rahmen der Bildungspartnerschaft sind Teile der Prozessqualität.

Pädagogische Prozesse in elementaren Bildungseinrichtungen entstehen aus gelebten pädagogischen Orientierungen im Rahmen der vorgegebenen Strukturen. Prozessqualität wird also sowohl von strukturellen Bedingungen als auch von den individuellen pädagogischen Einstellungen der Fachkräfte beeinflusst. Untersuchungen zu verschiedenen Merkmalen der Struktur- und Orientierungsqualität ergeben, dass 25 bis 50 % der Prozessqualität durch diese vorgelagerten Bedingungen erklärt werden können (Cryer, Tietze, Burchinal, Leal & Palacios, 1999; Tietze, Rossbach & Grenner, 2005). „Die in den Kindergartengruppen vorfindbare Prozessqualität ist damit nicht nur eine Funktion vorgegebener Rahmenbedingungen, sondern zu einem erheblichen Anteil auch ein unter gegebenen Rahmenbedingungen gestaltbarer Prozess." (Tietze, 1998, S. 354)

Management- und Organisationsqualität
Das Qualitätsmanagement in elementaren Bildungseinrichtungen wird dem Bereich Management- und Organisationsqualität (Viernickel, 2006) zugeordnet, der für Leitungskräfte besondere Relevanz besitzt. Management- und Organisationsqualität bezieht sich unter anderem auf „die Angemessenheit von Maßnahmen zur Sicherstellung der Qualität des Angebots sowie die Nachvollziehbarkeit und Transparenz der Prozesse in einer Einrichtung“ (Viernickel, 2006, S. 34). Des Weiteren umfasst dieser Qualitätsbereich die Öffentlichkeitsarbeit und die Kooperation mit den Eltern, Kontakte mit Trägern und Behörden sowie die Personalführung (Strehmel, 2006).

Die Qualität der Management- und Organisationsprozesse hat ebenso wie die Struktur- und Orientierungsqualität einen eigenständigen Einfluss auf die pädagogische Prozessqualität. „Ein gutes Management gilt als Voraussetzung für die Leistungsfähigkeit des Personals in der Gestaltung der pädagogischen Prozesse mit den Kindern.“ (Strehmel, 2008. S. 12). Die Management- und Organisationsqualität kann dabei als Vermittlungs- bzw. Unterstützungsgröße verstanden werden, die Auswirkungen darauf hat, auf welche Weise die Bedingungen der Struktur- und Orientierungsqualität für die Gestaltung pädagogischer Prozesse genutzt werden (BMFSFJ, 2003).

Wissenschaftliche Befunde zu einzelnen Aspekten der Management- und Organisationsqualität, wie z. B. Effektivität der Organisation in der Einrichtung oder Beteiligung von Leitungskräften an der Curriculumsplanung, belegen einen positiven Einfluss auf die Prozessqualität (CQO, 1995).

Standards guter pädagogischer Qualität
Die differenzierte Beschreibung pädagogischer Qualität in Form von konkreten Qualitätskriterien und -standards guter Qualität beruht auf wissenschaftlichen Erkenntnissen über Merkmale erfolgreicher Organisationen sowie über Bildungs- und Entwicklungsprozesse bei Kindern. „Zu diesen fachlich begründeten Konstituenten pädagogischer Qualität zählen v.a. die Sicherheit und Gesundheit der Kinder, normative Prinzipien der Gleichberechtigung und Gleichbehandlung aller Kinder“, die Gruppengröße und die Personal-Kind-Relation sowie Aspekte der Interaktionen zwischen Erwachsenen und Kindern bzw. der Kinder untereinander (BMFSFJ, 2003, S. 82).

1.3 Gesetzliche Grundlagen pädagogischer Qualität in Österreich

Die folgenden Ausführungen beziehen sich auf die Verankerung pädagogischer Qualität in den Kindergartengesetzen der österreichischen Bundesländer sowie auf die Qualifizierung der Leiterinnen/Leiter elementarer Bildungseinrichtungen.[(Fn132)]

Qualitätssicherung und -entwicklung als gesetzlicher Auftrag
In den meisten Bundesländern gilt der bundesländerübergreifende BildungsRahmenPlan als Grundlage pädagogischer Qualität in elementaren Bildungseinrich-

132. Quellen dieser Ausführungen sind die zuständigen Abteilungen der Landesregierungen in Österreich.

tungen. Einige Bundesländer haben diesen durch länderspezifische Inhalte ergänzt, wie z. B. Salzburg (Reflexionsfragen zur internen Qualitätssicherung) sowie Niederösterreich (Bildungsplan Niederösterreich, Entwicklungsbegleitung im letzten Kindergartenjahr).

Wien hat den Wiener Bildungsplan als Grundlage für die pädagogische Qualität und Qualitätsentwicklung im neuen Wiener Kindergartengesetz verankert.[(Fn133)]

In Vorarlberg dient der Kindergartenbildungs- und -erziehungsplan zur Sicherung der Qualität der Kindergartenarbeit (LGBl.Nr. 53/2008, 37/2010, 57/2012).

In Salzburg wird explizit darauf hingewiesen, dass die Leiterin/der Leiter im Sinne der Qualitätssicherung und auf Basis der gesetzlichen Bestimmungen die Verantwortung bezüglich der Umsetzung des BildungsRahmenPlans trägt.

Qualifizierung der Leitungskräfte
In allen Bundesländern gilt eine einschlägige Berufserfahrung von zumindest zwei Jahren als Voraussetzung für die Leitungstätigkeit in einer elementaren Bildungseinrichtung. Nach dem Wiener Landesrecht sind zehn Jahre Fachpraxis notwendig – dieses gesetzlich geregelte Anstellungserfordernis bezieht sich allerdings nur auf die Leitung eines Kindertagesheimes der Stadt Wien (LRWI D200/000, § 5(1)).

Darüber hinaus ist in den meisten Bundesländern eine spezifische Qualifizierung für Leitungskräfte vorgesehen, wie z. B. die Führungskräfteausbildung des Landes Niederösterreich, der Leitungslehrgang in Kärnten, die Kindergartenleiterinnen und -leiterkurse in Salzburg, der Lehrgang für Leiterinnen/Leiter „Kompetent Führen – Der Weg zur professionellen Führungskraft" mit begleiteter Projektarbeit in Oberösterreich, die Veranstaltungsreihe „Führungskompetenz für LeiterInnen" in der Steiermark sowie der Managementlehrgang für den Bereich der Kindergärten der Stadt Wien.

Die Inhalte der Qualifizierungsangebote beziehen sich unter anderem auf Kommunikation, Konfliktmanagement, Personalmanagement und Teamentwicklung, Moderation und Mitarbeiterinnenführung, Qualitätssicherung und -entwicklung, Organisationsformen von Bildungseinrichtungen sowie Bildungspartnerschaft und Öffentlichkeitsarbeit.

2. Qualitätsmanagement als Teil der Einrichtungskultur

Qualitätsmanagement soll „eine Organisation in die Lage versetzen, ihre Ziele zu beschreiben, die Schritte dorthin transparent zu machen, Ressourcen zu überprüfen und sinnvoll einzusetzen und auf diese Weise ihr Ziel zu erreichen" (Tietze & Viernickel, 2007, S. 12). Das Konstrukt Qualitätsmanagement beschreibt dabei vielfältige Konzepte, die in der Praxis zur Erfassung und Sicherung pädagogischer Qualität eingesetzt werden.

133. Laut Auskunft MA 10 – Wiener Kindergärten

Leitungskräften einer elementaren Bildungseinrichtung kommt eine zentrale Rolle in Bezug auf das Qualitätsmanagement zu. Ihr Handlungsspielraum ist im Spannungsfeld zwischen Erstrebenswertem und Machbarem angesiedelt. Erfolgreiches Qualitätsmanagement erfordert daher einen ganzheitlichen Blick auf eine Organisation und deren spezifische Rahmenbedingungen sowie deren materielle und personelle Ressourcen.

„Die gängigen Qualitätskonzepte vernachlässigten bislang kontextuelle Faktoren, deren Bedeutsamkeit ebenso belegt ist: den Führungsstil der Leitung, das Arbeitsklima in der Einrichtung, Vergütung und Arbeitsbedingungen des Fachpersonals, die Trägerschaft der Einrichtung, aber auch die angewendeten Finanzierungs- und Regulierungsmodalitäten." (BMFSFJ, 2003, S. 82)

Die im bundesländerübergreifenden BildungsRahmenPlan formulierten Prinzipien stellen die bildungsphilosophische und bildungspolitische Grundlage früher Bildung in österreichischen elementaren Bildungseinrichtungen dar. Sie stehen im engen Zusammenhang mit dem Bild vom Kind, dem Rollenverständnis der Fachkräfte und dem ganzheitlichen Konzept des BildungsRahmenPlans. Diese Prinzipien sollten sich im Führungsstil ebenso wie im Menschenbild der Leitung widerspiegeln und so die Entwicklung einer Einrichtungskultur und ein positives Arbeitsklima im Team unterstützen.

- Die Mitgestaltung der Konzeption durch das gesamte Team sowie die Mitwirkung am Qualitätsmanagement der Einrichtung entsprechen dem Prinzip Partizipation. Qualitätsziele und Maßnahmen zur Qualitätsentwicklung werden gemeinsam diskutiert und entwickelt. Dadurch werden die Motivation der Mitarbeiterinnen und Mitarbeiter, ihre Identifikation mit der Einrichtung und die Übernahme von Mitverantwortung gefördert.
- Das Team einer elementaren Bildungseinrichtung repräsentiert – ebenso wie die Kinder – die Vielfalt der Gesellschaft. Eine aufgeschlossene Leitungskraft bringt der Verschiedenartigkeit ihrer Mitarbeiterinnen und Mitarbeiter entsprechend dem Prinzip Diversität Wertschätzung entgegen und sieht dies als Ressource für das Qualitätsmanagement an. Empowerment als Handlungskonzept (CBI, 2009) bringt mit sich, dass die einzelnen Teammitglieder dabei gefördert werden, ihre individuellen Talente und Potenziale in die Bildungsarbeit einzubringen.
- Eine qualifizierte Leitungskraft agiert transparent nach innen und außen. Für Qualitätsentwicklungsprozesse bedeutet dies unter anderem, dass Zuständigkeiten für die Realisierung von Maßnahmen im Team abgesprochen und verbindlich vereinbart werden sowie dass Träger und Eltern über das Qualitätsmanagement informiert sind.

Darüber hinaus spielen Leiterinnen und Leiter eine wichtige Rolle bei der Förderung der beruflichen Entwicklung ihrer Mitarbeiterinnen und Mitarbeiter. „Leitungskräfte, die ihre Mitarbeiter zu Teamarbeit, Kommunikation sowie beruflicher Weiterbildung ermutigen, gewährleisten den Erhalt einer hohen Personalqualität." (OECD, 2006, zitiert nach OECD, 2012, S. 186).

3. Qualitätsentwicklung als zirkulärer Prozess

Kontinuierliche Veränderungen zur Verbesserung der Qualität innerhalb einer Organisation werden nicht als Technik oder Methode verstanden, sondern als ein nie abgeschlossener Prozess, in dem jedes erreichte Ziel einen Zwischenschritt und zugleich den Ausgangspunkt für einen neuerlichen Prozess der Qualitätsoptimierung darstellt. Im Folgenden werden exemplarische Modelle vorgestellt, die den zirkulären Charakter von Qualitätsentwicklung verdeutlichen und die für den elementarpädagogischen Bereich geeignet sind.

3.1. PDCA-Kreismodell für Organisationen

Für eine systematische Qualitätsentwicklung in elementaren Bildungseinrichtungen eignet sich das Kreismodell von Deming, welches auch PDCA-Zyklus genannt wird (vgl. Deming, 2008) und in unterschiedlichsten Organisationen zur Anwendung kommt. Die Idee der kontinuierlichen Verbesserung der Qualität wird in den immer wiederkehrenden aufeinanderfolgenden Phasen bzw. Aktivitäten sichtbar (Jonach, Wulz & Gramlinger, 2011; Kamiske, 2013):

- **Planen** (Plan): In der Planungsphase werden Maßnahmen zur Qualitätsverbesserung auf Grundlage des Ist-Standes überlegt. Basis in elementaren Bildungseinrichtungen sind dafür Situationsanalysen sowie situationsbezogene und systematische Beobachtungen. Kurz- und mittelfristig formulierte Ziele orientieren sich am Bildungsverständnis und an den Bildungsbereichen des BildungsRahmenPlans sowie am Leitbild und der Konzeption der Einrichtung.
- **Ausführen** (Do): Die geplanten Maßnahmen werden in der Organisation auf den jeweils betroffenen Ebenen bzw. in den jeweiligen Bereichen umgesetzt. Dabei werden z. B. Projektthemen, Angebote sowie Aktivitäten begründet ausgewählt oder Räumlichkeiten neu gestaltet.
- **Überprüfen** (Check): Die Maßnahmen zur Qualitätsverbesserung werden überprüft und evaluiert. Vorrangig sollte eine Selbstevaluation mit passenden Instrumenten durchgeführt werden; es besteht jedoch auch die Möglichkeit, die Organisation extern evaluieren zu lassen.
- **Anpassen** (Act): Die Ergebnisse der Check-Phase dienen als Grundlage für weitere qualitätsverbessernde Maßnahmen und zur Definition neuer strategischer und operativer Ziele. Maßnahmen wie Projekte, Interventionen, Fortbildungen oder räumliche Veränderungen werden auf ihre Wirksamkeit überprüft und dokumentiert. Das Verbesserungspotenzial der einzelnen Maßnahmen wird analysiert und ist handlungsleitend für das weitere Vorgehen.

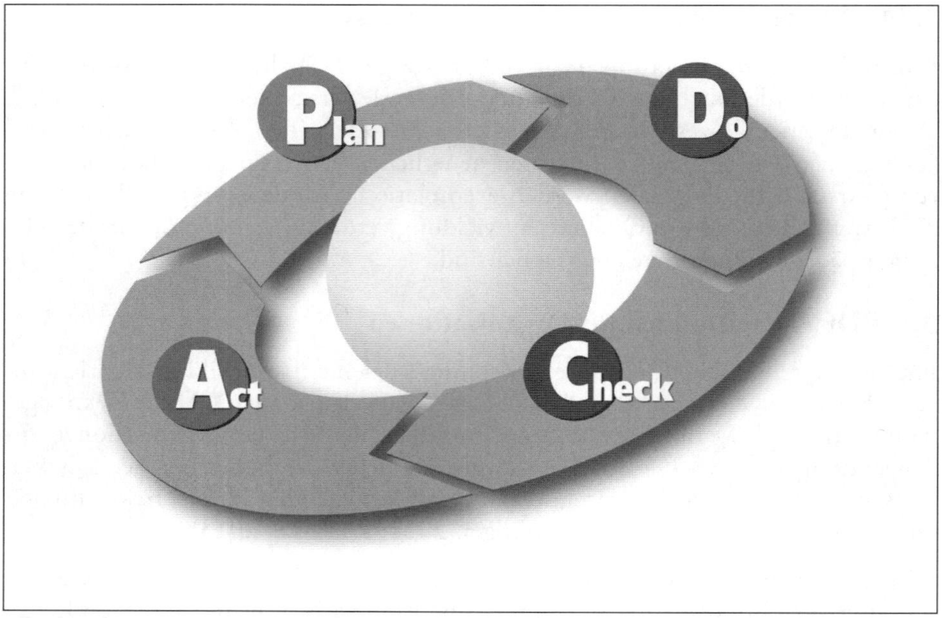

Abb. 1: PDCA-Kreis (Quelle: http://de.wikipedia.org/wiki/Demingkreis)

Ein systematisch erhobener Erfahrungsbericht mit dem Qualitätsmanagement nach dem PDCA-Regelkreis in Kindertageseinrichtungen in Rheinland-Pfalz ergab subjektiv wahrgenommene Verbesserungen pädagogischer Qualität. Die Mitarbeiterinnen und Mitarbeiter aus insgesamt 76 Einrichtungen nannten unter anderem eine verbesserte Dokumentation und Evaluation ihrer eigenen pädagogischen Arbeit bzw. deren Einfluss auf die Entwicklung der Kinder, höhere Arbeitszufriedenheit sowie ressourcenorientiertere Teamprozesse (Dreiner-Tönnies & Sevenich-Mattar, 2005).

3.2. Das Sieben-Schritte-Verfahren der Qualitätsentwicklung für elementare Bildungseinrichtungen

Das „Sieben-Schritte-Verfahren“ (Tietze et al, 2007) wurde gezielt für die Qualitätsentwicklung in elementaren Bildungseinrichtungen konzipiert. Die Abfolge der einzelnen Schritte gilt für jeden möglichen Entwicklungsprozess und ist unabhängig vom jeweiligen thematischen Schwerpunkt.

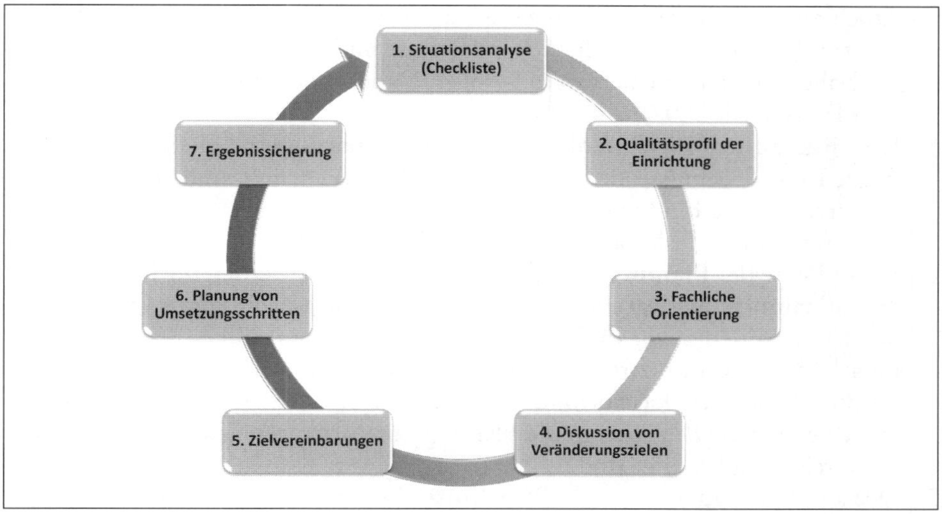

Abb. 2: Sieben-Schritte-Verfahren (Quelle: Tietze et al. (2007, S. 16))

1. Die **Situationsanalyse** stellt immer den ersten Schritt eines Entwicklungsprozesses dar und dient dazu, einen Überblick über zentrale Aspekte der pädagogischen Qualität zu gewinnen. Jedes Team sollte sich auf der Grundlage umfassender Informationen darüber verständigen, auf welche Art und Weise dieser Schritt erfolgen soll. Geeignet sind beispielsweise unterschiedliche Methoden der Selbstevaluation durch das pädagogische Team, aber auch eine externe Einschätzung der pädagogischen Qualität.
2. Als Ergebnis der Situationsanalyse ergibt sich das **Qualitätsprofil** einer Einrichtung, das aktuell sichtbare Stärken und Verbesserungspotenziale der Bildungsarbeit abbildet. Dieses Profil hat lediglich beschreibenden Charakter und ist die Grundlage für den fachlichen Diskurs im Einrichtungsteam. Dabei geht es unter anderem um unterschiedliche Bewertungen des Profils, um mögliche Erklärungsmuster für das Ergebnis der Standortbestimmung, aber auch um ein gemeinsames Verständnis hinsichtlich der Bedeutung pädagogischer Qualität.
3. Als **fachliche Orientierung** wird jene Phase bezeichnet, in der sich das Team „intensiv mit ausgewählten fachlichen Fragen beschäftigt; dies als gemeinsame Fortbildung versteht; mit dem Ziel, einen fachlichen Konsens über die anzustrebende Qualität herzustellen“ (Tietze et al, 2007, S. 40). Dabei kann beispielsweise die Auseinandersetzung mit Kriterienkatalogen oder zusätzlichen Fachpublikationen hilfreich sein, aber auch die Unterstützung durch externe Expertinnen und Experten.
4. An die fachliche Orientierung schließt die **Diskussion von Veränderungszielen** an. Das Team diskutiert nun konkrete Qualitätsbereiche, in denen Verbesserungen angestrebt werden und formuliert eigene Qualitätsziele. Um die Motivation des pädagogischen Teams und die Zufriedenheit mit der eigenen

Arbeit zu unterstützen, ist es wichtig, nicht nur Veränderungsziele zu definieren, sondern auch jene erfolgreichen Prozesse und Strukturen zu erkennen, deren hohe Qualität gesichert werden sollte. Dabei spricht man von Erhaltenszielen (Tietze et al, 2007).

5. Die diskutierten Ziele werden als **Zielvereinbarungen** festgehalten. Damit werden die Ergebnisse der fachlichen Diskussion fixiert und dokumentiert, wodurch ihre Verbindlichkeit hervorgehoben wird. In der Regel trägt die Einrichtungsleitung die Verantwortung für diesen Schritt.
6. In der Phase der **Planung von Umsetzungsschritten** werden im Team konkrete Maßnahmen überlegt und in der Folge auch umgesetzt, die zur Qualitätsverbesserung in den zuvor diskutierten Bereichen führen sollen. Diese Maßnahmen können von kurzfristigen strukturellen bzw. materiellen Veränderungen bis hin zu mehrteiligen Fortbildungsveranstaltungen reichen. Wichtig ist, dass jeweils genau die Personen in die Planung miteinbezogen sind, die auch an der Zielerreichung beteiligt sind.
7. Der abschließende Schritt der **Ergebnissicherung** ist zugleich wiederum Basis für den ersten Schritt in einem neuerlichen Kreislauf. Nun geht es darum, zu diskutieren, was sich durch die Qualitätsentwicklung verändert hat. Wurden die angestrebten Qualitätsziele tatsächlich erreicht? Welche Schwierigkeiten sind aufgetreten? Können Hindernisse beseitigt werden bzw. muss die ursprüngliche Planung verändert werden, sodass der Entwicklungsprozess voranschreiten kann? Diese und ähnliche Fragen verdeutlichen dem Team, dass Qualitätsentwicklung ein Prozess ist, der sich immer wieder verändert und kontinuierlich neu gedacht, reflektiert und gesteuert werden muss.

4. Innovative Methoden zur Qualitätsentwicklung – Good Practice-Beispiele in Österreich

Exemplarisch für die unterschiedlichen Konzepte von Qualitätsmanagement in elementaren Bildungseinrichtungen werden im Folgenden aktuelle Beispiele guter Praxis aus verschiedenen österreichischen Bundesländern vorgestellt.

4.1 Selbstevaluation als Ausgangspunkt für Qualitätsentwicklung

Selbstevaluation ist ein häufig verwendetes Mittel der Qualitätssicherung und -entwicklung, bei dem die Verantwortung für Optimierungsmaßnahmen weitgehend bei den handelnden Personen selbst bleibt. Selbstevaluation wird als zyklischer Prozess verstanden: Ausgehend von einer Feststellung des aktuellen Ist-Zustands werden Veränderungen eingeleitet, Ziele festgelegt sowie geeignete Vorgehensweisen und Methoden zur Weiterentwicklung ausgewählt. Das Ergebnis der Optimierungsmaßnahmen bildet wiederum die Basis für einen neuerlichen Zyklus (Hense, 2005). Bei der Selbstevaluation sind die „praxisgestaltenden Akteure […] identisch mit den evaluierenden Akteuren. […] Der Gegenstand der Evaluation ist dabei die eigene Praxis.“ (Deutsche Gesellschaft für Evaluation, 2004, S. 5-6). Diese

Praxisnähe der Evaluatorinnen und Evaluatoren sowie die unmittelbare Nutzung der Evaluationsergebnisse für Veränderungsprozesse sind entscheidende Vorteile von Selbstevaluation.

Organisationen wie elementare Bildungseinrichtungen können Selbstevaluation auch dazu nutzen, Entwicklungen und Erfolge ihrer Arbeit zu identifizieren und für die Öffentlichkeit transparent zu machen (Schröder & Kohle, 2007). Des Weiteren kann Selbstevaluation dazu beitragen, Kommunikationsprozesse und Arbeitsverläufe zu verbessern, da einheitliche Beobachtungskriterien festgelegt sind (Klawe, 2007). Damit ist Selbstevaluation ein wichtiges Mittel erfolgreichen Qualitätsmanagements.

Good Practice-Beispiel – Oberösterreich
Mit einem eigens entwickelten Instrument möchte das Team der pädagogischen Aufsicht über Kinderbetreuungseinrichtungen in Oberösterreich die zahlreichen Vorteile der Selbstevaluation für die schrittweise Qualitätsentwicklung in Krabbelstuben, Kindergärten und Horten nutzen. Das Selbstevaluierungsinstrument „Pädagogische Qualitätsmerkmale“ ist eng auf den bundesländerübergreifenden BildungsRahmenPlan bezogen und regt die Fachkräfte zur Reflexion und Bewertung relevanter Aspekte ihrer Bildungsarbeit an. Es zielt darauf ab, die Pädagoginnen und Pädagogen bei der Implementierung des BildungsRahmenPlans zu unterstützen und ihre Selbstwirksamkeit zu erhöhen. Die strukturierte Arbeit mit dem Selbstevaluierungsinstrument soll einerseits gelungene pädagogische Prozesse, die den Anforderungen des BildungsRahmenPlans entsprechen, aufzeigen. Andererseits werden mit Hilfe der Selbstevaluation jene Qualitätsmerkmale identifiziert, für die konkrete Ziele zur Verbesserung der pädagogischen Qualität formuliert sowie Maßnahmen zur Zielerreichung geplant werden sollten.

Die Implementierung dieses Instruments in den oberösterreichischen Kinderbetreuungseinrichtungen startete im Frühling 2013 im Rahmen einer Pilotphase, die vom Charlotte Bühler Institut wissenschaftlich begleitet wird.

4.2 Konsultationseinrichtungen: Praxis lernt von Praxis

Das Modell der Konsultationseinrichtungen wurde bzw. wird in mehreren deutschen Bundesländern, wie z. B. Sachsen, Bayern oder Brandenburg, bereits seit einigen Jahren erprobt und wissenschaftlich begleitet. In der Regel wurden Konsultationseinrichtungen vorrangig dazu eingerichtet, um die Implementierung des jeweiligen Bildungsplanes für den Elementarbereich zu unterstützen. Ziele des Modells sind es unter anderem, Zeit und Raum für den Dialog zwischen Fachkräften zu schaffen und Impulse zur Weiterentwicklung der pädagogischen Arbeit zu geben (Sächsisches Staatsministerium für Soziales, 2009). Konsultationseinrichtungen sind Einrichtungen, die einen Teilbereich ihrer Fachpraxis, in dem sie aufgrund von Qualitätsentwicklungsmaßnahmen erfolgreich sind, präsentieren und weitergeben wollen. Aufgrund ihrer Bereitschaft, sich dem fachlichen Austausch mit Kolleginnen und Kollegen zu stellen, können sie als „Stätten kollegialer

Qualifizierung" bezeichnet werden (Baltrusch, 2010, S. 27). Beispiele fachlicher Schwerpunkte können offene Arbeit, Waldkindergarten, Begabungsförderung, interkulturelle Pädagogik etc. sein.

Wichtiger Bestandteil des Modells ist die Qualifizierung der Teams in den Konsultationseinrichtungen nach „innen" und nach „außen" (Sächsisches Staatsministerium für Soziales, 2009):

- Die Qualifizierung nach „innen" erfolgt unter anderem durch Fortbildung für die teilnehmenden Teams, durch den organisierten Austausch untereinander – z. B. im Rahmen von regelmäßigen Leitungskräftetreffen – sowie durch bedarfsorientierte Beratung im Rahmen des Projekts.
- Nach „außen" werden die Teams unter anderem durch Unterstützung bei der Erarbeitung von Inhalten und erwachsenengerechten Methoden der Konsultationen sowie in Bezug auf die Öffentlichkeitsarbeit qualifiziert.

Die wissenschaftliche Begleitung des Projektzeitraums 2006-2009 in Sachsen zeigte eine außerordentlich hohe Zufriedenheit der Fachkräfte, die eine Konsultationseinrichtung besucht hatten. Als Gründe für die Zufriedenheit wurden vor allem der Erfahrungsaustausch, die Selbstbestätigung der eigenen Arbeit sowie Erfahrungen zur Umsetzbarkeit des Bildungsplans genannt. Die Mitarbeiterinnen und Mitarbeiter innerhalb der Konsultationseinrichtungen gaben an, dass sich das Projekt positiv auf die Arbeitsfähigkeit ihrer Teams ausgewirkt hatte und sie sich selbst nun als professioneller einschätzten (Sächsisches Staatsministerium für Soziales, 2009). Die Evaluierung der zweiten Projektphase zeigte ebenfalls ein überdurchschnittlich positives Ergebnis. Rund zwei Drittel der Besucherinnen und Besucher stimmten den Aussagen, dass die erfahrenen Inhalte nützlich und in der Praxis gut anwendbar seien und dass sie durch die Konsultationen motiviert worden seien, voll zu. Als häufigste Hinderungsgründe bei der Umsetzung wurden unzureichende Rahmenbedingungen genannt (Institut inform, 2012).

Good Practice-Beispiel – Steiermark

Das Team der Pädagogischen Qualitätsentwicklung des Landes Steiermark hat dieses innovative und dialogisch orientierte Modell übernommen und adaptiert. Entsprechend der Grundidee des Modells geht es auch in der Steiermark in erster Linie darum, pädagogische Teams bei der Implementierung des BildungsRahmenPlans zu unterstützen, der ein wichtiges Instrument zur Sicherung und Entwicklung pädagogischer Qualität darstellt. Die Konsultationseinrichtungen bieten die Möglichkeit, eine am BildungsRahmenPlan orientierte Praxis zu erleben und sich reflexiv mit den fachlichen Erfahrungen in den Konsultationseinrichtungen auseinanderzusetzen. Im Dialog mit Fachkolleginnen und -kollegen können Veränderungen der eigenen pädagogischen Praxis und damit Möglichkeiten der Qualitätsverbesserung erörtert werden.

Ab Herbst 2013 stehen vorwiegend Kinderkrippen im Raum Graz und Graz-Umgebung als Konsultationseinrichtungen mit unterschiedlichen inhaltlichen

Schwerpunkten zur Verfügung. Jede Konsultationseinrichtung präsentiert ihr Angebot mittels eines individuell gestalteten Folders. Die Teams dieser Einrichtungen wurden bei der Themenauswahl von den pädagogischen Fachberaterinnen des Landes Steiermark unterstützt. Zur Qualifizierung dienten ein mehrteiliges Fortbildungsangebot zu Präsentationstechniken und Moderation sowie ein viertägiges Training in der Anwendung der KRIPS-R (Krippen-Skala zur Feststellung und Unterstützung pädagogischer Qualität; Tietze, Bolz, Grenner, Schlecht & Wellner, 2005) durch das Charlotte Bühler Institut. Teams – Fachkräfte und Kinderbetreuerinnen/-betreuer – aus anderen Einrichtungen können sich zu einer Konsultation anmelden und erhalten ein Fortbildungsangebot bzw. einen fachlichen Austausch „aus der Praxis für die Praxis".

4.3 Dialogische Fortbildungen – eine Maßnahme zur Professionalisierung des gesamten Teams

Leitungskräfte tragen durch eine systematische Personalentwicklung zur beruflichen Weiterbildung der Mitarbeiterinnen und Mitarbeiter bei und sichern bzw. fördern durch Fortbildungspläne die Professionalität ihres Teams. Eine qualitativ hochwertige Möglichkeit der Fortbildung ist die Organisation von Veranstaltungen für das gesamte Team einer Einrichtung. Dieser Aspekt wird auch in der Kindergarten-Skala sowie in der Krippen-Skala als Maßnahme für ausgezeichnete Qualität beschrieben (Tietze et al, 2005).

Good Practice-Beispiel – Kirchliche Pädagogische Hochschule Wien/Krems
Im Format „Dialogische Fortbildung" der Kirchlichen Pädagogischen Hochschule Wien/Krems (KPH) wird dieser Gedanke bedürfnisorientierter Professionalisierung verwirklicht. Teams elementarer Bildungseinrichtungen bzw. standortübergreifend mehrerer Einrichtungen können maßgeschneiderte Veranstaltungen zu aktuellen Themen buchen. Besonders daran ist, dass die Fortbildung in der elementaren Bildungseinrichtung selbst stattfindet. Der Workflow ermöglicht eine äußerst kurzfristige Organisation einer solchen Fortbildung. Nachdem sich das Team auf ein Thema geeinigt hat, kann eine Referentin/ein Referent entweder von der Einrichtung genannt oder von der KPH empfohlen werden. Eine Vereinbarung zwischen der Einrichtung und der KPH dient als Grundlage der Kooperation.

Im Rahmen einer dialogischen Fortbildungsveranstaltung, an der das gesamte Team teilnimmt, kann sich durch die fachliche Auseinandersetzung mit dem Thema eine gemeinsame Lernkultur im Team entwickeln. Die Mitarbeiterinnen und Mitarbeiter eignen sich in ko-konstruktiver Weise neue Inhalte an und erweitern bzw. ergänzen dadurch ihr Fachwissen. Die gemeinsame Lernerfahrung unterstützt eine nachhaltige Qualitätsentwicklung in der Praxis.

Literaturverzeichnis

Baltrusch, C. (2010). Wie Praxis von Praxis lernt. Das Konzept der Konsultationskindertagesstätten. Kindergarten heute, 1, 26-30.

BMFSFJ Bundesministerium für Familie, Senioren, Frauen und Jugend (Hrsg.) (2003). Auf den Anfang kommt es an! Perspektiven zur Weiterentwicklung des Systems der Tageseinrichtungen für Kinder in Deutschland. Weinheim: Beltz.

CBI Charlotte Bühler Institut & PädQuis (2007). Dimensionen pädagogischer Qualität. Unveröffentlichter Forschungsbericht. Wien: Charlotte Bühler Institut.

CBI Charlotte Bühler Institut im Auftrag der Ämter der Landesregierungen der österreichischen Bundesländer, Magistrat der Stadt Wien & Bundesministerium für Unterricht, Kunst und Kultur (2009). Bundesländerübergreifender BildungsRahmenPlan für elementare Bildungseinrichtungen in Österreich. Wien: bmukk.

CQO Cost, Quality and Child Outcomes Study Team (1995). Cost, quality, and child outcomes in child care center, Public Report. Denver: University of Colorado at Denver, Economics Department.

Cryer, D., Tietze, W., Burchinal M. R., Leal, T., & Palacios, J. (1999). Predicting process quality from structural quality in preschool programs: A cross-country comparison. Early Childhood Research Quarterly, 14(3), 339-361.

Deming, W.E. (2008). Out of the Crisis. Cambridge/London: The MIT Press.

Deutsche Gesellschaft für Evaluation (2004). Empfehlungen zur Anwendung der Standards für Evaluation im Handlungsfeld der Selbstevaluation. Alfter: DeGEval.

Dreiner-Tönnies, B. & Sevenich-Mattar, U. (2005). AWO-Qualitätsmanagement in der Praxis. Der PDCA-Regelkreis in der Alltagsarbeit der Kindertageseinrichtungen. In A. Diller, H.-R. Leu & T. Rauschenbach (Hrsg.), Der Streit ums Gütesiegel. Qualitätskonzepte für Kindertageseinrichtungen (S. 197-208). München: Verlag Deutsches Jugendinstitut.

Fialka, V. (2011). Handbuch Bildungs- und Sozialmanagement in Kita und Kindergarten. Freiburg: Herder.

Hense, J.U. (2005). Selbstevaluation. Frankfurt am Main: Peter Lang.

Institut inform des Outlaw e.V. (2012). Bildung beginnt mit Neugier. Abschlussbericht der 2. Projektphase des Landesmodellprojektes Konsultationseinrichtungen, ein Unterstützungssystem für die pädagogische Praxis von Kindertageseinrichtungen. Dresden.

Jonach, M., Wulz, G. & Gramlinger, F. (2011). Qualitätsmanagement im berufsbildenden Schulwesen in Österreich. Der Qualitätsregelkreis als Kernelement der Qualitätsinitiative BerufsBildung (QIBB). Journal für Schulentwicklung, 15. Jg., 1, 42-47.

Kamiske, G.F. (Hrsg) (2013). Handbuch QM-Methoden. Die richtige Methode auswählen und erfolgreich umsetzen. München: Carl Hanser.

Klawe, W. (2007). Selbstevaluation als reflexive Praxis. In U.B. Schröder & C. Streblow (Hrsg.), Evaluation konkret. Fremd- und Selbstevaluationsansätze anhand von Beispielen aus Jugendarbeit und Schule (S. 107-122). Opladen & Framington Hills: Barbara Budrich.

OECD (2013). Starting Strong III. Eine Qualitäts-Toolbox für die frühkindliche Bildung, Betreuung und Erziehung. München: DJI.

Roux, S. (2006). Frühpädagogische Qualitätskonzepte. In L. Fried & S. Roux (Hrsg.) (2006), Pädagogik der frühen Kindheit. Handbuch und Nachschlagwerk. Weinheim: Beltz.

Sächsisches Staatsministerium für Soziales (2009). Abschlussbericht Modellprojekt „Konsultationseinrichtungen – ein Unterstützungssystem für die pädagogische Praxis von Kindertageseinrichtungen". Dresden.

Schäfer, Gerd E. (2008). Beruf Erzieherin – Rolle und Aufgaben müssen neu bestimmt werden. kindergarten heute, 4, 8-13.

Schröder, U.B. & Kohle, V. (2007). Evaluation – „Handwerkszeug" pädagogischer und sozialer Praxis. Ein Einstieg. In U.B. Schröder & C. Streblow (Hrsg.), Evaluation konkret. Fremd- und Selbstevaluationsansätze anhand von Beispielen aus Jugendarbeit und Schule (S. 13-33). Opladen & Framington Hills: Barbara Budrich.

Strehmel, P. (2006). Personalmanagement in Bildungs- und Betreuungseinrichtungen. Band 1: Psychologische Grundlagen. Studienbuch zum Bildungs- und Sozialmanagement. Remagen: ibus-Verlag.

Strehmel, P. (2008). Wovon hängt „gute Bildung" tatsächlich ab? Internationale Studien bestätigen Bekanntes und fordern Neues. Kindergarten heute, 1, 8-13.

Tietze, W. (Hrsg.) (1998). Wie gut sind unsere Kindergärten? Eine Untersuchung zur pädagogischen Qualität in deutschen Kindergärten. Neuwied: Luchterhand.

Tietze, W., Bolz, M., Grenner, K., Schlecht, D. & Wellner, B. (2005). Krippen-Skala (KRIPS-R). Berlin: Cornelsen Scriptor.

Tietze, W. (Hrsg.), Dittrich, I., Grenner, K., Groot-Wilken, B., Sommerfeld, V., Viernickel, S. & Hanisch, A. (2007). Pädagogische Qualität entwickeln. Berlin: Cornelsen Verlag Scriptor.

Tietze, W. & Viernickel, S. (Hrsg.) (2007). Pädagogische Qualität in Tageseinrichtungen für Kinder. Ein nationaler Kriterienkatalog. Weinheim: Beltz.

Tietze, W., Rossbach, H.-G. & Grenner, K. (2005). Kinder von 4 bis 8 Jahren. Zur Qualität der Erziehung und Bildung in Kindergarten, Grundschule und Familie. Weinheim: Beltz.

Tietze, W., Schuster, K.-M., Grenner, K. & Roßbach, H.-G. (2005). Kindergarten-Skala. Revidierte Fassung (KES-R). Berlin: Cornelsen Scriptor.

Viernickel, S. (2006). Qualitätskriterien und -standards im Bereich der frühkindlichen Bildung und Betreuung. Studienbuch 14 zum Bildungs- und Sozialmanagement. Remagen: ibus-Verlag.

8.3 Mit Qualitätsentwicklung kontinuierlich besser werden – Wie Führungskräfte elementarpädagogischer Einrichtungen diese Aufgabe erfolgreich managen

Lisa Kneidinger

1 Einleitung

Qualitätsmanagement ist ein umfassender Begriff und beschreibt im Allgemeinen eine Vielzahl einzelner Prozessen wie etwa die Feststellung bestehender Qualität, deren weitere Entwicklung und Möglichkeiten der Absicherung erzielter Fortschritte. Ziel des gesamten Qualitätsmanagementprozesses ist es, Produkte und Prozesse kontinuierlich zu verbessern. Im Bereich elementarpädagogischer Einrichtungen stehen selbstverständlich pädagogische Prozesse im Mittelpunkt des Qualitätsmanagements. Zahlreiche Aspekte liegen lt. Esch et al (2006) dem Anspruch, eine Verbesserung pädagogischer Qualität anzustreben, zu Grunde:

Während früher die Quantität des Angebots, also das Bereitstellen von genügend Betreuungsplätzen zeitweise wichtiger war als die Qualität des Angebots, stehen heute beide Aspekte mindestens gleichwertig nebeneinander bzw. rückt der qualitative Aspekt durch die gesellschaftliche Aufwertung der Elementarpädagogik zunehmend ins Zentrum. Eltern suchen nicht nur einen Platz für die Tagesbetreuung ihrer Kinder, sondern beispielsweise auch Unterstützung bei ihren Erziehungsaufgaben. Dies macht eine Erweiterung des Angebots über die Begleitung der kindlichen Bildungsprozesse hinaus hin zu aktiver Erziehungs- und Bildungspartnerschaft unweigerlich notwendig. Zusätzlich werden die in elementarpädagogischen Einrichtungen tätigen Erwachsenen und die anderen Kinder als ko-konstruktive Begleiter kindlicher Bildungsprozesse verstanden, was zu einer bewussteren und besonders aufmerksamen Gestaltung von Interaktionen zwischen der Pädagogin, dem Pädagogen und dem Kind führt. Weiters veranlasst die in manchen Regionen rückläufige Kinderzahl elementarpädagogische Einrichtungen immer öfter dazu, dem zunehmenden Konkurrenzdruck durch benachbarte Standorte durch ein eigenständiges Profil mit einem herausragenden Merkmal hochwertiger Qualität entgegen zu wirken. Eltern verstehen sich zudem stärker als Teil einer mündigen Gesellschaft und treffen selbstständige Entscheidungen bzgl. der Wahl einer Betreuungseinrichtung für ihr Kind, natürlich nur unter der Voraussetzung, dass sie aus einem breiten Angebot wählen können.

Im Zentrum des Qualitätsmanagements steht die Führungskraft der elementarpädagogischen Einrichtung – sie übernimmt in diesem komplexen Prozess eine zentrale Rolle: Beginnend mit dem Initiieren und Planen der Qualitätsentwicklung ist sie für die laufende Koordination und Steuerung sowie die Sicherung erzielter Fortschritte verantwortlich. Dabei muss sie den Überblick bewahren, denn sie hat mit unterschiedlichen, in die Qualitätsentwicklungsprozesse involvierten Personengruppen zu tun. Diese müssen in größtmöglicher Weise an diesen Prozessen beteiligt werden. Nicht nur die Vorstellungen, Bedürfnisse und Anliegen des jeweiligen Teams, auch die der Trägerorganisation und selbstverständlich die der Eltern und Kinder als die unmittelbaren Nutzerinnen und Nutzer sollen in diesen Prozessen berücksichtigt werden.

Gleichzeitig sind die Schritte und Abläufe des Qualitätsmanagements vielschichtig: Zahlreiche Veränderungsprozesse laufen gleichzeitig ab und führen zu Wechselwirkungen zwischen Individuen und Gruppen sowie ihrer Beziehungen, Wertestrukturen, Verhaltensweisen und Kommunikationsmuster.

Die zentrale Aufgabe der Führungskraft im Qualitätsentwicklungsprozess besteht daher darin, den Auftrag zur Qualitätsentwicklung und -sicherung sowie die damit verbundenen Prozesse systematisch, zielorientiert und durch Dokumentationen nachprüfbar zu gestalten (vgl. Tietze 2004). Die Führungskraft ist für eine ergebnisorientierte Steuerung der pädagogischen Qualitätsentwicklung (mit)verantwortlich. Sie muss Qualität immer als Geflecht der Bedürfnisse und Interessen aller Beteiligten (Kinder, Mitarbeiterinnen und Mitarbeiter, Eltern, Träger, Behörden) sehen sowie vorhandene Rahmenbedingungen (Kinderzahl, Raumangebot, finanzielle Ausstattung) berücksichtigen. Außerdem sind gesellschaftspolitischen Entwicklungen mit zu bedenken. Konkret bedeutet das für die Qualitätsentwicklung einer elementarpädagogischen Einrichtung, dass die einzelnen Schritte im Prozess und alle daraus abgeleiteten Ergebnisse mit allen Beteiligten ausgehandelt werden müssen.

Im Folgenden soll es darum gehen, die einzelnen Schritte im Qualitätsentwicklungsprozess, die damit verbundenen Aufgaben und die dafür erforderlichen Kompetenzen der Führungskraft darzustellen. Darüber hinaus wird die Methode des Qualitätszirkels als Unterstützungsmöglichkeit beschrieben. Im letzten Teil werden sowohl Schwierigkeiten, die beispielsweise durch Widerstände und Demotivationen der Beteiligten entstehen, als auch Möglichkeiten des konstruktiven Umgangs der Führungskraft damit thematisiert. Mit einem abschließenden Blick auf den erwartbaren Nutzen erfolgreichen Qualitätsmanagements auf verschiedene Bereiche der Elementarpädagogik werden die mit diesem Prozess verbundenen Chancen angeführt.

2 Schritte im Qualitätsmanagement-Prozess

Qualitätsmanagement ist ein zielgerichteter Steuerungsprozess und kann als Abfolge von einzelnen Phasen, beginnend mit dem Entwickeln einer Vision über das Leitbild und die pädagogische Konzeption hin zu definierten Qualitätsstandards verstanden werden. In jeder dieser Phasen ist das im Beitrag von Hajszan & Bäck (siehe Seite 585 ff. in diesem Band) beschriebene „Sieben-Schritte-Verfahren" (Tietze et al, 2007), das von der Situationsanalyse ausgehend den Weg zur Ergebnissicherung beschreibt, handlungsleitend.

Damit diese Prozesse im Sinne der Organisationsentwicklung systematisch und geplant erfolgen, ist vernetztes Denken und Planen auf Seiten der Führungskraft notwendig. Mit einem erfolgreichen Qualitätsmanagement als zielgerichtetem Steuerungsprozess wird nicht nur die Leistungsfähigkeit der Organisation insgesamt gesteigert, sondern auch die Leistungsfähigkeit jener, die an diesem Prozess beteiligt sind. Die Führungskraft hat in diesem Zusammenhang eine herausfordernde und verantwortungsvolle Aufgabe, die ihr gleichzeitig einen großen Gestaltungsspielraum verschafft. Voraussetzung dafür ist, dass sie Qualitätsentwicklung nicht als Selbstzweck versteht, sondern deren gesellschaftspolitische und wirtschaftliche Notwendigkeit erkennt.

In der ersten Phase des Qualitätsentwicklungsprozesses geht es darum, in einer schriftlichen Vision die angestrebte Qualität zu skizzieren, um darauf aufbauend die im Leitbild formulierten Qualitätsansprüche mit diesen Zukunftsvorstellungen abzugleichen bzw. in den Leitbild-Entwicklungsprozess einzusteigen.

Mit der Erarbeitung einer pädagogischen Konzeption – wiederum in Abstimmung mit der schriftlichen Vision und dem Leitbild – wird die pädagogische Qualität einer elementarpädagogischen Einrichtung bzgl. ihrer Struktur-, Orientierungs- und Prozessdimensionen sichtbar. Wenn daran anschließend ein bestimmtes Qualitätsentwicklungsverfahren ausgewählt wird, baut die Arbeit mit diesem auf die bisherigen Prozesse auf.

In jeder dieser Phasen hat die Führungskraft einer elementarpädagogischen Einrichtung bestimmte Aufgaben. Zur erfolgreichen Bearbeitung dieser Aufgaben sind spezifische Kompetenzen notwendig. Im Folgenden wird die Abfolge der oben erwähnten Phasen im Detail dargestellt, in Verbindung mit speziellen Aufgaben und Kompetenzen der Führungskraft.

3 Entwickeln einer Vision von hochwertiger Qualität

Eine Vision umfasst ein in der eigenen Vorstellung entworfenes Bild, das sich auf die Zukunft bezieht und insofern von großer Bedeutung ist, weil sie Denken und Emotionen gleichzeitig erfasst. Visionen als „Leitsterne" motivieren, das Angedachte zu realisieren und setzen dafür Energien frei. Sie wirken als „Metapher" inspirierend und vitalisierend (vgl. Graf & Spengler 2008). Allerdings sind Visionen wenig konkret und bleiben im Vagen. Dennoch beeinflussen sie, am Beginn dieses komplexen Prozesses formuliert, die Richtung der Qualitätsentwicklung und das weitere Vorgehen.

Die Führungskraft muss daher einerseits selbst eine Führungs-Vision mit zentralen Aussagen zur standortspezifischen Leitung entwickeln. Andererseits braucht auch das Team für den Prozess der Qualitätsentwicklung eine Vision, die beschreibt, wie das „Zukunftsbild", das durch Qualitätsentwickelung realisiert werden soll, aussieht.

Die Aufgaben der Führungskraft in diesem Teil des Qualitätsentwicklungsprozesses umfassen die Auseinandersetzung mit dem – von ihr gemeinsam mit dem Team – in ihren Gedanken entworfenen Zukunftsbild der elementarpädagogischen Einrichtung und dessen Verschriftlichung. Eine gemeinsam entworfene Vision stärkt das Gefühl der Verbundenheit im Team und skizziert die weitere Entwicklungsrichtung.

Zur Umsetzung dieser ersten Aufgaben benötigt die Führungskraft in erster Linie personale und soziale Kompetenzen wie etwa Motivationskompetenz, aber auch Risikobereitschaft. Sie muss zu visionärem Denken imstande sein und dabei das bisher Utopische und Unrealisierbare für möglich und machbar halten. Gleichzeitig muss sie künftige Ergebnisse gedanklich vorwegnehmen und zum Denken in Futur 2 in der Lage sein: Das Denken in Futur 2 wird bestimmt von der Vermutung, dass etwas bereits erreicht oder zu einem bestimmten Zeitpunkt abgeschlossen ist. Damit wird vieles, was im einfachen Futur als schwierig oder unmöglich zu realisieren erscheint, im Futur 2 attraktiv (vgl. Weltzer 2013).

3.1 Abgleichen der Inhalte der Vision mit den Werten und Grundsätzen des standort- oder trägereigenen Leitbilds

Damit die Wahrscheinlichkeit der Umsetzung der Vision steigt, ist es notwendig, die Inhalte der Vision mit den Werten und Grundsätzen des Leitbilds der elementarpädagogischen Einrichtung bzw. mit dem Trägerleitbild abzugleichen. In dem Fall, dass weder auf Trägerebene noch für die einzelne Einrichtung ein Leitbild aufliegt, ist in dieser Phase ein Leitbildentwicklungsprozess gemeinsam mit Mitarbeiterinnen und Mitarbeitern, dem Träger und den Eltern der Kinder einzuplanen.

Das Leitbild bestimmt als eine zusammenfassende Darstellung von Grundsätzen, Werthaltungen und Zielen einer Organisation deren Selbstverständnis und bietet einen Orientierungsrahmen für alle Beteiligten. Gleichzeitig unterstützt das Leitbild die Identifikation mit dem Unternehmen und bildet eine Grundlage für das tägliche Miteinander. „Über den Weg der Leitbilderarbeitung wird sich die Einrichtung ihrer selbst und damit ihrer Intentionen bewusst." (Hepting 2006, S.2). In den im Leitbild formulierten Grundsätzen kommen die Werthaltungen der Organisation zum Ausdruck, die impliziten Leitmotive einer Organisation werden explizit. Sie beschreiben, wie sich diese Organisation versteht und was für sie von Bedeutung ist bzw. wie diese Werthaltungen im Alltag umgesetzt werden. Mit dem Leitbild kann eine Organisation daher sowohl nach innen, als auch nach außen kommunizieren. Nach innen, indem das Leitbild Mitarbeiterinnen und Mitarbeitern mit den im Leitbild enthaltenen grundlegenden Aussagen Orientierung bietet und sie motiviert. Nach außen werden mit dem Leitbild die jeweiligen Besonderheiten der Organisation verdeutlicht (vgl. Graf & Spengler 2008).

Die an eine Führungskraft in dieser Phase gestellte Aufgabe umfasst entweder das Abgleichen der gemeinsam entworfenen Vision bzgl. hochwertiger Qualität mit dem vorhandenen Leitbild – falls bereits ein Leitbild aufliegt – bzw. die aufmerksame Begleitung des Prozesses zur Erarbeitung eines Leitbilds. Dieser Phase des Qualitätsentwicklungsprozesses ist von der Führungskraft ausreichend Aufmerksamkeit zu widmen, um optimale Voraussetzungen für den weiteren Qualitäts-Entwicklungsweg zu schaffen. „Alle Prozesse und weiteren Schritte der Qualitätsentwicklung beziehen sich auf das Leitbild." (Hepting 2006, S.2).

Dafür benötigt die Führungskraft vorrangig die Kompetenz zum Selbstmanagement und eine differenzierte Kommunikationskompetenz auf Sender- und Empfängerebene.

4 Er- oder Überarbeiten der pädagogischen Konzeption

Eine pädagogische Konzeption oder ein pädagogisches Konzept unterscheidet sich von der schriftlichen Vision und dem Leitbild dadurch, dass die „visionäre" Vorstellung einer wünschenswerten Zukunft bereits in konkrete Ziele umgesetzt und Mittel und Wege zur Realisierung skizziert werden (vgl. Graf & Spengler 2008). Gleichzeitig sind sowohl die schriftliche Vision als auch das Leitbild der Trägerorganisation bzw. das Leitbild der elementarpädagogischen Einrichtung wesentliche Grundlagen für die Konzeptionsentwicklung. Auch hier ist auf eine Übereinstimmung der Werte, Grundsätze und Inhalte zu achten.

Während das Leitbild als Orientierungshilfe für die grundsätzliche Planung herangezogen werden kann, ist die pädagogische Konzeption einerseits eine Verschriftlichung bereits gelebter pädagogischer Praxis und andererseits Teil der strategischen Planung. Sie konkretisiert die im Leitbild genannten Überzeugungen und Aussagen für die einzelnen Arbeitsbereiche. Eine pädagogische Konzeption enthält Ziele und Strategien und beschreibt nach der Darstellung der Ausgangslage in konkret formulierten Absichten die Richtung, in welche Veränderungen angestrebt werden. Gleichzeitig werden in der Konzeption auch Angaben darüber gemacht, wie und womit diese Veränderungen bewirkt werden.

Der Auftrag zu Konzeptionsentwicklung ist nicht nur eine Vorgabe zahlreicher Trägerorganisationen, sondern muss von der Führungskraft als eine zentrale Maßnahme zur Personal- und Organisationsentwicklung verstanden werden. Mit diesem Prozess sind Chancen zur Stärkung von Arbeitszufriedenheit und -motivation der Mitarbeiterinnen und Mitarbeiter verbunden. Darüber hinaus enthält Konzeptionserarbeitung ein großes Teamentwicklungs-Potential (vgl. Graf & Spengler 2008). Voraussetzung dafür ist es, die partizipativen und gruppendynamischen Elemente, die mit der Erarbeitung einer pädagogischen Konzeption verbunden sind, bewusst zu nutzen.

Die Führungskraft hat dabei die Aufgabe, den Prozess der Konzeptionserarbeitung anzustoßen, zu moderieren bzw. die Moderation durch Externe zu begleiten und insgesamt zu koordinieren. Dazu ist mehr als bei den vorangegangenen Prozessen der Visions- und Leitbildentwicklung ihre Motivations- und Konfliktkompetenz notwendig.

5 Auswahl eines Qualitätskonzepts

Die bisherigen Schritte (von der schriftlichen Vision zur Konzeption) haben den Weg der Qualitätsentwicklung vom Allgemeinen zum immer Konkretern aufgezeigt und dargestellt, wie mit dieser schrittweisen Präzisierung gleichzeitig eine größere Verbindlichkeit bzgl. der angestrebten Qualitätsverbesserung erzielt werden kann.

Qualitätsmanagement in einer Organisation hat aber nicht nur das Ziel, zur Verbesserung der Qualität an sich beizutragen, sondern muss insgesamt auf die Voraussetzungen für eine Qualitätssteigerung achten: Welche Abläufe und Teilaspekte in der Organisation können verbessert werden, damit es zu einer allgemeinen Qualitätssteigerung kommt? Mit dieser Betrachtungsweise rückt die gesamte Organisation in den Mittelpunkt des Qualitätsmanagements (vgl. Esch et al. 2006).

Daher ist der nächste Schritt, ein bestimmtes Qualitätskonzept auszuwählen und umzusetzen, notwendig und logisch. Der Qualitätsentwicklungsprozess darf nicht mit einer erarbeiteten pädagogischen Konzeption enden. Um eine Entscheidung für ein bestimmtes Qualitätskonzept zu treffen, müssen dessen jeweilige Charakteristika bekannt sein und berücksichtigt werden. Prinzipiell besteht die Wahl zwischen einem top-down-Ansatz (als Qualitätsentwicklung von oben) und dem bottom-up-Ansatz als Instrument zur Qualitätsentwicklung aus einem internen Qualitätsanspruch heraus (vgl. Esch et al. 2006). Beim top-down-Ansatz werden allgemeine Steuerungsverfahren mit der Möglichkeit zur (externen) Evaluation eingesetzt, beim bottom-up-Ansatz erfolgt die Qualitätsentwicklung aus dem Interesse der jeweiligen Einrichtung bzw. des Trägers und wird intern angewendet. Sie kann darüber hinaus zur Vorbereitung einer externen Evaluation dienen.

Die Vor- und Nachteile der beiden Evaluationsformen sind von der Führungskraft bei Entscheidungen für ein bestimmtes Qualitätskonzept zu berücksichtigen: Externe Evaluationen oder Fremdevaluationen bieten den Vorteil der Kontrolle. Sie zeigen außerdem durch die Außerperspektive Verbesserungspotentiale auf, die evt. im Alltag von Mitarbeiterinnen und Mitarbeitern nicht mehr erkannt werden. Selbstevaluation erhöht im Vergleich dazu durch das Reflektieren des eigenen Handelns und der beobachteten Ergebnisse die Sensibilität für das eigene professionelle Tun (vgl. Speck 2006). Gleichzeitig steigt die Arbeitszufriedenheit der Mitarbeiterinnen und Mitarbeiter, weil sich deren Gestaltungsspielräume erweitern. Wenn das Team beispielsweise für die Veränderung des im Zuge einer Stärken-Schwächen-Analyse festgestellten Verbesserungsbedarfs verantwortlich ist, steigt das Gefühl der Selbstwirksamkeit: Veränderungen können selbstständig initiiert und umgesetzt werden. Zusätzlich verbessert sich die Reflexionskompetenz aller Mitarbeiterinnen und Mitarbeiter.

Prinzipiell können vier Typen von Qualitätskonzepten (vgl. Esch et al 2006) abgeleitet werden, deren jeweilige Spezifika bei der Entscheidung für ein bestimmtes Qualitätskonzept ausschlaggebend sein können. Es ist allerdings auch möglich, gleichzeitig oder nacheinander mehrere Verfahren zur Qualitätsentwicklung einzusetzen.

Allgemeine Steuerungsverfahren oder Akkreditierungsverfahren geben allgemein anerkannte fachliche Standards vor, die als Mindeststandards formuliert sind. Sie bieten neben einer möglichen Verknüpfung mit der Betriebserlaubnis den einzelnen Einrichtungen als externe Anreize die Möglichkeit, aus diesen Vorgaben Verbesserungspotential abzuleiten. Ein weiterer Vorteil dieses Qualitätskonzepts liegt in der Transparenz dessen, was konkret von den einzelnen Beteiligten (von der jeweiligen Einrichtung, vom Einrichtungsträger bzw. von den politisch Verantwortlichen) zur Qualitätssicherung und -entwicklung zu leisten ist.

Bei *konzeptgebundenen Verfahren* werden spezifische pädagogische Konzepte mit dem Anspruch zur Qualitätsentwicklung verknüpft und bestimmte Qualitätskriterien vorgegeben. Damit kann die Umsetzung des jeweiligen pädagogischen Konzepts in der Praxis über die allgemeinen Qualitätsstandards hinaus sichergestellt werden.

Normierte und fachspezifische Organisationsentwicklungsverfahren dienen der internen Qualitätsentwicklung und setzen eine freiwillige Entscheidung der Beteiligten voraus. Charakteristisch bei fachspezifischen Verfahren sind dialogorientierte und partizipative Elemente – die gelebte Fachpraxis ist Ausgangspunkt für die Qualitätsentwicklung. Bei normierten Verfahren werden branchenübergreifende und anerkannte Methoden der Qualitätssicherung und -entwicklung (Esch et al. 2006) verwendet. Normierte Verfahren greifen auf Erprobtes zurück und sparen damit Zeit, die ansonsten in die Entwicklung eines individuellen komplexen Qualitätsmanagements fließen würde.

Im Auswahlprozess für ein bestimmtes Qualitätskonzept sollte die Führungskraft in Kooperation mit dem Träger folgende Aspekte berücksichtigen (vgl. Gerull 2006):

- Sind die Mitarbeiterinnen und Mitarbeiter in das gesamte Verfahren von der Definition der Qualitätskriterien bis hin zur Auswertung von Qualitätserhebungen einbezogen und steht dabei die Dialogorientierung der Qualitätsentwicklung im Mittelpunkt?
- Kann das Konzept im Alltag so eingesetzt werden, dass dies für die Mitarbeiterinnen und Mitarbeiter mit keinem erheblichen zeitlichen Mehraufwand verbunden ist?
- Wird ein flexibles, prozessorientiertes Vorgehen möglich und werden in diesen Entwicklungsprozess alle Qualitätsdimensionen einbezogen?

5.1 Aufgaben und notwendige Kompetenzen der Führungskraft

Die Führungskraft ist in diesem Teil des Qualitätsmanagements mehrfach gefordert, weil hier eine Kooperation mit allen, die am Qualitätsentwicklungsprozess auf dieser Stufe beteiligt sind, durchgängig notwendig ist. Als Grundhaltungen sind ein großes Interesse an pädagogischer Qualität und ihrer Weiterentwicklung sowie die ständige Suche nach Verbesserungsmöglichkeiten notwendig. Neben Kooperationsbereitschaft und Interesse an Qualität betrifft eine weitere Voraussetzung für das Gelingen die Auswahl eines bestimmten Qualitätskonzepts. „Generell ist es für den Erfolg eines Qualitätsentwicklungsvorhabens notwendig, die Wahl des Verfahrens an der Fragestellung und den strukturellen Gegebenheiten vor Ort auszurichten; die Kunst besteht darin, eine gelungene Verknüpfung zu schaffen, die einfach in den pädagogischen Alltag zu integrieren ist und durch die Beteiligten mitgesteuert werden kann.“ (Macsenaere 2006, S. 6)

Eine der notwendigen Kooperationsformen betrifft die Zusammenarbeit mit dem Träger: Es geht hier vorrangig um einen gemeinsamen, zwischen dem Träger und der Führungskraft der Einrichtung getroffenen grundsätzlichen Beschluss, dass ein Qualitätskonzept eingesetzt wird. Vereinbart und aufeinander abgestimmt werden ebenso die damit beabsichtigten Ziele, die Dauer des Prozesses sowie die geplanten Schritte (vgl. Tietze 2004).

Beim darauf folgenden Schritt, der Auswahl eines konkreten Qualitätsverfahrens, ist eine genaue Absprache bzgl. der Finanzierung und des voraussichtlichen Personal- und Ressourceneinsatzes während des gesamten Prozesses der Qualitätsentwicklung erforderlich. Das Umsetzen eines Qualitätskonzepts benötigt optimale Rahmenbedingungen wie Zeit und diverse weitere finanzielle Ressourcen und ist daher nur mit dem Einverständnis des Trägers möglich. Damit verbunden ist die Informations- und Berichtspflicht zwischen Träger und Führungskraft der Einrichtung.

Wenn der Anstoß zur Qualitätsentwicklung mittels eines bestimmten Qualitätskonzepts vom Träger selbst kommt, muss die Führungskraft das gewählte Konzept kennen und es bewerten können. Kriterien dafür sind unter anderem die Übereinstimmung des Qualitätskonzepts mit der Unternehmenskultur, die Praktikabilität in der Umsetzung, der Fokus auf eine dialogische Bearbeitung mit allen Beteiligten sowie der Anstoß zur Entwicklung einer Kultur des gemeinsamen Lernens. (vgl. Gerull 2006)

Neben der Zusammenarbeit mit dem Träger ist eine enge Kooperation mit dem Team erforderlich. Die Führungskraft ist anfangs gefordert, über Qualität und Qualitätsentwicklung prinzipiell zu informieren und ein Verständnis für Qualität zu schaffen. Dabei geht es um Antworten auf die Frage, in welchem Zusammenhang Pädagogik und Qualität stehen. In weiterer Folge muss sie zum Einsatz des gewählten Verfahrens motivieren und den Prozess in seinen Einzelschritten verständlich und nachvollziehbar darstellen. Damit erhöht sie die Akzeptanz und Transparenz und vermittelt durch geklärte Strukturen Orientierung und Sicherheit. Die Teammitglieder wissen, was von ihnen verlangt wird und in welchem Rahmen der Qualitätsentwicklungsprozess erfolgen wird.

Im nächsten Schritt geht es darum, den Entwicklungsprozess als Evaluationsregelkreis anzustoßen und dessen Umsetzung zu moderieren. Die Führungskraft initiiert und begleitet bzw. koordiniert die Schritte des Planens, des Umsetzens anhand eines überprüfbaren Maßnahmenplans, des Evaluierens zur Erfolgskontrolle und des Reflektierens. Dabei nutzt sie das Führungsinstrument des Delegierens, um sich selbst zu entlasten und natürlich die Beteiligung zu erhöhen sowie die Motivation der Mitarbeiterinnen und Mitarbeiter für den Qualitätsentwicklungsprozess zu stärken. Beim Delegieren muss sie darauf achten, wirkliche Verantwortungsbereiche zu übertragen und nicht nur einzelne Teilaufgaben. Zusätzlich müssen die übertragenen Aufgaben dem Kompetenzniveau der jeweiligen Mitarbeiterin, des jeweiligen Mitarbeiters entsprechen, sodass es weder zu Über- noch Unterforderung kommt.

Es hat sich als sinnvoll erwiesen, dass sich die am Qualitätsentwicklungsprozess Beteiligten bereits in der Startphase und fortlaufend während des gesamten Prozesses darüber verständigen, wie sie Begrifflichkeiten definieren und was sie unter bestimmten Fachbegriffen konkret verstehen.

Während des Qualitätsentwicklungsprozess auftretende Schwierigkeiten und Widerstände im Team müssen von der Führungskraft bearbeitet und in eine konstruktive Arbeitshaltung umgewandelt werden. Dazu sind vereinbarte Etappenziele hilfreich, um „alle Entscheidungen nach dem Prinzip der optimalen Qualitätsrealisierung zu treffen“ (Erath & Amberger 2000, S. 11). Gleichzeitig ist der Hinweis auf die in der Startphase vereinbarten Ziele bzw. Strategien und deren Verbindlichkeit hilfreich. Mitarbeiterinnen und Mitarbeitern sollen Qualitätsmanagement nicht als zusätzliche, zeitintensive Aufgabe, sondern als Unterstützung bei der Erledigung ihrer Aufgaben erleben.

Darüber hinaus muss die Führungskraft auch die Eltern der Kinder über das Vorhaben der Qualitätsentwicklung an sich und laufend über erzielte Ergebnisse informieren.

Die wichtigsten dafür erforderlichen Kompetenzen umfassen fachlich-inhaltliche Kompetenzen, die Kompetenz zum Delegieren, Moderationskompetenz sowie Teamführungskompetenzen.

6 Der Qualitätszirkel als Möglichkeit zur Partizipation im Qualitätsentwicklungsprozess

Der Qualitätsentwicklungsprozess gelingt umso besser, je mehr die daran Beteiligten eingebunden werden. Die Hauptbeteiligten sind in jedem Fall die Mitarbeiterinnen und Mitarbeiter der elementarpädagogischen Einrichtungen. Daher ist es wichtig, dass die Führungskraft das Prinzip der Partizipation ernst nimmt und Möglichkeiten zum Partizipieren in diesem komplexen Prozess schafft.

Qualitätszirkel als moderierte Qualitätskreise bieten in diesem Zusammenhang eine ideale Partizipationsmöglichkeit für Teammitglieder, weil sie in den kontinuierlichen Verbesserungsprozess im Sinne des Qualitätsmanagements aktiv eingebunden werden. Die Arbeit in Qualitätszirkeln erfolgt auf der Grundlage von gemeinsam erstellten Ursachenanalysen für erkannte Probleme und der kreativen Suche nach Veränderungsmöglichkeiten. Grundlage dafür sind professionsspezifische Erfahrungen – das macht eine multiprofessionelle Zusammensetzung von Qualitätszirkeln notwendig. Die Teilnehmerinnen und Teilnehmer der Qualitätszirkel treffen einander in regelmäßigen Abständen, was Kontinuität gewährleistet: Sie arbeiten an vorab festgelegten Zielen, evaluieren deren Umsetzung und leiten daraus die weiteren Schritte ab. Es hat sich als sinnvoll erwiesen, diese Treffen nicht extra anzusetzen, sondern bereits vereinbarte Besprechungszeiten dafür zu nutzen.

Die Führungskraft hat durch das Implementieren von Qualitätszirkeln die Chance, die elementarpädagogische Einrichtung gesamt als lernende Organisation mit einer ausreichend entwickelten Fehlerkultur zu positionieren: Das Team versteht sich als Gruppe mit einem gemeinsamen Interesse, dem der Qualitätsverbesserung, und arbeitet mit ihrer spezifischen Kompetenz an einem in der Gruppe definierten Ziel. In diesem lernenden Dialog bringt jedes Teammitglied seine Erfahrungen und Perspektiven in den Lernprozess ein, tauscht mit anderen Informationen aus und kooperiert. Fehler – entdeckt beispielsweise in der Überprüfungsphase des PDCA-Kreises (siehe Beitrag von Hajszan & Bäck in diesem Band) – werden als Lerngelegenheiten verstanden und korrigiert. Damit verändert sich der Umgang mit Fehlern im Alltag – Fehler werden nicht versteckt oder verschwiegen, sondern sind eine Chance zur Innovation und Weiterentwicklung. Die aus korrigierten Fehlern gewonnen Erkenntnisse sind wiederum Basis für die Phase weiterer Planungen im Regelkreis. Eine wesentliche Voraussetzung für die Entwicklung einer Fehlerkultur im Team ist gegenseitige Wertschätzung und Akzeptanz.

7 Umgang mit Widerständen und Demotivationen

Bei der Bewältigung komplexer Aufgaben – wie das bei einem Qualitätsentwicklungsprozess der Fall ist – sind Widerstände und Demotivationen nicht ungewöhnlich. Die Führungskraft hat im Umgang mit Verhaltensweisen wie beispielsweise einem reduzierten Engagement einzelner Mitarbeiterinnen und Mitarbeiter eine verantwortungsvolle Aufgabe: Damit sie auf ein Verhalten dieser Art wirksam reagieren kann, muss sie die in gezeigten Widerständen enthaltenen Informationen wahrnehmen und mögliche Hintergründe erkennen.

Jeder Widerstand hat als psychologisches Phänomen für die Person, die ihn zeigt, prinzipiell eine schützende Funktion. Durch Widerstände kann Veränderung blockiert und Bestehendes bzw. bisher Praktiziertes bewahrt werden. Gleichzeitig verhindern Widerstände aber die Zielerreichung aller am Prozess Beteiligten. Daher muss die Führungskraft die in den hemmenden Impulsen verborgene Botschaft ernst nehmen sowie die bisher im Qualitätsentwicklungsprozess gesetzten Schritte reflektieren und gegebenenfalls korrigieren.

Widerstände können vielfältige Ursachen haben. Sie können zum Einen in der Person, die Widerstand leistet, begründet sein. Möglicherweise hat diese Angst vor Misserfolg und schützt sich durch Verweigerung vor frustrierenden Erfahrungen (vgl. Meier 2007). Die Führungskraft muss hier die grundsätzlich hohe Motivation dieser Person für eine positive Aufgabenbewältigung erkennen und deren hohes Anspruchsniveau für den Qualitätsentwicklungsprozess nutzen. Widerstände können laut Meier (2007) auch durch mangelnde Informationen, unklare Ziele und unzureichendes Wissen entstehen. Hier kann die Führungskraft durch eine Informationsinitiative für das gesamte Team diesem Defizit entgegenwirken.

Wenn die Ursache für den Widerstand allerdings in der Rigidität Einzelner aufgrund geringer Flexibilität und einer zu negativen Einstellung gegenüber Veränderungen liegt (vgl. Meier 2007), ist es notwendig, in Einzelgesprächen darauf zu reagieren.

Demotivationen bei Mitarbeiterinnen und Mitarbeiterin können auch dann entstehen, wenn das Team zur Qualitätsentwicklung mittels eines bestimmten Qualitätskonzepts vom Träger verpflichtet wird. In diesem Fall ist der Nutzen der Qualitätsentwicklung für das Team evt. nicht erkennbar oder nachvollziehbar. Die Führungskraft muss den Sinn der Qualitätsentwicklung und dessen Bedeutung zum Thema machen und die Mitarbeiterinnen und Mitarbeiter aktivieren, sich am Prozess zu beteiligen.

Obwohl zahlreiche Ursachen für Widerstände bei einzelnen Mitarbeiterinnen und Mitarbeitern liegen können, darf die Situation, in der das störende Verhalten auftritt, nicht vernachlässigt werden. (vgl. Meier 2007). Eine Person kann auch deswegen Widerstand zeigen, weil für sie die von der Moderatorin des Qualitätsentwicklungsprozesses, also meist von der Führungskraft selbst, gewählten Methoden oder Inhalte nicht passen. Hier ist ein Methodenwechsel bzw. eine Diskussion über die Vorgangsweise notwendig.

Im gesamten Qualitätsentwicklungsprozess hat die Führungskraft darauf zu achten, ihre Vorbildfunktion bzgl. eines engagierten Verhaltens wahrzunehmen. Darüber hinaus muss sie eine starke Beteiligung ihrer Mitarbeiterinnen und Mitarbeiter im Sinne der Partizipation anstreben und ihrem Team kontinuierlich Teilerfolge ermöglichen, die für die unmittelbar Beteiligten wie auch für Außerstehende sichtbar sind.

Widerstände bei Qualitätsentwicklungsprozessen signalisieren möglicherweise die Sorge einzelner Mitarbeiterinnen und Mitarbeiter, die Möglichkeit zur individuellen Gestaltung pädagogische Prozesse zu verlieren. Sie vermuten, dass mit klar definierten und für das gesamte Team verpflichtenden Qualitätsstandards eine Vereinheitlichung der Pädagogik angestrebt wird und erleben dies als Einschränkung. In diesem Fall ist eine nochmalige Diskussion im Team über den Sinn der Qualitätsentwicklung und deren Bedeutung notwendig. Manchmal unterstützen provokative Fragen (vgl. Speck 2006), wie die unten angeführten, den Umdenkprozess:

Wie verhindern Sie, dass in Ihrer Einrichtung umgelernt wird? Wie stellen Sie sicher, dass alles so bleibt, wie es ist?

Wie verhindern Sie die Entdeckung von Fehlern? Welche Strategien werden dazu in Ihrem Kollegium erfolgreich angewandt?

Wie verzögern Sie Entscheidungen am besten?

Wie gelingt es immer wieder, die Umsetzung von Absprachen zu unterlaufen?

Was tun Sie, um Ideen – die schließlich „Arbeit machen" könnten – abzuwehren?

8 Erwartbarer Nutzen von Qualitätsmanagement

Qualitätsentwicklungsprozesse bewirken zahlreiche Veränderungen, die die Strukturqualität, die Prozess- und die Orientierungsqualität sowie selbstverständlich die Ergebnisqualität einer elementarpädagogischen Einrichtung betreffen.

Auf der Ebene der Mitarbeiterinnen und Mitarbeiter dient Qualitätsentwicklung der kontinuierlichen Qualifizierung und Professionalisierung. So wird beispielsweise jedes Teammitglied „zum Selbst-Assessment und zur Selbstevaluation vor Ort in der jeweiligen Einrichtung" befähigt (vgl. Rebbe 2006, S.5). Pädagogische Prozesse werden von den im Team tätigen Pädagoginnen und Pädagogen nicht mehr ausschließlich aufgrund individuell entwickelter Kriterien – basierend auf Erfahrungen aus der eigenen Praxis – reflektiert und überprüft. Anstatt dessen schafft ein gemeinsam erarbeiteter Katalog mit Qualitätsstandards die Grundlage der Evaluation. Dazu können beispielsweise die in den Standards zu den einzelnen Qualitätsbereichen definierten Ziele und Indikatoren herangezogen werden. Bedeutungen von Begriffen werden präzisiert und verbindliche Maßstäbe festgelegt, was eine fortlaufend strukturierte Selbstbeobachtung ermöglicht.

Im Vergleich zur internen Evaluation liegt der Nutzen für Mitarbeiterinnen und Mitarbeiter bei externer Evaluation im Zeitgewinn, weil die Feststellung vorhandener Qualität sowie die Auflistung notwendiger Verbesserungspunkte durch Außenstehende erfolgt.

Auf der Ebene des Teams bewirkt Qualitätsentwicklung organisationales Lernen. Wenn dieses Lernen durch Supervision und Weiterbildung ergänzt wird, stärkt das die Lernfähigkeit der gesamten Organisation und verbessert deren Selbststeuerungspotential.

Ein weiterer Nutzen der Qualitätsentwicklung liegt in der dadurch ermöglichten Vergleichbarkeit, wenn dies auch nur mit Einschränkungen der Fall sein kann. Sowohl in der Einrichtung selbst können mit definierten Qualitätsstandards Vergleiche zwischen der in den einzelnen Gruppen gestalteten Pädagogik angestellt werden, als auch zwischen verschiedenen Einrichtungen. Wenn beispielsweise ein bestimmtes Qualitätskonzepts von mehreren Einrichtungen eingesetzt wird, sind auch Vergleiche zwischen diesen (bedingt) möglich. Ein Grund für die eingeschränkte Vergleichbarkeit besteht in den unterschiedlichen Rahmenbedingungen einzelner Einrichtungen.

Der wesentlichste Nutzen des Qualitätsmanagements, der über die einzelne Einrichtung hinaus geht, liegt in der Aufwertung der Elementarpädagogik gesamt: Elementarpädagogische Arbeit kann mit konsequent praktiziertem Qualitätsmanagement begründet und legitimiert werden. Dies ist in sozialpolitischer Hinsicht ein nicht zu vernachlässigender Vorteil.

9 Resümee

Die hier dargestellten Prozesse des Entwickelns, Bewertens und Sicherns pädagogischer Qualität stellen zweifellos hohe Ansprüche an die Managementfähigkeiten einer Führungskraft. Trotz dieser Herausforderungen wird unter anderem von Speck (2006, S.3) betont, dass Qualitätsentwicklung notwendig und sinnvoll ist:

„Die organisierte Entwicklung pädagogischer Qualität ist aus fachlicher und ethischer Sicht eine notwendige Aufgabe jeder Einrichtung. Sie beinhaltet einen Komplex aus Strukturen, Maßnahmen und Verantwortlichkeiten, die darauf gerichtet sind, sich zu vergewissern und organisational zu lernen, dass in einer Einrichtung diejenigen Werte umgesetzt werden, die dem Sinn und Zweck der Einrichtung entsprechen (…).“

Die Führungskraft hat im Rahmen der Qualitätsentwicklung als Teil des Qualitätsmanagements eine zentrale Rolle, weil sie diese Prozesse initiiert und steuert. Eine wesentliche Voraussetzung für das Gelingen der Qualitätsentwicklung liegt im Verantwortungsbewusstsein aller Beteiligten: Die Auseinandersetzung mit Qualität muss als ein selbstgestellter Auftrag verstanden und pädagogische Qualität von den Fachkräften selbst bewertet, gesichert und kontrolliert werden können. Damit die Prozesse der Qualitätsentwicklung die eingesetzten Ressourcen rechtfertigen, ist es wichtig, die Vorgangsweise an der zu Beginn formulierten Fragestellung bzw. der jeweiligen Zielsetzung sowie den strukturellen Gegebenheiten vor Ort anzupassen. Gleichzeitig ist es wichtig, alle Prozesse des Qualitätsmanagements in den pädagogischen Alltag zu integrieren und darauf zu achten, dass sie von den Beteiligten mitgesteuert werden können (vgl. Macsenaere 2006).

Im Rahmen des Qualitätsmanagements ist allerdings zu bedenken, dass der Versuch, pädagogisches Handeln zu standardisieren, sodass es überprüfbar und vorhersagbar wird, an Grenzen stößt. Es ist nicht immer möglich ist, Pädagogik zu standardisieren und zu messen (vgl. Speck 2006). Trotz dieser Einschränkung stehen im Zentrum der Auseinandersetzung mit pädagogischer Qualität meistens die selbst formulierten bzw. die beim Einsatz eines Messinstruments verwendeten Indikatoren. Indikatoren sorgen dafür, dass Qualität „wieder erkannt“ und überprüft werden kann. Ein schriftlich dokumentierter Vergleich zwischen der in den Indikatoren definierten „zu erreichenden Qualität“ und den tatsächlich beobachtbaren Ausprägungen der Qualität vor Ort macht für viele Fachkräfte Verbesserungspotentiale sichtbar. Daher ist der bewusste Umgang mit Indikatoren durch die Führungskraft anzuregen und zu begleiten.

Die Führungskraft ist im Rahmen des Qualitätsmanagements für eine Vielzahl von Aufgaben verantwortlich: Sie muss die Entwicklung von Qualität initiieren und die Umsetzung der geplanten Schritte durch geeignete Maßnahmen lenken. Basis dafür sind die von den Betroffenen ausgehandelten Ziele. Weiters muss sie die erreichte Qualität mit zweckmäßigen Vorkehrungen absichern, damit sie zuverlässig auf dem versprochenen Niveau gewährleistet wird. Letztlich muss sie den Stand der Umsetzung dieser Maßnahmen regelmäßig im Sinne einer möglichst „objektiven" Beurteilung evaluieren und die einzelnen Schritte dokumentieren (vgl. Gerull 2006).

Damit Qualitätsmanagement gelingt, sind wie in diesem Beitrag dargestellt, unter anderem zwei Voraussetzungen zentral: Die Führungskraft muss sich der Komplexität dieser Aufgabe bewusst sein und gleichzeitig eine hohe Motivation besitzen, um diesen Weg konsequent und zielorientiert zu beschreiten.

Literaturverzeichnis

Erath, Peter; Amberger, Claudia (2000). Das KitaManagementKonzept. Kindertagesstätten auf dem Weg zur optimalen Qualität. Freiburg: Herder.

Esch, Karin; Klaudy, Elke Katharina; Micheel, Brigitte; Stöbe-Blossey, Sybille (2006). Qualitätskonzepte in der Kindertagesbetreuung. Ein Überblick. Wiesbaden: VS Verlag für Sozialwissenschaften.

Gerull, Peter (2006). Qualitätsmanagement: Schnelleinstieg mit Augenmaß. In Hildegard Rieder-Aigner (Hrsg.), Zukunfts-Handbuch-Kindertageseinrichtungen. Regensburg: Walhalla-Fachverlag.

Graf, Pedro; Maria Spengler (2008). Leitbild- und Konzeptentwicklung. Bobingen: ZIEL – Zentrum für interdisziplinäres erfahrungsorientiertes Lernen GmbH.

Hepting, Sigrid (2006). Leitung und Qualitätsentwicklung – ein Erfahrungsbericht. In Hildegard Rieder-Aigner (Hrsg.), Zukunfts-Handbuch-Kindertageseinrichtungen. Regensburg: Walhalla-Fachverlag.

Macsenaere, Michael (2006). Qualitätsentwicklung durch leistbare Dokumentation. In Hildegard Rieder-Aigner (Hrsg.), Zukunfts-Handbuch-Kindertageseinrichtungen. Regensburg: Walhalla-Fachverlag.

Meier, Rolf (2007). Das Einzige, was stört, sind die Teilnehmer. Offenbach: GABAL

Rebbe, Friedrich-Wilhelm (2006). Qualitätsentwicklung nach dem EFQM-Modell. In Hildegard Rieder-Aigner (Hrsg.), Zukunfts-Handbuch-Kindertageseinrichtungen. Regensburg: Walhalla-Fachverlag.

Speck, Otto (2006). Ökonomisierung sozialer Qualität. Ein beunruhigender Aspekt der Qualitätsentwicklung. In Hildegard Rieder-Aigner (Hrsg.), Zukunfts-Handbuch-Kindertageseinrichtungen. Regensburg: Walhalla-Fachverlag.

Tietze, Wolfgang (2004). (Hrsg.) Pädagogische Qualität entwickeln. Weinheim: Beltz.

Tietze, Wolfgang; Viernickel, Susanne (Hrsg.). (2007). Pädagogische Qualität in Tageseinrichtungen für Kinder. Ein nationaler Kriterienkatalog. Weinheim: Beltz.

Weltzer, Harald (2013). Selbst denken. Frankfurt: S. Fischer Verlag.

8.4 Wie kommt die Konzeption in den Kindergarten? Was sind förderliche Bedingungen für die Implementierung der pädagogischen Konzeption?

Reingard Weissensteiner

Die Bildungsforschung in der Elementarpädagogik ist bis heute ein eher vernachlässigtes Feld. Ein Grund dafür dürfte die geringe Verankerung vorschulischer Bildung an den Universitäten sein. Die Debatte um pädagogische Ansätze wird vorwiegend als Konzeptdebatte geführt, Studien über die konkrete Umsetzung der Konzepte, ebenso solche zu den Effekten bei Kindern, fehlen weitgehend. Aus diesem Anlass heraus beschäftigt sich der Beitrag mit der Bedeutung der Konzeption für die Weiterentwicklung der Qualität der Arbeit in Kinderbildungs- und Betreuungseinrichtungen und gibt Aufschluss darüber, wie die konkrete Umsetzung in der Praxis gelingen kann.

1 Einführung

Kinderbildungs- und Betreuungseinrichtungen sind soziale Räume, die in komplexe gesellschaftliche Zusammenhänge und kulturelle Kontexte eingebettet sind. Dabei kann jede Funktion nur unter Berücksichtigung der übrigen Funktionen erfüllt werden. Es macht keinen Sinn, eine Aufgabe der Kinderbetreuungseinrichtung herauszugreifen und als die „wichtigste" zu erklären. Jede Aufgabe, jede Leistung steht wieder in einem Zusammenhang zum gesamten System (Honig, 2004 und Honig, 2003, S. 113).

Der Alltag in einer Kinderbildungs- und Betreuungseinrichtung ist strukturierter Alltag. Dabei ist es Ziel, möglichst optimale Bedingungen für die pädagogische Arbeit zu schaffen und zu sichern. Die Erziehenden setzen für die Bewältigung dieser Betreuungs- und Bildungsarbeit ihr im Lauf der Tätigkeit erworbenes Können, basierend auf wissenschaftlichen Erkenntnissen und fachspezifischem Wissen aus Aus- und Fortbildungen, subjektiv gewonnenem Erfahrungswissen und einer geübten Praxis, ein.

Neben diesem Wissen ist die Fähigkeit der Einfühlung in das Kind, ein Verstehen seiner Ausdrucksformen und Handlungen der entscheidende Faktor in der pädagogischen Arbeit. Das bewusste Wahrnehmen des Kindes und seiner Bedürfnisse und eine feinfühlige Begleitung sind Wesensmerkmale einer tragfähigen Beziehung ohne die Erziehung nicht möglich ist. Über das Wachsen des gegenseitigen Vertrauens wird eine anregende Lernkultur geschaffen. So ereignet sich die Betreuung und Bildung im gemeinsamen Lern- und Lebensraum im konkreten Miteinander.

Die Erziehungsarbeit wird innerhalb definierter Abläufe und Regeln geleistet, die wiederum entscheidend auf die Erziehungsprozesse einwirken. Dabei bleibt für die pädagogischen Fachkräfte ein persönlicher Handlungsspielraum für die Umsetzung der konkreten Arbeit im Alltag.

Die Kinderbetreuungseinrichtung ist aber auch eingebettet in ein politisch geprägtes Feld, in dem Ansprüche unterschiedlicher Interessensgruppen wirksam werden. Gesetze und darin zum Ausdruck kommende gesellschaftliche Werte und Normen definieren den Betreuungs- und Bildungsauftrag. Teilweise divergierende Bildungs- und Erziehungstheorien, unterschiedliche Denk- und Handlungsanleitung die unter anderem in Bildungs- und Erziehungsplänen festgelegt werden, geben Auskunft über Bildungsstandards. Politische Vorstellungen und Ansprüche weiterer gesellschaftlicher Akteure (z. B. Wirtschaft, Tourismus, Handel) formulieren Erwartungen in Hinblick auf z. B. Öffnungszeiten und Betreuungsdauer, wobei die Vereinbarkeit von Familie und Beruf sicherzustellen, die Öffnungszeiten auf die Bedürfnisse der Eltern abzustimmen und Alleinerziehenden eine Berufstätigkeit zu ermöglichen ist.

Die Ansprüche der Eltern zielen wiederum auf Öffnungszeiten, Kosten der Betreuung, Ferienöffnung und in unterschiedlichem Ausmaß werden auch Erziehungs- und Bildungsziele formuliert und entsprechende Ergebnisse erwartet. Aus Sicht der Erhalter und somit der Betriebsführer sollen die Leistungen der Einrichtung finanzierbar sein. In zunehmendem Maß geben Erhalter durch das Formulieren von Leitbildern Anstöße zur Orientierungsqualität in den Einrichtungen.

Diese komplexen Zusammenhänge und die sich daraus ableitenden unterschiedlichen, sich unter Umständen sogar widersprechenden Vorstellungen und Erwartungen bedingen für die pädagogischen Einrichtungen die Notwendigkeit der Orientierung und öffnen den Blick auf folgende Fragen:

Welche Werte sollen die Arbeit in der Einrichtung leiten?

Welches Bild vom Kind liegt dem Erziehungskonzept zugrunde?

Was bedeutet der Aspekt der Erfüllung einer Dienstleistung und mit welchen Verpflichtungen ist diese verbunden?

Wie können die unterschiedlichen Anforderungen erfüllt und welches Ziel soll letztendlich erreicht werden?

Wie können Eltern in ihrer Rolle als Erziehungspartner gesehen, eingebunden und wie deren Erwartungen und Forderungen wertschätzend begegnet werden?

Wie ist eine durchgängige, nachvollziehbare und verlässliche Qualität in Kinderbildungs- und Betreuungseinrichtungen zu erreichen?

All diese Fragen laden ein, Antworten zu suchen und diese sichtbar und verstehbar zu machen. Dieser Prozess des Sichtbarmachens des Denkens und des Niederschreibens dessen, was in der Einrichtung wichtig ist, ist der erste Schritt zur Entwicklung und Erstellung von pädagogischen Konzeptionen.

2 Pädagogische Konzeption

2.1 Pädagogische Konzeption am Beispiel Tirol

Ein Konzept ist ein Entwurf, in dem Ideen und Handlungsanleitungen festgehalten werden. Im Gegensatz dazu ist eine pädagogische Konzeption weder vorläufig noch handelt es sich um einen Entwurf. In einer pädagogischen Konzeption werden alle für die betreffende Einrichtung relevanten Bereiche diskutiert und festgehalten (vgl. Krenz, 1996, S. 13ff). Eine Konzeption ist absichtsvoll, zielorientiert und fachlich begründet. Es soll gelingen, theoretisches und praktisches Wissen mit dem praktischen pädagogischen Handeln zu verbinden (Groot-Wilken, 2009).

Damit Konzeptionsarbeit gelingen kann, unterstützt das Amt der Tiroler Landesregierung mit der Abteilung Bildung die pädagogischen Fachkräfte auf ihrem Weg dorthin. Seit 2011 werden zu diesem Zweck ein Leitfaden zur Erstellung von Konzeptionen und die Möglichkeit von Prozessbegleitung in den Einrichtungen angeboten. Der Gesetzgeber bringt im neuen Tiroler Kinderbildungs- und Betreuungsgesetz

seinen Anspruch an die Sicherung und Weiterentwicklung der Qualität in Kinderbildungs- und Betreuungseinrichtungen durch die Einführung einer „Verpflichtung zur Erstellung eines pädagogischen Konzepts (§ 16. Gesetz vom 30. Juni 2010 über die Kinderbetreuung in Tirol |Tiroler Kinderbildungs -und Kinderbetreuungsgesetz)“ zum Ausdruck.

2.2 Bedeutung der pädagogischen Konzeption für Erziehungs- und Bildungsprozesse

Die Erstellung einer pädagogischen Konzeption bietet die Chance einer intensiven Auseinandersetzung mit den eigenen Werten und Zielen der pädagogischen Arbeit und eröffnet den Diskurs über die in Leitbildern und wissenschaftlichen Werken oder holistischen Konzepten diskutierten Überlegungen und Vorgaben. Durch die Orientierung an Bildungsstandards, wie sie im Tiroler Kinderbildungs- und Betreuungsgesetz (2010) und im Bundesländerübergreifenden Bildungs-Rahmen-Plan für Österreich (2009) im Grundsatz festgelegt wurden, soll es gelingen, neue Erkenntnisse aus der Bildungsforschung in diese Überlegungen einfließen zu lassen.

Der, mit der Entwicklung der Konzeption verbundene, gemeinsame Prozess der Konzeptionserstellung wird in den Einrichtungen überwiegend als identitätsstiftend erlebt. Es entsteht ein erkennbares Profil, das nach innen und außen wirksam wird. Die Erziehenden sind gefordert ihr Wissen und ihre Einstellungen zu benennen und dadurch für das Team sichtbar und verstehbar zu machen. Ziel ist es, sich in einem geleiteten Prozess zu einem gemeinsamen Selbstverständnis weiter zu entwickeln, das Orientierung gibt und dabei motivierend und handlungsanleitend ist.

Der Anspruch an die pädagogischen Fachkräfte ist der, dass diesen ihre pädagogischen Leitideen, Inhalte, Methoden und Ziele bewusst sind und sie daraus ihr Handeln ableiten können. Das bedeutet, dass es nicht genügt, eine pädagogische Konzeption zu erstellen, sondern dass es vorrangiges Ziel sein muss, die in der Konzeption beschriebenen Richtwerte und Ziele im Alltag lebendig werden zu lassen. Der Prozess des Lebendig-werden-lassens kann auch als Implementierung bezeichnet werden.

3 Förderliche Bedingungen für die Implementierung

3.1 Forschungsstand

Implementierung im Kontext der Implementationsforschung bedeutet „die Umsetzung von wissenschaftlichen Erkenntnissen in die gesellschaftliche Praxis“ (Euler/Solane 1998, S. 312).

Seit Anfang der 90iger-Jahre sind vermehrt Implementationsstudien im Bereich der Erziehungswissenschaften durchgeführt worden (Beispiel Jugend- und Familienforschung Steinke, 1990). Die Studien verfolgen das Ziel, die Implementierung neuer Konzepte zu fördern. Es geht dabei um die Frage, „wie neue Erkenntnisse aus der theoretischen und empirischen Lehr-Lernforschung für praktisches Handeln genutzt werden können“ (Mandl, 1998, S. 290).

Das Lernen der Kinder im Vorschulalter findet zu einem großen Teil unbewusst, beiläufig, zufällig statt. Was sich dem einzelnen Kind jedoch als Gelegenheiten und Herausforderungen zum Lernen zeigt, hängt davon ab, was es in seiner Umwelt, in diesem Fall der Kinderbetreuungseinrichtung, vorfindet. Es kommt also darauf an, dass die Erziehenden Gelegenheiten und Herausforderungen zum Lernen schaffen, die für die Kinder und ihre Bedürfnisse und Lebenssituation wichtig, anregend und hilfreich sind.

Dazu bedarf es eines reflektierten Verständnisses über die Initiierung von Lern- und Bildungsprozessen. Eine zentrale Aufgabe der Weiterentwicklung der Frühpädagogik liegt daher darin, Lernprozesse in der Praxis zu planen, anzuregen, zu reflektieren und in einer begleitenden Forschung zu untersuchen. Um dieses Ziel zu erreichen, bedarf es verbindlicher Rahmenrichtlinien für das organisierte Lernen (siehe Bildungspläne) und einer weiterentwickelten Professionalisierung der Fachkräfte (vgl. Liegle, in Schäfer/Staege/Meiners, 2010).

In Kinderbetreuungseinrichtungen gibt es weitgehend schematische und häufig unhinterfragte Abläufe, die das individuelle Handeln der Beteiligten anleiten. Die Basis, auf die sich dieses Handeln bezieht, ist meist ein im Laufe der Arbeit erworbenes Professionswissen. Dieses Wissen besteht aus bewusst gelernten Fakten, Theorien und Regeln und aus erfahrungsvermittelten Einsichten, Weisheiten, Konzepten und persönlichkeitsspezifischen Einstellungen und Haltungen. Die Besonderheit bei der Einführung neuer Inhalte besteht nun darin, dass die verfassten Leitsätze und die festgelegten Qualitätsstandards – wie es eine neue pädagogische Konzeption darstellt – meist nicht ausreichend geeignet sind, um das individuelle Handeln anzuleiten. Es muss eine praktikable, alltagstaugliche Umsetzungsform gefunden werden.

Die Implementierung einer neuen pädagogischen Konzeption schafft neue Abläufe oder beeinflusst bewährte Abläufe. Im Alltag geschieht die Interaktion zwischen PädagogInnen und Kindern aber auch im Zusammenspiel miteinander. Die einzelne Kinderbetreuungseinrichtung schafft dabei den Rahmen für diese Interaktion. Umgekehrt wird die Einrichtungsstruktur und Kultur durch diese Interaktion verändert. Die Einführung neuer Konzeptionen greift in diese Dynamik ein und umgekehrt wirkt die Dynamik der Einrichtung einmal förderlich und einmal hinderlich. Die Aufgabe der Einrichtung bzw. der leitenden Personen besteht nun darin, ein für die Implementation günstiges Klima zu schaffen (vgl. Reis, 2007).

3.2 Die Verantwortung des Trägers

Die Träger sind verantwortlich für den Betrieb der Einrichtung. Sie treffen grundsätzliche Entscheidungen über die Werteorientierung, die Personalführung und die räumliche und finanzielle Ausstattung der Einrichtung.

Unklarheit darüber, wer über welche Entscheidungskompetenz verfügt, eine eingeschränkte Durchsetzungskraft oder ein „Aufschieben" von Entscheidungen durch mangelnde Führungskompetenz und mangelndes Wissen über Inhalte und Ziele der pädagogischen Arbeit schaffen schlechte Ausgangsbedingungen.

Damit die Erstellung und Implementierung der pädagogischen Konzeption gelingen kann, ist die Unterstützung des Trägers hilfreich und notwendig. Es handelt sich dabei um eine Führungsaufgabe, die gemeinsam von Träger und Leitung wahrgenommen und gepflegt werden muss.

Dem Träger kommt es zu, begleitende Maßnahmen zu fördern, Entscheidungsprozesse zu veranlassen und entsprechende Beschlüsse zu erwirken. Das Ernstnehmen der Aufgabe und der Inhalte durch den Träger und ein wertschätzendes Miteinander ist Grundlage einer verantwortungsvollen Arbeit mit Kindern und Familien.

3.3 Die Verantwortung der Leitung

Die LeiterInnen tragen die strategische Verantwortung und Gesamtverantwortung für die Einrichtung. Nachdem die pädagogische Konzeption Grundlage und Handlungsanleitung für die pädagogische Arbeit darstellt, ist es Aufgabe der Leitung sich für die Implementierung der Konzeption zu engagieren. Es liegt in der Verantwortung der Leitung, unter Berücksichtigung der wissenschaftlichen Erkenntnisse wie sie beispielsweise im Bundesbildungsplan diskutiert werden, den vorhandenen Leitsätzen des Erhalters und den Wertmaßstäben und fachlichen Grundsätzen der pädagogischen MitarbeiterInnen, der Einrichtung eine fachgerechte und kindgerechte Orientierung zu geben. Dabei ist zu beachten, dass die Inhalte wiederkehrend an die MitarbeiterInnen, die Eltern und die, für die Einrichtung wichtigen, Personen kommuniziert werden müssen und Teil der Öffentlichkeitsarbeit darstellen.

Die Leitung als Führungsbegleitung im Implementierungsprozess

Alles was die Leitung tut, hat Konsequenzen für das Team. Daher ist alles, was die Leitung macht, auch von dieser zu verantworten und erfordert ein ausreichendes Maß an sozialen und fachlichen Kompetenzen. Dieser Hintergrund ist auch bedeutsam bei Fragen danach wie mit den Wertmaßstäben der Einrichtung, den Inhalten des Bildungsplans und dem Blick auf das Kind konkret umgegangen wird oder wie man strukturelle Probleme von inhaltlichen oder persönlichen unterscheiden lernt.

Führung und Leitung bedeutet in diesem Kontext Strukturen und Abläufe sichtbar zu machen, Entscheidungen zu treffen und diese zu begründen und zu verantworten.

Die einzelne MitarbeiterIn soll vorerst Klarheit darüber bekommen, was zu tun ist und wie es zu tun ist, damit sie selber aktiv werden kann. Angst und Unsicherheit verhindern einen Zugang zu einem ressourcenvollen Zustand und verhindern dadurch ein aktives Lernen.

Kompetente Personen trauen sich hingegen zu, Aufgaben konkret anzugehen und Prozesse engagiert umzusetzen. Indem es gewollt und gewünscht ist über Erziehungsgrundsätze und Strukturen zu reden, Regeln zu vereinbaren und es Ziel ist eine gemeinsame Handlungsebene zu schaffen, entsteht eine Kultur der Zusammenarbeit und es eröffnen sich neue Perspektiven. Diese „Kultur der Zusammenarbeit" ist wiederum entscheidend, wie es gelingt, die Fragen des Alltags mit den Werten und Zielen der Einrichtung zu verknüpfen und somit zu einer Professionalisierung der pädagogischen Arbeit beizutragen.

Die LeiterIn als HelferIn im Implementierungsprozess

Begleitung bedeutet in diesem Kontext anzuregen, zu helfen und zu unterstützen, dass ein Prozess unter Beteiligung aller möglich wird. Was für die LeiterIn und das Team als hilfreich empfunden wird, entscheiden die Leitung und das Team gemeinsam. Das bedeutet, dass es in der LeiterInnen-Team-Beziehung darum gehen muss, ein Verständnis von Zusammenarbeit aufzubauen.

Es empfiehlt sich, Sensibilität für Verbindendes und Trennendes zu entwickeln und das Ungleichgewicht zwischen Leitung und Team auszutarieren. Ein wertschätzender und offener Umgang mit dem Team unterstützt die einzelnen Teammitglieder und fördert die kreative Zusammenarbeit. Bereiche, in denen Beteiligung erwünscht und notwendig ist, müssen für die MitarbeiterInnen auch entsprechend geöffnet werden.

Solange die Teammitglieder glauben, die Leitung liefere ihnen sozusagen die Lösung für ihre Probleme, solange besteht ein Abhängigkeitsverhältnis. Ebenso herrscht ein Ungleichgewicht, wenn die Leitung davon ausgeht, dass sie „die Wissende“ ist. Vielmehr gilt es, Fachdiskussionen anzuregen und einen partizipativen Denkprozess zu fördern, denn dies sind die tragenden Säulen, dass die Inhalte lebendig werden und bleiben.

3.4 Die Verantwortung des Teams

Die Mitarbeiterinnen tragen maßgeblich dazu bei, dass die festgelegten Wertmaßstäbe beachtet und die strategischen Ziele umgesetzt werden. Ihre Motivation und Bereitschaft sich zu beteiligen, beeinflusst den Erfolg der Implementierung nachhaltig. Es muss das Anliegen der Leitung und des Teams sein, sich für die Weiterentwicklung der pädagogischen Orientierung und für die Umsetzung im gelebten Alltag einzusetzen, damit die Implementierung gelingen kann.

Vertrauen entsteht durch das Sprechen einer gemeinsamen Sprache!
Das Schaffen einer gemeinsamen Orientierung und das Klären von Begrifflichkeiten erleichtern dem Team sich aufgehoben und verstanden zu fühlen. Durch die Bereitstellung passender Angebote und durch das Stellen der „richtigen Fragen“ entsteht ein konstruktives Fachgespräch zwischen allen Teammitgliedern.

Der Unsicherheit einzelner MitarbeiterInnen nicht genug zu wissen und zu können kann durch eine angemessene Form der Beteiligung begegnet werden. Gelingt es der Leitung mit den einzelnen MitarbeiterInnen in einen anregenden „Fachaustausch“ zu kommen, ohne zu belehren, wird dies grundsätzlich als hilfreich erlebt und steigert die Motivation der Einzelnen und erhöht die Bereitschaft, sich auch länger mit einem Thema zu beschäftigen. Dies wiederum verdichtet die formulierten Inhalte und schafft ideale Voraussetzungen dafür, dass sich die MitarbeiterInnen den Leitsätzen und Zielen ihrer Einrichtung auch haltungsmäßig annähern.

3.5 Die Programmadressaten

Die Kinder sind nicht „Bildungsempfänger“ sondern „Ko-Konstrukteure“ von Wissen, Identität, Kultur und Werten. Demgemäß ist es Aufgabe der Leitung und der Fachkräfte Bildungsprozesse so zu planen und zu initiieren, dass daraus gemeinsame Gestaltungsprozesse entstehen können. Das bedeutet, dass bei der Implementierung auf dieses gemeinsame Lernen Bezug genommen werden muss, wenn es gelingen soll, dass Konzeptionsinhalte im gemeinsam gestalteten Lebensraum ankommen können.

Die Eltern sind maßgeblicher Teil der Erziehungspartnerschaft. Durch eine geeignete Kooperation tragen sie gemeinsam mit den pädagogischen Fachkräften dazu bei, dass Lernen gelingen kann. Die Möglichkeiten und Grenzen der Zusammenarbeit müssen in der pädagogischen Konzeption erfasst und kommuniziert werden. Das auch nach außen hin erkennbare Profil der Einrichtung dient den

Eltern als hilfreiche Entscheidungsgrundlage und stellt den Fachkräften Antworten auf unterschiedliche Fragen bereit. Die Qualität der Zusammenarbeit kann dadurch wesentlich verbessert werden, da der Bereich des „Nicht-Gewussten" und „Bloß-Vermuteten" verringert und eine gemeinsame Verständigungsbasis geschaffen wird.

Dies schafft gute Voraussetzungen dafür, dass die Zusammenarbeit mit den Eltern ohne erheblichen Aufwand transparenter wird.

3.6 Raum und Struktur

Beim Begriff „Raum und Struktur" handelt es sich um die strukturelle, die materielle und die soziale Umwelt der Einrichtung.

Die in den einzelnen Kinderbetreuungsgesetzen der jeweiligen Bundesländer Österreichs verfassten Bestimmungen und Regelungen sind die gesetzlichen Rahmenbedingungen, die den Bildungs- und Betreuungsauftrag festschreiben.

So ist z. B. die Erstellung einer Konzeption im Tiroler Kinderbildungs- und Betreuungsgesetz geforderter Standard. Aus dieser Selbstverständlichkeit heraus, kann abgeleitet werden, dass die Arbeit an Konzeptionen nicht als Zusatzaufgabe, sondern als Fundament der pädagogischen Arbeit gesehen werden soll. Diese Festlegung trägt auch zur Entlastung der Leitungskräfte bei, da sich der, durch die Erstellung der Konzeption eingeleitete und notwendige, Veränderungsprozess dem Träger und dem Team gegenüber leichter begründen lässt. Die Frage nach den zur Verfügung stehenden Ressourcen sollte gestellt und in einem für Träger, Leitung und Team möglichen Rahmen erwartet und umgesetzt werden.

Für die Implementierung ist grundsätzlich maßgeblich ob und wie die Rahmenbedingungen durch den Träger und die Leitung definiert und sichtbar gemacht werden und wie es ihnen gelingt, dass diese als unterstützend erlebt werden können.

Für die handelnden Personen ist wichtig, dass sie Strukturen erkennen und Abläufe verstehen können. Strukturen sind an sich hilfreich und vermitteln Halt und Orientierung. Somit kann ein durch die Leitung vorgegebener, nachvollziehbarer Arbeitsrahmen für das Team als entlastend empfunden werden. Eine klare Prozessführung und eine übersichtliche Gliederung der Konzeption geben Sicherheit und verschaffen Überblick und Freiraum zum Denken. Die Raumgestaltung und das Arbeitsmaterial in einer Kinderbetreuungseinrichtung sind ein wesentlicher Faktor, wie Implementierung gelingen kann. Wenn Gedachtes, Gesagtes, Geschriebenes im Raum- und Materialkonzept Umsetzung erfährt, wird der Gedanke körperlich begreifbar und sinnlich erfahrbar.

Die soziale Umwelt ist in mehrfacher Weise in Beziehung zur Gesamtkonzeption zu denken und zu sehen. Die Kinderbetreuungseinrichtung ist keine Insel! Vielmehr geht es darum Bezüge herzustellen und auch entsprechend zu nutzen. Werden diese konzeptionell verankert und als solche in Beziehung zur sozialen Umwelt kommuniziert, geschieht eine Durchwirkung und oft auch überraschende Verstärkung der gedachten Inhalte. Die Kinderbetreuungseinrichtung wird wahrgenommen und findet „Verortung“ im sozialen Raum.

Damit die Implementierung durchgängig gelingen kann, müssen Begegnungsanlässe geschaffen werden. Die Konzeption ist kein fertiges Werk. Ziel sollte sein, die Konzeption kontinuierlich weiterzuentwickeln und somit in der pädagogischen Jahres-, Schwerpunkt- und Projektplanung fortzuschreiben und im Alltag zu verorten.

4 Methodisches Vorgehen bei der Implementierung

Ein methodisches Vorgehen setzt voraus, dass der Prozess der Implementierung nicht irgendwie geführt wird. Ein geplantes Vorgehen und ein Überlegen der einzelnen Schritte sind dabei unabdingbar.

Prozessbegleitung

Besonders hilfreich für eine Prozessbegleitung ist eine klare Strukturierung.

Klärung des Ziels	**Orientierungsphase**	
	Was sind die Erwartungen?	Was ist der Auftrag? Was ist das Ziel?
	Was sind die Befürchtungen?	
		Wie lautet die Vision?
	Was soll am Schluss erreicht sein?	Was steht in der Konzeption?

Ein einladender Einstieg hilft auf einen guten Weg und dient sowohl der Leitung als auch dem Team.

Das Team braucht die Sicherheit, dass die Struktur erklärt und begründet und der Prozess durch die Leitung geführt wird. In gleichem Maß brauchen die einzelnen Personen das Gefühl gehört, verstanden und ernst genommen zu werden. Der Ausdruck: „Ich fühle mich verstanden!“ ist ein wertvoller Klimafaktor, der die Implementierung maßgeblich begünstigt.

Schritt 1:
Implementierung der Inhalte

Die angebotenen möglichen Fragestellungen entlang der Struktur und der Inhalte des Bundesländerübergreifenden Bildungs-Rahmen-Plans für elementare Bildungseinrichtungen in Österreich (BBRP) können eine Orientierungshilfe für die Implementierung darstellen.

Die Fragestellungen können als erster Schritt und als Hilfe zur Klärung im gemeinsamen Prozess dienen, um bereits konzeptionell Gedachtes und Geschriebenes gemeinsam im Team zu überdenken und zu überarbeiten.

Pädagogische Orientierung:

Das Bild vom Kind – *Ko-Konstruktion, Wertschätzung, Regeln, Beziehung*
Wie sehen wir in unserer Einrichtung: „das Kind"?
Welches Bild vom Kind leitet uns?
Was bedeutet das für unsere Konzeption?

und das Rollenverständnis der PädagogInnen
Wie sehen wir uns als PädagogInnen?
Was leitet uns?
Was bedeutet das für unsere Konzeption?

Betreuung
Wie sehen wir in unserer Einrichtung Betreuung?
Was leitet uns?
Was bedeutet das für unsere Konzeption?

Bildung – *Selbstbestimmung, Partizipation, Verantwortung, Lernen und Spiel*
Wie sehen wir in unserer Einrichtung Bildung?
Was leitet uns?
Was bedeutet das für unsere Konzeption?

Kompetenzen
Was verstehen wir in unserer Einrichtung unter: „Kompetenzen und Kompetenzförderung"?
Was bedeutet für uns: Selbst-, Sozial-, Sach-, Lernmethodische und Meta-Kompetenz?
Was bedeutet das für unsere Konzeption?

Zusammenarbeit mit Eltern
Wie sehen wir in unserer Einrichtung die Zusammenarbeit mit Eltern?
Was leitet uns?
Was bedeutet das für unsere Konzeption?

Transition
Wie sehen wir in unserer Einrichtung „Transition"?
Was leitet uns? Was bedeutet das für unsere Konzeption?

Schulvorbereitung
Wie sehen wir in unserer Einrichtung „Schulvorbereitung"?
Was leitet uns? Was bedeutet das für unsere Konzeption?

Qualität
Was bedeutet in unserer Konzeption „Qualität"?
Was leitet uns? Wo wird Qualität sichtbar, messbar, vergleichbar?

Schritt 2: Implementierung der Bildungs-Prinzipien

Der zweite Schritt in der Implementierung soll ein zielgerichtetes Herangehen an die Bildungsprinzipien, die sich aus der Diskussion und der Zusammenfassung der

Ergebnisse des ersten Schrittes ergeben, darstellen und in den Praxisalltag führen.

Es erweist sich als hilfreich, die wesentlichen Bildungsprinzipien aus der pädagogischen Konzeption einzeln zu diskutieren (vergleiche auch die Bildungs-Prinzipien des BBRP) und die Ergebnisse klar und gut verständlich zusammen zu fassen.

Welche Bildungsprinzipien leiten wir aus unserer Konzeption ab (vgl. Bildungsprinzipien BBRP)?

Was ist uns dabei wichtig?

Welche Bildungsbereiche wollen wir grundlegen (vgl. Bildungsbereiche BBRP)?

Welche Ziele möchten wir in diesem Bereich erreichen?

Welche Angebote bieten wir regelmäßig in diesem Bereich an?

Wie fließt dieser Bereich in das freie Spiel der Kinder ein?

Wie reagieren wir auf die Themen der Kinder?

Wie reagieren wir auf unterschiedliches Alter und Bedürfnisse der Kinder?

Welchen Einfluss hat dies auf Raum und Material?

Wie kann Erziehungspartnerschaft gelingen?

Was ist das Ergebnis?

Was lerne ich/lernen wir daraus?

Welches Beobachtungs- und Dokumentationskonzept wird grundgelegt?

Schritt 3:
Implementierung in den Pädagogischen Alltag

Der dritte Schritt in der Implementierung soll das Ankommen im Alltag sein und das Beobachten, das Denken, das Tun und das Reflektieren entsprechend der formulierten Werte und Ziele leiten.

Es soll ein Denk-Planungs- Handlungs- und Reflexionskreis entstehen, der die Struktur, die Orientierung, die Prozesse und die Ergebnisse der pädagogischen Arbeit sichtbar, nachvollziehbar, verlässlich und für alle verbindlich macht und den Blick auf die Bedürfnisse der Kinder lenkt.

Die Themen der Kinder und das Tun der Kinder sind wesentlicher Bestandteil eines gelingenden Miteinander-lebens und -lernens. Durch regelmäßige, achtsame Beobachtung gelingt es die Themen, die die Kinder und ihre Familien beschäftigen und die für ihren Alltag und ihr Lernen wichtig sind, aufzugreifen und in der Planung der pädagogischen Arbeit entsprechend zu erfassen. Aus den Themen und dem Tun der Kinder können unter Zugrundelegung der Wertehaltung des pädagogischen Teams und der Bildungsprinzipien neue Lernanlässe kreiert werden.

Denk- Planungs- Handlungs-Beobachtungskreis

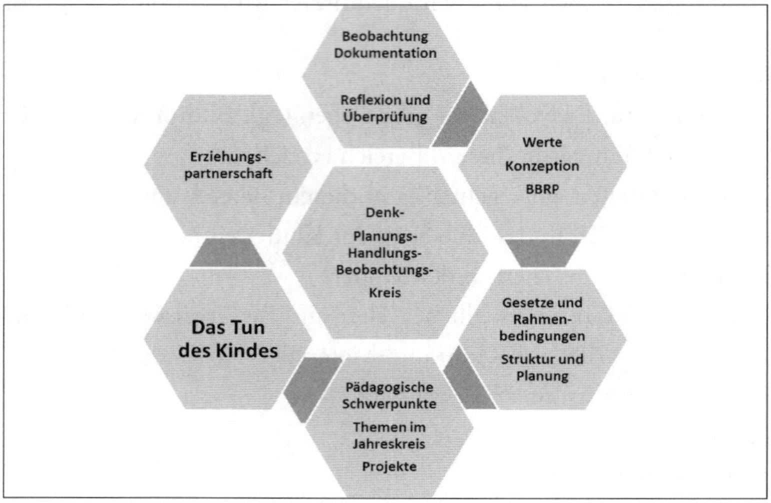

5 Fazit

Förderliche Bedingungen für die Implementierung der pädagogischen Konzeption sind allem voran

- personale Faktoren wie das Engagement und die Kompetenz der Leitung und der Erziehenden
- die Involvierung der Kinder und aller in der Einrichtung arbeitender Personen

und außerdem

- der erkennbare Nutzen, die Verständlichkeit und die leichte Anwendbarkeit des Programms
- eine beobachtbare Wirkung in Bezug auf das gemeinsame Lernen von Erziehenden und Kindern
- eine ableitbare Hilfe zur Zusammenarbeit mit Eltern
- eine klare Struktur und definierte Rahmenbedingungen
- die Verortung und Rückwirkung auf die Umgebung

- das Sichtbarmachen und die Aufwertung der pädagogischen Arbeit
- das Bekenntnis des Erhalters und der Leitung zum Prozess und zum Ergebnis

Die Erstellung und Umsetzung von pädagogischen Konzeptionen ist eine wichtige Voraussetzung für die Weiterentwicklung der Qualität der Arbeit in Kinderbildungs- und Betreuungseinrichtungen. Um eine gewisse Vergleichbarkeit und Durchgängigkeit der Qualität gewährleisten zu können, erweist sich der „Bundesländerübergreifenden Bildungs-Rahmen-Plan für Österreich(2009)" als nützliches Instrument.

Das Hauptaugenmerk bei der Entwicklung und Umsetzung von Konzeptionen in den Einrichtungen sollte auf eine gute Begleitung der LeiterInnen und der pädagogischen Fachkräfte gelegt werden. Durch hilfreiche Unterstützungsmaßnahmen soll es gelingen, sich auf neue Ideen einzulassen, um sich der aktuellen Herausforderungen angemessen stellen zu können.

Die Konzeptionsarbeit soll die Bedeutsamkeit der frühen Bildung unterstreichen und der zentralen Aufgaben der Elementarpädagogik dienen, die darin bestehen die Kinder feinfühlig zu begleiten, ihnen eine anregende Lernumgebung zu bereiten und eine wertschätzende Form der Zusammenarbeit mit den Eltern zu ermöglichen.

Durch die gewollte, zielgerichtete Implementierung der Konzeption soll eine wertebasierende Handlungsanleitung grundgelegt werden, die geeignet ist Lernprozesse zu planen, vorzubereiten, zu beobachten, zu dokumentieren und für die Planung weiterer Lernanlässe auszuwerten.

Literaturverzeichnis

Kinderbildungs- und Betreuungsgesetz Tirol (2010).

Kundmachungsorgan: LGBl.Nr. 48/2010. Inkrafttretensdatum: 01.09.2010

Langtitel:

Gesetz vom 30. Juni 2010 über die Kinderbetreuung in Tirol (Tiroler Kinderbildungs- und Kinderbetreuungsgesetz).

LGBl. Nr. 48/2010 Änderung: LGBl. Nr. 100/2010, 30/2011

Leitfaden zur Erstellung einer pädagogischen Konzeption (2011). Reinheimer, St./ Weissensteiner, R./Eder, B. Hrsg. Amt der Tiroler Landesregierung.

Bundesländer übergreifender Bildungs-Rahmen-Plan für Österreich, 2009

Eigentümer und Herausgeber: Ämter der Landesregierungen der österreichischen Bundesländer. Magistrat der Stadt Wien. Bundesministerium für Unterricht, Kunst und Kultur. Produktion/Druck: 08/16 Printproduktion GmbH.

Weissensteiner, Reingard (2011). Die Implementierung pädagogischer Konzeptionen im sozialen System einer Kinderbildungs- und Betreuungseinrichtung. Masterthesis.

Euler, D./Solane, P. (1998). Implementation als Problem der Modellversuchsforschung. In: Unterrichtswissenschaft 1998, H.4.

Groot-Wilken, Bernd (2009). Konzeptionsentwicklung in der KiTa: entwickeln, reflektieren, planen. Freiburg i. B.: Herder.

Honig, Sebastian-Michael (2004). Was ist ein guter Kindergarten? Juventa Verlag Weinheim und München.

Krenz, Armin (1996). Grundlage und Visitenkarten einer Kindertagesstätte. Freiburg 1996

Liegle, Ludwig (2010). Didaktik der indirekten Erziehung. In: Schäfer, Gerd/Staege, Roswitha/Meiners, Kathrin (Hrsg.), Kinderwelten – Bildungswelten. Unterwegs zur Frühpädagogik. Pädagogische Aufsätze. Cornelsen Verlag Scriptor GmbH & Co. KG, Berlin.

Mandl, H. (1998). Implementationsforschung. In: Unterrichtswissenschaft 1998, H.4.

Reis, Claus (2007). Tagung „Bildung von Anfang an“ am 5. Februar 2007 in Offenbach. Organisationssoziologische Perspektiven auf die Kindertagesstätte. Frankfurt a.M.

Ruesch, J./Bateson, G. (1995). Kommunikation. Heidelberg.

Weidemann, B. (1997). Medien in der Erwachsenenbildung. In: Weinert, F./ Mandl, H. Hrsg. Psychologie der Erwachsenenbildung. Göttingen.

Verzeichnis der Autorinnen und Autoren

Bachmann, Gerhild, Dr.in Ass. Prof.in

Assistenzprofessorin, Umwelt-, regional- und bildungswissenschaftliche Fakultät, Universität Graz. Gerhild Bachmann arbeitet seit 1989 am Institut für Erziehungs- und Bildungswissenschaft der Universität Graz, absolvierte ein Lehr- und Forschungssemester an der University of Little Rock in Arkansas und ist seit 2004 Vorsitzende der Curricula-Kommission Pädagogik. Sie beschäftigt sich in Forschung und Lehre mit Bildungsforschung, Schulentwicklung, Weiterbildung, Qualitätsmanagement und Evaluationen im pädagogischen Feld.

Bäck, Gabriele, Mag.a

Geschäftsführerin des Charlotte Bühler Instituts, Lehrtätigkeit an der Bundes-Bildungsanstalt für Kindergartenpädagogik, Wien, Leitung Elementare Bildung am Institut für Fort- und Weiterbildung der KPH Wien/Strebersdorf, Trainerin und Autorin zu verschiedenen Themen elementarer Bildung. Kindergarten- und Hortpädagogin, Studium Pädagogik & Sonder- und Heilpädagogik.

Bauer, Helfried, Hon. Prof. Dr.

Finanzwissenschafter und Senior Expert für Public Management und Governance. Dr. Bauer war über 40 Jahre – zuerst als wissenschaftlicher Mitarbeiter, von 1972 bis 2009 als Geschäftsführer – für das Zentrum für Verwaltungswissenschaften in Wien tätig. Er beschäftigt sich mit verwaltungs- und finanzwissenschaftlichen Aspekten der (Reform der) öffentlichen Aufgabenerfüllung in Österreich. Er ist fallweise als Konsulent für OECD, Europarat und dem Österr. Städtebund owie nebenberuflich als Lektor an mehreren österreichischen Universitäten und Fachhochschulen tätig (ab 2014 an der TU Wien sowie an der FH des BFI in Wien). Forschungsgebiete sind Finanzausgleichssysteme, Föderalismus und Public Governance. Praktische Erfahrungen sammelte er als Berater und Trainer für Bundes-, Landes- und Gemeindeverwaltungen in Österreich.

Baumüller, Josef, Mag. (FH)

Josef Baumüller ist Universitätsassistent am Institut für Betriebswirtschaftslehre der Universität Wien, daneben hält er Lehraufträge am Controller Institut in Wien und an der FH Burgenland. Zuvor Tätigkeiten im Rechnungswesen und Controlling der Caritas Österreich und in der betriebswirtschaftlichen Beratung von Nonprofit-Organisationen. Seine Interessenschwerpunkte liegen auf betriebswirtschaftlichen und rechtlichen Fragestellungen zu Nonprofit-Organisationen.

Boroviczény-Sprenger, Andrea, M.Sc.

Inspektorin in der Sankt Nikolaus Kindertagesheimstiftung – zuständig unter Anderem für Qualitätssicherung und Personalentwicklung. Langjährige Beraterinnentätigkeit im Einzel- oder Gruppensetting in pädagogischen und wirtschaftlichen Unternehmen. Fortbildung für Führungskräfte und Beratung von Unternehmen in Veränderungsprozessen. Nach langjähriger Tätigkeit als Pädagogin – Leiterin unterschiedlicher Kindertageseinrichtungen. Ausbildung zur Trainerin in der Erwachsenenbildung und Masterstudium für Supervision-Coaching und Organisationsentwicklung.

Datler, Wilfried, Univ.-Prof., Dr. phil.

Leiter des Arbeitsbereichs Psychoanalytische Pädagogik des Instituts für Bildungswissenschaft und Leiter des Universitätslehrgangs „Interdisziplinäre mobile Frühförderung und Familienbegleitung“ der Universität Wien. Leiter diverser Forschungsprojekte zur Psychoanalytischen Pädagogik und Elementarpädagogik. Lehranalytiker im Österreichischen Verein für Individualpsychologie. Wilfried Datler koordinierte eine Reihe elementarpädagogischer Forschungsprojekte wie etwa „Spracherwerb und lebensweltliche Mehrsprachigkeit im Kindergarten“, die Wiener Kinderkrippenstudie (Die „Eingewöhnungsphase“ von Kleinkindern in die Kinderkrippe), „Frühförderung mit frühgeborenen Kindern und deren Eltern“ etc.

Drexler, Arthur, Mag. Dr.

Assistenzprofessor am Institut für Psychosoziale Intervention und Kommunikationsforschung, Fakultät für Bildungswissenschaften der Universität Innsbruck und in freier Praxis tätig. Dr. Arthur Drexler ist Arbeitspsychologe, Gesundheitspsychologe, Supervisor und Coach. An der Universität beschäftigt sich als Bildungswissenschaftler im Rahmen seiner Habilitation mit der Untersuchung der Wirksamkeit von Aus- und Weiterbildungen und betreut als selbstständiger Arbeitspsychologe Unternehmen im Bereich betrieblicher Gesundheitsförderung. Er hat Evaluationen in unterschiedlichen Branchen (z.B. Kindergärten, Drogenberatungsstellen, Fachhochschulen) zu Wirksamkeitsfragen durchgeführt. Er ist Leiter des Universitätskurses „Betriebliches Präventions- und Gesundheitsmanagement“ der Universität Innsbruck.

Eder, Lucia, Mag.a

Leiterin des Zentrums für Kindergartenpädagogik in der Salzburger Verwaltungsakademie. Kindergarten- und Hortpädagogin, Studium der Erziehungswissenschaften, postgraduate Ausbildung Public Management, Ausbildung zur Mototherapeutin MMP in Graz; berufliche Erfahrung in allen Betreuungsformen, Hörfrühförderung sowie Seminarleitung, Team und Organisationsberatung, Projektmanagement.

Gekle-Schneeberger, Heidi, Mag.a

Unternehmensberaterin in Rein/Steiermark, Kindergartenpädagogin, Sozialpädagogin, dipl. Coach, Autorin. Mag. Heidi Gekle-Schneeberger ist als selbständige Unternehmensberaterin im Bereich der Personal- und Organisationsentwicklung im Kinderbetreuungsbereich tätig. Im Rahmen dieser Tätigkeit unterstützt und begleitet sie LeiterInnen, PädagogInnen und Teams. Unter anderem hat sie sich in diesem Bereich auch als Autorin etabliert. Ihr erstes Buch zum Thema „Kommunikation führt! Eine praktische Anleitung für KindergartenleiterInnen" erschien 2011, ein weiteres mit dem Titel „Leiten macht Spaß! Wie Sie als KindergartenleiterIn selbstbewusst & souverän auftreten" wurde 2012 veröffentlicht (beide Leykam Verlag).

Gratz, Wolfgang, Ao. Univ.-Prof. Dr.

Jurist, Soziologe, Gesellschafter der Gratz & Partner OG (Training, Beratung, Schwerpunkte: Supervision, Coaching, Führungskräfte- und Teamentwicklung, Großgruppenmoderation), Lehrtätigkeit an der Universität Wien und verschiedenen Fachhochschulen, zuvor u.a. Leiter des Studiengangs Public Management der FH Campus Wien. Zahlreiche Veröffentlichungen, u.a.: Im Bauch des Gefängnisses, Beiträge zur Theorie und Praxis des Strafvollzugs, 2. verb. Auflage, Wien 2008. Und sie bewegt sich doch – Entwicklungstendenzen in der Bundesverwaltung, Wien 2011.

Gritsch, Maria

Kindergartenpädagogin, Früherzieherin, Kindergartenleiterin, Managerin für Kinderbildungs- und betreuungseinrichtungen, Elternbildnerin, Trainerin; Maria Gritsch ist seit mehr als 10 Jahren im praktischen Bereich der Kinderbildung und Betreuung tätig. Sie arbeitete als Kindergarten- und Krippenleiterin unter anderem in Innsbruck und München und leitet derzeit einen Gemeindekindergarten in Kärnten. Seit 2008 ist sie als Trainerin und Erwachsenenbildnerin tätig. Ihre Schwerpunkte liegen im Bereich der Wahrnehmung, Beobachtung und Dokumentation kindlichen Verhaltens in Bezug auf pädagogisches Wirken und Begleiten und in der kindzentrierten, interessensorientierten Umsetzung im alltäglichen Zusammenleben mit den Kindern. Maria Gritsch ist Mutter einer Tochter.

Hajszan, Michaela, Mag.a

Wissenschaftliche Mitarbeiterin am Charlotte Bühler Institut für praxisorientierte Kleinkindforschung, Lehrbeauftragte an der Universität Wien, Trainerin und Autorin zu verschiedenen Themen elementarer Bildung. Klinische Psychologin und Gesundheitspsychologin in eigener Praxis.

Haring, Nikolai, Dr.

Nikolai Haring ist seit September 2013 Fachbereichsleiter Rechnungswesen und Controlling sowie Koordinator Praxisprojekte an der FHWien der WKW. Zuletzt war er in Lehre und Forschung im Finanz- und Rechnungswesen an der FH Campus Wien (schwerpunktmäßig im Masterstudium Sozialwirtschaft und Soziale Arbeit) als hauptberuflicher Lektor tätig. Davor war er, zuletzt in Führungspositionen, im Finanz- und Rechnungswesen privatwirtschaftlicher Unternehmen tätig. Studium, Doktorat und Universitätsassistententätigkeit an der WU Wien. Vortragstätigkeit an diversen in- und ausländischen Hochschulen und Weiterbildungseinrichtungen für Erwachsene. Umfangreiche Publikationstätigkeit im In- und Ausland. Arbeitsschwerpunkte sind das externe (auch internationale) und interne Rechnungswesen (inkl. deren Konvergenz) sowie die betriebliche Finanzwirtschaft.

Hollerer Luise, Dr.in

Kirchliche Pädagogische Hochschule Graz. Leiterin des Kompetenzzentrums „Übergang Kindergarten-Schule (4-8)". Klinische und Gesundheitspsychologin, Psychotherapeutin, Supervisorin, Lehre und Forschung an der Kirchlichen Pädagogischen Hochschule Graz, Karl-Franzens-Universität Graz und an der Universität für Musik und darstellende Kunst Graz. Forschungsschwerpunkte: Lernen und Entwicklung im Vorschul- Schuleingangsbereich, Kreativität, Emotionale Steuerung.

Hover-Reisner, Nina, Mag.a

Leiterin des Studiengangs „Sozialmanagement in der Elementarpädagogik" an der Fachhochschule Campus Wien; davor wissenschaftliche Mitarbeiterin am Arbeitsbereich Psychoanalytische Pädagogik des Instituts für Bildungswissenschaft der Universität Wien; Weiterbildung von Kindergartenpädagoginnen und -leiterinnen. Neben ihrer Tätigkeit als Kindergartenpädagogin und Horterzieherin studierte Nina Hover-Reisner Pädagogik sowie die Fächerkombination Sonder- und Heilpädagogik an der Universität Wien. Seit Herbst 2014 leitet sie den Studiengang „Sozialmanagement in der Elementarpädagogik" an der Fachhochschule Campus Wien. Ihre Arbeitsschwerpunkte sind Krippenforschung, Professionalisierung, Forschungsmethoden und -methodologie im Kontext der Pädagogik der frühen Kindheit. Aktuell untersucht sie im Rahmen ihrer Dissertation die „Bedeutung von Peer-Beziehungen für die Bewältigung von Trennung während der Eingewöhnungsphase in der Kinderkrippe".

Keller Raphaela

Kindergarten- und Hortpädagogin von 1975 bis 2008 in Wien zuletzt im Management eines Horthauses mit 7 Hortgruppen und einer Kindergartengruppe tätig. Seit 1988 Engagement für Reformen im elementaren und außerschulischen Bildungsbereich auf gewerkschaftlicher und berufspolitischer Ebene – jeweils partei- und konfessionsunabhängig, jedoch sehr bildungs- und gesellschaftspolitisch. Vorsitzende der BKHW – Berufsgruppe von Kindergarten- und HortpädagogInnen Wiens Vorsitzende und Mediensprecherin des ÖDKH – Österreichischer Dachverband der Kindergarten- und HortpädagogInnen Plattform EduCare Steuerteammitglied. (Aktiv seit der Gründungs-Plattform bei der Erstellung des ersten Entwurfes für ein Bundesrahmengesetz zur Qualitätssicherung und Qualitätsoptimierung 1999).

Kicker, Erika, M.A.

Lehrerin für Didaktik und Praxis an der Bildungsanstalt für Kindergartenpädagogik Feldkirch. Jahrgang 1972; Zusatzausbildungen in Reggio-Pädagogik und als EEC-Beraterin; Studium der Erziehungswissenschaft und Soziale Verhaltenswissenschaften an der FernUniversität Hagen.

Kneidinger Lisa, Mag.a

Freiberuflich tätig als pädagogische Entwicklerin beim Trägerverein „Kinder in Wien“, als Trainerin in Führungskräfte-Lehrgängen sowie als Seminarleiterin im elementarpädagogischen Bereich und als Supervisorin. Lehrauftrag an der Pädagogischen Hochschule der PH der Diözese Linz im Rahmen des Hochschullehrgangs „Bildung in der frühen Kindheit“. Wissenschaftliche Mitarbeiterin des Charlotte-Bühler-Instituts für praxisorientierte Kleinkindforschung. Psychologin, Kindergarten- und Hortpädagogin, Supervisorin & Coach, Konflikt- und Mobbingberaterin, Trainerin, Moderatorin, Seminarleiterin, Autorin und Rezensentin der Fachzeitschrift „Unsere Kinder“. Derzeitige Arbeitsschwerpunkte: Professionalisierung von Kindergarten- und HortpädagogInnen sowie Führungskräften im elementarpädagogischen Bereich, Beratung von Kindergarten- und Hortteams im Rahmen von Qualitätsmanagement-Prozessen.

Koch, Bernhard, Mag. Dr.

Bildungswissenschaftler mit Schwerpunkt Elementarpädagogik an der Universität Innsbruck. Bernhard Koch war viele Jahre in psychosozialen Berufsfeldern tätig. Praktische Erfahrungen im Elementarbereich sammelte er als Aushilfsbetreuer in Krippen und Kindergärten. Sein Habilitationsprojekt trägt den Arbeitstitel: „Konzeptionelle Weiterentwicklungen in der Elementarpädagogik – Geschlecht und Raum“.

Kotrba, Veronika, MC,

Selbstständige Lösungsfokussierte Unternehmensberaterin, Trainerin und Coach, freie Mitarbeiterin im Solution Management Center. Langjährige Erfahrung in der LehrerInnen und DirektorInnenfortbildung sowie in der Aus- und Weiterbildung von KindergartenleiterInnen und -pädagogInnen zu Lösungsfokussierten Inhalten. Begleitung von Veränderungsprozessen in Unternehmen, Führungskräftecoachings, Teamentwicklung und Workshopmoderationen. Ausgebildete Volksschullehrerin mit Unterrichtspraxis.

Kühschweiger, Harry A., Mag.

Harry A. Kühschweiger ist Geschäftsführer der WIKI Kinderbetreuungs GmbH und IST – Soziale Dienstleistungs GmbH, die beide unter dem Dach des gemeinnützigen Vereines WIKI Steiermark geführt werden. Der Einstieg in die Organisation erfolgte noch während des Studiums der Sportwissenschaften mit Zusatzschwerpunk der Sozialpädagogik im Jahr 1997. In den darauffolgenden 14 Jahren wurde seinerseits der Organisationsbereich Jugend-, Freizeit und Sportarbeit federführend entwickelt und geleitet. Meilensteine in dieser Zeit sind unter anderem die Entwicklung der Youth Points, die Eröffnung der ersten Trendsporthalle Österreichs und die Planung und Umsetzung eines der größten Kletterzentren Österreichs. 2011 erfolgte der Wechsel in die Geschäftsführung der Organisation.

Lehner, Barbara, Mag.a, MA

Pädagogin, Psychoanalytisch-pädagogische Erziehungsberaterin. Leiterin der mobilen psychologisch-pädagogischen Beratung von Kindergartenpädagoginnen im Burgenland; Tätig in der Erziehungsberatung von Eltern in einer Beratungsstelle und in freier Praxis; Lektorin an den Universitäten Wien und Klagenfurt.

Lex, Johannes Maria

Bankkaufmann. Langjährige ehrenamtliche Tätigkeit als Administrator und PR Experte für die Plattform EduCare.

Lex-Nalis, Heide, Mag.a Dr.in

Steuerndes Mitglied in der Plattform EduCare. Langjährige Tätigkeit in der Aus- und Weiterbildung von Kindergarten- Sonderkindergarten- und HortpädagogInnen als Lehrerin für Rhythmisch-Musikalische Erziehung, Praxis, Didaktik, Pädagogogik, Kommunikation und Gruppendynamik und Soziologie. 10 Jahre BAKIP-Direktorin.

Lueger Günter, Mag. Dr.

Gründer und Leiter des Solution Management Centers, langjährige Arbeiten als Wissenschafter und Professor an verschiedenen Universitäten, Unternehmensberater, Trainer und Coach. Zahlreiche Publikationen, Vorträge und Beratungsprojekte zu Personalfragen und systemischen Veränderungsmanagement sowie Potenzialfokussierter Führung. Entwicklung neuer Assessment-Verfahren wie potenzialfokussierte Tooldesigns und Lösungsfokussiertes Rating.

Mitterer, Karoline, Dr.in

Wissenschaftliche Mitarbeiterin, KDZ – Zentrum für Verwaltungsforschung, Wien. Dr. Karoline Mitterer studierte Public Management an der FH Kärnten und dissertierte an der WU in Wien. Sie ist seit 2005 wissenschaftliche Mitarbeiterin und Beraterin des KDZ – Zentrum für Verwaltungsforschung. Zu ihren Arbeitsschwerpunkten zählen Finanzwirtschafts- und Finanzausgleichsagenden, die Analyse von Gemeindefinanzen, Finanzierung von öffentlichen Leistungen sowie Haushaltsanalysen und -reform.

Orthofer Maria, Dr.in

Im „Familienministerium" als Referentin für allgemeine Familienpolitik (1984-2002), für Kinderrechte (2002-12) und für Gewalt im sozialen Nahraum zuständig. Publikationen zu Kinderrechten (insbes. www.kinderrechte.gv.at (bis 2012), www.gewaltinfo.at), zur Frage, warum Familien Au-pairs zur Betreuung ihrer Kinder einsetzen (Dissertation, Böhlau 2008) sowie zu anonymen Geburtsmöglichkeiten in Österreich (Pädiatrie & Pädologie, Heft 3/2013).

Paschon, Andreas, Univ.-Ass. Mag. Dr.

Erziehungswissenschaftler, Universität Salzburg. Vorsitzender der Sektion „Elementarpädagogik" der „Österreichischen Gesellschaft für Forschung und Entwicklung im Bildungswesen" (ÖFEB). Leiter des Projekts „Salzburger Beobachtungskonzept" Universität Salzburg, Fachbereich Erziehungswissenschaft. Mitinitiator des „Modulansatzes zur Selbstevaluation von Schulentwicklungsprojekten". Seine Forschungsschwerpunkte sind Elementarpädagogik, Schulentwicklung, Beobachtung im Kindergarten, Spielpädagogik und empirische Methoden.

Pretis, Manfred, Prof. Dr. phil.

Manfred Pretis, Professor fuer transdisziplinaere Fruehfoerderung an der Medical School Hamburg. Klinischer Psychologe, Heilpaedagoge, Unternehmensberater (EU-Projekte wie HYPERLINK „http://www.icf-training.eu" www.icf-training.eu, HYPERLINK „http://www.strong-kids.eu" www.strong-kids.eu). Buchautor, Leiter des Beratungsunternehmens Dr. Pretis-S.i.n.n (HYPERLINK „http://www.sinn-evaluation.at" www.sinn-evaluation.at) in Graz.

Rabenstein, Reinhold

AGB-Lehrtrainer mit den Lehrthemen: Leitungskompetenz, Teamentwicklung, Konfliktmanagement, Systemisches Management, Persönlichkeitsentfaltung, Aufstellungsarbeit, Kreativ beraten und coachen. In seiner Praxis arbeitet er als Supervisor, Coach und Psychotherapeut (Gestalt und Systemisch). Mit seinen Trainer-KollegInnen hat Reinhold Rabenstein bereits 1977 das Weiterbildungsinstitut „AGB-Akademie für Gruppe und Bildung" gegründet. Die AGB-Akademie bietet Seminare und Lehrgänge für LeiterInnen an, um sie in deren vielfältiger Kompetenzentwicklung zu fördern und zu trainieren.

Radeschnig Petra, Mag.a

Betriebswirtin, seit 1990 als Organisationsberaterin, Trainerin und Coach mit systemischem Hintergrund in Österreich, Europa sowie in West- und Ostafrika tätig;

Führungs- und Managementerfahrung; zwischendurch vier Jahre für die deutsche und österreichische Entwicklungszusammenarbeit in Burkina Faso/Westafrika. Arbeitsschwerpunkte: Veränderungsprozesse in Organisationen, Management und Führungskräfteentwicklung, Fach- und Führungscoaching, Teamentwicklung; Projekt- und Netzwerkbegleitung.

Reicher-Pirchegger, Lisa, Mag.a

Lehrende und Koordinatorin des Schwerpunktes Frühe Bildung, Pädagogische Hochschule, Steiermark. Mag. Elisabeth Reicher Pirchegger ist Lehrende und Koordinatorin des Schwerpunktes Frühe Bildung an der Pädagogischen Hochschule Steiermark, Forschungsschwerpunkte: Elementar- und Integrationspädagogik, Schuleingang und Sozialraumforschung. Reicher-Pirchegger ist Kindergartenpädagogin sowie Erziehungswissenschaftlerin und verfügt über mehrere reformpädagogische Ausbildungen. Nach ihrer Tätigkeit als wissenschaftliche Mitarbeiterin an der Universität Graz ist sie seit dem Jahr 2009 an der Pädagogischen Hochschule Steiermark beschäftigt.

Reinheimer, Stefanie , M.Sc.

Coach und Organisationsberaterin (M.Sc.), Dipl. Sozialpädagogin, Staatlich anerkannte Erzieherin, freiberuflich in der Beratung, Fort- und Weiterbildung sowie Prozessbegleitung tätig, Inhaberin des Beratungsunternehmens fokus elementar mit Sitz in Innsbruck. Arbeitsschwerpunkte: Organisationsberatung, Führen und Leiten, Qualitätsentwicklung und Qualitätsmanagement, Konzeptionsentwicklung und Implementierung, Implementierung des Bildungsplans in Konzeption und Praxis, Basiskompetenzen der PädagogInnen, Erziehungspartnerschaft.

Riha, Monika

Geschäftsführerin von „Kinder in Wien", einem gemeinnützigen Träger mit 65 Standorten und über 1.000 Mitarbeiterinnen und Mitarbeitern. Kindergartenpädagogin. Ausbildungen im Bereich Management, Gesprächstherapie und Kommunikation. Im März 1993 übernahm sie die Leitung des Kindergartens der Wirtschaftsuniversität und arbeitete seit 1994 zusätzlich als pädagogische Fachberaterin in unterschiedlichen Einrichtungen. Von 2007 bis 2010 Mitglied des Wiener Landtages und Gemeinderates. Ihre Arbeitsschwerpunkte lagen im Bereich Familien- und Bildungspolitik.

Rodriguez Lopez, Brigitte

Kindergartenleiterin, Jahrgang 1966; Ausbildung zur Kindergartenpädagogin (BAKIP Feldkirch); Zusatzprüfung aus Didaktik (Wien); Diplomlehrgang Montessori-Pädagogik; Ausbildung zur Mitarbeiterin in der IFS-Frauennotwohnung; Lehrgang Interkulturelle Kompetenz; Kompetenztraining „Deutsch als Zweitsprache unter den Bedingungen der Mehrsprachigkeit; Ausbildung zur Early Excellence Beraterin (Berlin).

Salzmann, Gerald, MMag. Dr.

Leiter des Instituts für Bildung und Beratung des Vereins Kärntner Kinderbetreuung. Pädagoge und Psychologe, Hauptschul- und Beratungslehrer, Lehrbeauftragter an verschiedenen Bildungsinstitutionen, u.a. Universität Klagenfurt und der Pädagogischen Hochschule Klagenfurt.

MMag. Dr. Gerald Salzmann war viele Jahre im Schulbereich tätig und arbeitet seit dem Jahre 2002 am Institut für Bildung und Beratung des Vereins Kärntner Kinderbetreuung, das für die Fort- und Weiterbildung von Kindergarten-, Hortpädagogen/-innen, Kleinkinderzieher/-innen sowie für Tagesmütter, -väter in Kärnten zuständig ist und auch Ausbildungslehrgänge für den Bereich der Elementarpädagogik anbietet (z.B. Ausbildung zur/zum Tagesmutter/-vater). Er beschäftigt sich im Rahmen von Projekten u.a. mit Qualitätsentwicklung im Bereich elementarer Bildungseinrichtungen.

Steiner Karin, Dr.in

Bildungskooperationen, Österreichische Kinderfreunde, Landesorganisation Wien. Mag. Dr. Karin Steiner ist seit vielen Jahren im elementarpädagogischen Bereich sehr erfolgreich tätig und leitet seit 2005 bei den Wiener Kinderfreunden den Fachbereich Sponsoring und Bildungskooperationen. Weiters ist sie Initiatorin und Projektleiterin der MINT-Frühförderinitiative „Wissensakademie" und begleitet derzeit das pädagogische Team der Kinderfreunde bei der konzeptionellen Weiterentwicklung der pädagogischer Standards für den Kindergartenbereich. Ihre Doktorarbeit trägt den Titel: „Eine Erziehung für eine Zukunft, die nie kam" – die Sozialistische Erziehungsbewegung der Kinderfreunde – eine Erziehungsutopie? Neben ihrer beruflichen Tätigkeit ist die Autorin derzeit mit zwei Kleinkindern in Karenz.

Töchterle Karlheinz, Dr. o. Univ. Prof.

Abg. zum Nationalrat, war von 2007 bis 2011 Rektor der Leopold-Franzens-Universität Innsbruck und von 2011 bis 2013 Bundesminister für Wissenschaft und Forschung. In seine Amtszeit fiel die gesetzliche Grundlage für die Möglichkeit der Ausbildung elementarpädagogischer Fachkräfte auf Hochschulniveau und die Finanzierung des ersten österreichischen Bachelorstudiums für elementarpädagogische Leitungskräfte „Sozialmanagement in der Elementarpädagogik" an der FH Campus Wien.

Traxler, Birgit, M.Sc.

Selbständige Unternehmensberaterin, Organisationsentwicklerin und Supervisorin hauptsächlich im NGO- und pädagogischen Bereich und leitet eine geförderte

Ehe- und Familienberatungsstelle in Wien. Montessoripädagogin. Während ihrer Tätigkeit als Geschäftsführerin eines Wiener Bildungsinstituts absolvierte sie ihre Ausbildung zur Diplom-Lebensberaterin und schloss ein Studium in Psychosozialer Beratung ab. Zahlreiche Aus- und Weiterbildungen sowie jahrelange Erfahrung im psychosozialen Bereich machen sie mittlerweile zu einer gefragten Expertin im In- und Ausland. Sie ist Dozentin und Lehrbeauftragte an Pädagogischen Hochschulen, staatlichen und privaten Ausbildungsinstituten und Lehrsupervisorin. Nach ihrer Ausbildung zur hypnosystemischen Coach und Hypnotherapeutin begleitet sie seit mehreren Jahren den bekannten US-Psychologen Jeffrey K. Zeig als seine persönliche Übersetzerin bei Ausbildungen und Vorträgen im deutschen Sprachraum. Birgit Traxler hat einen erwachsenen Sohn und lebt in Wien und New York.

Weberhofer Caroline, Dr.in

Lehrbeauftragte am Institut für Bildung und Beratung Klagenfurt; Universität Graz. Caroline Weberhofer studierte Pädagogik, Medienkommunikation, Publizistik und Kommunikationswissenschaft an der Alpen-Adria-Universität Klagenfurt. Seit 1996 ist sie im ORF Landesstudio Kärnten beschäftigt und zuständig für die Öffentlichkeitsarbeit des Landesstudios.

Weissensteiner, Reingard, M.Sc.

KAKITA Fachberatung und Bereichsleitung für Kinderbildung in der Caritas d.D. Innsbruck, Erziehungs- und Unternehmensberatung, Trainerin und Coach. Reingard Weissensteiner arbeitet seit mehr als 20 Jahren als Leitung und Fachberatung in Kinderbildungs- und Betreuungseinrichtungen. Ihr Ausbildungsweg führte sie von der Sozialpädagogik über die Erziehungsberatung, die Mediation und das Qualitätsmanagement hin zur Organisationsentwicklung und zum Coaching. Sie ist neben ihrer Aufgabe als Fachberatung für KAKITA freiberuflich als Beraterin und Organisationsentwicklerin, als Trainerin im Bereich der Fortbildung für Elementar- und HortpädagogInnen und als Lehrende am Institut für Sozialpädagogik tätig.

Stichwortverzeichnis